〈명주보월빙〉연작 3부작 중 제2부작

105책 본문에 원문 교정 한자 병기 광범한 주석을 갖춘

교주본

尹河鄭三門聚錄

校注本

尹河鄭三門聚錄

4

교주 최길용

學古房

이 저서는 2012년 정부(교육부)의 재원으로 한국연구재단의 지원을 받아 수행된 연구임 (NRF-2012S1A5A2A01016873)

This work was supported by the National Research Foundation of Korea Grant funded by the korean Government (NRF-2012S1A5A2A01016873)

서 문

최 길 용

(전북대학교 겸임교수)

〈윤하정삼문취록〉은 105권 105책으로 된 거질의 대장편소설로, 100권 100책의 〈명주보월빙〉과 30권 30책의 〈엄씨효문청행록〉 등과 함께, 235권 235책의 대장편서사체인 ≪명주보월빙 연작≫을 구성하고 있다. 그리하여 연작 전체가 배경・인물・사건・주제 등에 있어 일정한 연대성을 유지하면서 한편의 작품으로 통합되어진, 하나의 거대한 예술적 총체를 이루고 있다. 그 3부작을 합하면 원문 글자 수가 도합 334만4천여 자[1](〈보월빙〉1,485,000, 〈삼문취록〉1,455,000, 〈청행록〉404,000)에 이를 만큼 방대하여, 세계문학사에서도 그 유례를 찾아볼 수 없는 대장편소설인 동시에, 1700년대 말 내지 1800년대 초의 조선조 소설문단의 창작적 역량을 한눈에 보여주는 대작이자, 한국고소설사상 최장편소설로 꼽히고 있다.

양식 면에서, ≪명주보월빙 연작≫은 중국 송나라를 무대로 하여 윤・하・정 3가문의 인물들이 대를 이어 펼쳐가는 삶을 다룬 〈보월빙〉・〈삼문취록〉과, 윤문과 연혼가인 엄문의 인물들이 펼쳐가는 삶을 다룬 〈청행록〉으로 이루어져, 그 외적양식 면에서는 〈보월빙〉-〈삼문취록〉-〈청행록〉으로 이어지는 3부 연작소설이며, 내적양식 면에서는 윤・하・정・엄문이라는 네 가문의 가문사가 축이 되어 전개되는 가문소설이다.

내용면에서 보면, 이 연작에는 모두 787명(〈보월빙〉275, 〈삼문취록〉399, 〈청행록〉113)에 이르는 수많은 인물들이 등장하여, 군신・부자・부부・처첩・형제・친구 등 다양한 인간관계에서 벌어지는 수많은 사건들을 펼쳐가면서, 충・효・열・화목・우애・신의 등의 주제를 내세워, 인륜의 수호와 이상적인 인간 공동체의 유지, 발전을 위한 善的 價値들을 권장하고 있다. 아울러 주동인물군의 삶을 통해 고귀한 혈통・입신양명・전지전능한 인간・일부다처・오복향수・이상향의 건설 등과 같은 사대부귀족계급의 현세적 이상을 시현해놓고 있다.

---

1) 〈명주보월빙〉교감본 서문에서 밝힌 글자 수와 2만1천자의 차이가 발생한 것은 〈청행록〉의 원문 실제입력 글자수 계산 결과와 〈보월빙〉의 오기정정(1,475,000→1,485,000)을 반영했기 때문이다.

이 책 『교주본 윤하정삼문취록』은 105권105책으로 필사되어 있으면서 현재까지 전국 유일본인 '낙선재본'을 원문교정, 즉 '원문 자체에 내재해 있는 오류들을 전후 문맥과 원작자 또는 필사자의 어휘사용이나 문체 등의 글쓰기관행, 속담·격언·고사성어·名句 등의 인용에 있어서의 오류 여부를 면밀히 살펴, 원문의 誤字·脫字·誤記·衍文·缺落·落張·錯寫들을 교정하는 작업'을 하고, 여기에 띄어쓰기와 한자병기 및 광범한 주석을 가해 편찬한 것이다.

그 목적은, 첫째로는 필사본 텍스트들이 갖고 있는 태생적 오류, 곧 작품의 창작 또는 전사가 手記로 이루어질 수밖에 없었던 한계 때문에, 마땅한 퇴고나 교정 수단이 없음으로 해서 불가피하게 방치해버린, 잘못 쓰고[誤字], 빠뜨리고[脫字], 거듭 쓴[衍字] 글자들과, 또 거듭 쓰고[衍文] 빠뜨린[缺落] 문장들, 그리고 문법이나 맞춤법·표준어 규정 같은 어문규범이 없었던 시대에, 글쓰기가 전적으로 필사자의 작문능력에 따라 달라질 수밖에 없음으로 해서 생겨난 무수한 비문들과 오기들, 이러한 것들을 텍스트의 원문교정, 즉 전후 문장이나 문맥, 필사자의 문투나 글씨체, 그리고 고사·성어·속담·격언·관용구·인용구 등을 비교·대조하여 바로잡음으로써, 정확한 원문을 구축하는 데 있다. 또 이러한 교정과정을 일정한 기호를 사용하여 원문에 병기함으로써, 원문을 원표기 그대로 보존하여 보여주는 한편으로, 독자가 그 교정·교주의 타당성을 판단할 수 있게 하는데 있다. 그 이유는, 이렇게 함으로써 텍스트의 불완전성을 극복할 수 있을 뿐만 아니라, 원문의 표기법을 원문 그대로 재현해 놓음으로써 원본이 갖고 있는 문학적·어학적 가치는 물론 그 밖의 여러 인문·사회학적 가치를 훼손함이 없이 보존하고 전승해 갈 수 있다고 믿기 때문이다.

둘째로는 이러한 원문교정 과정과 광범한 주석들을 제시함으로써 필사본 고소설들에 대한 해석학적 지평을 확장하고, 나아가 이 연구의 수행을 통해 '原文校訂'이라는 한·중의 오랜 학문적 전통의 하나인 텍스트 교감학[2]의 유용성을 실증하여, 앞으로의 필사본 고소설들의 정리작업[데이터베이스(data base)구축과 출판]의 한 모델을 수립하는데 있다.

셋째로는 정확한 원문구축과 광범한 주석으로 작품의 可讀性을 높이고 해석적 불완전성을 제거하여, 일반 독자들이나 연구자들이 쉽게 원문 자료에 접근할 수 있게 하는데 있다.

넷째로는 이렇게 정리 구축한 교주본을 현대어본 편찬의 저본(底本)으로 활용하기 위함이

---

2) 고증학의 한 분파로, 경전이나 일반서적을 서로 다른 판본 또는 관련 있는 자료와 대조하여 내용이나 문자·문장의 異同을 밝히고 誤記·誤傳 따위를 찾아 바로잡는 학문이다. 중국 前漢 시대의 학자 劉向에 의해 창시되었으며, 청나라 때 가장 성하였다. 우리나라에서도 고려 때 한림원에 종 9품 校勘을 두었고, 조선시대에는 승문원에 종4품 校勘을 두어 경서 및 외교 문서를 조사하고 교정하는 일을 맡아보게 하였다.

다. 현대어본 편찬의 선결과제는 정확한 원문텍스트의 구축과 원문에 대한 정확한 주석이다. 이 책은 처음부터 이 현대어본의 저본 구축을 목표로 편찬된 것이기 때문에 이점 곧 정확한 원문텍스트의 구축과 원문에 대한 정확한 주석에 각별한 정성을 쏟았다.

컴퓨터 문서통계 프로그램이 계산해준 이 책의 파라텍스트(para-text)를 제외한 본문 총글자 수는 3,470,132자다. 원문 1,415,328자(결권 15,33,39권 원문 제외)를 입력하고, 여기에 2,468개소의 오자·탈자·오기·연문·결락 등에 대한 원문교정과 278,168자의 한자병기, 그리고 11,565개의 주석이 더해지고, 또 643,075 곳의 띄어쓰기가 가해져서 이루어진 결과다. 앞서 언급한 것처럼 이 책은 현대어본 출판까지를 계획하고 편찬한 것이다. 현대어본 분량도 311만자에 이른다. 전자 교주본은 전문 연구자와 국문학도들을 위한 학술도서로, 후자 현대어본은 일반 독자들을 위한 교양도서로, 전자는 국배판(188×257㎜) 2,226쪽 5책1질[〈교감본 윤하정삼문취록〉1-5, 학고방, 2015.04]로, 후자는 신국판(152×225㎜) 3,491쪽 7책1질[〈현대어본 윤하정삼문취록〉1-7, 학고방, 2015.04]로 각각 간행을 눈앞에 두고 있다.

이에 앞서 필자는 지난해 100권100책의 낙선재본과 36권36책의 박순호본을 교감·주석한 〈교감본 명주보월빙〉 1-5권(학고방, 2014.02. 총 3,258쪽)과 두 이본 중 낙선재본을 현대어로 번역·주석한 〈현대어본 명주보월빙〉 1-10권(학고방, 2014.04. 총 3,457쪽)을, 전자는 전문학술도서 국배판 규격으로, 후자는 일반교양도서 신국판 규격으로 각각 출판한 바 있다.

또 내년 곧 2016년 4월말까지는 이 연작의 3부작인 〈엄씨효문청행록〉의 교감본과 현대어본이 간행될 예정이다. 이 연구는 2013년 한국연구재단의 지원을 받아 수행된 것으로, 현재 그 교감본과 현대어본의 편찬이 완료된 상태이며 교정과 인쇄과정을 남겨두고 있다. 〈청행록〉은 30권30책의 낙선재본과 16권16책의 고려대본이 전하고 있는데, 교감본은 이 두 본을 단락단위로 병치시켜 교감·주석한 것으로 그 원고분량이 1,994,000여자(낙선재본 1,026,000자, 고려대본 918,000자)가 되며, 현대어본은 낙선재본을 주해한 것을 현대어로 옮긴 것으로 그 원고분량은 989,000자가 된다. 이를 앞의 〈보월빙〉이나 〈삼문취록〉과 같은 형태로 출판한다면 전자는 전문학술도서 국배판 2책, 후자는 일반교양도서 신국판 3책이 될 것이다.

이 3부작을 모두 합하면 교감본 12책, 현대어본 20책이 되어, 20책1질의 현대어본을 단순히 책 수로만 비교한다면 우리 현대소설사상 최장편 소설로 평가되는 20책1질로 출판된 박경리 선생의 〈토지〉에 필적할 분량이다.

세상에 어디 인고 없이 이루어진 성취가 있으랴마는 5년이라는 긴 칩거 끝에 1부작 〈명주보월빙〉에 이어 2부작 〈윤하정삼문취록〉을 이렇게 큰 출판물로, 또 DB화된 기록물로 세상에 내놓게 되니, 한국문학의 위대함을 또 한 자락 열어 보인 것 같아 여간 기쁜 마음이 아니다.

아무쪼록 이 책의 출판을 계기로 이 연작이 더 많은 독자들과 연구자, 문화계 인사들의 사랑과 관심을 받게 되고, 영화나 TV드라마 등으로 제작되어 민족의 삶과 문화가 더욱 풍성해지고 더 널리 전파되어 갈 수 있기를 기대한다. 이 작품들 속에 등장하는 앵혈·개용단·도봉잠·회면단·도술·부적·신몽·천경·참요검·신장·신병 등의 다양한 상상력을 장착한 소설적 도구들은 민족을 넘어 세계인들의 사랑과 흥미를 이끌어내기에 충분할 것이다. 또 세계문학사적 대작이자 한국고소설사상 최장편소설로 평가되는 이 작품들이 대중들의 더 높은 사랑과 관심을 받을 수 있도록 국가 보물로 지정되는 날이 쉬이 오기를 기대해 마지않는다.

끝으로 어려운 출판 여건 속에서도 인문학의 위기를 걱정하며 이 책의 출판을 흔쾌히 맡아주신 도서출판 학고방의 하운근 대표님과, 편집과 출판을 맡아 애써주신 직원 여러분의 후의를 잊을 수가 없다. 이 자리를 빌려 깊은 감사를 드린다.

2015년 4월 5일
청명절 아침

✳ 일러두기 ✳

   이 책 『교주본 윤하정삼문취록』은 105권105책으로 필사된 '낙선재본' 을 원문교정, 즉 '원문 자체에 내재해 있는 오류들을 전후 문맥과 원작자 또는 필사자의 어휘사용이나 문체 등의 글쓰 기관행, 속담·격언·고사성어·名句 등의 인용에 있어서의 오류 여부를 면밀히 살펴, 원문의 誤 字·脫字·誤記·衍文·缺落·落張·錯寫들을 교정하는 작업'을 하고, 여기에 띄어쓰기와 한자 병기 및 광범한 주석을 가해 편찬한 것이다.

   이 때문에 이 책은 불가피하게 원문에 대한 많은 교정과 보완이 가해졌다. 따라서 이 책은 이 처럼 원문에 가해진 많은 교정·보완 사항들을 일관성 있게 보여주고, 누구나 이를 원문과 쉽게 구별할 수 있게 하기 위해 다음 부호들을 사용하였다.

( ) :   한자병기를 나타내는 부호. ( )의 앞에 한글을 적고 속에 한자를 적는다.
       예) 금슬종고(琴瑟鐘鼓). 만무일흠(萬無一欠).

[ ] :   원문의 잘못 쓴 글자를 바로잡거나 빠진 글자를 보충해 넣은 부호. 오자·탈자·결락·
       낙장·마멸자 등의 교정에서 바로잡거나 빠진 글자를 보충해 넣을 때 사용한다.
       예) 번셩ᄒ믄[믈], 번셩○[ᄒ]믈, 번□□[셩ᄒ]믈,

○ :   원문의 필사 과정에서 생긴 탈자를 표시하는 부호. 3어절 이내, 또는 8자 이내의 글자를
       실수로 빠트리고 쓴 것을 교정하는 경우로, 빠진 글자 수만큼 '○'를 삽입하고 그 뒤에
       '[ ]'를 붙여, '[ ]'안에 빠진 글자를 보완해 넣어 교정한다.
       예) 넉넉ᄒ○○○[미 이시]니, 익뒤○○○[ᄒ기를] ᄌ질ᄀᆺ치 ᄒ라.

{ } :   중복된 글자나 불필요하게 들어간 말을 표시하는 부호. 衍字나 衍文을 교정하는 경우로,
       중복해서 쓴 글자나 불필요한 말의 앞·뒤에 '{' 과 '}'를 삽입하여 연자나 연문을 '{ }'로
       묶어 중복된 글자이거나 불필요한 말임을 표시한다.
       예) 공이 쳥파의 희연히{희연히} 쇼왈, 셜우믄 {업}업ᄉ리니.

《‖》 : 원문의 필사 과정에서 두 글자 이상의 단어나 구·절 등을 잘못 쓴 오기를 교정하는 부호. 이때 '‖'의 앞은 원문이고 뒤는 바로잡은 글자를 나타낸다.
　　　 예) 《잠비‖잠미》를 거스리고. 상총이 일신의 《요견‖온견》홀 쑨아니라

○…결락○자…○ : 원문에 3어절 이상의 말을 빠뜨리고 쓴 것을 보완하여 교정할 때 사용하는 부호. '○…결락○자…○' 뒤에 '[ ]'를 붙여 보완할 말을 넣고, 빠진 글자 수를 헤아려 결락 뒤의 '○'를 지우고 결락된 글자 수를 밝힌다.
　　　 예) 이의 ○…결락9자…○[졔손의 혼인을 셔돌식], 남평빅 좌승상 셩닌의 장주

○…낙장○자…○ : 원문에 본디 낙장이 있거나, 원본의 책장이 손상되어 떨어져 나간 것을 보완할 때 사용하는 부호. '○…낙장○자…○' 뒤에 '[ ]'를 붙여 보완할 말을 넣고, 빠진 글자 수를 헤아려 낙장 뒤의 '○'를 지우고 빠진 글자 수를 밝힌다.
　　　 예) 금평휘 황은을 감축(感祝)ᄒ여 빅두(白頭)를 두다려 슨은 왈, "노신 뎡연은 항쥬의 ○…낙장15자…○[미쳔흔 포의라." ᄒ니, 하회룰 분셕ᄒ라] 윤하뎡삼문취록 권지일백스

□ : 원본의 글자가 마멸되거나 汚損으로 인해 판독이 불가능한 글자를 표시하는 부호. 오손된 글자 수만큼 '□'를 삽입하고 그 뒤에 '[ ]'를 붙여, 오손된 글자를 보완해 넣는다.
　　　 예) 번□□[셩ᄒ]믈,

▌①《 》▌ : 원문에 필사자가 책장을 잘 못 넘기거나 착오로 쓰던 쪽이나 행을 잘못 인식하여 글의 순서가 뒤바뀐 착사(錯寫; 필사 착오)를 교정하는 부호. 필사착오가 일어난 처음과 끝에 '▌'를 넣어 착오가 일어난 경계를 표시한 후, 순서가 뒤바뀐 부분들을 '《 》'로 묶어 순서에 맞게 옮긴 뒤, 각 부분들 곧 '《 》'의 앞에 원문에 놓여 있던 순서를 밝혀 두어, 교정 전 원문의 순서를 알 수 있게 한다.
　　　 예) 원문의 글이 ▌①《 》②《 》③《 》▌의 순서로 쓰여 있는 것이 ②《 》-①《 》-③《 》의 순서로 써야 옳다면, 이를 옳은 순서대로 옮기고, 각 부분들의 앞에는 본래 순서에 해당하는 번호를 붙여 ▌②《 》①《 》③《 》▌으로 교정한다.

목 차

● 서   문 ·· v
● 일러두기 ·· ix

윤하뎡삼문취록 권지뉵십뉵 ··· 1
윤하뎡삼문취록 권지뉵십칠 ··· 24
윤하뎡삼문취록 권지뉵십팔 ··· 48
윤하뎡삼문취록 권지뉵십구 ··· 70
윤하뎡삼문취록 권지칠십 ··· 92
윤하뎡삼문취록 권지칠십일 ··· 112
윤하뎡삼문취록 권지칠십이 ··· 132
윤하뎡삼문취록 권지칠십삼 ··· 152
윤하뎡삼문취록 권지칠십ᄉ ··· 175
윤하뎡삼문취록 권지칠십오 ··· 195
윤하뎡삼문취록 권지칠십뉵 ··· 218
윤하뎡삼문취록 권지칠십칠 ··· 239
윤하뎡삼문취록 권지칠십팔 ··· 260
윤하뎡삼문취록 권지칠십구 ··· 281
윤하뎡삼문취록 권지팔십 ··· 302
윤하뎡삼문취록 권지팔십일 ··· 323
윤하뎡삼문취록 권지팔십이 ··· 343
윤하뎡삼문취록 권지팔십삼 ··· 364
윤하뎡삼문취록 권지팔십ᄉ ··· 387
윤하뎡삼문취록 권지팔십오 ··· 412

윤하뎡삼문취록 권지뉵십뉵

ᄎ시 쳥션이 심니(心裏)의 실쇼ᄒ나, 져의 구망(口望)1)의 암합(暗合)ᄒ믈 딕희(大喜)ᄒ여 웃고 왈,

"빈되 어려셔붓허 스싱을 조ᄎ 쳔변만화(千變萬化)의 불측(不測)ᄒ 직죄 이시니, 엇지 귀틱 쇼낭ᄌ의 두환(痘患)의 비명힝ᄉ(非命橫死)ᄒ 혼신을 브르지 못ᄒ리잇고? 죽언지 빅일이 지난 후ᄂ 홀일업거니와, 구십구일만ᄒ여도 회운(回運)ᄒᄂ 도리 잇ᄂ니이다. 아지못게라!2) 지물이 가장 만하야, 황쳔(黃泉) 신기(神祇) 후토(后土)긔 녜단(禮緞) 폐빅(幣帛)○[을] 갓초고, 칠일직계(七日齋戒)ᄒ여 명ᄉ(冥司) 디부(地府)의 도라간 쳬빅(體魄)을 인졍(人情)으로 셤기고야, 【1】 바야흐로 ᄎᄌ 도라와 시체를 향탕(香湯)의 목욕ᄒ여, 셕은 살을 닉틔워3) 다시 환혼(還魂)ᄒ게 ᄒᄂ니이다."

능시 부녜 요리의 간교니언(奸巧利言)ᄒ 감언밀셜(甘言蜜說)노, 오관(五官)의 바람 들고 넘통의 쉬 슨, 향촌 우미(愚昧) ᄆᄉᆫ 쥬견(主見)이 이시리오. 요리의 꿀 갓치 단 말의 황홀ᄒ여, 하늘이 일졍(一定) 져의 부녀의 긍측(矜惻)ᄒ 졍니(情理)를 잔잉이 너겨, 불셰(不世)의 싱불을 나리와 묘아를 술오려 ᄒ시ᄂ가 너겨, 부녜 일시의 고두 빅비ᄒ고, 합슈츅텬(合手祝天)ᄒ여 왈,

"현인(賢人) 셰존(世尊)님아. 젹션나한(積善羅漢)이 어듸로 조ᄎ 하계(下界)ᄒ여, 나의 빅셜교아(白雪嬌兒)를 술나 쥬려 【2】 ᄒ시ᄂ뇨. 본듸 빈한ᄒ니 지물이 어듸셔 만히 나리오만은, 다만 우리 시랑이 운남의 가실 졔 원비(元妃)를 몰닉여 우리 부녀의 의식(衣食)ᄒ라 ᄒ고 쥬고 간 거시 다 진(盡)ᄒ고, 남은 거시 계오 빅은 오빅 냥은 남고, 치단 빅여 필이 남고, 닉게 납치(納采)ᄒ 금팔쇠 하나와 금봉ᄎ(金鳳釵) 일미(一枚)와 산호진보(珊瑚珍寶) 픽산지뉴(貝珊之類) 약간 이시니, 이 밧 업ᄂ지라. 스부ᄂ 딕ᄌ딕비(大慈大悲)ᄒ샤 녜물이 젹다 마ᄅ시고, 칠일도장(七日道場)을 베퍼, 유녀(幼女)의 귀령(鬼靈)을 회운(回運)ᄒ게 ᄒ쇼셔."

쳥션이 가장 극난이 너기ᄂ 빗ᄎ로, 마지 못ᄒ여 허락ᄒᄂ 체ᄒ고 왈,

"부인의 신셰 긍측 【3】 ᄒ니, 녜단이 스쇼(些少)ᄒ나 마지 못ᄒ여 셜도(說道)ᄒ려니

---

1)구망(口望) : 말로 무엇을 바람.
2)아지못게라! : '모르겠도다!' '모를 일이로다!' '알지못하겠도다!' 등의 감탄의 뜻을 갖는 독립어로 작품 속에서 관용적으로 쓰이고 있어, 이를 본래말 '아지못게라'에 감탄부호 '!'를 붙여 독립어로 옮겼다.
3)닉틔우다 : 싹이나 움 따위를 잘 띄우거나 돋아나게 하다.

와, 아모커나 빈도의 심녁은 만히 허비ᄒ리로쇼이다. 다만 쇼낭지 죽언지 몃 날이니잇
고?"

능싱 왈,

"엇지 텬신 갓흔 슈부를 긔이리오. 여ᄎ여ᄎᄒ여 두 아희 다 죽어시ᄃ, 묘아ᄂ 십일
만의 죽어시니 구십 칠일이오, 진짓 관아ᄂ 두환 칠일의 죽어시니 빅여 일이라. 묘아
의 닷시를 몬져 죽엇ᄂ이다."

쳥션 왈,

"진짓 쇼랑은 임의 빅일이 넘어시니, 비록 틱상노군(太上老君)4)의 보명신단(保命神
丹)이라도 능히 구치 못ᄒ리로쇼이다."

능시 왈,

"비록 졍니(情理)의 참연ᄒ나, 오아ᄂ 본ᄃ 【4】 작인 품쉬 용녈(庸劣)ᄒ던 거시니,
현마 엇지ᄒ리오. 다만 가아(假兒)를 슬오고져 ᄒᄂ이다."

쳥션이 흔연 허락 왈,

"빅일 곳 넘으면 못ᄒ 거시니, 니졔 셜도(說道)홀 네물을 츌히쇼셔. 셜도 지계홀 졔
다만 빈되 혼ᄌ ᄒᄂ니, 엇지 텬긔를 누셜ᄒ리오. 아모도 보지 못ᄒ실 거시니, 다만
치단(綵段) 금보(金寶)와 향화(香火) 등쵹(燈燭)과 포진(鋪陳) 긔물(奇物)을 갓초아 쇼
랑의 무덤 알ᄑ 비셜ᄒ 후, 빈되 홀노 목욕 지계ᄒ고 분향 칠일의, 바야흐로 쇼랑을
살나녀여 스스로 다리고 올 거시니, 상공과 낭ᄌᄂ 다만 빈도의 도라오기만 기다리시
고, 힝혀도 잡인을 【5】 근쳐의도 보ᄂ지 마로쇼셔. 쇼랑의 유음(幽陰)이 모히고져 홀
ᄊ의 만일 양셰인(陽世人)의 진긔(眞氣)를 쏘이면, 유음이 놀나 ᄒ번 훗허지면 다시
브르기 어려오리이다."

능싱 부네 듯ᄂ 말마다 불황불망(不遑不忙)5)ᄒ여 언언(言言)이 고기 조아,

"명ᄃ로 ᄒ리이다."

ᄒ더라.

능싱 부네 즉일노셔 남은 지산을 낫낫치 거훌너, 네단폐빅을 갓초아 쥬고, 츄환으로
묘아의 무덤을 가라치고 오라 ᄒ더라.

쳥션이 요황(妖荒) 허탄(虛誕)흔 말노 능싱 부녀를 속이고, 만흔 지물을 후려ᄂ려
ᄒ미, 그윽흔 숨의 우음을 머금고, 묘아의 무덤을 둘너 거즛 포 【6】 진을 비셜ᄒ고,
음운흑무(陰雲黑霧)를 지어 산곡을 덥허, 힝인이 아라 보지 못ᄒ게 ᄒ고, 가만히 묘아
의 무덤을 헷쳐 의금 관곽이란 벗겨 노코, 시쳬만 보히 쏘다가 깁흔 산곡 암혈 속의
드리치고, 슈졍을 다려다가 변용단(變容丹)을 먹이며 묘아의 젼형(全形)을 비츅(拜祝)
ᄒ여 다려다가 능싱 부녀를 속이려 ᄒ미라.

---

4)태상노군(太上老君) : 도가에서 교조(敎祖)인 노자(老子)를 신격화하여 이르는 말. 5세기 북위의 도교기
　록인 『위서(魏書)』의 「석로지(釋老志)」에 처음 나타난다.
5)불황불망(不遑不忙) : 침착하여 당황하지 아니함.

이 씨 녀네 쳥션을 니별ᄒᆞ고 외로이 방장의셔 머므더니, 야심ᄒᆞᄆᆡ 졍히 ᄌᆞ고져 ᄒᆞ더니, 믄득 지게를 여ᄂᆞᆫ 곳의 봉암진인이 고관ᄃᆡᄃᆡ(高冠大帶)로 의복을 션명이 ᄒᆞ고, 학챵도복(鶴氅道服)6)을 졍졔(整齊)ᄒᆞ며 홍ᄉᆞᄃᆡ(紅絲帶)를 흉복(胸腹)【7】의 눌너시니, 미려ᄒᆞᆫ 얼골이 슈슈ᄒᆞ여7) 하8) 츄믈(醜物)은 아니러라.

음네 눈을 드러 한번 보ᄆᆡ, 져의 무인심야(無人深夜)의 홀노 은근이 드러오믈 보니, 심ᄒᆞ의 디경 의혹ᄒᆞ고, ᄯᅩ 가업슨 음욕을 장츅(藏蓄)ᄒᆞ연지 오라니, 표일(飄逸)ᄒᆞᆫ 남ᄌᆞ의 조흔 풍치를 보ᄆᆡ ᄯᅩ한 반갑고 흐뭇ᄒᆞ니, 아험(娥臉)9)의 교연(嬌然)이 웃ᄂᆞᆫ 빗츨 ᄯᅴ여 왈,

"ᄉᆞ뷔 즁야(中夜)의 니르시니, 아니 므슨 가ᄅᆞ칠 일이 계시니잇가?"

봉암이 녀녜의 아름다온 얼골의 웃ᄂᆞᆫ ᄐᆡ도를 보니, 촉하의 더옥 황홀ᄒᆞᆫ지라. 불 갓흔 음욕이 역시 황황(恍恍)ᄒᆞ니, 희연(喜然)이 웃고 왈,

"낭지(郎子) 비【8】록 금옥(金屋) 도장10) 안히 지상 교옥(嬌玉)이나, 임의 부명(父名)이 긔구ᄒᆞ여 쳐음의 그릇 윤셰린의 안히 되ᄆᆡ, ᄯᅩ한 졍도로 못ᄒᆞ여 쳔만곡경(千萬曲境) 가온ᄃᆡ 셩명을 밧고와, 계오 셰린의 부빈(副嬪) 한 자리를 어더 도라갓다가, ᄯᅩ 다시 간젹(奸跡)이 픠루ᄒᆞᄆᆡ, 셩당(盛黨)ᄒᆞᆫ 가문과 긔승(氣勝)ᄒᆞᆫ 겨ᄅᆞ리의 셔어(齟齬)ᄒᆞᆫ ᄌᆞ최를 발뵈지 못ᄒᆞ여, 혼셔 치단을 쇼화ᄒᆞ고 영영 니이(離異)ᄒᆞ여 도라오니, 형셰 다시 윤흑ᄉᆞ의 거두믈 바라지 못ᄒᆞᆯ지라. 니 발셔 낭ᄌᆞ의 다시 셩명을 밧고와 윤가의 셜원(雪冤) 복슈(復讐)코져 ᄒᆞᄂᆞᆫ 뜻이 깁흐믈 아랏ᄂᆞ니, 낭직 니졔 만일 ᄉᆞᄉᆞ(事事)의 ᄂᆡ 말【9】을 슌죵ᄒᆞ면, 우리 ᄉᆞ졔(師弟) 진심갈녁(盡心竭力)ᄒᆞ여 낭ᄌᆞ의 일ᄉᆡᆼ계활(一生計活)이 빗나도록 도모ᄒᆞ려니와, 불연즉(不然卽) 만니젼졍(萬里前程)이 미가분(未可分)ᄒᆞᄆᆡ, 우리 ᄉᆞ뎨(師弟) 슈죵의 잇ᄂᆞᆫ가 ᄒᆞ노라."

음네 쳥파의 낫츨 붉히고 답지 아니커늘, 봉암이 져의 뜻이 물 갓흐믈 보고, 다시 감언미어(甘言美語)로 달ᄂᆡ며, 져혀 왈,

"낭직 옛 글을 보지 못ᄒᆞ엿ᄂᆞ냐? 쥬희(朱姬)11)ᄂᆞᆫ 상고(商賈) 녀옹(呂翁)12)의 희쳡

---

6)학챵도복(鶴氅道服) : =학챵의(鶴氅衣). 학챵(鶴氅). 소매가 넓고 뒤 솔기가 갈라진 흰옷의 가를 검은 천으로 넓게 댄 웃옷.

7)슈슈ᄒᆞ다 : 물건의 품질이나 걸모양, 또는 사람의 옷차림 따위가 그리 좋지도 않고 나쁘지도 않고 제격에 어울리는 품이 어지간하다. 늑실박하다.

8)하 : ((원인을 나타내는 경우나 의문문에 쓰여)) 정도가 매우 심하거나 큼을 강조하여 이르는 말. '아주', '몹시'의 뜻을 나타낸다.

9)아험(娥臉) : 아검(娥臉)의 변음. 고운 뺨, 고운 얼굴.

10)도장 : 규방(閨房). 도장방. 부녀자가 거처하는 방.

11)주희(朱姬) : 중국 진(秦)나라 시황제(始皇帝)의 생모. 본래 거상(巨商) 여불위(呂不韋)의 애첩이었으나, 진나라 장양왕(莊襄王)이 조(趙)나라에 볼모가 되어 있을 때, 여불위에 의해 장양왕에게 보내져, 뒤에 왕후에 올랐는데, 장양왕에게 보내질 당시 이미 여불위의 아들을 임신하고 있었다. 이 아들이 바로, 후에 장양왕(莊襄王)의 뒤를 이어 왕위에 오른 시황제(始皇帝) 정(政)이다. 장양왕이 일찍 죽자, 태후로서 재상 여불위, 환관 노애(嫪毐) 등과 밀통하는 등 문란한 생활을 하였다.

12)녀옹(呂翁) : 중국 진(秦)나라의 시황제(始皇帝) 때의 재상 여불위(呂不韋; ?~B.C.235). 전국시대 말기

(姬妾)이로딕 진왕손(秦王孫)13)의 부인이 되어, 나종의 진시황(秦始皇)14)의 틱휘(太后)
되엿고, 한고휘(漢高后)15) 만승국모(萬乘國母)로딕 심이긔(審食其)16)를 사통ᄒ고, 당
나라 무측텬(武則天)17)이 삼뎨를 셤기며, 명황(明皇)18)의 틱진(太眞)19)이 안흐로 금전
(禁殿)의 【10】 춍(寵)을 바다 부귀를 누리딕, 밧그로 녹산(祿山)20)을 잠간(潛姦)ᄒ여

─────────────

한(韓)나라의 거상(巨商)으로, 진나라 장양왕(莊襄王)이 조(趙)나라에 볼모가 되어 있을 때 만나, 자신
의 애첩인 주희(朱姬)를 장양왕에게 보내 부인을 삼아주고, 또 그의 재력을 이용해 장양왕(莊襄王)을
귀국시켜 왕위에 오르게 하였다. 그런데 주희가 장양왕(莊襄王)의 부인이 될 당시 그녀는 여불위의 아
들을 임신하고 있었는데, 이 아이가 곧, 후에 장양왕(莊襄王)의 뒤를 이어 왕위에 오른 시황제(始皇帝)
이다. 이러한 공으로 그는 장양왕과 시황제, 2대에 걸쳐 재상이 되어 진나라 통일대업 완성에 크게 기
여했다. 시황제로부터 중부(仲父)로 존칭되었고, 문신후(文信侯)에 봉해졌다. 학자들을 모아 『여씨춘추
(呂氏春秋)』를 편찬하기도 하였다.

13)진왕손(秦王孫) : 진(秦)나라 장양왕(莊襄王)을 말함. *장양왕(莊襄王); 중국 전국시대 말 진(秦)나라
임금. 조(趙)나라에 볼모로 가 있다가, 여불위(呂不韋)의 도움으로 귀국하여 효문왕(孝文王)의 뒤를 이
어 왕위에 올랐으나, 즉위 3년만에 죽었다.

14)진시황(秦始皇) : 중국 진(秦)나라의 제1대 황제(B.C.259~B.C.210). 이름은 정(政). 기원전 221년에
중국을 통일하고 스스로 시황제라 칭하였다. 중앙 집권을 확립하고, 도량형·화폐의 통일, 만리장성의
증축, 아방궁의 축조, 분서갱유 따위로 위세를 떨쳤다. 신선을 찾아 불로불사약을 구하기 위해 동남동
녀(童男童女) 수천 명을 봉래산·방장산·영주산에 보냈으나 얻지 못하였다는 전설이 전한다. 재위
기간은 기원전 247~기원전 210년이다.

15)한고후(漢高后) : 중국 한(漢) 고조(高祖) 유방(劉邦)의 비(妃) 여후(呂后). 성은 여(呂). 이름은 치(雉).
고조를 보좌하여 진말(秦末)·한초(漢初)의 국난을 수습하였으나, 고조가 죽은 뒤 실권을 장악하여, 심
이기(審食其; 전한 초의 정치가, 개국공신)를 사통(私通)였고 고조의 애첩인 척부인(戚夫人)과 척부인
소생 왕자 조왕(趙王)을 죽이는 등 포악을 일삼아, 측천무후(則天武后), 서태후(西太后)와 함께 중국의
3대 악녀로 꼽힌다.

16)심이긔(審食其) : ? ~ 기원전 177년. 전한 초의 정치가로, 패(沛) 땅 출신. 개국공신으로 벽양후(辟陽
侯)에 봉해졌다. 한고조의 집사(執事)로서 고조 사후(死後) 여후(呂后)의 총애를 받았고 승상에까지 올
랐다.

17)무측텬(唐武則天) : 중국 당나라 고종의 황후. 성은 무(武). 이름은 조(曌). 중국 역사에서 유일한 여제
(女帝)로 고종을 대신하여 실권을 쥐고, 두 아들을 차례로 제왕의 자리에 오르게 하였으나, 이들을 폐
하고 스스로 제왕의 자리에 올라 국호를 주(周)로 고치고 성신황제(聖神皇帝)라 칭하였다. 14세에 궁
녀로 입궁하여 태종의 승은을 입었으나, 그의 아들 고종과 정을 맺고, 고종이 즉위한 후 황후가 되었
다. 또 고종이 죽은 후는 여자로서 황제(皇帝)에 올라 남성편력을 일삼았다. 한여후(漢呂后)·서태후
(西太后)와 함께 중국의 3대 악녀로 꼽는다.

18)명황(明皇) : 당현종(唐玄宗). 중국 당나라의 제6대 황제(685~762). 성은 이(李), 이름은 융기(隆基).
시호는 명황(明皇)·무황(武皇). 초년에 정사(政事)를 바로잡아 '개원의 치'라고 불리는 성당(盛唐) 시대
를 이루었으나, 만년에 양 귀비를 총애하고 간신에게 정치를 맡겨 안녹산의 난을 초래하였다. 재위 기
간은 712~756년이다.

19)틱진(太眞) : 양귀비(楊貴妃). 중국 당나라 현종(玄宗)의 비(妃)(719~756). 이름은 옥환(玉環). 도교에
서는 태진(太眞)이라 부른다. 월(越)나라 서시(西施)와 한(漢)나라 때 왕소군(王昭君), 초선(貂蟬)과 함
께 중국 4대미인의 한사람으로 꼽는다. 춤과 음악에 뛰어나고 총명하여 현종의 총애를 받았으나 안녹
산의 난 때 죽었다.

20)녹산(祿山) : 안록산(安祿山). 호족(胡族) 출신으로 용맹과 전술이 뛰어나 당 현종의 신임을 받았다.
755년 평로(平虜)·범양(范陽)·하동(河東) 지구를 총괄하는 절도사가 되자, 15만 병력을 일으켜 낙양
과 장안을 점령한 후 대연(大燕) 웅무황제(雄武皇帝)를 자칭하였다. 757년 황제의 자리를 탐내던 아들
안경서(安慶緒)에게 살해되었다. 한때 양귀비의 환심을 사서 그의 양자가 되었다는 일화가 있다.

종요로온 낙亽(樂事)를 삼아시니, 낭지 니제 비록 날노 더부러 졍을 머무르나, 고亽(古者) 추인 등의 난뉸픿상(亂倫敗常)ᄒᆞᄂᆞᆫ 음힝은 아니라. 늬 ᄯᅩᄒᆞᆫ 낭즈의 날 ᄃᆡ졉ᄒᆞ기 쥬회의 고인 닛지 아님 갓ᄒᆞ면, 늬 ᄯᅩᄒᆞᆫ 진시황을 씻쳐 진황손의 ᄌᆞ식이라 ᄒᆞᆷ을 본바드리라."

음녜 침음 반향의 ᄇᆡᄉᆞ 왈,

"근슈교의(謹受敎矣)리니, 亽부ᄂᆞᆫ ᄯᅩᄒᆞᆫ 져바리지 마로쇼셔."

추슌위 쳥파의 녀녜의 슌죵ᄒᆞᆷ을 깃거 연망이 칭亽ᄒᆞ고 쵹을 앗고 닛그러 침셕의 나아가니, 탕즈 음녀의 음일ᄒᆞᆫ 졍틱 불【11】가형언이라. 봉암이 녀녀를 과혹ᄒᆞ여 스오일 쥬야 동낙ᄒᆞ여 슈유(須臾) 불니(不離)러니, 믄득 오일만의 쳥션이 도라와, 스싱과 녀시 흔연ᄒᆞᆫ ᄉᆞ식(辭色)을 보고 ᄃᆡ경실식(大驚失色)ᄒᆞ여, 亽셰 여ᄎᆞ즉, '대亽 그릇되리라' ᄒᆞ여, 분분ᄒᆞᆷ을 마지 아니니, 녀녀ᄂᆞᆫ 붓그려 낫출 붉히고 아미(蛾眉)를 슉여 묵연ᄒᆞ고, 봉암은 변식(變色) 닝쇼(冷笑) 왈,

"우리 냥인이 임의 고亽(古事)를 일너 셔로 언약이 잇ᄂᆞ니, 대식 그릇될 거시 무어시리오."

쳥션이, '대亽를 그릇 민ᄃᆞ라시니, 한갓 녀급亽 부부의 쫄을 맛지며 〇[훈]부탁을 져바릴 ᄲᅮᆫ 아니라, 모계(謀計) 다 헛 곳의 도라가, 속【12】졀업시 만흔 지물을 일흐리로다.' 싱각이 이의 밋ᄎᆞ미, 젼두(前頭)를 아라 볼 거시 업ᄂᆞᆫ지라. 낫출 붉혀 초독히 갈오대,

"불도(佛道)와 션되(仙道) 다르나, 션되 ᄯᅩ 쳥졍(淸淨)ᄒᆞ니, 亽뷔 임의 무륜(無倫) 무의(無義)ᄒᆞ여 진욕(塵慾)을 버셔시니, 쇼당(所當)[21] 졀대가인(絶代佳人) 아녀 요지금뫼(瑤池金母)[22]라도, 식욕(色欲)의 음황(淫荒)ᄒᆞᆷ을 조심ᄒᆞ미 올커날, 더옥 녀쇼졔 시명(時命)이 부박(浮薄)ᄒᆞ고 팔지(八字) 긔험(崎險)훌식, 급亽 부뷔 빈승을 미어 맛지믄, 본대 일싱을 빗나게 졔도ᄒᆞ라 《ᄒᆞ니∥ᄒᆞ미니》, 늬 ᄌᆞ비지심의 츄연(惆然) 불승(不勝)ᄒᆞ여 이의 다려왓거늘, 亽뷔 쳥졍(淸淨)ᄒᆞᆫ 도ᄉᆞ의 몸으로, 엇지 춤아 네 아니믈 싱각지 아【13】냐 힝ᄒᆞ시뇨?"

녀녀를 보아 노왈,

"원간 남기[23] 놉고 곳으면 광풍이 감히 휘오지 못ᄒᆞᄂᆞ니, 낭지 실노 고결 쳥졍ᄒᆞ대 엇지 이 거죄 이시리오. 녕당 노야와 부인 경계 다 그릇되여시니, 잘되나 못되나 젼졍계활(前程計活)은 임의로 ᄒᆞ고, 빈승은 보치지 말나."

언필의 노긔 등등ᄒᆞ니, 음녜 대참 묵연이어날, 봉암이 쳥션의 초독ᄒᆞᆫ 식과 경악ᄒᆞᆫ 말을 노ᄒᆞ나, ᄯᅩ 졔 그릇혼지라. 노식 낭구의 일계를 싱각고 믄득 흔연이 웃고, 프러

---

21)쇼당(所當) : 응당(應當). 마땅히.

22)요지금뫼(瑤池金母) : 서왕모(西王母). 중국 신화에 나오는 신녀(神女)의 이름. 불사약을 가진 선녀라고 하며, 음양설에서는 일몰(日沒)의 여신이라고도 한다.

23)남기 : 나무.

왈,

"졔즈는 근심말나. 닉 그딕로 더부러 늦게야 만난 빈나, 스졔지의(師弟之義) 분명ᄒ 니, 엇【14】지 심졍을 긔이리오. 그딕 나의 션도의 그릇ᄒᄆᆯ 칙ᄒ나, 션되 비록 쳥혼 (淸閑)ᄒ나 ᄯᅩ 셔역괴도(西域怪道)24)와 다른지라. ᄌ고로 미녀가인(美女佳人)은 남아 의 노리기라. 닉 초의 조상고비(早喪考妣)ᄒ고 혈혈일신(孑孑一身)이 마지못ᄒ여 츌가 슈도ᄒ여시나, 본딕 셕가의 즁밍(重盟)을 두지 아냐시니, 오년(吾年)이 바야흐로 즁년 의 장년츈졍(長年春情)이 바야히라. 녀시 갓ᄒᆫ 졀딕미아(絶代美兒)를 만나 죽을지언졍 엇지 풍졍(風情)이 미몰ᄒ리오. 니러므로 장부의 츈졍과 가인의 다졍ᄒᆫ ᄯᅳᆺ이 셔로 합 ᄒ여 이의 니르러시니, ᄎ역(此亦) 연분이라. 현마 어이ᄒ리오. 닉 ᄯᅩᄒᆫ 졀노 더부 【15】러 빅년을 동낙(同樂)고져 ᄒ미 아니라, 일시 풍졍(風情)이니, 닉 일시 유졍(有 情)ᄒ나 졔 본딕 규쉬 아니니, 비상(臂上) 쥬표(朱表)25)의 유뮈 업스니 관겨ᄒ리오. 그 딕 의향딕로 션쳐ᄒ면, 닉 ᄯᅩᄒᆫ 일비지녁(一臂之力)을 도을 ᄯ롬이니, 므ᄉᆫ 다른 의식 이시리오."

쳥션이 ᄎ언을 드르니 져기 놀난 가슴을 진졍ᄒ여, 역시 잉노(忍怒)ᄒ여26) 잠쇼 왈,

"스뷔 니르듯 널리 싱각ᄒ시니, ᄯᅩᄒᆫ 녀급스 부부의게 낫치 이실지라. 다힝ᄒ도쇼이 다. 뎨지 본딕 조협(躁狹) 경도(傾倒)ᄒ여, 스부의 관홍(寬弘)ᄒᆫ 마음을 밋쳐 아지 못 ᄒ고 불슌ᄒ미 만흐니, 원컨딕 용셔ᄒ쇼셔."

삼인이 바야흐로 셔로 웃고 한【16】담홀ᄉᆡ, 쳥션이 능싱 부녀의 젼후 스상(事狀) 을 다 니르고, 니졔 녀녀를 다려다가 변형 쇼아(小兒)ᄒ여 져를 속이려 ᄒᄂᆫ 줄을 니 르니, 녀녀는 깃거ᄒ딕 봉암이 신졍(新情)이 미흡ᄒᆫ딕, 어느 시 쩌날 바를 악연(愕 然)○○[ᄒ여] 무언ᄒ니, 쳥션이 아라보고 불열(不悅)ᄒᄆᆯ 니긔지 못ᄒ나, ᄉᆞ셰(事勢) 이의 밋쳐시니 ᄯᅩ 져를 뮈이기 어려온지라. 흔연이 니르딕,

"스부와 낭ᄌ의 만나기도 역시 인연이니 인녁으로 홀 빅 아니라. 신졍의 결연ᄒ미 잇거든 셔로 쩌나지 아니홀 계괴 잇ᄂᆞ니, 스뷔 능히 욕되믈 감심ᄒ시리잇가?"

봉암과 음녜 비록 말을 【17】아니ᄒ나 진실노 셔로 쩌나믈 결연이 너기다가, 이 말을 듯고 딕희ᄒ여 므르딕, 쳥션이 우으며 계교를 니르니 냥인이 딕희ᄒ더라.

쳥션이 즉시 녀녀를 근두운(筋斗雲)27) 속의 틔와 한가지로 힝ᄒ여, 먼니 아니 가셔

---

24)셔역괴도(西域怪道) : 중국의 서역에 있는 인도에서 일어난 불교를 지칭하는 말임.

25)쥬표(朱表) : 앵혈. 중국의 '수궁사(守宮砂)'를 한국고소설에서 창작적으로 변용하여 쓴 서사도구의 하 나. 도마뱀의 피에 주사(朱砂)를 섞어 만든 것으로, 이것을 팔에 한번 찍어 놓으면 성관계를 맺기 전까 지는 절대로 없어지지 않는 속설 때문에, 고소설에서 여성의 동정(童貞)이나 신분(身分)의 표지(標識) 또는 남녀의 순결 확인, 부부의 합궁여부 판단 등의 사건 서사에 다양하게 활용되고 있다. 앵혈·쥬표 (朱標)·비홍(臂紅)·홍점(紅點)·주점(朱點)·앵홍·앵점 등 여러 다른 말로도 쓰이고 있다.

26)잉노(忍怒)ᄒ다 : 성을 참다. 화를 참다.

27)근두운(筋斗雲) : 거꾸로 내려오는 구름. *근두(筋斗)치다; 곤두치다. 높은 곳에서 머리를 아래로 하여 거꾸로 떨어지다. *근두박질(筋斗撲跌); 곤두박질. 몸이 대번에 뒤집혀 갑자기 거꾸로 내리박히는 일

산곡 암하의 묘아의 무덤 알픠 나리와 노코, 외면회단(外面回丹)을 가라 먹이며 비츅
ᄒ여 묘아의 얼골 되기를 비로되, 오히려 ᄌ틱 졀승ᄒ믈 비츅(拜祝)ᄒ니 과연 경긱의
신장 체용(體容)이 다 변ᄒ여, 칠팔 세 연연유녀(軟軟幼女)의 체용(體容)이 되니, 졀승
가려ᄒ여 삼츈의 ᄒᆡ당(海棠)이 봉오리를 믜ᄌ며, 초월(初月)28)이 운간(雲間)을 【18】
엿보ᄂᆞᆫ 듯ᄒ더라.

청션이 ᄯᅩ 흔 먹음 물을 가져 녀녀의 낫치 ᄲᅮᆷ고, 진언(眞言)을 외오며 셜법(說法)ᄒ
니, 과연 두창(痘瘡)이 만면ᄒ여 한 닙흘 나리 쓴 듯ᄒ더라. 셔로 묘ᄒ믈 일ᄏᆞᄅᆞ며, 청
션이 녀녀를 능가 부녀를 보고 슈답(酬答)홀 말을 다 가ᄅᆞ치고, 이날 능신의 청션이
가(假) 묘아를 의구히 압셰워 능가의 니르니, 츄환이 문외의 셧다가 챵망이 드러가,
청션 신ᄉᆡ(神師) 쇼낭ᄌᆞ를 ᄉᆞᆯ와 다리고 도라온다 ᄒ니, 《능ᄉᆡ ‖ 능싱》 부녜 급히 발
바당으로, 밋쳐 신을 ᄎᆞᆺ지 못ᄒ고, ᄂᆡ다라 청션을 마ᄌ 당의 안치고, 고두빅빅(叩頭百
拜)ᄒ여 깃붐과 은혜를 니로 다 【19】 못 ᄉᆞ레ᄒ니, 요리 거즛 겸양ᄒ고 니로되,

"쇼낭지 오히려 졍신이 미황(迷徨)ᄒ리니 샹공과 부인은 너모 경동치 마ᄅᆞ시고, 븟
드러 진졍케ᄒ고, ᄯᅩ 두창이 오히려 ᄯᅥ러지기 머러시니, 맛당이 한 녈을29) 숨혀 다시
그ᄅᆞ미 업게 ᄒ쇼셔."

능싱 부녜 ᄭᆡ다라 그졔야 어ᄌᆞ러이 칭은(稱恩) 송혜(頌惠)ᄒ던 광언망셜(狂言妄說)
을 긋치고, 묘아를 붓드러 방즁의 드리고 약음과 진미를 챨혀 구호홀ᄉᆡ, 두창(痘瘡)이
오히려 프르고 검어 한 겁질 와장(瓦張)30)을 나리 쓴 듯ᄒ니, 이목 구비를 아라보기
어렵더라.

묘이 외조(外祖)와 모시(母氏)를 붓들고 왈,

"쇼녜 ᄌᆞ던지 ᄭᆡ엿던【20】지 졍신이 미황(迷徨)흔 가온ᄃᆡ 한 곳의 가니, 누각이
놉고 화려ᄒ여 인간의 보지 못ᄒ던 경기(景槪) 만터이다. 이목이 《ᄒᆡ황 ‖ 현황(炫
煌)》ᄒ여 보지 못ᄒ리러니, 홀연 한 부인이 칠보(七寶) 장엄ᄒ고 얼골이 셰샹의 드믄
졀ᄉᆡᆨ이러이다. 쇼녀를 보고 니ᄅᆞ되, '나ᄂᆞᆫ 텬샹 웃듬 신션 셔왕뫼(西王母)러니 너ᄂᆞᆫ ᄂᆡ
셋지 ᄯᆞᆯ 요희라. ᄂᆡ ᄉᆞ랑ᄒ믈 보옥 갓치 ᄒ더니, 네 그릇 옥경(玉京)의 조회(朝會) 갓
다가 문곡진인의 희롱을 물니치지 못ᄒ니, 문곡은 옥뎨 ᄉᆞ회오, 틱원공쥬 부미라. 공
쥬 본ᄃᆡ 투긔 심ᄒ더니 이 일을 알고 노ᄒ여, 옥뎨긔 엿ᄌᆞ와 【21】 박명을 하리ᄒ
고31) 너희 젼춍(專寵)ᄒ믈 참쇼ᄒ니, 옥뎨 진노ᄒ샤 너를 하계(下界)의 ᄂᆡ치샤, 쳔흔
곳의 ᄯᅥ러져 강보 쵸년의 고힝이 만케 ᄒ라 ᄒ시고, 문곡은 공쥬의 낫츨 보아 비록
귀향보ᄂᆞᄂᆞ, 귀흔 가문의 젹하(謫下)ᄒ니, 니졔 윤가의 ᄌᆞ식이 되엿ᄂᆞᆫ지라. ᄂᆡ 너의 쳔
ᄒ믈 ᄎᆞ마 보지 못ᄒ여, 다시 관가의 텬눈을 비러 아모조록 문곡의 슉연(宿緣)을 완젼

---

28) 초월(初月) : =초승달.
29) 녈을 : 열흘.
30) 와장(瓦張) : 기왓장.
31) 하리ᄒ다 : 참소(讒訴)하다. 남을 헐뜯어서 죄가 있는 것처럼 꾸며 윗사람에게 고하여 바치다.

코져 ᄒ엿더니, 이 일을 공쥐 ᄯ 알고 너의 두환(痘患) 시의 독쥬(毒酒)를 보니여 너를 횡ᄉ(橫死)케 ᄒ거ᄂᆞᆯ, 닉 ᄯ 셕가여릭긔 쳥ᄒ여 각별 신인(神人)을 보니여 너의 ᄭ츤 명을 회【22】운(回運)케 ᄒ노라' ᄒ고, 옥비의 눈빗 갓ᄒᆞᆫ 츠를 먹이니, 맛시 향긔롭고 졍신이 기랑(開朗)ᄒ더이다. ᄯ ᄒᆞᆫ 츠환을 불너 니ᄅᆞᆯ, '이ᄂᆞᆫ 너의 젼싱 유뫼(乳母)니 명은 '신낭'이라. 맛당이 너를 보호ᄒ여 이후 틱원 공쥬의 음희(陰害)를 방어ᄒ게 ᄒ노라' ᄒ고, 쇼녀와 한가지로 보니더니, 니졔 어딕 잇ᄂᆞ니잇고?"

묘이 본딕 녕니ᄒᆞᆫ던딕, 쥭엇다가 ᄉᆞ라 나믹 더옥 영민ᄒ고 총오(聰悟)ᄒᆞᆫ지라. 능싱 부녀ᄂᆞᆫ 요인의 궁모간계(窮謀奸計)ᄂᆞᆫ 조금도 아지 못ᄒ고, 의희(依俙) 당황ᄒ며 불승신긔ᄒ여 왈,

"원닉 오아의 아롬다오미 셰간의 희한ᄒᆞᆫ거【23】ᄂᆞᆯ 이상이 너겻더니, 원간 요지왕모(瑤池王母)의 요희랏다. 신낭이란 신인이 너의 젼싱 유뫼라 ᄒ더라 ᄒ니, 아니 너를 구활ᄒᆞ신 ᄉ븨신가?"

묘이 답왈,

"아니로쇼이다. 이ᄂᆞᆫ 젼싱 모친이 《셔가∥셕가(釋迦)》의 쳥ᄒ여 보니신 부쳬니, 신낭 유모ᄂᆞᆫ 거의 미조ᄎ 오ᄂᆞᆫ가 ᄒᆞᄂ이다."

불언종시(不言終時)의 밧그로조ᄎ 년긔 즁년 즈음ᄒᆞᆫ, 미목(美目)이 쳥낭(晴朗) 슈려(秀麗)ᄒᆞᆫ 계집이 예수 인가 츠환의 복식으로 쳥의(靑衣)를 닙고 극히 단졍ᄒᆞᆫ 녀지 드러오니, 묘이 반겨 니다라 니ᄅᆞᆯ,

"유뫼 엇지 오기를 더딕ᄒ여 날노ᄡᅥ 기다리게 ᄒᆞᆫ다?"

ᄒ니, 기녜(其女) ᄯ 묘【24】아를 븟들고 반기며 깃거ᄒᆞᆫ지라. 능싱 부녀ᄂᆞᆫ 신긔ᄒᆞ믈 니긔지 못ᄒ고, 쳥션이 ᄯ 권ᄒ여 왈,

"이 곳 왕모 낭낭의 보니여 쇼랑을 보호케 ᄒ신 빅니 이의 머물워 두쇼셔. 가닉의 션젹(仙迹)이 머물면 즈연 복경이 만ᄒ리이다."

오관의 쉬 슬고, 념통의 보믹 슨, 능싱 부녜 므슨 의견이 이시리오. 속긔를 여지업시 ᄒ여시니, 언언이 신긔ᄒᆞ믈 일ᄏᆞᆯ 졈두(點頭) 응낙ᄒ며 신낭이라 ᄒᆞᆫ 주를 감히 유모로 딕졉지 못ᄒ여, 언언이 존경ᄒ여 텬비(天妃)라 ᄒ니 〔텬비ᄂᆞᆫ 하ᄂᆞᆯ 계집이란 말〕, 감히 노쥐라 니ᄅᆞ지 못ᄒ더라. 【25】

이 날 능시 부녜 묘아 술오노라 남은 냥식과, 필빅 지보를 아조 진탕(盡蕩)ᄒ여시니 먹을 것도 업ᄂᆞᆫ지라. 쓰던 긔완 부치를 마즈 닉여 시상(市上)의 가 파라다가 이 날 셕식과 찬품(饌品)을 만히 장만ᄒ여, 이ᄡᅥ 여러날 졀곡(絶穀)ᄒ엿던 져희 부녀(父女)도 먹으며, 봉암·쳥션을 이바드니[32], 냥인이 져의 위왓고[33] 존슝ᄒᆞ믈 더옥 깃거ᄒ더라.

쳥션은 도라가고 봉암은 머물식, 능싱 부녜 지삼 은혜를 칭숑ᄒ여 후회(後會)를 긔

---

32)이받다 : 대접하다. 봉양하다.
33)위왓다 : 위완다. 떠받들다.

약ᄒᆞ여, 주로 춧기를 니르더라. 쳥션이 도라간 후 봉암이 ᄀᆞᆯ오ᄃᆡ,

"쳡이 임의 금모(金母)[34] 낭낭(娘娘)의 명을 밧주【26】와 쇼랑을 보호ᄒᆞ려 ᄒᆞᄂᆞᆫ지라, 맛당이 유아(幽雅)ᄒᆞᆫ 쳐쇼를 졍ᄒᆞ여 머므르시면, 쇼랑을 보호ᄒᆞ며 녀공지ᄉᆞ(女工之事)를 가르쳐 타일 부인으로 ᄒᆞ여곰 영효를 바드시게 ᄒᆞ리이다."

능시 허락ᄒᆞ고 즉시 별당을 셔르져 묘아를 봉암을 맛져 머므르니, 봉암이 낫이면 음양을 변쳬ᄒᆞ여시나 밤인즉 의구히 묘아로 더부러 즐기더라.

봉암이 두어 낫 환약(丸藥)을 ᄂᆡ여 왈,

"이 약은 금모 낭낭의 쥬신 비니, 두창(痘瘡)의 조흘 ᄲᅮᆫ 아니라, ᄃᆡ창(大瘡)을 인간 약뉴로 곳치려 ᄒᆞ다가ᄂᆞᆫ 큰 일이 나, 박면누질(薄面陋質)이 될 거시니, 이 신단(神丹) 곳【27】먹이면 두창이 고이 합창(合瘡)ᄒᆞ여 ᄶᅥ러질 ᄲᅮᆫ 아니라, 텬샹아ᄐᆡ(天上雅態) 졀츌(絶出)ᄒᆞ니 오히려 젼주의 더으리라 ᄒᆞ시더이다."

ᄒᆞ니, 능싱 부녜 더옥 경혹(驚惑)ᄒᆞ더라. 과연 슈일을 년ᄒᆞ여 그 약을 쓰니, 묘이 긔운이 날노 쇼셩ᄒᆞ여 슌여(旬餘)의 니르러ᄂᆞᆫ, 문득 한 겁질 만창(滿瘡)ᄒᆞ엿던 두창을, 한 허믈 와장(瓦張) 갓흔 ᄃᆞᆺ거온 ᄶᅥᆨ지[35]를 버셔 ᄇᆞ리니, 한 덩이 이목구비(耳目口鼻)도 분간키 어렵던 육괴(肉塊), 잠시간의 변ᄒᆞ여 교교졀미(嬌嬌絶美)ᄒᆞᆫ 묘이 되어시니, 젼일의ᄂᆞᆫ 다만 곱고 아릿다와 여엿블지언졍, 뇨뇨작작(姚姚灼灼)ᄒᆞᆷ은 이ᄃᆡ도록지 아니ᄒᆞ더니, 두환(痘患)이 합창(合瘡)ᄒᆞ엿다가【28】ᄶᅥ러지니, 믄득 가려(佳麗)ᄒᆞᆫ 이용(愛容)이 젼주의 비승ᄒᆞᆫ지라.

능시 부녜{부녜} 더옥 깃거, 능싱은 쥬야 ᄃᆞᆫ니 쇼아들을 모화 글을 가르치고, 능시ᄂᆞᆫ 쥬야 침션(針線)ᄒᆞ여 갑슬 바다, 묘아의 의식의 진녁(盡力)ᄒᆞ니, 져희 부녀의 싱계ᄂᆞᆫ 간초(艱楚)ᄒᆞ기 측낭업ᄉᆞ니, 다만 굴지계일(屈指計日)[36]ᄒᆞ여 시랑의 도라오기를 기다리니, 묘아도 역시 관시랑의 환경ᄒᆞ기를 기다리ᄆᆡ, 능시 ᄆᆡ양 노시를 ᄶᅥ려 장부의 춍(聰)이 셔의(齟齬)ᄒᆞ고[37] 원비(元妃)를 두려 주긔 모녀 잇ᄂᆞᆫ 쥴을 구가족속(舅家族屬)이 다 아지 못ᄒᆞᆷ믈 각골 슬허ᄒᆞᄂᆞᆫ지라.

묘이 위로 왈,

"모친은 과려치 마르쇼셔. 희아의 유【29】모 신낭은 신션의 긔특ᄒᆞᆫ 조홰 잇ᄂᆞᆫ지라. 모친의 슬허ᄒᆞ시믈 보고 쇼녀다려 니르ᄃᆡ, 부친이 환경(還京)ᄒᆞ시거든, 긔특ᄒᆞᆫ 계교로[룰] 도모ᄒᆞ여 노부인을 업시ᄒᆞ고, 모친이 부친 원위를 담당ᄒᆞ시게 ᄒᆞ렷노라 ᄒᆞ오니, 모친은 져근덧 간고 빈한을 견ᄃᆡ고, ᄎᆞᆷ아 타일 양미토긔(揚眉吐氣)ᄒᆞᆯ 시졀을 기다리쇼셔."

---

[34]금모(金母) : 서왕모(西王母). 중국 신화에 나오는 신녀(神女)의 이름. 곤륜산 요지(瑤池)에 살며, 불사약(不死藥)을 가진 선녀라고 하며, 음양설에서는 일몰(日沒)의 여신이라고도 한다.

[35]ᄶᅥᆨ지 : 덕지. 딱지. 헌데나 상처에서 피, 고름, 진물 따위가 나와 말라붙어 생긴 껍질.

[36]굴지계일(屈指計日) : 손가락을 꼽아 가며 예정된 날을 기다림.

[37]셔의(齟齬)ᄒᆞ다 : 서먹하다. 낯이 설거나 친하지 아니하여 어색하다.

능시 부녀 쳥파의 디열ᄒ여, 더옥 묘아와 봉암을 츄존(推尊)ᄒ여 망지여션인(望之如仙人)[38]ᄒ더라. 관시랑이 언졔 도라오며 슈졍 요녀의 작악이 엇지 된고. 하회를 분셕ᄒ라.

어시의 윤·하·뎡 삼문의셔 빵빵ᄒᆫ 옥동화녀(玉童花女)【30】를 희를 니어 셩친(成親)ᄒ니, 지상 문미(門楣)의 슉녀 현부와 옥인 군ᄌ를 퇵ᄒ여 남혼녀가(男婚女嫁)ᄒ니, 평졔왕의 뉵ᄌ 텬긔와 칠ᄌ 슈긔와 퇵ᄌ쇼부 듁현 션싱 ᄎᄌ 덕긔와 동년싱(同年生)이니, 년긔 십삼의 옥면 풍치 경님(瓊林) 옥슈(玉樹)오, 연시(聯詩) 화옥(花玉)이라. 도혹 문명과 신이혼 지질이 진짓 곤뉸(崑崙) 북히(北海)오, 고문셰덕(高門世德) 여음(餘蔭)이라.

텬긔의 ᄌᄂᆫ 즁최니, 윤의렬 싱ᄋᆞ오, 슈긔의 ᄌᄂᆫ 희최니 양부인 쇼싱이라. 존당 부뫼 퇵부(擇婦)의 넘녜 깁더니, 널니 구ᄒ여도 텬하의 졀염 슉완이 쉽지 못ᄒ므로, 텬긔의 비우를 졍치 못ᄒ【31】여, 존당이 텬긔를 볼 젹마다 슉녀를 어더 ᄌ미를 보고져 ᄒ더니, 녜부상셔 김슈의 장녀로뼈 텬긔와 졍혼ᄒ고, 녕능후 셕공의 쇼녀로뼈 슈긔로 졍혼ᄒ니, 원ᄂᆡ 녕능후 셕공은 호람후 윤공의 장셔(長婿)오, 슈긔로 졍혼혼 바 쇼녀ᄂᆞᆫ 부인 오시의 ᄎ녜러라.

셕공의 졔삼녀 옥슈 쇼졔ᄂᆞᆫ 원비 윤부인 경아의 장녜니, 모부인 염튀(艶態)를 달마 옥용화질(玉容花質)이 츌범초셰(出凡超世)ᄒ여, ᄌ식의 초츌ᄒᆞᆷ믄 오부인 냥녀의 지나더라. ᄯᅩᄒᆞᆫ 셩힝이 온슌ᄒ여 모부인의 쇼년 젹 교협교미(狡狹巧美)ᄒ미 업ᄉ니, 【32】셕공이 부인을 미흡ᄒ나 옥슈ᄂᆞᆫ 과도히 ᄉ랑ᄒᄂᆞᆫ 고로 퇵셔ᄒ기 범연치 아니ᄒ더니, 듁현 뎡쇼부의 졔이ᄌ 덕긔와 졍혼ᄒ여, 졔왕부의셔 한 날 셰 신부를 마ᄌ 오니, 김쇼져의 슉녀지풍(淑女之風)과 빙ᄌ아질이 진짓 텬긔의 텬졍가우(天定佳偶)오, 셕쇼져 ᄌ미의 옥모화튀(玉貌花態)와 셩덕지뫼(性德才貌) 각각 그 가부로 빵이 상젹ᄒ니, 존당 구긔 크게 깃거ᄒ고 합문 종족의 하셩(賀聲)이 분분 여류(如流)ᄒ며, 각각 가뷔 즁딕ᄒ니 삼쇼져의 신셰계활(身勢計活)이 빗난 쥴을 가히 알니러라.

동월후 진국공 듁암 션싱의 장ᄌ 유긔의 ᄌᄂᆞᆫ 본최니, 원【33】비 양부인 쇼싱이라. 싱셩ᄒ미 산쳔슈긔(山川秀氣)와 졍명지긔(正明之氣)를 오로지 타나, 초튀우(楚大夫)[39] 츄슈골격(秋水骨格)이며, 두ᄉ인(杜舍人)[40] 헌아지풍(軒雅之風)이오 진승상(晉丞相)[41] 여옥지모(如玉之貌)라. 슈앙(秀昂)혼 격조와 늠늠혼 풍치(風彩) 부군의 인걸지풍

---

38)망지여션인(望之如仙人) : 우러르기를 신선과 같이 하다. 신선처럼 우러러 받들다.

39)초튀우(楚大夫) : 중국 전국시대 초나라 대부(大夫) 송옥(宋玉). BC290-227. 중국의 대표적인 미남자의 한 사람이며, 사부(辭賦)를 잘하여 <구변(九辯)>, <초혼(招魂)>, <고당부(高唐賦)> 등의 작품을 남겼다. 굴원(屈原)과 함께 굴송(屈宋)으로 불렸으며 난대령(蘭臺令)을 지냈기 때문에 난대공자(蘭臺公子)로 불리기도 했다.

40)두샤인(杜舍人) : 중국 만당(晚唐)때 시인 두목지(杜牧之). 이름은 두목(杜牧). 중서사인(中書舍人)에 올랐고, 중국의 대표적 미남자로 꼽힌다.

41)진승상(晉丞相) : 중국 서진(西晉)의 미남자 반악(潘岳). 자는 안인(安仁). 승상을 지냈고 미남자의 대명

(人傑之風)과 모부인 슉뇨현쳘(淑窈賢哲)ᄒ믈 겸ᄒ여, 일기 옥인군ᄌ라. 도흑문명이 빈빈(彬彬)ᄒ여 셩ᄌ의 니학(理學)이 겸젼ᄒ니, 승당(昇堂) 입실(入室)의 되군ᄌ라. 존당 부모의 만금 쇼이는 니ᄅ도 말고, 빅부 졔왕이 칭찬 왈,

"유긔는 셩명덕질(聖明德質)이오 싱이지지(生而知之)ᄒᆫ 녜의군ᄌ(禮義君子)니, 진짓 당셰의 셩현인걸(聖賢人傑)이라. 안연(顏淵)42)·ᄌ유(子游)43)라도 도덕쳥힝(道德淸行)을 불급ᄒ 【34】 리니, 이는 양슈의 어지리 ᄐᆡ교ᄒ시미라. 현졔 가히 밋지 못ᄒ리라."

흔즉 진부인이 쇼왈,

"오아의 의논이 노모지심(老母之心)과 졍합ᄒ다. 과연 유긔는 승어(勝於) 셰홍이니 셰아의 광망 불통ᄒ므로 엇지 유긔 갓흔 셩인 군ᄌ의 ᄌ식을 나하시리오. 하늘이 양 현부의 슉뇨현덕(淑窈賢德)을 감동ᄒ시미로다."

왕은 쇼이칭가(笑而稱嘉)ᄒ여 모교(母敎)의 유리(有理)ᄒ시믈 일ᄏᆞᆺ고, 진공은 쇼이쥬 왈(笑而奏曰),

"ᄐᆡᄐᆡ와 형장이 다만 양시의 긔특ᄒᆫ 쥴만 아ᄅ시고 초독(超毒)ᄒᆫ 쥴은 모ᄅ시니, 쇼졔 쇼시의 져기 광망ᄒᆫ 거죄 업다 못ᄒ오려니와, 이 ᄯᅩ 근본인즉 양시 너【35】모 초쥰(峭峻)ᄒ기로 예긔를 썻그려 ᄒ미니, 쇼졔의 혼ᄌ 허물이 아니러이다. 그러나 져러나 양시 아모리 착ᄒ여도, 쇼뎨 잇지 아니면 유긔 어ᄃᆡ로셔 삼겨시리잇고? 아모리 의논ᄒ여도 쇼뎨의 싱지혼 공인가 ᄒᄂ이다."

왕은 역쇼(亦笑)ᄒ고 진부인은 역쇼(亦笑) 역탄(亦嘆) 왈,

"셰상의 남ᄌ 아모리 긔벽이 조타흔들 셰아 갓흐 니 어ᄃᆡ 이시리오. 졔 잘못흔 쥴은 쇼시로붓터 노셩(老成)키의 밋도록 아지 못ᄒ고, 다만 안히 슈ᄒ(手下) 쥴만 알고 폄박(貶薄)ᄒ니 엇지 즛믭지 아니ᄒ리오."

진공이 역쇼 되왈,

"쇼시 광픽흔 쥴도 아라습ᄂᆫ 고로, 쳐ᄌ의게 【36】 견박(見薄)을 면치 못ᄒ여 칠년 늬쇼박(內疏薄)을 마잣ᄂ이다. 만일 광픽ᄒᆷ이 업던들 한녀ᄌ의 강악을 못니긔여시리잇가?"

슌ᄐᆡ부인이 잠쇼 왈,

"너는 종시 ᄌ과(自過)ᄂᆫ 아지 못ᄒ고 만만흔 쳐ᄌ의 과실만 낫호지 말나. 남의 허물 들츄미 너희 쳔흉만악(千凶萬惡)이 다 드러나ᄂᆞ니라."

진공이 훤연(暄然) 되쇼 왈,

사로 쓰인다.

42)안연(顏淵) : 안회(顏回). 자(字)는 연(淵)이다. 공자가 가장 신임하였던 제자이며, 공자보다 30세 연소(年少)하나 공자보다 먼저 32세의 나이로 죽었다. 학문과 덕이 특히 높아서 공자도 그를 가리켜 학문을 좋아하는 사람이라고 칭송하였고, 또 가난한 생활을 이겨내고 도(道)를 즐긴 것을 칭찬하였다.

43)ᄌ유(子游) : 춘추(春秋)시대 오(吳)나라 사람. 성은 언(言), 이름은 偃(언)이고, 자유는 그의 자(字)이다. 공문(孔門) 십철(十哲)의 한 사람으로, 문학에 뛰어났다. 『예기(禮記)』<예운(禮運)>편을 정리했다는 설이 있고 무성(武城) 읍재(邑宰)를 지냈다

"쇼손이 각별 존당 부모긔 득죄ᄒᆞ미 업고, 일가 상하의 실인심(失人心)ᄒᆞ미 업스ᄃᆡ, 가즁 상히 다 녀츌일구(如出一口)ᄒᆞ여 쇼손은 닙도 여지 못ᄒᆞ게 ᄒᆞ고, 양시 모ᄌᆞ만 기리니, 양시 엇지 양양ᄌᆞ득(揚揚自得)ᄒᆞ지 아니리잇고? 하 원민ᄒᆞ여 혹 히셕(解釋)이나 ᄒᆞ【37】고져 ᄒᆞᆫ즉, 다함 쇼손의게 허물이 도라오니, 양시 더욱 승흥(乘興)ᄒᆞ올지라. 쇼손이 실노 양시를 져허 변빅(辨白)지 못ᄒᆞᄂᆞ이다."

셜파의 무장(撫掌) 대쇼(大笑)ᄒᆞ며 부인을 투목(偸目) 송아(竦訝)ᄒᆞ니, 양부인○[이] 공의 유심ᄒᆞ미 ᄌᆞ과(自過)ᄂᆞᆫ 종시 ᄭᆡ닷지 못ᄒᆞ고, 언언이 ᄌᆞ긔를 비우(庇佑)ᄒᆞᆷ을 한ᄒᆞ고, ᄯᅩ 아름답지 아닌 셕ᄉᆞ를 들츄믈 슈괴(羞愧) 미온(未穩)ᄒᆞ여 강싁(絳腮)44)의 찬연ᄒᆞᆫ 붉은 빗치 옥협(玉頰)을 침노ᄒᆞ니, 쇼년 홍옥(紅玉)이 거의 진코져ᄒᆞᄃᆡ, 윤염(潤艶) 소쇄(瀟灑)ᄒᆞ여 일종부게(一種芙蕖) 쳥강닝우(淸江冷雨)를 ᄲᅥᆯ친 듯, 고고담담(孤高淡淡)ᄒᆞ여 츄상(秋霜)의 계향(桂香)이 흔득이고, 'ᄆᆡ신(梅信)이 나부텬(羅浮泉)【38】의 도라온 듯'45)ᄒᆞ니, 공이 심니(心裏)의 함쇼(含笑)ᄒᆞ고, 존당 구괴 그 셩덕진화(性德眞華)를 볼ᄉᆞ록 이경ᄒᆞ더라.

존당이 유긔의 장셩ᄒᆞᆷ믈 근심ᄒᆞ여 넙이 미부(美婦)를 퇴ᄒᆞ더니, 승상 초국공 하혹셩의 댱녀 쳥강쇼져ᄂᆞᆫ 원비 윤부인 싱애라. 싱셩ᄒᆞ미 고문ᄃᆡ가(高門大家)의 현부모 싱훈(生訓)으로 뇨ᄅᆞ(姚娜)ᄒᆞᆫ ᄉᆡᆨ퇴(色態)와 유한(幽閑)ᄒᆞᆫ 덕되(德度) 부풍모습(父風母襲)ᄒᆞ여 금셰의 희한ᄒᆞᆫ 절염 슉완이라.

초공이 녀아의 용광 ᄉᆡᆨ퇴 뇨조비범(窈窕非凡)ᄒᆞᆷ믈 탐혹 과이ᄒᆞ여, 넙이 가셔(佳壻)를 구ᄒᆞ나 타문의ᄂᆞᆫ 결단코 녀아의 상젹ᄒᆞᆫ 빈필이 쉽지 아니니, 진공의 아ᄌᆞ 뎡유긔 녀아로 넌치【39】상당ᄒᆞ고, 지뫼ᄡᅡᆼ젼(才貌雙全)ᄒᆞ여 군ᄌᆞ의 풍과 인걸의 풍치 당당ᄒᆞᆷ믈 ᄉᆞ랑ᄒᆞ여, 타의 업시 가연이 동상(東床)의 결승(結繩)을 뇌약(牢約)ᄒᆞ니, 하·뎡 냥뷔 겹겹 연혼(連婚)으로 교계(交契) 심후(甚厚)ᄒᆞ니, 냥기(兩家) 상의ᄒᆞ며 각별 타의 이시리오. 뎡유긔와 하쇼졔 다 십이 셰로ᄃᆡ, 싱월(生月)은 부젹(不適)ᄒᆞ더라.

하승상이 녀아의 가연(佳緣)을 뎡공ᄌᆞ로 뎡ᄒᆞ니, 삼ᄌᆞ 몽징공ᄌᆞ의 ᄌᆞᄂᆞᆫ 즁의니, 츠비(次妃) 연부인 쇼싱이라. 요ᄒᆡᆼ 모부인 불용불미(不容不美)ᄒᆞᆷ믈 담지 아니ᄒᆞ고, 하시 셰ᄃᆡ 명풍을 니어, 영풍 쥰골이 일셰 긔남지오, 셩품이 규규활ᄃᆡ(赳赳豁大)ᄒᆞ여 장부의 긔상이 완젼ᄒᆞ【40】고, 호걸의 풍치 넉넉ᄒᆞ더라. 방년 십삼의 늠늠ᄒᆞ[ᆫ] 신위(身威)와 언건(偃蹇)ᄒᆞᆫ 풍치 장부의 낫브미 업스니, ᄒᆞᆯ며 쳥강쇼져의 일년 맛이라.

초공이 녀혼을 뇌졍(牢定)ᄒᆞ미 ᄯᅩ 엇지 퇴부ᄒᆞᄂᆞᆫ 넘녜 심상(尋常)ᄒᆞ리오. 넙이 구ᄒᆞ

---

44)강싁(絳腮) : 붉은 뺨.

45)ᄆᆡ신(梅神)이 나부텬(羅浮泉)의 도라온 듯 : '매화꽃이 나부천에 다시 핀 듯하다'는 말로, 중국 수(隋)나라 때 조사웅(趙師雄)이 나부산(羅浮山)의 한 샘가에서 소복(素服)을 한 한 미인의 영접을 받고 함께 술집에 가서 즐겁게 노는데 푸른 옷을 입은 동자가 노래를 불렀고 사웅이 취하여 자다가 새벽에 깨어 보니 매화나무에 푸른 새가 지저귀고 있었다는 나부지몽(羅浮之夢)을 이른 말. 여기서 소복미인은 화신(花神) 곧 매신(梅神)이다. *나부산(羅浮山) : 중국 광동성(廣東省) 혜주부(惠州府)에 있는 명산으로, 진(晉)나라 때 갈홍(葛洪)이 이 산에서 선술(仙術)을 얻었다고 한다.

여 딕스도 셕현의 녀와 정혼ᄒ여 퇴일ᄒ니, 공즈의 길일은 일슌(一旬)은 걸녓고, 쇼져의 길스는 슈슌(數旬)이 격ᄒ여시니, 공즈의 길일이 몬져 되ᄂᆞᆫ지라.

윤부인이 연부인의 우람광픽(愚濫狂悖)홈과 스치(奢侈) 번화(繁華)코져 ᄒᄂᆞᆫ 쓰을 아ᄂᆞᆫ 고로, 공즈의 혼구를 셩비ᄒ여 범스의 극진토록ᄒ【41】니, 연부인의 광망ᄒ미 나 능히 하ᄌ(瑕疵)치 못ᄒ고, 다만 홀 일은 업고 종일토록 안밧그로 헤지르며 ᄒᄂᆞᆫ 말이, 신부의 현부(賢否)를 죄오더니, 길일이 다ᄃᆞ르미 가즁의 딕연을 기장(開場)ᄒ고 만당(滿堂) 빈긱이 셩녈(盛列)ᄒ니, 날이 느즌 후 몽징공지 옥면 영풍의 길복을 졍히ᄒ고, 금안빅마(金鞍白馬)의 만조요긱(滿朝繞客)이 《위유‖위요(圍繞46))》ᄒ여, 혼가의 니ᄅᆞ러 젼안지녜(奠雁之禮)를 맛고 신부의 상교를 직쵹ᄒ여 도라오니, 도로 관시지(觀視者) 신낭의 옥면 유풍의 슈앙(秀昂) 쇄락(灑落)홈과 부셩(富盛)ᄒᆫ 위의를 못닉 칭찬ᄒ더라.

빗닉 힝ᄒ여 본부의 도라오니, 두 【42】쎄 홍분이 향노(香爐) 션(扇)과 명향(名香) 보쵹(寶燭)을 잡아 신낭 신부를 마ᄌ 교빅셕(交拜席)의 나아가 독좌(獨坐) 합환(合歡)을 파ᄒ고, 공지 외당으로 나가니, 신뷔 웅장셩식(雄粧盛飾)으로 칠보션(七寶扇)을 기우리미, 녜를 잡아 존당 구고긔 빅현홀식, 존당 구고와 만목(萬目)이 일시의 쳠망(瞻望)ᄒ니 이 신뷔 ᄯᅩᄒᆫ 계츌명가(繼出名家)ᄒ여 현부모 싱훈(生訓)이라. 옥 갓ᄐᆞᆫ ᄌ질과 유한ᄒᆫ 덕셩이 타류(他類) 범인(凡人)이로딕, 다만 한(恨)ᄒᆞ온 바ᄂᆞᆫ, 그 고모(姑母)47) 연부인이 ᄌ가의 흉면누질(凶面陋質)의 츄악(醜惡) 누루(累陋)ᄒᆞᆷ 조금도 싱각지 아니코, 눈인즉 안고틱악(眼高泰岳)의 놉흐미 잇ᄂᆞᆫ지라.

'만일 며ᄂᆞ리를 엇거든 춍 【43】부(冢婦) 뎡쇼져와 ᄎ부 혜션공쥬와 갓흔 졀염미부(絶艶美婦)를 바라니, 만일 표·상 냥쇼져 만ᄒ여도 ᄌ긔 쇼원의 미흡홀노다.' 혜아려, 날노 신부의 현부를 죄오더니, 이 날 밧비 큰 눈을 놉히 ᄯᅥ 신부를 바라보니, 셕쇼졔 옥 갓흔 두 귀밋츤 빅년(白蓮) 두 송이를 옥호(玉壺)의 쏘즌 듯, 뉴미셩안(柳眉星眼)의 묽은 광치ᄂᆞᆫ 젹벽(赤壁) 분야(分野)의 효셩(曉星)이 빗최ᄂᆞᆫ 듯, 잉홍(櫻紅)이 찬연ᄒᆫ 닙시욹은 호셔(瓠犀)48) 단슌(丹脣)이 고결(高潔)ᄒ나 십삼수오 쇼녜로딕, 휜휜ᄒᆫ49) 신장이 늠늠ᄒ여 칠쳑을 다ᄒ고, 동용(動容) 쳬되(體度) 극히 규규활딕(赳赳豁大)ᄒ고, 건장(健壯) 슉셩(夙成)ᄒ여 뇨죠(窈窕) 염미(艶美)ᄒᆫ 졀염미ᄋᆞ(絶艶美兒) 아니【44】라. ᄯᅩᄒᆫ ᄌ장(資粧)의 화미(華美)ᄒᆞᆷ을 취치 아냐, 녜(禮)의 조ᄎᆞᆫ 화관(花冠) 잠옥(簪玉)이며 젹의홍군(翟衣紅裙)이라. 검쇼ᄒᆫ 단장이 ᄯᅩ 가히 그 사ᄅᆞᆷ의 쳥한(淸閑)ᄒᆞᆷ을 알지라.

존당 졍국공 조틱부인과 엄구 초국공은 희동안식(喜動顔色)ᄒ딕, 홀노 연부인이 폐

---

46)위요(圍繞): 혼인 때에 가족 중에서 신랑이나 신부를 데리고 가는 사람. ≒상객(上客). 요객(繞客).
47)고모(姑母) : ①시어머니. ②고모. *여기서는 ①시어머니를 말함.
48)호셔(瓠犀) : '박의 속과 씨'를 이르는 말로, 박속같이 희고 고르게 박힌 이를 비유적으로 이르는 말.
49)휜휜ᄒ다 : 시원스럽다.

빅(幣帛)을 뎡히 밧고져 ᄒ다가, 눈을 드러 신부의 슈려(秀麗) 늠늠(凜凜)ᄒ여 ᄉ군ᄌ(士君子) 녈협(烈俠)의 풍치 잇고, 조곰도 교교(嬌嬌) 염미(艶美)ᄒᆫ 아녀의 틱 업ᄉᄆᆯ 보고, 딕경딕로(大驚大怒)ᄒ여 우혹광망(愚惑狂妄)ᄒᆫ 인물이 젼두(前頭) ᄉ세(事勢)를 엇지 싱각ᄒ리오. ᄒ믈며 금일이 길셕이라 ᄒ여 두굿겁고 깃부믈 니긔지 못ᄒ여, 앗춤 븟허 ᄂᆡ외(內外)로 헤질너 ᄃᆞᆫ니며 물 갓치 흔【45】ᄒᆫ 쥬육(酒肉)을 진냥(盡量)토록 먹어 크게 췌ᄒ엿ᄂᆞᆫ지라. 광망(狂妄)ᄒᆫ 격분이 발연이 니러나니, 엇지 즁목쇼시(衆目所視)의 체면을 도라보리오.

브지불각(不知不覺)의 알픠 노흰 상을 박츠고, 봉관(鳳冠) 줌옥(簪玉)을 버셔ᄂᆡ여 더지니, 옥이 바아지고 금이 놀나 징영ᄒ며50) 손으로 난간을 치고 딕셩 발악 왈,

"몽징이 만일 윤시의 ᄌᆞ식 갓흐면, 틱부(擇婦)ᄒ미 니러틋 용녈(庸劣)치 아니리라. ᄂᆡ 아희 몽징의 뉴지풍화지용(柳之風花之容)51)으로뼈 그 상젹ᄒᆫ 빅필을 구ᄒ여, 나의 쇼원이 뎡현부와 혜션옥쥬 갓흔 졀염미부(絶艶美婦)를 엇고져ᄒ니, 비록 표·상 냥 현부의 옥 갓흔 얼골과 곳 갓흔 틱【46】도라도, ᄂᆡ 마음의ᄂᆞᆫ 브족ᄒ던딕, 오늘날 신뷔라 ᄒᆞᄂᆞᆫ 거슨 건장ᄒᆫ 긴 킈와 슉셩(夙成)ᄒᆫ 체용(體容)이 가증(可憎)ᄒ기 이십이나 흔 듯ᄒ니, 어딕셔 십삼ᄉ 동치(童穉) 쇼녀진(小女子) 져리 건장ᄒ리오. 맛치 군즁의 ᄉ졸을 총녕(總領)ᄒᆞᄂᆞᆫ 장슈 갓흐니, 녀진 엇지 져리 활딕(豁大)ᄒ리오. 반드시 삼국 젹 빅면장군(白面將軍) 마밍긔(馬孟起)52) 진셰(再世)ᄒ미로다. 어엿불ᄉ! ᄂᆡ 아희 몽징은 남자 즁 옥인 미남이라. 엇지 져 노창(老蒼)ᄒᆫ 흉녀(凶女)의 가부(家夫) 노ᄅᆞᆯ ᄒ리오. 상공의 익증(愛憎)이 편벽ᄒ여, 몽징은 ᄌᆞ식이 아니런가. 어이 ᄎᆞᆷ아 옥슈신월(玉樹新月) 갓흔 아들을 두고, 져런 가증흔 며ᄂᆞ리를 어【47】들것가!"

ᄯᅩ 분연 왈,

"셕현 필부ᄂᆞᆫ 귀 눈도 업던가. 텬디간 능통(能通)흔 인물이로다. 져런 ᄯᆞᆯ을 두고 어이 ᄉᆞ회ᄂᆞᆫ 갈회던고? 어딕 상젹흔 노지상(老宰相)의 후쳐 지목이나 보ᄂᆞ지, 쇼년 아동(兒童) 초실(初室)이 아랑곳가? 구고와 상공은 신부를 ᄉᆡᆯ니 뎡 속의 모라 녀허 도로 보ᄂᆡ쇼셔. 젼안 ᄒᆡᆼ녜뿐이언졍 동방(洞房) 합친(合親)을 아녀시니, 돌아와 부당흔 남이 아니니잇가? 졔 집의 도라보ᄂᆡ여 타문의 맛당흔 셔방이나 맛쳐 보ᄂᆡ게 ᄒ고, 몽징으란 도령으로 두엇다가 이십이나 삼십이나 브딕 ᄂᆡ 눈의 드ᄂᆞᆫ 며ᄂᆞ리를 어드려 ᄒᄂᆞ이

---

50) 징영ᄒ다 ; '쟁그랑'하고 소리를 내다.
51) 뉴지풍화지용(柳之風花之容) : 버들가지 같은 늘씬한 풍채와 꽃처럼 아름다운 얼굴.
52) 마밍긔(馬孟起) : 마초(馬超). 176-226. 중국 삼국시대 촉한(蜀漢)의 장수. 부풍군(扶風郡) 무릉현(茂陵縣) 출신이며 자는 맹기(孟起)이다. 후한(後漢)에 반란을 일으키고, 한수(韓遂)와 연합하여 조조와 싸웠지만 패하였다. 다시 만족(蠻族) 사람들을 모아 양주를 거점으로 세력을 확대하였으나 여의치 않아 촉한의 유비(劉備)에게 투항하여 촉한의 장수가 되었다. 관우(關羽), 장비(張飛), 조운(趙雲), 황충(黃忠)과 함께 촉한의 오호장군(五虎將軍)으로 불렸다. 221년 표기장군에 임명되어 양주목을 겸임하였고, 222년 47세의 나이로 사망하였다.

다.”

우뢰 갓치 【48】 쇼릭 질너 발악ᄒᆞ며,

“신부를 어서 트고 온 거교 속의 도로 담아 보니라.”

쇼릭 산악 갓ᄒᆞ니, 갓득 흉상(凶狀) 박면(薄面)의 보기 슬희 낡쒸ᄂᆞᆫ 거동이, 맛치 강변의 덴53) 쇼 날치ᄂᆞᆫ 듯, 우두나찰(牛頭羅刹)이 풍도셩(酆都城)54)의셔 드러오ᄂᆞᆫ 듯, 흉장흔 거동이 긔괴망측ᄒᆞ여 문견(聞見)의 ᄒᆡ이(駭異)ᄒᆞᆫ지라.

만당 빈킥이 무망(無妄)의 이 경식을 보니 놀납고 ᄒᆡ이흔 가온ᄃᆡ, ‘쳥밍(靑盲)55)다려 보고, 벙어리다려 의논ᄒᆞ라.’ ᄒᆞ여도, 아마도 신부의 쳔연(天然) 유한(幽閑)흔 동지(動止)와 아름다온 얼골과, 묽은 눈씨56), 징쳥(澄淸) 쇄락(灑落)ᄒᆞ여, 한낫 쳔연흔 슉네니, 그 고모 연부인의 흉면 누질 【49】 과 흉픽흔 거지로 여기 광인과 더부러 비교ᄒᆞ리오.

ᄌᆞ긔 지용의 불미ᄒᆞᆷ믄 조금도 싱각지 아니ᄒᆞ고, 한갓 며ᄂᆞ리라 ᄒᆞ여 나모라ᄒᆞ며 구축(驅逐)ᄒᆞ믈 가쇼로이 너겨, 져마다 도라보아 쇼용(笑容)이 미미(微微)ᄒᆞ고, 셕부 낭낭 복쳡이 연부인 거동의 희연ᄒᆞ믈 보미, 상고(相顧) 실식(失色)ᄒᆞ여 제 쇼져의 지모 셩덕을 앗기고, 계활(計活)이 평안치 못ᄒᆞᆯ가 놀나, 져마다 면식이 찬ᄌᆡ 갓ᄒᆞ여 거의 눈물이 써러질 듯ᄒᆞᄃᆡ, 홀노 신뷔 진슈(蠐首)57)를 슉이고, 옥안(玉顔)이 ᄌᆞ약(自若)ᄒᆞ여 시쳥(視聽)이 업ᄂᆞᆫ 듯ᄒᆞ니, 찬녜시(贊禮使)58) 졍히 신부를 붓드러 좌즁의 녜를 밋쳐 진졍(進呈) 【50】 치 못ᄒᆞ여셔, 이 변을 만낫ᄂᆞᆫ 고로, 감히 좌를 일우지 못ᄒᆞ여 신부를 붓드러 한 가히 셧ᄂᆞᆫ지라.

초공이 연시의 광픽흔 거동을 보미 어히업셔, 도로혀 일장을 ᄎᆞ게 웃고, 좌우로 ᄒᆞ여곰 옥감(玉鑑)을 〔옥거울이라〕 가져오라 ᄒᆞ여, 벽상의 걸고 연시의 금군(錦裙)을 다리여 왈,

“부인은 식노(息怒)ᄒᆞ고 져 거울 속이 엇던고 보라.”

연부인이 졍히 분분ᄒᆞ여 날치다가 공의 흔연 은근이 닛글믈 보니, 본ᄃᆡ 가부 귀즁ᄒᆞᆷ믄 남다른 고로, 공이 반ᄃᆞ시 ᄌᆞ가를 경즁(敬重)ᄒᆞᆷ미 과흔 고로 셩ᄂᆡ여 날치니 상ᄒᆞᆯ가 넘녀ᄒᆞ고, 역유인졍(亦有人情)59)이니 옥 【51】 갓흔 아들의 비필이 ᄎᆞ오(差誤)ᄒᆞ믈 뉘웃쳐, ᄌᆞ가를 위로ᄒᆞ여 달ᄂᆞ려 ᄒᆞᆷ민가. 일변 든든ᄒᆞ고 일변 빗쎠와60), 갓득 흉괴흔 낫갓츨 뒤쎕흐려 ᄒᆞ룩이며61) 뒤쎨고62) 왈,

---

53)뎨다 : 불이나 뜨거운 기운으로 말미암아 살이 상하다.

54)풍도셩(酆都城) : =풍도옥(酆都玉). =풍도(酆都). 도가에서, ‘지옥’을 이르는 말.

55)쳥밍(靑盲) : 청맹(靑盲)과니. 겉으로 보기에는 눈이 멀쩡하나 앞을 보지 못하는 눈. 또는 그런 사람.

56)눈씨 : 눈길.

57)진슈(蠐首) : ‘매미의 머리’라는 뜻으로, 아름다운 용모를 이르는 말.

58)찬녜시(贊禮使) : 찬례관(贊禮官). 예식에서 진행을 맡아보는 사람.

59)역유인졍(亦有人情) : 또한 인정이 있음.

60)빗쎠오다 : 빗싀오다. 핑계하다. 구실을 삼다. 토라지다.

"앗가온 주식의 젼졍을 못되도록 ᄒ여 노코 붓그럽도 아니신가. 보기ᄂᆞ 무어슬 보라 ᄒ시ᄂᆞᆫ고?"

ᄒ고, 《칩쎠‖치떠》 보니, 큰 쇼반 만흔 옥거울 속의, 초공과 주긔 젼형(全形)이 다 빗최니, 초공의 동탕(動蕩) 슈려(秀麗)ᄒᆞᆫ 풍광 옥골이 거의 년시이모(年是二毛)63)의 밋쳐시디, 쇄락(灑落) 슈앙(秀昻)ᄒ여 쇼년 옥인 미남주의 《화지풍뉴지용‖화지용뉴지풍(花之容柳之風)64)》의 빗나믈 우이 너기니, 호호히 틱허(太虛)의 ᄆᆞᆰ은 긔질이오, 진【52】승상(晉丞相) 여옥지뫼(如玉之貌)라. 찬찬화미(燦燦畫眉)와 형형냥빈(熒熒兩鬢)이 녕형신오(英形神奧)ᄒ여, 흐억이 조흔 풍신(風神)이 산쳔슈긔(山川秀氣)와 텬디졍믹(天地精脈)을 오로지 거두어시니, 비록 관후 몽셩의 옥인영걸지풍(玉人英傑之風)이나, 오히려 빈빈(彬彬)ᄒᆞᆫ 도덕문명(道德文明)의 셩ᄌᆞ긔믹(聖子氣脈)은 능히 그 부군(父君)을 ᄇᆞ라지 못ᄒᆞᆯ 거시오, 부마 몽닌의 옥면(玉面) 유풍(裕豊)의 온즁졍디(穩重正大)ᄒ미라도, 관인후덕(寬仁厚德)ᄒ고 신셩영무(神性英武)ᄒᆞᆫ 그 부군을 밋지 못ᄒ려든, 엇지 몽졍이 감히 앙망ᄒ리오.

ᄯ ᄌᆞ가의 빗쵠 얼골이 거울 가온디 더욱 흉히(凶駭)ᄒ니, 붉으며 누르고 굵은 두발은 아모리 《납용‖납염(蠟染)65)》 방【53】틱(肪澤)66)으로 다ᄉᆞ려시나 다 것츨것츨ᄒ여67) 만쳡(萬疊) 산곡간(山谷間)의 늙은 솔이 닷호아 욱어진 듯, 창창(蒼蒼)ᄒᆞᆫ 모숑(母松)은 아미산(峨眉山)68)을 덥더시니69), 금방울 갓흔 눈망울이 뒤룩이ᄂᆞᆫ 가온디, 검프른 냥ᄌᆞ(樣姿)ᄂᆞᆫ 박박이 얽고 믜즛ᄂᆞᆫ디, ᄯ 슐을 미란이 먹어 즌 똥 갓치 취ᄒ여시니, 검고 붉어 희괴망측ᄒᆞᆫ 흉상괴ᄉᆡᆨ(凶狀怪色)의 건슌노치(乾唇露齒)70)를 웅무러시니, 흑살텬신(黑煞天神) 곳 아니면 우두나찰(牛頭羅刹) 갓ᄒ니, 주긔라도 스스로 보믜 놀납고 금즉ᄒ니71), 황부인(黃夫人)72)의 황발흑면(黃髮黑面)과 밍덕요(孟德曜)73)의 박ᄉᆡᆨ

---

61)힐룩이다 : 힐욱이다. 실룩이다. 근육의 한 부분이 실그러지게 움직이다. 또는 그렇게 되게 하다.

62)뒤셜다 : 뒤떨다. 몸을 몹시 흔들며 떨다.

63)년시이모(年是二毛) : 두 번째 머리털 곧 흰 머리털이 나기 시작하는 나이라는 뜻으로, 32세를 이르는 말.

64)화지용뉴지풍(花之容柳之風) : 꽃 같은 얼굴과 버들 같은 풍채라는 뜻으로 아름다운 얼굴과 날씬한 몸매를 가리킴.

65)납염(蠟染) : 밀랍을 써서 물들임.

66)방틱(肪澤) : 여자들이 얼굴이나 머리에 윤기를 내기 위해 바르는 화장용 기름.

67)것츨것츨ᄒ다 : 거칠거칠하다. 여러 군데가 몹시 윤기가 없고 거칠다

68)아미산(峨眉山) : '눈썹'을 비유적으로 표현한 말.

69)덥드다 : 덮다.

70)건슌노치(乾唇露齒) : 윗입술이 위로 들려서 이가 드러나 보임.

71)금즉ᄒ다 : 진저리가 쳐질 정도로 두렵다.

72)황부인(黃夫人) : 중국 촉한의 정치가 제갈량(諸葛亮)의 아내. 얼굴은 박색이었으나 지덕이 뛰어났다고 함.

73)밍덕요(孟德曜) : 중국 후한 때 사람 양홍(梁鴻)의 아내. 이름은 맹광(孟光), 자(字)는 덕요(德曜). 추녀였으나 남편의 뜻을 잘 섬겨 현처로 이름이 알려졌고, 고사 거안제미(擧案齊眉)로 유명하다.

(薄色)이라도 녀힝(女行) 부덕(婦德)은 쳔츄(千秋)의 뉴젼(遺傳)ᄒᆞᄂᆞᆫ 셩녀쳘뷔(聖女哲婦)니, 【54】엇지 ᄌᆞ가의 무힝 픽악의 비기며, 신뷔 비록 크고 연미(姸美)치 아니ᄒᆞ나, 녹발이 프르고 홍안이 빗나니 ᄯᅩ 엇지 ᄌᆞ가의 박용(薄容) 둔질(鈍質)의 비겨 의논ᄒᆞ미, 쇼양불모(宵壤不侔)[74]치 아니리오.

홀연 졈즉ᄒᆞ고 ᄌᆞ괴ᄒᆞ여 퍽신[75] 쥬져 안ᄌᆞ며 셩을 낫초와 니르ᄃᆡ,

"상공이 무어슬 보라 ᄒᆞ시ᄂᆞ니잇가?"

공이 쇼왈,

"부인과 싱의 얼골이 더부러 투식(投色)[76]ᄒᆞ미 엇더ᄒᆞ뇨?"

부인이 추언의 다다라ᄂᆞᆫ 말이 막혀 뎡시러이[77] 웃고 말을 아니ᄒᆞ니, 우(又) 문왈,

"몽징이 날과 엇더ᄒᆞ뇨?"

ᄃᆡ왈,

"몽징이 비록 긔특ᄒᆞ나 엇지 감히 상공의 틱산암암지풍(泰山巖巖之風)을 우【55】러 밋ᄎᆞ리잇가?"

우 문왈,

"그러면 올ᄒᆞ니 몽징과 신뷔 고하(高下) ᄯᅩ 엇더ᄒᆞ뇨?"

부인이 머뭇기다가 ᄃᆡ왈,

"신뷔 비록 연연교미(娟娟巧美)튼 못ᄒᆞ나 녹발쇼안(綠髮素顔)이니 그리 박식은 아니로ᄃᆡ, 아마도 아히만 못ᄒᆞ니이다."

공이 졍식 왈,

"연즉 셕공을 부인은 나모라거니와 싱은 뼈 알오ᄃᆡ 인옹(姻翁)이 ᄃᆡ현군ᄌᆞ(大賢君子)라. 신뷔 군ᄌᆞ 싱훈(生訓)이니 벅벅이 몽징의 ᄂᆡ조를 빗ᄂᆡ고, ᄌᆞ손이 영챵홀 복인 슉녜니, 엇지 부인의 무염 박식과 무식(無識) 픽려(悖戾)홈의 비기리오. 녕ᄃᆡ인 연부미 그ᄃᆡ 갓흔 ᄯᆞᆯ도 두고 싱 갓흔 ᄉᆞ회를 갈히엿고, 녕형이 【56】몽셩으로 동상(東床)을 삼아시니, 니제 부인이 셕ᄉᆞ도를 욕홀진ᄃᆡ, 연부마 부ᄌᆞ 식견 의향은 가히 엇더ᄒᆞ뇨? 녕ᄌᆞ당 옥줘 친님ᄒᆞ여 계시니, 싱이 말슴을 다 못ᄒᆞ거니와, 엇지 무지 픽악을 나ᄂᆞ ᄃᆡ로 ᄒᆞ여, 타인의 지쇼(指笑)를 휘(諱)치 아니ᄒᆞᄂᆞ뇨? 알괘라. 녀알(女謁)이 셩ᄒᆞᆷ은 가장의 불명훈 연괴니, 싱이 용녈 혼암ᄒᆞ여 쇼시로븟터 부인의 무지(無智) 픽려(悖戾)ᄒᆞ믈 알오ᄃᆡ, 지이부지(知而不知)ᄒᆞ여 죵시 거(去)ᄒᆞᄂᆞ 거조를 보지 아녀시므로, 구고와 쇼뎐이 두리옴을 모르ᄂᆞᆫ지라. 부인이 본ᄃᆡ 무식ᄒᆞ니 엇지 고스와 ᄉᆞ쳬를 알리오. 나의 【57】구셜(口舌)을 허비ᄒᆞ미, 비컨ᄃᆡ 우이숑경(牛耳誦經)[78] 갓거니와, 싱이 그ᄃᆡ 픽

---

74)소양불뫼(宵壤不侔) : 하늘과 땅처럼 큰 차이가 있음.
75)퍽신 : 폭신. 폭삭. 맥없이 주저앉는 모양.
76)투식(投色) : 투영(投映). 영상을 비추어 보임.
77)뎡시러이 : 덩그러니. 홀로. 쓸쓸히.
78)우이숑경(牛耳誦經) : 우이독경(牛耳讀經). 쇠귀에 경 읽기라는 뜻으로, 아무리 가르치고 일러 주어도

악흔 투긔도 용셔ᄒ여 고이 두엇고, 신혼 초일의 우퓌흔 힝식 이시ᄃᆡ 보ᄂᆡ라 아니 ᄒ엿ᄂᆞ니, ᄒᆞ물며 신븨 싱어고문(生於高門)ᄒ여 현부모 싱훈으로 옥 ᄀᆞᆺᄐᆞᆫ ᄌᆞ질노 구가의 입승(入承) 초일(初日)의 므슨 죄로 도로보ᄂᆡ라 ᄒᆞᄂᆞ뇨? 연즉 부인이 니졔야 인ᄉᆞ를 져기 통ᄒ여, 비필이 브젹(不適)ᄒ면 부뷔 동노(同老)치 못홀 쥴노 아ᄂᆞᆫ가 시부니, 져만 ᄉᆞ체(事體)를 알냥 갓ᄒ면, 니졔 스스로 몬져 도라가라. ᄂᆡ ᄯᅩ 신부를 도라보ᄂᆡ리라.”

셜파의 안모(顏貌)의 츈풍화긔(春風和氣)를 곳치지 아니ᄒᆞᄂᆞᆫ 가온【58】ᄃᆡ나, 슉엄(肅嚴) 싁싁ᄒ여 하일(夏日)의 두리오미 잇고, 말ᄉᆞᆷ이 슌편(順便)흔 듯ᄒ나, 언단이 밋고 씃ᄂᆞᆫ 듯ᄒ여 견ᄌᆞ(見者) 불감앙시(不敢仰視)러라.

시셕(是夕)의 좌우 졔친 종족이 슉연이 낫빗출 곳쳐 넘슬 궤좌(跪坐)ᄒ고, 연부인이 ᄒᆞᆯ 말이 업셔 낫츨 붉히고, 고기를 샌지워 말을 못ᄒ니, 구츅(懼縮)흔 거동이 맛치 뇌진(雷震) 벽녁셩(霹靂聲)의 놀나 ᄶᅥ러진 잠츙(蠶蟲) 갓ᄒ니, 모든 슉믜 금장이며 좌긱이 다 우음을 참지 못ᄒ더라.

존당과 초공이 신부의 평신(平身)ᄒ기를 명ᄒ니, 셕부 시녀 복쳡이 바야흐로 쳔식(喘息)을 진졍ᄒ여 신부를 붓드러 좌를 졍ᄒ니, 신븨 심하의 가연(慨然)【59】흔믈 니긔지 못ᄒ더라.

윤승상 부인이 신부의 옥슈를 잡고 칭하 왈,

“거게 삼ᄌᆞ를 셩취ᄒᆞᄆᆡ 몽셩은 기럭이를 여러번 안으니 연시ᄂᆞᆫ 일너 부졀업거니와, 뎡질은 금고의 희한흔 셩덕 ᄌᆞ질이니 니른바 화즁군왕(花中君王)이오, 표·상 냥인이 ᄯᅩ 졀염가인(絶艷佳人)이며, 몽닌이 두 아ᄒᆡ를 두니 옥쥬의 난심(蘭心) 혜질(蕙質)과 셩덕광화(聖德光化)ᄂᆞᆫ 금고(今古)의 희셰(稀世)흔 슉녜니, ᄯᅩ 가히 녀즁셩인(女中聖人)이라 ᄒᆞᆯ 거시오. 버거 우시 온슌 겸공(謙恭)ᄒ여 싁덕이 가즌 슉녀 가인이러니, ᄯᅩ 몽징이 취쳐(娶妻)ᄒᆞᄆᆡ 신븨 비록 연연작작(娟娟綽綽)흔 미이(美兒)라 니르지 못ᄒ나, 옥 ᄀᆞᆺᄐᆞᆫ 용안과 꼿 갓【60】흔 ᄐᆡ되 유한(幽閑) 쇄락(灑落)ᄒ여 빈혀 쏘즌 군ᄌᆞ오, 치마 민 장뷔라. 가히 녀즁(女中) 호걸장뷔니, 쇼믜 구셜(口舌)이 셔어(齟齬)ᄒ여 우리 빅형(伯兄)의 니러틋 다복ᄒ시믈 다 못 치하ᄒᄂᆞ이다.”

초공이 쇼왈,

“현믜의 말ᄉᆞᆷ이 지극흔 공언(公言)과 명논(明論)이라. 나의 여러 며느리 다 셩ᄒᆡᆼ 덕되 현믜지언(賢妹之言)과 츠착(差錯)지 아니ᄒ니라.”

삼졔 북빅후 쇼부공이 웃고 니어 치하 왈,

“쇼졔 ᄯᅩ 신부의 비상ᄒᆞᆷ믈 보오니, 몽징의 쳐복의 듯거옴과 형장의 튁부 잘ᄒᆞ심과 셕공의 명달ᄒᆞᆷ믈 탄복ᄒ여, 몬져 치하코져 ᄒᆞ오ᄃᆡ, 연쉬 불낙ᄒ시니 감히 말ᄉᆞᆷ을 발치 못ᄒ엿더니이다.”

알아듣지 못함을 이르는 말.

졍국공【61】은 졈두ᄒᆞ고, 초공은 미쇼ᄒᆞ니, 조틱부인이 잠쇼 왈,

"신뷔 한갓 《믜츨∥미츌(美出)》ᄒᆞ고 조화 뵈여 《부텹진∥부려(富麗)흔》 ᄭᅩᆺ숑이 갓ᄒᆞ나, 또 연연작작(娟娟綽綽)든 아니ᄒᆞ니, 오아 등은 쳘인(哲人)이라 귀히 너기것만은, 범틱육안(凡態肉眼)이 엇지 아라 보리오. 연식뷔 스스로 곱지 못ᄒᆞᆯ지언졍 임의 월궁(月宮)79)과 무산(巫山)80)을 보아 열인(閱人)ᄒᆞᆷᄃᆞᆫ 젹지 아니흔 고로, 윤·하·뎡 삼문의 모히ᄂᆞᆫ 졀식을 만히 보아, 안고틱악(眼高泰岳)ᄒᆞ엿ᄂᆞᆫ지라. 엇지 신부의 용안 식틱 뎡쇼부와 혜션옥쥬의게 삼ᄉᆞ층 나려지믈 ○○[보고], 불통흔 쇼견의 밋쳐 젼두를 싱각지 못ᄒᆞᆷ이 괴이ᄒᆞ리오. 오아ᄂᆞᆫ 과도히 면【62】칙지 말나. 하믈며 영안옥쥐 님ᄒᆞ여 계시니 심히 불안ᄒᆞ도다."

초공 곤계 조교를 듯ᄌᆞᆸ고 일시외 ᄇᆡ사슈명(拜謝受命)ᄒᆞ니, 연부인이 존고의 말ᄉᆞᆷ을 드ᄅᆞᄆᆡ 가슴이 져기 싀훤ᄒᆞ여 바야흐로 사식이 평안ᄒᆞ니, 좌긱이 그졔야 ᄯᅩ흔 치하ᄒᆞ더라.

졍국공이 졔ᄌᆞ 졔손을 거ᄂᆞ려 외헌으로 나가니, 쟝닉의 피ᄒᆞ엿던 닉긱이 다시 나아와 좌를 졍ᄒᆞᆯᄉᆡ, 영안공쥐 녀아의 만목즁회(萬目衆會)의 거조를 추악ᄒᆞ고, 초공의 녀아를 칙ᄒᆞᄂᆞᆫ 말단 사에(辭語) 연부마 부ᄌᆞ의 넘치 일ᄏᆞᄅᆞᆷ믈 ᄌᆞ참(自慚) 닉괴(內愧)ᄒᆞ여, 이의 조틱부인의게 녀아의 불초 불미【63】ᄆᆞ 틱군ᄌᆞ의 교화의 어긋나믈 지삼 사례ᄒᆞ니, 부인이 흔연 사사ᄒᆞ더라.

영안공쥐 일즉 하부로 결혼 연친(連親)ᄒᆞᄆᆡ 셰월이 오ᄅᆡ나, 녀이 불용누질(不容陋質)노 힝식 불초 불인ᄒᆞ니, 인친지간(姻親之間)의도 무안ᄒᆞᄆᆡ 만ᄒᆞ, 그 사이 하부 연셕 가회(嘉會)의 쳥ᄒᆞᄆᆡ 한 두번이 아니로ᄃᆡ, 춤아 ᄌᆞ괴ᄒᆞ여 한번 님연(臨筵)ᄒᆞᄆᆡ 업더니, 금일은 외손의 길셕을 당ᄒᆞ니 마지 못ᄒᆞ여 졔부 졔손을 거ᄂᆞ려 참연ᄒᆞᆯᄉᆡ, 이 즁의도 총부 연니부 부인 호시ᄂᆞᆫ 아니 왓더라.

공쥐 처음으로 하부 연셕을 님ᄒᆞ여 초공 원위 윤부인의 텬싱 특이흔 용광식틱(容光色態)와, 윤승【64】샹 효문의 부인 하시 월용션틱(月容鮮態)와, 하참졍 부인 님시 졀묘아틱(絶妙雅態)와, 하평쟝 부인 진시 명모년협(明眸蓮頰)81) 과 북후 부인 슉셩비 뎡시 만틱억치(萬態億彩) 기기히 계궁쇼아(桂宮素娥)82) 갓거늘, 몬져 눈이 황홀ᄒᆞ고 졍신이 어린 듯ᄒᆞ여, 좌고우면(左顧右眄)의 ᄌᆞ시 술피니, 하부마의 원비 혜션공쥬ᄂᆞᆫ 임의 금궐(禁闕) 지친(至親)이라 여러 번 보아시니, 싀로이 일ᄏᆞᆯ 거시 업스나, 하병부

---

79)월궁(月宮) : 전설에서, 달 속에 있다는 궁전. 여기서는 월궁에 살고 있다는 선녀인 상아(嫦娥)를 뜻한다.

80)무산(巫山) : 중국 중경시(重慶市) 동쪽에 있는 현. 무산십이봉(巫山十二峯)이 솟아 있는데 기암과 절벽으로 이루어진 경치가 아름답기로 유명하다. 여기서는 초(楚)나라 양왕(襄王)이 이곳 양대(陽臺)에서 꿈에 만나 운우(雲雨)의 정을 나누었다는 무산신녀(巫山神女)를 이른 말.

81)명모년협(明眸蓮頰) : 밝은 눈동자와 연꽃처럼 아름다운 얼굴. *협(頰) : 뺨.

82)계궁쇼아(桂宮素娥) : 계궁은 달의 다른 이름으로, 달 속에 산다는 선녀 소아(素娥)를 말함. *소아(素娥) : =항아(姮娥)

의 원비 뎡쇼져의 쳔틱만광(千態萬光)의 교슈무비(嬌秀無比)ᄒᆞᆫ 규각(閨閣)의 녀ᄉᆞ(女士)로 고금의 희한ᄒᆞ며, 버거 표·상 냥쇼져의 옥모염틱(玉貌艶態)와 부마의 초비 우시의 졀셰뇨라(絶世姚娜)ᄒᆞᆫ 화용옥질(花容玉質)이 기기히 션원(仙苑)의 【65】웃는 곳치오, '양목(兩目)의 늬왓는83) 홍뉸(紅輪)'84)이라. 염염(艶艶)ᄒᆞᆫ ᄌᆞ틱와 아라흔 광염(光艶)이 막상막하(莫上莫下)ᄒᆞ여 금슈단장(錦繡丹粧)과 명월픠옥(明月佩玉)이 신신흔 광염을 빗늬고, 한갈갓흔 셩덕 문명이 남훈뎐(南薰殿)85) 상의 슌황제(舜皇帝)를 뫼온 듯, 즁년 부인늬 유한(幽閑) 유덕(有德)ᄒᆞ며 츌셰비상(出世非常)ᄒᆞᆫ 니르도 말고, 쇼년 졔부인의 《싱모∥식모(色貌)》 염광(艶光)이 진무빵이졀셰상(眞無雙而絶世上)86)이어늘, 윤·뎡 냥부 부인늬를 보믹, 공쥐 홀홀(惚惚) 딕찬(大讚)ᄒᆞ여 스스로 텬하의 졀식이 만흐믈 씨닷고, 녀아의 츄용 누질을 식로이 한심 참괴ᄒᆞ니, 긔운이 져상(沮喪)ᄒᆞ더라.

초공이 이의 금빅치단(金帛綵段)으로ᄡᅥ 각별 신부의 좌우【66】를 상ᄉᆞᄒᆞ니, 윤승상 부인과 삼뎨 북평후 네부 등이 우어 왈,

"형장이 셰 아들을 입장(入丈)ᄒᆞ여 여슷 며느리를 어드딕, 일즉 신부의 시비를 하상(下賞)ᄒᆞ시믈 보지 못ᄒᆞ여습더니, 오늘날 셕시의 좌우를 상쥬시니, 신뷔 별이(別異) 탁츌(卓出)ᄒᆞ여 그러ᄒᆞ민가. 희귀ᄒᆞ도쇼이다."

초공이 역쇼(亦笑) 왈,

"몽셩을 입장홀 졔는 첫 며ᄂᆞ리니 짓갑젹고87) 열업셔88) 못ᄒᆞ미오, 버거 표·상 졔부를 어드니 엇지 귀치 아니리오만은, 처음 연시의 좌우를 상(賞)치 아냐시니, 익즁(愛憎)을 편벽(偏僻)히 못ᄒᆞ미오, ᄯᅩ 몽닌이 공쥬를 취ᄒᆞ니, 공쥬는 왕희(王姬) 지존(至尊)이라. 부귀 극【67】ᄒᆞ니 우형이 무어슬 상 쥬리오. ᄯᅩ 우시 드러오니 우흐로 원비의게 힝흔 일이 업스니, 비록 ᄉᆞ쇼(些少)흔 믈이나 그 층등(層等)치 못ᄒᆞ미니, 니졔 몽징이 입장(入丈)ᄒᆞ니 구이홀 일이 업슬 ᄲᅮᆫ 아니라, 신뷔 극히 유덕 현쳘ᄒᆞ여 나의 쇼망의 찬 며느리오, 몽징의 과분흔 안히라. 그 싀어미 갓흐니 빅이 당치 못ᄒᆞ리니, 우형의 ᄯᅳᆺ의 추고 마음의 족ᄒᆞ여 그 좌우를 상ᄒᆞ미니, 현믹와 졔뎨 등은 웃지 말나."

ᄒᆞ더라.

연부인이 힝혀 신뷔 연미치 못ᄒᆞ니, 초공이 불쾌ᄒᆞ여 졔부의게 층등홀가 혜아려, 미리 발작(發作)ᄒᆞ여 공의 틱부 잘못흔 탓슬 【68】 슘고져 ᄒᆞ미러니, 공이 니러틋 흔연

---

83)늬왓다 : 내밀다.

84)양목(兩目)의 늬왓는 홍뉸(紅輪) : 두 눈에(을 향해) 내민 붉은 해.

85)남훈뎐(南薰殿) : 순임금이 오현금(五絃琴)으로 남풍시(南風詩)를 타 백성들의 불만을 어루만져주던 전각.

86)진무빵이졀셰상(眞無雙而絶世上) : 참으로 세상에 견줄 것이 없을 만큼 빼어남.

87)짓갑젹다 : 멋쩍다. 격에 어울리지 않다.

88)열업다 ; 열없다. 좀 겸연쩍고 부끄럽다

흐믈 보미, 져기 마음이 안안(安安)ᄒ더라.

쵸야의 하공ᄌ 몽징이 부명을 니어 신방의 드러가 신부를 보니, 옥안화틱(玉顏花態) 슈려쇄락(秀麗灑落)ᄒ여 보름 ᄎᆫ 달 갓고, 셩히 ᄑᆡᆫ 모란 갓ᄒ니, 비록 연연(娟娟)치 못ᄒ나 쳔고슉완(千古淑婉)으로 계ᄎᆞ군ᄌ(筓叉君子)89)오 결군장뷔(結裙丈夫)90)라. 뜻의 ᄎᆞ고 마음의 죡ᄒ니, 져갓흔 슉완 셩녀를 모친이 나무라 ᄒ시믈 괴이히 너길지언졍, 말이 업셔, 다만 빅년셩모(白蓮星眸)91)의 화긔이연(和氣怡然)ᄒ여 야심(夜深)ᄒ미 촉을 믈니고 신부를 권ᄒ여 상요(床褥)의 나아가니, 은이 ᄌᆞ못 진즁ᄒ더라.

쇼져의 유뫼 셕상(席上)【69】의 연부인 경식(景色)을 싱각ᄒ고, 신낭이 ᄯᅩ 쇼져를 엇더케 너길고 스럼이 만ᄒ 줌을 ᄌᆞ지 아니ᄒ고, 시도록 신방을 규시ᄒ여, 신낭의 진즁ᄒᆫ 거동을 보미 심하의 깃부믈 니기지 못ᄒ더라.

쵸야의 월하미 등이 ᄯᅩᄒᆫ 신방을 규시ᄒ엿ᄂᆞᆫ지라. 존당의 고ᄒ엿더라. 명조의 부뷔 한가지로 존당 부모긔 신셩ᄒ니, 남좌여우(男左女右)를 분ᄒ미, 신뷔 잠간 건장ᄒ고 슉셩ᄒ여 쇼년 졔부인 졔쇼졔 항녈의 셧기미 신장 쳬뫼 ᄎᆞ실(差失)ᄒ나, 옥 갓흔 살빗과 버들 갓흔 눈섭이며 효셩 갓흔 눈찌 가히 쳔고 졀염 묘완【70】의 비교치 못ᄒ나, 쳔츄(千秋) 녀즁인걸(女中人傑)이니, 존당 구괴 크게 과이(過愛)ᄒ며, 져의 부뷔 냥졍(兩情)의 쥬규(周規)92)ᄒᆞ믈 어엿비 너기더라.

연부인이 신부의 뇨뇨(嫋嫋)치 못ᄒ믈 심하의 미흡ᄒ나, 쵸공이 언ᄂᆡ(言內)의 신부를 나모라 ᄒ거든 부인도 도라가라 ᄒ던 말을 졉ᄒ여, 감히 불안지식(不安之色)을 두지 못ᄒ니, 합문 상히 연부인의 년긔 노셩(老成)ᄒ기의 밋도록, 인ᄉᆡ 느지 못ᄒ여 투미ᄒ믈93) 실쇼ᄒ더라.

셕쇼졔 인ᄒ여 구가의 머물미 동동쵹쵹(洞洞燭燭)94)ᄒ고 슉흥야미(夙興夜寐)ᄒ여 효ᄉᆞ존당(孝事尊堂)ᄒ고 승슌군ᄌ(承順君子)ᄒ며 화우슉미금장(和友叔妹襟丈)ᄒ니, 합문(闔門) 닌【71】니(隣里)의 예셩(譽聲)이 ᄌᆞᄌᆞᄒ고 공직 즁딕ᄒ더라. 셕쇼졔 연부인 셤기믈 좌와(坐臥)의 편토록 ᄒ여, 오히려 친녀 션강쇼져의 지나니, 연부인이 ᄯᅩᄒᆞᆫ ᄌᆞ가를 위왓고 봉양ᄒ믈 깃거ᄒ고, ᄯᅩ 후릐의 셕가 비비 본부의 도라가, 셕공과 부인긔 연부인허다 히거(駭擧)를 고ᄒ니, 셕공 부부ᄂᆞᆫ 관인ᄒᆫ 군ᄌ 슉녜라 가쇼로이 너겨, 한 번 우으며 다시 졔긔치 아니ᄒ더라.

---

89)계ᄎᆞ군지(筓叉君子) : 비녀 꽂은 남자.
90)결군장뷔(結裙丈夫) ; 치마 두른 장부.
91)빅년셩모(白蓮星眸) : 흰 연꽃처럼 하얀 얼굴과 별처럼 밝은 눈.
92)쥬규(周規) : 법도에 맞음.
93)투미ᄒ다 ; 어리석고 둔하다.
94)동동쵹쵹(洞洞燭燭) : 공경하고 조심함. 부모를 섬기고 공경하는 마음이 지극함. 『예기(禮記)』 <제의(祭義)>편의 "洞洞乎屬屬乎如弗勝 如將失之. 其孝敬之心至也與(공경하고 조심하는 태도가 마치 이기지 못하는 것 같고 잃지 않을까 조심하는 것 같아, 그 효경하는 마음이 지극하기 그지없다.)"에서 온 말.

석부인이 연군쥬의 탐쥬(貪酒) 탐지(貪財)ᄒᆞᄆᆞᆯ 익이 아ᄂᆞᆫ 고로, ᄯᅩ 석부 가산이 유여ᄒᆞ여 노비 견결이 만흔 고로, 졀(節)노 ᄯᆞ라가며 시졀 아름다온 찬품ㆍ쥬육ㆍ실과로 연부인 감지(甘旨)를 【72】 찰혀 ᄳᅥ로 봉양ᄒᆞ게 ᄒᆞ니, 연부인이 ᄯᆩᆺᅴ ᄎᆞ고 마음의 죡ᄒᆞ여, 이후로 셕쇼져 ᄉᆞ랑이 병되여, '칭이효뷔(稱以孝婦)95)'라 ᄒᆞ니, 가즁이 다 웃고, 공지 모부인 쳐시 젼후의 달나 지쇼(指笑)의 근본이 되믈 민망ᄒᆞ나, 간ᄒᆞ여 신쳥홀 길히 업고 졈졈 《궤게‖괴거(怪擧)》 이실 ᄃᆞᆺᄒᆞᄆᆞ로, 말을 아니ᄒᆞ더라.

ᄎᆞ년 하ᄉᆞ월(夏四月)의 나라의셔 셜과(設科)ᄒᆞ시니, 윤ㆍ뎡 냥부 졔 공지○…결락 15자…○[와 하부 몽징공지 입과할 시, 몽징공지] 즐겨 아냐 왈,

"쇼ᄌᆞᄂᆞᆫ 아직 학(學)이 진취(進就)치 아냐시니, 명츈(明春)을 기다려 입과ᄒᆞ려 ᄒᆞᄂᆞ이다."

졍국공과 초공이 졈두 허락ᄒᆞ되, 연부인이 아ᄌᆞ의 폐과(廢科)ᄒᆞ려 ᄒᆞᄆᆞᆯ 되경실식(大驚失色)ᄒᆞ여 식음을 젼폐ᄒᆞ고 바로 죽으려 날치【73】니, 초공이 홀일업셔 아른 쳬 아니ᄒᆞ고, 공지 모부인 히거(駭擧)를 민망ᄒᆞ여 감히 쳣 ᄯᆞᆮ을 셰오지 못ᄒᆞ고, 과장 졔구를 갓초아 셩과(盛科)를 관광코져ᄒᆞ더라.

화셜 만셰 황애 ᄎᆞ년 하ᄉᆞ월 망간(望間)의 크게 셜장(設場)ᄒᆞ사 텬하 ᄉᆞ방의 현냥지ᄌᆡ(賢良之材)를 구ᄒᆞ시니, 만방 직시 ᄯᅥ지니 업시 못ᄂᆞᆫ지라. 윤ㆍ하ㆍ뎡 삼부 졔공지 참방홀시, 윤부의셔 즁ㆍ영ㆍ혜ㆍ봉 ᄉᆞ공ᄌᆞ와, 뎡부의셔 연ㆍ슈ㆍ덕 삼공ᄌᆞ와, 하부의셔 몽징공지 참방ᄒᆞ니, 셩과의 장녀(壯麗)ᄒᆞ미 ᄯᅩᄒᆞᆫ 비길 ᄃᆡ 업더라.

윤ㆍ하ㆍ뎡 졔공지 한가지로 과옥(科屋)의 나아가 글졔를 보고 한번 붓슬 썰【74】치미 졔공지 본듸 부슉여풍(父叔餘風)을 니어 한갈갓치 초츌탁셰(超出卓世)ᄒᆞᆫ 문장긔홰(文章奇花)라. 엇지 텬싱아ᄌᆡ(天生雅才)를 품어 셤궁(蟾宮) 단계(丹桂)의 봉익(鳳翼)을 더위쳐96) 일지(一枝) 계화(桂花) ᄭᅥᆼ기를 근심ᄒᆞ리오.

졔인이 동방(同榜)의 나아가 글을 지어 밧치고, 한가히 것닐며 만방다ᄉᆞ(萬方多士)의 셕은 글귀위[의] 좀 지조로 외람이 뇽문(龍門)의 계지를 도적고져 ᄒᆞ여 장즁의 드럿더니, 밋 글졔를 보미, 칙(策) 문졔오, 시긱인즉 두어 시긱의 넘지 못ᄒᆞ니, 만일 '조ᄌᆞ건(曹子建)의 칠보셩장(七步成章)'97)ᄒᆞᄂᆞᆫ 지조와, 왕발(王勃)의 등왕각셔(騰王閣序)98) 일우ᄂᆞᆫ 지죄 아닌즉, 엇지 작셔(作書)ᄒᆞ미 시긱의 쉬오리오. 계요 셩편(成篇)

---

95) 칭이효뷔(稱以孝婦) ; 효부(孝婦)라 일컬음.
96) 더위치다 : 더위잡다. 붙잡다. 움켜잡다. 끌어 잡다.
97) 조자건(曹子建)의 칠보시(七步詩) : 위(魏)나라 조조(曹操)의 아들 조식(曹植 : 192~232)이 일곱 걸음 만에 시를 지어 죽음을 모면하였다는 고사가 담긴 시. 자건(子建)은 조식의 자(字). *칠보시(七步詩); 콩을 삶기 위하여 콩대를 태우니/ 콩이 가마 속에서 소리 없이 우노라/ 본디 한 뿌리에서 같이 태어났거늘,/서로 괴롭히기가 어찌 이리 심한고/(煮豆燃豆萁 豆在釜中泣 本是同根生 相煎何太急).
98) 왕발(王勃)의 등왕각서(滕王閣序) : 당(唐) 나라 때 왕발(王勃)이 강서성(江西省) 남창시(南昌市)에 있는 정자인 등왕각(滕王閣)의 낙성식에 참석해 지었다는 글. *왕발(王勃); 중국 당나라 초기의 시인 (650~676). 자는 자안(子安). 양형(楊炯)ㆍ노조린(盧照隣)ㆍ낙빈왕(駱賓王)과 함께 초당사걸(初唐四傑)의 한 사람으로, 특히 오언 절구에 뛰어났다. 작품에 <등왕각서(滕王閣序)>가 유명하며, 시문집 ≪왕자

【75】 ᄒᆞᄂᆞᆫ 뉴ᄂᆞᆫ 졸영(拙詠)을 맛치고, 둔흑부지쟈(鈍學不才者)ᄂᆞᆫ 아이의⁹⁹⁾ 퇴슬슈퇴(退膝羞退)¹⁰⁰⁾ᄒᆞ여 초연ᄌᆞ실(悄然自失)¹⁰¹⁾ᄒᆞᄂᆞᆫ 뉴(類) 무슈ᄒᆞ니, 윤ᆞ하ᆞ뎡 삼부 칠공지 그ᅌᅳᆨ이 우이 너겨, 져런 둔박(鈍朴) 부지(不才)로 당초의 과쟝의 드러온 인ᄉᆞ(人士)를 긔괴(奇怪)히 너기더라. 【76】

안집(王子安集)≫ 6권이 있다.
99)아이의 : 아예. 일시적이거나 부분적이 아니라 전적으로. 또는 순전하게.
100)퇴슬슈퇴(退膝羞退) : 부끄러워 무릎걸음으로 물러나옴.
101)초연ᄌᆞ실(悄然自失) : 의기(意氣)가 떨어져 몸과 마음을 가누지 정도임.

윤하뎡삼문취록 권지뉵십칠

    츠시 텬지 문덕뎐의 구층 어탑(御榻)을 비셜ᄒ시고 만조 문무쳔관(文武千官)이 금관
픠옥(金冠佩玉)을 갓초고 오ᄉ(烏絲) 자포(紫袍)로 상간(上間)을 잡아 옥톄(玉體)의 시
위(侍衛)ᄒ여시니, 뇽(龍) 그린 들보히 명향(名香)이 쇼빅(燒白)ᄒ고, 봉(鳳) 그린 금벽
(錦壁)의 상셔(祥瑞)의 상운(祥雲)이 녕영(盈盈)ᄒ니, 검픠(劍佩) 뇨량(嘹喨)ᄒ고, 어원
(御苑) 악음(樂音)이 뇨료(嫋嫋)ᄒ여 구텬(九天)102)의 ᄉ못츠니, 비컨딗 경운(慶雲)이
흥흥(興興)ᄒ고 경셩(景星)103)이 츌(出)ᄒ여 망지여운(望之如雲)104)이오 취지여일(就之
如日)105)이니 금난뎐(金鑾殿)106) 상(上)의 님군은 요(堯)・순(舜)・우(禹)・탕(湯)의 셩
덕을 밧즈와시며, 냥신(良臣) 보필(輔弼)은 상지이윤(商之伊尹)・부열(傳說)107)과 쥬지
쥬공(周之周公)・쇼공(召公)108)으로 흡【1】ᄉᄒ며, 무신은 니광필(李光弼)109)・곽즈
의(郭子儀)110) 갓흔 지모현ᄉ(智謀賢士) 홀노 금조(今朝)의 다 모혓ᄂ지라. 요텬(堯天)

---

102) 구텬(九天) : 하늘을 아홉 방위로 나누어 이르는 말. 중앙을 균천(鈞天), 동쪽을 창천(蒼天), 서쪽을
      호천(昊天), 남쪽을 염천(炎天), 북쪽을 현천(玄天)이라 하고 동남쪽을 양천(陽天), 서남쪽을 주천(朱天),
      동북쪽을 변천(變天), 서북쪽을 유천(幽天)이라 한다.
103) 경셩(景星) : =서성(瑞星). 상서로운 별. 태평성대에 나타난다고 한다.
104) 망지여운(望之如雲) ; 멀리 바라보면 구름 같음.
105) 취지여일(就之如日) ; 나아가 보면 해와 같음.
106) 금난뎐(金鑾殿) : 당대(唐代)의 궁전 이름.으로, 천자가 조회를 받는 정전(正殿).
107) 상지이윤(商之伊尹)・부열(傳說) : 중국의 고대국가인 상(商)[=은(殷)] 나라의 명상(名相) 이윤(伊尹)
      과 부열(傳說). *이윤(伊尹) : 중국 은나라의 전설상의 인물. 이름난 재상으로 탕왕을 도와 하나라의 걸
      왕을 멸망시키고 선정을 베풀었다. *부열(傳說 : 중국(中國) 은(殷)나라 고종(高宗) 때의 재상(宰相), 토
      목(土木) 공사(工事)의 일꾼이었는 데, 당시(當時)의 재상(宰相)으로 등용(登用)되어 중흥(中興)의 대업
      을 이루었음.
108) 쥬지쥬공(周之周公)・쇼공(召公) : 중국 주(周)나라의 정치가 주공(周公)과 소공(召公). *주공(周公) :
      중국 주나라의 정치가. 문왕의 아들로 성은 희(姬). 이름은 단(旦). 형인 무왕을 도와 은나라를 멸하였
      고, 주나라의 기초를 튼튼히 하였다. 예악 제도(禮樂制度)를 정비하였으며, ≪주례(周禮)≫를 지었다고
      알려져 있다. *소공(召公) : 소공석(召公奭). 중국 주(周)나라의 정치가. 산동 반도를 정벌하여 동방(東
      方) 경로(經路)의 사업을 이룩하여 주나라의 기초를 닦았다.
109) 이광필(李光弼) : 중국 당나라 중기의 무장(武將). 안녹산・사사명의 반란을 평정하고 절도사(節度使)
      에 올랐고, 뒤에 임회군왕(臨淮郡王)에 봉해졌다. 곽자의(郭子儀)와 함께 당나라 중흥을 이끈 명장으로
      일컬어진다.
110) 곽자의(郭子儀). : 697~781. 중국 당(唐)나라 중기의 무장(武將). 안녹산・사사명의 반란을 평정하고
      토번을 쳐 큰 공을 세워 분양왕에 올랐다.

슌일(舜日)의 퇴평가를 외오며, 남훈뎐(南薰殿)111) 화긔를 다시 볼너라.

시관(試官)이 만인 다수의 쳔만장(千萬張)이나 흔 《시집∥시지(試紙)》을 바다 뎐하의 쓰흐니, 그 쉬(數) 가장 장(壯)ᄒ더라. 쳔(千)의 빅(百)을 갈희고, 빅(百)의 열을 잡으며, 열히 하나흘 ᄲᅢ실시, 무슈흔 시권(試券) 가온듸 다 용용(庸庸) 무지(無知)ᄒ여 바히 볼 거시 업고, 혹ᄌ 쳬(體) 경발(警拔)ᄒ고 시문(詩文)이 아름다오 니도 이시며, 혹 곱고 빗나 봄동산 갓흔 글귀도 이시며, 혹 공교롭고 묘흔 시문도 이시나, 고하를 논폄(論貶)흔 즉, 혹(或)이 쇼【2】인의 갓가오며, 혹 우둔(愚鈍) 졸직(拙直)ᄒ여 계오 스긔(史記)를 벗기며 셩명을 긔지(記之)ᄒ고, 혹 계오 ᄌ신(自身) 쥬변112)은 홀 만은 ᄒ나, 하나도 운쥬유악(運籌帷幄)113)의 결승쳔니지외(決勝千里之外)114)ᄒᄂᆫ 지조와, 치셰경뉸지ᄌ(治世經綸之才) 업스니, 우흐로 텬안옥식(天顔玉色)이 ᄌ못 불예(不豫)ᄒ시고, 아릭로 모든 시관이 텬안을 우러러 역시 면면상고(面面相顧)115)ᄒ여 능히 고하를 일ᄏ지 못ᄒ더니, 믄득 최후의 칠팔 장 시권(試券)을 한가지로 봉ᄒ여 밧치거늘, 긔간(開看)ᄒ니, 이 믄득 긔긔히 쥬옥(珠玉)이오, 언언이 금쉬(錦繡)116)라. 몬져 묵은 눈이 상쾌ᄒ고, 아ᄌ(俄者)의 둔탁(鈍濁) 부ᄌ(不才)흔 글귀를 보아 답답ᄒ【3】던 흉금이, 경긱의 쇄연이 열니여 뉴월 넘텬(炎天)의 쳥빙(淸氷)을 맛본 듯 ᄒ니, 졔시관이 연망이 칠장(七張) 《시집∥시지(試紙)》을 밧드러 옥탑(玉榻)의 헌(獻)ᄒ고, 고두빅하(叩頭拜賀)ᄒ여 왈,

"셩쥬(城主)의 초현인ᄌ(招賢人才)ᄒ시믈 응흔 바ᄂᆫ 이 칠장 시권(試券)이로쇼이다."

상이 쳥파의 텬안의 희긔를 동ᄒ시고, 어슈(御手)로 밧비 일곱장 《시집을∥시지(試紙)를》 잡아 친히 어람(御覽)ᄒ시니, 긔긔히 웅문딕ᄌ(雄文大才)도 이시며 치셰경뉸지ᄌ(治世經綸之才)와 안방졍국(安邦靖國)흘 지긔(才器)라. 지상(紙上)의 뇽닌(龍麟)이 셔리고 난봉(鸞鳳)이 츔츄니, ᄌᄌ히 뇽ᄉ(龍蛇) 어릭여 글 우희 그 사름의 ᄌᆡ덕(才德)이 낫하고, 문명이 어릭여시니, 밋쳐 그 임【4】ᄌ를 보지 아냐시나 긔특흔 쥴 알니러라.

상이 딕경딕희ᄒ샤 친히 피봉을 ᄶᅥᄒ히시니, 윤·하·뎡 삼부 ᄌ손이 아니면 그 뉘라 ᄒ리오. 상이 흔연 쇼왈,

"당금(當今)의 인ᄌᄂᆫ 윤·하·뎡 삼가 ᄌ손이로다."

ᄒ시니, 만죄 더옥 칭찬ᄒ고, 평졔왕 오곤계(五昆季)와 평진왕 곤계와 하상국 ᄉ곤

111)남훈뎐(南薰殿) : 슌임금이 오현금(五絃琴)으로 남풍시(南風詩)를 타 백성들의 불만을 어루만져주던 전각.
112)쥬변 : 일을 주선하거나 변통함. 또는 그런 재주.
113)운쥬유악(運籌帷幄) : 장막(帳幕) 안에서 주판을 놓듯이 이리저리 궁리하고 계획함.
114)결승쳔니디외(決勝千里之外) : 교묘한 꾀를 써서 천리 밖의 먼 곳에서 일어나는 싸움의 승리를 결정함.
115)면면상고(面面相顧) : 아무런 의견도 내놓지 못하고 서로 얼굴만 바라봄
116)금쉬(錦繡) : 비단 위에 수를 놓은 듯 아름답다는 말.

계(四昆季) 텬어를 듯ᄌᆞ오ᄆᆡ 더옥 황공ᄒᆞ믈 니긔지 못ᄒᆞ더라. 이의 장원을 호명ᄒᆞ니, 평진왕 윤청문의 ᄌᆞ 즁닌이 장원(壯元)이오, 봉닌이 ᄒᆡ원(解元)[117]이오, 기여 뎡연긔·슈긔·윤영닌·뎡덕긔·윤희린 등이 구술 ᄢᅦ시 참방ᄒᆞ고, 하상국의 삼ᄌᆞ 몽징이 졔칠의야 득의ᄒᆞ【5】니, 젼두관(銓頭官)[118]이 옥계하(玉階下)의셔 신ᄂᆡ(新來)를 ᄎᆞ례로 불너 츄진(趨進) ᄇᆡ무(拜舞)ᄒᆞᆯᄉᆡ, 칠인이 각각 품슈(稟受) 다ᄅᆞ나, ᄀᆡᄀᆡ히 옥면 뉴풍이오, 학상(壑上) 션동(仙童)이니, 년긔(年紀) 불과 약관 동몽지년(童蒙之年)을 당ᄒᆞᆯ만 ᄒᆞ여시ᄃᆡ, 쥰ᄆᆡ(俊邁)ᄒᆞᆫ 긔상과 칠쳑 신위 늠늠ᄒᆞ여 ᄀᆡᄀᆡ히 옥인군ᄌᆞ와 옥모영걸이라. 이 본ᄃᆡ 고문셰덕(高門世德)을 니어 형옥여정(荊玉餘精)이니, 엇지 상네범뉴(常例凡類)와 갓흐리오. 의심컨ᄃᆡ 옥청궁(玉淸宮) 즁(中)이 아니로ᄃᆡ, 졔션(諸仙)이 영쇼보젼(靈宵寶殿)[119]의 ᄇᆡ하(拜賀)ᄒᆞᄂᆞᆫ 듯ᄒᆞᆫ지라.

텬ᄌᆞ 모든 신ᄂᆡ의 츌뉴 비상ᄒᆞ믈 보시ᄆᆡ 텬심이 더옥 환흡ᄒᆞ시더라. 모든 신ᄂᆡ를 다 불너 츄진ᄒᆞ기를 맛ᄎᆞᄆᆡ 각【6】각 어화청삼(御花青衫)을 쥬시고 《쳔동∥청동(青童)》 빵ᄀᆡ(雙個)를 나리오며, ᄉᆞ쥬(賜酒)ᄒᆞ실ᄉᆡ 윤·하·뎡 칠인을 각별 무유(撫諭)ᄒᆞ여, 삼인을 뎐하의 갓가이 브ᄅᆞ샤 긔ᄌᆞ(奇子)를 두어 국가의 보필 ᄉᆞᆷ게 ᄒᆞᆫ 공을 칭예ᄒᆞ시니, 졔공이 텬은을 감열ᄒᆞ여 고두ᄇᆡᄇᆡ ᄉᆞ은ᄒᆞ고, 문호의 셩만ᄒᆞ믈 두리더라.

이 날 군신이 크게 즐겨 삼현(三絃)[120]을 진쥬(陳奏)ᄒᆞ고, 호상(壺觴)[121]을 ᄌᆞ작(自酌)ᄒᆞ여 종일 진취(盡醉) ᄌᆞ락(自樂)ᄒᆞᆯᄉᆡ, 오히려 츈일의 지리ᄒᆞ믈 ᄭᆡ닷지 못ᄒᆞ더라. 산님의 가마괴 즛괴고 금문(禁門)이 닷칠 ᄯᆡ의야, 문무 ᄇᆡᆨ관이며 모든 신방(新榜)이 긔(起) 퇴조ᄒᆞᆯᄉᆡ, ᄎᆞ일 궐즁 금화문(金華門) 밧그【7】로븟터, 졔ᄇᆡᆨ관의 퇴조ᄒᆞᄂᆞᆫ 슌위 박회와 문무 신ᄂᆡ의 도라가ᄂᆞᆫ 위의 분잡(紛雜)ᄒᆞ여 탄탄ᄃᆡ로(坦坦大路)를 덥허 십ᄌᆞ가 거리 우희 몌여시니, 느러진 알도(喝道)[122]와 훤화(喧譁)[123]ᄒᆞᆫ 과괄(誇聒)[124]이며, 창부(倡夫) ᄌᆡ인(才人)의 지져괴ᄂᆞᆫ 쇼ᄅᆡ, 텬디 움즉이고 산악이 동ᄒᆞᄂᆞᆫ 듯ᄒᆞ더라.

외방 다ᄉᆞ(多士)들은 각귀하쳐(各歸下處)ᄒᆞ고, 죠졍 경상 ᄌᆞ졔들은 ᄯᅩᄒᆞᆫ 부슉 졔친을 조ᄎᆞ 도라가니, 《편편∥평평(平平)》 광야(廣野)와 만니장텬(萬里長天)의 일졈 부운(浮雲)이 업ᄂᆞᆫ 곳의, 두렷ᄒᆞᆫ 망월(望月)이 즁텬(中天)의 오유(遨遊)ᄒᆞ여, 분야(分野)

---

117)ᄒᆡ원(解元) : 중국에서 각 성(省)에서 시행하는 향시(鄕試)에 1등으로 급제한 자를 이르는 말. 한국 고소설에서는 임금 앞에서 치르는 전시(殿試)의 2등 합격자를 이르는 말로 쓰고 있는데, 때로는 3등급 제자인 탐화(探花)와 혼용되어 쓰이기도 한다.

118)젼두관(銓頭官) : 인재를 뽑는 일을 담당하던 부서인 전부(銓部)의 우두머리. 과거 시험 채점관.

119)영소보뎐(靈宵寶殿) : 옥황상제가 거처한다고 하는 하늘에 있는 궁전.

120)삼현(三絃) : 거문고, 가야금, 향비파의 세 가지 현악기를 통틀어 이르는 말.

121)호상(壺觴) : 술병과 술잔을 아울러 이르는 말.

122)알도(喝道) : '갈도(喝道)'의 변음. 조선 시대에, 높은 벼슬아치가 다닐 때 길을 인도하는 하인이 앞에서 소리를 질러 행인들을 비키게 하던 일. 또는 그 일을 맡은 하인. ≒가금(呵禁)·가도(呵道)·창도(唱導).

123)훤화(喧譁) : 시끄럽게 지껄이며 떠듦. ≒훤조(喧噪).

124)과괄(誇聒) : 요란한 소리.

를 혁연이 붉히는 곳의 녈후 제왕(諸王) 경상(卿相)의 젹거ᄉ마(赤車駟馬) 쥬륜ᄡᅡᆼ곡(朱輪雙轂)이 분답(紛沓)ᄒᆞ며, 집ᄉᆞ(執事) 아역(衙役)이 젼츠 【8】 후옹(前遮後擁)ᄒᆞ여 마제(馬蹄) 분분ᄒᆞ더라.

금ᄉ촉농(錦紗燭籠)과 홰불이 조요(照耀)ᄒᆞ여 인셩(人聲)이 훤화(喧譁)ᄒᆞ니, 길이 좁아 거마쥬륜(車馬朱輪)이 셔로 다 잇고, 엇게 기야이여125) 힝키 어려오니, 도로 관광ᄌᆡ 칙칙 탄상ᄒᆞ더라. 녈후(列侯) 경상(卿相)은 각기귀가(各其歸家)ᄒᆞ고, 윤·하·뎡 삼문 제공이 장원 등 칠인을 압세워 도라올ᄉᆡ, 《평진왕∥평졔왕》이 곤계 ᄌᆞ질을 거ᄂᆞ려 ᄂᆡ입부문(內入府門)ᄒᆞ니, 슌틱부인이 ᄌᆞ부 졔손을 거ᄂᆞ려 삼손(三孫)의 등양(登揚)ᄒᆞ여 도라오믈 깃거ᄒᆞᆷ 측냥업고, 일가(一家) 딕희ᄒᆞ여 졔 신ᄂᆡ(新來)를 인도ᄒᆞ여 조션(祖先) 문묘(門廟)의 비알ᄒᆞ고, 버거 존당의 현비홀ᄉᆡ, 삼인이 옥면영풍(玉面英風)의 ᄉ쥬(賜酒)를 반 【9】 취ᄒᆞ여시니, 동탕ᄒᆞᆫ 긔상이 더옥 아름답거ᄂᆞᆯ, 월익(月額)의 ᄉ화(賜花)126)를 슉이고 봉익(鳳翼)의 쳥ᄉ(靑紗)를 붓치며 일요(逸腰)127)의 보ᄃᆡ(寶帶)128) 궁그러시니129) 슈앙(秀昂) 쳑탕(滌蕩)ᄒᆞ여 보니 족족130) 긔남(奇男)이오, 나니 마다 쥰걸(俊傑)이니, 무심ᄒᆞᆫ 타인이라도 긔특고 어엿부려든, ᄒᆞᆯ믈며 ᄉᆞ랑ᄒᆞᆫ 존당부모지심(尊堂父母之心)이리오.

각각 모부인이 녕녕(盈盈)131)ᄒᆞᆫ 월아(月蛾)132)의 쇼식(笑色)이 영ᄌ(盈滋)ᄒᆞ고, 슌틱부인이 진부인을 도라보아 왈,

"노뫼 초의 션군(先君)을 여희옵고, 미망여싱(未亡餘生)이 일ᄌ를 게오 길너, 장셩ᄒᆞᄆᆡ 션군의 고젹이 의희(依稀)ᄒᆞᆫ 듯, 현부 갓흔 쳔고 슉녀를 엇고, 오이 ᄯᅩ 닙신현양(立身顯揚)ᄒᆞ 【10】 여 이현조션(以顯祖先)ᄒᆞ며, 현부의 덕힝을 텬의 감동ᄒᆞ샤 텬흥 등 다ᄉᆞᆺ 긔린과 혜쥬·아쥬 갓흔 명쥬(明珠) 보벽(寶璧)을 두어, 미망 노모의 노경을 빗ᄂᆡ니, 오ᄂᆞᆯ날 ᄂᆡ외 손증(孫曾)의 번화ᄒᆞᆫ 영복이, 다 현부의 아름다온 틱훈(胎訓)이라. 묘복(眇福)ᄒᆞᆫ 노뫼 혼ᄌ 텬흥 손아의 영양(榮養)을 바다, ᄉᆞᄉᆞ의 깃부나 셕일의 홀노 고단 젹막던 신셰로ᄡᅥ, 지우금일(至于今日)의 번화 셩만ᄒᆞᆷ이 이외셔 더 무어슬 바라리오만은, 오히려 족ᄒᆞᆫ 쥴을 아지 못ᄒᆞ고, ᄯᅩ 셔산(西山)○[이] 님년(壬年)ᄒᆞ여시니, 층층이 ᄌᆞ라는 아희들 장셩ᄒᆞᄆᆞᆯ 다 못볼가 근심되 【11】 니, 탐심(貪心)이 무염(無厭)치 아니리오."

---

125) 기야이다 : 붐비다. 부딪치다.
126) ᄉ화(賜花) : 어사화(御賜花). 임금이 문무과에 급제한 사람에게 내리던 종이로 만든 꽃.
127) 일요(逸腰) : 늘씬한 허리.
128) 보ᄃᆡ(寶帶) : 보옥(寶玉)으로 장식한 띠.
129) 궁글다 : 착 달라붙어 있어야 할 물건이 사이가 떠서 벌어져 있거나 들떠서 속이 비어 있다. 여기에서는 보대(寶帶)가 허리에 착 달라붙도록 꽉 졸라매어 있지 않고 사이가 뜰 정도로 느슨하게 매어 있는 모양을 표현한 말이다. 본래 관대(官帶)는 조복(朝服)에 구김이 가지 않도록 느슨하게 매었다.
130) 족족 : 어떤 일을 하는 하나하나.
131) 녕녕(盈盈) 용모가 곱고 아름다운 모양.
132) 월아(月蛾) : =초월아미(初月蛾眉), 초승달처럼 아름다운 눈썹.

금평후와 진부인이 틱부인이 근닉의 만히 쇠로(衰老)ᄒ시믈 심즁의 감오ᄒ여, 금휘 쇼이쥬왈(笑而奏曰),

"조션의 셩덕과 션군(先君)의 여음(餘蔭)을 닙습고, 틱틱의 젹덕여음(積德餘蔭)이 졔 아와 졔손의 밋ᄉ오미니, 젼혀 ᄌ위(慈闈)의 닙으신 셩덕(盛德)이라. 쇼ᄌ의 용녈ᄒ옴 과 진시의 쇼졸(疏拙) 나약(懦弱)ᄒ므로, 엇지 ᄌ녀 졔손이 긔특ᄒ리잇가?"

틱부인이 역쇼(亦笑) 왈(曰),

"노뫼 다만 현부의 틱훈(胎訓)과 덕셩의 긔특흠만 니ᄅ고, 밋쳐 닉 아히 싱ᄌ(生子) 휵손(畜孫)의 빗나믈 일ᄏ지 아니ᄒ니, 오이 필연 노모의 혼암ᄒ믈 일씌오미【12】로 다. 진실노 닉 아히와 진현부의 싱아구로(生兒劬勞)133)의 긔특ᄒ미니, 미망(未亡) 노 뫼 엇지 과장ᄒ믈 당ᄒ리오."

좌즁 남녀 노쇠 틱부인 노감쇼치(老感所致)134)를 감회ᄒ며, 금평휘 도로혀 황감(惶 感) ᄉ죄ᄒ니, 진부인은 존고 셩언(盛言)을 불감승당(不堪承當)이러라. 촉을 니어 야심 토록 환쇼달난(歡笑團欒)ᄒ다가 각기쇼(各其所)ᄒ다.

명일의 하킥(賀客)이 부졀여루(不絶如縷)ᄒ여 문졍(門庭)의 몌여시니, 크게 셜연(設 宴)ᄒ여 삼일유가(三日遊街)ᄒ니라.

ᄎ시 평진왕 곤계 졔ᄌ질노 더부러 부즁의 도라오니, 위·조 냥틱비 뉴부인으로 더 부러 졔부 졔손을 거ᄂ려 평진왕 곤계와 졔손을 기다【13】리더니, 즁·영·혜·봉 ᄉ인이 옥면뉴풍(玉面柳風)의 잉화(櫻花)135)를 기우리고, 봉익(鳳翼)의 쳥삼(靑衫)을 붓치고, 허리의 양지빅옥딕(兩枝白玉帶)136)를 둘너시니, 《화지풍뉴용∥화지용뉴지풍 (花之容柳之風)137)》이 쳑탕(滌蕩) 쇼쇄(瀟灑)ᄒ여 당금(當今)의 옥인가ᄉ(玉人佳士)오 쳔츄(千秋)의 군ᄌ긔남(君子奇男)이라. 조틱비의 침엄(沈嚴) 단슉(端肅)ᄒ므로도 희연 이 두굿기며, 위틱비 비록 녯날 흉포 딕악이나 목금 회진기셩(回進其性)138)ᄒ기의 밋 쳐ᄂ, ᄌ손 ᄉ랑도 병되여 너모 농관의 갓가온 심졍이며, 뉴부인이 ᄯᄒ 기과칙션(改 過責善)ᄒᆫ 후ᄂ 녯날 딕간딕독(大奸大毒)이 아니라, 일기 알연(戛然)139) 현슉ᄒ 부인

---

133) 싱아구로(生兒劬勞) : 아이를 낳고 기른 수고.
134) 노감쇼치(老感所致) : 늙음으로 인해 느끼는 소회 때문임.
135) 잉화(櫻花) : =계화(桂花). 과거급제자가 오사모(烏紗帽)에 꽂던 종이꽃. 계화(桂花)의 꽃과 잎을 붉 은 색과 노란색 종이로 만들었기 때문에, 황삼(黃衫)을 앵삼(鶯衫)이라 한 것처럼, 앵화(鶯花)라는 다른 이름이 붙은 게 아닌가 한다. 계화(桂花)를 '잉화'라는 이름으로 쓰고 있는 예는 <완월회맹연>에도 보 인다. "경간공 신위의 밋쳐ᄂ 향을 꼿고 작(酌)을 헌(獻)ᄒ여 기리 빅례ᄒ며, 두 줄기 잉화는 상탁(床 卓)을 침노ᄒ고 쳥삼(靑衫) 인딕(鱗帶)ᄂ 빅셕(拜席)의 찬난ᄒ여"(<완월회맹연>; 135권 52쪽)
136) 양지빅옥딕(兩枝白玉帶) : 명주에 백옥(白玉)을 붙여 만든 허리띠인 백옥대(白玉帶)를 양 끝이 가닥이 나게 맨 모양.
137) 화지용뉴지풍(花之容柳之風) : 꽃처럼 아름다운 얼굴과 버들가지 같은 늘씬한 풍채.
138) 회진기셩(回進其性) : 그 본성에 돌이켜 나아감.
139) 알연(戛然) : ①옥이 부딪치는 소리나 학의 울음소리 따위가 맑고 아름답다. ②멀리서 들려오는 노래 나 악기 소리가 맑고 은은하다.

이니, 주손 교이(敎愛)의 밋쳐는 므른 쎡 갓흔지라. 위 【14】 •뉴 냥부인이 좌우로 냥공즈의 옥비(玉臂) 셤슈(纖手)를 년집(連執)ᄒ고, 손으로 스화(賜花)140)를 어로만져 쳔만 귀즁ᄒ믈 니긔지 못ᄒ니, 가즁의 즐기는 우음이 영주(盈滋)ᄒ더라.

촉을 니어 슌비(巡杯)를 날니며, 존당 상히 한 당의 모다 한담ᄒ여 밤이 깁흐미, 각각 침실노 퇴ᄒ다.

명조의 하긱이 문에 몌여시니 셜연ᄒ여 스공즈의 유가를 맛다.

기일(其日)의 하승상 삼곤계 냥즈로 더부러 몽징공즈를 압셰워 부즁의 도라오니, 비록 단계(丹桂) 제일지(第一枝)를 꺽지 못ᄒ여시나, ᄯ흔 고문셰덕(高門世德)이며 영지방향(靈芝芳香)으로, 부슉여풍(父叔餘風)을 니어 늠늠흔 【15】 긔상이 광풍졔월(光風霽月)의 씍씍흔 긔질이니, 엇지 말셰 용인쇽즈(庸人俗者)와 갓흐리오. 빗니 ᄒᆡᆼᄒ여 도문(到門)ᄒ니, 챵부ᄌᆡ인(唱夫才人)의 들네는 쇼리 몬져 문졍의 요요(嘹嘹)ᄒ더라.

졍국공과 조부인이 일취젼의 ᄌᆞ부 졔손을 거느려 손아의 경ᄉᆞ를 즐길ᄉᆡ, 이 날 연부인이 아ᄌᆞ를 과장의 드려보닉고, 종일토록 희망ᄒ여 어ᄌᆞ러이 즛궤여 가득이 일너 왈,

"닉 아히 몽징은 부형여풍(父兄餘風)이라 물즁(物中) 《긔리∥긔린》이오, 인즁(人中) 션쟈(仙者)니 엇지 문쟝 ᄌᆡ화 남의 아릭 되리오. 오늘날 쟝원 삼쟝은 의의히 닉 아히 담당ᄒ여 계슈졔일지(桂樹第一枝)를 남의게 ᄉᆞ양치 아니ᄒ【16】리라."

종일토록 즛궤믈 마지 아니ᄒ더니, 윤부인과 쇼부 부인 뎡슉셩은 윤부의셔 즁•영•혜•봉 ᄉᆞ공즈와 뎡부의셔 연•슈•덕 삼공ᄌᆡ 과옥의 참예ᄒᆞ믈 아는지라. 윤부인의 명쳘홈과 뎡슉셩의 신명ᄒ미 각각 질아 등의 ᄌᆡ화 문쟝을 닉이 아는지라. 쟝원 지목의 윤•뎡 냥부 ᄌᆞ질 칠인 즁의 나지 아닐 쥴 혜아리미, 몽징이 반ᄃᆞ시 계화 읏듬 가지를 꺽지 못ᄒ미, 연부인 히게(駭擧) 이실 쥴 짐작ᄒ더라.

윤부인이 연부인 우픽(愚悖)흔 호승(豪勝)을 아는 고로, 쥬육셩찬(酒肉盛饌)을 각별 셩비ᄒ여 공ᄌᆡ 도라오기를 기다릴ᄉᆡ, 【17】 일식이 반오(半午)의 가인(家人)이 도라와 희보(喜報)를 젼ᄒ디,

"공ᄌᆡ 졔팔의 ᄲᅢ히다."

가즁 졔인은 각별 놀날 일이 아니니, 다만 쇼년 과경(科慶)을 깃거ᄒ디, 연부인이 이 말을 드르미 승흥(乘興) 양양(揚揚)ᄒ던 의긔 져삭(沮削)ᄒ여, 드럿던 쥬미(麈尾)141)를 더지고 발연 변식 왈,

"몽징은 텬하인ᄌᆡ(天下人材)라. 엇지 져회 문쟝 ᄌᆡ화로 졔ᄉᆞ(諸士)의 아릭 되리오마는, 알패라! 반ᄃᆞ시 평졔왕 쥭뎡쳥과 평진왕 윤쳥문의 ᄌᆞ질(子姪)이 드럿는 고로, 시관이 위계(僞計)를 조ᄎ 아요쳠녕(阿搖諂佞)142)ᄒ노라 닉 아히 일홈을 말방(末榜)의 나

---

140)스화(賜花) : 어사화(御賜花). 조선 시대에, 문무과에 급제한 사람에게 임금이 하사하던 종이꽃.
141)쥬미(麈尾) : 말총으로 만든 총채. 먼지떨이개 등의 용도로 쓴다.
142)아요쳠녕(阿搖諂佞) : 지나치게 아첨하거나 굴종함.

리오미로다. 그러치 아니면 셰간 용용쇽즈(庸庸俗者)와 향촌우밍(鄉村愚氓)의 무리야 【18】 셩심인들 니 우희 되랴. 익둛고 분홀스! 뎡·윤 냥가 쇼아들이 드는 쥴 아더면, 몽징을 보닉지 말 거슬, '션미혹(先迷惑) 후슬긔'143)라 ᄒ니, 니 어이 그딕도록 우혹(愚惑)ᄒ여 싱각을 잘못ᄒ고."

쏘 고체(高體)업스[손] 셩을 닉여 고장분분(鼓掌紛紛) 왈,

"사룸이 위고권즁(位高權重) ᄒ듸 ᄒ고 너모 빙즈(憑藉)홀 것도 아니라. 빙산(氷山)이 한번 문허지면 후즛치 업ᄂᆞ니라. '셥권텬하(攝權天下)의 이령졔후(以令諸侯)'144)ᄒ던 오국(誤國) 녕신(佞臣) 니림보(李林甫)145)도 쥭기의 니르러는 함양(咸陽)146) 시상(市上)의 《졔혜∥졔해(擠害)147)》혼 쥭엄이 되엿ᄂᆞ니, 평졔왕의 부귀와 평진왕의 위셴들 미양(每樣)인가, 어딕 보즈!"

퉁방울 갓흔 눈을 뒤【19】룩이며 좌를 안졉지 못ᄒᆞᄂᆞ지라. 가즁 상히 긔괴(奇怪)이 너기고 윤부인과 뎡슉셩이 심하의 불안ᄒᆞᆷ믈 니기지 못ᄒᆞ나, 《혐픕∥혐피(嫌避)》ᄒ여 말ᄉᆞᆷ을 아니 ᄒ고 시쳥(視聽)이 업슨 듯ᄒ니, 이 씨 졍국공은 모든 쇼공즈로 더부러 외헌의 잇는 고로, 연부인의 여ᄎᆞ 긔괴흔 희거(戲舉)를 아지 못ᄒᆞᄂᆞ지라. 조부인이 알고 졍식 최왈,

"식부의 무힝픽려(無行悖戾)ᄒᆞᆷᄆᆞᆫ 즈쇼(自少)로 아란지 오리니, 니제 식로이 가칙(呵責)홀 거시 업거니와, 사룸이 쇼시의 비록 나히 졈고 혬이 졀너 유과(有過)ᄒ미 이신들, 셰월노조ᄎᆞ 늙기의 밋츨스록, 우혹(愚惑) 미졀(未切)ᄒ미 식【20】부 갓흐니 쏘 업손가 ᄒᆞ니, ᄉᆞ시(事事) 젹은 일도 텬야명야(天也命也)148)니, ᄒ믈며 슈요궁달(壽夭窮達)이며 화복길흉(禍福吉凶)이리오. 지어남아(至於男兒)의 닙신현양(立身顯揚)과 이현부모(以顯父母)ᄂᆞᆫ 몸이 현달ᄒ고 문회 빗ᄂᆞ니, 유즈(有子) 유손즈(有孫子)의 인지쇼욕(人之所欲)이로딕, 오히려 일우지 못ᄒᆞᄂᆞ 지 만흐니, 몽징이 비록 장원(壯元) 삼장(三場)149)을 맛치지 못ᄒ여시나, 임의 닙신양명(立身揚名)ᄒ미 당당흔 신진명ᄉᆞ로 풍신지홰 하등이 아니니, 식뷔 하고(何故)로 슈한슈원(誰恨誰怨)ᄒ여, 도로혀 무고흔 타인을 복원(福怨)흔 비 업시 원(怨)ᄒ여 젹앙(積殃)을 삼가지 아니 ᄒᆞᄂᆞ뇨? 노모의 쥬견업시 혼용(昏庸)ᄒ므로도, 식부의 힝의(行誼)와 언힝(言行)【21】이 '쳔불ᄉᆞ(千不似)

---

143) 션미혹(先迷惑) 후슬긔 : 먼저 나서는 자는 어리석은 자요, 뒤에 나서는 자가 슬기로운 자라는 말.

144) 셥권텬하(攝權天下) 이령제후(以令諸侯) : 천하의 권세를 틀어쥐고 제후들을 호령함.

145) 니림보(李林甫) : 중국 당나라 현종(玄宗) 때의 정치가. 아첨을 잘하여 재상에까지 올랐고, 현종의 유흥을 부추기며, 바른말을 하는 신하는 가차 없이 제거하는 등으로 조정을 탁란(濁亂)하여 간신(奸臣)의 전형으로 꼽는다. 그가 정적을 제거할 때는 먼저 상대방을 한껏 칭찬하여 방심하게 만들고 뒤통수를 쳤기 때문에, 당시 사람들이 그를 일러 구밀복검(口蜜腹劍)한 사람이라 하였다.

146) 함양(咸陽) : 섬서성(陝西省) 장안현(長安縣) 동쪽의 위성(渭城)이라는 옛 성이 있는 땅. 진(秦)나라의 도읍(都邑)이었다.

147) 졔해(擠害) : 악의로 남을 함정에 밀어 넣어 해침.

148) 텬야명야(天也命也) : '하늘의 뜻이요, 운명이다.'라는 뜻.

149) 삼장(三場) : 과거 시험에서 초장, 중장, 종장의 삼 단계 시험을 이르던 말.

만불가(萬不可)'150)ᄒ니, 만일 가이(家兒) 도라와 드를진ᄃᆡ, 그ᄃᆡ 힝ᄉ를 가지록 므엇만 너기리오."

셜파의 긔운이 ᄌᆞ못 싁싁ᄒ니, 연부인이 져기 무류ᄒᆞᆫ 빗치 잇고, ᄯᅩ 존고의 셩심이 강단이 젹어 가즁 ᄃᆡ쇼ᄉ(大小事)의 간예치 아니시ᄂᆞᆫ 쥴 아ᄂᆞᆫ지라.

"ᄌᆞ긔 거동이 여복151) 힝악(害惡)ᄒᆞ여야, 져 강단 업슨 존괴(尊姑) 경계ᄒᆞ시랴."

싱각이 이의 밋ᄎᆞ니, ᄯᅩᄒᆞᆫ 붓그리고 힝여 초공이 알면 ᄯᅩ 칙홀가 ᄃᆡ겁(大怯)이 츌(出)ᄒ니 연망(連忙)이 ᄉᆞ죄 왈,

"지죄(知罪), 지죄(知罪)로쇼이다. 쳡이 몽징을 과도히 ᄉᆞ랑ᄒᆞᄂᆞᆫ 고로 온갓 일의 남의 하풍(下風) 되믈 앗겨 우연이 발ᄒᆞ오【22】미러니, 존고의 경계 올흐시니, 쳡이 ᄯᅩ 바히 미혹지 아닌 고로, 슬거온 쇼견의 져근덧 ᄭᆡ다랏ᄂᆞ이다. ᄎᆞ후 다시 불통ᄒᆞ온 말ᄉᆞᆷ을 아니 ᄒᆞ올 거시니, 존고ᄂᆞᆫ 힝혀 상공다려 니ᄅᆞ지 마로쇼셔."

조부인이 도로혀 희연(駭然) 실쇼(失笑)ᄒᆞ믈 ᄭᆡ닷지 못ᄒᆞ여, 미쇼 왈,

"긔 므슨 ᄃᆡ시라 쇼쇼 가즁ᄉᆞ어늘 노뫼 아ᄌᆞ다려 일너, ᄌᆞ식의 부뷔 화긔를 일케ᄒᆞ리오. 식부ᄂᆞᆫ 싀어뮈 다셜(多說)ᄒᆞᆫ가 넘녀 말고, ᄎᆞ후나 진즁ᄒᆞ라."

연부인이 ᄇᆡ샤(拜謝)ᄒᆞ고 텬동(天動)152)의 ᄭᅥ러진 잠츙(蠶蟲) ᄀᆞᆺ흐여 아모 말도 못ᄒᆞ고 안잣더라. 그러나 아ᄌᆞ의 계화쳥삼(桂花靑衫)153)으로 아ᄅᆞᆷ다이 도라【23】오ᄂᆞᆫ 경ᄉᆞ를 죵일토록 희망ᄒᆞ니, 장장하일(長長夏日)이 괴로이 지리ᄒᆞᆫ지라. 안ᄌᆞ락 일낙 혼ᄌᆞ 말노 닙 속의 즁즁거려 니ᄅᆞᄃᆡ,

"희도 김도 길ᄉᆞ. 네 붓허 장장하일이 지리ᄒᆞ다ᄂᆞᆫ 닐넛거니와, 오늘 갓치 지리홀가. 니졔나 오ᄂᆞᆫ가. 져졔나 오ᄂᆞᆫ가. 어ᄃᆡ 맛쳐 오ᄂᆞᆫ고."

쇼장미확(少長美獲)154)이 거름만 급히 거러도 아ᄌᆞ의 도라오ᄂᆞᆫ 희뵈(喜報)가 괴로이 현망(懸望)ᄒᆞ니, 니러구러 셕상(夕床)이 오ᄅᆞᄃᆡ 하져(下箸)홀 의ᄉᆞ도 업셔, '밋친 긔 음식 본 듯' 젹은덧 휘그러 먹고, 상을 물닌 후의 좌를 안졉(安接)지 못ᄒᆞ여 졍즁(庭中)의 훗것더니, 금외(金烏)155) 셔잠(西岑)의 ᄭᅥ러지고, 빅월(百越)이 여쥬(如晝)ᄒᆞ여 황혼【24】ᄊᆡ의야 훤화(喧譁)ᄒᆞᆫ 과괄(誇聒)과 벽졔(辟除) 니러나ᄂᆞᆫ 곳의, 초공의 ᄉᆞ곤계 졔ᄌᆞ를 거ᄂᆞ려 도라와, 몽징공지 계화쳥삼으로 션묘의 비현ᄒᆞ기를 맛고, 일취뎐의 드러와 존당이며 삼위 모친과 임부인 등 졔슉모긔 뵐ᄉᆡ, 옥모 영풍의 계화를 빗기고

---

150)쳔불ᄉᆞ(千不似) 만불가(萬不可) : 젼혀 옳지 않고 불가함.

151)여복 : 여북. '얼마나', '오죽', '작히나'의 뜻으로 정도가 매우 심하거나 상황이 좋지 않을 때 쓰는 말. 늑여북이나.

152)텬동(天動) : '천둥'의 원말.

153)계화쳥삼(桂花靑衫) : 예전에 과거급제자에게 임금이 내리던 종이로 만든 계수나무 꽃과 남색 도포를 함께 이르는 말. 또는 과거급제자의 차림.

154)쇼장미확(少長美獲) : 젊거나 늙은 여자종. *미확(美獲): 얼굴이 예쁜 여자종. *획(獲) : 여자종. 비(婢)를 욕해서 이르는 말.

155)금오(金烏) : 금가마귀. '태양'을 달리 이르는 말. 태양 속에 세 개의 발을 가진 까마귀가 있다는 전설에서 유래한 말.

스쥬(賜酒)를 반취(半醉)ᄒ여시니, 쳑탕(滌蕩)ᄒᆫ 풍신과 온즁ᄒᆫ 긔상이, 비록 냥형을 밋지 못ᄒ나, ᄯᅩᄒᆫ 당셰 옥인 걸시라.

존당 냥위 계화를 어로만져 두굿기믈 마지 아니ᄒ고, 연부인이 우긔(愚氣) 발작ᄒ여 헛도이 우으며 실업시 말ᄒ여, 거동이 극히 가쇼로오니, 가즁 졔인은 임의 녜붓허 그 ᄒᆡᆼ【25】ᄉ를 만히 보고 드러시니, 시로이 우을 거시 아닌 고로, 슈괴(羞愧) 안시(按視)ᄒ나, 셕쇼졔 신혼 초일의 존고의 괴픽(乖悖)ᄒᆫ 거동과, 목금(目今) 경식(景色)을 보미, 포싀(褒姒)156)라도 졀도(絶倒)ᄒᆷ믈 참지 못ᄒᆯ 비라. 심하의 괴괴ᄒ고 한심ᄒᄆᆯ 니긔지 못ᄒ여 싱각ᄒᄃᆡ,

"존괴 ᄌ쇼(自少)로 무염ᄒᆫ 안식과 ᄒᆡᆼᄉ의 무일가관(無一可觀)이시나, 오히려 녜문 법가의 드러와 안과(安過)ᄒ시니, 존구의 관인 후덕ᄒ시믄 누ᄉ덕(婁師德)157)의 지나시고, 졔가(齊家)의 공번되시믄 문무(文武)158)의 더ᄒ시며, 졍당 존고의 셩덕이 임ᄉ(姙似)159) 이후 일인이숫다. 닉 비록 미문(微門)의 싱장ᄒ여 부덕이 미흡ᄒ나, 이갓흔 군ᄌ【26】셩녀의 슬하를 님ᄒ여시니, 이 ᄯᅩᄒᆫ 복이라. 엇지 어진 교화를 밧드지 아니리오."

ᄒ여 더옥 ᄉ덕(四德)160) 규ᄒᆡᆼ(閨行)을 조심ᄒ니, 진짓 '하쥬(河洲)의 ᄭᅩᆺ갓흔 슉녀'161)로 옥갓흔 ᄒᆡᆼ실이 관져(關雎) 우희 빗나믈 알니러라. 존당 샹히 졍당의셔 한담ᄒ다가 야심 후 각기 ᄉ실ᄒ다.

니러구러 삼일유가를 맛ᄎᆞ미, 윤장원이 모든 방하(榜下)를 거ᄂᆞ려 예궐(詣闕) 슉ᄉ(肅謝)ᄒ온딕, 텬지 인견(引見) 돈유(敦諭)ᄒ시고, 시로이 풍신 지화를 ᄉ랑ᄒ샤 쇼왈,

---

156) 포사(褒姒) : 중국 주(周)나라 유왕의 총희(寵姬)로 웃음이 없었다. 유왕이 그녀를 웃게 하기 위해 거짓 봉화를 올려 제후들을 소집하였다가, 뒤에 외침(外侵)을 받고 봉화를 올렸으나 제후들이 모이지 않아 왕은 죽고 포사는 사로잡혔다고 한다.

157) 누ᄉ덕(婁師德) : 당(唐)나라 측천무후(則天武后) 때의 정치가. 성품이 온후하고 관대하며 인자하여 아무리 무례한 일을 당해도 조금도 흔들림이 없이 표정이 똑같았다고 한다. 동생에게 '남이 얼굴에 침을 뱉으면 어떻게 해야 하느냐'고 묻고, 동생이 '잠자코 침을 닦으면 된다'고 하자, 그는 '닦을 것도 없이 침이 마를 때까지 기다려야 한다'고 충고하였다고 한다. 즉 처세에는 인내심이 필요한 것을 이른 말로, 이와 관련하여 '타면자건(唾面自乾; 얼굴에 침을 뱉으면 저절로 마를 때까지 기다린다)'이란 고사성어가 전한다.

158) 문무(文武) : 중국 주(周)나라의 문왕(文王)과 무왕(武王). 많은 후비(后妃)들을 거느렸으나, 각각 어머니 태임(太任; 문왕의 어머니)과 태사(太姒; 무왕의 어머니)의 교훈을 따름으로써 여알(女謁)이 없었고, 가정이 화목하였다.

159) 임ᄉ(姙似) : 중국 주(周)나라 현모양처(賢母良妻)인 문왕의 어머니 태임(太姙)과 무왕(武王)의 어머니 태사(太姒)를 함께 일컫는 말.

160) ᄉ덕(四德) : 여사덕(女四德). 여자로서 갖추어야 할 네 가지 덕. 마음씨[婦德], 말씨[婦言], 맵시[婦容], 솜씨[婦功]를 이른다.

161) 하쥬(河洲) 슉녀(淑女) : 강물 모래톱 가운데 있는 숙녀라는 뜻으로 주(周)나라 문왕(文王)의 비(妃)인 태사(太姒)를 말한다. 문왕과 태사 부부의 사랑을 노래한 『시경』<관저(關雎)>장의 "관관저구 재하지주 요조숙녀 군자호구(關關雎鳩 在河之洲 窈窕淑女 君子好逑)"의 '하주(河洲)' '숙녀(淑女)'에서 따온 말.

"주고로 산고옥츌(山高玉出)이오 히심츌쥐(海深出珠)라 ᄒᆞ니, 허언(虛言)이 아니랏다. 당금 인지ᄂᆞᆫ 다 윤·하·뎡 삼문으로조ᄎᆞ 나니, 반【27】드시 취운산 녕믹(靈脈)이 텬디 슈이(殊異)ᄒᆞᆫ 졍믹(精脈)을 오로지 거두어시미로다."

ᄒᆞ시더라.

상이 특지(特旨)로 장원 즁닌으로 한님슈찬(翰林修撰)을 ᄒᆞ이시고, 봉닌으로 금문직ᄉᆞ(金文直士)162)를 ᄒᆞ이시고, 영닌으로 시강ᄒᆞᆨᄉᆞ(侍講學士)를 ᄒᆞ이시고, 혜린으로 한님 편슈(翰林編修)를 ᄒᆞ이시고, 뎡연긔로 동궁시독(東宮侍讀)을 삼으시고 슈긔로 동궁셰마(東宮洗馬)를 ᄒᆞ이시고, 하몽징으로 한님ᄒᆞᆨᄉᆞ(翰林學士)를 ᄒᆞ이시고, 기여 신방(新榜)을 다 ᄌᆞ조로 등품(等品)ᄒᆞ여 옥당(玉堂)의 승용(乘用)ᄒᆞ시니, 제인이 텬은을 슉ᄉᆞᄒᆞ고 물너나 시일(是日)노붓허 직ᄉᆞ(職事)를 찰임(察任)ᄒᆞ니, 쳥망(淸望) 긔졀(氣節)이 급어ᄉᆞ(汲御史)163)의 녈직(烈直)홈과 장구령(張九齡)164)의 【28】항항(亢亢)ᄒᆞ미 이시니, 각각 부슉 여풍을 니어 거가(居家)의 화평ᄒᆞ나, 거관(居官)의 싁싁ᄒᆞ여 엄연이 노ᄉᆞ슉유(老士宿儒)의 지난 힝이 이시니, 우흐로 샹춍이 늉즁ᄒᆞ시고, 아릭로 동뉴 긔탄ᄒᆞ며, 녈후 지상의 년(年)이 부집(父執) 존항(尊行)이라도, 그 위인을 휘탄(諱憚)ᄒᆞ여 감히 쇼쇼(小小) 유싱(儒生) 히졔(孩提)로 최쇼ᄒᆞᆷ믈 싱각지 아니ᄒᆞ더라.

삼부(三府)의셔 히를 년ᄒᆞ며 달을 니어 영화(榮華)와 길경(吉慶)이 다다(多多)ᄒᆞ니, 무흠(無欠)ᄒᆞᆫ 부귀환낙(富貴歡樂) 가온ᄃᆡ나, 오히려 슈다손증(數多孫曾)의 비고이락(悲苦哀樂)이 한갈갓지 아니믈 근심ᄒᆞ더라.

니러구러 광음이 신속ᄒᆞ여 뎡부의셔 진국공의 장【29】ᄌᆞ 유긔공ᄌᆞ의 길일이 다ᄃᆞ르니, 뎡·하 냥부의셔 ᄃᆡ연을 긔장ᄒᆞ여, 신낭을 보닉며 신부를 마즐ᄉᆡ, 추일 텬긔 화창ᄒᆞ고 일월이 조요ᄒᆞ며, 화풍(和風)이 습습(習習)ᄒᆞ니, 가히 군ᄌᆞ슉녀를 빅(配)ᄒᆞ며 가인(佳人)이 긔남(奇男)을 우(偶)ᄒᆞᄂᆞᆫ 쥴 알니러라.

슌틱 부인이 금후를 명ᄒᆞ여 왈,

"유긔ᄂᆞᆫ 인즁영걸이라. 노뫼 한갓 긔상을 심이(甚愛)홀 ᄲᆞᆫ 아니라, 당초 졔아(齊兒)165)의 부뷔 불목ᄒᆞ여 지어욕살지심(至於欲殺之心)이 급홀 시졀의, 엇지 다시 그 부뷔 복합ᄒᆞ여 유ᄌᆞ 싱녀ᄒᆞ며 오늘날 며느리 보ᄂᆞᆫ 경시 이실 쥴 알니오. 여등의 쇼견은 아지 못ᄒᆞ거【30】니와, 노모ᄂᆞᆫ 가장 희귀ᄒᆞᆫ 경ᄉᆞ로 아ᄂᆞ니, 여등은 각별(恪別) 셜연

---

162) 금문직ᄉᆞ(金文直士) : 임금의 조서를 짓는 일을 맡은 벼슬. 금문(金文)은 조서(詔書)를 뜻하는 말이고 직사(直士)는 직학사(直學士)의 줄임말. 직학사는 고려 시대에 둔, 홍문관·수문관·집현전의 정4품 벼슬. 한림학사도 정4품이다.

163) 급어ᄉᆞ(汲御史) : 급암(汲黯). ?~B.C.112. 중국 전한(前漢) 무제 때의 간신(諫臣). 자는 장유(長孺). 성정이 엄격하고 직간(直諫)을 잘하여 무제로부터 '사직(社稷)의 신하'라는 말을 들었다.

164) 장구령(張九齡) : 673~740 . 당나라 현종(玄宗) 때의 재상. 광동성(廣東省) 곡강(曲江) 출생. 문재(文才)가 뛰어나고 어진 재상이었으나 사치와 향락에 빠진 국왕에게 간언을 했다가 이임보(李林甫)에게 미움을 받아 좌천당했다. 안녹산(安祿山)이 위험인물임을 간파했다는 일화가 전한다.

165) 졔아(齊兒) : 평제왕(平齊王) 정천흥을 말함.

(設宴)ᄒᆞ여 노모의 즐기믈 도으라.”

금평휘 ᄇᆡ샤슈명(拜謝受命)ᄒᆞ고 진공은 왕모의 셕년ᄉᆞ를 일ᄏᆞᆮ시믈 민망ᄒᆞ여, 쇼이무언(笑而無言)ᄒᆞ니 평졔왕과 뎡슉녈이 그윽이 긔ᄉᆡᆨ을 슗히고 잠쇼{ᄒᆞ}왈,

“딕모는 셕ᄉᆞ를 일ᄏᆞᆮ지 마ᄅᆞ쇼셔. 양졔 본ᄃᆡ 견강(堅强) 민몰ᄒᆞ온지라, 유긔는 아의 부뷔 견과(見過) 젼의 ᄒᆡ틱(解胎)ᄒᆞᄆᆡ 잇ᄉᆞᆸ던 거시니, 본ᄃᆡ 숨겻던 유긔야 어ᄃᆡ 가시리잇가만은,유긔 나흔 후의 ᄯᅩ 몃ᄒᆡ를 견과ᄒᆞ여, 삼뎨 그런 호긔(豪氣)와 장긔(壯氣) 쇼삭ᄒᆞ여 바늘의 쇼음166) ᄀᆞᆺᄒᆞ여, 빅쥬【31】의 인귀(人鬼)를 분변치 못ᄒᆞ고, 양뎨를 진실노 죽은가 ᄒᆞ여 붓들고 복슈 익걸ᄒᆞ엿ᄂᆞ니잇가? 양시긔 팔년 견과ᄒᆞ여실 졔는 영웅의 긔운도 최찰(摧折)ᄒᆞ고, 장부의 호긔도 쇼삭(消索)ᄒᆞ여 양뎨 곳 만나면, 두용직(頭容直)167)ᄒᆞ고 슈용공(手容恭)168)ᄒᆞ여 호흡을 낫초고 져허ᄒᆞ기를, 무인지경의 싀호(豺虎)나 만난 ᄃᆞ시 두리던 비라. 근 십년만의 계오 샤를 맛나 《혼합∥호합(好合)》ᄒᆞ여 ᄌᆞ녀를 싱산ᄒᆞ여ᄉᆞ오나, 오히려 니졔도 그 마음이 방심치 못ᄒᆞ여, 힝혀 다시 쳐ᄌᆞ의게 닉치이는 환을 만날가 ᄃᆡ겁이츌(大怯以出)ᄒᆞ옵ᄂᆞᆫ지라. 시금도 딕뫼 셕ᄉᆞ를 들츄시【32】니, 양시 ᄉᆡ로이 엇더케 너길고. ᄉᆞ싴이 ᄌᆞ못 당황ᄒᆞ오니, 도로혀 가셕(可惜)ᄒᆞ온지라. 복원 딕모는 삼뎨의 난연(難然)ᄒᆞᆫ 심ᄉᆞ를 도라보샤 셕ᄉᆞ를 들츄지 마ᄅᆞ쇼셔.”

셜파의 ᄉᆞ일냥셩(斜日兩星)169)을 흘녀 진공 부부를 보며 낭낭이 우으니, 좌즁이 ᄃᆡ쇼(大笑)ᄒᆞ고, 졔왕이 잠쇼 왈,

“현ᄆᆡ지언(賢妹之言)이 최션(最善)ᄒᆞᆫ지라. 양슈는 규측의 의방(義方)을 드ᄃᆡ신 슉녜시라. 만일 삼뎨의 광망ᄒᆞᆫ 거죄 업던들, 므ᄉᆞ 일 슉녀의게 견과ᄒᆞᄆᆡ 그ᄃᆡ도록 ᄒᆞ여, 니졔 니ᄅᆞ히 치쇼의 근본이 되여시리오. 우형은 남ᄌᆞ로ᄃᆡ 근본을 헤아린 즉, 양슈의 【33】 견고 민몰ᄒᆞ시미 아니라 삼뎨의 션실기도(先失其道)ᄒᆞ미라. 현ᄆᆡ 비록 명쳘 인ᄌᆞ홀와 ᄒᆞ나, 오히려 셰쇽 소고의 ᄭᅡ다로오미 업지 못ᄒᆞ여, 언단의 져기 삼뎨를 두호(斗護)ᄒᆞ고 양슈를 민몰타 ᄒᆞ니, 삼뎨는 고마이 너기려니와, 양슈는 그윽이 현ᄆᆡ를 고마치 아니케 너길가 ᄒᆞ노라.”

슉녈비 쳥파의 더옥 ᄃᆡ쇼 왈,

“쇼ᄆᆡ를 사롬마다 너모 혼용 잔미ᄒᆞ다 말은 드럿거니와, 쇽언(俗言)의 ‘싀누의 어렵다’ 별명은 거거의게 금시초문(今時初聞)이로쇼이다. ᄃᆡ강 거게신들 부인 녀ᄌᆞ의게 므

---

166) 쇼음 : 솜. 목화씨에 달라붙은 털 모양의 흰 섬유질.
167) 두용직(頭容直) : 머리는 곧고 바르게 세운 자세를 유지해야 한다. ‘구용(九容)’ 가운데 하나. *구용(九容); 유가(儒家)에서 몸가짐을 바르게 갖기 위해 항상 지켜야 할 ‘아홉 가지 몸가짐’. 곧 족용중(足容重)·수용공(手容恭)·목용단(目容端)·구용지(口容止)·성용정(聲容靜)·두용직(頭容直)·기용숙(氣容肅)·입용덕(立容德)·색용장(色容莊)을 말함. 『계몽편(啓蒙篇)』〈구용(九容) 구사(九思)〉조(條)에 나온다.
168) 슈용공(手容恭) : ‘구용(九容)’ 가운데 하나로, ‘손놀림은 공손해야 한다’는 말.
169) ᄉᆞ일냥셩(斜日兩星) : 비스듬히 내려 뜬 두 눈빛

순 고마흔 일이 잇더니잇가? 너모 닙찬170) 말 마로쇼셔."

왕이 뒤쇼 왈,

"현미 【34】 우형의 단쳐(短處)는 아모리 들츄어도 붓그려 아닛느니, 뒤쟝뷔 졔가지도(齊家之道)는 치국평텬하지본(治國平天下之本)이라. 어인 환난의 삭시 윤슈원의 집으로 만히 《낫지∥난지》, 우형은 조곰도 신의와 뒤졀의 네의를 휴숀(虧損)ᄒ미 업ᄂ니, 윤·양·니·경 등이 스스로 운건(運蹇) 유익(有厄)ᄒ여 다쇼 익경을 지니미 이시나, 이는 나의 블명흔 허물이 아니오, 슈비 ᄯᅩᆫ 진민의 노상 곤욕은 지니지 아녀시니, 아모리 싱각ᄒ여도 우형은 허물이 업노라."

슉녈비 쳥파의 졔왕이 셕년 윤부 가변을 일ᄏᆞ라 즈긔 말을 막으믈 실쇼ᄒ고, ᄯᅩ 말이 길미 즈연 조치 아닐 듯흔 고로, 쇼이묵연(笑而默然)【35】ᄒ고, 진공은 져져의 말 ᄭᅵᆺ출 빅시 일어의 막으믈 징기라와 은은이 함쇼ᄒ고, 양부인은 아름답지 아닌 셕ᄉᆞ를 드를ᄉᆞ록 한심 경악ᄒ니, 신ᄉᆡᆨ(神色)이 즈연 다른지라. 슌틱부인이 졔왕과 슉녈비의 언졍을 즈미 니녀 듯기를 다ᄒ미, 희연 미쇼 왈,

"노망흔 늙으니 실슈업시 고담을 일ᄏᆞ다가, 도로혀 졔숀 등의 언졍ᄒ미 화괴를 일홀 번ᄒ닷다. 텬아의 말도 하 그ᄅᆞ지 아니ᄒ고, 숀녀의 말도 무던ᄒ니, 니러나 져러나 양쇼부의 허물이 아니라, 졔아의 광망흔 셩졍으로 다시 만고 난뉸 찰녀 음부를 만난 연괴니, 셰이 【36】 셜ᄉᆞ 광망ᄒ나 만일 찰녀 음부를 만나지 아녓던들, 므스 일 양시의게 그ᄃᆡ토록 불근인졍(不近人情)흔 거죄 이시리오."

윤승상 부인이 낭쇼(朗笑) 왈,

"뒤모 말ᄉᆞᆷ이 지연(至然)ᄒ시니 거거와 져져는 한셜(閑說)을 긋치쇼셔. 양뎨 듯고져 아니 ᄒ나이다."

틱부인이 하부인이 명쳘흔 말ᄉᆞᆷ을 올히 너겨 졈두 칭션ᄒ니, 좌위 웃고 말ᄉᆞᆷ을 긋치더라.

이 날 크게 셜연ᄒ고 남빈여긱(男賓女客)이 뒤회(大會)ᄒ니, 년셕(宴席)의 쟝녀(壯麗)ᄒ미 비길 뒤 업고, 윤·뎡 냥문 졔부인 졔쇼졔 다 모다시니, 찬난흔 슈식(修飾)과 휘황(輝煌)흔 품복이 참치(參差)ᄒ여 금벽 광실의 바이고, 아라흔 광염과 묘 【37】 묘흔 작틱(綽態) 참치상하(參差上下)ᄒ니, 긔긔히 쵸월탁셰(超越卓世)ᄒ여 일뒤 셔물(瑞物)이오, 텬뵈(天寶)며 디보(地寶)오, '믈호(物乎)아 산녕(山靈)이라'171).

모든 좌긱이 보건뒤, 반ᄃᆞ시 그 몸이 진셰간(塵世間)의 잇는 줄 ᄭᅵ닷지 못ᄒ여, 반ᄃᆞ시 옥누(玉樓) 광한(廣寒)172)의 조회(朝會)ᄒ여, 월궁 졔션을 구경ᄒ는가 의황난측(疑遑難測)ᄒ더라.

---

170)닙찬 : 입에 가득함.
171)믈호(物乎)아 산녕(山靈)이라 : 만물 가운데서도 범이로다. *산령(山靈); 산신령. 또는 호랑이를 달리 이르는 말.
172)광한(廣寒) : 광한전(廣寒殿). 달 속에 있다는, 항아(姮娥)가 사는 가상의 궁전.

일영(日影)이 장반(將半)의 유긔공지 옥안영풍의 길복을 졍히 ᄒ고, 닉당의 드러와 존당의 하직ᄒ고, 금안빅마의 만조 요긱(繞客)이 위유(圍繞)ᄒ여 빅냥(百輛) 쳔승(千乘)의 위의 졔졔(齊齊)ᄒ여 하상부의 나아가니, 추시 하상부의셔 ᄯᅩ흔 뒤연을 긔장ᄒ여 빈긱을 녈회(列會)ᄒ엿더니, 일식이 반오(半午)의 【38】신낭의 위의 닉입부문(內入府門)ᄒ니 하일낭 관닉후 몽셩이 광의딕딕(廣衣大帶)로 광쉬(廣袖) 위지(爲指)ᄒ여 신낭을 팔미러 뇽문보셕(龍紋菩席)173)의 인도ᄒ여, 냥촉(兩燭) ᄉ이의 녜안(禮雁)을 안아 텬디긔 녜비를 파ᄒ고, 이의 신부의 상교를 기다릴식, 관휘 참지 못ᄒ여 투목송아(偸目竦訝)ᄒ여 영공ᄃ려 왈,

"퇴초야, 네 비록 금일 신낭이오, 우리 집이 빙가(聘家)나 셰교(世交) 년친(連親)으로 바히 싀스럽지174) 아닌지라. 비록 그러치 아니ᄒ올지라도 남지 슈습ᄒ올 니 업ᄉ니, 네 니졔 맛당이 최장시(催裝詩)를 지어 일시 유희를 삼고, 좌즁 우음을 도ᄋᆞ미 엇더ᄒ뇨?"

공지 호치단슌(皓齒丹脣)의 《혈츌‖현출(顯出)》ᄒ여 낭【39】쇼왈,

"쇼졔 본디 이쳐엇 일을 아름다이 너기ᄂᆞ니, 불감쳥(不敢請)이언졍 고쇼원(固所願) 애라, 엇지 ᄉᆞ양ᄒ리오. 슈연(雖然)이나 음영(吟詠) 작시(作詩)라 ᄒᄂᆞ거슨 딕뒤(對頭)이셔야 창화(唱和)ᄒᄂᆞ니, 아지 못게라 쇼졔 최장시를 지어든, 녕미(令妹) 능히 합즁시(合卒詩)를 지어 딕두(對頭)를 슴아 가인ᄌᆡᄉ(佳人才士)의 풍뉴 졔목의 가화(佳話)를 삼으랴?"

관휘 쳥파의 션ᄎᆞ(扇子)로 그 엇게를 쳐 딕쇼ᄒ고, 그 범남ᄒᄆᆞᆯ ᄭᅮ짓더라.

아이오, 치강쇼졔 쥬취장엄(珠翠裝嚴)175)으로 칠보금덩(七寶金-)176)의 오를식, 존당의 빅ᄉᆞ(拜謝)ᄒ니 뉸부인이 나뭇츨 치오며, 기리 경계 왈,

"고인이 ᄯᆯ을 가(嫁)홀 쩍의 경계ᄒ되, '네 다시 이 문의 오지 말나' ᄒ니, 이ᄂᆞᆫ 【40】그 ᄌᆞ이 헐ᄒᆞ미 아니라, 힝혀 거(去)ᄒᄂᆞᆫ 환을 만날가 두리미라. 네 모로미 군ᄌᆞ지문(君子之門)의 도라가 닉측(內則)177)의 규법(閨法)을 삼가 슈힝ᄒ고, 싱아구로(生我劬勞)의 욕이 밋게 말나."

쇼졔 옥안의 슈식(愁色)이 강싀(絳腮)를 침노ᄒ여, 이의 졀ᄒ여 명을 밧고 치거의 오ᄅᆞ니, 뎡공지 슌금 쇄약을 가져 봉문(封門) 상마ᄒ여 도라잘식, 위의를 휘동(麾動)ᄒ니 무슈흔 ᄎᆞ환복쳡(叉鬟僕妾)178)이 명향(名香) 보촉(寶燭)을 잡으며, 홍상취삼(紅裳翠

---

173)뇽문보셕(龍紋菩席) : 용문석(龍紋席. 용의 무늬를 놓아 짠 돗자리.)
174)시스럽다 : 스럽다. 수줍고 부끄러운 느낌이 있다.
175)쥬취장엄(珠翠裝嚴) : 구슬과 비취 등으로 의관을 꾸미고 성대하게 화장을 함.
176)칠보금덩(七寶金-) : 칠보와 황금으로 화려하게 장식한 가마. *칠보(七寶); 일곱 가지 주요 보배. 대체로 금·은·유리·파리·마노·거거·산호를 말한다.
177)닉측(內則) : 내규(內規). 부녀자들이 법(法)으로 삼는 규범.
178)ᄎᆞ환복쳡(叉鬟僕妾) : '시집가지 않은 어린 계집종'과 '사내종' '시집간 계집종'을 두루 이르는 말. *ᄎᆞ환(叉鬟); 주인을 가까이에서 모시는 시집가지 않은 계집종. *복쳡(僕妾); 사내종과 계집종을 아울러

衫)의 분면홍안(粉面紅顔)이 길 우희 곳 슈풀을 일워시니, 도로 관쟈(觀者) 셩흔 위의
와 신낭의 표치풍광(標致風光)을 칙칙(嘖嘖) 탄상(歎賞)ᄒᆞ여, 혜 달코 춤이 갈(渴)홀
듯ᄒᆞ더【41】라.

빗ᄂᆡ 힝ᄒᆞ여 본부의 니ᄅᆞ니, 두 쥴 경군취ᄃᆡ(輕裙翠帶)179), 거믄 머리를 놉히 쉬오
고 현군(玄裙) 황상(黃裳)을 ᄡᅵ어, 신향(神香) 보쵹(寶燭)과 향노(香爐) 션ᄌᆞ(扇子)를
잡아, 냥 신인을 마ᄌᆞ 쳥즁(廳中)의 드러가 독좌(獨坐)180)를 파ᄒᆞ고, 동방(洞房)의 나
아가 ᄌᆞ하상(紫霞觴)181)을 난홀ᄉᆡ, 공지 굼거오믈 춤지 못ᄒᆞ여 츄파봉졍(秋波鳳睛)을
잠간 흘녀 신부를 보니, 이 곳 하상부의 풍염 윤퇴흔 긔상과 윤부인의 쳔교만ᄐᆡ(千嬌
萬態)를 겸습(兼襲)ᄒᆞ여시니, 엇지 범범흔 셰쇽 홍분미식(紅粉美色)의 비기리오. 뇨라
(姚娜)흔 광염(光艶)과 휘휘(輝輝)흔 염ᄐᆡ(艶態), 의연(毅然)이 그 종져(從姐) 하실 월
염쇼져로 흡ᄉᆞ하니, 텬지(天姿) 슈려(秀麗)ᄒᆞ여 의의히 【42】삼도(三島)182)의셔 나라
온가 의심되고, 오운(五雲)183)의셔 써러진가 의심ᄒᆞ니, 찬 눈이 연지산(燕支山)184)의
ᄲᅡ리이고 '미신(梅神)이 나부쳔(羅浮泉)의 도라오니'185) 션감(仙嵌)186)의 눈이 스라지
고, 낭원(閬苑)187)의 봄이 도라온 듯, 경영(鶊鴒)흔 쳬지(體肢)ᄂᆞᆫ 농향(龍香)188)을 젹
셔시며, 쳔연(天然)이 놉흔 쳬(體)ᄂᆞᆫ 의연이 '쥬가(周家) 팔빅년 뒤업을 밧드ᄅᆞ시던 셩
비(聖妃)'189)로 흡ᄉᆞ하니 신낭이 미지일견(未之一見)의 뒤경 황홀ᄒᆞ고, 직지쳠관(再之

이르는 말.
179)경군취ᄃᆡ(輕裙翠帶) : 치장하지 않은 치마를 입고 푸른 띠를 두른 차림으로 여자 종의 복색.
180)독좌(獨坐) : 독좌례(獨坐禮). 혼인례에서 대례(大禮)를 달리 이르는 말. 즉 신랑과 신부가 대례를 행
   할 때 각각의 앞에 음식을 차려 놓은 독좌상(獨坐床)을 놓고 교배(交拜) · 합근(合졸) 등의 의례를 행하
   는 것을 비유하여 쓴 말이다.
181)ᄌᆞ하상(紫霞觴) : 전설에서, 신선들이 술을 마실 때 쓰는 잔. '자하'는 신선이 사는 곳에 서리는 보랏
   빛 노을이라는 말로, 신선이 사는 선계(仙界)를 뜻한다. 따라서 선계의 신선이 입는 치마를 자하상(紫
   霞裳), 그들이 마시는 술을 자하주(紫霞酒), 그들이 사는 곳을 자하동(紫霞洞)이라 이른다. *여기서는
   신랑신부가 합환주를 나누는 술잔 이름을 '자하상(紫霞觴)'이라 붙인 것일 뿐이다.
182)삼도(三島) : 중국 전설에서 신선들이 살고 있다고 하는 지상낙원인 봉래도(蓬萊島), 방장도(方丈島),
   영주도(瀛洲島)의 삼도(三島)를 말한다. 이를 봉래산(蓬萊山), 방장산(方丈山), 영주산(瀛洲山)이라 하여
   삼신산(三神山)이라고도 한다.
183)오운(五雲) : 오색구름. 여러 가지 빛깔로 빛나는 구름.
184)연지산(燕支山) : 중국 감숙성(甘肅省) 난주(蘭州)의 북쪽, 장액(張掖)의 동남쪽에 있는 산. 붉은 색
   안료인 연지(臙脂)의 산지로 유명하다.
185)미신(梅神)이 나부텬(羅浮泉)의 도라오니 : '매화꽃이 나부천에 다시 피었다'는 말로, 중국 수(隋)나
   라 때 조사웅(趙師雄)이 나부산(羅浮山)의 한 샘가에서 소복(素服)을 한, 한 미인의 영접을 받고 함께
   술집에 가서 즐겁게 노는데 푸른 옷을 입은 동자가 노래를 불렀고, 사웅이 취하여 자다가 새벽에 깨어
   보니 매화나무에 푸른 새가 지저귀고 있었다는 나부지몽(羅浮之夢)을 이른 말. 여기서 소복미인은 화
   신(花神) 곧 매신(梅神)이다. *나부산(羅浮山) : 중국 광동성(廣東省) 혜주부(惠州府)에 있는 명산으로,
   진(晉)나라 때 갈홍(葛洪)이 이 산에서 선술(仙術)을 얻었다고 한다.
186)션감(仙嵌) : 신선들이 사는 깊은 산골짜기.
187)낭원(閬苑) : 곤륜산(崑崙山)의 꼭대기에 있다는 신선이 산다고 하는 선계(仙界). =낭풍요지(閬風瑤
   池).
188)농향(龍香) : 어향(御香). 임금의 향취 곧 임금의 은혜를 이르는 말.

瞻觀)의 희동안식(喜動顔色)ᄒ여 외당으로 나아가더라.

유아 복첩이 다시 쇼져를 붓드러 단장을 곳치고, 명쥬션(明紬扇)을 기우리민, 조뉼(棗栗)을 놉히 드러 존당 구고긔 진헌훌식, 존당 슉당이며 만당 제인이 【43】일졔히 쳠관ᄒ니, 믄득 듯던 바의 셰번 더으고, 금슈(錦繡) 우희 곳 갓흐니, 두삽(頭揷) 칠보즈옥관(七寶紫玉冠)은 셔광이 영농ᄒ여 월익(月額)의 어른기고, 난봉구란츠(鸞鳳句欄釵)ᄂ 무빈(霧鬢)을 진졍ᄒ여시니, 초ᄃᆡ(楚臺)의 거믄 구룸이 진운(塵雲)의 엉귄 듯, 치봉(彩鳳)이 날난흔 엇게의, 치화직금삼(彩花織錦衫)은 오식이 비무(飛舞)ᄒ고, 츈풍의 버들이 취우(驟雨)의 져져 힘이 업ᄂ 듯, 뉵쳑향신(六尺香身)이 호리일차(毫釐一差) 어긔미 업스니, 텬궁 항이(姮娥) 인셰의 하강흔 듯, 셰요(細腰)의 진쥬보옥ᄃᆡ(眞珠寶玉帶)를 착(着)ᄒ여시니, 셔광이 죠요ᄒ며 아미여츈산(蛾眉如春山)이며 진스잉슌(眞似櫻脣)이니, 득기진(得其眞)ᄒ고 즁기셩(中其性)ᄒ여, 진무빵(眞無雙)이 졀셰상(絶世相)이니, 만염(萬艶)이 겸승(兼勝)ᄒ고 쳔 【44】ᄐᆡ(千態) 졀츌(絶出)ᄒ여, 만고(萬古)의 《경이식∥경인식(驚人色)》이오, 지고(再顧)의 경인셩(驚人聲)이라. 한갓 외모 식광쑌 아니라, 완비흔 복녹지상(福祿之相)과 특이흔 셩덕문명(盛德文明)이 냥미의 낫하나니, 만좌(滿座) 홍분(紅粉)이 탈식(脫色)ᄒᄂ지라. 다만 윤·뎡 냥부 졔부인 졔쇼졔 아니면 엇지 더부러 ᄃᆡ두ᄒ리오.

녜파(禮罷)의 모든 졔스금장(娣姒襟丈) 즈미(姉妹)로 안항(雁行)을 비기민, 졔쇼져의 면모상광(面貌祥光)이 셔로 바이여 광실(廣室)의 조요(照耀)ᄒ니, 위쥬(魏珠)[190] 황황(恍恍)ᄒ고 초벽(楚璧)[191]이 휘휘(輝輝)ᄒ여 광치를 셔로 닷호ᄂ 듯흔지라.

좌긱이 칙칙(嘖嘖) 칭찬ᄒ여 하언(賀言)이 분분ᄒ니, ᄐᆡ존당과 존당 금평후 부뷔 만분 이즁(愛重)ᄒ믄 니ᄅ도 말고, 진공이 가월텬창(佳月天窓)[192]의 희긔(喜氣) 늉늉(隆隆) 【45】ᄒ여 웃는 닙을 쥬리지 못ᄒ고, 양부인이 본ᄃᆡ 쳥고(淸高) 념결(廉潔)ᄒ여 물욕(物慾)의 담연(澹然)ᄒᄃᆡ, 신부의 니ᄃᆡ도록 초군탁아(超群卓雅)ᄒ믈 보니, 인졍이 즈연흔지라. 스월(斜月)[193]흔 아황(蛾黃)[194]의 쇼식(笑色)이 영즈(盈滋)ᄒ고, 아즁(雅

---

189) 쥬가(周家) 팔빅년 ᄃᆡ업을 밧드ᄅ시던 셩비(聖妃) ; 주(周) 문왕(文王)의 비(妃) 태사(太姒)를 말함.

190) 위쥬(魏珠) : 위(魏)나라 혜왕(惠王)의 십이쥬(十二珠)을 말함. 곧 위(魏)나라 혜왕(惠王)이 조(趙)나라 위왕(威王)에게 자랑하였다고 하는 위나라의 보배. 지름이 1촌(寸) 쯤 되는 구슬로, 수레 12대를 비출 수 있다고 하여 '십이쥬(十二珠)'라는 이름으로 불린다. 사기(史記)』卷四十六, '田敬仲完世家' 第十六에 나온다.

191) 초벽(楚璧) : =화벽(和璧). 명옥(名玉)의 일종. 전국시대 초(楚)나라 변화씨(卞和氏)의 옥(玉)으로, '완벽(完璧)', '화씨지벽(和氏之璧)' 등으로 불리기도 한다. 그 후 이 '화벽'은 조(趙)나라 혜문왕(惠文王)의 손에 들어갔으나, 이를 탐내는 진(秦)나라 소양왕(昭襄王)이 진나라 15개의 성(城)과 이 옥을 교환하자고 한 까닭에 '연성지벽(連城之璧)'이라는 이름이 붙기도 하였다.

192) 가월텬창(佳月天窓) : 아름다원 눈썹과 눈을 달리 표현한 말. *가월(佳月); 초승달처럼 아름다운 눈썹. *텬창(天窓) : '눈'을 달리 표현한 말.

193) 스월(斜月) : 서쪽 하늘에 기울어진 달. 또는 지는 달.

194) 아황(蛾黃) : 여자의 분바른 얼굴.

中)흔 미우(眉宇)의 희긔 만안(滿顏)ᄒ여, 능히 흔연흔 ᄉ식(辭色)을 감초지 못ᄒᄂᆫ지라.

원ᄂᆡ 양부인이 쇼시의 진공으로 더부러 견과(見過)ᄒ미 깁허, 싱ᄂᆡ(生來)의 쳘옥금심(鐵玉金心)을 굿게 잡아, 다시 진공의 ᄂᆡ상(內相) ᄌ임(自任)ᄒ기를 원치 아냣거늘, 셰월이 오ᄅᆡ미 존당 구고의 녀교(女敎)를 경계ᄒ심과, 진공이 녯 허물을 뉘웃쳐 구구(區區)흔 빗치 만흐믈 보미, 깁히 불【46】안ᄒ고, 맛춤ᄂᆡ 집의(執義)를 셰오지 못ᄒ여, 부부의 화긔를 져기 여러 ᄌ녀를 싱산ᄒ여시나, 일즉 부뷔 상ᄃᆡᄒ여 한번 쾌히 우으미 업스니, 공이 ᄆᆡ양 미몰ᄒ믈 미흡ᄒ던 비라.

금일 신부의 초셰(超世)ᄒ므로조ᄎᆞ, 부인의 흔연흔 화긔 쳐음이라. 공이 더옥 깃거 광미(廣眉) ᄃᆡ상(大纇)의 희운(喜雲)이 녕녕(盈盈)ᄒ여 좌슈우답(左酬右答)의 치하를 승당ᄒᄂᆫ지라. 좌즁 졔빈은 다만 신부의 긔특ᄒ믈 무흠이 두굿기므로 아라, 위하지셩(爲賀之聲)이 더옥 부졀여루(不節如縷)ᄒᄃᆡ, 모든 곤계와 냥미ᄂᆞᆫ 그윽이 깁흔 쥬의를 ᄶᅥ 짐작ᄒ고, 셔로 눈쥬어 웃더라.

존당이 신부【47】의 이ᄃᆡ도록 긔특홈과 즁빈의 과찬ᄒ믈 보미, 만심 흔열ᄒ여 유긔를 불녀 신부로 엇게를 갈와 ᄡᅡᆼ으로 헌빈ᄒ게 ᄒ니, 진퇴 녜졀이 더옥 보암즉ᄒ고, 남풍녀ᄎᆡ(男風女采) 발월(發越)ᄒ여 일월(日月)이 졍광(爭光)ᄒᄂᆫ 듯ᄒ니, 빗나며 긔특ᄒ믈 엇지 쇼쇼(小小) 쥬옥화교(珠玉花嬌)로 비겨 의논ᄒᆯ 비리오. 존당의 깃거ᄒ시미 쳐엄 경ᄉ를 만난 듯시브더라.

이윽고 금평휘 졔ᄌ 졔손을 거느려 외젼(外殿)으로 나아가니, 장ᄂᆡ(帳內)의 피ᄒ엿던 년혼인친가(連婚姻親家) ᄂᆡᄀᆡᆨ(內客)들이 다시 나아와 좌를 졍ᄒ고, 다시 셜연(設宴) 진환(盡歡)ᄒ니, 낙일(落日)이 셔잠(西岑)의 몰(沒)ᄒ고, 빅월(白月)【48】이 동졍호(洞庭湖)[195]의 쇼스니, 졔ᄀᆡᆨ이 각산기가(各散其家)ᄒ고, 신부 슉쇼를 졍현당의 졍ᄒ니, 유아 시비 쇼져를 뫼셔 인ᄒ여 혼졍을 맛고 물너 신방으로 가니, 공ᄌ 부명을 니어 신방을 향ᄒᆯᄉᆡ, 거름이 젼도(轉倒)ᄒ여 무산(巫山)의 길흘 ᄇᆞ야ᄂᆞᆫ지라.

족용(足容)을 ᄌ로 움즉여 동방향실(洞房香室)의 나아가니, 슈호(繡戶)를 밀고 금장(錦帳)를 여희여미[196] 한 ᄤᆡ 홍운(紅雲)이 일도(一度)[197] 홍일(紅日)을 ᄶᅥ 마ᄌ 동셔로 좌를 일우미, 시녜 옥병(玉屛) 아상(牙床)의 비취단(翡翠緞) 원앙금(鴛鴦衾)을 ᄡᅡᆼ셜(雙設)ᄒ고, 슈장(繡帳)을 지우며 금병(錦屛)을 다드미 일시의 물너나니, 공ᄌ 봉안(鳳眼)을 흘녀 신부를 보니, 녹의홍군(綠衣紅裙) 가온ᄃᆡ 옥【49】ᄐᆡ월광(玉態月光)이 명촉지하(明燭之下)의 더옥 졀승흔지라.

---

195) 동뎡호(洞庭湖) : 중국 호남셩(湖南省) 동북부에 있는 중국에서 가장 큰 민물 호수. 샹강(湘江), 자수(資水), 원강(沅江) 따위가 흘러 들며 호수 안에는 악양루(岳陽樓) 따위가 있어 아름다운 경치로 유명하다.
196) 여희여다 : 열다. 닫히거나 잠긴 것을 트거나 벗기다.
197) 일도(一度) : 한 번. 일시에.

공지 유시(幼時)로붓허 무산(巫山)198)과 낙포(洛浦)199)를 보고, 일가지니(一家之內)의 절식을 만히 보아시니, 안고(眼高)ᄒ미 틱악(泰岳) 갓흔지라, 심하의 혜오딕,

"부부는 이셩지친(二姓之親)이오 만복지원(萬福之源)이라. 슉녀 현필(賢匹)은 만고 셩인도 오미구지(寤寐求之)ᄒ시고, 젼젼반측(輾轉反側)ᄒ신 빅니, 나 뎡유긔 비록 말셰(末歲) 쇽직(俗者)나 부모의 끼친 바 풍신지홰(風神才華) 결비하등(決非下等)이라. 만일 빅항(配行)이 ᄎ오(差誤)홀진딕, 평싱심위(心憂) 젹지 아닐지라. 슉모와 뎡져져의 말ᄉᆞᆷ으로조ᄎᆞ 하쇼져의 향명을 닉이 드러시나, 오히려 답답ᄒ믈 니기지 못ᄒ던 바로, 금일 비체(配妻)【50】의 아롭다오게 평싱 쇼원의 암합(暗合)ᄒ니, 팔치(八彩) 빵궁미(雙弓眉)200)의 희운(喜雲)이 녕녕(盈盈)ᄒ여 날호여 쇼져를 딕ᄒ여 왈,

"싱과 부인이 비록 타문 남녀로 싱장ᄒ여시나, 피ᄎᆞ 《연∥인연이》 인셰의 듯허온 바로, 금일 화쵹의 상딕ᄒ미 쳐음이나, 망미ᄒᆞᆫ 타문 남녀와는 다른지라. 싱이 텬셩이 쇼탈ᄒ나 풍편의 ᄌᆞ(子)의 향명을 드런지 오린지라. 지 ᄯᅩᄒᆞᆫ 싱의 용우 비박ᄒᆞᆷ믈 닉이 드러 계시리이다."

쇼졔 쳥파의 져의 졍딕(正大)치 아닌 언ᄉᆞ를 무어시라 답ᄒ리오. 오직 안식을 슈렴ᄒᆞ여 년험(蓮臉)201)이 잠간 붉어시니, 공지 우음을 먹음고 야【51】심ᄒᆞᆷ믈 일ᄏᆞ라 옥쵹(玉燭)을 장외의 물니고, 쇼져를 붓드러 원앙금니(鴛鴦衾裏)의 나아가니, 신인의 옥부향신(玉膚香身)이 텬향(天香)이 만실(滿室)ᄒ니, 싱이 견권지졍(繾綣之情)이 여산약히(如山若海)ᄒ나, 왕부와 빅부의 경계를 듯ᄌᆞ왓고, ᄌᆞ긔는 십삼(十三) 츙년(沖年)이나, 장셩ᄒ미 협틱산초북히(挾泰山超北海)202)홀 듯ᄒ딕, 져 신부는 십이(十二) 츙년(沖年)의 약ᄒ미 모츈셰류(暮春細流) 갓흔지라. 싱이 텬셩이 부모의 경계를 명심불망(銘心不忘)ᄒ는 고로, 셩인(聖人)의 삼십(三十)의 가 유실(有室)ᄒ믈 인증(引證)ᄒ여 부부의 이셩지합(二姓之合)은 일우미 업더라.

쇼졔 과도히 슈습ᄒ여 능히 호흡을 통치 못ᄒ니, 싱이 더옥 이【52】련(愛憐) 희지(喜之)ᄒ더라. 창외의 문파 빅희 등이 규ᄉᆞ(窺伺)ᄒ여 져 부부의 진즁ᄒᆞᆫ 거동을 두굿기고, 공ᄌᆞ의 풍늉화려(豊隆華麗)ᄒᆞᆷ과 남활능여(濫闊凌厲)ᄒ미 의연이 부군여풍(父君餘風)이믈 어히업시 너겨, 도라와 이딕로 존당의 고ᄒ니, 틱부인이 이히 두굿거오믈 니기지 못ᄒ고, 양부인은 아ᄌᆞ의 호일(豪逸)ᄒᆞᆷ믈 져기 넘녀ᄒ여, 힝혀 신부의 유란혜초(柔

---

198)무산(巫山) : 중국 사천성(四川省)에 있는 산으로 무산십이봉(巫山十二峯)이 솟아 있는데 기암과 절벽으로 이루어진 경치가 아름답기로 유명하다. 이곳에서 전국시대 초(楚) 나라 양왕이 꿈속에서 무산선녀를 만나 운우지락(雲雨之樂)을 나누었다는 이야기가 송옥(宋玉)의 <고당부(高唐賦)>에 전한다. *여기서는 이 무산선녀(巫山仙女)를 이르는 말로 쓰였다.

199)낙포(洛浦) : 중국 하남성(河南省) 낙수(洛水) 가에 있는 지명. 복희씨(伏羲氏)의 딸 복비(宓妃)가 이곳에 빠져 죽어 수신(水神)이 되었다고 함. *여기서는 이 미모의 낙포신녀(洛浦神女)를 이르는 말로 쓰였다.

200)빵궁미(雙弓眉) : 눈썹이 활처럼 둥금.

201)년험(蓮臉) : 연꽃처럼 청순한 뺨. *臉의 음은 '검'이다.

202)협틱산초북히(挾泰山超北海) : 태산을 끼고 북해를 건너 뛰다.

蘭蕙草) 갓흔 약질의 괴로오미 이실가 념녀ᄒᆞ더라.

　명조의 가즁 상ᄒᆞ 졔인이 존당의 신셩(晨省)ᄒᆞ니, 하쇼졔 ᄯᅩ흔 신장(新粧)을 다ᄉᆞ려 존당의 문안ᄒᆞ니, 작뇨아틱(婥燿雅態) 어졔 보고 오늘 보아 더옥 빗난 듯 시부니, 존당 슉당【53】이며 구괴 더옥 어엿비 너기더라.

　하쇼졔 인ᄒᆞ여 구가의 머물미, 빅힝이 진션진미(盡善盡美)ᄒᆞ여 만고 셩현의 촌음을 앗기ᄂᆞᆫ 셩덕이 잇고, 슉흥야믹(夙興夜寐)ᄒᆞ며 동동쵹쵹(洞洞屬屬)ᄒᆞ여 스스로 지예(知禮)ᄒᆞ여 ᄒᆞ고져 ᄒᆞ며, 예셩(譽聲)을 구ᄒᆞ미 아니로딕, ᄌᆞ연 쳔싱녀질(天生麗質)노 조ᄎᆞ 츌어기류(出於其類)ᄒᆞ고, 발호기훼(拔乎其萃)ᄒᆞ니, ᄌᆞ연이 학이시습(學而時習)ᄒᆞ고 문이장진(文以長進)홈 갓ᄒᆞ여, 효봉존당(孝奉尊堂)과 션ᄉᆞ구고(善事舅姑)와 승슌군ᄌᆞ(承順君子)와 화우ᄌᆞ믹(和友姊妹)와 돈목친쳑(敦睦親戚)ᄒᆞ미, 녀힝(女行) 부덕(婦德)의 닉훈(內訓)을 슈힝(修行)ᄒᆞ미 'ᄉᆞ시힝언(四時行焉)의 빅물(百物)이 싱언(生焉)'[203]ᄒᆞᄂᆞᆫ 조화(造化) 이시니, 방불(彷彿)이 의심컨딕, 먼니 녯 스룸은 【54】의논치 말고, 흡연(洽然)이 그 이ᄉᆞ(二姒)[204] 북평공 뎡의쳥의 원비 조부인 셩난으로 거의 방불ᄒᆞ니, 존당의 ᄉᆞ랑홈과 일가의 예셩(譽聲)은 니ᄅᆞ도 말고, 싱이 공경 즁딕ᄒᆞ여 슈유불니(須臾不離)홀 ᄯᅳᆺ이 잇고, 양부인의 만금쇼인(萬金所愛)ᄂᆞᆫ 친녀 슉염쇼져의 지나며, 진공은 식부를 본 젹마다 웃는 닙을 쥬리지 못ᄒᆞ고, 앗춤 조회를 파흔 후 닉당의 니러러 만일 하쇼졔 안젼의 업ᄉᆞᆫ 즉, 썰니 ᄎᆞᄌᆞ 조셕(朝夕) 식상(食上)을 바드미, 하쇼졔 상가의 업ᄉᆞ면 식음의 맛ᄉᆞᆯ 아지 못ᄒᆞ니, 과연 ᄌᆞ부 ᄉᆞ랑이 병된지라. 모든 형졔와 슉녈비 윤승상 부인과 하쇼【55】부 부인이, 며ᄂᆞ리 ᄉᆞ랑이 병졋다 웃더라.

　뎡싱이 신혼 숨일의 하상부의 나아가 견빙악지녜(見聘岳之禮)[205]를 힝ᄒᆞ니 졍국공 부뷔 쵸공 부부로 더부러 일취뎐의 포진을 비셜ᄒᆞ고, 싱을 쳥ᄒᆞ여 그 아름답고 비상ᄒᆞ미 치강쇼져의 텬졍 빅필인 쥴을 깃거하며 ᄉᆞ랑ᄒᆞ더라. 호쥬(好酒) 미찬(美饌)으로 관딕ᄒᆞ여 져의 여러 슌 가려ᄒᆞᄆᆞᆯ 괴로이 쳥뉴(請留)ᄒᆞ여 종일토록 말슴ᄒᆞ다가 셕양의 도라오니라.

　니러구러 일월이 훌쾌(欻過)러니, ᄎᆞ년 츄말(秋末)의 조졍의셔 셜장인ᄌᆡ(設場人材)ᄒᆞ시거늘, 뎡유긔 참방(參榜)ᄒᆞ여 윤·하·뎡 삼문 졔싱이 【56】 응과ᄒᆞ니 업ᄂᆞᆫ 고로, 의의히 장원삼장(壯元三場)의 고등ᄒᆞ여 삼일유가(三日遊街) 후, 즉시 한님셔길ᄉᆞ(翰林庶吉士)[206]의 ᄲᅢ히니 풍녁(風力) 긔졀(奇節)이 부슉여풍(父叔餘風)을 니어 조얘(朝野) 긔탄(忌憚)ᄒᆞ고 긔ᄉᆞ신한(氣士宸翰)[207]이 일셰를 진복(盡服)ᄒᆞ니, 《은딕ᄌᆞ팔∥은딕ᄌᆞ

203)ᄉᆞ시힝언(四時行焉)의 빅물(百物)이 싱언(生焉) : 사시(四時; 봄, 여름, 가을, 겨울)가 운행하며 온갖 사물을 생성케 한다는 뜻. 『논어』<양화(陽貨)>편에 나오는 말.
204)이ᄉᆞ(二姒) : 둘째 동서.
205)견빙악지녜(見聘岳之禮) : 혼례를 마친 3일째 되는 날에 사위가 장인, 장모를 찾아뵙는 예(禮).
206)한님셔길ᄉᆞ(翰林庶吉士) : 관직명. 중국 明·淸나라 때 한림원(翰林院)에 둔 관명. 진사(進士) 가운데서 문학에 뛰어난 사람을 뽑아 임명했다. =서상(庶常).
207)긔ᄉᆞ신한(氣士宸翰) : 기절(氣節)과 문장(文章). *기사(氣士); =사기(士氣). 선비의 꿋꿋한 기상과 절

달(恩臺紫闥)208)》의 상춍(上寵)이 늉즁(隆重)ᄒ시니, 일가의 환셩(歡聲)이 여류ᄒ여 즁망(衆望)이 군죵 졔형의 나리지 아니ᄒ더라.

뎡유긔 본디 위인이 호일 허랑ᄒ여 니빅(李白)의 두쥬(斗酒)를 ᄉ양치 아니ᄒᄂᆫ 호긔와, 두ᄉ인(杜舍人)209)의 '동졍(洞庭)의 귤(橘)을 ᄉ양치 아니ᄒᄂᆫ 호풍'210)이 잇고, ᄯᅩ 다시 부형여믹(父兄餘脈)을 니어, '농촉(隴蜀)의 무염(無厭)'211)ᄒ미 ᄭᅩᆾᄎᆯ 보면 가지마다 ᄭᅥᆺ고져 ᄒ고, 옥을 보면 그릇마다 치오고【57】져 ᄒᄂᆫ 고로, 존당 부뫼 일금(一禁)ᄒ여 번화를 구치 아니ᄒ노라 ᄒ나, 주연 풍치와 위의 쏠오인 쳐쳡의 번화를 능히 믈니치지 못ᄒ니, 칠부인(七夫人)과 오희(五姬)를 두어 기즁(其中)의 악쳐(惡妻) 간쳡(奸妾)이 이셔, 셔로 젼징(戰爭) 징투(爭妒)ᄒ여 하쇼져와 다못 여러 쳐쳡이 다쇼 긔화(奇禍)를 경녁ᄒᆫ ᄉ젹이 허다ᄒ고, 나죵의 화란이 진졍ᄒ고 ᄌ녀를 만히 두어 빅ᄌ쳔손(百子千孫)의 셩만(盛滿)ᄒ미 잇고, 하쇼졔 쳔고의 희셰(稀世)ᄒᆫ 녈졀(烈節) 명ᄒᆡᆼ(明行)으로 금ᄌ뎡문(金字旌門)을 밧ᄌ오며, 뎡유긔 벼ᄉ리 좌승샹 위국공의 니르러 부귀 인신의 극ᄒ고, 복녹이 겸젼ᄒᆫ ᄉ젹이 가장 하고ᄒ니212) 본인즉 ᄎ젼(此傳)【58】의 다 긔록ᄒ엳 즉ᄒ되, 슈다 ᄉ젹이 너모 지리ᄒᆫ 고로 각각 본젼(本傳)을 ᄒᆡ비히 《미 두라시니∥민 두라시니》 ᄎ젼(此傳)의ᄂᆫ 초초히 딕략을 올니노라.

어시의 텬히 승평ᄒ여 ᄉ희의 일이 업더니, 홀연 ᄉ쳔(四川)213) 합쥬(合州)214)ᄌᄉ 닌현(隣縣)의 급ᄒᆫ 문장을 올녀 고급(告急)ᄒ되,

"일이년간의 ᄉ쳔 쥬산(主山)215) 낙봉산 봉두혈의 괴이ᄒᆫ 요졍이 니러나, 빅쥬(白

개. *신한(宸翰); 임금의 교서(敎書). 여기서는 교서 속에 드러나는 지은이의 문장력.

208)은디ᄌ달(恩臺紫闥) : 홍문관 또는 승정원을 달리 이르는 말. *은대(銀臺); =홍문관(弘文館). =승정원(承政院). *자달(紫闥); =궁중(宮中)

209)두샤인(杜舍人) : 중국 만당(晚唐)때 시인 두목지(杜牧之). 이름은 두목(杜牧). 중서사인(中書舍人)에 올랐고, 중국의 대표적 미남자로 꼽힌다.

210)동졍(洞庭)의 귤(橘)을 ᄉ양치 아니ᄒᄂᆫ 호풍(好風): 투귤지풍(投橘之風)을 이르는 말로, 투귤(投橘)은 귤을 던진다는 뜻으로, 예전에 두목지는 용모가 준수하고 글을 잘 지어 부녀자들 사이에 인기가 대단했는데, 그가 거리에 나서면 부녀자들이 앞 다투어 귤을 던져 그의 관심을 끌고자 했다 한다. 투귤지풍이란 이처럼 여자들이 귤을 던질 정도로 아름다운 남자의 풍채를 비유적으로 이르는 말이다. *동정귤(洞庭橘); 중국 호남성(湖南省) 동정호(洞庭湖) 주변에서 생산되는 귤로, 매우 품질이 좋은 것으로 알려져 있다. 우리나라에도 고려 때부터 이 동정귤이 전래되어, 제주도지역에서 재배되었는데, '귤껍질 한 조각만 먹어도 동정호(洞庭湖)를 잊지 않는다'는 말이 있을 정도로 유명하였다.

211)농촉(隴蜀)의 무염(無厭) : '농(隴)과 촉(蜀)까지 차지하려는 끝없는 욕심'이라는 뜻으로, '그칠 줄 모르는 욕심'에 대한 비유로 쓰인다. *농촉(隴蜀)은 중국 사천성과 섬서성 사이에 있는 지명으로, 후한(後漢) 광무제(光武帝)가 한중(漢中)을 평정하고도 다시 농촉을 정벌하려는 욕심을 냈던 고사에서 온 말.

212)하고ᄒ니 : 많고 많으니. *하다 : 많다. 크다. 높다.

213)ᄉ쳔(四川) : 사천성(四川省). 중국 양자강(揚子江) 상류에 있는 성. 비옥한 사천 분지가 펼쳐져 있으며, 쌀과 차(茶)를 많이 생산한다. 성도(省都)는 성도(成都).

214)합쥬(合州) : 예전에 중국 사천성(四川省)에 두었던 주(州). 현재는 중경직할시(重慶直轄市) 합천구(合川區)에 속해 있다.

215)쥬산(主山) : ①도읍, 집터, 무덤 따위의 뒤쪽에 있는 산. ②『민속』 풍수지리에서, 묏자리나 집터 따

書)의 음운(陰雲)을 토ᄒ며 흑무(黑霧)를 지어, 사ᄅᆞᆷ의 졍신을 몬져 현난케 ᄒᆞᆫ 후의 믄득 잡아 머그니, 빅셩이 능히 빅쥬(白晝)의도 츌입을 임의로 못ᄒᆞ기로, 능히 농상(農桑)을 다ᄉᆞ리지 못ᄒᆞ여, 뎐애(田野) 황무(荒蕪)ᄒᆞ고 빅셩이 니산(離散)ᄒᆞ며 만【59】곡이 풍셩치 못ᄒᆞ니, 빅셩이 농업을 폐ᄒᆞᆫ연지 삼년이라. 슈년 농ᄉᆞ를 폐ᄒᆞ미 관곡(官穀)이 탕진(蕩盡)ᄒᆞ여 부괴(府庫) 공허ᄒᆞ니, ᄯᅩ 능히 긔민(飢民)을 진졔(賑濟)216)ᄒᆞᆯ 길도 업ᄂᆞᆫ지라. 길가의 쥬려 죽ᄂᆞᆫ 시쳬 ᄽᅵᆯ녓시니, 힝인이 능히 길흘 녀지 못ᄒᆞ여, 수쳔 근쳐 슈쳔여 리ᄂᆞᆫ 폐읍이 되여 인영(人影)이 ᄭᅳᆫ쳣시니, 이 ᄯᅩᄒᆞᆫ 셩뎐즈 치화(治化) 아ᄅᆡ 디변(大變)이라. 복원(伏願) 폐하ᄂᆞᆫ 수쳔 이십팔쥬 군현의 젹ᄌᆞ(赤子)의 잔명을 어엿비 너기샤, 조졍 문무 냥관 즁 각별 지모 현냥지ᄌᆡ(賢良之才)를 퇴츌(擇出)ᄒᆞ샤 수쳔 군현을 쇼안(騷安)217)ᄒᆞᆸ고 괴이ᄒᆞᆫ 요ᄉᆞ(妖邪)를 졔어ᄒᆞ여 탕화(湯火)의 급ᄒᆞᆫ 빅셩을 【60】건지시면, 만셰야야(萬世爺爺)의 일월 혜퇴이 ᄉᆞ골(死骨)이 부훅(復慉)홈 갓ᄒᆞ리로쇼이다.”

ᄒᆞ엿더라. 이 문셰(文書) 통졍ᄉᆞ(通政司)의 올나, 텬지 보시고 디경ᄒᆞ샤 급히 문화뎐의 셜조(設朝)ᄒᆞ시고, 문무 졔신을 모화 ᄎᆞᄉᆞ를 의논ᄒᆞ실ᄉᆡ, 팔쳑 뇽미(龍眉)의 우식(憂色)이 가득ᄒᆞ시고 옥음이 쳐연ᄒᆞ샤, 졔신을 디ᄒᆞ여 기리 탄왈,

“짐의 박덕으로 황고(皇考)의 디업을 니어 만방을 어로만지미 덕이 능히 삼디(三代)218)의 밋지 못ᄒᆞ고, 졍셩이 신기(神祇)를 감응치 못ᄒᆞ여, 쳐쳐신디(處處臣地)의 지란(災難)이 ᄌᆞ로 니러나니, 이 엇지 짐의 부ᄌᆡ박덕(不才薄德)을 상텬(上天)이 염(厭)ᄒᆞ시미 아니리오. 아지 못게라! 뉘 【61】능히 ᄉᆞ쳔(四川) 셔토(西土)를 슌안(巡按)ᄒᆞ여 흉ᄒᆞᆫ 요얼(妖孼)을 졔어ᄒᆞ고 탕화의 위티ᄒᆞᆫ 싱민을 구ᄒᆞ리오.”

언미필의 반부즁(班部中)의 일위 쇼년 지상이 금관(金冠)을 졍히 ᄒᆞ고, ᄌᆞ포(紫袍)를 ᄯᅳᆯ며 옥디(玉帶)를 도도고 상간(上間)을 압두어 츌반 부복 왈,

“고어의 왈, 쥬우신욕(主憂臣辱)은 물화텬보(物華天寶)의 덛덛ᄒᆞᆫ 상니(常理)라. 신이 년쇼 부ᄌᆡ(年少不才)ᄒᆞ오나, 원컨디 일녀지ᄉᆞ(一旅之士)219)를 빌니시면 ᄉᆞ쳔 이십팔쥬를 슌슈ᄒᆞ여 요졍(妖精)을 졔어ᄒᆞᆸ고, 긔민(飢民)을 구졔ᄒᆞ여, 폐하의 젹ᄌᆞ(赤子)로 ᄒᆞ여금 보젼케 ᄒᆞ리이다.”

언쥬파(言奏罷)의 셩음이 격녈 쇄락ᄒᆞ고 긔위 늠연ᄒᆞ니, ᄎᆞ인은 다ᄅᆞ니 아【62】니라 평졔왕 뎡쥭쳥의 ᄎᆞᄌᆞ 북평후 뎡운긔라. 상이 크게 깃그샤 흔연이 돈유 왈,

“경의 웅지디략(雄才大略)은 아란지 오ᄅᆡ니, 니졔 엇지 조그만 요졍을 두려ᄒᆞ리오마ᄂᆞᆫ, 경이 거년의 갓 걸안 흉봉을 쇼탕ᄒᆞ고 도라완지 슈년이 못되엿거ᄂᆞᆯ, ᄯᅩ 어ᄂᆞ 수이

위의 운수 기운이 매였다는 산.
216)진제(賑濟) : 진휼(賑恤). 흉년을 당하여 가난한 백성을 도와줌.
217)쇼안(騷安) : 소요(騷擾)를 평정하여 편안케 함.
218)삼디(三代) : 『역사』 고대 중국의 세 왕조. 하(夏), 은(殷), 주(周)를 이른다.
219)일녀지ᄉᆞ(一旅之士) : 한 무리의 군사.

먼니 니친(離親)ᄒ리오. 경의 년이 이십 젼이라, 짐이 만조 졔신 즁 노셩쟈(老成者) 무슈ᄒ거늘, 졈은 신ᄌ로ᄡᅥ ᄌ로 불모흉디(不毛凶地)의 너여보너미, 짐심이 안연치 못ᄒ도다."

북휘 비슈 복지 왈,

"폐히 이 엇진 말슴이시니잇가? 신이 비록 불초 부지ᄒ오나 스스로 졔어치 못홀 듯 ᄒ오면, 엇【63】지 군상을 긔망(欺罔)ᄒ여 희언을 알외리잇고? 폐히 근심이 계시면 신지 죽기로ᄡᅥ 갑스오미 올코, 폐히 급ᄒ 일을 당ᄒ시미 신지 ᄯ 몸을 바려 갑스오미 신ᄌ의 직분이라. 니졔 신의 ᄌ원(自願)ᄒ옵ᄂᆫ 바ᄂᆫ, 불과 젹은 요졍을 졔어ᄒ려 나아가오미, 빈상(鬢上)의 지상의 관면을 븟치고, 허리의 금ᄌ 옥인을 빗기고, 젹거ᄉ마(赤車駟馬) 우희 느러진 벽졔와 무슈ᄒ 갑스(甲士) 군졸노 더부러 빗ᄂᆡ 힝ᄒ오미, 만일 폐하의 넙으신 홍복(洪福)을 닙ᄉ와 요얼을 졔어ᄒ온즉, 신의 직덕과 영광이 빗날 ᄯᄅᆞ미오, 신의 직죄 쇼루(疏漏)ᄒ여 불여의(不如意) 즉(卽) 이ᄂᆫ 신이 불과 【64】용부쇽쟈(庸夫俗者)라. 일노ᄡᅥ 엇지 폐하의 셩덕이 숀상ᄒ실 비리잇고?"

상이 더옥 그 젹심(赤心) 츙녈(忠烈)을 긔특이 너기샤, 직삼 추탄ᄒ시고, 즉일의 뎡의졍으로 셔토 슈쳔합쥬이십팔쥬 도총검찰슌안ᄉ를 ᄒ이샤, '경긔(輕騎) 일만을 거ᄂᆞ려 급마(給馬) 발숑(發送)ᄒ라' 하시니, 슌안(巡按)이 슈은(謝恩) 퇴조(退朝)ᄒ여 부즁의 도라오니, 임의 쇼식이 몬져 부즁의 니르럿ᄂᆞᆫ지라. 존당 상히 시로이 근심을 ᄯᅴ여, 가즁의 화긔 ᄉ연ᄒᄆᆞᆯ220) 면치 못ᄒ고, 슌틔부인이 결연ᄒᄆᆞᆯ 니긔지 못ᄒ여 쳐연 탄 왈,

"노뫼 남은 날이 셔산의 지ᄂᆞᆫ 히 갓흔지라. 싱ᄂᆡ【65】의 ᄌ손의 상니지회(相離之懷)의 괴로옴과 비환고락(悲患苦樂)의 슬프믈 보지 말고져 원(願)이로ᄃᆡ, 조물(造物)이 부딕 니극(已極)221)ᄒ여 슈다 ᄌ손이 한갈갓치 평안ᄒᄆᆞᆯ 엇지 못ᄒ니, 현염·월염이 계오 화익을 진졍ᄒ미, ᄯ 조쇼부의 비상참난(非常慘難)이 ᄉ싱존망(死生存亡)을 아지 못ᄒ미 거의 슈년이라. 한·화 냥이 이셔 운아의 ᄂᆡᄉ(內事)를 쇼임ᄒ나 미양 읏듬 ᄌ리를 븨워시니, 비록 니ᄌᆫ 듯ᄒ나 침좌간(寢坐間) 조쇼부의 셩덕 광염이 안져(眼底)의 삼삼ᄒ니, 엇지 니즐 날이 이시리오만은, 노뫼 노감쇼치(老感所致)로 쳑감ᄒ 소식을 감초지 못ᄒᆫ즉, 운이 즐겨 아닐가 ᄒ【66】여 조흔 ᄃᆞ시 지너더니, 니졔 ᄯ 운이 먼니 가니 노뫼 시로이 장니보옥(掌裏寶玉)을 일흔 듯ᄒ리니, 한·화 냥뷔 이시나 엇지 노모의 운긔와 조시를 밋츠리오."

금평휘 모교(母敎)를 듯줍고 화셩 유어로 위로 왈,

"ᄌ고로 인졍텬니(人情天理)ᄂᆫ 《져독지인‖지독지졍(舐犢之情)222)》의 면치 못ᄒ온

---

220)ᄉ연ᄒ다 : 삭연(索然)하다. 어떤 일을 하고자 하는 생각이나 욕구 따위가 전혀 없다.

221)니극(已極) : =이극지시(已極之猜). 지나치게 심한 시기(猜忌).

222)지독지졍(舐犢之情) : 어미 소가 송아지를 핥는 사랑이란 뜻으로, 자식에 대한 어버이의 지극한 사랑을 비유적으로 이르는 말.

비라. 텬흥이 비록 이시나 쇼즈만 못ㅎ올 거시오, 운긔 잇스오나 또 텬흥만 못ㅎ오리니, 가즁의 옥슈(玉樹) 닌벽(驎璧) 갓흔 아히 가득ㅎ오니, 운긔 임의 나라히 몸을 허ㅎ와 군국(郡國) 즁임을 즈로 쳔즈(擅恣)ㅎ오니 비록 니별이 결연ㅎ오나, 또한 신즈의 직분이라. 빅구광음(白駒光陰))223)이 신속ㅎ오니 니졔 비록 【67】상니(相離)ㅎ는 졍니(情理) 감회(感懷)ㅎ오나 또 언마ㅎ여 셩공(成功) 환가(還家)ㅎ오리잇가?"

퇴부인이 탄왈,

"운아의 지조와 지혜로 엇지 젹은 요졍을 졔어치 못ㅎ올가 근심ㅎ리오만은, 노모의 여년을 싱각ㅎ고 늬외 주손의 무우(無憂) 환낙(歡樂)이 젹은 줄을 감회ㅎ미라."

졔왕이 말ㅎ을 니어 위로 왈,

"운아와 조시는 하늘이 각별 유의ㅎ여 나리오신 빅니, 조시 봉변(逢變) 화익(禍厄) 즁(中)이나 반드시 스싱의 넘녀는 업스오리니, 쇼손이 혜아리건디, 운아의 부뷔 거의 운익이 진홀 써 다드룸도 괴이치 아니ㅎ오니, 화복길흉(禍福吉凶)은 문이 업습는지라. 운이 혹즈 금번 힝도의 조쇼부를 즁봉(重逢)ㅎ【68】여 도라올동 엇지 알니잇고? 복원 딕모는 관심(寬心) 쇼려(掃慮)ㅎ쇼셔."

퇴부인이 쳥파()聽罷의 근심을 두로혀 미쇼 왈,

"텬흥의 말과 진실노 갓흘진디, 운아의 츄힝이 도로혀 경식라. 노뫼 가히 넘녀치 아니ㅎ리라."

금후와 졔손이 일시의 학낭쇼어(謔浪笑語)를 창슈(唱酬)ㅎ여 퇴부인 희우(喜雨)를 요구ㅎ니, 부인이 주손의 이갓흔 효셩을 감동ㅎ여, 감히 비식을 뵈지 아니ㅎ더라.

슌안이 존당 부모의 우려ㅎ시믈 민망ㅎ여 츈풍화긔(春風和氣) 이연(怡然)ㅎ고, 강하호변(江河好辯)224)이 풍싱운집(風生雲集)225)ㅎ여 직긔(才氣)로온 말ㅎ이 하슈(河水)를 드리워시니, 보는 지 다 근심을 니즐너라.

슌안(巡按)이 상명(上命)을 밧【69】주와 국시 긴급ㅎ니, 우명일(又明日)의 발힝ㅎ는지라. 초일의 교외의 나아가 일만 군졸을 주모(自募) 바다, 년습(練習)ㅎ기를 맛고 하령ㅎ디,

"우명일이면 츌힝(出行)홀 거시니, 너희 스졸 등은 각각 집의 도라가 힝니(行李)를 슈습ㅎ며, 부모 쳐주를 니별ㅎ라."

ㅎ니, 졔군이 쳥녕ㅎ여 도라가더라.

슌안이 부즁의 도라올시 윤·뎡 냥부의셔 또한 알고 윤·하 졔공이며, 친쳑 붕위 부문의 몌여시니, 갓득 번화ㅎ 부문(府門)의 더욱 요요(擾擾)ㅎ여 셔로 엇게 기야이더라226).

---

223)빅구광음(白駒光陰) : 흰 망아지가 빨리 지나쳐 가듯, 덧없이 빨리 흘러가는 세월.
224)강하호변(江河好辯) : 큰 강처럼 도도하고 끝없는, 뛰어난 말솜씨
225)풍싱운집(風生雲集) : 바람이 일고 구름이 모여듦.
226)기야이다 : 붐비다. 부딪치다.

슌안이 니부의 나아가 외왕부모 니퇴ᄉ 부부긔 뵈오니, 퇴ᄉ와 고부인이 그 어린 나【70】히 ᄌ로 변시 흉험지디(凶險之地)를 즛발와 나아가믈 넘녀ᄒ며, 결연(缺然)ᄒ믈 니긔지 못ᄒ여 약간 쥬찬을 장만ᄒ고, 졔부 졔ᄌ손을 한 당의 모화 젼별ᄒᆯᄉᆡ, 별졍이 의의ᄒ니, 슌안이 외왕부모의 ᄉ랑ᄒ심과 표문 졔인의 관곡ᄒᆫ 후의를 물니치지 못ᄒ여, 이윽이 안ᄌ 쥬식을 맛보고 한담ᄒ다가 도라와 존당의 뵈옵고, ᄎᆞ야의 왕부와 부슉을 시침ᄒ니 금휘 왈,

"남지 셜셜(屑屑)이 규즁의 니별을 니ᄅᆞᆯ 거시 아니라. 노죄(老祖) 그윽이 보건ᄃᆡ 한·화 냥쇼뷔 회ᄐᆡ(懷胎)ᄒ여 거의 만월(滿月)ᄒᆫ가 시븐지라. 네 공교히 집을 ᄯᅥ나ᄆᆡ 남녀간 ᄌᆞ식이 셰【71】상의 나믈 보지 못ᄒᆞᆯ 거시니, 엇지 인졍의 결연치 아니리오."

슌안이 ᄃᆡ쥬 왈,

"부ᄌᆞᄂᆞᆫ 텬눈이오, 군신은 ᄃᆡ의라. 쇼손이 임의 군명을 밧ᄌᆞ와시니 엇지 집을 도라보리잇고? 한시ᄂᆞᆫ 퇴휘 구삭이오, 화시ᄂᆞᆫ 팔삭이라. 냥인이 비록 쳥슈미약(淸瘦微弱)ᄒ오나 ᄯᅩᄒᆞᆫ 심지 견강(堅强)ᄒ옵고 혈긔 방강(方强)ᄒ오니 분산(分産)의 각별 넘녜 업ᄉᆞᆯ가 ᄒᆞᄂᆞ이다. 슈 연(雖然)이나 쇼손의 금도(今道) ᄎᆞ힝(此行)이 비록 넘녀로온 ᄃᆞᆺᄒ오나, 본ᄃᆡ 군ᄌᆞ(君子)ᄂᆞᆫ ᄉᆞ불범졍(邪不犯正)이오니, 쇼손이 비록 쇼암부ᄌᆡ(疏暗不才)ᄒ오나, ᄯᅩᄒᆞᆫ 셩문(聖門)의 고졔(高弟)라. 근신셥힝(謹愼攝行)ᄒ온 빅, 족히 젹은 요얼을 두리지 아니【72】ᄒ오리니, 젼ᄌᆞ 걸안 힝도와 다ᄅᆞᆫ지라. 엇지 규즁의 젹은 니별을 셜셜이 니ᄅᆞ리잇고?"

금휘 그 식니명쾌(識理明快)ᄒᆫ 말숨을 올히 너겨, 졈두 묵연ᄒ더라.

니러구러 슈일이 젹은덧 지나니, 슌안이 츌힝일이 다ᄃᆞ랏ᄂᆞᆫ지라. 가즁의 쇼작(小酌)을 베퍼 슌안을 니별ᄒᆞᆯᄉᆡ, 존당 부뫼 결연ᄒ믈 니긔지 못ᄒ고, 슌안의 니슬지심(離膝之心)이 상하치 아니터라.

시긱이 느즈ᄆᆡ 존당 부모 좌젼의 졀ᄒ여 하직ᄒ고, 좌즁의 한·화 냥쇼졔 이셔 쇼텬의 원별을 시름ᄒ여, ᄡᅡᆼ아(雙蛾)227)의 슈운(愁雲)이 희미ᄒ고, 단슌(丹脣)이 믹믹ᄒ여 화긔 ᄉᆞ연ᄒᆞᆫ지【73】라. 슌안이 냥부인이 한갓 온슌 인ᄌᆞᄒ여 부덕 규힝의 극진ᄒᆞᆯ지언졍, 조부인의 싱이지지(生而知之)ᄒᆞᆫ 셩덕ᄌᆡ홰(盛德才華) 아닌 쥴은 아ᄂᆞᆫ 고로, 다만 온화 나죽ᄒ믈 가이ᄒ여 즁ᄃᆡᄒᆞᆯ지언졍, 익우셩ᄉᆞ(益友盛事)를 아오라 규즁의 지긔지ᄉᆞ(知己之士)로 아라, 퇴악(泰岳) 갓흔 즁졍(重情)은 조부인만 못ᄒᆞᆫ지라. 이의 좌즁을 도라보아 냥인의 은은(隱隱)ᄒᆫ 슈식(羞色)을 보고, 심하(心下)의 이련(哀憐)ᄒ나 아ᄅᆞᆫ 체 아니ᄒ고, 다만 냥인의 ᄇᆡ례(拜禮)ᄒ기의 당ᄒ여ᄂᆞᆫ 팔을 드러 기리 읍ᄒ여, {왈} 다만 존당 부모의 효ᄉᆞ(孝事)를 당부ᄒ고, 방신(芳身)을 보즁ᄒ여 무ᄉᆞᄒ기를 니ᄅᆞᆯ ᄯᆞᄅᆞᆷ이라.

임【74】의 피ᄎᆡ 일장니별(一場離別)을 맛ᄎᆞᄆᆡ, 표연이 ᄉᆞ미를 ᄯᅥᆯ쳐 외당의 나아가,

---

227)ᄡᅡᆼ아(雙蛾) : 미인의 고운 두 눈썹. *아(蛾); 미인의 눈썹.

허다 하관(下官) 비리(陪吏)와 츄종을 거느려 부문을 나니, 가즁상히 황연즈실(荒然自失)ᄒ미 여실즁보(如失重寶)ᄒ고, 한·화 냥쇼졔 아연ᄒᄆᆯ 니긔지 못ᄒ더라.

이 젹의 뎡슌안이 위의를 거느려 교외의 니ᄅ니, 텬지 특별이 딗신을 보니여 젼송ᄒ시고 ᄉ쥬ᄒ시며, 긔특ᄒᆫ 지덕으로 요얼을 졔어ᄒ고 슈이 셩공ᄒ여 도라오기를 면유(面諭)ᄒ여 계시니, 슌안이 망궐샤은(望闕謝恩)ᄒ여 ᄉ쥬(賜酒)를 밧ᄌᆸ고 황은을 감축ᄒ더라.

모든 군죵 형졔와 윤·하·니 삼문 졔인이며, 그 밧 만조빅【75】관이며 친쳑고귀(親戚故舊) 문외의 몌이여 젼송ᄒ니, 별장(別章)이 분분ᄒ고, 한츄밀 화평장이 나아와 슌안의 광슈를 잡고, 지삼 원노의 무양(無恙)홈과 슈히 셩공ᄒ여 도라오믈 부탁ᄒ니, 슌안이 좌슈우답(左酬右答)의 흔연(欣然) ᄉᄉ(謝辭)ᄒ더라.【76】

윤하뎡삼문취록 권지뉵십팔

추시 슌안이 좌슈우답(左酬右答)의 흔연 샤ᄉ하더라. 조태우 등 삼곤계 ᄯ호 군종 졔인 조상셔 등으로 더부러 니르러 젼별ᄒᆞᆯ시, 조태위 슌안의 손을 잡고 츄연(惆然) 왈,

"셰상의 뉘 동긔 업ᄉ리오만은, 부뫼 아등 삼곤계와 쇼미 일인을 두시미, 쇼미의 ᄌᆡ용셩덕(才容聖德)은 오히려 ᄌᆞ남(姉男)228) ᄉ인 즁 초츌(超出)ᄒᆞ여 ᄲᅢ혀나니, 우흐로 존당 왕부모와 부모의 만금쇼이(萬金所愛) 아등의 바랄 비 아니어늘, ᄯᅩ 명초 갓흔 군ᄌᆞ 되현으로 결승(結繩)을 ᄆᆡᄌᆞ니, 왕부모와 가친의 각별 즁이(重愛)ᄒᆞ시미 타인지졍(他人之情)의 지나신지【1】라. 군ᄌᆞ슉녀 금슬지화(琴瑟之和)ᄒᆞ며 유ᄌᆞ싱녀(有子生女)ᄒᆞ여 달슈영복(達壽榮福)이 무흠(無欠)ᄒᆞ기를 원ᄒᆞ거늘, 불힝ᄒᆞ여 쇼미 홍안(紅顔)이 명박(命薄)ᄒᆞ고 조물(造物)이 니극(已極)229)ᄒᆞ여 쇼장(蕭牆)의 환(患)이 평디의 풍파를 비져, 쇼미의 옥골방신(玉骨芳身)이 쳔니의 뉴락ᄒᆞ여 ᄉ싱존문(死生存問)을 아지 못ᄒᆞ니, 엇지 슬푸지 아니ᄒᆞ며, 아등이 구경지하(其慶之下)230)의 동긔를 위ᄒᆞ여 죽지 못ᄒᆞᆯ지언졍 슉식침좌(宿食寢坐)231)의 엇지 편ᄒᆞᆯ 날이 이시며, 되인이 오리지 아녀 도라오시리니, 쇼미의 평문(平聞)을 드르실진디 쟝ᄎᆞᆺ 무어시라 알외리오. 니졔 명쵸 군명을 밧ᄌᆞ와 먼니 가니 결연ᄒᆞᆫ 가온디, 혹【2】ᄌᆞ 깃분 일이 상반ᄒᆞᆯ가 희힝(喜幸)ᄒᆞᄂᆞ니, ᄉ쳔(四川)은 조쥬(潮州)232) 지근지디(至近之地)오, ᄯᅩ 명쵀 도총슌검이니 지나는 바의 녈읍(列邑)을 다 슌슈ᄒᆞᆯ지라. 혹ᄌᆞ 텬되(天道) 슌환ᄒᆞ여 아미(我妹)의 요힝 싱존ᄒᆞᆫ 쇼식이 이실가 희망ᄒᆞ노라."

조한님 희필이 더욱 슬허 왈,

"져져(姐姐)로 ᄒᆞ여곰 이 지경의 밋게 ᄒᆞᆷ믄 젼혀 쇼졔의 우둔몽완(愚鈍蒙頑)233)ᄒᆞ미라. 타일 하면목으로 가친 슬하의 뵈오리잇고? 만일 불효를 싱각지 아니ᄒᆞᆫ즉 몬져 죽어야야 안젼의 뵈옵지 말고져 ᄒᆞ나 능히 득지 못ᄒᆞ리로쇼이다."

---

228)ᄌᆞ남(姉男) : 남매(男妹). 한부모가 낳은 남녀 동기.
229)니극(已極) : =이극지시(已極之猜). 지나치게 심한 시기(猜忌).
230)구경지하(其慶之下) : 부모가 모두 살아 있는 기쁨 가운데 있음.
231)슉식침좌(宿食寢坐) : 자고 먹고 눕고 앉고 함.
232)조쥬(潮州) : 중국 광동성(廣東省)에 있는 행정구역의 하나.
233)우둔몽완(愚鈍蒙頑) : 어리석고 둔하고 어둡고 완고함.

셜파의 상연(傷然) 슈루(垂淚)ᄒ믈 씨닷지 못ᄒ【3】니, 조틱우와 시랑이 다 묵묵
츄연ᄒ여 말을 못ᄒᄂᆫ지라. 슌안이 그 지셩 효우를 감동ᄒ여 역시 싁을 곳치고 손ᄉ
왈,

"만믈(萬物) 가온딕 오직 인위최딕(人爲最大)234)ᄒᆷ믄 유오륜애(有五倫也)235)라. 동
긔골육(同氣骨肉)236)이 오륜(五倫)의 참예ᄒ고, 부뷔 오상(五常)237) 가온딕 츔예ᄒ미
이시니, 쇼뎨 비록 불통 무식ᄒ나, 아시(兒時) 결발(結髮)238)의 만남과 조강(糟糠)의
즁ᄒ믈 니즈리오. 형이 비록 ᄎᆞᄉᆞ를 니ᄅᆞ지 아니나 쇼뎨 엇지 도로(道路)의 실인의 종
젹(蹤迹)을 심문(尋問)코져 아니리오. 연이나 화복(禍福)이 관슈(關數)ᄒ고 유명(幽明)
이 지텬(在天)ᄒ니, 녕믹ᄂᆞᆫ 반ᄃᆞ시 길인(吉人)이라, 벅벅이 쥭【4】을 가온딕 부싱(復
生)ᄒᄂᆫ 도리 이시리니, 졔형은 과도이 슬허 말나. 쇼졔 슈불인(雖不人)이나 졔형의
심ᄉᆞ를 모로리오. 더옥 즁여ᄂᆞᆫ 녕믹의 봉젹(逢賊)을 스스로 잘못홀와 ᄒ니, 엇지 불통
치 아니리오. 셩인도 오ᄂᆞᆫ 익을 면치 못ᄒ시니, '셔빅(西伯)239)이 유리(羑里)의 곤(困)
ᄒ시고'240), '공지(孔子) 딕셩이ᄉᆞ딕 진췌(陳蔡)의 ᄡᅵ히시니'241) 셩현 군ᄌᆞ도 니런 운
건(運蹇)ᄒ믈 면치 못ᄒ여 계시거늘, 쇽셰 비린(鄙吝)의 아등을 의논ᄒ리오. 기시(其
時)의 양쥬 역졈(逆店)의셔 즁여의 유질ᄒᆷ도 녕믹의 시운이 불니ᄒ미라. 졔형은 관심
억졔ᄒ라. 명명신기(明明神祇) 맛춤닉 우리 부부의게 【5】믿몰치 아니리라."

모든 친우와 조틱우·조상셔 등이 졈두(點頭) 칭션(稱善)ᄒ여 명달ᄒᆫ 의논이라 ᄒ더
라.

니러틋 한담ᄒ여 졔우의 니별이 무한ᄒ니, 일식이 발셔 반오(半午)의 밋쳣ᄂᆞᆫ지라.
총녕관(總領官)이 북을 울녀 시긱이 느져가믈 알외니, 슌안이 능히 지류(遲留)치 못ᄒ
여 날호여 졔형 군죵이며 친쳑 붕빅로 작별ᄒ여 힝편(行便)을 ᄉᆞ쳔으로 두로혀니, 졔

---

234) 인위최딕(人爲最大) : 사람이 가장 크다고 하는 이유.
235) 유오륜애(有五倫也) : 오륜이 있기 때문이다.
236) 동긔골육(同氣骨肉) : 형제와 부자 등의 혈족관계에 있는 사람.
237) 오상(五常) : =오륜(五倫). 유학에서, 사람이 지켜야 할 다섯 가지 도리. 부자유친, 군신유의, 부부유
    별, 장유유서, 붕우유신을 이른다.
238) 결발(結髮) : ①예전에, 관례를 할 때 상투를 틀거나 쪽을 찌던 일. ②'성년(成年)' 또는 '혼인'을 달리
    이르는 말.
239) 서백(西伯) : 중국 주(周 : BC 1111~256)의 창건자인 무왕(武王)의 아버지 문왕(文王). 성(姓)은 희
    (熙). 이름은 창(昌). 은(殷)나라 주왕(紂王) 때 서백(西伯)이 되어 어진 정치로써 백성들을 다스렸다.
    주왕이 폭정을 하므로 제후들이 모두 서백을 좇아 군주(君主)로 받들었고, 뒤에 그의 아들 무왕이 은
    나라를 멸망시키고 즉위하자 문왕이란 시호(諡號)를 추증하였다. BC1144년 주왕(紂王)에게 포로로 잡
    혀 유리(羑里)에 3년간 갇혀 있을 때, 유교의 고전인 주역의 괘사(卦辭)를 지었다.
240) '셔빅(西伯)이 유리(羑里)의 곤(困)ᄒ시고' : 중국 주나라 문왕이 자신의 봉국(封國)인 주(周)에서 어진
    정치를 베풀다가 참소를 받고, 주왕(紂王)에 의해 유리(羑里)라고 하는 곳의 감옥에 유폐 되었던 일.
241) '공지(孔子) 진췌(陳蔡)의 ᄡᅵ히시니' : 공자(孔子)가 초(楚)나라 소왕(昭王)의 초빙을 받고 초나라로 가
    던 중 진(陳)나라와 채(蔡)나라의 접경지역에서 진·채의 군사들에게 포위된 채, 양식이 떨어져 7일 동
    안을 굶으며 고난을 겪었던 고사를 이른 말. 이를 진채지액(陳蔡之厄)이라 한다.

인이 아연ᄒᆞ여 먼니 가도록 현망(懸望)ᄒᆞᆯᄉᆡ, 슌안이 머리의 ᄌᆞ금닉션관(紫錦翼善冠)242)을 쓰고 옥산(玉山)243)이 엄연ᄒᆞᆫ 엇게의 ᄌᆞ홍망뇽포(紫紅蟒龍袍)244)를 닙고 일희허리245)의 양지ᄇᆡᆨ옥ᄃᆡ(兩枝白玉帶)를 두로고, 나말(羅襪)246)의 【6】《봉두무우훼ᄎᆡᄉᆞ ‖ 봉두ᄎᆡᄉᆞ무우화(峯頭彩絲無憂靴)247)》를 맛초아시며, 옥슈(玉手)의 산호금편(珊瑚金鞭)을 잡고, 팔마(八馬) 메온 금는(金輪) 우희 쳥금산(靑衿傘)을 밧치고, 거상(車上)의 단좌(端坐)ᄒᆞ여시니, 영풍(英風)이 표일(飄逸)ᄒᆞ고 긔위(氣威) 늠늠ᄒᆞ여 위의(威儀) 진슉(鎭肅)ᄒᆞ니, 목왕(穆王)248)이 팔쥬마(八走馬)를 모라 요지(瑤池)의 도라가미 아니로ᄃᆡ, 션풍(仙風)이 비범ᄒᆞ고 긔상이 호연(浩然)ᄒᆞ여, ᄐᆡ허(太虛)의 빗난 졍긔를 오로지 품슈(稟受)ᄒᆞ여 산쳔의 슈이(殊異)ᄒᆞᆫ 녕ᄆᆡᆨ(靈脈)을 거두어시니, 봉형학골(鳳形鶴骨)이 동탕슈앙(動蕩秀昂)ᄒᆞ여 표표(表表)이 일군(一群)의 쒸여나니, ᄇᆡᆨ일(白日)노 징광(爭光)ᄒᆞᄂᆞᆫ 듯, 산광(山光) 슈ᄉᆡᆨ(水色)이 물ᄉᆡᆨ(物色)을 ᄌᆞ랑ᄒᆞ더니 스ᄉᆞ로 빗출 감초ᄂᆞᆫ 듯ᄒᆞ더라.

힝인【7】이 발을 머츄어249) 그 영무(英武) ᄃᆡᄌᆡ(大才)를 슈무족도(手舞足蹈)ᄒᆞ여 칭찬불이(稱讚不已)ᄒᆞ여 도라갈 쥴을 《니럿더니 ‖ 니젓더니250)》, 이윽고 산이 등지고 물이 구뷔지니 먼니셔 니러나ᄂᆞᆫ 진퇴(塵土) 아득ᄒᆞᆯ ᄲᅮᆫ이오, 긔특ᄒᆞᆫ 풍용(風容)과 일만 ᄉᆞ졸의 훤화(喧譁)ᄒᆞᄂᆞᆫ 쇼ᄅᆡ를 듯지 못ᄒᆞ리러라. 졔인이 아연ᄒᆞ여 일시의 도라오니라.

녕ᄐᆡᄉᆞ 뉴모와 승상 《초궁공 ‖ 초국공》하학셩이 상명을 밧ᄌᆞ와 ᄉᆞ쥬ᄒᆞ시ᄂᆞᆫ 어쥬를 가져 교외의 니ᄅᆞ럿더니, 이의 슌검의 힝ᄆᆡ ᄉᆞ쳔으로 두로혀믈 보고, 만조 졔공과 한가지로 도라와 궐하의 복명ᄒᆞ온ᄃᆡ, 상이 인견ᄒᆞ샤 츌힝 ᄉᆞ젹을 ᄌᆞ셔히 【8】무ᄅᆞ시고, 기리 ○○[찬탄(讚歎)]ᄒᆞ샤 왈,

"뎡경(卿)이 가히 긔ᄌᆞ(奇子)를 두엇다 ᄒᆞ리로다. 운긔 한갓 국가의 동냥(棟樑) 보필일 ᄲᅮᆫ 아녀 뎡가의 쳔니 긔린이로다. 윤·하·뎡 삼문이 계계승승(繼繼承承)ᄒᆞ여 츙녈

---

242)ᄌᆞ금닉션관(紫錦翼善冠) : 왕과 왕세자가 평상복인 곤룡포를 입고 집무할 때에 쓰던 검붉은 빛의 사(紗) 또는 나(羅)로 두른 관. 앞 꼭대기에 턱이 져서 앞이 낮고 뒤가 높은데, 뒤에는 두 개의 뿔을 날개처럼 달았다.

243)옥산(玉山) : 외모와 풍채가 뛰어난 사람을 비유적으로 이르는 말.

244)ᄌᆞ홍망뇽포(紫紅蟒龍袍) : 붉은 비단으로 지은 임금의 정복. 가슴과 등과 어깨에 용의 무늬를 수놓았다. 곤룡포(袞龍袍)를 망룡포(蟒龍袍)라고도 한다.

245)일희허리 : 이리허리. 이리 곧 늑대의 허리처럼 늘씬한 허리.

246)나말(羅襪) : 비단으로 지은 버선.

247)봉두ᄎᆡᄉᆞ무우화(峯頭彩絲無憂靴) : 가죽신의 일종. 신코가 봉우리처럼 둥글고, 가죽을 소재로 하여 화려한 색실로 꿰매어 만든 신. *무우화(無憂靴) ; 가죽으로 만든 무우리(無憂履). *무우리(無憂履); 조선시대, 궁중 무용에서 무수(舞袖)가 춤을 출 때 신던 신의 하나. 홍전(紅氈)으로 신을 만들고 꽃무늬를 수놓았으며, 신코에는 구름무늬를 수 놓고 상모(象毛)를 달아 아름답게 장식하였다..

248)목왕(穆王) : 중국 주(周)나라 제5대 왕. 8마리의 준마가 끄는 마차를 타고 천하를 순수(巡狩)하던 중, 곤륜산(崑崙山) 요지(瑤池)에서 서왕모(西王母)를 만나 서로 즐겼다는 전설이 전한다.

249)머츄다 : 멈추다. 사물의 움직임이나 동작이 그치다.

250)닛다 : 잊다. 기억해 두어야 할 것을 한순간 미처 생각하여 내지 못하다.

의시(忠烈義士)251) 번셩ᄒᆞ미 아니면, 엇지 금조(今朝) 말셰(末世)의 인지 셩ᄒᆞ리오."

ᄒᆞ시며, 시로이 포장(褒奬)ᄒᆞᆯ믈 마지 아니ᄒᆞ시니, 삼문 졔공이 비복(拜伏)ᄒᆞ여 감히 옥음셩언(玉音聖言)을 감당치 못ᄒᆞ더라.

뎡의쳥이 금도(今道) 츙힝의 빅년가우를 지봉ᄒᆞ며, 조쇼졔 만고(萬古) 희한(稀罕)ᄒᆞᆫ 젹난(賊亂) 봉변(逢變) 가온ᄃᆡ 옥부방신(玉膚芳身)이 어느 곳의 머므러 지우보명(至于保命)ᄒᆞ여 부녜 상봉ᄒᆞ며 부뷔 직합ᄒᆞᆫ고? 추추 하회 【9】 셩남(釋覽)ᄒᆞ라.

션시의 평졔왕부의셔 존당 상히 조부인의 봉변 이후로, 비록 슈다 ᄌᆞ손의 닙신 영화와 남혼녀가ᄒᆞ여 길경(吉慶)이 쳡다(疊多)ᄒᆞ나 미양 침좌간(寢坐間)의 조부인의 지용 셩덕을 닛지 못ᄒᆞ더니, ᄯᅩ 슌검이 마ᄌᆞ 머니 나아가니, 틱부인이 여실즁보(如失重寶)ᄒᆞ여 시로이 조쇼져를 싱각ᄒᆞ고 감회(感懷)ᄒᆞᄂᆞᆫ지라. 금평후와 졔왕 등 졔손이 민면(憫面)252)ᄒᆞᆷ믈 니긔지 못ᄒᆞ여, 조ᄉᆞ여가(朝事餘暇)의ᄂᆞᆫ 졔부 졔녀와 모든 손아 등을 닛그러 존당(尊堂)의 모다, 학낭쇼어(謔浪笑語)로 틱부인을 위안ᄒᆞ여, 아모려나 슈미(愁眉)를 썰치시고 즐기시믈 요구ᄒᆞ니, 금 【10】 평휘 년급뉵십(年及六十)이로ᄃᆡ, 틱부인 침슈(寢睡)를 술피며 진부인으로 더부러 감지(甘旨)를 맛보아 효봉ᄒᆞ고, 졔ᄌᆞ부 졔손이 가득ᄒᆞ고 시녀 추환의 무리 슈다(數多)ᄒᆞ나, 명ᄒᆞ여 식이미 업고, 스스로 부뷔 근노ᄒᆞᆯ믈 마지 아니ᄒᆞ니, 졔왕이 쥬왈,

"히아(孩兒)253)와 윤·양·니·경 등이 비록 불초(不肖) 우암(愚暗)ᄒᆞ오나, 족히 왕모의 감지를 봉양ᄒᆞ오미 넉넉ᄒᆞ오려든, 딕인과 ᄌᆞ위 엇지 몸쇼 근노ᄒᆞ샤 쇼비(少輩)의 쇼임을 폐치 아니ᄒᆞ시{ᄂᆞ니잇}고, 셩쳬 닛브시믈 싱각지 아니ᄒᆞ시ᄂᆞ니잇고?"

금휘 왈,

"인인(人人)이 친의(親意)를 승안(承安)코져 ᄒᆞ미, 경슌위열(敬順慰悅)ᄒᆞ여 ᄉᆞ친(事親)ᄒᆞ미 올 【11】 ᄒᆞ니, 여등과 졔부ᄂᆞᆫ 우리를 셤기미 올코, 우리 부부ᄂᆞᆫ ᄌᆞ졍을 좌와(坐臥)의 뫼시미 올ᄒᆞ니, 엇지 ᄌᆞ식이 되여 부모의 안젼의셔 늙을와 ᄒᆞ여 ᄌᆞ존존ᄃᆡ(自尊尊待)254)ᄒᆞ리오. 여언(汝言)이 극히 무식불통(無識不通)ᄒᆞ기의 갓갑지 아니ᄒᆞ냐? 셕ᄌᆞ(昔者)의 'ᄌᆞ로(子路)ᄂᆞᆫ 빅니(百里)의 부미(負米)'255)ᄒᆞ고 노릭ᄌᆞ(老萊子)256)ᄂᆞᆫ 칠십의 아롱 옷슬 닙고 시삿기를 깃드려시니, 여부(汝父)ᄂᆞᆫ 비록 근노ᄒᆞ다 ᄒᆞ나, 아직 노릭ᄌᆞ의 칠십지년이 못밋쳤고, ᄯᅩ 부귀 영홰 극ᄒᆞ여 일신이 평안ᄒᆞ니[고] 부귀 영욕이

---

251) 츙녈의시(忠烈義士) : 충신·열사·의사를 함께 이른 말.

252) 민면(憫面) : 답답하고 안타까워 낯을 들고 대하기가 어려움.

253) 히아(孩兒) : '어린아이'라는 말로, 직계 존속 앞에서 자신을 낮추어 이르는 말.

254) ᄌᆞ존존ᄃᆡ(自尊尊待) : 스스로 자신을 존경하고 받들어 대접함.

255) 자로부미(子路負米) : =백리부미(百里負米). 중국 춘추시대 공자의 제자인 자로(子路)가 쌀을 백리까지 운반하여 그 운임으로 어버이를 봉양한 고사를 이르는 말로, 가난하게 살면서도 지극한 효성으로 부모를 잘 봉양하는 것을 뜻한다. 『공자가어(孔子家語)』에 나온다

256) 노릭ᄌᆞ(老萊子) : 중국 춘추 시대 초나라의 은사(隱士). 70세에 어린아이 옷을 입고 새 새끼를 길들이며 어린애 장난을 하여 늙은 부모를 위안하였다고 한다. 저서에 ≪노래자≫ 15편이 있다.

극ᄒ니, 니졔 ᄌ졍이 년과팔슌(年過八旬)의 여년이 님박셔산(臨迫西山)하여 계시니, 흐르ᄂᆞᆫ 빅【12】구셰월(白駒歲月)257)노조ᄎᆞ 고당(高堂) 학발(鶴髮)의 년고(年高) 최심(最甚)ᄒᆞ샤믈 조셕의 조심ᄒᆞ고 두리ᄂᆞ니, 여ᄒᆡ 엇지 봉친의 나히 만흘와 ᄒᆞ여 스스로 존듸ᄒᆞ리오?"

셜파의 츄연 장탄ᄒᆞ믈 ᄭᅴᄃᆞᆺ지 못ᄒᆞ니, 졔지 크게 감동ᄒᆞ여 다시 근노ᄒᆞ시믈 간치 못ᄒᆞ더라. 튀부인이 금후의 니러ᄒᆞᆷ믈 모로미 아니로듸, ᄯᅩ 각별 경계ᄒᆞᄂᆞᆫ 말ᄉᆞᆷ이 업스니 이 ᄯᅩᄒᆞᆫ 노감쇼치(老感所致)의 비로스미러라.

이 ᄣᅢ 동졔공 계비 연시ᄂᆞᆫ 본듸 우람 광망ᄒᆞᆫ 녀지라. 그윽이 원비의 춍셰(寵勢)를 ᄭᅥ리고 그 셩덕 광화를 질오(嫉惡)ᄒᆞ미 업지 아니ᄒᆞ나, 능히 셤어ᄒᆞ여258) 히홀 계교를 슈이 닉지 못ᄒᆞᆷᄋᆞᆫ, 【13】실노 엄구와 군ᄌ의 남다른 춍명을 져허ᄒᆞ미오, ᄯᅩ 광픽부잡(狂悖浮雜)홀지언졍 간교음사(奸巧淫邪)ᄒᆞ기의 버셔나미오, ᄯᅩ 쳥션이 그 종형 연시 죽은 후ᄂᆞᆫ 하·연 냥부의셔 구식(求索)이 심ᄒᆞ고, ᄯᅩ 녀녀 녕능의 작변(作變) 이후로 진공과 윤상뷔 한가지로 슈식(搜索)ᄒᆞ니, 시고(是故)로 요리(妖尼) 윤·하·뎡 삼부의 종젹을 ᄭᅳ쳐, 녀가의 뉴쳐(留處)ᄒᆞ고 원가의 머물 ᄣᅢ 만흐니, 연시 돕ᄂᆞ니 업셔 시러곰 계교를 싱의치 못ᄒᆞ니, 이 ᄯᅩᄒᆞᆫ 장부인의 무흠ᄒᆞᆫ 달슈(達壽)《영녹‖영복(榮福)》을 간인이 감히 궁ᄉ계(窮邪計)로 히치 못ᄒᆞ미라. 비록 쇼쇼(小小) 불평ᄒᆞᆫ 졍젹(情迹)이 만코, 가쇼(可笑)의 긔관(奇觀)이 다다(多多)ᄒᆞ나, 동【14】졔공이 본듸 관후ᄌ인(寬厚慈仁)ᄒᆞᆷ므로뼈 위본(爲本)ᄒᆞ여, 미ᄉ(每事)의 공졍(公正) 화평(和平)키로 위쥬ᄒᆞ니, 셜ᄉ 가쥼의 불인지(不仁者) 이시나, ᄌ기 임의 몬져 하쥬(河洲)259)의 남교(藍橋)260)를 건넌 비, 뇨조슉녀(窈窕淑女)로 종고(鐘鼓)261)의 화명(和鳴)ᄒᆞ미 '국풍(國風) 듸아(大雅)'262)를 노릭ᄒᆞ니, 원비의 지목이 만고 슉인(淑人)《셩시‖셩녀(聖女)》라도 무불하ᄌ(無不瑕疵)홀지라.

동졔공이 이 갓흔 슉녀현필(淑女賢匹)노 셩인의 젼젼반측(輾轉反側)ᄒᆞ심과 오ᄆᆡ구지

---

257)빅구셰월(白駒歲月) : 흰 망아지가 문틈을 지나치듯 빠르게 흘러가는 세월.

258)셤어ᄒᆞ다 : ①어리석다 ②계면쩍다. 서먹하다 ③헐뜯다. ④비웃다. 조롱하다. *중국어 '산(訕)'의 번역어

259)하쥬(河洲) : '모래톱'이라는 뜻으로 '덕이 높은 요조숙녀'를 이르는 말. 『시경』, 「주남(周南)」, <관저(關雎)> 시에 "꾸우꾸우 물수리 모래톱에 있네. 정숙한 아가씨는 군자의 좋은 짝.(關關雎鳩, 在河之洲. 窈窕淑女, 君子好逑)"이라는 구절에서 유래하였다.

260)남교(藍橋) : 중국 섬서성(陝西省) 남전현(藍田縣)에 동남쪽 남계(藍溪)에 있는 다리 이름. 거기에는 선굴(仙窟)이 있는데, 당나라 때 배항(裵航)이라는 사람이 이곳을 지나다가 선녀인 운영(雲英)을 만나서 선인들이 마시는 음료인 경장(瓊漿)을 얻어 마셨다고 한다. *본문에서 '남교'는 '혼인'을 비유한 표현이다.

261)종고(鐘鼓) : 종고지락(鐘鼓之樂). 종과 북을 치며 즐긴다는 뜻으로, 부부 사이의 화목한 정을 이르는 말. 시경 '관저(關雎)' 시의 "요조숙녀 종고낙지(窈窕淑女 鐘鼓樂之)"에서 따온 말.

262)국풍(國風) 듸아(大雅) : 『시경』 의 편명(編名). <국풍(國風)>은 『시경』 중에서 민요 부분을 통틀어 이르는 말로 정풍과 변풍이 있으며 모두 160편이다. <대아(大雅)>는 <소아(小雅)>와 함께 주(周)나라 궁중음악인 아악을 말하는데, 모두 31편으로 되어 있다.

(寤寐求之)ᄒᆞ미 아니로ᄃᆡ, 특비셩녀(特配聖女)ᄒᆞ여 참치힝ᄎᆡ(參差荇菜)263)ᄒᆞ니, 기여 연시 갓ᄒᆞ 니야 다만 듸음듸악(大淫大惡)이 아닌 쥴만 다힝ᄒᆞ니, 인물의 불초ᄒᆞᆷ믈 엇지 긔회(介懷)ᄒᆞ리오. '가옹(家翁)의 귀먹고 눈 어둡기를 본바다'264) 쇼쇼 허【15】ᄆᆞᆯ은 긔회ᄒᆞ미 업고, 다만 졔가(齊家)의 화평ᄒᆞᆷ믈 쥬(主)ᄒᆞ여 규문의 후박이 편벽지 아니ᄒᆞ고, 미우(眉宇) 츈양(春陽)이 변치 아닛ᄂᆞᆫ 가온ᄃᆡ나, ᄯᅩᄒᆞᆫ 장홍(長虹)이 묵묵ᄒᆞ여 하일지위(夏日之威)와 동일지ᄋᆡ(冬日之愛) 이시니 슈하ᄌᆞ(手下者)로 ᄒᆞ여곰 ᄌᆞ연 송구(悚懼) 치경(致敬)ᄒᆞᆷ믈 일위ᄂᆞᆫ 비오, 버거 장부인이 아름다온 셩덕으로 화우돈목(和友敦睦)ᄒᆞ기를 동긔ᄌᆞᄆᆡ(同氣姊妹) 갓치 ᄒᆞ니, 연시 비록 우암(愚暗)ᄒᆞ나, ᄌᆞ연 듸군ᄌᆞ의 가졔(家齊)를 두리고, 셩인 슉녀의 교화의 협흡(協洽)ᄒᆞ미 업지 못ᄒᆞ여, ᄌᆞ연ᄒᆞᆫ 가온ᄃᆡ 달이 진(盡)ᄒᆞ며 날이 가고 셰월이 오ᄅᆡ니, 비록 텬셩 우혹ᄒᆞᆷ믄 다 곳치기 어려오나, 스스로 셩문【16】교화의 무드러 졈졈 회진기셩(回進其性)ᄒᆞ기의 갓가오니, 존당 구괴 그 회과ᄒᆞ기의 밋ᄎᆞᆷ믈 가의(可誼)ᄒᆞ여 졈졈 낫빗츨 허ᄒᆞ미 되고, 졔ᄉᆞ(娣姒) 슉ᄆᆡ(叔妹) 금장(襟丈)이 그 악힝의 무드지 아니홀 바를 깃거, 우이ᄒᆞ미 지극ᄒᆞ니, 연시 ᄯᅩᄒᆞᆫ 슷쳐 알고 더옥 슈련ᄒᆞ니, 희(噫)라! 군ᄌᆞ 슉녀의 불인을 감화ᄒᆞ미 이갓ᄒᆞ니, 니ᄅᆞᆫ 바, 광지(狂者)라도 습복(慴伏)ᄒᆞᆫ다 ᄒᆞ미 가히 올타.

일노조ᄎᆞ 장부인이 각별 긔화참난(奇禍慘難)을 경녁ᄒᆞ미 업고, 동졔공의 가ᄉᆡ 화평ᄒᆞᆷ믈 어드니라.

오ᄅᆡ지 아냐 연시 잉ᄐᆡᄒᆞ여 슌산 싱ᄌᆞ(生子)ᄒᆞ니, 쇼이 부조 여풍을 니어 크게 아름다오니, 존당 상히 깃거ᄒᆞ고, 동졔【17】공이 부ᄌᆞ의 텬셩지ᄋᆡ(天性之愛)를 극진이ᄒᆞ며, 장부인이 ᄉᆞ랑ᄒᆞᆷ믈 친싱의 지나게 ᄒᆞ니, 연시 의외의 긔린 영ᄌᆞ를 어더 구가 합문의 니러틋 긔듕ᄒᆞᆷ믈 어드니, 영힝 쾌열ᄒᆞᆷ믈 니긔지 못ᄒᆞ여 불승과망(不勝過望)ᄒᆞ니, 아ᄌᆞ를 교양ᄒᆞ미 긔관 졀도지ᄉᆡ 만흐ᄃᆡ, 가듕이 아른 쳬 아니ᄒᆞ더라.

일노 인ᄒᆞ여 졔공의 가ᄉᆡ 화슌ᄒᆞ고, 두 부인이 화우 돈목ᄒᆞ니, 합문 상히 깃거ᄒᆞ고 친쳑 향당(鄕黨)이 일ᄏᆞᆯ라, 군ᄌᆞ 셩녀의 지극ᄒᆞᆫ 교화(敎化)라 ᄒᆞ더라.

어시의 녀시랑의 ᄯᆞᆯ 혜졍이 쳔교(千巧) 묘ᄌᆡ(妙才)로뼈 한번 농방의 승영(承榮)ᄒᆞ미 쾌ᄒᆞ니, 옥당한원(玉堂翰院)의 신진명ᄉᆞ(新進名士)로 《은듸ᄌᆞ팔∥은듸ᄌᆞ달(恩臺紫闥)265)》【18】의 은총이 마음과 갓ᄒᆞᄃᆡ, 다만 지극히 어려온 바ᄂᆞᆫ 동창후 윤공의 가실(家室)의 지목(材木)이라. 쥬ᄉᆞ야탁(晝思夜度)ᄒᆞ나 조흔 계피 업스니 쥬야 민민(憫憫)ᄒᆞ더니, 계오 일계를 어드미 ᄌᆞ득 양양ᄒᆞ여 스스로 깃브믈 니긔지 못ᄒᆞ니, 이 므슴

---

263)참치힝ᄎᆡ(參差荇菜) : 들쭉날쭉하여 가지런하지 않은 마름 풀과 같음.
264)가옹(家翁)의 귀먹고 눈 어둡기를 본바다 : 옛 시대의 남편들이 아내의 행실이나 말을 보고도 못 본 듯이 하고, 듣고도 못들은 듯이 했던 것을 본받으라는 말로, 아내의 행동과 말에 시시콜콜 참견하지 말라는 뜻.
265)은듸ᄌᆞ달(恩臺紫闥) : 홍문관 또는 승정원을 달리 이르는 말. *은대(銀臺); =홍문관(弘文館). =승정원(承政院). *자달(紫闥); =궁중(宮中)

계편고? 츠하 《분심∥분석(分釋)》인져.

일일은 만셰 황애 어화원(御花苑)의 잔치를 비셜ᄒ여 문무 졔신으로 더부러 즐기실
시, 혜졍 음녜 씌를 공교히 만낫ᄂ지라. 가만이 쳔금 뇌물노뻐 쥬방 궁희 등과 스례감
(司禮監)266) 쟝병을 회뢰(賄賂)ᄒ고, 창후 윤공의게 젼ᄒ는 잔의ᄂ 졍신 흐리ᄂ 암약
(瘴藥)을 셧거 슌슌(順順)이267) 나오게 ᄒ라 ᄒ고, 공교흔 쇠로뻐 쏘 니【19】ᄅ되,

"늬 본딕 윤후로 더부러 통가년혼지의(通家連婚之誼)와 교계(交契) 심후(深厚)ᄒ나,
졔 위인이 괴망(怪妄)ᄒ여 상(常)히268) 니ᄅ되, '쥬식(酒色)을 호(好)ᄒ여 취(醉)흔 낫
빗과 ᄉ친지하(事親之下)의 경근지도(敬謹之道)를 일흐믄 이 곳 취루경박지(醜陋輕薄
者)니, 엇지 셩문딕유(聖門大儒)와 군ᄌ쟝부(君子丈夫)의 힝홀 비리오.' ᄒ고, 우흐로
샹총(上寵)과 부귀를 밋어 교만ᄒ미 만흐니, 늬 본딕 흔번 그 교긔(驕氣)를 것쳐 희롱
ᄒ여 후의 쾌흔 말을 못ᄒ게 ᄒ고져 ᄒᄂ니, 졔 쏘 쥬량(酒量)이 업스미 아니라, 니빅
(李白)의 '일일슈경삼빅비(一日須傾三百杯)'269)ᄒ던 쥬량이 이시나, 본딕 슐의 취키를
아니ᄒᄂ지라. 시고로 이 계교를 힝ᄒ여, 쇼년붕빅간(少年朋輩間)의 한【20】번 뉴희
(遊戲)ᄒ여 웃고져 ᄒ노라."

ᄒ니, 져 무리 그 간험(姦險) 음악(淫惡)흔 힝실을 아지 못ᄒ고, 진졍 그러히 너겨
흔연이 허락ᄒ더라.

이 날 연셕의 군신이 낙극진취(樂極盡醉)홀시 샹이 팔진(八珍)270) 어션(御膳)을 갓
초시며, 샹방(尙方) 일등 ᄌ홍쥬(紫紅酒)와 옥익(玉液) 빅화쥬(百花酒)를 옥비(玉杯) 금
쟉(金爵)의 만쟉(滿酌)ᄒ여, 졔신을 벼슬 품직으로 ᄉ쥬ᄒ실시, 만반진슈(滿盤珍羞)ᄂ
틱산의 놉흐미 잇고, 슐은 챵히의 너ᄒ미 이시니, 금슈포진(錦繡鋪陳)과 금단치셕
(錦緞彩席)은 옥계보젼(玉階寶殿)의 품빅(品白)이 현황ᄒ고, 이향(異香)은 만실(滿室)ᄒ
여 금벽광실(錦壁廣室)의 찬난흔딕 요·슌·우·탕의 신셩영무(神聖英武)를 겸ᄒ신 님
군은, 뇽포옥딕(龍袍玉帶)와 통쳔관면뉴(通天冠冕旒)【21】로 금난보젼(金欄寶殿) 우
희 팔쟝 쇠ᄌ 단졍이 좌ᄒ시며, 층층흔 옥계 아릭ᄂ 문무 냥관이 품직을 쏠와 반녈을
일워시니, 졍{침}기관복(正其官服)ᄒ고 넘기관픽(斂其冠佩)ᄒ여 《위위∥위의(威儀)》
슉슉(肅肅)ᄒ며, 반항(班行)이 졔졔(濟濟)ᄒ여 별 갓흔 《관이∥관ᄌ(貫子)271)》며 달
갓흔 픽옥(佩玉)이 셔로 다이져272), 빗난 긔운이 흥흥ᄒ여 뇽누(龍樓)의 어릭엿고, 늬

---

266) 스례감(司禮監) : 중국 명나라때 궁중에 두었던 환관을 관할하던 관아. 환관들이 실무를 담당하였다.
267) 슌슌(順順)이 : 번번(番番)이. 매 때마다. 매번.
268) 상(常)히 : 늘상(常). 항상
269) 일일슈경삼빅비(一日須傾三百杯) : 하루에 모름지기 삼백 잔을 기울인다. 이백(李白)의 시 <양양가(襄
　　陽歌)> 가운데 나오는 한 구(句).
270) 팔진(八珍) : 팔진미(八珍味). 여덟 가지 진귀한 음식. 곧 순모(淳母), 순오(淳熬), 포장(炮牂), 포돈(炮
　　豚), 도진(擣珍), 오(熬), 지(漬), 간료(肝膋)를 이르기도 하고 용간(龍肝), 봉수(鳳髓), 토태(兎胎), 이미
　　(鯉尾), 악적(鶚炙), 웅장(熊掌), 성순(猩脣), 수락(酥酪)을 이르기도 한다.
271) 관ᄌ(貫子) : 망건에 달아 당줄을 꿰는 작은 단추 모양의 고리. 신분에 따라 금(金), 옥(玉), 호박(琥
　　珀), 마노, 대모(玳瑁), 뿔, 뼈 따위의 재료를 사용하였다.

원(梨園)273) 졔ᄌ(諸者)의 빗난 풍믈(風物)274)이며, 아름다온 가셩이 뇨량(嘹喨)ᄒ여 구텬의 ᄉ못츠니, 틱평 긔상이 의연이 남훈(南薰)275)의 녯 화긔를 다시 머므럿ᄂᆞ지라.

슐이 반감의 문무 냥관이 ᄎᆞ례로 옥계의 고두ᄒ고, 금뎐의 산호(山呼)ᄒ여 일시의 만셰를 브르니, 긔기히 봉【22】셩(鳳聲)이 쳥월ᄒ여 구텬의 학녜(鶴唳) 브르지지고, 산협의 진납이 파름ᄒᄂᆞᆫ 듯ᄒ니, 의의히 만니 장텬의 셧도ᄂᆞᆫ ○[듯]ᄒ지라. 상이 니러틋 《셩당지치∥당우지치(唐虞之治)276)》(盛唐之治)의 빗나믈 보시민, 스ᄉᆞ로 텬안 옥식이 희열ᄒᄉᆞ 옥비의 향온(香醞)을 ᄌᆞ로 거후ᄅ시고, 졔신을 쏘 권ᄒᄉᆞ 군신이 딕취ᄒ믈 면치 못ᄒ엿더니, 윤·하·뎡 삼문 졔인과 혜졍 음녜(淫女) ᄯᅩ흔 한가지로 셩쥬의 은비(恩杯)를 밧ᄌᆞ왓ᄂᆞ지라. 니러구러 죵일 진환의 낙극 진취ᄒ여 졔신이 다 퇴죠ᄒᆯᄉᆡ, 이 ᄯᅢ 동챵후 윤후셩이 군젼의 경근지녜(敬謹之禮)를 힝혀 휴손(虧損)ᄒᆯ【23】가 져허, 슌슌(順順) 은영을 고집히 ᄉᆞ양ᄒ여 각별 과음치 아냐시니, 싱각건딕 과히 취치 아남 즉ᄒ딕, 음녀의 요약이 독흔 슐 가온딕 드러 취ᄒ믈 과히 ᄒ여시니, 능히 졍신을 슈습지 못ᄒ여 퇴죠ᄒ여 니러나고져 ᄒ다가, 문득 좌셕의 것구러지니 좌위 딕경ᄒ여 급히 븟드러 니ᄅ혀ᄒᆫ즉, 혼혼불셩(昏昏不醒)ᄒ여 능히 인ᄉᆞ를 아지 못ᄒ고, 옥안이 홍화(紅花) 난만이 픤 듯ᄒ고, 봉안 졍광이 몽농이 푸러져 지각이 업ᄂᆞ지라. 능히 븟드러 거상(車上)의 올닐 길히 업ᄉᆞ니, 윤시 졔인이 ᄒᆞᆯ일업셔 븟드러 편흔【24】교ᄌᆞ의 다려 도라가고져 ᄒᄂᆞᆫ지라.

상이 챵후의 져딕도록 과취ᄒ여 인ᄉᆞ를 슈습지 못ᄒ믈 보시고, 명ᄒᄉᆞ 왈,

"원간 셩닌이 쳥슈미질(淸秀美質)노 약ᄒ기 신뉴(新柳) 갓ᄒ여 쥬량이 바히 부족ᄒ거늘, 짐이 독흔 슐을 너모 권ᄒ여 져갓치 딕취ᄒ여시니, 혜건딕 인ᄉᆞ를 슈습ᄒ여 도라가기 어려올지라. 맛당이 문화각(文華閣)의 머므러 명일 도라가게 하라."

ᄒ시니, 윤시 졔인이 상명을 거역지 못ᄒᆯ ᄲᆞᆫ 아니라, 진실노 챵후의 과취ᄒᆞ미 긔거ᄒ여 도라갈 길히 업ᄂᆞ지라. 이의 상명을 슌슈ᄒ여 일시의 퇴죠【25】ᄒ니, 임의 날이 져므러 상님의 가마괴 즛궤고, 금문이 닷치기의 밋쳣더라.

상이 졔빅관이 퇴죠흔 후 ᄉᆞ례틱감(司禮太監)277) 장병을 명ᄒ여 챵후를 븟드러 문화각(文華閣)으로 보닉시니, ᄎᆞ시 녀녀 혜졍이 ᄉᆞ쥬를 밧ᄌᆞ왓ᄂᆞᆫ 고로 짐짓 취ᄒ여 이

---

272)다이지다 : 부딪다. 부딪치다. 치다. 때리다.

273)이원(梨園) : ①조선시대 장악원(掌樂院)을 달리 이르던 말. ②중국 당나라 때, 현종이 몸소 배우(俳優)의 기술을 가르치던 곳.

274)풍믈(風物) : 『음악』풍물놀이에 쓰는 악기를 통틀어 이르는 말. 꽹과리, 태평소, 소고, 북, 장구, 징 따위이다.

275)남훈(南薰) : 남훈전(南薰殿). 순임금이 오현금(五絃琴)으로 남풍시(南風詩)를 타 백성들의 불만을 어루만져주던 전각.

276)당우지치(唐虞之治) : 중국 고대의 임금인 도당씨(陶唐氏) 요(堯)와 유우씨(有虞氏) 순(舜)의 치세(治世). 중국 역사에서 이상적인 정치가 이루어졌던 태평 시대로 꼽는다.

277)ᄉᆞ례틱감(司禮太監) : 사례감(司禮監)의 으뜸 관직. *태감(太監); 중국 명나라·청나라 때에, 환관의 우두머리.

의 머물 쑨 아니라, 쏘흔 져의 문화각 입번 추례라. 상이 공교이 윤후를 문화각으로
보닉시니 암회흐믈 니긔지 못흐여, 이의 져도 문화각의 도라가 모든 궁환의 무리 다
연상(宴上)의 취흐미 잇는 고로, 다 난간 밧긔져 취몽이 깁흐니, 음녜 주락(自樂) 암희
(暗喜)흐여 밤들기를 기【26】다려 져희 입번흐던 침금을 펴고, 동창후의 단삼(單衫)
과 니의(裏衣)를 마즈 벗겨 침금의 누이고, 졔 쏘 의딕를 히탈(解脫)흐고 동침동와(同
寢同臥)흐여, 숀으로 창후의 옥골셜부(玉骨雪膚)를 어로만져 탐익황홀(耽愛恍惚)흐여
그 옥면화풍(玉面華風)을 져히 교협잉슌(嬌頰櫻脣)의 졉흐여, 쳔틱만상(千態萬象)의 음
오(淫汚)흔 탕심(蕩心)을 것잡기 어려오니, 맛치 호탕흔 남지 창녀를 것지움 갓흐나,
졔 슐이 극취흐여 주가의 다다(多多)흔 츈졍을 일호(一毫) 가랍(嘉納)흐미 업고, 쏘흔
운우(雲雨)의 낙식(樂事) 업스믈 슬허, 스스로 일희일비(一喜一悲)흐믈 씨닷지 못흐니,
동창후의 옥비셤슈(玉臂纖手)를 어로만져, 혼주 말노 추탄흐【27】며 흠익(欽愛)흐믈
니긔지 못흐여 왈,

"추하인야(此何人耶)오. 텬뵈(天寶)며 지보(地寶)오, '물호(物乎)아 산녕(山靈)이
라'278). 추인의 작셩 품질이여 혈육지신이 엇지 이딕도록 긔특이 삼겻는고? 아지못게
라! 쇼녀는 하등지인(何等之人)이완딕 무슨 복으로 니런 옥인 긔남즈로 쑉이 되엿는
고? 엄녀는 더옥 외국 번신지녀(藩臣之女)로 인연을 중국의 미즈니, 추인 등은 엇던
팔지완딕 슈고치 아냐 쳔고(千古) 현셩군즈(賢聖君子)를 맛나며, 나 녀혜졍은 쏘 무슨
팔지완딕 지용이 하등이 아니언만은, 반계곡경(盤溪曲徑)279)으로 져의 비쳡 항녈이라
도 참예흐기를 도모흐딕, 능히 쉽지 못흐니 엇지 통히치 아니리오. 유【28】유창텬(悠
悠蒼天)아. 나의 윤군을 위흔 졍셩이 망부셕이 되고져흐믈 어엿비 너기샤, 부딕 추싱
의 윤셩닌의 직실이 되게 흐쇼셔."

흐며 여취여광(如醉如狂)흐여 밤이 식는 쥴 씨닷지 못흐고, 혼주 말노 어즈러이 쓔
어리더니, 추시 츈말하최(春末夏初)라. 오릭지 아냐 쳘괴(鐵鼓) 늉늉흐고 금계(金鷄)
악악(喔喔)흐니, 장촛 동방이 긔빅(旣白)고져 흐는지라. 음녜 츈애(春夜) 심단(甚短)흐
믈 한흐며 창희 힝혀 슈히 씰가 착급흐더니, 이윽고 동창희 번신(翻身)흐여 도라 눕고
져 흐다가, 믄득 겻히 사룸이 이셔 동와(同臥)흐여시딕, 주긔 허리를 단단이 안앗는지
라. 미인의 보도라온 가족이 연연흐고 【29】옥비셤슈 교밀(巧密)흐니, 창희 흐물며
작일 연연의셔 취흐믈 과도히 흐여, 주긔 츌쳑(黜斥)을 엇지 홀 쥴 아지 못흐니, 이
곳 궐즁인 쥴은 몽외의도 싱각지 아니흐고, 주긔 반두시 본부 부즁의 잇는 쥴노 혜아
리미, 미인이 쇼시 아니면 엄신 듯시부딕, 쇼·엄 냥부인이 본딕 쳥고기결(淸高介潔)
흐미 타류와 다른지라. 부뷔 스실(私室)의 동침흐기의 밋쳐도 슈습흐미 유별어타인(有

---

278)물호(物乎)아 산녕(山靈)이라 : 만물 가운데서도 범이로다. *산령(山靈); 산신령. 또는 호랑이를 달리
    이르는 말.
279)반계곡경(盤溪曲徑) : 서려 있는 계곡과 구불구불한 길이라는 뜻으로, 일을 순서대로 정당하게 하지
    아니하고 그릇된 수단을 써서 억지로 함을 이르는 말.

別於他人)ᄒ던 바로뼈, 금야의 홀연 ᄌ가를 졉쳬동와(接體同臥)ᄒ여 ᄌ기 몸을 동ᄒ기
의 밋쳐도 오히려 요동치 아니ᄒᄆᆯ 괴이히 너겨, 비록 보고져ᄒ나 오히려 작취미셩(昨
醉未醒)ᄒ엿고, 방즁이 치 붉【30】지 아냐시니, 엇지 진위(眞僞)를 희셕ᄒ며, ᄯᅩ 녀
녀의 젼후 극흉 되음 되악은 쳔쳔만만(千千萬萬) 몽샹지외(夢想之外)라. ᄉ광지총(師曠
之聰)280)과 니루지명(離婁之明)281)인들 능히 긔지(機智)ᄒ리오.

다만 손으로뼈 음녀의 일신만쳬(一身萬體)를 어로만져 보니, 응지(凝脂) 갓흔 셜뷔
(雪膚) 《셤셕∥셤셤282)》 삭삭ᄒ여283) 의심업ᄉ 미인이로되, 만일 쇼부인이라 ᄒᆞᆫ즉,
쇼부인은 싱산의 길흘 드듸여시니 냥위(兩乳)284) 놉핫거늘, ᄎ인은 냥위 치 ᄌᆞ라지 못
ᄒ여 규슈의 거동이오, 엄쇼져ᄂᆞᆫ 바야흐로 잉틱 팔구삭이라. 셤외(纖腰) 완실ᄒ며 복
즁(腹中)이 놉핫거늘, ᄎ녀ᄂᆞᆫ 가는 허리 초궁(楚宮) 버들이 힘이 업ᄉ 듯ᄒ니, 의심 업
ᄉ 규녀의 밉시라.【31】

창휘 취긔 오히려 치 씨지 못ᄒ여시나, 텬셩 총명은 결비타인(決非他人)이라. 냥구
(良久) 침ᄉ(沈思)의 의심이 밍동(萌動)ᄒ여, ᄆᆞᆫ득 금니(衾裏)를 밀치며 셩음이 엄졍ᄒ
여 문왈,

"닉 작일 군젼의셔 슐이 취ᄒ엿던 거시니, 이 곳이 어느 곳이며, 네 엇던 사름이완
되 감히 군ᄌ의 측(側)의 님ᄒ엿ᄂᆞ뇨? 쇼유를 바로 알외라.

"음녜 임의 큰 일을 비져닉라 ᄒ엿ᄂᆞ지라. 역시 취몽(醉夢)이 아득ᄒ 쳬ᄒ여 답지
아니ᄒ니, 창휘 불승경아(不勝驚訝)ᄒ여 이의 두로 더듬어 보니, ᄌ긔 의복을 벗기 가
히 버셔 노핫고, 어두어 ᄌ셔히 아든 못ᄒ나, 짐작건되 분명이 ᄌ가 부즁은 아닌 듯시
【32】분지라. 더옥 의희난측(依俙難測)285)ᄒ여 급히 의딕(衣帶)를 슈습ᄒ며, 낭즁(囊
中)을 더듬어 야명쥬(夜明珠)를 닉여 빗최니, 보쥬(寶珠)의 명광(明光)이 흑야(黑夜)를
확연이 빗최여 빅쥬(白晝)를 묘시(藐視)ᄒᄂᆞ지라.

이 ᄆᆞᆫ득 진궁 되셔헌 독셔당도 아니오, 쇼·엄 냥부인 슉쇼도 아니라. 의심업ᄂᆞᆫ 되
닉(大內) 문화각(文華閣)이니, 졔학ᄉ(諸學士)의 입직(入直)ᄒᄂᆞᆫ 곳이오, ᄌ긔 침즁(寢
中)의 더부러 동와(同臥)ᄒ엿던 미인은 이 다ᄅᆞ 니 아니라, 시임혹ᄉ(時任學士) 녀션이
라. 음녜 취몽이 깁흔 쳬ᄒ더니, 이의 ᄉ긔 픽루ᄒᄆᆯ 보미 짐짓 니런 일을 비져닉고져
ᄒ던 ᄎᆞ(次)라.

바야흐로 번신(翻身)ᄒ여 씨ᄂᆞᆫ 쳬ᄒ며 눈을 드러 슯히더니, 윤후【33】의 겻히 안

---

280)ᄉ광지총(師曠之聰) : 사광의 총명이란 뜻으로, 중국 춘추(春秋) 때 사광이란 사람이 소리를 잘 분변
하여 길흉을 점쳤다는 고사에서 유래한 말.
281)니루지명(離婁之明) : 눈이 매우 밝음을 비유적으로 이르는 말. 중국 황제(黃帝) 때 사람인 이루가 눈
이 밝았다는 데서 나온 말이다.
282)셤셤ᄒ다 : 가냘프고 여리다
283)삭삭ᄒ다 : 싹싹하다. 매우 보드랍고 연하다.
284)냥위(兩乳) : 두 유방(乳房).
285)의희난측(依俙難測) : 또렷하지 못하고 어렴풋하여 헤아리기 어려움.

ᄌ 밋쳐 니의(裏衣)286)를 슈습지 못ᄒ고, 옥슈의 야명쥬를 빗최여 져의 얼골을 보고 놀나믈 보고, 믄득 져도 실ᄉᆡᆨ(失色) 딕경(大驚)ᄒᄂᆞᆫ 쳬ᄒ여, 급히 팔흘 ᄲᅢᆺ혀 보ᄂᆞᆫ 쳬ᄒ니, 옥 갓흔 비상(臂上)의 홍졈(紅點)287)이 찬난ᄒᆞᆫ지라. 스스로 놀나며 붓그리고 노ᄒᄂᆞᆫ 쳬ᄒ여 급히 금금(錦衾)으로 낫츨 ᄊᆞ며, 침즁(枕中)의 업ᄃᆡ여 ᄋᆡ이(哀哀)이 쳬읍ᄒ여 왈,

"고고 혈혈ᄒᆞᆫ 인ᄉᆡᆼ이 부모를 ᄲᅡᆼ망(雙亡)ᄒ고 ᄉᆡᆼ셰지낙(生世之樂)이 돈무(頓無)ᄒᄃᆡ, 오히려 잔쳔(殘喘)이 ᄆᆞᆽ치 못ᄒᆞᆫ 견은 찰하리 투ᄉᆡᆼ(偸生)ᄒ여, 셰ᄉᆞ(世事)를 ᄉᆞᆫ코 변복위남(變服爲男)ᄒ여 글을 힘뼈 농문(龍門)의 승영(承榮)ᄒᆞᆫ, 요ᄒᆡᆼ 부모 신위를 위로ᄒ고져 ᄒ미러니, 오ᄂᆞᆯ날 【34】 엇지 본젹이 윤공의게 픠루(敗漏)ᄒᆯ 쥴 알니오. 슈 연이나 작야(昨夜) 혼몽(昏夢) 즁의 부모 유명(有命)이 여ᄎᆞ여ᄎᆞᄒ시더니, 이 ᄯᅩ한 텬의(天意)며 연분(緣分)인가 ᄒᄂᆞ니, 니졔ᄂᆞᆫ 나 녀션경의 일ᄉᆡᆼ이 군후의 장악의 잇ᄂᆞ니, 쳡의 본젹을 오히려 양부모도 아지 못ᄒ거늘, 금야의 군휘 취즁의 ᄯᅩᆫ 쳡의 취ᄒᆞᆫ ᄲᅵ를 인ᄒ여 동침ᄒ여, 비록 '무협(巫峽)의 ᄒᆡᆼ운(行雲)'288)으로뼈, 비상(臂上) 일홍(一紅)을 씻지 아냐시나, 피ᄎᆞ 타문 남녀로셔 동침ᄒ여 엄연이 부부의 도를 일웟ᄂᆞᆫ지라. 쳡이 금일노붓허 하면목(何面目)으로 닙어조졍(立於朝廷)ᄒ리오. 그러치 아니면 쳡이 스스로 쥭어 이 붓 【35】 그러오믈 니ᄌᆞ리라."

셜파의 통곡ᄒ기를 마지 아니니, 창휘 딕경(大驚) 딕로(大怒)ᄒ여 급급히 의ᄃᆡ(衣帶)를 계오 슈습ᄒ며, 음녀의 흉음(凶淫) 간악(奸惡)ᄒᆞᆫ ᄉᆞ어(辭語)를 드ᄅᆞ니 불승ᄒᆡ연(不勝駭然)ᄒ여, 원간 ᄌᆞ긔 작일의 슐을 취ᄒ여신들 부슉 곤계 등을 조ᄎᆞ 본부로 도라가지 못ᄒ고, 이의 머무럿던 쥴 괴이히 너기고, 흉녀와 일야 동슉홈도 이상ᄒᆞᆫ 일이어늘, 안 후조ᄎᆞ 한 방의 머물며 ᄯᅩ 음악ᄒᆞᆫ ᄉᆞ어를 오릭 안ᄌᆞ 드ᄅᆞ리오.

분연이 지게를 열고 난두(欄頭)의 나와 안ᄌᆞ니, 슉직ᄒᄂᆞᆫ 환ᄌᆞ(宦者)의 무리 졍히 비셩(鼻聲)이 우릐 갓더라. 창휘 난간의 안ᄌᆞ며 부 【36】 에289)ᄒᆞᆫ 셩음이 ᄌᆞ연이 놉하, 모든 환ᄌᆞ(宦者)를 불너 ᄌᆞ긔 관복을 ᄎᆞᆽ니, 모든 환지 잠결의 놉히 브ᄅᆞᄂᆞᆫ 쇼릭를 듯고, 딕경ᄒ여 일시의 ᄭᆡ여보니, 창휘 슈려(秀麗)ᄒᆞᆫ 광미(廣眉)의 노긔를 ᄯᅴ여 난간 기슭의 안ᄭᅩ, 방즁의셔ᄂᆞᆫ 녀ᄌᆞ의 ᄋᆡ이이 쳬읍ᄒ며 원(怨)ᄒᄂᆞᆫ 쇼릭 나ᄂᆞᆫ지라.

---

286) 니의(裏衣) : 내의(內衣). 속옷.

287) 홍졈(紅點) : '붉은 점'이란 뜻으로 '앵혈'을 달리 표현한 말이다. *앵혈 : 중국의 '수궁사(守宮砂)'를 한국고소설에서 창작적으로 변용하여 쓴 서사도구의 하나. 도마뱀의 피에 주사(朱砂)를 섞어 만든 것으로, 이것을 팔에 한번 찍어 놓으면 성관계를 맺기 전까지는 절대로 없어지지 않는 속설 때문에, 고소설에서 여성의 동정(童貞)이나 신분(身分)의 표지(標識) 또는 남녀의 순결 확인, 부부의 합궁여부 판단 등의 사건 서사에 다양하게 활용되고 있다. 앵혈·주표(朱標)·비홍(臂紅)·홍점(紅點)·주점(朱點)·앵홍·앵점 등 여러 다른 말로도 쓰이고 있다.

288) 무협(巫峽) ᄒᆡᆼ운(行雲) : '무협(巫峽)에 지나는 구름'이란 말로, 옛날 중국 전국시대 초(楚) 나라 양왕이 무산(巫山)의 양대(陽臺)에서 자면서 꿈속에서 무산선녀를 만나 운우(雲雨)의 정을 나누었다는 고사를 빗대어 표현한 말이다.

289) 부에 : 부아. 노(怒). 노엽거나 분한 마음.

장틱감과 모든 환지 역경(亦驚) 실싴ᄒ여 면면상고(面面相顧)ᄒ며 연고를 몰나 ᄒ거늘, 창휘 이의 뎡식 문왈,

"늬 작일 셩상의 ᄉ쥬(賜酒)를 밧ᄌ와 비록 취ᄒ여시나, 엇지 본부로 도라가지 아니ᄒ고 어이 이곳의 머무럿ᄂᆞ뇨?"

틱감이 황망이 딕왈,

"군휘 작셕 연츠(宴遮)의 과취(過醉)ᄒ샤 능히 긔거【37】를 일워 거륜(車輪)의 오ᄅ지 못ᄒ시ᄂᆞᆫ 고로, 황상이 머무르샤 녀흑ᄉ와 한가지로 문화각의 머무르시게 ᄒ시니, 하관이 상명을 밧ᄌ와 군후를 이 곳의 뫼셧ᄂᆞ이다. 아지 못거이다. 당듕(堂中)의 녀ᄌᆞ의 곡읍(哭泣)과 이성(哀聲)이 이시니 이 무슨 연괴니잇가? 아니 망녕된 궁비의 무리 군후와 녀흑ᄉ의 고풍덕치(高風德彩)를 흠앙(欽仰)ᄒ여 괴이ᄒᆫ 거죄 잇더니잇가? 날이 치 붉지 아냣거늘 군휘 엇지 취슈(就睡)를 폐ᄒ시고, ᄒ믈며 조참(朝參) ᄯ도 일넛거늘 조의(朝衣)를 ᄎᆞᄌᆞ시ᄂᆞ잇가? 하관이 경문기고(驚問其故)ᄒᆞᄂᆞ이다."

창휘 침음 뎡식 왈,

"나의 알오미 역시 니【38】러ᄒ니 연무듕(煙霧中) 사ᄅᆞᆷ 갓흔지라. 기간 ᄉ고를 엇지 알니오. 공공이 진젹ᄒᆫ 연고를 알고져 ᄒ거든 녀흑ᄉ다려 진졍을 무러보고, 날다려 뭇지 말나."

셜파의 셰슈를 직촉ᄒ여 쇼셰(梳洗)를 파ᄒ고, 조복을 ᄎᆞᄌᆞ 의관을 슈렴ᄒ고 난두(欄頭)의 안ᄌᆞ 조참 ᄯᅢ를 기다릴ᄉᆡ, 옥면(玉面) 셩모(聖貌)의 화긔를 기리 거두어 안상(顔上)의 풍운(風雲)이 어릭여시니, 참엄(斬嚴)ᄒᆫ 긔상이 하일지위(夏日之威)를 겸ᄒ여 삭풍(朔風)이 늠연(凜然)ᄒᆞ미 츄텬(秋天)이 아으라ᄒᆞᄃᆡ, 한월(寒月)이 교교(皎皎)ᄒᆞᆫ 듯, ᄎᆞ고 미온 날 갓흐니 말 붓치기 어려온지라. 모든 환ᄌᆞ 등이 괴이ᄒᆞ믈 ᄂᆞ기지 못ᄒ나, 져의 낫 우희 쟝홍(長虹)【39】이 묵묵ᄒ니, 감히 말ᄉᆞᆷ을 다시 못ᄒ더라. 다만 방듕 곡셩(哭聲)을 의심ᄒ더라.

이윽고 금화문을 크게 열고 진방(辰方)290)이 희빅ᄒᆞ미291) 만조문뮈(滿朝文武) 일시의 모히ᄂᆞᆫ지라. 창휘 바야흐로 몬져 금난뎐(金鑾殿)의 드러가니, 상이 놀나 무ᄅᆞ샤ᄃᆡ,

"경이 작일 연츠(宴次)의 과취ᄒ여 능히 인ᄉ를 슈습지 못ᄒᆞᄂᆞᆫ 고로, 짐이 ᄉ례감 쟝병을 명ᄒ여 문화각의 헐슉(歇宿)ᄒ라 ᄒᆞ엿더니, 엇지 그리 딕취ᄒᆞ엿던 술을 슈이 ᄭᅢ여 일즉 드러왓ᄂᆞ뇨?"

창휘 불변 안식ᄒ고 이의 고두 빅슈 쥬왈,

"군뷔 일체시니 신이 엇지 감히 군상을 긔망ᄒ리잇가? 신이 작일 셩은을 닙ᄉ와 ᄉ【40】쥬를 과취ᄒᆞ온 고로, 일쟝 긔괴지변(奇怪之變)을 만낫ᄉᆞᆷᄂᆞᆫ지라. 신이 우혹암믹(愚惑暗昧)ᄒᆞ와 창졸(倉卒)의 냥편지계(兩便之計)를 싱각지 못ᄒᆞ오니, 다만 셩쥬(聖主)

---

290) 진방(辰方) : 동방(東方). 이십사방위의 하나. 정동(正東)에서 남으로 30도 방위를 중심으로 한 15도 각도 안의 방향이다.
291) 희빅ᄒ다 : 밝다. 밝아오다.

의 일월(日月)의 광화(光華)흔 쳐분을 바라ᄂ이다."

상이 쳥파의 크게 괴이히 너기ᄉ 연고를 무ᄅ시니, 창휘 부복ᄒ여 작야 경식을 ᄌ시 고ᄒ고, 녀션이 본ᄃᆡ 남지 아니런가시ᄇᄃᆡ, 임의 음양을 변쳬(變體)ᄒ여신즉, 쳐신을 슉연(肅然) 엄밀(嚴密)이 ᄒᄆᆡ 올흔ᄃᆡ, 짐즛 슐을 취ᄒ고 ᄌ가를 다려다가 본젹을 탄노(綻露)ᄒ고 발작(發作)ᄒᄆᆡ 가장 흉요(凶妖)ᄒ믈 알외고,

"비록 ᄎᄉ로 인연ᄒ여 녀가 슉질이 신을 강박ᄒ여도, 《ᄌ가ᄂᆡ 신(臣)은》 진실 【41】노 무졍지ᄉ(無情之事)니, 폐하의 명졍(明正) 쳐치(處置)ᄒᄉ믈 바라ᄂ이다."

상이 쳥미의 ᄃᆡ경ᄒ샤 밋쳐 답지 못ᄒ여셔, 만조 문뮈 일시의 조알(朝謁)ᄒ니, 상이 ᄯᅩ 이 말을 일ᄏᆞᆺ지 아니시고, 창휘 다시 거론치 못ᄒ고 반녈의 물넛더니, 날이 느ᄌᄆᆡ 문뮈 퇴조흘ᄉ, 상이 시랑 녀슉과 진왕 쳥문을 머므러 이의 니ᄅ샤ᄃᆡ,

"짐이 작일 연셕의 군신이 기리 즐기고져ᄒᄆᆡ, 도로혀 경등의 불ᄒᆡᆼ이라."

ᄒ시고, 문화각 변을 니ᄅ시니, 진왕은 ᄃᆡ경 실식ᄒ고 녀슉은 임의 녀아의 흉모를 짐작ᄒᄆᆡ 잇ᄂ지라. 암희(暗喜)ᄒ나 거즛 놀나ᄂ 쳬ᄒ고, 면ᄉᆡᆨ(面色)이 여토(如土) 【42】ᄒ여 쥬왈,

"신의 종졔(從弟) 녀광이 일즉 님쳔(林泉)의 오유(遨遊)ᄒ며 명니(名利)를 ᄭᅳᆫ쳔지 오ᄅ옵고, 신 등이 경ᄉ의 ᄉ환(仕宦)ᄒᄂ 고로 ᄯᅩ 고향이 도뢰 졀원(絶遠)ᄒ여 쇼식을 ᄌ로 통치 못ᄒ오니, 남녀간 ᄌ녜 이심만 드러ᇙ더니, 슈년 젼의 홀연 쇼식을 드ᄅ니 종졔 부부와 그 어린 ᄯᆞᆯ이 죽고, 다만 일ᄌ 션이 ᄉ랏다 ᄒ나, 그 부모의 삼상(三喪) 후, 경ᄉ의 니ᄅ러 친쳑의 졍을 니ᄅ오니, 신이 종질의 무부(無父) 무모(無母) 혈혈(孑孑)ᄒᆷ과 아ᄅᆷ다온 ᄌᆡ풍(才風)을 과이ᄒ여 거두어 의ᄌ(義子)를 삼아ᄉ오나, 근본이 녀진 줄은 아득히 몰낫ᄉ옵더니, 금일 셩교(聖敎)를 인ᄒ 【43】와 금시초문(今始初聞)이로쇼이다. 슈연이나 근본을 모를 젹은 홀 일 업ᄉ거니와, 니졔 근착(根著)이 현누(現漏)ᄒ온 후는, 졔 감히 다시 낫출 드러 조졍의 참예ᄒ와 폐하를 근시치 못ᄒ올 거시오, ᄯᅩ 임의 규즁의 침몰ᄒ올진ᄃᆡ, 쇼년 녀진 무고히 폐륜(廢倫)치 못ᄒ올 거시오, ᄯᅩ 임의 폐륜치 못ᄒ온즉, 의(義)의 타문을 싱각지 못ᄒ리로쇼이다."

상이 묵연(默然)ᄒ시거ᄂᆞᆯ, 진왕이 쥬왈,

"ᄎ시(此事) 근본을 신이 역시 아지 못ᄒ오나, 신ᄌ 셩닌이 ᄌ쇼로 온즁졍ᄃᆡᄒ여 반호(半毫)도 비례 불법의 구ᄎ흐온 ᄒᆡᆼ실이 업ᄂ지라. 고어의 왈, '지신(知臣)은 막 【44】 여쥬(莫如主)오, 지ᄌ(知子)ᄂ 막여뷔(莫如父)라'[292] ᄒ오니, 폐하의 인셩(仁聖)ᄒᄉ므로 엇지 셩닌을 아지 못ᄒ시며, 신슈우암(臣雖愚暗)[293]이오나, ᄯᅩ 엇지 ᄌ식을 아지 못ᄒ리잇고? 작셕(昨夕)의 셩닌이 텬은을 닙ᄉ와 슐을 취ᄒ와 ᄃᆡ닉의 머물미, 피치 무

---

292) 지신(知臣)은 막여쥬(莫如主)오, 지ᄌ(知子)ᄂ 막여뷔(莫如父)라 : 신하를 알기는 그 임금만한 이가 없고, 아들을 알기는 그 아버지만한 이가 없다는 뜻으로, 신하를 가장 잘 아는 사람은 그 임금이고, 아들을 가장 잘 아는 사람은 그 아버지라는 말.

293) 신슈우암(臣雖愚暗) : 신이 비록 어리석고 생각이 어두우나.

졍지싀(無情之事)라. 신주의 졍딕ᄒ오미 비록 슐을 아모리 취ᄒ여도 조곰도 호탕(浩蕩) 방일(放逸)ᄒᆞᆫ 거죄 업ᄉ오리니, 녀션의 본딕 녀ᄌᆞ의 몸으로 녀화위남(女化爲男)ᄒ엿던 줄 아지 못ᄒ오니, 이ᄂᆞᆫ 무심(無心)ᄒᆞᆫ 일이라. 무슨 유의(有意)ᄒᆞᆯ 일이 잇ᄉ오며, 녀션이 쏘ᄒᆞᆫ 규즁의 깁히 쳐ᄒ여 심규(深閨) 도장의 규헹을 직희오미 업셔, 일즉 닙신(立身) 쳐셰(處世)ᄒ여 남ᄌᆞ로 【45】 ᄒᆡᆼ신ᄒᆞ미, 궐닉(闕內)의 입직(入直)ᄒᆞ미 한 두 번이 아니라, 굿ᄒᆞ여 신주를 유의ᄒ리잇고?"

녀슉이 진왕의 결혼을 벙으리왓고져 ᄒᆞ믈 딕로ᄒ여, 발연(勃然) 변식ᄒ고 다시 쥬왈,

"셩닌의 부지 텬춍(天寵)과 위셰(威勢)를 밋고 사ᄅᆞᆷ○[을] 픱박ᄒᆞ미 이의 밋츠리잇고? 신이 비록 문회(門戶) 한미(寒微)ᄒᆞ와 누셰(累世) 왕후(王侯)의 셩만(盛滿)ᄒᆞ미 업ᄉ오나, 쏘ᄒᆞᆫ ᄉᆞ문일믹(士門一脈)이라. 신의 죵질녀(從姪女) 초의 셜ᄉᆞ 망녕된 의ᄉᆞ를 닉여, 죡당 친권을 속이고 건곤(乾坤)을 밧고와, 우흐로 셩춍(聖聰)을 긔망(欺罔)ᄒᆞᆸ고, 아릭로 셰상을 속이미 잇ᄉ오나, 닙죠(入朝)ᄒᆞ온 여러 달의 밋ᄎᆞ딕, 쳐신ᄒᆞ믈 금옥갓치 ᄒᆞ여 한갈ᄀᆞᆺ 【46】 치 본젹을 탄누ᄒᆞ미 업ᄉᆞ더니, 작야의 윤셩닌으로 일야 동쳐의 형젹이 픠루ᄒ오니, 이ᄂᆞᆫ 분명이 셩닌의 작용이라. 기간ᄉᆡ(其間事) 쏘ᄒᆞᆫ 허다ᄒ오리니 원(願) 폐하ᄂᆞᆫ 상찰(詳察) ᄒᆞ쇼셔."

창휘 쏘ᄒᆞᆫ 쳐음 쥬ᄉᆞ와 갓치 알외니, 상이 삼인의 쥬ᄉᆞ를 드ᄅᆞ시고 침음 냥구의 왈,

"이 일이 원간 경등의 말만 드를 거시 아니니, 맛당이 녀녀를 불너 작야 ᄉᆞ연을 뭇고, 비홍(臂紅)의 유무를 아라 결단ᄒ리라."

ᄒ시고, 이의 녀녀를 명초(命招)ᄒ시니, ᄎᆞ시 요음찰녀(妖淫刹女) 딕계를 궁구ᄒᆞᆫ 비 잇ᄂᆞᆫ 고로, 오히려 침즁의 니지 아니ᄒ엿더니, 상명을 인ᄒ여 의관을 졍졔ᄒ며, 【47】 쇼셰(梳洗)를 아니ᄒ고 헛흔 머리의 오ᄉᆞ(烏紗)[294]를 드러 언ᄌᆞ며, 우던 낫ᄎᆞ로 옥계의 비알홀ᄉᆡ, 뎐폐(殿陛)의 고두 읍혈(泣血)ᄒ여 감히 머리를 드지 못ᄒ니, 상이 명ᄒ여 평신ᄒᆞ믈 니ᄅᆞ시고, 옥음을 나리와 문왈,

"네 비록 심규 아녀ᄌᆡ나 임의 음양을 변쳬ᄒ고 건곤을 밧골 젹은, 지모(智謀) 담냑(膽略)이 과인(過人)ᄒ여 쇼쇼 녀ᄌᆡ 아니리니, 결단ᄒ여 일의 당ᄒ여 속녀의 녹녹(碌碌)ᄒᆞ미 업슬 듯ᄒ니, 니제 윤가 부ᄌᆞ와 여부의 쥬ᄉᆡ 각각 여ᄎᆞ여ᄎᆞᄒ니, 짐이 능히 결ᄉᆞ(決事)치 못ᄒᆞᆷ[여] 너의 쇼견과 말을 듯고져 ᄒᆞᄂᆞ니, 네 쏘 쇼회 잇거든 실진무은(悉陳無隱)ᄒ라."

요녀(妖女) 복슈쳥교(伏首聽敎)【48】의, 다시 니러 ᄉᆞ비(四拜)ᄒ고, 옥계(玉階)의 머리를 두다려 이원(哀怨)이 쥬ᄒᆞ딕,

"신쳡 녀션이 몬져 셩쥬를 긔망ᄒ온 죄 쳔참만육(千斬萬戮)ᄒ오나 쇽(贖)기 어렵도쇼이다. 초의 신쳡의 부뫼 다른 ᄌᆞ녜업ᄉ더니, 늣게야 동틱 빵싱(同胞雙生)의 신의 남

---

294)오ᄉᆞ(烏紗) : 오사모(烏紗帽). 관복을 입을 때 머리에 쓰던 검은 사(紗)로 만든 모자.

민를 어더 극히 스랑ᄒ여 기ᄅ옵더니, 신쳡이 팔지 무상ᄒ여 모년모월(某年某月) 부뫼 빵망(雙亡)ᄒ고 한낫 오라비마즈 죽스오니, 혈혈단신(孑孑單身)이 스고무친(四顧無親)295)ᄒ니, 향니의 도라갈 곳이 업습고, ᄯ 강포(強暴)296)의 욕을 져허 부득이 음양을 밧고와, 죽은 오라븨 일홈을 밧고와 스스로 누의 부모의 뒤홀 조ᄎ 【49】 죽다 ᄒ옵고, 원근 친족을 다 속이고 초토 가온ᄃᆡ 학업을 힘뼈, 드듸여 망녕된 의식 졈졈 창궐ᄒ와 긋칠 쥴을 모로옵고, 좀 지조를 밋어 외람이 셩명(聖明) 일월(日月)을 긔망ᄒ옵고 닙신현달(立身顯達)ᄒ오믄, 쇠문(衰門)을 영현(榮顯)ᄒ고 부모의 신후(身後) 묘젼(墓前)을 빗닉고져 ᄒ오미러니, 상텬(上天) 신긔(神器) 맛츰ᄂᆡ 빈계사신(牝鷄司晨)297)의 외월(猥越)ᄒ믈 믜이 너기스, 니졔 윤셩닌의게 발각ᄒ미 되옵고 ᄯ 거일 다못 셩닌과 신이 은영을 밧ᄌ와 과취ᄒ미 일쳬라. 그 아모리 ᄒ여 동금(同衾)ᄒ온 쥴은 아지 못ᄒ오ᄃᆡ, 여ᄎᆞ여ᄎᆞᄒ여스오니 셩쥐 비록 【50】 호싱지덕(好生之德)을 드리오샤 긔망ᄒᆞᆫ 죄를 뭇지 아니ᄒ시나, 신쳡이 하면목(何面目)으로 셰상의 투싱(偸生)홀 ᄯᅳᆺ이 이시리잇고? 셜스 완명(頑命)이 부지(扶持)ᄒ오나 고혈(孤孑) 일신이 눌을 의탁ᄒ리잇고?"

언쥬파(言奏罷)의 쳬읍ᄒ기를 마지 아니ᄒ니, 묘려(妙麗)ᄒᆫ 이용(愛容)이 졀셰가려(絕世佳麗)ᄒ여, 니화(梨花) 일지(一枝) 봄비의 져젓ᄂᆞᆫ 듯ᄒ니, 상이 심하의 심히 이련ᄒ시고, 셩심인혜(聖心仁惠)ᄒ시미 각별ᄒ신 고로, 그 쳔흉 만악의 닉력은 모르시고 그 무부(無父) 무모(無母) 고혈(孤孑)ᄒᆫ 졍ᄉᆞ를 참연민측(慘然民惻)ᄒ샤 도로혀 면유(面諭)ᄒ믈 듯허이 ᄒ시고, 도라 진왕 부ᄌᆞ를 보아 왈,

"타ᄉᆞ(他事)를 물시{고 【51】 스}ᄒ고 다만 녀녀의 궁측ᄒᆫ 졍식 여ᄎᆞᄒ니, 짐이 군부를 겸ᄒ여 그 일싱을 아니 졔도치 못ᄒᆞᆯ지라. 경의 부지 ᄯᅩᄒᆫ 젹덕을 널니미 올흐니, 비록 마음의 슬ᄒ나 님군의 명을 거역지 말나. ᄯᅩᄒᆫ 녀네 범범쇽녀(凡凡俗女)와 달나, 능히 닙신현달(立身顯達)가지 도모홀 젹은 지용 담냑이 과인(過人)ᄒ여, 바히 셰쇽 용녈ᄒᆫ 부녀와 다른지라. 셩닌의 삼취(三娶)의 한 자리를 빌니미 무어시 유히(有害)ᄒ리오. 경의 부지 만일 고집ᄒᆞᆯ진ᄃᆡ 일부(一婦)의 함원(含怨)이 오월비상(五月飛霜)298)의 밋지 아니ᄒ리오. 녀네 임의 부뫼 업고 형졔 업스니 도라갈 곳이 【52】 업ᄂᆞᆫ지라. 녀경(卿)이 임의 부ᄌᆞ의 일홈을 빌녀시니, 졔 맛당이 다려 도라가 혼슈를 셩비ᄒ여 윤가의 도라 보ᄂᆡ라."

ᄒ시고, 녀녀의 본직을 환슈(還收)ᄒ시니, 녀가 부녀ᄂᆞᆫ 불승딕희ᄒ여 텬은을 슉스ᄒᄃᆡ, 진왕 부ᄌᆞᄂᆞᆫ 딕경실식ᄒ믈 마지 아니니, ᄎᆞᄂᆞᆫ 본ᄃᆡ 녀녀의 영종지상(令終之相)이

---

295)스고무친(四顧無親) : 의지할 만한 사람이 아무도 없음.

296)강포(強暴) : 몹시 우악스럽고 사나움. 또는 그러한 사람.

297)빈계ᄉᆞ신(牝鷄司晨) : 암탉이 새벽을 알리느라고 먼저 운다는 뜻으로, 부인이 남편을 젖혀 놓고 집안 일을 마음대로 처리함을 이르는 말.

298)오월비상(五月飛霜) : 여자가 품은 깊은 원한을 비유적으로 이르는 말. 한 여인이 왕에게 깊은 원한을 품었더니 오월인데도 서리가 내렸다는 데에서 유래한다.

아닌 줄을 지긔ᄒᆞ미라.

창휘 면관(免冠) 계슈쳥죄(稽首請罪) 왈,

"신의 ᄒᆡᆼ신이 불미ᄒᆞ와 금일 여ᄎᆞ흐온 비례(非禮) 곡경(曲境)의 혼ᄉᆞ(婚事)를 당ᄒᆞ오니 ᄌᆞ당감쉬(自當甘受)라. 엇지 ᄉᆞ양흘 말슴이 이시잇리고만은, 폐하의 신셩(神聖)ᄒᆞ시므로 거의 미신(微臣)의 미녀셩ᄉᆡᆨ(美女盛色)을 불관이 너【53】겨 비쳑하오믈 아ᄅᆞ실지라. 취즁의 비록 피처 삼가지 못흔 일이 잇다 ᄒᆞ오나, 실노 무졍지ᄉᆞ(無情之事)라. 싱각이 망단(妄斷)ᄒᆞ옵고 오히려 져의 비상 일홍이 가시지 아녀ᄉᆞ오니, 일노뻐 더옥 신의 싱쳘(生鐵) 단심(丹心)이 ᄇᆡᆨ옥무하(白玉無瑕)ᄒᆞ오믈 아ᄅᆞ실 거시오, 셕(昔)의 뉴하혜(柳下惠)299)는 죽어가는 녀ᄌᆞ를 품어 구ᄒᆞ여시나, ᄒᆡᆼ실의 유희ᄒᆞ오미 업습고, 아란(阿難)300)은 창녀 마등가(摩登伽)301)를 품어시ᄃᆡ 오히려 슈ᄒᆡᆼ(修行)의 그ᄅᆞᆺ다 아녀ᄉᆞ오니, 쇼신 셩닌이 비록 작셕의 과취(過醉)ᄒᆞ엿ᄉᆞ오나, 실노 취ᄒᆞ미 과ᄒᆞ와 그 아모 곳의 머무럿던 줄을 싱각지 못ᄒᆞ옵거늘 엇지 【54】남의 은밀흔 본젹을 들쳐닐 길히 이시리잇고? 원컨ᄃᆡ 폐하는 상찰(詳察)ᄒᆞ샤 ᄉᆞ혼은지(賜婚恩地)를 거두시믈 바라ᄂᆞ이다."

상이 미쇼 왈,

"경의 상시 ᄒᆡᆼᄉᆞ의 온즁 졍ᄃᆡᄒᆞᆷ믄 인인(人人)의 쇼공지(所共知)니, 짐이 엇지 홀노 싱각지 못ᄒᆞ리오. 슈연(雖然)이나 '취즁(醉中)의 무텬지(無天子)'302)라 ᄒᆞ니, 경이 비록 상시의 아모리 단졍흔들, 슐이 극취(極醉)ᄒᆞ여 집이며 아니믈 분간치 못홀 젹, 흑야(黑夜) ᄉᆞ실의 녀션이 ᄯᅩ흔 취ᄒᆞ여 인ᄉᆞ를 바린 즈음이니, 경이 혹ᄌᆞ 쳐ᄌᆞ의 ᄉᆞ실만 너겨 희롱ᄒᆞ미 괴이치 아닌가 ᄒᆞᄂᆞ니, 경이 만일 니러틋 고집홀진ᄃᆡ 져 녀녀의 쳥춘소【55】안(靑春素顔)을 장ᄎᆞᆺ 엇지 쳐치ᄒᆞ리오. ᄉᆞ양ᄒᆞ미 너모 과도ᄒᆞ도다. 녀녜 ᄯᅩ 경악(經幄)의 근시로 직졍(才情)이 총혜(聰慧)ᄒᆞ여 시속(時俗) 투한(妬悍)흔 부녀와 만만 다ᄅᆞ리니, 경이 부빈(副嬪) 한 ᄌᆞ리를 허ᄒᆞ나 방ᄒᆡ로오미 업ᄉᆞ리라."

ᄒᆞ시고, 종시 불윤ᄒᆞᄉᆞ 퇴조(退朝)ᄒᆞ여 물너가라 ᄒᆞ시고, {종시 불윤ᄒᆞ샤 퇴조ᄒᆞ여 물너가라 ᄒᆞ시고} ᄂᆡ뎐(內殿)으로 드ᄅᆞ시니, 녀시랑 부녜 암열 ᄃᆡ회ᄒᆞ나 녀녀는 거즛 놀나며 붓그리는 낫츨 드지 못ᄒᆞᄂᆞᆫ 쳬ᄒᆞ고, 녀시랑은 분연이 녀녀를 붓드러 한가지로 도라가며 한(恨)ᄒᆞ여 왈,

---

299)뉴하혜(柳下惠) : 중국 춘추시대 노(魯) 나라의 명재상(名宰相). 맹자(孟子)는 그를 '더러운 임금을 섬기는 일도 부끄럽게 여기지 않을 만큼 화해와 조화의 기질을 가진 성인'이라 하였다. 그러나 그도 천하의 대도(大盜)였던 자신의 아우 도척(盜跖)을 교화하지는 못했다.

300)아란(阿難) : 아난존자(阿難尊者). 부처의 십대제자의 한 사람. 부처의 사촌이며 조달(調達)의 친동생. 부처가 성도(成道)하던 날 밤에 낳았다고 하며, 25살에 출가하여 25년 동안 부처의 시자(侍子)로 있었으며, 십대제자 가운데서 다문제일(多聞第一)로 총명이 놀라웠다고 한다. *다문(多聞); 『불교』법문을 외워 지닌 것이 많음.

301)마등가(摩登伽) : 아난존자(阿難尊者)를 유혹했던 천민여자. 부처의 설법을 듣고 깨달음을 얻어 모든 애욕에서 벗어나 아라한(阿羅漢; 聖者)이 되었다.

302)취즁(醉中)의 무텬지(無天子) : 술에 취하면 임금도 알아보지 못한다.

"니 셜ᄉ 불민(不敏) 불초(不肖)ᄒ나, 질녜 엇지 이딕도록 외친닉쇼(外親內疏)ᄒ여 진졍을 긔【56】엿다가, 오늘날 본젹이 픠루ᄒ미 굿ᄒ여 무신(無信) 괴독(怪毒)ᄒ 윤가의 긔물303)의 걸니미 되거뇨? 질녀의 쏫 갓흔 틱도와 옥 갓흔 긔질노 어듸 가 일기 옥인 군ᄌ를 엇지 못ᄒ여 굿ᄒ여 져 무신 괴독ᄒ 윤가의 문의 쇽현(續絃)ᄒ리오. 이 실노 싱각지 못ᄒ 비라. 네 엇지 죵신되ᄉ를 그릇게 ᄒᄂ뇨?"

요녜 분긔 왈,

"쇼질이 당초의 젹인(適人) 경부(敬夫)ᄒ올 ᄯᅳᆺ이 이시면, 므ᄉ 일 음양을 변쳬ᄒ고 건곤을 밧고아시리잇고? 형이 죽고 부모의 신후(身後)304)를 맛츰도 인졍의 참연ᄒ고, 쏘 박면이 져기 누츄ᄒ기를 면ᄒ 연고로 부모 싱시의도 구혼ᄒ 리【57】만턴 거슬, 혈혈(孑子) 약쇼녜(弱小女) 강포(強暴)의 욕이 두리오니, 니러므로 두로 형셰 난안(難安)ᄒ믈 인ᄒ여 어린 쇼견의 변복위남(變服爲男)ᄒ여, 아조 셰상을 쇽이고 남ᄌ로 쳐셰ᄒ여, 일쯔ᄂ 죠션과 부모 신후를 잠간 빗니고, 이ᄌᄂ 평싱 녀지 되여 젹인죵부(適人從父)ᄒ여, 공교로이 아미(阿媚)를 그리고, 슈션방젹(繡線紡績)을 다ᄉ리고, 규방의 침몰ᄒ여 사름의 졀졔를 감심ᄒ미 참아 괴로온 일이라 ᄒ여, 어린 의ᄉ 이의 밋ᄎ미 마지 못ᄒ여 변복위남ᄒ고 요힝 농누의 어향을 쏘이미, 경악의 근시되니 일넘이 더옥 굿어 평싱을 남ᄌ로 쳐신코져 ᄒᆞ옵더니, 【58】쳔만몽상지외(夢想之外)의 일야지간(一夜之間) 은젹(隱迹)이 탄누(綻漏)ᄒ여 붓그르믈 즁목쇼시(衆目所視)의 바들 쥴 알니잇가? 만일 부모 님죵뉴교(臨終遺敎)와 거야(去夜) 몽ᄉ의 명명지교(冥冥之敎)ᄒᄉ듸 네 윤ᄌ로 더부러 슉치연분(宿債緣分)이 이시니, 희변(駭變)을 당ᄒ나 놀나지 말고 텬연(天緣)을 어그릇지 말나 ᄒ시던, 유명(遺命)이 귀의 오히려 머무럿ᄉᄂ지라. 유명지간(幽明之間) 부모의 명명ᄌᄌ(明明藉藉)ᄒ신 유교(遺敎) 곳 아니오면, 초로(草露) 갓흔 잔쳔(殘喘)을 엇지 투싱(偷生)ᄒ여 이 붓그럽고 난안(難安)ᄒ믈 감슈ᄒ리오."

셜파의 읍쳬여우(泣涕如雨)ᄒ니, 긔운이 엄엄(奄奄)ᄒ여 거의 막힐 듯ᄒ지라.

녀슉이 ᄌ삼 위로ᄒ여【59】다리고 도라가니, 진왕 부ᄌᄂ 도로혀 어히업고 가쇼로오믈 니긔지 못ᄒ여, 창후ᄂ 불승통히(不勝痛駭)ᄒ여 신식(身色)이 져상(沮喪)ᄒ고 진왕은 아ᄌ의 온즁졍딕(穩重正大)ᄒ믈 닉이 아ᄂ지라. 이 일이 결단코 아ᄌ의 허물이 아닌 쥴 짐작ᄒ미, 실슈○[도] 업시 칙ᄒ여 아ᄌ의 원민(冤悶)ᄒ믈 끼치고, 요인의 예긔(銳氣)를 졍시치 못ᄒᆯ지라. 쏘ᄒ 묵연이 아ᄌ로 더부러 퇴죠(退朝)ᄒ여 본부의 도라와 왕모와 ᄌ위(慈闈)긔 뵈옵고, 졍히 년즁ᄉ(筵中事)305)를 고ᄒ고져 ᄒ더니, 뉴부인은 본듸 총명ᄒ지라. 진왕 부ᄌ의 긔식이 불예(不豫)ᄒ믈 보고 경아ᄒ여 문왈,

---

303)긔물 : 그물. ①그물코처럼 엮어 만든 물건을 통틀어 이르는 말. ②남을 꾀거나 붙잡기 위하여 베풀어 놓은 교묘한 수단과 방법을 비유적으로 이르는 말

304)신후(身後) : =사후(死後).

305)년즁ᄉ(筵中事) : 경연(經筵)에서 있었던 일. 경연은 고려·조선 시대에, 임금이 학문이나 기술을 강론·연마하고 더불어 신하들과 국정을 협의하던 일. 또는 그런 자리를 말함.

"현질과 셩닌【60】이 무슨 불평지시 잇관듸 ᄉᆞ식이 불호(不好)ᄒᆞ뇨?"

위·조 냥튀비와 호람휘, 뉴부인의 말ᄉᆞᆷ으로조ᄎᆞ 눈을 드러 진왕과 창후의 긔식을 ᄉᆞᆯ피고, ᄯᅩᄒᆞᆫ 괴이히 녀겨 연고를 무른듸, 진왕과 창휘 드듸여 연즁ᄉᆞ를 일일히 셜파ᄒᆞ고, 왕이 ᄯᅩ 쥬왈,

"셩닌이 작일 샤쥬(賜酒)를 밧ᄌᆞ오나, ᄉᆞ슌이 ᄉᆞ양ᄒᆞ여 죵일 먹은 거시 불과 십여 비를 넘지 아닐 듯ᄒᆞ오듸, 퇴조홀 ᄶᅵ의 밋쳐는 아조 여지업시 취ᄒᆞ여 몸을 요동ᄒᆞ여 운신(運身)치 못ᄒᆞ기의 밋고, 졍신을 바리기의 밋쳐시니, 황상이 드듸여 ᄉᆞ례【61】감 장병을 맛져 문화각의 머물게 ᄒᆞ시니, 녀션이 역시 취ᄒᆞᆫ 가온듸, 문화각 입번 ᄎᆞ례 녀션과 경희귀러니〔경희규는 평제왕비 경시의 질ᄌᆞ라〕, 경희귀 본듸 슐을 즐기지 아니ᄒᆞ옵는 고로, 다못 셩닌과 녀션의 취ᄒᆞ믈 보고 슐늬음을 염피(厭避)ᄒᆞ여 문화각의셔 머무지 아니ᄒᆞ고, 문연각의 가 입번 냥흑ᄉᆞ로 더부러 머무럿노라 ᄒᆞ고, 모든 슉직 환ᄌᆞ는 취열(醉熱)을 니긔지 못ᄒᆞ여 다 난간 밧긔 머무러시듸, 장병이 홀노 셩닌과 녀션을 일실의 두엇더니, 여ᄎᆞ 히변(駭變)이 나다 ᄒᆞ오니, 엇지 괴이치 아니리잇고?"

좌위 쳥파의 딕경 ᄎᆞ악ᄒᆞ믈 니긔지 못ᄒᆞ고,【62】호람휘 탄왈,

"슈다 ᄌᆞ손의 니러틋ᄒᆞ여 가란(家亂)이 진졍홀 날이 업ᄉᆞ리로다. 우슉이 원간 녀션 ᄌᆞ(者)를 ᄌᆞ로 보지 아냐시나, 젼일 그 유가시(遊街時)의 등등(騰騰)ᄒᆞᆫ ᄉᆞᆯ긔 이셔, 비록 별안간이나, 벌의 눈이며 비암의 혀 ᄀᆞᆺ치라. 날ᄂᆞᆫ 말ᄉᆞᆷ 가온듸 ᄆᆡ달(妹妲)306)의 간음(奸淫)ᄒᆞ믈 겸ᄒᆞ엿고, 옥 ᄀᆞᆺᄒᆞᆫ 낫빗치 여ᅀᆞ 입시 쥐 장식이니, 그 녀화위남(女化爲男)ᄒᆞᆷ은 밋쳐 ᄭᆡ닷지 못ᄒᆞ엿거니와, 필연 영죵지상(令終之相)이 아니니, 남ᄌᆡ라 일너도 오국(誤國) 녕신(佞臣) 니림보(李林甫)307)·양국튱(楊國忠)308)의 무리러니, 니졔 근본이 녀ᄌᆡ니 ᄯᅩ 엇지 ᄆᆡ달(妹妲)·포ᄉᆞ(褒姒)309)의 일뉴(一類) 아니리오. 쇼·엄 냥쇼뷔 홍안의 졀츌(絶出)ᄒᆞᆫ 히를,【63】츠녀를 만나미 더옥 면치 못ᄒᆞ리로다."

좌위 쳥필의 더옥 놀나믈 마지 아니ᄒᆞ고, 승상이 쥬왈,

"딕인 셩괴 지연(至然)ᄒᆞ시니 히ᄋᆞ 불승열복(不勝悅服)ᄒᆞᄂᆞ이다. 다만 딕인과 형장은 져 녀녀의 위인을 오히려 범연이 아라 계시거니와, 쇼ᄌᆞ는 오히려 가변이 ᄎᆞ악홀

---

306)ᄆᆡ달(妹妲) : 중국 하(夏)의 마지막 황제 걸(桀)의 비(妃)인 매희(妹喜)와 주(周)의 마지막 황제 주(紂)의 비(妃) 달기(妲己)를 함께 이르는 말.

307)이림보(李林甫) : 중국 당나라 현종(玄宗) 때의 정치가. 아첨을 잘하여 재상에까지 올랐고, 현종의 유흥을 부추기며, 바른말을 하는 신하는 가차 없이 제거하는 등으로 조정을 탁란(濁亂)하여 간신(奸臣)의 전형으로 꼽힌다. 그가 정적을 제거할 때는 먼저 상대방을 한껏 칭찬하여 방심하게 만들고 뒤통수를 쳤기 때문에, 당시 사람들이 그를 일러 구밀복검(口蜜腹劍)한 사람이라 하였다.

308)양국충(楊國忠) : ? ~ 756년. 중국 당 왕조의 무관, 정치가로 양귀비의 사촌 오빠이다. 본명은 양쇠(楊釗). 환관 고력사 등과 결탁한 환관 정치로 40여 개의 관직을 독점하여, 외척 정치의 표본으로 손꼽히는 인물이다. 안사의 난 때 암살되었다

309)포ᄉᆞ(褒姒) : 중국 주(周)나라 유왕의 총희(寵姬)로 웃음이 없었다. 유왕이 그녀를 웃게 하기 위해 거짓 봉화를 올려 제후들을 소집하였다가, 뒤에 외침(外侵)을 받고 봉화를 올렸으나 제후들이 모이지 않아 왕은 죽고 포사는 사로잡혔다고 한다.

지언졍, 쳔고 별물 일악(一惡)이 요힝 남지 되지 아니미 군국의 디힝(大幸)이오, 쏘 범범 쇽즈의 비필노 타문의 도라가지 아니ᄒ오미 쏘흔 만힝인가 ᄒ옵ᄂ니, 사름이 보지 아니ᄒ며 지닉지 아니흔 바로뻐 억뉴(臆惟)ᄒ오미 군즈지덕(君子之德)이 아니로딕, 지어(至於) 녀녀ᄒ여ᄂ 별츌(別出) 악죵(惡種)이니 남직런들 【64】숑실(宋室)이 엇지 당현죵(唐玄宗)310)의 《셩낭‖마외역(馬嵬驛)311)》 봉변ᄒ기를 면ᄒ오며, 시쇽(時俗) 필부(匹夫)의 가(嫁)흔즉 그 몃몃 인명을 암살(暗殺)홀 쥴 알니잇가? 일이 공교(工巧) ᄒ여 음악요녜(淫惡妖女) 굿ᄒ여 셩닌의게 허신(許身)ᄒ려 ᄒᄆ, 남이 비록 그 닉력을 아지 못ᄒ나, 요녀ᄂ 반ᄃ시 젼젼으로붓허 셩닌의 풍신 직모를 흠모ᄒ미 깁허, 사름의 아지 못ᄒᄂ 가온딕 공교흔 궁모곡계(窮謀曲計) 어딕 밋촌 쥴 알니잇고? 슈연(雖然)이나 셩닌 질아와 쇼·엄 냥질부ᄂ 텬의 각별 나리오샤 유의ᄒ신 바 군즈 셩녜니, ᄒ물며 그 달슈영복지상(達壽榮福之相)이 벅벅이 직익(災厄)을 쇼마(消磨)312)ᄒ고, 만복을 넛그러 빅앙(百殃)이 스스로 물너나오 【65】리니, 히아(孩兒)ᄂ 이 쳐엿313) 쇼쇼 익경은 도로혀 넘녀치 아니ᄒ고, 악인이 비록 현인을 희코져ᄒ나, 텬의(天意) 맛춤닉 슬피시믄 쇼쇼(昭昭)ᄒ니, 도로혀 졔 스스로 만신지화(滿身之禍)를 안아 평신이ᄉ(平身而死)ᄒᄆ를 엇지 못ᄒ고, 쳔츄 만딕의 악명을 즈임홀 ᄯᆞ름이오, 군즈 슉녀의 쳥심(淸心) 녈조(烈操)ᄂ 더욱 빗나, 금슈 우희 쏫 갓ᄒ리이다.”

호람휘 졈두 칭션 왈,

“낙지(諾哉)라, 여언(汝言)이여! 무위이화(無爲而化)314) 텬죵지셩(天縱之聖)315)으로 좌(坐)를 갈오리로다.”

승상이 불감승당(不堪承當)ᄒ고, 진왕이 계부(季父)와 승상의 말숨을 드르미 ᄉ셰(事勢) 그러흔 고로, 쏘흔 텬셩이 소탈(疎脫) 딕쳬(大體)흔지라. 이왕 면치 못홀 바를 딕장뷔 미리 근심ᄒ【66】여 슈우(愁憂) 쳑쳑(慽慽)홀 비 아니라. 만ᄉ를 텬의와 명운의 붓쳐 다시 거리끼미 업고, 동챵휘 만심 불쾌ᄒᄆᆯ 씨닷지 못ᄒ고, 녀녀의 근본을 츠츠 집허 궁극히 혜아리미 춍명이 밍동(萌動)ᄒ여 쇼연명각(昭然明覺)ᄒ미 녀슉의 친녀(親女)며 의녀(義女)ᄆᆯ 즈시 아지 못ᄒ거니와, 츠녀 벅벅이 쇼부의셔 쇼쇼져의 얼골을

---

310) 당현종(唐玄宗) : 중국 당나라의 제6대 황제(685~762). 성은 이(李), 이름은 융기(隆基). 시호는 명황(明皇)·무황(武皇). 초년에 정사(政事)를 바로잡아 ‘개원의 치’라고 불리는 성당(盛唐) 시대를 이루었으나, 만년에 양 귀비를 총애하고 간신에게 정치를 맡겨 안녹산의 난을 초래하였다. 재위 기간은 712~756년이다.

311) 마외역(馬嵬驛) : 중국 섬서성(陝西省) 흥평(興平) 서쪽에 있는 역참(驛站). 당(唐) 현종(玄宗)이 안녹산(安祿山)의 난(亂) 때, 양귀비와 함께 피난하다가 이 역(驛)에 서 군사들에게 책망을 당하고, 양귀비를 목매어 죽게 한 곳.

312) 쇼마(消磨) : 닳아서 없어짐. 또는 닳아서 없어지게 함.

313) 쳐엿 : 따위, 등속(等屬)

314) 무위이화(無爲而化) : 힘들이지 않아도 저절로 변하여 잘 이루어짐. 출전은 《논어》 <위령공편>이다.

315) 텬죵지셩(天縱之聖) : ①공자의 덕화(德化)를 이르는 말. ②제왕의 성덕을 칭송하여 이르는 말.

비러 즈긔를 속이려ᄒᆞ던 요음(妖淫) 찰녀(刹女)의 졍젹의 빌미 아니면 눌노뼈 가히 지목ᄒᆞ여 의심ᄒᆞ리오. 두어번 구을녀 혜아리미 본ᄃᆡ 딩셩인(大聖人)의 싱이지지(生而知之)ᄒᆞᄂᆞᆫ 총명이 잇ᄂᆞᆫ지라. 엇지 이만 쉬온 일을 밀위여 싱각지 못ᄒᆞ리오.

기시(其時)의 즈긔 쇼시랑 등으로 더부【67】러 죽이려 ᄒᆞ미, 녀가 노흉이 칭이셔질(稱以庶姪)이라 ᄒᆞ여 발작(發作)ᄒᆞ여 구ᄒᆞ여 ᄂᆡ던 경상(卿相)을 싱각ᄒᆞ미, 그 ᄢᅵ의 죽이지 못ᄒᆞᆫ 거시 ᄎᆞ시의 당ᄒᆞ여 믄득 후환이 되엿ᄂᆞᆫ지라. 즁심(中心)의 니러틋 혜아리미, 능히 군즈 쟝부의 심원(深遠)ᄒᆞᆫ 역냥(力量)이로ᄃᆡ 호의(狐疑) 만복(滿腹)ᄒᆞ니, 즈연 괴식이 분분ᄒᆞ믈 ᄭᅢ닷지 못ᄒᆞ니, 죤당 부뫼 눈을 드러 창후의 분분(紛紛)ᄒᆞᆫ 긔식(氣色)을 살피고 심하의 그 깁흔 ᄯᅳᆺ을 다 아지 못ᄒᆞ고, 다만 악인이 드러와 즈긔 온젼ᄒᆞᆫ 가되 산난(散亂)홀가 근심ᄒᆞ므로 아더라.

ᄯᅩ 쇼·엄 냥쇼져를 보니 쇼부인의 총명 혜식이 발셔 창후와 이쳬일심(二體一心)이라. 【68】왕일(往日) 기시(其時)의 김시 모녀 노쥬 함원참독(含怨慘毒)ᄒᆞ여 도라갈 젹은 요녀의 궁모곡계 아모 제라도 오ᄂᆞᆯ날이 이실 쥴을 알아시니, 지즈(知者)와 쳘인(哲人)의 명견(明見) 달식(達識)이 엇지 일관지ᄉᆞ(一觀之事)로뼈 다시 놀나오미 이시리오. 옥안 셩모의 혜풍 화긔 온즈ᄒᆞ여 ᄐᆡ공(太空)이 무위이화(無爲而化)ᄒᆞ고 보험(輔臉)316)이 젹뇨(寂廖)ᄒᆞ고 단슌(丹脣)이 미기(未開)의 시쳥(視聽)이 업슨 ᄃᆞᆺᄒᆞ니, 죤당 구괴 그 셩심 온화ᄒᆞ믈 더옥 이련ᄒᆞ고, 엄쇼져는 녕신ᄒᆞᆫ 마음의 인심이 지령(至靈)ᄒᆞᆫ지라. 초한(楚漢)의 강젹이 홍문(鴻門)의 창ᄃᆡ를 빗기고, 셩하(城下)의 갓가오믈 드러니, 스스로 악연 경희ᄒᆞ믈 니긔지 못ᄒᆞ나, 쇼부인의 츈양 갓【69】흔 긔식을 보미, '타인이 엇지 너길고?' 져허, 옥면 셩모의 화긔를 곳치지 아니 ᄒᆞ노라 ᄒᆞ나, 즈연 ᄉᆞ식의 경동(驚動)ᄒᆞᄂᆞᆫ 빗츨 감초지 못ᄒᆞ니, 죤당 구괴 ᄯᅩᄒᆞᆫ 어엿비 너기더라.

믄득 녀가로조ᄎᆞ ᄐᆡ일을 보ᄒᆞ니 ᄉᆞ례감 쟝ᄐᆡ감이 니ᄅᆞᆫ럿더라. 가즁 샹히 불열 미쾌ᄒᆞ믈 니긔지 못ᄒᆞ나 홀일 업고, ᄐᆡ감은 ᄯᅩᄒᆞᆫ 황명으로 즁믹를 슴아 계시니, 군명(君命)을 감히 만홀(漫忽)치 못ᄒᆞ여, 쥬육진찬(酒肉珍饌)과 금보치단(金寶綵段)으로뼈 ᄐᆡ감을 졉ᄃᆡ하여 보ᄂᆡ다.

조물이 한가지로 요음 찰녀의 원을 맛치ᄂᆞᆫ ᄃᆞᆺᄒᆞ여, 길긔 계오 슈슌이 가럿더라. 진궁 노【70】쇼 샹히 불힝ᄒᆞ믈 니긔지 못ᄒᆞ고, 창휘 울울불낙ᄒᆞ여 셔당의 나아와, 작일 요약과 독쥬의 신긔 불평ᄒᆞᆫ 고로, 고요히 죽침을 취ᄒᆞ여 광슈로 낫츨 덥고 누엇더니, 믄득 뎡·하 냥부로조ᄎᆞ 동졔공 곤계와 관ᄂᆡ후 부마 등이 이 쇼식을 듯고 놀나, 일시의 니르러 졍당의 모다 녀혼의 불힝ᄒᆞ믈 일ᄏᆞᆺ고, 이윽이 한담ᄒᆞ다가 ᄂᆡ당의 하직ᄒᆞ고 한가지로 창후를 조ᄎᆞ 독셔당의 니ᄅᆞ니, 제공직 하나토 업고 난간 밧긔 한 ᄡᅡᆼ 셔동이 ᄉᆞ후(伺候)홀 ᄯᅡ름이오, 창휘 홀노 와상(臥床)의 죽침을 노코 고와(高臥)ᄒᆞ여 광메(廣袂)로 낫츨 덥허시니, 그 즈며 ᄭᆡ【71】여시믈 즈시 아지 못ᄒᆞᄂᆞ라.

---

316)보험(輔臉) : 보검(輔臉). 뺨.

뎡・하 제인이 져의 우환(憂患) 삼아 누엇ᄂᆞᆫ 거동을 보고 실쇼ᄒᆞᄆᆞᆯ 씨닷지 못ᄒᆞ여, 하휘 직젼(在前)ᄒᆞ여 치다라 부지불각의 챵후의 엇게를 잡아 니ᄅᆞ혀 안치며 왈,

"듯거라. 달문아! 네 년미쇼년(年未少年)의 왕후 귀공ᄌᆞ로, 다시 쇼년 닙신ᄒᆞ여 작위 공후 직렬이오, 규합(閨閤)의 임강(任姜)317) 마등(馬鄧)318) 갓흔 쌍미(雙美) 슉완(淑婉)으로 비체(配妻)의 관관ᄒᆞᆫ 화락이 '당체(棠棣)의 시(詩)'319)를 노리ᄒᆞ거늘, 쏘 셩은이 늉즁ᄒᆞ샤 쳔고 지녀 가인으로 문장 녀혹ᄉᆞ를 삼취의 맛ᄂᆞᆫ다 ᄒᆞ니, 아등이 드ᄅᆞ미 하 깃브고 긔특ᄒᆞ여 밧비 니ᄅᆞ러 치하ᄒᆞ고, 혼인 날 연셕 승회(勝會)【72】의 참예ᄒᆞ여 죠흔 쥬찬이나 만히 먹고져 ᄒᆞ엿더니, 신낭ᄌᆞ(新郎者) 므슨 일노 니리 혼인 초마320)의 시룸져이 경 업셔 ᄒᆞᄂᆞᆫ다? 아니 아등의 더듸 와 인ᄉᆞᄒᆞᄆᆞᆯ 유감ᄒᆞ여 거즛 ᄌᆞᄂᆞᆫ 체ᄒᆞ고 고침언와(高枕偃臥)ᄒᆞ여 모로ᄂᆞᆫ 체ᄒᆞᄂᆞ냐? 쇼・엄 냥슈의게 미안지교(未安之敎)를 드ᄅᆞ미잇ᄂᆞ냐? 니리 외로이 누어 셔글퍼ᄒᆞᄂᆞᆫ 곡졀을 알고져 ᄒᆞ노라."

제인이 다 우으니 챵휘 어히업셔 관(冠)을 드러 머리의 언즈며 강잉 미쇼 왈,

"쇼제 드ᄅᆞ니 원간 하형이 연부인붓허 투한(妬悍)ᄒᆞ고 긔슱져온321) 부인을 취ᄒᆞ여, 일싱 판관ᄉᆞ령(判官司令)322)으로 일ᄉᆞ(一事)를 ᄌᆞ유(自由)치 못ᄒᆞ더란 ○○[말을] 쇼제 쏘흔 닉이 【73】 드럿ᄂᆞ니, 쇼제ᄂᆞᆫ 션망후실(先忘後失)323)ᄒᆞ여 니런 말을 드럿셔도 발셔 다 니졋더니, 형의 ᄌᆞ칭 안히 미안지교(未安之敎) 두런 다 말의 씨닷괘라. 속담의 일너시ᄃᆡ '아챵지가(我唱之歌)를 군(君)이 화(和)ᄒᆞᆫ다'324) ᄒᆞ미, 졍히 허언이 아니로다. 형은 연슈 싱시로붓허 뎡・표・상 삼ᄉᆞ시(三嫂氏)긔 다 가장의 도를 못ᄒᆞ고, 평싱 눈셥을 낫초아 힝혀 미안지교를 드를가 조심ᄒᆞᄂᆞᆫ 고로, 분닉ᄉᆞ(分內事)325)○[가] 되여 사ᄅᆞᆷ마다 그러ᄒᆞᆫ 쥴노 알거니와, 우리 부부ᄂᆞᆫ 본ᄃᆡ ᄉᆞ실지간(私室之間)이라도 상경여빈(相敬如賓)ᄒᆞ여, 각결(郤缺)326)의 부쳐 갓ᄒᆞ니 뉘 감히 하ᄌᆞ(瑕疵)ᄒᆞ리오. 나ᄂᆞᆫ 하쳐(何

---

317) 임강(任姜) : 중국 주(周) 문왕(文王)의 모친 태임(太姙)과 주(周) 선왕(宣王)의 비(妃) 강후(姜后)를 함께 이르는 말. 모두 어진 덕으로 유명하다.

318) 마등(馬鄧) : 중국 동한(東漢) 명제(明帝)의 후비 마후(馬后)와 동한(東漢) 화제(和帝)의 후비(后妃) 등후(鄧后)를 함께 이르는 말. 둘 다 후궁 가운데 덕이 높았다.

319) 당체(棠棣)의 시(詩) : 당체(棠棣; 산앵두나무)꽃처럼 아름다운 공주의 시집가는 즐거움'을 노래한 시. 『시경(詩經)』<소남(召南)>편 '하피농의(何彼穠矣)' 시의, '하피농의 당체지화(何彼穠矣 棠棣之華; 어찌 저리도 아름다울까, 산 앵두나무의 활짝 핀 꽃)' 구(句)에서 유래한 말로, '산 앵두나무의 활짝 핀 꽃(棠棣之華)'은 제나라 왕자에게 시집가는 주나라 공주를 비유적으로 표현한 말이다.

320) 초마 : 처음. 초기(初期).

321) 긔슱지다 : 성깔부리다. 아상하고 거친 성질을 나는 대로 부리다.

322) 판관ᄉᆞ령(判官司令) : 재판관과 사령관이란 말로, 어떤 일을 판단하고 명령하는 행위를 이르는 말.

323) 션망후실(先忘後失) : 자꾸 잊어버리기를 잘함.

324) 아챵지가(我唱之歌)를 군(君)이 화(和)ᄒᆞᆫ다 : 내가 부를 노래를 그대가 부른다는 뜻으로, 내가 할 말을 상대방이 하는 경우를 이르는 말.

325) 분닉ᄉᆞ(分內事) : 자신의 신분이나 분수를 넘지 않는 범위 안의 일.

326) 각결(郤缺) : 춘추시대 진(晉)나라의 대부. 기(冀) 땅에서 아내와 함께 농사를 지으며 살았는데, 부부가 서로 공경하기를 손님을 대하듯 하였다. 진(晉)나라 사신 구계(臼季)가 그 부부의 상경여빈(相敬如賓)하는 모습을 보고, 문공에게 그를 천거하여, 대부가 되고, 문공을 도와 당대의 패자가 되게 하였다.

處)의 하등지인(何等之人)은 투한ᄒᆞᆫ 부인을 졔어치 【74】못ᄒᆞ여, 스ᄉᆞ로 상셩(喪性) 양광(佯狂)ᄒᆞ기의 밋ᄎᆞ니도 시쇽(時俗)의 왕왕(往往)이 잇더란 말은 드럿ᄂᆞ이다."

셜파의 ᄃᆡ쇼ᄒᆞ니, 졔뎡이 ᄯᅩᄒᆞᆫ 박장 ᄃᆡ쇼ᄒᆞᄂᆞᆫ지라. 하휘 비록 균텬(鈞天)[327]을 업누ᄅᆞᄂᆞᆫ ᄌᆡ덕(才德)과 쇼진(蘇秦)[328]의 셰뉵국(說六國)[329] 구변(口辯)이 이시나, 진실노 ᄌᆞ가의 젼일 상셩(喪性) 양광(佯狂)[330]ᄒᆞ엿던 거죄(擧措) 연부인 슉질을 속이고져 ᄒᆞᆫ ᄇᆡ나, 진실노 군ᄌᆞ힝신의 궤비(詭鄙)[331]ᄒᆞ미 만흔지라. 이 ᄯᆡ를 당ᄒᆞ여ᄂᆞᆫ 나히 ᄎᆞ고 혬이 졈졈 기러가니, ᄌᆞ긔 쇼시 힝ᄉᆡ나 스ᄉᆞ로 궤비ᄒᆞ기의 갓갑던 쥴 ᄌᆞ괴ᄒᆞ미 업지 아니ᄒᆞ더니, 이 날 믄득 창후를 희롱ᄒᆞ여 보치고져 ᄒᆞ다【75】가 도로혀 견ᄑᆡ(見敗)ᄒᆞ니, 현하지변(懸河之辯)[332]이로ᄃᆡ 말이 막혀 도로혀 일장을 크게 웃고, 금션(金扇)으로 창후의 엇게를 마이치고, 그 뼛ᄂᆞᆫ 관을 벗겨 ᄯᅡ히 더져 왈,

"달문이 가장 범남ᄒᆞ여 오륜 가온ᄃᆡ 형우제공(兄友弟恭)이 즁ᄒᆞᆫ 쥴을 ᄉᆡᆼ각지 아니ᄒᆞ고, 우형을 니러틋 조쇼(嘲笑) 능답(陵踏)ᄒᆞ여 단쳐를 들츄ᄂᆞ냐? 연이나 우형은 본ᄃᆡ 호걸 장뷔라. 평ᄉᆡᆼ 힝신이 셰쇄(細瑣)ᄒᆞ믈 두지 아니ᄒᆞᄂᆞ니, 고어의 왈, '타인유심(他人有心)을 여촌탁지(予忖度之)라[333] 'ᄒᆞ니, ᄃᆡ장뷔 엇지 양광(佯狂)ᄒᆞ리오."

창휘 완이(莞爾)히 쇼지(笑之)러라. 【76】

『춘추좌씨전』 희공(僖公)33년조(條)에 나온다.

327)균텬(鈞天) : 구천(九天)의 하나. 하늘의 한 가운데를 이른다.

328)쇼진(蘇秦). 자는 계자(季子). 중국 전국시대의 책사(策士)로 종횡가(縱橫家)의 한 사람. 산동 6국인 연(燕), 조(趙), 한(韓), 위(魏), 제(齊), 초(楚)의 합종(合從)을 설득, 진(秦)에 대항했다.

329)셰뉵국(說六國) : 중국 전국 시대의 유세가(遊說家) 소진(蘇秦)이, 당시 중국 대륙에서 가장 강한 세력을 갖고 있는 진나라의 패권주의에 대항하기 위해서는, 산둥(山東) 6국 곧 연(燕)·조(趙)·한(韓)·위(魏)·제(齊)·초(楚)가 합종(合從)하여 동맹을 맺고 공동으로 진나라의 참략에 대항해야 한다는 것을, 6국의 제후들에게 설파하여, 설득에 성공했던 일을 말함.

330)양광(佯狂) : 거짓으로 미친 체함. 또는 그런 행동.

331)궤비(詭鄙) : 간사하고 비루함.

332)현하지변(懸河之辯) : 물이 거침없이 흐르듯 잘하는 말.

333)타인유심(他人有心)을 여촌탁지(予忖度之)라 : 다른 사람이 마음속에 품고 있는 생각을 내가 헤아려 안다는 말. 『맹자』<양혜왕장구상(梁惠王章句上)>에 나온다.

윤하뎡삼문취록 권지뉵십구

ᄎ시 창휘 완이(莞爾)히 우어 왈,

"마ᄅ실지니, 어인 광병(狂病)이완듸 그리 슬갑고 녁어[334] 묘리(妙理)잇게 만만ᄒᆞᆫ 집을 갈희여 ᄃᆞ니고, 졔궁과 우리 집의ᄂᆞᆫ 일졀 오지 아니ᄒᆞ니, 이ᄂᆞᆫ 반ᄃᆞ시 졔왕 슉부와 우리 야야와 계부의 남다ᄅᆞ신 총명이 양광(佯狂)의 진위를 판단홀가 ᄌᆞ겁(自怯)이 츌(出)ᄒᆞ미 아니리오. 쇼졔 비록 남보기의 쇼암(疏暗) 노둔(魯鈍)ᄒᆞ나 본셩 총명은 남만은 족ᄒᆞ니 너모 어둡게 너기지 마ᄅᆞ쇼셔."

셜파의 크게 웃고 ᄉᆞ매를 썰쳐 낫 문안이 느ᄌᆞᄆᆞᆯ ○○[두려] 니당으로 드러가니, 관휘 창후의 찰찰(察察) 【1】이 논박ᄒᆞᄆᆞᆯ 어히업셔 ᄯᅩᄒᆞᆫ 웃고, 졔뎡과 한가지로 도라가니라.

이젹의 녀녀 요인이 《격년‖젹년(積年)》 신고(辛苦)ᄒᆞ던 궁모곡계(窮謀曲計)를 공교히 일워, 평싱 미망(未忘) 상ᄉᆞ(相思)○○[ᄒᆞ던] 옥인군ᄌᆞ(玉人君子)의 실듕(室中)의 도라가게 되니, 의긔 양양ᄒᆞ여 부친으로 더부러 부듕의 도라오니, 녀슉과 김시ᄂᆞᆫ 오히려 무량ᄒᆞᆫ 탐심(貪心)을 다 못치오고, 녀이 만고초츌(萬古初出)ᄒᆞᆫ 문장ᄌᆡ화(文章才華)로 《은ᄃᆡᄌᆞ팔‖은ᄃᆡᄌᆞ달(恩臺紫闥)[335]》의 혁연(赫然)ᄒᆞᆫ 부귀호화를 너모 일죽이 넘피(厭避)ᄒᆞᆫ가 잇달나 ᄒᆞ니, 음녜 부모의 욕홰(慾火) 틱듕(太重)ᄒᆞᄆᆞᆯ 불열ᄒᆞ나, 거즛 웃고 니ᄒᆡ로뼈 고ᄒᆞ여 왈,

"셰상의 속이지 못홀 거슨 음양이라. 쇼녜 젼셰의 죄악【2】이 듕ᄒᆞ던 양ᄒᆞ여 이 얼골이 지죠로 츌셰(出世)ᄒᆞ미, 남지 되지 못ᄒᆞ고 곤와(坤窩)의 ᄲᅥ러져시니, 임의 잠간이라도 남ᄌᆞ의 ᄉᆞ업을 일워 닙신(立身)ᄒᆞ여 농문(龍門)의 일홈이 오ᄅᆞ고, 옥당금마(玉堂金馬)의 쥬인이 되어시니, 녀ᄌᆞ의 감당치 못홀 일이라. 이 밧게 ᄯᅩ 무어슬 바라리오. 너무 부귀(富貴) 환복(宦福)을 탐연ᄒᆞ다가ᄂᆞᆫ 반ᄃᆞ시 픽루(敗漏)ᄒᆞ기 쉬오니, 어려온 경계 셰 가지니, 일ᄌᆞᄂᆞᆫ 쇼녜 셜ᄉᆞ 건곤을 밧고아 조졍의 오릭 머물고져ᄒᆞ나, 무졍ᄒᆞᆫ 일월이 홀노 ᄉᆞ룸을 위ᄒᆞ여 머무지 아니ᄒᆞ니, 남지 이팔(二八)[336] 십칠팔의 당ᄒᆞ

---

334) 녁다 : 약다. ①자신에게만 이롭게 꾀를 부리는 성질이 있다. ②어려운 일이나 난처한 일을 잘 피하는 꾀가 많고 눈치가 빠르다.

335) 은ᄃᆡᄌᆞ달(恩臺紫闥) : 홍문관 또는 승정원을 달리 이르는 말. *은대(銀臺); =홍문관(弘文館). =승정원(承政院). *자달(紫闥); =궁중(宮中)

336) 이팔(二八) ; 십육. 십육 세.

여는 반두시 몬져 슈염이 터잡으니, 흐루는 【3】셰월의 슈년이 언마 지나 쇼녀의 나히 슈염 나기의 밋츠리오. 이 나흘 당ᄒᆞ여 남ᄌᆞ의 표젹이 업ᄉᆞ면 반두시 셰상 즁논이 분분ᄒᆞ여, 조각을 치오지 아니ᄒᆞᆫ즉, 필연 환직(宦者)라 흘거시오. 이ᄌᆞᄂᆞᆫ 쇼녀의 쇼년 영풍과 아망(雅望)을 흠모ᄒᆞ여 혼인을 갈구ᄒᆞᄂᆞ 니 만흐리니, 만일 취치 말고져ᄒᆞᆫ즉 ᄯᅩᄒᆞᆫ 셰상 시비를 브르는 길이 될 거시오, 취코져ᄒᆞᆫ즉 엇던 녀ᄌᆞ를 취ᄒᆞ여 ᄯᅩ 엇지 쳐치ᄒᆞ리잇고? 난쳐ᄒᆞ미 둘히오. 삼ᄌᆞᄂᆞᆫ 쳔연 셰월ᄒᆞ다가 본젹은 ᄌᆞ연 발각ᄒᆞ미 되고, 홍안녹발(紅顔綠髮)은 경니(鏡裏)의 니운 ᄭᅩᆺ치 되면 어느 장뷔 구ᄒᆞ리오. 속졀업시 【4】홍안(紅顔)을 공노(空老)ᄒᆞ여 장강(莊姜)337) 반비(班妃)338)를 조문ᄒᆞ리니, 엇지 스스로 젼졍(前程) 계활(計活)을 ᄆᆞᆺ츠미 아니리잇고? 니졔 쇼녀의 힝ᄉᆞᄂᆞᆫ 위란 셰 가지로ᄡᅥ 영화롭고져 ᄒᆞ미니, 일ᄌᆞᄂᆞᆫ 윤군 갓흔 긔군ᄌᆞ(奇君子)로 왕후의 ᄌᆞ부와 지상명부(宰相命婦)로 영광 부귀를 누리고, 이ᄌᆞᄂᆞᆫ 거게(哥哥) 년미이구(年未二九)의 하쥬(河洲)의 긔약을, 오히려 밍셰고 취쳐(娶妻)를 아니려 ᄒᆞᆫ 슈즁월(水中月) 경니화(鏡裏花) 갓흔 쇼시를 위ᄒᆞ미라. 쇼녜 한번 윤가의 드러가는 날인즉, ᄯᅩ 당당이 긔모(奇謀) 비계(秘計)로 쇼·엄 냥녀를 다 젼졔(剪除)ᄒᆞ미 그리 어렵지 아니 ᄒᆞ오리니, 쇼시의 아름다오믄 모친도 ᄯᅩᄒᆞᆫ 보신 빈어니와, 문견을 드ᄅᆞ【5】니 엄시 ᄯᅩᄒᆞᆫ 명문 녀ᄌᆞ로 직용이 관셰(冠世)ᄒᆞ미 쇼녀의 하등이 아니라 ᄒᆞ오니, ᄎᆞ(此) 냥녀로ᄡᅥ 거거의 긔물(奇物)을 삼아, 거거로 ᄒᆞ여곰 슈고 아녀 ᄡᅡᆼ미슉완(雙美淑婉)을 졈득(占得)ᄒᆞ여 부모의 만ᄂᆡ(晚來) 긔화(奇花)를 삼으면 이 아니 묘ᄒᆞ니잇가?”

이 씨 녀옥 튝ᄉᆡᆼ(畜生)은 누의 닙신(立身)ᄒᆞᄆᆞ로븟허, 합ᄉᆞ(闔舍)의 위왓기339)와 부모의 쳔금즁이(千金重愛)ᄒᆞ미 져의 바랄 비 아니니, 즁심의 싀오지심(猜惡之心)이 만복(滿腹)ᄒᆞ더니, 누의 홀연 근각(根脚)340)을 젹발ᄒᆞ미 되어, 셔방 마ᄌᆞ 싀집의 가며 무용지물이 될 바를 심하의 깃거ᄒᆞ더니, ᄯᅩ 요녀의 ᄭᅮᆯ 갓치 단 말을 드ᄅᆞ니 딩희 딩열ᄒᆞ여 슈【6】무족도(手舞足蹈)ᄒᆞ며 이슈가익(以手加額)ᄒᆞ여 누의 말이 언언ᄌᆞᄌᆞ(言言字字)히 올타 ᄒᆞ니, 녀슉과 김시 ‘오관(五官)341)의 쉬342) 슬고343) 념통의 보믜344) ᄭᅵ이여시니’345), ᄯᅩ 무어슬 알니오.

___

337) 장강(莊姜) : 중국 춘추시대 위(衛)나라 장공(莊公)의 처. 아름답고 덕이 높았고 시를 잘하였다.

338) 반비(班妃) : 중국 한(漢)나라 성제(成帝)의 후궁. 시가(詩歌)를 잘하여 성제의 총애를 받았으나 조비연(趙飛燕)에게 참소를 당하여 장신궁(長信宮)에 있으면서 부(賦)를 지어 상심을 노래하였다.

339) 위왓다 : 위왇다. 떠받들다.

340) 근각(根脚) : ①조선 시대에, 죄를 범한 사람의 죄상·이름·생년월일·인상 및 그의 조상에 관한 사항을 기록한 표. ②범죄 기록.

341) 오관(五官) : 다섯 가지 감각 기관. 눈, 귀, 코, 혀, 피부를 이른다.

342) 쉬 : 쉬. 파리의 알.

343) 슬다 : 벌레나 물고기 따위가 알을 깔기어 놓다.

344) 보믜 : 녹(綠). 산화 작용으로 쇠붙이의 표면에 생기는 물질. 색깔은 붉거나 검거나 푸르다.

345) 오관(五官)의 쉬 슬고 념통의 보믜 ᄭᅵ이여시니 : 오관(五官)에 쉬가 슬고 염통에 녹이 끼었다는 말로, 감각기관(五官)과 마음(心腸)에 병통이 생겨, 제대로 느끼고 생각하지도 못한다는 말

언언(言言)이 녀아의 교혜능변(巧慧能辯)이 ᄌ방(子房)346)·진유ᄌ(陳孺子)347) 갓다 ᄒ며, 아들의 용녈ᄒᄆᆯ 이달나, 혜뎡의 져런 풍용 지모로 아들이 못된 쥴이 국가의도 냥신 보필을 일흐미니, 증민(烝民)348)의 묘복(眇福)이오, 제 집 문호의도 딕불힝(大不幸)이라 ᄒ니, 요네 부모의 과찬ᄒᄆᆯ 더옥 깃거, ᄉᄉ의 긔특ᄒᆫ 쳬ᄒ여 ᄌ득ᄒᄆᆯ 마지 아니ᄒ더라.

상이 녀녀 음부의 기간 ᄉ고는 젼연(全然) 부지(不知)ᄒ시ᄂᆫ 고로, ᄯ혼 그 쇼년 지흑을 ᄉ랑ᄒ시고 잠【7】간이라도 경악(經幄)의 근시되엿던 바를 가이(可愛)ᄒᄉᆞ 특별이 장틱감으로 냥가 중미를 삼으시니, 장틱감이 승조(承詔)ᄒ여 몬져 녀가의 니ᄅ니 녀슉이 닉외 진동ᄒ여 쥬육 셩찬으로 딕졉ᄒ고, 길일을 틱ᄒ니 슈슌(數旬)이 격ᄒ지라. 이의 진궁의 틱일을 보ᄒ고 혼슈(婚需)를 셩비(盛備)홀ᄉᆡ, 김시는 즁무쇼쥬(中無所主)ᄒ고 ᄯ 본딕 빈한ᄒᆫ 집 쌀노 고초히 ᄌᄅ나시므로 직물을 심히 앗기니, 녀네 ᄉᄉ로 쥬장ᄒ여 범빅즙물(凡百什物)이며 ᄌ장(資裝) 슈식(垂飾) 픽산지뉴(貝珊之類)의 호ᄉ 극치ᄒ미 비길 딕 업더라.

녀네 날노 용모를 다ᄉ리며 굴지계일(屈指計日)ᄒ여 날이 더딕 가믈 한【8】ᄒ더라.

니러구러 길일이 님박ᄒ니 녀슉 연셕을 딕셜(大設)ᄒ고 원근 친쳑을 모흐니, 녀가 닌니 원족가지 다 모드딕, 홀노 녀박과 취시 져의 장녀의 신셰 아조 볼 거시 업ᄉ니, 춤아 녀슉 부부 부녀의 ᄌ득 양양ᄒᄂᆫ 교긔(驕氣)를 볼 ᄯᆺ이 업셔 칭병(稱病)ᄒ딕, ᄌ긔 부뷔 ᄎ녀 슈졍의 참쳑(慘慽) 이후로, '셔ᄒ(西河)의 셜우미'349) 간혈의 얽힌 병이 되어, 능히 호황(好況)이 업ᄉ와 ᄒ여 불참ᄒ니, 녀슉은 그러이 너기딕 김시와 혜뎡이 심니(心裏)의 닝쇼(冷笑)ᄒ더라.

ᄎ시 쇼부의 이 긔별이 니ᄅ니 소공 부부와 삼쇼싱과 셜·오·윤 삼쇼졔 다 딕경 실식ᄒ여, 【9】봉난쇼져의 화익(禍厄)이 일노조ᄎ 연미(燃眉)350)의 급난(急難)이 이실 쥴을 지ᄌ(智者)를 기다리지 아녀 짐작홀지라. ᄌ연 남모ᄅᄂᆫ 근심이 되여 우우(憂憂)히 슈미를 펴지 못ᄒ고, 녀흉은 어즈러이 칭찬ᄒ여 쇼위 ᄌ긔 종질 녀션의 풍용 지모를 일ᄏᆞᆯ라, 창후의 삼취의 도라가믈 ᄌᄎ(咨嗟)ᄒ여 니ᄅ딕,

"션이 져갓치 초셰 탁츌ᄒᆫ 지용으로 홀노 엇지 그 팔지 박복(薄福)ᄒ여, 어려셔 부

---

346)ᄌ방(子房) : 중국 한나라의 건국공신 장량(張良)의 자(字). 유방의 책사로 홍문연에서 유방을 구하고 한신을 천거하는 등, 유방이 한나라를 세우고 천하를 통일할 수 있도록 도왔다. 소하·한신과 함께 한나라 건국 3걸로 불린다.

347)진유ᄌ(陳孺子) : 진평(陳平). ? - BC178. 중국 한(漢)나라 때 정치가. 한 고조 유방(劉邦)를 도와 여섯 번이나 기발한 꾀를 내, 천하를 평정케 하였다.

348)증민(烝民) : 뭇 백성. 또는 모든 백성. 늑증려(烝黎).

349)셔ᄒ(西河)의 셜움 : =셔하지탄(西河之歎). 자식을 잃은 탄식. '서하의 탄식'이라는 뜻으로, 공자(孔子)의 제자인 자하(子夏)가 서하(西河)에 있을 때 자식을 잃고 너무 슬피 운 나머지 소경이 된 고사에서 온 말.

350)연미(燃眉) : =초미(焦眉). 눈썹에 불이 붙었다는 뜻으로, 매우 급함을 이르는 말. 불교의 ≪오등회원(五燈會元)≫에 나오는 말이다. 늑소미지급(燒眉之急)·연미지급(燃眉之急)·초미지급(焦眉之急).

모를 쌍별(雙別)ᄒ고 동싱이 업슨 연고로, 일싱이 그릇 윤즈의 삼실의 나즈라오믈 감심ᄒ니, 엇지 앗갑지 아니ᄒ며, 윤즈의 괴려ᄒᆫ 셩품을 노뫼 아ᄂᆞ니, 져 슉녀【10】를 어이 진압ᄒ며, 봉난이 ᄯᅩ 투협교싀(妒狹驕猜)ᄒᆫ 아히니, 반ᄃᆞ시 션이 노모의 친족인 줄 지긔ᄒ여 필연 히ᄒ리니, 무부모(無父母) 고혈(孤子)ᄒᆫ 아히 엇지 어엿부지 아니리오."

니러틋 흉괴난셜(凶怪亂說)을 쑤어리며, 녀녀의 길긔 다ᄃᆞ르미 셜·오·윤 삼쇼져를 명ᄒ여 왈,

"쳘식부ᄂᆞᆫ 봉난의 적국인 줄 싀이ᄒ여 가지 말과져 홀 거시니, 강박지 아니ᄒ거니와 노뫼 질녀와 셜·오·윤 삼쇼부로 더부러 죵질(從姪)의 길ᄉ(吉事)의 참예ᄒ리라."

ᄒ니, 쇼공 부뷔 딕경(大驚)ᄒ나 틱부인의 흉포 강악을 어이 결워 보리오. 셜·오 냥부ᄂᆞᆫ 홍안이 쇠(衰)ᄒ기의 밋【11】처시니 과도ᄒᆫ 넘녜 업거니와, 다만 윤쇼져ᄂᆞᆫ 년미이륙초츈(年末二六初春)[351]의 '교슈[쇼]쳔혜(巧笑倩兮)며 미목변혜(美目盼兮)'[352]라. 쳔교빅미(千嬌百美) 졀츌긔이(絶出奇異)ᄒ여 가히 견조아 비길 거시 업ᄂᆞᆫ지라. 녀흉의 슉질이 조셕으로 보치며 조롱ᄒ여 안젼(眼前) ᄉ환(使喚)[353]을 말(末)지[354] 츳환(叉鬟)의셔 더ᄒ나, 윤쇼졔 ᄌ쇼(自少)로 싱어호치(生於豪侈)ᄒ고 장어부귀(長於富貴)ᄒ여 지상 문미(門楣)의 쳔금교아(千金嬌兒)로, 약ᄒ미 신뉴(新柳) 갓고, 여리미 옥(玉) 갓ᄒ니, 지란(芝蘭) 갓치 보도랍고, 혜초(蕙草) 갓치 약ᄒᆫ 긔질이 나의(羅衣)를 무거이 너길 거시오, 혜풍(蕙風)이 잠간 나죽이 브러도, 혹ᄌ(或者) 츅샹(觸傷)ᄒ미 될가 넘녀ᄒ던, 진궁의 만금(萬金)으로 밧고지 못【12】홀 농쥬(弄珠)[355]로 발ᄌ최 듕계(中階)의 ᄂᆞᆷ치 아니터니, 텬연(天緣)이 긔구ᄒ며 《팔시‖팔ᄌ(八字)》 험상구져, 십일 셰 츙년(沖年)의 쇼흑ᄉ의 직실이 되미, 녀가 흉녀와 노흉의 ᄉ체 모로며 인ᄉ 업ᄉ미, 윤쇼져 알오믈 하쳔말예(下賤末隷)와 갓치 ᄒ고, 져희 슉질의 안젼 ᄉ환을 ᄯᅩᄒᆫ 시녀 갓치ᄒ여, 흉녀로 더부러 엄연이 적쳡존비(嫡妾尊卑)를 다ᄒ게 ᄒ며, 아모 어려온 고역이라도 반ᄃᆞ시 친집(親執)ᄒ게 ᄒ고, 유아 시비 등이 감히 딕힝치 못ᄒ게 ᄒ니, 쇼져의 쳔단 고초를 엇지 다 니긔여 긔록ᄒ리오.

밤낫 침션 방젹을 다ᄉ려 녀시 슉질의 의상을 진비(盡備)ᄒᆫ 녀가(餘暇)의【13】ᄂᆞᆫ 슈(繡)노키와 깁 ᄧ이기를 식여, 일시 일긱을 한가치 못ᄒ게 ᄒ며, ᄯᅩ 안젼을 ᄯᅥ나면 틸부인과 셜·오 냥인이 식슈(食水)를 돌볼가 ᄒ여, ᄯᅩ 감히 알플 ᄯᅥ나지 못ᄒ게 ᄒ며, 일일의 계오 두ᄭᅥ밥을 쥬노라ᄒᆫᄂᆞᆫ 거시, 것츤 조밥의 한슐의 넘지 못ᄒ고, 쓴나물

---

351)년미이륙초츈(年末二六初春): 나이가 12살 초봄이 다 차지 못함.
352)교소쳔혜(巧笑倩兮), 미목변혜(美目盼兮): '예쁘게 웃는 미소 보조개가 아름답고'. '아름다운 눈매 눈동자가 또렷하네'. 『시경』<위풍(衛風)>'석인(碩人)'편에 나오는 시구로 위(衛)나라 장공(莊公)의 처 장강(莊姜)의 아름다움을 노래한 것.
353)ᄉ환(使喚): 심부름을 함. 또는 심부름을 시킴.
354)말(末)지: 말(末)째. 순서에서 맨 끝에 차지하는 위치.
355)농쥬(弄珠): '구슬을 희롱한다'는 말로 '귀여운 딸'을 비유로 표현한 말.

이 쥼의 츳지 못ᄒ게 쥬니, 윤쇼제 지극ᄒᆫ 약질이라 엇지 능히 잘 견듸리오만은, ᄉ름 이론지356) 싱쳘을 단년ᄒᆫ 금옥심장(金玉心腸)이라 엇지 희로이락(喜怒哀樂)의 동ᄒᆞ미 이시리오.

달이 가며 날이 올ᄉ록 한갈갓치 존명을 승슌ᄒᆞ여 반호지ᄎᆞ(半毫之差)의 틔홀(怠忽)ᄒᆞ미 업【14】ᄉ니, 졈졈ᄒᆞ여 날이 오리믹 도로혀 화여심장(和如深藏)홈 갓ᄒᆞ여, 신능혜쳘(神能慧哲)ᄒᆞ 힝ᄉᆡ 가지록 동동쵹쵹(洞洞屬屬)ᄒᆞ고, 슉흥야믹(夙興夜寐)ᄒᆞ여, '사시힝언(四時行焉)의 빅물(百物)이 싱언(生焉)'357)ᄒᆞᄂᆞᆫ 조ᄒᆡ 이시니, 녀부인 슉질은 니럴ᄉ록 더옥 믹이 너겨, 빅ᄉᆞ(百事)의 가찰(苛察)ᄒᆞ미 아니 밋츤 곳이 업ᄉ니, 구고와 졔ᄉᆡ(娣姒) 크게 잔잉이 너기나, 감히 닙을 여지 못ᄒᆞ고, 털부인은 도로혀 흑ᄉᆞ를 ᄶᅮ지져 윤후를 볼 낫치 업ᄉᆞᆷ을 ᄶᅮ지즈니, 쇼흑ᄉᆡ ᄯᅩᄒᆞᆫ 져의 비상간고(備嘗艱苦)를 참연 잔잉ᄒᆞ미 돌흘 먹음은 듯ᄒᆞ나, 조모의 흉험ᄒᆞᆷ믈 감히 결우지 못ᄒᆞ고, 여텬디【15】무궁(如天之無窮)ᄒᆞᆫ 은졍을 서리 담아 ᄉᆞ졍을 발뵈지358) 못ᄒᆞ고, 조뫼 윤시를 믹양 협실의 두어 밤낫 ᄉᆞ환을 비빅(婢輩)와 갓치 ᄒᆞ니, 흑ᄉᆡ 비록 ᄉᆞ모ᄒᆞᄂᆞᆫ 졍이 깁흐나 어듸 가 발뵈리오.

흑즌 조모긔 신혼셩졍지시(晨昏省定之時)의나 마조쳐 그 쳔틱만광(千態萬光)을 쇰쇽갓치 구경ᄒᆞ나, 동방향실(洞房香室)의 ᄉᆞ실지회(私室之會)ᄂᆞᆫ 아득ᄒᆞ미 견우(牽牛)359)와 텬손(天孫)360)의 칠셕가회(七夕嘉會)361)도곤 어려온지라. 흑ᄉᆡ 신고ᄒᆞ여 져를 취ᄒᆞᆫ 쥴이 뉘웃브니, 즈연 ᄉᆞ모ᄒᆞᄂᆞᆫ 마음과 잔잉 이석ᄒᆞᄂᆞᆫ 회푀 즁심의 응결(凝結)ᄒᆞ여 병이 되엿ᄂᆞᆫ지라. 즈연 화풍(和風)이 쇼삭(消索)ᄒᆞ고 풍광이 환탈ᄒᆞ【16】니, 평일 츙텬장긔(衝天壯氣) 쇼삭ᄒᆞ여 신음이 즈즈니, 부모와 냥형이 심ᄉᆞ를 지긔ᄒᆞ고 그윽이 어엿비 너기나, 험난ᄒᆞᆫ 틱부인을 두리ᄂᆞᆫ 고로 모르ᄂᆞᆫ 체ᄒᆞ니, 녀틱 노흉과 쇼녀시 흉인과[이] 그윽이 지긔ᄒᆞ고 더옥 믹이 너기더라.

흑시 두로 심ᄉᆡ 스오납고, 녀녀 흉상을 되ᄒᆞ기ᄂᆞᆫ 죽기도곤 슬흐니, ᄯᅩᄒᆞᆫ 녀시 침쇼의 즈최를 ᄭᅳᆺ쳐 믹양 셔당의 고요히 쳐ᄒᆞ여 시일을 보ᄂᆡ니, 녀시 스스로 음욕을 참지 못ᄒᆞ고 단장박명(斷腸薄命)을 니기지 못ᄒᆞ여 믹양 울며 슉모의게 비상쥬표(臂上朱表)를 뵈며 박명을 하리ᄒᆞ니, 녀흉이 되로ᄒᆞ여 나죵은 괴이ᄒᆞᆫ 의【17】ᄉᆞ를 다 ᄂᆡ여 져녁마다 흑ᄉᆞ의 즈최를 ᄎᆞᄌᆞ다가, 질녀의 방의 너코 밧그로 문을 잠으니, 공연이 갓치인 사름이 되엿ᄂᆞᆫ지라.

---

356)이로다 : 이루다. 일정한 성질이나 모양을 가진 존재가 되게 하다.
357)ᄉᆞ시힝언(四時行焉)의 빅물(百物)이 싱언(生焉) : 사시(四時; 봄, 여름, 가을, 겨울)가 운행하며 온갖 사물을 생성케 한다는 뜻. 『논어』<양화(陽貨)>편에 나오는 말.
358)발뵈다 : '발보이다'의 준말. 무슨 일을 극히 적은 부분만 잠깐 드러내 보이다.
359)견우(牽牛) : 견우직녀 설화에 나오는 남자 주인공.
360)텬손(天孫) : 직녀(織女)를 달리 표현한 말. *직녀(織女); 견우직녀 설화에 나오는 여자 주인공.
361)칠셕가회(七夕嘉會) : 견우직녀 설화에서, 칠월칠석날 저녁에 까마귀와 까치가 은하수에 오작교를 놓아, 견우와 직녀를 만나게 해준다는, 이 둘의 아름다운 만남을 이르는 말.

혹시 비록 협틱산초북히(挾泰山以超北海)362)홀 긔상이 이시나, 이의 당ᄒ여는 홀일 업셔 두어 달의 니르히 한갈갓치 슌죵(順從)ᄒ니, 가ᄂᆡ 잠간 고요ᄒ고, 쇼공 부뷔 혹 스를 경계ᄒ여, '윤쇼져를 져기 편콰져 ᄒ거든 녀시를 후ᄃᆡᄒ라' ᄒ니, 혹시 ᄯ호ᄒ 가ᄂᆡ 화평키를 구ᄒ여 드듸여 잠간 혼연ᄒ 빗ᄎ로 녀시를 ᄃᆡᄒ여 이셩(二姓)의 친(親)을 미 ᄌᆞ 잉혈을 업시홀 ᄯᆞ름이오, 일분 은의를 머무ᄅᆞ미 업ᄉᆞᄃᆡ, 흉녜【18】넘치를 모로 고 스스로 즐거오며 깃브믈 니긔지 못ᄒ니, 더옥 넘치를 더러이 너기더라.

ᄎ후 동방동쳐(洞房同處)ᄂᆞᆫ 조모의 명이나 동상(同床)의 멀오믄 약슈삼쳔니(弱水三 千里)363) 가리인ᄃᆞᆺᄒ더라.

니러구러 녀녀의 혼긔 다ᄃᆞᄅᆞ니 녀흉이 쇼녀흉과 셜·오·윤 삼부를 다 다려가려 ᄒᆞᄂᆞᆫ지라. 텰부인이 윤쇼져 보ᄂᆡ기를 즁난이 너겨 이 ᄯᅳᆺ을 혹ᄉᆞ다려 의논ᄒ되, 혹시 묵연 침음이러니 일계를 싱각고, 녀시를 공격ᄒ여 윤쇼져를 다려가지 못ᄒ게 홀 의ᄉᆞ 를 싱각고, ᄎ야의 녀시 침쇼의 나아가 져기 흔연ᄒ 낫빗ᄎ로 듀어 조(條) 한담의, 【19】믄득 언간(言間)의 므ᄅᆞᄃᆡ,

"명일 녀시랑 집 혼인의 그ᄃᆡ와 낭형슈와 윤시 간다 ᄒ니 올흐냐?"

녀시 ᄃᆡ왈,

"연(然)ᄒ이다."

혹시 졈두(點頭) 함쇼(含笑)ᄒ니, 녀시 문왈,

"군지 무순 연고로 우으시ᄂᆞ뇨?"

혹시 답왈,

"싱이 진졍으로 한 말을 니ᄅᆞ고져ᄒ나, 그ᄃᆡ 엇지 너겨 드를고 니ᄅᆞ지 못ᄒ노라."

녀시 ᄯᅩ 그 ᄭᅡᆫ의 셩식(性息)364)이 급ᄒ여 아모 일이라도 그 ᄌᆞ리의셔 근각(根脚)을 픠여365) 알고져 ᄒᆞᄂᆞᆫ지라. 혹ᄉᆞ의 쥬져ᄒ여 니ᄅᆞ지 아니ᄒᄂᆞᆫ 곡졀을 직삼 힐문ᄒ니, 혹시 침음냥구(沈吟良久)의 왈,

"그ᄃᆡᄂᆞᆫ 노ᄒ여 말고 드ᄅᆞ라. 윤시와 그ᄃᆡ 셔로 ᄃᆡᄒ여 안ᄌᆞ미 용뫼 엇더ᄒ며 남이 므어시라 니【20】ᄅᆞᆯ 듯시브뇨?"

녀시 쳥ᄎᆞ(聽此)의 발연 작식 왈,

"원ᄂᆡ 군주의 가장 지예(遲曳)ᄒᆞ미 이 연괴로다. 윤녀의 별츌(別出) 요물(妖物)은 본 ᄃᆡ 포ᄉᆞ(褒姒)366) 믹달(妹妲)367)의 후신이니, ᄯᅩ 다시 일ᄏᆞᆯ 거시 므어시리오."

---

362) 협태산이초북히(挾泰山以超北海) : 태산을 옆에 끼고 북해를 건너 뜀.
363) 약슈삼쳔니(弱水三千里) : 신선이 살았다는 중국 서쪽의 전설 속의 강으로, 길이가 3,000리나 되며 부력이 매우 약하여 기러기의 털도 가라앉는다고 함.
364) 셩식(性息) : 성정(性情). 성질과 심정. 또는 타고난 본성.
365) 픠다 : 도끼로 장작 따위를 쪼개다.
366) 포ᄉᆞ(褒姒) : 중국 주(周)나라 유왕의 총희(寵姬)로 미인(美人)이나 웃음이 없었다. 유왕이 그녀를 웃게 하기 위해 거짓 봉화를 올려 제후들을 소집하였다가, 뒤에 외침(外侵)을 받고 봉화를 올렸으나 제후들이 모이지 않아 왕은 죽고 포사는 사로잡혔다고 한다.

혹시 심하(心下)의 그 픠악ᄒᆞ믈 불승통히(不勝痛駭)ᄒᆞ나 강잉 미쇼 왈,

"그ᄃᆡ 도지기일(徒知其一)이오, 미지기이(未知其二)로다. 닉 시로이 그ᄃᆡ 용모를 나모라ᄒᆞ미 아니라, 니졔 조뫼 노혼(老昏)ᄒᆞ여 ᄉᆞ리를 싱각지 못ᄒᆞ시고, 그ᄃᆡ와 윤시를 녀가 연셕의 다려가고져 ᄒᆞ시니, 그ᄃᆡ 져기 ᄉᆞ쳬(事體)를 알 냥 갓ᄒᆞ면, 조모긔 고ᄒᆞ여 윤시를 다려가지 아냠즉 ᄒᆞ지라. 그ᄃᆡ 닉 말을 곳이듯【21】지 아니ᄒᆞ고, 져 윤시와 한가지로 가면 모든 빈긱(賓客)의 의논이 분분ᄒᆞ여 그ᄃᆡ와 윤시의 고하를 논폄(論貶)ᄒᆞ리니, 그ᄃᆡ 무어시 듯기 조홀가시브뇨?"

녀시 쳥미파(聽未罷)의 셕연(釋然)이 ᄭᆡ다라, 낫빗출 붉히고 긔운이 분분ᄒᆞ여 말을 아니ᄒᆞ나, 명일 틱흉의게 고ᄒᆞ여 윤쇼져를 아니 다려가려 ᄒᆞ더라. 혹시 긔식을 ᄯᅳ치고 심하의 가만이 웃더라.

명조의 과연 틱흉이 위의를 각별 치레ᄒᆞ여 제쇼져로 더부러 녀가로 가려ᄒᆞᆯ시, 쇼녀시 작야의 혹ᄉᆞ의게 드른 말을 바른 ᄃᆡ로 ᄒᆞᆫ즉, 틱부인이 곳이듯지 아니ᄒᆞ고 윤시를 다려【22】갈가 ᄒᆞ여, 혹ᄉᆞ의 공격ᄒᆞ던 말은 힝혀도 드른 쳬 아니ᄒᆞ고, 이의 슉모긔 고ᄒᆞ여 윤시를 다려가지 말기를 쳥ᄒᆞ니, 녀흉이 ᄯᅩᄒᆞᆫ 그러히 너겨 혜오ᄃᆡ,

"금일 윤녀를 다려가도 ᄯᅩᄒᆞᆫ 아조 맛지고 오든 못홀 거시니, 죵용이 도모ᄒᆞ미 올타."

ᄒᆞ고, 드듸여 윤쇼져를 머믈워 왈,

"환과 텰시 노모의 윤시 다려가는 거슬 맛치 농담호구(龍潭虎口)의나 보ᄂᆞᆫ ᄃᆞ시 근심ᄒᆞ여 우우(憂憂)히 슈미(愁眉)를 펴지 못ᄒᆞ니, 노뫼 엇지 그 눈치를 모로리오. 노모는 브ᄃᆡ 다리고 가 모든 며ᄂᆞ리 타류(他類)의 초츌(超出)ᄒᆞᆷ믈 ᄌᆞ랑코져 ᄒᆞ더니, 슬희여 ᄒᆞᄂᆞᆫ 눈치들이니 윤【23】시를 두고 가노라."

ᄒᆞ더라.

쇼공 부부와 삼쇠 그윽이 깃거ᄒᆞ나 ᄉᆞ식지 아니터라.

틱흉이 질녀와 셜·오 냥{손}손부를 다려 녀가의 니르니, 녀가 친쳑이 가득이 모다 반기며, 친쳑 즁의도 원족은 쇼녀시를 쳐음 보는 고로 그 츄용누질(醜容陋質)을 아니 놀나 리 업고, 셜·오 냥부인의 풍완호질(豊婉好質)이 찬연슈미(粲然秀美)ᄒᆞ여 슉녀의 덕되(德度) 완젼하믈 못ᄂᆡ 칭찬ᄒᆞ더라.

이 날 녀슉 부뷔 딕연을 베퍼 제빈(諸賓)을 딕회(大會)ᄒᆞ니, 호쥬미찬(壺酒美饌)과 슈륙진미(水陸珍味) 아니 가즌 거시 업고, 더옥 신부란 거시 녀무(呂武)368) 미달(妺妲)의 별요(別妖) 별긔(別奇)를 다 모도아 탁싱(託生)ᄒᆞ미, 몬져 일홈이 농방(龍榜)의 올나, 외람이【24】금슈(錦繡) 우희 ᄭᅩᆺ 갓치 밀위ᄂᆞᆫ지라. 즁빈(衆賓)이 브ᄃᆡ 구경코져

---

367)미달(妺妲) : 중국 하(夏)의 마지막 황제 걸(桀)의 비(妃)인 매희(妺喜)와 주(周)의 마지막 황제 주(紂)의 비(妃) 달기(妲己)를 함께 이르는 말. 둘 다 포악한 미인(美人)의 대표적 인물로 꼽는다.

368)녀무(呂武) : 중국의 대표적인 여성권력자인 한(漢)나라 고조(高祖)의 황후 여후(呂后) 여치(呂雉?-BC108)와 당(唐)나라 고종의 황후 측천무후(則天武后) 무조(武曌 : 624-705).

모다시니, 그 쉬 가장 장ᄒᆞ더라.

만목(萬目)이 한가지로 녀ᄋᆞ를 관광ᄒᆞ니, 요녜 이 날 단장을 치례ᄒᆞ고 화용을 빗ᄂᆡ 다ᄉᆞ려시니, 초월(初月)이 셤농(纖濃)ᄒᆞᆫ 눈셥을 공교히 다ᄉᆞ렷고, 운남(雲南) 초염369) 과 원분370) 연지(臙脂)ᄂᆞᆫ 옥안의 고은 빗출 도아시니, 틱진(太眞)은 살지기로 낫브고 비연(飛燕)은 여의기로 부족ᄒᆞ니, '회두일쇼빅미ᄉᆡᆼ(回頭一笑百媚生)의 뉵궁분ᄃᆡ무안ᄉᆡᆨ (六宮粉黛無顔色)'371)을 홀노 졈득ᄒᆞ여, 용치(容彩)의 탁월홈과 힝지(行止)의 민쳡ᄒᆞ미 셔ᄌᆞ(西子)372)의 일뉘오 농옥(弄玉)373)의 후신이라. 겸ᄒᆞ여 참샤(僭奢)ᄒᆞᆫ 금쥬보벽(金 珠寶璧) 칠보치단(七寶綵緞) 가온ᄃᆡ 궁샤극치(窮奢極侈)ᄒᆞ미 더으【25】니, 범범육안 (凡凡肉眼)이야 엇지 그 미암의 허물과 옷밤의374) 정녕(精靈)인 쥴 알니오.

일시의 제셩(齊聲) 칭찬ᄒᆞ여, 져갓흔 진모로 조별부모(早別父母)ᄒᆞ여 녕졍고고(零丁 孤苦)ᄒᆞᆯ믈 ᄎᆞ탄ᄒᆞ고, 녀시랑 부부의 아름다온 양녀(養女) 어드믈 닷ᄒᆞ아 치하ᄒᆞ니, 녀 슉 부뷔 좌슈우응(左酬右應)의 불감당(不堪當)이라. 쇼녀시 흉물은 졔게 당치 아닌 일 이로ᄃᆡ 만복(滿腹) 싀오지심(猜惡之心)을 니긔지 못ᄒᆞ더라.

날이 늣도록 신낭이 오지 아니니, 신낭을 쳥ᄒᆞᄂᆞᆫ 하ᄇᆡ(下輩) 스오ᄎᆞ(四五次)의 셕양 이 거의 되ᄆᆡ 신낭의 위의 니ᄅᆞ니, 오히려 깃거 마ᄌᆞ 젼안지녜(奠雁之禮)를 일우ᄆᆡ, 신부의 상교를 기다릴ᄉᆡ, 녀시랑이 【26】불고념치(不告廉恥)ᄒᆞ고 창후를 ᄃᆡᄒᆞ여 흔 연이 늣게야 온 연고를 무ᄅᆞ니, 휘 졍식 ᄃᆡ왈,

"신양(身恙)이 슈일 젼븟허 미류ᄒᆞᆫ 고로 일ᄉᆡᆨ(日色)이 느ᄌᆞ니, 방인(傍人)의 치쇼(嗤 笑)를 면치 못ᄒᆞ고 명공(名公)의 괴이히 너기믈 일위도쇼이다."

셜파의 말ᄉᆞᆷ이 비록 화평ᄒᆞ나 긔위 늠연ᄒᆞ여 하일(夏日)의 두리온 긔상이 이시니, 더부러 말 붓치기 어려온지라. 녀슉은 한 돈견(豚犬)이라, 무류ᄒᆞ여 감히 다시 말을 못ᄒᆞ더라.

이윽고 요녜(妖女) 칠보단장(七寶丹粧)을 맛고 금교(錦轎)의 오ᄅᆞ니, 창휘 신긔 불평 ᄒᆞᆯ믈 일ᄏᆞᆯ라 녀ᄋᆞ가 복쳡으로 봉문(封門)ᄒᆞ여 도라오니, 실노 음녀를 면【27】당(面當) ᄒᆞ기 괴로이 너기ᄆᆡ러라.

녀ᄋᆞ가 종족이며 녀슉 부쳬 신낭의 닁담흔 긔ᄉᆡᆨ을 다 놀나고, 녀옥은 창후의 만고 츌 셰흔 풍광 덕질을 보ᄆᆡ ᄃᆡ경 황홀ᄒᆞ여, 샹계 신션이 하강흔가 놀나고, 일노조ᄎᆞ 부모

---

369)초염 : 미상. 여성들의 얼굴 화장에 쓰는 분(粉)의 일종인 듯.

370)원분 : 미상. 문맥으로 보아 연지(臙脂)의 산지(産地)인 듯.

371)회두일쇼빅미ᄉᆡᆼ(回頭一笑百美生), 뉵궁분ᄃᆡ무안ᄉᆡᆨ(六宮粉黛無顔色) : "고개를 돌려 한번 미소하매 온 갖 교태 피어나니, 여러 후궁 분단장도 얼굴빛을 잃었구나."라는 뜻으로 중국 당나라 때의 시인 백거 이(白居易 : 772-846)의 시 <장한가(長恨歌)>의 한 구절.

372)셔ᄌᆞ(西子) : 중국 춘추시대의 월(越)나라의 미인 서시(西施). 오나라에 패한 월나라 왕 구천이 서시 를 부차에게 보내어 부차가 그 용모에 빠져 있는 사이에 오나라를 멸망시켰다.

373)농옥(弄玉) : 중국 춘추시대에 퉁소를 잘 불어 봉(鳳)의 울음소리를 내었다는 음악가 소사(蕭史)의 아 내.

374)옷밤의 : 올빼미.

의 스랑이 져의게 온젼ᄒᆞ면, 져ᄂᆞᆫ 무용지물이 되리로다. 이달나, 창휘 쇼미로 더부러 금슬이 조치 못ᄒᆞ기를 마음의 죄이니, 일반 흉당이로ᄃᆡ, 의긔 니ᄅᆞᆺ 상합지 못ᄒᆞ니, ᄌᆞ즁(自中)의 난(亂)이 ᄯᅩᄒᆞᆫ 이 가온ᄃᆡ 날 듯ᄒᆞ더라.

녀슉의 부뷔 녀아를 도라보닌 후, 졔빈을 딕ᄒᆞ여 진슈여찬(珍羞餘饌)으로 남은 날을 니어 죵【28】일진환(終日盡歡)ᄒᆞ고, 셕양의 졔긱이 도라가니, 쇼부 셜·오 냥부인이 ᄯᅩᄒᆞᆫ 도라가고, 오직 녀흉이 《쇼연시∥쇼녀시》로 더부러 이의 머므러, ᄎᆞ야를 남미 지친이 모다 한담ᄒᆞ며 흉계를 획칙(劃策)ᄒᆞᆯᄉᆡ, 녀슉과 김시 아들의 슈즁화(水中花) 경니월(鏡裏月) 갓흔 쇼시를 위ᄒᆞ여 취쳐 아닛ᄂᆞᆫ 고집을 니ᄅᆞ고 민망ᄒᆞ여, '져져(姐姐)ᄂᆞᆫ 아무조록 쥬션ᄒᆞ쇼셔.' ᄒᆞ니, 녀흉이 가만이 계교를 일너 윤시나 도젹ᄒᆞ여 쥬기를 긔약ᄒᆞ니, 녀슉 부ᄌᆞ 부뷔 딕희ᄒᆞ여 지삼 어그릇지 말나 당부ᄒᆞ고, 녀옥은 투미ᄒᆞᆫ 마음의 쇼·엄·윤 삼기 슉완을 아오로 취ᄒᆞᆯ ᄯᅳᆺ이 이시니, 탕【29】ᄌᆞ의 무식 흉환ᄒᆞ미 여ᄎᆞᄒᆞ니 엇지 죵시(終是) 션죵(善終)ᄒᆞ리오. 녀흉이 쇼흉으로 더부러 명일의 쇼부로 도라가니라.

ᄎᆞ셜 동창후 윤후셩이 녀녀 요인을 마ᄌᆞ 진궁의 도라오니, 장ᄎᆞᆺ 일식이 셔령(西嶺)의 넘엇더라.

ᄎᆞ시 진궁의셔 본ᄃᆡ 죄오지 아닌 혼인이오, 기다리지 아니ᄒᆞᄂᆞᆫ 길일이라. 각별 빈긱을 모호지 아니ᄒᆞ고, 다만 윤·하·뎡 삼문 노쇼(老少) 모다 쇼연(小宴)을 긔장ᄒᆞ고 녀녀를 마ᄌᆞ 오려 ᄒᆞᆯᄉᆡ, 동창휘 조션(朝膳)을 파ᄒᆞ민 즉시 ᄉᆞ미를 썰쳐 셔당의 나아와, 죽침을 베고 고요히 언와(偃臥)ᄒᆞ여 날이 늣도록 니러나지 아니ᄒᆞ니, 녀가의【30】셔 신낭 쳥ᄒᆞᄂᆞᆫ 하리 도로의 니엇ᄂᆞᆫ지라. 진왕이 아ᄌᆞ의 고집ᄒᆞᄆᆞᆯ 보고 칠ᄌᆞ 졍닌 공ᄌᆞ를 명ᄒᆞ여 젼어ᄒᆞ여, 임의 면치 못ᄒᆞᆯ 바를 불통 고집ᄒᆞᄆᆞᆯ 칙ᄒᆞ고, 일식이 져물기의 밋쳐시믈 니ᄅᆞ라 ᄒᆞ니, 졍닌이 쇼명을 니어 셔당의 나아가 빅형을 보고 부명을 젼ᄒᆞ니, 창휘 엄교를 듯ᄌᆞ오미 마지 못ᄒᆞ여 비로쇼 게얼니 니러나 ᄂᆡ당의 니ᄅᆞ니, 구파 마조 니다○[라] 혀 ᄎᆞ고 ᄭᅮ지져 왈,

"이완(弛緩)ᄒᆞᆫ 신낭이 밉기 심ᄒᆞ도다. ᄌᆞ고로 미녀 셩식은 역ᄃᆡ 셩인과 군ᄌᆞ라도 ᄉᆞ양치 아니ᄒᆞ거늘, 져 녀쇼졔 비록 외월(猥越)ᄒᆞᆫ 힝시 슉녀 가인의 【31】졍졍유한(貞靜幽閑)ᄒᆞ기의ᄂᆞᆫ ○[버]셔난가 시부거니와, 문견으로 보아도 녀ᄌᆞ의 문장 ᄌᆡ홰 몬져 농문의 승은(承恩)ᄒᆞᄆᆞᆯ 어더, 일홈이 옥당금마(玉堂金馬)의 혁혁ᄒᆞ고, 용안ᄌᆡ뫼(容顔才貌) ᄯᅩᄒᆞᆫ 아름답다 ᄒᆞ니, 일셰 당금의ᄂᆞᆫ ᄌᆡ녀가인(才女佳人)인가시부거늘, 낭군이 므슨 연고로 뇨죠가인(窈窕佳人)을 마다ᄒᆞ시ᄂᆞ뇨? 진실노 쳥승 괴벽(怪癖)ᄒᆞ기 되장부의 풍치 아니로다."

창휘 심불열(心不悅)이 미쾌(未快)러니, 구파의 희롱코져 ᄒᆞᄆᆞᆯ 보고 강잉(强忍) 쇼왈,

"숀(孫)은 본ᄃᆡ 규방의 오쇼(迂疎)ᄒᆞᆫ 졸시(拙士)라. 일쳐도 과분커늘 임의 두 안히를 두어시미 족ᄒᆞ니, 원치 아닛ᄂᆞᆫ 가인ᄌᆡ녜(佳人才女) 스스로 오고져 【32】ᄒᆞ니, 괴로오

미 극훈 바의 두통이 겸발(兼發)ᄒ니, 히음업시 누어 잠이 오ᄂᆞ 줄 ᄭᅢ닷지 못ᄒ여 날이 느져시니, 한셜(閑說)을 못ᄒ거니와, 조뫼 맛당이 쇼빅의 심ᄉᆞ를 어엿비 너기시미 올커ᄂᆞᆯ, 엇지 비쇼(誹笑)ᄒ시ᄂᆞ뇨?"

셜파의 졍히 관복을 가져오라 ᄒ니, 믄득 쇼부인 유뫼 구슬함의 길복을 밧드러 좌상의 노ᄒ니, 존당 구괴 크게 아름다이 너기더라. 챵휘 길복을 졍졔ᄒ고 금안빅마(金鞍白馬)의 올나, 녀아(衙)의 나아가 녀녀를 마ᄌ 도라오미, 복쳡이 인도ᄒ여 네파의 ᄌᆞ하상(紫霞觴)을 난ᄒ니, 신낭이 팔치광미(八彩廣眉)의 셜풍이 쇼쇼ᄒ여 밧그로 나【33】가니, 녀가 복쳡이 무류ᄒᆞᆷ믈 니긔지 못ᄒ더라.

요녜 단장을 곳치고, 조뉼(棗栗)을 밧드러 존당 구고긔 진헌(進獻)ᄒ고 ᄃᆡ례를 일우미, 모다 보건ᄃᆡ 이 믄득 텬지간 별물노 윤문의 화란(禍亂)을 부치려 츌셰(出世)ᄒᆞᆫ 비라. 포ᄉᆞ(褒姒) 달긔(姐己)의 요특(妖慝) 살ᄉᆞ(殺邪)ᄒᆞᆷ믈 겸ᄒ여시니, 좌위 일견의 ᄃᆡ경 ᄎᆞ악ᄒ고 존당 구괴 면식이 다ᄅᆞᆷ믈 면치 못ᄒ고, 윤·하·뎡 삼문 남녀 노쇠 임의 무산(巫山)[375]과 월궁(月宮)[376]을 보아 안고(眼高)ᄒᆞ미 틱악(泰岳) 갓고, ᄉᆞ광(師曠) 니루(離婁) 갓ᄒᆞᆫ 총명이 사름의 얼골을 보아 심폐를 ᄉᆞ못고, 쇼ᄅᆡ를 드러 그 마음을 아ᄂᆞ지라. 신뷔 여오 닙시 쥐 장식으【34】로, 녀무(呂武) ᄆᆡ달(妹姐)의 흉음 간악을 겸ᄒᆞᆫ 바, 쳔고 요음찰녜(妖淫刹女)를 일안(一眼)의 엇지 아지 못ᄒ리오.

졔부인 졔쇼졔 경희(驚駭) 실식(失色)ᄒᆞᆷ믈 마지 아니ᄒ더라. 존당 구괴 볼ᄉᆞ록 불힝ᄒᆞᆷ믈 니긔지 못ᄒ여, 쇼·엄 냥쇼져를 위ᄒ여 넘녀ᄒᆞᆷ믈 마지 아니ᄒ며, 진왕이 찬녜관(贊禮官)[377]으로 ᄒ여곰 신부를 명ᄒ여 왈,

"쇼현부ᄂᆞ 오아의 조강(糟糠)[378] 원비(元妃)오. 엄쇼뷔 쏘ᄒᆞᆫ 아시결발(兒時結髮)노 냥현뷔 다 잠영문미(簪纓門楣)의 뇨죠 슉녀로 오아의 결발(結髮)이니, 신뷔 맛당이 원비와 동녈(同列)을 녜로뼈 셔로 보아 화우 돈목ᄒᆞᄂᆞᆫ 덕을 일치 말나."

요녜 심즁의 앙앙불쾌(怏怏不快)【35】ᄒ나, 은악 양션(隱惡揚善)ᄒ여 님보(林甫)[379]의 구밀복검(口蜜腹劍)[380]이 잇ᄂᆞ지라 엇지 불호ᄒᆞᆫ ᄉᆞ식을 낫갓치 낫ᄒᆞ아 분운

---

375) 무산(巫山) : 중국 사천성(四川省)에 있는 산으로 무산십이봉(巫山十二峯)이 솟아 있는데 기암과 절벽으로 이루어진 경치가 아름답기로 유명하다. 이곳에서 전국시대 초(楚) 나라 양왕이 꿈속에서 무산선녀를 만나 운우지락(雲雨之樂)을 나누었다는 이야기가 송옥(宋玉)의 <고당부(高唐賦)>에 전한다. *여기서는 이 무산선녀(巫山仙女)를 이르는 말로 쓰였다.

376) 월궁(月宮) : 전설에서, 달 속에 있다는 궁전. 여기서는 월궁에 살고 있다는 선녀인 상아(嫦娥)를 이르는 말로 쓰였다.

377) 찬녜관(贊禮官) : 각종 의례에서 의례의 주체를 인도하며 의식의 진행을 돕는 사람. =찬인(贊人).

378) 조강(糟糠) : 조강지처(糟糠之妻). 지게미와 쌀겨로 끼니를 이을 때의 아내라는 뜻으로, 몹시 가난하고 천할 때에 고생을 함께 겪어 온 아내를 이르는 말. ≪후한서≫의 <송홍전(宋弘傳)>에 나오는 말이다.

379) 님보(林甫) : 이림보(李林甫). 중국 당나라 현종(玄宗) 때의 정치가. 아첨을 잘하여 재상에까지 올랐고, 현종의 유흥을 부추기며, 바른말을 하는 신하는 가차 없이 제거하는 등으로 조정을 탁란(濁亂)하여 간신(奸臣)의 전형으로 꼽힌다. 그가 정적을 제거할 때는 먼저 상대방을 한껏 칭찬하여 방심하게 만들고 뒤통수를 쳤기 때문에, 당시 사람들이 그를 일러 구밀복검(口蜜腹劍)한 사람이라 하였다.

(紛紜)혼 시비를 취ᄒ리오.

밋쳐 명이 치 나리지 아니ᄒ여서, 찬녜관환(贊禮官宦)의 인도ᄒ기 젼의 온화혼 낫빗치 ᄌ약혼 화긔를 머금고, 경영(鶊鴒)혼 셰신을 나는 ᄃ시 두로혀, 원비의 좌셕을 향ᄒ여 공슈(拱手) 지비(再拜)ᄒ고 조초 엄쇼져를 향ᄒ여 공경비례(公卿拜禮)ᄒ니, 쇼·엄 냥쇼졔 ᄯ혼 범인이 아니라, 엇지 져 신인의 요음간악(妖淫奸惡)혼 졍ᄐᆡ를 아지 못ᄒ리오. 한번 보ᄆᆡ 심골이 경한ᄒᄆᆞᆯ 씨닷지 못ᄒ나, 각각 옥안셩모(玉眼聖貌)의 아【36】연(啞然)혼 화긔(和氣) 이연(怡然)ᄒ여 ᄯ혼 져의 ᄉ족(士族)이ᄆᆞᆯ 공경ᄒ여, 그 졀ᄒ기를 당ᄒ여 흔연 답비ᄒ니, 존당 구고는 쳬위를 일치 아니ᄒ며 ᄉ덕이 녜도의 혼합(渾合)ᄒᄆᆞᆯ 두굿기ᄃᆡ, 신부는 그윽이 투목숑아(偸目竦訝)ᄒ여 구가 합문 졔부인 졔쇼져의 쳔고 만셰의 희한혼 ᄉ식모광염(色貌光艶)의 셩덕광휘(聖德光輝)를 보ᄆᆡ, 아연(俄然) ᄃᆡ경(大驚)ᄒ고, 원비 쇼쇼져의 졀츌 탁셰혼 용광식ᄐᆡ(容光色態)와 엄쇼져의 쳔교ᄇᆡᆨ미(千嬌百媚) 슈츌긔이(秀出奇異)ᄒᄆᆞᆯ 보ᄆᆡ, 기기히 좌우로 고면(顧眄)ᄒ니, 윤·하·뎡 삼문 졔부인 졔쇼졔 엇지 일인이나 범연ᄒ리오. 기기히 녀슈겸금(麗水兼金)[381]이오, 옥슈신월(玉樹新月)[382] 【37】 갓ᄒ니, 엇지 져의 홀난(惚爛)혼 ᄌᄐᆡ와 부졍 음ᄉ혼 힝신의 비기리오.

요녜 일견쳠시(一見瞻視)의 ᄃᆡ경ᄒ여 구장(九腸)[383]이 요요ᄒ니, 놀난 바 업시 가슴 가온ᄃᆡ '일쳔(一千) 녕원'[384]이 ᄲᅱ노니, 평싱 ᄌ부(自負) 교심(驕心)이 쇼삭(消索)ᄒ여 마음이 황홀여ᄎᆔ(恍惚如醉)ᄒ니, 졍신이 어린 ᄃᆞᆺᄒ고 넉시 취ᄒ인 ᄃᆞᆺᄒ여, 밋쳐 좌즁 문견과 치쇼(嗤笑)를 싱각지 못ᄒ고, 뒤롱이는 동안이 분분ᄒ여 좌우로 고시(顧視)ᄒ여, 만복(滿腹) 싀오지심(猜惡之心)을 것잡지 못ᄒ니, 스스로 씨다라 낫빗츨 곳치고 좌를 졍ᄒ니, 존당 구고 상하 노쇼 하·뎡 냥문 졔부인 졔쇼졔 신부의 요음혼 졍ᄐᆡ와 요황(妖荒)【38】혼 힝지 크게 예수 사ᄅᆞᆷ과 다ᄅᆞᆷ을 한심 경희ᄒ여, 일노조차 가국(家國)의 변난(變亂)《이오 ‖ 과》, 윤문 가환(家患)이며, 쇼·엄 냥쇼져의 화익(禍厄)이 심상치 아닐 쥴, 지ᄌ(知子)와 쳘인(哲人)을 기다리지 아냐 알지라. 면면(面面) 상고(相顧)ᄒ여 하언(賀言)이 돕지 아니ᄒ고, 다만 쇼·엄 냥쇼져의 젼졍(前程) 계활(計活)을 근심ᄒᄆᆞᆯ 마지 아니ᄒᄂᆞᆫ지라.

녀가 복쳡(僕妾)이 좌즁 긔식을 숣피고 져기 지식 잇ᄂᆞᆫ ᄌᄂᆞ는 무안(無顔)ᄒᄆᆞᆯ 니기지

---

380)구밀복검(口蜜腹劍) : 입 속에는 꿀을 담고 뱃속에는 칼을 지녔다는 뜻으로, 말로는 친한체하지만 속으로는 은근(慇懃)히 해칠 생각을 품고 있음을 비유하여 이르는 말.

381)여수겸금(麗水兼金) : 여수에서 나는 품질이 뛰어난 금. *여수(麗水); 중국 양자강(揚子江) 상류인 운남성(雲南省)의 금사강(金砂江)을 이름. <천자문> ‘금생여수(金生麗水)’에서 말한 금(金)의 산지(産地)로 유명. *겸금(兼金); 품질이 뛰어나 값이 보통 금보다 갑절이 되는 좋은 황금.

382)옥슈신월(玉樹新月) : 옥으로 조각한 나무나 초승에 뜨는 달처럼 빛나고 아름답다는 뜻으로 재주가 뛰어나고 아름다운 사람을 이르는 말.

383)구장(九腸) : 모든 창자를 통틀어 이르는 말.

384)일쳔(一千) 녕원 : 온 심장. *일쳔(一千); ‘온’ 또는 ‘완전함’을 뜻하는 말. 영원; ‘염통’ 또는 ‘심장(心臟)’을 달리 이르는 말.

못ᄒ고, 요녜 별믈 되악이라 엇지 긔식과 눈츼를 아지 못ᄒ리오. 그윽이 분앙ᄒᄆᆯ 먹
음어 안식이 홍윤(紅潤)ᄒ니, 빅셜(白雪) 교미(嬌媚)의 훈긔(暈氣)385) 염염(焰焰)ᄒ니,
ᄯ오ᄒᆫ 졀셰ᄒᆫ 넘티(艶態)【39】와 가려ᄒᆫ 홍안(紅顏)이 묘묘(妙妙)ᄒ여, 쳔츄의 요믈(妖
物)노 별유(別有) 우믈득명(寓物得名)386)은 ᄒᆯ 만ᄒ더라.

니러틋ᄒ여 오릿지 아녀 일식(日色)이 낙셔(落西)ᄒ고 슉죄(宿鳥) 투림(投林)ᄒ니,
뎡·하 냥부 졔부인 졔쇼져와 윤문 근족의 약간 모핫던 빈긱 부인닉 각귀기쇼(各歸其
所)ᄒ니, 진왕이 신인의 슉쇼를 양츈각의 졍ᄒ니, 이ᄂᆫ 진왕의 지인(知人)이 통쳘관대
(洞徹寬大)ᄒᆫ지라. 신뷔 결단코 길인이 아니오, 흉죵지상(凶終之相)이 발어식(發於色)
ᄒ니, 그 인믈노 츄이ᄒ여 봄 빗츨 탐방(探訪)ᄒᆫ다 ᄒ여 당호를 양츈이라 ᄒ니, 호람
후와 승상이 왕의 ᄯᆺ을 알고 역시 그러히 너기므로, 불ᄉ(不似)ᄒᄆᆯ 말니지 아【40】
니ᄒ더라.

요녜 인ᄒ여 혼졍을 파ᄒ고 침실노 도라올ᄉᆡ, 합문 안히 여러 시비 모다 셔로 니라
되,

"젼이ᄂᆫ 이 당호를 츈쇼각(春宵閣)이라 ᄒ시더니, 금일 홀연 양츈(陽春)이라 곳치시
니 괴이타."

ᄒᄂᆫ지라. 요녜 본디 간교(奸巧) 극ᄉ(極奢)ᄒ여 총명이 잇ᄂᆫ지라. 그 말을 엇지 몰
나 드르리오. 심하의 더옥 앙앙(怏怏)ᄒ여 계오 참고 당즁의 니르니, 긔완즙믈(器玩什
物)이 극히 졍결(淨潔) 쇼암(小庵)ᄒᆯ ᄯᆞ름이오, 참ᄉ극치(僭奢極侈)ᄒ미 업ᄉ니, 요녜
더옥 아연 실망ᄒ나, 오히려 마음을 위로ᄒᄂᆫ 비 이시믄, 괴로이 창후의 ᄌᆞ최를 희망
ᄒᄂᆫ 비라.

녀가 비쳡이 요녀를 붓드러 녜복을 벗기고, 단【41】의홍군(單衣紅裙)으로 촉하의
단좌(端坐)ᄒ여 신낭의 드러오기를 괴로이 기다린들, 엇지 형영(形影)이나 님ᄒ리오.
하쇼(夏宵) 고단ᄒ여 젹은덧 밤이 깁흐니, 요녀의 바라ᄂᆫ 간위(肝胃) 초젼(焦煎)ᄒ고
기다리ᄂᆫ 눈이 ᄲᅮ러질 듯ᄒ니, 풀 ᄭᅮᆺ치 이슬이 낭낭(朗朗)ᄒ여 옥쳠(屋簷)의 ᄯᆺ드르
니387) 힝혀 창후의 드러오ᄂᆫ 쇼식인가 반기고, 벽오동(碧梧桐) 져즌 가지의 희미ᄒᆫ 쇼
월(素月)이 걸녀시니, 봉황이 나려와 깃드리미 비단 날기를 년ᄒ여 넘노ᄂᆫ 그림직 ᄉ
창(紗窓)의 몽농ᄒ니, 이 힝혀 ᄉ상미망(思想未忘) 군ᄌ의 유졍ᄒᆫ ᄌᆞ쳔가 괴로이 희망
ᄒ되, 희음업시 져른 밤이 이 날은 괴로이 【42】 길고, 기다리ᄂᆫ ᄉ상 낭군은 죵시
드러오ᄂᆫ 쇼식이 업고, 기다리지 아니ᄒᄂᆫ 금셩(禽聲)388)은 악악ᄒ고 쳘셩(鐵聲)은 늉
늉ᄒ니, ᄯᅩ 오라지 아냐 진방(辰方)이 미빅(彌白)ᄒ고 원근의 인영(人影)이 훤화(喧譁)
ᄒ니, 임의 밤이 진ᄒ고 붉기의 미쳣ᄂᆫ 쥴 알지라.

---

385)훈긔(暈氣) : 햇무리나 달무리처럼 붉은 빛의 기운.
386)우믈득명(寓物得名) : 그 인물됨에 따른 이름을 얻을만하다. *우믈(寓物); 어떤 것에 붙어살다.
387)ᄯᆺ들다 : 뚝뚝 떨어지다.
388)금셩(禽聲) ; 새 울음 소리. 여기서는 닭 우는 소리를 말함.

요녜 골돌 분앙홈과 져의 풍용(豊容) 신치(身彩)를 오미(寤寐)의 흠모(欽慕) 스상(思相)ᄒ여 방[반]계곡경(盤溪曲徑)389)으로 인연을 도모ᄒ던 젹년 분원(忿怨)이 일시의 겸발(兼發)ᄒ니, 히음업시 가슴 가온ᄃ 일만장(一萬丈)이나 흔 틱화산(太火山)이 니러나, 녈념(熱焰)이 픠여 오ᄅ니, 일촌(一寸) 간장(肝腸) 셕은 믈이 하슈(河水) 갓치 쇼스나니, 옥안화험(玉顔花臉)의 구슬 갓【43】흔 눈물이 방방ᄒ여 쎠러지기를 비갓치 ᄒ니, 녹나군(綠羅裙) 주라삼(紫羅衫)의 힝타(行墮)ᄒ여 어롱지믈 면치 못ᄒ니, 원ᄒᄂ 눈물노조ᄎ 한ᄒᄂ 쇼리 츙텬(衝天) 운쇼(雲霄)홀 듯, 옥셩(玉聲)이 오오녈녈(嗚嗚咽咽)ᄒ믈 씨닷지 못ᄒ여, 크게 일셩을 탄ᄒ며 옥슈로 분흉(憤胸)을 기리쳐 유유창텬(悠悠蒼天)을 원(怨)ᄒ고 묵묵지텬(默默之天)을 한ᄒ여 왈,

"건곤(乾坤)이 유의(有意) 싱남녀(生男女)ᄒ시니, 텬디초[조]판(天地肇判) 이리의 음양(陰陽) 시분(時分)으로 오힝상싱(五行相生)390)은 초목군싱(草木群生)도 오히려 다 그ᄯᅡᆼ이 잇거늘, 유유창명(悠悠蒼明)391)이 윤셩닌을 닉시고, 또 반ᄃ시 나 녀혜졍을 나리오시민, 윤즈의 풍광덕질(風光德質)과 【44】나의 졀셰특이흔 용안직질(容顔才質)이 결비하등(決非下等)이라. 벅벅이 유의ᄒ미 이실듯 ᄒᄃ, 또 엇지 쳔고 별물의 쇼·엄냥녀를 나리와 몬져 윤즈의 실즁을 어거(馭車)ᄒ여, 날노뼈 젹년(積年) 긔모비계(奇謀秘計) 헛 곳의 도라가게 ᄒ고, 오늘날 두낫 요물의 방셕 아리 예슈(禮數)392)ᄒᄂ 비분(悲憤)을 갓초 겪고, 오히려 함분(含忿) 잉통(孕痛)ᄒᄆ 금병슈막(錦屛繡幕) 아리 평싱 미망스상(未忘思相) 가긱(佳客)을 상디ᄒ여, 초디산(楚臺山)393) 혼몽니(昏夢裏)의 안기 니불을 안아 무협(巫峽)의 힝운(行雲)으로뼈 양왕(襄王)394)의 젼도(轉倒)흔 ᄭᅮᆷ을 일워, 옥비상(玉臂上)의 단수일홍(丹砂一紅)을 멸ᄒ여, 나의 반싱 심녁을 허비ᄒ던 스상일념(思相一念)을 쾌히 ᄒ고, 상스【45】원졍(想思願情)을 위로홀가 ᄒ엿더니, 필부의 미몰 박졍ᄒ미 니러틋 ᄒ여, 날 갓흔 쳔고 슉완졀염으로뼈, 신혼 초야의 조흔 밤을 공숑(空送)ᄒ여 홍안(紅顔)의 주한(自恨)이 옥장(玉腸)을 촌촌(寸寸)ᄒ게 ᄒ니, 엇지 비분 통히치 아니리오. 알괘라. 반ᄃ시 쇼봉난의 집 옛날 은혜를 싱각ᄒ고, 쇼문환 부녀의 졀졔(節制){ᄒ기}를 져허, 날을 여시힝노(如視行路)ᄒ미니, 나의 긔모(奇謀)로뼈 종시 윤싱과 쇼녀의 날 디졉이 종시 이 갓흘진ᄃ, 결단코 고이 보지 아니리라."

말노조차 졀치 교아(切齒咬牙)ᄒ믈 마지 아니ᄒ니 졔시비 다 묵연ᄒ고 심복 시녀

---

389)반계곡경(盤溪曲徑) : 서려 있는 계곡과 구불구불한 길이라는 뜻으로, 일을 순서대로 정당하게 하지 아니하고 그릇된 수단을 써서 억지로 함을 이르는 말.

390)오힝상싱(五行相生) : 음양오행설에서, 금(金)은 수(水)와, 수는 목(木)과, 목은 화(火)와, 화는 토(土)와, 토는 금과 조화를 이룸을 이르는 말.

391)유유창명(悠悠蒼明) : 아득히 먼 하늘.

392)예슈(禮數) : 명성이나 지위에 알맞은 예의와 대우. 또는 그에 맞게 예(禮)를 행함.

393)초디산(楚臺山) : 중국 초(楚)나라 양왕(襄王)이 무산신녀(巫山神女)를 만나 운우(雲雨)의 정을 나누는 꿈을 꾸었다는 초대(楚臺)가 있는 산. 곧 무산(巫山).

394)양왕(襄王) : 중국 전국시대 초(楚)나라 왕. 무산(巫山)의 양대(陽臺)에서 꿈에 무산신녀(巫山神女)와 운우지정(雲雨之情)을 나눴다는 이야기가 『문선(文選)』의 송옥(宋玉) <고당부(高唐賦)>에 전한다.

쇼진이 급히 나아가 【46】 붓드러 위로 왈,

"고어의 왈, '쇼불닌즉난듸뫼(小不忍則難大謀)'395)라 ᄒᆞ니, 쇼져의 통철ᄒᆞ시므로 엇지 싱각지 못ᄒᆞ시ᄂᆞ니잇고? 쇼졔 임의 ᄎᆞᆷᄋᆞ며 견듸기도 만히 ᄒᆞ여 계시니, 구쳔(句踐)396)의 삼년을 와신상담(臥薪嘗膽)397)ᄒᆞ여 '회계(會稽)의 붓그러오믈'398) 씨셔시니, 쇼졔 엇지 옛일을 싱각지 아니시ᄂᆞ니잇고?"

요녜 화삭(花顋)의 쥬뤼(珠淚) 빵빵ᄒᆞ여 왈,

"니 엇지 혜아리미 너의 쇼견만 못ᄒᆞ리오만은, 니 윤싱을 위ᄒᆞ여 반싱 심녀를 허비ᄒᆞ미 발셔 격셰지년(隔歲之年)399)이라. 궁극ᄒᆞᆫ 거죄(擧措) 아니 밋츤 곳이 업셔, 몬져 건곤(乾坤)400)을 밧고와 뇽문(龍門)의 승은(承恩)ᄒᆞ믄, 츠츠 계교를 그어 니러틋【47】ᄒᆞ여 긔특이 인연을 미ᄌᆞ면, 니몸이 《은듸ᄌᆞ팔∥은듸ᄌᆞ달(恩臺紫闥)401)》의 한원명ᄉᆞ(翰苑名士) 되엿던 바로뼈, 다시 공후의 부인이 되미 꼿다온 명예 금슈(錦繡) 우희 꼿 갓흘 거시오, 나의 ᄌᆞ모로뼈 양셩하치(陽城下蔡)402)를 죡히 미혹케 ᄒᆞᆯ지니, 엇지 윤싱의 은이를 닙지 못ᄒᆞᆯ가 근심ᄒᆞ리오 ᄒᆞ미러니, 신혼 초야의 니러틋 박졍(薄情)ᄒᆞᆷ믈 알니오. 셕상의 쇼·엄 냥녀의 ᄌᆞ식을 보니 날노 더부러 냥닙(兩立)지 못ᄒᆞᆯ지라. 니 반ᄃᆞ시 긔모비계(奇謀秘計)로 냥녀를 업시ᄒᆞ고 윤싱이 종시 날을 박듸ᄒᆞᆯ진듸, 독ᄒᆞᆫ 숀씨403)를 한번 움죽이미 윤가를 아오로 어육(魚肉)ᄒᆞ고 말니라."

니러【48】틋 분미(憤罵)ᄒᆞᄂᆞᆫ ᄉᆞ이 날이 임의 붉앗ᄂᆞᆫ지라. 마지 못ᄒᆞ여 신장(新粧)을 다ᄉᆞ려 존당의 신셩(晨省)ᄒᆞ니, 상히 다 원셩던의 모닷고, 챵후ᄂᆞᆫ 문안을 파ᄒᆞ고

---

395)쇼불닌즉난듸뫼(小不忍則難大謀) : 작은 것을 참지 못하면 큰 꾀를 이룰 수 없다.

396)구쳔(句踐) : 중국 춘추 시대 월(越)나라의 왕(?~B.C.465). 오(吳)나라의 왕 합려와 싸워 이겼으나, 그의 아들 부차에게 대패하여 회계산(會稽山)에서 항복하였다. 그 뒤 기원전 473년에 범여의 도움으로 오(吳)나라를 멸망시켰다. 재위 기간은 기원전 496~기원전 465년이다.

397)와신상담(臥薪嘗膽) : 불편한 섶에 몸을 눕히고 쓸개를 맛본다는 뜻으로, 원수를 갚거나 마음먹은 일을 이루기 위하여 온갖 어려움과 괴로움을 참고 견딤을 비유적으로 이르는 말. ≪사기≫의 <월세가(越世家)>와 ≪십팔사략≫ 등에 나오는 이야기로, 중국 춘추 시대 오나라의 왕 부차(夫差)가 아버지의 원수를 갚기 위하여 장작더미 위에서 잠을 자며 월나라의 왕 구천(句踐)에게 복수할 것을 맹세하였고, 그에게 패배한 월나라의 왕 구천이 쓸개를 핥으면서 복수를 다짐한 데서 유래한다.

398)회계(會稽)의 붓그러움 : 회계지치(會稽之恥). 월왕(越王) 구천(句踐)이 오왕(吳王) 부차(夫差)와의 싸움에서 대패해 회계산(會稽山)에서 항복하여 받은 치욕(恥辱)을 이르는 것으로, 전쟁(戰爭)에서 진 치욕(恥辱), 또는 마음에 새겨져 잊지 못하는 치욕(恥辱)을 비유(比喩)해 이르는 말

399)격셰지년(隔歲之年) : 어떤 때로부터 해가 바뀌어 2년째가 됨.

400)건곤(乾坤) : ①=천지(天地). 하늘과 땅. ②=음양(陰陽). 남자와 여자.

401)은듸ᄌᆞ달(恩臺紫闥) : 홍문관 또는 승정원을 달리 이르는 말. *은대(銀臺); =홍문관(弘文館). =승정원(承政院). *자달(紫闥); =궁중(宮中)

402)양셩하치(陽城下蔡) : 지명. 중국 전국시대 초나라의 귀족들의 봉지(封地)인 양성과 하채를 함께 이르는 말. 초나라 시인 송옥(宋玉)의 부(賦) <등도자호색부(登徒子好色賦)>의 "언연일소(嫣然一笑 : 눈웃음 치며 한번 웃을라치면) // 혹양성(惑陽城 : 양성의 귀인들이 넋을 잃고) // 미하채(迷下蔡 : 하채의 왕손들이 정신을 잃네)"에 나온다.

403)숀씨 : 솜씨. ①손을 놀려 무엇을 만들거나 어떤 일을 하는 재주. ②일을 처리하는 수단이나 수완.

녀녀를 보미 즉시 밧그로 나가니, 요녜 두 눈이 창후의 신상을 써나지 아니ᄒ더니, 창
휘 나아가니 일흔 거시 잇ᄂ 듯, 긔운이 분분ᄒ여 능히 강잉치 못ᄒ여, 즉시 물너 침
쇼의 도로와, 화관(花冠) 잠옥(簪玉)을 버서 ᄇ리고, 침즁(寢中)의 언와(偃臥)ᄒ여 식음
을 폐ᄒ고 번뇌ᄒ믈 마지 아니ᄒ니, 초진이 ᄌ삼 조흔 말노 위로ᄒ더라.

계오 강잉ᄒ여 ᄎ일(此日) 셩뎡지녜(省定之禮)를 맛고, ᄯ흔 이 밤의 창후의 쇼【4
9】식을 현망(懸望)ᄒ나 종젹이 ᄯ흔 님치 아니ᄒ니, 니러구러 훌훌이 신혼삼야(新婚
三夜)를 허송ᄒ니, 요녀의 흉담(胸膽)이 분붕(分崩)ᄒ여 장ᄎ 함분잉통(含憤忍痛)ᄒ미
극히 어려오ᄃ, 이 진실노 하늘이 별믈 요악을 나리와 윤문 가화(家禍)의 장본(張本)
이 되고, 삼셩슈(三生讐)인 뉴교아의 탁ᄉ(托生)ᄒ미 아니면, 엇지 니러ᄒ리오.

이 ᄯ 윤부 상히 녀녀의 ᄒᆼ지(行止) 혜힐(慧逸) 영오(穎悟)ᄒ여 의연이 셕일(昔日)
뉴금오의 녀(女) 교아404)와 만히 방불ᄒ믈 놀나지 아니리 업더라. 요녜 창후의 박졍
미야ᄒ믈 ᄃ한졀치(大恨切齒)ᄒ여 악악(惡惡)ᄒ 원분(怨憤)을 기리 갑기를 계교ᄒ미,
믄득 '쇼【50】불인즉난ᄃ모(小不忍則難大謀)를 싱각ᄒ고, 도로혀 ᄉ긔(辭氣) 타연(泰
然)ᄒ믈 위본(爲本)ᄒ고, 거지(擧止) 안상(安常)ᄒ여 나즉ᄒ 말솜과 온슌ᄒ 낫빗ᄎ로
존당구고를 셤기며, 쇼·엄 냥부인 셤기기를 젹쳡존비(嫡妾尊卑) ᄀ치 ᄒ고, 슉미(叔
妹) 금장(襟丈)을 돈목ᄒ여 창후의 후박을 조곰도 기회(介懷)치 아니ᄒ노라 ᄒ여, 하쳔
비비의게도 공슌ᄒ 말솜으로 은혜를 ᄲ쳐, 금은을 믈 ᄀ치 ᄲ려 인심을 취합ᄒ니, 무식
ᄒ 뉴ᄂ 븟좇고 칭셩(稱聲)이 요요(擾擾)ᄒᄃ, 명(明)한 존당과 쳘(哲)ᄒ 구괴 그 은악
양션ᄒ믈 모로리오.

요인이 맛ᄎ미 윤시를 위ᄒ여 종신치 못홀 쥴 알미 극히 불관(不關)이 너【51】겨,
일호(一毫) 가ᄎ(假借)ᄒ미 업고, 쇼·엄 냥쇼졔 다만 흔연ᄒ나 친근ᄒ미 업고, 동창휘
닝낙(冷落)ᄒᄆ 날이 갈ᄉ록 더으니, 필경 이 엇지 된고? 하회를 셕남(釋覽)ᄒ라.

ᄎ시 녀슉 부뷔 이 쇼식을 듯고 창후의 박졍(薄情)ᄒ믈 원(怨)ᄒ고 슬허ᄒ미, 무고
ᄒ 원심이 몬져 쇼쇼져긔 도라가ᄂ지라. 녀슉 돈견이 졀치 왈,

"아녀ᄂ 인즁션이(人中仙兒)라. 엇지 윤가 젹ᄌ(賊者)의게 낫비 너기믈 바드며, ᄯ
쇼녀의 하풍(下風)을 감심ᄒ리오만은, 초의 셩닌이 강보(襁褓)의 이실 ᄯ의 그 틔왕모
위시와 종왕모 뉴시 독슈를 만나, 《교아‖교하(橋下)》의 ᄇ리여 거의 죽어가ᄂ 거ᄉ
ᄅ, 쇼문환이 【52】 어더다가 길너 ᄉ랑이 쳔금 ᄀ고 귀즁ᄒ믈 아들 ᄀ치 ᄒ여 길너 ᄉ
회를 삼앗ᄂ 고로, 윤쳥문과 셩닌이 이 은혜를 싱각ᄒ고 쇼문환 ᄃ졉을 예ᄉ 빙악 ᄀ
치 아니ᄒ여, 졔 한아뷔 ᄀ치 위왓고, 쇼녀 알기를 황녀 공쥬 ᄀ치 너긴다 ᄒ더니, 과
연 허언이 아니로다."

---

404)교아 : 유교아. 전편 〈명주보월빙 明珠寶月聘〉에서 유금오의 막내딸로, 윤광천의 풍채에 반해 부모와
　　광천의 숙모 유부인을 졸라 광천과 결혼하여 윤부에 숱한 변란을 짓다가 도주해, 장사왕에게 개적하여
　　장사왕비가 되어 왕을 충동해 반란을 일으켰다가, 끝내 반란 평정 대원수로 출정한 윤광천에게 죽음을
　　당했다. 여기서 윤성린의 삼취(三娶)가 된 여혜정은 바로 이 유교아의 환생(幻生)이다.

김시 왈,

"쇼녀는 그러ᄒ거니와, 엄녀는 불과 외국 번신지녜(藩臣之女)라. 므슨 연고로 윤가 부즈의 ᄉ랑ᄒ며 귀즁ᄒ미 쇼녀와 간격지 아니ᄒ고, 홀노 아녀의게 불근인졍(不近人情)의 거죄 만ᄒ뇨?"

녀슉이 분연 우미(又罵) 왈,

"이 ᄯ흔 곡졀이 잇ᄂ니, 동오왕 엄빅경이 국도(國都)의 이【53】실 졔, 셩닌이 기시 십셰 젼 쇼아(小兒)로 친싱 부모를 ᄎᄌ럿노라 ᄒ고, 쇼가를 하직ᄒ고 쥬류ᄉ방(周遊四方)ᄒ여 뉴리걸식(遊離乞食)ᄒ올 졔, 그릇 히풍(海風)의 날니이여 《일본∥일침》 몽고국가지 드러가 죽을 번흔 ᄉ화(死禍)를 만히 격고, 또 엇지 엇지 ᄒ여 동오국도의 드러가니, 엄왕이 블너 보고 그 풍신의 아름다옴과 긔상의 비범ᄒ믈 긔특이 녀겨, 의식으로뼈 후휼(厚恤)ᄒ여 관역(館驛)의 머므러 두고, 그 슈토(水土) 히풍(海風)의 상흔 병을 고치게 ᄒ고, 가장 관졉(款接)ᄒ여 기녀(其女)로뼈 혼인을 언약ᄒ고, 노마(路馬)를 출혀 도라 보ᄂ엿더니, 셩닌이 경ᄉ의 도라온 후 오리지 아니【54】ᄒ여 쇼싱지친(所生之親)을 ᄎ고 당당흔 왕공 후빅의 쳔금 귀공즈로 다시 닙신(立身) 영귀(榮貴)ᄒ미 극ᄒ니, 오왕이 드듸여 입조시(入朝時)의 기녀를 다려와 구약(舊約)을 일우니, 니러므로 윤가 부지 쇼문환과 오국군을 다 은인으로 아라, 옹셔지졍(翁壻之情)과 인친지의(姻親之義) ᄌ별ᄒ고, 쇼·엄 냥녜 셔로 ᄉ랑ᄒ여 화목ᄒ믈 동긔 갓치 흔다 ᄒᄂ니, 니러므로 쇼·엄 냥인의 춍셰(寵勢) 거록ᄒ여, 녀아를 능경(凌輕) 압두(壓頭)ᄒ미니, 엇지 다른 곡졀이리오."

김시 쳥파의 셕연(釋然) 디오(大悟) 왈,

"올타! 올타! 원ᄂ 니러흔 곡졀이랏다. 여ᄎ즉 녀아의 죵신계활(終身契活)이 쇼·엄 냥녀로 ᄒ여 그릇 되리로【55】다."

녀슉이 강기(慷慨) 왈,

"니러ᄒ므로 ᄎ 냥녀를 슈이 졀졔(切除)ᄒ여 녀아의 안즁(眼中) 가싀를 업시ᄒ고, 또 쇼셩의 쳐 윤시를 아ᅀ다가, 삼기 뇨죠가인(窈窕佳人)을 오아(吾兒)의 실즁(室中)을 빗나게 ᄒ고, 윤광쳔과 셩닌의 우리 부녀 업슈이 너기는 원분(怨憤)을 갑흐리라."

김시 연고 업시 익익분미(益益憤罵)ᄒ여 동창후와 쇼·엄 냥쇼져를 원탄(怨嘆) 욕미(辱罵)ᄒ고, 녀아의 홍안박명을 슬허 슉식의 맛술 아지 못ᄒ니, 녀옥이 누의 샹시(常時)의 ᄌ부(自負) 교만(驕慢)ᄒ여 안하무인(眼下無人)ᄒ믈 믜이 너기고, 부모의 ᄌ이 젼일(專一)ᄒ믈 원망ᄒ여, 본디 동긔지졍과 우이 돗탑지 아니흔 스이라, 그 신셰 박명ᄒ【56】고 계활이 위란(危亂)ᄒ믈 드르니, 동긔지심의 조곰도 연측ᄒ미 업셔 심니의 징긔라이 너기고, 부모의 이 갓치 넘녀ᄒ믈 ᄯ흔 우이 너겨, 것ᄎ로 거즛 근심ᄒᄂ는 쳬ᄒ고 부모와 누의를 도도와 쇼·엄·윤 삼쇼져 앗기를 도모ᄒ고져 ᄒ니, 일반 흉당의 간험요ᄉ(奸險妖邪)ᄒ미 여ᄎᄒ니, ᄎ역텬야명야(此亦天也命也)[405]오, 군ᄌ 슉녀의 명되 긔흔(奇痕)ᄒ미니, 조물이 ᄯ흔 니극지싀(已極之猜)[406]를 나리오미러라.

니러구러 슈슌(數旬)이 지낫더니, 요네 근친(覲親) 귀령(歸寧)ᄒ여 집의 니르러, 부모를 보고 홍안의 눈물을 ᄲ리며, 비상(臂上) 잉졈407)을 가져 부모를 뵈고 박명을 슬허ᄒ며, 존당 【57】 구고로붓허 구가 합문 졔인의 니르히 능멸쳔ᄃᆡ(凌蔑賤待)홈과, 창후의 박ᄃᆡᄒ미 신혼 초야로붓허 월여의 니르러시ᄃᆡ 미몰 박졍ᄒ미 한갈갓ᄒ여, 동방 회합(洞房會合)의 운우지낙(雲雨之樂)은 시로이, 즁인공회(衆人公會)이라도 반ᄃᆞ시 면목불견(面目不見)ᄒ여, 존당 신혼셩졍지시(晨昏省定時)라도 형제 ᄌᆞ미 모다 화긔 ᄌᆞ약ᄒ고 언에 유열ᄒ다가도, 믄득 져를 보면 번연역ᄉᆡᆨ(翻然易色)ᄒ여 ᄉᆞ긔(辭氣) 츄상(秋霜) 갓고, 풍싱(豊盛)ᄒᆞᆫ 담쇼(談笑) 긋쳐져 혹 변신ᄒ여 밧그로 나가거나, 그러치 아니면 ᄉᆞᄉᆡᆨ(辭色)의 참엄(斬嚴)ᄒ미 구츄(九秋) 상풍(霜風)의 ᄎᆞ고 미온 날 갓ᄒ여, 사름의 ᄶᆡ를 보는 듯ᄒ니, 명회부뷔(名號夫婦)나 실위구젹(實爲仇敵)이라.【58】

쇼녀(小女)의 신셰 쇼텬(所天)의 이ᄃᆡ도록 염박ᄒ믈 맛나시니, 엇지 젼졍계활(前程計活)의 바랄 거시 이시며, 더옥 《쇼녀‖쇼시》의 《비우‖비웃고》 조롱ᄒ미 여ᄎᆞ여ᄎᆞᄒ여, 우리 녀시 조션(祖先)을 왕망(王莽)408) 동탁(董卓)409)의 비겨 욕ᄒ며, 슉모를 쏘여ᄎᆞ여ᄎᆞ 원망ᄒ여, 늙고 흉험ᄒᆞᆫ 노괴(老姑) 누고셔 오릭 살나 ᄒ관ᄃᆡ, 칠십을 거의 바라보도록 ᄉᆞ라, 우리 ᄃᆡ인과 ᄌᆞ위로 ᄒ여곰 니졔 쇼시(少時)로 붓허 모년(暮年)의 밋ᄎᆞ시도록, '민쳔(旻天)의 우룸'410)과 《증왕(曾王)411)‖'ᄌᆞ건(子騫)'》의 치위'412)를 겸케 ᄒ고, ᄯᅩ 그 족친 겨레 속의 다 극흉 찰녀와 요음 악네 갓초 갓초 삼겨, 녀녀 흉상(凶狀)이 거거(哥哥)의 금슬의 마장(魔障)이 되고, 월궁 선녀 갓흔 우리 쇼고 【59】 윤쇼져의 신셰를 괴롭게 ᄒ며, ᄯᅩ 어ᄃᆡ로셔 난 요녀는 ᄯᅩ 나의 안즁(眼中) 가싀 되려 ᄒ는고? 실노 녀가는 우리 부모 남ᄆᆡ와 삼싱의 젹지 아닌 원쉬랏다. 연이나 나는 존당구고와 ᄌᆞ미(姉妹) 금장(襟丈)이며 쇼텬이 다 위와다 춍세(寵勢) 합ᄉᆞ(閤舍)를 기우리니, 조고만 녀녀를 어이 져허ᄒ리오만은, 앗가올손 쇼괴, 어엿분 ᄌᆞ용과 꼿다온

---

405)ᄎᆞ역텬야명야(此亦天也命也) : '이 또한 하늘의 뜻이요, 운명이다.'라는 뜻.

406)니극지시(已極之猜) : 지나치게 심한 시기(猜忌).

407)잉졈 : '잉혈'을 달리 이르는 말.

408)왕망(王莽) : B.C.45~A.D.23. 중국 전한의 정치가. 자는 거군(巨君). 자신이 옹립한 평제(平帝)를 독살하고 제위를 빼앗아 국호를 신(新)으로 명명하였다. 한(漢)나라 유수(劉秀)에게 피살되었다. 재위 기간은 8~23년이다.

409)동탁(董卓) : ?~192. 중국 후한(後漢) 때의 정치가. 소제(少帝) 유변(劉辯)을 시해하고 헌제(獻帝)를 옹립한 후, 권력을 잡고 폭정을 일삼다가, 여포(呂布)를 비롯한 자신의 측근들에 의해 암살당했다.

410)민쳔(旻天)의 우룸' : 순(舜)임금이 밭에 나가 부모의 사랑을 얻지 못하는 자신을 원망하며, 또 한편으로는 부모를 사모하여 하늘을 향해 큰 소리로 목 놓아 울었던 고사(故事)를 말함. 『맹자』 '만장장구상(萬章章句上)'에 나온다. 민천(旻天)은 어진 하늘을 이른 말.

411)증왕(曾王) : 중국의 대표적 효자인 증자(曾子 : BC505-435)와 왕상(王祥 : 184-268)을 함께 이르는 말.

412)'ᄌᆞ건(子騫)의 치위' : '민자건(閔子騫)의 추위'라는 말로, 중국 노나라 효자 민자건이 계모의 학대로 겨울에솜을 넣지 않은 얇은 옷을 입고 추위에 떨었던 고사를 말함. 한나라 때 유향(劉向)의 『說苑』 및 당나라 때 구양순(歐陽詢)의 『예문유취(藝文類聚)』 등에 나온다.

지질노 공연이 녀가 흉녀의 하풍을 감심ᄒ며, 조모의 험악히 보치이ᄂᆞᆫ 종이 되니, 엇지 분히(憤駭)치 아니리오. 명ᄉᆞ(冥司)413) 풍도(酆都)414)의 십왕(十王)415)도 귀, 눈이 업ᄂᆞᆫ가. 셰상의 져런 쓸 ᄃᆡ 업슨 늙으니ᄂᆞᆫ 오릭 살왓다가 므어시 쓰【60】려 잡아가도 아니ᄒᆞᄂᆞᆫ고? 험ᄂᆞᆫ 조모만 어셔 죽어 업스면 한 녀시 흉인이야 츌거ᄒᆞ기 무어시 어려오리오. ᄒᆞ여, 원언(怨言)이 긋지 아니ᄒᆞ고,

ᄯᅩ 진비 녀아의 젼졍을 념녀ᄒᆞ여 녀틱부인 슉질을 참혹히 원망ᄒᆞ더라. ᄒᆞ니,

녀 츅(畜) 부뷔 더옥 ᄃᆡ로ᄒᆞ여 즉시 일복(一幅) 셔찰의 만지장화(滿紙長話)ᄒᆞ여 이 ᄉᆞ연을 쇼부 녀틱부인의게 낫낫치 긔별ᄒᆞ니,

ᄎᆞ시 녀흉이 그리 아녀도 윤쇼져를 믈고 못먹ᄂᆞᆫ 호랑 갓치, 조셕의 즛너흐러416) 약질이 실노 견ᄃᆡ여 보젼키 어렵던 가온ᄃᆡ, 이 ᄉᆞ연을 보니 오죽ᄒᆞ리오.

셔즁 ᄉᆞ어를 반【61】도 치 못보아셔 노발(怒髮)이 츙관(衝冠)ᄒᆞ더니 계오 다 보기를 맛ᄎᆞ미, ᄯᆡ 졍히 셕양(夕陽)이라.

윤쇼졔 녀흉 슉질을 밧드러 조셕 식상을 친집(親執)ᄒᆞ여 다ᄉᆞ리노라, 녀가 츄환의 왓시믄 아라시나 니런 곡졀은 밋쳐 아지 못ᄒᆞᄂᆞᆫ 고로, 녀시 슉질이 ᄆᆡ양 한 당의셔 식반을 바들 젹이 ᄌᆞ준지라. 윤쇼졔 몬져 틱흉의 식상을 밧드러 안젼(眼前)의 노ᄒᆞ니, 부인이 갓득 곱지 아닌 얼골을 가장 거복져이 집프리고, 건슌노치(乾脣露齒)417)를 응무러418) 쇼져를 보ᄂᆞᆫ 눈이 조치 아니ᄒᆞ고, 쇼녀시 ᄯᅩ 흉괴한 얼골의 만면 노식으로 삼킬ᄃᆞ시 흙의여419) 보ᄂᆞᆫ 【62】 눈ᄭᅩᆯ이 크게 흉참한지라.

쇼졔 조치 아니한 ᄉᆞ긔를 보ᄆᆡ 심하의 그 노ᄒᆞᄂᆞᆫ 연고를 아지 못ᄒᆞ여, 경히 츄악ᄒᆞᄆᆞᆯ 니기지 못ᄒᆞ나, 불변안ᄉᆡᆨᄒᆞ여 모로ᄂᆞᆫ 쳬ᄒᆞ고, ᄌᆞ약히 믈너나 ᄯᅩ 녀시의 상을 드러다가 노ᄒᆞ니, 쇼녀시 부지불각(不知不覺)의 식상을 드러 쇼져의게 나리씌오니, ᄎᆞ시 오히려 하월(夏月)이라, 반(飯)과 갱(羹)이 덥지 아니니 비록 데여 상ᄒᆞ기ᄂᆞᆫ 면ᄒᆞ나, 쇼졔 하의(夏衣)를 닙어시니 가븨야온 깁옷시오, ᄯᅩ 식상(食床) 긔완(器碗)이 다 유긔(琉器)420)라.

---

413)명ᄉᆞ(冥司) : =명부(冥府). 불교에서 염라대왕이 관장하는 지옥을 이름. 사람이 죽은 뒤에 이곳에서 심판을 받는다고 한다.
414)풍도(冥司酆都) : 풍도디옥(酆都地獄). 도교에서 말하는 지옥. 사람이 죽으면 이곳에 끌려와 인간세상에서 지은 죄에 대한 심판을 받는다고 한다.
415)십왕(十王) : 불교에서, 저승에서 죽은 사람을 재판하는 열 명의 대왕. 진광왕, 초강대왕, 송제대왕, 오관대왕, 염라대왕, 변성대왕, 태산대왕, 평등왕, 도시대왕, 오도전륜대왕으로, 죽은 날부터 49일까지는 7일마다, 그 뒤에는 백일·소상(小祥)·대상(大祥) 때에 차례로 이들에 의하여 심판을 받는다고 한다.
416)즛너흐다 : 즛너흘다. 함부로 마구 물어뜯다. *너흘다; 물다. 물어뜯다. 씹다.
417)건슌노치(乾脣露齒) : 윗입술이 위로 들려서 이가 드러나 보임. *건슌(乾脣); 위로 들린 입술.
418)응믈다 : 옥물다. 힘주어 이를 꾹 마주 물다
419)흙의다 : 흘기다. 눈동자를 옆으로 굴리어 못마땅하게 노려보다.
420)유긔(琉器) : 유리그릇.

녀시 한번 드러 쇼져를 향ᄒ여 힘것 치니, 금반(金盤)421)이 산산(散散)ᄒ고, 유긔 다 씨여져 반긩찬믈(飯羹饌物)422)이 다 ᄌ리의 업쳐 흐르고, 윤쇼졔 무【63】심 즁의 밋쳐 피치 못ᄒ여 옥골셜뷔(玉骨雪膚) 즁상ᄒ니, 월익(月額)이 씨여지고 홍�협(紅頰)이 즁상(重傷)ᄒ여, 연ᄒᆫ 가죽이 쩌러지고 뉴혈이 흘너 《녹나상(綠羅裳)‖녹나삼(綠羅衫)》 ᄌ라군(紫羅裙)의 졈졈이 어롱지니, 그 놀납고 알프기를 어이 측냥ᄒ리오.

쇼졔 딕경ᄒ여 급히 나군(羅裙)을 썰치고 믈너셔니, 쇼녀시 흉흔 셩이 붓밧치니 엇지 젼두(前頭) ᄉ쳬(事體)를 도라 싱각ᄒ리오. 흉장흔 쇼릭를 벽녁 갓치 지르며 쑤지져 왈,

"윤가 요믈은 드르라. 네븟터 위고권즁(位高權重)ᄒᆫ 곳이셔 역신(逆臣)과 난신(亂臣)이 나ᄂᆞ니, 왕망(王莽)·동탁(董卓)이 다 한나라흘 셥졍(攝政)ᄒ여 병권을 쳔ᄌ(擅恣)ᄒ엿기로 젹신이 되엿ᄂᆞ니, 우리 녀가【64】ᄂᆞᆫ 본딕 한미쇠문(寒微衰門)이라 엇지 됴곰이나 딕역의 참셥ᄒ리오. 불구의 윤광텬 형뎨 부ᄌ 슉질의 머리 동시(東市)423)의 달니이고 시쉬(屍首) 이쳐ᄉ방(異處四方)ᄒ며, 네 어믜 진녀는 위로관비(爲奴官婢)ᄒ리니, 너 요믈의 동싱 겨레 싱심이나 우리 녀가 션셰(先世)를 여ᄎᆞ여ᄎᆞ 참욕ᄒ고, 네 어믜 쇼녀 봉난 요괴로온 년으로 더부러, 우리 슉질을 감히 흉픽난셜(凶悖亂說)노 원망 홀가시브뇨? 닉 아모커나 너 요녀를 아조 죽여든 광텬과 진네 딕살(代殺) 밧 더ᄒ랴. '살인직ᄉ(殺人者死)424)라' ᄒ니, 아모려면 오죽ᄒ랴. 너와 닉 ᄒᆞᆫ가지로 죽어 명ᄉ십왕젼(冥司十王殿)425)의 결숑(決訟)ᄒ여 이 분흔 거슬 니ᄌ리라."

셜【65】파의 금쳑(金尺)을 들고 쇼져의게 다라드러, 구름 갓흔 운환(雲鬟)을 긴긴히 풀쳐 손의 감고 일신을 혜지 아냐 두다리니, 틱흉이 질녀의 흉독 픠려ᄒᆞ미 젼두를 혜아리지 아니ᄒ고 윤시를 져러틋 잔독(殘毒)히 두다리미, 져 윤시 연연 약질이 혜초(蕙草) 갓치 보드랍고 지란(芝蘭) 갓치 연약흔딕, 흉독흔 숀씨의 만히 상ᄒᆞ미 이실진딕, 녀옥의 쇼망이 어려올지라. 노흉(老凶)흔 의ᄉ를 닉여 급히 쇼녀시의 잡은 믹를 앗고, 쇼져의 운환을 푸러 노흐미, 니르딕,

"질녀ᄂᆞᆫ 식노(息怒)ᄒ고 닉 말을 드르라. 윤가 졔인의 우리 슉질을 원망ᄒ여 무고히 참욕ᄒᆞ미【66】졀통(切痛)ᄒ나, 이 일을 진실노 윤시ᄂᆞᆫ 무졍지ᄉ(無情之事)라. 아모리 부녀형뎨지간(父女兄弟之間)인들 외오 이셔 엇지 ᄉ단(事端)을 알니오. 맛당이 죄의 경즁(敬重)을 알고 다ᄉ리미 올흐니, 근본을 싱각ᄒ면 다 봉난의 교음(狡淫)흔 죄라. 윤시의 죄 아니니, 질녀ᄂᆞᆫ 짓삼 싱각ᄒ여 무익지ᄉ(無益之事)의 실속 업시 근노ᄒ

---

421) 금반(金盤) : 아름다운 쟁반을 비유적으로 이르는 말.
422) 반깅찬물(飯羹饌物) : 밥, 국, 반찬 따위의 모든 음식물.
423) 동시(東市) : 동쪽에 있는 시장. 옛날 중국의 수도 장안(長安)에서 죄인을 처형(處刑)하던 장소. 이 때문에 '형장(刑場)'의 뜻으로 쓰임
424) 살인직ᄉ(殺人者死) : '사람을 죽인자는 사형에 처한다'는 말. 중국 한(漢)나라 고조의 약법삼장(約法三章)의 한 조목.
425) 명ᄉ십왕젼(冥司十王殿) : 지옥에 있는 십대왕(十大王)의 궁전.

여, 빈실(嬪室)426)의게 쳬위를 숀상치 말나.”

녀시 흉픠흔 셩악이 북밧치니 헬 거시 업스나, 슉모의 말을 아니 듯지 못ᄒᆞ여, 쇼져를 노코 물너나나, 스스로 셩악을 니긔지 못ᄒᆞ여 만신을 브듸이즈며 가슴을 두다려 방셩딕곡(放聲大哭)ᄒᆞ니, 틱흉이 ᄯᅩ 쇼녀시【67】를 븟들고 흉장흔 쇼릭를 벽녁갓치 질너 딕셩통곡(大聲痛哭)ᄒᆞ니, 슉질의 흉완흔 거동과 흉장흔 우름 쇼릭 뇌진벽녁셩(雷震霹靂聲)427)의 들네며, 텬디(天地) 진녈(震裂)ᄒᆞᄂᆞᆫ 듯, 산쳔이 뒤눕고428) 골이 터지ᄂᆞᆫ 듯ᄒᆞ더라.

ᄯᅵ의 윤쇼졔 쳔만 의외의 흉녀의 구욕(驅辱) 난타(亂打)ᄒᆞᄆᆞᆯ 맛나 연연(軟軟) 셜뷔(雪膚) 즁상(重傷)ᄒᆞ고, 두 쌤이 흉흔 숀씨의 죡히 허위인 빅 되어, 구룸 갓흔 운환이 편편이 횻트럿고 셩혈(腥血) 이 쥬쥴이 흘너 옥안이 여화(如火)ᄒᆞ니, 죡히 알프고 쓸히기를 어이 측냥ᄒᆞ리오만은, 오히려 즈긔 알픈 즄은 닛고, 져 슉질의 히괴 망측흔 거동을 보믹 한심 츠악ᄒᆞ고, ᄯᅩ흔 부【68】모의 구로싱지(劬勞生之)429)를 무고히 욕 먹이믈 싱각ᄒᆞ믹, 불효를 슬허 《옥져‖옥루(玉淚)》 일빵이 화싀(花腮)의 빵년(雙聯)ᄒᆞᄆᆞᆯ 씨닷지 못ᄒᆞ더라.

모든 시비 츠환이 역시 곡졀을 아지 못ᄒᆞᄂᆞᆫ지라. 틱부인과 쇼녀시 공연이 발셩 통곡ᄒᆞᄆᆞᆯ 괴이히 너겨, 져히 무리 역시 젼뉼(戰慄)ᄒᆞᄆᆞᆯ 마지 아니ᄒᆞ여, 보보젼경(步步顚傾)ᄒᆞ여 쇼공과 텰부인긔 고ᄒᆞ니, 쇼공 부뷔 졍히 졔즈와 냥부로 더부러 바야흐로 식반을 햐져(下箸)ᄒᆞ더니, 시비 등이 존당의 변이 나시믈 알외니, 쇼공 부부와 삼쇄 딕경ᄒᆞ고 셜·오 냥부인도 실식ᄒᆞ여 밋쳐 상을 물니지 못ᄒᆞ고 황망이 존당의 드러가니, 틱부인 슉질【69】이 다 상을 씨 두다려 긔완이 씨여지고 《식찬‖식반(食盤)》 찬물(饌物)이 다 당즁(堂中)의 구으러 헤여시딕430), 밋쳐 셔릇지 아녀시니, 슈참(愁慘)흔 경식과 녀시 슉질의 셔로 븟드러 공연이 셜운 일 업시, 금방울 갓흔 큰 눈의 굵은 비발 갓흔 눈물을 방울 방울 흘니며, 맛치 부모 동긔의 망극흔 참부(慘訃)나 드른 드시, 호텬(呼天) 호곡(號哭)ᄒᆞᄂᆞᆫ 양이 문견(聞見)의 긔괴 망측(奇怪罔測)ᄒᆞᆫ지라.

쇼공이 이 경상을 보믹 한심(寒心) 경희(驚駭)ᄒᆞᄆᆞᆯ 니긔지 못ᄒᆞ여, 이 므슨 연괸고? 아니 혹시 쇼녀시로 징힐(爭詰)ᄒᆞᄆᆞ 잇던가? 그러치 아니면 모친과 녀시 무고이 져러 굴믹 괴이ᄒᆞ고, 윤쇼져의 상흔과 창황흔 긔식으【70】로 헛흔 운환(雲鬟)과 피 흐ᄅᆞᄂᆞᆫ 거동을 보믹, 더옥 의황난측(疑遑難測)ᄒᆞ여 이의 나아가 낫빗츨 화히 ᄒᆞ고 말숨을 유화히 ᄒᆞ여, 틱부인을 븟드러 위로ᄒᆞ며 뭇ᄌᆞ와 왈,

---

426)빈실(嬪室) : 원비(元妃)나 쳡(妾)이 아닌 부인을 이르는 말. *빈(嬪): 조선 시대에, 후궁에게 내리던 정일품 내명부의 품계. 귀인의 위이다.

427)뇌진벽녁셩(雷震霹靂聲) : 천둥이 울리고 벼락이 치는 소리.

428)뒤눕다 ; 물체가 뒤집히듯이 몹시 흔들리다.

429)구로싱지(劬勞生之) : 자식을 낳아서 기르느라고 힘을 들이고 애를 씀.

430)헤여다 : 헤어지다. 흩어지다.

"가간의 므슨 불평흔 일이 잇습관뒤 즈위 이딋도록 근노흐시느잇가? 비록 셩의의 불합흐신 일이 잇스오나 맛당이 쇼즈와 텰시를 불너 경계흐시며 칙흐시미 올스오니, 엇지 니러틋 번뇌흐샤 셩체 불안흐시믈 싱각지 아니흐시고, 히아(孩兒)의 죄를 더으시느니잇고?"

틱흥이 손으로 가슴을 치며 통흉(痛胸) 돈족(頓足) 왈,

"불초즈 문환아! 네 진실노 요녀 봉난의 요악흠과 【71】 윤녀의 간교흐믈 모르는 체흐는다?"

공이 모부인 말슴을 드를스록 한심 츄악흐나, 이셩화긔(怡聲和氣)로 뒤왈,

"히이 진실노 불초 우몽(愚蒙)흐와 스스로 불효흐옴과 녀부(女婦)431)의 존하(尊下)의 득죄흐온 스단(事端)을 아득히 아지 못흐옵는지라. 복망(伏望) 즈위는 붉히 가르치시믈 바라느이다."

틱흥이 양노(佯怒) 변식(變色)흐고, 일봉 셔간을 손의 쥐엿다가 니여 더져 왈,

"네 반드시 노모의 말을 밋지 아닐 거시니 무익흔 슌셜(脣舌)을 허비흐리오. 다만 이 글을 보라."

공이 더옥 경아(驚訝)흐여 셔간을 잡아 뒤강 술피니, 젼후 스에(辭語) 악착 흉험흐여 다 진궁의셔 윤쇼져의 부모 【72】 형뎨 녀아로 더부로 틱부인 슉질을 참혹히 원망흐며, 녀가를 능욕흔 스단이라. 이 반드시 녀시랑 형뎨의 집으로 니르러, 싀포(猜暴) 험난(險亂)흔 틱부인을 격노(激怒)〇[케]흐여 뒤란(大亂)이 낫는지라. 불승통히(不勝痛駭)흐나 간흉을 결우미 일호(一毫) 유익흐믄 업고, 틱부인 노긔만 도도와 스긔 더옥 요란흘지라.

신싴을 불변흐고 《지상∥지삼》 히위(解慰) 왈,

"원간 니런 스괴로쇼이다. 연이나 텬눈지간(天倫之間)은 인쇼난언(人所難言)432)이라. 즈위 비록 쇼즈를 싱(生)치 아냐 계시나, 고어의 왈, 모야텬디(母也天地)시니 무식 쳔녀도 알녀든, 흐물며 봉난 히이(孩兒) 즈쇼로 텬품이 즈효(自效)흐고 효위(孝友) 둣하온 줌, 평싱 【73】 의 말슴이 드무러, 친싱 부모 동긔라도 브뒤 흔 일이 아니면, 굿흐여 닙을 여러 언(言)흐미 업습는지라. 브지(不知) 타인의 말이라도, 네 아니오, 간셥지 아닌즉, 시비를 폄논(貶論)치 아니커든, 흐물며 네의 슘엄흔 구가의셔 부도(不道) 픽셜(悖說)노 존당을 어침(語侵)흐오며, 셜스 제 마음의 그러흘지라도, 뒤인흐여 조모를 능멸흐리잇가? 쏘흔 녀시는 자위 지친이어늘, 져를 히치 아니흐고 픽악흔 말슴을 나는 뒤로 흘 봉난이 아닌 줄은, 즈위 일월 명감으로 거의 통쵹(洞燭)흐실지라. 무상(無狀)흔 쳔녀(賤女)도 져기 인스를 알 냥이면, 춤아 니러치 【74】 아니런[려]든, 봉난 히아의 효우녜힝(孝友禮行)으로 니럴니 만무흔지라. 기간 스고는 즈시 아지 못흐오

---

431)녀부(女婦) : 딸과 며느리를 함께 이른 말.
432)인쇼난언(人所難言) : '남이 말하기 어렵다'는 말.

나, 이 반ᄃ시 셩닌의 계실(繼室) 녀시의게로셔 와젼(訛傳)ᄒᄂᆫ 말ᄉᆞᆷ으로, 쥬위 셩노
(聖怒)를 촉(觸)ᄒᆞ오미라. 불연즉 니러치 아닐듯시부오니, 복망 쥬위ᄂᆞᆫ 명찰○○[ᄒ샤]
식노ᄒᆞᆸ셔. 쳬위를 손상치 마ᄅᆞ시기를 바라옵ᄂᆞ이다."

티흉이 쳥파의 그 말ᄉᆞᆷ이 의리 총명ᄒᆞ여 마디를 ᄭᅵ치고 니리(裏義)를 ᄉᆞᄆᆞᆺ 금셕
갓ᄒᆞ니, 부인이 비록 ᄃᆡ험ᄃᆡ악(大險大惡)으로 젼츌 ᄌᆞ손을 믜워ᄒᆞ나 공의 말인즉 올ᄒᆞ
니, 녀흉이 비록 호심낭슐(虎心狼術)[433]이나 ᄯᅩ 엇지 ᄌᆞ부의 인효(仁孝)ᄒᆞᆷ과 삼쇼와
봉난쇼【75】져의 츌인셩효(出人誠孝)를 아지 못ᄒᆞ리오만은, 짐짓 억뉴(臆謬)ᄒᆞ여 발
악ᄒᆞ며 공연히 윤시 졔인을 일장 모욕ᄒᆞ여 험상(險狀)을 ᄇᆞ리며, 윤쇼져를 일장 못견
ᄃᆡ도록 조ᄅᆞ려 ᄒᆞ더니, 공의 온화 나즉ᄒᆞᆫ 말ᄉᆞᆷ과 완슌(婉順)ᄒᆞᆫ 낫빗치 셕목(石木)도
감동ᄒᆞᆯ 듯ᄒᆞ니, 험괴(險怪)ᄒᆞᆫ 얼골을 집흐리고, 묵연 냥구의 왈,

"오아(吾兒)의 쇼견이 과연ᄒᆞ거니와, 원간 아니 ᄲᅡ힌 굴의셔 ᄂᆡ 나ᄂᆞᆫ 일이 업스니,
봉난이 노모를 원탄(怨嘆)ᄒᆞ다 말은 혹 와젼(訛傳)인 듯 시부거니와, 윤부 남녀 노쇠
우리 슉질 원망ᄒᆞᆫ다 말은, 바히[434] 무거(無據)치 아닌가 ᄒᆞ노라."

ᄒᆞ더라.【76】

---

433)호심낭슐(虎心狼術) : 범의 사나움과 늑대의 교활함.
434)바히 : 바이. 아주 전혀.

윤하명삼문취록 권지칠십

ᄎ시 쇼공이 틱부인 말슴을 드ᄅᄆᆡ 낫빗츨 더옥 화이 ᄒ고 쥬왈,

"셜ᄉ 그러타 ᄒ올지라도 고슈지ᄌᆞ(瞽瞍之子) 슌(舜)이 이시니, 그 부모의 허물이 ○○○○[있다 히도] 이 곳의 머ᄅᆞ는 윤시 무죄ᄒᆞᆷ믈 어엿비 너기쇼셔."

도라 쇼녀시를 보아 졍식고 왈,

"식뷔 슈존(雖尊)ᄒᆞ며 윤시 슈쇼(雖少)ᄒᆞ나, 일쳬 ᄉ문 일믹으로 피ᄎᆞ(彼此) 동녈(同列)이라. 윤시 ᄯ흔 온슌(溫順) 비약(卑弱)흔 ᄒᆡᆼ시 일호도 왕공(王公) 교아(嬌兒)의 부귀 교만ᄒᆞᆷ미 업ᄉ니, 그ᄃᆡ 만일 녜의염치(禮義廉恥)를 알진ᄃᆡ, 맛당이 화우 돈목ᄒᆞ여 '황영(皇英)의 셩ᄉ(盛事)'435)를 효측ᄒᆞᆷ미 올흐니, 존당【1】이 셜ᄉ 년쇼 녀ᄌ의 쇼쇼 허물을 가칙(呵責)ᄒᆞᆷ미 계실지라도, 너는 맛당이 셔로 두호(斗護)ᄒᆞ여 ᄉ랑ᄒᆞ믈 ᄌᆞᄆᆡ 갓치 ᄒᆞ여, 셩의 늬조를 빗나게 ᄒᆞ면, 우리 엇지 너를 ᄉ랑치 아니며, 셩이 ᄯᅩ 엇지 즁ᄃᆡ(重待)치 아니리오. 녀ᄌᆡ 투악을 방ᄌᆞ이 흔즉, 반ᄃᆞ시 일ᄉᆡᆼ 신셰의 박명을 ᄌᆞ취(自取)ᄒᆞ고, 평ᄉᆡᆼ이 안낙(安樂)지 못ᄒᆞᄂᆞ니, 이는 네 스ᄉ로 신셰를 맛고져 ᄒᆞᆷ미라. 윤쇼뷔 왕공 교아로 텬연이 긔구ᄒᆞ여 돈아의 지실이 되어시나, 문지(門地) 가벌(家閥)이 너의 하풍(下風)의 그리 굴흘 거시라, 미말(微末) ᄎ환(叉鬟)이 아니어늘, ᄉ불여의(事不如意) 즉 존당 명 업시 네 임의【2】로 난타 즐욕ᄒᆞ기를 당하(堂下) 쳔인과 미말 비쳡 갓치 ᄒᆞ리오. 노뷔 비록 불명 혼암ᄒᆞ나 모쳠(冒添)ᄒᆞ여 너의 싀아뷔라. 네 ᄯᅩ 슉믹불변(菽麥不辨)이 아닌 후는 싀아뷔 즁ᄒᆞᆷ믈 거의 알니니, 너의 불초흔 ᄒᆡᆼ시 발셔 한두 번이 아니로ᄃᆡ, 오히려 미안ᄒᆞᆷ미 깁흐나 무도픽ᄒᆡᆼ(無道悖行)을 한번도 칙지 아니믄, 너의 ᄒᆡᆼ신이 보암즉ᄒᆞᆷ미 아니라, 진실노 ᄌᆞ졍 친족인 쥴 가이(可愛) 긍념(矜念)ᄒᆞ미라. 한번 용ᄉ(容恕)ᄒᆞ고 두번 물시(勿視)ᄒᆞ나, 셰번 물ᄉ(勿事)436)ᄒᆞᆷ믄 진실노 어려오니, 모로미 너모 방ᄌᆞ치 말나."

셜파의 안상(顔上)의 츈풍화긔 밧고이여, 장홍(長虹)이 묵묵ᄒᆞ고 말【3】ᄉᆞᆷ이 엄슉ᄒᆞᆷ미, 쇼녀시 처음으로 엄구(嚴舅)의 노ᄒᆞ는 낫빗과 엄졍흔 말슴으로 길게 장화(長話)를 여러, 칙언을 밧ᄌ오니, 져기 일분이나 사ᄅᆞᆷ의 넘치 이실진ᄃᆡ, 그 참괴 난안ᄒᆞᆷ미

---

435)황영(皇英)의 셩ᄉ(盛事) : 중국 요(堯)임금의 두 딸인 아황(娥皇)과 여영(女英)이 함께 순(舜)에게 시집 가, 서로 화목하며 순임금을 섬겼던 일.

436)물ᄉ(勿事) : 일삼지 않다. 문제 삼지 않다.

엇지 몸 둘 바를 알니오만은, 쇼녀시는 니른 바 인면슈심(人面獸心)이오, 인즁지말(人中之末)이라. 므슨 녜도와 힝실을 알니오. 제 집의 이실진디, 그 부뫼 다만 샤랑홀 줄만 아라 가르친 비 업시, 쏘 탐남픽악(貪婪悖惡)혼 녀방과 원시 금슈지힝(禽獸之行)으로 므슨 가르칠 거신들 이시리오만은, 그 싼의도 쏘 아조 비혼 거시 업셔, 다만 일스(一事)도 제 ᄒ고시분 디로 ᄌ단(自斷)ᄒ여, 동셔의 긔탄【4】홀 거시 업고, 동녁히 희면 셰상으로 알고, 빗브르면 웃듬 힝실노 아는 식츙(食蟲)으로, 쏘 다시 젹인(適人)ᄒ여 쇼부의 오니, 존당 녀부인이 명위존당(名爲尊堂)이나 실위모녀지간(實爲母女之間) 갓흔 슉질지의(叔姪之義) 이셔, 범빅의 위왓고 즁히 너기미 ᄌ긔 버금으로 ᄒ게 ᄒ니, 구고는 그 거동을 아니쇼이 너겨 시이불견(視而不見)ᄒ여 아른 쳬ᄒ는 일이 업스니, 흉녜 더옥 승흥(乘興) 양양(揚揚)ᄒ여, 이 가즁의는 져 혼잔 쳬ᄒ여 두리오믈 아지 못ᄒ더니, 믄득 윤시를 두다린 연고로 구괴 노ᄒ여 져를 그르다 ᄒ믈 드르니, 우혹(愚惑) 투미혼[437] 쇼견의 디경디로(大驚大怒)ᄒ여 큰 변만 너【5】겨, 크게 울고 불공혼 말노 발악ᄒ며, 바로 넙써 쇼공의게 다라드는지라.

쇼공이 녀시의 픽악무식(悖惡無識)ᄒ믈 아란지 오리나, 엇지 니디도록 힝실 업슬 줄을 아라시리오. 쇼녀시 무망의 다라드러 흉흔 디골을 힘껏 공의 가슴의 부디이즈며, 손으로 공의 옷슬 남은 것 업시 쓰져 왈,

"늙고 졈지 아닌 문환 필부야! 닌 네 며느리 되여 드러오미 므슨 지은 죄 잇관디, ᄌ식을 권ᄒ여 금슬을 말녀 두며, 어디가 포스(褒姒)·미달(妹姐) 갓흔 윤녀 요괴를 어더다가, 쇼성 탕ᄌ를 침혹게 ᄒ고, 봉난 요녀와 윤녀로 더부러 동【6】심모계(同心謀計)ᄒ여 나죵은 슉모와 날을 아오로 죽이려 ᄒ고, 젹츄(賊酋) 윤셩닌의 아뷔 왕망(王莽)·동탁(董卓) 갓흔 윤광텬의 왕위와 부귀를 ᄌ셰(藉勢)ᄒ여, 궁모곡계(窮謀曲計)로 비밀이 ᄒ려 ᄒ다가 하늘이 돕지 아냐, 우리 슉질의 몬져 알오미 되니, 노츅(老畜)이 스스로 무안ᄒ여 익구즌 날을 위지(謂之) 며느리라 ᄒ고, 윤녀의 역[438]슬 드러 날을 칙ᄒ는다? 아모리면 오즉ᄒ랴! 스라셔 윤녀의 독슈 가온디 달호여 도마 우희 고기 되느니, 출하리 닌 손으로 죽어 혼빅이 쾌혼 넉시 되고, 모진 악귀 되여 쇼가 스부ᄌ의 머리 한가지로 동시(東市)의 달니는 양을 【7】보고, 윤녀의 살졈을 무러 너흐러 죽이리라."

셜파의 크게 발악(發惡)ᄒ는지라. 쇼공이 쳔만 무심 즁의 가슴이 미이 밧치이니 알프기는 여ᄉ(餘事)오, 도로혀 어히업고 무참(無慚)ᄒ여 급히 밀치고 니러나니, 삼쇠 지후(在後)러니, 시랑과 한님은 이 거조(擧措)를 보고 디경(大驚) 한심(寒心)ᄒ여 도로혀 어린 듯ᄒ고, 혹시 발부찰녀(潑婦刹女)의 무힝픽상(無行敗常)혼 거동을 보미, 발연 디로ᄒ여 광미를 거스리고 봉안을 놉히 써, 녀셩 디즐 왈,

---

437)투미하다 : 어리석고 둔하다.
438)역 : 역성. 옳고 그름에는 관계없이 무조건 한쪽 편을 들어 주는 일.

"발부 찰녀의 무힝 픽악흐믄 아란지 오릭거니와, 엇지 이디도록 픽륜난상(悖倫亂常)홀 줄 알니오. 녀지 이갓치 무힝(無行) 픽만(悖慢)흔 후는 비록 왕【8】희지존(王姬之尊)이라도 용스키 어려오니, 젼일 쇼쇼미스(小小微事)는 비록 왕모의 안면을 고즈(顧藉)호여 용스호미 이시나, 금일 칠거딕악지죄(七去大惡之罪)는 가히 용셔치 못호리라."

셜파의 졔시녀를 쑤지져 모든 장노아역(臧奴衙役)439)을 명호여 일승(一乘) 쥭교(竹轎)를 드리라 호고, 녀시를 위력으로 교즁의 너허 슈히 녀가로 도라보닉여, '텬디간 딕악 발부, 칠거의 간섭흔 죄녀를 셜니 도라보닉라.' 호니, 《보다∥모다》 보건딕, 흑시 광미봉안(廣眉鳳眼)의 참엄(斬嚴)흔 노긔(怒氣) 어릭여시니, 엇지 젼일 왕모와 부모의 슬하의 빅시(陪侍)호미, 유열(愉悅) 나즉호여 봉영집옥(奉盈執玉)440) 호며 효슌경근지녜(孝順敬謹之禮) 증밍(曾孟)441)의 뜻 밧【9】즈옴과 안연(顔淵)442) 즈유(子有)443)의 도덕 쳥힝을 위본(爲本)호여 여리미 옥 갓고 약호미 신뉴(新柳) 갓고 보도라오미 지란(芝蘭) 갓흐니, 쇼(小) 녀시 상상(常常)의 아조 슈이 너겨, 범남(汎濫)이 군즈 쳬신을 슈즁의 농낙호여 져의 장악의 쥐무르고져 의식 잇던 고로, 금일 불공 픽만호미 이의 밋쳣더니, 흑스의 발분호여 닉치고져호는 동졍을 보니 흉녜 엇지 고이 이시리오.

더욱 딕로호여 크게 울고 발악호며 일신을 브딕잇고 뒤트러 좌우로 시녀를 박츠니, 졔녜 감히 그 흉밍(凶猛)을 당치 못호여 나아가지 못호는지라. 흑시 시녀의 무리 능히 졔어치 못호믈 보고, 친히 쯱를 글너 흉녀【10】의 슈족(手足)을 단단이 민여 감히 놃뛰지 못호게 흔 후, 친히 미러 쥭교(竹轎)의 너코 아역을 쑤지져 밧비 도라가라 호고, 녀시의 유아 시비를 다 모라 닉치며, 녀공긔 젼어호딕,

"녕녀는 만고 딕악 발뷔(潑婦)라. 죄범칠거(罪犯七去)444)호니 쇼싱이 춤아 위인즈(爲人子)호여 부모를 욕호는 픽륜지녀(悖倫之女)로 다시 쳐지라 못호리니, 명공이 쏘흔 녜의 념치를 아릭시거든 찰녀(刹女)로뻐 쇼싱의게 다시 신(信)을 바라지 말고, 각별 호걸을 갈히여 동상(東床)을 졍호쇼셔."

---

439)장노아역(臧奴衙役) : 모든 종을 이르는 말. *장노(臧奴)는 사내종을, 아역(衙役)은 관청이나 높은 벼슬아치의 집에 소속된 남녀종을 이르는 말.

440)봉영집옥(奉盈執玉) : 가득찬 물그릇을 받들 듯 하고 옥을 잡은 것 같이 함. 매우 조심하는 모양을 이르는 말. 「소학」 "명륜(明倫)" 편의, "孝子 如執玉 如奉盈 洞洞屬屬然 如弗勝 如將失之"에서 온 말.

441)증밍(曾孟) : 증자(曾子)와 맹자(孟子)를 함께 이르는 말.

442)안연(顔淵) : '안회(顔回)'의 성(姓)과 자(字)를 함께 이르는 이름. *안회(顔回); 중국 춘추 시대의 유학자(B.C.521~B.C.490). 자는 자연(子淵). 공자의 수제자로 학덕이 뛰어났다.

443)즈유(子有) : 유약(有若). 중국 춘추시대 노(魯)나라 유학자. 성(姓)은 '유(有)'. 이름은 '약(若)', 자는 '자유(子有)' 공자의 제자. '유자(有子)'로 칭한다. 박식하고 옛 사람의 도(道)를 좋아 하였으며, 모습이 공자와 닮아, 공자 사후에 공자와 함께 스승으로 추앙하였다.

444)죄범칠거(罪犯七去) : 죄가 칠거(七去)에 해당하는 죄를 범함. *칠거(七去): 예전에, 아내를 내쫓을 수 있는 이유가 되었던 일곱 가지 죄. 시부모에게 불손함, 자식이 없음, 행실이 음탕함, 투기함, 몹쓸 병을 지님, 말이 지나치게 많음, 도둑질을 함. 따위이다.

ᄒ고, 혼셔(婚書) 치례(采禮)445)를 가져 틱부인 안젼(眼前)의셔 쾌히 쇼화(燒火)ᄒ니 노흔 안식이 찬 옥 갓고, 위의(威儀) 상풍(霜風) 갓흐며, 하일지위(夏日之威)446) 늠늠 【11】ᄒ니 츠고 미온 날 갓흐며, 한텬(寒天)의 셜풍(雪風)이 쇼쇼(瀟瀟)ᄒ여 사름의 쎄를 브는 듯ᄒᄂ지라.

쇼공 부부와 냥형이 무어시라 기유(開諭)ᄒ며, 틱부인 위엄과 험악이나 ᄌ가 목젼의 질녀의 픽악이 튤거(黜去)의 죄 당연ᄒ니 무어시라 ᄒ리오. 도로혀 말이 막혀 묵묵무언(黙黙無言)ᄒ여 한낫 목인(木人) 갓치 안ᄌ 볼 쑨이러니, 혹시 녀시를 쾌히 영튤(永黜)ᄒ고 그 문명(問名)447)을 업시ᄒ미 져기 분긔를 진졍ᄒ고, 날호여 왕모긔 창졸의 녀녀의 튤쳑(黜斥)을 고품(告稟)치 못ᄒ고 ᄌ단 쳐치ᄒᄆᆯ 쳥죄ᄒ니, 틱부인이 쏘흔 쳔식(喘息)을 진졍ᄒ고 탄왈,

"질녀의 무ᄒᆡᆼ(無行)ᄒ미 올튼 아니【12】커니와, 근본은 윤시의 불평흔 빌미로 여 뷔 언언이 져만 그렷다 ᄒ니, 불통흔 아녀지 언식 픽만ᄒ기의 갓가오니 가히 후일을 징계ᄒ여 한번 닉치믄 괴이치 아니커니와, 문명(問名) 치례(采禮)를 쇼화ᄒᄆᆫ 너모 과도흔가 ᄒ노라. 니러나 져러나 도시 질녀의 금일 거죄 다 뉘 탓시리오. 젼혀 윤시의 그른 연괴요, 여부(汝父)의 ᄌ이 고로지 못ᄒ고 편벽흔 연괴라."

ᄒ더라.

니러구러 야심ᄒ엿ᄂ지라. 틱부인 셕반을 친히 간검(看檢)ᄒ여 드려 진식(進食)ᄒᄆᆯ 본 후 물너날식, 이 날 윤쇼졔 협실의 드러가 피무든 의상을 곳치고, 다시 구고를 밧드러 졔ᄉ금장(娣姒襟丈)【13】으로 시좌(侍座)ᄒ여시나, 창황흔 괴식과 공구(恐懼)흔 근심이 아미(蛾眉)를 잠가시니 구고와 삼쇄 심하의 이련ᄒᄆᆯ 니긔지 못ᄒ나, 틱부인 험악이 무어시라 ᄒᆯ고? 두려 감히 아른 쳬 못ᄒ고, 셜·오 냥부인이 위ᄒ여 앗기고 슬허ᄒ미 몸의 당흔 듯, 져의 연연 약질노 흉녀의 슈즁의 놀나기를 과히 ᄒ고, 쏘 셕식을 먹지 못흔 쥴 아로ᄃᆡ 감히 먹기를 니르지 못ᄒ니, 참연 이셕ᄒᄆᆯ 니긔지 못ᄒ고, 더욱 텰부인은 돌흘 삼킨 듯ᄒ니, 도로혀 아ᄌᆞ의 가즁 형셰를 모로지 아니며, 진궁 텬금 지란(芝蘭) 갓흔 교아를 구추히 인연을 도모ᄒᄆᆯ 한ᄒ더【14】라.

가장 야심흔 후 졔인이 물너나니, 틱흉이 쏘흔 윤쇼져를 상하(床下)의 불너 일장을

---

445) 치례(采禮) : 늑납폐. 혼인할 때에, 사주단자의 교환이 끝난 후 정혼이 이루어진 증거로 신랑 집에서 신부 집으로 예물을 보냄. 또는 그 예물. 보통 푸른 비단과 붉은 비단을 혼서와 함께 함에 넣어 신부 집으로 보낸다.

446) 하일지위(夏日之威) : '여름날의 이글거리는 해와 같은 위엄'이라는 뜻으로, 위엄이 높은 것을 비유적으로 이르는 말. 남북조시대 진(晉)나라 학자 두예(杜預)가 『춘추』를 주석하면서 (晋)나라 조둔(趙盾)의 인품을 '하일지위(夏日之威)'라고 평한 데서 유래했다.

447) 문명(問名); 신랑 측에서 신부 집에 납채(納采)를 행한 후, 다시 신부 집에 신부의 이름을 묻는 서간을 보내는데, 이를 문명(問名)이라 한다. 신부의 이름을 묻는 것은 신랑 집의 청혼의사가 확고함을 나타내는 동시에 신부 집의 허혼을 독촉하는 뜻이 담겨 있다. 따라서 신부는 이 문명(問名)을 신랑 집의 청혼서(請婚書)로서 일생동안 간직하였다. 이때 신부 집에서는 당시 여자에게는 이름이 없기 때문에 신부의 어머니 성씨를 적어 보내 허혼의 뜻을 밝혔다. 따라서 문명은 양가가 정혼한 사이임을 뜻한다.

조로며 슈욕(數辱)ᄒ여, ᄌ긔 신상이 불안ᄒ니 손을 쥐무ᄅ며 다리를 쥐무ᄅ라 ᄒ여, 그 약질을 못견듸도록 보ᄎᆞ다가, 닭이 울ᄆᆡ 비로쇼 허(許)ᄒ여 협실의 머물게 ᄒ니, 이ᄂᆞᆫ 오릭지 아냐 신성(晨省) ᄣᅵ 다ᄃᆞ를 거시니, 가ᄌᆞᆼ이 모흐면 ᄌᆞ긔 윤쇼져를 괴로이 보ᄎᆞ여 경야(經夜)ᄒᆞᆫ 줄을 알게 아니려 ᄒ미오, 윤시 약질의 갓부믈 니긔지 못ᄒ여 혹 신성이 늣거든, 틱만ᄒᆞᆷ믈 의법(依法)히 칙ᄒ려 ᄒ미라.

윤쇼제 본듸 부형 여ᄆᆡᆨ(餘脈)으로 싱이지지(生而知之)ᄒᆞᆫ 셩명지질(聖明之質)이 【15】라. 엇지 흉픠ᄒᆞᆫ 노고의 노흉ᄒᆞᆫ 눈츼를 모ᄅ리오. 물러가라 ᄒᆞᄂᆞᆫ 명이 이시나 감히 쉬지 못ᄒ고, 헛흔 운발(雲髮)을 쇼하(梳下)ᄒ고 쇼셰(梳洗)를 졍히ᄒ고 의상을 졍돈ᄒ니, 발셔 신성 ᄣᅵ 되엿더라.

쇼져의 유아(乳兒)448) 시비(侍婢) 쳔금 쥬인의 신셰 니러틋 고초ᄒᆞᆷ믈 셜워ᄒ고, 약질의 보젼치 못홀가 우황(憂惶) 초조(焦燥)ᄒ나 능히 홀일업더라. 쇼제 강질(强疾)ᄒ여 존당의 드러가니 졔인이 ᄯᅩ ᄒᆞᆫ가지로 모닷더라.

틱부인이 흔연ᄒᆞᆫ 낫빗ᄎ로 ᄂᆡ젼(內殿)져[셔] 온 쳬ᄒ니, 쇼공 부부와 삼쇠 ᄯᅩ 모ᄅᆞᄂᆞᆫ 쳬ᄒ여 ᄌᆞᆨ약히 말ᄉᆞᆷᄒ여 화긔 가득ᄒ니, 틱흉의 흉심이나 【16】 평계홀 《귀단∥사단(事端)》이 업셔, 다만 톱을 감초고 엄을 쥬리혀 즁목 쇼시의 험괴를 덜 부리고, 윤쇼져를 가만 가만 조로고 보ᄎᆞ여 아모조록 슈이 도모ᄒ여 녀옥을 쥬고져ᄒ나, 계교를 싱각지 못ᄒ여 우민(憂悶)ᄒ더라.

ᄎᆞ시 녀시 흉인이 노상의셔 년ᄒ여 울며, 쇼공 부ᄌᆞ와 윤시 졔인을 참혹히 슈욕(數辱)ᄒ며 제 집의 도라가니, 이 ᄣᅵ 녀방과 취시 졍히 침당의 쵹을 붉히고 쳥션 요리로 더부러 냥녀의 젼졍(前程) 계활(計活)을 근심ᄒ여, 슈졍은 임의 능싱 부녀의게 의탁ᄒ여시니 다시 근심홀 거시 업스나, 다만 윤·하·뎡을 멸ᄒ여 보원(報怨)치 못ᄒ량 【17】이면, 윤어ᄉᆞ 셰린과 셜부인을 히ᄒ여 슈졍의 샤원(私怨)이나 갑고, ᄯᅩ 쇼흑ᄉᆞ의 ᄌᆞ취 윤쇼져를 업시ᄒ여 쇼흑ᄉᆞ의 바라ᄂᆞᆫ 마음을 씃코, 장녀의 신셰 회복ᄒ기를 의논ᄒ더니, 홀연 밧그로붓허 곡셩이 진동ᄒ며 ᄉᆞ오인 가뎡(家丁)이 쥭교를 메여 졍하(庭下)의 노흐며, 졔복(諸僕)이 말업시 밧브믈 일ᄏᆞ라 도라가니, 녀시의 유뢰 호흡이 쳔쵹(喘促)ᄒ여 급ᄒᆞᆫ 슘을 니두로며, 쇼흑ᄉᆞ의 젼어와 쇼져의 츌화 본 ᄉᆞ연을 되강 알외니, 급ᄉᆞ 부뷔 되경 되로ᄒ여 쇼공 부ᄌᆞ를 크게 ᄭᅮ지ᄌᆞ며 급히 나리다라, 교즁의 녀ᄋᆞ를 붓드러 ᄂᆡ여 슈족 민 거슬 그ᄅᆞ고 붓드러 【18】 슬허ᄒ니, 흉인이 울며 왈,

"요ᄉᆞ이ᄂᆞᆫ 혹식 쇼녀로 더부러 냥익(兩厄)이 진ᄒ연지, 금슬의 쇼원ᄒᆞᆷ미 덜ᄒ여 이셩지낙(二姓之樂)을 미ᄌᆞ 져기 부부의 은졍이 잇던 거슬, 금일 이 거조ᄂᆞᆫ 젼혀 윤녀의 탓시라."

ᄒ니, 녀방과 취시 이 말을 드ᄅᆞᄆᆡ 더욱 윤쇼져 원망ᄒᆞᆷ미 참혹ᄒ고, 쇼공의 ᄌᆞ부 ᄉᆞ랑이 편벽되믈 욕ᄒ니, 흉녜 우러 왈,

---

448) 유아(乳兒) : 유모와 아시비(兒侍婢)를 함께 이른 말.

"쇼녜 싱젼의 윤녜 죽다 ᄒᆞ면 셕ᄉᆞ(夕死)나 무한(無恨)이로쇼이다."

부뫼 위로ᄒᆞ며 손을 닛그러 실즁의 드러가 쳥션을 뵈며, 이 가온ᄃᆡ 묘계(妙計) 이시믈 니ᄅᆞ니, 흉녜 깃거ᄒᆞ나 ᄯᅩ 【19】 분연ᄒᆞ여, 니ᄅᆞᄃᆡ,

"슉뫼 비록 윤시를 믭다 ᄒᆞ시나, ᄯᅩ흔 죽일 의ᄉᆞ는 ᄒᆞ지 아니샤, 아모 계교로나 브ᄃᆡ 탈취ᄒᆞ여 죵거(從哥)449) 녀옥을 쥬려 ᄒᆞ시ᄂᆞ니, 쇼녜 본ᄃᆡ 윤녀의 별이(別異) 이질(異質)이 믭기 심ᄒᆞ여, 안즁(眼中)의 못시 되엿던 거시니, 브ᄃᆡ 한번 젼제(專諸)450)의 어장검(魚腸劍)451)을 빗니 가라, 그 머리를 황월(黃鉞) 아ᄅᆡ 다라, 그 놉흘 와 ᄌᆞ득ᄒᆞ던 한을 갑흐려 ᄒᆞ거늘, 엇지 죵거거(從哥哥)의 ᄋᆡ희(愛姬)되여 호춍(好寵) 양양(揚揚)ᄒᆞᄂᆞᆫ 꼴을 쇼문인들 드ᄅᆞ리오. 쳥션 수뷔 만일 이갓치 신통흔 지죄 잇거든, 슉모는 모ᄅᆞ시게 윤녀를 아ᄉᆞ다가 업시케 ᄒᆞ쇼셔."

쳥션이 흔연 왈, 【20】

"님시ᄒᆞ여 쳐변ᄒᆞ리니 쇼져는 근심치 마로쇼셔."

녀시 ᄃᆡ희ᄒᆞ여 날마다 심복을 쇼부의 보ᄂᆡ여 쇼식을 탐지ᄒᆞ더라.

이튼날 녀급ᄉᆞ 쇼부의 니ᄅᆞ러 쇼공 부ᄌᆞ를 보고 무죄흔 녀아를 거(去)ᄒᆞᄆᆞᆯ 면칙(面責)고져 ᄒᆞ더니, 쇼공 슈부지 조당의셔 밋쳐 도라오지 못ᄒᆞ엿ᄂᆞᆫ 고로, 닉당의 드러가 져져긔 ᄇᆡ견(拜見)ᄒᆞ니, 녀흉이 반기며 일즉 온 연고를 뭇거늘, 급ᄉᆞ 긔운이 분분ᄒᆞ여 쇼공 부ᄌᆞ를 면칙ᄒᆞ라 온 연고를 니ᄅᆞᄃᆡ, 녀흉이 탄왈,

"현뎨 니ᄅᆞ지 아니나 ᄂᆡ 엇지 질아를 ᄉᆞ랑치 아니며, 작일의 질녀의 과악이 여ᄎᆞ여ᄎᆞ 【21】 과단치 아니면, 엇지 일언을 아니코 질녀로 ᄒᆞ여곰 치례(采禮) 문명(問名)을 쇼화ᄒᆞ고 츌거ᄒᆞᄂᆞᆫ 지경의 밋게 ᄒᆞ리오. 숀아는 텬셩이 지효흔 아ᄒᆡ라 우연흔 타인이라도 졔 늙은 아뷔를 불공(不恭) 픽셜(悖說)노 슈욕(數辱)흔즉, 그 ᄌᆞ식의 도리 무단이 잇지 못ᄒᆞ려든, ᄒᆞ믈며 며ᄂᆞ리 되여 싀아뷔를 능욕ᄒᆞᄂᆞᆫ 쳐ᄌᆞ를 아모리 어린 남진들 권연(眷戀)ᄒᆞ리오. ᄉᆞ쳬 당여ᄉᆞ(當如斯) 고로, 우졔(愚弟) 능히 위엄으로 관속지 못ᄒᆞ엿노라. 현뎨 여ᄎᆞ 곡졀을 치 모ᄅᆞ고 열업시 문환을 면칙ᄒᆞ다가, 슌·영·셩 셰낫 요독흔 괴물의 쳥산 뉴슈 갓흔 니구지셜(利口之說)노 무【22】안(無顔) 보지 말고 모로

---

449)죵거(從哥) : 죵거거(從哥哥). 사촌오빠. *거거(哥哥); 형(兄). 오빠. 중국어 차용어로, 주로 여성이 손위 남자 형제를 이르는 말로 사용된다.

450)젼제(專諸) : 춘추전국시대 초(楚)나라 정치가 오자서(伍子胥)의 자객. 구야자(歐冶子)라는 장인(匠人)이 세 개의 명검을 만들어 이 중 하나를 오자서에게 주었는데, 오자서가 오왕(吳王) 요(僚)의 형인 합려(闔閭)의 왕위찬탈을 돕기 위해, 이 칼을 전제에게 주면서, 요를 죽이도록 지시하였다. 전제는 요리사로 가장하여 생선 속에 이 칼을 몰래 숨겨 넣고 들어가 요를 죽이는데 성공하였는데, 이로써 왕위에 오른 합려(闔閭)는 요를 처단한 검을 물고기 내장에 숨겼다 하여 어장검(魚腸劍)이라는 이름을 붙여 주었다.

451)어장검(魚腸劍) : 춘추전국시대 초(楚)나라 정치가 오자서(伍子胥)가 수하(手下) 자객 전제(專諸)에게 주어 오왕(吳王) 요(僚)를 암살하게 하였던 명검(名劍). 전제가 이 검을 물고기의 내장 속에 숨겨 들어가 암살에 성공하였다 하여, 요의 암살로 왕위에 오른 합려(闔閭)가 이 검에 '어장검(魚腸劍)'이라는 이름을 붙여 주었다 한다.

는 쳬 바려두라. 우졔 죵용이 션쳐ㅎ여 죵말 스셰를 보아가며 윤녀를 업시ㅎ고 셰셰히 도모ㅎ여 질녀를 다려오게 ㅎ리라."

녀방이 져져의 말슴을 올히 너겨 이윽이 한담ㅎ다가 도라가니라.

윤쇼져의 화익(禍厄)이 당추(當此)ㅎ니, 하늘이 조각을 빌니시고 조물이 씩를 여으는지라. 맛춤 진궁의셔 위틴비 셔열(暑熱)의 감돈ㅎ여452) 스오일 딩통(大痛)ㅎ니, 비록 보미와 삼탕(蔘湯)으로 긔운을 도도나, 부인이 주유(自幼)로 허픽(虛敗)ㅎ기 심훈 고로, 무병홀 젹은 관계치 아니나 쇼쇼(小小) 미양(微恙)이라도 어든즉 딩통ㅎ눈지라. 노인의 【23】 긔운이 허탕(虛蕩)ㅎ여 주못 위독ㅎ니, ㅎ물며 년급팔슌(年及八旬)이라. 그 병을 엇지 놀나지 아니리오. 진궁과 샹뷔(相府) 진경(盡驚)ㅎ더니, 틴부인이 일일은 졍신을 슈습ㅎ여 왈,

"노뫼 비록 이 병의 죽지 아닛눈다 ㅎ여도, 원간 셔산(西山) 님년(臨淵)ㅎ여시니, 셰월이 언마 오리리오. 션화를 졔손 즁 각별 스랑ㅎ더니, 한번 츌가(出嫁)ㅎ여 도라간 슈년의 계오 한번 명닌 등의 입쟝ㅎ던 날 꿈 갓치 보고 즉시 도라가니, 향염(香艶)훈 긔질을 쥬야 보고져 시븐지라. 병회(病懷)의 더욱 그리옴을 참지 못ㅎ니, 여등이 비록 어려오나 쇼공 【24】 부주를 보고 션화의 슌여일(旬餘日) 근친(覲親)ㅎ믈 엇게ㅎ라."

진왕이 왕모의 말슴이 노감쇼치(老感所致)의 주연ㅎ신 줄 감동ㅎ여 비이슈명(拜而受命)ㅎ고, 이의 친히 가(駕)를 촉ㅎ여 쇼부의 나아가 쇼공 부주를 보고, 이 스졍을 니르고 녀아의 귀령을 쳥ㅎ니, 쇼공이 주부인(慈夫人) 의향을 아지 못ㅎ여 쾌허치 못ㅎ고, 유유히 졍당의 드러가 틴부인긔 진왕이 친히 니르러 그 왕모 위틴비 환후로 윤시의 근친 쳥ㅎ믈 알외니, 녀흥이 젼 갓흐면 벅벅이 허치 아닐 거시로듸, 궁구ㅎ여 니런 조각을 엇고져 ㅎ던 치(次)라. 심하의 크게 깃거 일 【25】 어의 흔연 쾌허ㅎ니, 쇼공이 모친이 반둣시 견집(見執) 불허ㅎ실가 ㅎ엿더니, 니르툿 쾌허ㅎ믈 보니 깃브며 다힝ㅎ나, 도로혀 의괴ㅎ믈 마지 아니터라.

부인이 밋쳐 녀가의 통ㅎ여 쥬변홀 스이를 혜아려 쏘 니르듸,

"노뫼 윤시의 지조를 시험ㅎ여 단삼(單衫)을 짓다가 밋쳐 다 못ㅎ여시니, 일을 ㅎ다가 두지 못ㅎ리니 맛당이 다ㅎ고 가게 ㅎ라. 일식이 져물니라."

쇼공은 호의(狐疑) 업고 쇼탈훈 쟝뷔라. 슌히 허락ㅎ눈 쥴만 다힝ㅎ여 슌슌 응듸ㅎ고 밧그로 나와 진왕을 보아 식부의 귀령을 허ㅎ고, 우왈, 【26】

"편친의 주부의 뇨조(窈窕) 혜힐(慧黠)ㅎ믈 스랑ㅎ샤 써나기를 연연(戀戀)ㅎ시므로 셕양의 보니라 ㅎ시니, 존부의 거륜(車輪)을 보닉지 말고 쇼뎨 출혀 보닉리라."

진왕이 깃거 칭스ㅎ고 즉시 도라가니, 추시 윤쇼졔 임의 젼붓터 비록 모르는 쳬ㅎ나, 쇼녀시 이실 졔 틴부인이 밀밀 샹의ㅎ여 주긔를 취ㅎ여 녀츄(酋)를 쥬려ㅎ믈 아랏눈지라. 이 날 딩화(大禍) 박두ㅎ믈 알믹, 딩경 실식ㅎ여 이의 가만이 유모 난셩과 심

---

452)감돈ㅎ다 : 감기에 걸리다. *감돈 : 감기.

복 시녀 쳥미를 불너 계교를 니르니, 난셩·쳥미ᄂᆞᆫ 하류 가온ᄃᆡ 녈협(烈俠)이오, 지긔(才氣) 【27】 과인(過人)ᄒᆞᆫ지라. 이의 쇼져의 녕을 바다 쇼져 침누의 도라와 한단 풀을 어더 진심ᄒᆞ여 초인(草人)을 ᄆᆡᆫ들고, 쇼져의 금슈의샹(錦繡衣裳)을 닙히며, 얼골을 빅깁으로 ᄡᅳ고 운환(雲鬟)을 쒸오며, 화관 옥픿로 명부의 의복 졔도를 다ᄒᆞ여, 침실 병풍 뒤히 감쵸앗다가 힝ᄉᆞᄒᆞ려 ᄒᆞ더라.

과연 이 날이 져물기의 밋ᄎᆞ니, 녀부인이 바야흐로 쇼져를 도라가라 ᄒᆞ니, 쇼졔 주약히 명을 바다 구고긔 하직ᄒᆞ고, 셜·오 냥부인으로 분슈(分手)ᄒᆞ여 도라갈ᄉᆡ, 이 ᄣᆡ 셕식을 출ᄒᆡᄂᆞᆫ ᄣᆡ라. ᄎᆞ환복뷔(叉鬟僕夫) 분쥬ᄒᆞ여 아모도 【28】 쇼져 승교시(乘轎時)의 보ᄂᆞ 니 업더라.

유뫼 가졍을 분부ᄒᆞ여 금교(錦轎)를 쇼져 침누(寢樓) 후졍의 노흐라 ᄒᆞ고, 모든 시비 초인을 옹호ᄒᆞ여 승교ᄒᆞ게 ᄒᆞᆫ 후, 쇼져ᄂᆞᆫ 유모 듁교를 타고 다만 쳥미 등 슈십인 시비 응후(擁後)ᄒᆞ여 ᄆᆡ시니, 유모ᄂᆞᆫ 드ᄃᆡ여 이 뉴의 셧겨 가니 알니 업더라. ᄎᆞ시 녀노흥이 심복 시녀로 밧비 윤시의 귀령ᄒᆞᄂᆞᆫ ᄉᆞ연을 녀가의 긔별ᄒᆞ니, 녀슉 부지 임의 맛쵼 일이라. 이 젹의 혜졍 요녀ᄂᆞᆫ 제 집의 일망을 머므러 위틱비 유병 젼의 발셔 도라갓더라.

녀옥 젹지 쒸놀며 깃거 밧비 가졍(家丁) 장확(臧獲)을 닉여 노화, 【29】 동닌(洞隣)의 무뢰(無賴) 악쇼비(惡少輩) 이십여 인과 본부 가졍 십여 인을 다 흰 조희 가면을 쓰이고, 긴 막ᄃᆡ와 넙은 ᄆᆡ를 들녀, 제 스스로 가비야온 밉시로 졔뉴(諸類)와 한가지로 초리(草履)를 들메고 큰 칼을 잡고, 승셕ᄒᆞ여 취운산 북츈봉 어귀의 그윽ᄒᆞᆫ ᄃᆡ ᄆᆡ복ᄒᆞ여, 윤쇼져의 도라가는 힝도를 기다리더니, 과연 날빗치 거의 황혼의 무슈 하리 츄종이 길흘 인도ᄒᆞ며, 두 셰 홍분치의(紅粉彩衣) 향을 잡아 길흘 여ᄂᆞᆫ 곳의, 한낫 금눈치거(金輪彩車)를 옹호ᄒᆞ여 곡노(曲路)를 지날ᄉᆡ, 곡뇌 심히 협칙(狹窄)ᄒᆞ여 사름이 능히 만히 힝치 못ᄒᆞᄂᆞᆫ 고로, 금덩을 호위 【30】 ᄒᆞᆫ 젼두(前頭) 시위(侍衛) 엉쭝이 동안 ᄡᅳ게 완완이 ᄶᅥ져 힝ᄒᆞᄂᆞᆫ지라.

젹츄(賊酋)의 당뉘(黨類) 대열(大悅)ᄒᆞ여 한 쇼ᄅᆡ 고함의, 급히 닉다라 긴 창과 큰 ᄆᆡ로 교부(轎夫)와 조초 시녀를 두다려 ᄶᅩᄎᆞ니, 졔녀ᄂᆞᆫ 임의 쇼져의 명을 드러 약속이 잇ᄂᆞᆫ 고로, 다만 뒤히 ᄶᅥ지인 듁교를 호힝ᄒᆞᄂᆞᆫ지라. 한 ᄆᆡ도 맛지 아냐셔 짐짓 크게 울며 ᄉᆞ산분궤(四散分潰)ᄒᆞ고, 교부(轎夫)ᄂᆞᆫ 무망즁(無妄中)이라 불과 십여인 창뒤(蒼頭) 엇지 져 흉인의 조비(造備)ᄒᆞᆫ 바 봉예(鋒銳)를 능당(能當)ᄒᆞ리오.

일시의 셔로 닷호아 강도ᄂᆞᆫ 긔계(器械)를 가졋고 져희ᄂᆞᆫ 촌쳘(寸鐵)이 업ᄉᆞ니, 능히 당치 못ᄒᆞ여 치교를 바리미 되니, 강도의 무리 일 【31】 시의 용약ᄒᆞ여 메고 쳡쳡 산곡을 말미암아 먼니 다라나니라.

쇼부 가졍(家丁) 복부(僕夫)ᄂᆞᆫ 망극ᄒᆞ나 홀일업셔, 낭픿ᄒᆞᆫ 경ᄉᆞ으로 도라가 진궁과 쇼부의 이 쇼유를 알외니, 냥가(兩家)의셔 존당 상히 대경 실ᄉᆡᆨᄒᆞ더라. 냥부의셔 가졍 복부를 ᄉᆞ면으로 엇ᄂᆞᆫ 체ᄒᆞ다가 인ᄒᆞ여 ᄎᆞᆺ지 못ᄒᆞ니라.

쇼공과 텰부인이 쳐음의 ᄉ기(事機)를 알오미 잇는 고로, 불ᄒᆡᆼ 즁 아부(兒婦)의 방신(芳身)이 무ᄉᆞᄒᆞᆷ믈 깃거ᄒᆞ나, 삼쇼로븟허 가즁 졔인은 아지 못ᄒᆞᄂᆞᆫ 고로, 일가의 앗기고 슬허ᄒᆞ미 비길 ᄃᆡ 업고, 쇼혹시 참연(慘然) 비이(悲哀)ᄒᆞ여 능히 슉식(宿食) 침좌(寢坐)의 넘녀를 【32】 노치 못ᄒᆞ니, 녀흥이 가만이 징긔라오믈 늑기지 못ᄒᆞ나, 것ᄎᆞ로 거즛 경참(驚慘)ᄒᆞ믈 니ᄅᆞ니, 쇼공 부뷔 그 흉휼(凶譎)ᄒᆞᆫ 심용(心用)을 가연(可憐)ᄒᆞ더라.

뇨흥이 잇흔날 ᄯᅩ 심복을 녀가의 보ᄂᆡ여 쇼식을 아라 온즉, 이 믄득 크게 아달온 바는 녀츄(酋)의 당뉘 윤쇼져 치교(彩轎)를 아ᄉᆞ 메고 닷더니, 홀연 산곡 암혈(巖穴) ᄉᆞ이로셔 두 쓸 돗친 괴이ᄒᆞᆫ 즘싱이 닉다라, 뎡 속의 쇼져를 무러 가니, 젹뉘(賊類) 낭픽ᄒᆞ여 무류히 도라오니, 녀옥 젹취 목젼의 슈고 아냐 슉녀 가인을 취ᄒᆞᆯ가 양양ᄒᆞ다가, 낭픽 실망ᄒᆞ여 도라와 도로혀 병이 되여 【33】음식을 먹지 아니ᄒᆞ고 머리 ᄊᆞ누엇다 ᄒᆞᄂᆞᆫ지라.

노흥이 이 쇼식을 듯고 ᄃᆡ경 탄왈,

"옥이 반ᄃᆞ시 슉녀 어들 복이 업ᄉᆞ미로다."

ᄒᆞ고, 쇼녀시를 위ᄒᆞ여 윤쇼졔 아조 종젹 업시 쥭을 바를 깃거ᄒᆞ나, ᄉᆞ식지 아니코 녀가의셔는 옥이 니러ᄐᆞ시 쥭으려 셔도니, 부뫼 붓드러 쳔만 위로ᄒᆞ며 도로혀 우환이 되엿더라.

원간 치교 속 윤쇼져의 초신(草身)을 아ᄉᆞ 간 즈는 쳥션 요리(妖尼)라. 쇼녀시 심복을 노화 쇼부쇼식을 날마다 듯보더니, 쳥션을 보ᄂᆡ여 계교를 ᄒᆡᆼᄒᆞ여 아ᄉᆞ다가 먼니 가 아조 쥭이라 ᄒᆞ니, 쳥션이 ᄯᅩᆫ ᄒᆡᆼᄉᆞᄒᆞ노라 ᄒᆞ【34】니, 황혼 흑야(黑夜) 즁이라. 져도 밋쳐 슈미(首尾)를 도라 보지 못ᄒᆞ고, 진짓 윤쇼져만 너겨 초인을 거두쳐, 무인 심야의 거체 어즈러온 고로, 쳔방 지방 급히 ᄒᆡᆼᄒᆞ여 남강 물 가온ᄃᆡ 더지고, 은신법(隱身法)으로 녀가의 오니, 날이 평명(平明)이 되엿더라.

쳥션이 급ᄉᆞ 부녀를 보고 득계(得計)ᄒᆞ믈 니ᄅᆞ니, 급ᄉᆞ 부뷔 깃거 만만 ᄉᆞ례ᄒᆞ고, 쇼녀시 칭ᄉᆞ 왈,

"윤녀 요물을 니러ᄐᆞ시 용이히 업시ᄒᆞᆷ믄 다 ᄉᆞ부의 신긔 묘계와 큰 은덕이니, 쳡이 만일 다시 쇼시의 인연을 니어 평싱이 안낙ᄒᆞᆯ진ᄃᆡ, 오늘날 큰 은혜를 닛지 아니ᄒᆞ리라."

ᄒᆞ고, 후ᄃᆡᄒᆞ며 【35】공경ᄒᆞᆷ믈 스싱 갓치 ᄒᆞ며, 《식복‖심복(心服)》 초환을 다시 쇼부의 보ᄂᆡ여 튀부인 긔식을 탐관ᄒᆞ고, ○[ᄯᅩ] 녀시랑 집에 보ᄂᆡ여 녀옥의 공연이 《허혼‖虛行》 실망ᄒᆞ믈 듯고, 녀방 부부 부녜 실쇼ᄒᆞ기를 마지 아니ᄒᆞ니, ᄎᆞ녀의 골육 동긔 지친지간이라도 니러ᄐᆞ시 불목 불협ᄒᆞ여 즈즁의 난을 일위니, 가위긔관(可謂奇觀)이러라.

쳘인의 명견(明見) 달식(達識)은 일쳬라. 이 젹의 동창휘 녀녀 요인을 가간(家間)의 일위미 반ᄃᆞ시 취화(取禍)의 장본이믈 아는지라. 미뎨 귀령을 쾌허ᄒᆞ여 도라보ᄂᆡ는 쥴

이 가쟝 괴이ᄒᆞ니, 흉인의 간의(奸意)를 측냥치 못ᄒᆞ여, 스스로 안상(案上)의 【36】 쥬역(周易) 팔과(八掛)를 내리고, 믹ᄌᆞ를 위ᄒᆞ여 츄졈(推占)ᄒᆞ니, 졈ᄉᆞ(占辭) 처음은 흉ᄒᆞ고 놀나오나 종말은 디길ᄒᆞ여, 반ᄃᆞ시 명쳘 보신지계(明哲保身之計) 잇ᄂᆞᆫ지라.

창휘 졈과(占掛)를 어로만져 ᄌᆡ삼 슬피고 희동안식(喜動顏色)ᄒᆞ여 깃거ᄒᆞ나, 다시음 역니(易理)를 궁구ᄒᆞ건ᄃᆡ, 쇼미 아마도 이 곳의 안신(安身)치 못ᄒᆞᆯ 거시니, 시슈(時數)를 거스려 이의 머믄즉 낙미지홰(落眉之禍) 더옥 급ᄒᆞᆯ지라. 츄졈(推占)ᄒᆞ기를 다ᄒᆞ고 가연(慨然) 탄식ᄒᆞ여 ᄌᆞ긔 동긔 ᄌᆞ남(姊男)이 다 지앙이 만흐믈 ᄌᆞ츠(咨嗟)ᄒᆞ고, ᄯᅩᄒᆞᆫ 쇼져의 도라오미 황혼이믈 깃거ᄒᆞ더라.

창휘 이의 금난뎐의 드러가 모비긔 뵈옵고, 원인벽좌우(遠人僻左右)453)【37】ᄒᆞ고 쇼미의 피화ᄒᆞᆯ 도리를 쥬ᄒᆞ니, 슉렬비 놀나 왈,

"션홰 본ᄃᆡ 지앙이 만흔 아희라. 종말이 엇지 넘녀롭지 아니며, ᄯᅩᄒᆞᆫ 오아의 의논이 최션ᄒᆞ니, 이 가즁의 무심히 모로ᄂᆞᆫ 듯ᄒᆞᆫ 가온ᄃᆡ나, 초국(楚國)의 좌ᄉᆞ미(左司馬)454) 이시니 가히 방심치 못ᄒᆞᆯ 비니, 니 맛당이 여ᄎᆞ여ᄎᆞᄒᆞ여 간인의 이목을 가리오고, 종용이 션쳐ᄒᆞ여 네 부왕과 상의ᄒᆞ고 션화를 아직 진부의 머믈게 ᄒᆞ리라."

창휘 계슈복슈(稽首伏首)ᄒᆞ여 모비 셩언이 지연(至然)ᄒᆞ시믈 ᄉᆞ례ᄒᆞ더라.

ᄎᆞ셕의 슉녈비 심복 ᄉᆞ지관환(事知官宦)455)으로 ᄒᆞ여곰 님시응변ᄒᆞᆯ 지모【38】를 일일히 가ᄅᆞ치니라.

원니 진부ᄂᆞᆫ 낙양후 부즁이니, 션화쇼져의 친싱 외개(外家)라. 슉녈비 심복 시녀 계션이 슉녈비의 명을 밧ᄌᆞ와 이 ᄉᆞ연을 진비긔 고ᄒᆞ니, 진비 졍히 녀아 ᄉᆞ렴이 간졀ᄒᆞ여 슈히 오기를 기다리더니, ᄎᆞ언을 듯고 ᄃᆡ경실식ᄒᆞ여 급급히 계파를 글월을 맛져 본부의 보ᄂᆡ니, 계픽 교ᄌᆞ를 타고 진부의 나아가 회양후와 부인긔 비알ᄒᆞ고, 뎡·진 냥비의 글월을 올니니, 진후 부뷔 질녀와 녀아의 셔즁ᄉᆞ의(書中辭意)를 보고 불승ᄃᆡ경(不勝大驚)ᄒᆞ여 긔별ᄒᆞᆫ ᄃᆡ로 예비ᄒᆞ여, 손녀의 오기를 기다리더라.

이 ᄯᅥᆯ 녀녜 윤【39】시의 봉변(逢變) ᄉᆞ화(死禍)ᄒᆞ믈 보고, 즉시 구가로 나아와 ᄉᆞ긔를 규쳥(窺聽)ᄒᆞ더니, 홀연 윤쇼져 뫼셔 오든 시비 울며 윤부의 와 쇼져의 봉변흔 ᄉᆞ단을 ᄌᆞ시 알외니, 존당 상하 노위(老幼) ᄎᆞ언을 듯고 경히 실식지 아니리 업고, 진왕과 상국이 비록 짐쟉흔 일이나 불승 통히ᄒᆞ믈 늑기지 못ᄒᆞ며, 진비ᄂᆞᆫ ᄉᆞ싱(死生)으로써 넘녀ᄒᆞ미 아니로ᄃᆡ, 쳔금 녀아의 신셰 니러ᄐᆞᆺ 어즈러오믈 슬허, 옥뉘(玉淚) 상연(爽然)ᄒᆞ믈 ᄭᆡ닷치 못ᄒᆞ니, 슉녈비와 남·화 이비의 통셕ᄒᆞ미 한가지오, 하·장 냥부인이며 가즁 상하 남녀 노위 다 쳑쳑 비이ᄒᆞ믈 마지 아【40】니ᄒᆞ니, ᄒᆞ물며 위·조

---

453)원인벽좌우(遠人僻左右) : 밀담을 하려고 사람을 가까이 접근치 못하게 하고, 곁에 있는 사람도 물리침

454)초국(楚國) 좌ᄉᆞ미(左司馬) : 중국 춘추시대 초나라 장수이자 전략가인 좌사마 심윤술(沈尹戌). 당시 오(吳)나라와의 백거(柏擧) 전투에서 자신의 전략이 지켜지지 않아 초군이 대패하자 자결하였다.

455)ᄉᆞ지관환(事知官宦) : 일을 잘 아는 궁관(宮官).

냥틱비 놀나실가 져허 쇼져의 피화흔 곡절을 알오미 이시나, 위틱비 즁병지여(重病之
餘)의 노인의 심졍이 나약흔지라. 병심(病心)의 보고져 흐다가 보지 못흘믈 결연흐여,
엄연(奄然) 비쳬(悲涕)흐믈 마지 아니흐니, 비록 일이 무스흐믈 아는 지라도, 션화쇼져
의 졀츌 탁셰흔 셩덕 광념으로 진궁 만금 농쥐어늘, 팔지 홀노 슌치 못흐여 홍안의
니극지싀(已極之猜)를 맛나미 극흐여, 위굴하등(爲屈下等)흐미 쇼흑스의 직실이 될 쭌
아니라, 녀녀 흉인의 궤상육(机上肉)이 되고, 노흉의 보치이는 스환(使喚)이 되어, 십
여셰 연연 약녜 만상【41】간고(萬狀艱苦)를 경녁흐미 되니, 그 우연흔 타인이라도
감창(感愴) 익셕(愛惜)흐믈 니긔지 못흐거든, 더욱 스랑흐는 존당 부모와 우익흐는 동
긔 지친의 마음이리오.

좌위 면면이 누하여우(淚下如雨)흐여 쇼져의 평싱 신셰를 탄셕(歎惜)흐니 요인이 엇
지 진가를 알니오. 심하(心下)의 달근달근456)이 너겨 닝쇼흐믈 마지 아니터라.

녀네 침쇼의 도라와 면간의 숨의 우슴이 가득흐여 초진다려 왈,

"닉 금일 윤녀를 거거의게 몬져 도라보닉여 윤군의 날 업슈이 너기는 한을 갑핫거
니와, 니졔 어려온 거슨 남이(南夷) 북젹(北狄)을 마즈 쇼졔치 못흐여시니, 이 심복 뒤
【42】환이라."

초진이 웃고 하례 왈,

"우리 부인의 긔모비계(奇謀秘計)는 졔갈(諸葛)457)이 직셰흐고 진유지(陳孺子)458)
부싱(復生)흐나 무불하즈(無不瑕疵)흐오리니, 엇지 빅젼 빅승의 셩공 텬하○○[흐고],
남이(南夷) 북젹(北狄)을 한 북의 파흐고, 통일 스히(四海)459)의 즐기믈 엇지 못흘가
근심흐리잇가?"

녀시 혹탄(或嘆) 혹쇼(或笑) 왈,

"여언(汝言)이 최션(最善)흐거니와 져 쇼·엄 냥녀는 진실노 별유이긔(別有異氣)니
능히 슈히 히치 못흘가 넘녀흐는 비라. 닉 실노 인즁승텬(人衆勝天)460)을 긔약(期約)
흐나, 텬의(天意)와 시슈(屍首)를 예탁기 어렵도다."

쏘 함누(含淚) 뉴쳬(流涕) 왈,

"부유스히(富有四海)와 귀위텬즈(貴爲天子)461)도곤 어려온 밧즈는, 박졍낭(薄情郎)의

---

456)달근달근흐다 : 재미가 있고 마음에 들다.
457)졔갈(諸葛) : 제갈량(諸葛亮). 181~234. 중국 삼국 시대 촉한의 정치가. 자(字)는 공명(孔明). 시호는
　충무(忠武). 뛰어난 군사 전략가로, 유비를 도와 오(吳)나라와 연합하여 조조(曹操)의 위(魏)나라 군사
　를 대파하고 파촉(巴蜀)을 얻어 촉한을 세웠다. 유비가 죽은 후에 무향후(武鄕侯)로서 남방의 만족(蠻
　族)을 정벌하고, 위나라 사마의와 대전 중에 병사하였다
458)진유자(陳孺子) : 진평(陳平). ? - BC178. 중국 한(漢)나라 때 정치가. 한 고조 유방(劉邦)를 도와 여
　섯 번이나 기발한 꾀를 내, 천하를 평정케 함.
459)사해(四海) : 사방(四方)의 바다로 둘러싸인 온 세상.
460)인즁승텬(人衆勝天): '여러 사람이 힘을 합치면 하늘도 이길 수 있다'는 뜻으로 '사람의 힘이 큼'을 이
　르는 말.
461)부유스히(富有四海) 귀위텬즈(貴爲天子) : 천하의 부(富)를 수중(手中)에 두고, 천자가 되어 그 귀(貴)

은졍이라. 하로 밤 침셕 싯츌 빌기 어렵도【43】다."

셜파의 기리 희허(噫噓) 초창(怊悵)ᄒᆞ니 황황(恍恍)ᄒᆞᆫ 츈졍(春情)을 니기지 못ᄒᆞ여, 닙 가온ᄃᆡ 셰언(細言)으로 문군(文君)의 빅두시(白頭詩)462)를 읇흐며 쇼혜(簫惠)463)의 《ᄒᆡ월년년조득편∥회문시(回文詩)》을 외오니, 가는 옥셩(玉聲)이 쳐완(悽惋) 이졀(哀切)ᄒᆞ여 셕목(石木)이 동홀 듯ᄒᆞ더라.

니러틋 젼젼반측(輾轉反側)464)ᄒᆞ고 오ᄆᆡ경경(寤寐耿耿)465)ᄒᆞ여 능히 한 ᄌᆞᆷ을 일우지 못ᄒᆞ더니, 니러구러 밤이 싀니 명효(明曉)의 스스로 단장을 다ᄉᆞ려 존당의 문안ᄒᆞ고, 굼거오믈 춤지 못ᄒᆞ여 가만이 시비를 본부의 보닉여, 작셕(昨夕)의 윤쇼져를 아ᄉᆞ다가 엇지 쳐치ᄒᆞ며, 쇼져의 슌종ᄒᆞ며 아니믈 아라 오라 ᄒᆞ니, 초진이 승명ᄒᆞ【44】여 가더니 오릭지 아냐 도라오ᄃᆡ, 만면 경희(驚駭)ᄒᆞᆫ 샤싁으로 어제 져녁의 윤쇼져를 아ᄉᆞ 오다가, 다시 산녕(山嶺) 흉슈(凶獸)의 음희를 맛나 일흔 ᄉᆞ연과 녀공ᄌᆞ의 번뇌ᄒᆞ믈 고ᄒᆞ니, 녀녜 실식(失色) 냥구(良久)의 ᄯᅩᄒᆞᆫ 미쇼 왈,

"윤시 원간 지극ᄒᆞᆫ 묘복(眇福)이랏다. 진궁 만금 교와(嬌姽)로 상젹(相敵)ᄒᆞᆫ 옥인군ᄌᆞ(玉人君子) 어ᄃᆡ 업슬 거시 아니로ᄃᆡ, 굿ᄒᆞ여 년긔부젹(年紀不敵)ᄒᆞᆫ 쇼셩의 지실이 되어, 험난ᄒᆞᆫ 존당과 싀험ᄒᆞᆫ 원비의 살ᄃᆞ리 보치이는 종이 되엿더니, 나죵은 산녕(山靈)의 밥이 되니 그 팔ᄌᆡ 엇지 박복지 아니리오."

초진이 우ᄉᆞ며 맛당타 ᄒᆞ더라. 【45】하회 여하오.

녀노홈이 다시 빅계로 도모ᄒᆞ여 질녀의 기과쳔션(改過遷善)ᄒᆞ믈 일ᄏᆞ라 날마다 험난을 부리니, 쇼공 부지 견ᄃᆡ지 못ᄒᆞ여 녀시 화졍을 다시 녜로뼈 마ᄌᆞ 도라오니라.

션셜(先說)466) 쇼흑ᄉᆞ 부인 윤쇼졔 텬싱 지용 품질노, 본ᄃᆡ 화벌(華閥)의 탁싱(托生)ᄒᆞ며 명문의 교휵(敎慉)ᄒᆞ여 고문(高門) 셰덕(世德)이오 녕지(靈芝) 방향(芳香)이로ᄃᆡ, 다시 명운의 다험홈과 홍안의 졀츌(絶出)ᄒᆞᆫ 지앙을 면키 어렵고, 진궁 만금 교와로 젹인(適人)ᄒᆞ미 엇지 굿ᄒᆞ여 쇼흑ᄉᆞ의 지실이 되리오만은, 졍닌의 화법(畫法)을 숭상ᄒᆞ는 연고로 우연이 쇼져 화도(畫圖)를 일【46】워 공교히 쇼흑ᄉᆞ의 눈의 뵈니, 쇼흑ᄉᆞ

를 누림. 『셩학집요(聖學輯要)』〈졀검(節儉)〉편에 나오는 말.

462)문군(文君)의 빅두시(白頭詩) : 중국 전한(前漢) 때 사마상여(司馬相如)의 처 탁문군(卓文君)이 남편이 첩을 얻으려 하자 남편의 변심을 야속해하는 마음을 시로 읊어 남편의 마음을 돌이켰다는 시, 〈백두음(白頭吟)〉을 말함.

463)소혜(蘇惠) : 중국 동진 때 진주자사(秦州刺史) 두도(竇滔)의 아내. 자(字)는 약란(若蘭). 남편이 진주자사로 있다가 유사(流沙)라는 곳으로 유배를 갔는데, 남편을 그리워하여 비단을 짜고 그 위에다 841자로 된 회문시(回文詩)를 수놓아 보내, 남편을 감동케 한 이야기로 유명하다. 『진서(晉書)』에 이야기가 전한다. *회문시(回文詩); 머리에서부터 내리읽으나 아래에서부터 올려 읽으나 뜻이 통하고, 평측(平仄)과 운(韻)이 맞는 한시(漢詩).

464)전전반측(輾轉反側) : 잠이 오지 않아 누워서 엎치락뒤치락 함.

465)오매경경(寤寐耿耿) : 자나 깨나 언제나 마음에 잊히지 않고 걱정이 됨

466)션셜(先說) : 고소설에서 장면을 바꿔 앞에서 진행되었던 이야기를 이어 시작할 때 쓰는 화두사(話頭詞).

의 슈힝(修行) 졍딕(正大)ᄒᆞ미 당금의 하혜(下惠)467) 미ᄌᆞ(微子)468)로 병구(竝驅)ᄒᆞᆯ 비로딕, 텬연이 긔구ᄒᆞ고 월하옹(月下翁)이 다ᄉᆞ(多事)ᄒᆞ여 홍ᄉᆞ(紅絲)를 흙졍구지 미ᄌᆞ시니, 이 ᄯᅩᄒᆞᆫ 텬연(天緣)이며 슉연(宿緣)이라. 인녁(人力)의 임의 ᄒᆞᆯ 빅 아니러라.

윤쇼졔 불과 초슌지셰(初旬之界)469)의 범속(凡俗) 녀ᄌᆞ와 비기면 오히려 황구쇼아(黃口小兒)470)로 ᄌᆞ모의 회리(懷裏)를 뉴련(留連)ᄒᆞᆯ 찌어늘, 쇼져는 십셰 츙년(沖年)의 능히 구가의 도라가 싀랑(豺狼) 갓흔 존당과 녀후(呂后)471) 갓흔 원비(元妃)의 쳔단능욕(千端凌辱)과 만단고초(萬端苦楚)를 견딕며 춤아, 셩혼(成婚) 슈지(數載)의 한갈갓ᄒᆞ니, 흉녀 슉질이 그 이완(弛緩)ᄒᆞᆷ믈 더옥 믜이 너겨, 브딕 음희(陰害)ᄒᆞ 【47】 려 ᄒᆞ거든, 나못치 송곳시 어이 긋출 감초며, 슉녀의 젼졍 계활이 종시 무ᄉᆞᄒᆞ리오만은, 윤쇼졔 한번 지모(智謀)를 움ᄌᆞ기미 계교 우희 쇠를 쓰니, 간인이 엇지 쇽지 아니리오.

윤쇼졔 계교(計巧)로뼈 쾌히 탈신(脫身)ᄒᆞ여 바로 친당으로 도라오고져ᄒᆞ나, 녀녀 요인이 간당(奸黨)의 조의(爪牙)472)를 아는 고로 감히 진궁으로 가지 못ᄒᆞ고, 외가 진부의 머므니 진궁 부부와 졔슉이 쇼져의 직용 셩덕으로뼈, 홍안 박명과 반싱 계활이 슌치 못ᄒᆞᆷ믈 불승연셕(憐惜)ᄒᆞ여, 일반 흉죵(凶種)이 머지 아닌 곳의 이시딕, 능히 슈악(首惡)의 단셔를 슈히 갈희잡지 못ᄒᆞᆷ믈 통히ᄒᆞ 【48】 나, ᄒᆞᆯ일업셔 다만 쇼져를 유벽ᄒᆞᆫ 당ᄉᆞ의 깁히 두어 이의 잇는 쇼식을 외간의 젼셜치 못ᄒᆞ게 ᄒᆞ니, 가즁이 여츌일구(如出一口)ᄒᆞ여 불출구외(不出口外)ᄒᆞ더라.

쇼졔 본품(本稟)○[이] 단슉(端肅) 뇨조(窈窕)ᄒᆞᆫ 셩심으로뼈 《ᄎᆞ셰궤비∥ᄉᆞ셰궤비(詐世詭鄙)473)》ᄒᆞ기의 갓가오믈 십분 깃거 아니ᄒᆞ나, 만일 권도로조ᄎᆞ 이 계교를 쓰지 아니면 ᄌᆞ긔 호구(虎口) 낭혈(狼穴)의 버셔나기 어려오니, 근신(謹愼) 보신지칙(保

---

467)하혜(下惠) : 유하혜(柳下惠). 중국 춘추시대 노(魯)나라의 현자(賢者). 성은 전(展), 이름은 획(獲), 자는 금(禽) 또는 계(季). 유하(柳下)에서 살았으므로 이것이 호가 되었으며, 문인(門人)들이 혜(惠)라는 시호를 올렸으므로 '유하혜(柳下惠)'로 불렸다. 대도(大盜)로 유명한 도척(盜跖)이 그의 동생이다. 겨울밤에 추위에 떠는 여인을 자기 침상에 뉘어 몸을 녹여주었으나 그의 평소 행동이 단정하였기 때문에, 그의 결백을 의심하는 사람이 없었다고 한다.

468)미ᄌᆞ(微子) : 미자계(微子啓). 중국 은나라 말기의 현인(賢人). 기자(箕子), 비간(比干)과 함께 은말 삼인(三仁; 세 어진 사람)으로 꼽힌다. 이름은 계(啓)이고 은나라 마지막 왕인 주(紂)의 이복형이다. 주를 간(諫)했지만 받아들이지 않자 조상을 제사 지내는 제기들을 갖고 산서성 노성(潞城) 동북쪽에 있던 미(微) 땅으로 갔다. 주나라 무왕이 주(紂)를 정벌하자 항복했는데, 무왕은 그를 미(微) 땅의 제후로 봉했다. 그래서 미자(微子)라고 한다.

469)초슌지셰(初旬之界) : 열 살 쯤 되는 나이.

470)황구쇼ᄋᆞ(黃口小兒) : 젖내 나는 어린아이라는 뜻으로, 철없이 미숙한 사람을 낮잡아 이르는 말.

471)녀후(呂后) : BC241-180. 중국 한고조의 황후. 성은 여(呂). 이름은 치(雉). 고조를 보좌하여 진말(秦末)·한초(漢初)의 국난을 수습하였으나, 고조가 죽은 뒤 실권을 장악하여, 고조의 애첩인 척부인(戚夫人)과 척부인 소생 왕자 조왕(趙王)을 죽이는 등 포악을 일삼아, 측천무후(則天武后), 서태후(西太后)와 함께 중국의 3대 악녀로 꼽힌다.

472)조의(爪牙) : ①손톱과 어금니를 아울러 이르는 말. ②누군가를 돕거나 호위하는 사람을 비유적으로 이르는 말.

473)ᄉᆞ셰궤비(詐世詭鄙) : 세상을 속이는 기만행위.

身之策)을 싱각ᄒᆞ미러라.

쇼졔 이의 머물미 일신이 안한ᄒᆞ여 다만 죵일토록 ᄌᆞ최 외왕모 협실을 ᄯᅥ나지 아냐, 모든 진쇼져로 더부러 동쳐 동와ᄒᆞ여 시셔녜악(詩書禮樂)과 박혁(博奕)으로 쇼일ᄒᆞ니, 오히려 옛날 【49】 규슈로 친졍의 이실 젹과 다ᄅᆞ미 업더라.

진궁의셔ᄂᆞᆫ 존당 상히 션화쇼져의 거쳐를 모ᄅᆞᄂᆞᆫ 듯ᄒᆞ니, 녀녀의 노쥬 간교 ᄉᆞ음(邪淫)ᄒᆞ미나 능히 윤쇼져의 지혜로 탈신 은거ᄒᆞ믈 모로더라.

이 ᄯᅦ 쳥션 요리 니러틋 ᄌᆞ최를 공교히ᄒᆞ여 권문 셰가의 부귀흔 집을 ᄎᆞ즈니 넘녜 엇지 경시 난아 갓ᄒᆞᆫ 뉴의 도라가리오.

ᄎᆞ셜 경난이 일월노조ᄎᆞ 윤한님의 화풍 경운이 안져의 삼삼ᄒᆞ니, 슉식 침좌의 젼젼불미(輾轉不寐)ᄒᆞ여 상ᄉᆞ 원졍이 돌 갓ᄒᆞ나 능히 풀길이 업고, 모친과 상츈으로 더부러 쥬ᄉᆞ야탁(晝思夜度)ᄒᆞ나 발셔 츄밀이 기셰(棄世)ᄒᆞ연 【50】 지 오릭고, 본ᄃᆡ 빈한흔 가즁의 싱이 지리 간난이 지ᄂᆞ며, 호시 모네 브졀업슨 일의 약간 깃친 거슬 다 업시ᄒᆞ고, 나종은 의복ᄌᆞ장지뉴(資粧之類)를 다 기우려 쳥션의게 드리미러시니, 가셰 젹진(赤盡)ᄒᆞ여 일냥 은ᄌᆞ와 일쳑 포(布)도 쥬변홀 ᄉᆞ지(私財) 업고, 다만 남은 거시 약간 젼결(田結)이 원도(遠道)의 이셔 가을의 츄슈를 ᄒᆞ면 계오 빅여 셕이니, 그러나 ᄃᆡ쇼 인구ᄂᆞᆫ 이십여 인이 남은지라. 비록 인구를 만타 니ᄅᆞ지 못ᄒᆞ나 빅여 셕 츄슈로 이십여 명의 의식지졀을 엇지 니우리오. 가셰 이갓치 쳥한(淸寒)ᄒᆞ니, 쳥션이 난아로 윤부의셔 분슈흔 후ᄂᆞᆫ 경 【51】 가 형셰 니런 쥴 아ᄂᆞᆫ 고로, 괴로이 너겨 힝혀도 근쳐의도 오지 아니니, 난이 초조 번민ᄒᆞ여 쥬야 울고 어미를 보ᄎᆡ나 호신들 엇지 ᄒᆞ리오.

나종은 싱각이 궁진ᄒᆞ여 남은 젼결이나 마ᄌᆞ 팔고져 흔즉, 문원공직 스리로 간ᄒᆞ여 이를 마ᄌᆞ 업시흔즉 한갓 상하 노쇼의 긔한(飢寒)과 싱계 어려올 ᄲᅮᆫ 아니라, 조션 향ᄉᆞ(享祀)와 ᄉᆞ시졔향(四時祭享)을 밧들 길히 업ᄉᆞᄆᆞᆯ 고ᄒᆞ니, 호시 본ᄃᆡ 식냥(食量)이 광ᄃᆡ흔 고로, 일싱 굼ᄂᆞᆫ 거슬 어려이 너기ᄂᆞᆫ지라. 공ᄌᆞ를 상시의 비록 믜이 너겨 무고히 치며 죨나 안젼의 업시ᄒᆞ고져 ᄒᆞᄂᆞᆫ 심졍이로ᄃᆡ, ᄎᆞ언을 드ᄅᆞ 【52】니 니ᄒᆡ(利害) 진실노 그러ᄒᆞᆫ지라. 춤아 젼토(田土)ᄂᆞᆫ 화ᄆᆡ(和賣)홀 의ᄉᆞ를 다시 못ᄒᆞ니, 난이 쳔방빅계(千方百計)로 쥬ᄉᆞ야탁(晝思夜度)ᄒᆞ나 손이 븨여시니 능히 용납ᄒᆞ여 쥬변홀 길히 업ᄂᆞᆫ지라.

니러틋 ᄒᆞ여 달이 가며 날이 진ᄒᆞ니, 풍편(風便)으로조차 듯ᄂᆞᆫ 쇼식이 더옥 탕음(蕩淫) 가녀(佳女)의 상ᄉᆞ원졍(相思願情)을 촌촌이 슬오ᄂᆞᆫ지라. 어ᄂᆞ ᄉᆞ이 윤상셔의 벼슬이 쳥현 아망을 쳔ᄌᆞ(擅恣)ᄒᆞ여 작위 직렬(宰列)ᄒᆞ고, 엄쇼졔 그 원위를 웅거ᄒᆞ미 ᄭᅩᆺ다온 셩덕(聖德) 광ᄒᆡ(光化) 흡흡히 관져규목(關雎樛木)[474]을 법바다, 텰·구 냥쇼져로 화우돈목ᄒᆞ여 황영(皇英)의 셩ᄉᆞ(盛事)를 효측ᄒᆞ고, 엄·텰 냥쇼졔 다 슬 【53】하 져

---

[474]관져규목(關雎樛木) : 『시경(詩經)』 '주남(周南)'편에 실린 두편의 노래 이름. <관져(關雎)> <규목(樛木)> 두 편 다 문왕(文王)의 비(妃)인 태사(太姒)의 부덕(婦德)을 노래하고 있다.

식(儲嗣)475) 션선(詵詵)ᄒᆞ여 옥슈닌벽(玉樹麟壁)476) ᄀᆞᆺ흔 ᄌᆞ녀를 두엇거늘, 구쇼제 쏘 성혼 긔년(朞年)의 '웅비(熊羆)의 길몽(吉夢)'477)을 어느 ᄉᆞ이 졈득(占得)ᄒᆞ여 긔린 영ᄌᆞ를 싱ᄒᆞ며, 구가 합문의 예셩과 윤상셔의 즁딕ᄒᆞᆷ이 범연치 아니타 말을 드르니, 음녀의 흉장이 더옥 촌촌(寸寸) 젼도(轉倒)ᄒᆞᆯ믈 면치 못ᄒᆞ니, 스스로 허혼실셩(虛魂失性)ᄒᆞ기의 밋쳐 밤낫 닙 속의 쓔어리ᄂᆞᆫ 말이 윤상셔의 쳔만셰의 희귀흔 풍신 지화를 흠복 경찬ᄒᆞᄂᆞᆫ 말이오, ᄌᆞ긔 싱닉의 만일 져의 동금지낙(同衾之樂)을 엇지 못흔즉, 초ᄉᆞ(焦死)○[흔] 원빅(寃魄)이 되어, 당당이 규슉아 요녀와 엄·텰 냥녀의 고기를 너흘【54】지 못ᄒᆞ면, 혼빅인들 엇지 쳔양(泉壤) 하의 명목(瞑目)ᄒᆞ리오 ᄒᆞ여, 밤낫 광언(狂言)이 긋지 아니며, 빅쥬(白晝)의 심홰 요동흔즉 딕로변이라도 혜지 아니ᄒᆞ고 쒸여 니다르니, 사름이 알고 만일 말닌즉, 더옥 극셩이 셔도라 광긔 딕발흔즉 모친도 아라보지 못ᄒᆞ고, 구시라 ᄒᆞ며 엄시 텰시라 ᄒᆞ여 광언 망셜노 쓔어리며, 쥬야 윤한님을 브ᄅᆞ지져 맛치 ᄉᆞ망지인(死亡之人) ᄀᆞᆺ치 부ᄅᆞ며 우지지니, 호시 능히 졔어치 못ᄒᆞᄂᆞᆫ지라.

난이 니러틋 상심위광(傷心爲狂)ᄒᆞ기로 인ᄒᆞ여, 호시 졀노셔는 장니보옥(掌裡寶玉) ᄀᆞᆺ치 아던 만금일교(萬金一嬌)의 만니젼졍(萬里前程)의 맛ᄎᆞ【55】아조 볼 거시 업거늘, 쏘 상셩광인(喪性狂人)이 되여 다시 사름으로 칙망홀 거시 업ᄉᆞᆷ믈 보믹, 셜음과 익달오믈 닉기지 못ᄒᆞ여 녀아의 평싱 심우(心憂)로 말믹암아 셰상 만념(萬念)이 부운 ᄀᆞᆺᄒᆞ니, 그런 싀험포려(猜險暴戾)흔 흉심이, 비컨딕 '텬동(天動)의 쩌러진 즘츙(蠶蟲) ᄀᆞᆺᄒᆞ여 우람(愚濫) 광악(狂惡)흔 예긔(銳氣) 최찰(摧折)ᄒᆞ엿ᄉᆞ 고로, 난아의 우환(憂患)의 골몰ᄒᆞ노라 ᄒᆞ니, 여가(餘暇)의 무슨 타렴(他念)이 이시리오.

니러ᄒᆞ므로 문원공ᄌᆞ 보치기도 빅히 감(減)ᄒᆞ니, 공지 계모의 졀용(節用)ᄒᆞ여 먹이ᄂᆞᆫ 음식은 젼일과 한가지나[며], 의복 한셔(寒暑)의 맛갓지 아님과 쥬리기는 일양(一樣)이나, 젼(前)쳐【56】로 조셕의 조르며 보치기는 덜ᄒᆞ니, 져기 마음은 평안ᄒᆞ나 져져의 젼후 힝신 쳐ᄉᆞ와, 그 나종 상셩광질(喪性狂疾)이 듯고 보는 일이 다 희악(駭愕)ᄒᆞ니, 속졀업시 ᄉᆞ문 쳥덕을 츄락ᄒᆞ고 부친의 명풍 청명을 츄락ᄒᆞᆷ믈 각골(刻骨) 셜워, 스스로 사름 보기를 붓그려ᄒᆞ나 홀일업더라.

난이 아모리 싱각ᄒᆞ여도 져의 평싱 신셰를 회복홀 계괴 업ᄂᆞᆫ지라. 홀노 ᄉᆞ모(邪謀) 곡념(曲念)이 아니 밋ᄂᆞᆫ 곳이 업ᄉᆞ니, 일일은 한 계교를 싱각ᄒᆞ고, 스스로 즐겨 혜오

---

475)져식(儲嗣) : ①왕셰자. ②후사(後嗣). 대(代)를 잇는 자식
476)옥슈인벽(玉樹麟璧) : 옥수(玉樹; 아름다운 나무), 기린(騏驎; 천리마), 옥벽(玉璧; 둥그런 옥)을 아울러 이르는 말로, 모두 '재주가 뛰어나고 용모가 빼어난 사람'을 이르는 말이다.
477)웅비(熊羆)의 길몽(吉夢) : '아들 낳을 길한 꿈'을 말함. 『시경(詩經)』 「소아(小雅)」 〈사간(斯干)〉에 "길몽이 무언가 하면, 큰 곰과 작은 곰에다, 큰 뱀과 작은 뱀이로다. 대인이 꿈을 점치니, 큰 곰과 작은 곰은 남아를 낳을 상서요, 큰 뱀과 작은 뱀은 여아를 낳을 상서로다(吉夢維何 維熊維羆 維虺維蛇 大人占之 維熊維羆 男子之祥 維虺維蛇 女子之祥)." 라고 한 데서 온 말. *웅비(熊羆); 작은곰(熊)과 큰곰(羆).

딕,

"본딕 졍셩이 지극ᄒᆞ면 지셩(至誠)이 감텬(感天)이라, 신기(神祇)도 감응(感應)ᄒᆞ다 ᄒᆞ니, 닉 니졔 셰궁【57】녁진(勢窮力盡)ᄒᆞ여 거죄 이 지경의 밋ᄎᆞᆫ즉, 우흐로 황샹이 신들 녀ᄌᆞ의 졍니(情理)를 가련이 아니 너기시며, 윤쳥문과 효문은 인의 군조오 위틱 비ᄂᆞᆫ 본딕 인후 슌박ᄒᆞᆫ 늙으니라. 샹히 미양 날을 어엿비 너기시던 거시니, 니러틋 반계곡경(盤溪曲經)으로 도라가나 필연 허물치 아닐 ᄃᆞᆺᄒᆞ고, 엄시ᄂᆞᆫ 통달ᄒᆞᆫ 녀ᄌᆡ라, 목젼의 져의 냥ᄌᆞ를 쥭이려 ᄒᆞᄂᆞᆫ 졍젹(情迹)을 아라시딕, 나의 근각(根脚)을 ᄭᆡ오려478) 아니ᄒᆞᆷ엿고, ᄒᆞ물며 나의 얼골을 ᄌᆞ시 아지 못ᄒᆞᄂᆞᆫ지라 졔 엇지 경시 젼후 작용을 알니오. 니러틋ᄒᆞ여 구가 합문이 딕졉이 박지 아【58】닌즉, 슉이 셜ᄉᆞ 네 원을 프지 아닌들, 졔 날을 엇지ᄒᆞ리오."

싱각이 이의 밋ᄎᆞ미, 엇지 싯치 누루리오479). 일일(一日) 조조(早朝)의 일복(一幅) 원졍(原情)을 지어 품 속의 너코 샹츈으로 더부러, 힝혀 홍원이 알면 괴로이 말뉴(挽留)ᄒᆞᆯ가 져허, 가만이 뒤동산 후문을 열고 나아가니, 호시 능히 말니지 못ᄒᆞ고, ᄎᆞ환 뉴(又鬟類)의도 지식 잇ᄂᆞᆫ ᄌᆞᄂᆞᆫ 졔 집 쇼져의 무힝(無行) 음오(淫汚)ᄒᆞᆫ 쳐신을 가연(可憐)치 아니 리 업더라.

난이 날이 치 붉지 아냐셔 딕니 금화문 밧긔 가 딕후(待候)ᄒᆞ여, 빅관의 조회 맛기를 기다리더니, 아이오 계초명(鷄初鳴)으로븟허 믄무 쳔관【59】의 조하ᄒᆞᄂᆞᆫ 위의 니움ᄃᆞ라, 젹거 ᄉᆞ마와 벽졔 ᄲᅡᆼ곡이 분분(紛紛) 졔졔(齊齊)ᄒᆞ여 가야미 뭉권 ᄃᆞᆺ, 하리 위의 번답(煩雜)ᄒᆞ니, 빗나며 거록ᄒᆞᆷ믈 능히 긔록기 어렵더라.

난이 바로 길가 햐쳐(下處)480)의 머므러 졔관의 퇴조ᄒᆞᆷ믈 기다리더니, 이 날 맛ᄎᆞᆷ 텬지 진(秦)·초(楚)·연(燕)·졔(齊)·조(趙)·위(魏) 여ᄉᆞᆺ 나라 진공(進貢)이 올낫ᄂᆞᆫ 고로, 졔 딕신을 모화 광녹시의 잔치를 명ᄒᆞ시고, 난예(鑾輿) 금화문의 어좌ᄒᆞ샤 군신이 즐기시ᄂᆞᆫ 고로, 종일토록 조회를 파(罷)치 아니시니, 난아 노쥐 ᄎᆞ시 장장하일(長長夏日)의 괴로이 시긱을 기다리니, 비골프고 덥기 심ᄒᆞᆫ지라. 일식이 【60】장반(將半)의 곤ᄒᆞ미 측냥업ᄂᆞᆫ지라.

난이 비골프믈 참지 못ᄒᆞ여 속골홈의 ᄎᆞᆺ던 금향낭(金香囊)을 글너 샹츈을 쥬어, 건너 시샹(市上)의 가 요긔(療飢)ᄒᆞᆯ 거슬 밧고아 오라ᄒᆞ니, 츈이 승명ᄒᆞ여 시샹의 가 향낭을 쥬니 시샹의 환ᄆᆡ(換買)ᄒᆞᄂᆞᆫ 파즈(婆者)들이 보고 녀ᄌᆞ의 픽산(貝珊)붓친 쥴 알고, 금젼 ᄉᆞ십 낫츨 쥬거늘, 샹츈이 바다 시졍의 맛 조흔 창면 두 그릇과 식로 난 과품 ○[수(數)] 낫츨 ᄉᆞ 도라와 난아로 더부러 난화 먹고, ᄯᅩ 식경(食頃)이나 관망(觀望)ᄒᆞ더니 종시 파조ᄒᆞᄂᆞᆫ 거동이 업ᄂᆞᆫ지라. 굼거오믈 ᄎᆞᆷ지 못ᄒᆞ고, ᄯᅩ 심중의 오릭 장츅ᄒᆞᆫ 음【61】오지심(淫汚之心)과 심홰(心火) 니러나니, 분용(奮勇) 변신(翻身)ᄒᆞ여 발

---

478)ᄭᆡ오다 : 깨우다. 밝히다.
479)누루다 : 누르다. 억제하다.
480)햐쳐(下處) : 사처. 손님이 길을 가다가 묵음. 또는 묵고 있는 그 집.

연(勃然)이 넓써나며, 낫치 가리왓던 면스(面紗)481)를 버셔 바리고 상츈다려 왈,

"니러나 져러나 한번 이 거조는 마지 못호리니, 사룸이 만호나 젹으나 한번 붓그럽
기는 맛치 한가지니, 아모리면 나 경난아의 누힝을 만셩(萬姓)이 모로리라 호랴. 발셔
일홈난지도 오라니, 이만 일은 겁나지 아니혼다."

호고, 닉다르니, 호시도 기녀의 작용을 말니지 못호거든 상츈이 엇지호리오. 다만
호는 되로 보랴 뒤흘 조촛 금문 밧긔 니르러는, 난이 운발을 프러 옥면을 가리오고,
옥슈를 드러 등문고(登聞鼓)를 놉히 두다리니, 쇠 쇼릭 【62】 졍연(錚然)호여 뎐상 뎐
하의 스뭇츠니, 가장 급흔지라.

텬지 졍히 만조 졔신으로 더부러 즐기시더니, 믄득 등문고(登聞鼓) 쇼릭 급호믈 드
르시고, 텬심이 경아(驚訝)호샤 쇼황문(小黃門)482)으로 호여곰 밧비 스힉(査核)호라 호
시니, 황문이 슈유의 한 녀즈를 미러 옥계하(玉階下)의 밋츠니, 그 녀지 신장이 뇨됴
(窈窕)호고 쳬용(體容)이 한아(閑雅)호여 푸른 머리 삽삽호여 옥안을 덥허시니, 비록
얼골이 주셔치 아니호나 봉조(鳳鳥) 갓흔 엇게와, 가는 허리 초궁(楚宮) 버들이 닷호
아 휘듯는 듯, 엇게의 녹나삼(綠羅衫)을 붓치고 허리의 홍군(紅裙)을 미여시니, 의심컨
딕 결비쳔녜(決非賤女)라.

뎐상뎐하(殿上殿下) 미지일견(未知一見)의 막불경 【63】 희(莫不驚駭)호고, 상이 친
히 문왈,

"너를 보니 지우하쳔(至愚下賤)은 아니로쇼니, 셩딕지하(聖代之下)의 므슨 원억혼
일이 이셔 규즁 쇼녀지 당돌이 텬위지척(天威咫尺)을 두리지 아니호느뇨? 연이나 쇼
회(所懷) 잇거든 실진무은(悉陳無隱)호라."

난이 고두(叩頭) 비복 왈,

"신쳡 경난아는 지원 극통이 텬디의 하나히라. 복망(伏望) 셩쥬는 젹즈(赤子)의 잔
명을 어엿비 너기시믈 바라느이다."

호고, 품 속으로셔 일봉 원졍을 닉여 단디의 노코 다시 스비(四拜) 고두(叩頭)호니,
상이 크게 괴이히 너기샤 뎐젼혹스 윤봉닌으로 닑으라 호시니, 윤혹시 상명을 밧즈와
옥셩화음(玉聲和音)을 놉혀 상젼의 부복호여 닑으니, 기쇼(其疏)의 왈, 【64】

"규즁(閨中) 미쳡(微妾) 경난아는 젼임 츄밀스 경모의 녜라. 신쳡의 아뷔 일즉 죽스
올 젹 미년(微年)이 이륙(二六)이로딕 아뷔 밋쳐 부셔(夫壻)를 갈희지 못호고 죽스오
니, 신쳡의 어믜 쥬변483)이 무릉(無能)호와 능히 틱셔(擇壻)의 넘녀를 두지 아니호옵

---

481) 면스(面紗) : 면사포(面紗布). ①예전에, 신부가 처음으로 신랑 집에 갈 때 머리에서부터 발까지 온몸
   을 덮어 가리던, 검은 깁으로 만든 물건. ②예전에 여자들아 외출할 때에 얼굴을 가리기 위해 길게 내
   려 쓰던 천.
482) 쇼황문(小黃門) : 나이 어린 환관(宦官). 황문(黃門)은 중국 후한(後漢) 시대에 금문(禁門)을 맡아보는
   관리였는데 이를 내시(內侍)가 맡아보면서 환관의 칭호로 바뀌었음.
483) 쥬변 : 주변. 일을 주선하거나 변통함. 또는 그런 재주. 늑두름손

논 고로, 신쳡이 어린 쯧의 스스로 일싱을 아니 넘녀치 못ᄒᆞ와 쇽녀의 셰쇽 슈습ᄒᆞᄂᆞᆫ 틱도를 바리고, 녜붓허 현신(賢臣) 지쟈(知者)ᄂᆞᆫ 님군을 갈희고, 어진 ᄉᆞᆯ는 남글 갈히여 깃드린다 ᄒᆞ오니, 신쳡이 스스로 이를 효측고져ᄒᆞ와 그윽이 군ᄌᆞ를 유의(留意)ᄒᆞᆸ더니, 삼싱원가(三生怨家)로 월하(月下)484)의 연분이런【65】지, 시임 승샹 윤효문의 쟝ᄌᆞ 창닌을 우연이 보오니, 진실노 만고 옥인가ᄉᆞ(玉人佳士)오 쳔고 무젹ᄒᆞᆫ 영걸군ᄌᆞ라. 평싱 바라던 바 쇼원이 영합ᄒᆞ오니, 가히 녯 계집의 화ᄒᆞ여 망부셕 되기를 ᄉᆞ양치 아니ᄒᆞ올 ᄯᅳᆺ이 잇ᄂᆞᆫ 고로, 초의 인연을 도모ᄒᆞ오미 여ᄎᆞ여ᄎᆞ 구ᄎᆞᄒᆞ온 ᄉᆞ단이 잇ᄉᆞ오나, 이ᄂᆞᆫ 젼혀 신쳡이 윤창닌의 풍치 긔샹을 과도히 탐혹(耽惑)ᄒᆞ여 비록 비쳡지녈(卑妾之列)이라도 츙슈(充數)코져 ᄒᆞ오미오, 구ᄉᆞ 또ᄒᆞᆫ 희를 바드미 업셔 니졔 반셕(盤石) 갓ᄉᆞ오니, 신쳡이 다시 싱각건ᄃᆡ 어진 군ᄌᆞ의 비필이 되여 스스로 【66】 일싱이 호화롭고져 ᄒᆞ던 빅, 도로혀 져 구ᄉᆞ의 복녹과 지덕을 도을 ᄯᅮᆷ이오, 스스로 일싱 신셰를 맛ᄎᆞ미니, 니졔 싱각ᄒᆞ옵건ᄃᆡ 일변 슬프고 일변 우읍지 아니리잇고? 신쳡이 다만 싱각ᄒᆞ와도 죄 업ᄉᆞ오니, 녀ᄌᆞ 되여 남ᄌᆞ를 과혹ᄒᆞᆷ은 잠간 그르다 ᄒᆞ오려니와, 쳡이 바야흐로 십칠 쳥츈이라. 무고히 공규(空閨)의 함원ᄒᆞ여 단쟝(斷腸) 폐륜지인(廢倫之人)이 되온즉, 일월지하(日月之下)의 엇지 원민(冤悶)치 아니ᄒᆞ오며, 윤가인들 엇지 젹불션(積不善)이 되지 아니리잇고? 신쳡이 무고히 홍안 녹발노 공규의 단쟝초ᄉᆞ(斷腸焦思)ᄒᆞ와 쥭ᄉᆞ【67】올 바를 각골 원민(冤悶)ᄒᆞ와, 텬위를 두리지 아니ᄒᆞ옵고 당돌이 긍측(矜惻)ᄒᆞᆫ 졍ᄉᆞ를 가져 알외오니, 군부(君父)ᄂᆞᆫ 일쳬(一體)라. 신쳡이 아븨 업ᄉᆞᆸ고 구고와 지아븨 일텬되이 녯 쇼쇼 허물을 용셔치 아니ᄒᆞ고, '단지구시(但知具氏)오 부지경시(不知慶氏)라'485) ᄒᆞ오니, 다만 일월 폐하와 텬디 부모의 우로지퇵(雨露之澤)을 다시 밧ᄌᆞᆸ지 못ᄒᆞ온즉, 신쳡의 평싱 계활(契活)을 어ᄂᆞ 곳의 의탁ᄒᆞ리잇고? 니러므로 일만 넘치를 다 바리고 다만 폐하의 셩덕을 닙ᄉᆞ와, 다시 윤창닌의 시쳡(侍妾) 항녈(行列)의라도 도라가기를 바라ᄂᆞ이다. 경난아ᄂᆞᆫ 불승황공(不勝惶恐)○○[ᄒᆞ며] 【68】 원표(原表)ᄒᆞ나이다."

ᄒᆞ엿더라.

뎐샹 뎐히 문파(聞罷)의 경녀의 작용을 어히업셔 아니 경희(驚駭)ᄒᆞ리 업고, 어시의 평진왕 윤쳥문과 샹국 효문 션싱이 평졔왕 뎡쥭쳥과 승샹 하학셩으로 더부러 졔ᄌᆞ질을 거느려 빅뇨(百寮)의 머리 지어 항녈을 일웟더니, 경시의 담디(膽大) 음비(淫鄙)ᄒᆞᆫ 작용을 보미 디경실식ᄒᆞ여, 죵시 거졀치 못홀 쥴 알고 신식이 변히ᄒᆞ믈 ᄭᆡ닷지 못ᄒᆞᄃᆡ, 셩샹 쳐치ᄒᆞ시믈 보오려 잠잠ᄒᆞ엿더니, 샹이 난아의 원졍을 드ᄅᆞ시미 처음은 요음(妖淫) 픽악(悖惡)ᄒᆞ믈 통히(痛駭)ᄒᆞ시더니, 죵말을 다 드ᄅᆞ시미 도로【69】혀 우으시고, 녀ᄌᆞ의 방ᄌᆞᄒᆞ고 넘나믈 어히업셔 함쇼ᄒᆞ시기를 ᄭᆡ닷지 못ᄒᆞ샤, 특별이 윤샹국과

---

484) 월하(月下) : 월하옹(月下翁). 월하노인(月下老人). 부부의 인연을 맺어 준다는 전설상의 늙은이. 중국 당나라의 위고(韋固)가 달밤에 어떤 노인을 만나 장래의 아내에 대한 예언을 들었다는 데서 유래한다.
485) 단지구시(但知具氏)오 부지경시(不知慶氏)라" : 다만 구씨만을 알고 경씨 있음은 알지 못한다.

구상셔를 탑하의 브르샤, 므르스딘,

"경녀의 말이 다 올흐냐?"

윤상국과 구상셰 감히 긔망치 못ᄒᆞ여 이의 부복(俯伏) 비슈(拜手)ᄒᆞ여 난아의 젼젼
요음 간악ᄒᆞ던 힝ᄉᆞ와, 구시의 봉변(逢變) ᄉᆞ화(死禍)ᄒᆞ엿던 젼후 곡졀을 명빅히 알외
니, 딘하의 구름 갓흔 만조 쳔관이 난아의 요음(妖淫) ᄉᆞ특(邪慝)ᄒᆞᆫ 힝악을 아니 놀나
리 업고, 구쇼져의 신긔히 싱존ᄒᆞᆷ을 아니 긔특이 너기리 업ᄉᆞ니, 기즁의 노셩딘신(老
成大臣)과 도혹군ᄌᆞ(道學君子)ᄂᆞᆫ 녜의를 구익【70】ᄒᆞ여 다만 드를 만ᄒᆞ딘, 년쇼 명ᄉᆞ
ᄂᆞᆫ 그 요음ᄒᆞᆫ 인물이 엇더ᄒᆞᆫ고 투목 시지(偸目視之)ᄒᆞ니, 난이 져그나 넘치 이실진딘
엇지 텬위지하(天威之下)의 만조쳔관(滿朝千官)이 슈풀 ᄀᆞᆺᄒᆞ여시니, 두리오며 붓그럽
지 아니리오. 윤상국과 구상셔의 져의 죄상 니ᄅᆞᆷ을 드ᄅᆞ니 ᄯᅩ 엇지 관속(關束)ᄒᆞ며 구
겁(懼怯)지 아니리오만은, 난이 긔운이 앙앙ᄒᆞ고 교음이 낭낭ᄒᆞ여 이의 쇼리를 놉혀
변빅(辨白)ᄒᆞ여 쥬ᄒᆞ딘,

"신쳡이 초의 나히 어리고 규즁(閨中) 미암(迷暗)으로 문견(聞見)이 고루(固陋)ᄒᆞ온
가온딘, 처음으로 윤창닌을 편발동몽(編髮童蒙)으로 보오니, 긔특ᄒᆞᆫ 풍치 용광이 이
본딘 신쳡으【71】로 더부러 삼ᄉᆡᆼ 원긔 밋쳣ᄉᆞᆸ던지, 신쳡의 첫 눈을 놀니여 황홀ᄒᆞ
니, 졔 비록 도혹군ᄌᆞ로 《진슈∥한슈(韓壽)[486]》의 투향(偸香)[487]ᄒᆞᄂᆞᆫ 뉘 아니나, 쳡
이 스스로 '상님(桑林)의 이슬 마ᄌᆞᆯ 마음'[488]이 이시나, 윤ᄉᆡᆼ이 결단코 괴벽ᄒᆞ여 스스
로이 다졍ᄒᆞᆷ을 용납지 아닐 듯ᄒᆞ온 고로, 형세 만만 부득이 계교(計巧) 궁진(窮盡)ᄒᆞ
니, 만일 이 의ᄉᆞ를 닛지 아니ᄒᆞ온즉 신쳡이 십이셰 청춘화미(青春畫眉)의 공연이 단
장(斷腸) 셩질(成疾)ᄒᆞ여 상ᄉᆞ원귀(相思冤鬼) 되올지라. 쥬야 슉식을 폐ᄒᆞ고 죽기의 니
ᄅᆞᆯ럿ᄉᆞᆸ더니, 유모 교란이 무슨 쇠를 니여 구시 노쥬를 업시ᄒᆞ럇노라 ᄒᆞ고, 【72】얼
골 밧고ᄂᆞᆫ 약을 어더 쳡을 먹여 구시의 용모를 뼈시니, 쳡의 모녀ᄂᆞᆫ 역시 연무 즁 갓
ᄒᆞ여 기시의 교란다려 구시 업시ᄒᆞᆫ 연고를 치 뭇지 못ᄒᆞ고, 다만 윤가의 안히 될 일
만 다힝ᄒᆞ여 드딘여 가탁(假托) 구시로 윤가의 드럿ᄉᆞᆸ더니, 창닌이 졔가(齊家)ᄒᆞᆷ을 편
벽히 ᄒᆞ여 신쳡 박딘ᄒᆞᆷ을 여ᄎᆞ여ᄎᆞ 참혹히 ᄒᆞ옵다가, ᄯᅩ 여ᄎᆞ여ᄎᆞ 본형이 발각ᄒᆞ오ᄆᆡ,

---

486)한슈(韓壽) : 중국 서진(西晉) 때의 미남자. 용모가 아름답고 행동거지가 멋이 있을 뿐 아니라 사곡
    (詞曲)에도 능해 당대 여성들의 눈을 사로잡았다. 서진의 권신(權臣) 가충(賈充)의 딸 가오(賈午)가 아
    버지 가충이 왕으로부터 하사받아 가지고 있는 서역의 기이한 향(香)을 훔쳐 한수를 주었는데, 한수는
    그 향에 취해 담을 넘어 몰래 들어가 가오와 정을 맺곤 하다가 마침내 그녀와 결혼까지 하게 되었다.
    이로부터 "한수투향(韓壽偸香; 한수가 향을 훔치다)"이란 고사가 생겨났고, '투향(偸香)'은 '남녀가 사
    사로이 정을 통하는 것'을 이르는 말로 쓰이게 되었다. 『진서(晉書)』 가충전(賈充傳)에 나온다.
487)투향(偸香) : 향을 훔친다는 뜻으로, 남녀 간에 사사로이 정을 통함을 비유하거나, 악한 일을 하면 자
    연히 드러남을 비유하여 이르는 말. 진(晉)나라 가충(賈充)의 딸이 향을 훔쳐서 미남인 한수(韓壽)에게
    보내고 정을 통했다는 고사에서 유래되었다. 진서(晉書)』 가충전(賈充傳)에 나온다.
488)상님(桑林)의 이슬 마ᄌᆞᆯ 마음 : '뽕 밭에서 외간 남자와 만나 정을 통하고 싶은 마음'을 비유적으로
    이른 말. 예전에 뽕밭에서 뽕잎을 따는 아낙들이 외간 남자들과의 음행이 많았기 때문에 생겨난 말이
    다.

유모를 혹형(酷刑)으로 져쥬오니, 유뫼 미를 니긔지 못하여 히흐미 홀노 져의 작용이 아니라, 신첩이 식이미라 ᄒ고, 인ᄒ여 장하의 죽ᄉ오니, 첩이 비록 【73】구시 히ᄒᄂ 바ᄂ 진실노 익미ᄒ오나 면치 못ᄒ옵고, 윤가의 영영 닉치믈 바다 집의 도라오오니, 첩슈불민(妾雖不敏)이나 쳔ᄒ 어믜 다른 ᄌ식이 업ᄉ고 첩신 ᄲᆞᆫ이라. 다만 이복의 뎨남이 잇ᄉ오나 졍이 친싱긔츌(親生己出)만ᄒ니 업ᄉ오니, 모녜 쥬야 디ᄒ여 신셰 계활이 볼 거시 업ᄉᄆ믈 슬허ᄒ오나, 감히 다시 싱의(生意)ᄒ여 윤가의 도라가지 못ᄒ옵기ᄂ, 구녀의 종젹 업ᄉᄆ믈 가이업시 너기미러니, 니졔 믄득 싱환ᄒ여 윤가의 구약을 셩젼ᄒ고 유ᄌ 싱녀ᄒ다 ᄒ오니, 엇지 홀노 신첩의 녹발이 가련치 아니리잇【74】고? 복망 폐하ᄂ 신첩의 궁원(窮遠) 무탁(無託)ᄒ 졍ᄉ를 민지긍지(憫之矜之)[489]ᄒ샤, 윤가 부ᄌ의게 엄지(嚴旨)를 나리와 첩신을 거두어 윤가의 도라가게 ᄒ시면, 셩쥬의 호싱지덕(好生之德)이 ᄉ골(死骨)이 부횩(復憺)홀가 ᄒᄂ이다."

언쥬파(言奏罷)의, 상이 난아의 넘치 상진(喪盡)ᄒ미 이갓흐믈 어히업셔 밋쳐 답지 못ᄒ시더니, 상셔 윤창닌이 음녀의 음픠(淫悖) 담디(膽大)ᄒ 힝ᄉ식 텬위를 두리지 아냐 이갓치 당돌ᄒ믈 보미, 상젼(上前)의 부복 쥬왈,

"경녀의 무힝무도(無行無道) 난뉸픠상(亂倫敗喪)ᄒ오미, 가히 기부(其父)의 쳥덕을 츄락ᄒ오며, ᄉ문(士門)을 구욕(驅辱)홀 ᄲᆞᆫ 아니오라, 규즁 쇼녀ᄌ의 남【75】활(濫猾) 방ᄌ(放恣)ᄒ오미 셩디(聖代) 강상(綱常)의 디변이라. ᄒ물며 신이 초의 경녀를 그릇 구녀로 알고 취ᄒ여ᄉ오나, 일즉 부부의 이셩합친(二姓合親)을 일우미 업ᄉ고, 나죵의 근본이 발각ᄒ오미 신이 구녀의게 문명을 보닉여실진(지)언졍, 경녀의게 보닉미 업ᄉ오니, 지지구시(知之具氏)오 부지경녜(不知慶女)라. 신의 부지 간졍(奸情)을 모를 젹은 가닉의 머무ᄅᆞ미 잇ᄉ오나, 임의 본젹을 ᄎᆞ즌 후ᄂ 명졍(名正) 언슌(言順)이 도라보닉엿ᄉ오니, 실즉 부당ᄒ 남이라. 경녀의 비상 홍졈이 가싀지 아냐ᄉ오니, 복원 폐하ᄂ 지삼 상찰(詳察) ᄒ옵셔, 무힝(無行) 광녀(狂女)의 광언망셜(狂言妄說)을 신쳥(信聽)치 마ᄅᆞ시고, 맛당이 다른 가부【76】를 임의로 퇴ᄒ여 홍안(紅顔)을 공숑(空送)치 말나 ᄒ시믈 바라ᄂ이다."

쥬파의 긔식이 만분(萬分) 불열(不悅)ᄒ여 안뫼(顔貌) 츄상(秋霜)갓더라. 【77】

---

489)민지긍지(憫之矜之) : 가엽게 여기고 불쌍히 여김.

윤하뎡삼문취록 권지칠십일

츠시 윤상셰 쥬파(奏罷)의 긔식이 만분 불열ᄒ여 안뫼 츄상갓고 말슴이 싁싁ᄒ니, 상이 ᄯᅩ흔 난아의게 니ᄅᆞᄉᆞ딕,

"딤은 드ᄅᆞ니 부부ᄂᆞᆫ 오륜(五倫)의 웃듬이라. 셔로 의합슈적(意合隨適)490)ᄒ여 이셩지합(二姓之合)491)이 이신 후야 만복(萬福)의 근원이오, ᄌᆞ녀ᄅᆞᆯ 싱산ᄒᄂᆞ니, 만일 은이(恩愛) 업슨즉, ᄒᆡᆼ노(行路)만 못ᄒ고 원슈도곤 밉다 ᄒ니, 니졔 네 비록 윤창닌을 황홀ᄒ여 위흔 굿은 ᄯᅳᆺ이 녯 계집의 망부셕(望夫石)을 ᄯᅩ로고져 ᄒ나, 창닌의 ᄯᅳᆺ이 뇌도ᄒ미 여츳ᄒ니, 딤이 비록 네 원을 조츠 엄지(嚴旨)로 핍【1】박ᄒ여 도라가게 흔들, 창닌의 마음이 도로혀지 못흔즉, 녀ᄌᆞ의 신셰 바랄 거시 업ᄉᆞ리니, 네 바야흐로 녹발(綠髮)이 프르고 홍안이 곳다오니 풍류호걸(風流豪傑)을 ᄎᆞᄌᆞ 조츠라. 창닌의 말이 여츳ᄒ니 비록 기적(改籍)ᄒ나 혐의 업ᄉᆞ리니, 딤이 군부(君父)ᄅᆞᆯ 겸ᄒ여 한낫 어진 빅필을 어더 너희 일싱을 졔도(濟度)코져 ᄒᄂᆞ니, 너ᄂᆞᆫ 윤가ᄅᆞᆯ 바라도 말고 딤의 명을 조츠라."

난이 졍히 윤상셔의 화풍경운지상(和風慶雲之像)492)을 갓가이 뒥ᄒ여 텬위지하(天威之下)의 만조쳔관(滿朝千官) 가온뒤믈 싱각지 못ᄒ고, 만목인원(萬目人員) 가온뒤 ᄉᆡ로이 음욕(淫慾)이 황홀ᄒ여 【2】밋칠 듯, 모든 인원의 지쇼(指笑)ᄒᆞᆷ믈 도라보지 아니코 맛치 ᄉᆞ실이나 샹뒤흔 듯, 흐므시 귀듕ᄒ고 반가오미 황홀ᄒ니, 졍신과 혼빅이 한가지로 비월(飛越)ᄒ여 어린드시 윤상셔의 신상을 우럴고, 쇼릭나믈 ᄭᆡ닷지 못ᄒ여 만심갈ᄎᆡᄒ여 왈,

"텬디 삼긴 후의 인물지싱이 님님총총(林林叢叢)ᄒ여 형형싁싁(形形色色)으로 삼기실 졔 만물이 다 샹응ᄒ고 인형졍믹(人形精脈)은 더옥 오ᄒᆡᆼ(五行) 음양졍긔ᄅᆞᆯ 모화 혈육지신이 아모리 긔특ᄒ다 흔들, 사름의 인형인골이 엇지 져뒥도록 비장이 품슈ᄒ건고. 반ᄃᆞ시 텬디졍믹을 모도와 ᄎᆞ【3】인을 싱ᄒ시다."

ᄒ여, 어ᄌᆞ러이 ᄯᅮᆯ려 졍혼(精魂)을 일허시니, 뎐상뎐하(殿上殿下) 희연ᄒᆞᆷ믈 마지 아니ᄒ고, 승상과 진왕이 져 경녀의 아조 여지업시 실셩흔 거동을 보믹, 창닌이 아모

---

490)의합슈적(意合隨適) : 뜻이 서로 합하여 따름.
491)이셩지합(二姓之合) : 성씨가 다른 두 남녀가 혼인하여 성적결합(性的結合)을 맺음.
492)화풍경운지상(和風慶雲之像) : 화창한 바람과 상서로운 구름 같은 기상(氣像).

리 미졀493)ᄒ여도 면치 못홀 줄 알고, 불힝ᄒ믈 니긔지 못ᄒ나 ᄉ셰 면치 못홀 형셴
즉 경녜(女) 슈광(雛狂)이나 ᄯ흔 ᄌ부항(子婦行)이오, 비쳡(卑妾)과ᄂ 다르니, 니러틋
ᄉ긔 요란흔즉 도로혀 즁인쇼시(衆人所視)의 문견이 참혹홀지라. 젼두(前頭) ᄉ셰(事
勢)를 붉이 혜아리미 고식지계(姑息之計)494)로 ᄉ양ᄒ미 무익ᄒ여, 싱각이 이의 밋ᄎ
미 상언을 밋쳐 기다리지 아냐, 졍히 난아를 거두어 도라【4】가기를 쥬ᄒ려 ᄒ더니,
난이 상이 긔젹(改適)ᄒ여 도라가라 ᄒ시믈 듯고, 악연 실식ᄒ여 읍쳬만면(泣涕滿面)
ᄒ여, 고두(叩頭) 쥬왈,

"신쳡이 오늘날 윤창닌의 시쳡항녈(侍妾行列)이 되여 도라가, 명일의 부월(斧鉞)의
죽어도 이ᄂ 오히려 쳔양지하(泉壤之下)의 명목(瞑目)흔 귀신이 되오려니와, 긔젹ᄒ믄
원이 아니오니, 공ᄌ왕손(公子王孫)이 신쳡의 누질을 혐의치 아니ᄒ고, 구름으로 의상
을 일우고 황금으로 집을 지어 쥬나, 신쳡은 창닌을 위ᄒ여 슈졀이샤(守節而死)ᄒ고
타인을 좃지 아니려 ᄒᄂ이다."

상이 밋쳐 답지 못ᄒ여셔 윤승상이 면관(免冠) 부복(俯伏) 쥬왈,

"금일 텬위【5】지하(天威之下)의 신의 집 더러온 ᄉ젹이 외람이 텬총을 번거롭게
ᄒ오니, 신의죄 만ᄉ유경(萬死猶輕)이로쇼이다. 복원 셩상은 신의 부ᄌ의 가졔불엄(家
齊不嚴)흔 죄를 졍히 ᄒ시고, 경녀를 금일노븟터 거두어 도라가랴 ᄒᄂ이다."

상이 미쇼(微笑)ᄒ시고 칭션 왈,

"상부의 관홍(寬洪)ᄒ믄 초목금슈(草木禽獸)도 앗기ᄂ 셩심이로다. 경녜 초의 규힝
(閨行)이 파쳔(破賤)ᄒ여 외간 남ᄌ를 여어보고, 풍치를 흠모ᄒ여 남활방자(濫猾放恣)
흔 죄 하나히오, ᄯ ᄉ츄(邪醜)흔 계교로 간비(姦婢)를 쳐결ᄒ여 지친ᄌ민간(至親姉妹
間)의 히ᄒ니 요악흔 죄 둘히오, 텬눈을 속이고 얼골을 변ᄒ며 셩명을 【6】곳치니
난눈픽상(亂倫悖常)흔 죄 셰히로딕, 다시 싱각흔즉 창닌의 쳔고희셰(千古稀世)흔 풍의
신치(風儀身彩)와 딕현군ᄌ지풍(大賢君子之風)을 능히 아라, 반계곡경(盤溪曲經)으로
ᄶᆯ와 화ᄒ여 망부셕(望夫石) 되기를 긔약ᄒ니, 《지인‖지금》은 긔특ᄒ미 죡히 처음
남활흔 죄를 샤ᄒ염즉 흔지라. 힝악이 무빵ᄒ나 요힝(僥倖) 구녜 죽지 아냐시니, 경녜
딕ᄉ(代死)홀 죄ᄂ 업고, ᄯ흔 창닌을 위ᄒ여 죽어도 곳치지 아니홀 졍심이 이시니,
가인(佳人)의 다졍ᄒ믄 여ᄎᄒ거날 창닌이 당당흔 남지라. 딕장뷔 창녀도 갓가의 ᄒᄂ
니, 경녜 비록 녀힝의 결긔(潔介)ᄒ미 업스나, ᄯ흔 년화분두(蓮花粉頭)의 송구영【7】
신(送舊迎新)ᄒᄂ 무리의ᄂ 나으리니, 경의 거두고져 ᄒ미 군ᄌ의 관인딕량이라. 모로
미 거두어 도라가 의식을 후휼(厚恤)ᄒ고 창닌도 너모 박히 말아 일녀의 원(怨)이 하
상(夏霜)495)의 밋게 말나."

---

493)미졀 : 매정하게 끊음.
494)고식지계(姑息之計) : 우선 당장 편한 것만을 택하는 꾀나 방법. 한때의 안정을 얻기 위하여 임시로
　　둘러맞추어 처리하거나 이리저리 주선하여 꾸며 내는 계책을 이른다. 늑고식책
495)하상(夏霜) : 하상디원(夏霜之怨). 여름에 서리가 내릴 만큼의 큰 원한. *여자가 한을 품으면 오뉴월

상국(相國)이 슌슌 긔복(起伏)ᄒ여 슈명ᄒ고, 윤상셰 음녀를 군뷔(君父) 한가지로 결단ᄒ샤 ᄌ가를 맛지시믈 분연ᄒ나 홀일업고, 난아ᄂᆞᆫ 상교(上敎)를 밧줍고 희약텬디(喜躍天地)ᄒ여 고두ᄉ은(叩頭謝恩)ᄒ고 슈무족도(手舞足蹈)ᄒ여 믈너나니, 상이 크게 가쇼로이 너기ᄉ 농안(龍顔)이 화연디쇼(和然大笑)ᄒ시고, 만조 문무쳔관이 면면이 우음을 머음으니, 윤승상과 구상셔ᄂᆞᆫ 경츄밀의 상시 쳥검졍【8】 직(淸儉正直)ᄒ던 쳥명(淸名)을 싱각고, 긔녀의 음픠ᄒ미 요슌지ᄌ(堯舜之子) 불초홈과 갓ᄒ믈 위ᄒ여 탄셕ᄒ더라.

상셔ᄂᆞᆫ 분연통히(奮然痛駭)ᄒ미 즉긱의 난아의 머리를 버혀 난음ᄒ 죄를 졍히ᄒ고져 ᄒ나, 군부의 명이 여ᄎᆞᄒ시니 감히 ᄌ긔지심을 발뵈지 못ᄒ더라. 난이 만면의 희ᄉᆡᆨ을 ᄯᅴ여 퇴궐(退闕)ᄒ여 상츈으로 더부러 본부의 도라오니, 모친 호시 밧비 닉다라 득실(得失)을 뭇거늘, 난이 우으며 왈,

"별악(別惡) 쳘셕간장(鐵石肝腸)과 초목지심(草木之心)이라도 쇼녀의 비원(悲怨)ᄒ 졍ᄉᆞ를 드ᄅᆞ면 감동ᄒ려든, ᄒ믈며 우리 황상의 요슌(堯舜) 갓ᄒ신 셩덕과, 엄구(嚴舅)의 관홍인ᄌ(寬弘仁慈)【9】ᄒ 셩심(性心)으로 쇼녀의 진졍혈심을 드ᄅᆞ미 엇지 감동치 아니리오."

드듸여 연즁ᄉ(筵中事)를 낫낫치 니ᄅᆞ니, 호시 ᄯᅩᄒᆞᆫ 일분이나 사름의 넘치 이시면 긔녀의 무힝홈을 싱각지 못ᄒ리오만은, 오관(五官)의 쉬 슬고 염통의 보믜 ᄢᅵᆫ여496), 한낫 식츙 돈견(豚犬)갓ᄒᆞᆫ 인물이라. 임의 넘치 어이 이시리오.

녀아의 ᄒᆡᆼᄉᆞ마다 지혜롭고 긔특ᄒᆞᆫ 쥴노 아니, 이 말을 드ᄅᆞ미 역시 경희(慶喜)ᄒ여 왈,

"닉 아ᄒᆡ 어린 나ᄒᆡ 지혜 긔특ᄒ여 능히 텬의(天意)를 감동ᄒ여 신셰를 회복ᄒ니, 엇지 긔특지 아니리오."

ᄒ더라.

난이 스스로 깃거 바야흐로 아미(蛾眉)를 다ᄉᆞ리고 【10】 운발을 쇼하(梳下)ᄒ여 운환(雲鬟)을 ᄶᅵ으고, 장염(粧艶)을 갓쵸아 윤부의셔 찻기를 기다리더라.

ᄎᆞ일 셕양의 조회(朝會)를 파ᄒ시니 빅관이 믈너나고, 진왕과 윤상국이 ᄯᅩᄒᆞᆫ 퇴조ᄒ여 졔ᄌ질노 더브러 부즁의 도라와, 존당의 뵈옵고 궐즁ᄉ(闕中事)와 경녀의 격고등문(擊鼓登聞)ᄒ던 작용이며, 텬지 아조 결단ᄒ여 맛지시던 ᄉ연을 좌즁의 셜파ᄒ니, 존당 상히 경시의 ᄒᆡᆼᄉᆞ를 아니 히연ᄒ리 업ᄉ니, 구쇼졔 그 외구(外舅)의 쳥현명풍(淸顯名風)을 싱각고 한심ᄒ며 참괴난안(慙愧板顔)ᄒ미 스스로 몸의 당ᄒᆞᆫ듯 ᄒ더라.

명일의 초초히 경시의게 문【11】명(問名)을 일워 보닉고, 약간 위의를 출혀 다려올ᄉᆡ, 호람휘 탄왈,

---

496)오관(五官)의 쉬 슬고 넘통의 보믜 ᄢᅵᆫ여 : 오관(五官)에 쉬가 슬고 염통에 녹이 끼었다는 말로, 감각기관(五官)과 마음(心腸)에 병통이 생겨, 제대로 느끼고 생각하지도 못한다는 말

"츠녀의 위인이 본딘 딘화(大禍)의 장본의는 밋지 아니려니와, 딩슈(澄水)갓치 슉청(肅淸)호 가졍의 불현호 즈최 드러오니 불힝도다."

호더라.

승상이 진왕의 셔즈(庶子) 유린으로 호여금 경시를 다려오라 호니, 유린이 슈명호여 경아의 나아가 경공즈의게 명쳡을 드리고 문명을 젼호니, 문원이 민져(妹姐)의 힝스를 젼연이 므르는지라. 윤부의셔 홀연 다리라 와시믈 경히(驚駭)호여 쏠니 유린을 마즈 한훤예필(寒暄禮畢)의, 경공지 몬져 칭스 왈,

"죄민(罪妹)는 셰상기인(世上棄人)이라. 존문【12】의 득죄여산(得罪如山)호니 엇지 감히 비루호 즈최로 군즈의 문의 다시 나아가리오. 존문 셩덕이 비록 이갓흐시나 죄민 반드시 허물을 붓그려 틴의(太意)를 밧드지 아닐가 호느이다."

유린이 쳥파의 경공즈의 아지 못호믈 보고, 이의 잠쇼(潛笑)호고 피셕 딘왈,

"쳔싱(賤生)은 다만 존명을 봉힝호와 부인을 뫼시라 와시니, 기간 스고를 엇지 알니잇고만은, 딘강 듯즈오니 녕민(令妹)부인이 여츠여츠호샤 신셰 박명호믈 격고등문(擊鼓登聞)호여 상젼(上前)의 이고(哀告)호샤 은명(恩命)이 나리오샤 복합호라 호시니, 공즈는 곡졀을 모르시는가 시브거니와, 【13】녕민 부인은 아르시리니 존명을 봉힝치 아니실니 업스리니, 공즈는 밧비 닌당의 알외여 쳔싱의 환가(還家)호미 더디게 마로쇼셔."

공지 쳥파(聽罷)의 민져(妹姐)의 무힝호 작용을 짐작호미 가지록 니러틋 호여, 지엄군젼(至嚴君前)의 니런 불미호 스젹을 격고등문가지 호여 만조인원(滿朝人員)의 훼즈(毁訾)호리니, 스스로 비쳔(鄙賤)호여 규힝(閨行)의 파쳔(破賤)호믈 싱각호미, 츠마 향인슈작(向人酬酌) 홀 쯧이 업스니 욕스무디(欲死無地)호고 치신무디(置身無地)호여, 찰하리 스스로 죽어 붓그러오믈 보지 말고져 호니, 히음업시 빅년(白蓮) 갓흔 귀밋히 도화훈식(桃花暈色)이 오르고, 쌍셩봉안(雙星鳳眼)【14】의 츄슈신쳔(秋水辛泉)497)이 밍동(萌動)호여 참식(慙色) 냥구(良久)의 기리 탄왈,

"혹싱이 인스(人事) 어리고 용널호여, 남민 일가지닌(一家之內)의 니런 불미지스(不美之事)를 아지 못호니, 엇지 용녈불초호미 심치 아니리오. 스민(舍妹)의 불초흔 힝식 스스(事事)의 불가스문어인국(不可使聞於隣國)498)이라. 션인(先人)의 쳥덕명풍(淸德名風)을 츄락호여 남은 쯧히 업스니, 엇지 슬프고 한심치 아니리오. 츠시 닌 임의(任意) 아니니, 즈모와 민져의게 고호여 보스이다."

셜파의 만면이 통홍(通紅)호여 엄연 뉴쳬호믈 마지 아니호고, 닌당 시녀를 불너 이의 젼어호여 윤부의셔 보닌 문명을 거【15】두어 드려 보니고, 권귀(捲歸)호는 거민(車馬) 왓시믈 고호니, 호시와 난이 졍히 갈망호여 기다리던지라. 만심 쾌열호여 조곰

---

497)츄슈신쳔(秋水辛泉) : 가을 물처럼 맑고 뜨거운 눈물. *신쳔(辛泉) : '매운 물이 나는 샘'이라는 뜻으로, '고통 가운데 흘리는 뜨거운 눈물'을 비유적으로 표현한 말.

498)불가스문어인국(不可使聞於隣國) : 이웃과 나라 사람들이 알게 할 수 없음.

이나 츄亽(推辭)홀 쯧이 이시리오.

연망이 문명을 거두어 협亽(篋笥)의 감초고 단장(丹粧)을 다亽리며 운환(雲鬟)을 쐬오고, 분면(粉面)을 공교히 다亽려 쥬약히 모친긔 하직ᄒ고, 승교(乘轎)ᄒ여 도라가ᄂ지라.

문원공지 져져의 넘치 이딕도록 상진(喪盡)ᄒ믄 오히려 몰낫던지라. 골경신히(骨驚身駭)ᄒ여 말을 못ᄒ더라.

시시의 유린이 난아를 빅힝(陪行)ᄒ여 도라오니, 위의 장촛 부문(府門)의 밋츠미 범갓흔 장확(臧獲)이 경【16】시 조츠 오ᄂ 복부(僕夫) 츠환(叉鬟)을 다 휘쏫고, 교부(轎夫)ᄂ 윤가 복뷔니 경가 츠환비 쇼릭질너 왈,

"우리ᄂ 쇼져를 모셔 오거날 녈위ᄂ 엇지 니리 무례히 구ᄂ뇨?"

졔뇌(諸奴) 답 왈,

"츠ᄂ 우리 등의 무례ᄒ미 아니라, 상셔노애 분부ᄒ시딕 경시ᄂ 군부(君父)의 명이 계시니 드리려니와, 경가 비복은 군명이 아니오, 잡뉴를 닉집 문닉의 드리지 못ᄒ리니, 아이의 문젼의 드리지 말나 ᄒ시고, 만일 슌히 도라가지 아니면 잡아 즁히 치죄(治罪)ᄒ렷노라 ᄒ시니, '단문장군녕(但聞將軍令)이오 불문텬ᄌ되(不聞天子道)라'499) 엇지 부인을 알며 그딕 등을 알니오."

셜파【17】의, 큰 미를 휘져어 엄○[히] 휘츅(揮逐)ᄒ니, 경부 시비 홀일업셔 일시의 도라가니라.

교ᄌ(轎子)를 졍하(庭下)의 노ᄒ니 졍당 시비 벽진이 나와 쥬렴을 거드니, 난이 안연이 거즁(車中)의셔 나와 몬져 당상을 치와다보니, 위·조 냥틱비 뉴부인으로 더브러 졍좌ᄒ고 뎡·진·남·화 亽비와 존고 하·장 두 부인이 모든 졔亽금장(娣姒襟丈)으로 더부러 녈좌ᄒ여시니, 위의 슉연ᄒ고 좌ᄎ(坐次) 졍졔(整齊)ᄒ여 졔부인의 상광덕치(祥光德彩) 금셕의 바이니, 싀로이 묵은 눈이 황홀ᄒ여 몸이 나라 요지(瑤池)를 구경ᄒᄂ 듯, 여오 슓이 틱양을 님흔 듯, 긔운이 스스로 국츅져상(跼縮沮喪)【18】ᄒ여 ᄒ더니, 쏘 구쇼졔 옥모화안(玉貌花顔)의 봉관화리(鳳冠花履)를 졍히 ᄒ고, 엄·텰 냥쇼져로 더부러 졔亽쇼고(娣姒小姑)의 항녈(行列)을 일워 좌ᄒ여시니, 션연화뫼(鮮姸花貌) 졀승소쇄(絶勝瀟灑)ᄒ여 위쥬초벽(魏珠楚璧)500)의 빗나믈 비치 못홀지라.

499)단문장군녕(但聞將軍令)이오 불문텬ᄌ되(不聞天子道)라 : 다만 장군의 명령을 들을 뿐 천자의 명령은 듣지 못한다.

500)위쥬초벽(魏珠楚璧) : 위(魏)나라 혜왕(惠王)의 십이주(十二珠)와 초(楚)나라 변화씨(卞和氏)의 화벽(和璧)을 함께 이르는 말. *위쥬(魏珠) : 위(魏)나라 혜왕(惠王)의 십이주(十二珠)을 말함. 곧 위(魏)나라 혜왕(惠王)이 조(趙)나라 위왕(威王)에게 자랑하였다고 하는 위나라의 보배. 지름이 1촌(寸) 쯤 되는 구슬로, 수레 12대를 비출 수 있다고 하여 '십이주(十二珠)'라는 이름으로 불린다. 사기(史記)』 卷四十六, '田敬仲完世家' 第十六에 나온다. *초벽(楚璧) : =화벽(和璧). 명옥(名玉)의 일종. 전국시대 초(楚)나라 변화씨(卞和氏)의 옥(玉)으로, '완벽(完璧)', '화씨지벽(和氏之璧)' 등으로 불리기도 한다. 그 후 이 '화벽'은 조(趙)나라 혜문왕(惠文王)의 손에 들어갔으나, 이를 탐내는 진(秦)나라 소양왕(昭襄王)이 진나라 15개의 성(城)과 이 옥을 교환하자고 한 까닭에 '연성지벽(連城之璧)'이라는 이름이 붙기도 하였다.)

　난이 바라보민 스스로 담이 써러지고 긔운이 져상ᄒ여 담틔ᄒ던 예긔 틔반이나 쇼
삭ᄒ니, 히음업시 옥협(玉頰)을 븕히고 머리를 숙여, 강인ᄒ여 즁계의셔 존당을 바라
고 고두 쳥죄ᄒ고 감불승당(敢不升堂)ᄒ니, 존당 졔부인이 비록 반갑지 아니나 본딕
관인후덕ᄒᆫ 셩품으로 졔 비록 불현교악(不賢狡惡)ᄒ나, ᄯ호 딕화(大禍)의 쟝본(張本)
은 【19】 길우지 아닐 비오, ᄯ오 임의 그 요음(妖淫)ᄒᆫ 죄를 ᄉ호여 가녀의 머므른
후는, 원망을 품게ᄒ미 불가ᄒ여, 이의 흔연이 오ᄅ믈 명ᄒ니, 경시 드듸여 승당ᄒ여
좌즁의 ᄎᆞ례로 녜를 맞고 밋쳐 좌를 졍치 못ᄒ여셔, 호람휘 ᄌᆞ질 졔손을 거ᄂᆞ려 드려
오니, 이ᄯᅢ 윤부 졔인은 혹 난아의 진면(眞面)을 모ᄅᆞᄂᆞᆫ 지 만ᄒ나, 난아ᄂᆞᆫ 구쇼져를
가탁(假託)ᄒ여실 젹, 임의 격셰(隔歲)토록 머므러 안면이 닉으며 셔의치 아닌 고로,
존당 상하를 분변ᄒ미 명빅ᄒ여 실녜ᄒ미 업시 존당구고긔 비례ᄒ고, 졔윤으로 녜를
파ᄒ니, 상셔ᄂᆞᆫ 경시 【20】 를 치보지 아냐셔 안싴의 참엄(斬嚴)ᄒ미 셔리 갓ᄐ여, 쟝
홍(長虹)이 묵묵ᄒ니, 난이 일신이 도시담이나 군ᄌ의 츄상(秋霜) 갓튼 긔운과, 아ᄌ
(俄者)의 가졍(家丁) 시비(侍婢)를 인졍업시 휘츅(揮逐)ᄒ여 도라보ᄂᆞᆫ 인졍을 싱각ᄒ
니, 면식(面色)이 여토(如土)ᄒ믈 면치 못ᄒ고, ᄯ오 능히 녜를 ᄒᆡᆼᄒ미 어려워 머리를 숙
여 쥬져ᄒ니, 존당상히 경시를 보건딕 묘질(妙質)이 ᄌᆞ약(自若)ᄒ여 홍도일지(紅桃一
枝) 광풍의 휘듯는 듯ᄒ니, ᄯ호 ᄌᆞ미가인(姿美佳人)으로 칠 거시로딕, 거지(擧止) 경
쳔(輕淺)ᄒ고 틱되(態度) 교힐(狡黠)ᄒ여 슉녀의 멀기는 진월(秦越)501) 갓ᄐ며 ᄯ오 {일
공일협ᄒ니} 딕스를 경영ᄒ며 흉모를 길게ᄒᆞᆯ 【21】 인물은 아니오, 맛춤닉 윤문의 죵
신(終身)ᄒᆞᆯ지라.
　호람후 부지 그 인물을 츄이(推移)ᄒ여 화근이 딕단치 아닐 바를 다힝ᄒ고, 가ᄎᆞᄒ
여 왈,
　"고어의 왈, 뉘 허물이 업스리오만은 곳치미 귀타ᄒ니, 네 초의 규즁미견(閨中迷見)
으로 그릇ᄒᆫ 허물이 호딕(浩大)ᄒ니, 신셰계활(身世計活)이 무광(無光)ᄒ딕 불고념치
(不顧廉恥)ᄒ고 도라오미, 맛당이 픽힝(悖行)을 바리고 규힝(閨行)을 닷가 죵신(終身)
ᄒ라. 이의 엄·텰 냥부 보ᄂᆞᆫ 녜를 일우라."
　명ᄒ니, 난이 딕참황괴ᄒ여 일언을 못ᄒ고 찬녜관(贊禮官)이 엄쇼져의 좌셕을 놉히
고, 경시를 붓드러 ᄉ비(四拜)ᄒ여 빈실(嬪室)이 원군(元君)긔 뵈ᄂᆞᆫ 녜를 ᄒᆡᆼᄒ니, 엄쇼
【22】 졔 일빵츄파(一雙秋波)를 흘려 보건딕, 엇지 젼일 셤미를 가탁ᄒ여 부왕을 치
독ᄒ고, 냥ᄌᆞ를 살히ᄒ던 요인이 금일 경신 쥴 아지 못ᄒ리오. 신명ᄒᆫ 혜아림의 기시
(其時)의 금일을 임의 혜아린 빈니, ᄉᆡ로이 놀납지 아니ᄒ더라.

---

501)진월(秦越) : '진(秦)나라와 월(越)나라'라는 뜻으로, 둘 사이가 너무 멀어 서로 아무런 관심도 갖지
　　않는, '전혀 무관심한 관계'를 비유적으로 이르는 말. 즉 중국 춘추(春秋) 시대 진(秦) 나라는 지금의
　　섬서성(陝西省)에 있고 월(越) 나라는 지금의 강소성(江蘇省)·절강성(浙江省) 일대에 있었는데 두 나라
　　사이가 너무 멀어서 서로 전혀 관계치 않았고 관심도 갖지 않았다는 데서 나온 말. =소 닭 보듯 하는
　　사이.

그 네비ᄒ기를 당ᄒ여 다시 기안(開眼)치 아니터라. 텰쇼져로 녜파의 구쇼져로 네ᄒ라 ᄒ니, 경시 쳔만 부득이 구시로 더부러 빈례ᄒ나 긔식(氣色)이 분분(紛紛)ᄒ니, 구쇼졔 엇지 그 긔식을 모르리오. 심하의 불열ᄒ고 닉두(來頭)의 평안치 아닐 쥴 혜아려 근심이 만복(滿腹)ᄒ더라.

녜파의 경시를 말셕의 좌를 쥬니, 경시 국【23】츅(蹴縮)ᄒ여 고기를 감히 드지 못ᄒ니, 위틱비 심하의 가련이 너기더라.

날이 졈을믹 경시를 녯 침쇼의 머물게 ᄒ여, 상셰 엄명을 나리와 경가 복쳡이 가즁의 왕닉치 못ᄒ게 ᄒ며, 일삭(一朔)의 한번 셔신을 통ᄒ여 모녜 쇼식을 알게 ᄒ나, 윤부 츠환이 왕닉ᄒ며, 가즁 츠환즁 츙근ᄒ 시비 뉵칠인을 갈희여 경시를 쥬어 스환케 ᄒ고, ᄒ믈며 상셔의 가찰(苛察)ᄒ미 엄졍ᄒ니, 경시의 요스간특(妖邪奸慝)ᄒ므로도 홀 일업셔, 도로혀 윤시 셩명이나 의탁ᄒ여 일싱을 맛고져 바라ᄂᆞᆫ 비라. 제스금장(娣姒襟丈)의 문안ᄒᄂᆞᆫᄃᆡ 믹양 춤녜ᄒ나, 국츅ᄒ여 감히 긔운【24】을 펴지 못ᄒ니, 제스(娣姒) 쇼괴(小姑) 그윽이 실쇼(失笑)ᄒ고, 엄쇼졔 의식(衣食)을 극진히 ᄒ며, 구쇼졔 ᄯᅩᄒ 지친의 졍을 다ᄒ니, 경시의 딕간딕악(大奸大惡)이나 엇지 감동치 아니리오.

기과(改過)ᄒᄂᆞᆫ 계○[기](契機)업시 주연 회션기도(回善改道)ᄒ기의 갓가오니, 달이 포502) 되믹 존당 상히 무휼ᄒ며 상셔를 경계ᄒ여 제가를 공평이ᄒ라 ᄒ니, 상셰 경시를 두고 보니 화근의 삭슨 업슬 쥴 긔지(旣知)ᄒ믹 침셕간(寢席間)의 은이(恩愛)를 머므르니, 경시 과망(過望) 딕희(大喜)ᄒ여 더옥 조심ᄒ기를 힘쓰니, 일노조ᄎᆞ 윤상셔의 가졔(家齊) 졍(整)ᄒ고, 경시 평싱을 윤문의 종신ᄒ니라.

녀녀 요인은 난아의 니러틋 누누(陋陋)ᄒ믈 비【25】쇼(鼻笑)ᄒ여 가만이 우어 왈,

"인싱일ᄉᆞ(人生一死)ᄂᆞᆫ 주고텬니(自古天理)의 덧덧ᄒ니, 한번 쾌히 쥭으믄 감심(甘心)ᄒ려니와, 엇지 져딕도록 구ᄎᆞᄒ리오."

ᄒ여, 상히 경시를 만난즉 닝안멸시(冷眼蔑視)ᄒ믈 마지 아니니, 경시 엇지 녀녀의 눈칙를 모로리오. 교만방ᄌᆞᄒ믈 불복(不服)ᄒ여 ᄯᅩᄒ 셔로 친절치 아니터라.

녀녜 반계곡경(盤溪曲徑)으로 구ᄎᆞ히 도라오나, 윤후의 믹몰닝낙(埋沒冷落)ᄒ미 셰월이 오릴ᄉᆞ록 여시힝노(如視行路)503)ᄒ니, 음녀의 원(怨)이 길고 한(恨)이 깁허 히인살심(害人殺心)이 날노 깁흐니 시종(始終)이 여하(如何)오. ᄎᆞ하를 분셕ᄒ라.

어시의 ᄉᆞ쳔(四川) 관셔(關西) 합쥐(合州) 초안스(招按使) 도총검(都摠檢) 뎡의쳥이 황지(皇旨)를 밧ᄌᆞ와 졀월(節鉞)【26】과 위의(威儀)를 휘동(麾動)ᄒ여 제도(帝都)를 ᄯᅥ나 쥬야 힝ᄒ여 비로쇼 월여의 ᄉᆞ쳔지계의 니르니, 본읍 주ᄉᆞ(刺史) 쥬현(州縣)이 방빅(方伯)과 상ᄉᆞ아문(上司衙門)의 모다 어ᄉᆞ를 영후(迎候)ᄒ여 연향관딕(宴享款待)ᄒ거날, 어시 노왈,

502) 포 : 거듭.
503) 여시힝노(如視行路) : 길 가는 사람 보듯 함.

"추시 셔녁히 흉황(凶荒)ᄒ고 인심이 긔산(幾散)ᄒ니 우리 셩샹(聖上)의 젹지(赤子) 탕화(湯火)의 ᄲᅡ지고, 산간요얼(山間妖孽)이 작변ᄒ여 무죄ᄒᆫ 싱녕(生靈)을 잔학(殘虐) ᄒ니, 만셰황애(萬歲皇爺) 옥체 불안ᄒ시거늘, 신지(臣子) 황명을 밧ᄌᆞ와 이 ᄯᅡ히 니르 믄 궁민을 진휼ᄒ고, 요ᄉᆞᄅᆞᆯ 쇼탕ᄒᆫ 후 빅셩을 모화 즐길 거시어늘, 님군의 근심과 빅 셩의 참화(慘禍)ᄅᆞᆯ 도라보지 아니ᄒ고, 홀노 엇지 즐겨 【27】신ᄌᆞ의 힝신과 ᄌᆞ이ᄒ 는 도리ᄅᆞᆯ 일흐리오."

셩찬(盛饌)을 다 물니치고 약간 쥬과ᄅᆞᆯ 맛본 후 뎡금위좌(整襟危坐)ᄒᄆᆡ, 각읍 쥬현 이 그 뎡듸ᄒᆫ 의논을 숑늘(悚慄)ᄒ여 감히 연향치 못ᄒ고, 죵용이 시립ᄒ니, 어ᄉᆞ 바 야흐로 민간 질고(疾苦)와 요츅(妖畜)의 근본을 므르니, 졔관(諸官)이 일시의 ᄃᆡ 왈,

"이곳이 디방(地方)이 너르고 오곡이 풍등(豊登)ᄒᄆᆡ 인심이 슌후(淳厚)ᄒ여 녀졍도 치(勵精圖治)504)ᄒᄆᆡ 쟝안(長安)으로 다ᄅᆞ미 업{미업}더니, ᄉᆞ오년 젼의 홀연이 ᄯᅩ 풍 쇽이 칠월 칠일이면 남녀노쇼 ᄃᆡ회(大會)ᄒ여, 쥬산(主山) 각봉 산암하(山庵下)의 포진 (鋪陳)을 일우고, 우양(牛羊)을 잡으며 호쥬(壺酒)ᄅᆞᆯ 갓초와 풍악 【28】과 가무ᄅᆞᆯ 식 이고, 산쳔의 졔향ᄒ며 텬궁(天宮)의 긔도ᄒ니, 잔치 일홈을 칠셕연회(七夕宴會)라 ᄒ 여, ᄃᆡ쇼 인민이 즐겨 노더니, 홀연 날빗치 반오(半午)의 남북(南北) 다히로셔 음풍이 ᄉᆞ긔(四起)ᄒ며 모린 날니이니, ᄃᆡ쇼인민이 눈을 ᄯᅳ지 못ᄒ더니, 공듕으로셔 뇽(龍)도 아니오 범도 아니로듸, 가쟝 크고 흉악ᄒᆫ 요졍(妖精)이 창듸갓흔 나롯과 쥬홍 갓흔 닙 을 동히 갓치 버리고 다라드러, 그리 쟝히 버린 졔젼을 다 먹으며 쟝ᄎᆞᆺ 그릇지 삼키 는지라. 빅셩 남녀노쇼 이 흉악ᄒᆫ 거슬 보고 포진긔완(鋪陳器碗)을 다 바리고 셩명(性 命)을 도망ᄒ여 왓더니, 슈일 후 포진을 거드라가니 흉악ᄒᆫ 거시 【29】부지불각의 ᄂᆡ다라 사ᄅᆞᆷ을 삼키니, 즁인이 ᄉᆞ산분궤(四散奔潰)ᄒ여 포진도 ᄎᆞᆽ지 못ᄒ고 도라오니, 인명 ᄉᆞ오인을 일헛는지라. 이후로는 요졍(妖精)이 빅쥬(白晝)의 왕ᄂᆡᄒ기ᄅᆞᆯ 무인지경 (無人之境)ᄒ여 힝인을 다 히ᄒ고, 농업ᄒ는 빅셩을 다 히ᄒ고, ᄯᅩ 곡식을 ᄲᅳ더 먹으 니, 빅셩이 능히 농업을 다스리지 못ᄒ여 슈년지ᄂᆡ(數年之內)의 공연이 젼애(田野) 황 무(荒蕪)ᄒ여 황국광애(荒國曠野) 되엿고, 혹 부모ᄅᆞᆯ 일흐며 ᄌᆞ식이며 지아뷔와 쳐ᄌᆞ ᄅᆞᆯ 일허, 길히 브르지져 호곡ᄒ는 원곡(怨哭)과 쳘텬(徹天)ᄒᆫ 이셩(哀聲)이 ○○○○ [쳐쳐(悽悽)ᄒ여],슌후ᄒ던 인심이 크게 변ᄒ여 완연이 긔황(饑荒)ᄒᆫ 젹디(赤地) 되엿 는지라. 아등이 황은(皇恩)을 닙ᄉᆞ와 일 【30】읍 군현과 ᄌᆞ식 되어, 토디의 직변이 여 ᄎᆞ의 근심치 아니리잇고만은, 슈십만 관군을 죠발(調發)ᄒ여, 낙봉산 ᄉᆞ면을 두로고 화포 화젼(火箭)과 궁시창검(弓矢槍劍)으로 요졍을 잡으려 ᄒᄆᆡ 한 두번이 아니로듸 능히 잡지 못ᄒ고, 사ᄅᆞᆷ이 날난 ᄌᆞ는 혹 면ᄒ고 둔탁ᄒᆫ ᄌᆞ는 샹(傷)ᄒ믈 면치 못ᄒ는 지라. 능히 졔어치 못ᄒ니, 쥬산 근쳐의는 빅셩이 농ᄉᆞᄅᆞᆯ 긋쳐 묵은 밧치며 논이 무슈 ᄒ고, 힝인이 지나지 못ᄒ니, ᄉᆞ빅여리의 인젹이 긋쳔지 오릭니, 산간의 은복(隱伏)ᄒ

---

504)녀졍도치(勵精圖治) : 온 힘을 다하여 정치에 힘씀.

엿던 호표싀랑(虎豹豺狼)의 뉘 쏘흔 강셩ᄒ여 산님(山林)의 분쥬(奔走)ᄒ여 빅셩을 【31】 만히 히ᄒᄂᆫ지라. 하관 등이 지혜 쳔단(淺短)ᄒ고 식견이 고루(孤陋)ᄒ니, 쥬ᄉ 야탁(晝思夜度)ᄒ나 냥편지도(兩便之道)를 싱각지 못ᄒ여, 브득이 텬뎡(天庭)의 쥬달(奏達)ᄒ미로쇼이다. 일즉 션싱의 놉흔 지덕이며 쳥명도덕(淸名道德)을 우뢰갓치 드럿ᄉᆞᆸ더니, 니졔 ᄎ디(此地)를 초안(招安)ᄒ려 ᄒ시니 놉흔 지조와 큰 일홈이 듯던 바의 헛되지 아니실 듯ᄒ오니, 우흐로 셩텬ᄌ(聖天子) 홍복과 션싱의 지덕으로 업튝(業畜)을 졔어 ᄒᆞᆯ가 바라ᄂᆞ이다."

어ᄉᆡ 쳥파의 침음(沈吟) 묵연(默然)의 날호여 왈,

"명일(明日)이 졍히 칠월칠일이니 '텬손(天孫)과 션낭(仙娘)'505)의 아름다온 긔약이라. 니 맛당이 이 ᄯᅡ옛 【32】 풍쇽을 다시 ᄒ여 낙봉산의 연셕을 베풀고, 널위 졔공과 한가지로 가경치(佳景致)를 완상ᄒ며, 요ᄉ(妖邪)흔 졍젹(情迹)을 슬피고져 ᄒᄂᆞ니, 맛당이 관가긔구(官家器具)로 포진(鋪陳)과 《쥬셕∥쥬식(酒食)》을 츌혀 뒤흘 좃게 ᄒ라."

ᄒ니, 널읍(列邑) 쥬현(州縣) 이히 ᄎᆞ언을 듯고 져마다 낫빗츨 변ᄒ고 슈히 답지 못ᄒ더니, 냥구 후 일시의 고왈,

"이 요괴 한낫 흉흔 긔셰로 사ᄅᆞᆷ을 일시 놀니미 아니라, 몬져 풍운을 지으며 모진 바름과 진토(塵土)를 날녀 사ᄅᆞᆷ의 졍신을 몬져 쎈히고, 아닛ᄭᅵ온 니와 독흔 안기를 토ᄒ고, 다다르러 사ᄅᆞᆷ을 히ᄒ니 능히 슈미(首尾)를 도라보지 못ᄒ여, 【33】 졈즉이506) 히를 밧ᄂᆞᆫ지라. 션싱이 밋지 아니시고 쇼리히 귀쳬를 움즉여 져 곳의 나아가 계시다가, 만일 히를 닙으실진디 뉘웃쳐도 밋지 못ᄒᆞᆯ가 ᄒᄂᆞ이다."

어ᄉᆡ 졈두 미쇼 왈,

"널위 졔공의 호의(狐疑)홈도 그르지 아니커니와, 복이 쏘흔 혜아리미 이시니, 고어의 왈, 군ᄌᄂᆞᆫ ᄉᆞ불범졍(邪不犯正)이오 요불승덕(妖不勝德)이라. 엇지 조고만 산간업튝(山間業畜)을 져허 영웅의 긔운을 최찰(摧折)ᄒ리오. 이후 아모 어려온 일이 이셔도 만싱(晩生)이 스스로 당ᄒᆞᆯ 거시니, 졔공은 조금도 호의치 말나. 다만 잔쳬507) 규례(規例)와 마른 셥과 풀노 초인(草人) ᄉᆞ오십명을 민드라, 사ᄅᆞᆷ의 【34】 의복을 닙히고 속의 뉴황 념초와 화약을 갓초아 너코, 가슴의 단검을 감초고, 가장 독흔 슐의 독약을 만히 프러 셔너 통을 놉흔 상 우희 버리고, 기여(其餘) 셩찬쥬육(盛饌酒肉)을 만히 버리되508), 음식 가온디 독을 두어 졔젼(祭奠) 모양으로 버리고, 만싱이 널위와 졔졸 군관으로 더브러 놉흔 뫼히 올나 형셰만 슬필 거시니, 져 곳의 나아가나 무슨 히로오미 이시리오."

---

505)텬손(天孫)과 션낭(仙娘) : 견우와 직녀를 달리 이른 말.
506)졈즉ᄒ다 : 점직하다. 겸연쩍다. 멋쩍다. *점직하다; 부끄럽고 미안하다.
507)잔쳬 : 잔치. 기쁜 일이 있을 때에 음식을 차려 놓고 여러 사람이 모여 즐기는 일.
508)버리다 : 벌이다. 차리다. 여러 가지 물건을 늘어놓다. 일을 계획하여 시작하거나 펼쳐 놓다.

졔인이 이 말을 듯고 바야흐로 계교를 씨다라, 일시의 년셩(連聲) 응낙(應諾)고 이의 녕을 나리와 모든 관군 하졸을 식여, 명일 낙봉산하의 셜졔딕회(設祭大會)홀 명을 나리오고, 긔구와 쥬【35】육셩찬을 장만ᄒᆞ며 초인 ᄉᆞ오십을 믠ᄃᆞ라 딕령ᄒᆞ라 ᄒᆞ니, 모든 하리 계교는 아지 못ᄒᆞ고 놀라믈 마지 아니ᄒᆞ딕, 감히 군녕(軍令)을 거역지 못ᄒᆞ여 밤시도록 찰히더라.

명조의 뎡슌검이 각읍졔관으로 더부러 관군졔졸노 ᄒᆞ여금 초인과 졔뎐을 가져 뒤흘 조ᄎᆞ라 ᄒᆞ고, 낙봉산의 다ᄃᆞ르니, 산형이 긔구(崎嶇)ᄒᆞ고 경물(景物)이 쇼쇄(瀟灑)ᄒᆞ여 쳔봉만학(千峯萬壑)이며 긔암졀벽과 단이취벽(斷崖翠壁)은 옥으로 ᄭᅮ며시며 오ᄎᆡ(五彩)로 장식흔 듯, 울울흔 창숑과 은 ᄀᆞᆺᄒᆞᆫ 녹슈ᄂᆞᆫ 프른 바회와 흰 모릭 ᄉᆞ의의 징담(澄潭)이 흐르기를 녕녕(盈盈)이 ᄒᆞ여, 은닌옥쳑(銀鱗玉尺)이 물 ᄉᆞ【36】이의 닷토아 ᄲᅱ놀고, 긔화녕지(奇花靈芝) 욱어져 향긔 욱욱ᄒᆞ니, ᄲᅡᆼᄲᅡᆼ흔 비취봉졉(翡翠蜂蝶)은 무리지어 왕ᄂᆡᄒᆞ고, 슈플 가온딕 흰 진납이 넘노라 혹 파람ᄒᆞ고, 잔딕 우희 흰 ᄉᆞ슴은 ᄭᅩᆺ가지 ᄭᅥᆺ기를 사름갓치 ᄒᆞ니, 빅녹흑원(白鹿黑猿)이 사름을 두리지 아니ᄒᆞᄂᆞᆫ지라.

뎡슌검(巡檢)이 산쳔의 유아(幽雅)홈과 물식의 쇼쇄ᄒᆞ믈 칭찬ᄒᆞ여, 이의 하리 군관을 명ᄒᆞ여 산하의 평판(平板)흔 승디(勝地)를 갈히여 광야의 포진을 빈셜ᄒᆞ고, 졔뎐(祭奠)과 여러 통 슐을 버리고, 상 아릭 초인 ᄉᆞ오십을 ᄎᆞ례로 버려 셰우고, 초목이 무셩흔 슈플을 갈희여 군ᄉᆞ로 창검을 가져 좌【37】우로 버려 셰우고, 즈긔 닌읍 졔관으로 더부러 슈빅명 군ᄉᆞ를 거ᄂᆞ려 산상의 올나, 방포일셩(放砲一聲)을 노ᄒᆞ니, 딕포쇼릭 크게 요란ᄒᆞ여 산쳔이 움즉이ᄂᆞᆫ 듯ᄒᆞ더라.

포셩이 긋치지 못ᄒᆞ여셔 남북 다히로 광풍이 딕작ᄒᆞ며 진퇴 어ᄌᆞ러워 몬져 심신을 황홀케 ᄒᆞ더니, 벽녁 ᄀᆞᆺᄒᆞᆫ 쇼릭를 지르며 음운(陰雲) 흑무(黑霧)를 모라 요괴 나오니, 졔되(製圖) 극히 흉녕(凶獰)흔지라.

흉괴(凶怪) 다ᄃᆞ라 졔뎐과 슐을 보고 급히 다ᄃᆞ르러 여러그릇 음식과 슐을 편시(片時)의 다 먹으니, 이 업츅(業畜)은 본딕 식냥이 너른 고로 그런 음식을 다 먹고도 오히려 ᄎᆞ지 못ᄒᆞ여, 급히 초인의게 【38】다라드러 초인 십여기를 무러 ᄉᆞᆷ키니 쥬육의 독이 만히 드럿ᄂᆞᆫ딕, 초인(草人)의 속의 뉴황 넘초를 만히 너허시니, 업츅이 엇지 잠시를 견디리오.

토(吐)코져 ᄒᆞ나 초인의 속의 창검을 품기엿ᄂᆞᆫ 고로, 목굼긔 가로 걸니여 토치 못ᄒᆞ고 독약이 오장의 퍼져 뉴황 넘초 등물이 셩ᄒᆞ여, 연념(煙焰)이 흉복(胸腹)과 오장뉵부(五臟六腑)를 ᄉᆞᆯ오니 업츅이 엇지 견디리오. 두어 마디 쇼릭를 벽녁갓치 지르고 몸을 ᄲᅱ노라 아모리 홀 줄 몰나 눈이 벌거ᄒᆞ고 니가는 쇼릭 긋지 아니터니, 이윽ᄒᆞ여 것구러지거ᄂᆞᆯ, 모다 보니 그 업츅이 크기 무궁ᄒᆞ여 몸픠 슈십 【39】아름이나 되고, 그 등 우희 늙은 쇼나모 슈십쥐 나시며, 귀박희는 크기 키만ᄒᆞ고 셕쥬(石柱)갓흔 두 엄니는 슈졍으로 일운 듯ᄒᆞ여 영특ᄒᆞ기 ᄶᅡᆨ업ᄉᆞ니, 보ᄂᆞᆫ지 졔마다 아니 놀라리 업셔, 슌검의 신긔묘산(神奇妙算)으로 빅셩의 큰 폐를 더니, 녈읍(列邑)이 진경(盡驚)ᄒᆞ더라.

이 업츅이 산중의 업듸여 슈도흔 산졔(山猪)의 무리 아니면 엇지 이딕도록 장딕ㅎ
리오. 업츅이 임의 죽어 구러지미, 사름이 그 허실을 아지 못ㅎ여 감히 나아가지 못ㅎ
고 오릭 동졍을 술피더니, 흉괴 두어 식경(食頃)이나 되도록 동졍(動靜)이 업스니, 슌
검이 좌우룰 도라보아 왈,

"업츅이 비록 흉ㅎ【40】나 반드시 그런 독긔의 소지 못ㅎ여실 듯ㅎ니, 셜스 밋쳐
죽지 아니ㅎ여도 반싱반스(半生半死) 즁이리니, 그 몸을 움죽이지 못ㅎ는 써의 즛질너
빅셩의 참히(慘害)룰 덜미 올흐니라."

모다 응셩(應聲)ㅎ고 슈림즁(樹林中)의 미복ㅎ엿던 군스룰 블너 긔치(旗幟)와 창검
(槍劍)을 들고 화포(火砲) 궁시(弓矢)룰 가져 갓가이 나아가 보니, 흉괴(凶怪) 네 굽을
허바리고509) 치 죽지 아냐 피흘너 가득흔딕, 금방울 갓흔 눈을 쓰락 감으락ㅎ니, 모
든 관니 놀나 감히 갓가이 나아가 햐슈(下手)치 못ㅎ거늘, 슌검이 졔군의 겁ㅎ믈 보고
가연이 팔흘 것고 장검을 집고 나아가 머리룰 버히니, 가죽이 【41】즐긔기 측냥업셔
겨오 버혀 써러지미, 독흔 피 급ㅎ여 물갓치 흘너 나리니 그 만흐미 열아믄 독이나
되더라.

닉읍 졔관이며 졔군하리 크게 웅장이 너기며 신긔히 너겨 일시의 칭찬ㅎ는 쇼릭 훤
텬ㅎ더라. 졔군이 요괴 쾌히 죽어시믈 보고 일시의 칼과 창을 가지고 다라드러 즐긘
가죽을 벗기며, 스죡을 버히고 빅룰 갈으니 오히려 먹은 거시 다 그져 잇고 오장 속
의 불긔운이 가득ㅎ여, 창즈와 넘통이며 오관이 다 슬허졋고510) 살빗치 프르고 검어
독긔 코흘 거스리더라. 빅 속을 헷치니 사름 잡아먹은 거시 삭지 아냣더라. 슌검이
【42】그 머리룰 긔의 다라 효시(梟示)ㅎ고, 그 죽엄을 근쳐 빅셩을 닉여 쥬어 원슈
룰 갑게 ㅎ니, 스쳔 근쳐 슈만 빅셩이 이 쇼식을 듯고 부로휴유(扶老携幼)ㅎ여 낙봉산
하의 모다, 드는 칼흘 가지고 다라드러 고기룰 졈졈이 버혀가며 왈,

"이 요괴 원간 맛조흔 돗희 고기랏다. 그러나 독을 만히 먹어 살이 프르러시니 가
마의 슬혀 기름이나 닉여쓰즈."

ㅎ니, 모다 올타ㅎ고 관부로셔 가마룰 갓다가 걸고 고기룰 지지미 기름이 셩에511)
갓치 엉긔니 큰 독으로 셰히 남더라. 슌검이 명ㅎ여 큰 복즈512)룰 드리라 ㅎ여 스만
여 가호(家戶)의 되되이 난화 쥬【43】라 ㅎ니, 빅셩이 원슈 갑흐믈 깃거ㅎ고 슌검의
지혜와 직모룰 감탄열복(感歎悅服)ㅎ여 송셩(頌聲)이 양양ㅎ더라.

슌검이 평원광야(平原廣野)의 포진을 빅셜ㅎ고, 졔젼(祭奠)을 갓초아 쥬식을 만히
버리고, 흰 번(幡)513)을 다라 즘승의게 히 닙은 빅셩을 다 초혼(招魂)ㅎ고, 졔문 지어

---

509)허바리다 : '허+바리다' 형태. 힘없이 버리다. 헛되이 버리다. *버리다 : 내던지거나 쏟거나 하다.
510)슬허디다 : 스러지다. 다 타서 없어지다.
511)셩에 : 성에. 기온이 영하일 때 유리나 벽 따위에 수증기가 허옇게 얼어붙은 서릿발.
512)복즈 : 복자. =기름복자. 기름을 되는 데 쓰는 그릇. 모양이 접시와 비슷하고 한쪽에 귀때가 붙어 있
다.

졔ᄒ니, 초일 낙봉산의 비풍(悲風)이 ᄉ긔(四起)ᄒ고 슈운(愁雲)이 ᄉ집(四集)ᄒ여{ᄒ여} 음운(陰雲) 가온ᄃᆡ 모든 원빅음혼(怨魄陰魂)이 졔향을 맛보ᄂᆞᆫ듯 ᄒ더라.

슌검이 이의 요졍의 남은 시신을 불 지르고, 그 쇼혈(巢穴)을 ᄎᆞ자 불지르고 졔읍닌관(諸邑隣官)으로 더부러 도라오니라.

관고(官庫)룰 여러 긔민(飢民)과 니민(吏民)을 진휼ᄒ고 【44】ᄉ문의 방 븟쳐 요ᄉᆞ룰 진졍ᄒᄆᆞᆯ 녈읍의 표ᄒ고 뇽젼(龍殿)의 쥬문ᄒ니, 셩명지덕(聖明之德)이 흡흡히 쥬소(周召)[514]의 지난 풍(風)이 이시니, 님군의 젹ᄌᆞ(赤子) 앗기믈 역시 ᄌᆞ식갓치 ᄒᄂᆞᆫ지라. 본쥬 ᄌᆞᄉᆞ와 닌읍 쥬현이며, ᄉᆞ졸 이하로 셩덕지략(聖德才略)을 열복흠탄(悅服欽歎)ᄒ더라.

초야의 슌검이 아즁(衙中)의셔 슈침(睡寢)ᄒ더니, 몽혼(夢昏) 가온ᄃᆡ 무슈흔 음혼원빅(陰魂寃魄)이 니르러 은혜룰 ᄉᆞ례ᄒ더니, 홀연 비풍(悲風)이 ᄉ긔(四起)ᄒ며 셕상(夕上)의 버힌 요졍이 압히 와 크게 쇼릭질너 왈,

"닉 본ᄃᆡ 너희 부ᄌᆞ와 원쉬 업ᄉᆞᄃᆡ, 너희 부지 젼후의 지셰(在世)의 두번을 죽게 ᄒ니, 이 엇지 젹은 원쉬리오만은, 상텬이 【45】너희 부ᄌᆞ룰 원복(元福)을 두터히 마련ᄒ신 연고로, 나의 원혼이 감히 ᄉ원(私怨)을 갑지 못ᄒ고, 궁편국디(窮偏局地)의 밋친 원을 숑조(宋朝)의 갑흘 길히 업ᄉ니, ᄂᆡ 반ᄃᆞ시 니졔 픠쥬히 변막(邊漠)[515] 북한(北漢)[516] 가의 먼니 드러가 다시 사룸의게 투틱(投胎)ᄒ여 나셔, 숑조(宋朝) 강산(江山)을 장즁(掌中)의 희롱ᄒ고, 너희 후손으로 ᄒ여금 ᄌᆞᄌᆞ손손(子子孫孫)이 노안비슬(奴顔婢膝)[517]ᄒ여 닉 신히(臣下)되게 ᄒ리라. 연이나 후일이 아직 머러시니, 너희 부지 보복을 아지 못ᄒᆞᆯ 거시니 닉 익달오믈 니긔지 못ᄒ여, 일시 탄몽(誕夢)[518]을 비러 니르노라."

슌검이 딕로ᄒ여 급히 요하(腰下)의 보검(寶劍)을 썌혀 다시 요졍을 버히고져 ᄒ니, 급 【46】히 몸을 돌쳐 나갈 졔 보니, 얼프시 니마 우희 '역(逆)탁'[519] 두지 분명ᄒ고 가슴의 호금(胡金) 두 지 분명ᄒ더라.

슌검이 경동니각(驚動而覺)ᄒ니 몽ᄉᆞ(夢事) 녁녁(歷歷)ᄒ여 셩명지지(聖明之知)로 젼

---

513)번(旛) : 긔(旗).

514)쥬소(周召) : 『시경(詩經)』의 <주남(周南)>·<소남(召南)> 편을 함께 이르는 말. 모두 25편의 시로 이루어져 있는데, 왕과 어진 사람의 덕을 찬양하여 백성들을 널리 교화하는 내용으로 이루어져 있다.

515)변막(邊漠) : 중국의 북쪽 변방에 넓게 펼쳐져 있는 고비사막을 이르는 말. *고비사막 :

516)북한(北漢) : 중국의 오대십국(五代十國)의 하나(951~979). 후한(後漢)이 멸망한 다음해 유숭(劉崇)이 태원(太原)에 건국하였다가 송(宋)나라에 의해 멸망했다.

517)노안비슬(奴顔婢膝) : 남자 종의 아첨하는 얼굴과 여자 종의 무릎걸음이라는 뜻으로, 하인처럼 굽실거리는 얼굴로 비굴하게 알랑대는 태도를 비유적으로 이르는 말.

518)탄몽(誕夢) : 허탄(虛誕)한 꿈. 허황되고 미덥지 않은 꿈.

519)역(逆)탁 : 역적 김탁을 말함. 전편 <명주보월빙>에서 하진 4부자를 반역죄로 무고하여 하진의 세 아들을 죽음으로 몰아넣고 하진을 유배시켰다가, 정천흥에 의해 그 죄상이 밝혀져 옥에 갇혔고, 뒤에 탈옥하여 반역을 일으키다가 하원광에게 참살 당했다.

두를 예지(豫知)ᄒᆞ미 쇼연명각(昭然明覺)ᄒᆞ니, 산즁 흉괴 벅벅이 '역탁'의 졍녕(精靈)으로 작화(作禍)홀시 분명ᄒᆞ고, 나죵 국빅이 맛츔ᄂᆞ니 호간(胡間)의 달호이믈520) 면치 못홀가 분희ᄒᆞ믈 니긔지 못ᄒᆞ나, 텬긔를 미리 누셜홀 ᄇᆡ 아니오, 군직 탄몽을 일ᄏᆞᆯ ᄇᆡ 아닌 고로, 경ᄉᆞ(京師)의 가도 부형의게 고치 아냐시나, 스스로 넘녀ᄒᆞᆷ믄 죵신의 플니지 못ᄒᆞ니라.

명조의 본쥬ᄌᆞᄉᆞ 하경문이 닌읍 졔관【47】으로 더부러 ᄃᆡ연을 비셜ᄒᆞ고, 슌검을 쳥ᄒᆞ여 관ᄃᆡᄒᆞ고, 슌검의 신긔흔 직덕을 하례ᄒᆞ니, 슌검이 ᄉᆞᄉᆞᄒᆞ고, 빈쥬 낙극진취(樂極盡醉)ᄒᆞ여 즐기미 삼일ᄃᆡ연(三日大宴)ᄒᆞ여 즐겨 파ᄒᆞ다.

슌검이 이의 슈삼삭(數三朔)을 머므러 민심을 진졍ᄒᆞ고, 닌읍 현관 슈령의 현우션악(賢愚善惡)을 명졍ᄉᆞᄒᆡᆨ(明正査覈)ᄒᆞ여 ᄇᆡᆨ셩을 ᄉᆞ랑ᄒᆞ며, 환과고독(鰥寡孤獨)을 무휼ᄒᆞ여 쳥념졍직(淸廉正直)흔 ᄌᆞᄂᆞᆫ 각별 포장(褒獎)ᄒᆞ고, 탐남학졍(貪婪虐政)흔 ᄌᆞᄂᆞᆫ 폄(貶)ᄒᆞ여 츌쳑(黜陟)이 져울갓치 공변 되고, 붉씨 명경(明鏡)갓더라.

이젹의 교ᄉᆡᆼ(校生) 범쳘원은 닌읍 근쳐의셔 스더니, 가계 빈한ᄒᆞ여 쳐ᄌᆞ(妻子) 침션방젹(針線紡績)으로 구입521)【48】ᄒᆞ고, 범쇼졔 비록 향니의 ᄉᆡᆼ장ᄒᆞ여시나 아름다온 ᄌᆞ품(資稟)과 슉녀의 ᄉᆞ덕(四德)이 겸비흔지라. 교쇼쳔혜(巧笑倩兮)의 미목변혜(美目盼兮)522)니 ᄌᆞ고로 난쵸 공곡(空谷)의 뭇쳐시나, ᄌᆞ연 향ᄎᆔ 낫하나ᄂᆞᆫ지라. 범쇼져의 아름다온 셩홰(聲華) 닌니(隣里)의 먼니 들니니, 닌읍의 일긔 호방(豪放)흔 지 이시니, 셩명은 쟝틱이라. 본ᄃᆡ ᄌᆡ상ᄌᆞ졔(宰相子弟)로 조업(祖業)이 가장 만하 가계 유여(裕餘)ᄒᆞᄃᆡ, 졈어셔붓터 호협방낭(豪俠放浪)ᄒᆞ여 글을 힘쓰지 아니ᄒᆞ고, 쳥누쥬ᄉᆞ(靑樓酒肆)의 분쥬ᄒᆞ여 쥬식의 잠겨시니, 직죄 업셔 능히 공명을 바라지 못ᄒᆞ고, 쳐ᄌᆞ를 거느려 고향의 도라와 젼토를 슈습ᄒᆞ니, 【49】젼결(田結)이 슈만결(數萬結)이라. 노비 삼쳔 귀(三千口)니 부귀ᄒᆞ미 일읍의 일홈 나니, 인인이 다 그 요부ᄒᆞ믈 흠앙ᄒᆞ더라.

쟝틱이 무식광픽(無識狂悖)ᄒᆞ나 풍신이 쥰미(俊邁)ᄒᆞ니 더옥 안하무인(眼下無人)ᄒᆞ더라. 가즁의 쳐쳡이 슈플 갓흐여 삼쳐칠희(三妻七姬)를 두어시ᄃᆡ 하나도 남녀간 ᄌᆞ식을 둔 지 업스니, 틱이 그윽이 아름다온 녀ᄌᆞ를 유의ᄒᆞ더니, 본읍 교ᄉᆡᆼ 범쳘원의 녀이 ᄌᆞ식과 녀공(女工)이 가죽ᄒᆞ믈 듯고, ᄃᆡ희(大喜)ᄒᆞ여 미파(媒婆)로뼈 구혼ᄒᆞ여 져의 쇼실을 삼고져 흔ᄃᆡ, 범ᄉᆡᆼ이 비록 빈한ᄒᆞ나 엇지 참아 일녀로뼈 남의 여럿지 쇼실을 삼으리오. 다【50】만 흔연이 믈니쳐 왈,

"한미(寒微)흔 가문의 쳔흔 녀지 빈궁흔 집의셔 고초히 ᄌᆞ라, 직용(才容)이 비박(鄙薄)ᄒᆞ고 비흔 ᄇᆡ 업스며, ᄯᅩ흔 나히 어리니 엇지 젹인(適人)ᄒᆞ믈 의논ᄒᆞ리오."

---

520)달호다 : 당기다. 다루다. 부리다. *달호이다 : 당겨지다. 부림을 받다.
521)구입 : 겨우 벌어먹음. 또는 겨우 되는 밥벌이. *구입하다: 겨우 벌어먹다.
522)교쇼쳔혜(巧笑倩兮), 미목변혜(美目盼兮) : '예쁘게 웃는 미소 보조개가 아름답고'. '아름다운 눈매 눈동자가 또렷하네'. 『시경』<위풍(衛風)> '석인(碩人)'편에 나오는 시구로 위(衛)나라 장공(莊公)의 처 장강(莊姜)의 아름다움을 노래한 것.

흐여, 굿이 허치 아니니, 장기 두 셰번 지믈과 부귀를 즈셰(藉勢)흐여 구혼흐디 허락을 엇지 못흐니, 심하의 디로흐여 무인심야(無人深夜)의 무뢰비(無賴輩)를 쳐결흐여 젹당 십여명이 다다드러 범쇼져를 아스가랴 흐니, 옥쇼는 밋쳐 피치 못흐고 범싱 《부쳐∥부지》는 잠결의 밋쳐 의복도 거두지 못흐고, 뒤동산 슈풀 밋히 업디여 보니, 젹뉘 옥쇼를 핍박흐여 위력【51】으로 업어 다르니, 가시 망극흐여 ᄯᅡ라가려 흐거늘, 장퇴이 디로흐여 큰 돌노 뒤골을 치니 가시 마즈 즉스흐는지라. 졔젹이 가시를 쳐죽이고 옥쇼를 아스 급급히 도라가니, 옥쇼 어믜 죽는 양을 보고 디셩통곡흐며 아니 잡혀가려 아모리 발악흔들, 십여셰 어린 녀직 강포흔 호한(豪漢)을 엇지 니긔며 썻쳐 나리오.

다만 텬디를 브르지져 크게 우니, 장퇴이 급히 슈건을 가져 그 닙을 막아 잡아가는지라 범싱 부지 이 거동을 보고 망극흐여, 가시의 시쳬를 붓드러 방즁의 드리고 부지 붓들【52】고 시도록 통곡흐다가, 날이 식미 본현(本縣)의 고장(告狀)흐디, 작야의 도젹이 분명 장퇴이런 쥴 고흐니, 본현 니지뷔 어지디 강단과 쥬변이 업는지라. 고장흐믈 보고 즉시 관치(官差)를 발흐여 장퇴을 잡아오고, 가시의 시쳬를 간검(看檢)흐며 장퇴과 범싱 부즈로 디질흐니, 장퇴은 은금이 만코 범싱은 간난(艱難)흔지라. 숑스(訟事)를 엇지 거우리오.

퇴이 쳔금을 훗허 관니를 회뢰(賄賂)흐고, 옥스를 뒤치니 장퇴은 옥갓치 버셔나고, 범싱 부즈는 속졀업시 스유(士儒)를 《함인∥함해(陷害)》흔 죄로 누옥죄슈(陋獄罪囚) 되니, 범싱이 쳔고원억(千古冤抑)흔 셜음을 【53】 셔리담고, 쳐즈도 안장(安葬)치 못흐고, ᄯᅩᆯ의 스싱존망도 아지 못흐고, 십여셰 유즈(幼子)로 더부러 힘힘히 누옥죄인이 되나, 어느 친쳑이 이셔 돌보리오. 장ᄎᆞᆺ 옥즁의셔 쥬려 죽을너니, 그려도 문학과 인심으로 닌니 친우즁의 원억흐믈 아는 직 이셔, 쥬식을 가져 옥즁의 와 위로흐고 가느니 만흐니, 범싱 부지 드디여 명믹을 보젼흐여 가니라.

장퇴이 범녀를 아스 가시나 범시 쥬야 울고 죽기로ᄡᅥ 좃지 아니니, 퇴이 불승디로(不勝大怒)흐여 쳐음은 달닉고져 하다 못흐여, 나죵은 후원 셕함(石函) 속의 너허 거의 【54】 죽게 되엿는지라. 장퇴이 범시의게 역졍흐여 장ᄎᆞᆺ 범싱 부즈를 다 죽이려 흐는지라. 범시 샤싱(死生)을 초기(草介)갓치 너기고, 죽기를 도라감 갓치 흐여 울며 ᄭᅮ지져 왈,

"무상흔 도젹놈이 쳥텬빅일지하(靑天白日之下)의 살인을 힝흐여 사름의 어믜를 쳐죽이고, 즈식을 겁칙흐려 흐니 이는 금슈만도 못흔 도젹이라. 닉 ᄎᆞ라 도젹의 손의 어믜와 한가지로 죽을지언졍, 언연(偃然)이523) 텬일(天日)을 니고 어믜 죽인 원슈를 셤기리오."

흐고, ○○○[원언(怨言)이] 궁텬극디(窮天極地)524)흐니, 장젹(賊)이 다시 와 다릭디

---

523)언연(偃然)이 : 언연(偃然)히. 뻔뻔스럽게. 거드름을 피우며 거만하게.

죽은 어믜를 슈륙쳔도(水陸薦度)525)ᄒ며, 범싱 부【55】ᄌᄅᆯ 직물을 쥬어 일싱을 부가옹(富家翁)이 되여 살게 ᄒ렷노라 ᄒ여, 쳔만가지로 달니며 그 이용미질(愛容美質)을 ᄎᆞᆷ아 ᄉᆞ(赦)홀 ᄯᆞᆺ이 업ᄉᆞ니, 범시 츔밧하 ᄡᅮ지져 강기녈녈(慷慨烈烈)ᄒ니 장젹이 시녀를 맛져 두어 그 회심ᄒ기를 기다리며, 관가로 분쥬이 단니며 살인을 도모ᄒ노라 슈년이 되엿더니, 직물을 만히 허비ᄒ고 졔 ᄯᆞᆺ을 못일우니, 분노ᄒ여 필경 옥쇼의 죽어가는 시신을 ᄭᅳ어다가 동산 셕혈(石穴)의 가도고, 하로 쥬는 거시 ᄒᆞᆫ ᄶᆞ 식물(食物)이니 옥쇼의 ᄉᆞ싱이 거의 급ᄒ고, 범싱 부ᄌᄂᆞᆫ 누년 죄슈로 옥듕의 귀형(鬼形)이 되어 시니, 시시로 형【56】벌을 잔혹히 닙어 장ᄎᆞᆺ 위튀ᄒᆞᆫ 지경의 니ᄅᆞ러시니 가셕지(可惜哉)러라.

어시의 뎡슌검이 ᄉᆞ쳔 일읍을 슌찰ᄒᆞ미, 치졍(治政)이 귀신 갓흔지라. 산간 요마(妖魔)의 무리 ᄌᄎᆞ를 감초고, 숑졍원굴(訟廷冤屈)526)ᄒᆞ미 업ᄉᆞ나, 범싱은 옥듕의 깁히 감쵸여 이시니 뉘 능히 그 원민(冤悶)ᄒᆞᆷ믈 폭빅(暴白)ᄒ리오만은, 고어의 왈 '일부함원(一婦含怨)이 오월비상(五月飛霜)이라'527) ᄒ니, 묵묵창쳔(黙黙蒼天)이 유모쳬원(悠杳逮遠)528)ᄒ나, 범가부부 ᄌ녀 ᄉᆞ인의 쳔고원앙(千古怨怏)을 감동치 아니시리오.

슌검이 일일은 신긔 노곤(勞困)ᄒᆞ믈 인ᄒ여 안셕(安席)의 지혀 잠간 가미(假寐)ᄒ엿더니, 홀연 ᄒᆞᆫ 녀ᄌ 드러오니 얼골이 단졍ᄒᄃᆡ,【57】의상이 남누(襤褸)ᄒ고 머리의 피흘너시니 형용이 참참(慘慘)ᄒ더라. 압히 나아와 만복ᄒ고 통곡ᄒ며 고왈,

"쳔쳡은 본읍 교싱(校生) 범쳘원의 안히 가ᄉᆞ러니, 쳡이 공연이 젹슈(賊手)의 놀난 넉시되고, 쳡의 지아뷔와 두 ᄌ식이 즉금 원슈의 손의 거의 다 죽게 되엿ᄉᆞ오니, 복원 노야난 잔명을 구ᄒᆞ시고, 쳡의 원슈를 갑하 쥬시면, 산ᄒᆡ(山海) 갓ᄉᆞ온 덕음(德蔭)을 디하음혼(地下陰魂)이 빅골(白骨)의 삭이리로쇼이다."

ᄒ고, 간ᄃᆡ 업거날, 슌검이 놀나 ᄭᆡ다ᄅᆞ니 날빗치 오히려 반쟝(半嶂)529)을 ᄯᅥ나지 아냣더라. 몽ᄉᆞ ᄌᆞ못 명빅ᄒ고 녀ᄌ의 참졀ᄒᆞᆫ 형용과 쳐졀ᄒᆞᆫ ᄋᆡ셩(哀聲)이 안져(眼底)의 버럿ᄂᆞᆫ 듯【58】ᄒᆞᆫ지라. 크게 괴이히 너겨 이의 본읍 하리와 아젼(衙前)을 불너 문 왈,

"이 ᄯᆞ히 일즉 교싱 범기(哥)라 ᄒᆞ니 ᄉᆞᄂᆞ냐?

아젼이 ᄃᆡ왈,

---

524)궁텬극디(窮天極地) : 하늘과 땅같이 끝이 없음.
525)슈륙쳔도(水陸薦度) : 죽은 영혼을 수륙재(水陸齋)를 올려 천도(薦度)함. *수륙재(水陸齋): 물과 육지의 홀로 떠도는 귀신들과 아귀(餓鬼)에게 공양하는 재. 늑수륙굿. *천도(薦度): 죽은 사람의 넋이 정토나 천상에 나도록 기원하는 일. 불보살에게 재(齋)를 올리고 독경, 시식(施食) 따위를 한다.
526)숑졍원굴(訟廷冤屈) : 송사(訟事)의 억울함.
527)일부함원(一婦含怨)이 오월비상(五月飛霜)이라 : 한 여자가 원한을 품으면 한여름(5월)에도 서리가 내린다.
528)유묘쳬원(悠杳逮遠) ; 아득히 멂.
529)반쟝(半嶂) ; 산 중턱.

"이 짜히 과연 향관(鄕舘) 유학(幼學)ᄒᆞᄂᆞᆫ 범쳘원이라 ᄒᆞᄂᆞᆫ 사ᄅᆞᆷ이 스옵더니, 니졔 옥즁의 드런지 슈년이로쇼이다."

슌검이 우문(又問) 왈,

"유학ᄒᆞᄂᆞᆫ 문인이면 무슨 일노 관가의 죄를 어더 여러 ᄒᆡ 누옥죄쉬(陋屋罪囚) 되엿ᄂᆞ뇨? 《하젼 ‖ 아젼(衙前)》 니비(吏輩) 디 왈,

"여ᄎᆞ여ᄎᆞᆫ 일노 범기 무상ᄒᆞ여 빅쥬(白晝)의 장가(哥)의 지물을 보고 욕심니여, 무인심야(無人深夜)의 졔 쏠을 무뢰강도(無賴强盜)의게 일코 익구준 장가를 무함(誣陷)ᄒᆞᆫ 죄로 가시 쳐쥭인 살인(殺人)이 뒤쳐[530] 졔 도로혀 누옥죄쉬 되엿 【59】ᄂᆞ이다."

슌검이 쳥파의 졈두 왈,

"이ᄂᆞᆫ 본관(本官)이 불명(不明)ᄒᆞ여 아조 어렵지 아닌 숑졍(訟政)을 여러히 결ᄉᆞ(決事)치 못ᄒᆞ미니, 닉 맛당이 이 옥ᄉᆞ를 쳐결ᄒᆞ여 각별 원옥(寃獄)이 업게 ᄒᆞ리라."

셜파의 하리를 명ᄒᆞ여 본관의 좌긔(坐起)ᄒᆞᄂᆞᆫ 쥴 긔별ᄒᆞ고, 죄인을 올니라 ᄒᆞ니, 니디뷔(知府) 괴이히 너기나 졔 보닉라 ᄒᆞᄂᆞᆫ거ᄉᆞᆯ 아니 올니기는 가치 아니ᄒᆞᆫ 고로, 흔연이 명을 바다 범가 부ᄌᆞ를 잡아닉여 큰 칼○[을] 메워 디뷔 친히 압셰워 상ᄉᆞ아문(上司衙門)의 니르니, 범싱 부ᄌᆞᄂᆞᆫ 아모란 쥴 모로고 벅벅이 쥭을 쥴노 아라 망극ᄒᆞ믈 니긔지 못ᄒᆞ더라.

슌검이 디부를 마즈 【60】 병좌ᄒᆞ고, 범가 부ᄌᆞ를 잡아드려 보니 츄러ᄒᆞᆫ[531] 의복과 누년(累年) 죄슈로 긔한과 풍상을 괴로이 겻거, 여지업슨 귀형(鬼形)을 일워시나, 위인이 결단코 불의악인(不義惡人)은 아니라. 슌검이 쏘 관치(官差)를 보닉여 장튁을 잡아 오니, 장젹이 언연이 ᄉᆞ류(士類)의 의관을 션명이 갓초고 드러와 뵈니, 풍신이 미려ᄒᆞᆫ 듯ᄒᆞ나 미간(眉間)의 살ᄉᆞ교음(殺邪狡淫)ᄒᆞ미 현연(顯然)ᄒᆞ여, 불녕(不逞)의 삭시 현져(顯著)ᄒᆞ니, 슌검이 임의 ᄒᆞᆫ쌍 명안(明眼)이 팀공망(太公望)[532]의 조마경(照魔鏡)[533]을 웃ᄂᆞᆫ지라. 엇지 범·장 냥인의 션불션(善不善)을 아지 못ᄒᆞ리오.

ᄒᆞᆫ번 보미 크게 씩다라 다시 가부를 뭇지 아니ᄒᆞ고, 바로 장젹을 잡아 나리 【61】 와 형장(刑杖)을 쥰ᄎᆞ(峻次)ᄒᆞ라 ᄒᆞ니, 장젹이 놀나 쇼릭 질너 왈,

"쇼싱이 비록 미쳔ᄒᆞ나 본딕 ᄉᆞ문여엽(士門餘葉)으로, ᄉᆞ류(士類)의 일홈이 잇고, ᄒᆞ믈며 무죄ᄒᆞ미 빅옥 갓거늘, 션싱이 져 범츅(畜)으로 무슴 ᄉᆞ졍이 계시관딕 니러틋 ᄉᆞ류를 경시ᄒᆞ시며, 익미ᄒᆞᆫ 쇼싱을 죄쥬고져ᄒᆞ시ᄂᆞᆫ잇고?"

---

530)뒤치다 : 뒤집히다. 뒤바뀌다.
531)추러ᄒᆞ다 : 추루(醜陋)하다. 지저분하고 더럽다.
532)태공망(太公望) : 중국 주(周)나라 초기의 정치가 여상(呂尙)의 다른 이름. 여(呂)는 그에게 봉해진 영지(領地)이며, 상(尙)은 그의 이름이다. 강태공(姜太公). 여망(呂望) 등의 다른 이름으로도 불린다.
533)조마경(照魔鏡) : 마귀의 본성을 비추어서 그의 참된 형상을 드러내 보인다는 신통한 거울. 늑조요경(照妖鏡).

니디뷔 또 연망(連忙)이 말녀 왈,

"츠인은 본디 스틱우(士大夫)의 ᄌ손이오, 또흔 죄 업스미 쇼연(昭然)ᄒ오니, 만일 죄ᄌ를 다스리고져 ᄒ시거든 가히 범쳘원을 져쥬어 실졍(實情)을 ᄉ획(查覈)ᄒ미 가ᄒ니이다."

슌검이 쳥파의 가연(介然) 닝쇼(冷笑) 왈,

"싱이 비록 ᄉ광지춍(師曠之聰)과 니루지명(離婁之明)을 밋【62】지 못ᄒ나, 잠간 한번 보아 사름의 션악 아ᄂ 거울은 족히 고인의 붓그럽지 아닐만 ᄒ니, 엇지 범가의 인미ᄒᄆ로 가계 빈한ᄒ여 하비(下輩)의게 뇌물이 업셔 죄과를 뒤쳐 죄쉬(罪囚) 되고, 장젹의 지물이 만키로 빅쥬의 살인즁죄(殺人重罪)를 범가의 도라보닌 슈단을 모ᄅ리오. 츠시 원간 아조 알기 쉬오니, 현공(賢公)은 다만 나의 결ᄉ(決事)를 보라."

셜파의 본관 부즁(府中) 아젼(衙前) 통인(通人) 옥졸(獄卒) 하비(下輩)를 다 불너드려, 계하(階下)의 꿀니고 쥰졀이 문왈,

"여등이 장가의 만흔 뇌물을 밧고 범가 부ᄌ를 무죄히 ᄉ디(死地)의 모라 너흐려 ᄒᄂ 흉심을 닉 임의 다 아랏【63】ᄂ니, 여등은 일호도 은휘치 말고 바로 고흔 즉, 오히려 젼죄(全罪)를 용셔ᄒ려니와, 만일 나의 춍명을 어둡게 너겨 일호(一毫)나 은닉(隱匿)ᄒ미 이실진디, 젼후 두 죄를 아오로 쳐치ᄒᄆ를 장젹과 갓치 ᄒ리라."

ᄒ니, 슉연흔 위의와 엄졍흔 말슴이 져희 심쳔(心泉) 쎄보ᄂ 듯흔지라. 모든 니비(吏輩) 하졸이 임의 희온 비 잇ᄂ 고로, 슌검의 말슴이 ᄌᄌ명명(自自明明)이 알고 ᄆ르미 분명흔 듯 시부니, 엇지 긔망홀 ᄯᅳᆺ이 나며, 또 신긔 춍명흔 졍ᄉ를 아ᄂ지라, 엇지 감히 속이리오.

일시의 고두빅비(叩頭百拜)ᄒ여 슈고로이 한 미를 나리오지 아냐, 【64】장젹의 무상(無狀)흠과 범가의 인미ᄒ미며, 져희 미련흔 마음의 만흔 뇌물을 탐ᄒ여, 장젹을 두호(斗護)ᄒ고 원고(原告)를 죄의 모라너허, 아조 업시ᄒ려 ᄒ던 의ᄉ를 낫낫치 알외니, 슌검이 디로ᄒ여 장젹을 올녀 미고, 큰 미로 쥰츄ᄒ며 젼후 죄상을 ᄆ르니, 장젹이 비록 흉담디악(凶膽大惡)이나 홀일업셔, 드디여 져희 악ᄉ를 긔긔(個個) 승복ᄒ더라.

슌검이 크게 통히ᄒ여 또 관치(官差)를 발ᄒ여 장젹의 당뉴를 다 잡아 오고, 관비(官婢)를 보닉여 범녀를 다려 졔집으로 다려보닉며, 범싱의 부ᄌ를 위로ᄒ여 방셕(放釋)ᄒ고, 장젹은 살인홀 【65】시 젹실ᄒ니 살인ᄌᄉ(殺人者死)ᄂ 한고조(漢高祖)의 관홍디략(寬弘大略)으로도 약법삼장(約法三章)의 졍ᄒ신 비라 ᄒ여, 오형(五刑)을 갓초아 시상(市上)의 가 참슈(斬首)ᄒ고, ᄉ류의 일흠을 업시ᄒ고, 그 당뉴 십여인을 각각 즁형(重刑)ᄒ여 먼니 졀역(絶域)의 닉치고, 본관 하졸을 다 약간 경칙ᄒ여 후일 니런 원옥이 잇게 말나 ᄒ니, 졔비 하졸 등이 고두 쳥죄ᄒ여 믈너나고, 니디뷔 크게 무안ᄒ여 불명ᄒᄆ를 지삼 쳥죄ᄒ니, 슌검이 또흔 경계졀칙ᄒ여 츠후나 조심ᄒ라 ᄒ니, 디뷔 쳔만ᄉ죄ᄒ고 이의 금은필빅(金銀疋帛)을 닉여 범싱을 쥬고, 젼일 불명ᄒ여 원옥(冤獄)이 되게 흔 쥴을 【66】ᄉ례ᄒ니, 슌검이 또흔 어진 사름의 고초 격그믈 참연(慘然) 가

셕(可惜)ᄒ여 금빅으로뻐 쥬니, 이후 싱계를 넉넉이 ᄒ라 ᄒ고, 쥬식으로뻐 관딕ᄒ여 보ᄂ니, 범가 부지 슈년 원상(冤狀)을 쾌히 신빅ᄒ고, 쳐즈의 원슈를 갑흐며 만흔 지물을 엇고, 디부의 후휼(厚恤)ᄒ믈 바드니, 도로혀 깃브고 감격ᄒ여 빅빅 고두스례ᄒ고, 도라가 장젹의 심간을 쌘혀 가시의 원슈를 갑고, 부녀(父女) 형미(兄妹) 완취(完聚)ᄒ여, 가시를 후장(厚葬)ᄒ고 졔ᄉ를 밧들며, 옥쇄 아뷔 집의 온 후 스스로 고질(痼疾)이 쾌ᄎᄒ여, 부녀 남미 뎡슌검의 딕덕(大德)을 명심불【67】망(銘心不忘)ᄒ여 후일 슌검이 환경(還京)ᄒᆫ 후, 범싱 부지 ᄉ우(祠宇)를 ○○○○○○[셰우고 위픽(位牌)를] 봉안(奉安)ᄒ여 ᄉ시향화(四時香火)를 밧드러 신명갓치 셤기더라.

익셜 뎡슌검이 범가의 원옥을 결ᄉᄒ 이후로ᄂ 붉은 일홈이 더옥 낫하나, 닌읍의 ᄌᄌᄒ니, 닌읍 현관이 다 뎡슌검의 일홈을 드르면 살을 쎠러 힝혀 관즁(官中)의 원졍(原情)과 원옥(冤獄)이 이셔, 져 셩현군즈의 발간젹복(發奸摘伏)ᄒ미 신명 갓흐니, 무류(無聊)를 불가 두려 상심(喪心)ᄒᄂ니 만코, 하비 니졸의 무리 조심ᄒ여 두리기를 신명이 조림(照臨)홈 갓치 너기더라.

슈월만의 ᄉ쳔을 쎠나ᄆ, 향민 부뢰(父老) 쎠나믈 슬허, 【68】우양(牛羊)과 쥬호(酒壺)를 닛그러 먼니 와 보ᄂ며, 젹지(赤子) ᄌ모(慈母)를 쎠남 갓치 셜워ᄒ며, 범가 부지 슐위를 붓들고 감누(感淚)를 드리워, 목슘 살온 은혜를 일ᄏ르니, 슌검이 면면이 무위ᄒ여 화ᄒ 낫빗과 브드러온 말ᄉᆷ으로 무휼ᄒ기를 두터이 ᄒ고, 각읍 졔관으로 분슈ᄒ여, ᄉ마(駟馬)를 두로혀 경소로 도라올싀, 지나ᄂ 길히 녈읍(列邑)을 다 슌슈(巡狩)ᄒ여, 브딕 원옥이 업게ᄒ니, 길가의 숑셩(頌聲)이 양양ᄒ고, 닌읍의 탐남(耽濫)ᄒ 관원이 놀나기를 마지 아니ᄒ더라.

ᄉ오일을 힝ᄒ여 졀동(浙東) 동창부(東昌府)이 밋츠니, 슌검의 위의 졍히 딕로【69】상을 지나더니 홀연 보니, 길가의 한 녀랑(女娘)이 걸인의 복식으로 머리를 산발(散髮)ᄒ고 낫치 검고 그으러 흉참ᄒ딕, 쥬린 빗치 가득ᄒ여 한 손이 걸미(乞米)ᄒᄂ 쥬머니를 들고, ᄯ 한 손의 씌여진 족박을 들고, 져ᄌ거리로 걸냥(乞糧)ᄒ더니, 믄득 시상(市上)의 무슈ᄒ 스람이 동녁 프즈로셔 닉다라 걸녀(乞女)를 잡고 치며 ᄭ지즈딕,

"이 못쓸년아! 네 원간 어ᄂ 곳으로 셔 온 도젹년이완딕, 비러 먹으라 단이거든 공슌이나 어더 먹ᄂ 거시 아니라, 빅쥬의 음식 쥰 그릇조ᄎ 도젹ᄒ여 가져가리오. 아모리 긔한의 골몰ᄒ여 빌어먹【70】ᄂ 걸예(乞女)들 도젹질조ᄎ ᄒ라 ᄒ더냐? 네 남의 식긔를 가져가시니 갓다가 판 곳을 다히라. 만일 몰닉라 ᄒ거나, 판딕를 다히지 아니면, 닉 본딕 너와 동싱도 아니오, 친구도 아니로쇼니, 안면 보고 인졍 보아 구이(拘礙)홀 일이 업스니, 바로 잡아 구외로 드러가리라."

ᄒ니, 기녜 울며 발악 왈,

"닉 비록 팔지 ᄉ오나와 가향(家鄉)을 쎠나 타향의 뉴리분찬(流離分竄)ᄒ믈 면치 못ᄒ나, 본딕 경셩 직상가 ᄉ환(使喚)이라. 어려셔붓허 호의호식(好衣好食)ᄒ여 직상 귀쇼져(貴小姐)와 한가지로 싱장(生長)ᄒ여시니, 금의옥식(錦衣玉食)도 귀ᄒ 쥴도 몰낫거

든, 니졔 아모리 셜니534) 되엿신들 너희 그릇 하나히 갑시 무어【71】시 만콴듸535) 도젹ᄒ여 가리오. 분명ᄒᆫ 증참(證參)이 잇거든 다히고, 데본536) 말 말나. 닉 아직 타향의 걸식ᄒ여 츠ᄌ리 업슨 듯ᄒ나, 너희 아조 죽이면 ᄯᅩ 가히 님짓 잇ᄂᆞ니라.”

그릇 일흔 직 노ᄒ여 왈,

“네 니르지 아냐도 네 근본 막 드르니, 경셩 한츄상(樞相)537) 딕 도망ᄒᆫ 비즈 진월이라 ᄒ더고나. 네 쇼힝이 언마 이졋ᄒ면538) 님ᄌ를 비반ᄒ며, 먼니 닉치여 남의 ᄯᅡ히 도망ᄒ여 왓시리오. 그릇 하나히 앗갑지 아냐, 우리 어진 마ᄋᆞᆷ의 너를 사ᄅᆞᆷ만 너겨 걸식ᄒᆞᄂᆞᆫ 거슬 거두어 치고져539) ᄒ여 음식○[을] 먹이니, 네 져기540) 사ᄅᆞᆷ 갓ᄒ면 《고마온들∥고마와 못ᄒᆞᆫ들》 ᄎᆞᆷ아 음식 쥰 그릇슬 인ᄒ여 도젹ᄒ【72】여 가니, 이엇지 사ᄅᆞᆷ의 마ᄋᆞᆷ이리오. 우리 쳐음의 너의 닉력을 아지 못ᄒ고, 항거식541) 닉쳐 왓노라 ᄒ거날, 가장 불상이 너겻더니, 네 쇼힝이 니러ᄒ니, 응당 항거식 거슬 아모 거시나 《도젹ᄒ고∥도젹ᄒᆞ다가》, 잡아 죽이거나 즁히 치거나 ᄒ려 ᄒ기의 도망ᄒ여 왓던가 시브다.”

ᄒ거날, 슌검이 드르미 진월 두 직 귀의 심히 닉은지라. 본듸 남다른 지식과 원녀(遠慮)로ᄡ여 씨닷지 못ᄒ리오. 이 분명ᄒᆫ 한츄밀 부인 관시의 심복 진월이, 그ᄶᅵ 한쇼져를 치독ᄒ고 인ᄒ여 일야지간의 월옥도쥬(越獄逃走)ᄒ엿던 한부 간비(奸妃) 진월인 줄 알미, 졍히 이 마듸를 키여 슈악(首惡)【73】의 단셔를 알고져 ᄒᆞᄂᆞᆫ 즈음이라. 엇지 ᄎᆞᄌᆞ미 무단이 노하 보닉리오.

이의 심복 가뎡(家丁) 운학을 불너,

“여ᄎᆞ여ᄎᆞᄒ여 간비의 근각(根脚)을 ᄉᆞᄒᆡᆨ(査覈)ᄒ여 잡아오듸, ᄎᆞ녜 극히 요악ᄒ니 힝혀 실포치 말나.”

ᄒ니, 운학이 쳥명(聽命)ᄒ고, 이의 사ᄅᆞᆷ 가온듸 셧겨 푸즈 밋히 나가 왈,

“한츄상딕 역비(逆婢) 진월은 쥬인의게 불츙딕역(不忠大役)이라. 본듸 반심(叛心)을 픔어 녀군(女君)을 치독(置毒)ᄒ려 ᄒ다가, 악ᄉᆡ(惡事) 픽루(敗漏)ᄒ니, 한츄밀노야와 쳬찰노애(體察老爺) 잡아 즁형으로ᄡ여 져쥬어 실ᄉ(實事)를 승복(承服) 바드신 후, 붉ᄂᆞᆫ 날 텬졍(天廷)의 고달(告達)ᄒ여 역비(逆婢)의 흉모시역(凶謀弒逆)ᄒᆞᄂᆞᆫ 죄를 붉히 다ᄉ리려 ᄒ시고, 【74】즁옥(重獄)의 엄슈(嚴囚)ᄒ여 계시더니, 역비 홀연 요괴로온 계교

---

534)셜니 : 서러이. 서럽게.
535)만콴듸 : 많건대.
536)데보다 : 데면데면 보다. 건성으로 보다. *데면데면 : 성질이 꼼꼼하지 않아 행동이 신중하거나 조심스럽지 않은 모양.
537)츄상(樞相) : 추상(樞相). 고려 시대에, 중추원과 추밀원의 종이품과 정삼품 벼슬을 이르던 말.
538)이졋ᄒ다 : 의젓하다. 말이나 행동 따위가 점잖고 무게가 있다.
539)치다 : 가축이나 가금 따위를 기르다.
540)져기 : 적이. 어지간히. 어지간한 정도로.
541)항것이 : 상(常)것에. *상것 : 예전에, 양반 계급이 평민을 낮잡는 뜻으로 이르던 말.

룰 여ᄎ여ᄎᄒ여, 져의 간모(奸謀)룰 동참ᄒ던 뉘 슈노뼈 옥졸(獄卒)을 취ᄒ여 인ᄉ룰 모ᄅ게 ᄒ고, 역비 스스로 도망ᄒ연지 발셔 셰월이 오ᄅ린지라. 《폐졔왕부∥평졔왕부》 와 한부의셔 다 역비 진월을 잡지 못ᄒ여 ᄒ더니, ᄯᅩ 엇지 이곳의 와 만날 쥴 알니오. 니졔 뎡쳬찰노애 ᄉ쳔슌안ᄉ(四川巡按使)되샤 팔도(八道)542)룰 진무(鎭撫)ᄒ여 도라오 시ᄂ 길히러니, 니졔 역비의 쇼문을 드ᄅ시고, 날을 명ᄒ여 잡아 오라 ᄒ시므로 이의 왓ᄂ니, 간녀룰 혹ᄌ 실포(失捕)ᄒ면 널위 ᄯᅩᄒ 뎡노야긔 죄룰 면치 못ᄒᆯ가 ᄒᄂ니, 어즈러【75】이 닷ᄒ기란 날희고 간인을 잡아 날을 조ᄎ 오라."

즁인(衆人)이 이 말을 듯고 괴이히 너겨, 눈을 드러 일시의 보더라. 【76】

---

542)팔도(八道) : 조선 시대에, 전국을 여덟 개로 나눈 행정 구역. 강원도, 경기도, 경상도, 전라도, 충청 도, 평안도, 함경도, 황해도를 이른다.

윤하뎡삼문취록 권지칠십이

츠시 즁인(衆人)이 이 말을 듯고 괴이히 너겨, 일시의 눈을 드러 보니, 기인이 인가(人家) 창두(蒼頭)543)의 모양이로딕, 의복이 션명ᄒ고 거지(擧止) 헌앙(軒昂)ᄒ며 인믈이 쥰슈ᄒ니, 향촌 촌한(村漢)의 무리ᄂᆞᆫ 아니라. 경셩 왕후졔가(王侯諸家)의 앙ᄉ신임(仰事信任)ᄒᄂᆞᆫ 귀가가인(貴家家人)인 쥴알니러라.

일시의 응셩 답왈,

"삼가 명딕로 ᄒ리라."

ᄒ고, 일시의 다라드러 진월ᄌᆞ롤 쎄드러 슌검의 후거(後車)롤 쫄오니, 진월이 딕경발악ᄒ나 모든 쟝졍을 엇지 당ᄒ리오. 힘힘이 그믈의 잠기인 고기 갓더라.

아지못게라! 진월 간비 관시의 방냥(放良)544)ᄒᄂᆞᆫ 【1】 문셔롤 바닷고, 또 원시랑의 만히 쥬ᄂᆞᆫ 금빅(金帛)을 어더 지아뷔롤 조츠 원방의 나와시니, 그 슈즁의 씌친 바 직믈이 유여ᄒ니 족히 져히 일싱이 평안ᄒ려든, 엇진 연고로 뉴락(流落) 분찬(奔竄)ᄒ미 이의 밋춘고? 아지못게라! 명명신기(冥冥神祇) 직방(在傍)ᄒ시니, 벅벅이 간비 요녀의 빅쥬시녁지죄(背主弑逆之罪)545)롤 졍히 ᄒ여 앙화(殃禍)롤 나리오신 듯ᄒ더라.

션시의 진월 간비 쳐음의 흔부롤 쎠나 관시의 《방미∥방냥(放良)》ᄒᄂᆞᆫ 문권(文卷)을 바다 가지고, 다시 요리(妖尼)와 원홍의 브리믈 바다, 조부의 투입ᄒ여 혼암불명ᄒᆞᆫ 엄부인을 쇽여, 조부인의 일장 딕란을 붓쳐닌 후, 다시 도망ᄒ여 원시랑을 뵈니, 원홍 【2】 이 진보치단(珍寶綵緞)을 만히 쥬어 근노ᄒ믈 칭ᄉ(稱謝)ᄒ고, 진월을 비록 경ᄉ(京師)의 머므러 쓸 곳이 이시나, 졔궁과 한부의셔 바야흐로 진월의 ᄌᆞ최롤 궁극히 슈식(搜索)ᄒᄂᆞᆫ 즈음이니 경ᄉ(京師)의 머믈미 심히 불안ᄒᆞᆫ지라.

니러므로 후환(後患)을 싣츠려 ᄒ여, 만흔 직믈을 앗기지 아니ᄒ고 쥬어, 원방(遠方)의 오유방낭(遨遊放浪)ᄒᄂᆞᆫ 협긱(俠客) 숑셥이란 놈을 맛져 보닉엿더니, 숑셥은 본딕 강호(江湖)의 뉴탕(遊蕩)ᄒ여 무뢰도박(無賴賭博)ᄒᄂᆞᆫ 무리라. 종젹이 우연이 경ᄉ의 니릇럿다가 원시랑을 맛나 진월을 맛지니, 셥이 진월의 년쇼교아(年少嬌兒)로 나히 졈고 틱되 미려ᄒ며, 또 가진 바 직믈이 만ᄒ니, 욕심 【3】 을 닉여 드딕여 췩ᄒ여 결동

---

543)창두(蒼頭) : 사내종.
544)방냥(放良) : 노비를 놓아주어 양인(良人)이 되게 하던 일.
545)빅쥬시녁지죄(背主弑逆之罪) : 주인을 배반하여 살해한 죄.

(浙東) 관셔(關西) 싸히 도망ᄒᆞ여 가 ᄉᆞ더니, 숑셥이 일싱 즐기ᄂᆞᆫ 거시 슐이오, ᄉᆞ랑ᄒᆞᄂᆞᆫ 거시 미ᄉᆡᆨ이라.

졔 숀의 푼젼(分錢)이 업슬 젹도 박혁(博奕) 호쥬(好酒) ᄒᆞ며 음쥬기ᄉᆡᆨ(飮酒嗜色)ᄒᆞ던 ᄇᆡ어ᄂᆞᆯ, 더옥 슈즁의 ᄌᆡ물이 유족ᄒᆞ니 헬 거시 이시리오. 날마다 돈을 ᄎᆞ고 쳥누쥬림(靑樓酒林)의 왕ᄂᆡᄒᆞ여 장취불셩(長醉不醒)ᄒᆞ고, 박혁(博奕) 《시주 ‖ 기주(嗜酒)》로 무뢰(無賴)를 쳐결(處決)ᄒᆞ여 집의 드ᄂᆞᆫ 날이 업ᄉᆞ니, 진월이 투긔(妬忌)를 니긔지 못ᄒᆞ여 ᄊᆞ호고 말니니, 셥이 더옥 ᄉᆞ오납기 무궁ᄒᆞ여, 월을 쥭도록 쳐 한 구셕의 드리박고, 집안 ᄌᆡ물을 ᄂᆡ여 가다가 못ᄒᆞ여, 나죵은 월의 ᄌᆞ장(資粧) 의복(衣服)이며 【4】 가즁 긔완(器碗)붓치를 다 ᄂᆡ여가니, 만흔 ᄌᆡ물이 슈년이 차 못ᄒᆞ여셔 진ᄒᆞ니, 월이 쥬야 괴롭고 셜워 도로혀 녯날 경ᄉᆞ의 이셔 쥬인의게 복(服)ᄒᆞᆯ 젹, 일신이 한가롭고 의식이 쥬족(周足)546)ᄒᆞ던 쥴 ᄉᆡᆼ각ᄒᆞ고, 관시와 원홍을 원망ᄒᆞ며, 비록 어뮈 업ᄉᆞ나 동긔 친쳑은 경ᄉᆞ의 만히 잇던 거시어ᄂᆞᆯ, 이 ᄯᅡ히 온 후ᄂᆞᆫ 고단ᄒᆞ고 외롭기 심ᄒᆞ니, 비록 쥭어도 ᄎᆞᄌᆞ리 업ᄉᆞ니, 월이 스ᄉᆞ로 지아뷔 ᄉᆞ오나옴과 신셰(身勢) 영졍고고(零丁孤苦)547)ᄒᆞ믈 슬허 쥬야 눈물노 쇼일ᄒᆞ더니, 숑셥이 일일은 나갓다가 슐을 ᄃᆡ취ᄒᆞ고 남과 ᄡᅡ화, 취즁의 칼흘 ᄲᆡ혀 【5】 져와 ᄊᆞ호던 놈의 부쳐 냥인을 다 질너 쥭이니, 그놈이 나히 졈기로 ᄌᆞ식은 업ᄉᆞ나 부모 동ᄉᆡᆼ이 가즉ᄒᆞ여548) 일촌(一村)의 버럿고, 관가의 구실ᄒᆞᄂᆞ니 만하 형셰 잇고, 숑셥은 타향의셔 뉴락(流落)ᄒᆞ여 니ᄅᆞ러시니 형셰 고단ᄒᆞᆫ지라.

마가의 여러 동ᄉᆡᆼ과 부모 친쳑이 알고 ᄃᆡ로ᄒᆞ여 숑셥을 잡아 관가의 《숑원 ‖ 쇼원(訴願)》ᄒᆞ니, 법식 즉시 안뉼(按律)ᄒᆞ여 살인ᄌᆞ롤 ᄃᆡ살(代殺)ᄒᆞ니, 숑셥을 져ᄌᆞ거리의 가 쥭여 살인ᄒᆞᆫ 죄롤 졍히 ᄒᆞ고, 마가 부쳐의 부모 동ᄉᆡᆼ이 울며 칼흘 가지고 니ᄅᆞ러 숑셥의 심간을 ᄲᆡ혀 원슈를 갑흐니, 진월이 《쇼셥 ‖ 숑셥》의 ᄉᆡᆼ시의 집안 ᄌᆡ 【6】 물 《셰ᄉᆞ ‖ 세간549)》롤 다 업시ᄒᆞ여 가계(家計) 젹빈(赤貧)ᄒᆞ던 ᄎᆞ의, ᄯᅩ 살인의 드니 약간 남은 거ᄉᆞᆯ 관쇽(官屬)의 무리 다 노략ᄒᆞ여 가고, ᄯᅩ 셥을 안법(按法)ᄒᆞ여 쥭이니, 관부의셔 시쳬롤 ᄂᆡ여 쥬나 감장(勘葬)ᄒᆞᆯ 길히 업ᄂᆞᆫ지라.

ᄒᆞᆯ일업셔 집을 파니, 닌인(人人)이 다 니ᄅᆞᄃᆡ 위지흉가(謂之凶家)라 ᄒᆞ고 ᄉᆞ지 아니ᄒᆞ니, 갑슬 계오 십여량(十餘兩) 은ᄌᆞ롤 바다 셥을 감장ᄒᆞ고, 월이 스ᄉᆞ로 뉴락ᄒᆞ여 남의 죵이 되여 물기ᄅᆞ며 밥 짓고 질삼ᄒᆞ며 기음 ᄆᆡ고 어더 먹으니, ᄉᆡᆼ계ᄂᆞᆫ 극히 고초(苦楚)ᄒᆞ고 쳔(賤)ᄒᆞ나 의식은 오히려 넉넉ᄒᆞ더니, 진월이 ᄌᆞ유(自幼)로 ᄉᆡᆼ장ᄒᆞ믈 경셩 번화지디(繁華之地) 가온ᄃᆡ ᄉᆞ부(士府) 규문(閨門)의 ᄌᆞ라나, 《십쥬 【7】 리 ‖ 심규리(深閨裏)550)》 금옥(金玉) 도장551) 가온ᄃᆡ 부인 쇼져롤 신임ᄒᆞ미, 몸의 금슈치의(錦

546)쥬족(周足) : 두루 족함. 두루 넉넉함.
547)영졍고고(零丁孤苦) : 세력이나 살림이 보잘것없이 되어서 의지할 곳이 없고, 외롭고 가난하다
548)가즉ᄒᆞ다 ; 가지런하다. 나란하다. *여기서는 '두루 살고 있다'의 의미.
549)세간 : 집안 살림에 쓰는 온갖 물건. ≒세간붙이 · 세간살이

繡彩衣)를 닙으며, 닙의 팔진(八珍)을 넘히 너기고, 지분방퇴(脂粉肪澤)552)으로 분면 (粉面)을 다스려 주라난 비니, 흐틀며 약간 퇴도의 미려흐미 바히 향촌 상한(常漢) 농녀(農女)의 츄비(麤鄙)흔 모양은 아니므로, 간곳마다 쥬인 남지 조히 너겨 날이 오릭고 안면이 닉을 만흐면 브디 탕졍(蕩情)흐니, 진월이 간딕 족족553) 쥬모(主母)의 눈의 괴이믈 엇지 못흐여, 일년 닉의 십여 가호를 도랏는지라.

쇼문이 전파흐니, 비록 다른 딕 의탁고져 흐나, 남즈는 즈식(姿色)을 조히 너겨 머므러 두고져 흐딕, 녀즈는 진월의 미려흐기로 쥬인을 도적흔다 흐믈 슬희 너겨 【8】 용납지 아니흐니, 월이 갈 바를 졍치 못흐여, 드딕여 걸인이 되어, 낫이면 닌가의 돌며 걸미(乞米)흐고, 밤이면 아모 푸즈 기슭의나 남의 집 쳠하(檐下)554) 가을 비러 즈니, 도로 걸인도 하나 둘히 아니니, 년쇼미아(年少美兒)로 님즈 업시 길가의셔 즈는 거슬 고이 두리오.

무슈흔 걸직(乞者) 져마다 탕졍(蕩情)555)흐니, 월이 괴롭고 분흐나 능히 죽지 못흐더니, 쏘 오릭지 아녀 홀연 더러온 창질(瘡疾)을 어드니, 근쳐 사름이 더옥 츄악히 너겨 그릇시 밥 쥬기를 아니흐니, 진월이 이 싸히 능히 머므지 못흐여 두어날 길을 더힝흐여, 동창부(東昌府)의 가 걸식흐며, 혜오딕,

"닉 니졔는 더러온 병을 어 【9】 더 녯 얼골이 업스니, 비록 경스의 간들 뉘 알니오. 일신이 타향의 뉴락흐여 싱계 젹빈흐니, 몸이 셩홀 졔와 달나 팔지 스오나와 남이 더러이 너기는 병을 어더시니, 싱이도 어렵거니와 지쳐 아모 길가의나 업더져 죽으면, 뉘라셔 빅골을 거두어 조혼 뫼히 안장흐리오. 요힝 젼젼걸식(轉轉乞食)흘지라도 경스의 곳 가면, 나의 겨레 만흐니 아모딕나 가 의탁흐고, 쇼식을 가만이 우리 부인과 원시랑긔 보흐고, 약간 금빅이나 어더 긔한(飢寒)의 괴로오믈 면흐리라."

쥬의(主意)를 졍흐고, 댱안(長安) 길흘 츠즈 동창부의 뉴락(流落)흐여 압 길히 아득흐니, 힝뇌(行路) 극히 어 【10】 렵고, 흉질누창(凶疾陋瘡)이 더옥 복발(復發)흐니 능히 힝보를 일우지 못흐고, 빅골프믈 니긔지 못흐여 길가 프즈의 가 음식을 비니, 이 싸 풍속이 조코 인심이 슌후(淳厚)흔지라.

사름마다 월의 졈은 나히 의지업시 걸식흐는 줄 불상이 너겨, 닷토아 음식을 먹이고 냥식을 쥬거늘, 월이 만복(萬福)556)흐더니, 기즁(其中)의 웃듬 프즈를 장히 여러 온갓 찬품을 다 버리고 파는 직 이시니, 쥬옹(主翁)의 셩명은 뎡딕오, 녀랑은 져희 무리 별명 지어 뎡마미라흐더라.

---

550)심규리(深閨裏) : 깊은 규방(閨房) 안.

551)도장 : =규방(閨房). ①부녀자가 거처하는 방. 늑규실(閨室) ②안방. ③부부의 침실.

552)지분방퇴(脂粉肪澤) : 여자들의 화장에 쓰는 연지・분・기름 따위의 용품.

553)족족 : 어떤 일을 하는 하나하나.

554)쳠하(檐下) : 처마 밑.

555)탕졍(蕩情) : =통정(通情). 남녀가 정을 통함

556)만복(萬福) : ①옛날 중국의 부녀자들의 인사말. '복 많이 받으세요.' ②많은 복.

뎡딕 부쳬(夫妻) 나히 만코 의긔 잇더니, 뎡○[마]미 몬져 진월을 보고 잔잉이 너겨, 그 괴이흔 병이 이시믄 아지 못ᄒ고, 믄득 거두어 고공(雇工)557)○[을] 삼고져 ᄒ여 친【11】히 손을 닛그러 푸ᄌ558) 밋히 가쵹이 안치고, 음식○[을] 쥬어 먹이며, 셩명·년치·근파ᄅ 뭇고 심히 어엿비 너기거늘, 월이 ᄯ혼 근본을 긔이지 아녀 왈,

"쳡은 하방촌녜(遐方村女)아니라. 경ᄉ 지상 흔츄밀딕 비즈오. 쳔명(賤名)은 진월이러니, 쥭은 어뮈 본딕 션(先) 쥬인 직시로붓터 유공흔 고로, 문권(文券)을 아조 쥬어 먼니 방냥(放良)ᄒ여 도라가 살나 ᄒ시거날, 지아뷔ᄅ 조ᄎ 졀동ᄯᅡ히 와 스더니, 가뷔 픠악(悖惡) 방탕(放蕩)ᄒ여 살인(殺人)ᄒ고 관부(官府)의셔 법으로 다ᄉ려 쥭이니, 쳡이 의지업셔 도로 경ᄉ로 도라가 쥬인을 의탁ᄒ려 ᄒ딕, 반젼(盤纏)이 업셔 도로의 방황ᄒ노라."

ᄒ거날, 뎡○[마]미 곳이 듯고 불상【12】이 너겨 왈,

"진실노 그러ᄒ거든 녀랑이 이ᄯ히 머믈면, 맛당흔 장부ᄅ 어더 쥬리라."

월이 면강(勉强) 허락ᄒ고 심즁의 혜오딕,

"닉 몸이 악질 곳 업ᄉ면 져의 말도 무던ᄒᆞ것만흔, 악질 잇ᄂ 쥴 곳 알면 엇지 용납ᄒᆞ리 이시리오. ᄲᆯ니 상경코져 ᄒ나 낭탁(囊橐)이 븨여시니 극난흔지라. 아직 졔 말을 조ᄎ 스셰ᄅ 보아가며, 이 푸지 밋쳔이 만코 긔명(器皿)이 만흐니 아모 거시나 흔 가지ᄅ 도적ᄒ여 가지고, 먼니 가 파라 노ᄌ(路資)ᄒ리라."

쥬의ᄅ 졍ᄒ고 공슌흔 말슴과 이원흔 낫빗츠로 근쳐의 단연지 ᄉ오일이러니, 일일은 뎡○[마]미 큰 그릇싀 밥을 만히 쥬니, 월【13】이 ᄉ례ᄒ고 가지고 도라가려 ᄒ다가 들키미 되엿더라.

뎡○[마]미 모든 시민(市民) 힝인(行人)과 한가지로 월을 잡아 운학을 조ᄎ가니, 추시 월이 뎡쳬찰 셰 ᄌ를 드릭믹, 이 분명 뎡의쳥인 쥴 알고, 임의 잡히ᄂ 날은 쥭을 쥴노 아라, 심신을 졍(靜)치 못ᄒ여 울며, 졔 푸기 속으로셔 유긔ᄅ 닉여 뎡딕를 쥬고, 그윽이 탈신(脫身)흘 계교ᄅ 싱각ᄒ여 울며, 즁인(衆人)의게 익걸 왈,

"널위 비록 힘을 다ᄒ여 잡아가지 아니나, 약흔 계집이 힝노(行路)의 길히 닉지 못ᄒ니 장ᄎ 어딕로 가리오. 너모 급히 모라가니 심신이 어득ᄒ여 능히 것지 못ᄒ리로다."

ᄒ며 어로긔며559) 혹 업드릭【14】며 졋바져 능히 가지 못ᄒᄂ 쳬ᄒ니, 즁인이 혹 그러히 너겨 민 거슬 글너 다려가고져 ᄒ거날, 운학이 닝쇼 왈,

"널위ᄂ 졈즉이560) 곳이 듯지 말나. 이 녀직 가장 교악(狡惡)ᄒ니 무슨 쇠 이실 쥴 알니오. 열업시 일코 슌검노야의 위엄을 엇지 면ᄒ리오."

---

557)고공(雇工) : 머슴. 고용인. 삯을 받고 남의 일을 해 주는 사람.
558)푸ᄌ : 중국어 '포자(鋪子 pùzi)'의 직접 차용어. 점포(店鋪), 가게.
559)어로긔다 : 엉금엉금 기다. 큰 동작으로 느리게 기는 모양
560)졈즉ᄒ다 : 점직하다. 겸연쩍다. 멋쩍다. *점직하다; 부끄럽고 미안하다.

즁인이 이 말을 듯고 감히 욱이지 못ᄒᆞ여, 단단이 미여 슌검의 여ᄎᆞ(旅次)의 니ᄅᆞ러, 운학이 몬져 드러가 복명ᄒᆞ니, 슌검이 명ᄒᆞ여 진월을 잡아 드려 엄문 왈,

"간비 능히 날을 아ᄂᆞᆫ다? 월이 머리ᄅᆞᆯ 두다려 고왈,

"쳔비의 반상(叛狀)은 졍히 비ᄌᆞ의 죄 아니라. 몬져 관부인의 지휘ᄒᆞ신 비오, 월옥도쥬(越獄逃走)ᄒᆞᆷ은 【15】요승(妖僧)의 여ᄎᆞ여ᄎᆞ 변홰오. 버거 조부의 투입ᄒᆞ여 엄부인을 속이고 이리 도라오ᄆᆞᆫ, 다 원시랑의 식인 일이니, 복원 노야ᄂᆞᆫ 호싱지덕(好生之德)을 드리워 잔명을 용서 ᄒᆞ쇼셔."

슌검이 노왈,

"역비(逆婢) 스스로 텬디간 요악ᄒᆞᆫ 죄ᄅᆞᆯ 지어 두고, 감히 쥬인의게 밀위고져 ᄒᆞᄂᆞ냐. 닉 본딕 너ᄅᆞᆯ 져쥬어 므를 거시 아니니, 니졔 너ᄅᆞᆯ 잡아시니 깁히 두어 타일 한츄밀 노야의 춧ᄂᆞᆫ 씩의 쓸 곳이 이시니, 미리 용셔ᄒᆞ며 아니믈[믄] 나의 ᄉᆞᄉᆞ(私私) 쳐단(處斷)이 아니라."

ᄒᆞ고, 이의 엄슈ᄒᆞ여 동창부현의 보닉고, 디부의게 젼어 왈,

"ᄎᆞ녀ᄂᆞᆫ 경ᄉᆞ 한츄밀 틱하(宅下) 비ᄌᆞ로 쥬인을 반ᄒᆞᆫ 역비오, 쏘 여【16】러가지 죄상이 즁딕ᄒᆞ여 간셥ᄒᆞᆫ 곳이 만흐나, 그 간 곳을 춧지 못ᄒᆞ여 ᄒᆞ더니, 니졔 공교히 만나 잡아시나, 맛싱이 국ᄉᆞ(國事) 공총(倥傯)ᄒᆞ여 죄인을 다려가지 못ᄒᆞᄂᆞᆫ, 비록 슈고로오시나 본관이 본부 부즁의 엄슈(嚴囚)ᄒᆞ여, 본딕 여ᄎᆞ여ᄎᆞᄒᆞ여 월옥망명(越獄亡命) 죄슈(罪囚)니 힝혀 실포(失捕)치 말고 가도앗다가 경ᄉᆞ의 도라가 춧기ᄅᆞᆯ 기다리쇼셔."

ᄒᆞ니, 본현 디뷔(知府) 즉시 회ᄉᆞ(回謝)ᄒᆞ고 진월을 엄슈홀ᄉᆡ, 힝혀 쇼루ᄒᆞᆷᄆᆡ 이실가 ᄒᆞ여 옥졸을 신칙ᄒᆞ여 가도니, 월이 비록 몸의 날기 이셔도 탈신키 어려오니, 다만 망극ᄒᆞ여 후일 경ᄉᆞ의 가는 날이면 ᄉᆞ싱이 엇지 될고 근심홀 【17】ᄲᅮᆫ이러라.

슌검이 녈읍 졔관을 슌슈(巡狩)ᄒᆞ연지 칠팔삭의, 민심을 이졍(釐正)ᄒᆞ고 왕홰(王化) 딕치(大熾)ᄒᆞ니 다시 근심홀 거시 업ᄂᆞᆫ지라.

국ᄉᆞᄅᆞᆯ 맛ᄎᆞᄆᆡ 졍히 힝편(行便)을 두로혀 경ᄉᆞ로 향ᄒᆞ더니, ᄉᆞ쳔 셩도부의 니ᄅᆞ러 믄득 조창계 참졍공(參政公)의 국ᄉᆞᄅᆞᆯ 션치ᄒᆞ고 도라오ᄂᆞᆫ 위의ᄅᆞᆯ 맛나니, 옹셔(翁婿) 냥인이 구별지여(久別之餘)의 도즁상봉(道中相逢)ᄒᆞ니, 'ᄎᆞ소위(此所謂) 쳔니(千里)의 봉고인(逢故人)이라.'561)

조·뎡 냥인이 피ᄎᆞ 반기고 깃브믈 니긔지 못ᄒᆞ니, 이 가온딕 쏘 무슨 신긔ᄒᆞᆫ 이식(異事) 잇ᄂᆞᆫ고 하회(下回) 분히ᄒᆞ라.

화셜 조쇼졔 심규약질(深閨弱質)노 쳔고희한(千古稀罕)ᄒᆞᆫ 변을 맛나, 일신의 누누(累陋)ᄒᆞᆫ 악명(惡名)과 투명(妬名)을 갓초 【18】시러, 녀ᄌᆞ 단신(單身)이 속졀업시 남황

---

561)ᄎᆞ소위(此所謂) 쳔니(千里)의 봉고인(逢故人)이라 : 이것을 이른바 천리 밖에서 친지를 만난다 함이라.

장녀(南荒瘴癘)562)의 손이 되여 조쥬(趙州) 한 가의 찬적(竄謫)ᄒᆞ니, 부인 녀ᄌᆡ 연연 옥장(軟軟玉腸)이 엇지 촌촌(寸寸)치 아니ᄒᆞ며, 금심(襟心)이 여할(如割)치 아니리오만은, 조부인이 싱셩ᄒᆞ미 사름 니론지 텬싱녀질(天生麗質)이 별유이긔(別有異氣)ᄒᆞ여, 홀노 건곤의 조화와 텬디졍믹(天地精脈)을 갓초 타나시니, 니른 바 싱이지셩(生而知聖)이오 총명달식(聰明達識)은 ᄉᆞ광(師曠)563) 니루(離婁)564)의 총명을 홀노 긔특다 못ᄒᆞᆯ 거시니, 비록 지조와 신긔ᄅᆞᆯ 낫타닉여 ᄌᆞ랑치 아니ᄒᆞ나, ᄯᅩᄒᆞᆫ 갓가이 보아 먼 일을 ᄉᆞᆯ 못ᄂᆞᆫ 총(聰)이 이시니, 스스로 ᄌᆞ긔 젼졍(前程)을 츄슈(推數)ᄒᆞ미 어둡지 아니ᄒᆞᆫ지라.

임의 우【19】흐로 텬시(天時)ᄅᆞᆯ ᄉᆞ못고, 아릭로 시슈(時數)ᄅᆞᆯ 역니(易理)ᄒᆞ미 붉거니, 엇지 일시 시운의 불니홈과 운익(運厄)의 긔구ᄒᆞᆷ을 조바야이 탄도(嘆悼)ᄒᆞ여 녹녹(碌碌)히 심ᄉᆞᄅᆞᆯ 상히올 조쇼져리오. 만ᄉᆞᄅᆞᆯ 하늘의 붓치고 화복을 산두고565) 길흉을 밍지(猛志)566)ᄒᆞ여 조금도 슈우(愁憂) 쳑쳑(慽慽)ᄒᆞ미 업ᄉᆞ니, 다만 ᄌᆞ긔 일시 익경은 부운의 비기고 쳬찰(體察)이 니가초(離家初)로붓터 이 화익은 이실 쥴{은} 아라시니, ᄉᆡ로이 놀나며 근심ᄒᆞᆯ 거시 아니로ᄃᆡ, 이달오며 슬허ᄒᆞᄂᆞᆫ 바ᄂᆞᆫ 모부인 실덕무ᄒᆡᆼ(失德無行)ᄒᆞ시미라.

타일 간상이 젹발ᄒᆞᄂᆞᆫ 날이면 원흉 요인의 죄상도 낫하나려니와, 모부【20】인 ᄌᆞ초(自初)로 실덕이 더욱 크니, 원흉의 악심이 더욱 기럿ᄂᆞᆫ지라. 니럴 마디ᄅᆞᆯ 셰셰(細細)○[이] 상냥(商量)ᄒᆞ미 비한(悲恨)이 츙쳡ᄒᆞᆷ을 씌닷지 못ᄒᆞ니, 슉식침좌(宿食寢坐)의 능히 편ᄒᆞᆷ을 엇지 못ᄒᆞ니, 좌와(坐臥)의 유모와 골경비ᄌᆞ(骨鯁婢子) 비취 ᄲᅡᆼ션 ᄲᅡᆼ연 옥운이 다 지뫼 유여ᄒᆞ고 담냑이 과인ᄒᆞ며 츙의 긔졔(皆齊)ᄒᆞ여, 의의히 '기ᄌᆞ츄(介子推)의 할고지츙(割股之忠)'567)을 효측ᄒᆞ니, 조시의 침좌긔거(寢坐起居)의 일동일졍(一動一靜)을 슬펴, 온닝한셔(溫冷寒暑)의 보호ᄒᆞᆷ을 여린 옥갓치 ᄒᆞ고, 음식지졀의 ᄯᅳᆺ을 맛초며 비위ᄅᆞᆯ 합ᄒᆞ여 지셩 보호ᄒᆞ니, 쇼졔 비록 하류쳥의(下流靑衣)나 ᄯᅩᄒᆞᆫ 일신(一身)갓치 앗【21】기고 ᄉᆞ랑ᄒᆞᆷ을 동긔갓치 ᄒᆞ여 셰월을 보닉며, 죵용ᄒᆞᆫ ᄯᅢ면 존당구고의 지ᄌᆞ셩권(至慈聖眷)을 각골감은ᄒᆞ여, 몽혼이 ᄌᆞ로 훤초(萱草)568)ᄅᆞᆯ ᄭᅮᆷᄭᅮ더라.

---

562)남황장여(南荒瘴癘) : 남쪽지방의 기후가 덥고 습한 곳에서 생기는 유행성 열병이나 학질. 여기서는 '남쪽 지방의 풍토병이 많은 지역'을 뜻하는 말.

563)ᄉᆞ광(師曠) : 춘추시대 진나라 음악가로, 소리를 들으면 이를 잘 분별하여 길흉을 점쳤다. 따라서 소리를 잘 분별하는 것을 '사광의 총명'이라 함

564)이루(離婁) : 중국 고대의 전설상의 인물. 백 보 떨어진 곳의 털끝을 볼 수 있을 만큼 시력이 뛰어났다고 한다.

565)산두다 : 산 놓다. 셈하다.

566)밍지(猛志) : 굳게 마음먹음.

567)개ᄌᆞ츄(介子推)의 할고지튱(割股之忠) : 중국 춘추시대 진나라 문공을 섬겨 19년 동안 함께 망명생활을 했던 개자추가 망명생활 중 문공이 굶주리자 자신의 넓적다리 살을 베어서 바쳤다는 고사를 일컫은 말.

568)훤초(萱草) : 원추리. 어머니를 상징하는 화초(花草).

츠시 엄부인이 녀아의 평칭을 그릇되게 ᄒ미 이 도시 쇼져의 운익의 비로스미라. 쇼져의 신명ᄒ미 이 화(禍)를 짐작지 못ᄒ여시리오만은, 부인의 운익이 비상ᄒᆫ 연고로 요스(妖邪)ᄒᆫ 참변이 사름으로 ᄒ여금 오조(鳥鳥)의 즈웅(雌雄)을 분간키 《어려오니∥어려이 ᄒ니》, 명(明)ᄒᆫ 존당과 쳘(哲)ᄒᆫ 구괴 만금진보(萬金珍寶)갓치 귀즁ᄒ여 무가보(無價寶)로 스랑ᄒ던, 아부(兒婦)의 죄명이 원억ᄒ믈 거울갓치 비최딕, 감히 텬졍(天庭)의 일언을 【22】 기구(開口)치 못ᄒ믄, 간당의 무리 득시ᄒᆫ 씨의 위세로써 법을 굽힌다 시비를 듯지 아니려 ᄒ미라. 조부인이 엇지 구가 졔인의 셩심을 모로리오. 쳔만 스졍을 씇쳐 힝편(行便)을 두로혀니, 안흐로 오기 츙비(忠婢) 뫼시고 밧그로 졔궁 범갓흔 장노(壯奴)와 ○[아]역(衙役) 슈십 여인이 호힝ᄒ여 ᄯᅩ 데남 조시랑 원필이 본부 근실ᄒᆫ 가졍(家丁) 복부(僕夫)를 거ᄂ려 비힝ᄒ니, 일노의 조심ᄒ여 힝ᄒ미 간인의 작희(作戱)ᄒ미 아니면 힝노의 엇지 근심이 이시리오만은, 원흉 요인이 엇지 변을 짓지 아니리오.

조시랑이 져져를 비힝ᄒ여 무스히 반노(半路)의 니르러, 【23】일일은 양쥬 긱스(客舍)의 안돈(安頓)ᄒ엿더니, 츠시 하오월 념간(念間)이라. 일긔 심히 덥고 년ᄒ여 하늘이 가무니⁵⁶⁹⁾, 일월이 조림(照臨)ᄒ여 더위 극ᄒ니, 사름이 길가기 가장 괴로온 ᄯᅢ라.

조시랑이 본딕 남ᄌ 즁의도 품긔 허약ᄒᆫ 고로 집의 평안이 안ᄌ셔도 졀셔풍한(節暑風寒)의 감돈ᄒ기를 ᄌ로 ᄒ더니, 믄득 셔열(暑熱)의 촉상(觸傷)ᄒ여 셔증(暑症)이 막혀 여러날 ᄌ리를 써나지 못ᄒ니, 능히 힝거를 일우지 못ᄒ여 양쥬 긱실의셔 조리ᄒ며 의약으로 치료ᄒᆯ식, 조부인이 아의 신병을 넘녀ᄒᄂᆫ 가온딕, 이 일이 공교ᄒ여 벽벽이 ᄌ긔 틱익(大厄)이 당두(當頭)ᄒᄂᆫ 근본 【24】 이믈 씨다ᄅᆞ믹, 다시 넘녀ᄒᆯ 빅 업ᄂᆫ 고로, 다만 넌ᄌ시 비쳐 녹운 등을 식여, 힝즁의 집을 닉여 여러 벌 건복(乾服)을 일우고 피화ᄒᆯ 긔구를 예비(豫備)ᄒ딕, ᄯᅩ흔 신밀(身密)ᄒ여 스긔를 참쳥(參聽)ᄒ여 알 니 업더라.

시랑은 ᄌ유로 쇼탈흔 장뷔라. 년미(燃眉)⁵⁷⁰⁾의 틱익(大厄)이 져져의 신상의 당홀 줄은 젼혀 아지 못ᄒ고, 다만 ᄌ긔 병이 지리ᄒ믈 근심ᄒ더니, 니러구러 뉴칠일의 밋쳣더니, 이날 황혼의 홀연 한 초뷔(樵夫) 남글 길이 넘게 지고, 도치⁵⁷¹⁾를 들고 지나다가 졈쥬(店主)를 보고 하로 밤 더식기⁵⁷²⁾를 쳥ᄒ니,

졈쥬 불열 왈,

"긱실이 뷔여시면 엇지 긱방의셔 일시 과긱을 념피(厭避)ᄒ리오만 【25】은, 맛춤

---

⁵⁶⁹⁾가믈다 : 땅의 물기가 바싹 마를 정도로 오랫동안 계속하여 비가 오지 않다.
⁵⁷⁰⁾년미(燃眉) : =초미(焦眉). 눈썹에 불이 붙었다는 뜻으로, 매우 급함을 이르는 말. 불교의 《오등회원(五燈會元)》에 나오는 말이다. 늑소미지급・연미(燃眉)・초미지급.
⁵⁷¹⁾도치 : 도끼. 나무를 찍거나 패는 연장의 하나. 쐐기 모양의 큰 쇠 날의 머리 부분에 구멍을 뚫어 단단한 나무 자루를 박아 만든다.
⁵⁷²⁾더식다 : 드새다. 길을 가다가 집이나 쉴 만한 곳에 들어가 밤을 지내다.

경셩 지상이 그 형미의 젹거(謫居)를 비힝ᄒᆞᄂᆞᆫ 힝ᄎᆡ 드런지 뉵칠일이라. 그 노애 셔즁의 쳠감(添感)573) ᄒᆞ여 치료ᄒᆞ시니, ᄂᆡ외 긱당이 다 븨지 아냣ᄂᆞᆫ지라. 니러므로 긱관(客官)을 븟치지 못ᄒᆞᄂᆞ니, 모로미 다른 ᄃᆡ로 가라."

ᄒᆞᄃᆡ, 그 초뷔 지삼 비러 왈,

"ᄂᆡ 집이 예셔 머지 아니ᄒᆞ되, ᄂᆡ 나모 뷔기를 너모 탐(貪)ᄒᆞ다가 날이 어두어 밋쳐 가지 못ᄒᆞ게 ᄒᆞ여시니, 여름잠을 어ᄃᆡ셔 못ᄌᆞ리오. 빌건ᄃᆡ 관인은 하로밤 더식물 용납ᄒᆞ라. ᄂᆡ 문안ᄒᆞ셔 밤을 지ᄂᆡ고 가리라."

지삼 청ᄒᆞ니, 졈쥬ᄂᆞᆫ 어진 사름이라 인졍의 면박(面駁)지 못ᄒᆞ여 허락고져 ᄒᆞ나, ᄯᅩ 임의치 못ᄒᆞ여 시랑의게 이 ᄉᆞ【26】연을 고ᄒᆞ니, 시랑이 쳔만 무심즁(無心中)이라. 요젹(妖賊)의 궁모ᄉᆞ계(窮謀邪計)를 엇지 알니오. 무심히 허락ᄒᆞ여 왈,

"긱인 하나히 무어시 유히ᄒᆞ리오. 여름잠이오, 하애(夏夜) 고단ᄒᆞ니 언마ᄒᆞ여 날이 붉으리오."

ᄒᆞ니, 졈쥐 깃거 나와 니ᄅᆞᄃᆡ,

"ᄂᆡ 집이라도 ᄉᆞᄐᆡ위(士太夫) 드러 계시니 임의로 못ᄒᆞ여 취품(就稟)574)ᄒᆞᆫ 즉, 그 노애 허락ᄒᆞ시니 긱관(客官)은 칙박(筈薄)ᄒᆞᆷ을 허물치 말고 더식여 가라."

ᄒᆞ거늘 초뷔 가장 깃거 쳔만 ᄉᆞ례ᄒᆞ고, 남글 버셔 울 밧긔 ᄊᆞ코, 돈을 약간 ᄂᆡ여 졈쥬의게 셕식을 ᄉᆞ먹고, 문 안히 ᄌᆞ리를 펴고 ᄌᆞ려 ᄒᆞ더니, 믄득 뎡·조 냥부(兩府) 가졍(家丁)들을 보고 흔연이 쳥ᄒᆞ여 왈,

"외람【27】ᄒᆞ거니와 ᄉᆞ히지ᄂᆡ(四海之內) 기형뎨(皆兄弟)라 ᄒᆞ니, 쳔한(賤漢)은 산간 촌낙의 초부젼옹(樵夫田翁)이오. 녈위 졔형은 경셩 번화지디(繁華之地)의 쳐ᄒᆞ엿던 경궁귀퇴(京宮貴宅) 문하인이라. 쳔한(賤漢)의 비루ᄒᆞᆷ을 더러이 너기시려니와 외람이 교도(交道)를 바라나니, 쳔한의 졍으로 드리ᄂᆞᆫ 한 그릇 박쥬를 ᄉᆞ양치 마로쇼셔."

ᄒᆞ고, 낭즁으로셔 한 쎼음575) 돈을 ᄂᆡ여 여러 병 슐을 ᄉᆞ고 안쥬를 갓초아 다못 졈쥬와 모든 가졍을 취토록 먹이니, 모다 촌한의 의긔를 긔특이 너기고 감슈ᄒᆞᆷ을 니긔지 못ᄒᆞ여, 기즁의 돈이 업ᄂᆞᆫ ᄌᆞᄂᆞᆫ 디ᄉᆞ(代謝)를 못ᄒᆞ되, 혹 푼젼이라도 가진 ᄌᆞᄂᆞᆫ 쥬육을 어더 셔로 권【28】ᄒᆞ여 희음업시 디취ᄒᆞᆫ지라.

기한(其漢)은 임의 흉계를 도모ᄒᆞ려 ᄒᆞᄂᆞᆫ 고로 쳐음 두어잔을 먹은 후ᄂᆞᆫ 거즛 쥬량이 업술와 ᄒᆞ고 아니 먹으니, 져ᄂᆞᆫ 취치 아니ᄒᆞ고 조부인 뫼신 가졍만 다 취ᄒᆞ여 졍신을 바리고 ᄌᆞ리의 구러져 비셩(鼻聲)이 여뢰(如雷)ᄒᆞ니 동혀가도 알기 어려올너라.

이ᄯᅦ 조부인이 밤이 깁흔 후 유랑을 명ᄒᆞ여 외실의 가 긔운을 뭇고 오라 ᄒᆞ니, 취픠 승명ᄒᆞ여 긱당의 나와 보니, 시랑은 관ᄎᆡ(官差)로 더부러 발셔 침슈(寢睡) 깁헛고, 셔동(書童) 츈지 원복이 ᄭᆡ엿다가 답왈,

---

573)쳠감(添感) : 더 심하여짐.
574)취품(就稟) : 웃어른이나 상사에게 어떤 일의 가부나 의견 따위를 글이나 말로 묻는 일.
575)쎼음 : 꿰미. 」((수량을 나타내는 말 뒤에 쓰여)) 끈 따위로 꿰어서 다루는 물건을 세는 단위.

"금야는 노애 긔운이 비히 나으셔 식쉬(食睡)다 평안ㅎ시니 명일은 발힝홀 거시니 파【29】랑은 넘녀 마로쇼셔."

ㅎ거늘, 취픠 깃거 드러 오더니, 믄득 보니 본부 스십명 가인(家人)이 거의 다 슐을 취ㅎ고 비셩(鼻聲)이 즈못 요란커늘, 유랑이 경희ㅎ여 샐니 드러와 슈말을 다 젼ㅎ니, 부인이 본딕 마음이 영신(靈神)ㅎ지라. 본딕 의심이 깁던 추, 이 말을 드르니, 임의 짐작흔 일이나 엇지 놀납지 아니리오.

쵹하(燭下)의 쥬역(周易)을 궁니(窮理)ㅎ여 산(算)을 더져 과를 지으니, 딕홰 장촛 금야의 잇는지라. 딕경실식(大驚失色)ㅎ여 이의 유랑과 졔녀를 명ㅎ여 상협(箱篋)의 건복(乾服)을 닉여 노쥬(奴主) 뉵인(六人)이 기복(改服) ㅎ기를 맛츠미, 힝즁의 가비야온 경보(輕寶)를 슈습ㅎ여 각각 몸가【30】의 간수ㅎ고, 힝니(行李)를 슈습ㅎ여 후창을 열고 가만이 나아와, 후뎡(後庭) 바즈576)를 쩌히고 후산 슈풀 밋 암벽 속의 업딕여 변을 기다리니, 이씨 뎡・조 냥부 츠환비(叉鬟輩) 다 줌이 깁허시니, 부인 노쥬의 작용을 젼혀 아지 못ㅎ더라.

이씨 젹졸(賊卒) 가칭(假稱) 쵸뷔(樵夫) 모든 가졍을 취ㅎ여 지우고, 홀노 안즈락닐 낙ㅎ여 밤들기를 기다려 힝ᄉᄒ려 ㅎ더니, 여름밤이 심히 져른 고로 과연 오라지 아녀 삼경(三更)이 진ㅎ고 ᄉ경(四更)이 거의 되니, 믄득 울 밧긔 함셩이 진동ᄒ며 화광(火光)이 챵현(彰顯)ㅎ니, 쵸부는 안히 잇다가 급히 문을 여러 젹을 마즈니, 빅여【31】명 젹당이 일시의 쵹농(燭籠)과 홰불을 잡고 긴 창과 큰 칼흘 들고 어즈러이 돌입ㅎ며, 크게 웨여 왈,

"너희 등이 쥬인의 녕을 바다시니 다만 닉실의 조부인을 평안이 뫼셔닉고, 힝즁의 약간 직물이나 거두어 도라가게 ㅎ고, 인명은 살히치 말나."

ㅎ고, 다라드니 젹셰 셩화 갓흔지라. 졈쥬와 모든 가졍이 딕취ㅎ여 느러져시니, 죽인들 어이 알니오. 모든 젹뷔 다라드러 화광과 포셩이 진동ㅎ니[나], 슘 잇는 시쳬 되여 쳔호만환(千呼萬喚)의 엇지 터럭 슷친들 움죽이리오.

시랑이 몽농흔 잠결의 포셩의 놀나 씨여, 다만 방즁의셔 【32】관치(官差)와 두 셔동으로 더부러 이쓸 뜨름이오. 젹군의 봉예 놉흐니 젹슈공권(赤手空拳)577)으로 엇지 져무리 강포(强暴)를 져당ㅎ리오. 젹의 괴슈 심극히 흉녕흔 얼골의 챵딕갓흔 나룻슬 거스리고, 골희578) 눈을 브릅쓰고, 큰 칼흘 잡고 바로 당션(當先)ㅎ여 다라드러 닉당의 드러가니, 쥬인은 즈식을 닛글고 썰며 다라나는지라.

---

576)바즈 : 바자. 대, 갈대, 수수깡, 싸리 따위로 발처럼 엮거나 결어서 만든 물건. 울타리를 만드는 데 쓰인다. 늑파자(笆子).

577)젹슈공권(赤手空拳) : 맨손과 맨주먹이라는 뜻으로, 아무것도 가진 것이 없음을 이르는 말.
578)골희 : 고리. 긴 쇠붙이나 줄, 끈 따위를 구부리고 양 끝을 맞붙여 둥글게 만든 물건.

졔적이 바로 안희 돌입ᄒᆞ여 문을 열치니, 바야흐로 모든 노츠환(老叉鬟)의 무리 다 ᄭᅵ여, 처음은 밧긔셔 고함이 딕진(大震)ᄒᆞ고 화광이 츙텬ᄒᆞ나, 방 안은 어두오니, 잠결의 놀난 졍신이 아득ᄒᆞ여 능히 아모리홀 쥴 모로더니, 【33】포셩과 화광이 졈졈 갓가와 안흐로 드러오며, 셔로 웨지져 '다만 부인을 뫼시라' ᄒᆞᄂᆞᆫ 쇼리의, 졔녀의 혼ᄇᆡᆨ이 비월(飛越)ᄒᆞ여 더옥 아모리홀 쥴 모로고, 아뫼 부인인 쥴 몰나 져희가지 셔로 붓드러,

"부인아! 부인아! 딕홰 님ᄒᆞ엿ᄂᆞᆫ가 시부니, 이를 쟝ᄎᆞᆺ 어이ᄒᆞ리오."

ᄒᆞ더니, 젹이 당션(當先)ᄒᆞ여 문을 열치고 보니, 어득ᄒᆞᆫ 방즁의 밧긔 화광(火光)이 약간 비최나, 오히려 광명치 못ᄒᆞ여, 한 구셕의 십여기 츠환 양낭이 셔로 브르지져 호읍ᄒᆞᄆᆞᆯ 보고 반ᄃᆞ시 이 가온ᄃᆡ 부인이 잇ᄂᆞ니라 ᄒᆞ고, 미련ᄒᆞᆫ 쇼견의 곡직(曲直)을 분변(分辨)치 아니ᄒᆞ고, 부인【34】이 죄인의 복식이니 반ᄃᆞ시 쳥의(靑衣)를 닙은 쥴노 아라, 기즁(其中)의 졔녀의 붓드러 창황ᄒᆞᄂᆞᆫ 녀ᄌᆞ를 급히 거두쳐 교즁(轎中)의 너허 갈ᄉᆡ, 맛춤 공교ᄒᆞ여 졔궁 츠환(叉鬟) 벽션이 나히 삼십의 밋쳐시나, 쳬용(體容)이 한아(閑雅)ᄒᆞ고 안식이 미려ᄒᆞ더니, 본ᄃᆡ 조쥬 사ᄅᆞᆷ으로 졔궁 비지 되어, 부모는 죽어시나 동싱 친쳑이 그 ᄯᅡ히셔 만히 ᄉᆞᄂᆞᆫ 고로, 이의 ᄌᆞ원ᄒᆞ여 부인을 뫼셔 그 ᄯᅡ히 가 친쳑을 ᄎᆞᆺ 보고져 ᄒᆞ여 갈ᄉᆡ, ᄯᅩ 지아븨와 ᄌᆞ식이 업ᄉᆞ니 거리ᄭᅵᆫ 넘녜 업고, ᄯᅩ 셩이 우람ᄒᆞ니 졔친쳑의게 져희 싱계 호부(豪富)ᄒᆞᄆᆞᆯ ᄌᆞ랑코져 ᄒᆞ여, 각별 션명ᄒᆞᆫ 의상과 빗난 노리기를 【35】갓초고 가더니, 이날 졔적이 부인의 의형(儀形)을 엇지 알니오.

기즁(其中)의 다만 의상이 션화(鮮華)ᄒᆞ고 용뫼 잠간 미려ᄒᆞᆫ 녀ᄌᆞ를 부인만 너겨 활착(活捉)ᄒᆞ여 교ᄌᆞ(轎子)의 너흘 젹, 모든 동뉘(同類) 얼픗 보니 부인이 아녀 벽션이러라.

젹뉘 벽션을 잡아 교즁의 너코 힝즁(行中)을 노략ᄒᆞ여 일시의 도라가니, 기실은 젹당이 그릇 벽션을 부인만 너겨 픱박ᄒᆞ여 ᄃᆞ려가기로 의심이 다른ᄃᆡ 아니 밋쳐, 부인 노쥬를 츄심ᄒᆞᄆᆡ 업ᄉᆞ니, 부인이 인ᄒᆞ여 면화(免禍)ᄒᆞᄆᆡ 되ᄂᆞ니라.

도젹이 도라간 후, 일힝이 비로쇼 졍신을 슈습ᄒᆞ여 힝즁을 슬필ᄉᆡ, 시랑이 바야흐로 쵹을 잡히고 두 【36】셔동으로 더부러 밧긔나와, 모든 가졍을 흔드러 계오 ᄭᅢ오니, 가인들이 취ᄒᆞᆫ 눈을 비○[벼] ᄯᅳ고, 계오 니러안즈 아모란 쥴 모르거ᄂᆞᆯ, 시랑이 딕로ᄒᆞ여 잠미(蠶眉)를 거ᄉᆞ리고 봉안을 놉히 ᄯᅥ, 딕즐(大叱) 왈,

"이 돈견(豚犬)갓흔 무리 어딕로셔 난 슐을 져리 만히 먹고, 즌똥갓치 취ᄒᆞ여 그런 포셩과 화광을 모로고, 젹당을 조젼(遭戰)치 못ᄒᆞ여 한갓 힝니(行李)를 일흘 ᄲᅮᆫ아니라, 부인의 거쳐존망(去處存亡)이 업ᄉᆞ니 이 엇진 일고? 여등의 문금(門禁)을 엄히 못ᄒᆞᆫ 죄는 ᄯᅩᆫ 업지 못ᄒᆞ리라."

모든 가인이 어득 미황즁(迷徨中) ᄎᆞ언을 듯고, 혼불부쳬(魂不附體)ᄒᆞ여 겁결의 업드ᄅᆞ며579) 곱드ᄅᆞ며580) 아모리 【37】집안을 헷쓸고 ᄉᆞ면으로 어든들 부인 노쥬 뉵

인과 벽션의 거쳬 이시리오. 졍히 황황망극ᄒᆞ여 아모리ᄒᆞ여 조흘 바ᄅᆞᆯ 모로더니, 졈쥬도 그졔야 씨여 역시 놀나 아모리 구식(求索)ᄒᆞᆫ들 엇지ᄒᆞ리오.

시랑이 져져ᄅᆞᆯ 브ᄅᆞ지져 통흉운졀(痛胸殞絕)ᄒᆞ기ᄅᆞᆯ 마지아녀 왈,

"져져의 도즁 봉변ᄒᆞ시믄 다 나의 불명불찰(不明不察)ᄒᆞᆫ 탓시라. 만일 죵시 져져와 유아등의 ᄌᆞ최ᄅᆞᆯ 춧지 못ᄒᆞᆫ즉, 하면목으로 도라가 존당부모와 평졔왕을 보오리오. 크게 통곡ᄒᆞᄆᆞᆯ 긋치지 아니ᄒᆞ니, 일ᄒᆡᆼ(一行) 가졍(家丁)이 다 진경(盡驚)ᄒᆞ여 아모리ᄒᆞᆯ 쥴을 모ᄅᆞᄂᆞᆫ지라. 닉당 ᄎᆞ 【38】 환이 모다 울며 나와 니ᄅᆞ딕,

"쳔비 등의 잠결의 포셩과 화광의 놀나 씨여 보니, 쵹불이 ᄊᆞ져 방 안이 흑야 갓ᄒᆞ니 아뫼581) 부인인 쥴 아지 못ᄒᆞ여, 무망(無妄) 겁(怯)결의 벽션을 붓들고 부인만 너겨 창황홀 즈음의, 도젹이 다라드러 져희도 역시 벽션을 부인만 너겨 아ᄉᆞ간가 시부고, 쇼비 등이 분명이 벽션이 잡혀가ᄂᆞᆫ 양을 보앗ᄉᆞ오니, 의심컨딕 부인은 취파 비취 등 오녀로 더부러 발셔 아ᄅᆞ시고 몬져 파화ᄒᆞ신가 시브이다."

졈쥬(店主) ᄯᅩᄒᆞᆫ 드러와 시랑긔 쳥죄ᄒᆞ며,

"어졔 그 쵸뷔 도젹의 조이(爪牙)582)런가 시브오딕, 일즉 쇼인이 ᄌᆞ유(自幼)로 이ᄯᅩᄒᆡ셔 ᄌᆞ라나 누셰로 이 【39】 집의 머므러 졈을 여런지 여러 십년이오니, 엇지 이ᄯᅡᆺ 풍쇽을 모로리잇고? ᄯᅡᆺ히 너ᄅᆞ고 인물이 슌ᄒᆞ니 본딕 원근의 도젹이 이시믈 듯지 못ᄒᆞ엿ᄉᆞᆸᄂᆞᆫ 고로, 쵸부ᄅᆞᆯ 조흔 사ᄅᆞᆷ만 너겨 의심치 아니ᄒᆞ고 하로 머믈기ᄅᆞᆯ 허락ᄒᆞ엿ᄉᆞᆸ더니, 엇지 니런 흉변이 이실 쥴 알니잇고? 모든 녀랑의 말이 의연(依然)ᄒᆞᆫ 듯ᄒᆞ오니, 부인이 만일 몬져 긔미(機微)ᄅᆞᆯ 아ᄅᆞ시고 피ᄒᆞ여 계시량 갓ᄒᆞ면, 필연 먼니 가시던 못ᄒᆞ여 어딕 근쳐 인가ᄂᆞ나, 후산 님목즁(林木中)의 슘으시미 괴이치 아니ᄒᆞ오니, 노야ᄂᆞᆫ 우름을 긋치시고, 가인과 ᄎᆞ환을 ᄉᆞ쳐(四處)로 헷쳐 심방ᄒᆞ시고, 일변 【40】 관부(官府)의 고ᄒᆞ샤, 쳥텬빅일하(靑天白日下)의 ᄌᆡ상명부(宰相命婦) ᄒᆡᆼᄎᆞᄅᆞᆯ 겁탈ᄒᆞ려 ᄒᆞᄂᆞᆫ 강도ᄅᆞᆯ 잡아, 법졔(法制)로 다ᄉᆞ리게 ᄒᆞ쇼셔."

시랑이 졈쥬의 인심을 아랏ᄂᆞᆫ지라. ᄯᅩ 그 말ᄉᆞᆷ의 근니(近理)ᄒᆞᄆᆞᆯ 올히 너겨, 이의 그 말을 조ᄎᆞᆯᄉᆡ 관치 등이 ᄯᅩᄒᆞᆫ 위로ᄒᆞ여 통곡ᄒᆞ기ᄅᆞᆯ 긋치고, 가졍과 ᄎᆞ환을 ᄉᆞ쳐로 헷쳐 십니 안ᄒᆞ로 인가 쥬졈이며 원근 산곡 님목 암벽을 다 뒤여 부인의 거쳐(去處) 존문(存聞)을 아라보라 ᄒᆞ고, 시랑이 스스로 공복(公服)을 닙고 일필 건녀(健驢)ᄅᆞᆯ 타고 관치와 두 셔동(書童)으로 더부러 본관의 드러가 명함을 드리니, 양쥬ᄌᆞᄉᆞ(楊洲刺史) 박은규ᄂᆞᆫ 일딕 진신명ᄉᆞ(搢紳名士)오. ᄯᅩᄒᆞᆫ 조시 졔인으로 면 【41】 분이 바히 셔

---

579)업드ᄅᆞ다 : 엎드러지다. 잘못하여 앞으로 넘어지다.

580)곱드ᄅᆞ다 : 곱드러지다. 무엇에 부딪히거나 남에게 걸어차이거나 하여 고꾸라져 엎어지다

581)아뫼 : 아모가. '아모+ㅣ'의 형태. *아모; 아무. 어떤 사람을 특별히 정하지 않고 이르는 인칭 대명사. 흔히 부정의 뜻을 가진 서술어와 호응하나, '나', '라도'와 같은 조사와 함께 쓰일 때는 긍정의 뜻을 가진 서술어와 호응하기도 한다.

582)조이(爪牙) : ①손톱과 어금니를 아울러 이르는 말. ②누군가를 돕거나 호위하는 사람을 비유적으로 이르는 말.

의(齟齬)치 아니ᄒᆞ던지라. 명쳡(名帖)을 보고 ᄃᆡ경ᄒᆞ여 급히 쳥ᄒᆞ여 마ᄌ 녜필(禮畢) 한훤(寒暄)583)의, 박ᄌ시 몬져 몸을 굽혀 공경ᄒᆞ여 왈,

"만ᄉᆡᆼ(晩生)이 한가지로 지렬(宰列)의 츙슈(充數)ᄒᆞ와 면분이 셔의치 아니터니, 금일이 하일(何日)이완ᄃᆡ 존기(尊駕) 누디의 욕님ᄒᆞ시니잇가?"

시랑이 흠신칭ᄉᆞ(欠身稱謝)ᄒᆞ고 희허탄식(噫嘘歎息) ᄃᆡ왈,

"쇼ᄉᆡᆼ이 이의 니르믄 다른 일이 아니라, 여ᄎᆞ여ᄎᆞ흔 ᄉᆞ고로 형ᄆᆡ(兄妹) 뎡의졍의 부인이 조ᄎᆞ 찬젹ᄒᆞ니, 쇼뎨 조졍의 말미를 어더 져져를 비힝(陪行)ᄒᆞ여 젹쇼로 향ᄒᆞ더니, 쇼뎨 우연이 셔열(暑熱)의 쳠감(添感)ᄒᆞ여 ᄉᆞ오일 미류(彌留)ᄒᆞ여 머므르미 되고, 죄젹(罪謫)ᄒᆞᄂᆞᆫ 힝셰 당【42】이 본관의 보호 비로ᄃᆡ, 졈샤(店舍) 본관으로 상게(相距) 요원ᄒᆞ니 셔셔히 보호려 ᄒᆞ미러니, 작야의 여ᄎᆞ여ᄎᆞ 젹변을 만나니 비록 인명을 상치 아냐시나, 미져를 실산ᄒᆞ고 힝즁(行中)을 분탕(焚蕩)ᄒᆞ여시니, 노쥬 뉵칠인의 거체 업ᄉᆞ니 엇지 놀납고 분히치 아니리잇고? 니졔 본관의 보호믄 슈고롭거니와 관군을 비러 도젹을 츄포(追捕)ᄒᆞ여, 죄를 다ᄉᆞ리고져 ᄒᆞ미로쇼이다."

ᄌᆞ시 쳥파의 ᄃᆡ경 왈,

"본ᄃᆡ 이ᄯᅡ 풍속이 화슌(和順)ᄒᆞ여 일즉 도젹 이시믈 듯지 못ᄒᆞ엿더니, 금일 명공의 말ᄉᆞᆷ을 듯건ᄃᆡ, 엇던 죽고져 ᄒᆞᄂᆞᆫ 도젹의 무리 감히 쳥텬빅【43】일하(靑天白日下)의 ᄌᆡ상ᄂᆡ힝(宰相內行)을 겁냑(劫掠)ᄒᆞ니, ᄎᆞᄂᆞᆫ 풍화(風化)의 ᄃᆡ변이오, 인심의 분완흔지라. 맛당이 관군을 발ᄒᆞ여 도젹을 츄심(推尋)ᄒᆞ여 죄를 졍히 ᄒᆞ고, 부인의 거쳐를 츄심ᄒᆞ여 평안이 뫼셔 도라오시게 ᄒᆞ리이다."

하고 일변 쥬찬을 갓초아 관ᄃᆡᄒᆞ니, 시랑이 바야흐로 져져의 ᄉᆞᄉᆡᆼ거쳐(死生居處)를 아지못ᄒᆞ니, 심ᄉᆞ(心思) 황난(遑亂)흔지라. 엇지 쥬식(酒食)의 ᄯᅳᆺ이 이시리오만은, 쥬인의 졍셩된 ᄯᅳᆺ을 너모 박졀치 못ᄒᆞ여 계오 한잔 슐을 맛보고 즉시 상을 물니니, ᄉᆞ식이 심히 참담흔지라.

ᄌᆞ시 져의 지극흔 효우(友孝)를 크게 감탄ᄒᆞ여, 즉시 관군을 발【44】ᄒᆞ여 강포(强暴)를 ᄯᅩ로라 ᄒᆞ거늘, 시랑이 ᄌᆡ삼 칭ᄉᆞᄒᆞ고 ᄌᆞᄉᆞ를 하직ᄒᆞ여 다시 보믈 일ᄏᆞᆺ고 햐쳐(下處)의 도라오니, 날이 셕양이 되엿고, 훗허 《가던∥갓던》 노복과 츠환이 다 도라와 부인 노쥬 칠인의 거쳐존문(去處存聞)이 아득ᄒᆞᆷ믈 알외니, 시랑이 통도비이(痛悼悲哀)ᄒᆞ여 니러구러 여러날이 되도록 관부의셔도 쇼식을 ᄎᆞᆺ지 못ᄒᆞ니, 시랑이 홀노 우황초조(憂惶焦燥)ᄒᆞ여 슉식을 젼폐ᄒᆞ고, 다만 흐르ᄂᆞᆫ 슐노 마른 장위(腸胃)를 젹실 ᄯᅮᆯᄅᆞᆷ이니, 모든 가졍 복뷔 감히 우러러 위로치 못ᄒᆞ더라.

니러구러 이의 머므런지 슌여일(旬餘日)이 되니, 도로의 지쳬ᄒᆞᆷ믈 더옥 민망이 너기더니, 일일은 시랑이 【45】한 ᄭᅮᆷ을 어드니, 한 션인이 금관ᄌᆞ의(金冠紫衣)를 닙고 언연이 드러와 흔연이 위로 왈,

---

583)한훤(寒暄) : 날씨의 춥고 더움을 말하는 인사.

"미화후는 부졀업슨 일의 심수를 초수(焦思)치 말고 샐니 도라가라. 브졀업시 도로의 방황ᄒ다가 딕화(大禍)를 밧지 말나. 녕미(令妹)는 하날 우희 셩신(星辰)이오. 인셰간(人世間)의 셩녜(聖女)라 빅녕(百靈)이 호위ᄒ여 그 몸을 보호ᄒᄂ니, 비록 슈화(水火) 가온딕 더진들 무슨 념녜 이시리오. 일시 《잉운‖익운(厄運)》이 비상ᄒ미나, 언마ᄒ여 길운이 도라와 모ᄌ 남미 즐거이 모드리오. 나는 그딕의 젼셰 ᄉ싱지교(死生之交)니, 그딕 진토풍진(塵土風塵)의 ᄡ이여 총명이 아득ᄒ여, 젼셰과보(前世果報)와 금셰(今世) 뉸회보복지니(輪廻報復之理)를 아득히 닛고, 과도히 근심ᄒ여 몸의 【46】병을 일위고, 화의 근본을 아지 못ᄒ여 도라 녕존당(令尊堂)의 념녀를 싱각지 아니ᄒ고, 일시지분으로써 여러가지 희로오믈 싱각지 아니ᄒᄂ 고로, 넷졍을 참지 못ᄒ여 이의 니르러 고ᄒᄂ니, 샐니 도라가고 더딕지 말나. 오릭면 변(變)이 나리니 조심ᄒ라."

ᄒ고 간딕 업거늘, 시랑이 놀나 씨다르니 남가일몽(南柯一夢)584)이라. 져두ᄉ량(低頭思量)ᄒ미 몽시 ᄌ못 명명ᄒ고, 션인의 안면셩음(顔面聲音)이 상시(常時) 갓흔지라. 크게 긔이히 너기고 또흔 이곳의 오릭 머물미 브졀업슨 고로, 져져의 ᄌ최를 심방치 못ᄒ고 도라가는 심시 ᄌ못 쳐황(悽惶)ᄒ나 홀일업셔, 이의 도라가기를 싱각【47】ᄒ미, 비로쇼 가인을 분부ᄒ여 도라갈 힝니(行李)를 타졈(打點)ᄒ라585) ᄒ고, 아문(衙門)의 드러가 ᄌᄉ의게 하직ᄒ니, ᄌ시 도적을 잡지 못ᄒ믈 지삼 칭ᄉ(稱謝)ᄒ고 도라가는 관치와 한가지로 ᄉ인(使人)을 칙졍(採定)ᄒ여, 용뎐(龍殿)의 표를 올녀 조쥬(趙州) 젹거죄인(謫居罪人) 조시의 양쥬(揚州)님안부(臨安府)의 봉변젹화(逢變敵禍)와 노쥬(奴主) 칠인(七人)의 ᄉ싱거쳐(死生居處) 업ᄉ믈 진달(陳達)ᄒ고 금은치단으로써 조시랑과 두 관치를 쥬어,

"반젼(盤纏)을 젹난의 다 일허 도라갈 힝냥이 군픱(窘乏)ᄒ실 듯ᄒ니, 츠믈이 소조(疎粗)ᄒ나 반젼을 쓰쇼셔."

ᄒ니, 시랑이 은근(慇懃) 칭샤(稱謝)ᄒ고 바드미, 이의 분슈ᄒ여 ᄌᄉ를 하직ᄒ고 모든 가졍과 츠【48】환을 거느려 경ᄉ로 도라오니, 이 긔별이 졔궁과 조상부의 밋ᄎ니, 졔궁 상하의 앗기고 슬허ᄒᆷ믄 니르도 말고, 조상부의셔 존당 상히 놀나고 슬허ᄒ미 오히려 엄부인 경도흔 거동의 비길 빅 아니러라.

츠셜, 모든 젹당이 벽션을 조부인이라 ᄒ여 겁탈ᄒ여 교즁의 너코, 일힝 힝냥(行糧)을 진슈(盡數)586)히 아ᄉ미, 딕열딕희(大悅大喜)ᄒ여 급급히 당뉴를 거느려 교ᄌ를 메고, 딕로를 바리고 산 암벽노(巖壁路)로 조ᄎ 샐니 힝ᄒ여 가니, 귀가의 바름쇼릭만 들려도 힝혀 츄종(追從)인가 겁ᄒ고, 먼니 힝인의 인셩만 미미(微微)ᄒ여도 쏠오ᄂ가

---

584)남가일몽(南柯一夢) : 꿈과 같이 헛된 한때의 부귀영화를 이르는 말. 중국 당나라의 순우분(淳于棼)이 술에 취하여 홰나무의 남쪽으로 뻗은 가지 밑에서 잠이 들었는데 괴안국(槐安國)의 부마가 되어 남가군(南柯郡)을 다스리며 20년 동안 영화를 누리는 꿈을 꾸었다는 데서 유래한다.

585)타졈(打點)ᄒ다 : 준비하다. 계획하다. 미리 마음속으로 정하여 두다.

586)진수(盡數) : 수량의 전부. =몰수(沒數).

놀나오니, 슈미(首尾)를 불분ᄒᆞ【49】고 급급히 밤식도록 다ᄅᆞ니, 평명의 밋쳐는 그 아모만 간 쥴 모룰너라.

날이 졈졈 붉아오고 희미ᄒᆞᆫ 신ᄇᆡ 달이 산두의 ᄯᅥ러지고, 부상(扶桑)의 홍운이 도라오ᄅᆞ고져 ᄒᆞ니, 졔젹(諸賊)이 바야흐로 허핍(虛乏)ᄒᆞ미 심ᄒᆞᆫ지라. 산곡 그윽ᄒᆞᆫ 곳을 갈희여 교ᄌᆞ를 나리와 노코, 기즁 한 놈이 돈을 ᄎᆞ고 길 건너 음식 파는 졈(店)의 가, 여러 병 슐과 고기와 면과 ᄯᅥᆨ을 ᄉᆞ가지고 도라와, 동뉘 ᄇᆡ불니 먹은 후의, 이즁의 원가 노복이 만ᄒᆞᆫ지라. 셔로 니ᄅᆞᄃᆡ

"우리 상공이 조부인을 아시로븟터 지친(至親)의 졍분이 잇는 고로, 그 쳔고희한(千古稀罕)ᄒᆞᆫ ᄉᆡᆨ모셩덕(色貌性德)을 흠모ᄒᆞ샤, 혼인【50】을 갈구(渴求)ᄒᆞ시ᄃᆡ, 조노야 과도히 견집(堅執)ᄒᆞ야 우리 상공을 물니치시고, 뎡노야를 동상(東床)의 마ᄌᆞ시니, 우리 상공이 골돌 통히ᄒᆞ샤 브ᄃᆡ 조부인을 취ᄒᆞ여 셜한(雪恨)ᄒᆞ려 ᄒᆞ시는 고로, 반계곡경(盤溪曲徑)으로 계괴 아니 밋츤 곳이 업ᄉᆞᄃᆡ, 조부인이 신명ᄒᆞ여 피ᄒᆞ기를 귀신갓치 ᄒᆞ더니, 이번은 지셩(至誠)이 감텬(感天)이라 ᄒᆞ니, 하날이 우리 원상공의 조부인 위ᄒᆞᆫ 졍셩을 감동ᄒᆞ시고, 우리 공(功)을 빌니시노라, 이번은 그리 슈고롭지 아니케 부인을 다려오니, 엇지 깃부지 아니ᄒᆞ리오. 부인도 일졍 심규약질이 과이 놀나고 두려, 긔운이 불평ᄒᆞ실 거시【51】니, 니졔는 '독 속의 든 쥐오,' '그물의 걸닌 고기라.' 본젹을 아라도 관겨치 아닐 듯ᄒᆞ고, 비록 노ᄒᆞᆫ다 ᄒᆞᆯ지라도 우리 죄 아니니 관겨ᄒᆞ랴. 아모커나 문안이나 드리고, '안심ᄒᆞ쇼셔' ᄒᆞᄌᆞ."

ᄒᆞ고, 한잔 향긔로온 슐과 일긔(一器) 다면(茶麵)을 졍ᄒᆞᆫ 그릇ᄉᆡ 담아 들고, 원가 가졍(家丁) 오십명이 일시의 교ᄌᆞ 알픠 나아가 고두(叩頭)ᄒᆞ고 알외여 왈,

"쳔복(賤僕) 등은 원시랑 ᄐᆡᆨ상 노복 니동·ᄇᆡᆨ만 등이오니, 부인은 ᄯᅩᄒᆞᆫ 원시랑노야와 족의 바히 셔의(齟齬)치 아니시니, 거의 쇼복 등의 일홈을 긔억ᄒᆞ시리이다. 부인을 야반의 놀나시게 ᄒᆞ여 니리 뫼셔오믄, 다 원시랑 노야의 명이오, 쇼【52】인 등의 죄 아니로소이다. 복원 부인은 놀나시믈 진졍ᄒᆞ시고, 우리 시랑노야의 지셩으로 도모ᄒᆞ여 부인을 일위신 졍셩을 감동ᄒᆞ샤, 고집지 말고 평안이 도라가ᄉᆞ이다."

니리 니ᄅᆞ며 머리를 슈업시 조으며 교ᄌᆞ 발을 들고, 슐이며 면 그릇술 드려노코, 공경ᄒᆞ여 물너나거날, 이ᄯᆡ 벽션이 무망 잠결의 젹도(敵徒)의 착냑(捉掠)ᄒᆞ인 ᄇᆡ 되어, 교즁의 모라너허 쳔방지방(千方地方)587) 잡혀오니, 졍히 아모란 쥴 모ᄅᆞ고 ᄌᆞ원ᄒᆞ여 부인을 ᄯᆞ온 쥴을 뉘웃고, 텬디망극(天地罔極)588)ᄒᆞ여 ᄒᆞ더니, 믄득 이 말을 드ᄅᆞ니, 원간 원시랑이 뉜 쥴 모로ᄃᆡ ᄃᆡ강 져를 조부인으【53】로 알고 겁탈ᄒᆞᆫ 쥴 알고, 도젹이 본ᄃᆡ 강되(强盜) 아닌 쥴 알ᄆᆡ 져기 놀난 마음을 진졍ᄒᆞ여 혜오ᄃᆡ,

"ᄂᆡ 임의 부인의 ᄃᆡ신의 잡혀 와시니, 니졔 잡혀온 후는 ᄒᆞᆯ일업순 지경이라. '도마

587)쳔방지방(千方地方) : =쳔방지축(天方地軸). ①너무 급하여 허둥지둥 함부로 날뜀. ②못난 사람이 종작없이 덤벙이는 일.
588)텬디망극(天地罔極) : 한이 없이 슬퍼함.

우희 고기'589) 되어시니, 부인이 아니로라 ᄒᆞᆫ즉, 져 무리 슐와 도라보ᄂᆡ면 후환이 될
가 져허 죽여 근각(根脚)을 업시홀 ᄃᆞᆺᄒᆞ고, 부인이로라 ᄒᆞᆫ즉, 경ᄉᆞ의 ᄃᆞ려갈 ᄃᆞᆺᄒᆞ니,
쇼위 원시랑이라 ᄒᆞᄂᆞ니 엇던 필뷔(匹夫)지 ᄌᆞ시 아든 못ᄒᆞ거니와, 반ᄃᆞ시 우리 부인
과 족의(族義) 이셔, 면목○[을] ᄌᆞ시 셔로 아던가 시부니, 날을 보면 엇【54】지 귀
쳔(貴賤)을 분간치 못ᄒᆞ리오. 연즉(然則) ᄉᆞ셰(事勢) 위틱로오나 죽기는 맛치 한가지
니, 아모커나 아직 고식지계(姑息之計)590)ᄅᆞᆯ 쓰리라. '삼십뉵계(三十六計)591)의 닷는
거시 웃듬'592)이니, ᄂᆡ 엇지 힘힘이 죽으리오."

의시 이의 밋ᄎᆞᆷᄋᆡ 거즛 통곡ᄒᆞ여 왈,

"여등은 드ᄅᆞ라. 나는 본ᄃᆡ 승상의 손녜오, 지상의 녀ᄌᆞ로 젹인ᄒᆞᄆᆡ 평졔왕의 며ᄂᆞ
리오, 후빅의 부인이라. 부귀영총이 비길 ᄃᆡ 업ᄉᆞᄃᆡ, 홍안지ᄒᆡ(紅顔之害)ᄅᆞᆯ 면치 못ᄒᆞ
여 이 익을 맛나시니, 녀ᄌᆞ의 몸으로 무죄히 악ᄒᆡᆼ(惡行)과 투명(妬名)을 시러 젹거ᄒᆞᆷ
도 회한ᄒᆞ거ᄂᆞᆯ, 【55】ᄯᅩ 이 변을 맛나시니 엇지 놀납지 아니ᄒᆞ며, 슬고져 ᄯᅳᆺ이 이시
리오만은, 원시랑은 본ᄃᆡ 지친(至親)이라. 강포ᄒᆞᆫ 도젹의 뉴는 아니니, ᄂᆡ 져기 관심
(寬心)ᄒᆞᄂᆞ니, 아지못게라! 여등이 날을 ᄃᆞ려다가 원시랑긔 고ᄒᆞ고, 졔궁의ᄂᆞᆫ 다시 가
지 못ᄒᆞ려니와, ᄂᆡ집의 도라가 모부인을 뵈옵게 ᄒᆞ라. ᄂᆡ 맛당이 시랑의 명을 조ᄎᆞ리
라. 불연즉 죽을지언졍 가지 못ᄒᆞ리라."

ᄒᆞ니, 니동 · 빅만 등이 연망이 ᄃᆡ 왈,

"엇지 부인 명을 좃지 아니ᄒᆞ리잇고? 이 곳 시랑의 혼ᄌᆞ 계괴 아니라, 본부 틱부인
명이 계시니이다. ᄯᅩ 이곳은 심【56】히 번거ᄒᆞ여 츄환이 오지 아녓ᄉᆞ오니, ᄂᆡ졔 냥
일 졍도만 ᄒᆡᆼᄒᆞ시면, 즁노(中路)의 원부 츄환이 긱졈(客店)의 머므러 부인을 뫼시려
영후(迎候)ᄒᆞᄂᆞ니이다."

벽션이 심하의 놀나 싱각ᄒᆞᄃᆡ, ᄂᆡ 가다가 즁노의셔 탈신(脫身)ᄒᆞ여 경ᄉᆞ로 가고져
ᄒᆞᄆᆡ러니, 만일 원가 츄환이 날을 보면 엇지 부인이 아닌 쥴을 분간치 못ᄒᆞ리오. 심니
(心裏)의 ᄃᆡ경(大驚) 창황(悵怳)ᄒᆞ나 ᄉᆞ식(辭色)을 화평이 ᄒᆞ고 각별 다ᄅᆞᆫ 말을 아니ᄒᆞ
고 이윽이 침음ᄒᆞ여 한 계교ᄅᆞᆯ 싱각ᄒᆞ고, ᄯᅩ 니ᄅᆞᄃᆡ,

"여등(汝等)이 ᄂᆡ졔 날을 뫼셔 빅쥬(白晝)의 ᄒᆡᆼᄒᆞᄆᆡ 엇더ᄒᆞ리오."

ᄃᆡ 【57】 왈,

"부인이 니ᄅᆞ지 아니ᄒᆞ시나, 관부 츄종이 두리오니 쳔복 등이 밉시ᄅᆞᆯ 곳치고, 길흘
도라 뉵노(陸路)ᄅᆞᆯ 바리고 슈로(水路)로 상고(商賈)의 ᄇᆡᄅᆞᆯ 타고 경ᄉᆞ로 가려 ᄒᆞᄂᆞ이

---

589)도마 우희 고기 : 죽을 위기에 처한 상황을 비유적으로 이르는 말.
590)고식지계(姑息之計) : 우선 당장 편한 것만을 택하는 꾀나 방법. 한때의 안정을 얻기 위하여 임시로
    둘러맞추어 처리하거나 이리저리 주선하여 꾸며 내는 계책을 이른다. 늑고식책
591)삼십뉵계(三十六計) : 서른여섯 가지의 꾀. 많은 모계(謀計)를 이른다.
592)삼십뉵계(三十六計)의 닷는 거시 웃듬 : 36가지 계책(計策) 중(中)에서 줄행랑이 상책이라는 뜻으로,
    곤란(困難)할 때에는 기회(機會)를 보아 피함으로써 몸의 안전(安全)을 지키는 것이 최상(最上)의 방법
    (方法)이라는 말.

다. 벽션이 더옥 놀나더라."

이의 강잉(强忍)ᄒᆞ여 슐과 면을 먹고 그릇슬 믈니니, 졔젹이 부인의 슌종ᄒᆞ믈 깃거
ᄒᆞᆯ ᄯᆞ름이오, 닉력은 모ᄅᆞ더라.

젹뉴(賊類) 이날 이목이 번거ᄒᆞᆷ을 두려 감히 바른 길노 가지 못ᄒᆞ고, 년(連)ᄒᆞ여 곡
노(曲路)룰 ᄎᆞᄌ 져무도록 발ᄒᆡᆼᄒᆞ니, 니런 고로 츄종ᄒᆞᄂᆞᆫ 관군이 셔로 맛나지 못ᄒᆞ니
라. 녹희 등 젹【58】당이 져무도록 ᄒᆡᆼᄒᆞ여 황혼의야 계오 산촌녀ᄉᆞ(山村旅舍)룰 어
더 쥬인ᄒᆞ고, 셕식을 ᄉᆞ먹고 슐을 만히 ᄉᆞ, 종일 근노ᄒᆞ던 긔갈을 쾌히 여러 포량(飽
量)토록 먹어 ᄃᆡ취ᄒᆞ미, 구러져 ᄌᆞᄂᆞᆫ지라. 벽션은 홀노 ᄭᆡᆨ실의 두엇더니, 션이 졔젹의
진취(盡醉)ᄒᆞ여 깁히 잠들믈 보고 ᄃᆡ희ᄒᆞ여, 혜오ᄃᆡ,

"ᄎᆞ뉴(此類)의 가져가는 지물이 다 우리 ᄒᆡᆼ즁(行中) 지물(財物)이니, 닉 도로 가져가
다 그ᄅᆞ미 업ᄉᆞ리라."

ᄒᆞ고, 졔젹의 깁히 잠들믈 기다려 가만이 나가 그 즁의 가장 가ᄇᆡ야온 보ᄇᆡ룰 갈희
여 품의 품고, 이 밤의 도망ᄒᆞ여 【59】나오며, 싱각ᄒᆞᄃᆡ,

"비록 경ᄉᆞ로 가고져 ᄒᆞ나, 젹뉴(賊類) 가는 길히니, 가다가 잡히미 쉬올 ᄃᆞᆺᄒᆞ니, 의
심컨ᄃᆡ 부인이 요ᄒᆡᆼ 젹환(賊患)을 면ᄒᆞ여 젹쇼로 평안이 가실 ᄃᆞᆺᄒᆞ니, 닉 맛당이 촌촌
(寸寸)이 득달ᄒᆞᆯ지라도, ᄎᆞᆯ하리 조쥬로 가 친쳑을 ᄎᆞᄌ보고, 부인 젹쇼룰 ᄎᆞᄌ가 뫼시
고, 만일 셰상ᄉᆡ 괴이ᄒᆞ여 셜ᄉᆞ 부인이 즁도의 다시 피화ᄒᆞ여 젹쇼의 못 가계실지라
도, 조쥬는 나의 고향이니 친쳑을 ᄎᆞᄌ보고, 부인 ᄌᆞ최룰 ᄎᆞᄌ 뫼시리라."

ᄒᆞ고, 이 밤의 다라나 인가(隣家)의 슘엇다가, ᄉᆞ오일이 지【60】난 후 젹뉴의 도라
가는 긔미룰 탐쳥(探聽)ᄒᆞᆫ 후의, 바야흐로 촌촌이 ᄒᆡᆼᄒᆞ여 조쥬로 향ᄒᆞ더니, 공교히 거
리의셔 졔 오라뷔룰 맛나 피ᄎᆞ 반기고 깃거 한가지로 ᄯᆞ라가나, 인ᄒᆞ여 부인을 맛나
지 못ᄒᆞ고 다만 졔 친쳑 동싱의 집의 머므다가, 슈년 후의 경ᄉᆞ의 니ᄅᆞ러 졔궁의 슈
환ᄒᆞ니라.

젹당이 잇흔날 슐을 ᄭᆡ여 보니 부인이 간ᄃᆡ 업ᄂᆞᆫ지라. 크게 놀나 ᄉᆞ쳐(四處)로 ᄎᆞ다
못ᄒᆞ여 셔로 니ᄅᆞᄃᆡ,

"임의 일허시니 엇지 ᄒᆞ리오. ᄎᆞᆯ하리 샹공긔 아이의 겁탈치 못ᄒᆞᆫ 쥴노 고ᄒᆞ리【6
1】라 ᄒᆞ고, 모든 강도의 무리는 다 ᄉᆞ례ᄒᆞ여 도라보닉고, 원홍의게 이ᄃᆡ로 알외니라.

ᄎᆞ셜 조부인이 오기(五個) 비ᄌᆞ로 더부러 후산 졀벽 암혈(巖穴)의 슘어 변을 기다리
더니, 과연 밤이 ᄉᆞ경은 되미 화광과 고함이 진동ᄒᆞ며, 무슈ᄒᆞᆫ 젹당이 드러 ᄒᆡᆼ즁(行
中)을 슈험(搜驗)ᄒᆞ여 가지고 가는지라. 화광이 졈졈 먼니 가고 인셩이 고요ᄒᆞ니, 유
뫼 왈,

"도젹이 먼니 갓ᄂᆞᆫ가 보오니, 부인이 심규약질이 남다ᄅᆞ시거ᄂᆞᆯ, 이 ᄒᆡᆼ식을 ᄒᆞᆺ시고
쟝ᄎᆞᆺ 어ᄃᆡ로 가시리잇고? 도로 드러가시미 무방ᄒᆞᆯ가 ᄒᆞᄂᆞ이다."【62】

부인이 침음ᄒᆞ여 밋쳐 답지 못ᄒᆞ여셔, 믄득 공즁의셔 은은이 블너 니ᄅᆞᄃᆡ,

"부인이 만일 졈ᄉᆞ(店舍)로 도로 드러간즉, 연미(燃眉)의 급ᄒᆞᆫ 홰 오히려 쳐음도곤

어려오리니, 슈졍이 비록 졀박ᄒᆞ나 셜니 남으로 힝ᄒᆞ고 더듸지 말나. 반ᄃᆞ시 구홀 사ᄅᆞᆷ이 이시리라."

ᄒᆞ거날, 부인 노쥬 ᄃᆡ경(大驚)○○[ᄒᆞ고] 신긔ᄒᆞᆷ믈 니긔지 못ᄒᆞ여, 공즁을 우러러 슈례(謝禮)ᄒᆞ고, 가연이 ᄯᅳᆺ을 결ᄒᆞ여 힝보를 두로혀 노쥬 오뉵인이 셔로 닛그러 남다히를 바라고 나아가더니, 십여리를 계오 힝ᄒᆞ니 믄득 길히 ᄭᅳᆺ쳐【63】지고, 창창ᄒᆞᆫ ᄃᆡ히(大海) 양양(洋洋)ᄒᆞ여 압길흘 막앗ᄂᆞᆫ지라. 부인 노쥬 ᄃᆡ경실ᄉᆡᆨ(大驚失色)ᄒᆞ여 물가의셔 방황ᄒᆞ여 아모리홀 쥴 모ᄅᆞ더니, 날이 발셔 반오(半午)의 밋쳣고, 긔갈(飢渴)이 심하나 길흘 일허시니 졍히 창황(蒼黃)ᄒᆞ더니, 홀연 보니 산상으로 조ᄎᆞ 두어 니괴(尼姑) ᄎᆡ련(採蓮)ᄒᆞᄂᆞᆫ 광쥬리를 녑히 ᄭᅵ고 닙으로 ᄎᆡ련가(採蓮歌)를 외오며 나아오니, 빅의운납(白衣雲衲)의 일빅여 낫 념쥬(念珠)를 메고 나려오니, 형용이 고긔(高奇)ᄒᆞ고 면모(面貌)의 슬ᄉᆞ요음(殺邪妖淫)ᄒᆞᆫ 살긔등등(殺氣騰騰)ᄒᆞ더라.

부인이 한번 눈을 드러 보ᄆᆡ, 니고의 어지지 못【64】ᄒᆞᆫ 쥴 알고 져두 묵연이러니, 니괴 다ᄃᆞ라 모든 쇼년의 화옥(花玉)갓ᄒᆞᆫ 풍ᄎᆡ를 보ᄆᆡ 흠복ᄒᆞ고, 더옥 쇼져의 션븨 복식즁 풍광이 졀셰ᄒᆞ여 텬션이 강님ᄒᆞᆫ 듯ᄒᆞ니, ᄃᆡ경 황홀ᄒᆞ여 셜니 나아가 합장 왈,

"빈승(貧僧) 등은 머지 아닌 암ᄌᆞ의 잇ᄉᆞ옵더니, 아지못게라! 녈위 공ᄌᆞᄂᆞᆫ 하등지쳐(何等之處)의셔 오시관ᄃᆡ, 산암벽노(山巖僻路)의 태산을 등지고 ᄃᆡ히를 압히 두어, 진퇴를 졍치 못ᄒᆞᄂᆞᆫ 희변 즁의 니ᄅᆞ러 방황ᄒᆞ시ᄂᆞ니잇가? 만일 길흘 그릇 드러 쥬졈을 ᄎᆞᆺ지 못【65】ᄒᆞ시거든, 쇼암(小庵)이 머지 아니ᄒᆞ니 비록 누츄ᄒᆞ나 잠간 쉬여 가쇼셔."

부인이 불열ᄒᆞ여 침음ᄒᆞ거ᄂᆞᆯ, 유뫼 졍히 인가를 맛나지 못ᄒᆞ니, 빈도 골프고 길도 도라 므를 곳이 업스믈 근심ᄒᆞ여 진퇴브득(進退不得)이러니, 니고의 말을 듯고 셜니 칭ᄉᆞ 왈,

"우리 모든 공ᄌᆞᄂᆞᆫ 다 경셩 지상가 ᄌᆞ졔라. 맛ᄎᆞᆷ 고향의 홀일이 이셔 하향ᄒᆞ시더니, 길히셔 도젹을 맛나 힝냥(行糧)과 노마(奴馬)를 다 일코 흑야(黑夜)의 노신(老身)만 남아 모든 공ᄌᆞ를 뫼셔 피화ᄒᆞ엿더니, 길흘 그릇 드러 【66】 뉵노를 바리고 희변의 니ᄅᆞ러시니, 길흘 ᄎᆞᆺ ᄌᆞ 도로 나가고져 ᄒᆞ나 긔갈이 심ᄒᆞ니, 힝보를 일우지 못ᄒᆞ고, 약간 반젼(盤纏)이 이시나 쥬졈과 프ᄌᆞ를 아지 못ᄒᆞ니, 요긔(療飢)홀 거슬 엇기 어려온지라. 졍히 갈 길흘 아지 못ᄒᆞ여 진퇴를 졍치 못ᄒᆞ더니, 스뷔(師傅) 니러ᄐᆞᆺ 의긔로 쳥ᄒᆞ니 불감쳥(不敢請)이언졍 고쇼원(固所願)이라. 엇지 ᄉᆞ양ᄒᆞ리오."

드듸여 부인긔 고 왈,

"상공은 모든 공ᄌᆞ로 더부러 암ᄌᆞ의 나아가 직식(齋食)을 어더 긔갈을 위로ᄒᆞ고, 일야【67】를 편히 쉬여 명일노 힝ᄒᆞ ᄉᆞ이다."

부인이 니고 등의 불현ᄒᆞᆫ 거동과 산수의 뉴쳐(留處)ᄒᆞᆷ믈 즐겨 아니ᄒᆞ여 유예ᄒᆞ나, 형셰 홀일업순지라. 다만 하로밤 머므러 즉시 다ᄅᆞᆫ ᄃᆡ로 가고져ᄒᆞ여 졈두응낙(點頭應諾)ᄒᆞ고, 유모와 스비ᄌᆞ로 더부러 니고를 조ᄎᆞ 두어 고기를 넘어가니, 일좌쳥산(一座

靑山)이 표묘절승(縹緲絶勝)ᄒ고 경치 가려(佳麗)ᄒ더라.

놉흔 바회의 젼ᄌ(篆字)로 삭여시ᄃᆡ 양쥬(揚州) 쳥계산(淸溪山) 화계동이라 ᄒ엿더라.

믄득 창숑녹쥭(蒼松綠竹)이 욱어진 ᄉᆞ이의 일좌ᄃᆡ찰(一座大刹)이 잇【68】고, 경ᄌ(磬子) 쇼ᄅᆡ 은은ᄒ더라. 아지못게라! 이 승도(僧徒)의 무리 인심이 엇더ᄒ며, 조쇼졔 능히 이곳의 안신(安身)ᄒᆞᆫ가 하회ᄅᆞᆯ 셩남(釋覽)ᄒ라.

원ᄂᆡ 이 졀 일홈은 활인관(活人觀)이라 ᄒ고, 관즁(觀中)의 쥬지니고(主持尼姑) 능혜 ᄃᆡᆺᄂᆞᆫ 본ᄃᆡ ᄉᆞ문녀ᄌ(士門女子)로셔, 일즉 과거(寡居)ᄒ여 십삼셰의 쇼텬(所天)을 여희나, 조곰도 규문(閨門)의 ᄒᆡᆼ실(行實)이 업고, 그윽이 봄빗ᄎᆞᆯ 늣기고 스스로 홍안(紅顏)을 슬허, 드ᄃᆡ여 구가ᄅᆞᆯ 하직ᄒ고 가만이 도쥬ᄒ여 기젹(改籍)ᄒ여 ᄉᆞ더니, 그 구고와 부뫼 알고 잡아다가 죽이려 ᄒ거ᄂᆞᆯ, 음뷔(淫婦) 담【69】을 ᄯᆞᆲ고 망명ᄒ여 그졔ᄂᆞᆫ 아조 거쳐 업시 ᄃᆞ라나, 양쥬 《찌∥ᄯᅥ》히 뉴락ᄒ니, 그 부모의 가향은 운쥬(雲州) 만여리의 이시니, 셔로 찻지 못ᄒ더니 능시 도망홀 ᄯᅢ, 몸의 슈식픠산지뉴(修飾貝珊之類)ᄅᆞᆯ 만히 가져 왓ᄂᆞᆫ 고로, 드ᄃᆡ여 화미(貨賣)ᄒ여 양쥐부 쳥계산 즁의 ᄉᆞ찰을 크게 일우고, 호왈 활인암(活人庵)이라 ᄒ여, 인가로 돌며 불상을 봉안ᄒ고 의지 업슨 녀ᄌᆞᄅᆞᆯ 모화 삭발ᄒ여 졔ᄌᆞᄅᆞᆯ 삼으니, 그 쉬 오십여인이러라. 스스로 별호ᄅᆞᆯ 능허ᄃᆡ시로라 ᄒ고, 거즛 숑경(誦經)ᄒᄂᆞᆫ 쳬ᄒ나, 기실은 부【70】쳐ᄅᆞᆯ 존슝ᄒᄂᆞᆫ ᄯᅳᆺ이 업셔, 도로 ᄒᆡᆼ인을 모화 탕졍(蕩情)ᄒ려 ᄒᄂᆞᆫ 쥬의라.

능허요리(妖尼) 오십여 졔ᄌᆞ로 더부러 지나ᄂᆞᆫ ᄒᆡᆼ인이며, 무뢰 도박ᄒᄂᆞᆫ 탕ᄌᆞ호한(蕩子豪漢)을 모화, 취루(醜陋)의 졍젹(情迹)이 난만(亂漫)ᄒ니, 일홈이 승당(僧堂)이나 창가(娼家)로 다ᄅᆞ미 업더라.

ᄌᆞ연 쇼문이 젼파ᄒ니, ᄒᆡᆼ인이 두번 님치 아니ᄒ고 모히ᄂᆞᆫ 뉴ᄂᆞᆫ 악쇼비라. 관부의셔 알면 엇지 금치 아니리오만은, ᄎᆞ산 즁의 취쇼(就巢)[593]ᄒᆞᆫ 젹당(賊黨)이 이셔 슈하(手下)의 슈쳔 갑병(甲兵)이 이셔, 산즁을 웅거ᄒ여시ᄃᆡ, ᄯᅩᄒ 관가의 무혜무ᄒᆡ(無惠無害)ᄒ【71】여 다만 견결을 슈습ᄒ고, 무예ᄅᆞᆯ 닉여 별호ᄅᆞᆯ 비호장군(飛虎將軍)이라 ᄒ며, 샹희[594] 금갑 금투고ᄅᆞᆯ 착ᄒ고, 큰 칼흘 드ᄅᆞ시니 ᄯᅩᄒ 의긔 이셔 사름의 어려온 거슬 구ᄒ며, 만흔 거슬 아ᄉᆞᄃᆡ 스스로 가지미 업셔 빈궁ᄒᆞ니ᄅᆞᆯ 난화 쥬니, 인심(人心)이 츄존(推尊)ᄒ여 이 산즁의 웅거ᄒᆞᆫ 쇼문을 젼파치 아니니, 알니 《므른지라∥드믄지라》.

능허요승이 이 일을 알고 이의 투입ᄒ여 우러러 셤기기ᄅᆞᆯ 아뷔갓치 ᄒ니, 니러므로 요리의 음창(淫娼)이 날노 낭ᄌ(狼藉)ᄒᆞᄃᆡ, 사름이 비호의 위엄과 의긔ᄅᆞᆯ 【72】두려 감히 말ᄒ리 업스니, 관뷔(官府) ᄯᅩ 슈일졍(數日程)이 되ᄂᆞᆫ지라. 상게(相距)머러 능히

---

593)취쇼(就巢) : 둥지를 틀다. 보금자리에 들다.
594)샹희 : 늘. 항상.

아지 못ᄒᆞᆫ지라.

니러므로 어듸셔 금ᄒᆞᄂᆞᆫ 《톄∥데》 이시리오. 비호장군의 픽악지ᄉᆞ(悖惡之事)와 능허요리의 음ᄉᆞ간흉(淫邪奸凶)ᄒᆞ미 더옥 심ᄒᆞ니, 인ᄉᆞ 모로ᄂᆞᆫ 우밍(愚氓)의 녀직 날노 모히여 호협탕ᄌᆞ(豪俠蕩子)와 무뢰도박지인(無賴賭博之人)을 쳐결ᄒᆞ여 음욕을 치오미 극ᄒᆞ되, 오히려 부죡ᄒᆞ여 텬하뎨일 옥인군ᄌᆞ(玉人君子)ᄅᆞᆯ 만나 일싱을 이 산즁의셔 즐기고, 평싱을 쾌락고져 ᄒᆞ여, 일념의 밋치인 한이 골슈의 《밋쳐시니∥밋쳐시니》, 일일은 고시(古詩)ᄅᆞᆯ 음영ᄒᆞ고 옥인 영【73】걸을 만나지 못ᄒᆞᄆᆞᆯ 한ᄒᆞ더니, 그즁 한 니괴 나아와 니르되,

"당(唐)젹 무측텬(武則天)595)의 일을 ᄉᆞ뷔 힝ᄒᆞ쇼셔."

ᄒᆞ니, 능혜 탄식고 스스로 씨다라 무측텬의 일을 흠모ᄒᆞ여, 쯧이 비록 녯사름과 갓ᄒᆞ나 몸이 미ᄒᆞ여 그 사름의 부귀와 영화ᄅᆞᆯ 밋지 못ᄒᆞ니, 싱셰 쇼욕(所慾)을 치오미 져만 못ᄒᆞᆫ 쥴을 쥬야 한ᄒᆞ니, 그 솔하(率下) 쇼리(小尼) 다 그 쯧을 맛치고져 ᄒᆞ여 날마다 산의 나려, 풍뉴남ᄌᆞ(風流男子)ᄅᆞᆯ 듯보아 다려오되, 하나토 요리(妖尼)의 쯧과 갓지 못ᄒᆞ더라.

이날 맛춤 능허의 심복쇼리(心腹小尼) 묘암요졍【74】이 치근(採根)ᄒᆞ라 광쥬리ᄅᆞᆯ 츠고 하산ᄒᆞ엿더니, 쳔만 긔약지 아닌 한 무리 옥인을 맛나니 디경디희(大驚大喜)ᄒᆞ여 쳥ᄒᆞ여 도라올시, 묘암이 쇼식을 젼ᄒᆞ미 밧분 고로 묘졍을 눈기여 귀킥(貴客)을 인도ᄒᆞ여 뫼시라 ᄒᆞ고, 다룸쥬어 헐헐이며 급히 ᄉᆞ즁의 드리다라, 능허ᄅᆞᆯ 보고 니르되,

"ᄉᆞ부야 졔지 오늘밤의 쑴을 ᄭᅮ니 창뇽(蒼龍)이 나라 텬상의 오르ᄂᆞᆫ 양을 보고, 므ᄉᆞᆫ 신긔ᄒᆞᆫ 징험이 이실고 ᄒᆞ더니, 목젼의 한 무리 신션을 만나 다려와시니, 신몽(神夢)이 엇지 맛지 아니ᄒᆞ리오."

능혜 이 말【75】을 듯고 디경디희ᄒᆞ여 급히 나리다라, 묘암을 붓들고 니르되,

"너ᄂᆞᆫ 헛된 말 말나. 신션이라 ᄒᆞᄂᆞᆫ 거슨 삼십삼텬궁(三十三天宮)596)과 '봉니(蓬萊) 영쥐(瀛洲) 방장(方丈)'597)의 못ᄂᆞᆫ 숀이어든, 엇지 인셰간의 이시리오. 네 불과 어듸가 낫갓치 희고 닙시울이 븕은 용용쇽ᄌᆞ(庸庸俗者)ᄅᆞᆯ 보고 와, 말을 이리 황홀이 ᄒᆞᄂᆞᆫ다?"

묘암이 만면 우음으로 두 숀을 가로 져으며 갈오되,

---

595)무측텬(武則天) : 624-705. 당(唐)나라 고종의 황후 측천무후(則天武后). 이름 무조(武曌). 중국의 대표적인 여성권력자의 한 사람으로, 아들 중종(中宗)을 폐위하고 스스로 황위에 올라 국호를 '주(周)'로 고치고 성신황제(聖神皇帝)라 칭했다.

596)삼십삼텬궁(三十三天宮) : 불교에서 '도리천'에 있다는 천궁을 이르는 말. 가운데 제석천궁과 사방에 여덟 천궁씩이 있다 하여 이렇게 이른다.

597)봉니(蓬萊) 영쥐(瀛洲) 방장(方丈) : 봉래산(蓬萊山)·영주산(瀛洲山)·방장산(方丈山)을 함께 이르는 말. 각각 중국 전설에 나오는 영산(靈山)인 삼신산(三神山) 가운데 하나로, 진시황과 한무제가 불로불사약을 구하기 위하여 동남동녀 수천 명을 보냈다고 한다. 이 이름을 본떠 우리나라의 금강산을 봉래산, 지리산을 방장산, 또 한라산을 영주산이라 이르기도 한다.

"졔지 엇지 거즛 말ᄒ여 스부를 속이리오. 추인 등은 아모리 보아도 셰상 속인(俗人)은 아니라. 만고졀식(萬古絶色) 옥인(玉人)을 다 비겨도 추인【76】만 못ᄒ리니, 다ᄉ 쇼년과 한 창뒤(蒼頭)니, 창두ᄂ 녜ᄉ(例事) 인가비비(人家婢輩)어니와, 네 쇼년은 가장 아름다온 사름이니, 이 궁산벽쳐(窮山僻處)의ᄂ 아모리 어듸 구경ᄒ려 ᄒ여도 쉽지 못홀 거시니, 스부야! 아니 우리 스즁(寺中)의 녯 명홰(名花) 만히 잇ᄂ니잇가?"

ᄒ더라.【77】

윤하뎡삼문취록 권지칠십삼

　츠시 묘암쇼리(小尼) 만면 우음으로 두 숀을 가로 져으며 왈,

　"졔지 엇지 거즛말ㅎ여 스부(師父)를 속이리오. 츠인 등은 아모리 보아도 셰상 속인은 아니라. 만고졀싴(萬古絶色) 옥인(玉人)을 다 혜셔도 츠인(此人)만 ㅎ니 업스리니, 다숫 소년과 한 창뒤(蒼頭)니 창두는 예스(例事) 인가(人家) 비빅(卑輩)어니와, 다숫 쇼년은 가쟝 아름다온 사룸이니, 이 궁산(窮山) 벽쳐(僻處)의는 아모리 어더 구경ㅎ려 ㅎ여도 쉽지 못ᄒᆞᆯ 거시니, 스부야! 우리 스즁(寺中)의 옛 명홰(名花) 만히 잇ᄂᆞ니잇가? 그 다숫 쇼년을 방불(彷彿)이 의심컨딕, 【1】두목지(杜牧之)598)·니젹션(李謫仙)599)과 갓다 ᄒᆞᆫ즉, 이 사룸은 호일 방탕ᄒᆞ니 셰상의 죵요로온 옥인가식(玉人佳士)○○○[아니라]. 기즁 일인은 쳔만딕의 비겨도 갓ᄒᆞ 니 업슬 거시니, 만고 졀념(絶艶) 미싴(美色)인들 엇지 이사룸을 밋ᄎᆞ리잇고? 스뷔 뇌 말을 밋지 아니시거든, 존즁ᄒᆞᆫ 쳬위를 굴ᄒᆞ여 동구 밧긔 가 마ᄌᆞ쇼져."

　능혜 우으며 묘암의 등을 두다려 왈,

　"긔특ᄒᆞ다. 뇌 아히야. 어딕 가 그런 긔특ᄒᆞᆫ 사룸을 만나 다려 왓는다. 진실노 긔특ᄒᆞ면 한번 나가 마ᄌᆞ미 관겨ᄒᆞ랴."

　ᄒᆞ고, 즉시 방장(方丈)의 드러와 빅나운납(白羅雲衲)600)을 졍히 쓰고, 빅포(白布) 비단 【2】쟝삼(緋緞長衫)601)의 금난슈가ᄉᆞ(金襴繡袈裟)602)를 쎠 닙고, 허리의 홍ᄉᆞ딕(紅絲帶)603)를 두르고, 발의 칠ᄉᆞ초혜(漆紗草鞋)604)를 신고, 숀의 뉵환보쟝(六環寶杖)605)

---

598)두목지(杜牧之) : 803~852. 이름은 두목(杜牧). 당나라 만당(晚唐)때 시인. 미남자로, 두보(杜甫)에 상대하여 '소두(小杜)'라 칭하며, 두보와 함께 '이두(二杜)'로 일컬어지기도 한다.

599)니젹션(李謫仙) : 니빅(李白). 중국 당나라 때의 시인. 701~762. 자는 태백(太白). 호는 청련거사(青蓮居士). 칠언 절구에 특히 뛰어났으며, 이별과 자연을 제재로 한 작품을 많이 남겼다. 현종과 양귀비의 모란연(牧丹宴)에서 취중에 <청평조(淸平調)> 3수를 지은 이야기가 유명하다. 시성(詩聖) 두보(杜甫)에 대하여 시선(詩仙)으로 칭하여진다. 시문집에 ≪이태백시집≫ 30권이 있다.

600)빅나운납(白羅雲衲) ; 중이 머리에 쓰는 하얀 비단으로 만든 모자. *운납(雲衲) : 중이 머리에 쓰는 모자.

601)비단장삼(緋緞長衫) : 비단으로 지은 승려의 웃옷. 길이가 길고, 품과 소매를 넓게 만든다.

602)금난슈가ᄉᆞ(金襴繡袈裟) : 금란가사(金襴袈裟). 황금색 실을 섞어 명주실로 수를 놓은 비단으로 만든 가사(袈裟). *가사(袈裟); 승려가 장삼 위에, 왼쪽 어깨에서 오른쪽 겨드랑이 밑으로 걸쳐 입는 법의(法衣). 종파에 따라 빛깔과 형식을 엄격히 규정하고 있다.

603)홍ᄉᆞ딕(紅絲帶) : 붉은 실로 만든 띠.

을 쥐고 쇼리(小吏) 십여인으로 종후(從後)ᄒ라 ᄒ고, 동구 밧긔 나 마줄ᄉᆡ, 급히 눈을
드러 먼니셔븟터 ᄇᆞ라보니, 과연 네 숑이 긔화(奇花) 가온ᄃᆡ 일지(一枝) 다람홰606)셧
겨시니, 휘휘황황(輝輝煌煌)ᄒ여 셔광(瑞光)이 요일(繞日)ᄒ고, 오ᄎᆡ(五彩)607) 현난(絢
爛)ᄒ니, 슈국(水國)608)의 난ᄎᆡ(蘭草)오, ᄎᆔ상(秋霜)의 계홰(桂花)609)라. 요지(瑤池) 반
도원(蟠桃園)의 다람홰니 엇지 범연이 의논ᄒ여 일ᄏᆞᆯ를 비리오.

점점 갓가이 되ᄒᆞᄆᆡ 광염(光艶)이 아라ᄒᆞ여610) 틱양지광(太陽之光)이 황황(恍恍)ᄒ
니, 눈의 아즈【3】린611) 니러나 바로 보기 어려오니, 그 어ᄃᆡ 고으며 믜오믈 분간ᄒ
리오.

능혜 미지일견(未知一見)의 황홀여치(恍惚如痴)ᄒ고 지지완경(再之完景)612)의 딕경
실식(大驚失色)ᄒ여 기리 슘쉬여 암암칭션(暗暗稱善)ᄒ믈 결을키613) 어려오니, 연망
(連忙)이 나아가 우음을 먹음고 합장(合掌) 비복(拜伏) 왈,

"빈승(貧僧) 등은 일즉 명되(命途) 긔흔(奇痕)ᄒ여 우흐로 선상부모(先喪父母)ᄒ고
아릭로 종션형뎨(終鮮兄弟)ᄒ고 무타종족(無他宗族)ᄒ니, 텬디 문허지미 종신계활(終身
契活)이 극진(極盡) 궁도(窮途)의 밋ᄎᆞ니, 시러곰 셩인(聖人)의 유훈(遺訓)을 직희지 못
ᄒ고, 형셰 브득이 츌가(出家)ᄒ여 이단괴도(異端怪道)의 도가라니, 속졀업시 인셰간의
무륜지인(無倫之人)【4】이 되어, 심산궁곡(深山窮谷)의 산금(山禽) 야수(野獸)와 한가
지로 업딕여시니, 문견(聞見)이 ᄯᅩ 엇지 너르리잇고? 금일이 하일(何日)이완ᄃᆡ, ᄎᆞ(此)
산즁이 영쥬(瀛洲) 방장(方丈)으로 칭호ᄒᆞ미 아니로ᄃᆡ, 빅쥬(白晝)의 상션(上仙)이 강
님(降臨)ᄒᆞ샤 진퇴(塵土) 뉵안(肉眼)을 희롱ᄒᆞ시ᄂᆞ니잇고?"

셜파의 음황(淫荒)ᄒᆞᆫ 냥안(兩眼)이 어즈러이 뒤룩여 조부인 신상을 ᄯᅥ나지 아니ᄒᆞᄂᆞᆫ
지라. 조부인이 임의 쇼릭를 드러 사름의 심폐(心肺)를 ᄉᆞ못ᄂᆞᆫ지라. 엇지 져 요릭(妖
魅)의 살ᄉᆞ요음(殺邪妖淫)ᄒᆞᆫ 셩음을 몰나 드ᄅᆞ리오. 골경신ᄒᆡ(骨驚身駭)ᄒ믈 ᄂᆞ긔지 못

---

604)칠ᄉᆞ초혜(漆紗草鞋) : 짚신에 검은 비단을 덧입혀 만든 신.
605)뉵환보장(六環寶杖) : 승려가 짚는, 고리가 여섯 개 달린 지팡이.
606)다람화 : ①담화(曇華). 우담화(優曇華). 『불교』인도에서, 삼천 년에 한 번 전륜성왕이 나타날 때에
    꽃이 핀다고 하는 상상의 식물. 늑우담발라. ②담화(曇華); =홍초(紅草). 칸나과의 여러해살이풀. 높이
    는 1~2미터이며, 잎은 큰 타원형이고 끝이 뾰족하다. 여름과 가을에 꽃잎 모양의 수술을 가진 꽃이
    잎 사이에서 나온 꽃줄기 끝에 총상(總狀) 화서로 피고 열매는 삭과(蒴果)로 10월에 익는다. 관상용이
    고 말레이시아, 인도차이나가 원산지로 각지에 분포한다.
607)오ᄎᆡ(五彩) : 다섯가지의 채색. 곧 청, 황, 적, 백, 흑.
608)슈국(水國) : ①바다의 세계. ②=물나라. 강이나 호수 따위가 많거나 바다로 둘러싸인 나라를 비유적
    으로 이르는 말.
609)계화(桂花) : ①계수나무의 꽃. ②'달'을 비유적으로 이르는 말. 위 본문의 'ᄎᆔ상(秋霜)의 계홰(桂花)'
    는 가을 서리처럼 맑은 하늘의 달을 비유적으로 표현한 말이다.
610)아라ᄒᆞ다 : 아스라하다. 아득하다. 정신을 잃을 지경이다.
611)아즈린 : 아지랑이. 주로 봄날 햇빛이 강하게 쬘 때 공기가 공중에서 아른아른 움직이는 현상.
612)지지완경(再之完景) : '다시 그 완전한 광경을 보고'의 의미.
613)결을ᄒᆞ다 : 틈을 내다. *결을; 겨를. 틈.

ᄒᆞ여, 유의ᄒᆞ여 보고져 ᄒᆞ미 아니로ᄃᆡ, ᄌᆞ연이 한빵 수일(斜日)【5】이 길게 흐르믈 ᄭᅵ닷지 못ᄒᆞ여, 요리(妖尼)의 요형ᄉᆞ모(妖形邪貌)를 술피미 더욱 불열(不悅)ᄒᆞ여, 출하리 노즁(路中)의셔 방황ᄒᆞᆯ지언뎡 이의 온 줄을 한ᄒᆞ니, 희음업시 옥안셩모(玉顔星眸)의 훈향(暈香)이 염염(炎炎)ᄒᆞ여 월아(月娥)614)의 희미혼 그림ᄌᆡ 몽농ᄒᆞᆷ믈 ᄭᅵ닷지 못ᄒᆞᄂᆞᆫ지라.

절승혼 풍광이 더욱 ᄉᆡ로오니, 녹운·비취 등은 녕니(恰悧)혼 ᄌᆡ녜(才女)라. 부인의 불열(不悅)혼 ᄉᆞᄉᆡᆨ(辭色)을 보미 뎌두묵연(低頭默然)ᄒᆞ여 말을 못ᄒᆞᄂᆞᆫ지라.

능혜 뎌 사ᄅᆞᆷ들의 홀연 즐기지 아니ᄒᆞᄂᆞᆫ 눈츼를 알미, 심니(心裏)의 노ᄒᆞ나 강잉ᄒᆞ여 웃고, 다시 강쳥 왈,

"녈위 귀인이 산간의 【6】누폐(陋弊)ᄒᆞᆷ믈 비루히 너기샤 가지 말고져 ᄒᆞ시ᄂᆞᆫ가 시부거니와, 임의 날이 졈을기의 밋고 도라갈 거쳐를 졍치 못ᄒᆞ신가 시부니 일야 쉬여 가시기야 므어시 어려오리잇고?"

부인이 임의 호구(虎口) 낭혈(狼穴)을 드듸여시니 불안혼들 엇지ᄒᆞ리오. 부인이 마지못ᄒᆞ여 날호여 단ᄉᆞ(丹砂)를 움죽여 픠쥬(貝珠)615)를 현영ᄒᆞ여 칭ᄉᆞ 왈,

"아등은 본ᄃᆡ 경ᄉᆞ 사ᄅᆞᆷ이라. 일즉 유시(幼時)로븟허 경ᄉᆞ(京師)의셔 싱장ᄒᆞ여시니, 하방(遐方) 궁곡(窮谷)을 구경ᄒᆞ미 업스니 가히 니른바 '우물 밋 기고리'616)라. 불의의 하향(下鄕)ᄒᆞ여 피우(避憂)ᄒᆞᆯ 일이 잇더니, 의외【7】의 도즁 젹환을 맛나, 향냥(餉糧)617)과 노마(奴馬)를 실산(失散)ᄒᆞ고, 이죵형졔(姨從兄弟) 오인이 한낫 창두로 더부러 도보(徒步) 젼픠(顚沛)ᄒᆞ여 계오 븟드러 이 ᄯᅡ히 니른러시나, 오히려 강도의게 놀난 심신을 진졍치 못ᄒᆞ여 창졸의 션승(仙僧)의 후히 쳥ᄒᆞᆷ믈 슈히 화답지 못ᄒᆞ미라. 엇지 괴로이 넘피(厭避)ᄒᆞ고져 ᄒᆞ미리오."

언파의 유모와 졔녀를 도라보아 한가지로 갈ᄉᆡ, 모든 니괴(尼姑) 일시의 합장 비복ᄒᆞ여 됴부인 노쥬의 옥골션풍(玉骨仙風)을 못ᄂᆡ 흠탄(欽歎) 션복(羨福)ᄒᆞ더라. 졔니괴 됴부인 노쥬(奴主) 뉵인을 젼츠후옹(前遮後擁)ᄒᆞ여 일시의 산문(山門)의 다ᄃᆞ르니, 니러틋 젼셜(傳說)【8】ᄒᆞ여 졔승이 분분이 닷호아 니른ᄃᆡ,

"빅쥬의 신션이 하계의 나렷다."

ᄒᆞ니, ᄉᆞ즁(寺中) 졔리(諸吏) 닷호아 영졉ᄒᆞ여 암즁의 드러가니, 능혜 깃브믈 니긔지 못ᄒᆞ여 쇼리(小尼)를 신칙(申飭)ᄒᆞ여 각별 졍쇄(精灑) 유벽(幽僻)혼 방장을 쇄쇼(灑掃)ᄒᆞ고 졔깃을 안돈(安頓)ᄒᆞ며 직식(齋食)을 갓초아 셕반을 올니니, 극히 졍결ᄒᆞ더라.

---

614) 월아(月娥) : =초월아미(初月蛾眉). 초승달처럼 아름다운 눈썹.
615) 픠쥬(貝珠) : =진주(眞珠). 진주조개·대합·전복 따위의 조가비나 살 속에 생기는 딱딱한 덩어리. 조개의 체내에 침입한 모래알 따위의 이물(異物)이 조가비를 만드는 외투막(外套膜)을 자극하여 분비된 진주질이 모래알을 에워싸서 생긴다. 우아하고 아름다운 빛깔의 광택이 나서 장신구로 쓴다. *여기서는 백 진주처럼 '하얀 이빨'을 비유적으로 표현한 말이다.
616) 우물 밋 기고리 : '우물 밑의 개구리'라는 뜻으로, '식견(識見)이 좁은 사람'을 비유(比喩)한 말.
617) 향냥(餉糧) : 식량. 생존을 위하여 필요한 사람의 먹을거리.

계인이 어졔날 셕식을 먹은 후로는 밤시도록 도로의 분쥬ᄒ여 종일 졀곡(絶穀)ᄒ엿
ᄂᆞᆫ지라. 엇지 긔갈(飢渴)이 범연ᄒ리오. 비취·녹운 등 스녀와 유랑은 일일지간이라도
음식을 보ᄆᆡ 눈이 번ᄒ여, 그릇시 뷔도록 먹어 상을 물니고, 【9】부인은 심ᄉᆞ(心思)
번난(煩亂)ᄒ여 계오 두어번 햐져(下箸)ᄒ고 상을 물니더라.

오ᄅᆡ지 아녀 쵹(燭)을 혀ᄆᆡ 능혜 졔승으로 더부러 밤드도록 말ᄉᆞᆷᄒ다가 도라갈ᄉᆡ,
거지(擧止) 크게 음황(淫荒)ᄒ여 졍시홀 ᄇᆡ 아니라. 부인이 벅벅이 좃치 무ᄉᆞ치 아닐
쥴 지긔(知機)ᄒ고, ᄬᆞᆼ션 등이 고왈,

"이 ᄉᆞ즁 승니(僧尼) 등이 비록 것ᄎ로 불법을 강논ᄒᄀᆞ 부쳐를 존슝ᄒ노라 ᄒ나,
거지 심히 음황부잡(淫荒浮雜)ᄒ오니 반ᄃᆞ시 조흔 사름이 아닌가 ᄒᄂᆞ이다."

부인이 침음(沈吟) 왈,

"임의 긔식(氣色)을 아라시니 우리 오기를 잘못ᄒ엿거니와, 이도 역시 긔괴(奇怪)ᄒᆫ
운익(運厄)의 말ᄆᆡ암 【10】으ᄆᆡᆫ가 시부니 ᄎᆞ역명애(此亦命也)[618]라 한 홀 거시 무어
시리오. 셩인이 '목불시ᄉᆞ식(目不視邪色)ᄒ고 이불쳥음셩(耳不聽淫聲)ᄒ라'[619] ᄒ여 겨
시거늘, 니 지신(持身)을 그릇ᄒ여 ᄉᆞᄉᆞ(事事)의 셩교(聖敎)를 니져ᄇᆞ리니 엇지 한홉지
아니리오."

노쥬 뉵인이 심ᄉᆞ 어즈러워 ᄎᆞ야의 능히 졉목(接目)지 못ᄒ니라. 밤이 깁흐ᄆᆡ 홀연
바람 길의 은은ᄒᆫ 가셩(歌聲)과 풍뉴(風流) 쇼ᄅᆡ 들니거늘, 부인이 경아(驚訝)ᄒ여 졔
녀를 도라 보아 왈,

"이 심산유벽쳐(深山幽僻處)의 인기 업스리니, 어이 가셩과 풍악 쇼ᄅᆡ 머지 아닌 곳
의셔 들니ᄂᆞᆫ 듯ᄒᄂᆄ?"

녹운이 본ᄃᆡ 영ᄆᆡ(怜邁)ᄒ고 쇼통(疏通) 【11】ᄒᆫ지라. 귀를 기우려 듯기를 냥구히
ᄒ다가 ᄃᆡ왈,

"과연 올ᄉᆞ오니 필연 이 ᄉᆞ즁의 무뢰도박(無賴賭博)ᄒᄂᆞᆫ 뉘 모혓ᄂᆞᆫ가 ᄒᄂᆞ이다. 쇼
비 나아가 ᄉᆞ긔(事機)를 아라 오리이다."

ᄒ고, 가ᄇᆡ야온 옷슬 닙고 후창을 열고 《나나∥나가》 쇼ᄅᆡ를 ᄎᆞ자가니, 과연 머지
아닌 곳이니, 후원 장원(牆垣) 밋ᄒᆡ 쥬산 상봉을 등두고, 알프로 잔완(孱緩)ᄒᆫ 일ᄃᆡ장
텬(一大長川)을 ᄶᅦ쳐 옥슈(玉水) 징담(澄潭)이 암혈(巖穴) 벽봉(壁峰)으로조ᄎᆞ 흐르기
를 녕녕(盈盈)이 ᄒᄂᆞᄃᆡ, 옥ᄉᆞ(玉砂) 쳥셕(靑石)의 화계(花階)를 층층이 무으고, 오ᄉᆡᆨ화
초(五色花草)를 심으고 녹양(綠楊)과 취쥭(翠竹)을 셧거 울을 삼앗ᄂᆞᄃᆡ, 그 속의 십여
간 단쳥 【12】화각(丹靑華閣)을 표묘(縹緲)히[620] 쑤며시니, 공교ᄒᆞᆫ 누ᄃᆡ와 빗난 경치
쇼아(騷雅)ᄒᄆᆡ 별유션계(別有仙界)러라.

---

618)ᄎᆞ역명애(此亦命也) : '이 또한 운명이다'는 뜻.
619)목불시ᄉᆞ식(目不視邪色)ᄒ고 이불쳥음셩(耳不聽淫聲)ᄒ라 : 눈으로는 사악한 것을 보지 말고, 귀로는
　음란한 소리를 듣지 말라.
620)표묘(縹緲)히 : 끝없이 넓거나 멀어서 있는지 없는지 알 수 없을 만큼 어렴풋하게.

당듕(堂中)의 포진(鋪陳)을 비셜ᄒ고 풍물을 갓초왓ᄂᆞᆫᄃᆡ, 쥬육(酒肉)을 난만이 버리고 은쵹(銀燭)이 휘황ᄒᆞ여 빅쥬(白晝)를 묘시(藐視)ᄒᆞᄂᆞᆫ 가온ᄃᆡ, 무슈흔 협킥(俠客)이 슐을 진취(盡醉)케 먹고, 의관이 부졍ᄒᆞ여 져마다 발 구ᄅᆞ며 손 츔츄고, 혹 금현(琴絃)을 농(弄)ᄒᆞ며 풍악을 지쵹ᄒᆞ여, 슌비(巡杯)를 어즈러이 날니고, 겻겻치 분면(粉面) 홍안의 미녀를 겻지어 음픽(淫悖) 불가형언(不可形言)이라.

녹운이 ᄃᆡ경실ᄉᆡᆨ(大驚失色)ᄒᆞ여 갓가이 나아가 슈풀 아ᄅᆡ 몸을 감초아 드ᄅᆞ니, 그 미녀ᄌᆞᄂᆞᆫ 다【13】 ᄅᆞ니 아니라 셕상의셔 본 바 ᄉᆞ즁 모든 니괴라. 쌋근 머리의 운환(雲鬟)을 민ᄃᆞ라 놉히 ᄶᅵ오고, 빅의(白衣)를 벗고 년치(年齒) 다쇼(多少)로조ᄎᆞ 녹나상(綠羅裳)과 쳥나상(靑羅裳)을 닙으며 홍군(紅裙)을 ᄯᅴ어, 분면홍안(粉面紅顔)을 난만(爛漫)이 다ᄉᆞ리고, 협킥(俠客)을 겻지어 가무(歌舞)를 농(弄)ᄒᆞ며, 금현(琴絃)을 희롱ᄒᆞ여 완연이 창누(娼樓) 힝챵(行娼)의 거동이라.

녹운이 견파(見罷)의 ᄃᆡ경실ᄉᆡᆨᄒᆞ여 가만이 탄왈,

"이 무리 원간 거즛 승니 되여 불법(佛法)을 밧드ᄂᆞᆫ 쳬ᄒᆞ나, 실은 남ᄌᆞ를 후리고 음쥬 풍악을 방ᄌᆞ히 ᄒᆞ며, 허명(虛名)만 도젹ᄒᆞᄂᆞᆫ 무리랏다. 져희 쇼실(素實)621)이 원ᄂᆡ 져러ᄒᆞ기로 우【14】리 일힝을 남ᄌᆞ만 너겨 황홀이 ᄃᆡ졉ᄒᆞ여 ᄉᆞ랑ᄒᆞ미라. 가히 오ᄅᆡ 면 큰일이 날거시니 부인긔 고ᄒᆞ여 급히 이 곳을 ᄯᅥ나시게 ᄒᆞ리라."

ᄒᆞ고, 졍히 ᄉᆞ량(思量)ᄒᆞ더니, ᄯᅩ 드ᄅᆞ니 한 남ᄌᆡ 웃고 왈,

"젼일은 능허ᄉᆡ(師) 슐을 잡으며 가무를 시작ᄒᆞ면, 흥미 도도ᄒᆞ고 츈풍이 발연ᄒᆞ여 쥬비간의 즐기미 무궁ᄒᆞ더니, 오늘은 엇지 즐기지 아니ᄒᆞ여, 슐을 먹으미 잔을 잡아 은은이 시름ᄒᆞ여 ᄉᆡᆼ각ᄂᆞᆫ 듯ᄒᆞ니, 아지못게라! 이 무슴 연괴뇨?"

좌즁의 묘암 왈,

"녈위(列位) 관인(官人)은 아지 못ᄒᆞᄂᆞᆫ도다. 우리 ᄉᆞ뷔(師父) 금일 【15】 복이 놉하 하늘이 각별이 옥쳥상션(玉淸上仙)622)을 보ᄂᆡ여 암즁(庵中)의 머므ᄂᆞ니, ᄉᆞ뷔 일노뼈 권연(眷然) 흠션(欽羨)ᄒᆞ여 쥬비간(酒杯間)의 즐기지 아니시민가 ᄒᆞᄂᆞ니, 우리 ᄉᆞ뷔 팔ᄌᆡ 조코 복이 만하, 져 공ᄌᆞ의 침셕지간(寢席之間) 은이(恩愛)를 어든 즉, 님쳔모려간(林泉茅廬間)623)의 셕장(錫杖)624)을 기리 더지고, 여외625) 녹발(綠髮)을 다시 쓰러 홍상녹의(紅裳綠衣)로 텬션 낫흔 낭군의 조흔 쪽이 되어, 초양왕(楚襄王)626)의 ᄭᅮᆷ이 젼

---

621)쇼실(素實) : =평소행실(平素行實). 평소의 행실.
622)옥쳥상션(玉淸上仙) : 천상(天上) 옥청궁(玉淸宮)에 사는 신선. *옥청궁(玉淸宮); 도교에서, 천제(天帝)가 살고 있다고 하는 궁. 옥청은 신선이 산다는 삼청세계(三淸世界: 玉淸, 上淸, 太淸)의 하나.
623)님쳔모려간(林泉茅廬間) : '숲과 샘과 띠집의 사이'라는 말로, 속세를 벗어난 '비세속적 세계'를 이르는 말.
624)셕장(錫杖) : 승려가 짚고 다니는 지팡이. 밑부분은 상아나 뿔로, 가운데 부분은 나무로 만들며, 윗부분은 주석으로 만든다. 탑 모양인 윗부분에는 큰 고리가 있고 그 고리에 작은 고리를 여러 개 달아 소리가 나게 되어 있다.
625)여외다 : 여의다. 사별하다. 멀리 떠나보내다.
626)초양왕(楚襄王) : 중국 전국시대 초(楚)나라 임금. 무산(巫山)의 양대(陽臺)에서 무산신녀(巫山神女)와

도ᄒ고 안기 니불이 초ᄃ"산(楚臺山627))의 화ᄒ미 봉비지연(葑菲之緣)이 션션(詵詵)ᄒ
믈 불문가지(不問可知)라. ᄉ뷔 니런 ᄌ미를 싱각고 가무연낙(歌舞宴樂)의 흥이 업ᄉ
민가 ᄒ노라."

모든 호한(豪漢) 탕【16】긱(蕩客) 등이 놀나 왈,

"이 진짓 말가. 연즉 우리 다시 능허ᄉ의 ᄉ랑ᄒ믈 닙기 어렵도다. 연이나 신인의
아름다오미 곳갓ᄒ나 고인의 졍○[이] 즁ᄒ믈 닛지 말나. ᄯ호 유감ᄒ 한이 잇ᄂ니
능허시 니런 아름다온 션낭을 다려다가 감초아시ᄃ, 우리를 ᄃᄒ여 니ᄅ지 아니ᄒ며,
ᄯ 쳥ᄒ여 셔로 보게 아니ᄒ니 엇지 외친니쇼(外親內疎)ᄒ미 이 갓ᄒ뇨? 우리 각별
다른 ᄯ이 업ᄉ니 그ᄃ는 힝혀 화긔(和氣)를 일흘가 두려 말고, 그ᄃ의 눈의 거러두고
ᄉ랑ᄒ는 바 텬션(天仙)이라 ᄒ는 신낭을 쳥ᄒ여 오면, 우리 여러 사름이 보【17】아
만일 묘암의 말 갓흘진ᄃ, 우리 당당이 교도(交道)를 밋고, 안즌 돗긔628)셔 《진진‖
쥬진(朱陳)629)》의 조흐믈 밋게 ᄒ여 하비(賀杯)로뼈 어진 비필 어드믈 하례ᄒ리라."

셜파의 모든 탕지 일시의 손벽 쳐 ᄃ쇼ᄒ고, 능혜 반셩반취(半醒半醉)ᄒ여 손으로
옥비를 어로만져 흔연 쇼왈,

"능혜 널위 관인의 인후(仁厚)ᄒ믈 아ᄂ니, 엇지 이 ᄯ이 이시며, 신낭이 과연 아름
답고 비상ᄒ미 특초(特超)ᄒ니 한번 불너 셔로 뵈고져 아니리오만은, 졔 본ᄃ 경ᄉ 지
상가 귀공ᄌ로 부귀(富貴) 고량(膏粱)630) 가온ᄃ, 열인(閱人)ᄒ 비 업시 ᄌ라나, 므슨
피우(避憂)홀 이 이셔 고향의 잠간 도라【18】갈ᄉ, 그 이종(姨從) ᄉ인으로 더부러
동힝ᄒ다가, 즁노(中路)의셔 도적을 만나 여ᄎ여ᄎ 낭픽ᄒ여 힝낭(行糧)을 다 일코 길
흘 ᄯ 일허 분쥬ᄒ는 거슬, 우리 쳥ᄒ여 다려와시나 심ᄒ 약질이라, 힝노의 곤픱(困
乏)ᄒ여 불평ᄒ 긔식이 만흐니, 금야란 평안이 쉬게 ᄒ고져 ᄒ므로 쳥치 못ᄒᄂ니, 관
인 등은 허물치 말나. 명일의 반ᄃ시 쳥ᄒ여 셔로 보게ᄒ고, ᄯ 산치(山砦)의 가 장군
을 뵈옵게 ᄒ리라. ᄎ인이 혈육지신(血肉之身)이로ᄃ, 품슈(稟受)ᄒ믄 과연 별유이긔
(別有異氣)ᄒ니, 텬디의 조홰 무궁ᄒ여 홀노 ᄎ인의게 모혓더라. 그 이【19】종 ᄉ인

운우지졍(雲雨之情)을 나눴다는 이야기로 유명하다. 『문선(文選)』에 전하는 송옥(宋玉)의 <고당부(高
唐賦)>에 의하면, 양왕(楚襄王)이 일찍이 무산(巫山)의 양대(陽臺)에서 낮잠을 자는데, 꿈에 한 여인이
와서 말하기를, "저는 무산의 여자로 양대의 나그네가 되었는데, 임금님이 여기에 계시다는 소문을 듣
고 왔으니, 저와 침석(枕席)을 같이해 주소서." 하므로, 양왕이 하룻밤을 같이 잤는데, 다음날 아침에
여인이 떠나면서, "저는 아침이면 구름이 되고 저녁에는 비가 되는데, 아침마다 양대(陽臺) 아래에 있
습니다."라고 했다고 한다.

627)초ᄃ"산(楚臺山) : 중국 초(楚)나라 양왕(襄王)이 무산신녀(巫山神女)를 만나 운우(雲雨)의 정을 나누는
꿈을 꾸었다는 초대(楚臺)가 있는 산. 곧 무산(巫山).

628)돗긔 : 돗자리. 자리.

629)쥬진(朱陳) : 주진(朱陳)은 중국 당(唐)나라 때에 주씨와 진씨 두 성씨가 함께 살아오던 마을 이름인
데, 한 마을에 오직 주씨와 진씨만 대대로 살아오면서 서로 혼인을 하였다고 하여, 두 성씨간의 혼인
을 일컬어 '주진(朱陳)의 호연(好緣)'이라고 한다.

630)고량(膏粱) : =고량진미(膏粱珍味). 기름진 고기와 좋은 곡식으로 만든 맛있는 음식.

이 다 표치(標致) 미려(美麗)호 옥인(玉人)이라. 우리 암즁(庵中) 소뎨(師弟) 복이 만하니런 비상호 사름을 만히 만낫노라."

호딕, 모든 협긱이 반신반의호여,

"능혜 엇던 사름을 어디 감초고, 신졍(新情)이 황홀(恍惚)호여 져딕도록 칭찬호는고. 붉는 날 브딕 구경호즈."

호는지라.

녹운이 추언을 셰셰히 다 드릭미 골경신히(骨驚身駭)호여 샐니 도라와 슈말을 부인긔 조초지종(自初至終)이 고호고, 면쇡(面色)이 여토(如土)호니, 부인이 발셔 짐작호미 이시나, 식로이 추악(嗟愕)호여 일변 명도의 긔구호믈 추탄호더라.

유랑과 비취 즁심예 딕경실쉭【20】호여 면면이 도라보고 아모리 홀 쥴 모르거놀, 부인이 쳐연(悽然) 탄왈,

"하놀이 겹겹 지앙을 나리오스 니런 딕익을 쏘 목젼의 당케 되니, 엇지 탄(嘆)홉지 아니리오. 만일 지연(遲延)호다가 본젹(本籍)이 탈누(脫漏)하면 죽기도 엇지 못호리니, 가다가 잡힐지라도 일즉이 탈신도쥬(脫身逃走)호여 요힝 하날이 도으스 이 익을 버셔나면 힝이오, 만일 츄죵(追從)호여 잡히면 죽을 밧 할 일 업다."

호고, 급히 힝장(行裝)을 슈습호여 노쥬 뉵인이 추일 반야(半夜)의 소즁(寺中)을 써나 희미호 월광을 의지호여 후장(後墻)을 넘으나, 고산이 최외(崔嵬)호고 졀협(絶峽)이 심【21】슈(深邃)호여, 비록 반싱 도로의 분쥬호여 왕닉호는 남지라도 발 드딕기 어렵거날, 호믈며 조부인은 공후경상(公侯卿相)의 쳔금 쇼교이(所嬌兒)라. 싱어부귀(生於富貴)호고 장어호치(長於豪侈)호니, 그 귀(貴)코 존(尊)호미 구슬 여룸[631] 갓고, 겸호여 뇨조(窈窕)호 셩덕이 아시(兒時)붓허 널소(烈士)의 풍치와 공강(共姜)[632]의 졀죄(節操) 이시니, 쳔츄(千秋)의 녀소(女士)로 졔명(齊名)[633]호니 임강마등(任姜馬鄧)[634]의 후셕(後席)을 받으미 붓그럽지 아니니, 존당부모와 일가졔친이 츄앙경복호는 빅니, 그 존호고 귀호미 쏘 엇지 범연호리오만은, 용안(容顔) 직덕(才德)이 타류(他類)의 조별호 바로뻐, 쏘다시 하놀이 지【22】앙을 나리와 니극지싀(已極之猜)[635]를 빌니시니, 인녁으로 엇지 밋츠며, 쏘호 텬야명애(天也命也)[636]니 그 사름을 원호며 탓호리오만은, 이

---

631) 여룸 : 열매.
632) 공강(共姜) : 중국 춘추 때 위(衛)나라의 열녀. 위(衛)나라 희후(僖侯)의 아들 공백(共伯)과 결혼하였는데 남편이 뜻하지 않게 요절하자, 공강의 친정어머니는 젊어서 청상과부가 된 딸의 앞날이 걱정되어 딸에게 여러 번 개가(改嫁)를 종용하였다. 그러나 공강은 그 때마다 어머니의 종용을 거부하고 '백주(柏舟)'라는 시를 지어 끝까지 절의를 지켰다. 그녀의 기사는 『소학』〈명륜(明倫)〉편에, 시 '백주(柏舟)'는 『시경』〈용풍(鄘風)〉편에 나온다.
633) 졔명(齊名) : 이름이 나란함. 이름이 같은 지위에 있음.
634) 임강마등(任姜馬鄧) : 중국 주(周) 문왕(文王)의 모친 태임(太姙)과, 주(周) 선왕(宣王)의 비(妃) 강후(姜后), 동한(東漢) 명제(明帝)의 후비 마후(馬后), 동한(東漢) 화제(和帝)의 후비(后妃) 등후(鄧后)를 함께 이르는 말. 모두 어진 덕으로 이름이 높다.
635) 니극지싀(已極之猜) : 지나치게 심한 시기(猜忌).

또흔 엄부인의 무행(無行) 실덕(失德)ᄒ고 패악(悖惡) 괴려(乖戾)ᄒ미, 원흉 요인의 여호 밉시 쥐 장식의 인면수심(人面獸心)인 쥴은 아지 못ᄒ고, 한갓 교언(巧言) 녕쳠(佞諂)의 혹(惑)ᄒ여 쳔고 디현 뎡의쳥 갓흔 녀셔를 나모라 ᄒ고, 쳔금 일교(一嬌)의 평칭을 스스로 작희(作戲)ᄒ미 되어, 여익(餘厄)이 이 날가지 밋ᄎ미 되니, 비록 군ᄌ슉녜의 시운이 부졔(不齊)ᄒ미나, 이 엇지 근본인즉 엄부인 허물이 아니리오.

녹운 등이 쳔신만고(千辛萬苦)ᄒ【23】여 등나(藤蘿)를 붓들며 형극(荊棘)을 더듬어 길흘 찻노라 ᄒ거시, 쏘흔 젼노(前路)를 ᄎᆺ지 못ᄒ여 졈졈 산뇌(山路) 험쥰ᄒ고 졀벽이 ᄎ아(嵯峨)흔디, 고봉(高峯)이 압흘 가리오니, 날이 치 시지 아냐셔 두 다리 힘이 핍진ᄒ고 능히 촌보를 움즉이지 못ᄒ니, 노쥬 뉵인이 셔로 붓드러 암벽 숑하(松下)의 의지ᄒ여 쉬더니, 문득 드르니 뒤히 인셩(人聲)이 훤괄(喧聒)ᄒ며, 일쳔(一千) 홰불과 무슈흔 쵹농(燭膿)이 길흘 붉히며, 한 쎄 악쇼비(惡少輩) 큰 막디를 잡으며 칼흘 들고, 활인ᄉ 졔승이 무리지어 방방곡곡이 뒤여 오며, 셔로 니ᄅ디, 【24】

"이 무리 우리 ᄉ부의 관곡(款曲)흔 디졉과 다졍흔 후의를 모르고, 도로혀 동뉴(同類)로 더부러 도망ᄒ니, 반드시 이 무리를 잡아 겁질을 벗겨 만장(萬丈)○[의] 《회슈∥효슈(梟首)》ᄒ리라."

ᄒ고, 쏘 흔 쇼리(小尼) 왈,

"ᄉ뷔 져를 바라미 망부셕(望夫石)이 되고져 ᄒ거늘, 져희 공연이 하직(下直)도 아니ᄒ고 혼야(昏夜) 즁의 도망ᄒ니, 졍상(情狀)이 통히(痛駭)ᄒ고 비은망덕(背恩忘德)이 심흔지라. 연(然)이나 져 뉘 다 경ᄉ(京師) 사름으로 길흘 모르던 거시니, 이 산벽(山壁) 험지(險地)의 밤즁의 길흘 엇지 잘 ᄎᆽ 가시리오. 필연 먼니 못 가실 듯ᄒ니, 산혈(山穴) 슈목(樹木) 즁의 ᄌ셔히 어더 보라."

ᄒ고, 방방곡곡(坊坊曲曲)【25】이 살펴 올나 오더니, 희미흔 날빗치 화광(火光)이 츙텬(衝天)ᄒ니, 엇지 사름의 ᄌ최를 모르리오. 솔 슈풀 ᄉ이의 여러사름이 안ᄌ 쉬다가 화광을 보고 웨지지는 쇼리를 드르미, ᄌ긔 등을 츄죵ᄒ민 쥴 알고 창황 질겁ᄒ여 도보 젼픠(顚沛)ᄒ여 가는지라. 졔승(諸僧)이 보고, 디호(大呼) 왈,

"알픠 가는 지 반드시 어제 날 긱관(客官)들이로다."

뒤히 조ᄎᆺ던 무리 일시의 쇼리를 응ᄒ여 왈,

"과연 올타! 이 츅싱(畜生)의 무리를 쾌히 잡아다가 비은망덕흔 죄를 다스려 능히 ᄉ부의 노를 풀게 ᄒ리라."

ᄒ고, 일시의 쇼리 지르고 급【26】히 올나오니, 조부인 노쥐 임의 각녁(脚力)이 핍진ᄒ니 엇지 피흘 도리 이시리오. 유모와 쌍션 등 ᄉ비지 일시의 부인을 붓드러 쇼리나는 쥴 씨닷지 못ᄒ고 실셩비읍(失性悲泣) 왈,

"공ᄌ야! 목젼 디홰 급ᄒ미 여ᄎᄒ니 이를 장ᄎᆺ 엇지ᄒ리잇고?"

---

636)텬야명야(天也命也) : '하늘의 뜻이요, 운명이다.'라는 뜻.

ᄎ시 부인이 이 광경을 딕ᄒ여ᄂᆞ 하 어히업스니, 긔식이 타연ᄒ여 날호여 왈,

"화복(禍福)이 지텬(在天)ᄒ고 유명(幽明)637)이 관슈(關數)ᄒ니, 하날이 진실노 날을 죽이려 ᄒ시면 ᄉᆞ이이의(事而已矣)638)라, 할 일 업거니와, ᄯᅩᄒᆞᆫ 어려온 가온딕 술올 ᄯᅳ히 두고져 ᄒᆞ신즉, 하늘 조화를 측【27】 냥치 못ᄒ리니, 여등은 요란이 구지 말나."

아이오, 산상으로조ᄎᆞ 벽녁갓흔 쇼리 나며, 한ᄡᅡᆼ 빅셜갓흔 ᄌᆞ웅(雌雄) 냥호(兩狐) 닉다ᄅᆞ니, 크기 집치만 ᄒᆞ고 쥬홍 갓흔 닙의 나롯시 창딕 갓고 엄니 브ᄅᆞ도다시니, 보기의 놀납더라.

악회(惡狐) 번기 갓흔 눈을 브릅뜻고 벽녁 갓흔 쇼리를 지르며, 산악이 문허지ᄂᆞᆫ 듯ᄒᆞᆫ 긔셰로 딕풍(大風)을 지으며 모린를 날녀 닉다라, 모든 적당을 향ᄒ여 다라드니, 모든 강도와 승니 졍히 조부인 노쥬를 이곳의셔 만나니, 용약(踊躍) 딕희(大喜)ᄒ여 급히 잡아 도라가려 ᄒᆞ더니, 무【28】망 즁 두 낫 딕회(大虎) 달녀들믈 만나니, 졔인이 딕경실식ᄒ여 아모리 홀 쥴 모르고, 혹 졍신 잇ᄂᆞᆫ ᄌᆞᄂᆞᆫ 발이 ᄯᅡ히 붓허 능히 말을 못ᄒ고, 다만 이고 일셩의 ᄉᆞ산 분궤(四散奔潰)ᄒᆞᄂᆞᆫ지라.

ᄲᅡᆼ션 등 오네 대경 창황ᄒ여 부인을 붓들고 우러 왈,

"뒤ᄒᆞᄂᆞᆫ 츄종(追從)이 급ᄒ고 압ᄒᆞᄂᆞᆫ 산녕(山靈)이 져러틋 흉악ᄒ니, ᄉᆞ면으로 도라본즉 츠아(嵯峨)ᄒᆞᆫ 괴벽(怪壁) 셕봉(石峯)이라. 장ᄎᆞᆺ ᄉᆞ라날 길히 업ᄉᆞ니 이를 엇지ᄒᆞ리잇고? 쳔비 등의 누의639) 갓흔 목슘은 족히 앗갑지 아니커니와, 아지못거이다! 아쥬의 쳔【29】금 귀체를 장ᄎᆞᆺ 보젼치 못ᄒᆞ올지라 이를 엇지ᄒᆞ리잇고?"

부인이 ᄉᆞ긔 타연ᄒ여 왈,

"오명(五命)이 긔흔(奇痕)ᄒ니 무어슬 한ᄒᆞ리오. 하늘이 임의 죽기로뼈 쥬시거날 외(吾) 불명(不明) 완만(頑慢)ᄒ여 브딕 텬명을 어긔여 살녀ᄒᆞ기로, 텬디신기(天地神祇) 믜이 너겨 빅앙(百殃)을 ᄎᆞ례로 나리오셔 굿ᄒᆞ여 ᄌᆞ진코져 ᄒᆞ시미니, ᄎᆞ역명애(此亦命也)라, 슈한슈원(誰恨誰怨)이리오."

셜파의 ᄉᆞ긔 ᄌᆞ약ᄒᆞ여 좌(座)를 옴기지 아니ᄒᆞ니, 유랑 ᄲᅡᆼ션 등이 텬디(天地) 망망(茫茫)ᄒᆞ여 한갓 셔로 붓드러 오읍(嗚泣)홀 ᄯᆞ름이오, 졍히 아모리 홀 쥴 모르더니, 믄득 냥회(兩虎) 모든 강도를 흉흔 위셰로 먼【30】니 ᄶᅩᆺ 바리고, 조부인을 바라며 긔운을 낫초고 쇼리를 치며 굽을 허위여640), 엄연(儼然)이 빅하(拜賀)ᄒᆞᄂᆞᆫ 거동 갓흐니, 부인 노쥬(奴主) 놀나믈 져기 진졍ᄒᆞ고, 불승긔이(不勝奇異)히 너기더니, 홀연 먼니 바라보니 쥬산(主山) 상봉(上峯)으로조ᄎᆞ 치운(彩雲)이 녕녕(盈盈)ᄒᆞ고 이향(異香)

---

637) 유명(幽明) : 저승과 이승, 또는 죽음과 삶을 함께 이르는 말.

638) ᄉᆞ이이의(事而已矣) : 어쩔 수 없는 일이다.

639) 누의 : 누에. 누에나방의 애벌레. 13개의 마디로 이루어졌으며 몸에는 검은 무늬가 있다. 알에서 나올 때에는 검은 털이 있다가 뒤에 털을 벗고 잿빛이 된다. 네 번 잠잘 때마다 꺼풀을 벗고 25여 일 동안 8cm 정도 자란 다음 실을 토하여 고치를 짓는다. 고치 안에서 번데기가 되었다가 다시 나방이 되어 나온다.

640) 허위다 : 허비다. 손톱이나 날카로운 물건 따위로 긁어 파다.

이 은은(隱隱)ᄒ며, 묽은 옥쇼셩(玉簫聲)이 뇨량(嘹喨)ᄒ여, 션학(仙鶴)이 츔츄ᄂ 듯, 힝운(行雲)을 것줍ᄂ641) 듯ᄒ더니, 표표(表表)ᄒ 션젹(仙迹)이 치운(彩雲)을 몌에ᄒ여 졈졈 갓가이 오며, 일위(一位) 녀션(女仙)이 머리의 ᄌ옥관(紫玉冠)을 쓰고, 몸의 운상(雲裳) 무의(霧衣)를 졍결이 ᄒ고, 한 손의 쳥옥쇼(靑玉簫)를 들고, ᄯ 한 손의 벽년화(碧蓮花) 한 가지를 줴【31】고, 년보(蓮步)를 동ᄒᄂ 바 업시 염염(冉冉)이642) 구름과 안기를 몌에643)ᄒ여 ᄂ리니, 그 아모 곳으로셔 오ᄂ 바를 아지 못ᄒ리러라.

냥회(兩虎) 먼니 숭그려644) 업듸엿더니, 션젹(仙迹)을 보고 스스로 감초여 경긱(頃刻)의 간 바를 아지 못ᄒᄂ라. 녀션이 졈졈 갓가이 나아와 부인을 향ᄒ여 기리 녜(禮)ᄒ고 왈,

"옥쳥샹션(玉淸上仙)은 별ᄂᆡ무양호(別來無恙乎)아. 일즉 진셰(塵世) 영욕(榮辱)이 하여(何如)오?"

부인이 눈을 드러 션낭(仙娘)의 긔이ᄒ 복식과 아ᄅᆷ다온 용광(容光)이 고고(孤高) 결쇄(潔灑)645)ᄒ여 션풍도골(仙風道骨)646)이 속셰 범인이 아니믈 보ᄆᆡ, 필유묘ᄆᆡᆨ(必有苗脈)ᄒ믈 씨다라, 연망(連忙)이 몸을 니【32】러 답녜 왈,

"비인(鄙人)647)은 진토홍진(塵土紅塵)648)의 아득ᄒ 사람이라. 일즉 션낭(仙娘)으로 일면지분(一面之分)이 업ᄉ니 놉흔 교회(敎誨)를 듯ᄌ오나 능히 아득ᄒ여 씨닷지 못ᄒ리로쇼이다. 복원 션낭은 붉히 가ᄅ치샤 비인의 아득ᄒ 흉치(胸次)649)를 붉히쇼셔."

션낭이 쇼왈,

"텬긔 비밀ᄒ니 도츳의 누셜홀 ᄇᆡ 아니라. 다만 부인이 션가(仙家)의 연분이 즁ᄒ시니 인셰 험악 간난이 진(盡)홀 동안 남악(南嶽)의 도라가 피화(避禍)ᄒ샤 인간ᄉ(人間事) 익(厄)을 면ᄒ고져 ᄒ실ᄉᆡ, 이 ᄯ한 텬명(天命)이라. 빈도ᄂ 남악(南嶽) 형산(衡山)650) 치운관 녀션(女仙) 위진군의 뎨ᄌ 년화【33】진인(眞人)이러니, 스ᄇᆡ 오월단오일(五月端午日)651)의 옥경(玉京)의 조회 가 계시더니, 옥뎨(玉帝) 명을 밧ᄌ와 부인을

---

641)것줍다 : 걷잡다. ①한 방향으로 치우쳐 흘러가는 형세 따위를 붙들어 잡다. ②마음을 진정하거나 억제하다.

642)염염(冉冉)이 : 염염(冉冉)히. 나아가는 꼴이 느릿느릿하게. 부드럽고 약하게.

643)몌에 : 수레나 쟁기를 끌기 위하여 마소의 목에 얹는 구부러진 막대.

644)숭그리다 : 웅크리다. 웅숭그리다. 몸을 궁상맞게 몹시 웅그리다.

645)결쇄(潔灑)ᄒ다 : 소쇄(瀟灑)하다. 기운이 맑고 깨끗하다.

646)션풍도골(仙風道骨) : 신선의 풍채와 도인의 골격이란 뜻으로, 남달리 뛰어나고 고아(高雅)한 풍채를 이르는 말.

647)비인(鄙人) : 비루한 사람이라는 뜻으로, 남자가 자기를 낮추어 이르는 일인칭 대명사.

648)진토홍진(塵土紅塵) : '흙과 먼지'라는 말로 세속의 세계를 비유적으로 이르는 말.

649)흉치(胸次) : 흉금(胸襟). 마음속 깊이 품은 생각

650)형산(衡山) : 중국의 오악(五岳)의 하나인 남악(南岳).으로, 호남성(湖南省) 형양시(衡陽市) 북쪽 40km 지점에 있는 산.

651)오월단오일(五月端午日) : 우리나라 명절의 하나. 음력 5월 5일로, 단오떡을 해 먹고 여자는 창포물에 머리를 감고 그네를 뛰며 남자는 씨름을 한다.

뫼셔 오라 ᄒ실ᄉᆡ 니의 니르럿ᄂᆞ니, 부인이 심산궁곡(深山窮谷)의셔 ᄃᆡ화(大禍)를 만
나시니, 빈ᄃᆡ 밋쳐 오미 더듸여 힝혀 실슈ᄒᆞ미 이실가 두려, 아즈의 몬져 산녕(山靈)
을 명ᄒᆞ여 ᄌᆞᆼ웅(雌雄) ᄂᆡᆼ호(兩虎)를 보ᄂᆡ여 강도와 요음(妖淫)ᄒᆞᆫ 승니(僧尼)를 제어ᄒᆞ
라 ᄒᆞ엿ᄉᆞᆸ더니, 부인이 보시니잇가?"

부인이 종용 칭사 왈,

"진군낭낭의 여ᄎᆞ 어엿비 너기심과 션낭의 구활지은(救活之恩)이 ᄐᆡ산지《경ǁ졍》
(泰山之情)이○[오], 《경ǁ은》심어하ᄒᆡ(恩深於河海)라.652) 능히 갑ᄉᆞ올 바를 아지 못
ᄒᆞ【34】리로소이다."

션낭이 겸양 칭ᄉᆞᄒᆞ고 우왈,

"낭낭의 기다리시미 ○[간]졀ᄒᆞ실 거시오, 이 곳이 ᄯᅩ 요리(妖尼)의 거체 갓가오니
오릭 머믈 곳이 아니라. 쳥컨ᄃᆡ 부인은 밧비 도라가ᄉᆞ이다. 부인의 명견(明見) 달식
(達識)이 ᄯᅩᄒᆞᆫ 텬슈(天數)와 시무(時務)를 아ᄂᆞᆫ지라. 엇지 ᄉᆞ양ᄒᆞ미 이시리오. 졉두 응
낙ᄒᆞ니 년화진인이 우왈,

"인간 보힝(步行)으로ᄂᆞᆫ 능히 남악 슈만 니를 득달치 못ᄒᆞ시리니, 빈ᄃᆡ(貧道) ᄉᆞ부
의 명으로 신힝법(神行法)을 가져왓시니, 맛당이 시험ᄒᆞᄉᆞ이다."

언파의 ᄉᆞ미 안히 열아문653) 쟝 붉은 ᄌᆞ 쓴 부작(符作)을 ᄂᆡ여 조부인 노【35】쥬
ᄂᆔ인의 발바당의 븟치고, ᄯᅩ ᄉᆞ미로셔 져근 깁부쳐를 ᄂᆡ여 손의 드럿던 년화(蓮花)를
공즁의 더지고 한번 븟치니, 년엽(蓮葉)이 편편(平平)ᄒᆞ여 오치샹광(五彩祥光)이 조요
(照耀)ᄒᆞᆫ 가온ᄃᆡ, 조부인 노쥬 ᄂᆔ인이 몸이 스스로 운비샹텬(雲飛上天)ᄒᆞ여 샹운(祥雲)
셔ᄋᆡ(瑞靄) 몽몽(濛濛)ᄒᆞᆫ654) 가온ᄃᆡ 올나, 년화진인으로 더부러 남악의 도라올ᄉᆡ, 쳔
산만슈(千山萬水)의 머흔 뫼히며 깁흔 바다흘 신고ᄒᆞ미 업시, 슌식간의 힝ᄒᆞ여 남악
형산(衡山)의 도라오니, 션인(仙人)의 조화 무궁ᄒᆞ여 비록 허탄흔 듯ᄒᆞ나, ᄯᅩᄒᆞᆫ 신긔ᄒᆞ
미 니로틋ᄒᆞ더라.

년홰 조부인 노【36】쥬를 신힝(神行) 도슐(道術)노 ᄃᆞ려 슌식간의 슈만니를 힝ᄒᆞ
여 형산의 득달흔지라. 부인 노쥬 비로쇼 졍신을 진졍ᄒᆞ여 완완(緩緩)이 힝ᄒᆞ며 슬펴
보니, 이 니른바 텬하 졔일 승경(勝景)으로 기벽지초(開闢之初)의 각별흔 션계(仙界)를
기창(開創)흔 곳이라.

산형(山形)의 슈려ᄒᆞ믄 건곤의 졍긔를 모도왓고, 옥암(玉岩) 금ᄉᆞ(金砂)의 졀벽(絶
壁) 빙애(氷厓)와 층만(層巒) 쳡쟝(疊障)이 다 뉴리(琉璃)를 ᄊᆞᆯ가 셰온 듯흔 빅옥이라.
긔화요초(琪花瑤草)와 침향(沈香) 계슈(溪水), 이향(異香)이 동텬(洞天)을 두로고, 표묘

---

652)ᄐᆡ산지졍(泰山之情)이오, 은심어하ᄒᆡ(恩深於河海)라 : 태산 같은 정이오, 그 은혜가 강과 바다보다도
    깊다. *원문을 이와 같이 수정한 것은 본권 72쪽에 "졍심하ᄒᆡ(情深河海)' "은심태산(恩深泰山)"이란 말
    이 나오기 때문이다.
653)열아문 : 여남은. 열 남짓. 열이 조금 넘는 수. 또는 그런 수의.
654)몽몽(濛濛)ᄒᆞ다 : 비, 안개, 연기 따위가 자욱하다.

(縹渺)흔 뎐각이 반공의 쇼숫는딕, 상운즈뮈(祥雲紫霧) 어릭여시니, 가히 신션의 마을이오, 만셰 【37】 션경인 줄 알니러라.

년홰 조부인 노쥬를 인도ᄒᆞ여 뎡뎐(庭前)의 니르니, 진군이 빅옥교(白玉橋) 위의 운관무의(雲冠霧衣)로 좌를 일우고, 좌우의 시위(侍衛) 션익(仙娥) 무상(霧裳) 션메(仙袂)로 뫼셧더라.

진인이 부인을 마즈 한훤(寒暄) 녜파(禮罷)의 환난(患難)의 분찬(奔竄)ᄒᆞ믈 치위(致慰)홀ᄉᆡ, 부인이 이의 념용(斂容) 치경(致敬) 빅스 왈,

"쳡은 진셰(塵世) 비루(鄙陋)흔 즈최라. 녯 스젹을 보아 진군낭의 호연(浩然)ᄒᆞ신 도덕(道德) 션젹(仙迹)을 흠앙(欽仰)ᄒᆞ옵더니, 삼싱(三生)의 죄악이 심ᄒᆞ와 녀즈의 몸으로 남의 업슨 환난을 만나, 젹쇼도 능히 득달치 못ᄒᆞ고, 도쳐(到處) 봉변(逢變)의 거의 죽을 익을 당 【38】 ᄒᆞ여 욕스무디(欲死無地)어늘, 낭낭의 혜안(慧眼) 명식(明識)이 만니 밧긔 산(算)두샤, 놉흔 데즈를 보닉여 죽을 인싱을 구활ᄒᆞ시고, 다시 더러온 즈최를 션경(仙境)의 일위여 션안(仙顔)을 상졉(相接)ᄒᆞ여 교어(敎語)를 듯ᄌᆞ오니, 삼싱(三生)의 힝이로쇼이다."

진군이 치경(致敬) 숀스(遜辭)ᄒᆞ고 시녀를 명ᄒᆞ여 다과를 ᄀᆞ초아 부인 노쥬를 딕졉홀ᄉᆡ, 진인 왈,

"부인이 강포흔 젹한(賊漢) 등의게 고초를 겻거, 낭일 쥬야를 쳔금 귀쳬로뼈 도로의 신고ᄒᆞ시미 만흐니, ᄯᅩ흔 긔갈(飢渴)이 심홀지라. 산즁 초초(草草)○[흔] 한식(寒食)이 귀인의 구미(口味)의 불합ᄒᆞ나 약간 음진(飮進) 【39】 ᄒᆞ실 거슬 나오라."

모든 녀관(女官)655)이 승명(承命)ᄒᆞ여 금반(金盤) 옥긔(玉器)의 옥익(玉液) 경장(瓊漿)이며, 화조(火棗)656) 교리(交梨)657)를 ᄀᆞ득이 버려 상을 나오니, 이 불과 션과(仙果) 이향(異香)의 산과(山果) 초품(草品)으로 작츌(作出)흔 비로딕, 화려(華麗) 쳥상(淸爽)ᄒᆞᆫ 인셰 스미(奢味) 진찬(珍饌)의 지나더라.

진인이 친히 금빅(金杯)의 경익(瓊液)을 부어 ᄌᆞ로 권ᄒᆞ니, 옥익경장(玉液瓊漿)658)이 다 빗치 다ᄅᆞ고 감열(甘悅) 쳥낭(晴朗)ᄒᆞ여 빗츤 니화향(梨花香) 빅셜향(白雪香) 갓고, 먹으ᄆᆡ 졍신이 싁싁ᄒᆞ고 긔운이 상쾌ᄒᆞ더라.

부인은 본딕 식냥(食量)이 너르지 못흔 고로, 비록 션가(仙家) 이찬(異饌)을 먹으나 만히 먹지 못ᄒᆞ딕, 오기 시비는 【40】 졍히 시장ᄒᆞ던 즈음이니, 셜스 믹반(麥飯) 악

---

655) 녀관(女官) : 고려·조선 시대에, 궁궐 안에서 왕과 왕비를 가까이 모시는 내명부를 통틀어 이르던 말. 엄한 규칙이 있어 환관(宦官) 이외의 남자와 절대로 접촉하지 못하며, 평생을 수절하여야만 하였다. 나인. 궁녀(宮女)·궁빈(宮嬪)·궁아(宮娥)·궁인(宮人)·궁첩(宮妾)·시녀(侍女) 등 다양한 이름으로 불리고 있으나, 이들은 모두 임금 한 사람을 위하여 수절해야 한다는 공통점이 있다.

656) 화조(火棗) : 도가(道家)에서, 신선이 먹는다는 과일로 대추의 일종이다.

657) 교리(交梨) : 도가(道家)에서, 신선이 먹는다는 과일로 배의 일종이다.

658) 옥익경장(玉液瓊漿) : 옥에서 나는 즙. 맑고 고운 빛깔과 좋은 향을 갖추어 신선들이 마신다고 하는 술로, 마시면 오래 산다고 하여 도가에서는 선약으로 친다. =옥액.

최(惡草)라도 감식(甘食)홀 즈음의, 션가이찬(仙家異饌)을 만나 향긔롭고 청상흔 맛시 인간 화식의 뉴 아니니, 져희 무리 젼일의 금의옥식(錦衣玉食)을 넘어(厭飫)ᄒ여 세상 고량진미(膏粱珍味)659)를 모를거시 업스듸, 오늘날 션과(仙果) 이향(異香)의 긔이흔 맛시야 ○○[알니] 이시리오. 모다 포복(飽腹)도록 먹고 즐겨, 진인의 심은(深恩) 혜퇴(惠澤)을 감은 골슈(感恩骨髓)ᄒ더라.

진군이 옥합(玉盒)을 가져오라 ᄒ여, 환약(丸藥) 한 환(丸)을 늬여 부인긔 젼ᄒ여 왈,

"이 환약은 신슈금환단(身數金丸丹)660)이니, 먹으미 한갓 긔운661)의 보(補)홀 662) 뿐 아니라, 젼싱(前生) 직【41】셰(再世)의 과보지스(果報之事)를 쇼연명지(昭然明知)ᄒᄂ니, 상션(上仙)의 셩명긔질(性命氣質)의 더욱 유익ᄒ미 만흐리이다."

부인이 스례ᄒ고 바다 먹으니 맛시 가장 향긔롭고 쇼아(素雅)ᄒ여663), 구즁(口中)이 긔랑(開朗)ᄒ니664) 인간 빅초(百草) 환약(丸藥)의 죵뉴 아니러라.

션단(仙丹)이 한번 후셜(喉舌)을 넘으미, 과연 텬싱총명(天生聰明)이 쇼연(昭然) 명각(明覺)ᄒ여 젼싱 직셰의 보복지니(報復之理)를 명명심셰(明明深細)히 생각홀지라.

뎡의쳥과 즈긔 본듸 삼싱슉연(三生宿緣)이 심즁(深重)ᄒ여 텬뎨긔 발원(發願)ᄒ여 인간의 나릴시, 한·화 냥인이 ᄯ흔 옥경 션즈(仙子)로 뎡쳬찰의 젼싱 부인이라. 쳬찰이 틱을진【42】인(太乙眞人)으로서 발원 직셰홀시, 삼부인을 일시의 더부러 적강(謫降)ᄒᄂ 길히, 젼당(錢塘)665)을 지나더니 셰 부인다려 왈,

"젼당군(錢塘君)은 나의 지심친위(知心親友)러니 늬 니졔 인간의 나려가니 슈이 만나기 어려온지라. 지나ᄂ 길히 맛당이 셔로 하직ᄒᄂ 거시 올흐니, 삼위 낭낭은 삼신산 삼원슈의 모다 날을 기다리라. 늬 젼당의 단여가리라."

버금 두 션녀ᄂ 묵연ᄒ듸, 틱음셩이 믄득 즈긔 용식을 젼당 궁즁의 즈랑코져 ᄒ여 왈,

"우리 부부 스인이 텬명을 밧즈와 인간의 나아가미, 스싱고락(死生苦樂)이 일【43】쳬라. 엇지 셔로 ᄶᅥ지워 힝ᄒ리오. 션군(仙君)은 밧긔셔 젼당군을 하직ᄒ거든 우리 등은 안히 드러가 슈궁 경치나 구경ᄒ고 쉬여 가고져 ᄒᄂ이다."

틱을이 그 말을 올히 너겨 이의 삼션(三仙)으로 더부러 젼당 슈궁(水宮)의 니르니,

---

659)고량진미(膏粱珍味) : 기름진 고기와 좋은 곡식으로 만든 맛있는 음식.
660)신슈금환단(身數金丸丹) : 신수금환단(身數金丸丹). 한국고소설 <윤하정삼문취록>에 설정된 서사도구의 하나. 선가(仙家)의 신약(神藥)의 일종으로 먹으면 기운을 보(補)할 뿐 아니라 전생과 이승의 과보지사(果報之事)를 소연(昭然)히 알 수 있다.
661)긔운 : 기운. 생물이 살아 움직이는 힘.
662)보(補)ᄒ다 : 영양분이 많은 음식이나 약을 먹어 몸의 건강을 돕다.
663)쇼아(素雅)ᄒ다 : 맛이 담백하고 좋다.
664)긔랑(開朗)ᄒ다 : 탁 트여 환하다.
665)젼당(錢塘) : 전당강(錢塘江). 중국 절강성(浙江省) 동부를 흐르는 강. 절강(浙江)이라고도 한다.

젼당왕이 이 긔별을 듯고 셜니 나와 마즈 드러갈식, 틱을이 녜필의 왈,

"쇼션(小仙)이 금일 텬궁의 득죄ᄒ여 인셰의 폄하(貶下)ᄒ니, 팔십 오일을 나려가는 지라. 군형(群兄)으로 더부러 만나미 쉽지 못홀 고로, 젹은덧 하직고져 지나는 길희 와시딕, 틱음삼션(太陰三仙)이 조추 하셰(下世)ᄒᄂ지라. 이의 한가지【44】로 니ᄅᆞᆺ나이다."

젼당왕이 이 말을 듯고 딕경ᄒ여 이의 급히 슈부의 분부ᄒ여,

"옥쳥삼션(玉淸三仙)을 마즈 슈졍궁 닉뎐의 드러가 뇽파(龍婆) 뇽녀(龍女)로 ᄒ여곰 관딕(款待)○[케] ᄒ라."

ᄒ고, 궁듕의 셜연(設宴)ᄒ여 딕졉ᄒ며 니별홀식, 이 ᄣᅢ 젼당왕의 뇽파는 심양강 딕 즁뇽왕의 쏠이러니, 심양왕의 아들 교룡틱ᄌᆞ(蛟龍太子) 본딕 셩이 스오납고 픽악(悖惡) 요음(妖淫)ᄒ여 어려서 아뷔를 반ᄒ고, 심양을 ᄯᅥ나 텬하 희즁(海中)의 임의로 단이며, 간 곳마다 음오(淫娛)ᄒ니, 심양왕이 능히 졔어치 못ᄒ고 ᄌᆞ식뉴(子息類)의 닉쳣더니, 교룡이 더옥 방자 픽악ᄒ【45】여 졔어키 어렵더라.

이 날 맛춤 젼당 희즁의 니ᄅᆞ러 누의를 볼식, 궁듕의 잔치ᄒᄂ 연고를 무르니, 뇽픽 옥쳥(玉淸) 틱을진인이 틱음 삼션으로 더부러 텬궁의 득죄ᄒ여 인간의 젹하(謫下)ᄒᄂ 고로, 이의 잔치ᄒ여 젼별ᄒᄂ 쥴을 딕강 니ᄅᆞ고, 틱음 션녀의 긔특ᄒ 직모용광(才貌容光)이며 ᄉᆡᆨ틱(色態) 텬상 인간의 희한ᄒᆞᆷ믈 못ᄂᆡ 칭찬ᄒ니, 교룡이 이 말을 듯고 크게 흠모ᄒ여 가만이 삼션을 여어보고, 더옥 흠모ᄒ여 이의 틱을과 삼션이 젼당을 ᄯᅥ나 하계의 나리믈 보고, 그윽이 틱음의 인연을 도모【46】코져 ᄒ여 급급히 져도 하계홀식, 원가의 ᄌᆞ식이 되여 나시니, 이 곳 원홍 쇼인이라.

ᄌᆞ긔 졍혼(定婚) 초로븟허 혼ᄉᆞ의 마장(魔障)을 비져 모부인을 격동ᄒ고, 이번 화란의 작용이 다 젼셰지ᄉᆞ(前世之事)와 목금지ᄉᆞ(目今之事) 다 안져(眼底)의 버럿ᄂ 듯ᄒ니, 텬도의 명명ᄒ 니(理)를 씨다ᄅᆞ미, 이의 진인을 향ᄒ여 졍금(整襟) 념용(斂容)ᄒ고 ᄉᆞ례 왈,

"쳡이 젼싱의 규덕(閨德)이 파쳔(破賤)ᄒ므로 일싱 계활이 여ᄎᆞ하니, 이는 다 쳡의 죄라. 진토(塵土) 견식(見識)이 암미(暗昧)ᄒ여 한갓 쇼조(所遭)의 험흔(險釁)ᄒᆷ만 슬허ᄒ옵더니, 금일 ᄉᆞ부의 붉으신 교회(敎誨)로 신슈녕【47】단(身數靈丹) 곳 아니면 엇지 젼싱ᄉᆞ(前生事)를 알니잇고? ᄉᆞ뷔 죽을 인싱을 구ᄒ여다가 니러툿 우딕ᄒ시믈 밧ᄌᆞ오니, 가히 니른바 싱아ᄌᆞ(生我者)는 부뫼시고 구아ᄌᆞ(救我者)는 ᄉᆞ뷔시니, 심인후덕(深仁厚德)을 싱ᄉᆞ의 다 갑지 못ᄒ리로쇼이다."

진인이 흔연 왈,

"이 역(亦) 텬명(天命)이오, 부인의 난심(暖心) 슉덕(淑德)이 놉흐딕, 니러툿 익락(哀樂)의 분쥬ᄒ여 고힝ᄒᆞᆷ이 다 텽졍지슈(天定之數)라. 쇼션이 ᄯᅩᄒ 텬의를 모로지 아니므로, 부인의 위급지시(危急之時)를 당ᄒ여 닉 임의로 구치 못홀ᄂ너니, 텬의(天意)를 밧ᄌᆞ와 상션(上仙)을 뫼셔 이 곳의 니ᄅᆞ럿ᄂ니, 이 ᄯᅩ【48】션가의 ᄌᆞ비지심(慈悲之心)

이라. 엇지 감히 과도히 쇽인의 칭은(稱恩) 두 자를 싱각ᄒ리잇고? 부인은 모로미 안심 물우(勿憂)ᄒ시고, 쇼관(小觀)이 누츄(陋醜)ᄒ오나 더럽다 마ᄅ시고, 안졍(安靜)이 머무시다가 ᄌᆡ잌(災厄)이 쇼멸ᄒ기를 기다려 풍운의 길시(吉時)를 만나시면 ᄌ연 훌훌(欻欻)ᄒᆫ 광음의 언마ᄒ여 도라가시리잇고?"

부인이 념용(斂容) ᄉ례ᄒ고 츄연(惆然) 희허(噫噓)ᄒᆞᆯ ᄉᆡᄃᆞᆺ지 못ᄒ니, 이ᄂᆫ ᄌᆞ기 길운을 만나ᄆᆡ, ᄌ부인(慈夫人) 전후 픠덕이 낫하날 바를 싱각ᄒᆞᆯᄉ록 경심(驚心)ᄒᆞ미라. 진인이 엇지 그 심폐(心肺)를 ᄉᆞ못지 못ᄒ리오.

흔연 위로 【49】 왈,

"녕ᄌ위(令慈闈) 퇴부인의 전후 실덕ᄒ시기도 인녁의 밋츨 빅 아니라. 도시 부인의 명되 건우(愆尤)666)ᄒ시므로 말미암아, ○[그] 가온ᄃᆡ로조ᄎ 탕ᄌ(蕩子) 요인(妖人)이 군ᄌ 슉녀의 텬졍가화(天定佳話)를 희짓고져 ᄒᆞ미 궁모(窮謀) 곡계(曲計) 아니 밋츤 곳이 업ᄂᆞᆫ 고로, 녕ᄌ당의 나약ᄒᆞᆫ 심쳔을 엿보아 감언미어(甘言美語)로 농낙ᄒᆞ미 이시므로, 부인의 환난의 근본이 되여시나, 뎡의졍은 당셰의 대현 군ᄌ라. 부인의 셩덕(性德) 규ᄒᆡᆼ(閨行)을 항복ᄒᆞ연지 오린니, 타일 셜ᄉ 요인이 픠망ᄒᆞᆯ 시졀의, 녕존부인 실덕이 낫하나면 만셩(萬姓) ᄉᆞ셔(士庶)의 한번 무ᄒᆡᆼ(無行)ᄒᆞᆫ ᄭ지 【50】 람은 면치 못ᄒ려니와, 뎡공 갓흔 딕현 군ᄌ엇지 조곰이나 ᄀᆡ회(介懷)ᄒᆞᆯ 니 이시리잇고? 부인은 니런 쇼쇼셰ᄉ(小小細事)의 거리ᄭᅥ 옥장금심(玉腸金心)을 상ᄒᆡ오지 마ᄅ쇼셔."

부인이 쳥파의 진인의 알오미 신명 갓흐믈 보ᄆᆡ 더옥 ᄌᆞ참(自慚)ᄒᆞ고, ᄯᅩ 능히 은휘(隱諱)치 못ᄒᆞᆯ지라. 옥안(玉顔)의 슈식(愁色)이 동ᄒᆞ여 강싀(絳腮)를 침노ᄒᆞᆷ믈 면치 못ᄒ니, 묵묵반향(默默半晌)의 쳔연 ᄉᆞᆫᄉ 왈,

"ᄉ부의 신명ᄒ시미 여ᄎ하시니, 쳡이 엇지 우회(愚懷)를 은닉ᄒ리잇고? 쳡의 신누(身累) 누얼(陋孼)은 과연 시로이 놀납고 슬픈 거시 아니로ᄃᆡ, ᄌ모의 픠덕이 크니 타일 【51】 간졍(奸情)이 발각ᄒᄂᆞᆫ 날인즉, 요인이 반ᄃᆞ시 져의 죄와 허믈노뼈 다 ᄌ모의게 밀워 참덕이 크게 낫하나오리니, 쳡심이 엇지 안연(晏然)ᄒ리잇고? 비록 만ᄉ를 텬슈(天數)의 붓쳐 구구히 《쳥상‖쳥승667)》ᄒᆞ미 업노라 ᄒ나, ᄋ녀(兒女)의 협조(狹躁)ᄒᆞᆫ 심쳔(心泉)이 ᄆᆡ양 작위(作爲) 관심(關心)ᄒ기를 능히 못ᄒ니, 니러틋 심ᄉ 불호ᄒ니 ᄌ연 말이 ᄋᆡ모(哀慕)ᄒᆞᆷ믈 ᄭᆡᄃᆞᆺ지 못ᄒᄂᆞ이다."

진인이 ᄌᆡ삼 위로ᄒ고 빈쥬 죵일 한담ᄒᆞᆯᄉᆡ, 부인이 ᄯᅩ흔 진인의 신신(申申)668) 휘휘황황(輝輝煌煌)669)ᄒᆞᆫ 위의와 존엄흔 쳬모와 비범 탁셰흔 션풍을 공경심복(恭敬心服) 【52】 ᄒ고, 진인은 부인의 온즁단엄(穩重端嚴)ᄒᆞᆫ 긔질과 찬난흔 셩덕 광염과 션향아ᄐᆡ(善香雅態)를 공경ᄋᆡ딕(恭敬愛待)ᄒᆞ미 범연치 아니ᄒ니, 빈쥬의 심허(心許)ᄒᆞ미 일셕

---

666)건우(愆尤) : 건과(愆過). 그릇되게 저지른 실수.
667)쳥승 : 청승. 궁상스럽고 처량하여 보기에 언짢은 태도나 행동.
668)신신(申申) : 다른 사람에게 부탁이나 당부를 할 때 거듭해서 간곡하게 하는 모양.
669)휘휘황황(輝輝煌煌) : 휘황 찬란히 빛나는 모양.

(一席)의 졀친ᄒᆞ여 평싱 아던 바 갓고, 관즁(觀中) 모든 녀관(女官)들이 됴부인의 쳔ᄐᆡ 만광(千態萬光)의 졀츌탁셰(絶出卓世)홈과 셩덕 광휘의 빗나미, 텬상 인간의 광구(廣求)ᄒᆞ나 방불(彷彿)ᄒᆞ니도 엇기 어려오믈 흠탄(欽歎)ᄒᆞ고, 다시 권ᄒᆞ여 인간 복식을 곳치미, 표표(表表)ᄒᆞᆫ 황관무의(黃冠霧衣)670)를 ᄀᆡ장(改裝)ᄒᆞ니, 션풍이골(旋風異骨)이 탁셰(卓世)ᄒᆞᆷ믈 칙칙(嘖嘖) 탄상(歎賞)ᄒᆞ여 공경ᄒᆞ미 지극ᄒᆞ더라.

니러구러 일영(日影)이 느ᄌᆞ니 잔치를 파【53】ᄒᆞ고, 셕상(夕床)을 올니미, ᄯᅩᄒᆞᆫ 진찬(珍饌)이 화려ᄒᆞ고 쇼담ᄒᆞ나671) 불과 산즁 ᄎᆡ근(菜根)이며 산과(山果)붓치오, 므릇 밥이며 화식지뉴(火食之類) 업ᄉᆞᄃᆡ, 일죵672) 숑츠(松茶)로ᄡᅥ 밥을 ᄃᆡ(代)ᄒᆞ고, ᄎᆡ근(菜根)으로ᄡᅥ 인간 화미(華味)를 ᄃᆡᄒᆞ여시나, 먹으미 심히 ᄇᆡ 브ᄅᆞ고 쳥상(淸爽) ᄀᆡ위(開胃)673)ᄒᆞ더라.

상을 물니고 쵹을 붉히미, 울금(鬱金)674) 향노의 박산향을 더으고, 금ᄃᆡ(金臺)의 옥쵹(玉燭)이 휘황ᄒᆞ니 향풍(香風) 셔위(瑞靄) 빈분(繽粉)675)ᄒᆞ여 금벽난실(金璧暖室)의 찬난ᄒᆞ니, ᄌᆞ뮈(紫霧) 등등(騰騰)ᄒᆞ고 향운(香雲)이 ᄋᆡᄋᆡ(藹藹)ᄒᆞ더라.

진군이 됴부인을 상좌(上座)ᄒᆞ여 빈쥬(賓主) 《의난‖의논(議論)》의 담논(談論)이 한가ᄒᆞ여 밤들믈 ᄭᆡ닷지 못ᄒᆞ더니, 야심ᄒᆞ미 【54】옥누(玉樓)의 쇼월(素月)이 셔녁히 도라지고676), 옥쳠(玉簷)의 이슬이 녕녕(盈盈)ᄒᆞ여 화엽(花葉)의 구으니, 진군이 바야흐로 녀동을 명ᄒᆞ여 부인을 닉화원 방장(方丈)677)으로 뫼시라 ᄒᆞ니, 부인이 심은ᄃᆡ혜(深恩大惠)를 못닉 손샤(遜辭)ᄒᆞ고 녀동을 조ᄎᆞ 방장의 니ᄅᆞ니, 슈삼간 옥누 금당이 너ᄅᆞ지 아니ᄒᆞᄃᆡ, 침향난간(沈香欄干)678)이며 ᄇᆡᆨ옥(白玉) 기동의 호박쥬츄(琥珀柱礎)를 바쳣고679), 쳥옥(靑玉) 긔와로 니어시며, 산호(珊瑚) 경졈680)의 진쥬발을 다라시니, 금

---

670)황관무의(黃冠霧衣) : =황관우의(黃冠羽衣). : 누런 빛의 풀로 만든 관(冠)과 새의 깃으로 만든 옷을 이르는 말로, 도사(道士)의 차림새를 말한다.
671)쇼담ᄒᆞ다 : 소담하다. 음식이 풍족하여 먹음직하다.
672)일죵 : 한 종지. *종지; 간장·고추장 따위를 담아서 상에 놓는, 종발보다 작은 그릇.
673)ᄀᆡ위(開胃) : 『한의학』 약을 써서 위의 활동을 도와 식욕을 돋게 하다.
674)울금(鬱金) : =강황(薑黃). 『식물』 생강과의 여러해살이풀. 높이는 1미터 정도이며, 늦봄에 나팔 모양의 담홍색 꽃이 잎겨드랑이에 많이 달린다. 뿌리줄기는 약용한다. 인도가 원산지로 중국 등지에서 재배된다.
675)빈분(繽粉)ᄒᆞ다 : 빈분(繽粉)하다. 꽃잎 따위가 소담하게 흩날리다.
676)도라지다 : 돌아서다. 생각이나 태도가 다른 쪽으로 바뀌다.
677)방장(方丈) : : 화상(和尙), 국사(國師) 등의 고승(高僧)이 거처하는 처소. 또는 주지승(住持僧)의 처소.
678)침향난간(沈香欄干) : 침향나무로 지은 난간. *침향(沈香) : 침향나무. 『식물』 팥꽃나뭇과의 상록 교목. 높이는 20미터 정도이며, 잎은 어긋나고 긴 타원형인데 두껍고 윤이 난다. 흰 꽃이 가지 끝이나 잎겨드랑이에 산형(繖形) 화서로 피고, 열매는 익으면 두 쪽으로 갈라진다. 나뭇진은 향료로 쓴다. 인도와 동남아시아에 널리 분포한다.
679)바치다 : 받히다.
680)경졈 : 경첩. 여닫이문을 달 때 한쪽은 문틀에, 다른 한쪽은 문짝에 고정하여 문짝이나 창문을 다는 데 쓰는 물건.

벽(金璧)이 휘휘(輝輝)ᄒᆞ고 난실(蘭室)이 황황(煌煌)ᄒᆞ여, 금디(金臺)의 옥쵹(玉燭)을 붉혀시며, 슈장(繡帳) 금병(錦屏)의 산호셔안(珊瑚書案)을 노코 칙을 ᄡᅡ하시며, 그 【55】 완즙믈(器碗什物)을 졍결이 갓초아시니, 유아(幽雅)ᄒᆞᆫ 쳐쇼와 졍결ᄒᆞᆫ 지취(旨趣) 고고(孤高) 쇄상(灑爽)ᄒᆞ여 의연(依然)ᄒᆞᆫ 션당(仙堂)이니, 인셰 믈욕의 번화 스치홈과 심히 다ᄅᆞ더라.

취옥 ᄡᅡᆼ연 등은 눈이 지나고 발이 님ᄒᆞᄂᆞᆫ 곳마다 긔이ᄒᆞ고 비상ᄒᆞᄆᆞᆯ 결을치 못ᄒᆞ여 칙칙(嘖嘖) 탄상(歎賞)ᄒᆞ니, 도로혀 눈이 밤븨고[681] 혜 둔ᄒᆞᄆᆞᆯ 한ᄒᆞ고, 부인은 거쳐의 졍결홈과 션가(仙家)의 쳥졍(淸靜)ᄒᆞᄆᆞᆯ 깃거, 불ᄒᆡᆼ 즁 영ᄒᆡᆼ(榮幸)ᄒᆞᄆᆞᆯ 니긔지 못ᄒᆞ더라.

부인이 오기(五個) 시아(侍兒)로 더부러 이의 머믈미, 의식(衣食) 한셔(寒暑)의 넘녜 업ᄉᆞ나, 날노 고국을 바라 ᄉᆞ향니가지심(思鄕離家之心)이 【56】 시시(時時) 층쳡(層疊)ᄒᆞ니 다만 화조월셕(花朝月夕)[682]의 북텬(北天)을 챵망(悵望)ᄒᆞ여 슈회(愁懷) 만단(萬端)ᄒᆞ니 진인이 셰 권 텬셔(天書)를 쥬어 비호기를 권ᄒᆞ니, 부인이 이 곳 규방의 셥녑(涉獵)ᄒᆞᆯ 쇼임이 아닌 즄 모로지 아니ᄒᆞ디, ᄉᆞ향니가지회(思鄕離家之懷) 울연(鬱然)ᄒᆞᆯ[683] 젹이 만흐니, ᄌᆞ연 일노뻐 쇼일ᄒᆞ여 《시월 ‖ 셰월》을 보ᄂᆡ고져 ᄒᆞᄆᆞ로, 날마다 강학ᄒᆞ기를 브즈러니 ᄒᆞ고, 앗춤마다 칙을 가지고 진군의게 나아가, 텬문(天文)의 미묘ᄒᆞᆫ 곳과 디리(地理)의 궁통(窮通)ᄒᆞᆫ 곳을 강논ᄒᆞ여, 날노 문니장진(文理長進)ᄒᆞ니, 비록 범틱육안(凡態肉眼)이라도 진인이 이갓치 지셩으로 가 【57】 ᄅᆞ치면, 혹ᄌᆞ 만분의 일을 통ᄒᆞ려든, ᄒᆞ믈며 조부인의 텬싱셩명지질(天生聖明之質)이리오. 날노 셩취(成就)ᄒᆞ여 불과 슌여일(旬餘日)의 상통텬문(上通天文)ᄒᆞ고 하찰인ᄉᆞ(下察人事)의 무불통지(無不通知)ᄒᆞ니, 스스로 젼졍화복(前程禍福)을 산(算) 두어 혜아리미 붉으니, ᄌᆞ긔 평싱 계활(計活)은 스스로 알오미 명명(明明)ᄒᆞ니, 다시 슬허ᄒᆞ미 업더라.

이 ᄣᅢ 조부인이 임의 ‘웅비(熊羆)의 길경(吉慶)’[684]을 졈득(占得)ᄒᆞ연지 십오삭(十五朔)이러니, ᄂᆡ의 온 슌여일(旬餘日) 만의 분만홀ᄉᆡ, 시일(是日)의 이향(異香)이 만실(滿室)ᄒᆞ고 치운(彩雲)이 농농(濃濃)ᄒᆞ여 바로 북두(北斗)를 ᄣᅦ쳐 형산(衡山) 상봉(上峯)으로조ᄎᆞ 치운궁(彩雲宮)의 【58】 둘너시니, 가히 지ᄌᆞ(知者)와 쳘인(哲人)의 지감(知鑑)을 기다리지 아냐도, 북두츄셩(北斗樞星)의 강싱(降生) 지셰(在世)ᄒᆞᄆᆞᆯ 알니러라.

시셰(是歲) 무인(戊寅) 즁츄 계슌(季旬)이니, 아ᄒᆡ 십팔삭(十八朔)만의 나ᄃᆞᆺ더라[685].

---

681)밤븨다 : 눈부시다. 멍하다.
682)화조월셕(花朝月夕) : 꽃 피는 아침과 달 밝은 밤이라는 뜻으로, 경치가 좋은 시절을 이르는 말.
683)울연(鬱然)ᄒᆞ다 : 답답하다.
684)웅비(熊羆)의 길경(吉慶) : ‘아들 낳을 경사(慶事)’를 말함. 『시경(詩經)』 「소아(小雅)」 〈사간(斯干)〉에 “길몽이 무언가 하면, 큰 곰과 작은 곰에다, 큰 뱀과 작은 뱀이로다. 대인이 꿈을 점치니, 큰 곰과 작은 곰은 남아를 낳을 상서요, 큰 뱀과 작은 뱀은 여아를 낳을 상서로다(吉夢維何 維熊維羆 維虺維蛇 大人占之 維熊維羆 男子之祥 維虺維蛇 女子之祥).” 라고 한 데서 온 말. *웅비(熊羆); 작은곰(熊)과 큰곰(羆).

이 곳의 온 후는 다만 부인이 일슈(日數)를 짐작ᄒᆞᄂᆞᆫ 비로되, 유랑 시비 등은 아득ᄒᆞ
미 연무즁(煙霧中) 갓ᄒᆞ여 셰월이 오며 가믈 아지 못ᄒᆞᄂᆞᆫ지라. 그 일월을 긔억지 못ᄒᆞ
고, 부인의 복통이 급ᄒᆞ여 산졈(産漸)이 이시믈 디경ᄒᆞ여 구호ᄒᆞ더니, 부인이 극ᄒᆞᆫ 약
질이라. 신명(神明)이 보조(輔助)ᄒᆞ미 잇ᄂᆞᆫ 고로, 각별 질통ᄒᆞᄂᆞᆫ 졔 업시 슌산 분만ᄒᆞ
니, 일【59】 쳑(一隻) 형옥(荊玉)이라.

뎡의졍과 조부인의 산휵(産慉)으로 쏘 다시 셩신(星神)의 긔믹(氣脈)이 ᄰᅥ러져시니,
엇지 범범(凡凡) 속아(俗兒)와 갓ᄒᆞ리오. 몬져 앙장ᄒᆞᆫ 우름 쇼ᄅᆡ 홍종을 ᄯᅳ리는 듯, 셔
빅(西伯)을 위로ᄒᆞᆫ 봉(鳳)이 기산(岐山)686)의 우는 듯ᄒᆞ니, 아ᄒᆡ를 밋쳐 보지 아니ᄒᆞ나
그 속이(俗兒) 아니믈 알지라.

유모와 ᄡᅡᆼ션 등이 디희(大喜) 과망(過望)ᄒᆞ여 밧비 신ᄉᆡᆼ을 《거거어∥거두어》 강보
(襁褓)의 ᄡᅡ며 슬피니, 이 불과 물이 마르지 아닌 슈촌지물(數寸之物)이니, 인물을 의
논홀 비 업슬 듯 ᄒᆞ되, 하늘이 특별이 유의ᄒᆞ여 송실(宋室)을 보좌려 나리오신 비
니, 엇지 범연(凡然)ᄒᆞ리오. 일【60】월졍화(日月精華)와 산쳔긔믹(山川氣脈)을 오로지
거두어, 강ᄉᆡᆼ(降生) 츌셰(出世)ᄒᆞᆫ 비니, 즈라미 한낫 관옥지모(冠玉之貌687))와 헌아지
풍(軒雅之風)688)이며 츄슈골격(秋水骨格)의 비겨 의논홀 비 아니라. 웅원심침(雄遠深
沈)689)ᄒᆞ여 남명(南溟)690)의 디붕(大鵬)691)이 ᄯᅵ를 지으미692) 밋쳐 즈라지 못ᄒᆞᆫ 듯,
{북션 의디에 누엇ᄂᆞᆫ 듯} 찬찬(燦燦) 화미(畵眉)와 교교(皎皎) ᄂᆞᆼ빈(兩鬢)이 형형(熒
熒) 발월(發越)ᄒᆞ여 ᄒᆡ파(海波)의 금외(金烏) ᄰᅥ러지고, 텬즁(天中)의 옥퇴(玉兎) 나린
듯ᄒᆞ니, ᄉᆡ별 갓흔 안치(眼彩)는 은은(隱隱)이 지각이 이셔, 사름을 슬피는 듯ᄒᆞ고, 빅
년(白蓮) ᄂᆞᆼ협(兩頰)을 움족여 울고져 ᄒᆞ며, 두 졈 단샤(丹砂)를 움죽여 은은이 닙
ᄰᅥ693) 말홀 듯ᄒᆞ니, 긔린의 【61】 츢(鄒) ᄯᅩ히 ᄰᅥ러지미 능히 닷기를 셜니 ᄒᆞ는 듯,
데곡(帝嚳)694)의 신ᄉᆡᆼ 초의 스스로 일홈 니르시던 신긔ᄒᆞᄆᆞ로 아오론 듯ᄒᆞ니, 텬뵈(天

---

685)나돗더라 : '나+돗[덧]+더라.'의 형태. 낳았더라.
686)기산(岐山) : 지금의 하남성(河南省) 등봉현(登封縣)의 동남에 있는 산. 옛날 주(周)나라 문왕(文王)이
　　기산(岐山) 아래 있을 때 천지가 만물을 내는 마음을 체득하여 백성을 진심으로 사랑하자, 화(和)한 기
　　운이 상서를 이루어 오채의 아름다운 깃털을 가진 봉황이 날아 왔다는 고사가 전한다.
687)관옥지모(冠玉之貌) : 관옥처럼 아름다운 모습. 관옥은 관(冠)을 꾸미는 옥.
688)헌아지풍(軒雅之風) : 풍채가 헌걸차고 아름다움.
689)웅원심침(雄遠深沈) : 웅장하고 원대하며 깊숙하고 고요함..
690)남명(南冥) : 남쪽에 있다고 하는 큰 바다. ≪장자≫ <소요유편>에 나오는 말이다
691)디붕(大鵬) : 하루에 구만 리(里)를 날아간다는, 매우 큰 상상(想像)의 새. 북해(北海)에 살던 곤(鯤)이
　　라는 물고기가 변해서 되었다고 한다. ≒붕새·붕조
692)짓다 : 심다.
693)닙ᄰᅥ : = 닙ᄰᅥ. 벌떡 일어나.
694)데곡(帝嚳) : 중국 전설상의 오제(五帝) 가운데 한 사람으로 전욱의 아들이고 요(堯)임금의 아버지라
　　고 전한다. 전욱의 뒤를 이어 박(亳) 땅에 도읍을 정하였으며, 흔히 고신씨(高辛氏)라고도 한다. 태어나
　　면서 자신의 이름을 말하였고, 현명하여 먼 일을 알았으며 미세한 일도 살폈고 만민에게 급한 것이 무
　　엇인 줄을 알았다고 한다.

寶)며 디보(地寶)오, '물호(物乎)아 산녕(山靈)이라'695).

그림으로 모스(模寫)키 어렵고 말노뻐 형언(形言)키 어려오니, 유모와 시비 등이 불승딕희(不勝大喜)ᄒᆞᄂᆞ 즁, 쇼공지 나시ᄃᆡ 졔궁 존당 상히 보지 못ᄒᆞ고 아지 못ᄒᆞ믈 슬허, 일변 탄식ᄒᆞ며 부인을 깅반(羹飯) 진미(珍味)로 지극히 완호ᄒᆞ며696), 쇼공즈의 비상ᄒᆞ믈 일ᄏᆞ라 만만 칭하ᄒᆞ니, 부인이 ᄯᅩᄒᆞᆫ 아즈의 쵸츌 비범ᄒᆞ믈 보니 존당 구고의 양츈 혜퇴을 시로이 츄【62】모ᄒᆞ여, 신ᄋᆡ(新兒) 이갓치 비범탁셰(非凡卓世)ᄒᆞᄃᆡ 존당 구고와 친당이 아으라ᄒᆞ여 보지 못ᄒᆞ시믈 슬허, 츄연 탄식ᄒᆞ믈 마지 아니ᄒᆞ니, 유모 시녀 등이 지삼 호언으로 위로ᄒᆞ더라.

부인이 즉시 산긔(産氣) 여상(如常)ᄒᆞ여 평셕(平昔)과 다ᄅᆞ미 업스니, 유랑 시비 슬픈 가온ᄃᆡ나 더욱 깃거ᄒᆞ더라. 삼일이 지난 후 병장을 것고 산실을 쇄쇼(灑掃)ᄒᆞ니, 진인이 년화 진인 등 모든 녀션을 거ᄂᆞ려 방장의 니ᄅᆞ러, 부인을 보고 슌산 긔즈(順産奇子)ᄒᆞ믈 치하(致賀)ᄒᆞ고, 유아를 보고 만구(滿口) 탄상(歎賞)ᄒᆞ여 하례 왈,

"녕아(令兒)ᄂᆞ 속셰(俗世) 범ᄋᆡ(凡兒) 아니라. 하ᄂᆞᆯ이 뎡문【63】을 복우(福祐)ᄒᆞ샤 숑조(宋朝)의 냥좌(良佐)697)를 ᄂᆡ시미로쇼이다. 타일 반ᄃᆞ시 유명만셰(遺名萬世)ᄒᆞ고 화형인각(畵形麟閣)ᄒᆞ여 ᄃᆡ귀인(大貴人)이 되리니, 치하를 결을치 못ᄒᆞᄂᆞ이다."

부인이 겸양 숀스(遜辭)ᄒᆞ더라.

부인이 아즈를 어든 후 즈연 쳔슈만흔(千愁萬恨)을 져기 니즈미 되어 어로만져 교양ᄒᆞ니, 삼칠일(三七日)698)이 지나미 영형(英形) 셕대(碩大)ᄒᆞ니, 날노 긔이ᄒᆞ여 산즁(山中) 벽강(碧崗)699) 심쳐(深處)의 적막ᄒᆞ믈 위로ᄒᆞ더라.

니러틋 슈월이 지나니, 싱각지 아닌 아히 야랑(爺郞)700)을 브르고, 거름이 ᄲᅢᄅᆞ며, 어음(語音)이 분명ᄒᆞ고, ᄀᆞᄅᆞ치지 아닌 문즈를 히득ᄒᆞ고, 교교(咬咬)히701) 읍쥬어리【64】니, 부인이 아즈의 니러틋 날노 슈발(秀拔) 녕형(英形)ᄒᆞ믈 볼수록, 심ᄉᆞ(心事) 쳑감(慽感)ᄒᆞ고 고원(故園)이 만여 리를 즈음쳐, 관산(關山)702)이 아으라ᄒᆞ니, 몽혼(夢魂)이 나라 훤초(萱草)703)를 쑴꾸ᄂᆞ지라. 냥가 존당과 친위(親位)를 영모(永慕)ᄒᆞᄂᆞ 심ᄉᆞ(心事) 옥장(玉腸)이 촌촌(寸寸)ᄒᆞ믈 면치 못ᄒᆞ나, 장ᄎᆞᆺ 어안(魚雁)704)을 비러 싱존

---

695)물호(物乎)아 산녕(山靈)이라 : 만물 가운데서도 범이로다. *산령(山靈); 산신령. 또는 호랑이를 달리 이르는 말.

696)완호ᄒᆞ다 : =구완하다. 아픈 사람이나 해산한 사람을 간호하다.

697)냥좌(良佐) : 보필하는 충성스러운 신하.

698)삼칠일(三七日) : 세이레. 아이가 태어난 후 스무하루가 되는 날. 대개는 이날 금줄을 거둔다.

699)벽강(碧崗) : 푸른 산등성이.

700)야랑(爺郞) : 아버지.

701)교교(咬咬)히 : 새가 재잘거리는 소리처럼.

702)관산(關山) : =고향(故鄕).

703)훤초(萱草) : 원추리. 어머니를 상징하는 화초(花草). 여기서는 아버지와 어머니를 함께 이르는 말로 쓰였다.

704)어안(魚雁) : 물고기와 기러기라는 뜻으로, 편지나 통신을 이르는 말. 잉어나 기러기가 편지를 날랐다

흔 쇼식을 고국의 젼홀 길이 업ᄂ지라. 홍슈ᄌ한(紅袖自恨)705)이 창원(蒼園)706)의 둘
녀 심심(深心) 불낙(不樂)ᄒ니, 진군이 그 심ᄉ를 지긔ᄒ고 ᄶᄶ 관위(款慰)ᄒ여, 언마
ᄒ여 길운을 만나 도라가 즐길 시졀이 오릭지 아닐 바를 위로ᄒ고, 유모와 오기 비지
호언(好言) 관위ᄒ여 셰【65】월을 보ᄂ더라.

화셜 조부인이 남악 형산 치운궁(彩雲宮)의 머믈미, 쳐쇠(處所) 유아(幽雅)ᄒ고 일신
이 평안ᄒ니, 화조월셕(花朝月夕)의 아ᄌ를 교무(交撫)ᄒ며, 아춤마다 칙을 가져 진인
의 면젼의 나아가 강학(講學)ᄒ기를 부ᄌ러니 ᄒ니, 다른 넘녀와 근심이 업ᄉ나, 다만
일단 옥장(玉腸)이 요요(擾擾) 여할(如割)ᄒᄂ 밧ᄌᄂ, 한번 젹화(賊禍)의 몸을 도쥬ᄒ
여 니리 온 후ᄂ, 션가(仙家)와 인간이 격원(隔遠)ᄒ니, 비록 목슘이 ᄉ라시나 아득ᄒ
미 유명지간(幽明之間) 갓흔지라.

본딕 텬싱 셩명지질(聖明之質)노뼈 다시 텬문의 미묘흔 곳을 히득ᄒ여 궁통시슈(窮
通時數)ᄒ니,【66】만니 젼졍과 냥가 존당 친측이며, 버거 슉당 ᄌ미의 니ᄅ히 비고
익락(悲苦愛樂)의 텬슈(天數)를 알오미 명경(明鏡) 갓흐나, 오히려 슉식 침좌의 경경
(耿耿)ᄒᄂ 바ᄂ, ᄌ가의 텬셩지효(天性之孝)로뼈 일즉 봉변 실산 후의 ᄉ랏ᄂ 쇼식을
고원(故園)의 젼치 못ᄒ여시니, 냥가 존당의 막딕(莫大)흔 불효와, 뎨남(弟男) 시랑의
지셩 효우로뼈 야반 젹변을 만나 우져(愚姐)를 실산(失散)ᄒ고 그 통도(痛悼)ᄒ여 초
조(焦燥) 착급(着急)ᄒ믄 보지아냐 알녀니와, 경ᄉ의 올나가 냥가 친당의 고ᄒ여 존당
구고와 친위의 슬허ᄒ시ᄂ 졍경(情景)을 싱각ᄒ니, 오ᄂ(五內) 분붕(分崩)ᄒ여 일【6
7】일을 지팅키 어려오나, 본딕 심지(心志) 굉원(宏遠)ᄒ미 남다른 고로, 오히려 타연
(泰然)이 만ᄉ를 물려(勿慮)홀 젹이 만흐니, 스스로 심ᄉ를 어로만지고 슈회(愁懷)를
관억(寬抑)ᄒ여 흉금(胸襟)을 널니ᄒ여, 죵시(終始)를 족히 넘녀홀 거시 업ᄉ나, 텬졍
지슈(天定之數)와 악인의 신셰를 《가완∥가의(加意)707)》ᄒ미, 타ᄉ를 물념(勿念)ᄒ고
스스로 알녀ᄒ미 아니로딕, 텬싱(天生) 남다른 춍명으로뼈 한번 텬문(天文)의 니(理)와
디리(地理)의 슈(數)를 살핀 후ᄂ, '스시힝언(四時行焉)의 빅물(百物)을 싱언(生焉)ᄒᄂ
ᄂ'708) 조홰(造花) 이시니, '학이시습(學而時習)ᄒ고 문이장진(文以長進) 홈'709) 갓흐여,
만ᄉ의 무불통지(無不通知)ᄒ니, 냥가(兩家) 북【68】당훤위(北堂萱闈)710)의 길흉과
군ᄌ의 만니 흉봉지디(凶鋒之地)의 길흉화복을 스스로 산(算) 두미 명명(明明)ᄒ니, 임

는 데서 유래한다.
705)홍슈ᄌ한(紅袖自恨) : 젊은 여자의 신세 한탄.
706)창원(蒼園) : 푸른 동산.
707)가의(加意) : 특별히 마음을 씀.
708)스시힝언(四時行焉)의 빅물(百物)을 싱언(生焉)ᄒᄂ : 사시(四時; 봄, 여름, 가을, 겨울)가 운행하며 온
갖 사물을 생성케 한다는 뜻. 『논어』<양화(陽貨)>편에 나오는 말.
709)학이시습(學而時習)ᄒ고 문이장진(文以長進) 홈 : 배우고 쉬지 않고 익힘으로써 문장이 크게 발전함.
710)북당훤위(北堂萱闈) : '북당(北堂)'이나 '훤위(萱闈)'는 다같이 '어머니가 계신 처소'를 뜻하는 말로, 둘
다 '어머니'를 달리 이르는 말이다. 그런데 종종 어머니가 계신 처소엔 아버지도 함께 계시기 때문에, '
부모'를 이르는 말로도 쓰인다. 여기서도 '부모'를 이르는 말로 쓰였다.

의 만시 다 텬뎡지쉬(天定之數)믈 붉히 혜아리미 다시 근심ᄒ며 넘녀홀 비 아니라. 임의 알며 시름ᄒᄆᆫ 용부(庸夫) 쳔인(賤人)의 용용(庸庸) 미렬(迷劣)ᄒ미니, 엇지 군ᄌ슉녀와 지ᄌ철인(智者哲人)의 의논홀 빈리오.

조부인은 하늘이 각별ᄒ여 닉신 바 텬강셩녜(天降聖女)라. 비록 심규(深閨) 도장 가온듸 일기 부인이나, 화홍원하(和弘遠遐)711)ᄒᆫ 지식(知識)이 고금 군ᄌ 셩인의 비겨 의논ᄒ나 ᄯᅩ 능히 조부인의 신셩(神性) 명덕(明德)ᄒᄆᆯ 밋기 어렵더라.

니러구러 부인이 【69】션당(仙堂)의 머므런지 슈삼월이 지낫더니, 일일은 진인이 즁당의 포진을 베풀고 쇼연(小宴)을 기장(改裝)ᄒ고, 녀동(女童)으로 조부인을 쳥ᄒ여 한담홀시, 진군이 옥빅(玉杯) 경쟝(瓊漿)을 만작(滿酌)ᄒ여 일비를 몬져 잡고, ᄯᅩ 일비를 부어 부인긔 젼ᄒ고, 믄득 쳑연(慽然) 왈,

"비션(鄙仙)712)은 남악 은심벽쳐(隱深僻處)713)의 하취궁산(下聚窮山)714)ᄒ여 인간(人間)이 격원(隔遠)ᄒ고, 부인은 즁원(中原) 슈만여 리 텬부지디(天府之地)715)의 이시니, 셩문(聲問)716)이 불상통(不相通)ᄒ고, 음용(音容)717)이 격원(隔遠)ᄒ니, 엇지 셩명인들 긔억ᄒ며, 더욱 일셕의 교도를 바라리오만은, 인연이 잠간 잇ᄂᆫ 고로, 하늘 명을 밧ᄌ와 【70】부인의 쳔금 귀쳬를 심산 궁곡의 일위여, 슈년을 조모(朝暮)의 조ᄎᆞ 졍의(情誼) 심밀(深密)ᄒ더니, 아지못게라! 금일 니별을 지으미 하일(何日) 하시(何時)의 다시 보오리오. 다만 타일의 텬당(天堂)의 긔약을 졍ᄒᆞᄂᆞ이다."

부인이 쳥미파(聽未罷)의 ᄌ가의 운익이 진ᄒ여 인셰의 도라가미, 부모 졔형이 단회(團會)ᄒ고 부뷔 단합홀 바를 영힝ᄒ나, ᄯᅩᄒᆫ 진인의 지현듸은(至賢大恩)과 관곡(款曲)히 듸졉ᄒ던 후의를 결연ᄒ여, 역시 월아(月蛾)의 슈운(愁雲)이 녕녕(盈盈)ᄒ고 옥음(玉音)이 쳐연(悽然)ᄒᄆᆯ 씨닷지 못ᄒ여 왈,

"ᄉ부의 융은(隆恩) 혜틱(惠澤) 곳 아니면, 쳡의 노쥬 뉵인의 목슘이 엇지 죽【71】기를 면ᄒ며, 형체를 의(義) 아닌 곳의 바리며, 유쳬(遺體)ᄂᆞᆫ 오작(烏鵲)의 밥이 되고, 빅골은 네 아닌 ᄯᅡ히 셕기를 엇지 면ᄒ리잇고만은, ᄉ부의 구확(溝壑)의 건져 ᄉ즁부싱(死中復生)ᄒ신 은혜, 젼두(前頭)의 덕여텬디(德如天地)ᄒ고 《경Ⅱ졍》심하히(情深河海)718)ᄒ며 은심틱산(恩深泰山)719)이어늘 불과 션가의 《셥시Ⅱ셥신(攝身720))》ᄒᆫ 슈년의 도라가기를 니ᄅ시니, 엇지 니별이 결연치 아니ᄒ오며, 하일 하시의

---

711)화홍원하(和弘遠遐) : 규모 지식 따위가 매우 크고 멂.
712)비션(鄙仙) : '비루한 선인(仙人)'이라는 뜻으로, 선인(仙人)이 자기를 낮추어 이르는 일인칭 대명사.
713)은심벽쳐(隱深僻處) : 외따로 떨어져 있는 깊고 궁벽한 곳.
714)하취궁산(下聚窮山) : 궁벽한 산 속에서 살고 있음.
715)텬부지디(天府之地) : ①땅이 매우 기름져 온갖 산물이 많이 나는 땅. ②천자(天子)의 궁궐이 있는 황도(皇都).
716)셩문(聲問) : 소식. 편지.
717)음용(音容) : 음성과 용모를 아울러 이르는 말.
718)졍심하히(情深河海) : 정이 강과 바다처럼 깊음.
719)은심틱산(恩深泰山) : 은혜가 태산처럼 깊음.

션젹(仙迹)을 ᄯᅡᆯ와 션풍을 우러러 존하의 ᄇᆡ알ᄒᆞ리잇고?"

진인이 졍식 왈,

"칭은(稱恩) 송덕(頌德)은 녹녹(碌碌)ᄒᆞᆫ 쇽인의 듯고져 ᄒᆞ며 일ᄏᆞ를 ᄇᆡ라. 엇지 부인의 탈이(脫異)ᄒᆞᆫ 셩식(性息)으로 일ᄏᆞ를 ᄇᆡ며, 쇼션【72】의 듯고져ᄒᆞ는 ᄇᆡ리오. 원컨ᄃᆡ 부인은 진즁(鎭重)ᄒᆞ시고 ᄲᆞᆯ니 힝ᄒᆞ샤 긔특ᄒᆞᆫ 긔회를 일치 마르쇼셔."

ᄯᅩ 숀을 드러 텬문(天文)을 가ᄅᆞ쳐 왈,

"부인이 져 일을 아ᄅᆞ시ᄂᆞ니잇가?"

부인이 눈을 드러 텬상을 우러러 보니, 동남간으로조ᄎᆞ 한 쥴 살긔 미만(彌滿)ᄒᆞ여 남국 미화셩을 둘너시니, 미화휘(侯) 경긔(精氣)를 일코 ᄌᆞ리를 ᄯᅥ나 가장 황황(遑遑)ᄒᆞ여 거의 ᄯᅥ러질 듯ᄒᆞᆫ지라. 부인이 일견 관텬(觀天)의 ᄃᆡ경실ᄉᆡᆨᄒᆞ여 면ᄉᆡᆨ이 여토(如土)ᄒᆞ믈 ᄭᆡ닷지 못ᄒᆞ거날, 진인이 위로 왈,

"미화셩 조공은 하날 우희도 놉흔 셩신이오, 【73】디상(地上)의도 어진 ᄌᆡ상이라. 원복(元服)이 하원(遐遠)ᄒᆞ니 비록 금년 횡익지슈(橫厄之數)로 쇼쇼(小小) ᄌᆡ앙(災殃)이 침노ᄒᆞ나, 져 창승(蒼蠅) 돈견(豚犬) 같은 무리 엇지 감히 군ᄌᆞ 셩인을 ᄒᆡᄒᆞ리오만은, 운싊 불니ᄒᆞᆫ ᄯᅢ를 만나면, 요인의 무리 혹ᄌᆞ 인즁승텬(人衆勝天)을 긔약ᄒᆞᄂᆞ니, 녕ᄃᆡ인(令大人)의 목금(目今) 만나신 ᄇᆡ 여ᄎᆞᄒᆞ신지라. 이 ᄋᆡᆨ을 부인 곳 아니면 녕ᄃᆡ인이 위틱ᄒᆞ믈 버셔나기 어려오실 거시니, 부인으로 ᄒᆞ여곰 니졔 힝ᄒᆞ시게 ᄒᆞ미로쇼이다."

부인이 그 야야(耶耶)의 위급ᄒᆞ시믈 알ᄆᆡ 심붕담녈(心崩膽裂)ᄒᆞ나, ᄯᅩᄒᆞᆫ 위진군의 깁흔 덕음을 닛기 어【74】려오니, 결연ᄒᆞ믈 이기지 못ᄒᆞ여, 함누(含淚) 쳑연(慽然) 왈,

"ᄉᆞ부(師父)의 청고낙낙(淸高落落)ᄒᆞ신 고의청심(高意淸心)이 고인의 지나시니, 셔어(齟齬)ᄒᆞᆫ 구셜(口舌)노 감히 치ᄉᆞ(致謝)치 못ᄒᆞ옵ᄂᆞ니, 다만 아지못게라! 쳡의 노쥐 한번 션당(仙堂)을 하직ᄒᆞ오ᄆᆡ, 진쇽(塵俗)의 비비(鄙鄙)ᄒᆞᆫ ᄌᆞ최 션가의 두번 님ᄒᆞ기 어려오리니, 션풍이질을 우러와 ᄎᆞ셰의 상봉이 아득ᄒᆞ옵고, 놉흔 교회를 밧ᄌᆞᆸ지 못ᄒᆞ올 바를 슬허ᄒᆞᄂᆞ이다."

진인이 흔연 왈,

"ᄇᆡᆨ구광음(白駒光陰)[721]이 뵈오리[722]의 북[723] 나드듯 ᄒᆞ니, 언마ᄒᆞ여 팔십여일 긔한 곳 ᄎᆞ면 옥누(玉樓) 텬당(天堂)의 모르리잇고? 다만 원노(遠路)【75】의 보즁ᄒᆞ시고 이후는 인셰 ᄌᆡ익(災厄)이 거의 다 쇼멸ᄒᆞ여시니, 인간 오복(五福)[724]이 무흠(無欠)

---

720)셥신(攝身 : 몸을 다잡다. 마음과 행실을 바로잡다.

721)ᄇᆡᆨ구광음(白駒光陰) : 흰 망아지가 빨리 지나쳐 가듯, 덧없이 빨리 흘러가는 세월.

722)뵈오리 : 베오리. 베틀에 걸린 실의 올.

723)북 : 베틀에서, 날실의 틈으로 왔다 갔다 하면서 씨실을 푸는 기구. 베를 짜는 데 중요한 역할을 하며, 배 모양으로 생겼다.

ᄒᆞ시리이다."

부인이 지삼 ᄉᆞ례ᄒᆞ고 피ᄎᆞ 각별 분슈(分手)ᄒᆞᆯᄉᆡ, 니졍(離情)이 상하(上下)치 아니ᄒᆞ더라. 진인이 귀인의 귀의 다혀 두어 조(條) 지교(指敎)ᄒᆞᄆᆞᆯ 명명이 ᄒᆞ니, 부인이 머리 조아 ᄉᆞ례ᄒᆞ더라. 【76】

---

724)오복(五福) : 유교에서 이르는 다섯 가지의 복. 보통 수(壽), 부(富), 강녕(康寧), 유호덕(攸好德), 고종명(考終命)을 이른다.

윤하뎡삼문취록 권지칠십스

츠시 진인이 부인의 귀의 다혀 두어 조(條) 지교(指敎)ᄒ믈 명명이 ᄒ니, 부인이 머리 조아 스레ᄒ더라. 진인이 약간 건어(乾魚)와 미시725)를 갓초아 힝냥(行糧)을 삼게 ᄒ고, 년화진인을 불너 분부 왈,

"조부인이 비록 젼셰의 옥쳥상션(玉淸上仙)이시나, 시금(時今)은 인간의 하계ᄒ여 쇽인과 일체니, 니졔 원노 발셥(跋涉)726)을 당ᄒ여 션젹(仙迹)을 ᄯ르지 못ᄒ면, 쇽인의 보힝으로ᄂᆫ 능히 은쥬 스만니를 득달치 못ᄒᆯ 거시니, 뎨지 맛당이 쳐음 뫼셔올 젹과 갓히 신힝(神行)으로 다【1】려다가, 은쥬를 바라볼 만치, 역즁(驛中)의 머므르고 도라오{게ᄒ}라."

년홰(煙火) 쳥녕(聽令)ᄒ고, 이의 조부인 노쥬 뉵인과 쇼아를 올젹과 갓치 신힝으로 다려갈시, 조부인 노쥬 지삼 슈은(受恩)을 일ᄏ라 하직하고, 진인은 보즁ᄒ여 타일의 옥누 텬궁의 가 상봉ᄒ기를 긔약ᄒ고, 《스즁∥관즁(觀中)》 모든 녀관(女冠)727)은 다 부인의 셩덕 지화(才華)를 이모(愛慕) 흠복(欽服)ᄒ던 고로, 쩌나믈 연연ᄒ여 함누(含淚) 비별(拜別)ᄒ니, 부인 노쥬 쳥아(靑蛾)728)를 은근이 여러 후의를 칭스ᄒ여 면면이 분슈ᄒ기를 맛ᄎ민, 년화진인으로 더【2】부러 하산ᄒᆯ시, 긔산졀협(奇山絕峽)의 삼츈(三春)이 방셩(方盛)ᄒ여 만슈화목(萬樹花木)이며 츈슈계수(春水溪水)와 양뉴창숑(楊柳蒼松)이 오히려 봄빗츨 밧고지 아녓ᄂᆫ지라. 부인이 츠탄 왈,

"쳡이 일즉 도형(道兄)을 조ᄎ 니리 올 젹 오히려 느즌 츈식(春色)이러니, 혜건딕 이의 완지 거의 슈년이나 되여실 듯ᄒ딕, 아지못게라!729) 월슈와 일슈를 혜아리면 계하(季夏) 초츄(初秋) 즈음이나 되여실 듯ᄒ거늘, 오히려 이월 츈풍을 밧고지 아니ᄒ여시니, 신션의 조홰 긔특ᄒ믈 알니로쇼이다."

년홰 미쇼 왈,

---

725)미시 : 미숫가루. 찹쌀이나 멥쌀 또는 보리쌀 따위를 찌거나 볶아서 가루로 만든 식품.
726)발셥(跋涉) : 산을 넘고 물을 건너 길을 감.
727)녀관(女冠) : 도교에서, 여자 도사를 이르는 말.
728)쳥아(靑蛾) : ①누에나비의 푸른 촉수와 같이 푸르고 아름다운 눈썹을 이르는 말. ②'미인(美人)'을 비유적으로 이르는 말.
729)아지못게라! : '모르겠도다!' '모를 일이로다! '알지못하겠도다!' 등의 감탄의 뜻을 갖는 독립어로 작품 속에서 관용적으로 쓰이고 있어, 이를 본래말 '아지못게라'에 감탄부호 '!'를 붙여 독립어로 옮겼다.

"상션이 오히려 풍진셰고(風塵世苦)의 아【3】득ᄒᆞ여, 신명예쳘(神明睿哲)ᄒᆞ시나 션가의 무궁ᄒᆞᆫ 죠화를 아지 못ᄒᆞ시도쇼이다. '텬상 ᄒᆞᆯ니730) 인간 한히라' ᄒᆞ니, 이 남악 형산 치운궁이 ᄯᅩᆫ 션당이라. 엇지 인간과 갓ᄒᆞ리오만은, 우리 낭낭이 오히려 션가의 비상ᄒᆞᆫ 도법으로ᄡᅥ 속인의 다 알게 ᄒᆞᆷ을 아쳐ᄒᆞᆯ ᄲᅮᆫ 아니라, 부인의 오기 시비를 구이(拘碍)ᄒᆞ여, 각별 신슐 도법으로ᄡᅥ 션간의ᄂᆞᆫ 삼ᄉᆞ일이오, 인간의ᄂᆞᆫ 삼ᄉᆞ년을 가져, 이 남악 형산 가온ᄃᆡ 슈삼삭(數三朔)을 삼아시니, 녕아 쇼공지 발셔 삼셰라 인간의 나려가 년월일시를 긔록ᄒᆞ시면 아【4】ᄅᆞ시리이다."

부인은 지삼 칭슈ᄒᆞ고, 유모 ᄲᅡᆼ션 등 오녀ᄂᆞᆫ 처음으로 드르ᄆᆡ 놀나고 신긔ᄒᆞᆷ을 측냥치 못ᄒᆞ더라. 취픠(婆) 쇼공ᄌᆞ를 품어 ᄒᆡᆼᄒᆞᄂᆞᆫ지라, 빅여보(百餘步)ᄂᆞᆫ 나와 회고(回顧) 쳠망(瞻望)ᄒᆞ니,

"만쳡운산(萬疊雲山)은 쳡쳡ᄒᆞ고 안기ᄎᆞ일(遮日)731)이 아득ᄒᆞ여 다시 치운궁 경치와 션가(仙家)의 녕슈(靈邃)ᄒᆞᆫ 긔믹(氣脈)을 보지 못ᄒᆞ리러라."

년화도인 왈,

"임의 신션의 토디를 ᄯᅥ나시니 요란ᄒᆞᆫ 셰계의 아등의 복ᄉᆡᆨ(服色) 거동(擧動)을 의심ᄒᆞ리 만흘 거시니, 가히 법슐(法術)을 ᄒᆡᆼᄒᆞᆯ 거시라."

ᄒᆞ고, 이의 각각 신ᄒᆡᆼ(神行)을 븟치고, 【5】젹은 나션(羅扇)을 ᄂᆡ여 븟치니, 칠인이 몸이 졀노 나라 운비(雲飛) 등텬(登天)ᄒᆞ니 표표(飄飄)히 운외(雲外)의 표동(漂動)ᄒᆞ여, 다만 귀가의 바람 쇼릭만 들닐 ᄯᅮᄅᆞᆷ이오, 쳔산만학(千山萬壑)의 험쥰흠과 창녕디히(滄盈大海)의 광활ᄒᆞᆷ을 보지 못ᄒᆞ며 아지 못ᄒᆞᆯ너라.

슌식(瞬息)의 ᄒᆡᆼᄒᆞ여 한 곳의 니르러, 법녁(法力)을 거두어 산곡 인젹 업슨 곳의 나리니, 년화 이의 하직을 고ᄒᆞ여 왈,

"부인은 쳔만 보즁ᄒᆞ쇼셔. 인간 오복(五福)을 무흠이 누리시다가, 칠십여년 후면 옥누쳥계(玉樓靑溪)의 가 다시 뵈ᄉᆞ이다."

ᄒᆞ거늘, 부인이 연연ᄒᆞᆷ을 니긔지 【6】못ᄒᆞ여 옥슈로ᄡᅥ 션낭의 션메를 니어 쳑연(慽然) 비별(拜別) 왈,

"일즉 ᄉᆞ즁구ᄉᆡᆼ(死中求生)ᄒᆞ여 지우금일(至于今日)의 목슘이 니이기ᄂᆞᆫ 다 위진군 낭낭과 도형(道兄)의 넙으신 은혜라. 목슘이 여러번 죽을 곳의 ᄉᆞ라나 이의 니르러시나, 본ᄃᆡ 규리(閨裡)의 심슈(深邃)ᄒᆞᆫ ᄌᆞ최 동셔를 아지 못ᄒᆞᄂᆞᆫ지라. ᄉᆞ부의 졍녕ᄒᆞ신 교에(敎語) 인간의 나려가면 텬뉸이 단취(團聚)ᄒᆞ고 가엄(家嚴)의 위급ᄒᆞᆷ을 구ᄒᆞ라 ᄒᆞ신 교에 녁녁(歷歷)ᄒᆞᄃᆡ, 진퇴(塵土) 견식(見識)이 아득ᄒᆞ여 여러 가지 지교(指敎)ᄒᆞ신 바를 ᄭᆡ닷지 못ᄒᆞᄂᆞ니, 도형(道兄)은 ᄌᆞ시 가ᄅᆞ치고 가쇼셔."

년화 ᄯᅩᆫ 【7】결연ᄒᆞᆷ을 니긔지 못ᄒᆞ여 ᄎᆞ마 《부메ǁ분메(分袂)》치 못ᄒᆞ니, 피ᄎᆞ

---

730) ᄒᆞᆯ니 : 하루.
731) 안기ᄎᆞ일(遮日) : 해를 가리고 있는 안개.

지삼 연연ᄒ다가 분슈ᄒ고, 먼니 가ᄅ쳐 왈,

"부인이 니졔 먼니 가지 말고 동으로 슈십니만 힝ᄒ시면 이ᄂ 은쥬 취교역이니, 마을이 크고 인기 셩홀 거시니, 부인이 그 곳의 쥬인ᄒ여 일야를 더 실 거시니, ᄌ연 스부 낭낭의 지교ᄒ시[신] 응험(應驗)을 씨다ᄅ리이다."

부인이 가ᄅ치믈 스례ᄒ고 이의 손을 난호ᄆ, 년화 션낭(仙娘)이 표연이 너ᄅ 스ᄆ를 썰쳐 발 아릭 한 쎄 치운을 타고 니러나니, 공즁의 상광(祥光)이 이이(藹藹)ᄒ여732) 남【8】다히로 힝ᄒ니, 경긱(頃刻)의 션젹(仙迹)이 묘망(渺茫)ᄒ여 불견거쳬(不見去處)러라.

부인은 신긔히 너기ᄂ 가온ᄃ나 허탄(虛誕)ᄒ기의 갓가오믈 깃거 아니ᄒ고, 유모 시비 등은 볼스록 긔이ᄒ믈 니긔지 못ᄒ여, 먼니 가도록 쳠망ᄒ며 공즁을 바라 고두 빅비ᄒ믈 마지 아니터라.

부인이 산곡 암상(巖上)의 안ᄌ 쉬며 유모로 ᄒ여곰 힝즁(行中)의 가져온 건어와 미시를 가져오라 ᄒ여 요긔(療飢)ᄒ기를 맛고, 날이 늣기를 기다려 신고히 힝ᄒ여 산곡 젹은 길노 힝ᄒ여, 셕양의 바야흐로 한 녀염(閭閻)이 셩(盛)【9】ᄒ고 져지 풍셩한 곳의 다ᄃᄅ니, 힝인이 가득ᄒ여 여러 도인의 의복 거동을 괴이히 너겨 구경삼아 ᄯ라오며 보ᄂ지라. 부인이 크게 불안ᄒ여 우션(羽扇)으로 츠용(遮容)ᄒ고 좌우의 졔예(諸女) 뫼셔 힝ᄒ나, 엇지 눈이 이신 후야 져 도인의 옥안(玉顔) 션풍(仙風)을 아라보지 못ᄒ리오. 쥬목(注目) 시지(視之)ᄒ여 보ᄂ니 만코, 반ᄃ시 텬상(天上) 군션(群仙)이 빅쥬(白晝)의 하강(下降)ᄒ미라 ᄒ여, 어ᄌ러이 즛궤며 칭찬ᄒ여, 만목(萬目)이 쇠고 빅귀(百口) 갈셩(喝聲)홀 듯ᄒ니, 부인이 더욱 불안ᄒ믈 니긔지 못ᄒ여, 일즉이 쥬인을 어더 햐쳐(下處)【10】홀ᄉ 역졈(驛店)이 번화ᄒ믈 깃거 아냐, 닌촌(隣村) 유벽혼 곳을 갈히여 쥬인ᄒ니, 쥬인 노괴(老姑) 나와 마ᄌ 왈,

"나ᄂ 본ᄃ 일즉 과거(寡居)ᄒ고 ᄯ ᄌ네 업셔 고단혼 몸이라. 다만 어린 손ᄌ 하나만 다리고 약간 쥬믹(酒賣)ᄒ여 싱니(生利)를 판득ᄒᄂ 고로, 본ᄃ 남긱(男客)을 졉ᄃᄒ미 업ᄂ니, 널위를 보니 다 남ᄌ라. 너 비록 나히 만흐나 남녀유별(男女有別)을 아ᄂ니, 엇지 여러 관인(官人)을 머므ᄅ리오."

유되 공슌이 니로ᄃ,

"아등은 본ᄃ 션가의 슈도ᄒ여 션도를 슝상ᄒᄂ 무리니, 속뉴(俗類) 협긱(俠客) 탕ᄌ(蕩子)의 뉘 아니【11】오, 다만 노신(老身)이 나히 만흐나 오히려 스십이 계오 되엿고, 져 우리 읏듬 스부와 모든 도뎨(徒弟) 다 슈도(修道) 참션(參禪)ᄒᄂ 무리로 나히 다 이십 젼 쇼년이라. 니졔 노마마를 보옵건ᄃ, 놉흔 나히 칠십이나 한듯ᄒ니 므슨 구익(拘礙)ᄒ미 이시리잇고? 모로미 고집지 마ᄅ시고 일야 더싀믈733) 허락ᄒ쇼셔."

---

732) 이이(藹藹)ᄒ다 : 달빛이 회미하다. 부드럽고 포근하다.
733) 더싀다 : 드새다. 길을 가다가 집이나 쉴 만한 곳에 들어가 밤을 지내다.

노괴 쳥미파의 잠간 웃고 왈,

"노신의 나히 원 칠십이라. 일즉 셰 쭐을 나하 다 싀집보닉여시니, 장녀 셔딕랑의 쳐는 나히 오십이오, 츳녀 손일낭의 쳐는 사십오셰오, 필녀 방삼낭의 쳐는 스십이니, 졍히 【12】그딕와 동년이오. 여러 외손이 다 장셩ᄒ여 나히 거의 스십의 당혼 지 이시니, 널위 넌긔 최쇼ᄒᄆᆯ 드ᄅ니, 노인이 므슨 허물이 이시리오."

ᄒ고, 손ᄌ를 브ᄅ니 안흐로셔 십여 셰는 혼 아히 나오니, 극히 영오ᄒ여 뵈더라. 한미 왈,

"이 아희는 나의 둘지 쭐의 젹은 아들이라. 나히 십이셰로딕 인물이 극히 영미(怜邁)ᄒ니 외손이나 졍드려 길너 후스(後嗣)를 닛고져 ᄒ노라."

ᄒ더라.

노괴 종ᄌ로 ᄒ여곰 긱실을 셔ᄅ져734) 긱을 안돈ᄒ거늘, 유랑이 스례ᄒ고 부인을 뫼셔 별실의 쉬게 【13】ᄒ고, 힝장의 은젼을 니여 져녁 식믈 갑슬 가장 후히 쥬니, 노괴 크게 깃거 식찬(食饌) 찬믈(饌物)을 풍비(豊備)히 찰혀 드리니, 부인 노쥐 진식ᄒ니, 녹운이 쇼왈,

"밥맛슬 가장 오릭게야 보니 네 먹던 맛시 오히려 잇도다."

비취 답쇼왈,

"맛시 다ᄅ 거시 아녀, 화식을 오릭 끈쳣다가 먹으니 불시의 몸이 무거워 심히 편치 아니ᄒ니, 진환(塵寰)735) 탁속(濁俗)과 션젹(仙迹)이 다ᄅ다ᄒ미 가히 올토다."

쌍션ㆍ쌍연이 일시의 답 쇼왈,

"과연 취져의 말이 올타. 우리 형산 치운궁즁의셔 밥을 오릭 못먹으니 엇던 졔【14】는 즁긔(中氣)736) 협협ᄒ여737) 밥 싱각이 나더니만은, 션찬(仙饌)을 먹을 졔는 몸이 가빅와야 손으로 비죄(飛鳥)라도 잡을 듯ᄒ더니만은, 니졔 밥을 먹으니 맛슨 옛 맛시 완연ᄒ나, 불시(不時)로셔 《긔연혼∥긔운혼738)》 닙맛시 텁텁ᄒ고 포복(飽腹)ᄒ니, 몸이 무거워 운보(運步)ᄒ기도 가장 즁난ᄒ다."

비취 딕쇼 왈,

"딕져 션도(仙道)가 한갓 신녕(神靈)홀지언졍, 진실노 양박(凉薄)ᄒ고739) 젹막ᄒ니 엇던 졔는 갑갑ᄒ고 답답홀 젹이 만터라."

셔로 니ᄅ듯 한담ᄒ여 쇼셩(笑聲)이 낭낭ᄒ거늘 부인이 졍식 칙왈,

"션도(仙道)나 유도(儒道)나 다 각각 【15】길히 다ᄅ니, 우리 노쥐 만일 남악 션인

---

734) 셔롯다 : 거두어 치우다. 졍리(整理)하다.
735) 진환(塵寰) : 티끌세상.
736) 즁긔(中氣) : ①사람의 속 기운. ②비위(脾胃)의 기(氣). 음식물을 소화하고 운송하는 기능을 한다.
737) 협협ᄒ다 : 허핍(虛乏)하다. 굶주려서 기운이 없다.
738) 긔운ᄒ다 : 개운하다. ①음식의 맛이 산뜻하고 시원하다. ②기분이나 몸이 상쾌하고 가뜬하다.
739) 양박(凉薄)ᄒ다 : ①마음이 좁고 후덕하지 못함. ②얼굴에 살이 없음.

곳 아니면, 엇지 지난 화익을 잘 면ᄒᆞ여 지우보명(至于保命)ᄒᆞ미 이시리오. ᄒᆞᆯ물며 위진군은 쳔츄(千秋)의 일홈난 신션으로 놉흔 도덕이 삼셰계(三世界)의 쌘혀나거늘, 텬하 명인이 다 츄앙 공경ᄒᆞᄂᆞ니, 너희 무리 엇지 감히 시비ᄒᆞ리오. 츠는 도로혀 빈은망덕ᄒᆞᆫ 허물이 크지 아니ᄒᆞ랴?"

졔시녜 부인의 미온(未穩)ᄒᆞᆫ 스식으로 칙교(責敎)를 밧ᄌᆞ오미 불승황공ᄒᆞ여 고두(叩頭) 사죄ᄒᆞ더라. 셕상을 물니고 이윽ᄒᆞ여 쵹을 볿히니 쥬인 노괴 나아와 쳥말의 되셔 【16】안ᄌᆞ며 고ᄒᆞ되,

"노쳡이 ᄒᆡᆼ혀 쳔ᄒᆞᆫ 나히 만ᄒᆞ니 남녜 다ᄅᆞ나 녜의의 구이ᄒᆞᆯ 거시 업ᄂᆞᆫ 고로, 녈위 션도의 화풍경운(和風慶雲)과 션풍도골(仙風道骨)을 보오미 진토(塵土) 속긱(俗客)이 아니신 쥴 아옵고, 외람이 갓가이 구경ᄒᆞ옵고 놉흔 의논을 듯고져 나아왓ᄂᆞ이다."

부인이 노고의 나히 만코 슌직ᄒᆞᆫ 위인이믈 션(善)히 너겨 흔연 관졉ᄒᆞ더니, 믄득 유랑이 슈삼셰(數三歲) 쇼아를 품어시믈 보고, 노괴 괴이히 너겨 유랑다려 문왈,

"녈위는 남지어늘 남ᄌᆞ ᄒᆡᆼ도의 쇼익(小兒) 어이 잇ᄂᆞ니잇고? 유랑은 본되 츙슌 질 【17】 박ᄒᆞᆫ지라. 창졸의 말을 쑤미지 못ᄒᆞ여 유유ᄒᆞ거늘, 녹운은 가장 영니(怜悧) 민쳡(敏捷)ᄒᆞᆫ지라. 날뇌 닙쎠 답왈,

"쇼도(小道) 등이 스부를 되셔 동남의 스싱을 츠ᄌᆞ 가는 길히러니, 우연이 노상(路上)의셔 부모를 실니ᄒᆞᆫ 아히를 어드니, 쇼익 인물이 가장 어엿분지라, 노되 그 아히 슈미(秀美)ᄒᆞ믈 스랑ᄒᆞ여 ᄌᆞ식 삼아 기ᄅᆞ럿노라 ᄒᆞ고 다려가ᄂᆞ이다."

노괴 츠탄 왈,

"션도 등은 가히 ᄌᆞ비현심이 쟈별ᄒᆞ도다."

ᄒᆞ더라.

한셜(閑說)이 이윽ᄒᆞ미 유랑이 문왈,

"아등은 궁협 심산의 깃드리던 무리라. 【18】 ᄯᅩᄒᆞᆫ 셰간스를 ᄌᆞ시 아지 못ᄒᆞᄂᆞ니, 도로 젼노(前路)와 디명(地名)을 아지 못ᄒᆞᄂᆞᆫ지라. 비록 귀ᄒᆞᆫ ᄯᅡ히 밋쳐시나 디명을 몰나 ᄒᆞᄂᆞ니, 원뇌 이 곳 디명과 촌명을 무어시라 ᄒᆞᄂᆞ니잇가"

노괴 답왈,

"이 ᄯᅡ 디명은 은쥬부 취교역이라 ᄒᆞᄂᆞ니, 문물이 번화ᄒᆞ고 인심이 슌후ᄒᆞ니, 극ᄒᆞᆫ 부촌(富村)이라. 녈위 엇지 뭇ᄂᆞ뇨? 앗가 지나온 취교역 큰 졈을 여는 사름은 나의 장셔(長婿) 셔딕랑의 쥬졈이니, 나의 녀셰(女婿) 져의 조션(祖先)으로붓허 이 ᄯᅡ히셔 졈을 여러 흥판(興販)ᄒᆞ니, 가계 가장 호부(豪富)ᄒᆞ여 취교역 【19】 의ᄂᆞᆫ 유명ᄒᆞᆫ 상괴(商賈)니, 비단 푸ᄌᆞ와 각식 물화(物貨)며 면편쥬반(麵餅酒飯)740)이며 온갓 과실 파ᄂᆞᆫ 졈이 다 셔가 뉵형뎨의 흥믹(興賣)ᄒᆞᄂᆞᆫ 곳이니, 텬하 도로 ᄒᆡᆼ인과 각 관(官) ᄌᆞᄉᆞ(刺史)

---

740)면편쥬반(麵餅酒飯) : '국수·떡·술·밥'을 함께 이르는 말. *'餅'의 음은 '병'이고 훈은 '떡'이다. 따라서 '편'을 '餅'으로 주석한 것은 그 한자음과는 일치하지 않는다. 다만 '편'은 고유어로 '떡'을 젊잖게 이르는 말이며, 같은 뜻을 갖는 말이기 때문에 편의상 붙인 것이다.

군슈(郡守)의 도라오는 위의(威儀)라도, 부듸 다 셔가의 집의 쥬인ᄒᆞᄂᆞ니라."

유랑이 칭찬 왈,

"노마미 비록 아들이 업스나, 녀진 져러틋 가음열고 셔랑이 근실ᄒᆞᆫ가 시부니 노마는 가히 복인이라 ᄒᆞ리로다."

노괴 우으며 ᄉᆞ양치 아니ᄒᆞ고, ᄯᅩ 니로듸,

"셔가 뉵형뎨 져즈를 년(連)ᄒᆞ고 집을 년장(連墻)ᄒᆞ여 스니 우이 긔특ᄒᆞᆫ지라. 닌니(隣里) 다 일ᄏᆞ라 【20】 츄존(推尊)ᄒᆞᄂᆞᆫ 비오, 별호 지어 셔듸랑 셔이랑 삼·ᄉᆞ·오·류낭이라 ᄒᆞᄂᆞ니, 어졔 나조ᄒᆡ 나의 녀 셔듸랑의 집의 한 거록ᄒᆞᆫ 힝ᄎᆞ 드러시니, 본듸 경ᄉᆞ 진상이라. 나히 비록 만ᄒᆞ나 듸관의 얼골 풍ᄎᆡ 엄위(嚴威) 동탕(動蕩)ᄒᆞ여 긔특ᄒᆞ더라."

부인이 ᄎᆞ언을 드르ᄆᆡ 홀연 마음이 동ᄒᆞ여, 노고다려 문왈,

"그 듸관의 인물 풍ᄎᆡ 엇더ᄒᆞ관듸 노괴 져듸도록 일ᄏᆞᄅᆞ며, 경ᄉᆞ 진상이라 ᄒᆞ면 므스 일노 이의 와 햐쳐ᄒᆞ엿다 ᄒᆞ더뇨?"

노괴 듸왈,

"셔로 전ᄒᆞᄂᆞᆫ 말을 드르니 듸상(大相)은 경ᄉᆞ의셔 벼슬ᄒᆞᄂᆞᆫ 사름이니, 셩명은 조 【21】 현슌이라 ᄒᆞ고, 일즉 오년 젼의 외국 텬ᄉᆞ로 번국(藩國)의 나아갓다가 도라오는 길히, 다시 남도 셩읍이 긔황(饑荒)ᄒᆞᆫ 고로, 그 길히 인ᄒᆞ여 진슈(鎭戍)ᄒᆞ여 오년의 듸치(大治)ᄒᆞ여 우슌 풍조(雨順風調)ᄒᆞ여[고], 시졀이 년풍(連豐)ᄒᆞ여 도젹이 화ᄒᆞ여 냥민이 되니, 아름다온 졍치를 텬졍 드르시고, 특명(特命)으로 남국공 우승상을 ᄒᆞ이샤 징쇼(徵召)ᄒᆞ시니, 이의 도라가는 길히라 ᄒᆞ더이다."

부인이 쳥파(聽罷)의 그 야야의 무ᄉᆞ히 환조ᄒᆞ시는 쇼식을 드르니, 깃부고 즐거오믈 니긔지 못ᄒᆞ나, 그 흉악ᄒᆞᆫ 살셩(殺星)이 야야의 쥬셩(主星)을 둘넛던 쥴 【22】 거림ᄒᆞ여, 진군의 지교(指敎)ᄒᆞ던 바와, 스스로 시슈를 헤아리ᄆᆡ 그 위틴ᄒᆞᆫ 응험(應驗)은 금야의 이실 거시오, 부녀 단취(團聚)는 명일의 잇ᄂᆞᆫ지라. 조공이 ᄌᆞ유(自幼)로 셩되(性度) 너그럽고 인덕이 관인ᄒᆞ여 일즉 듸인(對人) 접믈(接物)의 화평ᄒᆞᄆᆡ 본습(本習)이라. 군ᄌᆞ를 ᄋᆡ듸(愛待)ᄒᆞ며 교우ᄒᆞᄆᆡ 지긔(知己)를 만난즉 심혈경복(心血敬服)ᄒᆞ고, 불영ᄌᆞ(不逞者)를 만나ᄆᆡ 더부러 친졀치 아닐지언졍 화평관졉(和平款接)ᄒᆞ여 원을 품게 아니ᄒᆞ니, 니른바 간현(奸賢)이 한가지로 외즙(畏濈)[741]ᄒᆞᄂᆞᆫ지라. 뉘 가히 조공 갓튼 관인장ᄌᆞ(寬仁長者)를 무원무고(無怨無故)히 ᄒᆡ코져 ᄒᆞ리오. 이 젼 【23】 혀 엄부인의 불명픽악(不明悖惡)ᄒᆞ미 친쇼인(親小人) 원현인(遠賢人)ᄒᆞᄆᆞ로 말미암아, 스스로 쳔금 쇼교의 신셰 위란을 비져ᄂᆡ고, 가부로 ᄒᆞ여곰 긱니지즁(客裏之中)의 ᄉᆞ싱(死生)이 위란(危亂)ᄒᆞ기의 밋츨 번ᄒᆞ니, 엇지 인심(人心)의 놀납지 아니리오. 니런 일노 부인 녀ᄌᆞ의 빈계ᄉᆞ신(牝鷄司晨)을 경계ᄒᆞ염즉지 아니ᄒᆞ리오.

---

741)외즙(畏濈) : 두려워 부드러운 얼굴빛을 지음.

가장 야심ᄒᆞ미 노괴 드러가거늘, 부인이 부친의 디홰(大禍) 박두(迫頭)ᄒᆞ믈 혜아리
미 심담이 촌할(寸割)ᄒᆞ여 능히 졉목(接目)지 못ᄒᆞ고, 촉하(燭下)의 텬문비결(天文秘
訣)을 피람(披覽)ᄒᆞ여 한 계교를 졍ᄒᆞ미, 불승디희(不勝大喜)ᄒᆞ여 즉시 한 장 부작(符
作)을 ᄡᅥ 촉하【24】의 ᄉᆞᆯ오고 진언(眞言)을 념(念)ᄒᆞ니, 이윽고 ᄆᆰ은 바람이 니러나
며 공즁의 오ᄉᆡᆨ 구름이 어릭더니, 한빵 금의도동(錦衣道童)이 나아와 부인 안젼(眼前)
의 ᄭᅮ러 고왈,

"상션(上仙)이 무ᄉᆞᆫ 연고로 쇼도(小道) 등을 부르시ᄂᆞ니잇고?"

부인이 니르딕,

"미화후 조노야는 텬상의도 놉흔 셩신이오, 인셰의 쳐ᄒᆞ미 숑조(宋朝)의 현샹(賢相)
이라. 길인(吉人)은 빅신(百神)이 반ᄃᆞ시 돕ᄂᆞᆫ다 ᄒᆞ거늘, 니졔 간인의 무리 무고히 현
인을 히ᄒᆞ려 ᄒᆞᄂᆞ니, 작ᄉᆞ(作事)ᄒᆞ미 금야(今夜)의 잇ᄂᆞᆫ지라. 여등이 금야의 조노야 계
신 곳의 나아가 흉인의 작변 시의 여ᄎᆞ여ᄎᆞᄒᆞ여 흉젹을 브딕 잡게 【25】ᄒᆞ고 실포
치 말나."

금의동직(錦衣童子) 쳥녕(聽令)ᄒᆞ고 믈너나 은은(隱隱)이 ᄆᆰ은 바람을 모라 취교역
을 향ᄒᆞᄂᆞᆫ지라. 유모와 녹운 등 졔녜(諸女) 불승신긔(不勝神奇)ᄒᆞ여 바야흐로 션가의
조홰 무량ᄒᆞᄆᆞᆯ ᄭᆡ닷더라.

조부인 노쥐 시야(時夜)의 경경(耿耿)ᄒᆞ여 잠을 일우지 못ᄒᆞ고, 이 밤이 식기를 기
다리더라.

션시의 조평장이 황명을 밧ᄌᆞ와 번이(蕃夷)를 교유ᄒᆞ며 남도 졔읍을 슌슈ᄒᆞ니, 광음
(光陰)이 여류(如流)ᄒᆞ여 셰뉼(歲律)이 ᄌᆞ로 뒤이ᄌᆞ니 임의 경셩을 ᄯᅥ난지 오년츈츄(五
年春秋)라. 츙신의 ᄉᆞ군지심(思君之心)이 날노 식로와 북궐(北闕)을 쳠망(瞻望)ᄒᆞ고,
효ᄌᆞ의 ᄉᆞ친【26】지회(思親之孝) 시시로 층쳡ᄒᆞ여, 조운셕월(朝雲夕月)의 망운(望雲)
산안개를 쳠망(瞻望)ᄒᆞ고 《신혼모졍‖신혼셩졍(晨昏省定)742)》의 ᄯᅢ를 당ᄒᆞ미, 몽혼
(夢魂)이 경경(耿耿)ᄒᆞ니, 임의 ᄉᆞ오츈츄(四五春秋)를 괴로이 슈빅셰 갓치 지닉엿ᄂᆞᆫ지
라.

닌읍 슈령방빅(守令方伯) 이히 조공의 ᄉᆞ십 장년의 긱관(客館) 잔등(殘燈)의 독슈공
관(獨守空館)이 무류(無聊)ᄒᆞ믈 보고, 닷호아 졀디교아(絶代嬌兒)와 일등명식(一等名
色)을 교방(敎坊)의 갈히여,조ᄌᆞᄉᆞ 아문의 보닉니, 쵸요월안(楚腰越顔)743)의 일홈난 창
기 닷호아 못ᄂᆞᆫ 직 무슈ᄒᆞ여, 조공의 노셩 장ᄌᆞ로 위인이 관후ᄒᆞ고 풍취 언건(偃蹇)ᄒᆞ
며 풍뉴 쇄락ᄒᆞ고 벼ᄉᆞᆯ이 놉흐믈 보미, 졔창이 져【27】마다 졍을 기우려 셤기고져
ᄒᆞᄂᆞᆫ 고로, 녹의홍상(綠衣紅裳)으로 교용(嬌容) 염틱(艶態)의 단장을 치레ᄒᆞ고, 셤셤옥
슈(纖纖玉手)의 진징(秦箏)744)과 금현(琴絃)745)을 안아, 쳥가(淸歌) 묘무(妙舞)를 아릿

---

742)신혼셩졍(晨昏省定) : 신성(晨省)과 혼졍(昏定). 곧 밤에는 부모의 잠자리를 보아 드리고 이른 아침에
　는 부모의 밤새 안부를 묻는다는 뜻으로, 부모를 잘 섬기고 효성을 다함을 이르는 말.
743)쵸요월안(楚腰越顔) : 중국 초나라 미인의 가는 허리와 월나라 미인의 아름답게 화장한 얼굴.

다이 ᄒᆞ여 한번 도라보기를 엇고져 ᄒᆞ나, 조공은 ᄌᆞ유(自幼)로 위인이 독학(篤學) 슈신(修身)ᄒᆞ며 온즁 졍딕ᄒᆞ여 하혜(下惠)746)・미ᄌᆞ(微子)747)의 놉흔 ᄒᆡᆼ실이 잇ᄂᆞᆫ지라.

일즉 쇼시(少時)의도 호ᄉᆡᆨ(好色) 경박(輕薄)ᄒᆞ믈 ᄒᆡᆼ치 아니ᄒᆞ엿거늘, 니제 이모지년(二毛之年)748)의 엇지 부박(浮薄)ᄒᆞᆫ ᄒᆡᆼ시 이시리오. 화평(和平)이 거졀ᄒᆞ고 ᄉᆡᆨᄉᆡᆨ이 물니쳐 회포 독슈공관(獨守空館)의 무류(無聊)ᄒᆞᆷ믈 지니나, 일졀 미녀 셩ᄉᆡᆨ의 【28】 유의ᄒᆞ미 업ᄉᆞ니, 닌읍 졔현이 그 졍딕ᄒᆞᆷ믈 항복ᄒᆞ고, 위엄을 어려이 너겨 감히 다시 미ᄉᆡᆨ으로 권치 못ᄒᆞ고, 졔챵(諸娼)이 아연 실망ᄒᆞ여 물너나더라. 일노조ᄎᆞ 조공의 졍딕ᄒᆞ미 남도 졔읍의 일홈낫더라.

조공이 임의 왕ᄉᆞ를 션치ᄒᆞ미 위덕이 병ᄒᆡᆼᄒᆞ여 하방(遐方) 변디(邊地)의 먼니 바리엿던 촌한(村漢) 농민이며 심산궁곡(深山窮谷)의 궁유(窮儒) 한ᄉᆡᆨ(寒士) 다 교화를 습복(慴伏)ᄒᆞ여 함포고복(含哺鼓腹)ᄒᆞ고 격양이가(擊壤而歌)749)ᄒᆞ니, 우슌풍조(雨順風調)ᄒᆞ고 도불습유(道不拾遺)ᄒᆞ고[며] 남녜 길을 ᄉᆞ양ᄒᆞ여, 인심의 슌후흠과 인물의 번화ᄒᆞ미 요슌(堯舜) 【29】 의 녜졍도치(禮政道治)750)를 니어 흡흡(洽洽)히 황셩과 다ᄅᆞ미 업ᄉᆞ니, 녈읍(列邑) 닌관(隣官)이 한갓 츄앙 습복홀 ᄲᅮᆫ 아니라, 니민(吏民) 부뢰(父老) 닷호아 숑덕ᄒᆞ며 기리 묘우(墓宇)를 짓고, 죠공의 화상을 그려 ᄉᆞ시의 분향ᄒᆞ여 셰월이 오릭도록 그 덕을 닛지 아니하더라.

쇼문이 황셩의 밋ᄎᆞ니, 텬지 조공의 니민치졍(理民治政)을 드르시고 크게 아름다이 너기ᄉᆞ, 특별이 남국공 우승상을 ᄒᆞ이샤 왕ᄉᆞ(王使)를 보니여 아름다온 졍치(政治)를 포장ᄒᆞ시고, ᄲᆞᆯ니 샹경ᄒᆞ라 ᄒᆞ시니, 즁ᄉᆡ(中使) 황명을 밧ᄌᆞ와 졀월(節鉞)과 위의를 갓초와 쥬야 비도(倍道)ᄒᆞ여 남녁히 【30】 니ᄅᆞ니, 녈읍 쥬현이 지영(祗迎) 영후(迎候)

---

744) 진쟁(秦箏) : 쟁(箏). 국악 현악기의 하나. 모양이 대쟁(大箏)과 같으며, 명주실로 된 열세 줄의 현이 걸려 있다. 본래 중국에서 만들어진 현악기로, BC 237년 이전에 이미 진(秦)나라에서 유행했기 때문에 '진쟁'(秦箏)이라는 이름으로도 불린다.

745) 금현(琴絃) : 거문고의 줄.

746) 하혜(下惠) : 유하혜(柳下惠). 중국 춘추시대 노(魯)나라의 현자(賢者). 성은 전(展), 이름은 획(獲), 자는 금(禽) 또는 계(季). 유하(柳下)에서 살았으므로 이것이 호가 되었으며, 문인(門人)들이 혜(惠)라는 시호를 올렸으므로 '유하혜(柳下惠)'로 불렸다. 대도(大盜)로 유명한 도척(盜跖)이 그의 동생이다. 겨울 밤에 추위에 떠는 여인을 자기 침상에 뉘어 몸을 녹여주었으나 그의 평소 행동이 단정하였기 때문에, 그의 결백을 의심하는 사람이 없었다고 한다.

747) 하혜(下惠) : 유하혜(柳下惠). 중국 춘추시대 노(魯)나라의 현자(賢者). 성은 전(展), 이름은 획(獲), 자는 금(禽) 또는 계(季). 유하(柳下)에서 살았으므로 이것이 호가 되었으며, 문인(門人)들이 혜(惠)라는 시호를 올렸으므로 '유하혜(柳下惠)'로 불렸다. 대도(大盜)로 유명한 도척(盜跖)이 그의 동생이다. 겨울 밤에 추위에 떠는 여인을 자기 침상에 뉘어 몸을 녹여주었으나 그의 평소 행동이 단정하였기 때문에, 그의 결백을 의심하는 사람이 없었다고 한다.

748) 이모지년(二毛之年) : 두 번째 머리털 곧 흰 머리털이 나기 시작하는 나이라는 뜻으로, 32세를 이르는 말.

749) 격양이가(擊壤而歌) : 풍년이 들어 농부가 태평한 세월을 즐거워하여 땅을 치며 노래함. *격양가(擊壤歌); 중국의 요임금 때에, 백성들이 태평한 생활을 즐거워하여 땅을 치며 불렀다고 하는 노래.

750) 녜졍도치(禮政道治) : 예(禮)와 도(道)를 근본으로 삼아 정치를 함.

ᄒᆞ여 마ᄌᆞ, 상ᄉᆞ(上司) 아문(衙門)의 니르러 황지(皇旨)와 은명(恩命)을 젼ᄒᆞ니, 조공이 ᄲᅡᆯ니 나와 향안을 비셜ᄒᆞ고 조셔를 밧드러 보기를 ᄆᆞᆺᄎᆞᆫ 후, 황은(皇恩)을 슉ᄉᆞ(肅謝)ᄒᆞ고 즁ᄉᆞ를 관ᄃᆡᄒᆞᆯᄉᆡ, 즁시 은명을 젼ᄒᆞ고 텬ᄌᆞ의 밧비 징쇼ᄒᆞ시ᄂᆞᆫ 명을 고ᄒᆞ니, 조공이 즁ᄉᆞ를 ᄃᆡᄒᆞ여 왈,

"만싱이 박학무ᄌᆡ(薄學無才)ᄒᆞ여 작녹(爵祿)만 허비ᄒᆞᆯ ᄯᆞ룸이오, 셩은을 갑ᄉᆞ오미 업습거ᄂᆞᆯ, 황샹이 불튱(不忠) 신(臣)을 ᄉᆞᄉᆞ(事事)의 여ᄎᆞ(如此) 권연(眷然)ᄒᆞ시니 미신(微臣)이 간뇌도지(肝腦塗地)ᄒᆞᆫ들 셩은을 만분지일이나 갑ᄉᆞ오리오."

즁시 피셕(避席) 디왈,

"션싱의 어【31】진 덕틱이 만방의 흘너시니, 셩샹의 션싱 밋으시미 한뎨(漢帝)751)의 무양후(舞陽侯)752)와 문무(文武)753)의 녀샹(呂尙)754) ᄀᆞᆺ치 아르시므로, 오릭 외방 험디의 이시믈 셩심이 일일여숨츄(一日如三秋)755)로 아ᄅᆞ샤, 션싱의 귀체 손샹ᄒᆞᆯ가 넘녀ᄒᆞ시거ᄂᆞᆯ, 션싱이 엇지 너모 과겸(過謙)ᄒᆞ샤 군샹의 지우(知遇)를 져바리시ᄂᆞ니잇고?"

조공이 지삼 황은을 일ᄏᆞᆮ더라.

이의 승ᄎᆞ(陞差)ᄒᆞ시ᄂᆞᆫ 은명을 밧ᄌᆞ오니, 튱신 효ᄌᆞ의 ᄉᆞ군ᄉᆞ친(思君思親) 니가지심(離家之心)이 시위 ᄯᅥ난 살 갓ᄒᆞᆫ지라. 엇지 시각(時刻)인들 지류(遲留)ᄒᆞᆯ ᄯᅳᆺ이 이시리오. 슈일 후 신 ᄌᆞᄉᆡ(刺史) 니르니, 즉시 마ᄌᆞ 인슈(印綬)【32】를 교ᄃᆡ(交代)ᄒᆞ고 사명(使命)과 한 가지로 햐쳐의 머므러, 힝니를 타졈(打點)ᄒᆞ여, 슈오일(數五日) 치힝(治行)ᄒᆞ여 발힝ᄒᆞᆯᄉᆡ, 이 ᄣᅢ 졍히 즁츈(仲春) 회간(晦間)이라.

텬긔 화창ᄒᆞ고 츈일이 ᄌᆡ양(載陽)ᄒᆞ니, 우로지틱(雨露之澤)이 발양ᄒᆞ여 젼원의 봄 빗치 도라오니, 만슈화목(萬樹花木)은 가지마다 츈긔(春氣)를 먹음엇고, 곳마다 금ᄉᆞ

---

751) 한뎨(漢帝) : 한고조(漢高祖). 중국 한(漢)나라의 제1대 황제(B.C.247~B.C.195). 성은 유(劉). 이름은 방(邦). 자는 계(季). 시호는 고황제(高皇帝). 고조는 묘호. 진시황이 죽은 다음해 항우와 합세하여 진(秦)나라를 멸망시켰다. 그 뒤 해하(垓下)의 싸움에서 항우를 대파하여 중국을 통일하고 제위에 올랐다. 재위 기간은 기원전 206~기원전 195년이다.

752) 무양후(舞陽侯) : 번쾌(樊噲) : 한나라 고조 때의 공신. 시호 무후(武侯). 패(沛: 江蘇省 沛縣 남동부) 출신. 원래 개고기를 팔던 미천한 신분이었으나, 유방을 따라 무장으로서 용맹을 떨쳐 공을 세웠다. 기원전 206년 홍문(鴻門)의 회합에서 유방이 항우(項羽)에게 모살될 위기에 놓였을 때 극적으로 유방을 구했고, 유방이 즉위한 뒤 좌승상(左丞相)·상국(相國)이 되었다. 그 뒤 여러 반란을 평정하였고, 무양후(舞陽侯)에 봉해졌다.

753) 문무(文武) : 중국 주나라 문왕(文王)과 그 아들 무왕(武王)을 함께 이르는 말. 주나라의 건국기반을 다진 성군(聖君)들로, 고대 중국의 이상적인 성인 군주의 전형으로 꼽힌다.

754) 여상(呂尙). 중국 주나라 무왕(武王) 때의 정치가로 무왕을 도와 은나라를 멸하고 천하를 평정하였다. 여(呂)는 그에게 봉해진 영지(領地)이며, 상(尙)은 그의 이름이고, 성은 강(姜)이다. 강태공(姜太公), 여망(呂望), 태공망(太公望) 등의 다른 이름으로도 불린다. 위수(渭水)에서 10년 동안이나 낚시를 하며 때를 기다려 주 문왕을 만났다는 고사가 전하며, 저서에 ≪육도(六韜)≫가 있다.

755) 일일여숨츄(一日如三秋) : 하루가 삼 년 같다는 뜻으로, 몹시 애태우며 기다림을 이르는 말. 늑일일삼추.

(錦絲)를 ᄭᅮ미시니, 가려(佳麗)ᄒᆞᆫ 봄빗과 쇼담ᄒᆞᆫ 경물이 쳐쳐의 버러시니, 힝노의 죠흔 ᄯᅥ러라.

조공이 쳐쳐 경물이 니러틋 빗나고 아름다오믈 보ᄃᆡ, 슈향(思鄕) ᄉᆞ친지심(思親之心)이 급ᄒᆞ니, 능히 도로 경치의 한유(閑裕)치 못ᄒᆞ더라. 남도 졔읍 현관【33】이며 향민부뢰(鄕民父老) 쥬호(酒肴)와 우양(牛羊)을 갓초와 면니 보ᄂᆞᆫ 잔이 분분ᄒᆞ고, 빅셩은 눈물을 ᄲᅳ려 젹지(赤子) ᄌᆞ모를 써남 갓흐니, 공이 거상(車上)의셔 졔관의 보ᄂᆞᆫ 잔을 잡고, 시를 화운(和韻)ᄒᆞ여 교우를 미몰이 아니ᄒᆞ며, 빅셩의 가져온 쥬효를 각각 맛보아 면면(面面)이 위유(慰諭)ᄒᆞ며 기리 무양(無恙)ᄒᆞᆷ을 일ᄏᆞᆺ고, 힝편(行便)을 두로혀니 빅셩 부뢰 아연 초창(怊悵)ᄒᆞᆷ을 마지 아니터라.

조공이 즁ᄉᆞ(中使)로 더브러 환경ᄒᆞᆯ시, 슈일을 힝ᄒᆞ여 은쥬 역졈의 밋ᄎᆞ니, 디촌 큰 집을 잡아 허다 위의를 거ᄂᆞ려 쥬인ᄒᆞ니, 이 곳【34】 취교역 셔디랑 어졈(魚店)이라. 공이 즁ᄉᆞ 니시랑으로 더부러 한가지로 셕식을 파ᄒᆞ고 일방의 동쳐ᄒᆞᆯ시, 밤드도록 한담ᄒᆞ다가 야심ᄒᆞᄆᆡ 비로쇼 의ᄃᆡ를 그ᄅᆞ고 촉을 물녀 취침코져 ᄒᆞ더니, 홀연 일진 괴풍이 조공의 관을 벗겨 ᄂᆞ리치거늘, 디경ᄒᆞ여 ᄉᆞ미 안히 한 《과∥괘(掛)756)》를 어드니, 가장 조치 아니ᄒᆞ나 쳐음은 흉ᄒᆞ고 나종은 디길ᄒᆞᆫ지라.

공이 졈괘 길ᄒᆞᆷ을 깃거 ᄉᆞ식이 타연ᄒᆞ니, 니시랑이 역경 왈,

"고요ᄒᆞᆫ 밤의 므슴 ᄉᆞ오나온 바람이 이시리오. 극히 괴이ᄒᆞ이다."

공이 쇼왈,

"변ᄒᆞ(變化) 요괴【35】로오나 졈ᄉᆞ(占辭) 디길(大吉)ᄒᆞ니 무슨 근심이 이시리오. 족하ᄂᆞᆫ 관심(寬心)ᄒᆞ라."

니시랑이 심하의 의려ᄒᆞᆷ을 마지 아니ᄒᆞ나, 본ᄃᆡ 다겁(多怯)ᄒᆞᆫ 셩졍이라. 촉을 업시 치 아니ᄒᆞ고 즈려ᄒᆞ니, 공이 니시랑의 다겁ᄒᆞᆷ을 우으나 ᄯᅩ흔 말니지 아니터라. 승상은 휴휴(休休)ᄒᆞᆫ 장뷔라, 괴변(怪變)을 목젼의 보나 길흉이 관겨치 아니ᄒᆞᆷ을 방심ᄒᆞ여 타연이 거리ᄭᅵ지 아니ᄒᆞ고, 관영(冠纓)을 히탈ᄒᆞᄆᆡ 와상(臥床)의 나아가나, 냥안이 명명(明明)ᄒᆞ여 능히 잠을 일우지 못ᄒᆞ고 고요히 누어시니, 시랑은 젹은던[덧] 잠이 드러 비셩(鼻聲)이 우뢰 갓더【36】라.

방즁의 촉ᄒᆞ(燭火) 명명ᄒᆞ고 밤이 반의 지나ᄃᆡ 승상이 능히 졉목지 못ᄒᆞ엿더니, 믄득 창이 열니이ᄂᆞᆫ 바 업시 사ᄅᆞᆷ의 인젹이 홀홀757)ᄒᆞ거늘, 디경 의아ᄒᆞ여 눈을 졍(正)ᄒᆞ여 보니, 한 진 회호리 바람이 창틈으로 드러오며, 바름 가온디 젹은 나뷔 갓흔 거시 븟치이여 창틈으로 드러오더니, 그 거시 홀연 변ᄒᆞ여 한 웅장ᄒᆞᆫ 디한(大漢)이 되니, 머리 셰히오, 슈족이 여ᄉᆞᆺ시니, 거동이 가장 흉악○○[ᄒᆞ여], 벅벅이 사ᄅᆞᆷ의 형용

---

756)괘(掛) : 중국 고대(古代)의 복희씨(伏羲氏)가 지었다는 글자. ≪주역≫의 골자가 되는 것으로, 한 괘에 각각 삼 효(爻)가 있고, 효를 음양(陰陽)으로 나누어서 팔괘(八卦)가 되고 팔괘가 거듭하여 육십사괘(六十四卦)가 된다.

757)홀홀 : 가볍게 날듯이 뛰거나 움직이는 모양.

이 아니러라.

여숫 숀의 다 큰 칼흘 들고 바로 상국의 벼기를 바라며 나아오니, 반드시 【37】 살 히ᄒᆞ려ᄂᆞᆫ 거동이러라.

상국이 무인(無人) 모야(暮夜)의 숀 가온ᄃᆡ 촌쳘(寸鐵)이 업고, 방비ᄒᆞ미 업ᄂᆞᆫ 가온ᄃᆡ 이갓흔 흉한흔 경상을 당ᄒᆞ여 ᄌᆞ긔 명믹이 슈유간(須臾間)의 이시믈 보니, 엇지 심골이 셔늘치 아니리오. 혼불니체(魂不裏體)758)ᄒᆞ여 창졸의 아모리 홀 쥴 모르더니, 홀연 ᄌᆞ긔 좌우 침변(枕邊)으로조ᄎᆞ 한빵 금의동ᄌᆞ(錦衣童子) 닉다ᄅᆞ니, 하나흔 숀의 금치759)를 들고 하나흔 보요삭(捕妖索)760) 〔요괴 잡ᄂᆞᆫ 노히라〕 을 들고 닉다라, 몬져 금치로 요인의 칼 잡은 숀을 믹이 치니, 이 금치ᄂᆞᆫ 신인(神人)의 극흔 보빅라.

요승(妖僧)이 한번 마ᄌᆞ미 엇지 본젹이 픽루치 【38】 아니ᄒᆞ리오. 팔이 씌여지고 ᄲᅨ 부러져 피를 흘니며, 이호761) 일셩(一聲)의 칼을 더지고 방즁의 것구러져 본형을 닉니, 이 문득 남지 아니라, 머리 믠 《나귀∥노괴(老姑)》 산간 요승의 모양이오, 예ᄉᆞ 사ᄅᆞᆷ의 인형이오, 바리인 칼이 또 하나히니, 원닉 삼두(三頭) 뉵비(六臂)의 칼을 각각 잡으믄, 요리(妖尼)의 변작환슐(變作幻術)노 조공의 냥안졍광(兩眼精光)을 흐리워 몬져 그 졍신을 현난케 흔 후, 그 진양졍긔(眞陽精氣)를 앗고 히ᄒᆞ려 ᄒᆞ미러라.

어시의 원홍 간특(奸慝) 요ᄉᆞ지인(妖邪之人)이 본ᄃᆡ 조상국으로 원쉬 업ᄉᆞᄃᆡ, 질지이심(疾之已甚)762)이 히ᄒᆞ려 ᄒᆞ믄, 당초의 조공이 【39】 져를 나모라 바리고 뎡의쳥을 구ᄒᆞ여 녀셔를 삼은 한을, 각골(刻骨) 분심(憤心)ᄒᆞ여 부딕 히ᄒᆞ려홀 ᄲᅮᆫ 아니라, 져의 위인이 강명(剛明) 쥰엄(峻嚴)ᄒᆞ믈 ᄭᅦ려, 제 무ᄉᆞ히 환경흔즉, 혹ᄌᆞ 져의 암밀 궁극흔 졍젹을 들츄어 ᄉᆞ긔 픽루(敗漏)홀가 져허, 몬져 죠상국을 죽여 업시ᄒᆞ고, 버거 딕계를 운동ᄒᆞ여 졔뎡을 멸ᄒᆞ며, 쏘흔 조틱우 등 삼곤계를 다 음히ᄒᆞ여, 상국이 져를 나모라 ᄉᆞ회 삼지 아닌 원(怨)을 슷드리763) 갑고져ᄒᆞᄂᆞᆫ 고로, 각별 긔특흔 ᄌᆞ긱을 듯보니, 쳥션요리 원홍의 만흔 금보의 욕화(慾火)를 동(動)ᄒᆞ【40】여, 다른 ᄌᆞ긱 엇고져 ᄒᆞ믈 보고 ᄌᆞ원ᄒᆞ여, 조상국 환경 시의 햐슈(下手)ᄒᆞ여 졍녕(丁寧)이764) 상국의 머리를 어더 도라오마 ᄒᆞ니, 원홍이 본ᄃᆡ 쳥션의 직조 밋기를 신명 갓치 ᄒᆞᄂᆞᆫ지라. 번폐(煩弊)이 다른 ᄌᆞ긱을 구치 아니코, 져의 ᄌᆞ원ᄒᆞ여 가려ᄒᆞ믈 딕희ᄒᆞ여 셩흔 쥬찬을 갓초와 딕졉ᄒᆞ며, 몬져 슈천냥 황금을 쥬고 지삼 부탁 왈,

"조현슌이 날노 더부러 명회(名號) 슉친(叔親) 년혼간(連婚間)이라 ᄒᆞ나, 실은 젹지

---

758)혼불니체(魂不裏體) : 혼이 몸 안에 있지 못함. 넋이 나감.
759)금치 : 쇠채. 쇠로 만든 채찍.
760)보요삭(捕妖索) : 한국고소설 <윤하정삼문취록>에 설정된 서사도구의 하나. 금의동자(金衣童子)와 같은 신장(神將)이 갖고 있는 무기의 일종으로, 요괴를 잡는 데 사용하는 쇠 줄이다.
761)이호 : 아야!. 감탄사. 갑자기 아픔을 느낄 때 나오는 소리.
762)질지이심(疾之已甚) : 매우 미워함.
763)슷드리 : 끝까지.
764)졍녕(丁寧)이 : =정녕(丁寧)히. 조금도 틀림없이 꼭. 또는 더 이를 데 없이 정말로

아닌 원쉬라. 초의 우리 모친과 조가 슉뫼 종ᄌ미간(從姉妹之間)이라. 셔로 뎡의(情誼) 조밀ᄒ고 조슉뫼 ᄯ또 【41】 나의 년쇼 슈미(秀美)ᄒ믈 ᄉ랑ᄒ여, 기녀(其女)로ᄡᅥ 셔로 뵈고, 모친으로 더부러 ᄉᄉ로이 뎡약ᄒ여 밍약이 금셕 갓흔 거슬, 즁간의 조시 ᄌ라기의 밋ᄎ니 현슌 필뷔 뎡가 셰력과 뎡운긔 필부의 풍모 지화를 과혹ᄒ여, 날을 바리고 ᄯ쏠의 뎐졍을 희지어 뎡운긔를 동상의 마ᄌ니, 뉘 엇지 분치 아니리오. 슈연(雖然)이나 허다 심녀를 허비ᄒ여 반계 곡경(盤溪曲徑)으로 조녀를 브딕 아ᄉ 나의 긔물을 삼고, 끗쳐진 인연을 닛고져ᄒ미 몃몃 슌이뇨만은, 종시 일을 일우기 어렵고, 나죵은 옥인의 ᄌ최를 아죠 끗 【42】 쳐시니, 이 분홈과 이달오믈 무어시 비ᄒ리오. 그러나 당초 인연을 도모치 못ᄒ여시나, 구ᄎ� 조시 만일 나의 긔물이 되어시량이면, 현마 어이ᄒ며, 니 엇지 조가를 죽이고져 ᄒ리오만은, 이ᄂᆞᆫ 그러치 못ᄒ여 조노(老)와 나ᄂᆞᆫ 원슈를 길게 믹ᄌᄂᆞᆫ지라. 니 몬져 뎌를 히치 아니ᄒ면, 졔 반두시 날을 죽일 거시니, 알며 안ᄌ셔 화를 기다리믄 지ᄌ(智者)의 일이 아니라 니러므로, 니 뎌를 몬져 졀졔(切除)ᄒ야 후환을 업시ᄒ고, 조아만(曹阿瞞)765)의 니른 바, '니 뎌를 져바릴지언졍, 졔 날 【43】 을 져바리지 말○○[게] ᄒ고져' ᄒᄂᆞ니, 경ᄉ의 드러온 후ᄂᆞᆫ ᄯ쏘 졸연이 히ᄒ기 어려오리니, 도로(道路) 긱즁(客中)의 히ᄒ면, 뉘 슈단인 줄 알며, 졔 ᄒ믈며 조당(朝堂)의 거ᄒ여 사름의게 무원(無怨) 무은(無恩)ᄒᆯ 젹과 달나, 여러 히 하방(遐方)의 진슈(鎭守)ᄒ여, 비록 어지다ᄒ나 여러 빅셩의게 다 인심을 끼치기 쉬오리오. ᄉ부의 긔모(奇謀) 신슐(神術)노 브딕 조노(老)의 슈급을 어더오라. 니 비록 가난ᄒ나 외람이 츈경(春卿)766) 직렬(宰列)의 이시니, 녹봉(祿俸) 쇼산(所産)을 다 기우려 ᄉ부(師父)의 슈고를 갑ᄒ리라."

ᄒ니, 쳥션 요리(妖尼) 낙낙(樂樂)히 허락ᄒ고, 즉시 【44】 조공의 도라오ᄂᆞᆫ 반노(返路)의 나아갈ᄉ, 임의 요리의 명(命)이 그만이믈 알니러라.

쳥션이 ᄉ관(私館)의 나아가 ᄉ부를 하직ᄒ니, 봉암 요리 쳥션의 먼니 나가ᄂᆞᆫ 연고를 알고 믄득 즐겨 아녀 왈,

"뎨ᄌ(弟子) 니번 가미 반두시 회환(回還)ᄒ미 쉽지 못ᄒ리니, 맛당이 다른 ᄌ직을 어더 보닉고 가지 말미 올토다. 조승상은 텬상북두(天上北斗)의 속흔 셩신이니, 반두시 지앙이 이시믹 빅신(百神)이 돕고, 각(角)·항(亢)·져(氐)·방(房)767) 일곱 셩신(星

---

765) 조아만(曹阿瞞) : 조조(曹操)의 아이 때의 이름. 삼국 시대 위나라의 시조(始祖)(155~220). 자는 맹덕(孟德). 황건의 난을 평정하여 공을 세우고 동탁(董卓)을 벤 후 실권을 장악하였다. 208년에 적벽(赤壁) 대전에서 유비와 손권의 연합군에게 크게 패하여 중국이 삼분된 후 216년에 위왕(魏王)이 되었다. 권모에 능하고 시문을 잘하였다.

766) 츈경(春卿) : 조판서(禮曹判書). 중국 예부상서. *춘조(春曹); 예조(禮曹)를 달리 이르는 말.

767) 각(角)·항(亢)·져(氐)·방(房) : 이십팔수(二十八宿) 가운데, 동쪽에 위치해 있는 일곱 별자리 중 네 개의 별자리들이다. *이십팔수(二十八宿) : 천구(天球)를 황도(黃道)에 따라 스물여덟으로 등분한 구획. 또는 그 구획의 별자리. 동쪽에는 각(角)·항(亢)·져(氐)·방(房)·심(心)·미(尾)·기(箕), 북쪽에는 두(斗)·우(牛)·여(女)·허(虛)·위(危)·실(室)·벽(壁), 서쪽에는 규(奎)·누(婁)·위(胃)·묘(昴)·필(畢)·자(觜)·삼(參), 남쪽에는 정(井)·귀(鬼)·유(柳)·성(星)·장(張)·익(翼)·진(軫)이 있다

辰)이 극녁(極力)ᄒᆞᄂᆞ니, 북두(北斗)ᄂᆞᆫ 쇽인(俗人)의 싱살(生殺)을 쳐단ᄒᆞᄂᆞᆫ지라. 뎨ᄌᆞ의 칭이 불길ᄒᆞ미 만코 길ᄒᆞ미 젹으【45】니, 가지 말고져 ᄒᆞ노라."

쳥션이 임의 져의 명이 다ᄒᆞ여시니 엇지 스승의 말니믈 드르리오. 이의 쇼왈,

"ᄉᆞ부ᄂᆞᆫ 넘녀 마로쇼셔. 뎨지 본ᄃᆡ 쳔변만화(千變萬化)의 구름을 타고 바람을 브르ᄂᆞᆫ 지죄 이시니, 셜ᄉᆞ 조샹국을 쥭이든 못ᄒᆞ나, 현마 한 몸 탈신(脫身)이야 못ᄒᆞ여, 도라오지 못ᄒᆞ도록 ᄒᆞ리잇가?"

ᄒᆞ고, 듯지 아니ᄒᆞ니, 봉암이 능히 말니지 못ᄒᆞ더라.

이 씨 봉암이 슈졍 요녀를 유인ᄒᆞ여 능가의 준 후ᄂᆞᆫ, ᄉᆞ관의 잇다감 분향 핑계ᄒᆞ고 머므나 오릭 잇지 아니ᄒᆞᄂᆞᆫ 고로, 쳥션이 져 나간 ᄉᆞ이 【46】뒤ᄉᆞ로뼈 다 봉암의게 부탁ᄒᆞ더라. 봉암은 쳥션을 은쥬로 보닉고 즉시 능가로 도라가니라.

시시의 쳥션 요리 쥬야로 힝ᄒᆞ여 조공의 도라오ᄂᆞᆫ 길노 나아갈ᄉᆡ, 간간이 음운(陰雲)[768]과 흑무(黑霧)를 모라가ᄂᆞᆫ 고로, 비록 신션의 조화ᄂᆞᆫ 밋지 못ᄒᆞ나, 바히 범인의 보힝과ᄂᆞᆫ 다른 고로, 슌여일(旬餘日) 젼도(前途)를 ᄉᆞ오일 닉의 힝ᄒᆞ여, 은쥬 취교역졈의 니르러 조샹국의 도라오ᄂᆞᆫ 위의를 맛나니, 쳥션이 그졔야 몸을 변ᄒᆞ여 젹은 아히 되어, 사름 가온ᄃᆡ 셧겨 졈즁의 드러가 보니, 져의 거ᄂᆞ린 바 위의(威儀) 【47】츄죵(騶從)[769]이 거록홀 ᄲᆞᆫ 아니라, 보건ᄃᆡ 승샹의 풍화흔 면모와 동탕흔 풍치며 늠녈흔 신위(身威), 동일(冬日)의 화(和)ᄒᆞ미 이시나, 또 하일(夏日)의 두리오믈 겸ᄒᆞ엿고, 풍용(風容)이 윤염(潤艶)ᄒᆞ며 귀복(貴福)이 만신(滿身)ᄒᆞ여[고] 복녹(福祿)이 완비(完備)ᄒᆞ여 달슈영녹지샹(達壽榮祿之相)이니, 졸연이 히ᄒᆞ기 어려올 듯ᄒᆞᆫ지라.

요리 한번 우러러 보미, 아연(啞然)[770] 딕경(大驚)ᄒᆞ여 심긔(心氣) 져샹(沮喪)ᄒᆞ나, 원흉 요인의게 큰 말을 ᄒᆞ고 왓ᄂᆞᆫ 고로 무단이 도라가지 못ᄒᆞ여, 이 날 셕식을 가쟝 단단이 먹고 졍신과 지조를 가다듬아, 초야의 작슈ᄒᆞ여 몬져 졍긔를 【48】앗고져ᄒᆞ여, 변하여 삼두육비(三頭六臂)[771] 되어, 큰 칼흘 안고 담을 크게 ᄒᆞ여 엄연이 돌입ᄒᆞ엿더니, 금의동ᄌᆞ(金衣童子)의 싱금ᄒᆞ미 되니라.

초시 조샹국이 무인심야(無人深夜)의 슈무촌쳘(手無寸鐵)ᄒᆞ고 만뇌구젹(萬籟俱寂)[772]흔ᄃᆡ 흉변(凶變)을 당ᄒᆞ니, 비록 승텬입디(昇天入地)ᄒᆞᄂᆞᆫ 지죄 이시나 창졸의 위급ᄒᆞ믈 면키 어려오니, 힝음업시 항우(項羽)[773]의 녀력(膂力)과 ᄌᆞ셔(子胥)[774]의 강

---

768)음운(陰雲) : 하늘을 덮은 검은 구름.

769)츄종(騶從) : 윗사람을 따라다니는 종. 늑추복(騶僕).

770)아연(啞然) ; 너무 놀라거나 어이가 없어서 또는 기가 막혀서 입을 딱 벌리고 말을 못하는 모양

771)삼두육비(三頭六臂) ; 머리가 셋이고 팔이 여섯 개 달린 괴물.

772)만뢰구젹(萬籟俱寂) : 밤이 깊어 아무 소리도 없이 아주 고요함.

773)항우(項羽) : B.C.232~B.C.202. 중국 진(秦)나라 말기의 무장. 이름은 적(籍). 우는 자(字)이다. 숙부 항량(項梁)과 함께 군사를 일으켜 유방(劉邦)과 협력하여 진나라를 멸망시키고 스스로 서초(西楚)의 패왕(霸王)이 되었다. 그 후 유방과 패권을 다투다가 해하(垓下)에서 포위되어 자살하였다. '역발산기개세(力拔山氣蓋世; 힘은 태산을 뽑을 만큼 거세고 기개는 세상을 덮을 만큼 웅대하였다)'는 《사기》의 <항우본기(項羽本紀)>에 나오는 말로, 그의 용력과 기개를 잘 보여주는 유명한 말이다.

용(强勇)을 가져셔도 홀 일 업스니, 군주의 디량(大量)이오, 장부의 웅심(雄心)이나 혼비니쳬(魂飛離體)775)ᄒᆞᆷ믈 씨닷지 못ᄒᆞ더니, 쳔만념외(千萬念外)의 주긔 침변(枕邊) 좌우(左右)로조ᄎᆞ 두낫 금의신인(金衣神人)이 닉다라, 【49】요인을 싱금(生擒)ᄒᆞ여 본형(本形)을 현츌(顯出)ᄒᆞᆷ믈 보니, 신긔코 다힝ᄒᆞᆷ믈 니긔지 못ᄒᆞ나, 그 아모 연괴며 조홰믈 아지 못ᄒᆞ여 경괴(驚怪) 난측(難測)ᄒᆞ니, 밋쳐 말을 일우지 못ᄒᆞ고 심신이 황홀여취(恍惚如醉)ᄒᆞ여 아모리 홀 줄 모르더니, 금의동ᄌᆞ(金衣童子) 임의 요리를 신삭(神索)으로 미여 지우미776), 일시의 조공의 안젼의 나아가 졀ᄒᆞ여 왈,

"쇼도(小道) 등은 다르니 아니라 남악 형산 치운궁 금의동ᄌᆞ(金衣童子)옵더니, 틱음셩 조부인의 브리시믈 밧ᄌᆞ와 노야의 금야(今夜) 디익이 님흔 줄 아옵고, 이의 니르러 구ᄒᆞ옵ᄂᆞᆫ 비로쇼이다."

조공이 【50】졍신이 의황(疑遑)흔 가온디, 신인의 신긔흔 거동과 명빅흔 말ᄉᆞᆷ을 드르니, 심하의 괴이히 너겨 놀난 졍신을 진졍ᄒᆞ여, 날호여 문왈,

"노인은 본디 진토(塵土) 육골(肉骨) 범인(凡人)이라. 일즉 션젹(仙迹)을 ᄉᆞ괴미 업ᄂᆞᆫ지라. 다만 네붓허 젼ᄒᆞᄂᆞᆫ 말을 드르니, 남악 형산은 하ᄂᆞᆯ 한 가777) 남녁히오, 치운궁은 남악 녀션 위진군의 거쳬라. 션간(仙間)과 인간(人間)이 격졀(隔絶)ᄒᆞ여 유명지간(幽明之間) 갓흐니, 션동(仙童)이 엇지 알고 니르러 노인의 무망(無妄) 급화(急禍)를 구ᄒᆞᄂᆞ뇨? 진실노 놉흔 은혜와 덕을 갑흘 길히 업도다."

동ᄌᆞ 다른 말 아니ᄒᆞ【51】고, 다만 하직 왈,

"텬긔(天機) 비밀ᄒᆞ니, 《쇼직 ‖ 쇼되(小道)》 엇지 감히 누루(縷縷)히778) 베플니잇고? 금일 셕상(夕上)의 텬뉸(天倫)이 단취(團聚)ᄒᆞ시리니, 그 가온디 곡졀을 히셕(解釋)ᄒᆞ시리니, 노야ᄂᆞᆫ 번거이 뭇지 마르시고, 다만 요인이 범연흔 요물이 아니니, 엄슈(嚴囚) 착가(著枷)ᄒᆞ샤, 젼두(前頭) 화근의 빌미를 일치 마르쇼셔."

셜파의 몸을 두로혀ᄂᆞᆫ 듯ᄒᆞ더니 불견거쳬(不見去處)러라. 상국이 바야흐로 놀난 심신을 다시 진졍ᄒᆞ여, 그졔야 쇼리ᄒᆞ여 밧긔 ᄉᆞ환(仕宦)ᄒᆞᄂᆞᆫ 복시(僕侍)와 가졍(家丁)을 다 브르니, 니시랑이 역시 잠을 갓드럿더니 잠결의 조공의 급히 가인 브르믈 【52】 듯고, 놀나 씨여 눈을 떠보니, 불이 쩌져 방즁이 침침ᄒᆞ여 무스 거시 잇ᄂᆞᆫ 줄 아지 못흘너라. 이의 문왈,

---

774)ᄌᆞ셔(子胥) : 오자서(伍子胥). 중국 춘추 시대의 초나라 사람(?~B.C.484). 이름은 원(員). 아버지와 형이 초나라 평왕(平王)에게 피살되자 오나라를 도와 초나라를 쳐서 원수를 갚았다. 이후 오나라를 도와 당대의 패자(覇者)가 되게 하였고, 또 왕자 부차(夫差)가 왕위에 오르는데 결정적인 역할을 하였다. 그러나 오왕 부차가 간신의 말을 믿고 그에게 촉루검(屬鏤劍)을 보내 자결을 명하자, 이를 따라 자결하였다.

775)혼비니쳬(魂飛離體) ; 혼(魂)이 몸을 떠남. 넋이 나감..

776)지우다 : 내리다. 내려뜨리다.

777)가 : ①변두리. 경계에 가까운 바깥쪽 부분. ②」((일부 명사 뒤에 붙어))'주변'의 뜻을 나타내는 말.

778)누루(縷縷)히 : 누누(縷縷)히. 소상하게.

"합하(閤下) 무ᄉᆞᆷ 연고를 즁야(中夜)의 침슈(寢睡)를 폐(廢)ᄒᆞ시고 사ᄅᆞᆷ을 브ᄅᆞ시ᄂ
니잇고?"

승상 왈,

"무인혼야(無人昏夜)의 괴히(怪駭)ᄒᆞᆫ 변이 이시니, 족하(足下)ᄂᆞᆫ ᄲᆞᆯ니 가인을 불너
불을 혀오라 ᄒᆞ라."

시랑이 승상의 말을 듯고 역경실ᄉᆡᆨ(亦驚失色)ᄒᆞ여 급히 니러나 의관을 슈습ᄒᆞ며 가
동(家童)을 브ᄅᆞ니, 이 ᄢᅵ 모든 복부(僕夫) 가정(家丁)이 봄 조으름이 몽농ᄒᆞ여 잠을
깁히 드럿더니, ᄶᅵ오믈 인ᄒᆞ여 일시의 ᄌᆞ던 눈을 부븨 ᄡᅵ스며 【53】불을 가져와 혀
고 보ᄆᆡ, 방즁의 일기 녀승(女僧)이 운납(雲衲)을 버셔 바리고 것구러졋고, 승상의 와
상(臥床) 밋ᄒᆡ 셔리 ᄀᆞᆺ흔 보검이 바리엿ᄂᆞᆫ지라.

니시랑과 모든 가정이 디경 실ᄉᆡᆨᄒᆞ여 아모란 연괸 쥴 아지 못ᄒᆞ고, 면면상고(面面相
顧) 왈,

"이 가장 괴이흔 일이로다. 녀승이 엇지 조협(操挾)[779] 비슈(匕首)ᄒᆞ여 노야의 위엄
을 범ᄒᆞᄂᆞ뇨?"

조공이 바야흐로 완완(緩緩)이 니러나 의ᄃᆡ(衣帶)를 슈습ᄒᆞ며, ᄯᅩ흔 허탄(虛誕)흔 일
을 제긔ᄒᆞᆷ이 가치 아냐, 다만 니르ᄃᆡ,

"외(吾) 침즁(寢中)의 잠이 업셔 젼젼(輾轉)ᄒᆞᄂᆞᆫ 즈음의, 홀연 요리 칼흘 안고 눌을
히ᄒᆞ려 드러오던 【54】양ᄒᆞ여, 사ᄅᆞᆷ이 치며 미미 업시 공연이 상하의 것구러지ᄂᆞᆫ 쇼
ᄅᆡ 나ᄂᆞᆫ 고로, 흉히ᄒᆞᄆᆞᆯ 니긔지 못ᄒᆞ여 사ᄅᆞᆷ을 브ᄅᆞ괘라. 여등은 ᄲᆞᆯ니 져 요리를 엄히
결박ᄒᆞ여 다ᄉᆞ리게 ᄒᆞ라."

시랑이 쳥파의 놀나고 흉ᄒᆞᄆᆞᆯ 니긔지 못ᄒᆞ여 왈,

"이 곳 직물 도젹과 달나 인명을 도젹ᄒᆞ려 ᄒᆞ니, 일관(一觀)이 흉참ᄒᆞ온지라, 다ᄉᆞ
리믈 범연이 못ᄒᆞ리로쇼이다."

언파의 모든 장노아역(臧奴衙役)[780]이 다라드러 쳘삭을 가져 요리를 긴긴이 결박ᄒᆞ
니, 쳥션이 ᄎᆞ시를 당ᄒᆞ여 비록 쳔변만화(千變萬化)로ᄡᅥ 날ᄶᅱ여 버【55】셔나고져 ᄒᆞ
나, 신인(神人)의 보요삭(捕妖索)이 일신을 동혀 지워시니, 능히 요슐을 발뵐 곳이 업
ᄂᆞᆫ지라. 한갓 벌의 눈을 뒤룩이며, ᄉᆞ지(四肢)를 벌덕여 버셔나고져 ᄒᆞ나 홀 일 업더
라.

니러구러 날빗치 ᄉᆡ기의 밋쳣ᄂᆞᆫ지라. 가정복부(家丁僕夫)와 하리아역(下吏衙役)이
셔로 젼ᄒᆞ여 인언이 분분(紛紛)ᄒᆞ여, 슈다 하관(下官) 비리(陪吏) 일시의 졍하(庭下)의
모다 상국긔 문안ᄒᆞ고 놀나시믈 일ᄏᆞᄅᆞ며, 요승을 결박ᄒᆞ여 져쥬기[781]를 쳥ᄒᆞ니, 승

---

779)조협(操挾) : 무엇을 손에 잡은 채로 몸에 숨겨 낌.
780)장노아역(臧奴衙役) : 모든 종을 이르는 말. *장노(臧奴)는 사내종을, 아역(衙役)은 관청이나 높은 벼
　　슬아치의 집에 소속된 남녀종을 이르는 말.
781)져쥬다 : 형문(刑問)하다. 신문(訊問)하다.

상이 또 신인의 말노조ᄎᆞ 져 요승이 범범ᄒᆞᆫ 무리 아닌 쥴 아ᄂᆞᆫ지라. 엇지 용셔ᄒᆞ미 이시리오.

초【56】 당의 불을 밝히고, 상국이 니시랑으로 더부러 병좌(竝坐)ᄒᆞ고 하관(下官) 비리(陪吏)를 다 모호고 형장긔구(刑杖器具)를 찰ᄒᆞ며, 이의 요리를 엄츄(嚴推)ᄒᆞᆯ시, 쳥션 요리 져머셔붓허 츌가(出家) 슈도(修道)ᄒᆞ여 이십여년 도를 닷가, 풍운(風雲)을 타고 바람을 브르며, 귀신을 부리는 지죄 이시니, 군ᄌᆞ 졍인(正人)은 비록 빅쳑ᄒᆞ여 스괴지 못ᄒᆞ나, 요악 간험ᄒᆞᆫ 무리와 음부 찰녀는 져마다 스괴여, 후ᄒᆞᆫ 녜물과 만흔 지물노 몬져 스괴는 녜단(禮緞)을 후히 ᄒᆞ고, 맛조흔 진미로 되졉ᄒᆞ믈 놉흔 스싱갓치 ᄒᆞ며, 불셰(不世)의 싱불(生佛)이 나린 ᄃᆞ시 되졉ᄒᆞ니, 스【57】스로 몸이 놉고 존ᄒᆞ미 셕가여린 년화탑상(蓮花榻床)의 나린 듯ᄒᆞ니, 사름 츄존ᄒᆞ믈 조ᄌᆞ 몸이 놉고 의식 방ᄌᆞᄒᆞ니, 탐욕이 방죵ᄒᆞ고 일싱 두리옴과 괴로오믈 아지 못ᄒᆞ던 바로, 너모 셰욕(世慾)이 퇴과(太過)ᄒᆞ여 금빅을 과도히 ᄉᆞ랑ᄒᆞᄂᆞᆫ 연고로, 상텬이 진노ᄒᆞ시고 신명이 믜이 너겨, 무인 심야의 예양(豫讓)782)의 닙ᄌᆞ를 갑고져ᄒᆞ여 협비슈(挾匕首)ᄒᆞ미 아니로되, ᄉᆞ욕(私慾)이 무염(無厭)ᄒᆞ여 칼흘 들고 조공을 ᄒᆡ코져 엄연 돌입ᄒᆞ믈 무인지경갓치 ᄒᆞ여 나아 드더니, 쳔만 몽상지외(夢想之外)의 조승상의 좌우 신변으로조ᄎᆞ 한ᄡᅡᆼ 【58】금의신인(金衣神人)이 닉다라, 신긔ᄒᆞᆫ 조화로 능히 져의 요슐을 졔어ᄒᆞ여, 신편(神鞭)으로 쳐 것구ᄅᆞ치고, 또 요괴 잡는 노흐로 잡아 믹여 더진 비 되니, 니른바 ᄉᆞ불범졍(邪不犯正)이라. 요리 엇지 버셔나리오.

ᄒᆡ음업시 요슐을 발뵈지783) 못ᄒᆞ고 힘힘히 형벌 아릭 나아가니, 능히 할일업ᄉᆞᆫ 바의 복초(腹招)치 아니ᄒᆞ고 장ᄎᆞᆺ 엇지ᄒᆞ리오. 스스로 혜오되,

"닉 임의 잡히기를 불ᄒᆡᆼ이 ᄒᆞ여시니, 만일 복초(服招)치 말고져 혼즉 형벌의 독ᄒᆞᆫ 거슬 엇지 견듸리오. 찰하리 한 믹도 맛지 아니ᄒᆞ여셔 젼젼악ᄉᆞ(前前惡事)를 직초(直招)ᄒᆞ【59】면, 나의 젼후 죄악이 여러 곳의 범ᄒᆞ여시니, 조승상이 비록 통히(痛駭)ᄒᆞ나 능히 혼ᄌᆞ 쳐치치 못ᄒᆞ여, 반드시 잡아 경소로 갈 거시니, 닉 이 ᄉᆞ이의 도슐을 베퍼 조각을 보아가며 탈신ᄒᆞ미 올흐니, 엇지 형벌의 괴로오믈 바드리오."

암흉(暗凶) 극ᄉᆞ(極邪)ᄒᆞᆫ 의식 이의 밋츠니, 긔운이 앙앙ᄒᆞ여 일호(一毫) 구겁(懼㤼)ᄒᆞ미 업ᄂᆞᆫ지라. 불하일장(不下一杖)의 쇼리를 놉혀 불너 왈,

"빈되(貧道) 그릇 혜아리미 졀너 쇼리히 사름의 다리오믈 곳이 드러 존위를 촉범(觸犯)ᄒᆞ엿더니, 텬디 귀신이 돕지 아냐 일시의 잡히믈 【60】만나시니 엇지 굿ᄒᆞ여 형벌의 괴로오믈 견듸여, 노야의 셩노를 두 번 촉범ᄒᆞᆫ 죄를 당ᄒᆞ리잇고? 다만 실ᄉᆞ(實

---

782)예양(豫讓); 중국 춘추시대 진(晉)나라 자객. 자신의 능력을 알아주고 중용해준 친구 지백(智伯)의 원수를 갚아주기 위해 몸에 옷 칠을 하여 문둥병자의 모습이 되고, 숯을 삼켜 벙어리가 되어 친구의 원수인 조양자(趙襄子)를 죽이려다 실패하고 죽임을 당했다. 사기(史記)』〈자객열전〉에 그의 전(傳))이 실려있다.

783)발뵈다 : '발보이다'의 준말. 무슨 일을 극히 적은 부분만 잠깐 드러내 보이다.

事)를 바로 알외리니, 노야는 ᄯᅩᄒᆞᆫ 호ᄉᆡᆼ지덕(好生之德)을 드리오샤 잔명을 용셔ᄒᆞ쇼
셔."

공이 명ᄒᆞ여 치기를 날희고 초ᄉᆞ를 올니라 ᄒᆞ니, 쳥션이 지필(紙筆)을 구ᄒᆞ여 초ᄉᆞ
를 올니니, 만편ᄉᆞ에(滿篇辭語) 만지(滿紙)의 버러실 ᄲᅮᆫ 아니라, ᄌᆞᄌᆞ언언(字字言言)이
골경신히(骨驚身駭)ᄒᆞᆷ믈 ᄭᆡ닷지 못ᄒᆞᆯ너라. 기초(其招)의 왈,

"빈승(貧僧)의 법명(法名)은 갈온 묘화니괴(尼姑)라. 본ᄃᆡ 냥민지녀(良民之女)로 죠
상부모(早喪父母)ᄒᆞ고 외무강근지친(外無强近之親)ᄒᆞ오니, 드ᄃᆡ여 어려【61】셔 삭발
ᄒᆞ여 스싱을 조ᄎᆞ 원방의 두로 노라, 긔특ᄒᆞᆫ 슐업(術業)과 쳔변만화(千變萬化)의 도슐
을 다 비화, 스ᄉᆞ로 도를 다 일운 후는 스싱을 반(叛)ᄒᆞ고, 텬하의 두로 단이며 산즁
의 이상ᄒᆞᆫ 풀과 괴이ᄒᆞᆫ 잡거슬 모화, 셰가지 약을 작환(作丸)ᄒᆞ여, 셰간(世間) 투악(妒
惡)ᄒᆞᆫ 부녀의게 쳔금을 밧고 파니, 니러틋ᄒᆞ여 ᄉᆞ귄 곳이 만ᄉᆞ온지라. 십여년 젼의 운
유(雲遊)ᄒᆞᆫ 즈최 우연이 경ᄉᆞ(京師)의 가, 여람빅 부즁의 가 셩빅 노야의 일녀 셩시,
구가(舅家)의 투악ᄒᆞᆫ 죄로 츌뷔(黜婦)되니, 셩공이 기녀의 불초(不肖)ᄒᆞᆷ믈 붓그리고 노
ᄒᆞ여, 인친과 녀셔를 한【62】치 아니ᄒᆞ고 도로혀 기녀를 깁히 가도아 죽이려ᄒᆞ니,
셩시 통입골슈(痛入骨髓)ᄒᆞ여 부모를 원망ᄒᆞ고 구가를 절치(切齒)ᄒᆞ여 반ᄃᆞ시 원슈 갑
기를 싱각ᄒᆞ여, 빈승을 조ᄎᆞ 월옥 망명 도쥬ᄒᆞ여 여ᄎᆞ여ᄎᆞ 거즛 죽으믈 일홈ᄒᆞ고 다
라나, 오왕궁의 투입ᄒᆞ여 오군쥐 되여 하ᄉᆞ인의 부인이 되여 여ᄎᆞ여ᄎᆞ 쳔흉만악(千凶
萬惡)을 부려 죄를 ᄊᆞᄒᆞ니, 하늘이 본ᄃᆡ 악인을 돕지 아니시ᄂᆞᆫ 고로 악ᄉᆞ 발각ᄒᆞ여,
음녜(淫女) 죄의 복(伏)ᄒᆞ여 부월(斧鉞)의 죽기의 밋ᄎᆞ니, 여익이 ᄯᅩ 빈승의게 도라와
【63】나라히셔 즈최를 구식(求索)ᄒᆞ시ᄂᆞᆫ 고로, 빈승이 능히 연곡(輦穀)의 잇지 못ᄒᆞ
여 먼니 도망ᄒᆞ여 원방으로 단이다가, 슈삼년이 지나고 슈식(搜索)ᄒᆞᄂᆞᆫ 길이 잠간 긋
쳐지이거늘, 다시 경ᄉᆞ의 도라오오나 지은 죄 관영(貫盈)ᄒᆞ니 감히 안심치 못ᄒᆞ여, 셩
명을 감초고 즈최를 그윽이 ᄒᆞ려 ᄒᆞᄂᆞᆫ 고로, 다시 법명을 곳쳐 쳥션ᄃᆡ시로라 ᄒᆞ고, 상
부(相府) 후문(侯門)의 도라 다시 계교를 동참ᄒᆞ니, 일즉 경셩 갑졔(甲第) 쥬문(朱門)
의 아니 단이ᄂᆞᆫ 곳이 업ᄂᆞᆫ 고로, 계궁이며 진궁이며 윤·하·뎡 삼문 ᄌᆞ녀부(子女婦)
졔【64】부인(諸夫人)닉 간고 험난(艱苦險難)의 투부(妒婦)와 음녀(淫女)를 도와 악ᄉᆞ
(惡事)를 슈창(酬唱)ᄒᆞ미 다 빈도의 참녜(參預)치 아닌 곳이 업ᄂᆞᆫ지라. ᄉᆞ귄 곳이 만
코, 일홈이 낫하나고, 약간 변화 환슐이 잇ᄂᆞᆫ 고로, 간악ᄒᆞᆫ 사ᄅᆞᆷ은 아니 붓조ᄎᆞ리 업
ᄂᆞᆫ지라. 악ᄉᆞ를 동참치 아닌 곳이 업ᄉᆞ니, 빈승이 산승(山僧)의 무리로 노야긔 복원복
슈(復怨復讐)ᄒᆞᆯ 혐의(嫌疑) 업ᄉᆞ오니, 무ᄉᆞᆫ 연고로 즁야의 칼흘 안아 돌입ᄒᆞ리잇고?
화(禍)의 근본인즉, 존부(尊府) 부인의 비져닉신 연괴라. 빈승이 이젼 곡졀이야 어이
알니잇고? 여ᄎᆞ여ᄎᆞᄒᆞ여 공【65】부시랑(工部侍郎) 원시랑이 쳔금 녜물노뼈 빈승을
쥬시고 왈, 즈긔 유시(幼時)의 월하(月下)의 밍약(盟約)을 존부 귀쇼져의게 두어 계시
더니, 노애 믄득 비약(背約)ᄒᆞ시고 쇼져를 타문의 도라 보닉시니, 원상공이 일노뼈 골
돌 분원ᄒᆞ시며, 존부인이 ᄯᅩᄒᆞᆫ 원상공의 ᄌᆡ모(才貌) 풍신(風神)을 과ᄋᆡ(過愛)ᄒᆞ샤, 노

야의 빅약ᄒ시믈 한ᄒ샤, 가만이 원시랑과 상의ᄒ샤, 뎡부인을 아모려나 도로 아스 원낭을 마즈럿노라 ᄒ신다 ᄒ고, 계괴 궁극ᄒ여 못밋출 곳이 업고, 원시랑이 쏘 뎡의쳥노야의 혼인 희지은 원【66】슈 갑기를 밍셰ᄒ여 왈, '늬 가히 뎡가 츅싱의 셰 안히를 다 아스, 금츠(金釵) 항녈(行列)을 치와 나의 아시(兒時) 가연(佳宴) 희(戲)지은 원슈를 갑고, 조공의 날을 나모라 바린 한을 셜(雪)ᄒ리라' ᄒ고, 쳔방빅계(千方百計) 교출(交出)ᄒ오니, 본부 부인이 친당 향ᄉ(享祀) 시의 귀령(歸寧)ᄒ신 ᄯᅥ의, 빈승이 환슐변화(幻術變化)로 여ᄎ여ᄎᄒ여 유랑의 얼골이 되어, 부인을 여ᄎ여ᄎ 격동ᄒ고, 쏘 변ᄒ여 졔궁 ᄎ환(叉鬟) 빙쇼의 얼골이 되어, 뎡노야 삼부인 화쇼져를 아스다가 여ᄎ여ᄎ 곤욕(困辱)ᄒ고 속여, 뎡부인 투셩(妬性)을 낫호고, 엄부인 실덕을【67】낫ᄒ니여, 화쇼져를 즁히 쳐 독의 너허 먼니 바리라 ᄒ고, 원주를 맛지니, 원시랑이 공교로 온 쇠를 겹겹이 그어 화쇼져의 반싱 반ᄉᄒ 형체를 아스가려 ᄒ더니, 여ᄎ여ᄎᄒ여 일흐미 되고, 여ᄎ여ᄎᄒ여 빈승이 원상공과 이달오믈 니기지 못ᄒᄂᆫ 가온ᄃᆡ, 그 아뫼 아스가믈 아지 못ᄒᆞᆸ더니, 어이ᄒ 연괴런지 오릭지 아녀 화쇼졔 그런 잔혹히 상ᄒ엿던 상체 완젼 여구ᄒ여 졔궁의 도라오니, 원상공이 더욱 한ᄒ여 브ᄃᆡ 조부인을 히ᄒ여 구가의 부득지(不得志)【68】ᄒᆞᆫ 후, 엄부인을 다리여 ᄌᆞ긔 긔물을 삼고, 노야의 ᄌᆞ긔를 나모라 바리신 한을 갑고져 ᄒ시므로, 다시 한츄밀 튁즁 비ᄌᆞ 신월이란 ᄌᆞ를 여ᄎ여ᄎ 사괴여 한츄밀 부인 관시로 동심 회뢰ᄒ여 한쇼져를 히ᄒ려 ᄒ다가 일이 픠루ᄒ기의 니르거늘, 빈승이 쏘 여ᄎ여ᄎᄒ여 옥즁의 신월을 아스 ᄂᆡ여오나, 관부인이 츌화를 면치 못ᄒ거늘 원시랑이 쏘 신월노 ᄒ여곰 초군(楚軍)의 좌ᄉ마(左司馬)[784]를 숨아 엄부인을 격노코져 ᄒᆞᆯ 젹, 맛춤 일이 공교로와 뎡병부 노애 걸안 흉젹을 치라【69】만니 젼진의 나아가니, 니른바 일뉴(一類) 간당(奸黨)의 양미토긔(揚眉吐氣)ᄒᆞᆯ 시졀이라. 드ᄃᆡ여 딕계(大計)를 운동ᄒ여 여ᄎ여ᄎ 계교로 다시 조부인을 본부의 일위여, 신월을 용ᄉ(用事)ᄒ여 부인의 죄를 얽어 조줘 젹거(謫居)ᄒ시게 ᄒ고, 한츄밀 부인은 {유동 신원 갓치 ᄒ여} 부가(夫家)의 도라가시ᄃᆡ, 조부인 투셩(妬性) 악ᄒᆡᆼ(惡行)은 ᄉ린(四隣)의 회ᄌᆞ(膾炙)ᄒ고, 쏘 즁노의 강도를 보ᄂᆡ여 봉변(逢變) ᄉ익(死厄)ᄒ시미 다 빈승의 도으미오, 원시랑이 만흔 지물과 반싱 심녁을 허비ᄒ나 죵시 가인슉녀(佳人淑女)를 취(娶)치 못ᄒ니, 심화(心火)와 결증[785]을 것줍지 못【70】ᄒ여 쏘 니르ᄃᆡ, 조상국이 불구(不久)의 도라올 거시니, 긔녀(其女)의 ᄉ익(死厄)을 혹ᄌᆞ(或者) ᄉ긔(事機)를 의심ᄒ미 이실가, 그윽이 ᄌᆞ긕을 광구(廣求)ᄒ여 즁노의 보ᄂᆡ고져 ᄒᄂᆞᆫ지라. 빈승이 셰욕(世慾)의 구구(區區)ᄒᆫ 탐심(貪心)으로ᄡᅥ 만흔 지보를 ᄉ랑ᄒ여, 망녕되이 노야의 존위를 간범코져 ᄒ온 죄 즁ᄒ오나, 이 쏘ᄒᆫ ᄉᆞᄉᆞ로오미 아니라 원시랑의 식인 바로, 존부 부인의 초두지ᄉ(初頭之事)의 간셥ᄒ미 잇ᄂᆞᆫ 줄 혜아리샤, 빈승의 죄

---

784) 초군(楚軍)의 좌ᄉ마(左司馬) : 중국 춘추시대 초나라 장수이자 전략가인 좌사마 심윤술(沈尹戌). 당시 오(吳)나라와의 백거(柏擧) 전투에서 자신의 전략이 지켜지지 않아 초군이 대패하자 자결하였다.
785) 결증 : 몹시 급한 성미 때문에 일어나는 화증.

아니믈 슬피쇼셔."

하엿더라.

조공이 간필(看畢)의 딕경(大驚) 딕로(大怒)ᄒ여 손으로 무릅흘 쳐, 녀셩(厲聲) 분미(憤罵) 왈,

"난신젹【71】ᄌᆡ(亂臣賊子) 하딕무지(何代無之)리오마는, 원홍 갓흔 난음탕ᄌᆡ(亂淫蕩子) 셩셰치화(聖世治化) 아릭 이신 쥴 알니오. 츠젹(此賊)의 요음(妖淫) 딕악은 맛당이 경ᄉᆡ의 가 다스리려니와, 요리의 죄상이 쏘흔 텬디의 관영(貫盈)ᄒ니 몬져 다스려 요괴로온 ᄌᆞ최를 세상의 싯고 그 죄를 졍히 하리라."

언파의 슈려흔 광미(광미)의 노긔 등등ᄒ여 두발(頭髮)이 상지(上之)ᄒ고 목ᄌᆞ(目眥) 진녈(盡裂)ᄒ니, 일셩음아(一聲嗒啞)[786]의 좌우 나졸을 ᄭᅮ지져 요리(妖尼)를 장하(杖下)의 맛고져 ᄒᄂᆞᆫ지라.

쳥션은 딕간(大奸) 딕악(大惡)이라. 일호(一毫) 구겁(懼怯)ᄒ미 업셔, 앙연이 우러러 왈,

"빈승이 임의 궤상육(机上肉)이라. 한번 잡힌 후는 【72】죽을 쥴 긔약흔 지 오릭니, 엇지 각별 놀나오미 이시리잇고마는, 빈승이 쥭기의 니ᄅᆞ러 두로 악업을 ᄊᆞ흐미 만흐니, 누셜(陋說)을 각각 신셜(伸雪)ᄒ게 ᄒ미 맛당ᄒ거늘, 니졔 노애 일시 격분ᄒ샤 빈승을 맛ᄎᆞ시미 그 몃몃 사롬의 신원의 길히 막히ᄂᆞ니잇고?"

니시랑이 겻흐로조ᄎᆞ 말녀 왈,

"요리의 죄상이 비록 통히ᄒ오나 말인즉 그릇지 아니ᄒ지라. 쳥컨딕 합하는 식노(息怒)ᄒ샤 아직 형츄(形推)ᄒ기를 긋치고, 함거(檻車)의 단단이 가도아 경ᄉᆡ의 도라가, 젼후 죄상을 텬졍의 알외여 명빅히 쳐결ᄒ미 【73】올흐니이다."

상국은 명쳘(明哲) 식니(識理)흔 군ᄌᆞ라. 그 말을 유리히 너기나 요승의 가지록 요악ᄒ믈 노ᄒ여, ᄉᆞ예(司隷)를 호령ᄒ여 즁형(重刑) 일칙[787]를 믹이쳐 함거(檻車)의 가도라 ᄒ니, 쳥션이 이의 다ᄃᆞ라는 홀일업셔 쳔방빅계로 형벌을 밧지 아니려 발작흔들 엇지 밋ᄎᆞ리오. 좌우의 무슈흔 군관 빅리와 아역 나졸이 요리의 죄상을 드릭미 분히 치 아니리 업고, 쏘 무슨 인졍의 구이흘 거시 이시리오. 위엄(威嚴)을 조ᄎᆞ 힘을 다ᄒ니, 한 믹의 ᄲᅨ 부러지고 피육이 후란ᄒᄂᆞᆫ지라. 일 칙를 다ᄒ미, 요리 【74】힝혀 더 칠가 져허 눈을 감고 호흡을 드리그어[788] 반싱반ᄉᆞ(半生半死)흔 거동을 ᄒ니, 조공이 분노ᄒ믈 니긔지 못ᄒ여 명ᄒ여 일칙를 더ᄒ고져 ᄒ더니, 믄득 가인(佳人)이 밧그로조

---

786)일셩음아(一聲吟哦) : '여봐라', '듣거라', '얏' 따위의 한 마디 고함소리. *음아(吟哦); 싸움이나 경기에서 상대편의 기선(機先)을 제압하기 위해 내지르는 고함(高喊)소리.

787)일칙 : 한 차례의 매질. *칙; 매질. 죄인을 신문할 때 공포감을 주어 자백을 강요할 목적으로 한바탕 가하는 매질. 또는 그러한 매질의 횟수를 세는 단위. '치'는 '笞(매질할 태)'의 원음, '태'는 그 속음(俗音)임.

788)드리긋다 : (숨을) 들여 마셔 그치다. *긋다; 끊다. 그치다.

츠 일봉 셔찰을 밧드러 올니고, 계하(階下)의 고두ᄒᆞ거늘, 괴이히 너겨 피봉을 기함(開緘)ᄒᆞ니 왈,

"불초녀 셩난은 근ᄇᆡ셔(謹拜書)ᄒᆞ여, 엄군(嚴君) 좌하(座下)의 올니ᄂᆞ이다. ᄒᆞ엿더라.

상국이 간필의 ᄃᆡ경 ᄃᆡ희ᄒᆞ여 글을 ᄎᆞ 보지 아냐, 하리를 분부ᄒᆞ여 좌긔(坐起)789)를 밧비 셔르져 요리를 엄슈 착가ᄒᆞ여 실포(失捕)ᄒᆞᄆᆡ 업게 ᄒᆞ라 ᄒᆞ고 파ᄒᆞ니, 졔노(諸奴) 아역(衙役)이 【75】 쳥녕(聽令)ᄒᆞ여, 요승을 큰 함거(檻車)790)의 너흘ᄉᆡ, ᄉᆞ슬노 일신을 얽어 감히 움죽이지 못ᄒᆞ게 ᄒᆞ고, 하로 두 ᄢᅵ 음식을 쥬니 쳥션이 처음 계교ᄂᆞᆫ 한 ᄆᆡ도 맛지 아냐 승복ᄒᆞ면 조공이 다시 치죄(治罪)ᄒᆞᄆᆡ 업시 깁히 가돌가 ᄒᆞᄆᆡ오, 연즉(然則) 계교로 탈신코져 ᄒᆞᄆᆡ러니, 의외 즁형 일ᄎᆞ를 독히 맛고, 항쇄족쇄(項鎖足鎖)791)ᄒᆞ여 함거의 가도니, 알픈 쥴을 닛고 오히려 다힝ᄒᆞ여 직흰 사ᄅᆞᆷ이 업기를 기다려, 아모리 진언(眞言)을 닑으며 ᄉᆞ슬792)을 두다려 작법(作法)ᄒᆞᆫ들 엇지 능히 ᄉᆞ지(死地)를 잘 버셔나리오. 졍히 온갓 요슐을 다 시험ᄒᆞ여 아모죠【76】록 버셔나고져 ᄒᆞ더라. 【77】

---

789)좌긔(坐起) : 관아의 으뜸 벼슬에 있던 이가 출근하여 일을 시작함.

790)함거(檻車) : 예전에, 죄인을 실어 나르던 수레.

791)항쇄족쇄(項鎖足鎖) : 죄인의 목에 씌우던 칼과 그 발에 채우던 차꼬를 아울러 이르는 말.

792)ᄉᆞ슬 : 사슬. 쇠사슬. 쇠로 만든 고리를 여러 개 죽 이어서 만든 줄.

윤하뎡삼문취록 권지칠십오

ᄎ시 쳥션 요리 졍히 온갓 요슐을 다 시험ᄒᆞ여 아모조록 버셔나고져 ᄒᆞ더니, 홀연 일빵 금의동ᄌᆞ(金衣童子) ᄂᆡ다라 금치로 뒤골을 치며 ᄭᅮ지져 왈,

"우리 이인(二人)이 틱음셩 균지(勻旨)793)를 봉승(奉承)ᄒᆞ여 너 요리(妖尼)를 직희엿ᄂᆞ니, 네 엇지 젹은 요슐노 감히 ᄉᆞ죄(死罪)를 도망ᄒᆞ여 다라나고져ᄒᆞᄂᆞ다?"

ᄒᆞ고, 신삭(神索)으로 ᄆᆡ기를 더욱 단단이 ᄒᆞ니, 원ᄂᆡ 보요삭(捕妖索)은 션가(仙家)의 보비라. 요리의 일신을 동혀 지워시나, 쇽인은 능히 몰나보미러라. 모든 나【1】졸들이 신삭(神索)을 보지 못ᄒᆞ고, ᄯᅩ 우흐로 결박ᄒᆞ기를 단단이 ᄒᆞ엿ᄂᆞ지라. 쳥션이 인간 노ᄒᆞᆯ 엇지 두려ᄒᆞ리오만은, 능히 션가의 쳘삭을 버셔나지 못ᄒᆞ고, 금의동ᄌᆞ 쥬야로 직희여시니 능히 함거(檻車)를 버셔나지 못ᄒᆞ고, 쥬야 울며 이쓸 ᄯᅮᆫ이니, 다만 원홍을 무슈히 원망ᄒᆞ더라.

조공이 쳔만(千萬) 몽상지외(夢想之外)의 녀아의 친셔를 어드니, 원ᄂᆡ 경셩을 ᄯᅥ난지 셰지(歲在) 여러 츈츄(春秋)로뒤, 본부 셔간이 ᄌᆞ로 왕ᄂᆡᄒᆞ나, 조상부(相府)의셔 상하 졔인이 일졀 녀아의 봉변지ᄉᆞ(逢變之事)는 젼ᄒᆞ미 업셔, 다만 일양(一樣)【2】 무ᄉᆞ(無事)ᄒᆞ므로 젼ᄒᆞ니, 조공이 실노 녀아의 지난 화익을 몰낫ᄂᆞ지라. 금일이야 바야흐로 요승의 초ᄉᆞ로조ᄎᆞ 잠간 알고, ᄎᆞ악 경히ᄒᆞᄂᆞᆫ 즈음이러니, ᄯᅩ 녀아의 필젹을 어드니 의괴ᄒᆞ여 밧비 ᄯᅥ혀 볼ᄉᆡ, 뒤강 셔(書)의 왈, 야야의 존쳬 역녀(逆旅) 긱관(客舘)의 일양(一樣) 녕슌안강(寧順安康)ᄒᆞ샤 빗ᄂᆡ 환조ᄒᆞ시믈 깃거ᄒᆞᄂᆞᆫ ᄉᆞ연이오, 주긔 일시 지앙으로 평디(平地)의 풍픠(風波) 상ᄉᆡᆼ(相生)ᄒᆞ여 지난 화변의 괴히(怪駭)ᄒᆞᆷᄋᆞᆯ 뒤략을 베플고, 위화(爲禍) 참난(慘難) 즁(中) 신인(神人)의 보조(輔助)ᄒᆞᆷᄋᆞᆯ 닙어 몸이 무ᄉᆞ홈과, 공교히 이 ᄯᅳᆫ히 니ᄅᆞ러 부녜 상봉홀 바【3】를 영힝ᄒᆞ여시니, 공이 간파의 불승뒤경뒤희(不勝大驚大喜)ᄒᆞ나 챵졸의 연고를 무를 곳이 업ᄉᆞ니, 녀이 반ᄃᆞ시 변복ᄒᆞ여 이의 니ᄅᆞ러시믈 알ᄆᆡ, 잔잉 비련지심(悲戀之心)이 몬져 뉴츌(流出)ᄒᆞ니, ᄌᆞ연 가월텬창(佳月天窓)794)의 슈운(愁雲)이 안기갓치 모히고, 봉안의 츄쉬(秋水) 요동ᄒᆞᆷᄋᆞᆯ 면치 못ᄒᆞ니, 안식이 쳑의(慽意)ᄒᆞ여 슈이 말을 못ᄒᆞᄂᆞ지라.

---

793)균지(勻旨) : 조선 시대에, 영의정 또는 좌·우의정이 발표한 의견이나 명령. 늑균교. 여기서는 내상
　　(內相)으로 일컬어지는 부인의 명령 곧 '조부인의 명령'이라는 뜻으로 쓰였다.
794)가월텬창(佳月天窓) : 아름다운 눈썹과 눈을 달리 표현한 말. *가월(佳月); 초승달처럼 아름다운 눈썹.
　　*텬창(天窓) : '눈'을 달리 표현한 말.

니공은 총명호 장뷔라. 또 엇지 져 긔식을 아지 못호리오. 원녀 니시랑은 타인이 아니라 니퇴스의 추즈 즁회의 장지니, 뎡의쳥의 표형(表兄)이러라. 조상국의 비식쳑용(悲色慽容)을 보고, 문 왈,

"합【4】히(閤下) 엇던 사롬의 셔간이완디, 보시미 져러틋 쳑비(慽悲)호시노니잇고?"

상국이 녀아의 셔간인 즐 니르고 츄연 탄식 왈,

"외(吾)795) 경스를 써난지 스오년의 가환(家患)의 비상호미 여츠호디 망연이 아지 못호니, 엇지 싱즈의 원거(遠居)호미 유명(幽明)과 다르다 아니호리오. 족하는 추스를 아라실 듯호디 엇지 셔로 쇼식을 젼치 아니호시뇨?"

시랑이 쳥파의 조부인의 싱존타호믈 역시 깃거, 날호여 공경 칭스(稱辭) 왈,

"쇼싱이 엇지 감히 션싱을 긔망호오며, 슈슈(嫂嫂)의 셩덕 지화로 운익이 긔구호여 싱싱을 미가분(未可分)호는 지경의 【5】밋스오믈 놀나지 아니호리잇가만은, 조형 등이 당부호여 힝혀 션싱으로 호여곰 긱녀지즁(客旅之中)의 셩녀(聖慮)를 요동호실가 졀박히 말과져호므로, 도츠(到此)의 발셜치 아니호오미니, 엇지 감히 션싱을[긔] 은닉(隱匿)호여 경홀(輕忽)코져 호미리잇고? 슈연(雖然)이나 슈슈의 쳡봉환난(疊逢患亂)호시미 인심의 경참지스(驚慘之事)라. 니러틋 신긔히 싱환(生還)호시믄 젼연 부지호옵고, 진실노 옥이 바아지고 향이 스라지미 잇는가? 표뎨(表弟)를 위호여 슉녀를 원앙(怨怏)○[히] 참몰(慘沒)호여 비항(配行)의 추오(差誤)호 탄이 이시믈 쥬야 가석호옵는 비러니, 니졔 긔특이 보【6】젼호시믈 듯즈오니 신긔호며 긔이호믈 니긔지 못호리로쇼이다."

상국이 역탄역희(亦嘆亦喜)호여 치하를 스양치 아니호고, 밧비 셔간 가져온 하인을 브르라 호니, 슈유(須臾)의 일기 창뒤(蒼頭)796) 뎡호(庭下)의 니르러 고두 비알호고 당상을 우러러 슬프믈 니긔지 못호니, 이 곳 다르니 아니라 녀아의 유모 취옥이라. 비록 남복을 호여시나 엇지 몰나 보리오. 상국이 반기고 슬허 문 왈,

"너를 보니 취옥 비지로쇼니, 니졔 녀이 어딘 잇노뇨?"

이찐 하관비리(下官陪吏) 다 물너갓고, 다만 시랑이 잇는지라. 좌즁의 타인이 【7】업스믈 보고, 유랑(乳娘)이 고두(叩頭) 뉴쳬(流涕)호여 지난 화익(禍厄)이며, 신인(神人)의 인도호믈 닙어 남악 형산가지 뉴우(流寓)호엿던 바를 즈초지죵(自初至終)이[히]고(告)호나, 또호 진군의 긔이호 스젹과 부인의 텬셔(天書) 강혹(講學)호여 조화(造化)의 비밀호믄 스싟지 아니호니, 이는 부인의 경계호미러라.

니시랑은 드를스록 긔특호믈 니긔지 못호여 왈,

"남악 형산은 도뢰 요원호 곳이라. 션간(仙間)과 진간(塵間)이 현격(懸隔)호믄 유음

---

795) 외(吾) : 1인칭 대명사 '오(吾)'에 주격조사 'ㅣ'가 합쳐진 글자. '내'의 의미.
796) 창뒤(蒼頭) : 사내종.

(幽陰)797)으로 다ᄅᆞ미 업거늘, 현쉬(賢嫂) 능히 션젹(仙迹)을 쏠와 도라 오시니, 일노 조ᄎᆞ 비범(非凡) 탁셰(卓世)ᄒᆞ미 속인【8】과 다ᄅᆞ신 줄 알니로다. ᄯᅩᄒᆞᆫ 비상간익(非常艱厄) 가온ᄃᆡ 표뎨의 골육을 보죤ᄒᆞ여 발셔 싱셰 삼셰라 ᄒᆞ니, 엇지 더욱 긔특지 아니리오.”

칭찬ᄒᆞᄆᆞᆯ 마지 아니ᄒᆞ고, 상국은 깃분 가온ᄃᆡ나 도로혀 허탄(虛誕)ᄒᆞᄆᆞᆯ 깃거 아냐 쳑연 탄식 왈,

“규즁의 도ᄂᆞᆫ 죵용ᄒᆞ미 웃듬이오, 군ᄌᆞ와 슉녀ᄂᆞᆫ 허탄ᄒᆞᄆᆞᆯ 취치 아니ᄒᆞ거늘, 늬 아히 싱셰ᄒᆞ미 녀ᄒᆡᆼ(女行) ᄉᆞ덕(四德)이 규곤(閨閫)798)의 낫부미 업ᄉᆞᄃᆡ, 엇지 홀노 쇼조(所遭)의 다험(多險)ᄒᆞ미 니러틋 긔구(崎嶇)ᄒᆞ뇨?”

탄셕ᄒᆞᄆᆞᆯ 마지 아니ᄒᆞ고, 부인의 위인을 모ᄅᆞ미 아니로ᄃᆡ, 요【9】리의 초ᄉᆞ(招辭)로조ᄎᆞ 무도픽ᄒᆡᆼ(無道悖行)이 니러틋 표표(表表)ᄒᆞ니, 비록 허물을 감초고져ᄒᆞ나 능히 홀일업손지라. 원홍 탕ᄌᆞ를 졀치ᄒᆞᄂᆞᆫ 가온ᄃᆡ, ᄯᅩᄒᆞᆫ 부인을 노ᄒᆞ여 ᄉᆞ쇠이 ᄌᆞ못 불예(不豫)ᄒᆞ니, 늬시랑은 원홍을 졀치 통한ᄒᆞ나 엄부인이 간예ᄒᆞ여시니 감히 ᄉᆞ쇠지 아니ᄒᆞ고, 경ᄉᆞ의 올나가 요리와 악당을 다ᄉᆞ리ᄂᆞᆫ 날, 원홍의 젼후 죄상을 텬졍(天廷)의 알외여 요음(妖淫) 흉교(凶狡)ᄒᆞᆫ 죄를 졍히 ᄒᆞ려 ᄒᆞ더라.

상국이 취파(娶)다려 왈,

“녀이 유죄무죄간(有罪無罪間) 국가의 죄인이라. 아직 은ᄉᆞ(恩赦)를 밧ᄌᆞᆸ지【10】못ᄒᆞ여시니, 진퇴를 장ᄎᆞᆺ 엇지코져 ᄒᆞ더뇨?”

쇼제 발셔 텬의(天意)와 시슈(時數)를 알오미 붉은지라. 임의 유모를 ᄌᆞᄌᆞ(字字)이 가ᄅᆞ치미 잇ᄂᆞᆫ 고로, 유랑이 즉시 ᄃᆡ왈,

“부인이 오히려 남장(男裝)을 벗지 못ᄒᆞ여 계시니, 남악으로셔 바로 이 ᄯᅡ히 니ᄅᆞ시믄 신인의 가ᄅᆞ치믈 바드미라. 니ᄅᆞ시ᄃᆡ, 부녀 상봉ᄒᆞ여 싱ᄉᆞ를 고ᄒᆞᆫ 후, 조쥬ᄂᆞᆫ 니리로셔 지나ᄂᆞᆫ 길이니, 노야를 쏠와 ᄒᆡᆼᄒᆞ시다가, 젹쇼(謫所)의 니ᄅᆞ러 본관의 거취(去就)를 고ᄒᆞ려 ᄒᆞ시더이다.”

공이 졈두(點頭)ᄒᆞ고, 이의 일승(一乘) 교ᄌᆞ(轎子)와 복부(僕夫) 가졍(家丁)을 갓초아 노고의【11】집의 가 녀아를 다려오라 ᄒᆞ고, 유모로 ᄒᆞ여곰 젼어 왈,

“타인(他人)이 업고 황ᄉᆞ(皇使)ᄂᆞᆫ 곳 늬시랑이니 혐의 업ᄉᆞ니 ᄲᆞᆯ니 이 곳의 와 반기{리}라.”

ᄒᆞ니, 유랑이 ᄃᆡ쥬인을 우러러 반기고 깃부믈 니긔지 못ᄒᆞ여 쮜놀며, 거교(車轎)를 거ᄂᆞ려 길흘 인도ᄒᆞ여 노고의 집의 니ᄅᆞ니, 부인이 졍히 유모를 셔ᄃᆡ랑 녀졈(旅店)의 보닉고, ᄉᆞ녀(四女)로 더브러 기다리더니, 가장 오릭게야 유랑이 드러와 만면 회식으로 공의 명을 젼어ᄒᆞ며, 햐쳐(下處) 죵용ᄒᆞ고 타인이 업ᄉᆞ니 거픠 니ᄅᆞ러 이의 뭇기를

---

797)유음(幽陰) : ①으슥한 그늘. ②음계(陰界). 저승.
798)규곤(閨閫) : 규방(閨房). 부녀자가 거처하는 방. 또는 부녀자를 지칭하는 말.

닐넛는지라. 부인이 【12】니시랑의 이시믈 져기 불평ᄒ나, 도ᄎ(到此)의 피치 못ᄒᆯ 형세라. 약간 은젼(銀錢)을 닉여 쥬고(主姑)를 ᄉ례ᄒ고, 교ᄌ의 올나 ᄎᆔ교역 ᄒ쳐로 올ᄉᆡ, 오히려 도복을 폐치 못ᄒ엿더라.

유랑이 쇼아를 안아 뒤흘 조ᄎ ᄒ쳐의 니ᄅ러 바로 뎡하(庭下)의 나려 초당(草堂)의 드러가니, 부친 조상국이 광의ᄃᆡᄃᆡ(廣衣大帶)로 초당의 단좌(端坐)ᄒ엿고, 니시랑은 녀측(如廁)ᄒ라 간 ᄉᆞ이러라. 부녜(父女) 오지니별(五載離別)의 효녀의 망운영모지심(望雲永慕之心)799)이 세월노조ᄎᆞ 깁던 바로, 금일 ᄌᆞ긔 화란여싱(禍亂餘生)으로 구ᄉ일싱(九死一生)ᄒ여 도ᄎ(到此)의 부녜 상봉ᄒ니, 【13】엇지 반갑고 슬프지 아니리오.

연망(連忙)이 승당ᄒ여 부친 무릅 아릭 졀ᄒ고, 광삼(廣衫)을 밧드러 부용(芙蓉) 냥협(兩頰)의 쥬뤼(珠淚) 년낙(連落)ᄒ믈 씌닷지 못ᄒ니, 옥셩(玉聲)이 경열(哽咽)ᄒ여 능히 말을 못ᄒ는지라. 상국이 눈을 밧비 드러 녀아를 보니, 편편(翩翩)ᄒᆫ 광삼(廣衫)과 제제(齊齊)ᄒᆫ 황관도복(黃冠道服)800)으로 신션(神仙)의 복식(服色)을 갓초앗고, 녕형슈려(靈形秀麗)ᄒᆫ 빅틱덕질(百態德質)이 진션진미(盡善盡美)ᄒᆫ 가온딕, 슈년 인간화미(人間華味)를 불어(不御)801)ᄒ고, 션단(仙丹) 감노(甘露)를 맛보아시니, 몱고 조흔 긔질이 더욱 탈속 호연ᄒ여 션풍(仙風) 이질(異質)이 머무러시니, 결쳥(潔淸) 쇼쇄(掃灑)ᄒ여 일종 【14】부게(一種芙蕖)802) 쳥강(淸江) 닝우(冷雨)를 썰쳣는 듯, 고고담담(孤高淡淡)ᄒ여 요지금원(瑤池禁苑)803)의 다람화804) 한 송이 조로(朝露)를 먹음어 쳥엽(靑葉)의 ᄊ혀시니, 신신요요(新新夭夭)ᄒ지라. 규각(閨閣)의 일 녀ᄌᆡ 변ᄒ여 날난ᄒᆫ805) 치복(彩服)으로써 도의(道衣)를 밧고와시니, 표일(飄逸) 상낭(爽朗)ᄒ여 일기 앙장ᄒᆫ 미쇼년이 어늘, 속인과 다른 복식이 더욱 별유긔이(別有奇異)ᄒ니, 의심컨딕 동빈(洞賓)806)의 허롱진807) 풍치와 젹션(謫仙)808)의 호활(豪豁)ᄒᆫ 긔상이며 장건(張騫)809)의 승ᄉ(乘

---

799) 망운영모지심(望雲永慕之心) : : 자식이 객지에서 고향에 계신 어버이를 생각하는 마음. ≒망운지정(望雲之情).

800) 황관도복(黃冠道服) : 누런 빛의 풀로 만든 관과 도인이 입는 옷을 이르는 말로, 도사(道士)의 차림새를 말한다.

801) 불어(不御) : 존귀한 사람이 음식 따위를 먹지 않는 것을 높여 이르던 말. 진어(進御)의 반대말.

802) 일종부게(一種芙蕖) : 한 포기 연꽃. *부거(芙蕖) : 연꽃. 부용(芙蓉).

803) 요지금원(瑤池禁苑) : 요지(瑤池)에 있는 동산. *요지(瑤池); 곤륜산에 있다고 하는 연못으로, 서왕모(西王母)가 살고 있다고 하며, 주(周) 목왕(穆王)이 이곳에서 서왕모(西王母)를 만났다는 전설이 전하고 있다. *금원(禁苑); 예전에, 궁궐 안에 있던 동산이나 후원을 이르던 말.

804) 다람화 : ①담화(曇華). 우담화(優曇華). 『불교』인도에서, 삼천 년에 한 번 전륜성왕이 나타날 때에 꽃이 핀다고 하는 상상의 식물. ≒우담발라. ②담화(曇華); =홍초(紅草). 칸나과의 여러해살이풀. 높이는 1~2미터이며, 잎은 큰 타원형이고 끝이 뾰족하다. 여름과 가을에 꽃잎 모양의 수술을 가진 꽃이 잎 사이에서 나온 꽃줄기 끝에 총상(總狀) 화서로 피고 열매는 삭과(蒴果)로 10월에 익는다. 관상용이고 말레이시아, 인도차이나가 원산지로 각지에 분포한다.

805) 날난ᄒ다 : 날래다. 날렵하다. *날나다; 날래다. 날렵하다.

806) 동빈(洞賓) : 여동빈(呂洞賓). 이름은 여암(呂品). 자는 동빈(洞賓). 중국 당나라 때의 도사(道士). 황소(黃巢)의 난 때 집을 종남(終南)으로 옮겼는데 거처를 아무도 모른다고 한다. 중국 도교의 팔선(八仙) 가운데 한 사람으로, 〈금화총서(金華叢書)〉에 그의 작품들이 들어 있다.

槎)810)는, 오히려 남지라 발양발췌(發揚拔萃)ᄒᆞ미 션뉴(仙類)의도 허랑ᄒᆞᆫ 곳이 만커니와, 조부인의 일운 바는 도덕쳥ᄒᆡᆼ(道德淸行)이 의의(猗猗) 【15】 탁셰(卓世)ᄒᆞ여, 한갓 션범(仙凡)의 특셰(特勢)ᄒᆞᆯ 쑨 아니라, 셩문(聖門)의 바른 도통(道統)을 어드미 남ᄌᆞ로 일너도 공안(孔顔)811)의 후셕(後席)을 쓸와 승당 입실의 넉넉ᄒᆞ고, 녀ᄌᆞ로 의논ᄒᆞᆫ 즉, ᄉᆞ후(姒后)812)의 쳔연ᄒᆞᆫ 문명(文明)과 이비(二妃)813)의 옷다온 덕풍(德風)을 아오라, 쳔만디(千萬代)를 녁상(歷想)ᄒᆞ나 ᄌᆞ고급금(自古及今)의 희한ᄒᆞᆫ 슉인셩ᄉᆞᆯ(淑人盛事)라.

조공이 반갑고 슬프며 놀납고 두굿거오니, 젼일 침엄(沈嚴)ᄒᆞᆫ 위의(威儀)로도 놀나오믈 씨닷지 못ᄒᆞ여, 섈니 광슈를 드러 녀아의 옥슈를 년집(連執)ᄒᆞ고, 광미봉안(廣眉鳳眼)의 ᄒᆡᆼ누(行淚) 두어 줄이 상연(傷然)ᄒᆞ여 왈,

"ᄎᆞ하(此何) 진(眞)이며 몽(夢) 【16】 이냐? 노뷔(老父) 국ᄉᆞ로 집을 써난지 ᄉᆞ오년의, 만니 이각(涯角)의 경향(京鄕)이 아으라ᄒᆞ거니와, 이 ᄯᅩ 일텬지하(一天之下)의 쳐(處)ᄒᆞ미오, 유음(幽陰)이 격(隔)ᄒᆞ미 아니어늘, 나의 쳔금 쇼괴(小嬌) 희한ᄒᆞᆫ 역경 참난 가온디, 쳡봉환난(疊逢患難)이 하마 ᄉᆞ싱이 위틱ᄒᆞᆯ 번ᄒᆞ던 줄 아지 못ᄒᆞ고, 옥부(玉膚) 방신(芳身)이 옥누(玉樓) 금당(金堂)의 무ᄉᆞᄒᆞᆫ가 ᄒᆞ니, 엇지 등하불명(燈下不明)이 아니리오. 오늘날 바야흐로 녁경 참변을 드ᄅᆞ니 엇지 괴히(怪駭)치 아니ᄒᆞ며, ᄯᅩ 작야의 여ᄎᆞ여ᄎᆞᄒᆞ여 ᄌᆞ긱 요리를 잡아 엄츄(嚴推) ᄉᆞ획(査覈)ᄒᆞ여 젼후 슈악(首惡)의 단셔를 ᄎᆞᄌᆞ니, 이 믄득 다 【17】 ᄅᆞ 니 아니라 젹츄 원흉 요인이니, 원흉 요츅이 본디 우리 부녀로 더부러 무한(無恨) 무원(無怨)ᄒᆞ거늘, 사름의 ᄎᆞᆷ아 싱각 밧 악ᄉᆞ를 슈창(首唱)ᄒᆞᆯ 줄 알리오. 맛당이 상경ᄒᆞᄂᆞᆫ 날이 츅싱(畜生)의 죄악을 텬졍의 진달(陳達)ᄒᆞ여 만고 간험요독지인(姦險妖毒之人)을 졍뉼(定律)노뼈 다ᄉᆞ려 국법을 졍히ᄒᆞ고, 풍화(風化)를 졍졔(整齊)ᄒᆞ여 셩디치하(聖代治下)의 국법 모르는 죄인을 쾌히 다ᄉᆞ리게 ᄒᆞ리라."

인언(因言)의 줌미봉안(蠶眉鳳眼)의 분긔 가득ᄒᆞ니, 부인이 격셰니회(隔歲離懷) 간졀

807)허룽지다 : 가볍고 들뜨다.
808)젹션(謫仙) : 이젹션(李謫仙). 이름은 백(白). 자는 태백(太白). 호는 청련(靑蓮). 중국 당나라 성당(盛唐) 때의 시인. 칠언 절구에 특히 뛰어났으며, 이별과 자연을 제재로 한 작품을 많이 남겼다. 현종과 양귀비의 모란연(牧丹宴)에서 취중에 <청평조(淸平調)> 3수를 지은 이야기가 유명하다. 시성(詩聖) 두보(杜甫)에 대하여 시선(詩仙)으로 칭하여지며, 중국 도교의 팔선(八仙) 가운데 한 사람에 든다. 시문집에 ≪이태백시집≫ 30권이 있다.
809)장건(張騫) : 중국 전한(前漢) 때의 외교가(?~B.C.114). 자는 자문(子文). 인도 통로를 개척하고, 서역 정보를 가져와 동서의 교통과 문화 교류의 길을 열었다.
810)승ᄉᆞ(乘槎) : 뗏목을 타고 바다를 건넘.
811)공안(孔顔) : 공자(孔子)와 안자(顔子)를 함께 이르는 말.
812)ᄉᆞ후(姒后) : 중국 주(周)나라 문왕(文王)의 비(妃) 태사(太姒). 정숙한 덕성을 가져 성녀(聖女)로 추앙되며 현모양처(賢母良妻)의 표상이다.
813)이비(二妃) : 중국 순(舜)임금의 두 왕비이자 요(堯)임금의 두 딸인 아황(娥皇)과 여영(女英). 함께 순임금에게 시집가 서로 투기하지 않고 화목하게 잘 살았으며, 순임금이 창오(蒼梧)에서 죽자 함께 소상강(瀟湘江)에 빠져 죽었다.

ᄒᆞ므로뼈 부안(父顔)을 현비(見拜)ᄒᆞ니, 효녀의 반가움과 슬프미 교집(交集)ᄒᆞ여, 넘녜타【18】ᄉᆞ의 결을치 못ᄒᆞ나, 부친의 노ᄒᆞ시ᄂᆞᆫ 긔식과 깁히 모친을 미안(未安)ᄒᆞ시ᄂᆞᆫ ᄉᆞ긔(辭氣)를 지긔(知機)ᄒᆞ미, 원흉 젹츄의 힝악을 분히ᄒᆞ미 깁흐나, 긔실은 모부인 실덕이 되단ᄒᆞ신 바로 괴황(愧惶) 육니(恧怩)ᄒᆞ고, 흉인과 요리의 젼젼죄단(前前罪端)이 발각ᄒᆞ미, ᄯᅩ 그 닙으로조ᄎᆞ 므슨 말이 날 쥴 알니오. 모친의 과악이 일노조ᄎᆞ 만셩(滿城) ᄉᆞ셔(士庶)의 편힝(遍行)홀 바를 익달와ᄒᆞ니, 만쳡슈한(萬疊愁恨)이 쳔싱만츌(千生萬出)ᄒᆞᆷ을 씨닷지 못ᄒᆞ여, 팔치뉴미(八彩柳眉)814)의 져믄 빗치 모히고, 봉안ᄡᅡᆼ셩(鳳眼雙星)의 진쥬(眞珠) 이슬이 낭낭(朗朗)ᄒᆞ고, 옥셩(玉聲)이 경열(硬咽)ᄒᆞ여 【19】뉴쳬비읍(流涕悲泣) 왈,

"고어의 왈, 군즈 현인은 이ᄌᆞ지원(睚眦之怨)815)을 필보(必報)치 아닛ᄂᆞᆫ다 ᄒᆞ오니, 원가 요인이 비록 빅 가지로 우리 부녀를 히코져 ᄒᆞ나, 명명(明明) 신긔(神祇) 지방(在傍)ᄒᆞ시고 귀신의 살피○[ᄂᆞᆫ] 눈이 거울 갓흐니, 엇지 무죄ᄒᆞᆫ 지화(災禍)를 바드리잇고? 불힝 즁 쇼녜 흉인의 독슈를 바드미 업고, 되인이 처음 놀나 계시나, 요힝 텬디 신명의 도으심과 조종(祖宗)의 음즐(陰騭)816)ᄒᆞ시믈 닙ᄉᆞ와 젹슈(賊手)를 면ᄒᆞ시옵고, 흉인이 스스로 잡히믈 바다시니, ᄯᅩ 불힝 즁 만힝이라. 지난 비 비록 경참(驚慘)ᄒᆞ오나, 맛ᄎᆞᆷᄂᆡ 우리 부녀ᄂᆞᆫ 무방【20】ᄒᆞ고, 흉인 《간담∥간당》은 스스로 화급망신(禍及亡身)ᄒᆞ믈 즈취(自取)ᄒᆞ오리니, 고인이 왈, '녕인부아(寧人負我)언졍 무아부인(無我負人)이라'817) ᄒᆞ니, 이 곳 셩현의 지극ᄒᆞ신 교어(敎語)라. 임의 즈긱(刺客)을 잡아ᄉᆞ오니 엄슈(嚴囚)하여 경ᄉᆞ의 도라가미, 악뉴(惡類) 무리를 일흐미 즈연 도쳥도셜(塗廳塗說)818)ᄒᆞ여, 스스로 죄를 밀우며 악을 복초(服招)ᄒᆞ여 즈즁(自中)의 난(亂)을 니ᄅᆞ혀ᄂᆞᆫ 거슬 기다리미 올ᄉᆞ오니, 되인의 평일 관인돈후(寬仁敦厚)ᄒᆞ신 셩덕으로뼈, 엇지 명찰(明察)치 아니시ᄂᆞ니잇고?"

언파의 이원(哀願)ᄒᆞᆫ 틱도와 유열ᄒᆞᆫ 셩음이 화평(和平) 슌담(純淡)ᄒᆞ여 사ᄅᆞᆷ으로 ᄒᆞ여곰 일만 불평ᄒᆞᆫ 【21】거슬 슬와바리니, 흡흡(洽洽)히 셩덕은 공밍(孔孟)의○[게]엇고, 도ᄂᆞᆫ 증안(曾顔)819)《의게∥을》 니어시니, 즁화(中和)의 지극ᄒᆞᆫ 품슈(稟受)로 싱이지셩(生而知性)820)이며 곤이지셩(困而知性)821)이라.

---

814)팔치뉴미(八彩柳眉) : 눈의 광채와 버들개지 모양의 아름다운 눈썹. 본래 '팔채(八彩)'는 팔(八)자 모양의 화장한 눈썹 뜻하는 말인데, '눈의 광채'를 나타내는 말로도 많이 쓰인다.
815)이ᄌᆞ지원(睚眦之怨) : 한번 흘겨보는 정도의 원망이란 뜻으로 아주 작은 원망을 말함.
816)음즐(陰騭) : 하늘이 겉으로 드러나지 않게 사람을 안정시킴.
817)녕인부아(寧人負我)언졍 무아부인(無我負人)이라 : 남이 나를 배신할지언정, 나는 남을 저버리지 않는다.
818)도쳥도셜(塗廳塗說) : 길에서 듣고 길에서 말한다는 뜻으로, 길거리에 퍼져 돌아다니는 뜬소문을 이르는 말. ≪논어≫의 <양화편(陽貨篇)>에 나오는 말이다.
819)증안(曾顔) : 공자(孔子)의 제자인 증삼과 안회를 아울러 이르는 말.
820)싱이지셩(生而知性) : 생이지지성(生而知之性). 삼지(三知) 중 으뜸 단계인 생이지지(生而知之) 곧 '도(道)를 나면서부터 알거나, 스스로 깨달아 아는' 성품. 또는 그러한 성품을 지닌 사람 *삼지(三知); 도

상국이 녀아의 셩명(性命) 덕질(德質)이 갈수록 진션진미(盡善盡美)ᄒ고, 더욱 별후(別後) 오년의 풍완호질(豊婉好質)이 윤염(潤艶) 쇼쇄(瀟灑)ᄒ고 쳥향(淸香) 완혜(婉慧)ᄒ니, 써날 젹은 신원(新園)822)의 금봉오리823) 함담(菡萏)824)을 치 버리지 못ᄒᆷ 갓더니, 니졔 보미 편편(翩翩)ᄒᆫ 광삼(廣衫)은 안기 지지(遲遲)ᄒ고, 프른 도복(道服)은 치봉(彩鳳) 엇게를 덥허시며, 혁ᄃᆡ(革帶)ᄂᆞᆫ 셰요(細腰)를 눌너시니, 담담(淡淡)ᄒᆫ 남의(男衣) 가온ᄃᆡ 션치이질(鮮彩異質)이 더욱 츌범(出凡) 탁아(卓雅)ᄒ【22】여, 요지(瑤池)·셤궁(蟾宮)825)의 다람홰 쾌히 함담을 기슌(開脣)ᄒ여시니, 볼ᄉᆞ록 격셰(隔歲) 묵은 눈이 샹쾌ᄒ고, 그 명슉(明肅) 통달(通達)ᄒᆫ 말ᄉᆞᆷ을 드ᄅᆞ니, 심긔 화창ᄒᆞ미 뉵월 넘텬(炎天)의 쳥빙(淸氷)을 먹음은 듯ᄒᆫ지라.

상국이 시로온 ᄌᆞ이(慈愛) 뉴츌(流出)ᄒ고 아름답고 긔특ᄒ니, 흠염(欽念)826) 귀즁ᄒ미 므스 거시 장ᄎᆞᆺ 비기리오. 쏘 총명(聰明) 광달(曠達)ᄒ미 타류의 지나고, 신명 녕ᄌᆡ(穎才)ᄂᆞᆫ 진짓 조부인으로 난부난ᄌᆡ(難父難子)827)라. 엇지 녀아의 모과(母過)를 참슈(慙羞)ᄒᆞᄂᆞᆫ 심ᄉᆞ를 지긔(知機)치 못ᄒ리오. 옥비(玉臂)를 어로만져 역탄역소(亦嘆亦笑) 왈,

“늬 아ᄒᆡ(兒孩) 통달흔 식견과 유리흔 명논(明論)이 심합오【23】심(甚合吾心)828)이라. 노뷔 엇지 좃지 아니리오.”

쏘 강긔(慷慨) 분탄(憤嘆) 왈,

“아녀는 곤이지셩(困而知性)이라. 나의 우암(愚暗) 혼용(昏庸)ᄒᆷ과 여모(汝母)의 불초무ᄒᆡᆼ(不肖無行)ᄒᆞᄆᆞ로 엇지 곤와지셩(困臥之性)829)을 탄흑(誕慉)홀 쥴 알니오. 고슈(瞽瞍)830)의 완(頑)ᄒᆷ과 상모(象母)831)의 ᄉᆞ오납기로ᄡᅥ 슌(舜)갓흔 아들을 두고, 쥬문

(道)를 깨달아 가는 지(知)의 세 단계. 생이지지(生而知之), 학이지지(學而知之), 곤이지지(困而知之)를 이른다. *생이지지(生而知之); 삼지(三知)의 하나. 도(道)를 나면서부터 알거나, 스스로 깨달아 앎을 이른다. ≒생지(生知)

821) 곤이지셩(困而知性) : 곤이지지셩(困而知之性). 삼지(三知) 중 세번째 단계인 곤이지지(困而知之) 곧 '도(道)를 깨닫기 위해 애써 공부하는' 성품. 또는 그러한 성품을 가진 사람. *곤이지지(困而知之); 삼지(三知)의 하나. 도(道)를 애써 공부하여 깨달음을 이른다. ≒곤지(困知).

822) 신원(新園) : 새 잎이 나고 꽃이 피어나는 봄 동산. =춘원(春園)

823) 금봉오리 : 금빛 꽃봉오리.

824) 함담(菡萏) : 연꽃의 봉오리.

825) 셤궁(蟾宮) : 달. 섬(蟾)은 달 또는 달빛을 말한다.

826) 흠염(欽念) : 인념(寅念). 삼가 생각함.

827) 난부난ᄌᆡ(難父難子) : 누구를 아버지라 하고 누구를 아들이라 하기 어렵다는 뜻으로, 부자의 재능이 비슷하여 낫고 못함을 정하기 어려움을 이르는 말.

828) 심합오심(甚合吾心) : 내 마음과 매우 같다.

829) 곤와지셩(困臥知性) : 고단하여 누울 정도로, 도(道)를 깨닫기 위해 애써 공부하는 성품. 또는 그러한 성품을 가진 사람을 이른다. 곤이지셩(困而知性)을 달리 이른 말. *곤와(困臥); 고단하여 드러누움.

830) 고슈(瞽瞍) : 중국 순임금의 아버지의 별명. 어리석어 아들 '순(舜)'을 죽이려했기 때문에 '눈먼 노인'이란 별명이 붙여졌다 한다.

831) 상모(象母) : 중국 순임금의 계모. 상(象)의 생모. 남편 고수(瞽瞍)와 아들 상과 함께 전처소생인 순

(周門)832)의 관채(管蔡)833) 이시믈, 일즉 셔젹 가온디 녯말노 듯고 보미, 일즉 텬도의 회극(戱劇)ᄒᆞᆯ믈 탄도(嘆悼)ᄒᆞ고 오히려 다 밋지 아녓더니, 당디 금셰(今世)의 엇지 여모(汝母) 갓ᄒᆞ니 이셔 만고 녀ᄉᆞ(女士)를 흑지(惑之)ᄒᆞᆯ 쥴 알니오. 노뷔 실노 조물(造物)의 다ᄉᆞ(多事)ᄒᆞ믈 괴이히 너기노라.”

부인이 야야 셩언(盛言)을 듯ᄌᆞᆸ고 불승【24】황공(不勝惶恐)ᄒᆞ여 과도ᄒᆞ시믈 ᄉᆞ양하더라. 취픵 쇼공ᄌᆞ(小公子)를 안아 공의 안젼(眼前)의 노ᄒᆞ니 쇼ᄋᆞ(小兒) 싱지삼셰(生之三歲)라. 신장이 셕디(碩大)ᄒᆞ고 쳬격이 영호 쥰발ᄒᆞ여 속ᄋᆞ(俗兒) 아니라. 보지 못ᄒᆞ던 디상(大相)의 안젼의 노ᄒᆞ믈 보고, ᄋᆞ심(兒心)의 괴이히 너겨 몸을 두로혀, 단산(丹山)834)의 봉셩(鳳聲) 갓흔 쇼릭로 취파다려 무ᄅᆞ디,

“이 곳이 어디며 져 디관이 엇던 사ᄅᆞᆷ이뇨?”

취옥이 연망이 니ᄅᆞ디,

“져 안ᄌᆞ신 노야ᄂᆞ 곳 공ᄌᆞ의 외왕뷔(外王父)시니, 니졔 부인과 공ᄌᆞ로 더부러 고틱(故宅)의 도라가 부ᄌᆞ 부뷔 단취(團聚)케 ᄒᆞ려 ᄒᆞ시ᄂᆞ니, 【25】쇼공ᄌᆞ 싱지슈삼셰(生之數三歲)의 노야를 쳐음 보미 존안을 엇지 알니오. 맛당이 존하의 녜ᄒᆞ여 뵈오라.”

쇼ᄋᆞ 이 말을 듯고 번연이 씨닷ᄂᆞ 빗치 이셔, 밧비 나아와 조부 슬하의 복슈 ᄌᆞ비ᄒᆞ고, 고왈,

“쇼손이 싱지삼셰(生之三歲)의 비로쇼 외왕부를 뵈오니, 엇지 반갑고 슬프지 아니ᄒᆞ리잇고? ᄌᆞ뫼 미양 ᄌᆞ쳐죄인(自處罪人)ᄒᆞ시나, 쇼ᄋᆞ 년유(緣由)ᄒᆞ와 셰졍(世情)을 ᄎᆞ아지 못ᄒᆞ오니 무슴 연괸지 모르옵거니와, 복원 조부ᄂᆞ ᄌᆞ모와 쇼아를 다려다가 부친을 만나 보게 ᄒᆞ시면 힝심(幸心)일가 ᄒᆞᄂᆞ【26】이다.”

셜파의 옥셩이 쳐완(悽惋)ᄒᆞ여 ᄋᆡ루(哀淚)를 먹음으니, 비컨디 향난(香蘭)의 ᄉᆡ 움이 쇼ᄉᆞ나 츈상(春霜)을 씌여 곤(困)ᄒᆞ믈 맛낫ᄂᆞ 듯, 슈셰(數歲) ᄒᆡ동(孩童)의 인ᄉᆞ(人事) 쳐변(處辨)이 엄연(儼然) 셩ᄌᆞ(成者)ᄒᆞ여 찬찬화미(燦燦畫眉)와 형형냥빈(熒熒兩鬢)이오, 슈슈활낭(颼颼豁朗)835)ᄒᆞ여 진승상(晉丞相)836) 여옥지모(如玉之貌)837)와 초틱우(楚大夫)838) 츄슈골격(秋水骨格)이며, 두사인(杜舍人)839) 헌아지풍(軒雅之風)을 아오

(舜)을 죽이기 위해 갖은 악행을 자행했다.

832) 쥬문(周門) : 주나라 국성(國姓)인 주씨(周氏) 가문. 곧 주나라 왕실을 뜻하는 말.

833) 관채(管蔡) : 중국 주나라 문왕(文王)의 아들이자 무왕(武王)의 동생인 관숙(管叔)과 채숙(蔡淑)을 함께 이르는 말. 무왕(武王)이 죽고 형제 가운데 주공(周公)이 무왕의 어린 아들 성왕(成王)을 도와 섭정을 하자, 역심(逆心)을 품고 반란을 일으켰다가, 관숙은 죽음을 당하고 채숙은 추방당했다.

834) 단산(丹山) : 수은(水銀)과 유황(硫黃)의 화합물인 단사(丹砂)가 나는 산.

835) 슈슈활낭(颼颼豁朗) : 막힘이 없고 활달하며 명랑함. *수수(颼颼); ①말이나 글이 막힘없이 잘 나오거나 써지는 모양. ②바람이 보드랍게 부는 모양.

836) 진승상(晉丞相) : 중국 서진(西晉)의 미남자 반악(潘岳). 자는 안인(安仁). 승상을 지냈고 중국의 대표적인 미남자의 한사람이다.

837) 여옥지모(如玉之貌) : 관(冠)의 앞을 꾸미는 관옥(冠玉)처럼 아름다운 용모를 이르는 말.

838) 초틱우(楚大夫) : 중국 전국시대 초나라 대부(大夫) 송옥(宋玉). BC290-227. 중국의 대표적인 미남

라, 웅침활원(雄沈豁遠)[840]ᄒᆞ미 긔상(氣像)의 낫하나고, 영발(英發)ᄒᆞᆫ 화긔(和氣)와 온ᄌᆞ(溫慈)ᄒᆞᆫ 문명(文明)이 의여일신(疑如一身)[841]ᄒᆞ여, 복긔(福氣)로 품슈(稟受)ᄒᆞ고 덕긔(德氣)로 셩인(成仁)ᄒᆞ여시니, 쇼호(少昊[842])의 신긔(神技)와 뎨곡(帝嚳)[843]의 【27】슬긔로 의논치 못ᄒᆞᆯ 거시오, 교교(皎皎) 발췌(拔萃)ᄒᆞ여 교야(郊野)의 긔린이오, 웅웅(雄雄)ᄒᆞ여 남명(南溟)의 딕붕(大鵬)이오 북ᄒᆡ(北海)의 딕에(大魚)라.

상국이 미지일견(未之一見)의 황홀긔익(恍惚奇愛)ᄒᆞᆯ 늣기지 못ᄒᆞ고, 직지쳠망(再之瞻望)의 연망이 나ᄒᆞ여 슬상의 교무ᄒᆞ고, 졉면교식(接面交頤)ᄒᆞ여 칭찬 왈,

"이 진짓 국가의 딕보(大寶)오, 뎡문의 쳔니귀(千里駒)라. 산고옥츌(山高玉出)이오, ᄒᆡ심츌쥬(海深出珠)라[844] ᄒᆞ니, 뎡운긔의 싱이며 오아(吾兒) 셩난의 흑지교지(畜之敎之)ᄒᆞᆫ 비 엇지 범연ᄒᆞ리오."

언미진(言未盡)의 니시랑이 여측(如厠)ᄒᆞ고지지(遲遲)ᄒᆞ여 도라오니, 부인이 복식이 변ᄒᆞ여시믈 크게 슈괴(羞愧)ᄒᆞ나, 마지【28】못ᄒᆞ여 마ᄌᆞ 슈슉지녜(嫂叔之禮)로 녜필(禮畢) 좌졍(坐定)ᄒᆞ미, 시랑이 공경(恭敬) 딕좌(對坐)ᄒᆞ여 투목시지(投目視之)ᄒᆞ니, 조부인의 셩덕(聖德) 광화(光華)를 시로이 흠복(欽服) 경찬(慶讚)ᄒᆞ며, ᄯᅩ 뎡가 쇼아의 셩현지질(聖賢之質)을 보미 더옥 칭예ᄒᆞᆯ믈 결을치 못ᄒᆞ여, 쇼아를 나ᄒᆞ여 슬상의 올녀 가챠(假借)ᄒᆞ며[845] 상국과 부인을 향ᄒᆞ여 공경 칭소 왈,

"표뎨(表弟)와 현슈(賢嫂)의 초셰 츌범ᄒᆞ신 직덕 셩심으로ᄡᅥ, 운익이 긔구ᄒᆞ샤 간인 흉당의 ᄒᆡ현(害賢) 모함(謀陷)ᄒᆞᆯ믈 면치 못ᄒᆞ샤, 무죄무과(無罪無過)히 구문(舅門)의 츌거(黜去) 니이(離異) ᄒᆞ이시고, ᄯᅩ 다시 금옥(金屋) 규리(閨裡)의 심슈(深邃)ᄒᆞᆫ 귀체로ᄡᅥ 조쥬 슈【29】쳔니○[에] 젹거ᄒᆞ시니, 비록 일시 운익의 비로스미나 엇지 식ᄌᆞ의 가연(可憐)치 아니리잇고만은, 표뎨 몬져 걸안(契丹) 흉모지디(凶毛之地)[846]의 나아가고, 현쉬 ᄯᅩ 쳔고 희한ᄒᆞᆫ 변고로 먼니 젹거ᄒᆞ시니, 비록 부귀와 형셰 업다 니ᄅᆞ지

자의 한 사람이며, 사부(辭賦)를 잘하여 〈구변(九辯)〉, 〈초혼(招魂)〉, 〈고당부(高唐賦)〉 등의 작품을 남겼다. 굴원(屈原)과 함께 굴송(屈宋)으로 불렸으며 난대령(蘭臺令)을 지냈기 때문에 난대공자(蘭臺公子)로 불리기도 했다.

839)두샤인(杜舍人) : 중국 만당(晚唐)때 시인 두목지(杜牧之). 이름은 두목(杜牧). 중서사인(中書舍人)에 올랐고, 중국의 대표적 미남자로 꼽힌다.

840)웅침활원(雄沈豁遠) : 웅장(雄壯)하고 침중(沈重)하며 활달(豁達)하고 원대(遠大)함.

841)의여일신(疑如一身) : 의심컨대 한 몸과 같음

842)호(少昊) : 중국 태고 때에 있었다는 전설상의 임금. 황제의 아들로 이름은 현효, 금덕이었고, 천하를 다스리게 되었으므로 호를 금천씨(金天氏)라고 부른다. 가을을 다스리는 신으로 알려져 있다.

843)뎨곡(帝嚳) : 중국 전설상의 오제(五帝) 가운데 한 사람으로 전욱의 아들이고 요(堯)임금의 아버지라고 전한다. 전욱의 뒤를 이어 박(亳) 땅에 도읍을 정하였으며, 흔히 고신씨(高辛氏)라고도 한다. 태어나면서 자신의 이름을 말하였고, 현명하여 먼 일을 알았으며 미세한 일도 살폈고 만민에게 급한 것이 무엇인 줄을 알았다고 한다.

844)산고옥츌(山高玉出)이오, ᄒᆡ심츌쥬(海深出珠)라 : 높은 산에서 옥이나고 깊은 바다에서 진주가 난다.

845)가챠(假借)ᄒᆞ다 : 가차(假借)하다. ①편하고 너그럽게 대하다. ②정하지 않고 잠시만 빌리다.

846)흉모지디(凶毛之地) : =불모지지(不毛之地). 땅이 거칠고 메말라 식물이 나거나 자라지 않는 땅.

못ᄒ나, 국법은 ᄉᆞ시 업ᄂᆞᆫ 고로 다못 졔왕 슉부와 졔뎡이 능히 왕법(王法)을 굽혀 슈슈의 위화(危禍)를 구치 못ᄒ시니, 쇼셩비 슉야(夙夜) 우탄(憂嘆)ᄒᆞᆫ 비 옵더니, ᄯᅩ 즁노의셔 젹환을 만나 ᄉᆞᆼ셩 존망을 미가분(未可分)ᄒᆞ오니, 졔궁 상하와 다못 쇼셩 등의 일야(日夜) ᄎᆞ셕(嗟惜)ᄒᆞ여 텬되 미몰ᄒ시믈 탄ᄒᆞ옵더니, 니【30】졔 명쵸 걸안 흉봉을 멸ᄒᆞ고 늉공(隆功) 딕업(大業)을 셰워, 위덕(威德) 쳥망(淸望)이 화이(華夷)의 진동ᄒᆞ고, 현쉬 ᄯᅩ 능히 남의 업슨 긔화 참난 가온듸, 옥졀(玉節) 쳥ᄒᆡᆼ(淸行)을 굿게 잡으시고, 능히 ᄉᆡᆼ이지지(生而知之)ᄒᆞ시ᄂᆞᆫ 셩명(聖明) 통쳘(洞徹)을 본바드샤, 보신지ᄎᆡᆨ(保身之策)을 일워 방신을 보즁ᄒᆞ시고, 표뎨의 골육을 보젼ᄒᆞ샤 흑양ᄒᆞ시고, 이이교지(愛而敎之)ᄒᆞ샤 아히 ᄉᆡᆼ년 슈셰의 이갓치 비쇽(非俗)ᄒ니, 이ᄂᆞᆫ 다 현슈(賢嫂)의 아름다이 틱교ᄒᆞ시미라. 쇼셩이 우러러 상국 합하의 ᄉᆡᆼ지긔녀(生之奇女)ᄒᆞ시믈 불승칭복(不勝稱福)ᄒᆞ옵고, 현슈의 ᄉᆡᆼ지긔린(生之騏麟)【31】ᄒᆞ시믈 못ᄂᆡ 치하(致賀)ᄒᆞᄂᆞ니, 엇지 일시 부운(浮雲)갓흔 누명(陋名)을 상심(傷心)ᄒᆞ시리잇고? 즈금(自今) 이후로 만년 영복이 무량ᄒᆞ실 바를 하례ᄒᆞᄂᆞ이다."

부인은 만면 슈ᄉᆡᆨ(羞色)으로 《셩우‖셩어(成語)》를 나죽이 ᄉᆞ례ᄒᆞ고, 상국은 잠쇼 역탄 왈,

"쇼녜(小女) 엇지 감히 현계(賢契)847)의 이딕도록 과장(誇張)ᄒᆞ믈 당ᄒᆞ리오. 노부ᄂᆞᆫ 각별 ᄌᆞ녀의 작인 품슈의 별이(別異)ᄒᆞ믈 ᄎᆔ치 아니ᄒᆞ고, 다만 인ᄉᆞ와 위인이 평평홀 만 홀지라도, 일ᄉᆡᆼ 안과틱평(安過太平)ᄒᆞ면 영ᄒᆡᆼ이엇만은, 이ᄂᆞᆫ 그러치 아니ᄒ니 녜븟허 홍안(紅顔)의 ᄒᆡ로오미 엇지 두립【32】지 아니리오. 노부ᄂᆞᆫ 녀아의 녹발홍안(綠髮紅顔)이 황시(黃氏)848) 덕요(黃氏德耀)849)의 황발흑면(黃髮黑面)과 퍼진 허리의 어질믈 밋지 못홀가 ᄒᆞ노라."

시랑이 직삼 치하ᄒᆞ고 쇼아를 어로만져 ᄎᆞᆷ아 슬하의 나리지 못ᄒᆞᄂᆞᆫ지라. ᄯᅩ흔 녹운 비취 등 ᄉᆞ녀의 운빈(雲鬢) 화뫼(花貌) 쳥의(靑衣) 즁 졀식이오, 고슈(高秀) 결쳥(潔淸)ᄒᆞ여 하류 즁 지녜(才女)오, 상낭(爽朗) 표일(飄逸)ᄒᆞ여 녀ᄌᆞ 즁 녈협(烈俠)이라.

시랑이 탄왈,

"장쉬(將帥) 강ᄒᆞ면 군ᄉᆞ 녈(烈)ᄒ다 ᄒᆞ니, ᄎᆞ녀 등을 보니 더옥 슈슈의 어지ᄅᆞ시믈 알니로쇼이다."

직삼 ᄎᆞᆷ탄ᄒᆞ믈 마지 아니ᄒᆞ며, 상국이 ᄯᅩ흔 졔녀【33】를 면젼의 불너, 격셰(隔歲) 쥬인을 뫼셔 도로 간고와 츙의를 포장(褒奬)ᄒ니, 졔녜 불승황공ᄒᆞ여 고두비ᄉᆞ(叩頭拜

---

847) 현계(賢契) : 문인(門人), 제자, 친구 등을 존중해서 이르는 말.
848) 황시(黃氏) : 중국 촉한의 정치가 제갈량(諸葛亮)의 아내. 얼굴은 박색이었으나 지덕이 뛰어났다고 함.
849) 덕요(德耀) : 맹광(孟光). 중국 후한 때 사람 양홍(梁鴻)의 아내. 이름은 맹광(孟光), 자(字)는 덕요(德曜)로, 추녀였으나 남편의 뜻을 잘 섬겨 현처로 이름이 알려졌다. 고사 거안제미(擧案齊眉)로 유명하다.

謝)ᄒ더라.

시랑이 샹국을 향하여 왈,

"현슈의 빅옥무하(白玉無瑕)ᄒ신 셩심(聖心) 녈조(烈操)ᄂᆫ 신명(神明)의 질졍(質正)ᄒ나 붓그럽지 아니ᄒ실 빈로ᄃᆡ, 아지못게라! 간인의 무고혼 함원과 누언(陋言)이 빅옥의 하졈(瑕玷)이 되어시니, 일즉 텬문(天門)의 은ᄉᆞ를 듯ᄌᆞᆸ지 못ᄒ엿ᄂᆞᆫ지라. 거취(去就)를 쟝ᄎᆞᆺ 엇지ᄒ시리잇고?"

샹국이 빈미(嚬眉) 침음(沈吟) 왈,

"ᄉᆞ셰(事勢) 난쳐ᄒ니, 녀아를 도라가ᄂᆞᆫ 길히 젹쇼의 머므르고 환경ᄒ여, 【34】요리를 텬졍의 올니고 쇼유를 진쥬(進奏)ᄒ여, 녀아의 누명을 신셜ᄒ고 은ᄉᆞ를 밧ᄌᆞ와 조초 샹경케ᄒ미 맛당ᄒ리라."

ᄒ더라.

죵일 한담(閑談)의 날이 져믈미 셕식을 파ᄒ고, 샹국은 동편 졈실(店室)의셔 니시랑으로 더부러 동쳐(同處)ᄒ고, 부인은 셔녁 깃실의셔 제시녀로 머믈ᄉᆡ, 힝즁(行衆)의 말을 닉ᄃᆡ, 일향(一向) 운유(雲遊)ᄒᄂᆞᆫ 도인의 무리니, 젼일 샹국으로 더부러 면분(面分)이 이셔, 이의 셔로 ᄎᆞᄌᆞ미라 ᄒ더라.

희라! 공ᄌᆞ(孔子)의 ᄃᆡ셩(大聖)으로도 '진채(陳蔡)의 곤(困)'850)ᄒ믈 바드시고 손빈(孫臏)851)의 어진 도힝(道行)으로도 시운【35】이 건우(愆尤)혼 ᄯᆡ를 만나미 방연(龐涓)852)의 모히(謀害)를 버셔나지 못ᄒ고 발 버히ᄂᆞᆫ 욕을 만나{고 비젼원의 걸식ᄒᄂᆞᆫ 간고를 바드}니, 지혜 부족ᄒ미 아니오, 신슐(神術) 변해(變化) 업ᄉᆞ미 아니로ᄃᆡ, 운익(運厄)이 긔구(崎嶇)ᄒ미 능히 명슈(命數)를 도망치 못ᄒ엿거든, 조부인의 셩명지질(聖明之質)이나 오ᄂᆞᆫ 익을 엇지ᄒ며, 조샹국의 통쳘 신명ᄒ미나 금번 겁슈(劫數)853)를 ᄯᅵ노라854) ○○○○[바드미니], ᄃᆡ횡ᄉᆞ(大橫死) 겁년(劫年)의 유익(有厄)ᄒ믈 엇지다 면ᄒ리오. 이 ᄯᅩ 한갓 조샹국 부녀의 여익(餘厄)이 미진홀 ᄯᅶᆫ 아니라, 하늘이 ᄯᅩ 요인의 죄악을 겹겹이 ᄊᆞ하 텬쥬(天誅)를 【36】면치 못ᄒ게 ᄒ미러라.

---

850)진채(陳蔡)의 곤(困) : 공자(孔子)가 초(楚)나라 소왕(昭王)의 초빙을 받고 초나라로 가던 중 진(陳)나라와 채(蔡)나라의 접경지역에서 진·채의 군사들에게 포위된 채, 양식이 떨어져 7일 동안을 굶으며 고난을 겪었던 고사를 이른 말. 이를 진채지액(陳蔡之厄)이라 한다.

851)손빈(孫臏) : 중국 전국시대 제(齊)나라 병법가(兵法家). 손무(孫武)의 손자로 알려져 있다. 위(魏)나라 방연(龐涓)과 함께 귀곡자(鬼谷子)에게 병법을 공부하였으나, 위나라에 출사(出仕)한 방연의 부름을 받고 위나라에 갔다가, 방연의 모해를 받아 무릎 뼈를 절단당하는 형벌을 받고 탈출하여 제나라 장군 전기(田忌)의 참모가 되었다. 뒤에 마릉(馬陵)전투에서 방연의 위나라 군대를 궤멸시키고 방연을 자결케 하여 복수했다.

852)방연(龐涓) : 중국 전국시대 위(魏)나라 장수(將帥). 병법가(兵法家). 제(齊)나라 손빈(孫臏)과 함께 귀곡자(鬼谷子)에게 병법을 공부한 후, 위나라 장수가 되었다. 손빈을 시기하여 위나라로 부른 뒤 첩자로 누명을 씌워 무릎 뼈를 도려내는 형벌을 가했다. 그러나 뒤에 마릉(馬陵) 전투에서 손빈에게 패해 자결하였다.

853)겁슈(劫數) : 겁운(劫運). 재앙이 긴 운수.

854)ᄯᅵ다 : 때우다. 큰 액운을 작은 괴로움으로 면하다.

츠야의 쳥션요리 함거 즁의셔 쳔방빅계로 탈신을 도모흐나 능히 버셔날 길히 업스니, 스스로 져의 교악(狡惡)흐믄 씨닷지 못흐고, 원분(怨憤)이 군즈 현인의게 도라지니855), 궁극흔 요모(妖謨) 스계(邪計) 아니 밋는 곳이 업는지라.

가만이 진언(眞言)을 넘(念)흐며 낭즁(囊中)의 졔일 독약 한 쑴을 늬여 요슐을 힝흐엿더니, 시야(是夜)의 조상국이 니시랑과 상딕흐여 야심토록 한담흐더니, 홀연 갈(渴)흐믈 니긔지 못흐여 츠를 구흐니, 복시(服侍) 셔동이 황망이 옥완(玉椀)의 츠를 밧드러 드리니, 상국【37】이 그룻슬 나와 마시기를 다흐고 그룻슬 믈니고져 흐미, 믄득 졍신이 아득흐고 긔운이 어즐흐여, 말을 아니흐고 헛되이 좌셕의 구러지니, 좌위 실식 경황(驚惶)흐고, 시랑이 딕경흐여 급히 붓드러 침즁의 누이고 슬펴보니, 풍화 윤퇴흔 안뫼 경직의 변흐여 찬 지 갓고, 슈죡이 궐닝(厥冷)흐여 능히 말슴을 일우지 못흐니 가장 위퇴흔 거동이라.

시랑이 급히 셔동을 명흐여 조부인을 쳥흐니, 부인이 불의의 야야의 엄식혼도(奄塞昏倒)흐시믈 드르니, 딕경 실식흐여 밧비 졔녀를 거【38】느려 동당(東堂)의 니르러 부친 좌셕 아릭 나아가 보니, 아관(牙關)856)이 위위(危危)흔지라. 츄슈(秋水) 졍광(精光)이 한번 두루치미, 이 벅벅이 요리의 요악궁스(妖惡窮邪)흐미 부친의 딕겁슈(大劫數) 횡스일(橫死日)을 타 요슐노뼈 작화(作禍)흐믈 엇지 씨닷지 못흐리오.

불승통히 츠악흐나 스식지 아니코, 요힝 위진군의 님별(臨別)의 씨친 환약이 잇는 고로, 급히 온츠의 화흐여 구즁(口中)의 흘니니, 후셜을 넘으며 찬 옥갓흔 면모의 양긔(陽氣) 잠간 동흐는 듯흐나, 오히려 식경(食頃)이나 잠쳘(蹔撤)857)흐여 쳔호만환(千呼萬喚)의 응흐미 업스니, 좌우 시인(侍人)이 다 경황흐【39】고, 부인이 비록 신약(神藥)의 녕신(靈神)흐믈 미드나, 목젼의 야야의 니러틋 위위흐신 경식을 딕흐니, 비록 우연흔 타인이라도 감비(感悲)홀 비어늘, 흐믈며 조부인의 츌텬셩효(出天誠孝)를 니르리오.

즈연 심할(心割) 혼비(昏憊)흐믈 면치 못흐더니, 이윽고 상국이 몸을 잠간 움즉이며 닙으로조츠 무슈흔 독물(毒物)을 토흐니, 독긔 코흘 거스리고 더러온 물이 좌셕의 고이니, 좌위 경동치 아니 리 업고, 복시(服侍) 셔동 운학이 츠완의 독이 드럿던 줄 알고 황황망조(遑遑罔措)858)흐여 머리를 브딕잇고, 눈물을 흘녀 아모【40】리 홀 줄 모르더라.

좌위 부분이 더러온 거슬 셔르져 업시흐고, 보긔(補氣)홀 미음과 쳥심환(淸心丸)859)과 남은 신약을 츠례로 시험흐니, 니러구러 츈쇼(春宵) 심단(甚短)흔지라. 밤이 진(盡)

---

855)도라지다 : 돌아서다. 생각이나 태도가 다른 쪽으로 바뀌다.
856)아관(牙關) : 입속 양쪽 구석의 윗잇몸과 아랫잇몸이 맞닿는 부분.
857)잠쳘(蹔撤) : 숨이 끊어짐.
858)황황망조(遑遑罔措) : 너무 당황하여 어찌할 줄을 모르고 갈팡질팡함.
859)쳥심환(淸心丸) : 한의학에서, 심경(心經)의 열을 푸는 환약. =우황청심환(牛黃淸心丸)

ᄒ고 진방(震方)이 긔명(旣明)의 밋ᄎ니, 상국이 비로쇼 졍신을 출혀 눈을 떠 좌우를 술피며 왈,

"닉 아ᄌ의 ᄎ를 먹으며 즉시 졍신이 혼혼(昏昏)ᄒ여 인ᄉ를 슈습지 못ᄒ니, ᄌ며 ᄭᆡ여시믈 아득히 아지 못ᄒᄋᆮ더니, 녀아ᄂᆞ 엇지 ᄌᄌ 아니코 이의 머무러시며, 니원보ᄂᆞ 어듸 잇ᄂᆞ뇨?"

어음이 뇨연(瞭然)ᄒ여 졍긔 완연ᄒᆞ지라. 좌 【41】 위 크게 깃거ᄒ고 조부인이 만분 희열ᄒᆞ믈 니긔지 못ᄒ여, 슈ᄉ(愁色)을 거두고 날호여 화긔(和氣) 이연(怡然)ᄒ고 옥음이 유연ᄒ여 듸쥬 왈,

"야얘 작셕(昨夕)의 ᄎ를 음(飮)ᄒ신 가온듸, 요괴로온 희롱을 면치 못ᄒ샤 긔ᄉᆨ(氣塞) 혼도(昏倒)ᄒ시기의 밋ᄎ시니, 니슉(叔)이 놀나 히아를 쳥ᄒ여 야야를 완호(完護)ᄒ게 ᄒ고, 스스로 물너 장후(帳後)의 머므시고, 밤이 발셔 ᄉ기의 니ᄅ럿ᄂᆞ이다."

드듸어 아ᄌ지ᄉ(俄者之事)를 듸강 고ᄒ니, 상국이 불승경히(不勝驚駭)ᄒ여 분연 탄 왈,

"요리(妖尼)의 죄악이 ᄉᄉ(事事)의 관영(貫盈)ᄒᆞ지라. 그 한 죄만ᄒ여도 그 머리 【42】 를 버히고 슈족을 이쳐(異處)ᄒᆞ미 맛당ᄒ거ᄂᆞᆯ, ᄒᆞᄆᆯ며 ᄉᄉ의 죄악이 여ᄎᄒᆞ미냐? 연이나 노뷔 졍신이 미황(迷徨)ᄒᆫ 가온듸 므슨 약음(藥飮)이 후간(喉間)을 넘으며 구즁(口中)이 쳥상(淸爽)ᄒ고 졍신이 뇨연(瞭然)ᄒ니, 녀아ᄂᆞ 관심(寬心) 쇼려(掃慮)ᄒ여 놀나믈 졍ᄒ라. 원보를 쳥ᄒ여 ᄯᅩ 위로ᄒ리라."

언미필의 복시셔동(服侍書童) 운학이 고두 읍쳬(泣涕)ᄒ며 죽기를 쳥ᄒᆞᄂᆞᆫ지라. 상국이 흔연이 방셕(放釋)ᄒ여 왈,

"네 비록 미말쇼복(微末小僕)이나 ᄌ유(自幼)로 위쥬츙심(爲主忠心)이 고인의 지난 줄 아ᄂᆞ니, 흉인의 요괴로온 슈단을 비록 노셩장부(老成丈夫)라도 창졸 【43】 의 슈히 ᄭᆡᄃᆞᆺ지 못ᄒ려든, 너 미말 쳔뇌(賤奴) 엇지 무망(无妄)의 요인(妖人)의 독슈(毒手)를 알니오. 네 죄 아닌쥴 아ᄂᆞ니 안심 물듸(勿待)ᄒ라."

운학이 황공 감격ᄒ여 물너나더라.

부인이 야야의 긔쳬(氣體) 평셕(平昔)ᄒ시믈 만심 환희ᄒ여, 이의 햐쇼(下所)860)로 도라가니, 시랑이 바야흐로 드러와 상국으로 한담ᄒ며 남은 밤을 지ᄂᆞ니라.

명조(明朝)의 공이 함거(檻車) 직희엿ᄂᆞᆫ 나졸(羅卒) 가인(家人)을 다시 분부ᄒ여 요리를 단단이 착가(著枷) 엄슈(嚴囚)ᄒ고, 부인이 가만이 금의동ᄌ를 불너 제요진언(除妖眞言)을 ᄠᅧ쥬어 함거의 븟쳐, 다시 요술을 브리지 【44】 못ᄒ게 ᄒ니, 쳥션이 스긔를 알고 더옥 분앙(憤怏) 초민(焦悶)ᄒ나 홀 일 업더라.

공이 일시지간(一時之間)이나 위질(危疾)을 지ᄂᆡ민, 신상이 불안ᄒᆞᆯ가 두려 힝도를 지지ᄒᆞ미 슌여(旬餘)의 밋쳣더니, 일일은 셕후(夕後) 밧그로셔 가인이 밧비 드러와 고

---

860)햐쇼(下所) : 하소(下所). 숙소(宿所). 처소(處所). 사람이 기거하거나 임시로 머무는 곳.

왈,

"셔삼낭 졈즁(店中)의 한 쇼년 상공이 젼닙(氈笠)861) 미복(微服)으로 냥기(兩個) 가동(家童)만 다리고 햐쳐(下處)하니, 황혼이라 그 외모를 주시 아지 못하오듸, 어음(語音) 의푀(儀表) 만히 안면이 닉은 듯하옵고, 두 가동이 더욱 낫치 닉더이다."

상국이 침음 왈,

"혹즈 아모 곳의셔나 셔로 보아 면분이 잇는 사름이【45】랏다."

창뒤(蒼頭) 듸왈,

"쳔복(賤僕)이 눈 어두어 긔지(機知)치 못하오나, 아즈의 쥬인 셔듸랑의 말을 바다 삼낭을 브르라 가오니, 삼낭이 바야흐로 긱관(客官)을 상졉(相接)하노라 못 올다 하옵거늘, 쇼인이 드리미러 보오니 그 쇼년이 젼닙(氈笠)을 슉이고 촉광(燭光)을 등두어 안즈시니, 면목(面目)이 의희(依俙)하오나, 셩음(聲音)이 분명 뎡쳬찰 노야 갓흐시고, 두 조츤 가인이 종복 뇌산이 갓더이다."

공이 미급답(未及答)의 니시랑 왈,

"쇼싱이 경수의 이실 적 뎡명최 수쳔 관셔 슌무스(巡撫使)로 팔도(八道)862)를 슌슈하라 하시는 은명을 밧즈와 임쇼(任所)로 나【46】런지 수오삭 후, 쇼싱이 쏘 황조(皇詔)를 밧즈와 노션싱을 비시(陪侍)하라 오온 비라. 명초는 직덕이 겸젼하고 지략이 츌즁하니, 발셔 그 스이 졔도를 슌슈(巡狩)하고, 이 곳의 니르러 슌힝(巡行)홈도 괴이지 아니하니이다."

상국이 쳥파(聽罷)의 듸희 왈,

"연즉(然則) 만힝(萬幸)이라. 창두를 보늬여 쳥하여 반기미 맛당하도다."

시랑이 깃거 듸왈,

"쇼싱이 맛당이 친히 가 진가(眞假)를 슬피고, 만일 진짓 뎡명최여든 일장을 희롱하고 쇼겨 다려오고져 하느이다."

공이 쳥파의 듸쇼 왈,

"족하 의논이 최션하니, 스스로 싱각하여 하라."

시【47】랑이 역쇼 칭수하고, 이의 미복을 가비야이 하고 셔듸랑 졈즁의셔 삼낭의 졈시(店舍) 불과 슈빅보지간(數百步之間)이라. 시랑이 다만 일기 가동으로 뒤흘 조추라 하고, 거러 졈즁의 니르니, 날이 발셔 어두어 힝인이 꼿쳣는 고로, 문을 다닷더라.

시랑이 나아가 친히 싀비(柴扉)○[롤] 두다려 문을 열나 하니, 졈즁의 수환하는 노쇠 나와 문을 열고, 침침 혼야의 아뫼 줄 몰나 므르듸,

"밤이 깁헛거늘 관인은 어듸로조추 오는 긱이완듸 심야의 니르럿느뇨? 이 마을 《품∥풍(風)863)》은 밤든 후는 힝인을 용납지 아니니 다【48】른 듸로 가라."

---

861) 젼닙(氈笠) : 조선 시대에, 병자호란 이후 무관이나 사대부가 쓰던, 돼지 털을 깔아 덮은 모자.
862) 팔도(八道) : 『역사』조선 시대에, 전국을 여덟 개로 나눈 행정 구역. 강원도, 경기도, 경상도, 전라도, 충청도, 평안도, 함경도, 황해도를 이른다. 늑팔로.

시랑 왈,

"나는 다른 힝인이 아니라 아즈의 몬져 온 긱관의 동힝(同行)이러니, 맛춤 연괴(緣故) 이셔 시긱을 쩌려져 니졔야 와시나[니], 의심치 말고 문을 열나."

노쇠 그러히너겨 문을 여니, 시랑이 드러가미 노쇠 쇼릐ᄒᆞ여 왈,

"몬져 온 긱관의 동힝이 니졔야 ᄎᆞᆺ즈 니ᄅᆞ럿다."

ᄒᆞ니, 믄득 긱당으로셔 동ᄌᆡ 나와 니ᄅᆞ딕,

"아등은 다른 동힝이 ᄎᆞ즈리 업다."

ᄒᆞ니, 이 분명 뎡병부의 긔긱(寄客)864)이라. 시랑이 엇지 아지 못ᄒᆞ리오. 쥰졀이 ᄭᅮ지져 왈,

"요 아히 요란 경망치 말나. 닉 너의 상공을 슈일 젼 【49】 녁녀(逆旅)의셔 만나 교도(交道)를 밋고 ᄎᆞᆺ기를 언약ᄒᆞ엿거든, 네 엇지 날을 모ᄅᆞᄂᆞᆫ 체ᄒᆞᄂᆞᆫ다? 네 아니 뇌산인다?"

뇌산이 싱각ᄒᆞ딕,

"우리 노애 나 업슨 젹의 사ᄅᆞᆷ을 맛나 ᄉᆞ괴여 이 곳으로 ᄎᆞ즈라 언약ᄒᆞ신가?"

의심ᄒᆞ여, 묵연이 므릅써865) 셔더라.

시랑이 쾌히 초당의 오ᄅᆞ니, 표종(表從) 냥인이 셔로 만나미 깃브미 비길 곳이 이시리오.

화셜, 슈쳔합쥬팔도초안슌무ᄉᆞ 뎡의쳥이 니가(離家) 뉵칠삭(六七朔)의 팔도(八道)를 슌무ᄒᆞ고 황셩으로 향코져 홀ᄉᆡ, 믄득 즁ᄉᆞ(中使)와 졀월(節鉞)866)이 니ᄅᆞ러 공뇌를 시로이 포장ᄒᆞ시고 【50】 ᄲᆞᆯ니 환조(還朝)ᄒᆞ라 ᄒᆞ여 계시니, 슌뮈 텬은을 ᄉᆞ례ᄒᆞ미 비록 효ᄌᆞ 츙신의 ᄉᆞ군 ᄉᆞ친지회 간절ᄒᆞ나, ᄯᅩᄒᆞᆫ 인심이 지령(至靈)ᄒᆞ여, 빅년지음(百年知音)867)의 즁봉디회(重逢之懷)와 부ᄌᆞ 텬셩의 단원(團圓)ᄒᆞ미 엇지 가히 시긱을 지완(遲緩)ᄒᆞ리오.

그윽이 지나ᄂᆞᆫ 곳의 완상(玩賞)코져ᄒᆞ여 ᄉᆞ명(使命)과 황조(皇詔)를 뒤히 조ᄎᆞ라 ᄒᆞ고, 냥기 셔동과 일필 건녀(健驢)로 힝ᄒᆞ미, 시셰(時歲) 즁츈회간(仲春晦間)868)이라.

---

863)풍(豊) : 풍속(風俗). 옛날부터 그 사회에 전해 오는 생활 전반에 걸친 습관 따위를 이르는 말. 늑풍기(風氣).

864)긔긱(寄客) : 남의 집에 머무르면서 얻어먹는 손님.

865)므릅쓰다 : 물러나다. 뒷걸음하다.

866)졀월(節鉞) : 절부월(節斧鉞). 조선 시대에, 관찰사·유수(留守)·병사(兵使)·수사(水使)·대장(大將)·통제사 들이 지방에 부임할 때에 임금이 내어 주던 물건. 절은 수기(手旗)와 같이 만들고 부월은 도끼와 같이 만든 것으로, 군령을 어긴 자에 대한 생살권(生殺權)을 상징하였다.

867)빅년지음(百年知音) : 서로 마음이 통하는 부부를 비유적으로 이른 말. *백년(百年); 백년가약(百年佳約)을 맺은 부부에 대한 비유. *지음(知音); 마음이 서로 통하는 친한 벗을 비유적으로 이르는 말. 거문고의 명인 백아가 자기의 소리를 잘 이해해 준 벗 종자기가 죽자 자신의 거문고 소리를 아는 자가 없다고 하여 거문고 줄을 끊었다는 데서 유래한다. ≪열자(列子)≫의 <탕문편(湯問篇)>에 나오는 말이다.

만산화목(滿山花木)과 산금(山禽) 이쉬(異獸)며 비취(翡翠) 치졉(彩蝶)이 셧도라 눈이 님ᄒᆞᄂᆞ 곳의 유흥(幽興)이 비비(倍倍)ᄒᆞ더라.

힝ᄒᆞ여 장ᄎᆞᆺ 은쥬 취교역의 밋쳐ᄂᆞᆫ, ᄌᆞᆽ츤 위의ᄂᆞᆫ 다 ᄉᆞ오리 젼도의 햐쳐ᄒᆞ【51】고 슌무ᄂᆞᆫ 죵복 뇌산으로 더부러 취교역 셔삼낭 졈ᄉᆞ의 햐쳐(下處)ᄒᆞ엿더니, 홀연 밧그로 한 사ᄅᆞᆷ이 드러오ᄃᆡ, 인가창두(人家蒼頭)의 모양이라. 쥬인과 말ᄒᆞ더니 긱실의 드리와다869) ᄌᆞ가 노쥬를 유의ᄒᆞ여 술피다가 나가니 가장 괴이히 너기더니, 죵복 뇌산이 슌무긔 고ᄒᆞᄃᆡ,

"엇던 사ᄅᆞᆷ이 드러와 상공과 쇼복을 유의ᄒᆞ여 보고 나가오니 괴이코, 므ᄉᆞᆫ 일이 잇ᄂᆞᆫ가 ᄒᆞᄂᆞ이다."

슌뮈 잠쇼 왈,

"기인(其人)의 의복 거동이 촌민(村民) 야한(野漢)이 아니라. 벅벅이870) 상부 후문 노직로쇼니, 우리 노쥬의 복식 힝지(行止)를 의심【52】ᄒᆞ여 술피고 가미라. 므ᄉᆞᆫ 유의ᄒᆞ미 이시리오."

ᄒᆞ더라.

이윽고 셕반을 파ᄒᆞ고 촉을 붉혀 말ᄉᆞᆷᄒᆞ더니, 아이(俄而)오871), 야심(夜深)ᄒᆞ니 쥬인이 믈너나고, 슌뮈 도로 구치(驅馳)의 신식(身事) 곤뇌(困勞)ᄒᆞᆷᄆᆞᆯ 인ᄒᆞ여 일즉 쉬고져 ᄒᆞ더니, 믄득 밧그로셔 일인이 드러와 뇌산을 엄졍(嚴正)이 ᄭᅮ지져 믈니치고, 바로 입실ᄒᆞ여 앙연이 드러오ᄆᆞᆯ 보고, 심니(心裏)의 괴이히 너겨 졍히 믓고져 ᄒᆞ더니, 기인이 알ᄑᆡ 니ᄅᆞ러 거슈장읍(擧手長揖) 왈,

"비인(鄙人)이 감히 귀인 안젼의 뵈ᄂᆞ이다. ᄉᆞ히지ᄂᆡ기형뎨(四海之內皆兄弟)872)라 ᄒᆞᄂᆞ니 비인이 존ᄉᆞ(尊師)의 존셩 딕명을 흠앙ᄒᆞ연지 【53】오린 고로, 당돌ᄒᆞᆷᄆᆞᆯ 피치 아니ᄒᆞ고 놉흔 ᄌᆞ최를 우러러 고풍덕질(高風德質)을 ᄯᆞ라 니ᄅᆞ럿ᄂᆞ니, 복원 존ᄉᆞᄂᆞᆫ 비루ᄒᆞᆷᄆᆞᆯ 혐의치 마ᄅᆞ시고, 지긔(知己)의 교우ᄒᆞᆷᄆᆞᆯ 바라ᄂᆞ이다."

기인의 의푀 쳥신ᄒᆞ고 셩음이 쳥월(淸越)ᄒᆞ여 별안간이나 용부(庸夫) 속지 아니라. 슌뮈 ᄯᅩᆫ 창졸의 아라 보지 못ᄒᆞ여 연망이 답녜ᄒᆞ고, 답 왈,

"비인은 ᄉᆞ히의 운유(雲遊)ᄒᆞᄂᆞᆫ ᄌᆞ최라. 평싱 유협(遊俠)873)을 일ᄉᆞᆷ으나, 본ᄃᆡ 년쇼 우몽ᄒᆞ여 님하(林下)의 깃드런지 오ᄅᆡ니, 쳔명(賤名)을 셰간의 젼ᄒᆞ여 알니 업ᄂᆞᆫ지라. 일즉 현ᄉᆞ로 더부러 일면(一面)의 알오미 업거【54】늘, 도ᄎᆞ(到此)의 니ᄅᆞ럿 신근(信謹)이 ᄎᆞᄌᆞ시니 후회(厚懷) 다ᄉᆞ(多事)ᄒᆞᆯ지라. 비록 셔위(徐儒)874)・진번(陳蕃)의 탑

---

868)즁츈회간(仲春晦間) : 음력 2월 그믐께. 즉 2월 30일경.
869)드리완다 : 들이다. 들어오다.
870)벅벅이 : 반드시, 틀림없이.
871)아이(俄而)오 : 얼마 안 있다가. 이윽고.
872)ᄉᆞ히지ᄂᆡ기형뎨(四海之內皆兄弟) : 온 세상의 사람들이 모두 한 형제다. *사해(四海); 사방(四方)의 바 다로 둘러싸인 온 세상.
873)유협(遊俠) : 호방하고 의협심이 있는 사람. 또는 그러한 사람의 일.

(榻) 나리기875)를 효측지 못ᄒ오나, 나지 ᄎ주신 후의를 닛지 아니ᄒ오리니, 청컨되 존셩되뎡(尊姓大名)을 청ᄒᄂ이다.”

니리 니ᄅ며 투목(偸目) 송아(竦訝)ᄒ니, 기인이 좌의 나아가되 바로 상면치 아니ᄒ고, 촉광을 등두어 비스기 안ᄌ니, 촉홰 희미ᄒ여 범범(凡凡) 쇼활(疎豁)ᄒ 사ᄅ임일진되 별안간의 그 면목을 어이 긔지(機知)ᄒ리오만은, 뎡슌무의 조심경(照心鏡) 안광이 엇지 몰나 보리오. 이 곳 니시랑 명이 아니오 뉘리오. 졔 무슨 일노 이【55】의 온 곡졀을 아지 못ᄒ나, 의심업슨 니시랑인 쥴 알믹, 져의 속이고져 ᄒ믈 실쇼(失笑)ᄒ고, ᄯ 속이고져ᄒ여 냥안 졍광을 흘녀 슉시ᄒ기를 냥구히 ᄒ니, 시랑이 져를 속이고져 ᄒ미 ᄌ연 죄업시 국츅(跼縮)ᄒ여, 졈졈 촉영(燭影)을 겻두어 어두은 구셕을 향ᄒ여 도라안ᄂ지라.

슌뮈 심니의 실쇼ᄒ믈 ᄭᅵ닷지 못ᄒ여, 믄득 창을 열치고 쇼릭를 놉혀 사ᄅ믈 불너 왈,

“산즁 귀믹망냥(鬼魅魍魎)의 무리ᄂ 반다시 산촌 젼야와 님쳔(林泉)의 숨어 셰상 녹녹(碌碌) 쇽ᄌ를 침혹ᄒ거니와, 엇지 군【56】ᄌ 셩인의 압히 어른겨 속이려 ᄒ니, 가장 담 크고 패심ᄒ 귀믹(鬼魅)로쇼니, ᄲᆯ니 잡아 나려 단단이 결박ᄒ여 엄슈ᄒ라. 야심ᄒ여시니 명일 쥼치ᄒ여 결쳐(決處)ᄒ리라.”

뇌산이 쳥녕(聽令)ᄒ나 지지(遲遲)ᄒ고 감히 나아드지 못ᄒ거ᄂᆯ, 슌뮈 졍셩 엄호ᄒ여 믹기를 지쵹ᄒᄂ지라. 이 ᄶ 시랑이 슌무를 속이려ᄒᄂ 계피(計巧){니} 도로혀 뒤치여 슌무의 견욕(見辱)ᄒ믈 보니, 하 어히업셔 닙이 ᄡ고 혜 돕지 아니ᄒᄂ지라. 묵연이 그 시종을 보고져ᄒ더니 박핍(迫逼)ᄒ믈 보고, 그계야 급히 닓더나 슌무의【57】게 다라드러, ᄡᆫ 관을 벗겨 ᄯ히 더지고, 운고(雲-)876)를 잡아 ᄯᅴ어 물니고, ᄭᅮ지ᄌ되,

“이 ᄉ오나온 운긔야. 네 일졍 날을 몰나보고 견욕ᄒ기를 잘 할다?”

슌뮈 급히 옷슬 ᄯᅥᆯ쳐 니러나며 밍녈이 갈오되,

“요괴 가장 담되ᄒ다. 엇지 감히 군ᄌ의 일홈을 브르ᄂ다. 늬 언졔 너 요괴를 보앗관되 요형ᄉ골(妖形邪骨)을 알니오.”

시랑이 되쇼ᄒ고, 엇게를 믹이 쳐 ᄭᅮ지져 왈,

“이 범남 완만ᄒ 놈아. 네 가지록 완만ᄒ여 날을 업슈히 너겨 욕ᄒ기를 잘 ᄒᄂ다?”

---

874)셔위(徐儒) : 서치(徐穉). 중국 후한 때 남창태수 진번으로부터 극진한 예우를 받았던 남창의 현사(賢士)로, 진번하탑(陳蕃下榻) 고사(故事) 의 주인공.

875)진번하탑(陳蕃下榻) : 어진 사람을 특별히 예우하는 것을 일컫는 말. 중국 후한 때 남창태수 진번이 그 고을의 서치(徐穉)라는 현사가 오면 특별히 걸상을 내려 앉게 하고 그가 가면 즉시 거두어 걸어 두었다는 고사에서 유래한 말.

876)운고(雲-) : 고. 상투를 틀 때 머리털을 고리처럼 되도록 감아 넘긴 것. 늑상투.

슌뮈 그제야 눈을 드러 물그룸 드리미러 보며 왈,

"닉 【58】 오릭 히변의 유우(流寓)ᄒᆞ여 요ᄉᆞ이 안환(眼患)이 즁ᄒᆞ여 엇그제 갓 하렷더니[877], 안졍(眼睛)이 침침ᄒᆞ여 ᄉᆞ룸의 얼골이 ᄌᆞ셔치 아니ᄒᆞᆫ지라. 종시 요괴 아니로라 ᄒᆞ거든 셩명을 니ᄅᆞ라."

ᄒᆞ고 이시히 눈을 씨셔 드리와다 보더니, 바야흐로 ᄭᆡ다라 놀나ᄂᆞᆫ ᄉᆞᄉᆡᆨ으로 왈,

"어져져! 몰낫더니 원보형이랏다! 형이 무삼 연고로 이의 니ᄅᆞ러 계시뇨? 와 계시거든 졍ᄃᆡ이 안ᄌᆞ셔 쇼뎨를 불너도 감슈ᄒᆞ고, 표형뎨지간(表兄弟之間)[878]의 ᄒᆡᆼ신(行身) 녜법(禮法)이 상치 아니ᄒᆞ려든 형장이 실톄(失體)ᄒᆞ시기를 과도히 ᄒᆞ시니, 쇼뎨의 탓시 아니로쇼 【59】 이다."

언파의 몸을 니러 시랑을 븟드러 상좌의 안치고, 무룹흘 쓰러 공경ᄒᆞ여 왈,

"니러나 져러나 지죄지죄(知罪知罪)라. 몰나실 젹은 공경ᄒᆞ믈 일헛거니와 안 후는 엇지 형우뎨공(兄友弟恭)ᄒᆞᄂᆞᆫ 녜를 휴이(虧而)ᄒᆞ며, 이 곳 표형의 희롱을 즐기ᄂᆞᆫ 연고로 견픠(見敗)ᄒᆞ미오, 쇼뎨의 허물이 아니니, 복원(伏願) 형장(兄丈)은 물우ᄉᆞ죄(勿憂赦罪)ᄒᆞ쇼셔."

말숨이 흐ᄅᆞᄂᆞᆫ 듯ᄒᆞ고 극히 공슌ᄒᆞ니, 시랑이 그 능휼능ᄃᆡ(能譎能大)[879]ᄒᆞ믈 어히업셔, 다만 무언(無言) ᄃᆡ쇼(大笑)ᄒᆞ더라.

냥 시동(侍童)이 바야흐로 니시랑의 왓시믈 알고, 일시의 우으며 안젼의 나아가 고두 ᄇᆡ알ᄒᆞ고 물 【60】 너나니, 셔가 노쇼 상히 그 곡졀을 무러 ᄌᆞ시 알고, ᄯᅩᄒᆞᆫ 우으며 물너나더라.

뎡·니 냥인이 녁녀(逆旅)의○[셔] 셔로 만나니, 반기고 깃브믈 어이 측냥ᄒᆞ리오. 촉을 붉히고 야심ᄒᆞᄂᆞᆫ 쥴 ᄭᆡ닷지 못ᄒᆞ고 한담홀식, 시랑이 바야흐를 ᄌᆞ기 황명을 밧ᄌᆞ와 남도의 가 조상국을 녜쇼(禮召)ᄒᆞ여 상경ᄒᆞᄂᆞᆫ 길히믈 젼ᄒᆞ고, 셕혼(夕昏)의 조부 가인이 이 집 쥬인 셔삼낭을 보라 왓다가, 보고 와 니ᄅᆞᄆᆡ, 듯고 ᄎᆞᄌᆞ온 말을 니ᄅᆞ니, 슌뮈 ᄯᅩ 조승상을 맛나 동ᄒᆡᆼ홀 바를 깃거ᄒᆞ더라.

시랑이 슌무의게 견욕(見辱)ᄒᆞ믈 셜치(雪恥)코 【61】 져ᄒᆞ여 조부인 모ᄌᆞ를 긔특이 상봉ᄒᆞᆫ 말을 ᄉᆞᄉᆡᆨ지 아니ᄒᆞ더라.

슌뮈 니시랑으로 더부러 이 밤을 지ᄂᆡ고 명조의 조반과 셰슈를 파ᄒᆞᄆᆡ 냥인이 엇게를 갈와 조상국 하쳐(下處)의 니ᄅᆞ러 뵈오니, 상국이 녁녀지즁(逆旅之中)의 쳔금 쇼교(小嬌)와 ᄋᆡ셔(愛壻)를 만나 쳔만 긔약지 아냐 동ᄒᆡᆼ케 되니, 깃브미 엇지 범연ᄒᆞ리오. 반가오미 흔흡(欣洽)ᄒᆞ고, ᄉᆞ랑ᄒᆞᄂᆞᆫ 졍이 ᄉᆡ로이 뉴츌(流出)ᄒᆞ니, 슌뮈 안젼의 니ᄅᆞ러 졀ᄒᆞ기를 님ᄒᆞ여, 그 쳥신(淸新) 쇄락(灑落)ᄒᆞᆫ 풍용 덕질이 별후 ᄉᆞ오년의 노셩(老成) 언건(偃蹇)ᄒᆞ미 더ᄒᆞ여, 완연이 ᄃᆡ 【62】 군ᄌᆞ지풍이 니러시니, 흠염(欽念) 귀즁(貴重)

---

877)하리다 : (병이) 낫다.

878)표형뎨지간(表兄弟之間) : 내외종 형제지간.

879)능휼능대(能譎能大) : 사람이 교활하여 남을 잘 속이고 일을 잘 부풀림.

ᄒᆞ여 연망이 손을 잡고 만면 쇼식(笑色)이 영ᄌᆞ(盈滋)ᄒᆞ여[880] 왈,

"엇지 현셔를 이 곳의 와 만날 쥴 알니오. 아지못게라! 녕존당(令尊堂) 샹하(上下)와 녕당(令堂)[881] 졔위(諸位) 년ᄎᆞ(年次)[882] 무양(無恙)ᄒᆞ시며, 현셰(賢壻) 쇼년 쳥망(淸望)으로 손오양져(孫吳穰苴)[883]의 직략(才略)을 가져 국가의 늉공(戎功)을 셰워 쇼년 작위 지ᄎᆞ경상(在次卿相)ᄒᆞᄆᆞᆯ 위ᄒᆞ여 존문(尊門)의 복경(福慶)을 하례(賀禮)ᄒᆞ고, 나의 문난지경(門欄之慶)[884]의 광치(光彩) 영요(榮耀)홀 바를 더옥 깃거ᄒᆞ노라."

슌뮈 공경 ᄉᆞ왈,

"직죄 미ᄒᆞ고 덕이 박ᄒᆞ니 엇지 외람ᄒᆞᆫ 작위를 깃거ᄒᆞ리잇고? 다만 악장의 먼니 넘녀ᄒᆞ신 【63】 셩덕을 닙ᄉᆞ와, 흉모지디(凶毛之地)의 젹은 공을 셰워 황은이 지ᄎᆞ(在此)ᄒᆞ샤 미신의 고관딗작(高官大爵)이 과도ᄒᆞ오니, 박덕 부지로 묘복(眇福)이 손ᄒᆞ올가 숙야(夙夜) 긍긍업업(兢兢業業)[885]ᄒᆞ오미 여림심연(如臨深淵)[886]이옵거ᄂᆞᆯ, 악장은 도로혀 복녹(福祿)으로 비기시니 엇지 황괴(惶愧)치 아니리잇고?"

샹국이 흔연 잠쇼ᄒᆞ고, 다과와 쥬찬으로 삼인이 샹딗ᄒᆞ여 즐기며 한담ᄒᆞ더니, 슐이 반감(半酣)[887]의 니시랑이 믄득 여측(如厠)ᄒᆞᄆᆞᆯ 핑계ᄒᆞ고 나가더니, 넌즈시 셔녁 긱실의 가 녹운 등을 불너 뎡슌무의 와시ᄆᆞᆯ 니ᄅᆞ고,

"일장 속이고져ᄒᆞ니 여등이 일졀 【64】 나오지 말나."

ᄒᆞ고 쇼아를 달나 ᄒᆞ여 친히 안고 긱당의 도라오니, 유랑 녹운 등이 쥬군(主君)의 왕님ᄒᆞ시ᄆᆞᆯ 드르니 반갑고 깃부ᄆᆞᆯ 니긔지 못ᄒᆞ여, 드러가 부인긔 알외고 쇼공ᄌᆞ 다려 가시ᄆᆞᆯ 고ᄒᆞ니, 부인이 ᄎᆞ힝의 군ᄌᆞ를 즁봉(重逢)홀 쥴 지긔ᄒᆞ미 잇ᄂᆞᆫ지라. 식로이 긔특ᄒᆞ며 공교ᄒᆞᆫ 쥴 아지 못ᄒᆞ여, 슌무의 총명 특달ᄒᆞ미 벅벅이 니시랑의 젹은 계교의 속지 아닐 쥴 짐작ᄒᆞ며, 심니(心裏)의 실업ᄉᆞᄆᆞᆯ 실쇼(失笑)ᄒᆞ여, ᄌᆞ긔 이곳의 와, 이 복식 이 거동으로 군ᄌᆞ를 딗홀 바를 슈치(羞恥) 난안(赧顔)ᄒᆞ나 홀 【65】 일 업더라.

니시랑이 쇼아를 안고 드러와 슌무의 알픠 노흐며, 샹국을 향ᄒᆞ여 왈,

"아니 앗가오니잇가? 이 아히 긔질 품슈를 보쇼셔. 쵼가(村家) 궁쵼(窮村)의 바리미 앗가오니이다."

샹국이 밋쳐 답지 못ᄒᆞ여셔 뎡슌뮈 아히 알픠 니ᄅᆞ미, 평싱 침즁 단엄ᄒᆞ여 눈 들기

---

880)영ᄌᆞ(盈滋)ᄒᆞ다 : 가득하다. 가득 드러내다.
881)녕당(令堂) : =자당(慈堂). 남의 어머니를 높여 이르는 말. 여기서는 부모와 숙부모를 모두 이르는 말로 쓰였다.
882)년ᄎᆞ(年次) : 나이의 차례. 나이의 차례로.
883)손오양져(孫吳穰苴) : 중국 춘추 전국 시대의 병법가인 손무(孫武)·오기(吳起)·사마양저(司馬穰苴)를 아울러 이르는 말.
884)문난지경(門欄之慶) : 가문의 경사. *문란(門欄); 문루(門樓)의 난간(欄干)을 뜻하는 말로 가문(家門)을 달리 이르는 말.
885)긍긍업업(兢兢業業) : 항상 조심하여 삼감. 또는 그런 모양.
886)여림심연(如臨深淵) ; 깊은 못에 다다른 것처럼 두려워하고 조심함.
887)반감(半酣) : 반취(半醉). 술에 반쯤 취함. 술에 웬만큼 취한 것을 이른다.

를 가비야이 아니ᄒᆞᄂᆞᆫ 성졍이로ᄃᆡ, 비록 모ᄅᆞᄂᆞᆫ 가온ᄃᆡ나 텬뉸(天倫) 져독(舐犢)888)이 스스로 보고져 ᄒᆞᄂᆞᆫ 빈 업시 눈을 드니, 이 믄득 궁향(窮鄕) 하읍(遐邑)의 범범(凡凡) 속ᄋᆞ(俗兒) 아니라. 고어의 왈, 쳥텬ᄇᆡᆨ일(靑天白日)은 노예(奴隸) 하쳔(下賤)도 역지기명(亦知其明)이오, 황혼흑야(黃昏黑夜)ᄂᆞᆫ 금슈(禽獸)도 【66】어두오믈 알거늘, ᄎᆞ아(此兒)의 슈츌(秀出)ᄒᆞᆫ 졍화(精華)와 별유이긔(別有異氣)ᄒᆞ믈 일편도이 산쳔졍ᄆᆡᆨ(山川精脈)을 거두어 강ᄉᆡᆼ(降生) 츌셰(出世)ᄒᆞᆫ 빈니, 비록 범범속인(凡凡俗人)과 쇼장미확(小臧微獲)889)의 범ᄐᆡ(凡胎)890) 육안(肉眼)891)이로ᄃᆡ, ᄒᆞᆫ번 보아 긔특ᄒᆞ믈 알녀든, ᄒᆞ믈며 쇼아의 찬찬(燦燦)ᄒᆞᆫ 덕질(德質)과 휘휘(輝輝)ᄒᆞᆫ 풍광(風光)이 교교염미(皎皎艶美)ᄒᆞ여 젼쥬(全注) 그 조부 평졔왕의 텬일지표(天日之表)와 부친의 건건(虔虔) 탁탁이풍(卓卓而風)이며, 모부인 졀츌교염(絶出嬌艶)을 갓초 품습(稟襲)ᄒᆞ여시니, 녕지(靈芝) 방향(芳香)이 빗나고, 옥이 남젼(藍田)892)의 ᄌᆞ라니, 그 비상ᄒᆞ믈 엇지 속아(俗兒)의 비겨 의논ᄒᆞ리오.

슌뮈 미지일견(未之一見)의 황홀 경이 【67】ᄒᆞ여 밧비 나호여 왈,

"ᄎᆞ쇼ᄋᆞ(此小兒) 하쳐츌(何處出)이완ᄃᆡ 이ᄃᆡ도록 비상ᄒᆞ뇨? 벅벅이 농가 촌장(村莊)의 쳔녀촌한(天女村漢)의 싱츌이 아니로다."

시랑이 미쇼 왈,

"닉 앗가 여측ᄒᆞ라 갓다가 ᄎᆞ이 하 긔특ᄒᆞ니, 합하와 표뎨를 뵈고져 안아 왓거니와, 엇던 놈의 ᄌᆞ식인동 근본이야 어이 알니오. 다만 이 집 쥬인의 어더 기ᄅᆞᄂᆞᆫ 아히니, 근본이 ᄉᆞ족(士族)인지 쳔츌(賤出)인지 져희도 ᄌᆞ시 아지 못ᄒᆞ고, 다만 거년의 길 가히 바린 아히를 어더 기ᄅᆞ노라 ᄒᆞ고, 근본 귀쳔은 아지 못ᄒᆞᄃᆡ 작인 품쉬 하 어엿브니 거두어 기ᄅᆞ니, 【68】ᄒᆡᆼ혀 ᄉᆞ족의 ᄌᆞ식이여든 부모를 ᄎᆞᆽᄌᆞ 쥬렷노라 ᄒᆞ거늘, 우형이 니ᄅᆞᄃᆡ, '이 아히 이갓치 비상ᄒᆞ니 근본을 뭇지 아니ᄒᆞ나 결비쳔인(決非賤人)이라. 옛말의 닐너시ᄃᆡ, 빗난 구슬과 아름다온 옥은 반ᄃᆞ시 쳔가(賤家)의 잇지 아니ᄒᆞᄂᆞ니, ᄎᆞ이 엇지 궁향(窮鄕) 하읍(遐邑)의 바리여, ᄆᆡᆨ상(陌上)의 ᄌᆞ라며 이젹(夷狄)의 비ᄒᆞ리오. 맛당이 날을 쥬면 《시양∥수양(收養)》ᄒᆞ여 경ᄉᆞ 번화지디(繁華之地)의 가 쇼싱지친(所生之親)을 ᄎᆞᄌᆞ 도라가게 ᄒᆞ고, 불ᄒᆡᆼᄒᆞ여 못ᄎᆞᆽ거든 아조 ᄌᆞ식삼아 아름다이 셩혼(成婚)ᄒᆞ렷노라 ᄒᆞ니, 쥬인이 미미(微微)히 허락ᄒᆞ나, 깃거 아닛ᄂᆞᆫ ᄉᆞ식(辭色)이 잇【69】거늘, 닉 그 마음을 깃기고져ᄒᆞ여 낭즁의 이십금 은ᄌᆞ를 쥬어, 그 ᄉᆞ이 쇼아의 《이식∥의식(衣食)》 허비ᄒᆞᆫ 거슬 갑노라 ᄒᆞ니, 쥬인이 ᄃᆡ희ᄒᆞ여 허락ᄒᆞ거늘

---

888) 져독(舐犢) : '소가 제 새끼를 핥는다.'는 뜻으로, 자식에 대한 어버이의 지극한 사랑을 비유로 나타낸 말. 지독지애(舐犢之愛).
889) 쇼장미확(小臧微獲) : 어리고 작은 종들. *장확(臧獲) : 종. 장(臧)은 사내종을, 획(獲)은 계집종을 말함.
890) 범ᄐᆡ(凡胎) : 평범한 태(胎) 안에서 난 평범한 사람.
891) 육안(肉眼) : 맨눈.
892) 남젼(藍田) : 중국(中國) 섬서성(陝西省)에 있는 산 이름으로 옥의 명산지.

다려왓노라."

슌뮈 완쇼(莞笑) 왈,

"형이 삼십 전의 네 아들과 두 똘이 이셔 아름답기 겸금(兼金)893) 미옥(美玉) 갓거
늘, 즈식의 그딋도록 쥬리워894) 노상의 바린 아히를 거두어 《시양‖수양(收養)》ᄒ도
록 ᄒ리오. 츠아(此兒)의 영길화복지상(永吉華福之相)이 부모를 실니(失離)ᄒᆫ 익(厄)이
업스니 엇지 그러ᄒ리오. 반드시 형의 부창(浮唱)된 허언(虛言)이라."

시랑이 딕쇼(大笑) 왈,

"우형이 즈유(自幼)로 거즛말ᄒ기를 아니ᄒᄂ니 엇【70】지 허언을 창슈(唱酬)ᄒ며
비록 여러 아히 잇다ᄒ나 다 범범(凡凡) 용상(庸常)ᄒ니 엇지 츠아의 츌범ᄒ믈 당ᄒ리
오. 《무왕‖문왕(文王)895)》이 빅즈쳔숀(百子千孫)의 번셩ᄒ미 이시딕, 오히려 벽녁
(霹靂) 가온딕 뇌진즈(雷震子)896)를 만나 양즈(養子)ᄒ여 일빅 아들의 슈를 치와시딕,
후셰의 무염(無厭)타 아녓ᄂ니, 닉 네 아히 이시니 이 아히를 어더 다숫슬 치오미 무
어시 ᄒ리오리오. 명초ᄂᆫ 긔특ᄒᆫ 아히를 보고 게엄닉지897) 말나. 상국이 잠쇼 왈,

"현셔와 족하ᄂᆫ 무익지ᄉ(無益之事)로 닷호지 말나. 현계(賢契)ᄂᆫ 슬하의 《닛봉‖
닌봉(驎鳳)》 갓흔 즈녜 갓다ᄒ니, 아모리 긔특ᄒ여도 【71】번화ᄒᆫ 가즁의 남의 즈
식이 부졀업고, 아셔(我壻)ᄂᆫ 바야흐로 이십 젼 쳥츈의 옥갓흔 안히와 ᄭᅩᆺ갓흔 쳡이 가
득ᄒ여시니, 다 각각 한 번식 싱산의 길흘 열면, 뇽닌(龍麟)갓흔 아들과 화옥(花玉) 갓
흔 똘이 그 몃몃치 될 줄 알니오. ᄒ물며 아셔ᄂᆫ 쳥검(淸儉) 졀인(絕人)ᄒᆫ 군즈 쟝뷔
라. 엇지 쇽뉴(俗類)의 탐심(貪心)이 만하 남의 거슬 게엄닉ᄂᆫ 인ᄉ리오. 고어의 왈,
'이오지심(以吾之心)으로 탁타인지심(度他人之心)'898)이라 ᄒ니, 족하의 심졍이 니러ᄒᆫ
가 ᄒ노라."

셜파의 딕쇼(大笑)ᄒ니, 슌뮈 ᄉᄌ단슌(四字丹脣)899)의 옥치(玉齒) 찬연(燦然)ᄒ여
쇼이딕 왈(笑而對曰),

"악장의 【72】말ᄉᆷ이 지연(至然)ᄒ시니 쇼셔의 심담(心膽)을 상조(相照)ᄒ시도쇼이
다. 표형의 인ᄉ(人事) 심용(心用)이 쇼시로븟허 원900) 니러ᄒ오니 쇼셔ᄂᆫ 여시심상

---

893)겸금(兼金) : 품질이 뛰어나 값이 보통 금보다 갑절이 되는 좋은 황금.
894)쥬리다 : 주리다. ①제대로 먹지 못하여 배를 곯다. ②원하는 것을 얻지 못하여 몹시 아쉬워하다.
895)문왕(文王) : 중국 주나라 무왕의 아버지. 이름은 창(昌). 무왕의 주나라 건국의 기초를 닦았고 고대
　　의 이상적인 성인군주(聖人君主)의 전형으로 꼽는다.
896)뇌진즈(雷震子) : 중국 주나라 문왕(文王)이 뇌성벽력이 치는 속에서 장성(張星)이 떨어지는 것을 보
　　고 얻었다는 100번째 아들. 뇌성소리와 함께 하늘에서 내려 왔다하여 이름을 뇌진자(雷震子)라 하였다
　　한다.
897)게엄닉다 : 샘내다. 샘하는 마음을 먹다. 또는 샘을 부리다. *샘; 남의 처지나 물건을 탐내거나, 자기
　　보다 나은 처지에 있는 사람이나 적수를 미워함. 또는 그런 마음.
898)이오지심(以吾之心)으로 탁타인지심(度他人之心) : '나의 마음으로 다른 사람의 마음을 헤아린다.'는
　　뜻.
899)ᄉᄌ단슌(四字丹脣) : '四' 자(字) 모양의 붉은 입술.

(如視尋常)901)ᄒᆞᄂᆞ이다."

시랑이 크게 웃고 분변(分辨)ᄒᆞ여 왈,

"조합하(合下) '딕인이 ᄒᆡᆼ텬하지딕도(行天下之大道)ᄒᆞ시고 《닙‖거》 텬하지광거(居天下之廣居)'902)ᄒᆞ시ᄂᆞᆫ 군주 장부로, 조졍을 머리 지어 인인협화(愛人協和)ᄒᆞ시니, 흡흡(洽洽)ᄒᆞᆫ 셩덕이 비컨딕, 우로(雨露)의 협흡(協洽)홈 갓ᄒᆞ니, ᄉᆞ졍(私情)이 업고 공의(公意)를 두터이ᄒᆞ실가 ᄒᆞ엿ᄉᆞᆸ더니, 금일 존언(尊言)은 만히 ᄉᆞ졍을 젼쥬(專主)ᄒᆞ샤 명초를 펀드릭시고, 쇼싱은 그릇다 ᄒᆞ시니 엇지 원민(冤悶)【73】치 아니리잇고만은, 장ᄌᆞ지젼(長者之前)이라 셜만(褻慢)ᄒᆞᆷ을 져허 만히 춤ᄂᆞᆫ 비로쇼이다."

ᄒᆞ더라.

쇼이 슌무의 슬하의 안ᄌᆞ 조곰도 셔의(齟齬)ᄒᆞᆫ 빗치 업셔, 그 ᄯᅴ를 달호며 별갓흔 빵셩의 힛발 갓흔 《엿치‖영치(靈彩)》를 흘녀, 슌무의 용화(容華)를 쳠망(瞻望)ᄒᆞᄂᆞᆫ지라.

공과 시랑이 쇼아의 조셩(早成) 신이(神異)홈과 텬눈지졍(天倫之情)의 ᄌᆞ동(自動)ᄒᆞᆷ을 아른 쳬 아니ᄒᆞ고, 그 거동을 볼신, 슌뮈 ᄯᅩᄒᆞᆫ 인모지심(愛慕之心)을 니긔지 못ᄒᆞ고, 쇼아의 젼형(全形)이 만히 부왕(父王)과 조상국으로 방불ᄒᆞᆷ을 의심ᄒᆞ고 괴이히 너겨, 이의 나호【74】여 초옥(楚玉)903)갓흔 손을 잡고, 월익(月額)의 삽삽ᄒᆞᆫ904) 운발(雲髮)을 쓰다듬아 문왈,

"여년이 멋치나 ᄒᆞ뇨?"

쇼이 문득 셸니 니러 졀ᄒᆞ고 딕왈,

"삼셰로쇼이다."

우(又) 문왈,

"여년(汝年)이 유미(幼微)나 어언(語言)이 총혜(聰慧)ᄒᆞ니 지각(知覺)이 이실지라. 셩명을 아ᄂᆞ냐?"

소이 믄득 월아(月蛾)905)를 슈집(收集)ᄒᆞ여 왈,

"쇼이 ᄌᆞ모의 복즁(腹中)의 이실 졔 ᄌᆞ뫼 무슨 연고로 집을 쩌나, 치운궁이라 ᄒᆞᄂᆞᆫ 집의 와 쇼아를 나하 기르니, ᄌᆞ뫼 미양(每樣) 니릭시딕, '네 셩은 뎡기(鄭哥)라'ᄒᆞ시고, '일홈은 타일 경ᄉᆞ의 도라가면 네 부친이 지으【75】리라'ᄒᆞ시니, 일홈이 업고, 엇지ᄒᆞ여 모친이 이 곳의 오시니 져 딕상(大相)은 외왕븨(外王父)라 ᄒᆞ시더이다."

---

900)원 : 원간. 워낙. 두드러지게 아주. 본디부터

901)여시심상(如視尋常) : 보통으로 보다. 보통으로 생각하다.

902)ᄒᆡᆼ텬하지딕도(行天下之大道), 거텬하지광거(居天下之廣居) : 천하의 큰 도를 행하고, 천하의 '넓은 곳[仁]'에 거(居)한다. 『맹자』<등문공장구(滕文公章句) 하(下)>에 나온다.

903)초옥(楚玉) : 중국 초(楚)나라 사람 변화씨(卞和氏)가 초산(楚山)에서 얻었다고 하는 명옥(名玉)인 화씨벽(和氏璧)을 말함.

904)삽삽ᄒᆞ다 : 삽삽하다. 태도나 마음 씀씀이가 마음에 들게 부드럽고 사근사근하다.

905)월아(月蛾) : =초월아미(初月蛾眉), 초승달처럼 아름다운 눈썹.

어음(語音)이 낭낭(朗朗)ᄒ여 단산(丹山)의 봉죄(鳳鳥) 우지지ᄂᆫ 듯ᄒ고, 언단(言端)이 명명ᄒ여 반호 희미 업ᄂᆫ지라. 슌뮈 쇼아의 긔질 풍모를 보아 몬져 의심이 층츌(層出)ᄒ던 ᄎᆞ 이 말을 드르니 엇지 의심이 이시리오. 미지여ᄒ(未知如何)오. 【76】

윤하뎡삼문취록 권지칠십뉵

추시 뎡슌뮈(巡撫) 쇼아의 긔질 풍모를 보아 몬져 의심이 층츌(層出)ᄒᆞ던 ᄎᆞ(次), 이 말을 드ᄅᆞ니 엇지 의심이 이시리오. 부인이 구ᄉᆞ일ᄉᆡᆼ(九死一生)ᄒᆞᆫ 가온ᄃᆡ, 긔특이 ᄉᆡᆼ존ᄒᆞ여 복아(腹兒)를 보젼ᄒᆞ여 이의 니ᄅᆞ러시믈 ᄭᆡ다ᄅᆞ니, 긔특고 신긔ᄒᆞ여 가월텬창(佳月天窓)906)의 희운(喜雲)이 녕녕(盈盈)ᄒᆞ고, 조흔 풍치의 우음이 영ᄌᆞ(盈滋)ᄒᆞ여, 쇼아를 나호여 슬상의 언ᄌᆞ며, 시랑을 도라보아 훤연(喧然) ᄃᆡ쇼(大笑) 왈,

"가위(可謂) 긔관(奇觀)이로다. 군ᄌᆞ 장부의 왕왕불측(汪汪不測)907)ᄒᆞᆫ 금회(襟懷)ᄂᆞᆫ 쇼인의 【1】 무리 감히 ᄎᆡ잡지908) 못ᄒᆞᄂᆞ니, 아ᄒᆡ 비록 치년(穉年) 강보(繈褓) ᄒᆡᄋᆞ(孩兒)나 이 범아와 다ᄅᆞ믄 군ᄌᆞ(君子) 영걸(英傑)의 ᄉᆡᆼ(生)인 쥴 아ᄅᆞ쇼셔."

시랑은 하 어히업셔 말이 막혀 무언(無言) ᄃᆡ쇼ᄒᆞ고, 감히 다시 숨여 ᄃᆡ치 못ᄒᆞ거ᄂᆞᆯ, 상국이 바야흐로 우으며, 녀아를 이 곳의 와 상봉ᄒᆞᆫ 셜화를 니ᄅᆞ고, 우왈(又曰),

"졸(拙)ᄒᆞᆫ 녀ᄋᆡ 유죄무죄간 군가(君家)의 죄인으로, 다시 ᄒᆡ외(海外)의 젹거(謫居)ᄒᆞ고, 도즁 화란의 봉변ᄒᆞ여 십ᄉᆡᆼ구ᄉᆞ(十生九死)ᄒᆞ여 춤난(慘難) 화익(禍厄)을 갓초 지ᄂᆡ고, 텬우신조(天佑神助)ᄒᆞ여 만ᄉᆞ여ᄉᆡᆼ(萬死餘生)이 이의 니ᄅᆞ러시나, 누명을 신셜치 못ᄒᆞ엿고, 변복 산ᄉᆞ 【2】 ᄒᆞ며, 뉴리분쥬(流離奔走)ᄒᆞ여 복ᄉᆡᆨ(服色)이 달나시니, 념치의 군ᄌᆞ 측하(側下)의 뵈기를 슈괴(羞愧)ᄒᆞ리니, 현셔ᄂᆞᆫ 식니(識理) 군ᄌᆡ라. 노부 부녀의 우용(愚庸) 졸직(拙直)ᄒᆞ믈 용셔ᄒᆞ라."

슌뮈 쳥파의 져 부녀의 ᄯᅳᆺ이 변화ᄒᆞᆫ 복ᄉᆡᆨ으로 ᄌᆞ긔 셔로 보지 말고져ᄒᆞᄂᆞᆫ 마음을 엇지 지긔(知機)치 못ᄒᆞ리오만은, 본ᄃᆡ 심ᄆᆡᆼ(心盟)ᄒᆞ여 동ᄉᆞ동혈(同死同穴)을 긔약ᄒᆞᆫ 지긔부부(知己夫婦)라. 일시 《냥운 ‖ 익운》이 ᄐᆡ심ᄒᆞᆫ 고로, 평디(平地)의 풍파(風波) 니러나, 그 옥골방신(玉骨芳身)이 쳡봉환난(疊逢患難)ᄒᆞ여 아모 곳의 뉴락(流落)ᄒᆞ믈 아지 못ᄒᆞ고 ᄉᆞᄉᆡᆼ(死生)을 미가분(未可分)ᄒᆞ니, 평일 그 달슈하원(達壽遐遠) 영 【3】 복지상(榮福之相)을 밋으미 이시나, 일반(一般) 요인(妖人)의 극악 흉포ᄒᆞ미 쳔방ᄇᆡᆨ계로 현인을 ᄒᆡᄒᆞ기를 못밋출 드시 ᄒᆞ여 인즁승텬(人衆勝天)909)을 긔약ᄒᆞ니, 비록 부인의

906)가월텬창(佳月天窓) : 아름다운 눈썹과 눈을 달리 표현한 말. *가월(佳月); 초승달처럼 아름다운 눈썹. *텬창(天窓) : '눈'을 달리 표현한 말.

907)왕왕불측(汪汪不測) : 물이 끝없이 넓고 깊어 헤아릴 수 없음

908)ᄎᆡ잡다 : 채를 잡다. 주도적인 역할을 하거나 주도권을 잡고 조종하다. *채; 가마, 들것, 목도 따위의 앞뒤로 양옆에 대서 메거나 들게 되어 있는 긴 나무 막대기.

품슈(稟受)○[훈] 긔질(氣質)과 총명통달ᄒᆞ믈 알오ᄃᆡ, 오히려 인심은 불가측(不可測)이
오 인ᄉᆞᄂᆞᆫ 미가량(未可量)이라, ᄒᆞᆯ믈며 님별지시(臨別之時)의 부뷔 동방회실(洞房會室)
ᄒᆞᄆᆡ 일장신몽(一場神夢)이 명명(明明)ᄒᆞ여 웅비(熊羆)910)의 길셩(吉星)을 졈득(占得)
ᄒᆞ고, 북두츄셩(北斗樞星)911)을 늣기미 분명ᄒᆞ니, 복즁이(腹中兒) ᄯᅩᄒᆞᆫ 쇽이(俗兒) 아
닐 거시니, 모ᄌᆞ(母子) 냥인의 앗가온 목슘이 엇지 되며, 만니ᄒᆡ외(萬里海外)의 표령
(飄零)ᄒᆞ여 《슈즁화(水中花) 경니월(鏡裏月)∥슈즁월(水中月)912) 경니화(鏡裏花)913)》
이 되엿ᄂᆞᆫ지라.

비록【4】 한·화 냥쇼져의 의복한셔(衣服寒暑)914)의[롤] 밧드러, 한고(寒苦)의 쥬
졉915)들미 업스나, 조쇼져의 슈츌(秀出) 탁셰(卓世)ᄒᆞᆫ 셩덕광화(聖德光華)로ᄡᅥ 다시 조
강(糟糠)의 ᄃᆡ의(大義)와 아시결발(兒時結髮)916)의 즁ᄒᆞ미 이셔, 지심지긔(知心知己)로
당체지락(棠棣之樂)917)이 관관져구(關關雎鳩)918)를 읇허 ᄇᆡᆨ년(百年)의 낫브미 잇던 바
로, 엇지 비취(翡翠)919) 원앙(鴛鴦)920) 장(帳921))의 옥인(玉人)의 영향(影響)을 늣기지

---

909)인즁승텬(人衆勝天) : 인듕승텬(人衆勝天) : '여러 사람이 힘을 합치면 하늘도 이길 수 있다'는 뜻으로 '사람의 힘이 큼'을 이르는 말.
910)웅비(熊羆) : '아들 낳을 꿈'을 꿈을 말함. 『시경(詩經)』 「소아(小雅)」 <사간(斯干)>에 "길몽이 무언가 하면, 큰 곰과 작은 곰에다, 큰 뱀과 작은 뱀이로다. 대인이 꿈을 점치니, 큰 곰과 작은 곰은 남아를 낳을 상서요, 큰 뱀과 작은 뱀은 여아를 낳을 상서로다(吉夢維何 維熊維羆 維虺維蛇 大人占之 維熊維羆 男子之祥 維虺維蛇 女子之祥)." 라고 한 데서 온 말. *웅비(熊羆); 작은곰(熊)과 큰곰(羆).
911)북두츄셩(北斗樞星) : 북두칠성의 머리 쪽에 있는 네 개의 별 가운데 첫째 별. 큰곰자리의 알파성(alpha星)으로, 밝기는 2.0등급이다. =추성(樞星). =천추(天樞).
912)슈즁월(水中月) : '물속에 비친 달'이란 뜻으로 실제로 잡아보거나 만져볼 수 없는 것을 비유로 이르는 말.
913)경니화(鏡裏花) : '거울 속에 비친 꽃'이란 뜻으로 상상 속에만 있고 현실에는 존재하지 않는 것을 비유로 일컫는 말.
914)의복한셔(衣服寒暑) : 춥고 더운 계절에 맞게 옷을 준비하는 일.
915)쥬졉 : 주접. 옷차림이나 몸치레가 초라하고 너절한 것.
916)아시결발(兒時結髮) : 어려서 혼인한 사이.
917)당체지락(棠棣之樂) : 제후에게 시집가는 공주의 기쁨을 뜻하는 말. 시경(詩經)』 <소남(召南)>편 '하피농의(何彼襛矣)' 시의 '何彼襛矣 棠棣之華(하피농의 당체지화; 어찌 저리도 아름다울까, 산 앵두나무의 활짝 핀 꽃)'을 가리킨다. 여기서 '산 앵두나무의 활짝 핀 꽃'은 제후에게 시집가는 공주의 화려한 행렬을 비유한 말.
918)관관져구(關關雎鳩) : 『시경』 <관저(關雎)>장에 나오는 시구. 즉 관관저구 재하지주 요조숙녀 군자호구(關關雎鳩 在河之洲 窈窕淑女 君子好逑: 꾸우꾸우 물수리 모래톱에 있네, 정숙한 아가씨 군자의 좋은 짝이네). 이 시는 군자숙녀의 사랑을 노래하고 있다.
919)비취(翡翠) : 물총새. 물총샛과의 새. 몸의 길이는 17cm 정도이며, 등은 어두운 녹색을 띤 하늘색, 목은 흰색이고 배는 밤색이며 부리는 흑색, 다리는 진홍색이다. 물가에 사는 여름새로 강물 가까운 벼랑에 굴을 파고 산다.
920)원앙(鴛鴦) : 『동물』 오릿과의 물새. 몸의 길이는 40~45cm이고 부리는 짧고 끝에는 손톱 같은 돌기가 있다. 수컷의 뒷머리에는 긴 관모가 있고 날개의 안깃털은 부채꼴같이 펴져 있다. 여름 깃은 머리와 목이 회갈색, 등은 감람색, 가슴은 갈색 바탕에 흰 점이 있다. 여름에는 암수가 거의 같은 빛이나 겨울에는 수컷의 볼기와 목이 붉은 갈색, 가슴이 자주색이다. 한국, 일본, 중국, 대만 등지에 분포한다. 천연기념물 제327호.

아니ᄒ리오.

즁목쇼시(衆目所視)와 존당 즁회(衆會) 즁의 희로이락(喜怒哀樂)을 동(動)ᄒ미 업셔, 화안이싴(和顏怡色)이 동군(東君)922) 혜풍(惠風)923)이 감우(甘雨)를 마신 듯ᄒ고, 유화ᄒᆫ 담논이 풍싱(風生)ᄒ나924) 슉식(宿食) 침좌(寢坐)의 고요ᄒᆫ 쩌와, 츄야오동(秋夜梧桐)의 ᄉ모지심(思慕之心)이 날노 간졀ᄒ니, 장부 웅심(雄心)【5】이 셜셜(屑屑)ᄒᆯ 적이 만ᄒ니, 츈거츄릭(春去秋來)의 옥창(玉窓)의 잉도화를 늣기고, '쇼상(瀟湘) 밤비'925)를 늣기니, 셕양의 흔득이ᄂᆫ 오동과 산두(山頭)의 먼니 빗최ᄂᆫ 젼월(全月)926)을 죠문(弔問)ᄒ여, 조운(朝雲) 셕월(夕月)의 울울분탄(鬱鬱憤嘆)ᄒ여, 져녁마다 셩신(星辰)을 살피고, 앗츰마다 쥬역(周易) 팔과(八卦)를 궁구ᄒ여, 부인의 방신이 아모듸라도 요힝(僥倖) 무ᄉ(無事)ᄒ믈 바라ᄂᆫ지라. 이 엇지 그 부부 즁졍이 범연ᄒ리오만은, 혼암ᄒᆫ 엄부인이 능히 녀셔(女壻)의 이갓ᄒ믈 아지 못ᄒ고, 환난의 근본을 비즈니 엇지 가셕(可惜)지 아니리오.

이갓흔 부부즁졍(夫婦重情)으로 그 싱존【6】ᄒ믈 듯고, 긔린(騏驎) 옥슈(玉樹) 갓흔 아ᄌ를 싱(生)ᄒ여 무ᄉ히 싱이휵지(生而畜之)ᄒ여 이의 니르러시믈 드르니, 환심쾌활(歡心快活)ᄒ미 바로 냥익(兩翼)을 고상(高翔)ᄒ여 등비운텬(登飛雲天)ᄒᆯ 듯ᄒ거늘, 엇지 쇼쇼(小小) 예의(禮儀) 도상(倒喪)ᄒ믈 구이(拘礙)ᄒ여, 《격년(隔年)‖젹년(積年)》 ᄉ상(思相)ᄒ던 미망(未忘) 슉인현쳐(淑人賢妻)의 화안옥질(和顏玉質)을 밧비 상듸ᄒ여, 옥음(玉音) 화어(華語)를 슈작(酬酢)고져 아니리오.

듯기를 다ᄒᄆᆡ, 쇼용(笑容)이 환연(歡然)ᄒ니, 빗ᄂᆫ 용ᄒᆡ 남훈(南薰)927)의 화풍(和風)이 습습훔928) 갓더라. 날호여 이연(怡然) ᄉ왈(謝曰),

"악장이 비록 니르지 아니시나 쇼셰 ᄯ 엇지 젼두(前頭)를 싱각지 못【7】ᄒ리잇고? 고인이 경권(經權)을 두시니, 졍히 니런 조각의 쓰게 ᄒᆫ 비라. 실인의 목금ᄉ(目今事)와 젼두식(前頭事) 진실로 형셰당여ᄎᆡ(形勢當如此)929)라. 고금 셩현이 논문ᄎᆞᄉ

---

921)장(帳) : 둘러쳐서 가리게 되어 있는 장막, 휘장, 방장 따위를 통틀어 이르는 말.

922)동군(東君) : 태양.

923)혜풍(惠風) : 온화하게 부는 봄바람.

924)풍싱(風生)ᄒ다 : 논의나 재주 따위가 바람이 일어나듯 계속 나오다. 늑풍발하다.

925)쇼상(瀟湘) 밤비 : 소상야우(瀟湘夜雨). '소상강에 내리는 밤비'라는 뜻으로, 소상팔경의 하나. *소상강(瀟湘江) : 중국 호남성(湖南省)에서 발원한 소수(瀟水)와 광서성(廣西省)에서 발원한 상강(湘江)이 호남성에 있는 동정호(洞庭湖)에서 만나 이루어진 강. 주로 호남성 동정호 지역을 일컫는 말로 경치가 아름답고 소상반죽(瀟湘班竹)과 황릉묘(黃陵廟) 등 아황(娥皇) 여영(女英)의 이비전설(二妃傳說)이 전하는 곳으로 유명하다. *소상팔경(瀟湘八景圖); 산시청람(山市晴嵐), 어촌석조(漁村夕照), 원포귀범(遠浦歸帆), 소상야우(瀟湘夜雨), 연사만종(煙寺晚鐘), 동정추월(洞庭秋月), 평사낙안(平沙落雁), 강천모설(江天暮雪)의 8경을 이름.

926)젼월(全月) : 보름달.

927)남훈(南薰) : 남훈전(南薰殿). 순임금이 오현금(五絃琴)으로 남풍시(南風詩)를 타 백성들의 불만을 어루만져주던 전각.

928)습습ᄒ다 : 마음이나 하는 짓이 활발하고 너그럽다.

(論問此事)ᄒᆞ시나, 스세 이 조각을 당ᄒᆞ여ᄂᆞᆫ 여ᄎᆞᄒᆞ리니, 쇼셰(小壻) 비록 우혹(愚惑) 암열(暗劣)ᄒᆞ나 엇지 젼두 스체를 ᄉᆞ못지 못ᄒᆞᆯ 거시라, 악장이 일셰를 광거(廣居)ᄒᆞ시ᄂᆞᆫ 군ᄌᆞ 딕장부로, 곡녀(曲慮) 이의 밋ᄎᆞ시니, 실인이 ᄯᅩ 엇지 쇼셔를 아지 못ᄒᆞ오미 여ᄎᆞᄒᆞ오니, 이 가히 지긔부뷔(知己夫婦)라 ᄒᆞ리잇가? 슈연(雖然)이나 쳔니(千里)의 봉고인(逢故人)은 부부로 니ᄅᆞ지 말고, 그 무심ᄒᆞᆫ 타인이라도 【8】 깃브다 ᄒᆞ옵ᄂᆞ니, 모년(某年)의 쇼싱이 군명으로 집을 쩌날 적, 부부의 의희ᄒᆞᆫ 니별이 발셔 삼ᄉᆞ지(三四載)라. 쇼셰 가듕을 쩌난 후 '쇼장(蘇張)의 변(變)'930)이 ᄌᆞ최 업시 니러나, 실인(室人)의 규듕(閨中) 약질노 텬이(天涯)의 격거홈도 희한ᄒᆞᆫ 변괴어늘, ᄯᅩ 다시 듕노의셔 실산ᄒᆞ여 노쥬 오륙인의 ᄉᆞ싱 존몰(存沒)을 아지 못ᄒᆞ미 장ᄎᆞᆺ 슈년이라. 쇼싱이 실노 형포(荊布)931)의 복녹완젼지상(福祿完全之相)이 쇼시(少時) 익환(厄患)이 비상ᄒᆞ나, 슈화(水火) 가온ᄃᆡ 너허도 힘힘히 요몰(夭歿)치 아닐 쥴 거의 지긔ᄒᆞ오므로, 다만 그 심규 약질이 도로 분쥬ᄒᆞ여 만상지화(萬狀之禍)를 【9】 경녁(經歷)ᄒᆞ오믈 가셕(可惜)ᄒᆞ오나, 실노 ᄉᆞ싱지려(死生之慮)의 념(念)이 업ᄉᆞ오ᄃᆡ, 우ᄒᆞ로 존당 부뫼 과도히 참셕비도(慘惜悲悼)ᄒᆞ샤 신셕(晨夕)의 닛지 못ᄒᆞ시ᄂᆞᆫ지라. 니졔 그 반셕(盤石)갓치 싱존ᄒᆞᆷ을 듯ᄌᆞ오니, 한갓 쇼싱의 ᄉᆞ힝(私幸)○[일]ᄲᅮᆫ 아니라, 존당이 과도히 깃거 일가의 ᄃᆡ경으로 아ᄅᆞ시리니, 엇지 ᄉᆞ친지도(事親之道)의 영힝치 아니리잇고? 무심ᄒᆞᆫ 타인으로 면분(面分)이 이실 만ᄒᆞ여도 구별지여(久別之餘)의 ᄉᆞ싱 존망을 모ᄅᆞ던 바로뼈, 타향(他鄕) 긱녀(客旅)의셔 상봉ᄒᆞ니 반가오미 업다 못ᄒᆞ오려든, ᄒᆞ믈며 부뷔니잇가? 부부는 일일지간도 그 마음 【10】 을 안다 ᄒᆞ엿ᄂᆞ니, 쇼싱이 녕녀 알오믈 투쳘(透徹)ᄒᆞᆫ 부인이오, 명쾌ᄒᆞᆫ 녀ᄌᆞ라 ᄒᆞ엿더니, 금일 보건ᄃᆡ 조협(躁狹) 불통ᄒᆞ기 심ᄒᆞᆫ지라. 무릇 일이 경권(經權)이 이시니, 졍히 니런 ᄯᅢ를 니ᄅᆞ미라. 실인이 반ᄃᆞ시 복식이 변ᄒᆞᄆᆞᆯ ᄌᆞ겨(趑趄)ᄒᆞ여 쇼싱 보기를 즐겨 아닛ᄂᆞᆫ가 시브니, 쇼싱이 본ᄃᆡ 결증이 남달나, 사ᄅᆞᆷ의 괴려(乖戾)ᄒᆞᆷ믄 ᄃᆡᄒᆞ여 보고져 아니ᄒᆞ옵ᄂᆞ니, 굿ᄒᆞ여 강박(强迫)지 아닛ᄂᆞ이다."

상국이 쳥필의 슌무의 셩되 쥰격ᄒᆞᄆᆞᆯ 심히 긔탄(忌憚)ᄒᆞᄂᆞᆫ 고로, 져의 말ᄉᆞᆷ이 짐짓 녀아의 예긔(銳氣)를 관 【11】 속(關束)고져 집뇨(執拗) 경칙(警責)ᄒᆞᄆᆞᆯ 모르리오만은, 오히려 ᄯᆞᆯ 둔 ᄌᆞ의 구구(區區)ᄒᆞᆫ 곡녀(曲慮) 방하(放下)치 못ᄒᆞ여, 집슈(執手) 흔연 왈,

"녀이 비록 불초ᄒᆞ나 엇지 군ᄌᆞ의 관인 후덕을 아지 못ᄒᆞ리오만은, 쇼년 부뷔 텬이(天涯)의 각니(各離)ᄒᆞ연지 오릭고, 녜답지 아닌 복식으로 군ᄌᆞ지젼의 셜만ᄒᆞᆯ가 ᄌᆞ겨(趑趄)ᄒᆞ미라. 엇지 다른 ᄯᅳᆺ이 이시리오."

셜파의 시동을 명ᄒᆞ여 부인의 머므는 긱실의 나아가 유랑을 불너 쇼명(召命)을 젼

---

929)형셰당여ᄎᆞ(形勢當如此) : 마땅히 이와 같이 해야 할 형세임.
930)쇼장(蘇張)의 변(變) : 중국 전국시대의 세객(說客)인 소진(蘇秦)과 장의(張儀)가 일으킨 변란이란 뜻으로, 남을 힐뜯거나 모함하는 말로 인하여 일어난 변란을 비유적으로 표현한 말.
931)형포(荊布) : 형차포군(荊釵布裙)의 준말. 가시나무로 만든 비녀와 무명옷을 입은 사람이란 뜻으로, 자기의 아내를 남에게 낮추어 일컫는 말.

ᄒᆞ라 ᄒᆞ니, 부인이 ᄯᅩ 엇지 쇼텬(所天)의 ᄯᅳᆺ을 아지 못ᄒᆞ리오. 아이의 맛나지 아냐시면 모르【12】거니와, 임의 이 곳의 와 만나기를 공교히 ᄒᆞ여시니, 그 ᄯᅳᆺ을 알며 엇지 병으리와다 져의 외오 너기믈 바드리오. 비록 불안 황괴ᄒᆞ미 깁흐나 마지 못ᄒᆞ여 의ᄃᆡ를 졍졔ᄒᆞ여 날호여 긱실의 나아가니, 유뢰 임의 션보(先報)ᄒᆞ엿ᄂᆞᆫ지라. 부인이 신상의 남의(男衣)를 닙어시니 이 복식이 ᄌᆞ긔 ᄒᆞ고져 ᄒᆞᆫ 빈 아니로ᄃᆡ, 이 거동으로 군ᄌᆞ 안젼의 뵈미 참황 슈괴(羞愧)치 아니리오.

쳔만 부득이ᄒᆞ여 날호여 당의 올나 안식을 슈졍(修正)ᄒᆞ고 긔운이 나죽ᄒᆞ여 안셔(安舒)히 슌무를 향ᄒᆞ여 비례ᄒᆞ니, 【13】슌뮈 번연(翻然) 동신(動身)ᄒᆞ여 답예ᄒᆞ고, 피ᄎᆞ 네필의 부인은 셩안이 나죽ᄒᆞ고 옥뫼 ᄌᆞ약ᄒᆞ여 좌의 나아가고, 슌무는 만면 화긔 가득ᄒᆞ여 ᄉᆞ일졍광(斜日精光)이 흐르ᄂᆞᆫ 바 업시 부인 신상의 완젼ᄒᆞ니, 일별(一別) 슈삼ᄌᆡ(數三載)의 부인의 졀셰ᄒᆞᆫ 미질(美質)이 더옥 풍완(豊婉) 윤ᄐᆡᆨ(潤澤)ᄒᆞ여 {혈뇨향풍의} 빅쳬(百體)의 진션(眞善)슈미(秀美)ᄒᆞ미 녕긔 장셩ᄒᆞᄆᆞ로 조ᄎᆞ 더옥 비승(倍勝)ᄒᆞ여 교교(嬌嬌) 염미(艶美)ᄒᆞ던 바로, 쳥향(淸香) 완혜(婉慧)ᄒᆞᆷ을 밧고왓고, 남장(男裝) 가온ᄃᆡ 더옥 표일(飄逸) 앙장(昂壯)ᄒᆞ고, 조셩(早成) 신오(神奧)ᄒᆞᆫ 쳬지(體肢)와 고고(孤高)ᄒᆞᆫ 격죄(格調) ᄉᆡ로와 텬디졍긔(天地精氣)와 산쳔슈긔(山川秀氣)【14】를 아오라 거두어시니, 빙옥ᄌᆞ질(氷玉資質)이 무빵ᄒᆞ고 슈미ᄒᆞᆫ ᄲᅡᆼ안이 고금의 무비(無比)ᄒᆞ거늘, 은연이 붉은 빗치 보압(䩉䏯)932)을 침노ᄒᆞ거늘, 슉뇨(淑耀)ᄒᆞᆫ 광염(光艶)이 더옥 승졀(勝絶)ᄒᆞ여 평일 이현당 즁의 봉관 옥픠로 염염작작(艶艶灼灼)ᄒᆞ던 미부인(美夫人)이 변ᄒᆞ여 일긔 쇼년셔ᄉᆡᆼ(少年書生)이 되어시니, 의심컨ᄃᆡ 옥쳥군션(玉淸君仙)이오, ᄌᆞ부션낭(紫府仙娘)933)이라. 슌뮈 일변 반갑고, 그 복식 풍모를 보미 도로혀 우음이 나ᄂᆞᆫ지라. 냥셩(兩星) 봉목(鳳目)의 쇼용(笑容)이 환연(歡然)ᄒᆞ여 미쇼 왈,

"아지못게라! 현ᄉᆞ(賢士)ᄂᆞᆫ 별후 무양호(無恙乎)아. 금일 뎡명최 우연ᄒᆞᆫ ᄌᆞ최 이의 니ᄅᆞ러, 텬뉸이 지【15】합ᄒᆞ여 빅년 즁봉을 일울가 ᄒᆞ엿더니, 현ᄉᆞ를 보건ᄃᆡ 반ᄃᆞ시 조화(造化)의 헌ᄉᆞ934)를 비러 만ᄉᆡᆼ(晚生)을 희롱ᄒᆞ미로다."

셜파의 훤연(喧然) 디쇼ᄒᆞ니, 부인이 쳥파의 더옥 참황(慙惶) 뉵니(忸怩)ᄒᆞ고 치신무지(置身無地)ᄒᆞ나, 담을 크게 ᄒᆞ고 날호여 하셕(下席) 쳥죄 왈,

"불초 비인이 노둔(魯鈍) 비박(卑薄)ᄒᆞᆫ 지질노 존문의 입승ᄒᆞ미, 빅힝이 다 불미ᄒᆞ니 신명이 외오 너기시믈 면치 못ᄒᆞ여, 빅앙(百殃)이 쳡다(疊多)ᄒᆞ니, 신상의 참누(慘累) 악명(惡名)을 시ᄅᆞ미, 장ᄎᆞᆺ 강한(江漢)의 탁(濯)ᄒᆞ고 츄양(秋陽)의 폭(暴)ᄒᆞ나, 엇지 신셜(伸雪)ᄒᆞᆯ 조각이 이시리잇고? 부지 니가(離家)ᄒᆞ샤 가ᄉᆞ를 아지 못ᄒᆞ시【16】고, 존당 구고의 일월지명(日月之明)이 붉이 복분(覆盆)의 원(冤)을 빗최시니, 비인(鄙人)이 지우(知遇) 셩ᄐᆡᆨ(聖澤)을 감격ᄒᆞ여, 만상긔화(萬狀奇禍) 즁의 일누(一縷)를 보젼

---

932)보압(䩉䏯) : =보협(䩉頰). 볼. 뺨. 얼굴의 양쪽 관자놀이에서 턱 위까지의 살이 많은 부분.
933)ᄌᆞ부션낭(紫府仙娘) : 선계(仙界)에 있는 선녀. *자부(紫府); 선부(仙府). 선계(仙界)
934)헌ᄉᆞ : 야단스러움. 요란함. 시끌벅적함.

ᄒ여 지우금일(至于今日)ᄒ오믄, 우흐로 존당 혜틱과 버거 군ᄌ의 북벌시(北伐時)의 명명(明命)ᄒ신 지우를 져바리지 못ᄒ오미라. 금일 네 아닌 복식과 비루ᄒᆫ ᄌ최로뼈 군ᄌ 안젼의 뵈오미 엇지 참괴ᄒᆞ믈 아지 못ᄒ리잇고만은, 형셰 님ᄎ디시(臨此之時)의 마지 못ᄒ오미리니, 미안지교(未安之敎) 이의 밋ᄎ시니 쳡 슈불혜(妾雖不慧)나 ᄌ참황괴(自慙惶愧)ᄒᆞ믈 니긔지 못ᄒ리로쇼이다."

상국이 녀아【17】의 말을 니어 흔연 왈,

"녀아의 말이 졍합ᄉ리(正合事理)ᄒ니, 현셔ᄂᆞᆫ 관홍장뷔(寬弘丈夫)라 ᄉ리를 ᄉ못ᄎ리니 엇지 녀아의 일시 권도(權道)를 칙망ᄒ리오."

쇼아를 명ᄒ여 슌무를 가ᄅ쳐 왈,

"이 곳 네 아뷔니 졀ᄒ여 뵈오라."

쇼이 싱지삼셰(生之三歲)나 극히 신셩(神聖) 특이(特異)ᄒ여 뎨곡(帝嚳)935)의 ᄀᆞᆺ 나며 일홈 니ᄅ던 신이ᄒᆞ미 잇ᄂᆞᆫ지라. 어언(語言)을 능히 알고, ᄲᆞᆯ니 슌무의 슬하의 ᄌ비(再拜)ᄒ니, 슌뮈 이즁(愛重)ᄒᆞ믈 니긔기 못ᄒ여, 가월텬창(佳月天窓)의 희운(喜雲)이 녕녕(盈盈)ᄒ여, 악부(岳父)의 말ᄉᆞᆷ으로 흔연이 ᄉ(赦)ᄒ고, 쇼아를 어ᄅ만져 연무(軟撫)ᄒᆞ【18】며 부인의 쳥향아질(淸香雅質)이 만니 외각의 뉴락(流落) 분쥬(奔走)ᄒ여, 만단 고힝 가온ᄃ나 오히려 빙옥 방신이 무ᄉ여, 이 ᄀᆞᆺ흔 긔린(騏驎) 영ᄌ(英子)를 싱ᄒ여, 슈셰를 무ᄉ히 교양ᄒ여 니졔 부뷔 즁봉(重逢)ᄒ고 부ᄌ 단원(團圓)ᄒᄂᆞᆫ 경ᄉ 잇게 ᄒᆞᆫ, 다 부인의 ᄭᅩᆺ다온 셩덕이라. 식로이 셩덕 긔질을 이모ᄒᆞ미 깁흐니, 비록 균텬하ᄒᆡ지양(鈞天河海之量)이나 엇지 깃부며 긔특지 아니리오.

광슈(廣袖)로 히아를 어ᄅ만져 만면 화긔로 셩음이 유열(愉悅)ᄒ여 상국을 ᄃᆡ하여 왈,

"녕네 슈불민(雖不敏)이라도 ᄎ아ᄂᆞᆫ 곳 쇼셔의 골육이라. 어미 셜혹【19】유죄ᄒ고 ᄌ식이 범범(凡凡)ᄒ여도, 군지 당당이 부ᄌ디륜(父子大倫)의 명명(明明)ᄒᆞ믈 폐치 못ᄒ려든, ᄒᆞ믈며 녕녀의 무죄ᄒᆞ미 백일(白日)과 상칭(相稱)ᄒ고 히아(孩兒)의 비상ᄒᆞ미 족히 조션여음(祖先餘蔭)을 욕지 아니ᄒ오리니, 쇼셰(小壻) 슈암녈(雖暗劣)이오나 텬뉸ᄃᆡ의(天倫大義)를 아지 못ᄒ오며, 지ᄌ(至慈) 져독(舐犢)이 범연ᄒ리잇고?"

ᄯᅩ 부인을 향ᄒ여 지난 환난을 치위(致慰)ᄒᆞᄆᆡ 말ᄉᆞᆷ이 은근ᄒ고 식위(色威) 흔연ᄒ니, ᄯᅩ 유랑 시비 등이 계하의 비알ᄒ여 반가옴과 슬프믈 니긔지 못ᄒ여, 비희(悲喜) 교집(交集)ᄒ니, 슌뮈 은근 위로ᄒ여, 졔녀의 부인을 뫼셔【20】도로 간고와 츙의를 포장ᄒ니, 졔네 황공 불감ᄒ고 부인이 념임(斂袵) ᄉ왈(謝曰),

"이ᄂᆞᆫ 다 존문 혜틱이라. 엇지 비인(鄙人)의 박녈(薄劣)홈과 쳔비 등의 근고(勤苦)ᄒᆞᆫ

---

935)뎨곡(帝嚳) : 중국 전설상의 오제(五帝) 가운데 한 사람으로 전욱의 아들이고 요(堯)임금의 아버지라고 전한다. 전욱의 뒤를 이어 박(亳) 땅에 도읍을 정하였으며, 흔히 고신씨(高辛氏)라고도 한다. 태어나면서 자신의 이름을 말하였고, 현명하여 먼 일을 알았으며 미세한 일도 살폈고 만민에게 급한 것이 무엇인 줄을 알았다고 한다.

공이리잇고?"

하더라. 이날 조상국과 뎡슌무의 환환(歡歡) 희희(喜喜)ᄒᆞᆷ믄 일필난긔(一筆難記)러라.

좌우로 쥬효를 갓초고 진찬을 나와 옥비를 날니며 졍셜(情說)이 비비(斐斐)ᄒᆞ니, 상국이 녀셔를 두굿기며 아손(兒孫)을 가차(假借)ᄒᆞ여 환흥이 흡흡ᄒᆞᆷ믄 쳔지일시(千載一時)936)러라.

상국 왈,

"녀이 일신의 죄루를 시러 황명이 구가로 니이(離異)ᄒᆞ시며 먼니 위리(圍籬) ᄒᆞ시니, 비록 이미ᄒᆞ나 간인의 무리 음히ᄒᆞᆷ믈 공교히 【21】 ᄒᆞ여 죄명이 참히(慘駭)ᄒᆞ니, 문견ᄌᆞ(聞見者)로 진실노 '오조(烏鳥)의 ᄌᆞ웅(雌雄) 갓흔지라'937). 우리 비록 금힝(今行)의 단셔를 거의 ᄎᆞᄌᆞ미 되여시나, 아직 조졍이 아지 못ᄒᆞ고, 텬문(天門)의 은ᄉᆞ(恩赦)를 닙지 못ᄒᆞ여시니, 녀이 아직 죄루(罪累)를 신셜치 못ᄒᆞ엿ᄂᆞᆫ지라. 이 곳 국가의 죄인이오, 구가의 니이(離異)ᄒᆞᆫ 비니, 아등의 금번 ᄎᆞ힝의 녀아를 다려 힝치 못ᄒᆞᆯ지라. 노부는 누셰(累歲)를 외직의 쳐ᄒᆞ여 니졔 징쇼ᄒᆞ시는 은명(恩命)이 급ᄒᆞ니, 능히 도로의 오리 뉴쳐(留處)치 못ᄒᆞᆯ 거시오, 현셔는 팔도를 슌무ᄒᆞᄂᆞᆫ 쇼임을 밧ᄌᆞ와시니, 도로의 일월을 더 허비ᄒᆞ나 방히롭지 【22】 아니ᄒᆞ리니, 노뷔 맛당이 옥궐의 조회ᄒᆞ고, 인ᄒᆞ여 촌졈(村店)의셔 잡은 ᄌᆞ긱과 그 초ᄉᆞ를 올녀 텬문의 쳐치를 보옵고, 요젹(妖賊)을 다시 져쥬어 녀아의 누명을 쾌히 신원ᄒᆞᆫ 후, 텬ᄉᆞ(天赦)를 어드면 바야흐로 녀아의 싱존을 알외여, ᄉᆞ명(赦命)을 밧ᄌᆞ와 현셰 녀아와 손아를 한가지로 다려 상경ᄒᆞ면 조흐리로다."

슌뮈 흔연 디왈,

"존언(尊言)이 졍합(正合)ᄒᆞ시니 명디로 ᄒᆞᄉᆞ이다. 쇼셰 또 금도(今道) ᄎᆞ힝(此行)의 동남(東南)을 슌힝ᄒᆞ다가, 여ᄎᆞ여ᄎᆞᄒᆞ여 한츄상딕 관부인의 역비(逆婢) 신월을 동창의셔 【23】 잡아 동창부 틱슈의게 보닉여 가도와시니, ᄎᆞ녜 또 이 옥ᄉᆞ의 간예치 아닌 줄 어이 알니오. 악장이 몬져 환경ᄒᆞ샤 악ᄉᆞ를 발각ᄒᆞ실 씩, ᄎᆞ녀를 니거(移去)938)ᄒᆞ여 엄문ᄒᆞᆯ 거시니, 악장 힝거의 또 ᄎᆞ녀를 촌즁의셔 잡은 요젹과 갓치 니거ᄒᆞ게 ᄒᆞ쇼셔."

상국이 졈두 응낙ᄒᆞ고 날이 져믈미 부인 노쥬는 닉ᄉᆞ(內舍) 긱실의셔 머믈고, 슌무는 니시랑으로 더부러 ᄌᆞ긔 햐쳐로 도라가 ᄎᆞ야를 지닉고, 명됴의 다시 모다 한담ᄒᆞᆯ 식, 조상국이 본쥬 활인ᄉᆞ 니고(尼姑) 등의 난음(亂淫) 무상(無狀)ᄒᆞᆷ믈 셜파ᄒᆞ고, 엄

---

936)쳔지일시(千載一時) : =천재일우(千載一遇). 천 년 동안 만날 수 있는 단 한 때라는 뜻으로, 좀처럼 만나기 어려운 좋은 기회를 이르는 말.

937)오조(烏鳥)의 ᄌᆞ웅(雌雄) 갓다 ; '까마귀의 암수를 구별하는 일과 같다'는 뜻으로, 잘잘못이나 좋은 것과 나쁜 것 따위를 따져서 분간하기가 어려움을 이르는 말.

938)니거(移去) : 죄인 따위를 다른 곳으로 옮김.

【24】쳐(嚴處)ᄒ기를 니ᄅ니, 슌뮈 쳥파의 졔니고(諸尼姑)의 무상ᄒᄆᆯ 통히ᄒ여, 이 날 관군을 발ᄒ여 산즁의 드러가 활인ᄉ를 쓰고, 빅여인 승도를 낫낫치 잡아오라 ᄒ니, 묘혜ᄂᆫ 임의 조부인 노쥬 ᄉ즁을 써나던 날 먼니 나가고 업더라.

촌즁의셔 져기 산즁 왕반(往返)이 요원(遼遠)ᄒᆫ 고로, 이 날 져믈게야 슈빅명 관군이 팔십여명 니고를 다 잡아오니, 샹국과 슌뮈 긱당의 쳑을 볽히고 모든 승니를 다 결박ᄒ여 드리니, 이 즁의 능혜 면치 못ᄒ여 잡혓ᄂᆫ지라. 머리 우희 흰 곳갈과 엇게의 비단 가ᄉ와 허리의 홍【25】ᄉ딕(紅絲帶)와 발 아릭 뉵총혜(鞋)939)를 신고, 목의 빅팔념쥬(百八念珠)940)를 몌여시니, 얼골이 빅셜(白雪) 갓고 닙시욹이 단ᄉ(丹砂) 갓흐나, 두 눈 졍긔 호란(胡亂)ᄒ여, 비암의 눈이오, 구미호(九尾狐)의 졍녕(精靈)이라. 두 눈의 요음(妖淫)ᄒᄆᆯ 장츅(藏蓄)ᄒ엿고, 거지(擧止) 극히 음ᄉ(淫邪)ᄒ더라.

슌뮈 불승통히ᄒ여 이의 좌우로 형장 긔구를 찰히고, 쥬지니고(住持尼姑)를 몬져 형벌의 나오라 ○○[ᄒ니], 능혜 쇼릭ᄒ여 고왈,

"빈승(貧僧)은 졈어셔 산즁의 슈도ᄒ여 셰연(世緣)을 ᄭᅳᆺ쳔지 오릭니, 인간으로 격원(隔遠)ᄒ미 비컨딕 유명(幽明) 갓흔지라. 일즉 노야 면젼의 득죄ᄒ미 업거늘, 노애 무슴 연고로 유벽(幽僻) 산【26】즁의 관군을 슈고로이 보닉여, 승니(僧尼)를 다 잡히시고, ᄯᅩ 형벌을 더어 불가(佛家)를 너모 압두(壓頭)ᄒ시ᄂᆞ니잇고? 원컨딕 죄를 아라지이다."

샹국과 슌뮈 그 요악ᄒᄆᆯ 딕로ᄒ여, 녀셩(厲聲) 즐왈(叱曰),

"너희 무리 진실노 불가의 도덕을 직희여 부쳐를 존슝ᄒ며, ᄌᆞ비를 진심ᄒ여 ᄒᆡᆼ인을 ᄒᆡ를 ᄭᅵ치지 아니ᄒ고, ᄌᆞ비(慈悲) 도덕(道德)이나 닷그미 올흐니, 연즉 엇지 산즁 무용ᄒᆫ 일홈이 도로(道路) 닌니(隣里)의 어ᄌᆞ러이 젼ᄒ여, 사름의 의논ᄒᄂᆞᆫ 딕 참예ᄒ여[며], 셰상이 너의 무륜무의(無倫無依)ᄒᆫ ᄌᆞ취를 ᄎᆞᄌ 무엇ᄒ리오만은, 너희 요리(妖尼) 등은 그러치 아냐, 거즛【27】불법(佛法)의 일홈을 가탁ᄒ고, 부쳐를 존슝ᄒ노라 ᄒ나, 그 실은 심산(深山) 유벽쳐(幽僻處)의 굴혈(窟穴)을 일우고, 잡종을 모화 요괴로온 일을 슝샹ᄒ며, 도로 ᄒᆡᆼ인과 남ᄌᆞ를 후려 음난ᄒ 일숨으니, 불가의 쳥졍(淸淨)ᄒᆫ 도ᄒᆡᆼ이 어딕 이시며, 부쳐의 ᄌᆞ비지심(慈悲之心)이 ᄯᅩ 어딕 잇ᄂᆞ뇨? 닉 임의 요리 등의 간음ᄒ 졍젹을 볽히 아라 다스리려 ᄒᆞᄂᆞ니, 싱심도 《간‖긴》 혀를 놀녀 요악ᄒ 죄를 더으지 말나."

셜파(說罷)의 치기를 직쵹ᄒ니, 나졸이 져 산간 요리의게 무슨 인졍 볼 일이 이시리오. 팔흘 메왓고 힘을 다ᄒ여 치기를 미이ᄒ니, ᄒᆫ 믹의 살히【28】써러지고 ᄲᅨ ᄭᆡ여지ᄂᆞᆫ지라. 능혜 비록 요악(妖惡) 음ᄉ(淫邪)ᄒ나 엇지 견딕리오. 쳐음은 원민(冤悶)

---

939) 뉵총혜(鞋) : 짚신. 볏짚으로 삼아 만든 신. *륙(稑) ; 올벼. *총; 짚신이나 미투리 따위의 앞쪽의 양편쪽으로 운두를 이루는 낱낱의 신울.

940) 빅팔념쥬(百八念珠) : 작은 구슬 108개를 꿴 염주. 백팔 번뇌를 상징한다. 이것을 돌리며 염불을 외면 번뇌를 물리쳐 무상(無想)의 경지에 이른다 한다.

ᄒᆞᆷᄒᆞᆯ 부르지즈더니, 십여 장(杖)의 밋쳐ᄂᆞᆫ 독형(毒刑)을 능히 견듸지 못ᄒᆞ여 기기(個個) 복초ᄒᆞ니, 드듸여 즁형 삼ᄎᆞ(三次)ᄒᆞ여 그 젼후 죄상을 무르니, 초ᄉᆞ의 인명을 희ᄒᆞᆷ이 이십여 명이러라.

상국과 슌뮈 익노(益怒)ᄒᆞ여 오형(五刑)을 갓초와 능허의 죄목을 붉히고, 즉일 요참(腰斬)ᄒᆞ여 그 머리와 시슈로ᄡᅥ 시상(市上)의 호령ᄒᆞ여, 젼후 난음(亂淫) 무상(無狀)ᄒᆞᆫ 살인지죄를 붉히게 ᄒᆞ고, 그 협죵(脅從)을 낫낫치 져쥬어, 죄의 경즁 듸로 각각 졀역(絶域)의 니치며 ᄉᆞ찰과 굴혈을 【29】 불질너 요ᄉᆞ(妖邪)ᄒᆞᆫ 졍젹(情迹)을 업시ᄒᆞ니, 시상(市上) 힝뇌(行路)941) 쾌히 너기고 인심이 열복ᄒᆞ더라.

상국과 슌뮈 모든 요리를 쾌히 다ᄉᆞ리미, 이의 오릭 뉴쳐(留處)치 못ᄒᆞ여 졈쥬(店主) 셔듸랑 부쳐의 근신 쥬밀ᄒᆞᆷ을 알고, 유벽ᄒᆞᆫ 초당을 셔ᄅᆞᆺ즈라 ᄒᆞ여 부인 모즈와 유랑 시비 등을 안돈(安頓)케 ᄒᆞ고, 각별 근신 녕니ᄒᆞᆫ 창두 십여 인을 갈히여 부인을 뫼셔 시라 ᄒᆞ고, 슌무ᄂᆞᆫ 본읍 상ᄉᆞ아문(上司衙門)의 머믈고, 상국은 상경홀ᄉᆡ, ᄉᆡ로이 피ᄎᆞ 써나믈 앗기니, 부인이 셩안(星眼)의 쥬루(珠淚)를 머금고, 부친의 원노 힝역의 녕슌(寧順) 득달ᄒᆞ시고, 슈히 ᄒᆞᆫ 당의 못기를 【30】 원ᄒᆞ니, 상국이 ᄯᅩᄒᆞᆫ 연연(戀戀) 의의(依依)ᄒᆞ여942) 옥슈를 잡고 등을 어로만져 위로 왈,

"지난 녁경과 니별도 견듸여시니, 금일 니별이야 언마 오릭리오. 닉 아ᄒᆡ 《용안의 슈미ᄒᆞᆫ ∥ 슈미(秀美)ᄒᆞᆫ 용안(容顔)의》 지앙을 일편도이 바다, 지난 녁경이 ᄎᆞ악ᄒᆞ나, 임의 오아(吾兒)의 셩덕 지용이 빅지(百災)를 소마(消磨)ᄒᆞ고 풍운의 길시를 만나미, 만복(萬福)을 닛글니니, 엇지 쇼쇼(小小) 녁경을 니ᄅᆞ리오. 연(然)이나 니별이 오릭지 아니려니와 방신(芳身)을 보즁ᄒᆞ라."

부인이 슈명 빈ᄉᆞ하나, 그윽이 우려ᄒᆞᄂᆞᆫ 바ᄂᆞᆫ 즈긔 신원(伸冤)이 쾌홀ᄉᆞ록, 즈부인(慈夫人) 과악은 표표(表表)ᄒᆞ실 바와, 모친의 픠힝(悖行)이 표【31】표 하미 조부뫼(祖父母) 외오 너기실 바와, 부친의 그릇 너기시믈 바다, 즈긔 연고로 부뫼 화(和)치 못ᄒᆞ실 바를 근심ᄒᆞ미, 도로혀 누명을 신원ᄒᆞᆫ 깃브믈 아지 못ᄂᆞᆫ지라.

상국이 엇지 녀아의 심ᄉᆞ를 지긔치 못ᄒᆞ리오. 심ᄒᆞ의 그윽이 연잇ᄒᆞ나 아ᄅᆞᆫ 쳬 아니ᄒᆞᆷᄂᆞᆫ 이의 지리ᄒᆞᆫ 간언이 이실가 ᄒᆞ미러라. ᄡᅳ리쳐 아지 못ᄒᆞᄂᆞᆫ 다시 다만 그 ᄉᆞ이 나 죠히 잇기를 당부ᄒᆞ니, 부인의 신셩(神聖) 예쳘(睿哲)ᄒᆞᆫ 녕심혜장(靈心慧臟)943)으로 ᄯᅩ 엇지 부군의 긔식을 아지 못ᄒᆞ리오. 심즁의 그윽ᄒᆞᆫ 은위(隱憂) 만복(萬福)ᄒᆞ더라. 【32】

슌무ᄂᆞᆫ 부인으로 더부러 거쳐(居處) 다르나, 졈즁(店中)의셔 상ᄉᆞ아문(上司衙門)이 머지 아니ᄒᆞᆫ 고로, 가인(家人) 시즈(侍子)의 무리 조셕왕반(朝夕往返)이 될지라, 셔로 근심이 업더라.

---

941) 힝뇌(行路) : 행로인(行路人). 길 가는 사람.
942) 의의(依依)ᄒᆞ다 : 헤어지기가 서운하다.
943) 녕심혜장(靈心慧臟) : 신령하고 슬기로운 마음.

어시의 조승상이 녀셔를 분슈(分手)ᄒᆞ고 니시랑으로 더부러 힝편을 경ᄉᆞ(京師)로 도로혈ᄉᆡ, 가즁 복부 즁 근신ᄒᆞᆫ ᄌᆞ를 명ᄒᆞ여, 촌즁의셔 잡은 요젹(妖賊)과 동창부의 긔별ᄒᆞ여 뎡슌무의 잡아 맛졋던 신월 요비(妖婢)를 잡아, 함거(檻車)의 엄쇄(嚴鎖)ᄒᆞ여 가인으로 ᄒᆞ여곰 녕거(領去)ᄒᆞ여 경사로 향ᄒᆞ니라. 아지못게라! 조상국이 요젹의 초ᄉᆞ를 본 후로는, 원흉 요인의 젼젼 과악과 【33】 흉계 무ᄉᆞᄒᆞᆫ가 하회(下回)를 보라.

어시의 조상국이 쳔금 교아의 평싱 신셰를 마희(魔戲)ᄒᆞᆫ 간인을 쾌히 알미, 불승 통히ᄒᆞ여 요젹을 잡아 만셰(萬歲) 옥탑(玉榻)의 쥬ᄒᆞ여 젼젼(前前) 간졍(奸情)을 붉히고, 젹ᄌᆞ(賊子)의 머리를 버히며 심간(心肝)을 ᄲᅢ혀 셩뎨(聖代) 풍교(風敎)의 난뉸음악지죄(亂倫淫惡之罪)를 붉히고, ᄉᆞᄉᆞ(私私) 분원(忿怨)을 셜(雪)ᄒᆞ고져 ᄒᆞ미, 슈악(首惡)의 근본을 ᄎᆞ준즉 부인의 무힝(無行) 픠덕(悖德)이 이 가온ᄃᆡ 표표(表表)홀지라. 심즁의 분히(憤駭)ᄒᆞ미 측냥 업스니, 만일 ᄌᆞ녀의 안면을 고ᄌᆞ(顧藉)ᄒᆞ미 업순즉, 슈십년 동쥬(同住)ᄒᆞ던 졍이 비록 즁ᄒᆞ나, 결단코 부【34】부뒤륜을 ᄭᅳᆺ쳐, 엄부인이 엇지 츌거 니이ᄒᆞᄂᆞᆫ 거조를 면ᄒᆞ리오만은, 이 가온ᄃᆡ 조화옹(造化翁)이 흙셩구져 투한(妬悍)ᄒᆞᆫ 부인의 복이 듯겁고, 팔ᄌᆞ(八字) 긔특ᄒᆞᆫ 고로, 조틱우 등 삼곤계 갓흔 군ᄌᆞ(君子) 명유(名儒)의 아들을 두고, 조부인 갓흔 쳔고(千古) 희셰(稀世)ᄒᆞᆫ 셩덕(聖德) 진완(眞婉)의 쳔싱셩녀(天生聖女)의 ᄯᆞᆯ을 나핫거니, 과악이 비록 듕단ᄒᆞ고 죄 즁(重)ᄒᆞ나, 구고와 가뷔 군ᄌᆞ 셩인 갓흔 ᄌᆞ녀의 낫츨 보미, 능히 그 죄를 낫하녀여 과칙(過責)지 못ᄒᆞ고, 원흉 요인이 짐짓 믜이 너겨 그 ᄌᆞ녀의 신셰나 병드리고져 ᄒᆞ여, 텬위지하(天威之下)의 표표히 초(草)ᄒᆞᄂᆞᆫ 비 엄부【35】인의 과악이로ᄃᆡ, 텬지 ᄯᅩ 그 삼ᄌᆞ를 ᄉᆞ랑ᄒᆞ시미 국가보장(國家寶杖)으로 아ᄅᆞ시고, 조시의 녈졀(烈節) 《상힝∥셩힝(性行)》을 긔특이 너기시는 고로, 엄부인의 무힝(無行) 픠덕(悖德)ᄒᆞᄆᆞᆯ 십분 한심ᄒᆞ시나, 그 ᄌᆞ녀셔(子女壻)의 낫츨 아니 보지 못ᄒᆞ샤 능히 죄률(罪律)을 쓰지 아니시고, 그 가장(家長)으로 쳐치케 ᄒᆞ시니 엇지 엄부인의 복이 듯겁지 아니ᄒᆞ며, ᄯᅩ 사룸이 스스로 불민ᄒᆞ나, ᄌᆞ녀를 두어 긔특ᄒᆞ미 팔ᄌᆞ의 조흐미 아니리오.

《화포∥화표(話表)946)》 어시의 조상국의 환가(還家)ᄒᆞᄂᆞᆫ 션셩(先聲)이 조졍의 니ᄅᆞ니, 우흐로 텬ᄌᆞ와 아ᄅᆡ로 만죠(滿朝) 반기지 아니리 업고, 인친(姻親) 고귀(故舊) 깃거ᄒᆞ며 가즁상히(家中上下) 환셩(歡聲)은 【36】 일필난긔(一筆難記)로ᄃᆡ, 홀노 그 부인이 가부의 환경ᄒᆞᄆᆞᆯ 드ᄅᆞ니 반가온 듯 놀나온 듯 심ᄉᆞ를 지젹(止寂)947)지 못ᄒᆞ고, 원흉 요인이 조공의 무ᄉᆞ히 환경ᄒᆞᄆᆞᆯ 드ᄅᆞ니 실식 딕경ᄒᆞ여 혜오ᄃᆡ,

---

944)마희(魔戲) : 귀신의 장난이라는 뜻으로, 일의 진행에 나타나는 뜻밖의 방해나 훼살을 이르는 말. ≒ 마장(魔障).

945)조화옹(造化翁) : 만물을 창조하는 노인이라는 뜻으로, '조물주'를 이르는 말

946)화표(話表) : 고소설에서 새로 이야기를 시작할 때 쓰는 '화설(話說)' '익설(益說)' '각설(却說)' 따위와 같은 화두사(話頭詞).

947)지젹(止寂) : 산란한 마음을 멈추고 고요한 마음의 상태에 듦.

"조현슌 노적(老賊)은 날노 더부러 불공딕텬지쉬(不共戴天之讐)라. 닉 결단코 냥닙
(兩立)지 아니려ᄒᄂᆞᆫ 고로, 쳥션 ᄉᆞ부(師父)를 즁노(中路)의 보닉엿더니, 《쳥셩∥쳥
션》이 아니 쇼루(疏漏)ᄒᆞ미 잇는가? 만일 쇼루ᄒᆞ여 다라나시면 불ᄒᆡᆼ즁 다ᄒᆡᆼᄒᆞ려니와,
조노ᄂᆞᆫ ᄌᆞ상ᄒᆞᆫ 군지라. 혹ᄌᆞ 잡히여 본젹이 픠루ᄒᆞᆫ즉 엇지 불ᄒᆡᆼ치 아니리오."
곳쳐 혜오딕,
"아니라, 쳥션은 신인이라. 쳔변만화(千變萬化)의 【37】신슐(神術)과 호풍환우(呼風
喚雨)ᄒᆞᄂᆞᆫ 지죄 이시니, 셜ᄉᆞ ᄉᆞ긔(事機) 그릇되여 다라나믄 올커니와, 엇지 잡히미
이시리오. 반ᄃᆞ시 공을 일우지 못ᄒᆞ미 날 보기 붓그려 도라오지 아니ᄒᆞᄂᆞᆫ가."
ᄉᆞᄉᆞ난예(事事亂廬) 빅츌ᄒᆞ니, 심ᄉᆞ를 지향키 어렵더라.
슈일 후 조상국의 입조ᄒᆞᄂᆞᆫ 위의 문외의 님ᄒᆞ니, 황애 특별이 녜ᄉᆞ(禮使)를 보닉여
문외의 마즈시고, 만조빅관이며 인친 붕위 마즈며, 형뎨 군종(群從) 졔질(諸姪)이며 그
삼ᄌᆞ 등이 동교(東郊)의 나아가 마줄ᄉᆡ, 원홍의[이] 원슈를 미잔 바 업시 조공을 여시
구슈(如視仇讐)ᄒᆞᄂᆞᆫ지라.
그러나 뎡즁(廷中)948) 쳬면으로도 【38】마지 못ᄒᆞ고, 일가지친으로도 그러치 못ᄒᆞ
여, 이 날 ᄯᅩᄒᆞᆫ 만조 제공과 한가지로 문외의 나아가 조공을 마줄ᄉᆡ, 상국이 형뎨군종
(兄弟群從)이며 ᄌᆞ질(子姪) 친권(親眷)과 인친(姻親) 고붕(故朋)으로 구별지여(久別之
餘)의 셔로 보미, 피ᄎᆞ 반갑고 깃부믈 니긔지 못ᄒᆞ여, 막ᄎᆞ(幕次)의 나려 쉬며, 졔형곤
계(諸兄昆季)를 딕ᄒᆞ여 몬져 부모의 존후를 뭇잡고, 별닉(別來)를 니ᄅᆞ며, 군종 ᄌᆞ질을
면면이 연무(軟撫)ᄒᆞ며, 윤·하·뎡 삼문 졔인이며, 만조거경(滿朝巨卿) 녈후(列侯) 졔
붕(諸朋)으로 상딕ᄒᆞ여, 초초(草草)ᄒᆞᆫ 한담(閑談)을 치 못ᄒᆞ여셔, 원홍이 드러와 공슈
빅례(拱手拜禮)ᄒᆞ고 격셰존후(隔歲尊候)를 뭇ᄌᆞ오며 원노발셥(遠路跋涉)을 【39】인ᄉᆞ
ᄒᆞ니, 슈려ᄒᆞᆫ 풍치의 지상의 관복을 갓초왓고, 교혜(巧慧) 능변(能辯)이 쥬족(周足)ᄒᆞ
여 만복(滿腹)의 요모(妖謨) 곡계(曲計)를 가득이 심장(深藏)ᄒᆞ엿고, 붉은 닙시욹이 움
죽이미 현하(懸河)를 감초왓더라. 우연이 쇽인으로 ᄒᆞ여곰 보라 홀진딕 ᄯᅩᄒᆞᆫ 옥당금마
(玉堂金馬)의 아름다온 ᄌᆡ시라ᄒᆞ믈 감당ᄒᆞᆯ러라.
조상국이 본딕 명달(明達) 식니(識理)ᄒᆞᆫ 군지라. 비록 요인의 심지(心志)를 치 ᄉᆞᆷ못
지 못ᄒᆞ나, 아시로붓허 그 길상(吉相)과 귀격(貴格)이 아니믈 아라 쇼인의 졍틱를 심
히 깃거 아니ᄒᆞ므로, 다만 보면 우딕(優待)ᄒᆞᆯ ᄯᆞᆫ이오, 군ᄌᆞ지덕이 만믹(蠻貊)949)의도
ᄒᆡᆼᄒᆞᆷ믈 효측(效則) 【40】ᄒᆞ여, ᄌᆞ가의게 간셥지 아니믈 혜아려 각별 져의 현불초를
심셔(心緖)의 거리끼미 업더니, 금ᄎᆞ 요리의 초ᄉᆞ(招辭)로 조ᄎᆞ 악인의 불측흉피(不測
凶悖)ᄒᆞᆫ 심슐(心術)을 ᄉᆞᆷ못 알미, 통ᄒᆡᆼᄒᆞ미 심두(心頭)의 가득ᄒᆞ엿ᄂᆞᆫ지라. 엇지 조히
볼 안면이 이시리오만은, 즁목쇼시(衆目所視)의 미리 긔ᄉᆡᆨ(氣色)을 현착(現捉)ᄒᆞ여 쇼

---

948) 뎡즁(廷中) : 조졍(朝廷).
949) 만믹(蠻貊) : 예전에, 중국인이 중국의 남쪽과 북쪽에 살던 민족을 낮잡아 이르던 말.

인의 원망을 길우믄 관홍(寬弘) 장부의 광풍졔월(光風霽月) 갓흔 힝의(行誼) 아니라. 침음(沈吟) 불예(不豫)ᄒ여 안ᄉᆡᆨ을 변ᄒᆞ믈 ᄭᆡ닷지 못ᄒ니, 져 요인의 졀ᄒ고 인ᄉᆞᄒ기의 다ᄃᆞ라ᄂᆞᆫ, 믄득 기리 닝쇼ᄒᆞ믈 마지아냐 왈,

"노부ᄂᆞᆫ 스스로 화복【41】장단(禍福長短)이 하ᄂᆞᆯ의 ᄆᆡ여시니 다시 무러 무엇ᄒ리오. 다만 너의 젼졍만니(前程萬里)를 스스로 계교ᄒ고, 노부의 젼두(前頭) 길흉을 알녀 말나."

셜파의 미우(眉宇) 츈양(春陽)이 불변ᄒ나 엄위 ᄉᆡᆨᄉᆡᆨᄒ여, 됴둔(趙盾)의 하일지위(夏日之威)950)를 머므럿고, 말ᄉᆞᆷ이 모호ᄒ나 밍녈(猛烈)ᄒ미 언두(言頭)의 낫ᄒᆞ나니, 원홍 요젹이 일신이 도시담(都是膽)951)이나 스스로 ᄒᆡ온 비 잇ᄂᆞᆫ지라. 상국의 긔ᄉᆡᆨ을 슬펴 몬져 심긔 셔늘ᄒ고 언근(言根)을 드ᄅᆞ니 모골(毛骨)이 송연(悚然)ᄒ니, 낫치 취ᄒ이고 ᄯᆞᆷ이 옷ᄉᆡ ᄉᆞᄆᆞᆺᄎ니, 구연(懼然) 냥구(良久)의 ᄯᅩᄒᆞᆫ 딕간(大奸) 딕담(大膽)이라. 져의 긔ᄉᆡᆨ【42】을 좌샹(座上)이 엇더케 너길가 ᄒ여, 교(巧)ᄒᆞᆫ 의ᄉᆞ 돌츌ᄒ니, 믄득 작ᄉᆡᆨ(作色) 왈,

"쇼질이 유시(幼時)로붓허 존슉이[을] 일가 의친(懿親)으로 의앙ᄒᆞ옵ᄂᆞᆫ 졍셩이 친지(親知) 슉당(叔堂)의 감치 아니ᄒᆞ오니, 니졔 누년(累年)을 경ᄉᆞ를 ᄯᅥ나 계시다가 도라오시니, 하졍(下情)이 엇지 범홀(泛忽)ᄒ여 더듸 오고져 ᄒ리잇고만은, 맛ᄎᆞᆷ 신양(身恙)이 미류(彌留)ᄒ여 신ᄉᆞ(身事) 게어ᄅᆞ니 늣게야 왓ᄉᆞᆸ더니, 존슉의 미안지ᄀᆈ(未安之敎) 이의 밋ᄎᆞ시니, 아지못거이다! 쇼질의 무ᄉᆞᆷ 허물을 보시니잇가?"

상국이 졍ᄉᆡᆨ 왈,

"너와 ᄂᆡ 셔로 간셥지 아니ᄒᆞ니, 무슨 허물 뵈미 이시리오. 허물이 이【43】시나 업ᄉᆞ나 네 스스로 ᄉᆡᆼ각ᄒ여, 져기952) 유인심(有人心)이면 ᄌᆞᄀᆈ(自愧)홀 ᄯᆞᄅᆞᆷ이라. 네 ᄌᆞ연 알니니 노ᄇᆡ 엇지 너의 가부(可否)를 의논ᄒ리오."

언파의 묵연 졍ᄉᆡᆨᄒ니, 원홍이 필유묘ᄆᆡᆨ(必有苗脈)ᄒᆞ믈 ᄭᆡ다라 다시 말을 못ᄒ고, ᄌᆞ연이 심긔 져상(沮喪)ᄒ여 한 구셕의 안ᄌᆞᆺ더니, 이윽고 신질(身疾)을 일ᄏᆞ라 초초히 도라가니, 상국이 닝쇼 왈,

"젹취(賊酋) 스스로 ᄌᆞᄀᆈ여심(自愧於心)ᄒ여 도라가ᄂᆞᆫ도다."

좌샹 졔인이 상국과 원시랑의 긔ᄉᆡᆨ을 괴이히 너기나, 감히 뭇지 못ᄒ더라.

날이 느ᄌᆞ미 상국이 만조졔공(滿朝諸公)으로 더부러 슐위를 갈와 예궐(詣闕) ᄉᆞ은

---

950)됴둔(趙盾)의 하일지위(夏日之威) : '조둔의 여름날의 이글거리는 해와 같은 높은 위엄'이란 뜻으로, 중국 춘추시대 진(晉)나라 정치가 조둔의 인품을 평한 말. 즉 당시 적(狄)나라 재상 풍서가 진나라에서 적(狄)에 도망온 가계(賈季)라는 사람에게 진나라의 두 정치인 조둔과 조쇠(趙衰) 중 누가 더 어진 사람인가를 묻자, 조쇠는 겨울날의 태양이고(冬日之日)이고, 조둔은 여름날의 태양(夏日之日)이라고 대답했는데, 이 말에 대하여 남북조시대 진(晉)나라 학자 두예(杜預)가 겨울 해는 사랑스럽지만(冬日之愛) 여름 해는 위엄[두려움]이 있다(夏日之威)라는 주석(註釋)을 붙여 두 사람의 인품을 나타냈다.

951)도시담(都是膽) : 매우 담이 크고 뻔뻔함.

952)져기 : 적이. 조금. 꽤 어지간한 정도로.

(謝恩)ᄒ【44】니, 상이 조승상의 입조ᄒᆞᆷ믈 드ᄅᆞ시고 반기고 깃그샤 ᄲᆞᆯ니 ᄌᆞ졍뎐(資政殿)의 젼좌(殿座)ᄒᆞ시고 명초(命招)ᄒᆞ시니, 상국이 옥계하(玉階下)의 츄진 빈무(拜舞)ᄒᆞ여 팔빈(八拜) 고두(叩頭)ᄒᆞ고 산호(山呼) 만셰(萬歲)ᄒᆞ니, 늠늠ᄒᆞᆫ 풍신과 쳥월(淸越)ᄒᆞᆫ 셩음이 웅건 쇄락ᄒᆞ니, 상이 ᄲᆞᆯ니 명ᄒᆞ여 평신(平身)ᄒᆞ라 ᄒᆞ시고, 옥탑하(玉榻下)의 슈돈(繡墩)을 갓가이 쥬시고, 옥음이 유열(愉悅) 권권(眷眷)ᄒᆞ샤 은비(隱庇)를 둣하이 하시고, 옥비(玉杯)의 어온(御醞)을 반ᄉᆞ(頒賜)ᄒᆞ샤 텬춍(天寵)의 흡흡ᄒᆞ시미 셩탕(成湯)953)의 이윤(伊尹)954)을 존ᄒᆞ시며, 쥬문(周文)955)의 녀상(呂尙)956)을 딕ᄒᆞ시미라도, 이의 더으지 못ᄒᆞᆯ지라.

상국【45】이 텬은을 망극ᄒᆞ여 도로혀 감누(感淚)를 먹음어 계슈빅비(稽首百倍) 스은(謝恩)ᄒᆞ고, 종일토록 뫼셔 담논(談論)ᄒᆞ다가 일낙함디(日落咸池)ᄒᆞ고 월츌동곡(月出東谷)ᄒᆞ니 [여], 슉죄투림(宿鳥投林)ᄒᆞ고 금문(禁門)이 닷칠 ᄯᆡ의 퇴조ᄒᆞ여 궐문을 나니, 자질(子姪)이 지후종시(在後從侍)ᄒᆞ여 부즁(府中)의 도라오니, 위의(威儀) 닉입(內入) 부문(府門)의 동복(童僕)이 환영ᄒᆞ고 거기(擧家) 환환(歡歡)ᄒᆞ여, 일시의 마ᄌ 졍당의 드러가니, 노승상과 틱부인이 아ᄌ의 도라오믈 보미 반갑고 깃브믈 니긔지 못ᄒᆞ니, 상국이 부모 슬하의 녜비(禮拜)를 밋쳐 맛지 못ᄒᆞ여셔 부뫼 ᄲᆞᆯ니 그 숀을 잡고 등을 어로만져 【46】반기믈 니긔지 못ᄒᆞ니, 상국이 ᄯᆞᆫ 부용(父容) 모안(母顔)을 우러러 별회니졍(別懷離情)이 슈어만(數於萬)이니, 밋쳐 가ᄉᆞ(家事)의 결을치 못ᄒᆞ더니, 날이 어두으미 셕반을 한 당의셔 물니고, 상국이 바야흐로 좌우를 고면(顧眄)ᄒᆞ니 졔슈 졔미와 졔질 졔부 졔숀이 버러시되, 오직 부인이 업ᄂᆞᆫ지라. 상국이 날호여 부젼의 뭇ᄌᆞ와 왈,

"쇼ᄌᆞ 격셰 후 환가ᄒᆞ오니 합문 졔인이 다 좌의 이셔 반기오되, 홀노 엄시 어딕 가니잇가?

노승상이 빈미(顰眉) 탄왈,

"오이 니가(離家) 후(後) 허다 ᄉᆞ괴 이시되, 쳔니 왕반의 깃부지 아닌 쇼식을 젼ᄒᆞ여 니가ᄒᆞᆫ 【47】회포를 도으미 불가ᄒᆞᆯᄉᆡ, 오이 기간ᄉᆞ를 아지 못ᄒᆞ도다."

인하여 상국이 니가 후 가즁ᄉᆞ와 ᄎᆞ녀의 투명을 시러 찬젹ᄒᆞ엿더니, 양쥬 즁노의셔 봉변 실산ᄒᆞ니, 희필이 종시 누의 졍젹을 ᄎᆞᆺ지 못ᄒᆞ고 도라오니, 지금 그 ᄉᆞᆼ 존망을 아지 못ᄒᆞ고, 가즁 상하의 비만(悲滿)홈과 엄시 상명지통(喪明之痛)957)을 니긔지 못ᄒ

---

953) 셩탕(成湯) : 탕(湯)임금의 다른 이름. 중국 은나라의 초대 왕. 원래 이름은 이(履) 또는 대을(大乙). 박(亳)에 도읍을 정하고 국호를 상(商)이라 칭하였으며, 제도와 전례(典禮)를 정비하였다. 13년간 재위하였다.
954) 이윤(伊尹) : 중국 은나라의 전설상의 인물. 이름난 재상으로 탕왕을 도와 하나라의 걸왕을 멸망시키고 선정을 베풀었다.
955) 쥬문(周門) : 주나라 국성(國姓)의 가문. 곧 주나라 왕실을 뜻하는 말.
956) 녀상(呂尙) : 중국 주나라 초기의 정치가로 무왕을 도와 은나라를 멸하고 천하를 평정하였다. 저서에 ≪육도(六韜)≫가 있다.

여 침이(寢厓)의 몸을 바려 구고의 신혼셩졍(晨昏省定)958)도 폐ᄒ연지 오릭믈 니릭고, 우왈,

"식뷔(息婦) 본딕 쇼통(疏通)치 못ᄒ 가온딕, 손아의 봉변 이후로 공연이 두문불출(杜門不出)ᄒ고 상셩위광(喪性爲狂)959)ᄒ여 아조 족슈(足數)홀960) 【48】 위인이 못되엿ᄂ니, 오아ᄂ 경도ᄒ 녀ᄌ의 편협ᄒ믈 과칙지 말고, 조흔 낫ᄎ로 병심(病心)을 위로ᄒ여 부부의 화긔를 상히오지 말나."

상국이 복슈이쳥(伏首而聽)의 쾌히 웃고 쥬왈,

"엄시 공연이 뎡운긔 갓흔 쾌셔를 나모라 쏠의 평싱 신셰를 ᄌ초로 희지어 나죵은 쾌히 맛ᄎ시니, ᄌ가의 원(願)의 ᄎ고 한(限)의 족ᄒ온지라. 스스로 져의 지은 죄ᄂ 아지 못ᄒ고 그 눌을 원ᄒ고 탓ᄒ여, 《상광실셩∥상셩위광(喪性爲狂)》ᄒ기의 밋쳣다 ᄒᄂ니잇고? 히이 만일 희아 등의 안면을 고렴(顧念)ᄒ미 아니면, 엇지 투협(妒狹)흔 녀ᄌ의 교긔(驕氣)를 제어치 못ᄒ리잇고만은, 【49】 제아의 안면과 아시 결발을 고ᄌ(顧藉)ᄒ오므로, 오히려 그 무도 픽힝을 긔특흔 힝ᄉ갓치 보며 드러 고당(高堂) 난실(暖室)의 안거(安居)ᄒ니, 히아(孩兒)의 힝신(行身) 쳐ᄉ(處事) 졀노 인ᄒ여 프러지고 용녈ᄒ미 심치 아니리잇고? 히이 진실노 삼공뉵경(三公六卿)의 머리 지어 황각(黃閣)961)의 쥬인이 되여 한 집을 졍히 못ᄒ고, 한쳐투부(悍妻妒婦)를 제어치 못ᄒ고 므슴 역냥(力量)으로 빅뇨(百僚)의 웃듬이 되여 셩쥬를 돕ᄉ오며, 무슨 낫ᄎ로 ᄉ셔(士庶)를 딕ᄒ리잇고?"

인ᄒ여, 상경ᄒᄂ 길히 촌졈(村店)의셔 야반(夜半)의 ᄌ긱이 비슈를 씌고 방즁의 돌입ᄒ여 ᄌ가를 히ᄒ 【50】 려 ᄒ다가 착금(捉擒)흔 비 되어, 졍상을 츄문(推問)흔즉, 이 본딕 요리(妖尼)로 젼후 힝악과 초ᄉ(招辭) 여ᄎᄒ여 엄시와 원홍 젹ᄌ의 힝ᄉ 여ᄎ여ᄎ흔 말과, ᄯᅩ 쳔만 쯧밧긔 긔특이 녀아를 만나믹, 기간 허다 참난 역경 가온딕 긔특이 남악(南嶽) 녀션(女仙)의 구ᄒ믈 닙어 남악의 안신(安身)ᄒ엿던 바며, ᄯᅩ 뎡슌무를 공교히 만나 부부 옹셰(翁壻) 지봉(再逢)홈과, 녀아ᄂ 유죄무죄간(有罪無罪間) 구가의 죄젹(罪謫)흔 몸으로 텬문(天門)의 은ᄉ(恩赦)를 닙지 못ᄒ여시니, 쳔ᄌ(擅恣)히 상경치 못홀 거시므로 졈즁의 머므릭고, ᄌ가ᄂ 쇼명(召命)이 【51】 계시므로, 오릭 지류치 못ᄒ여 몬져 상경흔 바를 셰셰히 고ᄒ고, 요리와 뎡슌무의 착금흔 바 한부 비ᄌ 신월을 함거(檻車)의 시러 왓시니, 텬뎡의 알외여 셩상의 쳐결ᄒ시믈 보올 바를 일

---

957)상명지통(喪明之痛) : 눈이 멀 정도로 슬프다는 뜻으로, 아들이 죽은 슬픔을 비유적으로 이르는 말. 옛날 중국의 자하(子夏)가 서하(西河)에 있을 때 아들을 잃고 너무 슬피 운 끝에 눈이 멀었다는 고사에서 유래한다. 이를 서하지탄(西河之歎)이라고도 한다.
958)신혼셩졍(晨昏省定) : 신성(晨省)과 혼정(昏定). 곧 밤에는 부모의 잠자리를 보아 드리고 이른 아침에는 부모의 밤새 안부를 묻는다는 뜻으로, 부모를 잘 섬기고 효성을 다함을 이르는 말.
959)상셩위광(喪性爲狂) : 본성을 잃고 미친 사람이 되어버림.
960)족슈(足數)ᄒ다 : 꾸짖다.
961)황각(黃閣) : 행정부의 최고기관인 의정부(議政府)를 달리 이르는 말.

일이 셜파ᄒ니, 이 가온ᄃᆡ 엄부인의 픽악ᄒᆞᆫ 힝ᄉ와, 원홍 젹ᄌ의 간교 요음 흉참 불측ᄒᆞᆫ 힝악(行惡)이 일구난셜(一口難說)이라.

합문(閤門) 노쇼 상히 쳥필(聽畢)의 ᄃᆡ경ᄃᆡ희(大驚大喜)ᄒᆞ고 한심ᄎᆞ열(寒心且悅)[962]ᄒᆞ니, 놀나며 한심ᄒᆞᆷ믄 이 가온ᄃᆡ 엄부인의 실덕과 원홍의 악ᄉ를 경희(驚駭)ᄒᆞ미오, 깃부며 즐겨ᄒᆞᆷ믄 쇼져의 【52】 긔특이 싱존ᄒᆞ며 부뷔 상봉ᄒᆞ미라.

조퇴우 등 삼형뎨 미ᄌ(妹子)의 싱존을 깃거ᄒᆞ나, ᄌ부인(慈夫人) 참덕(慙德)을 한심ᄒᆞ고, 원홍을 졀치ᄒᆞ고 부군의 긔ᄉᆡᆨ이 가장 조치 아니시니, 모친 신상의 유희ᄒᆞᆯ 바를 놀나며, 깃부미 상반(相反)ᄒᆞ니, 도로혀 묵연(默然) 무어(無語)ᄒᆞ여 계슈(稽首) 부복(俯伏)ᄒᆞ고, 좌우 쇼년 졔싱이 엄부인 과악과 원홍의 요악ᄒᆞᄆᆞᆯ 히연(駭然)ᄒᆞ여 상고이면면(相顧而面面)ᄒᆞ고, 노승상이 어히업셔 역희(亦喜) 역탄(亦嘆) 왈,

"식부의 《경도(傾倒) 우힝(愚行) ǁ 우힝(愚行)에 경도(傾倒)》ᄒᆞᆷ믄 짐작ᄒᆞ연지 오릭거니와, 이딕도록 픽악(悖惡)ᄒᆞ여 《변화(變化) 긔질(氣質) ǁ 긔질(氣質)이 변화(變化)》ᄒᆞ기의 밋치【53】믄 도시 원홍 요인의 작용이라. 숀녀를 쾌히 신원ᄒᆞ니, 그 어믜 죄루(罪累)의 쳐ᄒᆞ미 비록 깃부지 아니ᄒᆞ나, 현마 엇지ᄒᆞ리오. 요힝 셩난 희이 무ᄉ 싱존ᄒᆞ미 만힝이로다."

퇴부인이 츄연 탄식 왈,

"엄시 ᄌ쇼(自少)로 셩힝(性行)이 불미(不美)ᄒᆞ여 단일(端壹)ᄒᆞᆫ 녀ᄌᆡ 아니나, 변화 긔질ᄒᆞ미 이딕도록 심ᄒᆞᆯ 줄 알니오. 셩난 숀녀는 하늘이 각별 유의ᄒᆞ신 바 곤와(坤窩)[963]의 녀셩(女聖)이라. 싱이지지(生而知之)ᄒᆞᆫ 셩명지질(聖明之質)이니, ᄌ고로 환난의 버셔나지 못ᄒᆞᄂᆞᆫ 셩현(聖賢)이 업고, 농즁(籠中)의 갓치이ᄂᆞᆫ 봉황이 업다ᄒᆞ니, 원가 젹쟤(賊者) 엇지 감히 젹【54】은 계교와 음악(淫惡)ᄒᆞᆫ 쇠로 뎡낭 갓흔 ᄃᆡ현군ᄌ와 셩난 갓흔 슉인셩ᄉ(淑人聖史)의 텬졍슉치(天定宿債)[964]를 병드리리오. 간인이 현인를 히ᄒᆞ미, 길인은 텬지신명이 반드시 돕ᄂᆞ니, 일시 운익이 쇼마(消磨)ᄒᆞ면 ᄌ연이 풍운의 길셩(吉星)이 도라오고, 간인은 일시 득시ᄒᆞ나 텬율(天律)이 한번 변화를 븟ᄎ미 풍운의 ᄡᅥ러져 스스로 만장(萬丈) 굴헝의 몸을 더지ᄂᆞ니, ᄂᆡ 아히 셩난이 엇지 금고(今古)의 ᄉᆞᆽ쳐진 용광 ᄉᆡᆨ덕으로 힘힘이 환난 즁 맛출가 근심ᄒᆞ리오. 노모는 본ᄃᆡ 그 봉변시의 거쳐(去處) 존문(存聞)이 업다ᄒᆞ나, ᄉ싱지여(死生之慮)ᄂᆞᆫ 【55】두지 아녓노라. 엄시 슈불민무상(雖不敏無狀)이나 셩난 갓흔 긔녀를 두어시니, 엇지 그 쇼쇼 허믈을 가칙(苛責)ᄒᆞ리오. 모로미 ᄂᆡ 아히ᄂᆞᆫ 편협(偏狹)ᄒᆞᆫ 녀ᄌ를 너모 견집(堅執)ᄒᆞ여 부부의 화긔를 상ᄒᆞ오지 말고, ᄌ녀의 민면(黽勉)ᄒᆞᆫ 졍ᄉ(情事)를 고렴(顧念)ᄒᆞ라."

상국이 계슈(稽首) 빈ᄉ(拜謝) 왈,

"ᄌ교(慈敎) 지연(至然)ᄒᆞ시나, ᄎᆞᄉᆞᆫ(此事) ᄉ실(私室)의셔 결단ᄒᆞ올 일이 아니라, 마

---

962)한심ᄎᆞ열(寒心且悅) : 한편으로는 한심하기도 하면서 또 다른 한편으로는 기쁘기도 하다.

963)곤와(坤窩) : 규방(閨房). 규실(閨室). 부녀자. 여성계.

964)텬졍슉치(天定宿債) : 전세로부터 하늘이 맺어 준 연분.

지 못ᄒ여 옥폐(玉陛)의 ᄉ못기를 마지 못ᄒ오리니, 원홍 적지 법뉼의 나아간즉, 엄시 ᄯ흔 무ᄉᄒ며 쇼지 ᄯ흔 졔가불엄(齊家不嚴)ᄒᆫ 죄를 면치 못ᄒᆯ가 ᄒᄂ이다."

노공 부뷔 탄왈,

"빈계ᄉ신(牝鷄司晨)은 불상(不祥)【56】ᄒᆫ 징죄라. 엄시 능히 이를 힝ᄒ니 오아의 가시 화(和)ᄒᆷ믈 어드랴?"

상국이 부모의 셩교(聖敎) 맛당ᄒ시믈 일ᄏᄅᄂ니, 틱우 등이 그윽이 모과(母過)를 ᄌ참(自慚)ᄒ여 왕부모의 말ᄉᆷ을 황괴(惶愧) 숑연(悚然)ᄒ더라.

부모 형뎨 야심토록 담화ᄒ다가, 밤이 깁흐미 바야흐로 각귀ᄉ침(各歸私寢)ᄒᆯᄉᆡ, 상국이 졔형 ᄌ질을 거ᄂ려 딕셔헌의셔 부군을 시침(侍寢)ᄒ니라.

명조(明朝)의 조상국이 형뎨 ᄌ질노 더브러 옥궐의 조회ᄒ고, 인ᄒ여 츌반(出班) 부복(俯伏)ᄒ여 고두(叩頭) 쥬왈,

"신이 부직(不才) 박덕(薄德)으로 일즉 셩조(聖朝)의 슈은(受恩)ᄒ오니, 힝혀 조션 여음을 【57】 닙ᄉ와 셩총(聖聰)의 늉우(隆遇)를 과도히 밧ᄌ옵고, 불ᄎ(不次)965)로 즁용ᄒ시믈 닙ᄉ와, 벼슬이 삼공뉵경(三公六卿)966)의 머리 지어 니음양(理陰陽) 슌ᄉ시(順四時)ᄒᄂ 쇼임을 맛지시니, 불학(不學) 노둔(魯鈍)ᄒ와 힝혀 우리 폐하의 밋어 맛지신 바를 잘못ᄒ여, 셩상의 젹ᄌ(赤子)로 ᄒ여곰 《간시∥간난(艱難)》 노고(勞苦)의 괴로오미 잇실가 ᄒ고, ᄯᅩ 사ᄅᆷ의게 슈원(受怨) 견과(見過)ᄒ여 셩딕지치(聖代之治)의 일월(日月)의 빗치 감ᄒ올가 두리오니, 엇지 더욱 연가(緣家) 지친지간(至親之間)의 화긔를 상ᄒᆡ(傷害)오리잇고만은, 신이 일즉 《젼일∥젼임》지상 참지졍샤(參知政事) 엄모의 녀를 취ᄒ와, 삼ᄌ일녀를 두오니, 녀ᄂ 【58】 곳 북평후 ᄉ쳔 슌안ᄉ 뎡운긔의 죄쳬(罪妻)라. 쳔녜(賤女) 비록 녀염쳔가(閭閻賤家)의 싱장ᄒ여 비혼 바 규덕(閨德)이 먼니 고인을 밋지 못하오나, ᄉ회 갈히기를 과히 ᄒ오믄 인졍의 상니(常理)온 고로, 뎡운긔의 영웅 인걸지풍을 갈구(渴求)ᄒ여 동상(東床)의 친(親)을 일윗ᄉ옵더니, 원닉 공부시랑 원홍은 엄녀의 종형(從兄) 엄시의 직라. 기모(其母) 엄녜 쳥년(靑年) 과모(寡母)로 남녀간 다른 쇼족(所族)이 업고, 다만 원홍ᄲᆞ이라. 익이무교(愛而無敎)967)ᄒ여 가ᄅᆞ친 바 업시 길너닉니, 원홍의 사ᄅᆷ되오미 간독(奸毒) 요ᄉ(妖邪)ᄒ고 음교(淫狡) 무힝(無行)ᄒ오니, 가히 니ᄅᆞᆫ바 옥안(玉顔) 탄심(炭心)이라. 【59】 엄녜 스스로 ᄌ식의 불초ᄒᆷ믈 아지 못ᄒ고, 신녀의 좀 지용(才容)을 ᄉ랑ᄒ여 신의 귀의 말을 보닉여 구혼(求婚)ᄒ오미 여러 슌(順)이로딕, 신이 원간 홍의 위인이 쇼인의 갓갑고, 군ᄌ의 멀믈 ᄡᅥ려 허(許)치 아니ᄒ고 뎡가의 결혼ᄒ오니, 원홍 쇼인이 일노ᄡᅥ 신 알오믈 여시구슈(如視仇讐)ᄒ고 쳔방 빅계로 신녀의 평싱을 희짓고져 ᄒ여, 음모(陰謀) ᄉ계(邪計)

---

965)불ᄎ(不次) : 순서를 따르지 않는 인사 행정의 특례.
966)삼공뉵경(三公六卿) : 조선시대에 삼정승(영의정과 좌·우의정)과 육조판서(이·호·예·병·형·공조 판서)를 이르던 말.
967)익이무교(愛而無敎) : 사랑할 줄만 알고 가르치지를 않음.

아니 밋춘 곳이 업셔, 혼암(昏暗)흔 신쳐(臣妻)를 격동ᄒᆞ여, 운긔 ᄉᆞ회 숨은 한을 갑고
져ᄒᆞ딕, 오히려 족(足)지 못ᄒᆞ와, 나죵은 산간 요리를 쳐결(處決)ᄒᆞ여 요괴로온 쇠로
【60】한갓 신녀(臣女)를 모히ᄒᆞ오미 남은 ᄯᅡ히 업게 ᄒᆞ올 ᄯᅮᆫ 아니라, 뎡운긔 삼쳐(三
妻)를 다 히ᄒᆞ고져 ᄒᆞ여, 요악흔 계괴 춤아 사름의 싱각지 못홀 바의 잇고, ᄯᅩ 신이
황명으로 먼니 나갓다가 도라오ᄂᆞᆫ 쥴 믜이 너겨, 여ᄎᆞ여ᄎᆞ 즁노의 환슐(幻術)ᄒᆞᄂᆞᆫ 요
인(妖人)을 보닉여 목슘을 앗고져ᄒᆞ니, 엇지 만고(萬古)의 이 갓흔 요음난탕(妖淫亂蕩)
ᄒᆞ며 무의(無義) 무은(無恩)흔 적지 (賊者)이시리잇고? 니런 무힝(無行)흔 픠직(悖者)
외람이 셩조(聖朝)의 몽은(蒙恩)ᄒᆞ와, 폐하의 일월지치(日月之治)를 상(傷)히오미 반듯
ᄒᆞ올지라. 신이 요적(妖賊)을 착슈(捉囚)ᄒᆞ여ᄉᆞ오니, 엄츄(嚴推) 국문(鞫問)ᄒᆞ온즉,
【61】그 쇼최(所草) 여ᄎᆞ흔지라. 신이 한갓 목슘을 ᄉᆞ랑홀 ᄯᅮᆫ 아니라, 니런 무리
조졍의 머무러 셩딕치화(聖代治化)를 어ᄌᆞ러일가 불승통악(不勝痛愕)ᄒᆞ와 이의 요적을
잡아 셩명(聖明) 쳐치를 기다리ᄂᆞ이다.”
드딕여 ᄉᆞ미 안흐로 요리의 초ᄉᆞ를 닉여 옥탑(玉榻)의 헌(獻)ᄒᆞ니, 상이 귀로 상국
의 쥬ᄉᆞ(奏辭)를 드ᄅᆞ시고, 뇽안(龍顔)을 드러 요인의 초ᄉᆞ를 일남(一覽)의 불승경희
(不勝驚駭)ᄒᆞ시고, 텬뇌(天怒) 일시의 진쳡(震疊)ᄒᆞ시니, 옥식(玉色)이 엄녈(嚴烈)ᄒᆞ샤,
만조 졔신을 도라보ᄉᆞ 왈,
“조현슌은 공훈묘예(功勳苗裔)로 그 위인이 념결졍직(廉潔正直)ᄒᆞ니, 이 곳 국가의
쥬셕지신(柱石之臣)이라. 짐이 본 【62】딕 그 위인을 헤아려 허심(許心) 허딕(許待)ᄒᆞ
엿ᄂᆞ니, 원홍이 비록 쇼년 입조(入朝)ᄒᆞ여 경악(經幄)[968]의 신임(信任)《이나∥ᄒᆞ나》
힝ᄉᆞ(行事) 교악(狡惡)ᄒᆞ미 이 갓흐니, 엇지 몸 우희 ᄉᆞ류(士流)의 의관(衣冠)을 ᄒᆞ고
위인의 궤ᄉᆞ(詭詐)ᄒᆞ미 여ᄎᆞ(如此)ᄒᆞ리오. 죄당극뉼(罪當極律)이니 가히 용셔치 못ᄒᆞ리
로다.”
드딕여 조회(朝會)를 파ᄒᆞ시고, 계하(階下)의 형벌긔구를 갓초라 ᄒᆞ시고 요리를 올
녀 츄문ᄒᆞ실식, 일변 원홍을 나슈(拿囚)ᄒᆞ시니, 이ᄯᅥ 원홍이 됴복(朝服)을 갓초와 한가
지로 반녈의 뫼셧더니, 금오(金吾)[969] 나졸이 나명(拿命)을 니어 쳘삭으로 엄박(嚴縛)
ᄒᆞ여 옥계하의 ᄭᅮᆯ니니, 원홍이 딕 【63】간 딕담이나 젼후 악ᄉᆞ 발각ᄒᆞ믈 엇지 놀나지
아니ᄒᆞ며, 목젼의 쳥션 요리를 큰 칼흘 메오고, 범 갓흔 나졸이 쳘삭으로 그 일신을
계셜지(繫絏之)[970]ᄒᆞ고 속박지(束縛之)[971]ᄒᆞ여, 믠[972] 《나귀∥니괴(尼姑)》 머리를

---

968)경악(經幄) : 경연(經筵). 고려·조선 시대에, 임금이 학문이나 기술을 강론·연마하고 더불어 신하들
과 국정을 협의하던 일. 또는 그런 자리. 공양왕 2년(1390)에 서연을 고친 것으로 왕권의 행사를 규제
하는 중요한 일을 수행하였다.
969)금오(金吾) : 의금부. 조선 시대에, 임금의 명령을 받들어 중죄인을 신문하는 일을 맡아 하던 관아.
태종 14년(1414)에 의용순금사를 고친 것으로 왕족의 범죄, 반역죄·모역죄 따위의 대죄(大罪), 부조
(父祖)에 대한 죄, 강상죄(綱常罪), 사헌부가 논핵(論劾)한 사건, 조관(朝官)의 죄 따위를 다루었는데,
고종 31년(1894)에 의금사로 고쳤다.
970)계셜지(繫絏之) : 계설(繫絏). 죄인을 쇠사슬이나 오라 따위로 마음대로 움직이지 못하도록 옭아 맴.

쓰드러973) 형하(刑下)의 올니믈 보니 엇지 놀납지 아니리오만은, 본되 텬디간 별믈이
라. 조곰이나 구속ᄒ미 이시리오.

긔운이 발연(勃然)ᄒ고 노긔 표동(表動)ᄒ여 됴공을 향ᄒ여 왈,

"존슉이 날노 더부러 무산 원쉬 잇관되 일시 ᄉ혐(私嫌)으로 사름 모히ᄒ기를 이갓
치 ᄒᄂ뇨? 더옥 뎌 요리(妖尼)ᄂ 어되로서 난 승니(僧尼)완되 므ᄉ 죄로 잡【64】아
다가, 엉쭝이 드득신려974) 죄를 닉게 밀위려 ᄒᄂ뇨? 셩상(聖上)이 셩명(聖明)ᄒ시니
엇지 간언(奸言)을 신지(信之)ᄒ시리오. 반ᄃ시 일월지감(日月之鑑)이 '복분(覆盆)의 원
(怨)'975)을 빗최시리니, 슉이 벅벅이 뎡운긔 젹ᄌ로 더부러 날을 히ᄒ고, 긔녀(己女)의
음힝(淫行) 누덕(陋德)을 신원(伸冤)코져 ᄒᄂ자[가] 시브거니와, 황상(皇上)이 엇지
부슈지참(俘囚之讒)976)을 곳이 드르시리오."

셜파의 긔운이 앙앙(怏怏)ᄒ고977) 독안(毒眼)의 살긔 등등ᄒ니, 만조 빅관이 셔로
도라보아 뎌긔 그 요악ᄒ믈 아ᄂ ᄌᄂ 되간되악(大奸大惡)을 경희(驚駭)치 아니리 업
고, 용녈 무식ᄒ ᄌᄂ 의심ᄒ리 만터라.

조상국이 원홍의 요【65】악ᄒ 말을 드르니, 도로혀 어히업고 분(憤)히ᄒ미 젹츄(賊
酋)를 즉긱(卽刻)의 쳔참만육(千斬萬戮)ᄒ나 엇지 족ᄒ리오. 관인 군ᄌ의 힝ᄉ(行事)
광풍졔월(光風霽月)978) 갓ᄒ니, 졸연 격노ᄒ여 필부의 쇼리ᄒ979) 쳔힝(淺行)을 감심ᄒ
리오.

안식을 불변ᄒ고 우(又) 쥬왈,

"쇼젹(小賊)이 감히 텬위를 두리지 아니ᄒᄋᆸ고 방ᄌ 당돌ᄒ미 여ᄎᄒ오니, 폐하ᄂ
셜니 그 죄를 졍히ᄒ쇼셔."

상이 의윤(依允)ᄒ샤, 요리(妖尼)를 극형(極刑) 엄문(嚴問)ᄒ시니, 쳥션이 능히 견되
지 못ᄒ여 젼후 뎌의 힝악을 밀밀셰셰(密密細細)히 고ᄒᆯᄉ, 초ᄉ의 왈,

"빈승(貧僧)은 본되 상션부모(上鮮父母)980)ᄒ고 【66】하션형뎨(下鮮兄弟)981)ᄒ며
무타족친(無他族親)ᄒ니, 텬하의 의지 업슨 궁민(窮民)이라. 드되여 츌가(出家)ᄒ여 산

---

971)속박지(束縛之) : 속박(束縛). =계셜지(繫絏之).
972)믜다 : 밀다. 깎다. 대머리가 되다.
973)쓰들다 : 꺼들다. 끌어당기다. 잡아 쥐고 당겨서 추켜들다.
974)드득신리다 : 다독거리다. (남의 약한 점을) 어루만져 감싸고 달래다.
975)복분(覆盆)의 원(怨) : '뒤집어진 동이의 원통함'이라는 뜻으로, 죄를 뒤집어쓰고 밝히지 못하고 있는
　　원통함을 말함.
976)부슈지참(俘囚之讒) : 포로가 자기 살기 위해 하는 거짓말.
977)앙앙(怏怏)ᄒ다 : 불만이 가득하여 화가 치밀어 오르다.
978)풍졔월(光風霽月) : 비가 갠 뒤의 맑게 부는 바람과 밝은 달이란 뜻으로, 마음이 넓고 쾌활하여 아무
　　거리낌이 없는 인품을 비유적으로 이르는 말. 황정견이 주돈이의 인품을 평한 데서 유래한다.
979)쇼리ᄒ다 : 솔이(率爾)하다. 말이나 행동이 신중하지 못하고 가볍다
980)상션부모(上鮮父母) : 위로는 부모가 많지 않음. 곧 부모의 형제들 백부모, 숙부모, 고모, 고모부, 이
　　모 이모부 등이 많지 않음.
981)하션형뎨(下鮮兄弟) : 아래로는 형제가 많지 않음.

문(山門)의 슈도하니, 촉도(蜀都)의 뉴락하여 동졍 군산의 가 어진 스싱을 만나 쳔변만화(千變萬化)의 도슐을 빅화, 드듸여 동뉴(同類)의 믜이믈 바다 스싱을 반(叛)하고 경향(京鄕)의 뉴우(留寓)하엿더니, 모년 모월의 여츳여츳 인연하여 여람빅 셩공의 쏠 난화를 스괴여[니], 이곳 동월후 진국공 뎡셰홍의 바리인 쳬(妻)라. 셩녜 초의 뎡가의 영출(永黜)하여 기뷔(棄婦)되니, 셩공이 집히 가도와 죽이고져 하거날, 셩녜 기부(其父)를 속이고 월옥(越獄) 망명하여 됴가의 뷔(婦) 【67】 되엿더니, 됴졀되 나히 만흔 고로 오릭지 아냐 죽으니, 셩녜 바야흐로 이구지셰(二九之歲)982)라. 쳥츈 녹발이 공노(空老)홀가 슬허하고, 음욕(淫慾)을 능히 참지 못하거날, 빈되 여츳여츳 인도하여, 거즛 스족지녀(士族之女)로 부모 친쳑이 업셔 영졍무의(零丁無依)하고 인믈이 아름답다 하여 오왕비긔 드리니, 오왕 부뷔 범틱(凡胎) 육안(肉眼)이라. 음녀의 본젹을 아지 못하고 그 용식을 스랑하여 위지양녀(爲之養女)하니, 인하여 교언 영식으로 왕의 부부를 다리여 하가의 드러가니, 또 여시구슈(如視仇讎)하던 진공의 필미 뎡시 명문 슉녀로 식광(色光)의 슈미(秀美)홈과 【68】 셩덕의 찬연하미, 져의 음인(淫人)의 비길 비 아닌 고로, 드듸여 모히(謀害)하려 하다가 밋지 못하여 간졍(奸情)이 탄누(綻漏)하니, 젼후 난음지죄(亂淫之罪)와 또 비은 망덕하여 오셰즈를 스스로 질너 살인지죄 호딕(浩大)하니, 여러가지 죄를 아올나 부월(斧鉞)의 쥬니, 나라히셔 빈승을 구식(求索)하시눈지라. 요술노뻐 얼골을 감초고 일홈을 곳쳐 쳥션 법식라 ○○[하여] 본명 묘화를 감초니, 셰상이 알니 업순지라. 방심하여 다시 후문(侯門) 명가(名家)의 투입하여 투악흔 부인과 요악흔 녀즈를 도아 변을 지으미 왕왕하니, 윤·하·뎡 삼문의 작화 작변 【69】 하오미 빈승의 작용이라. 셜왕의 양녀 녕능을 도아 셜쇼져를 히하고, 연부마의 손녀 하실 연쇼져를 도아 평졔왕 녀아 뎡시를 참혹히 히하고, 녕능의 악스와 가구시의 악시 발각하며, 하실 연시 젼젼악시 황파·복향 등의 즈즁지난(自中之亂)으로조ᄎ 발각하오니, 윤·하·뎡 삼가의셔 또 빈승을 구식하눈지라. 인하여 다시 명(命)을 도모하여 원시랑의게 투탁하여 여츳여츳 힝악(行惡)을 져즈러, 뎡의졍의 삼부인을 아오로 히(害)하여 원시랑의 긔믈을 삼으려 모계홀 시 젹실하옵고, 원시랑이 쳐음붓허 조쇼 【70】 져를 스모하여 간졀하딕, 능히 혼인이 되지 못하고, 뎡상공긔 아이믈 노분(怒憤) 졀치(切齒)하여 쳔방 빅계로 도모하딕, 죵시 뜻을 일우지 못하고, 빈도로 하여곰 년신983)하여 한츄밀 쳐 관시를 통노(通路)하여, 조부 엄부인을 여츳여츳 감언미어(甘言美語)로 농낙(籠絡)하며, 닉외 교통하여 한가 비즈 신월노 동모하여, 조·한·화 삼인을 다 히하려 하미 올숩고, 조쇼졔 이미히 죄명을 시러 조쥐 찬젹하니, 원시랑이 또 무뢰비를 즁노(中路)의 보닉여 겁칙고져 하다가, 원닉 조쇼졔 신명 특츌하여 젼후 지앙을 잘 버셔나니, 이번은 가장 신밀(愼密)이 하여, '우 【71】 지쳔녀(愚者千慮)의 필유

---

982)이구지셰(二九之歲) : 2×9=18살.
983)년신 : 연신. 잇따라 자꾸.

일득(必有一得)'984)을 죄오고, 인즁승텬(人衆勝天)985)을 긔약ᄒᆞ여, 불의(不意)○[의]
노즁의 한 무리 강도를 보닉여 겁탈ᄒᆞ여 핍박ᄒᆞ여 인연을 믿고, 조승상의 즈가를 나
모라 바린 한을 갑고져 ᄒᆞ더니, 뉘 도로혀 조쇼져의 혈혈 단신이 녹녹흔 비즈 등으로
더부러 간계를 미리 아랏던 양ᄒᆞ여, 계교 우회 긔모(奇謀)를 베퍼, 기일(其日) 황혼의
조쇼져 일ᄒᆡᆼ이 분명이 양쥬 녀뎜(旅店)의 머므ᄂᆞᆫ 쥴 알고, 그 날 밤의 돌입흔 거시 믄
득 가인의 즈최를 일코, 헛 슈고만 허비홀 쥴 알니 잇고? 젹뉘(賊類) 실망 실포(失捕)
ᄒᆞ고 홀일업셔 무류히 도라와 【72】이딕로 보ᄒᆞ니, 원시랑이 더욱 에분(恚憤)ᄒᆞ여,
조쇼졔 분명 죽지 아냐신즉 혹즈 타일 싱환ᄒᆞ여 긔미를 현착(現捉)흔즉, 조노얘 마딕
를 씌치며 씨를 발나, 아모조록 간인을 찻고 녀아를 신원홀가 그도 져허ᄒᆞ고, 이즈(二
者)ᄂᆞᆫ 니런 일이 다 조노야의 즈가를 슌히 스회 삼지 아닌 탓시라 졀치ᄒᆞ여, 브딕 텬
하의 일홈난 즈긱을 구ᄒᆞ여, 즁노(中路)의 보닉여 조노야의 도라오ᄂᆞᆫ 길히셔 히ᄒᆞ여
후환을 쓴코져 ᄒᆞ거늘, 빈되 만흔 지보를 남의게 도라보닉믈 앗기고, 스스로 직조를
밋어 원시랑을 딕ᄒᆞ여 여ᄎᆞ여ᄎᆞ 큰 말을 ᄒᆞ고, 당당이 조승상을 맛츠 【73】후환을
쓴츠마 ᄒᆞ고, 그 도라오ᄂᆞᆫ 길히 마조986) 가 ᄒᆡᆼ스(行事)ᄒᆞ려 홀시, 노상의 년ᄒᆞ여 쏠와
그 긔상을 술피오니, 귀격(貴格)이 당당ᄒᆞ고 복긔(福氣) 완전ᄒᆞ여 아마도 요슐이 침범
키 어려오니, 도로의 유유 지지ᄒᆞ미 여러 날의 밋쳐ᄂᆞᆫ, 졈졈 경셩이 갓갑고, 무류(無
聊)히 도라오면 원시랑을 볼 낫치 업ᄂᆞᆫ 고로, 각별 조승상의 신슈(身數) 길흉(吉凶)을
졈복ᄒᆞ여, 그 횡스졀명일(橫死絶命日)을 갈히여 명(命)을 달호고져987) ᄒᆞ여 은쥬 취교
역 셔가뎜의 가, 기야의 방심ᄒᆞ여 칼흘 씌고 승상의 머므ᄂᆞᆫ 긱실의 돌입ᄒᆞ여, 함살(陷
殺)ᄒᆞ려 ᄒᆞ옵더니, 텬디신명이 길인을 보조(輔助)ᄒᆞ신다 ᄒᆞ오미 올ᄉᆞ온지【74】라. 긔
운이 몬져 국츅(跼縮)ᄒᆞ고 정신이 산난(散亂)ᄒᆞ여 밋쳐 손을 놀니지 못ᄒᆞ고 황황(遑
遑)흔 가온딕, 반싱(半生) 신슐(神術)을 즈랑ᄒᆞ던 빅, 일조(一朝)의 헛 곳의 도라가 힘
힘히 조승상의 젹슈(赤手)의 스로잡힌 빅 되니, 황망(慌忙) 진겁(震怯)ᄒᆞ여 아모리 벌
덕여 도망코져 흔들 쉬오리잇고? 쇽졀업시 함졍의 치인988) 범의 몸이 되어, 비혼 바
직조도 발뵈지 못ᄒᆞ고 이의 잡혀 엄형지하(嚴刑之下)의 반싱(半生) ᄒᆡᆼ악(行惡)을 감히
숨기지 못ᄒᆞ고, 전전악스(前前惡事)를 딕강 고ᄒᆞ믄, 독형(毒刑)을 밧지 말고 가도거든
계교로 도망ᄒᆞ기를 싱각ᄒᆞ미러니, 《무스∥무슨》 《슐업∥슐법(術法)》으로 빈도의
요슐을 졔어ᄒᆞ엿던지, 함거(檻車)의 한번 엄쇄(嚴鎖)흔 후ᄂᆞᆫ 굿으미 쳘셩(鐵城) 갓

---

984)우직쳔녀(愚者千慮)의 필유일득(必有一得) : 어리석은 사람의 천 가지 생각 가운데도 한 가지 쓸 만
한 생각은 있기 마련이다.
985)인즁승텬(人衆勝天) : '여러 사람이 힘을 합치면 하늘도 이길 수 있다'는 뜻으로 '사람의 힘이 큼'을
이르는 말.
986)마조 : 마주. 서로 똑바로 향하여.
987)달호다 : ①다루다. 일거리를 처리하다. ②당기다. 물건 따위를 힘을 주어 자기 쪽이나 일정한 방향으
로 가까이 오게 하다.
988)치이다 : 갇히다. 걸리다.

【75】호니, 구텬(九天)989) 현녀(玄女)990)의 법슐은 엇더홀는지 모르거니와, 빈도의 젹은 법녁(法力)으로 엇지 능히 버셔나리잇고? 임의 줌노의셔 도망치 못호엿스오니, 텬위지하(天威之下)의 니르러 엇지 감히 일호(一毫)나 은닉호여 죄 우희 죄를 더으리잇고? 빈도는 다만 남의 지물을 탐호고 사름의 부리믈 바다 악ᄉ를 참셥(參涉)호미 잇스오나, 근본을 싱각흔즉 슈악(首惡)은 아니니, 국법의 혜아려도 극뉼(極律)의는 간예치 아닐가 호옵ᄂ니, 바라건디 텬디 부모는 혜틱을 드리오샤 잔명을 사(赦)호시면, 머리를 쏫고 고토(故土)의 도라가, 청졍(淸淨)흔 도힝을 슈련호여[고] 다시 셰샹 믈욕의 참셥(參涉)○○[호여] 인뉴(人類)의 죄를 엇지 아니리이【76】다.”

호엿더라.

상이 간초(簡招)991)를 열남(閱覽)호시고, 나리와 만조를 보게 호시더라.【77】

---

989)구텬(九天) : ①가장 높은 하늘. 늑구민(九旻) ②하늘을 아홉 방위로 나누어 이르는 말. 중앙을 균천(鈞天), 동쪽을 창천(蒼天), 서쪽을 호천(昊天), 남쪽을 염천(炎天), 북쪽을 현천(玄天)이라 하고 동남쪽을 양천(陽天), 서남쪽을 주천(朱天), 동북쪽을 변천(變天), 서북쪽을 유천(幽天)이라 한다. 늑구중천·구현(九玄).

990)현녀(玄女) : 중국 상고(上古) 중원 땅에서 황제(黃帝)가 치우(蚩尤)와 싸울 때에 병법을 가르쳐 주었다는 신녀(神女).

991)간초(簡招) : 간략히 줄여 쓴 초사(招辭).

윤하뎡삼문취록 권지칠십칠

추시 요리의 간최(簡招) 오르미, 상이 열남ᄒ시고 나리와 만조 졔신을 뵈시고 탄왈,

"짐이 식안(識眼)이 불명(不明)ᄒ여 원홍의 빅면(白面) 쥬슌(朱脣)의 단아(端雅)ᄒᆫ 풍치를 과○[이](過愛)ᄒ고 현하지변(懸河之辯)992)의 빗나믈 ᄉ랑ᄒ여, 비록 군즈 영걸(英傑)의 불급(不及)ᄒ나 옥당(玉堂) 경악(經幄)의 종요로온 그릇스로 아던 빅, 엇지 혼암(昏暗)치 아니리오. 추인을 만일 경악의 오리 머무러던들, 반ᄃ시 조졍을 어즈러이고 왕실을 찬(纂)ᄒ여 왕망(王莽)993)・동탁(董卓)994)의 뉴(類) 되리랏다."

텬위(天威) 더옥 일긱(一刻)의 진발(震發)ᄒ샤 원홍을 형벌의 나아오라 ᄒ시【1】니, 좌우의 가득ᄒᆫ 나졸이 일시의 응셩(應聲) 디호(大號)ᄒ여 단단ᄒᆫ 붉은 미를 헤쳐, 산장(散杖)995)을 잡고, 원홍을 형벌의 올니니, ᄉ예(司隷) 미를 드러 엄츄(嚴推) 국문(鞫問)ᄒᆯ식, 문득 좌반즁(坐班中)의 일위 쇼년 디신이 즈포(紫袍)를 쓰을고, 오ᄉ(烏紗)를 슉여 상간(上間)을 압두어 츄이진(趨而進)ᄒ니, 이ᄂᆫ 젼뎐티우(殿前大夫) 관ᄂᆡ후(關內侯) 하몽셩이라. 츌반 쥬왈,

"원홍의 음교(淫狡) 교악(狡惡)ᄒᆫ 죄ᄂᆫ 실졍(實情)을 ᄉ힉(查覈)ᄒ온 후 죵당(從當) 처치ᄒ오려니와, 디져 묘화 요리(妖尼)의 젼젼 죄상이 쳔참만육(千斬萬戮)ᄒ오나, 그 쳔살무쇽지죄(千殺無贖之罪)를 다 쇽(贖)기 어렵도쇼이다. 요리 젼후 명명지죄(亡命之罪)ᄂᆫ 니ᄅ【2】도 말고, 요괴로온 도슐노 인심을 현혹ᄒ고, 후문(候門) 명가(名家)의 환을 지으미 만흐니, 그 한 죄만 ᄒ여도 당살(當殺)이어늘 더옥 여러 가지 ᄉ죄(死罪)니잇가? 추(此) 요리 ᄯ 신의 집의 작변ᄒ오미 잇ᄂᆫ지라. 신즈(臣子)의 쇼쇼 가ᄉ로ᄡᅥ 텬위지하의 번득ᄒ오미 황공ᄒ오나, 신이 요리의 연고로 가즁의 미히(未解)ᄒᆫ ᄉ의(事意) 잇ᄂᆫ지라. 다른 연괴 아니오라, 신의 초쳐(初妻) 연시 여추여추ᄒ여 동복(同腹)의 즈녀를 ᄡᅡᆼ산(雙産)ᄒ엿습더니, 그 후 여추여추ᄒ와 연시의 젼젼 과악이 발각ᄒ

---

992)현하지변(懸河之辯) : 물이 거침없이 흐르듯 잘하는 말.

993)왕망(王莽) : B.C.45~A.D.23. 중국 전한의 정치가. 자는 거군(巨君). 자신이 옹립한 평제(平帝)를 독살하고 제위를 빼앗아 국호를 신(新)으로 명명하였다. 한(漢)나라 유수(劉秀)에게 피살되었다. 재위 기간은 8~23년이다.

994)동탁(董卓) : ?~192. 중국 후한(後漢) 때의 정치가. 소제(少帝) 유변(劉辯)을 시해하고 헌제(獻帝)를 옹립한 후, 권력을 잡고 폭정을 일삼다가, 여포(呂布)를 비롯한 자신의 측근들에 의해 암살당했다.

995)산장(散杖) : 죄인을 신문할 때, 위엄을 보여 협박하기 위해서 많은 형장(刑杖)이나 태장(笞杖)을 눈앞에 벌여 내어놓던 일.

와, 연시 즉시 병즁 조졸(早卒)ᄒᆞ옵고, 간비 복【3】향 모녜 다른 악ᄉᆞᄂᆞᆫ 발각ᄒᆞ오나, 연녀의 ᄲᅡᆼ싱 ᄌᆞ녀ᄂᆞᆫ 본ᄃᆡ 다 연녀의 쇼싱이 아니라, 녀ᄂᆞᆫ 신의 골육이오ᄃᆡ, 남(男)은 요리 연녀의 님산(臨産)의 어ᄃᆡ 가 ᄯᅩ 분산지초(分産之初) 아ᄒᆡ를 어더 와, 신의 한아뷔와 부모를 속이고 신가지 속여, 연녀지쇼싱(延女之所生)이라 ᄒᆞ엿더니라 ᄒᆞ옵거ᄂᆞᆯ, 신이 근본을 모르오나 소아의 작인 긔품이 용널치 아니ᄒᆞ옵거ᄂᆞᆯ, 텬뉸 쇼싱을 아지 못ᄒᆞ오믈 가셕ᄒᆞ와, 간비를 져쥬어 쇼아의 텬셩 쇼친을 ᄎᆞᆽ 도라 보ᄂᆡ고져 ᄒᆞ온즉, 간비 진실노 그 쇼싱지디(所生之地)ᄂᆞᆫ 아지 못ᄒᆞ오미 젹실ᄒᆞ온【4】지라. 니졔 쇼이 년급오셰(年及五歲)의 근본 귀쳔을 아지 못ᄒᆞ옵ᄂᆞᆫ지라. 니졔 요리를 오히려 구식(求索)ᄒᆞ옵더니, 니졔 공교히 잡으미 되오니, 한갓 인가(人家)의 지환(災患)을 더ᄂᆞᆫ 깃븜만 아니라, 이 실노 무셩명(無姓名) 쇼아의 텬셩을 단회(團會)ᄒᆞᆯ 시졀인가 하옵ᄂᆞ니, 복원 폐하ᄂᆞᆫ 혜퇴을 유하(乳下) 젹ᄌᆞ(赤子)의게 나리오샤, 요리를 지츄국문(再推鞫問)ᄒᆞ샤, 쇼아의 쇼싱지디를 ᄎᆞᆽ게 ᄒᆞ쇼셔.”

상이 과약기언(果若其言)ᄒᆞ샤 이의 묘화 요리를 지츄(再推) 엄문(嚴問)ᄒᆞ샤,

“네 모년월일의 하몽셩의 쳐 연시의 가ᄌᆞ(假子)를 어ᄃᆡ 가 어더 오다 ᄒᆞ니, 그 근본이 뉘 집 아【5】ᄒᆡᆫ고? 자시 고ᄒᆞ라.”

요리 읍고(泣告) 왈,

“텬위(天威) 엄문지하의 놀난 넉시 황황ᄒᆞ오니, 이 한 일을 망각ᄒᆞ도쇼이다. 츄아ᄂᆞᆫ ᄯᅩ흔 하쳔(下賤)이 아니라, 시임시랑(時任侍郎) 쇼모(某)의 아들이니, 빈승이 연니부부인 호시의 만흔 금보를 밧고, 아모조록 기녀의 박명(薄命)을 회복ᄒᆞ고 일신이 영화토록 ᄒᆞ마 ᄒᆞ여시나, 아마도 연시ᄂᆞᆫ 명(命)이 박(薄)ᄒᆞ고 쉬(壽) 단(短)ᄒᆞ니, 사ᄅᆞᆷ의 슈요장단(壽夭長短)은 공ᄌᆞ(孔子)의 ᄃᆡ셩(大聖)으로도 도모치 못ᄒᆞ시니, 빈되 므슨 사ᄅᆞᆷ이라 인명 장단을 도모ᄒᆞ리잇고? 그러나 연시 박면(薄面) 누질(陋質)노, 다만 그 슉모의 위엄으로 【6】가부를 협졔(脅制)ᄒᆞ니, 하상공이 계모(繼母)를 두려 것츠로 ᄃᆡ졉ᄒᆞ나 실졍은 바히업ᄂᆞᆫ 거술, 연쇼졔 그러나 온슌이나 흔 거시 아니라 완포(頑暴) 흉험ᄒᆞ고 무힝 픽악ᄒᆞ여, 슉모의 셰를 ᄭᅵ고 구가를 경시ᄒᆞ고 가부를 압두(壓頭)ᄒᆞ여 견과(見過)ᄒᆞ니, 하상공이 증념(憎念) 통히(痛駭)ᄒᆞ나 마지 못ᄒᆞ여 강작ᄒᆞ여 ᄃᆡ졉ᄒᆞ더니, 일노 인ᄒᆞ여 하상공이 말단은 상셩위광(喪性爲狂)ᄒᆞ기의 밋쳐 병근이 다 연쇼져의 빌미라 ᄒᆞ고, 광병 이후의ᄂᆞᆫ 영영(永永) 박ᄃᆡ(薄待)ᄒᆞ니, 기젼의 엇지ᄒᆞ여 틱긔(胎氣) 잇던 양ᄒᆞ여 졈졈 만삭(滿朔)ᄒᆞ니, 연쇼져ᄂᆞᆫ 아모 두미(頭尾)도 모르고 박【7】명(薄命)《이나∥을》 셜워ᄒᆞ고[며] 가부의 풍치를 닛지 못ᄒᆞ여 쥬야 슬허ᄒᆞ니, 복즁 남녀ᄂᆞᆫ 혜아리지 못ᄒᆞᄃᆡ, 그 유모 황파와 비ᄌᆞ 복향이 쥬인의 신셰 무광ᄒᆞ믈 슬허, 빈도를 쳥ᄒᆞ여 궁모 곡계를 일워 뎡쇼져를 히ᄒᆞ며, 연상셔 부인이 기녀의 젼졍 도모 ᄒᆞ기를 익결ᄒᆞ고, 요힝 긔특흔 아들이나 나하 삼종(三從)996)의 의탁이 쾌ᄒᆞ고, 쇼텬의게 유광(有光)

---

996)삼종(三從) : 삼종지의(三從之義). 봉건시대 여자의 도리. 집에서는 아버지를, 시집가서는 남편을, 남

ᄒᆞ믈 뵈고져 ᄒᆞ거늘, 빈되 혜아리미 그 복즁이(腹中兒) 남지 아니라. 여ᄎᆞ여ᄎᆞ 헌계
(獻計)ᄒᆞ여 연쇼져의 희산 밋쳐 님산(臨産)ᄒᆞᆯ 니를 두로 듯보더니, 맛춤 쇼시랑 부인
셜시 늣게야 비【8】웅(羆熊)의 상셔(祥瑞)를 숨ᄭᅮ어 연쇼져 산월과 한 달이라. 빈되
잠간 졈복(占卜)ᄒᆞ여 보니 셜부인의 복이 분명 남질 샌 아니라, 텬졍긔연(天定奇緣)이
연쇼져 복즁의 잇고, ᄯᅩ 그 귀ᄒᆞ믈 측냥치 못ᄒᆞᆯ지라. 타일 그 인연을 졈복고져 ᄒᆞᆫ즉,
극히 불ᄉᆞ(不似)ᄒᆞ나 근본이 타셩(他姓) 쇼탄(所誕)이니 유희ᄒᆞ미 업슬 듯《ᄒᆞᄆᆞ로∥
ᄒᆞ고》, ○[ᄯᅩ] 공교히 쇼실과 하실의 싱산이 동일 동시의 되ᄂᆞᆫ지라. 빈되 그 부인의
산졈(産漸)이 일시의 될 줄 암희(暗喜)ᄒᆞ여 급급히 쇼 아(衙)의 드러가 아히 계오 나
며 강보의 ᄡᅳ는 거슬 도적ᄒᆞ여 즉시 하가로 도라오니, 연쇼졔 ᄯᅩᄒᆞᆫ 분산 싱녀(生女)ᄒᆞ
엿【9】ᄂᆞᆫ지라. 급히 쇼아를 드려다가 연쇼져 유아와 갓치 누이고, 그 유랑 비지 졍
당의 드러가 고ᄒᆞ되, 연쇼졔 동ᄐᆡ(同胎)의 ᄌᆞ녀를 ᄡᅡᆼ산(雙産)ᄒᆞ다 ᄒᆞ니, 뉘 아니 곳이
드ᄅᆞ며, 쇼아의 긔질이 호상(豪爽)ᄒᆞ고 품슈(禀受) 비상ᄒᆞ여, 비록 강보의 ᄡᅡ혀시나 귀
격(貴格) 달상(達相)이 당당ᄒᆞ니 뉘 아니 ᄉᆞ랑ᄒᆞ리잇고만은, 본ᄃᆡ 타셩 쇼탄이라, 텬셩
(天性)의 쇼ᄉᆞ나미 업고, 텬셩지친(天性之親)이 아닌 양ᄒᆞ여, 존당 구고와 합문 상ᄒᆡ
보고 다만 그 작인을 션히 너길지언졍, 진졍으로 ᄉᆞ랑ᄒᆞ리 업고, 유녜(乳女) ᄯᅩ 모시
의 츄용(醜容) 누질을 담지 아냐 젼혀 부습(父襲)ᄒᆞ여 한낫 슉인(淑人) 셩녜(聖女)라.
존당 구고와 【10】지어상공(至於相公)과 합문 노쇠 다 ᄉᆞ랑ᄒᆞ여, 반드시 이련(愛憐)
ᄒᆞ믈 남아의 지나게 ᄒᆞ니, 연쇼졔 노쥐 크게 실망ᄒᆞ여 다시 묘계를 획(劃)ᄒᆞ더니, 빈
되 쇼아의 귀격을 모르미 아니로되, 그윽이 인즁승텬을 긔약ᄒᆞ여 브딕 연쇼져의 신세
만 도모코져 ᄒᆞ오므로, 셕ᄌᆞ(昔者) 무측텬(武則天)997)이 긔녀(其女)를 살(殺)ᄒᆞ여 죄를
졍궁의게 밀우던 계교로ᄡᅥ 헌칙(獻策)ᄒᆞ니, 연쇼졔 우람 광망ᄒᆞ여 아모 두미도 모르ᄂᆞᆫ
ᄯᅡᆫ의도, 쇼아(蘇兒)의 긔질을 앗기고 ᄎᆞ마 죽일 ᄯᅳ시 업거날, 황파 모녜 아모려나 쥬
인의 신세를 회복ᄒᆞ려 ᄒᆞᄂᆞᆫ 고로, 쳔방 빅계를 시험치 아【11】닌 곳이 업ᄉᆞ되, 뎡쇼
져를 히치 못ᄒᆞ엿ᄂᆞᆫ지라. 이의 쇼아를 죽여 죄를 뎡쇼져긔 도라보닉고져 ᄒᆞ여 쇼아를
치독(置毒)ᄒᆞ엿더니, 니른바 '텬졍(天定)이 역능승인(亦能勝人)이라'998). 본ᄃᆡ 하늘긔
타 나온 바 하슈(遐壽) 영복(榮福)으로 귀격(貴格) 달상(達相)이어니, 간계(奸計)로ᄡᅥ
딕귀인(大貴人)의 긴 명을 엇지 감히 도모ᄒᆞ리잇고? 쇼이 약물을 토ᄒᆞ고 존당이 구호

편이 죽은 후에는 자식을 좇음.
997)무측텬(武則天) : 중국 당나라 고종의 황후. 성은 무(武). 이름은 조(曌). 중국 역사에서 유일한 여제
(女帝)로 고종을 대신하여 실권을 쥐고, 두 아들을 차례로 제왕의 자리에 오르게 하였으나, 이들을 폐
하고 스스로 제왕의 자리에 올라 국호를 주(周)로 고치고 성신황제(聖神皇帝)라 칭하였다. 14세에 궁
녀로 입궁하여 태종의 승은을 입었으나, 그의 아들 고종과 정을 맺고, 고종이 즉위한 후는 자신의 딸
을 직접 죽이고 그 죄를 정궁(正宮) 왕씨(王氏)에게 씌워 모살(謀殺)하고 황후가 되었다. 또 고종이
죽은 후는 여자로서 황제(皇帝)에 올라 남성편력을 일삼았다. 한여후(漢呂后)·서태후(西太后)와 함께
중국의 3대 악녀로 꼽는다.
998)텬졍(天定)이 역능승인(亦能勝人)이라 : 하늘이 또한 능히 사람을 이긴다.

ᄒ여 죽지 아니ᄒ지라. 《쳐‖쳔》가지 계교의 하나흘 일우지 못ᄒ고, 연쇼졔 요몰(夭
沒)ᄒ고 복향 모녀 간졍(奸情)이 현누(現漏)ᄒ니[여] 형벌 아릭 명을 맛츠니, 빈되 뼈
혜오딕, '亽셰(事勢) 그릇되여시니, 삼십뉵계(三十六計)의 【12】 닷는 거시 읏듬이
라999).' 바히 무직(無才)ᄒ면 홀일업셔 속슈(束手)ᄒ여 복죄(伏罪)ᄒ려니와, 빈되 임의
호풍환우(呼風喚雨)ᄒᄂ 직죄 쥬족(周足)ᄒ거니, 엇지 안주셔 화를 바드리오. 몸을 피
ᄒ여 방낭ᄒ 주취 어듸를 못가리잇고? 한츄밀 부인과 원시랑을 스긔여 다시 직물을
모호고져 ᄒ며, 원간 줄 거시 업ᄂ 사ᄅ은 스긔지 아니므로, 초의 눈가의 가 녕능을
조초 작변홀 젹도, 가(假)구시 심히 보치니 마지못ᄒ여 두어 번 헌계ᄒᄂ 체ᄒ나, 기
실은 경시 돕기도 졍셩을 다ᄒ지 아녓ᄂ이다. 슈연(雖然)이나 빈되 직죄 【13】 묘치
아니미 아니로딕, 계괴 죵시 니지 못ᄒ니, 이 가히 고인의 니른 바, '텬망아(天亡我)오
비젼지죄(非戰之罪)라'1000) ᄒ미 졍히 빈도를 닐넘 즉ᄒ도쇼이다. 빈되 니졔ᄂ 홀 말
이 업스오니, 다시 독형(毒刑)을 날회시고 잔명을 어엿비 너기쇼셔."

상이 관녀후 하몽셩을 도라보亽 왈,

"요리의 말이 진젹(眞的)ᄒ믈 알기 어렵거니와, 경의 아직 쇼슌지지라 ᄒ니, 쇼슌이
ᄯ 유주를 실니ᄒ미 잇ᄂ가 무러 보리라."

ᄒ시고, 쇼시랑 부주를 뎐폐(殿陛)의 가죽이 브르샤, 요리의 초亽를 니르시니, 이 씨
쇼공 부지 유주(乳子)를 【14】 강보지초(襁褓之初)의 실니(失離)ᄒ여 부지거쳐(不知去
處)ᄒ니, 셰월이 오릴스록 심간(心肝)이 최졀(摧折)ᄒ더니, 쳔만 몽상지외(夢想之外)의
요리를 잡아 츄문ᄒᄂ 가온듸, 희주(孩子)의 싱존ᄒ 쇼식을 드르니 깃브며 황홀ᄒ미,
진(眞)이며 몽(夢)이믈 분간치 못ᄒ더니, 상교(上敎)로조ᄎ 쇼공이 부복 돈슈(頓首) 쥬
왈,

"신주(臣子) 슌이 일즉 취쳐(娶妻)ᄒ여 늣게야 틱신(胎娠)의 경亽(慶事) 잇亽와 님산
(臨産)ᄒ엿ᄉ옵더니, 모년월일의 분산(分産) 싱주(生子)ᄒ오니, 아ᄒ를 계오 거두어 강보
(襁褓)의 ᄡ며, 믄득 괴풍(怪風) 흑무(黑霧) 즁의 희아를 일흐니, 신이[의] 일기(一家)
황황분쥬(遑遑奔走)ᄒ여 아ᄒ 【15】 거쳐를 츠즈나 죵젹이 업스오니, 니졔 亽오년의
쇼식을 향ᄒ여 무를 곳이 업스오니, 그 귀신의 조화며 환슐의 변홰믈 지젹(指摘)지 못
ᄒ옵고, 신과 슌이 쥬야 노심(勞心) 상비(傷悲)ᄒ고 참잔(慘殘) 이도(哀悼)ᄒ오미 즁니
(中裏)1001)의 칼흘 삼킨 듯ᄒ옵더니, 금일 텬힝으로 요리를 잡아 셩은을 닙亽와 망연
ᄒ옵던 텬눈(天倫)을 단취(團聚)케 되오니, 이 ᄯ흔 텬은(天恩)의 망극ᄒ시미로쇼이

---

999) 삼십뉵계(三十六計)의 닷는 거시 읏듬이라 : 삼십육계주위상계(三十六計走爲上計). 서른 여섯 가지 계
 책 중에서 피하는 것이 제일 좋은 계책이란 뜻으로, 일의 형편이 불리할 때는 도망가는 것이 상책이라
 는 말. 『資治通鑑』 卷百四一, 〈齊書, 王敬則傳〉에 나온다.

1000) 텬망아(天亡我)오 비젼지죄(非戰之罪)라 : 하늘이 나를 망하게 한 것이지 전쟁을 잘못한 탓이 아니
 다. 일을 잘 못한 것이 아니라 운수(運數)가 글러서 성공(成功) 못 함을 탄식(歎息)한 말

1001) 즁니(中裏) : 마음 속.

다."

쇼시랑이 빅빅 고두 왈,

"신이 혼암 용우ᄒᆞ와 가닉의 환슐ᄒᆞᄂᆞᆫ 요인을 제어치 못ᄒᆞ와, 강보의 ᄌᆞ식을 족적(足跡) 업시 일허 ᄉᆞᆼ싱을 아지 못ᄒᆞ옵【16】더니, 오ᄂᆞᆯ날 셩덕(聖德)이 여뎐(如天)ᄒᆞ샤 요리를 잡아 민간의 지화를 더르시고, ᄯᅩ 신의 인뉸(人倫)이 《완져∥완전》케 ᄒᆞ시니, 텬디부모(天地父母)1002)의 싱셩지은(生成之恩)이 여텬(如天)ᄒᆞ시믈 알니로쇼이다."

상이 흔연 위로 왈,

"짐이 ᄯᅩᄒᆞᆫ 경의 텬뉸이 단합(團合)ᄒᆞᆷ을 치하ᄒᆞᄂᆞ니, 고어의 왈, '텬디만물지즁의 유인(唯人)이 최귀(最貴)ᄒᆞᆷᄋᆞᆫ 그 오륜(五倫)이 이시미니'1003), 부ᄌᆞᄂᆞᆫ 텬셩(天性)이라, 인뉸의 크고 즁ᄒᆞ미 부ᄌᆞ 갓ᄒᆞ니 업ᄉᆞ니, 텬뉸이 ᄌᆞ못 귀ᄒᆞᆫ지라. 요리의 초ᄉᆞ 즁 경ᄌᆞ의 귀ᄒᆞᆫ 조(調)1004)와 달(達)ᄒᆞᆫ 격(格)을 니르고 하몽셩이 ᄯᅩ 긔특ᄒᆞᆷ을 니르니, 벅벅이 속ᄋᆡ(俗兒) 아닌가 시브니, 텬뉸을 【17】단원(團圓)ᄒᆞ거든 짐이 쇼아를 다려다가 한번 보리라."

ᄒᆞ시니, 쇼공 부ᄌᆡ 황공○○[ᄒᆞ여] 빅ᄉᆞ이퇴(拜辭而退)ᄒᆞ고, 하휘 ᄉᆞ은ᄒᆞ고 물너나 쇼공 부ᄌᆞ로 더부러 치하(致賀)ᄒᆞ기를 마지 아니ᄒᆞ고, 이의 원홍을 국문ᄒᆞᆯᄉᆡ, 홍은 한낫 요샤(妖邪) 간특(奸慝)ᄒᆞᆫ 위인이라. 심즁의 혜오ᄃᆡ,

"임의 되시 그릇되엿시니, 닉 비록 젼젼악ᄉᆞ를 실고(實告)치 아니나, 쳥션이 발셔 직초(直招)를 명명이 ᄒᆞ여시니, 닉 비록 발명ᄒᆞ나 엇지 형벌【18】을 면ᄒᆞ리오. 니러나 져러나 만조 《문문∥문무(文武)》 가온ᄃᆡ 븟그러오믄 면키 어렵고, 나의 젼졍계활(前程契闊)은 판단ᄒᆞ엿ᄂᆞᆫ지라. 엇지 괴로이 형벌을 바드리오. 쾌히 승복ᄒᆞ고 하옥ᄒᆞ거든 월옥(越獄) 망명(亡命)ᄒᆞ여 깁히 숨어 셰셰히 도모ᄒᆞ여 ᄃᆡᄉᆞ를 일우리니, 만일 요힝으로 텬명이 닉게 도라와 ᄃᆡ위(大位)를 탈취ᄒᆞᆫ즉, 무ᄉᆞ 일을 못ᄒᆞ리오."

의ᄉᆞ(意思) 빅츌ᄒᆞ니, 불급슈삼장(不及數三杖)의 가연이 지필을 구ᄒᆞ여 초ᄉᆞ를 뼈 올니니, 긔ᄉᆞ의 왈,

"죄신(罪臣)이 본ᄃᆡ 강보(襁褓)의 아븨 죽습고, 어믜 쳥년 니부(釐婦)1005)로 삼종지탁(三從之託)1006)이 신의 한 몸의 잇습ᄂᆞᆫ 고로, ᄋᆡ이무교(愛而無敎)1007){ᄒᆞ고 교이휵

1002) 텬디부모(天地父母) : '천지만물의 부모'라는 뜻으로 '임금'을 비유적으로 표현한 말.

1003) 텬디만물지즁(天地萬物之衆)의 유인(唯人)이 최귀(最貴)ᄒᆞᆷᄋᆞᆫ 그 오륜(五倫)이 이시미니 : 천지의 사이에 있는 만물의 무리 가운데 오직 사람이 가장 귀한 까닭은 사람들이 오륜(五倫)을 가지고 있기 때문이다. ᄂᆞᆫ 말. 조선 중종 때의 학자 박세무(朴世茂)가 지은 『동몽선습(童蒙先習)』〈오륜(五倫)〉조에 나오는 글귀. "天地之間 萬物之衆 唯人最貴 所貴乎人者 以其有五倫也(천지지간 만물지중 유인최귀 소귀호인자 이기유오륜야)

1004) 조(調) : 품격(品格)을 높고 깨끗하게 가지려는 행동.

1005) 니부(釐婦) : 과부(寡婦).

1006) 삼종지탁(三從之託) : =삼종지도(三從之道). 예전에, 여자가 따라야 할 세 가지 도리를 이르던 말. 어려서는 아버지를, 결혼해서는 남편을, 남편이 죽은 후에는 자식을 따라야 하였다.

지}ᄒ여 길너닉오니, 신이 비록 닉지(內才) 불초(不肖)ᄒ오나, 품슈ᄒ 바 외모ᄂ 관옥(冠玉) 갓ᄒ니, 스스로 안고틱악(眼高泰岳)【19】ᄒ여 어린 ᄯᅳᆺ의 빅필 구ᄒᄆᆫ, 외람이 임강(任姜)1008) 마등(馬鄧)1009)을 구ᄒ니, 어뮈 ᄯᅩ흔 일ᄌᆡ의 빅필을 갈히미 범연치 아니ᄒ올ᄉᆡ, 다못 신의 집과 조현슌의 집이 담을 격(隔)ᄒ고 옥왜(屋瓦) 년(連)ᄒ여실 ᄲᅥᆫ 아니오라, 《조상신∥조상국》1010)지쳐(之妻)ᄂ 신의 모(母)로 동종ᄌᆞ미지간(同宗姉妹之間)이라. 신모(臣母)ᄂ 조녀의 특이ᄒᆞ믈 ᄉᆞ랑ᄒ고, 표슉모ᄂ 신의 흰 얼골을 ᄉᆞ랑ᄒ여, 피ᄎᆞ ᄉᆞ스로이 신과 조녀로 혼인ᄒ기를 언약ᄒ오니, 신이 ᄯᅩ 년쇼지심의 조녀의 ᄌᆡ용○[이] 염미(艷美) 초츌(超出)ᄒᆞ믈 ᄉᆞ모ᄒᄆᆡ 깁허, 마음 가온ᄃᆡ 긔약ᄒ여 아ᄌᆞᄆᆡ 긔약ᄒ 혼인이니, 조녀ᄂ 의【20】심 업슨 신의 긔물(奇物)노 《아라∥아랏ᄉᆞ오ᄃᆡ》, 조녜 장셩ᄒᆞᆷ의 밋쳐ᄂ 조가의셔 동상(東床)을 틱홀ᄉᆡ, 신을 나모라 물니치고 졔뎡(諸鄭)의 권총(權寵)을 ᄉᆞ모ᄒ여 뎡운긔와 졍혼ᄒ오니, 신의 모지 조가를 심한(深恨)ᄒᄂ 가온ᄃᆡ나, 그러나 표슉뫼 그 쇼텬의 ᄯᅳᆺ을 바다 밍녈 졍직ᄒ여 신의 계교를 찰납(察納)지 아니면, 신이 비록 텬긔(天機)를 ᄌᆡ작(再作)ᄒᄂ 슐이 이시나, 엇지 감히 남의 면약(面約)ᄒ 혼인을 작희(作戲)ᄒ리오만은, 아ᄌᆞᄆᆡ ᄯᅩ흔 투한(妬悍) 협쳔(狹淺)ᄒᆞ며 무ᄒᆡᆼ(無行) 픽악(悖惡)ᄒ온지라. 기녀를 과ᄋᆡ(過愛)ᄒ여 ᄉᆞ회를 구ᄒᄆᆡ 브ᄃᆡ 죵요로온 단ᄉᆞ(端士)를 어더, 그 ᄯᆞᆯ이 일ᄉᆡᆼ【21】탑하(榻下)의 타인의 언식(言飾)ᄒᄂ ᄌᆞ최를 보지 말고, 오로지 기녀로 화락홀 ᄉᆞ회를 구ᄒ거늘, 져 뎡운긔ᄂ 부귀호치(富貴豪侈)○[흔] 공ᄌᆞ로 풍뉴협골(風流俠骨)이라. 더욱 기부(其父) 평졔왕 뎡쥭쳥이 당죠(當朝)의 쇼년호신(少年豪身)으로 쳐쳡이 가득ᄒ니, 아ᄌᆞᄆᆡ 본ᄃᆡ 니런 일을 ᄭᅥ리ᄂ 고로, 그 가부의 틱셔 잘못ᄒᆞ믈 그윽이 원탄(怨嘆)ᄒ여 신을 ᄃᆡᄒ여 아모려나 파혼(破婚)홀 계교를 의논ᄒ거늘, 신이 본ᄃᆡ 아름다온 가인(佳人)을 무고히 남의게 아일 바를 각골 통한홀 즈음의, 니런 긔특흔 ᄉᆞ어(私語)를 드ᄅᆞ니 엇지 깃부지 아니리잇고? 그윽이 슉모의 ᄯᅳᆺ을【22】엿고1011), 심쳔(心泉)을 농낙ᄒ여 ᄶᅵᆨᄶᅵᆨ ᄎᆞᄌᆞ가 보고, 스스로 졍셩을 낫호아 뎡운긔 업ᄂ 허믈과 밍낭흔 말을 쥬츌(做出)ᄒ여, 아조 취ᄉᆡᆨ경덕(取色輕德)ᄒᄂ 허랑 방탕흔 못쓸 거ᄉᆞ로 밀위여, 아ᄌᆞ뮈1012) 증분ᄒᆞ믈 더으고, ᄯᅩ 뎡운긔를 만나면 거즛 취(醉)흔 쳬ᄒ고 음난흔 간셔(奸書)를 민ᄃᆞ라 ᄉᆞ믜의 너코, 여취(如醉) 여치(如痴)ᄒ여

1007)ᄋᆡ이무교(愛而無敎) : 사랑하기만 하고 가르치지를 않음.

1008)임강(任姜) : 중국 주(周) 문왕(文王)의 모친 태임(太任)과 주(周) 선왕(宣王)의 비(妃) 강후(姜后)를 함께 이르는 말. 모두 어진 덕으로 유명하다.

1009)마등(馬鄧) : 중국 동한(東漢) 명제(明帝)의 후비 마후(馬后)와 동한(東漢) 화제(和帝)의 후비(后妃) 등후(鄧后)를 함께 이르는 말. 둘 다 후궁 가운데 덕이 높았다.

1010)'조상신'을 '성'과 '관직명'으로 보면 '상신'은 '相臣'으로, 조현순의 관직명 '相國'과 같은 말이 되어 조현순과 동일인이 되지만, 잘 못 해석하여 '조상신'을 '성'과 '이름'으로 읽게 되면, 조현순과 서로 다른 사람이 되어 혼란을 일으킬 수 있다. 따라서 이러한 혼란을 방지하기 위하여 '상신'을 '상국'으로 수정하여 통일시켰다.

1011)엿다 : 엿보다. 잘 드러나지 아니하는 마음이나 생각을 알아내려고 살피다.

1012)아ᄌᆞ뮈 : 아주미. '아주머니'의 낮춤말. *아주머니; 부모와 같은 항렬의 여자를 이르거나 부르는 말.

취즁광언(醉中狂言)인 체ᄒ고, 조시의 음ᄒᆞᆼ을 낭ᄌᆞ히 들츄어 혼인을 간언(間言)1013)ᄒ
여 퇴혼(退婚)ᄒ기를 죄오ᄃᆡ, 운긔 밋ᄂᆞᆫ 듯 마ᄂᆞᆫ 듯ᄒ고, 아ᄌᆞ미 ᄯᆞᆺ이 기녀를 우격으
로 핍박ᄒ여 신의 아시 적 션쵸(扇貂)와 옥ᄎᆞ(玉釵)로뼈 거즛 언약이 잇ᄂᆞᆫ 체ᄒ고,
【23】도로혀1014) 운긔를 믈니치고져 ᄒᆞᄆᆡ, 기녀의 음ᄒᆞᆼ을 긔뫼 지어ᄂᆡᄆᆡ 되오니,
《조상신‖조상국》이 나죵의 알고 ᄃᆡ로ᄒᆞ여 기쳐를 깁히 가도고 급히 퇵일ᄒ여 운긔
를 동상의 마ᄌᆞ니, 운긔 그 악모의 투한(妬悍) ᄑᆡ악(悖惡)ᄒ믈 믜이 너겨, 조시를 췌ᄒ
여 도라간 후ᄂᆞᆫ 비록 빙악으로 더부러 상득(相得)ᄒ나1015) 빙모(聘母)로ᄂᆞᆫ 반자(半子)
의 졍이 업ᄂᆞᆫ지라. 갓득 아ᄌᆞ믜 분분ᄒ여 ᄒᆞᄂᆞᆫ 가온ᄃᆡ, 운긔 쇼년 호신(豪身)으로 벼
슬이 한원(翰院)의 오ᄅ고, 삼쳐(三妻)를 갓초고 희첩(姬妾)을 모화 번화 호신ᄒ니, 아
ᄌᆞ믜 가지록 증염ᄒ여, 기녀(其女)의 젼졍을 셜워 인병침〇[와](因病寢臥)1016)ᄒ기의
【24】밋ᄎᆞ니, 녀ᄌᆞ의 셩되(性度) 너모 ᄑᆡ악(悖惡)ᄒᆞᄆᆡ 구고와 쇼텬이 능히 졔어치 못
ᄒᆞᄂᆞᆫ지라. 《조상신‖조상국》이 능히 졔어치 못ᄒ여 나죵은 더져 두엇더니, 오릭지
아냐 상국이 국ᄉᆞ로 나아가고 가즁이 죵용커늘, 신이 ᄉᆞ이를 타 왕ᄂᆡᄒ여 옹셔지간(翁
婿之間)을 니간(離間)ᄒᆞ며, ᄯᅩ흔 쳥션이란 니고를 우연이 만나 ᄉᆞ괴ᄆᆡ, 그 환슐ᄒᄂᆞᆫ
ᄌᆡ쥐 능ᄒ여 바람을 브르고 구름을 타며 온갓 즘ᄉᆡᆼ이 다 되며 변홰 불측ᄒ오니, 신이
지긔로 ᄉᆞ괴여 조시를 도적ᄒ여 오려 ᄒᆞ옵더니, ᄯᅩ 드르니 뎡운긔의 ᄌᆡ취 한시와 삼
취 화시 다 인【25】간의 드믄 미ᄉᆡᆨ이라 ᄒᆞ옵ᄂᆞᆫ지라, 져의 쳐복이 둇허오믈 불워ᄒ
고, 신의 쳐는 무용(無容)이믈 한ᄒ여 더옥 원분이 운긔의게 도라가니, 문득 방연(龐
涓)1017)의 우희 손빈(孫臏)1018)이 잇다ᄒᆞ믈 둣지 말고져ᄒ여, 〇[공]교(工巧)흔 의식
더옥 불 니러나 둣ᄒ니, 운긔의 삼쳐를 다 앗고 나죵은 운긔를 히홀 의식 불 니러나
듯ᄒ니, 쳥션을 ᄉᆞ괴여 여ᄎᆞ여ᄎᆞᄒ여 조시의 시녀를 잡아다가 깁히 감초와 인심을 현
혹ᄒ고, ᄯᅩ 엄부인이 홍화곡의 그 아뷔 엄참졍 긔ᄉᆞ(忌祀)를 지닉라 가니, 엄참졍 부
즁이 죵용흔 고로, 신이 쳥션으로 조시 유모의 얼【26】골을 비러 홍화곡 엄가의 가
부인을 보고, 거즛 쥬인의 박명을 하리ᄒ고 좌우의 강적이 만흐믈 고ᄒ여, 즉금 화시

1013)간언(間言) : 남을 이간하는 말.
1014)도로혀다 : 돌이키다. 원래의 상태로 돌아가게 하다.
1015)상득(相得)ᄒ다 : 서로 뜻이 맞아서 잘 통하는 상태에 있다.
1016)인병침와(因病寢臥) : 병을 얻어 자리에 누움.
1017)방연(龐涓) : 중국 전국시대 위(魏)나라 장수(將帥). 병법가(兵法家). 제(齊)나라 손빈(孫臏)과 함께
    귀곡자(鬼谷子)에게 병법을 공부한 후, 위나라 장수가 되었다. 손빈을 시기하여 위나라로 부른 뒤 첩자
    로 누명을 씌워 무릎 뼈를 도려내는 형벌을 가했다. 그러나 뒤에 마릉(馬陵) 전투에서 손빈에게 패해
    자결하였다.
1018)손빈(孫臏) : 중국 전국시대 제(齊)나라 병법가(兵法家). 손무(孫武)의 손자로 알려져 있다. 위(魏)나
    라 방연(龐涓)과 함께 귀곡자(鬼谷子)에게 병법을 공부하였으나, 위나라에 출사(出仕)한 방연의 부름을
    받고 위나라에 갔다가, 방연의 모해를 받아 무릎 뼈를 절단당하는 형벌을 받고 탈출하여 제나라 장군
    전기(田忌)의 참모가 되었다. 뒤에 마릉(馬陵)전투에서 방연의 위나라 군대를 궤멸시키고 방연을 자결
    케 하여 복수했다.

그 친환으로 귀령ᄒᆞ여시니 여ᄎᆞ여ᄎᆞ 계교로 잡아다가 절제ᄒᆞ려 ᄒᆞ니, 쇠를 구ᄒᆞ라 왓노라 ᄒᆞ니, 엄부인이 곳이 듯고 청션의 계교되로 ᄒᆞ려 홀시, ᄯᅩ 여ᄎᆞ여ᄎᆞᄒᆞ여 청션이 졔궁 ᄎᆞ환이 되여 화가의 가, 화시를 속여 다려오다가 즁노의셔 엄가로 잡아다가 죽게 쳐 삿게 ᄊᆞ 바리라 가니, 죄신이 아ᄉᆞ다가 구ᄒᆞ여 항복바다 긔물을 숨고져 ᄒᆞ엿더니, 그윽ᄒᆞᆫ 계교를 뉘 아라 희【27】지은지, 무망 불의의 사ᄅᆞᆷ을 만나 화시를 일헛더니, 기후(其後)의 쇼문을 드ᄅᆞ니 화시 어듸 가 상쳐를 조보(調保)ᄒᆞ여 완전 여구히 구가의 도라 갓더라 ᄒᆞ오니, 신이 지금 오히려 괴이ᄒᆞᆫ 의심을 히셕지 못ᄒᆞ엿고, 한츄밀 부인 관시 ᄯᅩᄒᆞᆫ 젼츌(前出)을 싀이(猜害)ᄒᆞ여 업시코져 ᄒᆞᆷ믈 알고, 청션으로 통노(通路)ᄒᆞ여 한시를 ᄯᅩ 취코져 ᄒᆞ여 여ᄎᆞ여ᄎᆞ 묘계 여러 곳의 년누(連累)ᄒᆞ여시니, 한가 ᄉᆞ적은 알냐 ᄒᆞ시면, 관시의 심복 비ᄌᆞ 신월을 신이 ᄯᅩ 여ᄎᆞ여ᄎᆞᄒᆞ여 금은을 쥬어 원방의 보ᄂᆡ여시니, 잡혀 무ᄅᆞ시면 ᄉᆞ의 명빅홀 【28】 거시오, 온갓 일이 다 신의 혼ᄌᆞ 죄 아니라, 여러 곳의 년누ᄒᆞ여 닉외(內外)로 교통(交通) 부합(附合)ᄒᆞ미오, 버거ᄂᆞᆫ 조현슌의 졔가(齊家)의 용널ᄒᆞᆫ 연고로, 부인 녀ᄌᆞ 챵궐ᄒᆞ여 빈계ᄉᆞ신(牝鷄司晨)을 힝ᄒᆞ미라. 신의 혼ᄌᆞ 죄 아니오니, 복원 폐하ᄂᆞᆫ 명졍(明正) 진찰(再察)ᄒᆞ샤 뇌졍(雷霆)의 위엄을 거두시고, 불초 미신의 잔명을 어엿비 너기시면, 턴디 부모의 호싱지덕(好生之德)이 ᄉᆞ골(死骨)○[을] 부흑(復慉)홀가 ᄒᆞᄂᆞ이다."

ᄒᆞ엿더라.

초ᄉᆞ를 거두어 올니ᄆᆡ, 뎐젼혹ᄉᆞ 쇼셩이 넑기를 다ᄒᆞ니, 우흐로 텬ᄌᆞ와 아릭로 만조 졔신이며, 슈풀 갓ᄒᆞᆫ 시위(侍衛) 원홍의 교특(狡慝) ᄉᆞ곡(邪曲)홈과 요리【29】의 교악ᄒᆞᆷ믈 놀나지 아니리 업고, 엄부인의 무힝 픽악ᄒᆞᆷ믈 경히치 아니리 업셔ᄒᆞ고, 엄부인의 픽힝(悖行)으로 퇴교의 비상ᄒᆞ미 니러ᄒᆞ여, 조퇴우 삼곤계 군ᄌᆞ유풍(君子遺風)이 가족ᄒᆞ고, 조시 갓ᄒᆞᆫ 셩녀 슉완을 두엇ᄂᆞᆫ고? 도로혀 이상이 너기니, 뎐상 뎐하의 가득이 관경ᄒᆞᄂᆞᆫ 눈이 ᄌᆞ연 조퇴우 곤계 신상의 머무러, 두번 도라보믈 면치 못ᄒᆞ니, 조퇴우 삼곤계 뎐폐(殿陛)의 부복ᄒᆞ여 참황 슈괴ᄒᆞ미 몸 둘 곳이 업ᄉᆞ니, 이 ᄯᅩᄒᆞᆫ 원홍 요인이 조싱 등의 젼졍을 맛고져 ᄒᆞ여, 언언ᄌᆞᄌᆞ(言言字字)히 엄부인 무힝 픽악을 들츄어 【30】 만조의 낫하나게 ᄒᆞ니, 그 간악ᄒᆞ미 ᄉᆞᄉᆞ(事事)의 여ᄎᆞᄒᆞ더라.

상이 드ᄅᆞ시기를 다ᄒᆞᄆᆡ, 원홍의 요악(妖惡) 음ᄉᆞ(淫邪)홈과 엄부인 무힝 픽악ᄒᆞᆷ믈 불승 통히ᄒᆞ샤, 옥식을 변ᄒᆞ시고 좌우를 도라보ᄉᆞ, 왈,

"원홍의 요악ᄒᆞ미 당조(唐朝) 니림보(李林甫)[1019]와 한실(漢室) 조고(趙高)[1021]로 갓

[1019]싀이(猜害) : 시해(猜害). 시기하고 해침.

[1020]니림보(李林甫) : 중국 당나라 현종(玄宗) 때의 정치가. 아첨을 잘하여 재상에까지 올랐고, 현종의 유흥을 부추기며, 바른말을 하는 신하는 가차 없이 제거하는 등으로 조정을 탁란(濁亂)하여 간신(奸臣)의 전형으로 꼽힌다. 그가 정적을 제거할 때는 먼저 상대방을 한껏 칭찬하여 방심하게 만들고 뒤통수를 쳤기 때문에, 당시 사람들이 그를 일러 구밀복검(口蜜腹劍)한 사람이라 하였다.

[1021]조고(趙高) : 진(秦)나라의 환관. 시황제(始皇帝)와 여행하던 중 시황제가 병사하자 승상 이사(李斯)와 짜고 조서(詔書)를 거짓으로 꾸며 시황제의 맏아들 부소(扶蘇)를 자결하게 만들고는 시황제의 막내

도다. 짐이 만일 일즉 아라 다스리미 아니런들, 국강(國綱)이 히이(解弛)ᄒ고 국믹(國脈)이 요젹의 슈즁의 곤ᄒ믈 닙을 번 ᄒ도다. 비록 슈악의 단셔를 갈희잡아 옥셕(玉石)을 구분ᄒ나 현인이 만히 상ᄒ니, 엇지 앗갑지 아니ᄒ며, 원홍이 슈악이나 뎌져 엄【31】시 명쳘 현슉ᄒ면 홍이 간딕로 요계(妖計)를 발뵈지 못ᄒ여시리니, 엄시의 픽악ᄒ 죄 ᄯ또ᄒ 업지 아니토다.”

만조 졔신이 상언을 올히 너기나, 조승상 부ᄌ의 안면을 고렴ᄒ여 감히 슈히 디치 못ᄒ고, 유유묵묵(儒儒默默)이러라. 상언으로조ᄎ 조티우 삼형졔 ᄯ또ᄒ 안연(晏然)치 못ᄒ여 면관(免冠) 돈슈(頓首)ᄒ여 죄를 쳥ᄒ고, 상국이 관을 벗고 가졔(家齊) 불엄(不嚴)이 ᄒ 죄를 쳥ᄒ니 상 왈,

“경(卿) 등은 평신(平身)ᄒ라. 고슈지ᄌ(瞽瞍之子) 슌(舜)이 나시니, 짐이 엄시를 홀노 그르다 ᄒ리오. 몬져 원홍의 슈악(首惡) 딕죄(大罪) 비경(非輕)ᄒ니 몬져 삼ᄎ(三次) 즁형(重刑)을 더어 묘화 【32】요리와 한가지로 하옥ᄒ엿다가, 모든 죄ᄌ를 극뉼(極律) 딕로 쳐분ᄒ미 가ᄒ고, ᄯ또 신월 요비를 ᄎᄌ 잡아다가 져쥬어 근본을 다시 ᄉ획ᄒ리라.”

ᄒ시니, ᄉ예 다시 미를 드러 원홍을 즁형 삼ᄎᄒ니, 원홍이 슬피 브르지져 목슘을 이걸ᄒ더라.

조상국이 원홍의 초ᄉ 즁 신월을 니르고 상언(上言)을 듯ᄌ오니, 우쥬(又奏) 왈,

“신이 금번 힝도(行途)의 은쥬 취교역의셔 ᄉ쳔 슌안ᄉ(巡按使) 뎡운긔를 만나와, 운긔 ᄯ또 여ᄎ여ᄎᄒ여 미복으로 동챵의 슌힝(巡行)ᄒ다가 한가 역비(逆婢) 신월을 ᄎ즈 동챵부의 가도앗노라 ᄒ옵고, 신이 요리를 잡아오믈 듯고 반다시 딕옥의 ᄉ단이 니러나 벅벅이 신월을 구싴ᄒ리라 ᄒ옵【33】고, 신을 딕ᄒ여 요리와 한가지로 어거(馭車)ᄒ라 ᄒ옵거늘, 신월을 잡아 경ᄉ로 이슈(移囚)ᄒ와 본부 닝옥(冷獄)의 엄슈ᄒ엿ᄂ이다.”

상이 드르시고 급히 신월을 잡히시니, 원홍이 반싱반ᄉ(半生半死)ᄒᄂ 가온딕 월을 보미 더옥 놀나 면식이 여토(如土)ᄒ더라.

이 ᄯ 신월이 뎡슌무를 공교히 만나 동챵부의 갓치엿다가, ᄯ또 조상국을 맛나 경ᄉ로 이슈(移囚)ᄒ 젹은 임의 궤상육(机上肉)이라. 엇지 술 마음이 이시리오. ᄯ또 이 날 금오【34】부(金吾府) 범갓ᄒ 나졸이 다라드러 큰 칼흘 씌오며, 쳘삭으로 엄쇄(嚴鎖)ᄒ여 표풍(飄風) 취우(驟雨)갓치 모라 궐즁으로 드러가니, 텬위지하(天威之下)의 오형(五刑) 긔구를 가득이 버리고 죄인을 독형으로 져쥬ᄂ 쇼리 몬져 삼혼(三魂) 칠빅(七魄)이 표산(飄散)ᄒ니, 도로혀 어린 듯 취ᄒ 듯 진몽(眞夢)을 분간키 어려오니, 이 곳이 셰상인 줄 ᄭᆡ닷지 못ᄒ고, 졔 몸이 발셔 뎡슌무 위엄과 조상국 위엄 아릭 명을 맛ᄎ, 혼빅(魂魄)이 귀졸(鬼卒)의게 잇글녀 풍도(酆都)[1022] 명ᄉ계(冥司界)[1023] 넘나십왕

아들 호해(胡亥)를 2세 황제로 삼아 마음대로 조종하며 국정을 농단하였다.

뎐(閻羅十王殿)1024) 하(下)의 니르러 다시 죄를 밧는 듯ᄒᆞ니, 나졸이 쓰드러1025) 형벌 【35】의 나오니, 큰 믹를 단단이 헤치는 쇼리의 넉시 나라나는지라. 불급일이장(不及一二杖)의 복쵸 왈,

"쳔비 신월은 젼후 힝악을 져즐미 스스로 ᄒᆞᆫ 죄 아니라 쥬인의 명이니, 쥬모 관시는 한노야의 지실이라. 《졀휼∥젹츌(嫡出)》 일녀는 곳 북평후 뎡노야 계비(繼妃)라. 쇼졔 즈쇼로 효힝이 츌인ᄒᆞ여 스스로 '민즈(閔子)의 치위'1026)를 감심ᄒᆞ고, 희로ᄋᆡ락(喜怒哀樂)을 낫하닉미 업ᄉᆞᄃᆡ, 쥬뫼 조곰도 감동치 아니ᄒᆞ고, 스스로 '민모(閔母)의 포(暴)'1027)홈과 '상모(象母)의 완(頑)'1028)ᄒᆞ믈 본바다, 쇼졔 규녀로 이실 젹붓허 잔혹히 치며 조르고, 기후(其後) 한노얘 외직【36】으로 집을 써나시니, 더옥 긔탄(忌憚)ᄒᆞᆯ 거시 업셔 참혹히 치며 보치다가, 일일은 후원 동산의 드러가 쇼져를 잡아다가 놉흔 남긔 달고 치다가, 홀연 난듸업슨 돌히 나려져 쥬모의 두골(頭骨)이 상ᄒᆞ니, 놀나고 분ᄒᆞ여 이도 쇼져의 탓시라 ᄒᆞ여 더옥 심히 구더니, 한노얘 환가ᄒᆞ시미 믄득 쇼져로뻐 뎡슌무 노야와 혼인ᄒᆞ시니, 뎡노야의 풍신(風神) 지화(才華)는 니르도 말고, 왕궁 귀흔 즈부로 비록 원비의 존영(尊榮)ᄒᆞ미 업스나, 당당ᄒᆞᆫ 쳔승국군(千乘國君)의 ᄉᆞ랑ᄒᆞ는 즈뷔오, 팔좌(八座)의 명부(命婦)로, 구고 존당의 【37】 즈ᄋᆡ와 군즈의 후듸와 합문의 츅복ᄒᆞ믈 바다, 일신이 안졍ᄒᆞ고 신셰 안한ᄒᆞ믈 심히 써려, 아모조록 쇼져를 업시ᄒᆞ고져 ᄒᆞ여, 한노얘 쥬모(主母)의 불현ᄒᆞ믈 아ᄅᆞ시는 고로 쇼져를 츌가ᄒᆞ신 후 영영 귀근(歸覲)ᄒᆞ는 길흘 막으시니, 능히 희홀 조각이 업는지라. 쥬뫼 거즛 회과ᄌᆞ칙

1022) 풍도(酆都) : 풍도디옥(酆都地獄). 도교에서 말하는 지옥. 사람이 죽으면 이곳에 끌려와 인간세상에서 지은 죄에 대한 심판을 받는다고 한다.

1023) 명ᄉᆞ계(冥司界) : 명부(冥府). 불교에서 말하는 염라대왕이 관장하는 지옥을 이름.

1024) 념나십왕뎐(閻羅十王殿) : 명사십왕전(冥司十王殿). 불교에서, 저승에서 죽은 사람을 재판하는 열 명의 대왕이 머문다는 궁전. 시왕(十王)은 진광왕, 초강대왕, 송제대왕, 오관대왕, 염라대왕, 변성대왕, 태산대왕, 평등왕, 도시대왕, 오도 전륜대왕으로, 죽은 날부터 49일까지는 7일마다, 그 뒤에는 백일·소상(小祥)·대상(大祥) 때에 차례로 이들에 의하여 심판을 받는다고 한다.

1025) 쓰들다 : 꺼들다. 끌어당기다. 잡아 쥐고 당겨서 추켜들다.

1026) 민즈(閔子)의 치위 : '민자건(閔子騫)의 추위'라는 말로, 중국 노나라 효자 민자건이 계모의 학대로 겨울에솜을 넣지 않은 얇은 옷을 입고 추위에 떨었던 고사를 말함. *민자건(閔子騫); 중국 춘추 시대 노나라의 현인. 공자의 제자. 이름은 손(損). 자는 자건. 공문십철의 한 사람으로, 효행이 뛰어났다. 한나라 때 유향(劉向)의 『說苑』 및 당나라 때 구양순(歐陽詢)의 『예문유취(藝文類聚)』 등에 나온다.

1027) 민모(閔母)의 포(暴) : '중국 춘추시대 노나라 민자건(閔子騫)의 계모의 사나움'이라는 말로. 민자건의 계모가 추운 겨울날 자신의 친아들에게는 두터운 솜옷을 입히면서도 전처소생의 의붓아들인 민자건에게는 갈대를 넣은 옷을 입히는 등으로 자건을 학대하였던 일을 말한다. 후에 남편이 이 사실을 알고 그녀를 쫓아내려 하자, 자건이 말려 출화(黜禍)를 면했는데, 이후 그녀는 자신의 잘못을 뉘우치고 자건을 잘 보살폈다고 한다.

1028) 상모(象母)의 완(頑)홈 : '상모(象母)의 완악함'이란 뜻으로, 상의 모가 효자 순(舜)을 죽이기 위해 갖은 악행을 자행하고도 끝내 개과천선하지 않았던 일을 말함. *상모(象母) : 중국 순임금의 계모. 상(象)의 생모. 남편 고수(瞽瞍)와 아들 상과 함께 전처소생인 순(舜)을 죽이기 위해 갖은 악행을 자행했다.

(悔過自責)ᄒ노라 ᄒ고, 노야를 빅단으로 쇽여 여ᄎᆞ여ᄎᆞ 계오 다려오니, 쇼졔 그 썻 회팅(懷胎) 스오삭이라. 쥬뫼 거줏 녯날 그릇ᄒᆞᄆᆞᆯ 뉘웃ᄂᆞᆫ 체ᄒᆞ시고 은근 우딕ᄒᆞ시며, 그 팅신(胎娠)의 긔미 이시ᄆᆞᆯ 알고, 낙팅(落胎)ᄒᆞᆯ 방약(方藥)을 【38】 힝ᄒᆞ고, ᄯᅩ 가만이 원시랑긔 만흔 지물을 밧고 파라 그 명졀을 희짓고, 그러치 아니면 쇼졔 졀을 일치 아니려 ᄒᆞᆫ즉 죽을 거시미, 이 곳 만젼지계(萬全之計)라 ᄒᆞ여, 몬져 쳔비로 ᄒᆞ여곰 약을 가져 쇼져 진음(進飮)ᄒᆞ실 약의 독을 셧것다가, 일이 픠루(敗漏)ᄒᆞᄆᆡ, 한노애 쳔비를 즁형ᄒᆞ여 초ᄉᆞ를 바드신 후, 옥의 가도고 쥬모를 칙ᄒᆞ시니, 쥬뫼 ᄯᅩ ᄌᆞ결ᄒᆞ여 죄를 비ᄌᆞ의게 밀우나, 노애 듯지 아니시고, 죵시 영츌ᄒᆞ니, 쥬뫼 쳥션의 쇠를 밋어 향늬(向來) 죄를 엉츙흔 딕 밀우려 ᄒᆞᄂᆞᆫ 고로, 그 뎨 【39】 남(弟男) 관시랑을 조ᄎᆞ 도라가니, 쳔비ᄂᆞᆫ 쳥션의 계교로 월옥(越獄) 망명(亡命)ᄒᆞ여 원가의 슘엇다가 일홈을 곳쳐 신미로라 ᄒᆞ고, 원시랑이 인진(引進)ᄒᆞ여 엄부인 시비 되여 여ᄎᆞ여ᄎᆞ 엄부인을 격동ᄒᆞ고 쇽여, ᄯᅩ 뎡상공이 결안을 졍벌홀 ᄉᆞ이 조쇼져를 니리니리[1029] 히(害)ᄒᆞ여, 젼일 한쇼져의 낙팅시(落胎時)의 용ᄉᆞᄒᆞ미 다 조부인 모녀의 지휘라 ᄒᆞ여, 엄부인을 연무즁(煙霧中)의 농낙ᄒᆞ고, 조쇼져를 투명(妬名)과 음힝(淫行)으로 조쥬 젹긱(謫客)이 되게 ᄒᆞ고, 원시랑이 ᄉᆞ이를 용ᄉᆞ(用事)ᄒᆞ랴 ᄒᆞ다가, ᄯᅩ 【40】 실계(失計)ᄒᆞ니, 원시랑이 후환을 두려 지물을 쥬어 쳔비를 원방으로 도라 보닉니, 이 가온딕 쥬모 관시ᄂᆞᆫ 신원(伸冤)ᄒᆞ여 도라왓ᄂᆞᆫ지라. 기후 일은 아지 못ᄒᆞᄂᆞ이다."

ᄒᆞ엿더라.

션시의 조부인 유뎨(乳弟), 불의의 요리(妖尼)의 착슈(捉囚)ᄒᆞᄆᆞᆯ 닙어, 원홍이 쳐음 《힝악∥싱각》은 현믜를 아조 죽여 업시ᄒᆞ고 딕계(大計)를 움즉이려 ᄒᆞ거늘, 현믜 비록 일기 하류 쳔녜나 하늘이 츙의 녈협을 조쇼져를 위ᄒᆞ여 쥬신 비라. 봉암 요도ᄂᆞᆫ 녀식(女色)의 쥬린 귓거시라. 현믜의 교용(嬌容)이 졀셰ᄒᆞᄆᆞᆯ ᄉᆞ랑ᄒᆞ여 두어시니[나], ᄯᅩ 【41】 감히 녈녈흔 긔긔를 썩지 못ᄒᆞ고 한갓 후딕ᄒᆞ니, 셰월이 오릭면 져회 휼즁(譎中)의 들 쥴노 아더라.

현믜ᄂᆞᆫ 한갓 영니흔 녀ᄌᆡ라. 제 몸이 임의 함졍의 ᄲᅡ져시니 무익히 슬허ᄒᆞ여 브졀업ᄂᆞᆫ지라. 쥬ᄂᆞᆫ 거ᄉᆞᆯ 먹으며 셰월이 오릭믹 알연흔[1030] 낫빗과 익원흔 말숨으로 니르딕,

"쳡은 인가 ᄉᆞ환으로 인ᄉᆞ(人事) 쇼암(疏暗)ᄒᆞ거늘, ᄉᆞ뷔 슈고로이 다려와 관곡(款曲)히 딕졉ᄒᆞ시니 은혜 난망이라. 아지못게라! ᄉᆞ뷔 날갓흔 무용의 거ᄉᆞᆯ 다려다 무어시 쓰려 ᄒᆞ시ᄂᆞ니잇고? 녈위ᄂᆞᆫ 한번 니르믈 앗기지 【42】 마르쇼셔."

모다 니르딕,

"아등이 ᄯᅩ흔 쳥션 ᄉᆞ형의 낭ᄌᆞ를 다려온 곡졀을 아지 못ᄒᆞ딕, 다만 얼프시 드르니

1029)니리니리 : 이리이리. 상태, 모양, 성질 따위가 이러하고 이러한 모양.
1030)알연ᄒᆞ다 : 아련하다. 어리고 아름답다.

원시랑이라 ᄒᆞ리1031) 쳥션의게 쳥ᄒᆞ여 낭ᄌᆞ를 다려왓다 ᄒᆞ듸, 무슨 일인지 원가 가즁이 죵용치 못ᄒᆞ다 ᄒᆞ고, 우리 ᄉᆞ즁(寺中)으로 보ᄂᆡ더라 ᄒᆞ니, 우리 역시 아든 못ᄒᆞ거니와, 낭ᄌᆞ 삼오(三五) 이칠(二七) 쳥츈(靑春)의 녹발(綠髮)이 프르고 홍안(紅顔)이 가려(佳麗)ᄒᆞ니 탐망(探望)1032) 호졉(胡蝶)이 반ᄃᆞ시 낭ᄌᆞ의 홍안녹빈(紅顔綠鬢)을 ᄉᆞ랑ᄒᆞ여 이 거죄 잇ᄂᆞᆫ가 ᄒᆞ노라.”

현ᄆᆡ 쳥파의 원시랑 셰ᄌᆞ를 드르니, 쳥션 요리의 말은 윤·하·뎡 삼문【43】으로 돌며 작폐 무궁ᄒᆞ믈 드럿ᄂᆞᆫ지라. 심담이 셔늘ᄒᆞ여 싱각건듸,

“쥬인의 빙옥 방신을 히ᄒᆞ랴 ᄒᆞᄂᆞᆫ 삭술 아지 못ᄒᆞ리오. 모골이 송연ᄒᆞ니 안식이 여토(如土)ᄒᆞ나 ᄉᆞ식을 도로혀 닝쇼 왈,

“원시랑은 하등지인(何等之人)이완듸 니러틋 방탕ᄒᆞ뇨? 텬하의 흔흔 거슨 미식이어늘 날갓흔 더러온 쳥의(靑衣)를 활착(活捉)ᄒᆞ여 왓시며, ᄯᅩ 어이 이 곳의 둔고? 가히 광증(狂症) 들닌 상공이로다.”

ᄒᆞ고, 심즁의 우례(憂慮) 만단(萬端)이나 ᄒᆞ나, ᄯᅩᄒᆞᆫ 농즁(籠中)의 ᄉᆡ 되여 나아갈 슈가 업ᄉᆞ니, ᄯᅩᄒᆞᆫ 심심ᄒᆞ여 졔승의 【44】 의복도 침션을 다ᄉᆞ려 극진이 ᄒᆞ여 쥬니, ᄉᆞ즁(寺中)이 다 깃거 두호(斗護)ᄒᆞ리 만터라.

현ᄆᆡ 니러틋 온슌ᄒᆞᆫ 낫빗과 알연ᄒᆞᆫ 화긔로 일월이 오ᄅᆡ미, ᄉᆞ즁 졔승과 안면이 친ᄒᆞ고 ᄯᅩ 져의 고역을 만히 더러쥬니, 져마다 깃거 ᄉᆞ랑ᄒᆞᄂᆞᆫ지라. 인심을 ᄉᆞ괴여 가만ᄒᆞᆫ 일을 알고져 ᄒᆞ나, 봉암 요도와 쳥션 요리 궁흉지ᄉᆞ(窮凶之事)를 져희 둘히 의논홀 ᄯᆞᄅᆞᆷ이오, 다른 승니ᄂᆞᆫ 다 긔이니 뉘 능히 쇼식을 알니오.

현ᄆᆡ 능히 밧 쇼식을 알 길히 업ᄉᆞ니, 밤이면 반드시 잠을 폐ᄒᆞ고 인젹 업기를 승간(乘間)ᄒᆞ여 ᄌᆞ최를 감초 【45】와 그윽흔 졍젹을 츄심(推尋)ᄒᆞ더니, 일일은 젼ᄒᆞᄂᆞᆫ 말을 드르니 뎡쳬찰 부인 조시 희한흔 누명을 시러 죠쥐 젹거ᄒᆞ더니, 즁노의셔 젹환을 만나 쇄옥(碎玉) 낙화(落花)ᄒᆞ다 ᄒᆞᄂᆞᆫ지라. 현ᄆᆡ 일쳥(一聽)의 ᄃᆡ경실ᄉᆡᆨ(大驚失色)ᄒᆞ여 싱각ᄒᆞ듸,

“뎡노야와 우리 부인은 상뎨(上帝) 유의ᄒᆞ여 ᄂᆡ신 비니, 텬의 엇지 악인을 위ᄒᆞ여 현인을 돕지 아니리오. 필경은 텬우신조(天佑神助)ᄒᆞ여 누명을 신셜ᄒᆞ시고{고} 영귀히 환경ᄒᆞ시려니와, 기간의 어듸 뉴락(流落)ᄒᆞ여 연심(軟心) 옥장(玉腸)을 술오시ᄂᆞᆫ고?”

이 마듸를 싱각ᄒᆞ미 쥬야 침식이 불편 【46】ᄒᆞ여 ᄯᅡ라 뫼시지 못ᄒᆞ믈 한ᄒᆞ더라.

이 젹의 봉암 요되 녀녀를 미혹(迷惑)ᄒᆞ여 음모 곡계를 궁구ᄒᆞ노라 쥬야 목가의 잇더니, 이 ᄽᅢ 쳥션이 원홍의 쇼쳥을 바다 조승상 도라오ᄂᆞᆫ 길히 은쥬 취교역졈의 가 조공을 히ᄒᆞ려 ᄒᆞ다가, ᄌᆞ고로 물이 가득ᄒᆞ미 넘씨ᄂᆞᆫ 환이 잇ᄂᆞᆫ지라. 쳥션요리 쥬문(朱門) 갑졔(甲第)의 돌며 투한(妬悍)흔 녀ᄌᆞ와 요음(妖淫) 찰녀(刹女)를 도아, 군ᄌᆞ 슉

1031)ᄒᆞᆯ 이 : 하는 이. 하는 사람.
1032)탐망(探望) : 살펴서 바라봄. 넌지시 바람.

녀를 히훈 곳이 한두 곳이 아니니, 그 가온디 쏘 몃몃 인명을 죽여 힝악(行惡)이 텬디
의 가득ᄒ니, 엇지 나죵이 무ᄉᄒ리오.

가만훈 가온디 만고 셩녀 철인의 면【47】니 빗최ᄂ 명감(明鑑)을 도망치 못ᄒ여,
텬디 신기 한가지로 노ᄒ믈 만나 무인반야(無人半夜)의 방ᄌ무인(放恣無人)[1033]히 삼
쳑비검(三尺秘劍)을 들고 돌입ᄒ믄, 상국이 침쉬(寢睡) 뇌즁(牢重)ᄒ믈 업슈히 너겨 낭
즁취물(囊中取物) 갓치 아라, 원홍의 소원을 맛치고 만흔 지보를 욕심것 밧고져 ᄒ미,
스스로 신슐 변화를 밋으며 셩고고(聖姑姑)[1034] 호영ᄋ(胡永兒)[1035]의 지날와 ᄌ긍(自
矜)ᄒ여, 원홍을 디ᄒ여 큰 말노 언약ᄒ고, 은줘 니ᄅ러 조상국을 만나니, 스스로 용
약(勇躍)ᄒ여 반야(半夜)의 돌입ᄒ엿더니, 금의신동(錦衣神童)의 보요삭(捕妖索)이 한
번 몸을 얽어 지우미, 디현군ᄌ지젼(大賢君子之前)의 젼젼 힝악을 낫낫치 복【48】초
ᄒ여, 몸 우희 즁형을 닙고 ᄉ슬을 씌인 죄쉬 되여, 함거의 잠기여 경스로 니거(移去)
ᄒ니, 요리 비록 디간디악(大姦大惡)이나 바야흐로 디겁(大怯)ᄒ여 아모리 버셔나고져
훈들 엇지 버셔나리오.

힘힘이 함거 즁 죄인으로 경스로 니거ᄒ여 텬위 엄문지하의 오형(五刑)을 바드니,
ᄌ부ᄒ던 요슐도 어디로 가고 제 몸이 죽기의 니ᄅ니, ᄉ싱을 고ᄌ(顧藉)홀 거시 업
셔, 젼젼악ᄉ(前前惡事)를 실초(實招)ᄒ고, 반싱악ᄉ(半生惡事)를 토셜(吐說)ᄒ미, 만셩
ᄉ셔(滿城士庶)의 죄 지으미 한두 집이 아니니, 아동쥬졸(兒童走卒)이 듯ᄂ 지 타비(唾
誹)치 아니리 업고, 보ᄂ 지 셔로 젼ᄒ여 ᄭ짓지 아니【49】리 업ᄉ니, 속셜(俗說)의
니ᄅ 바, '무족언(無足言)이 쳔니(千里)를 간다'[1036] ᄒ니, 원홍 젹츄와 쳥션 요리의
음흉 교악훈 죄악이 텬디의 관영(貫盈)ᄒ여 그 텬하인인(天下人人)의 젼파ᄒ미 되니,
일일은 현미 심시 불호ᄒ믈 니기지 못ᄒ여, 희음업시 ᄲ미를 영빈(停嚬)ᄒ고 아미의
《일만창‖일만장(一萬丈)》 원(願)이 밋쳐 ᄲ뉘(雙淚) 《현영‖현형(現形)》ᄒ믈 씨닷
지 못ᄒ더니, 믄득 ᄉ즁이 황황ᄒ며 승도의 무리 분분이 프기[1037]를 슈습ᄒ며 현미다
려 니ᄅ디,

"우리 ᄉ형 쳥션 법시 므스 일노 조졍의 죄를 어더, 즉금 텬ᄌ 국쳥(鞫廳)을 비셜
(排設)ᄒ시고 쳥션을 올녀 져쥬니, 젼【50】젼의 득죄훈 곳이 만터라. ᄒ고, '본디 조
졍의셔 구싁ᄒ시던 비라' ᄒ고, '한번 잡히미 젼젼힝악(前前行惡)이 다 발각ᄒ여 죄늘
이 등한치 아니훈 고로, ᄉ뷔(師父) 알고 디경ᄒ여 우리 ᄉ즁(寺中) 도뎨(徒弟)를 다
힝냥(行糧)을 슈습ᄒ여 환난이 진졍홀 동안 먼니 츼여시라' ᄒ고 긔별이 와시니, 우리

1033)방ᄌ무인(放恣無人) : 제 위에 사람이 없는 것처럼 무례하고 건방짐.
1034)셩고고(聖姑姑) : 중국 신마(神魔)소설 <평요전(平妖傳)>에 등장하는 요괴. 여우의 환생(幻生)이다.
1035)호영ᄋ(胡永兒) : 중국 신마(神魔)소설 <평요전(平妖傳)>에 등장하는 요괴. 당(唐)나라 무측천(武則
　　天)의 남색(男色) 장창종(張昌宗)의 환생(幻生)이다.
1036)무족언(無足言)이 쳔니(千里)를 간다 : "발 없는 말이 천리를 간다'는 뜻으로, '소문의 빠름' 또는 '
　　말을 삼가야 함'을 비유적으로 이르는 말
1037)프기 : 포개(鋪蓋). 이불보따리.

는 니제 힝냥을 슈습ᄒ여 피ᄒ려 ᄒᄂᆫ지라, 낭ᄌᄂᆫ 빈 집의 공연이 잇다가, '고린 쓰홈의 시오 죽드시' 스오나온 한자(漢子)1038)들의게 욕보지 말고, 우리와 한가지로 피ᄒᄌᆞ.'

ᄒ거늘, 현믜 쳥파의 필유묘믹(必有苗脈)ᄒ믈 씨다라, 쳥션이 은쥬 【51】 역졈의 가 조승상을 히ᄒ랴 ᄒ다가 잡혀, 경ᄉ로 니거ᄒ여 젼젼 죄악이 드러나다 ᄒ믈 드르니, 엇지 총명ᄒᆞᆫ 혜식(慧識)1039)의 혜아리미 업스리오. 고쥬(故主)의 쇼식을 드르미 반갑고, 이 가온ᄃᆡ 탈신(脫身)ᄒ여 도라갈 긔회 이시믈 깃거ᄒ나, 거즛 놀나 왈,

"첩이 비록 인가 쳥의(靑衣)나 ᄌᆞ쇼(自少)로 샹부(相府) 후문(侯門)의 금옥 귀쇼져를 뫼셔, 쟝신(藏身)ᄒ믈 ᄉ문(士門) 규슈갓치 ᄒ여시니, 발 ᄌᆞ최 즁문(中門) 밧글 나미 업다가, 무망의 ᄉ부의 신슐노 다려오믈 만나 이의 니르러시나, 동셔를 아지 못ᄒᄂᆫ지라. 니제 의외 화란으로 녈위를 【52】 조ᄎᆞ 화를 《파‖피》ᄒ나, 만일 슈이 ᄉ즁의 도라오지 못ᄒ면, 첩이 안신홀 곳이 어려오리니, 바라건ᄃᆡ 녈위ᄂᆫ 나의 민면(憫面)ᄒᆞᆫ 졍ᄉ를 ᄉ부의게 고ᄒ여 션쳐ᄒ게 하쇼셔."

모다 곳이듯고 왈,

"니런 일은 나죵 션쳐ᄒ리니, 변이 급ᄒᆫᄃᆡ 한셜을 날희고 몬져 급히 피화홀 거시니, 그ᄃᆡᄂᆫ 후일을 넘녀 말고 아직 어셔 피ᄒᄌᆞ."

ᄒ거늘, 니러구러 날이 황혼이라. 현믜 ᄯᅩ 한가지로 모든 승도를 조ᄎᆞ ᄉ즁을 ᄯᅥ나 피홀ᄉᆡ, ᄯᅩ 셔로 니르ᄃᆡ,

"ᄉ뷔 니르시ᄃᆡ 각별 머니 가지 말고, 도인의 무리ᄂᆞᆫ 복식을 곳치고 금즁(禁中) 근쳐의 돌며 【53】 쇼식을 듯보라 ᄒ시더라."

ᄒ고, 혹 셩ᄂᆡ(城內)로 드ᄂᆞ니도 잇고, 각각 허여지니, 현믜 더옥 암희ᄒ여 이 가온ᄃᆡ 셧겨 셩ᄂᆡ의 드러 그윽ᄒᆫ 인가의 햐쳐ᄒ니, 드듸여 이 밤의 가만이 지필(紙筆)을 어더 일봉(一封) 쇼표(疏表)를 지어 품의 품고, 식빈 북이 동ᄒ기를 기다려 가연이 몸을 ᄲᅢ혀 ᄂᆡ다ᄅᆞ, 궐문을 ᄎᆞᄌᆞ 금문(禁門) 밧게 숨엇더니, 이의 조각을 응ᄒ여 등문고(登聞鼓)를 급히 울니미러라.

위ᄉ(衛士) 나졸(羅卒)이 잡아 만세 농탑하의 밧치니, 임의 삼층 옥계하(玉階下)의 문무 반항(班行)이 졍졔(整齊)ᄒ여 위엄이 셔리 갓흔ᄃᆡ, 모든 죄인이 ᄉ슬을 씌고 형벌을 바다 피 【54】 육이 후란ᄒ더라. 샹이 옥음을 나리와 원샹(寃狀)을 무르라 ᄒ시니, 현믜 이의 혈셩 고두ᄒ여 품 가온ᄃᆡ로셔 일봉 쇼(疏)를 ᄂᆡ여 드리니, 뎐젼퇴혹ᄉ 윤봉닌이 각모(角帽)를 바로 ᄒ고 옥ᄃᆡ를 도도와 옥셩 봉음을 묽게 ᄒ여 닑으니, 기쇼의 왈,

"쳔비(賤婢) 현믜ᄂᆞᆫ 조승샹딕 비지오, 북평후 부인 조시의 시녀니, 쥬모 조시 ᄌᆞ쇼

1038)한자(漢子) : '남자'를 낮잡아 이르는 말.
1039)혜식(慧識) : 지혜(知慧).

로 용안이 절셰ᄒᆞ고 덕힝이 겸비ᄒᆞ여 갈담규목(葛覃樛木)1040)의 풍치 잇ᄂᆞ지라. 쥬군
과 되쥬모 엄시 ᄌᆞ이ᄒᆞ미 우흐로 삼ᄌᆞ의 더으니, 뎡노야의 풍광 덕질을 과○[이]ᄒᆞ여
일즉 '쥬진(朱陳)의 셩ᄉᆞ(盛事)'1041)를 뇌약(牢約)ᄒᆞ니, 시랑 원【55】홍은 엄부인 오
촌질(五寸姪)이라. 원홍이 유시로븟허 음험 교악ᄒᆞ여 옥 얼골의 슷 마음을 두어시니,
아쥬(我主)의 ᄌᆡ용을 흠모ᄒᆞ여 외람이 구체(狗彘)1042)의 더러오므로써 뇽닌(龍麟)을
겻짓고져 ᄒᆞ여, 교언밀셜(巧言蜜說)노 되쥬모를 다리여, '옥경딕(玉鏡臺)의 일'1043)을
인증(引證)ᄒᆞ여 인연을 도모ᄒᆞ오니, 되쥬뫼 심졍이 혼약ᄒᆞ신 고로, 원홍의 요언(妖言)
녕ᄉᆞᆨ(令色)을 과이(過愛)ᄒᆞ여 혼인을 믈니치려 ᄒᆞ오니, 쥬군의 셩이 엄ᄒᆞ시고, 쇼쥬모
의 나히 어리오나 녈녈(烈烈)ᄒᆞᆫ 졀힝(節行)이 초녀(楚女)1044)를 본밧고져 ᄒᆞ오니, 엇지
부군(父君)의 당당이 졍혼ᄒᆞᆫ 곳【56】을 거역ᄒᆞ시리잇고? 일졀(一節)을 직희시니 위
란(危難) 즁 되ᄉᆞ(大事)를 셩젼(成全)ᄒᆞ여 뎡문의 도라가시나, 간인의 흉뫼 긋지 아니
ᄒᆞ와, 빅가지로 여ᄎᆞ여ᄎᆞᄒᆞ와 아쥬를 조쥬가지 찬젹게 ᄒᆞ미라. 간젹 원홍이 요리(妖
尼)와 요비(妖婢)를 결납(結納)ᄒᆞ와 이 지경의 밋게 ᄒᆞ미라. 쳔비를 또 모일야(某日夜)
의 여ᄎᆞ여ᄎᆞ 요슐노 잡아다가 깁히 가도와, 셰상 쇼식도 통치 못ᄒᆞ게 ᄒᆞ오나, 쳔비 일
구(一軀)를 지팅ᄒᆞ오믄 금일을 기다려 쥬모를 신원ᄒᆞ려 ᄒᆞ오미라. 간당이 잔멸(殘滅)
ᄒᆞ온 후 쥬류텬하(周遊天下)ᄒᆞ여 쥬모를 ᄎᆞᄌᆞ 조【57】치려 ᄒᆞᄂᆞ니, 일월의 광명이
만방의 빗최시니, 아쥬의 누명을 신셜ᄒᆞ리로쇼이다."

ᄒᆞ엿더라.

상이 원홍 간젹과 쳥션 요리의 간악ᄒᆞᆫ 궁흉 악ᄉᆞ를 불승통히ᄒᆞ샤, 옥ᄉᆡᆨ(玉色)1045)이
ᄌᆞ못 엄녈(嚴烈)ᄒᆞ시니, 좌우를 명ᄒᆞ샤 왈,

"원홍의 간음 요악홈과 요리의 죄악이 가살(可殺)이라. 뉼관(律官)이 맛당이 뉼젼(律
典)을 상고ᄒᆞ여 극뉼(極律)○[로] 쳐치ᄒᆞ게 ᄒᆞ디, 요리의 젼젼죄악(前前罪惡)이 텬디의
가득ᄒᆞ니, 젼일 셩난화 음녀를 도아 오셰ᄌᆞ를 박살ᄒᆞ미 ᄎᆞ 요리의 작악이오, 목금 윤
·하·뎡 삼가의 지란(災難)을 비【58】져 투악발부(妬惡潑婦)와 간쳡(奸妾) 요비(妖

1040)갈담규목(葛覃樛木) : 『시경(詩經)』 '주남(周南)'편에 실린 두편의 노래 이름. 곧 <갈담(葛覃)> <규
목(樛木)> 시편을 말함. 두 편 다 문왕(文王)의 비(妃)인 태사(太姒)의 부덕(婦德)을 노래하고 있다.
1041)쥬진(朱陳)의 셩ᄉᆞ(盛事) : 주진(朱陳)은 중국 당(唐)나라 때에 주씨와 진씨 두 성씨가 함께 살아오
던 마을 이름인데, 한 마을에 오직 주씨와 진씨만 대대로 살아오면서 서로 혼인을 하였다고 하여, 두
성씨간의 혼인을 일컬어 '주진(朱陳)의 호연(好緣)' 또는 '쥬진(朱陳)의 셩ᄉᆞ(盛事)'라 한다.
1042)구체(狗彘) : 개와 돼지.
1043)옥경딕(玉鏡臺)의 일 : 진(晉)나라 시안군공(始安郡公) 온교(溫嶠)가 난리를 만나 상처한 뒤, 먼 일가
숙모(叔母)가 되는 유씨(劉氏)에게 옥경대(玉鏡臺)를 예물로 드리고 그 딸과 혼인한 일을 말함. 『몽구
(蒙求)』'太眞玉臺'에 나온다.
1044)초녀(楚女) : 미상. 초(楚) 나라의 열녀. 본 작품 25권 6쪽에도 이 '초나라 열녀'를 빗댄 표현이 나
온다. "초공쥬(楚公主) 빅뎡(白丁)의게 하가(下嫁)ᄒᆞ믈 싱각ᄒᆞ샤, 귀쇼져의 녈힝(烈行)을 그르게 마ᄅᆞ쇼
셔."
1045)옥ᄉᆡᆨ(玉色) : 임금의 안색.

婢)를 써 힝악ᄒ미, 다 요리의 작악이라. 그 말이 요탄(妖誕) 무거(無據)ᄒ니 요리 목
슘이 스라실 적, 연녀의 가아(假兒) 응뉸을 다려다가 짐의 안젼(眼前)의셔 텬눈을 단
취(團聚)케 ᄒ라. 현믜ᄂᆞ 쥬인 위ᄒ 튱의 긔특ᄒ니 아직 궐하의 물너 텬문의 결ᄉ(結
辭)를 보라."

하시더라.

하승상 부ᄌ와 쇼시랑 부지 하리를 하상부의 보ᄂᆡ여 응윤을 다려오라 ᄒ니, 하리와
가인이 쳥녕(聽令)ᄒ여 가니, 츠시 하부의셔 불의의 가인이 드러와 연즁셜화(筵中說
話)를 젼ᄒ며 공ᄌ 다려가기를 알외니, 하【59】부의셔 ᄃᆡ경ᄒ여 응윤을 보닐ᄉᆡ, 이
ᄣᅵ 응윤이 스셰라. 총명 신셩ᄒ미 만물지니(萬物之理)를 ᄉᆞ못ᄂᆞ지라. 황ᄉᆡ(皇使) 니ᄅᆞ
러 져를 다려가려 ᄒ믈 보고 놀나 존당의 나아가 고ᄒᄃᆡ,

"쇼손이 ᄒᆡ제(孩提) 강보(襁褓)어늘 셩상이 브ᄅᆞ시믄 엇진 일이니잇고? 놀라오믈 니
긔지 못ᄒ쇼이다." 공과 틱부인이 응윤 알오믈 진짓 몽셩지지오, 연시지ᄉᆡᆼ으로 아라
죵손의 즁ᄒ미 만금갓치 아라 범연치 아니ᄒ고, 연시 죽은 후 비로쇼 손아의 싱츌이
아닌 쥴 아나, 귀쳔간(貴賤間) 그 작인(作人)을 션(善)히 너기고, 본디 【60】과이ᄒ던
바로 정의 졔손(諸孫)과 다ᄅᆞ미 업더니, 이 날 쇼아의 놀나ᄂᆞ 빗츨 보고 노인의 약ᄒ
마음의 불승이련(不勝哀憐)ᄒ여 그 손을 잡고 머리를 쓰다듬아, 쳑연 왈,

"너다려 발셔 닐넘 즉ᄒᄃᆡ, 네 년유(年幼) ᄒᆡᄌᆞ(孩子)로 텬눈이 호란(胡亂)ᄒ 스어
(辭語)를 드ᄅᆞ면 너 ᄒᆡ제유이(孩提幼兒)[1046) 과도히 슬허 상(傷)홀가 니ᄅᆞ지 못ᄒ엿더
니, 니졔 요힝 텬운이 슌환ᄒ고 너희 복이 놉하, 조공이 승조시(承朝時)의 노즁의셔
우리 세 집 작변ᄒ던 요승(妖僧)을 잡아 황야긔 알외니, 즁형으로 져쥬믜 요리 젼후
간상(奸狀)을 다 직【61】초ᄒ고, 이 가온디 ᄯᅩ 너희 텬눈(天倫)을 단회(團會)홀 긔회
잇ᄂᆞᆫ 고로, 텬지 너를 불너 어젼의셔 친싱부모(親生父母)를 ᄎᆞᄌ 쥬려 ᄒ시미라. 네
양모 연시 여ᄎᆞ여ᄎᆞᄒ여 적국 츙즁의 총권을 어드려 ᄒ여, 간비 복향이 요승을 쳐결
ᄒ여 너를 신산초(新産初)의 다려다가 우리를 속이미라. 너ᄂᆞᆫ 친싱 손이(孫兒) 아니니
니졔야 알나. 놀나지 말고 드러가 텬눈(天倫)이[을] 단회ᄒ라. 너ᄂᆞᆫ 친싱을 ᄎᆞᄌ나 우
리의 졍을 닛지 말나."

쇼이 쳥필의 ᄃᆡ경실식ᄒ여, 엄연(奄然) 뉴쳬(流涕) ᄃᆡ왈,

"원ᄂᆡ 곡졀이 여ᄎᆞᄒ도【62】쇼이다. 쇼이 싱지 스셰의 무셩명(無姓名) 쇼아(小兒)
로 인눈의 죄인이옵거늘, 아지 못ᄒ고 안연이 존부 셩덕으로 고당(高堂)의 안거(安居)
ᄒ여 타연이 하시지ᄉᆞᆫ인 쳬ᄒ오니, 엇지 금슈와 다ᄅᆞ리잇고?"

셜파의 불승이도(不勝哀悼)ᄒ여 누쉬(淚水) 옥 갓흔 귀 밋히 년낙(連落)ᄒ니, 정국공
부부와 좌즁이 불승(不勝) 잔잉ᄒ며[1047) 어엿브믈 니긔지 못ᄒ여 함구 탄식ᄒ고, 권ᄒ

1046)ᄒᆡ제유이(孩提幼兒) : 어린아이.
1047)잔잉ᄒ다 : 자닝하다. 애처롭고 불쌍하여 차마 보기 어렵다.

여 어셔 가라 ᄒᆞ니, 쇼이 존당의 하직ᄒᆞ고 눈물을 흘녀 모든 쇼아로 니별ᄒᆞ여, 황ᄉᆞ를 조ᄎᆞ 옥궐의 나아가니, 황시 쇼아를 인도ᄒᆞ여 황극뎐의 드러가○[니], 【63】 응윤이 비록 나히 어리나 문ᄌᆞ를 히득ᄒᆞ여 군신이[의] 엄격ᄒᆞᆫ 존비를 아ᄂᆞᆫ지라. 이 불과 삼ᄉᆞ셰 히졔나 치발(齒髮)이 치 ᄌᆞ라지 못ᄒᆞ여 초발부익(髫髮扶腋)1048)의 아히나, 엄연톄원(儼然逮遠)1049)ᄒᆞᆫ 격죄(格調) 조둔(趙盾)의 하일지위(夏日之威)1050)와 당뎨(唐帝)1051)의 텬일지풍(天日之風)1052)을 아올낫고, 밋 옥계하(玉階下)의 다ᄃᆞ라 팔비 고두ᄒᆞ고 산호만셰(山呼萬歲)1053)ᄒᆞ니, 웅건(雄健) 청아(淸雅)ᄒᆞᆫ 셩음이 고산의 ᄃᆡ붕(大鵬)이 우ᄂᆞᆫ 듯ᄒᆞ니, 뎐상 뎐해 혀를 둘너 놀나며 칭찬ᄒᆞ더라.

상이 일안(一眼)의 크게 긔특이 너기샤, 근시(近侍)로 ᄒᆞ여곰 쇼아를 갓가이 좌를 쥬시고, 옥음이 유열(愉悅)ᄒᆞ샤 【64】 왈,

"네 셩명(姓名)과 년치(年齒)를 아ᄂᆞᆫ다?"

쇼이 믄득 누숴 방방ᄒᆞ여 ᄇᆡᄉᆞ(拜謝) 쥬왈,

"쇼신이 년미ᄉᆞ셰(年未四歲)의 텬눈(天倫)을 실니(失離)ᄒᆞᆫ 죄인이라. 금일 텬디 부모의 젹ᄌᆞ(赤子) ᄉᆞ랑ᄒᆞ시ᄂᆞᆫ 은틱을 닙ᄉᆞ와, 텬눈을 단원케ᄒᆞ여 주시믈 바라나이다."

언파의 셩음이 오열(嗚咽)ᄒᆞ니, 상이 불승이련(不勝哀憐)ᄒᆞ샤 더옥 요리의 죄를 통히ᄒᆞ시더라. 이의 쇼시랑 부ᄌᆞ를 나아오라 ᄒᆞ샤, 쇼아다려 니ᄅᆞ시ᄃᆡ,

"이 곳 네 부죄(父祖)니 간의틱우 쇼문환과 시랑 쇼슌이라."

쇼이 낭셩봉목(兩星鳳目)을 잠간 드러 쇼공 부ᄌᆞ를 보고, 고왈,

"부ᄌᆞᄂᆞᆫ 텬셩지친(天性之親)이 【65】 어ᄂᆞᆯ, 쇼이 신싱 초의 부모를 실니ᄒᆞ여 면목도 아지 못ᄒᆞ오니, 아지못거이다! 므슨 증험으로 부조를 긔억ᄒᆞ여 ᄎᆞᄌᆞ리잇가?"

이 ᄡᅢ 쇼공 부지 지쳑텬안(咫尺天顔)의 감히 ᄉᆞ졍(私情)의 슬프믈 니ᄅᆞ지 못ᄒᆞ여, 다만 탑하의 부복ᄒᆞ엿더니, 쇼아의 니ᄅᆞ듯 조셩(早成) 신이(神異)ᄒᆞ며 영형(英形) 슈발(秀拔)ᄒᆞ믈 보니, 몬져 이련(哀憐) 참잉(慘忍)ᄒᆞ믈 니ᄀᆞ지 못ᄒᆞ더니, 그 언힝 동지(動

1048)초발부익(髫髮扶腋) : 다박머리를 하고 겨드랑이를 껴 걸음걸이를 익히던 때를 뜻하는 말로, 어린 나이 또는 그러한 때를 이르는 말

1049)엄연톄원(儼然逮遠) : 사람의 언행이 의젓하고 점잖으며 포부가 원대하다

1050)조둔(趙盾)의 하일지위(夏日之威) : '조둔의 여름날의 이글거리는 해와 같은 높은 위엄'이란 뜻으로, 중국 춘추시대 진(晉)나라 정치가 조둔의 인품을 평한 말. 즉 당시 적(狄)나라 재상 풍서가 진나라에서 적(狄)에 도망온 가계(賈季)라는 사람에게 진나라의 두 정치인 조둔과 조쇠(趙衰) 중 누가 더 어진 사람인가를 묻자, 조쇠는 겨울날의 태양이고(冬日之日)이고, 조둔은 여름날의 태양(夏日之日)이라고 대답했는데, 이 말에 대하여 남북조시대 진(晉)나라 학자 두예(杜預)가 겨울 해는 사랑스럽지만(冬日之愛) 여름 해는 위엄[두려움]이 있다(夏日之威)라는 주석(註釋)을 붙여 두 사람의 인품을 나타냈다.

1051)당뎨(唐帝) : 당요(唐堯). 중국의 요임금을 달리 이르는 말. 당(唐)이라는 곳에서 봉(封)함을 받은 데서 유래한다. 또 도당씨(陶唐氏)로도 일컫는다.

1052)텬일지풍(天日之風) : ①하늘의 태양과 같은 풍채. ②임금의 풍채를 이르는 말.

1053)산호만셰(山呼萬歲) : 나라의 중요 의식에서 신하들이 임금의 만수무강을 축원하여 두 손을 치켜들고 만세를 부르던 일. 중국 한나라 무제가 숭산(嵩山) 산에서 제사 지낼 때 신민(臣民)들이 만세를 삼창한 데서 유래했다.

止) 어룬 갓흐니, 긔이흐믈 니긔지 못흐여 시랑은 팔치쌍미(八彩雙眉)1054)의 슈위(愁
憂) 쳑쳑(慽慽)흐여 말을 못흐믄, 텬안(天顔) 지쳑(咫尺)이라.

쇼공이 츄연 왈,

"너를 신【66】싱 초의 요리(妖尼)의 작변으로 일흐니, 우리 부즈와 일가의 비상(悲
傷) 익도(哀悼)흐미 칼흘 삼킨 듯흐나, 그 엇지흔 빌미믈 아지 못흐더니, 뉘 도로혀
여츳 변고를 아라시리오. 우리 부즈의 젹앙(積殃)이 즁흐여 여홰(餘禍) 강보(襁褓)의
밋츤가 통셕(痛惜)흐더니, 금일이 하일(何日)이완듸, 거쳐(去處) 존망(存亡)을 부지(不
知) 망미(茫昧)흐던 숀아를 츳즐 쥴 알니오. 이 도시 우리 만셰 황야의 홍은(鴻恩)으로
요리를 잡아 엄츄(嚴推)흐시미라. 여츳여츳 요리의 복초흐미 분명흐니, 쇼아의 의려
(疑慮)흐미 엇지 너모 셰쇄(細瑣)치 아니리오."

쇼이 츄연 쳬읍 왈,

"셩괴 지【67】엄흐시나, 요리 본듸 탄망(誕妄) 무거(無據)흐니, 그 요언(妖言) 난셜
(亂說)을 엇지 밋으며, 호란(胡亂)흔 난셜(亂說)을 엇지 족슈(足數)1055)흐리잇가? 듸인
(大人) 셩쳬(聖體)를 상히오미 인즈(人子)의 망극(罔極)흐오나, 원컨듸 쇼아(小兒)로 더
부러 합혈(合血)흐여 보아 텬눈지친(天倫之親)을 붉히고, 부즈듸륜(父子大倫)이 광명졍
듸(光明正大)흐와 인도(人道)의 호란(胡亂)흐미 업게 흐쇼셔."

쇼공이 더옥 익련흐여 왈,

"네 흉분(胸分)의 증푀(證票) 분명흐니 엇지 의심흐리오. 여부(汝父)는 셩장 장뷔니
능히 이 거조를 당흐려니와, 너 쇼이 엇지 능히 살흘 상히오고 견듸리오."

쇼이 읍고(泣告) 왈,

"텬눈(天倫)이 지즁(至重)흐니 쇼이 비록 년유(年幼)【68】흐오나 현마 이런 일을
못흐리잇가?"

쇼공 부지 침음 쥬져흐여 능히 결치 못흐더니, 반항즁(班行中) 졔·진 냥왕(兩王)이
쇼공 부즈의 결치 못흐는 거동과 쇼아의 명달흔 의견을 드르미, 불승칭도익련(不勝稱
道哀憐)1056)흐여 일시의 권히(勸解)흐니, 시랑이 쇼아의 흉복(胸腹)의 '쳔승국군(千乘
國君)'네 즈를 증표(證票)흔 거슬 일ㅋ르니, 상이 또흔 긔이히 너기샤 그 거동을 치
보고져 흐샤 왈,

"응윤이 비록 쇼이나 그 식견이 명달흐니, 쇼경(卿)은 고집지 말고 쾌히 만목쇼시
(萬目所視)의 합혈(合血)흐여 텬눈을 광명졍듸히 흐라."

좌우 근시(近侍)를 명흐여 옥완(玉椀)의 쳥슈(淸水)와 【69】계도(戒刀)1057)를 쇼시

1054)팔치쌍미(八彩雙眉) : 아름다운 두 눈썹. *팔치(八彩); 눈썹의 광채. '八'은 눈썹의 모양과 같다 하여,
  눈썹을 나타내는 말로 많이 쓰임. *쌍미(雙眉); 두 눈썹.
1055)족슈(足數) : 헤아리다. 분별하다. 꾸짖다.
1056)불승칭도익련(不勝稱道哀憐) : 칭찬하고자 하는 마음과 불쌍히 여기는 마음을 참지 못함.
1057)계도(戒刀) : 단도(短刀). 날이 한쪽에만 서 있는 짧은 칼. 보통 길이 한 자 이내의 것을 이른다.

랑 알픠 노흐니, 쇼공이 또흔 말니지 아니흐고, 시랑이 역시 마음이 급흐여 연망이 옥완(玉腕)을 나호여 노코, 계도를 드러 우슈 상지를 질너 흐르ᄂ 셩혈(腥血)이 쳥슈의 쏘치니1058), 쇼이 또 칼흘드러 팔흘 지르니 이혈(-血)1059)이 돌츌(突出)ᄒ딕 신식(神色)을 변치 아냐 ᄌ약ᄒ니, 뎐상 뎐하의 견시지(見視者) 아연 실식지 아니리 업더라.

홍혈(紅血)이 쳥슈의 써러지며 어우러 합ᄒ니, 견지 모다 칭찬ᄒ고, 쇼공이 년망이 쇼아를 나호여 한삼을 써혀 금창약(金瘡藥)을 어더 옥비(玉臂)를 쓰믹고, 어로만져 잔잉ᄒᄆᆯ 니【70】긔지 못ᄒ니, 시랑이 신식이 참연ᄒ여 슈식(愁色)이 만안(滿顔)ᄒ니, 응윤이 그졔야 니러 쇼공과 시랑 슬하의 직비 체읍 왈,

"불초아의 연고로 딕인 쳔금 존체 즁상(重傷)ᄒ시니 불회 막딕ᄒ도쇼이다."

쇼공 부지 불승참비(不勝慘悲)ᄒ여 말을 못ᄒᄂ지라. 응윤이 탑하(榻下)의 고두 ᄉ은 왈,

"텬디 부모의 은퇴이 강보(襁褓) 희졔(孩提)의 밋ᄎ시니, 쇼신이 만셰 황은을 불망(不忘) 명심(銘心)ᄒ리로쇼이다."

만조 문뮈 쇼아의 언ᄉ 동지 특이ᄒᄆᆯ 딕경 흠익치 아니리 업더라.

상이 쇼아의 텬눈이 단회(團會)ᄒᄆᆯ 깃그샤 명ᄒ여 왈,

"쇼슌 삼딕(三代)ᄂ 일즉【71】이 도라가 희ᄉ(喜事)를 가즁(家中)의 모다 즐기라."

ᄒ시니, 쇼공 부지 빅빅 고두ᄒ여 텬은을 슉ᄉ(肅謝)ᄒ니, 상이 어온(御醞)을 나리와 부지 완취(完聚)ᄒᄆᆯ 치하ᄒ시니, 쇼공이 빅빅 고두 ᄉ은ᄒ고, 본부로 도라 가니라.

상이

"쳥션을 능지쳐ᄉ(陵遲處死)1060)ᄒ여 참두(斬頭) 함양시상(咸陽市上)1061)ᄒ라."

ᄒ시며,

"원홍은 게북 한 가의 원찬ᄒ여{ᄒ여} 일홈을 ᄉ류의 써히고 영영 은ᄉ를 닙지 못ᄒ게 ᄒ라."

ᄒ시고, 신월 역비(逆婢)를 또

"쳐참(處斬) 효시(梟示)ᄒ라."

ᄒ시고,

"한츄밀 쳐 관시 젼츌(前出)을 업시ᄒ려 온갓 교악흔 죄 믹달(妹妲)1062)의 일뉴(一類)니 한가로 니이(離異)ᄒ【72】고 조쥐 젹거(謫居)ᄒ라."

1058) 쏘치다 : 쏟아지다.
1059) 이혈(-血) : 어린 아이의 순수한 피. *애-; 접두사. '어린' 또는 '작은'의 뜻을 더하는 말.
1060) 능지쳐ᄉ(陵遲處死) : 능지처참(陵遲處斬). 대역죄를 범한 자에게 과하던 극형. 죄인을 죽인 뒤 시신의 머리, 몸, 팔, 다리를 토막 쳐서 각지에 돌려 보이는 형벌이다.
1061) 함양시상(咸陽市上) : 함양(咸陽)의 저잣거리. *함양(咸陽); 중국 섬서성(陝西省) 장안현(長安縣) 동쪽의 위성(渭城)이라는 옛 성이 있는 땅. 진(秦)나라의 도읍(都邑)이었다.
1062) 믹달(妹妲) : 중국 하(夏)의 마지막 황제 걸(桀)의 비(妃)인 매희(妹喜)와 주(周)의 마지막 황제 주(紂)의 비(妃) 달기(妲己)를 함께 이르는 말.

ᄒᆞ시고,

"조현슌의 쳐 엄시 혼암불명(昏暗不明)ᄒᆞᆫ 죄와 방ᄌᆞ무거(放恣無據)ᄒᆞ고 투한(妬悍)ᄒᆞ여 ᄌᆞ식의 뎐졍을 맛츨 번ᄒᆞ니, 어두오미 흑야(黑夜) 갓ᄐᆞᆫ지라. 죄악이 경벌(輕罰)을 쓰지 못할 일이나, 그 나히 만코 삼ᄌᆞ의 안면(顔面)을 구이(拘碍)ᄒᆞ여 특은으로 물죄(勿罪) 방셕(放釋)ᄒᆞᄂᆞ니, 스스로이 다스리믄 그 가장이 이시니 짐의 알 비 아니라."

ᄒᆞ시니, 만죄 맛당ᄒᆞ시믈 하례ᄒᆞ더라.

홀노 평제왕 뎡쥭쳥이 간왈,

"국법은 ᄉᆞ시(私) 업슨ᄂᆞᆫ지라. 진실노 조현슌지쳐 엄시 투한(妬悍) 픠악(悖惡)ᄒᆞᆷ믄 셩교의 니ᄅᆞ신 바 갓ᄉᆞ오니, 그 벌이 업ᄉᆞ오믄 그 가부의 공뇌와 삼ᄌᆞ의 안면【73】을 고렴ᄒᆞ시미어늘, 한영의 쳐 관시ᄂᆞᆫ 이 불과 셰쇽 부녀의 뎐휼을 싀이(猜礙)ᄒᆞ오미 왕왕(往往) 유지(有之)ᄒᆞ온ᄃᆡ, 산간 요리 직물을 탐ᄒᆞ므로, 투악ᄒᆞᆫ 녀ᄌᆞ를 ᄉᆞ괴여 스오나온 쇠를 가ᄅᆞ쳐, 먼니 동뉴를 결납(結納)ᄒᆞ여 당(黨)을 심거 교악(狡惡)ᄒᆞᆫ 죄를 길우니, 이 ᄯᅩ 무죄라 ᄒᆞ미 아니옵고, 셩명(聖明)[1063] 쳐치 과도ᄒᆞ시미 아니오ᄃᆡ, 폐히 임의 엄녀의게 관뎐(寬典)을 ᄂᆞ리오시고, 관녀의게 뉼(律)을 쓰시미 여ᄎᆞᄒᆞ오면, 두리건ᄃᆡ 텬하 인심과 후셰 공논이 한갈갓치 아니ᄒᆞ오리니, 죠현슌 부ᄌᆡ 엇지 위셰(威勢) 권춍(權寵)으로ᄡᅥ 왕법(王法)을 굽힌다 시비를 면ᄒᆞ오며, 관녀의 형셰 고단ᄒᆞ여 홀노 죄의 복(伏)【74】ᄒᆞᆷ믈 원민(冤悶)ᄒᆞ여 공논이 업지 아니ᄒᆞ오리니, 복원 폐하ᄂᆞᆫ 명찰ᄒᆞ샤 우로혜ᄐᆡᆨ(雨露惠澤)으로ᄡᅥ 관녀로 ᄒᆞ여곰 홀노 죄의 나아가지 아냐 젹거를 ᄑᆞ르시게 ᄒᆞ쇼셔."

상이 침음ᄒᆞ여 결치 못ᄒᆞ시거늘, 평진왕 윤쳥문과 하승상 하흑셩이 일시의 츌반ᄒᆞ여 관시의 졍비(定配)ᄒᆞ미 과도ᄒᆞ시믈 간ᄒᆞ니, 상이 이의 조ᄎᆞᄉᆞ 관시의 졍비를 푸러 다만 한공으로 니이ᄒᆞ여, 그 친측의 보ᄂᆡ 슈졸(守卒)ᄒᆞ게 ᄒᆞ라 ᄒᆞ시니, 삼인이 셩덕을 칭숑ᄒᆞ고 믈너나니, 상이 우왈,

"짐이 불명ᄒᆞ여 능히 한쇼렬(漢昭烈)[1064]의 춍명을 밋지 못ᄒᆞ므로, 조녀를 원디(遠地)의 찬젹(竄謫)ᄒᆞ여 【75】듕노(中路)의 젹화(賊禍)를 맛나게 ᄒᆞ니, 엇지 참셕(慘惜)지 아니리오. 니졔 간당을 져쥬어 실상을 츄문ᄒᆞ미, 조녀의 무죄ᄒᆞ미 쳥텬빅일(靑天白日) 갓ᄐᆞᆫ지라. 니졔 맛당이 은ᄉᆞ(恩赦)를 ᄂᆞ리염 즉ᄒᆞ되, 그 ᄉᆞ싱 거쳐를 모르니 지향ᄒᆞ여 ᄎᆞ즐 곳이 업ᄂᆞᆫ지라. 몬져 은지(恩旨)를 텬하의 ᄂᆞ리와 십삼싱(十三省)의 효유(曉諭)ᄒᆞ여 혹ᄌᆞ 화란 가온ᄃᆡ 보명(保命)ᄒᆞ미 잇거든, 은명을 젼ᄒᆞ여 도라온 후, 뎡운긔로 다시 복합ᄒᆞ여 지현현덕슉녈부인(至賢賢德淑烈夫人)을 봉ᄒᆞ여 상원(上元) 직쳡(職

[1063] 셩명(聖明) : 임금의 밝은 지혜. 또는 그러한 지혜를 가진 임금을 이르는 말
[1064] 한소렬(漢昭烈) : 중국 삼국시대 촉한의 제1대 황제유비(劉備 : 161~223). 자는 현덕(玄德). 황건적을 쳐서 공을 세우고, 후에 제갈량의 도움을 받아 오나라의 손권과 함께 조조의 대군을 적벽(赤壁)에서 격파하였다. 후한이 망하자 스스로 제위에 오르고 성도(成都)를 도읍으로 삼았다. 재위 기간은 3년(221~223)이다.

牒) 고명(告命)을 나리오게 ᄒᆞ고, 죵시 죵젹을 찻지 못ᄒᆞ거든 뎡가로 ᄒᆞ여곰 복졔(服制)를 일우고 향혼(香魂)을 【76】마ᄌ 쳥츈원ᄉᆞ(靑春冤死)ᄒᆞᆫ 혼ᄇᆡᆨ을 위로ᄒᆞ고, 그 문젼(門前)의 졍문(旌門)을 셰워 그 ᄒᆡᆼ젹(行蹟)을 표ᄒᆞ라.”

ᄒᆞ시더라. 【77】

윤하뎡삼문취록 권지칠십팔

츠시 조상국이 상교(上敎)를 듯줍고, 이의 면관(免冠) 돈슈(頓首)ᄒ여 엄시의 죄를 청ᄒ고, 가부졔가지죄(家不齊家之罪)1065) 즈가(自家)의게 ᄯᅩ 업지 아니믈 알외여, 부녀의 픠악ᄒ오미 늉(律)의 맛당이 ᄉ죄(死罪) 당연ᄒ니, ᄉᄉ(賜死)ᄒ미 가ᄒ고, 즈긔 졔가(齊家) 못ᄒᆫ 죄로 원찬(遠竄)ᄒ며, 삼즈를 다 폄직(貶職)ᄒ시믈 알외고, 쇼녜(小女) 요힝 죽지 아냐 싱존ᄒ와 남악 위궁의 머무러 슈년을 지닉온 후, 진군이 익회(厄會) 쇼멸ᄒ여시믈 일너 나가라 ᄒ와, 도라오다가 공교히 은쥬 취교역의셔 요리(妖尼)를 잡을 【1】 졔, 여츠여츠ᄒ여 부녜 상봉ᄒ며, ᄯᅩ 녀셔(女壻) 뎡운긔 ᄉ쳔 합쥬를 초안(招安)ᄒ여 도라오ᄂᆫ 길히, 부부(夫婦) 옹셰(翁壻) 만나 즈긔 요리와 신월을 잡아 몬져 상경ᄒ고, 녀아ᄂᆫ 지금 은쥐○[의] 머무러 은명을 기다리ᄂᆫ 수연을 일일히 알외니, 이 가온딕 즈랑ᄒ미 아니로딕, 즈연 환난의 버셔난 곡졀과 명쳘보신(明哲保身)ᄒ여 '신여명(身與命)이 구젼(俱全'1066)ᄒᆫ 슈미(首尾)를 실고(實告)ᄒ미, 스스로 조시의 신명 특달ᄒᆫ 셩힝이 표표(表表)히 드러나니, ᄒ믈며 원홍과 요리의 초ᄉ와 현미의 원상을 실고(實告)ᄒᄂᆫ 즁, 엄부인 픠악과 조시의 【2】 덕힝이 반호(半毫)도 가리올 거시 업시 표표ᄒᆫ 지라.

우흐로 텬즈와 아릭로 만죄(滿朝) 그 긔특이 싱존홈과 명쳘ᄒᆫ 지모와 통연(洞然)ᄒᆫ 혜식(慧識)이 규합(閨閤) 일 녀지나, 완연이 뎨곡(帝嚳)1067)의 신긔(神氣)와 쇼호(少昊)1068)의 슬긔를 겸ᄒ여, 지모(智謀) 직예(才藝) 만고의 희한ᄒ고, 효졀(孝節) 상힝(常行)1069)이 쳔츄(千秋)의 뉴젼(遺傳)ᄒ여 민멸ᄒ기 앗가오믈 드릭미, 신연(新然) 변식(變色)ᄒ여 긔용치경(改容致敬)ᄒᆯ 마지 아니ᄒ고, 엄부인의 픠악(悖惡) 무힝(無行)으로 틱교(胎敎)ᄒ미, 이 갓흔 셩녀(聖女) 슉완(淑婉)을 나핫ᄂᆫ 즑 긔이코 이상이 너기

1065)가부졔가지죄(家不齊家之罪) : 집을 공평하게 잘 다스리지 못한 죄.
1066)신여명(身與命)이 구젼(俱全) : 몸과 목숨이 함께 온전함.
1067)뎨곡(帝嚳) : 중국 전설상의 오제(五帝) 가운데 한 사람으로 전욱의 아들이고 요(堯)임금의 아버지라고 전한다. 전욱의 뒤를 이어 박(亳) 땅에 도읍을 정하였으며, 흔히 고신씨(高辛氏)라고도 한다. 태어나면서 자신의 이름을 말하였고, 현명하여 먼 일을 알았으며 미세한 일도 살폈고 만민에게 급한 것이 무엇인 줄을 알았다고 한다.
1068)쇼호(少昊) : 중국 태고 때에 있었다는 전설상의 임금. 황제의 아들로 이름은 현효, 금덕이었고, 천하를 다스리게 되었으므로 호를 금천씨(金天氏)라고 부른다. 가을을 다스리는 신으로 알려져 있다.
1069)상힝(常行) : ①법(法)다운 행실. ②오상(五常) 곧 오륜(五倫)의 행실.

니, 샹이 이의 좌우 근시로 조공을 붓드러 니른혀고 관(冠)을 【3】쥬어 평신ᄒ라 ᄒ
시고, 활연(豁然) 칭지(稱之) 왈(曰),

"경녀(卿女)의 지모(智謀) 샹힝(常行)이 고금의 희셰(希世)ᄒ니 엇지 긔특지 아니리
오. 셕(昔)의 빅희(伯姬)1070)는 고집 불통ᄒ여 한갓 일녜(一禮)를 직희미 유톄(遺
體)1071)를 화즁(火中) 쇼신(燒身)ᄒ고, 녀종1072)은 동탁(董卓1073))의 문의 나아가니 비
록 죽으나 엇지 비야(鄙野)치 아니리오. 니졔 경녀는 만번 위틱ᄒᆫ 가온ᄃᆡ 효졀을 완전
ᄒ여 몸을 녜(禮)아닌 곳의 님(臨)치 아니ᄒ고, 유톄(遺體)를 온전ᄒ여 졀(節)을 숀(損)
ᄒ미 업ᄉ니, 고쟈(古者) 셩녀(聖女) 쳘부(哲婦)의 지난 힝식 아니리오. 짐이 고ᄉ를
샹고ᄒ여 셕쟈(昔者) 고슈지ᄌ(瞽瞍之子) 슌(舜)이 나시믈 실노 의괴ᄒ엿더 【4】니, 금
쟈(今者)의 경의 안희 픠악무힝(悖惡無行)ᄒ미 고슈의 지지 아니ᄒᆞᄃᆡ 엇지 이 갓흔 셩
녀 슉완의 긔녀(奇女)를 싱ᄒ며, 희셩 등 삼형뎨 다 군ᄌ 영쥰의 풍이 이시니, 엇지
텬도의 회극ᄒ미 이상치 아니리오. 엄녜 퇴교의 긔특ᄒᆞᆷ믄 실노 임ᄉ(姙姒)의 지지 아
니ᄒ니, 족히 이 한 일이 가히 당여ᄉ죄(當如死罪)1074)라도 ᄉ(赦)ᄒ염 즉ᄒ거늘, ᄒᄆᆯ
며 쇼쇼 허물이냐? 교언(巧言) 녕참(令讒)의 본셩을 일흐믄 고쟈(古者) 셩군(聖君)도
면치 못ᄒ신 빈니, 부인 녀ᄌ의 협냥(狹量)이리오. 원홍의 요음(妖淫) 특ᄉ(慝邪)ᄒ미
구미호(九尾狐)1075) 갓흐니, 경쳬(卿妻) 본ᄃᆡ 냥협(量狹)ᄒᆫ 녀지라. 간계의 농 【5】쥰
(濃蠢)1076)ᄒ미 괴이치 아니니, 님군이 임의 관뎐(寬典)을 쓰거늘, 경이 엇지 너모 고
집ᄒ여 짐의를 져ᄇ리며 ᄌ녀의 안면을 고렴치 아니리오. ᄯᅩ한 아시 조강(糟糠)의 만
난 졍을 박ᄃᆡᄒ려 ᄒᄂᆈ? 경이 아직 분두(忿頭)의 안희를 ᄉᄉ(賜死)ᄒᄌ ᄒ여 박졀
ᄒᆫ 말을 만히 ᄒ거니와, ᄌ녀의 낫츨 고렴ᄒ여 일시 분한이 날이 오ᄅᆡ지 아냐 부운갓
치 훗허지리니, 금일 군뎐의셔 말이 쉽던 쥴 도로혀 뉘웃고, 투한(妬悍)○[ᄒᆞᆫ] 부인이
드르면 도로혀 유감ᄒ여, 경이 만년의 부인의게 견과(見過)ᄒᆯ가 ᄒᄂ니, 너모 말을 슈
히 말【6】나."

셜파의 농안의 쇼쉭(笑色)이 미미ᄒ시니, 만조 문뮈 샹언이 희어(戲語)를 발ᄒ시믈

1070)빅희(伯姬) : 중국 춘추시대 노(魯)나라 선공(宣公)의 딸. 송나라 공공(恭公)에게 시집갔다가 10년 만
   에 홀로 됐다. 궁궐에 불이 났을 때 관리가 피하라고 했으나 부인은 한밤에 보모 없이 집을 나설 수
   없다고 고집해서 결국 불속에서 타 죽었다. 『열녀전(烈女傳)』〈정순전(貞順傳)〉'송공백희(宋恭伯姬)'
   조(條)에 기사가 보인다.
1071)유톄(遺體) : 부모유톄(父母遺體). 부모가 남겨 준 몸이라는 뜻으로, 자기의 몸을 이르는 말.
1072)여종 : 중국소설〈삼국지연의〉에 나오는 왕윤(王允)의 여종 초선(貂蟬). 왕윤이 동탁(董卓)을 제거할
   목적으로 자신의 여종인 초선과 짜고 미인계(美人計)를 써, 초선을 여포(呂布)에게 첩으로 주겠다고 해
   놓고는 동탁의 첩으로 보냄으로써, 초선을 차지하려는 여포의 질투심을 자극해, 여포로 하여금 동탁을
   죽이게 만든다.
1073)동탁(董卓) : ?~192. 중국 후한(後漢) 때의 정치가. 소제(少帝) 유변(劉辯)을 시해하고 헌제(獻帝)를
   옹립한 후, 권력을 잡고 폭정을 일삼다가, 여포(呂布)를 비롯한 자신의 측근들에 의해 암살당했다.
1074)당여ᄉ죄(當如死罪) : 죽을죄에 해당한다고 하더라도.
1075)구미호(九尾狐) : '꼬리가 아홉 개 달린 여우'라는 말로, 몹시 교활한 사람을 비유적으로 이르는 말.
1076)농쥰(濃蠢) : 생각이나 욕구 따위가 왕성하게 꿈틀거림.

보오미 불승황공ᄒ여, 조공이 다시 ᄉᄉ 쇼견을 쥬달치 못ᄒ고, 오직 국궁(鞠躬) 진췌 (盡瘁)ᄒ여 도로혀 면홍(面紅)이 ᄌ져(自著)ᄒᄆᆯ 씨닷치 못ᄒ니, 상이 무장1077) 티쇼 (大笑)ᄒ시고 왈,

"짐의 말이 엇더ᄒ관ᄃᆡ 조졍이 말이 업ᄂᆞ뇨?"

상국이 계슈(稽首) 복지(伏地) 왈,

"만셰 폐하의 양츈 혜퇴이 고목의 협흡(協洽)ᄒ시니[어] 창승(蒼蠅)과 누에 갓흔 인 명○[을] 앗기시미 여ᄎᆞᄒ시니, 신이 비록 ᄉᄉ 쇼견이 잇ᄉᆞ오나 텬위지하의 엇지 더 러온 가ᄉᆞ를 가져 두번 번득ᄒ리【7】잇고? 상이 지삼 우으시고 우왈,

"이 말은 다 희언(戲言)이어니와, 진실노 경녀의 아름다온 덕ᄒᆡᆼ은 금셕(金石)의 박 아 후셰의 젼ᄒ염 즉ᄒ니, 엇지 각별 포장(襃獎)ᄒ여 셩녀의 덕을 낫호지 아니리오. 특은(特恩)으로 지현명덕효렬슉현비(至賢明德孝烈淑賢妃)를 봉ᄒ여 뎡가로 복합(複合) ᄒ여 운긔 도라오ᄂᆞᆫ 길히 한가지로 오게 ᄒᆡ, 본읍으로 ᄒ여곰 화거(華車) 금뉸(金 輪)을 갓초와 경녀의 셩덕과 효졀을 빗ᄂᆡ게 ᄒ라."

ᄒ시고,

"현ᄆᆡ ᄯᅩᄒ 일기 쳥의하뤼(靑衣下類)나 츙의렬협(忠毅烈俠)이 하쳔(下賤) 복예(僕隷) 의 회한ᄒ니, 고어의 왈, '장쉬 강ᄒᆞᄆᆡ 군시 녈'(烈)ᄒ【8】ᄃᆞᆷ 이 그릇지 아닌지라. 각별 미포(米布) 금빅(金帛)을 쥬어 그 녈의(烈義)를 포장ᄒ라."

ᄒ시고, 조시 양쥬 촌졈의셔 작화(作禍)ᄒ던 강도 심국희를 츄포(追捕)ᄒ여 그 본쥬 로셔 각별 엄치케 ᄒ시고, ᄯᅩᄒ 벽션의 공뇌를 미포(米布)로 졔급(齊給)ᄒ고, 금일은 임의 날이 져무러시니 모든 죄인을 옥즁의 가도앗다가 명일노 ᄒᆡᆼ형(行刑) 안뉼(按律) ᄒ라 ᄒ시니, 평졔왕 뎡쥭쳥과 조승상이 조시의 고명(告命) 직쳡(職牒)과 특은(特恩)이 과도ᄒ시믈 힘뼈 ᄉ양ᄒᆡ, 상이 죵불윤(終不允)ᄒ시고, 조틱우 희셩 삼곤계 옥계의 머리를 두다려 고왈,

"어뮈【9】참덕이 조졍의 낫하나오니 위기ᄌ(爲其子)ᄒ여 닙어조졍(立於朝廷)ᄒᄆᆡ 진실노 ᄌ괴(自愧)ᄒ오니 ᄉ직ᄒᄆᆯ 지삼 고ᄉᆞ니, 상이 ᄯᅩᄒ 인ᄌ지되(人子之道) 그 러홀 쥴 싱각ᄒ시고, 조상국 ᄉ부ᄌ(四父子)의 벼슬을 거두어 일년 말ᄆᆡ를 허ᄒ시니, 조공 ᄉ부지 텬은의 망극ᄒ오시믈 감누를 드리워 황은을 슉ᄉ(肅謝)ᄒ고, 퇴조(退朝) ᄒ여 나올ᄉᆡ, 니러구러 날이 황혼이 되엿ᄂᆞᆫ지라. 장ᄎᆞᆺ 금문(禁門)을 닷고져 ᄒ니, 바야 흐로 모든 죄인을 칼 메워 옥의 가도고, 만죄(滿朝) 일시의 퇴조ᄒ고, 상이 ᄯᅩᄒ 파조 ᄒ샤 ᄂᆡ젼으로 드ᄅᆞ시다.

현ᄆᆡᄂᆞᆫ 상국 부ᄌ【10】 뒤흘조ᄎᆞ 도라가니라. 조상국이 부즁의 도라와 존당의 혼 졍(昏定)을 맛고 셕식을 파ᄒᄆᆡ, 연즁 셜화를 죵두지미(從頭至尾)히 고ᄒ니, 일기 식로 이 놀나며 노승상 부부ᄂᆞᆫ 식부의 힝ᄉ를 원홍의 초ᄉ로조ᄎᆞ 드를ᄉ록 한심ᄒ며, 틱우

1077)무장 : 갈수록 더.

등 삼손과 손녀의 심시 편치 아닐 쥴 혜아려, 지삼 아즈를 희유(解諭)ᄒᆞ여, 엄시의 죄 이시나 즈녀의 낫출 보아 과도히 칙지 말나 ᄒᆞ니, 승상이 슌슌 슈명ᄒᆞ고 삼즈로 더부러 협문으로조ᄎᆞ 집의 니ᄅᆞ러, 즁당(中堂)의 쵹을 붉히고 시녀를 명ᄒᆞ여 부인긔 젼어 왈,

"복(僕)【11】이 ᄉᆞ오지(四五載)의 환가ᄒᆞ미, 인ᄉᆞ의 변환ᄒᆞ미 일구(一口)로 긔록기 어렵도다. 사름의 슈요장단(壽夭長短)과 화복길흉(禍福吉凶)이 다 명(命)이니 엇지 그 사름을 탓ᄒᆞ리오만은, 진실노 녀아의 젼졍계활(前程計活)을 괴롭게 ᄒᆞᆷ 다 부인의 ᄌᆞ작지얼(自作之孽)이오, 나의 불명(不明) 혼약(昏弱)ᄒᆞ미 한녀(悍女)를 졔어치 못ᄒᆞᆫ 연괴라. 니졔 여ᄎᆞ여ᄎᆞᄒᆞ여 젼후 간상(奸狀)이 현누(現漏)ᄒᆞ미 그 딕헌 군ᄌᆞ의 질이(姪兒) 여ᄎᆞ여ᄎᆞ 죄의 나아가고, 그 딕의 참덕이 여ᄎᆞᄒᆞ여 만셩의 모르리 업ᄉᆞ니, 아동쥬졸(兒童走卒)이 나의 혼암ᄒᆞᆷ과 부인의 픽악ᄒᆞ믈 니ᄅᆞ니, 복이 하면목(何面目)으로 닙어셰(立於世)ᄒᆞ여 【12】상위(相位)를 웅거ᄒᆞ여 만조를 어하(御下)ᄒᆞ며, 쏘 삼이 무ᄉᆞᆷ 낫ᄎᆞ로 한원(翰院)1078) 조당(朝堂)의 츙슈(充數)ᄒᆞ리오. 금일 만인 쇼시의 여ᄎᆞ여ᄎᆞ 붓그러온 경상을 보고, 다못 흑싱과 삼이 다 폄직(貶職)ᄒᆞ여 도라왓ᄂᆞ니, 그딕는 일분 넘치 이실진딕 고당(高堂)의 안연ᄒᆞ리오. 맛당이 니이졀혼(離異絶婚) 영츌(永黜)ᄒᆞ여 일부 기과ᄒᆞ기를 기다릴 거시로딕, 악부뫼 아니계시고 희아 등의 안면을 도라보아 도라가믈 니ᄅᆞ지 못ᄒᆞᄂᆞ니, 부인이 져기 인심이면 남이 니ᄅᆞ며 칙지 아니나, 스스로 붓그럽지 아니랴? 니졔 서ᄅᆞ 보고져 ᄒᆞ미 싱이 낫치 스스로 참괴【13】ᄒᆞᆫ 고로, 시녀의 닙을 비러 젼ᄒᆞᄂᆞ니, 시일노붓허 졍당을 폐ᄒᆞ여 비실(鄙室)의 나려 나의 명 업시 텬일을 보려 말고 깁히 드러 회션기덕(回善其德)ᄒᆞ라. 불연즉 싱닉(生來)의 부뷔 서ᄅᆞ 보지 아니리라."

시녜 이딕로 젼ᄒᆞ니, 쎠의 엄부인이 녀아의 원찬(遠竄) 이후로 두문불츌(杜門不出)ᄒᆞ여 쎠쎠 곡졀업슨 우름과 원언(怨言)이 탐탐(耽耽)ᄒᆞ여 조공의 틱셔 잘못ᄒᆞ믈 다함 원망ᄒᆞ더니, 문득 조공이 도라왓다 ᄒᆞ되 슈일의 드리미러 보ᄂᆞᆫ 일이 업ᄉᆞ니, 바야흐로 노홉고 이달와 혜오되,

"노츅(老畜)이 격년(隔年) 니가(離家)ᄒᆞ여 녀관(旅館) 잔등(殘燈)의 젹막ᄒᆞ믈 념ᄒᆞ여, 【14】반드시 요괴로온 곳의 졍을 머물웟도다. 그러치 아니면 불시의 니르ᄅᆞᆺ 미몰ᄒᆞ여 본딕 진즁ᄒᆞ던 부뷔 격년(隔年) 상니(相離)의 일분 권연(眷然)ᄒᆞ미 업ᄉᆞ리오."

ᄉᆞᄉᆞ난녜(思思亂慮) 궁극ᄒᆞ니 일야로 잠을 폐ᄒᆞ고, 셜시 등이 식반을 갓초아 드리나 공연이 폐식(廢食) 잠와(潛臥)ᄒᆞ여 졍히 심상(心狀)을 풀 곳이 업셔ᄒᆞ더니, 문득 시비 창 외의셔 공의 말ᄉᆞᆷ으로 젼어를 이 갓치 ᄒᆞ니, 치 듯도 아녀 비분(悲憤)이 엄식(奄塞)ᄒᆞ니, 졸연(猝然) 긔지(起之)ᄒᆞ여 므릅 썻던 금니(衾裏)를 열치니, 깁창1079)이 믜여

1078) 한원(翰院) : 조선시대 홍문관(弘文館)과 예문관(藝文館)을 말함.
1079) 깁창 : 비단으로 된 이불 홑청. *홑청; 요나 이불 따위의 겉에 씌우는 홑겹으로 된 껍데기.

지고, 금골희1080) 써러지며, 금병(錦屏)1081)이 것구러지니, 그 쇼릭 주못 요란ᄒ거늘, 분【15】연(忿然)이 상두(床頭)의 노핫던 츠완(茶碗)을 드러 분녁(奮力)ᄒ여 견어ᄒᄂᆞᆫ 시녀의 낫츨 향ᄒ여 더지니, 시비 무망(無妄)의 낫츨 마즈니 옥긔(玉器) 산산이 ᄊᆡ여져, 날난 조각의 살갓치 즁상ᄒ여 뺨이 ᄊᆡ여지고 피 흐르니 놀나 실식ᄒ더라.

이의 쇼릭를 독히 질너 ᄭᅮ지져 왈,

"늙은 필뷔 뉘 참쇼를 듯고 닉게 무슴 죄 잇다 ᄒ더뇨? 닉 비록 부뫼 지상(在上)치 아니시나 동긔 반셕갓ᄒ니, 조가의 방 ᄒ 간이 아니면 일신 머물기 어딕 못ᄒ리오. 니 제 도라가고져 ᄒ나 날이 어둡고 가졍(家丁)의 무리 회환(回還)이 어려오니, 젹은 《덕∥덧》 시와 효명(曉明)의 가려 【16】ᄒᄂᆞ니, 니이(離異)ᄂᆞᆫ 무어시오, 졀혼(絶婚)은 무어시며, 영츌(永黜)은 무어시뇨? 혼셔(婚書) 업스면, 그리면 우리 엄시의 고문셰벌(高門世閥)노 조현슌의 쳡 되엿다 ᄒ랴? 이 빗쓴 쳬ᄒᄂᆞᆫ 문명(問名)ᄒ여 무엇ᄒ리오. 하 가쇼롭고 농판졋다. 너는 노츅다려 주시 젼ᄒ라. 나는 두려 아닛노라."

셜파의 고장분분(叩掌忿憤)ᄒ여 금합(金榼)을 열고 문명(問名)을 닉여 믜치고져 ᄒ더니, 이 씨 틱우 등이 부군을 비시(部侍)ᄒ여 즁당(中堂)의 잇더니, 부인의 발악ᄒᄂᆞᆫ 언셩을 드르믹 민망 우황ᄒ믈 니긔지 못ᄒ나 홀 일 업더니, 말단 ᄉ예 문명을 ᄯᅳᆺ고져 ᄒ믈 딕경ᄒ여, 틱위 【17】급히 삼뎨를 눈쥬니 시랑이 연망이 이의 다드라, 이 거조를 보믹 딕경 실식ᄒ여 황망이 치다라 문명을 급히 ᄲᅢ혀 앗고, 주부인 손을 붓드러 실셩(失性) 쳬읍(涕泣) 왈,

"금일 연즁의 드러가 만조 문무 가온딕 원홍과 요리의 초ᄉ(招辭)를 보오믹, 미져의 젼두 화란이 다 원홍 젹즈(賊者)의 작악(作惡)이나, 근본인즉 모친의 실덕이 《과단∥과다(過多)》ᄒ신 빌믹라. 만셩 ᄉ셔의 지쇼(指笑)ᄒ믹 주위(慈闈) 신상의 밋ᄂᆞᆫ 바를 싱각ᄒ오니, 희아 등이 춤아 낫츨 드러 힝셰홀 ᄯᅳᆺ이 업ᄉ오니, 만일 불효를 싱각지 아니ᄒ온즉, 한번 죽어 붓그러오믈 닛고 【18】져 ᄒ오딕 춤아 힝치 못ᄒ미오, 딕인의 분히(憤駭)ᄒ시미 엇지 범연ᄒ시리잇고? 모친이 맛당이 실덕을 뉘웃쳐, 딕인의 셩뇌(聖怒) 진쳡(震疊)ᄒ신 씨 니러틋 격노치 마르시고, 죵용이 ᄉ죄ᄒ시고 젹은 덧 비실의 나리시면, 오릭지 아냐 야야의 셩뇌 ᄯᅥ지시고, 져졔 요힝 싱존ᄒ여 누명을 신셜ᄒ고 금주어필(金字御筆)을 씨여 뎡형을 조ᄎ 긔린을 안고 영화로이 도라오리니, 모친의 슈계(囚繫)ᄒ시믈 드르믹 져져의 츌뉴(出類)ᄒᆫ 셩효로 엇지 안연ᄒ리오. ᄉ싱(死生)으로뼈 딕인긔 간징(諫爭)ᄒ여 딕인 셩의(聖意)○[를] 두로혀도록 홀 거시니, 부【19】부 모녜 일당의 모다 즐기시미 어렵지 아니커늘, 틱틱 엇지 스스로 ᄭᅢ닷지 못ᄒ시고 니러틋 셩노를 과히 ᄒ여, 야야의 노를 도도시ᄂᆞ니잇고?"

안식이 유화ᄒ고 말솜이 유열(愉悅)ᄒ여 주모의 약ᄒᆫ 간장을 농쥰(濃蠢)홀 거시로

1080)금(錦)골희 : 비단으로 바른 고리. * 고리; 키버들의 가지나 대오리 따위로 엮어서 상자같이 만든 물건. 주로 옷을 넣어 두는 데 쓴다. 늑고리짝·유기(柳器)
1081)금병(錦屏) : 비단으로 만든 병풍.

딕, 엄부인은 한낫 우픠(愚悖) 광망(狂妄)ᄒᆞ고 셩악(性惡) 불통(不通)ᄒᆞ며 우혹(愚惑) 투미ᄒᆞ기1082) 무빵ᄒᆞᆫ지라. 엇지 슬거온 말ᄉᆞᆷ의 니히를 씨ᄃᆞ르며, 독ᄒᆞᆫ 셩이 북밧쳐 가부의 밋고 싯ᄂᆞᆫ 듯ᄒᆞᄆᆞᆯ 골돌 이달와ᄒᆞ니, 어ᄂᆞ 결을의 슈삼년 ᄉᆞ싱 존망을 몰나 쥬야 상심(傷心)ᄒᆞ던 녀아의 쇼식이 반가오믈 알니오. 독ᄒᆞᆫ 셩을 【20】 니긔지 못ᄒᆞ여 별ᄀᆞᆺᄒᆞᆫ 눈을 독히 쓰고, 나븨 눈셥을 거스리고, 옥슈로 시랑의 상토를 씌어 업지르고, 밍셩(猛聲) ᄃᆡ즐(大叱) 왈,

　"한 무리 츅싱(畜生)이로쇼니 네 다만 아븨 잇ᄂᆞᆫ 쥴만 알고, 어믜 싱휵ᄒᆞᆫ 은혜ᄂᆞᆫ 모ᄅᆞ니, 비여금슈(比如禽獸)라. 어믜 구구ᄒᆞᆫ 졍은 그려도 불효ᄒᆞᆫ 츅싱들을 ᄌᆞ식이라 ᄒᆞ여, 빅집ᄉᆞ(百執事)의 브ᄃᆡ 남과 갓고져 ᄒᆞᆯ것만은, 여등은 기시토목돈견(皆是土木豚犬)1083)이라. 어믜 졍을 일호(一毫)도 모ᄅᆞ니 닌들 마음이 이닯지 아니랴. 닉 유년의 조가의 입현(入見)ᄒᆞ여 구괴 ᄉᆞ랑ᄒᆞ고 가븨 쥼ᄃᆡᄒᆞ니, 닌니(隣里) 종족(宗族)이 칭찬ᄒᆞ여 슉녀 가인이라 ᄒᆞ【21】믈 드럿더니, 말년(末年)의 원슈 ᄌᆞ식들 연고로 부븨 상힐(相詰)ᄒᆞ미 잣고, 구괴 그릇 너기시니 이ᄂᆞᆫ 다 셩난 요괴로온 아히 삼겨, 부모의 금슬을 마희(魔戲)ᄒᆞ미라. 막 싱각ᄒᆞ면 죽어 귀치 아니ᄒᆞ니, 닉몸의 괴로올 젹은 셩난 아녀 왕모요희(王母瑤姬)1084)라도 귀치 아니ᄒᆞ니, 니졔란 못쓸 ᄌᆞ식들의 말○[을] 닉 귀의 들니지 말나. 원간 네 부ᄌᆞ의 진즁(鎭重) 거여온1085) 두용직(頭容直)1086)ᄒᆞ고 슈용공(手容恭)1087)ᄒᆞ여 군ᄌᆞ 장부의 힝신 보기 눅눅ᄒᆞ니, 괴로이 네 집 비실(鄙室)의 누누(累陋)히 굴신(屈身)ᄒᆞ여 므ᄉᆞᆫ 죄 잇노라 ᄒᆞ고, 네 아븨게 ᄉᆞ죄ᄒᆞ여 졔어(制御)ᄒᆞ믈 감심ᄒᆞ리오. 찰하리 닉 집의 도라가 아【22】니쇼온 거동을 아니 보려ᄒᆞᄂᆞ니, 너희ᄂᆞᆫ 셩현 군ᄌᆞ라 어진 아븨를 조ᄎᆞ 스ᄉᆞ로 힝신이나 잘ᄒᆞ지, 못쓸 어믜를 다시 ᄎᆞᆺ지 말나. 결단코 너희 얼골도 보지 아니리라."

　셜파의 시랑의 닙은 못슬 남은 것 업시 다 쯧고, 금쳑(金尺)을 드러 어ᄌᆞ러이 난타ᄒᆞ니, 셩악(性惡)이 ᄃᆡ발(大發)ᄒᆞ엿거ᄂᆞ, 앗길 거시 어이이시리오. 금쳑이 지나ᄂᆞᆫ 곳마다 옥골 셜부(雪膚) 히여져 홍혈이 쇼스나ᄃᆡ, 시랑이 ᄌᆞ긔 알픈 쥴을 어이 알니오. 모친의 실덕이 졈졈 과도ᄒᆞᆷ을 ᄎᆞ악ᄒᆞ니, 신식을 불변ᄒᆞ고 머리를 슉여 고요히 칙을 바들 ᄯᆞ름이라.

　좌우의 【23】 셜부인 졔ᄉᆞ금장(娣姒襟丈)1088) 삼인이 존고의 종일 식반을 젼폐ᄒᆞ시

1082)투미하다 : 어리석고 둔하다.
1083)기시토목돈견(皆是土木豚犬) : 모두가 흙덩이나 나무토막·돼지·개와 같은 것들이다.
1084)왕모요희(王母瑤姬) : 요지왕모(瑤池王母). 중국 신화에서 곤륜산(崑崙山) 요지(瑤池)에 살고 있다고
　　하는 여선(女仙) 서왕모(西王母).
1085)거여오다 : 거오(倨傲)하다. 거만(倨慢)하다.
1086)두용직(頭容直) : 머리는 곧고 바르게 세운 자세를 유지해야 한다. 이이(李珥) 『격몽요결(擊蒙要
　　訣)』의 '구용(九容)' 가운데 하나.
1087)슈용공(手容恭) : 손 모양은 공손하게 가져야 한다. 이이(李珥) 『격몽요결(擊蒙要訣)』의 '구용(九
　　容)' 중 하나.
1088)졔ᄉᆞ금장(娣姒襟丈) : 형제의 아내들의 손위 손아래의 여러 동서(同壻)들. '제(娣)'는 손아래 동서,

믈 경구(驚懼)ᄒ여, 셕상을 밧드러 좌우의 뫼셔 오히려 믈너나지 아녓고, 시녜 가득ᄒ나 뉘감히 말니리오. 조공이 즁당의 머무러 엇지 모르리오. 어히업셔 날호여 냥ᄌ로 더부러 이의 다ᄃ르니, 삼뷔 연망(連忙)○[이] 영지(迎之)ᄒ고, 부인이 공을 보미 더옥 분뇌(憤怒) 빅장(百丈)이나 놉ᄒ니 엇지 아ᄌ를 수홀 ᄯᆞᆺ이 이시리오.

공이 이 거동을 보미 면간(面間)의 찬 우음이 가득ᄒ여 냥ᄌ를 꾸지져 시랑을 닛그러 닉라 ᄒ니, 냥인이 모부인을 두리나 야야의 엄칙을 황공ᄒ여 ᄌ부인 잡으【24】신 손을 푸러 시랑을 닛그러 닉니, 상국이 광미(廣眉) 봉안(鳳眼)의 노긔 어리여 좌우 시녀를 꾸지져, 부인을 핍박ᄒ여 졍당 협실의 너코 쇄문(鎖門)ᄒ라 ᄒ니, 호령이 엄숙ᄒᆫ지라.

모든 시비 부인을 겨혀ᄒ나 공의 위엄을 엇지 항거ᄒ리오. 기즁 건장ᄒᆫ 양냥 수오 인이 나아가 부인을 가비야이 붓드러 쇼실(小室)의 너ᄒ니, 공이 친히 금쇄(金鎖)를 가져 문을 잠으고, 젹은 창을 인연ᄒ여 조셕식반을 드리게 ᄒ고, 아모나 ᄌ가의 명 업 시 문을 여는 ᄌ는 일죄(一罪)로 하령ᄒ고, 다시 발악ᄒᆞᆫ 쇼리를 드른 체 아니ᄒ고 상부(上府)로 도라갈【25】ᄉᆡ, 안쉭이 식식ᄒ고 말ᄉᆞᆷ이 쥰졀ᄒ여 왈,

"여등 삼인이 빅어(伯魚)[1089]를 효측(效則)고져 ᄒ거든 아뷔를 조ᄎ 명을 슌ᄒ고, 어믜를 ᄯᆞᆯ오고져 ᄒ거든 ᄯᅩᆫ 이의 머무나 말니지 아니ᄒ리라."

삼지 불승황공ᄒ여 감히 ᄉᆞ쉭지 못ᄒ고 일시의 공을 뫼셔 상부의 나아가니, 니러구러 야심ᄒ엿ᄂᆞᆫ지라. 능히 존당의 드러가지 못ᄒ고 딕셔헌의 니르니, 상국의 빅형 강능 후와 ᄎᆞ형 츄밀과 수뎨 쇼부공이 ᄌ질을 거느려 오히려 ᄌ지 아녓다가, 상국을 보고 슈말을 무러 엄부인 힝ᄉᆞ를 가지록 한심 경히ᄒ나, 졔질의 안면을【26】고렴ᄒ여 말 을 아니ᄒ더라.

엄부인이 공의 엄숙ᄒᆫ 노를 맛나미 능히 셩악을 발뵈지 못ᄒ고, 힘힘이 쇼실(小室) 의 슈계(囚繫)ᄒᄆᆞᆯ 닙으니, 스스로 초독(超毒)ᄒᆫ 셩악을 니긔지 못ᄒ여, 닙은 바 의상 을 발발이 ᄧᅟᅮᆺ고 시도록 공을 원망ᄒ여 원언이 ᄭᅳᆫ치 아니ᄒ고, 부듸잇고 연고 업시 통 곡ᄒ여 날치ᄂᆞᆫ 거동이 히괴망측(駭怪罔測)ᄒ나, 밧그로 문을 쇄(鎖)ᄒ여시니 뉘 능히 붓드러 위로ᄒ리오. 밤시도록 임의로 부듸잇고 작난ᄒ니 협실 속의 버린 긔명(器皿)이 남은 거시 업고, 스스로 상(傷)ᄒ여 옥갓흔 살이 곳곳이 웃쳐져시ᄃᆡ 알픈 쥴 모르더 니, 【27】계명 씌의 바야흐로 셩이 나리고 몸이 피곤ᄒ여 즛두다리ᄂᆞᆫ 듯ᄒᆫ지라. 침 셕을 ᄎᆞᄌᆞ 누어 호흡이 나즉ᄒ더니, 이 씨 셜시 등이 감히 수침을 ᄎᆞᆺ지 못ᄒ고 협실 밧긔 이셔 우황초조(憂惶焦燥)ᄒ더니, 부인이 스스로 진졍ᄒᄆᆞᆯ 보고, 셜부인은 본ᄃᆡ

'사(姒)'는 손위 동서, 금장(襟丈) 손위·손아래 구분 없이 동서를 이르는 말.

1089)빅어(伯魚) : 공자(孔子)의 아들. 성은 공(孔). 이름은 리(鯉). 백어(伯魚)는 그의 자(字)다. 부친이 19세 때 송나라 여인 기관씨(丌官氏)에게 장가들어 이듬해인 20세 때 그를 낳았으나, 부모가 화목하 지 못하여 난지 3년 만에 이혼을 하여 아버지 공자(孔子)를 따라 살았다. 공자에게 시(詩)를 배웠고, 송(宋)나라 휘종(徽宗) 8년(1102) 사수후(泗水侯)에 추봉되었다.

유화(柔和) 졍슌(貞順)ᄒᆞ고 유열(愉悅) 관녜(寬叡)ᄒᆞ여, 너그러온 긔상이 츈풍 갓고 말
슴을 일우미 츈양의 온화ᄒᆞᆫ 긔운이 만물을 부휵(扶慉)ᄒᆞᄂᆞᆫ 조홰 잇ᄂᆞᆫ지라. 사름의 불
평ᄒᆞᆫ 긔운을 술와 바리ᄂᆞᆫ 고로, 능히 존고의 뜻을 바다 뜻마치기를 미아리 그림지 응
(應)틋 ᄒᆞ니, 엄부인 심상(心狀)이나 이 며ᄂᆞ【28】리ᄂᆞᆫ 져기 취즁(取重)ᄒᆞᄂᆞᆫ지라.

이의 문 밋ᄒᆡ 나아가 기춤ᄒᆞ고 나죽이 고왈,

"존괴 엇지 ᄉᆞ쳬(事體)를 명찰(明察)치 못ᄒᆞ시고 니러틋 셩쳬를 갓비ᄒᆞ샤[1090], 도로
혀 귀쳬의 히로오믈 싱각지 아니ᄂᆞ니잇고. '싱(生)은 긔야(寄也)오 ᄉᆞ(死)ᄂᆞᆫ 귀얘(歸也)
니'[1091], 인지싱셰(人之生世) 비컨딕 일쟝츈몽(一場春夢)이오, ᄉᆞ야(死也)ᄂᆞᆫ 쳔만윤회
(千萬輪廻)의 도라오믈 알기 어려오니, 싱(生)이 엇지 귀(貴)치 아니리잇고? 존괴 니졔
무익지녀(無益之慮)를 과도이 ᄒᆞ샤, 침식(寢食)을 구궐(俱闕)ᄒᆞ시고, 초우(焦憂) 번민
(煩悶)ᄒᆞ샤 일노뼈 신환(身患)이 침칙(侵拓)[1092]ᄒᆞ샤 불힝ᄒᆞ여 보젼치 못ᄒᆞ시ᄂᆞᆫ 지경
의 밋츠신즉, 가군(家君)과 슉슉(叔叔) 등의 뇩아지통(蓼莪之痛)[1093]은 니ᄅᆞ【29】지
마옵고, 쇼괴(小姑) 평싱지통(平生之痛)을 삼아 ᄌᆞ쳐죄인(自處罪人)ᄒᆞ여 인눈의 셜 쯧
이 업ᄉᆞ올 거시니, 한갓 ᄌᆞ녀의 지통만 끼칠 ᄯᆞ롬이오, 존구딕인(尊舅大人)이 초의 존
고(尊姑)로 더부러 아시(兒時) 결발(結髮)[1094] 조강(糟糠)으로 은의(恩誼) 즁ᄒᆞ시나, 일
노 미드실 거시 아니라. 군신 부뷔 일쳬니 님군이 신하를 춍우(寵遇)ᄒᆞ시다가도, 한번
뜻이 변ᄒᆞᆫ즉 ᄉᆞ졍 업스미 ᄉᆞ싱(死生)을 용납지 아니ᄒᆞ옵ᄂᆞ니, 부부의 되 역시 이와 갓
ᄉᆞ온지라. 존귀 니졔 작위 삼틱(三台)의 부귀 극ᄒᆞ시고, 년급오십(年及五十)이 못ᄒᆞ시
니, 남ᄌᆞ의 쟝년(壯年)이 져무지 아냐 계신지라. ᄌᆞ고로 남직 슈의(守義) ᄒᆞᄆᆞᆫ 미싱(尾
生)[1095] 【30】 《신슌‖신생(申生)[1096]》의[이] 이시니 쳔만고(千萬古)의 희한(稀罕)
ᄒᆞ온지라. 한번 가인(佳人)을 구ᄒᆞ시미 ᄉᆞ문명가(士門名家)의 지취도 어렵지 아니시고,

1090)갓비ᄒᆞ다 : 가쁴 하다. 가쁘게 하다. 몹시 숨이 차거나 힘에 겹게 하다. 몹시 급하거나 빠르게 하다.
　　*갓브다; 가쁘다. *갓비; 가쁴
1091)싱(生)은 긔야(寄也)오 ᄉᆞ(死)ᄂᆞᆫ 귀얘(歸也)니 : 생기사귀(生寄死歸). 사람이 이 세상에 사는 것은 잠
　　시 머무는 것일 뿐이며 죽는 것은 원래 자기가 있던 본집으로 돌아가는 것임을 이르는 말.
1092)침칙(侵拓) : 병(病)이 들어 병세가 더욱 악화됨.
1093)뇩아지통(蓼莪之痛) : 어버이가 죽어서 봉양하지 못하는 효자의 슬픔을 이르는 말. 중국 전국시대 진
　　(晋)나라 사람 왕부(王裒)가 아버지가 비명(非命)에 죽은 것을 슬퍼하여 일생 묘 앞에 여막(廬幕)을 짓
　　고 살며 추모하였는데, 『시경』<육아편(蓼莪篇)>을 외우며, 그 때마다 아버지를 봉양치 못하는 자신
　　의 처지를 슬퍼하여 눈물을 흘렸다는데서 유래한 말.
1094)결발(結髮) : 예전에 관례를 할 때 상투를 틀거나 쪽을 찌던 일로, 성년(成年) 또는 혼인(婚姻)을 달
　　리 이르는 말로 쓰인다.
1095)미싱(尾生) : 중국 춘추시대 노나라 사람으로, 고사 '미생지신(尾生之信)'의 주인공. *미생지신(尾生
　　之信); 우직하여 융통성이 없이 약속만을 굳게 지킴을 비유적으로 이르는 말. 춘추 때 미생(尾生)이라
　　는 자가 다리 밑에서 만나자고 한 여자와의 약속을 지키기 위하여, 홍수에도 피하지 않고 기다리다가,
　　마침내 익사하였다는 고사에서 유래한다. ≪사기≫의 <소진전(蘇秦傳)>에 나오는 말.
1096)신싱(申生) : 중국 춘추전국시대 진(晉)나라 헌공(獻公)의 태자(太子). 헌공의 애첩 여희(驪姬)의 모
　　함을 받고, 이를 알면서도 밝히려 하지 않고 모자의 의(義)를 지켜 자결했다.

초요월안(楚腰月顔)1097)의 절셰아미(絶世蛾眉)1098)도 모호기 어렵지 아니ᄒᆞ시니, 존고의 번뇌ᄒᆞ시ᄂᆞᆫ 비 도로혀 귀쳬의 히롭고, 듸인 신상의ᄂᆞᆫ 무히ᄒᆞ고, ᄯᅩ 닌니 족친과 타인의 우음이 되올지라. 쇼쳡의 어린 쇼견의ᄂᆞᆫ 진실노 존고를 우러와 이 거죄 히로온가 ᄒᆞ옵ᄂᆞ니, 복원 존고ᄂᆞᆫ 상찰(詳察)ᄒᆞ샤 스스로 《쳠금∥천금》 존쳬를 존즁ᄒᆞ쇼셔."

엄부인이 셩독(性毒)이 져기 진졍ᄒᆞ미 긔운이 갓브고 만신이 즛늬긔ᄂᆞᆫ 듯ᄒᆞ니, ᄌᆞ가의 너모 셔도【31】라 몸이 상ᄒᆞᆫ 줄 뉘웃고, 공의 미몰ᄒᆞᆷ를 한ᄒᆞ여 죽고져 ᄯᅳᆺ도 잇고, 살고져 마음도 이셔 ᄉᆞᄉᆞ난녜(事事亂廬) 무궁ᄒᆞ니 능히 지향치 못ᄒᆞ더니, 믄득 ᄌᆞ부의 너그러온 말ᄉᆞᆷ으로 니히(利害)를 타, 고(告)ᄒᆞᆷ믈 드르미 신연(新然) 듸오(大悟)ᄒᆞ여 침음 냥구의, 번연(翻然) 긔지(起之) 왈,

"아름답다 현부여! 네 말이 과연 올ᄒᆞ니 노모의 담담ᄒᆞᆫ 흉챠(胸次) 져기 쇠횐ᄒᆞ도다. 노츅 필부의 공연이 박츅ᄒᆞᆷ믈 보니 오심(吾心)의 실노 이닯고 분ᄒᆞ여 죽어 니즈려 ᄒᆞ더니, 현부의 슬거온 말이 니히(利害) 당연ᄒᆞᆫ 듯ᄒᆞ니, 노뫼 엇지 이ᄲᅧ 죽어 노츅(老蟲)의 ᄯᅳᆺ을 맛치【32】리오. 반드시 나의 싴(色)이 쇠ᄒᆞᆷ믈 넘(厭)ᄒᆞ여 나의 예긔를 썩고져 엉뚱ᄒᆞᆫ 의ᄉᆞ 이셔, 어ᄂᆞ 곳의 요싴을 관졍(關情)ᄒᆞ미 잇ᄂᆞᆫ가 시브니, 엇지 분히치 아니리오. ᄂᆡ 부듸 ᄉᆞ라 노모의 싱견은 탑하(榻下)의 타인의 언싴(言飾)을 용납지 아니리라."

셜부인이 존고의 마음 두로혀믈 깃거 지삼 호언으로 다리며, 일긔(一器) 온미(溫糜)를 가져 젹은 문을 열고 드리니, 부인이 바다 쾌히 마시고 침셕의 나아가 바야흐로 잠들거늘, 임의 날이 청신(淸晨)1099)이라. 삼부인이 인ᄒᆞ여 ᄌᆞ지 못ᄒᆞ고 쇼셰(梳洗)ᄒᆞ고 상부의 나아가 존당의 문안ᄒᆞ니, 노상국 부【33】뷔 엄부인 신상을 믓고 그 협냥(狹量)을 지삼 탄식ᄒᆞ더라.

조공이 시좌(侍坐)러니, 셜시의 쇼녀 계혜 년미ᄉᆞ셰(年未四歲)의 극히 영오ᄒᆞ고, 이용(愛容)이 교려(巧麗)ᄒᆞ여 민달(敏達)ᄒᆞ니 조공이 ᄉᆞ랑ᄒᆞᄂᆞᆫ지라. 이의 치슈(彩袖)를 붓치고 홍상을 ᄯᅳ어 조부 슬하의 넘노라 이릭하더니1100), 믄득 웃고 왈,

"작셕(昨夕)의 왕뷔 너모 왕모를 촉노(觸怒)ᄒᆞ시니, 왕뫼 가장 노ᄒᆞ샤 협실의셔 밤시도록 침슈(寢睡)를 폐ᄒᆞ시고 식음을 구궐(久闕)ᄒᆞ샤 죽기를 ᄌᆞ분(自憤)ᄒᆞ시니, ᄌᆞ모와 냥 슉뫼 역시 ᄌᆞ지 못ᄒᆞ시고 듸령ᄒᆞ엿더니, 모친이 여ᄎᆞ여ᄎᆞ 조모긔 알외니 ᄯᅩ 조뫼 니리 【34】 니리 디답ᄒᆞ시고, 바야흐로 일긔 미쥭(糜粥)을 쳘음(歠飮)ᄒᆞ시고 긔운을 져기 진졍ᄒᆞ샤 ᄌᆞᆷ드르시ᄂᆞᆫ 듯ᄒᆞ니, 모친과 냥 슉뫼 ᄌᆞ지 아니ᄒᆞ고 바로 신셩의 드

1097)초요월안(楚腰越顔) : 중국 초나라 미인의 가는 허리와 월나라 미인의 아름답게 화장한 얼굴.
1098)절셰아미(絶世蛾眉) : 절세미인(絶世美人) *아미(蛾眉) : 누에나방의 눈썹이라는 뜻으로, 가늘고 길게 굽어진 아름다운 눈썹을 이르는 말. 미인의 눈썹 또는 미인을 이른다.
1099)청신(淸晨) : 맑은 첫새벽.
1100)이릭ᄒᆞ다 : 아양 떨다. *아양; 귀염을 받으려고 알랑거리는 말. 또는 그런 짓.

러와 계신지라. 퇴왕모 금일는 주모와 두 슉모를 안젼의 시(侍)ᄒ기를 말미ᄒ샤 쉬게
ᄒ쇼셔."

셜부인이 츄파(秋波)를 빗기 ᄯ러 쇼아를 보니, 쇼이 밋쳐 모친 긔식을 살피지 못ᄒ
고, 탐탐(耽耽)이 제 말만 ᄒ다가 우연이 마조치니, 모친의 온식(慍色)을 보미 ᄃᆡ황(大
惶) ᄃᆡ구(大懼)ᄒ여, 뉴미(柳眉)를 슉이고 말을 긋치니, 조공이 쇼아의 언ᄂᆡ(言內)로조
ᄎ 부인의 힝ᄉ를 드를스록 어히업셔 묵연【35】ᄒ더니, 식부의 숀아 미안(未安)이
너기는 긔식과, 쇼아의 겁ᄂᆡ믈 보고 강잉 잠쇼 왈,

"숀이 영오(領悟) 혜힐(慧黠)ᄒ여 올흔 말 ᄒ거늘, 아뷔(我婦) 엇지 쇼아를 미온ᄒ
뇨?"

부인이 슈용(羞容)ᄒ여 능히 ᄃᆡ치 못ᄒ고, 소이 옥안을 붉히고 이루(哀淚)를 먹음어
조부긔 고왈,

"일시 미안이 너기시는 거시야 관겨ᄒ리잇가만은, 모친이 마이 치면 엇지ᄒ리잇
고?"

공이 이련ᄒ여 쇼아의 머리를 쓰다듬으며 식부다려 왈,

"숀이 한갓 총명ᄒᆯ 뿐 아니라 인효(仁孝)ᄒ고 다겁(多怯)ᄒ니, 현뷔 다시 ᄭ무짓지 말
나."

셜부인이 존구의 명을 듯ᄌ오【36】미 감히 퇴만치 못ᄒ여 슈명 ᄉᆞ례ᄒ니, 쇼이 크
게 깃거ᄒ더라. 좌우 졔인이 쇼아의 말노조ᄎ 엄부인 말을 듯고 심하의 실쇼ᄒ더라.

니러구러 일식이 느즈미 만조 빅관이 조상부의 모다 치하ᄒ니, 평졔왕 오곤계와 평
진왕 곤계 하승상 ᄉ곤계며 허다 친권(親眷) 고귀(故舊) 모드니, 광실(廣室)이 좁고 금
옥(金屋)이 휘황ᄒ더라.

모다 조시의 긔특이 싱존ᄒ믈 치해(致賀) 분분(紛紛)ᄒ고 평졔왕은 식부의 싱존(生
存)홈과 숀아의 슈발(秀拔)ᄒ믈 더옥 깃거 농숀(弄孫)의 경ᄉ 쳐음인 듯ᄒ니, 쥬긱의
환희ᄒ믈 불문가지(不問可知)라. 죵일 연음(連飮)ᄒ여 【37】져믄 후 각산긔가(各散基
家)ᄒ다.

명일의 조상국이 옥궐의 조회를 파ᄒ고 바로 졔궁의 나아가 금평후를 비현(拜見)ᄒ
고 졔뎡을 회ᄉ니, 인친구교(姻親舊交)의 은근흔 졍이 시롭더라.

이 젹의 유식(有司) 뉼(律)을 잡으며 힝형관(行刑官)이 됴지(朝旨)를 밧ᄌ와, 모든
죄인을 압거(押去)ᄒ여 함양(咸陽) 시샹(市上)의 가 능지쳐참(陵遲處斬)ᄒᆯ식, 원홍은
즁형 삼ᄎᆞ하여 계북의 젹거(謫居)ᄒ라 ᄒ시므로 옥즁으로셔 햐쳐(下處)의 나아가니,
이 ᄯᆞ는 원홍의 조뫼 쥭언지 오릭고, 조부 원공이 이셔 년급칠슌(年及七旬)의 다병(多
病) 노혼(老昏)ᄒ나 ᄯᅩ흔 간특 요ᄉ흔 위인은 아닌 고로, 홍【38】의 젼젼 악ᄉ를 알
고 ᄃᆡ로ᄒ여 ᄭ무지져 왈,

"가히 조션을 욕먹인 불효지니 ᄉ싱을 엇지 고ᄌᆞᄒ리오. 불초숀을 다시 부늬 용
납지 말나."

ᄒ니 홍이 바로 문외로 나아가니, 기모 엄시 슬프믈 니긔지 못ᄒ여 존구의게 직삼 졍ᄉ를 이고(哀告)ᄒ여 약간 경보(輕寶)와 냥찬(糧饌)을 갓초아 문외의 나아가 모직(母子) 니별(離別)ᄒᆯᄉᆡ, 기쳐 니시를 다려 가고져 ᄒ거ᄂᆞᆯ, 니시 분노 왈,

"원가 츅ᄉᆡᆼ은 날노 더부러 명위부뷔(名爲夫婦)나 실위구젹(實爲仇敵)이라. 셩혼 오 년의 피ᄎᆞ 면목도 ᄌᆞ시 아지 못ᄒ니, 져ᄂᆞᆫ 외간 남ᄌᆡ오, 나ᄂᆞᆫ 심규 쳐녜나 다르지 아 니ᄒ【39】니, 므ᄉᆞᆫ 은의(恩義)로 셔로 니별ᄒ리오."

ᄒ고 죵시 가지 아니니, 엄시 ᄃᆡ로ᄒ나 감히 ᄭᅮ짓지 못ᄒ고 홀노 젹은 교ᄌᆞ를 타고 시녀 슈인을 거ᄂᆞ려 문외 햐쳐의 가 아ᄌᆞ를 보니, 임의 즁형을 바다 피육(皮肉)이 후 란(朽爛)ᄒ고 상쳬 ᄃᆡ단ᄒ지라. 모직 다만 붓들고 통곡ᄒ며 다함 원망ᄒᄂᆞᆫ 빅 조상국 부녀와 뎡의쳥이라. 엄시 울며 원공의 ᄭᅮ짓던 ᄉᆞ연과 니시의 슈말을 젼ᄒ니, 홍이 졀 치 분ᄆᆡ 왈,

"히이 쳥츈 장년이 바야히어ᄂᆞᆯ 이만 형벌의 못견ᄃᆡ여 죽으리잇가? 부ᄃᆡ ᄉᆞ라 월왕 (越王) 구쳔(勾踐)[1101]의 와신상담(臥薪嘗膽)[1102]ᄒ여 십년을 ᄉᆡᆼ【40】춰(生聚)[1103]ᄒ 고 십년을 교훈(敎訓)ᄒ여 '회계(會稽)의 붓그러오믈'[1104] 씻던 고ᄉᆞ를 효측ᄒ여, 젼졔 (專諸)[1105]의 빗난 날을 다듬아 조현슌과 뎡운긔를 버히고, 조‧뎡 냥가를 어육(魚肉) ᄒᆫ 후, 조초 니여 한부(悍婦)를 죽여 오ᄂᆞᆯ날 분을 풀니이다. 모친은 직삼 무강(無疆)ᄒ 샤 타일 히아의 운쉬 형통ᄒᄂᆞᆫ 날, 영효를 바드쇼셔."

엄시 울며 왈, 여모ᄂᆞᆫ 본ᄃᆡ 명완 불시니 오아ᄂᆞᆫ 어믜를 넘녀말고 다만 쳔금지구(千 金之軀)를 보젼ᄒ여 오ᄂᆞᆯ날 붓그럽던 분을 풀게 ᄒ라. 니러툿 문답ᄒ여 ᄉᆞ에(辭語) 흉 음 극악ᄒ더라.

치관(差官)이 셩화(星火)갓치 직쵹ᄒ니, 감히 【41】지류(遲留)치 못ᄒ여 분슈ᄒᆯᄉᆡ,

1101)구쳔(勾踐) : 중국 춘추 시대 월(越)나라의 왕(?~B.C.465). 오(吳)나라의 왕 합려와 싸워 이겼으나, 그의 아들 부차에게 대패하여 회계산(會稽山)에서 항복하였다. 그 뒤 기원전 473년에 범여의 도움으로 오(吳)나라를 멸망시켰다. 재위 기간은 기원전 496~기원전 465년이다.

1102)와신상담(臥薪嘗膽) : 불편한 섶에 몸을 눕히고 쓸개를 맛본다는 뜻으로, 원수를 갚거나 마음먹은 일을 이루기 위하여 온갖 어려움과 괴로움을 참고 견딤을 비유적으로 이르는 말. ≪사기≫의 <월세가 (越世家)>와 ≪십팔사략≫ 등에 나오는 이야기로, 중국 춘추 시대 오나라의 왕 부차(夫差)가 아버지의 원수를 갚기 위하여 장작더미 위에서 잠을 자며 월나라의 왕 구천(勾踐)에게 복수할 것을 맹세하였고, 그에게 패배한 월나라의 왕 구천이 쓸개를 핥으면서 복수를 다짐한 데서 유래한다.

1103)ᄉᆡᆼ춰(生聚) : 백성을 길러 군대를 튼튼히 하고 나라를 부강하게 함.

1104)회계(會稽)의 붓그러옴 : 회계지치(會稽之恥). 월왕(越王) 구천(勾踐)이 오왕(吳王) 부차(夫差)와의 싸 움에서 대패해 회계산(會稽山)에서 항복하여 받은 치욕(恥辱)을 이르는 것으로, 전쟁(戰爭)에서 진 치 욕(恥辱), 또는 마음에 새겨져 잊지 못하는 치욕(恥辱)을 비유(比喩)해 이르는 말

1105)젼졔(專諸) : 춘추전국시대 초(楚)나라 정치가 오자서(伍子胥)의 자객. 구야자(歐冶子)라는 장인(匠 人)이 세 개의 명검을 만들어 이 중 하나를 오자서에게 주었는데, 오자서가 오왕(吳王) 요(僚)의 형인 합려(闔閭)의 왕위찬탈을 돕기 위해, 이 칼을 전제에게 주면서, 요를 죽이도록 지시하였다. 전제는 요 리사로 가장하여 생선 속에 이 칼을 몰래 숨겨 넣고 들어가 요를 죽이는데 성공하였는데, 이로써 왕위 에 오른 합려(闔閭)는 요를 처단한 검을 물고기 내장에 숨겼다 하여 어장검(魚腸劍)이라는 이름을 붙 여 주었다.

엄시 경보와 냥찬을 쥬고 금빅으로뻐 공치(公差)를 쥬어 원노의 편히 다려가기를 쳥
촉ᄒ고, 모지 니별ᄒ여 엄시ᄂᆞᆫ 울며 집으로 도라오고, 원홍은 젹쇼로 가니라.
　원홍 쳐 니시ᄂᆞᆫ 인ᄒᆞ여 고모를 다시 보지 아니코 제 집의 도라가니, 그 부뫼 ᄯᆞᆯ의
쳥츈을 슬허 본ᄃᆡ 공명(功名) 닙신(立身)ᄒᆞ미 업ᄂᆞᆫ 고로, 거취의 거리낀 거시 업셔 드
ᄃᆡ여 ᄯᆞᆯ을 다리고 솔가(率家)ᄒᆞ여 고향의 도라가 다른 ᄃᆡ ᄀᆡ가(改嫁)ᄒᆞ여 보ᄂᆡ니라.
원홍의 죵말이 엇지 되며 맛ᄎᆞᆷᄂᆡ 션죵(善終)ᄒᆞᆫ가 셩남 하회ᄒᆞ라.
　ᄎᆞ시 힝형관이 긔구와 형벌【42】을 갓초고 모든 죄인을 압거ᄒᆞ여 함양 시상의 나
아가니, ᄎᆞ일 텬디 명낭ᄒᆞ고 일월이 광명ᄒᆞ며 화풍이 습습(習習)ᄒᆞ니1106), 만고 요인
을 참슈ᄒᆞᄆᆡ 신명(神明)이 한가지로 깃거ᄒᆞᄂᆞᆫ 쥴 알니러라.
　쳥션을 몬져 참ᄒᆞᆯᄉᆡ 쳥션이 님ᄉᆞ(臨死)의 탄왈,
　“ᄂᆡ 본ᄃᆡ 윤·하·뎡 삼가의 원슈 업ᄉᆞᄃᆡ 초의 셩난화를 만난 연고로 몬져 망명ᄒᆞ
고 후의 ᄯᅩ 맛ᄎᆞᆷᄂᆡ 이 화를 바드니, 슈한슈원(誰恨誰怨)이리오. 지물을 탐ᄒᆞᆫ 연괴로ᄃᆡ
근본은 조시 부녀와 원슈 젹지 아니ᄒᆞ니, 디하의 엇지 복원치 아니리오.”
　인ᄒᆞ여 칼흘 바드니 머리 ᄯᅥ러【43】지며 괴이ᄒᆞᆫ 쇼ᄅᆡ 나고 한 쥴 흑긔 니러나 남
다히로 가니, 시상 시인과 힝뇌(行路) 다 놀나 왈,
　“셕즈의 당틱죵(唐太宗)이 단웅신(單雄信)1107)을 죽일 졔, 괴이ᄒᆞᆫ 흑긔 동남을 향ᄒᆞ
더니, 그 후 이십년 후의 뇨장(遼將) 합쇼문이 삼겨 당실(唐室)이 거의 위틱ᄒᆞᆯ 번ᄒᆞ엿
더니, 금즈(今者)의 묘화 요승을 죽이ᄆᆡ 니런 괴이ᄒᆞᆫ 일이 이시니, 반ᄃᆞ시 그 원을 품
은 곳의 갑흐미 젹지 아니리로다.”
　ᄒᆞ더니 과연 십여년 후의 요리(妖尼)의 요괴로온 넉시 신월의 혼빅을 ᄯᅥ ᄉᆞ문(士門)
의 투틱(投胎)ᄒᆞ여, 조가의 드러가 조틱우 ᄌᆞ부항(子婦行)의 츙슈(充數)ᄒᆞ여 허다 지환
(災患)을【44】니ᄅᆞ혀 조문을 일장(一場) 작난(作亂)ᄒᆞ고, 져희 후신(後身)이 ᄯᅩ 맛ᄎᆞᆷ
ᄂᆡ 션죵(善終)치 못ᄒᆞ니, 이 ᄉᆞ에(辭語) ᄯᅩ한 조시가록(趙氏家錄)의 히비(賅備)ᄒᆞ니, ᄎᆞ
젼(此傳)의 긔록지 아니ᄒᆞ니라.
　버거 신월을 참ᄒᆞ니 시상의 굿보ᄂᆞᆫ 지 졔셩(齊聲) 타비(唾誹)치 아니리 업더라.
　유시 두 죄인을 안법(按法)ᄒᆞ고 복명ᄒᆞ니라.
　어시의 한츄밀이 신월 역비의 안뉼(按律) 쳐ᄉᆞ(處死)ᄒᆞᄆᆞᆯ 보고, 그 초ᄉᆞ를 보ᄆᆡ, 관
시의 요음(妖淫) ᄉᆡ특(邪慝)ᄒᆞᄆᆞᆯ 불승딕로ᄒᆞ여, 부즁의 도라와 관시랑을 쳥ᄒᆞ여 녯 말
노 일장을 딕칙ᄒᆞ니, 관시랑이 딕참(大慙) 무류(無聊)ᄒᆞ여, 낫츨 붉히고 감히 말을 못
ᄒᆞ더라.
　이의 부인을 불너 당하(堂下)의 나리오【45】고, 투한(妬悍) 교악(狡惡)ᄒᆞᆫ 죄○[ᄅᆞᆯ]
다ᄉᆞᆺ 가지로 슈죄(數罪)ᄒᆞ고 ᄉᆞᄉᆞ(賜死)코져 ᄒᆞ더니, 한쇼졔 급히 귀령을 쳥ᄒᆞ여 이의

1106)습습(習習)ᄒᆞ다 : 바람이 산들산들하다.
1107)단웅신(單雄信) : 중국 수(隋)나라 말, 정(鄭)나라 장수. 620년 낙구(洛口)에서 당 태종 이세민에게
　패하여 참수당했다.

니르러 야야를 지셩으로 기유(開諭)ᄒ고, 공ᄌ 문이 ᄯᅩᄒᆫ 나히 ᄎᆞ고 문니장진(文理長進)1108)ᄒᆡ, 오릭 외가의 잇지 못ᄒᆞ여 니르러 임의 취쳐ᄒᆞ여시니, 신부 우시ᄂᆞᆫ 쳐ᄉᆞ 우셥의 필녜라. 지용(才容) 셩덕(性德)이 초츌(超出)ᄒᆞ더니, 이의 구가의 드러완지 달이 오릭지 아니ᄒᆞ나, 관시의 부ᄌᆞ(不慈)ᄒᆡ미 신혼 초일노븟허 불평하미 만흐나, 엄구의 ᄌᆞ이ᄒᆞ미 과도ᄒᆞ여 관시의 은악 양션(隱惡揚善)ᄒᆞᄆᆞᆯ 상심(詳審)ᄒᆞ여, 힝혀 쳔금 ᄌᆞ부의 신상의 불안ᄒᆞ미 잇ᄂᆞᆫ가 ᄌᆞ못 상찰(詳察)ᄒᆞᄂᆞᆫ 고로, 관【46】시의 요악이나 공의 ᄌᆞ상ᄒᆞᄆᆞᆯ 두려 감히 드러나게 보치지 못ᄒᆞ고, 쳥안(靑眼)1109) 우ᄃᆡ(優待)ᄒᆞ며, 그윽이 히홀 ᄯᅳᆺ이 잇더니, 밋쳐 긔운을 펴지 못ᄒᆞ여 이 환(患)이 니러나니, 한공ᄌᆞ 부부의 다복(多福)ᄒᆞᆫ 연괴러라.

공ᄌᆡ 이 광경을 보미 ᄃᆡ경실식ᄒᆞ여 크게 울며, 야야의 ᄉᆞ미를 붓드러 읍혈(泣血) 간징(諫爭)ᄒᆞ여 한쇼제 가연이 계모의 알픠 나아가, 관시의 잡은 약 그릇슬 아ᅀᅡ 옥슈(玉手)의 들고 눈물을 흘려 야야긔 고왈,

"부뫼 니러틋 불화ᄒᆞ심도 쇼쳡의 연괴오, ᄌᆞ모의 신상의 참덕이 밋츰도 불초녀의 탓시라. 신월 역비 스스로 외간을 엿보아 요【47】인(妖人)을 결납(結納)ᄒᆞ여 맛츰ᄂᆡ 쥬모(主母)를 히ᄒᆞ고, 제몸이 텬쥬(天誅)를 면치 못ᄒᆞ니, 이ᄂᆞᆫ 모친이 비비(婢輩)의게 인심을 일흐신 연괴오, 진실노 히아 등의게 부ᄌᆞ(不慈)ᄒᆞ시미 아니어늘, 야애(爺爺) 엇지 눈상(倫常)의 즁ᄒᆞᄆᆞᆯ 니ᄌᆞ시고 ᄎᆞᆷ아 몸쇼 니런 박힝을 감심ᄒᆞ시며, 히아 등으로 인뉸의 죄인을 삼으려 ᄒᆞ시ᄂᆞᆫᆺ잇고? 쇼녜 만일 모친 친싱 갓흐면 니러치 아니ᄒᆞ오리니, 엄부인은 조시의 친뫼(親母)로ᄃᆡ ᄌᆞ식을 음누(陰累)1110)ᄒᆞᆫ 미명(罵名)을 ᄌᆞ취(自取)케 ᄒᆞ니잇고? 근본을 싱각ᄒᆞᆫ즉 엄부인 힝시 우리 ᄌᆞ뎡(慈庭)의셔 나은 줄 아지못ᄒᆞ옵ᄂᆞ니, 복원 ᄃᆡ인은 셩【48】노를 두로혀샤 지ᄉᆞᆷ 명찰ᄒᆞ쇼셔. ᄃᆡ인이 죵시 히로(解怒)치 아니시면, 히이 원컨ᄃᆡ 독쥬를 ᄌᆞ모와 한가지로 난화 불효ᄒᆞᆫ 죄를 속(贖)ᄒᆞ리이다."

말노조ᄎᆞ 옥뉘(玉淚) 방방(滂滂)ᄒᆞ니 이원ᄒᆞᆫ 틱도와 졀셰ᄒᆞᆫ 방용(芳容)이 더옥 쇄락ᄒᆞ여, ᄉᆞ랑ᄒᆞᄂᆞᆫ 엄부(嚴父)의 마음을 요동(搖動)ᄒᆞ며, 신부 우시 쇼고(小姑)를 조ᄎᆞ 계뎡(階庭)의 공슈(拱手) 시립(侍立)ᄒᆞ여 죤구의 참엄ᄒᆞᆫ 노ᄉᆞᆨ을 보미, 지은 죄 업시 한한(寒汗)이 쳠빅(沾背)ᄒᆞ거늘, 가부와 쇼고의 계모를 위ᄒᆞ여 혈심으로 슬허ᄒᆞᄆᆞᆯ 보니, 마음의 감동ᄒᆞ여 놀난 이뤼(哀淚) 옥안(玉顔)의 황황(遑遑)ᄒᆞ여 써러지기를 비갓치 ᄒᆞ니, 어엿【49】분 틱되 졀승ᄒᆞ니, ᄉᆞ랑ᄒᆞᄂᆞᆫ 엄구의 마음을 무ᄅᆞ녹게 ᄒᆞᄂᆞᆫ지라.

츄밀이 좌우로 ᄌᆞ녀부(子女婦)1111)의 거동을 보니 능히 ᄌᆞ긔지심(自己之心)을 임의로 못ᄒᆞᆯ지라. 장ᄒᆞᆫ 노긔 빅장(百丈)이나 놉핫더니, 효ᄌᆞ(孝子) 효녀(孝女)와 이부(愛婦)

1108)문니장진(文理長進) : 문리(文理)가 크게 진보함. *문리(文理); 사물의 이치를 깨달아 아는 힘.

1109)쳥안(靑眼) : 좋은 눈으로 남을 봄.

1110)음누(陰累) : 음해(陰害). 가만히 해함.

1111)ᄌᆞ녀부(子女婦) : 아들・딸・며느리를 함께 이르는 말.

의 거동을 보미, 곳의1112) 관시를 죽일 듯ᄒ던 노긔 츈셜 갓흐여 묵묵 냥구의 손의 잡앗던 옥규(玉圭)1113)를 더지고 탄왈,

"고인이 유운(有云) 왈, '후싱(後生)이 가히 두렵다.' 말씀이 지극ᄒ신 공논(空論)이라. 여뷔 비록 용우(庸愚)ᄒ나 년급오슌(年及五旬)이 거의오, 닙조(入朝) 삼십년의 힝텬하지듸도(行天下之大道)1114)ᄒ고 닙텬하지광거(立天下之廣居)1115)ᄒ여, 혜아리미 엇지 너의 후싱만 못ᄒ【50】리오만은, 남지 되여 한낫 악쳐 발부를 졔어치 못ᄒ여, 가변이 불가ᄉ문어타인(不可使聞於他人)이니, 닙어조정(立於朝廷)ᄒ미 엇지 참괴치 아니리오. 연이나 나의 약ᄒ미 ᄯ 관녀의 일명을 ᄉ(赦)ᄒ거니와, 달니 쳐치ᄒ믄 여등이 ᄯ 막지 못ᄒ리라."

쇼져 남미 야야의 ᄉ명(赦命)을 힝심ᄒ여 일시의 비복 왈,

"듸인이 임의 ᄌ모의 일명을 술오시니, 듸인의 셩덕으로뼈 임의 싱노(生路)의 두시고 다시 위틔흔 싸히 님케 아니시리니, 희아 등이 명졍ᄒ신 쳐치를 다시 징간ᄒ리잇고?"

츄밀이 침음 반향(半晌)의 쾌히 영츌(永黜)홀ᄉ, 관시 듸간 듸악이나 임의 신【51】월과 요리(妖尼)의 초ᄉ 명빅ᄒ니 무어시라 발명ᄒ리오. 도리혀 심신이 삭막ᄒ니 교악흔 예긔 쥬러져 감히 일언을 긔구치 못ᄒ고, 묵연(默然)이 교ᄌ의 올나 도라갈ᄉ, 외당의 관시랑이 듸참 무안ᄒ여 목용(目容)을 그덕이고, 두용(頭容)을 직(直)ᄒ여, 두 눈을 허황이 ᄯ고 안ᄌᆺ다가, 져져의 교지 빗업슨 장을 둘너 문을 나믈 보니, 하 졈즉ᄒ여 다시 한공을 보아 하직도 못ᄒ고 도라가니라.

츄밀이 쾌히 부인을 박츅ᄒ미, 심ᄉ 쾌활ᄒ여 가ᄉ를 다 아ᄌ 부부의게 맛지고, 벼슬을 ᄉ양ᄒ고 고요히 부즁의셔 일월【52】을 보니더라.

한쇼져 남미 관시의 친긔 영낙ᄒ고 가계 호부치 못ᄒ믈 아ᄂ 고로, 부친이 모르게 미월 의ᄌ(衣資)를 공급ᄒ미 ᄌ못 후(厚)ᄒ니, ᄌ연 셰월이 오리미 관시 역(亦) 인심이라. ᄌ녀의 셩효(誠孝)를 감동ᄒ여 회과ᄌ췩(悔過自責)ᄒ여 어진 부인이 되니, 츄밀이 다시 마ᄌ도라와 부뷔 복합(複合)ᄒ고, ᄌ녀의 죵효(終孝)를 바드며, 공지 입신 현달ᄒ여 호화 부귀 졔미(齊美)ᄒ니 ᄌ녜 무한ᄒ더라.

《화포‖화표(話表)1116)》, 션시(先時)의 쇼시랑 부지 쳔만 몽상지외(夢想之外)의 신싱 초의 일허 ᄉ싱존문(死生存問)을 미가분(未可分)ᄒ던 바로뼈, 쳔금 손아의 거쳐 유

1112) 곳의 : 고대. 바로 곧. 이제 막.
1113) 옥규(玉圭) : 옥으로 만든 옛날 구슬의 하나. 길쭉한 사각형으로 위쪽 끝은 뾰족하게 생겼다.
1114) 힝텬하지듸도(行天下之大道) : 천하의 대도(大道)를 행함. *대도(大道); =대륜(大倫). 곧 삼강오륜(三綱五倫)을 말함.
1115) 닙텬하지광거(立天下之廣居) : 천하의 큰집에 섬. *광거(廣居) : 큰집. 곧 맹자가 말한 '인(仁)의 길'을 말함.
1116) 화표(話表) : 고소설에서 새로 이야기를 시작할 때 쓰는 '화설(話說)' '익설(益說)' '각설(却說)' 따위와 같은 화두사(話頭詞).

무를 아지 못ᄒ고, 즁야(中夜)의 참셕(慘惜)【53】ᄒ미 돌흘 삼킨 듯 거쳐를 지향ᄒ여 무를 곳이 업스믈 익셕ᄒ던 바의, 쏘 하실 연시 쥭은 후 그 시비의 무리 그 쥬모의 가이(假兒) 본ᄃᆡ 하가지싱이며 연시 긔츌이 아니라, 요리 어ᄃᆡ 가 어더온 비라 ᄒ나, 요리를 일허 근착(根着)을 죠시 아지 못ᄒ고, 본ᄃᆡ 하승상 부즁으로 겹겹 연인지기(連姻之家)라. 니런 쇼문을 바히 아지 못ᄒ리오. 모르ᄂᆞᆫ 가온ᄃᆡ나 텬뉸(天倫)이 ᄌᆞ동(自動)ᄒ믈 씨닷지 못ᄒ여, 의괴(疑怪) 난측(難測)ᄒᆫ 가온ᄃᆡ나, 하승상 부지 언늬의 미양 무셩명(無姓名) 고이(孤兒)의 쇼거(所居) 근착(根着)1117)이 업스믈 일너, 아모려나 그 쇼싱 텬뉸을 ᄎᆞᆽ 도라 보닉기를 계교ᄒ나, 요【54】리의 종젹이 홀무(忽無)ᄒ니 ᄎᆞ즐 길히 업다 ᄒᄂᆞᆫ지라.

지ᄌᆞ(智者)와 쳘인(哲人)의 명감(明鑑)이 일쳬라. 유유히 의심을 결치 못ᄒ나, 명빅ᄒ 증표(證票)를 찻지 못ᄒ니 슉야(夙夜) 우탄(憂嘆)ᄒᄂᆞᆫ 비러니, 금ᄌᆞ(今者)의 쳔고(千古) 승ᄉᆞ(勝事)를 맛나 부ᄌᆞ조손(父子祖孫)이 단췌(團聚)ᄒ니, 쇼공의 유시(幼時)로붓허 험난ᄒᆫ 계모(繼母)를 밧드러, 빅우(白憂)를 층싱(層生)ᄒ고, 민쳔(旻天)의 지통(至痛)1118)을 품어, 니졔 모발이 이울기의 밋도록 심우(深憂)를 쳑탕치(滌蕩) 못ᄒ여, 갈스록 ᄌᆞ부인(慈夫人) 험악이 ᄌᆞ녀부(子女婦)의게 가지 밋츠믈 보니, 엇지 심ᄉᆡ 안안(安安)ᄒ리오.

하로도 슈미(愁眉)를 펴지 못ᄒ니, 만ᄉᆞ의 무ᄉᆞ무려(無思無慮)ᄒ여 흥황(興況)이 돈무(頓無)ᄒ더니, 금【55】일 손아를 ᄎᆞᆽ 신산초(新産初)의 분니(分離)ᄒ여 조손이 면목을 아지 못ᄒ던 바로뼈, 불과 히졔(孩提) 동몽(童蒙)이로ᄃᆡ, 슈발(秀拔) 영오(穎悟)ᄒ미 군ᄌᆞ 디유(大儒)의 흑습이 일워시믈 보니, 비록 범범 미ᄋᆞ(美兒)라도 조손 텬뉸의 ᄉᆞ싱 유무를 모르던 바로 금일 회합ᄒ니, 그 깃부며 귀즁ᄒ미 측냥치 못ᄒ려든, ᄒ물며 쇼아의 텬셩 탁이(卓異)ᄒᆫ 영풍 쥰골을 무심ᄒᆫ 타인이라도 ᄋᆡ지(愛之)ᄒ려든, 쇼공 부ᄌᆞ의 ᄌᆞ이 텬뉸을 니ᄅᆞ리오.

이 날 아ᄌᆞ로 더부러 쇼아를 압셰워 도라오니, 인간 극경(極慶)이 이의 더으미 업스니, 평싱 쳐음으로 광미(廣眉) 디상(大顙)의 만면 츈풍이 【56】이연(怡然)ᄒ여, 가(駕)를 지쵹ᄒ여 밧비 부즁의 도라오니, 가인이 쏘ᄒᆫ 깃분 쇼식을 션보(先報)ᄒ엿ᄂᆞᆫ지라. 가즁 상히 진경ᄒ여 환셩이 《여루∥여류(如流)》ᄒ니, 쳘부인의 쳔만 힝심ᄒᆞᆫ 일필난긔(一筆難記)라.

오부인이 역시 깃거 옥음(玉音) 화셩(和聲)으로 존고와 빅ᄉᆞ(伯姒)의게 치하ᄒ며 깃

1117)근착(根着) : 확실한 내력이나 주소.
1118)민쳔(旻天)의 지통(至痛) : 순(舜)임금이 밭에 나가 부모의 사랑을 얻지 못하는 자신을 원망하며, 또 한편으로는 부모를 사모하여 하늘을 향해 큰 소리로 목 놓아 울었던 고사(故事)를 말함. 『맹자』'만장장구상(萬章章句上)'에 나온다. 민쳔(旻天)은 어진 하늘을 이른 말.
1131)증왕(曾王) : 중국의 대표적 효자인 증자(曾子 : BC505-435)와 왕상(王祥 : 184-268)을 함께 이르는 말.

부믈 니긔지 못ᄒ나, 이 가온딕 쇼아의 싱존ᄒ믈 딕경(大驚) 질오(嫉惡)ᄒᄂ 즈ᄂ 틱부인 슉질이라. 녀틱부인이 이 말을 드르믹 놀납고 통히ᄒ믹 쳥텬빅일(靑天白日)의 급ᄒ 뇌우(雷雨)를 만난 듯 시부니, 금방울 갓ᄒᆫ 큰 눈을 모나게 ᄶ 뒤룩이며, 고장(鼓掌) 분분(忿憤) 왈,

"셰간의 엇지 니런 요괴(妖怪)로【57】온일이 이시리오. 허무 밍낭ᄒ 거줏말이로다. 노뫼 그 날 셜쇼부의 분산을 님ᄒ여 친히 보앗거니, 분명이 한 덩이 혈괴(血塊)를 나핫거늘, 유랑 시녀의 무리 힝혀 날 볼가 두려 급히 ᄊ 업시ᄒ엿거늘, 니졔 어딕로셔 난 아히 이셔 니런 이상ᄒ 일이 이시리오. 문환 부지 하가 부즈와 절친ᄒ 스이라. 맛춤 근본 업슨 아희 고고ᄒ여 ᄎ즈리 업스믈 보고, 형벌의 못니긔여 죽어가는 요리를 져혀 업ᄂ 근착을 다ᄒ고, 니언이 ᄶ며 다려오ᄂᄂ 시부거니와, 쇼시 셰딕 명환이 엇더ᄒ관딕, 근본 업슨 쳔아를 거【58】두어다가 종손을 삼즈ᄒᄂ뇨? 긔(其) 아니 괴이ᄒ냐? 속담의 혹 늙으니ᄂ 망녕되고 편벽ᄒ 일이 이셔 스체를 모른다 ᄒ거니와, 문환은 나히 계오 오슌이오, 작위 지렬(宰列)의 이시니 노혼(老昏)ᄒᆯ ᄶᄂ 머럿고, 고금○[을] 도통ᄒ여 아람 즉 ᄒ것만은, 니런 무식ᄒ 일을 힝ᄒ니 가히 니른바, 인면슈심(人面獸心)이니, 힝신(行身)이 쇼시붓허 져러ᄒ더면, 션군의 명감으로 엇지 아지 못ᄒ시고 져갓치 용녈ᄒ 거슬 문달(聞達)을 영현(榮顯)ᄒ며 조종(祖宗)을 밧들나 ᄒ여 계시리오. 이 아히 네ᄂ 그러치 아니터니, 모년(暮年)의 니르러 힝신 쳐시 히참(駭慘) 긔괴(奇怪)ᄒ여 무일【59】가취(無一可取)니, 알괘라! 이 필연 본심이 아니라, 못쓸 악귀 스신(邪神)을 들녓거나, 시절노 도라가ᄂ 풍스(風邪) 졉귀(接鬼)를 ᄒ엿ᄂ니, 엇던 스름의 마음이 니러ᄒ리오. 노뫼 ᄯᅩ한 삼손(三孫)의 '농장(弄璋)의 경스(慶事)'[1119] 느즈믈 민망ᄒ여, 즁뎨(中弟)의 집의 갓다가, 김뎨 즈녀를 위ᄒ여 긔특ᄒ 명복(名卜)을 다려다가 가즁 노쇼 졔인의 길흉 화복을 츄슈(推數)ᄒ거늘, 닉 ᄯᅩ 젼졍을 무르니 지난 일을 목젼의 본 드시 니르거늘, 하 신이(神異)ᄒ여 ᄯᅩ 여등의 팔즈를 무르니, 다 각각 지난 바를 이연(依然)이 니를 ᄲᆫ 아니라, 셜 · 오 냥 손븨 즈경(子慶)이 이완(弛緩)ᄒ니 비록 쳔방 빅계로【60】싱산ᄒ기를 도모ᄒ나, 맛ᄎ믹 즈복이 열워 종시 남즈ᄂ 바라도 못ᄒᆯ 거시오, 혹 늦게야 산휵(産慉)의 길이 이실지라도, 무용(無用)ᄒ ᄯᆯ들만 나하 부모의게 불회 극ᄒ리라 ᄒ고, 버거 셩아의 부부를 무르니, ᄯᅩ 졈복(占卜) 왈, '가장 길ᄒ고 조ᄒ니 반ᄃ시 아들을 나ᄒ믹 만코 영웅 인걸을 둘 거시오, ᄯᆯ을 나ᄒ믹 쳔고 절염 슉완을 년싱(連生)ᄒ여, 즈녀의 영효ᄒ 복녹이 한갓 조션의 유광(有光)ᄒᆯ ᄲᆫ 아니라, 금고의 영홰(榮華) 독보ᄒ리라' ᄒ거늘, 닉 ᄯᅩ 시험ᄒ여 질녀와 윤아의 스쥬를 니르니, 복지(卜者) 이윽이 졈복ᄒ여 왈, '녀쇼졔 비록【61】화월(花月)의 빗난 싴(色)이 업셔, 당초의 가부의게 실총(失寵)ᄒ나, 이야 진짓 쇼흑스의 텬졍가필(天定佳

1119)농장(弄璋)의 경스(慶事) : 농장지경(弄璋之慶). 들을 낳은 경사. 예전에, 중국에서 아들을 낳으면 구슬을 장난감으로 주었다는 데서 유래한 말.

匹)이라, 윤시는 복이 엷고 팔지 극히 박복(薄福)ᄒ니, 싀광(色光)의 슈미(秀美)ᄒᆫ 히(害)를 ᄌ심(滋甚)히 바다, 아시(兒時)의 청년조요(靑年早夭)ᄒ거나, 불연즉 삼오(三五) 젼의 《쳔승∥청상(靑孀)》 홀어믜 되거나 일신이 뉴락(流落) 비쳔(卑賤)ᄒ여 동셔(東西) 걸식(乞食)ᄒ여 장낭부(張郞婦) 니랑쳐(李郞妻)ᄒ여 한 몸 종신(終身)이 극히 어려오니, 쇼혹시 비록 일시 쇼년 호식으로 그 청슈ᄋ미(淸瘦蛾眉)를 황혹(惶惑)ᄒ나 이 본ᄃᆡ 인연이 깁히 아니니, 만일 무흠이 화락ᄒ더면 그 히로오미 쇼혹ᄉ의 신상의 이슬 거슬, 힝혀 녀쇼져의 복【62】이 놉흔 덕으로, 학ᄉ의 달슈영복(達壽永福)을 일우노라 하늘이 지앙을 쇼제(掃除)ᄒ므로, 윤시 스스로 틴평셩셰(太平聖世)의 실니지탄(失離之嘆)을 맛나시니, 어ᄃᆡ 가 죽지 아냐시면 반ᄃᆡ시 연화분두(煙花粉頭)[1120]의 송구영신(送舊迎新)ᄒᆫ 무리 되여시리라 ᄒ거늘, 노뫼 하 괴이ᄒ여 도라와 발셔 이 말을 니ᄅᆞ고져 ᄒᆞᄃᆡ, 너희 밋지 아닐가 ᄒ여 니ᄅᆞ지 못ᄒ고 다만 질녀다려만 니ᄅᆞ고, 박명(薄命)을 셜워 말나 ᄒ엿더니, 셰셰히 상냥(商量)ᄒᆫ즉 그 복셜(卜說)의 말이 그리 허무치 아닌지라. ᄒ믈며 셜쇼뷔 젼셰의 봉닉산(蓬萊山) 신녀(神女)로셔 옥경(玉京)[1121]의 조회 갓다가, 옥뎨(玉帝) 향안젼(香案前)의 【63】깃드리는 난봉(鸞鳳)의 삿기 아홉을 다 쳐죽이고, 그 죄로 인간의 귀향왓시니, 평싱 ᄌ녀의 ᄌ미를 못보리라 ᄒ던지라. ᄯᅩ흔 의심이 잇ᄂᆞ니, 그 적의 진실노 히만(解娩)ᄒ실시 분명홀진ᄃᆡ, 아모리 ᄌ경(子慶)이 이완(弛緩)ᄒᆫ 녀지라도 임의 싱산의 길흘 연 후는 반ᄃᆡ시 남녀간 년싱(連生)ᄒᄂᆞ니, 니졔 ᄉ오년이 지나도록 다시 인신(孕身)ᄒ미 업ᄉ리오. 여등 부부와 여뷔 무슨 흉계로 노모를 속이ᄂᆞᆫ지 근믹(根脈)은 아지 못ᄒ거니와, 노모ᄂᆞᆫ 실노 괴괴ᄒ여 세상의 이만 변이 업ᄂᆞᆫ 쥴노 아노라."

건슌 노치(乾脣露齒)[1122]의 츔을 가로 흘니며 두 숀을 어ᄌ【64】러이 두다리며, 빅쥬(白晝)의 허언망셜(虛言妄說)을 무슈○[히] 쥬츌(做出)ᄒ노라 ᄒ니, 뒤집흐리ᄂᆞᆫ[1123] 면판(面-)[1124]과 흉장이 셔도ᄂᆞᆫ 거동이, 맛치 노회(老虎) 님즁(林中)의 숫그린 듯[1125] 늙은 승냥이 파람ᄒᄂᆞᆫ 듯, 딕ᄉ(大事)스러이[1126] 날치ᄂᆞᆫ 형상이 ᄯᅩ흔 긔관이라. 포ᄉ(褒姒)[1127]라도 졀도(絶倒)ᄒ염 즉흔지라.

텰부인이 존고의 괴려 픠악흔 거동을 처음 보미 아니로ᄃᆡ, 볼ᄉ록 한심 경희ᄒ니 도로혀 깃븐 쥴도 아지 못ᄒ고, 흉한(凶悍)흔 노고(老姑)의 거동이 녜븟허 말니면 더

1120)연화분두(煙花粉頭) : 기녀(妓女). '연화(煙花)'나 '분두(粉頭)' 모두 '기녀'를 달리 이르는 말임.
1121)옥경(玉京) : =백옥경(白玉京). 하늘 위에 옥황상제가 산다고 하는 가상적인 서울.
1122)건슌노치(乾脣露齒) : 윗입술이 위로 들려서 이가 드러나 보임. *건슌(乾脣); 위로 들린 입술.
1123)뒤집흐리다 : 뒤집어지다. 얼굴 표정이 심하게 바뀌다.
1124)면판(面-) : '낯'을 속되게 이르는 말.
1125)숫그리다 : ①호랑이 따위가 웅크리고 노려보다. ②머리카락이 곤두서다.
1126)-스럽다 : ((일부 명사 뒤에 붙어)) '그러한 성질이 있음'의 뜻을 더하고 형용사를 만드는 접미사.
1127)포ᄉ(褒姒) : 중국 주(周)나라 유왕의 총희(寵姬)로 웃음이 없었다. 유왕이 그녀를 웃게 하기 위해 거짓 봉화를 올려 제후들을 소집하였다가, 뒤에 외침(外侵)을 받고 봉화를 올렸으나 제후들이 모이지 않아 왕은 죽고 포사는 사로잡혔다고 한다.

긔승○○[ᄒᆞ여], 셩악이 쇼쇼미ᄉᆡ(小小微事)라도 니긔고 《나ᄂᆞᆫ∥마ᄂᆞᆫ》 쥴 니기[1128] 아ᄂᆞᆫ 고로, ᄯᅩᄒᆞᆫ 간언과 변ᄇᆡᆨ(辨白)이 무익ᄒᆞ여 티흉의 히【65】 연ᄒᆞᆫ 거동을 쳥이불문(聽而不聞)ᄒᆞᄂᆞᆫ 듯ᄒᆞ니, 샹하노쇼(上下老少) 묵연(默然) 무어(無語)ᄒᆞ여 다만 듯고 볼 ᄯᅢᆫ이라.

티흉이 도로혀 무미(無味)ᄒᆞ고 졈즉ᄒᆞ니[1129] 문득 노왈,

"노모의 말이 엇더ᄒᆞ관ᄃᆡ 텰현부와 셜쇼ᄇᆡ 말이 업ᄂᆞ뇨? 가히 드럼즉지 아니냐?"

텰부인이 듯ᄂᆞᆫ 말마다 심한골경(心寒骨髓)ᄒᆞ니 실노 항복지 아니나, 강잉 ᄉᆞ죄 왈,

"쳡이 ᄌᆞ유(自幼)로 셩되 완한(緩閑) 불미(不美)ᄒᆞ여 만ᄉᆞ의 듯즈올지언졍 알녀 아니ᄒᆞᄂᆞᆫ 심담(心膽)을 존괴 거의 아ᄅᆞ실지라. 니졔 더옥 불초ᄒᆞᆫ 인ᄉᆡ 히음업시 모경(暮境)의 당ᄒᆞ오니, 불민ᄒᆞᆫ 힝ᄉᆡ 더옥 쇼암(疏暗) 노둔(魯鈍)ᄒᆞ와 존고의 근노ᄒᆞ시【66】ᄂᆞᆫ 말ᄉᆞᆷ을 슈이 ᄃᆞᆯ치 못ᄒᆞ오미오, 지어셜시(至於薛氏) ᄯᅩᄒᆞᆫ 암용(暗庸)ᄒᆞᆫ 위인이라. 쥬견(主見)이 업ᄉᆞ와 존당 셩의(聖意)를 간예(干預)치 못ᄒᆞ오미니, 존괴 그 엇더ᄒᆞ신 존체완ᄃᆡ 쳡과 셜시 감히 경만(輕慢)ᄒᆞ리잇고?"

ᄉᆞ식이 화평ᄒᆞ고 말ᄉᆞᆷ이 유열ᄒᆞ여 동군(東君)의 혜풍(惠風)이 화(和)히 부러 만물을 부ᄉᆡᆼ(復生)ᄒᆞᄂᆞᆫ 듯ᄒᆞ고, 셜시 연망이 쳥죄ᄒᆞ여 흉인의 심담(心膽)이 흡연토록 ᄒᆞ니, 녀티(呂太) ᄃᆡ흉 ᄃᆡ악이나 홀 말이 업셔 묵연ᄒᆞ니, 텰부인이 경ᄉᆞ를 만날ᄉᆞ록 도로혀 우환(憂患)을 더으니, 져 흉심이 마ᄌᆞ 쳔금 농손(弄孫)[1130]의 밋츨 쥴 명지(明知)ᄒᆞ미, ᄯᅩ 능{능}히 회합의 깃븐 쥴을 아지 못ᄒᆞ더라.

니러구러 【67】 날이 느즈미 추환 복예(僕隷) 보보젼경(步步顚傾)ᄒᆞ여 노야와 샹공이 쇼공ᄌᆞ를 다려 도라오신다 ᄒᆞ니, 텰부인 고식(姑媳)이 의희(依俙) 당황ᄒᆞ여 ᄭᅮᆷ인 듯ᄒᆞ여, 회합의 경ᄉᆞ도 깃브지 아니타 못ᄒᆞ고, 존당의 험괴(險怪)홈도 근심되니, 능히 아모라타 지젹(指摘)지 못ᄒᆞ더니, 아이오 공의 부ᄌᆞ 만안희ᄉᆡᆨ(滿顔喜色)으로 일기(一個) 션동(仙童)을 닛그러 드러와 좌상의 녜슈(禮數)를 진졍(進呈)ᄒᆞ니, 이 불과 ᄉᆞ오셰 히졔(孩提) 동몽(童蒙)이라.

삽삽ᄒᆞᆫ[1131] 녹발이 계오 월익(月額)을 덥허시니, 이 졍히 구쇼(九霄)[1132]의 난봉(鸞鳳)이 ᄉᆡ 깃츨 다듬은 듯, 일ᄡᅡᆼ봉안(一雙鳳眼)은 츄슈ᄉᆞ양(秋水斜陽)이 가을 물결의 빗쵠 듯, 일ᄡᅡᆼ 광미(廣眉)ᄂᆞᆫ 냥궁(兩弓)을 다리여 텬【68】창(天窓)의 졉ᄒᆞ여 셜빈(雪鬢)의 다ᄒᆞ시며, 화안 옥식이오 진쥬로 메워 칠보로 장식ᄒᆞᆫ듯ᄒᆞᆫ 귀밋치며, 호비쥬슌(虎鼻朱脣)[1133]이{며} 찬연(燦然) 고슈(高秀)ᄒᆞ여, 불과 삼쳑 히동(孩童)이[의] 귀격달푀(貴

1128)니기 : 익히. 어떤 대상을 자주 보거나 겪어서 처음 대하는 것 같지 않게.
1129)졈즉ᄒᆞ다 : 점직하다. 겸연쩍다. 멋쩍다. *점직하다; 부끄럽고 미안하다.
1130)농손(弄孫) : 재롱을 부리는 손자.
1131)삽삽ᄒᆞ다 : 삽삽하다. 태도나 마음 씀씀이가 마음에 들게 부드럽고 사근사근하다.
1132)구쇼(九霄) : 늑층소(層宵). 높은 하늘.
1133)호비쥬슌(虎鼻朱脣) : 호랑이 코에 붉은 입술을 가진 얼굴 모습.

格達表)1134) 은연이 딕학진유(大學眞儒)와 군즈 영걸의 풍치 이셔, 초틱우(楚大夫)1135) 츄슈골격과 진승상(晉丞相)1136) 여옥지모(如玉之貌)를 홀노 아름답다 못홀지라. 산쳔영믹(山川靈脈)과 별유이긔(別有異氣)를 오로지 거두어, 진실노 부조(父祖)의 지난 긔상이 잇는지라.

비록 그 슉부 학ᄉ 셩의 옥면뉴풍(玉面柳風)1137)의 유화졍딕(柔和正大)ᄒᆫ 군즈 유풍이라도 오히려 츄아의 발월ᄒᆫ 긔상을 밋지 못ᄒ니, 조둔(趙盾)의 하일지위(夏日之威)와, 숑홍(宋弘)의 덕된 그릇ᄉᆯ 홀【69】노 긔특다 못ᄒ녀라. 쇼이 조부와 부친의 가르치믈 조ᄎ 냥되(兩祖) 존당 왕모와 모부인과 오·여 냥 슉모긔 ᄎ례로 빅례ᄒ기를 맛ᄎ미, 주부인 무릅 아릭 나아가 손으로 주모의 쌍슈를 밧들고, 머리를 슬상의 언져 복지 체읍 왈,

"불초 히이(孩兒) 유복지즁(有腹之中)의셔븟허 창명(蒼明) 신기(神祇)의 혹벌(酷罰)을 밧주와 계오 주모의 복즁을 면ᄒ며, 밋쳐 강보의 거두지 못ᄒ여셔 텬디의 희극(戱劇)ᄒᆫ 지앙을 맛나, 홀홀 망망이 일쳑유신(一尺遺身)이 산간 요리(妖尼)의 착냑(捉掠)ᄒᆫ 빈 되어, 쇼싱지친(所生之親)을 분니(分離)ᄒ옵고, 텬뉸을 망미(茫昧)1138)ᄒᆫ 죄인이 되어, 비록 모르는 가【70】온디나, 타문의 셩명을 빌고 텬뉸을 의탁ᄒ여, 지우금일(至于今日)의 오히려 하문지엽으로 힝셰ᄒ니, 모르는 일이나 니졔 텬뉸이 회합ᄒ미 긔왕지수를 싱각ᄒ오니 엇지 놀납고 슬프지 아니리잇고? 니졔 텬우신조(天佑神助)ᄒ여 친당의 도라와 존당 부모 졔친을 뵈오니, 금셕슈ᄉ(今夕雖死)나 무한(無恨)이로쇼이다."

셜파의 쌍셩봉안(雙星鳳眼)의 신쳔(辛泉)이 믹줄 ᄉ이 업셔, 셜부인 나군(羅裙)의 우셩(雨聲)을 일웟고, 셩음이 경열(哽咽)ᄒ여 능히 말슴을 일우지 못ᄒ니, 견직(見者) 막불휘체(莫不揮涕)ᄒ여 쇼아의 작셩이질(作成異質)과 인ᄉ쳐변(人事處辨)을 아니 놀나며 잔잉이 너기리 업고, 셕【71】목(石木)이 농쥰(濃蠢)홀 듯ᄒ니, 왕부모의 만복(滿腹) 연익비련지심(憐愛悲戀之心)과 부모의 텬뉸 져독지은(舐犢之恩)1139)이 장ᄎᆺ 엇더ᄒ리오만은, 틱부인 노호려 보는 눈쏠이 심히 조치 못ᄒ니, 모다 경구(驚懼)ᄒ여 그 므슨 쥬의믈 씨닷지 못ᄒ니, 다만 면면이 손을 잡으며 머리를 쓰다듬아 이련(哀憐)홀

1134) 귀격달푀(貴格達表) : 고귀한 품격과 빼어난 이모.
1135) 초틱우(楚大夫) : 중국 전국시대 초나라 대부(大夫) 송옥(宋玉). BC290-227. 중국의 대표적인 미남자의 한 사람이며, 사부(辭賦)를 잘하여 <구변(九辯)>, <초혼(招魂)>, <고당부(高唐賦)> 등의 작품을 남겼다. 굴원(屈原)과 함께 굴송(屈宋)으로 불렸으며 난대령(蘭臺令)을 지냈기 때문에 난대공자(蘭臺公子)로 불리기도 했다.
1136) 진승상(晉丞相) : 중국 서진(西晉)의 미남자 반악(潘岳). 자는 안인(安仁). 승상을 지냈고 미남자의 대명사로 쓰인다.
1137) 옥면뉴풍(玉面柳風) : 옥처럼 하얀 얼굴과 버들처럼 날렵한 풍채.
1138) 망미(茫昧) : 아득히 모름.
1139) 져독지은(舐犢之恩) : 어미 소가 송아지를 핥아 기른 은혜란 뜻으로, 자식에 대한 어버이의 지극한 사랑과 은혜를 비유적으로 이르는 말

ᄯᅳ롬이라. 셜부인이 슬프믈 금치 못ᄒᆞ여 희음업시 츈산의 져믄 닉 몽몽(濛濛)ᄒᆞ고, 셩안(星眼)의 옥뉘(玉漏) 낭낭(朗朗)ᄒᆞ여 나군(羅裙)의 ᄶᅥ러지니, 계오 향박(香襮)1140)을 드리 옥누를 영엄(掩掩)ᄒᆞ고, 심ᄉᆞ를 어로만져 쳐연(悽然) 장탄(長歎) 왈,

"이 엇지 너 소아의 죄리오. 여모의 덕이 박ᄒᆞ고 복이 열위, 쇼시 셩문의 【72】 입현 셰구(歲久)의 불혜누질(不慧陋質)이 외람이 종ᄉᆞ(宗嗣)를 밧드니, 맛당이 종ᄉᆞ(宗嗣)1141) 닌지(麟趾)1142)의 지엽(枝葉)이 션션(詵詵)ᄒᆞ여 쥬종(主宗)의 디엽(枝葉)을 영챵(永昌)ᄒᆞ미 이 곳 효부(孝婦)의 도리어ᄂᆞᆯ, 여모(汝母)ᄂᆞᆫ 박덕불초(薄德不肖)ᄒᆞ여 능히 션효존당(善孝尊堂)과 봉ᄉᆞ조션(奉祀祖先)의 춍부(冢婦)의 도리를 다 못ᄒᆞ니, 신기(神祇) ᄯᅩ 엇지 박덕(薄德)을 죄(罪)치 아니시리오. 초고로 늣게야 틴신(胎娠)의 긔미를 어더 무수히 십삭의 님ᄒᆞ나, ᄯᅩᄒᆞᆫ 혼용 불명ᄒᆞ미 ᄌᆞ신지척(資身之策)이 부족ᄒᆞ고, 목젼(目前)의 요괴로온 작변을 졔어(制御)치 못ᄒᆞ여, 신산초(新産初)의 일ᄒᆞ니, 고어의 왈, ᄉᆞ불범졍(邪不犯正)이라 ᄒᆞ니, 여뫼 진실노 졍명(正明)치 못ᄒᆞᆫ 고로, 여익(餘厄)이 【73】 강보(襁褓)의 밋ᄎᆞ미라. 슈한슈원(誰恨誰怨)이리오."

셜파의 희허(噫嘘) 탄식ᄒᆞ니, 쇼이 모부인 안화(顔華)1143)를 우러러 오읍(嗚泣)ᄒᆞ믈 마지 아니ᄒᆞ니, 텰부인이 츄연 탄왈,

"현부의 심ᄉᆞ 조치 못ᄒᆞ나, 초역텬야명애(此亦天也命也)1144)라. 불ᄒᆡᆼ 즁 쇼이 요ᄒᆡᆼ 무ᄉᆞ 보존ᄒᆞ여 도라오니 문호의 이만 경ᄉᆡ 업고, ᄯᅩ 이 가온ᄃᆡ 하상부 갓흔 고문녜가(高門禮家)의 의탁ᄒᆞ여 녜ᄒᆡᆼ을 슈련ᄒᆞ여, 히졔지동(孩提之童)이 능히 군ᄌᆞ(君子) 진유(眞儒)의 풍치 이시니 엇지 긔특지 아니리오. 현부ᄂᆞᆫ 모르미 관심(寬心)ᄒᆞ라."

공이 ᄯᅩᄒᆞᆫ 호언으로 위로ᄒᆞ며 손아를 나호여 슬상의 가ᄎᆞ하며, 도라 모부인ᄭᅴ 고왈,

"소지 【74】 셰 아들과 한 ᄯᅩᆯ을 두어 남혼녀가(男婚女嫁)ᄒᆞ오미, 션군(先君)과 ᄌᆞ위(慈闈)의 셩덕으로 며ᄂᆞ리와 ᄉᆞ회 지목이 비록 타류의 ᄲᅱ여나다 못ᄒᆞ오나, ᄯᅩᄒᆞᆫ 결비하등(決非下等)이라. 져희 부뷔 각각 금슬이 샹화(相和)ᄒᆞ니 각별 넘녜 업ᄉᆞᄃᆡ, 슌이 불초ᄒᆞ오나 오문 죵손으로 늣도록 농장지경(弄璋之慶)이 업ᄉᆞ오니, 슉야(夙夜) 우려ᄒᆞ옵다가, 의외 셜현뷔 희만ᄒᆞ오니 쇼ᄌᆞ의 영ᄒᆡᆼᄒᆞ오믄 년급오슌(年及五旬)의 농숀(弄孫)이 쳐음이니, 바라ᄂᆞᆫ 비 지즁ᄎᆞ대(至重且大)ᄒᆞ옵더니 가운이 불ᄒᆡᆼᄒᆞ와 손아를 신산 초의 덧업시 일ᄒᆞ니, 오히려 남녀를 계오 분간ᄒᆞᄂᆞᆫ 【75】 듯ᄒᆞ오나, 져의 작인이 그 엇더ᄒᆞ믈 아지 못ᄒᆞ니, 참연(慘然) 통셕(痛惜)ᄒᆞ미 즁야(中夜)의 칼흘 삼킨 듯, 슉식(宿食) 침좌(寢坐)의 불평ᄒᆞ옵더니, 니졔 쇼이 요ᄒᆡᆼ 지우보명(至于保命)ᄒᆞ여 도라오오니, 이 ᄯᅩᄒᆞᆫ 조션(祖先)과 션군(先君)의 음즐(陰隲)ᄒᆞ신 젹덕(積德)이옵고, ᄌᆞ위(慈闈)의 여

1140)향박(香襮) : 향기로운 옷깃.
1141)종ᄉᆞ(宗嗣) : 종가 계통의 후손.
1142)닌지(麟趾) : '기린의 발'이란 뜻으로 '자손'을 달리 이르는 말.
1143)안화(顔華) : =용화(容華). 예쁘게 생긴 얼굴.
1144)초역텬야명애(此亦天也命也) : 이 또한 하늘의 뜻이요, 운명이다.

텬셩덕(如天聖德)이 아숀(兒孫)의게 밋츠미로쇼이다. ᄒ물며 품질(稟質)이 졔 아뷔 밋출 비 아니니, 달슈(達壽) 영녹지상(榮祿之相)이 당당이 문호를 창딩ᄒ올지라. 이 더옥 부모의 젹덕여음(積德餘蔭)이로쇼이다."

튀부인이 곱지 아닌 얼골을 심상(尋常)이 집흐리더라1145). 【76】

1145)집흐리다 : 찌푸리다. 얼굴의 근육이나 눈살 따위를 몹시 찡그리다.

윤하뎡삼문취록 권지칠십구

추시 퇴부인이 쇼공의 말을 듯고 곱지 아닌 얼골을 심상(尋常)져이 집흐리고, 손아의 이딕도록 긔이흠믈 보니 아조 당치 아닌 싀심(猜心)이 만복하여 혜오딕,

"문환과 텰시 요괴롭고 일편되여 셜·오·윤 삼녀만 며느리로 알고, 질녀는 마지 못흐여 니 낫츨 보아 청안(靑眼) 우딕(優待)흐나, 기실은 외친 닉쇼(外親內疎)흐니, 우리 슉질이 엇지 이닯지 아니리오. 니 임의 지모(智謀)를 동흐여 윤녀를 젼제(剪除)흐여시니, 아모려나 셩을 못견딕도록 보치여 질녀와 금슬을 권흐여, 텬디신기(天地神祇) 도으시믈 닙어, 【1】 혹주 싱산의 길흘 여러 옥동화녀(玉童花女)를 년싱(連生)흐면 엇지 깃부지 아니리오. 스셰 여츠즉 셜·오 냥녜 빅주식을 나흔들 니 엇지 용납흐리오. 셰셰히 도모흐여 낫낫치 졀졔(切除)흐고 질녀의 쇼싱으로뼈 장자(長子)를 삼아, 쇼시 후스(後嗣)를 녕(領)케 흐면, 이 곳 나의 긔츌과 다르미 업슬 거슬, 요괴로온 쇼이(小兒) 또흔 명완(命頑)흐기 심흐여, 굿흐여 죽지 아니흐고 스랏다가 도라오니, 하몽셩 부즈 조손은 진실노 다스(多事)흔 농판1146)이오, 우리 슉질의게는 젹지 아닌 원쉬랏다."

또 심니(心裏)의 닝쇼(冷笑) 왈,

"가련흔 인싱이 작인(作人) 품질(稟質)은 가히 남만은 흔【2】 다만은, 너도 팔자 조탄 말은 못흐리로다. 출하리 남의 《드아리‖아들의》 분슈(分數)만 못흐니, 긴 날의 나의 슈단을 네 엇지 면흐리오. 모친 손시를 한번 움즉이면 너의 창승(蒼蠅) 갓흔 명믹이 엇지 능히 보젼흐리오."

니러틋 혜아려, 스스난녜(思思亂慮) 경긱의 층츌(層出)흐니, 얼골이 푸르락 붉으락흐여 심식(心事) 지향(志向) 업스니, 도로혀 어린 듯흐여 반향(半晑)이나 묵연흐여 말이 업더니, 쇼공의 즈가를 과장(誇張)흐는 말을 듯고, 문득 긔식을 알가 기리 션우음 흐여 왈,

"오아의 말이 정합(正合)흐딕, 노모의 혜아리믄 니러치 아니흐니, 셰스(世事)를 불가측(不可測)이라. 노모는 그 젹의 셜시【3】를 직희엿더니, 그 므어슬 나핫던지 치 아도 못흐여시니, 이 아희 실노 쇼가 골육이믈 싱각지 못흐리로다. 쇼시 셰딕가풍(世代家風)이 엇더흐관딕 근본 모르는 잡종(雜種)을 너희 부지 므슨 흉계로 다려왓는다?"

1146)농판 : ①실없고 장난스러운 기미가 섞인 행동거지. 또는 그런 사람. ②멍청이.

쇼공이 쳥파의 그 궁흉 극악흔 말을 쳐음 드르미 아니로딕, 드를 젹마다 심한골경
(心寒骨髓)흐니, 이 언근이 쏘 쇼아의 젹지 아닌 화근인 쥴 싱각흐미, 몬져 만심(滿心)
이 경히(驚駭)흐여 밋쳐 당치 아닌 시름이 만쳡(萬疊)흐나, 기용화긔(改容和氣)흐여 잠
쇼 왈,

"즈괴(慈敎) 명셩(明聖)흐시거니와 ᄎᄉ는 만만 그러치 아니흐와, 요리 초ᄉ(招辭)
여ᄎ여ᄎ 분명흐올 【4】쑨 아니라, 텬눈이 지즁ᄎ딕(至重且大)흐온 고로, 군명이 여
ᄎ흐샤 슌이 군젼의셔 쇼아와 합혈(合血)흐여 텬눈을 붉힌 쥴을, 우흐로 황야와 아릭
로 만조 문뮈 모르 리 업ᄉ오니, 호발(毫髮)이나 미흡흐미 이시리잇고? 즈위 쏘흔 살
피쇼셔."

언파의 시랑의 슈지(手指)와 쇼아의 손을 닉여, 믹 거슬 푸러보게 흐니, 부인이 오
히려 밋는 듯 마는 듯 ᄉ식이 만분 불예(不豫)흐니, 쇼공 부뷔 심하의 기탄(慨嘆)흐여,
지삼 진젹흐믈 변빅흐여도, 노흉이 고집이 이상흐여, 열 쇠1147) 쓰어도1148) 도로혀지
아니흐니, 오회(嗚呼)라! ᄎ역(此亦) 쇼문의 역경(逆境)을 니ᄅ혈 장본(張本)【5】이니,
불기인녁(不羈人力)1149)이리오.

노흉이 쇼아 믜오미 칼 갓흐나, 쳐음으로 도라 와시니 너모 각박흐미 조치 아냐, 거
즛 흔연흔 ᄉ식을 작위흐여 왈,

"진실노 오아(吾兒)의 말 갓흘진딕 쇼문의 영복(永福)이나, 연이나 쇼이(小兒) 극히
영오(穎悟) 슈발(秀拔)흐니 가히 아름답다 흐려니와, 쏘 품격이 심히 발호흐여 만일
졍도로 가ᄅ치지 못흐면, 그 도의 버셔날 아히니 너희 부지 한갓 ᄉ랑흐여 잘못 가ᄅ
치지 말나. 아쇼의 마음이 너모 교익(嬌愛) 가온딕 즈란즉, 반드시 호일방탕(豪逸放蕩)
흐여 함위(咸謂)1150) 경박즈(輕薄者) 되기 쉬오니 부딕 엄히 경계흐라. 이 아희 만일
【6】노혼(老昏)흔 한아븨와 용녈흔 아븨 교익의만 골몰흔즉, 벅벅이 '한상(漢相) 조조
(曹操)'1151)와 '당상(唐相) 니림보(李林甫)'1152)의 뉘(類) 되리니, 엇지 근심되지 아니
리오."

1147)쇠 : 소가.
1148)쓰어도 : 끌어도. *쓸다; 끌다.
1149)불기인녁(不羈人力) : 사람의 힘에 얽매이지 않음.
1150)함위(咸謂) : ①모두가 이름. 다들 이름. ②부사로 '다함'. '다만'. '한갓' 등의 뜻으로 쓰이기도 한다.
1151)한상(漢相) 조조(曹操) : 중국 한(漢)나라 승상 조조(曹操). *조조(曹操); 중국 삼국 시대 위나라의
    시조(始祖)(155~220). 자는 맹덕(孟德). 황건적의 난을 평정하여 공을 세우고 동탁(董卓)을 벤 후 실
    권을 장악하였다. 208년에 적벽(赤壁) 대전에서 유비와 손권의 연합군에게 크게 패하여 중국이 삼분된
    후 216년에 위왕(魏王)이 되었다. 권모에 능하고 시문을 잘하였다.
1152)당상(唐相) 니림보(李林甫) : 당나라 승상 이림보(李林甫). *이림보(李林甫). 중국 당나라 현종(玄宗)
    때의 정치가. 아첨을 잘하여 재상에까지 올랐고, 현종의 유흥을 부추기며, 바른말을 하는 신하는 가차
    없이 제거하는 등으로 조정을 탁란(濁亂)하여 간신(奸臣)의 전형으로 꼽힌다. 그가 정적을 제거할 때는
    먼저 상대방을 한껏 칭찬하여 방심하게 만들고 뒤통수를 쳤기 때문에, 당시 사람들이 그를 일러 구밀
    복검(口蜜腹劍)한 사람이라 하였다.

쇼공 부지 듯는 말마다 심한골경(心寒骨骾)ᄒᆞ나 강잉 ᄉᆞ례ᄒᆞ더라. 쇼이 비록 년유ᄒᆞ나 극히 총명(聰明) 호학(好學)ᄒᆞ여 능히 옛 글을 아ᄂᆞᆫ지라. 퇴왕모의 말치1153)를 몰나 드ᄅᆞ며 존당 부모의 빅위(百憂) 충싱(層生)ᄒᆞᆫ 긔식을 아지 못ᄒᆞ리오. 심ᄉᆞ 즈못 아연ᄒᆞ니 즈긔 하부의 이실 적 하노공 부부의 무흠(無欠)ᄒᆞᆫ 즈이를 바다 반졈 불안ᄒᆞ미 업다가, 니졔 텬셩이 단회(團會)ᄒᆞ여 계오 친측(親側)의 도라오미, 안즌 돗기 채 덥지 아냐셔 가즁 【7】 긔식과 퇴왕모의 흉완ᄒᆞᆫ 말ᄉᆞᆷ을 드ᄅᆞ니, 연심(軟心) 옥장(玉腸)이 경히ᄎᆞ악(驚駭嗟愕)ᄒᆞ믈 이긔지 못ᄒᆞ니, 힝음업시 머리를 숙여 효셩냥안(曉星兩眼)의 ᄆᆞᆰ은 눈물이 년낙(連落)ᄒᆞ여 빅년(白蓮)○○[갓ᄒᆞᆫ] 귀밋ᄎᆞᆯ 적시니, 그 즈모의 심ᄉᆞ 장ᄎᆞᆺ 엇더ᄒᆞ리오.

셜부인이 아즈의 옥비(玉臂)를 어로만져 슬프미 가득이 넘니니, 오열ᄒᆞ여 말을 못ᄒᆞ고, 쇼공 부즈ᄂᆞᆫ 하 어히업셔 묵연 져두ᄒᆞ고, 텰부인이 아손의 거동을 보미 불승인련(不勝哀憐) 참셕(慘惜)ᄒᆞ여 옥슈를 나호여 슬하의 교무(交撫)ᄒᆞ여 지삼 위로ᄒᆞ니, 쇼이 묵묵(默默) 오열(嗚咽)ᄒᆞ여 능히 머리를 드지 못ᄒᆞ니, 셜부인이 오ᄂᆡ(五內)1154) 【8】 버히ᄂᆞᆫ 듯ᄒᆞ더라.

녀흉이 믄득 변ᄉᆡᆨ 고왈,

"노뫼 즈쇼(自少)로 텬셩(天性)이 올흔 말 니ᄅᆞ기를 조화ᄒᆞᄂᆞᆫ 고로, 아히 너모 호상(豪爽) 발월(發越)ᄒᆞᆫ 긔습(氣習)이 이시니 장ᄂᆡ를 넘녀ᄒᆞ여 올흔 말노 경계ᄒᆞ여든, 치년(稚年) 쇼이 므ᄉᆞᆫ 말치를 아노라 ᄒᆞ고, 간악(奸惡)ᄒᆞᆫ ᄉᆞᄉᆡᆨ(辭色)으로 혼암(昏闇)ᄒᆞᆫ 조부모와 용녈ᄒᆞᆫ 부모를 경동(驚動)ᄒᆞᄂᆞ뇨? 네 벅벅이 타일 장셩ᄒᆞ기의 밋ᄎᆞᆫ즉, 조아만(曹阿瞞)1155)·니림보(李林甫)의 더을 거시니, 앗갑다. 쇼시 셰ᄃᆡ(世代) 명풍(名風)을 욕먹이고 망급문호(亡及門戶)ᄒᆞ리로다."

셜파의 발연이 니러 졍당으로 도라가니, 쇼공 부부와 시랑 부뷔 가지록 상심(喪心) 경히(驚駭)ᄒᆞ믈 니긔지 못ᄒᆞ나, 【9】 감히 말을 못ᄒᆞ고 다만 손아를 위로ᄒᆞ더라.

쇼공이 쇼아를 기명(改名)ᄒᆞ여 동문이라 ᄒᆞ고 즈를 희뵈라 ᄒᆞ다. 쇼(小) 녀흉이 좌의 잇더니 급급히 도라가, 슉모를 보고 구고와 시랑 부부의 허언을 무슈히 쥬츌(做出)ᄒᆞ여 존당을 원망ᄒᆞ더라 ᄒᆞ니, 녀흉이 더옥 딕로ᄒᆞ나 핑계ᄒᆞᆯ ᄉᆞ단(事端)이 업셔 아직 잠잠ᄒᆞ더라.

어시의 쇼학ᄉᆞ 셩이 녀시의 흉면(凶面) 괴상(怪狀)을 본 젹마다 심한골경(心寒骨骾)ᄒᆞ니, ᄒᆞ믈며 ᄉᆞ실 가온ᄃᆡ 모다 이셩(二姓)의 친(親)ᄒᆞ미 어딕로조ᄎᆞ 쇼ᄉᆞ나리오. 더옥

1153)말치 : 말치. 말의 뜻. 남의 말의 뜻을 그때그때 상황을 미루어 알아낸 것.

1154)오ᄂᆡ(五內) : 오장(五臟).

1155)조아만(曹阿瞞) : 조조(曹操). 조조의 아이 때의 이름. 삼국 시대 위나라의 시조(始祖)(155~220). 자는 맹덕(孟德). 황건의 난을 평정하여 공을 세우고 동탁(董卓)을 벤 후 실권을 장악하였다. 208년에 적벽(赤壁) 대전에서 유비와 손권의 연합군에게 크게 패하여 중국이 삼분된 후 216년에 위왕(魏王)이 되었다. 권모에 능하고 시문을 잘하였다.

윤쇼져를 실니(失離)흔 후는 텬싱(天生) 총명이 남다른지라. 비록 윤쇼져의 념념(艶艶)
【10】슈미(秀美)흔 가온듸나 달슈(達壽) 영녹지상(榮祿之相)이 완전ᄒ던 줄 혜아리
민, 혹즉 텬우신조ᄒ여 긔특이 보존ᄒ미 잇는가 ᄒ나, 진실노 옥골방신(玉骨芳身)이
아모 곳의 감초엿ᄂ 줄 아지 못ᄒ니, 쥬야의 셜부화용(雪膚花容)이 안져(眼底)의 잠연
(潛然)ᄒ니, 즁야(中夜)의 잇고져 ᄒ나 능히 잇지 못ᄒ고, 스스로 심상(心想)의 병을
일워 영풍(英風)이 날노 초췌(憔悴)ᄒ고 긔뷔(肌膚) 환탈(換脫)ᄒ여 슉식(宿食) 침좌(寢
坐)의 맛슬 아지 못ᄒ나, 부뫼 아즈의 심스를 어엿비 너기나 능히 훌일업고, 녀시 슉
질의 흉히(凶害)흔 거동은 날노 층가(層加)ᄒ여 날마다 틱부인이 친히 근노ᄒ여 저녁
마다 학스의 즈최【11】를 잡아다가 쇼(小) 녀흉 침쇼의 가도고 문을 밧그로 잠으니,
공연이 갓치인 사름이 된지라. 학시 도로혀 민망ᄒ믈 니긔지 못ᄒ여 혜오듸,

"장뷔 엇지 한 흉녀를 졔어치 못ᄒ리오만은, 츠녀는 등한흔 스름이 아니라 왕모의
친질(親姪)이라. 셰를 밋고 날을 니러틋 협제(脅制)ᄒ니 엇지 분히치(憤駭) 아니리오.
연이나 조뫼 근노ᄒ시는 비 흉녀의 비상(臂上)을 보고 니러틋 ᄒ시니, 남지 창녀도 갓
가이ᄒ니 현마 어이 ᄒ리오. 잠간 냥셩(兩姓)의 친(親)을 믹즈 비홍(臂紅)을 업시ᄒ리
라."

ᄒ고, 쳔만 강잉ᄒ여 잠간 흔연흔 스식으로 녀시로【12】더부러 셩혼 칠년의 바야
흐로 동화(同和)ᄒ여 싱혈1156)만 업시홀 ᄯ름이오, 일단은 졍을 머무르미 업스듸, 흉
녀의 념치 업순 인물의 스스로 즐거오믈 니긔지 못ᄒ니, 학시 그 념치를 더러이 너기
고 비위를 졍치 못ᄒ미 악초구(惡草具)를 맛본 듯ᄒ더라.

츠후 비로쇼 녀시 방의 머무나 동상(同床)의 멀믄 텬디 갓더라. 흉녜 학스의 한번
갓가이 ᄒ믈 인ᄒ여 믄득 회잉(懷孕)ᄒ는 긔미 이시니, 녀시 슉질이 바야흐로 딕희ᄒ
여 학스의 종젹을 츄심(推尋)ᄒ기를 드무리ᄒ고, 가닉 져기 고요ᄒ여 노흉이 반두시
사름 곳 딕ᄒ면, 질녀의 틱【13】신지경(胎娠之慶)을 일ᄏ라, 벅벅이 쇼문을 흥긔홀
긔린(麒麟) 옥동(玉童)을 나흔즉, 종스(宗嗣) 빗나리라 ᄒ여, 종일토록 즛궤믈1157) 마
지 아니ᄒ고, 녀시 갓득 둔탁 비긔(肥肌)흔 흉상(凶狀)의 회틱(懷胎)ᄒ미, 날노 신시
(身事) 무겁고 일신이 곤뷔(困憊)ᄒ니, 능히 갓브믈 니긔지 못ᄒ여 존당 구고긔 신혼
(晨昏)1158)은[을] 아조 젼폐ᄒ고, 쥬야 상상(牀上)의 언와(偃臥)ᄒ여 양병(養病)ᄒ며
식물(食物) 찬션(饌膳)의 구미의 맛갓지 아니타 ᄒ여, 틱부인이 날마다 친션 가음아는

1156)싱혈 : =앵혈. 중국의 '수궁사(守宮砂)'를 한국고소설에서 창작적으로 변용하여 쓴 서사도구의 하나.
　　도마뱀의 피에 주사(朱砂)를 섞어 만든 것으로, 이것을 팔에 한번 찍어 놓으면 성관계를 맺기 전까지
　　는 절대로 없어지지 않는 다는 속설 때문에, 고소설에서 여성의 동정(童貞)이나 신분(身分)의 표지(標
　　識) 또는 남녀의 순결 확인, 부부의 합궁여부 판단 등의 사건 서사에 다양하게 활용되고 있다. 앵혈・
　　주표(朱標)・비홍(臂紅)・홍점(紅點)・주점(朱點)・앵홍・앵점・생혈 등 여러 다른 말로도 쓰이고 있다.
1157)즛궤다 : 지껄이다. 떠들다. =짓궤다.
1158)신혼(晨昏) : 신성혼정(晨省昏定). 곧 이른 아침에는 부모의 밤새 안부를 묻고, 밤에는 부모의 잠자
　　리를 보아 드린다는 뜻으로, 부모를 잘 섬기고 효성을 다함을 이르는 말.

시비를 신칙(申飭)ᄒ여 호령이 싱풍(生風)ᄒ니1159), 하쳔 비비의 무리 괴로오믈 니긔지 못ᄒ여 가만흔 원망○[이] 부졀여류(不絶如流)ᄒ되, 흉인(凶人)의 슉질(叔姪)이 아지 못【14】ᄒ고, 다만 긔승(氣勝)만 나ᄂ 디로 ᄒ며, 녀시 쏘흔 슉모의 셰를 쓰고, 쳔틱만상(千態萬象)의 히이(駭異)흔 거죄 무슈ᄒ니, 학ᄉ 우이 너기고 흉인의게 골육 ᄭ치믈 쳔만 회한(悔恨)ᄒ나, 할 일업더라.

구괴 가쇼로이 너겨 시이불견(視而不見)ᄒ며, 쇼공과 학ᄉ 그 남녀의 《여불∥여부(與否)》을[를] 죄오미 업셔, 도로혀 녀슉의 형뎨 아마도 영죵지상(令終之相)이 아니니, 흉녀의 쇼싱이 비록 셰상의 삼기나 쓸 ᄃ 업ᄉ 쥴을 더옥 불힝이 너기니, 엇지 조곰이나 그 회틴(懷胎)ᄒ믈 경ᄉ로 알니오.

녀시 슉질이 쇼공 부ᄌ 부부의 깃거 아닛ᄂ ᄉ식(辭色)을 짐작ᄒ고, 불승통히(不勝痛駭)ᄒ며 만일 긔특흔 아【15】들을 나흘진디, 합가(闔家)를 업누를 ᄯᆺ이 잇고, 니러므로 틱부인이 깁흔 원녀(遠慮)를 두어, 동문의 텬셩이 단원ᄒ여 도라온 쥴 ᄃ로(大怒) ᄃ한(大恨)ᄒ여 히흘 ᄯᆺ이 잇더라.

아지못게라! 쇼(小)녀시 맛ᄎᆷ니 쇼원을 일워 진짓 쇼문을 흥긔훌 긔린 옥동을 싱흔가? 텬되 악인을 질오(嫉惡)ᄒ고 조화옹(造化翁)이 흙셩구져 헌ᄉᄒ믈1160) 즐기니, 긔괴흔 흉아(凶兒))를 다시 싱흔가? ᄎᄎ 하편을 상고ᄒ라.

니러구러 동문이 도라완지 슈슴일이 되엿더라. 쇼공 부ᄌ 가즁의 쇼쟉(小酌)을 빈셜ᄒ고 일가 친쳑과 하상국 부ᄌ와 윤·뎡 졔공을 다 쳥ᄒ여 경ᄉ를 치하훌ᄉ, 【16】 초일 동문 공지 머리의 칠보영낙(七寶瓔珞)1161)을 갓초고, 몸의 금슈의(錦繡衣)를 닙고 나아와 좌상의 뵈올ᄉ, 부조의 명을 조ᄎ 졔공 좌하의 ᄎ례로 비알ᄒ미, 아름답고 호상(豪爽)흔 풍치, ᄎ일(此日) 더옥 교교(皎皎) 슈발(秀拔)ᄒ고 진퇴(進退) 녜졀(禮節)이 흡흡히 노ᄉ슉유(老士宿儒)의 풍치 이셔 미흡ᄒ미 업스니, 좌상 졔공이 신연(新然)이 낫빗츨 곳쳐 이경(愛敬)ᄒ믈 마지 아니ᄒ고, 하상국 부ᄌ슉질(父子叔姪)이 다 모닷ᄂ지라. 동문 공지 졔좌(諸坐)의 녜필ᄒ고 셜니 나아가 하승상 무릅 아리 ᄭ러, 근일(近日) 존후(尊候)를 뭇ᄌ오미, 옥면 셩모의 화흔 긔운과 반가온 ᄉ식(辭色)이 안면(顔面)의 넘지니, 하승상이 쏘흔 슈일【17】지간(數日之間)이나 ᄉ로이 반기고 ᄉ랑호오믈 니긔지 못ᄒ여, 셜니 나호여 그 옥슈를 잡고 삽삽흔 녹발을 어로만져 왈,

"닌 비록 너희 친죄(親祖) 아니나, 네 신싱초일(新生初日)의 오가(吾家)의 니르러 조손부ᄌ(祖孫父子)의 은1162)을 미즌지 오라니, 비록 근본인 즉 타셩(他姓) 쇼탄(所誕)으

<hr/>

1159) 싱풍(生風)ᄒ다 : 바람을 일으키다. 파문을 일으키다.
1160) 헌ᄉᄒ다 : 야단스럽다. 시끌벅적하다. 호사스럽다. 수다스레 말하다. 수다 떨다. *헌사; 수다. 너스레. 야단스러움. 시끌벅적함.
1161) 칠보영낙(七寶瓔珞) : ①일곱 가지 보배로 만든 달개. *달개; 금관(金冠) 따위에 매달아 반짝거리도록 한 얇은 쇠붙이 장식. ②구슬을 꿰어 만든 장신구. 목이나 팔 따위에 두른다.
1162) 은 : ①인연(因緣). 정(情). ②보람 있는 값이나 결과.

로 텬뉸의 간셥ᄒᆞ미 업ᄉᆞ나, {고어의 왈} ᄯᅩᄒᆞᆫ 인의(人義) 쇼존(所存)으로 양휵지은(養慉之恩)1163)이 텬뉸구로(天倫劬勞)1164)의 다ᄅᆞ미 업ᄂᆞᆫ지라. ᄉᆞ오ᄌᆡ(四五載) 조손 부ᄌᆞ의 졍(情)을 미ᄌᆞ시니, ᄯᅩ 엇지 범연ᄒᆞ리오. 존당이 너의 도라온 후 결연ᄒᆞᆷ을 니긔지 못ᄒᆞ샤, 침좌(寢坐)의 잇지 못ᄒᆞ시니, 네 ᄯᅩᄒᆞᆫ 격년(隔年) 니슬(離膝)의 망부지(忘不知)ᄒᆞ던 텬뉸을 단합ᄒᆞ【18】니, 녕존당 부모의 귀즁ᄒᆞ시믄 인졍텬니(人情天理)의 ᄌᆞ연ᄒᆞ니, 엇지 잠긱지간(暫刻之間)1165)인들 ᄯᅥ나고져 ᄒᆞ시며, 네 ᄯᅩ 엇지 니슬(離膝)홀 마음이 이시리오만은, ᄯᅩᄒᆞᆫ 젼일 은의(恩義)를 싱각ᄒᆞ여 슈일 후 한번 와 단여가게 ᄒᆞ라."

동문이 피셕(避席) 지ᄇᆡᄒᆞ여 명을 밧고, 쇼공이 흔연 왈,

"오늘날 경ᄉᆞᄂᆞᆫ 다 형의 부ᄌᆞ의 쥬미라. 싱셩지은(生成之恩)이 오히려 구로싱지(劬勞生之)의 더ᄒᆞ미 잇고 덜ᄒᆞ미 업ᄉᆞ니, 손이 장셩ᄒᆞ나 엇지 존부(尊府) 셩은(聖恩)을 니ᄌᆞ리오. 삼가 틱의(太意)를 밧들니이다."

좌간의 평졔왕 뎡쥭쳥이 한가히 우어 왈,

"되져 남의 ᄌᆞ식 어더 기ᄅᆞᄂᆞᆫ 지 엇지 우읍지 아【19】니리오. 강보(姜保) 신싱(新生)을 다려다가 ᄋᆡ이무교(愛而無敎)ᄒᆞ여 ᄌᆞ라기의 밋쳐, 졔 집을 ᄎᆞᄌᆞ 도라가면 우읍고 졈즉ᄒᆞᆫ디, 하형은 더욱 미혼진(迷魂陣)의 잠겨 친손 타손을 분간치 못ᄒᆞ고, 얼토당토아닌 쇼ᄋᆞ를 친손만 너겨 길너ᄂᆡ여, 오늘날 졈즉이 아이고 그 집 못거지의 와 남의 조손 부ᄌᆡ 단합ᄒᆞ여 즐기는 양을 보니, 하 《격즉∥졈즉》ᄒᆞ여 무심히 안ᄌᆞ 슐 먹기 열업ᄉᆞᆯ가 ᄒᆞ여, 좌상 널위 졔공이 셩녈(盛列)ᄒᆞ여, 더부러 말ᄒᆞ리 하나 둘히 아니로ᄃᆡ, 믄득 졉담치 아니ᄒᆞ고 져 어린 쇼ᄋᆞ이 무슴 쳬졔(體制)를 안다 ᄒᆞ고, 더부러 한셜(閑說)을 ᄒᆞ니 가히 장ᄌᆞ의【20】쳬위(體威) 아니로다."

좌위 기쇼(皆笑)ᄒᆞ고 평진왕 윤쳥문이 우어왈,

"형언이 졍합오의(正合吾意)라. 쇼졔 몬져 이 말을 ᄒᆞ고져 ᄒᆞ엿더니, 뎡형이 아창지가(我唱之歌)를 몬져 화ᄒᆞᄂᆞ이다."

하승상이 미쇼 왈,

"쥭쳥형은 셰간의 한가로온 영녹지인(榮祿之人)이라. ᄌᆞ유(自幼)로 ᄌᆞ긔지신(自己之身)이 번화 부귀ᄒᆞ고 만ᄉᆞ 다복ᄒᆞ니, 미셰지ᄉᆞ(微細之事)라도 남의 일은 변만 너겨 흥볼시 올커니와, 쳥문아 너ᄂᆞᆫ 니런 말 아념 죽ᄒᆞ니라. 셩닌이 ᄯᅩᄒᆞᆫ 쇼형의게 의탁ᄒᆞ여 장셩ᄒᆞᆷ을 어더시니, 기시 쇼형의 셩닌을 네 집의 보ᄂᆡ고 결연홀 시나 어ᄂᆡ 다ᄅᆞ리오."

쇼공이 니어 역쇼 왈,

"졔형은 결【21】우지 말나. 쇼뎨 맛당이 공언을 ᄒᆞ리라. 셕일 셩닌과 금의 손이 다 강보의 쇼싱지친(所生之親)을 실니(失離)ᄒᆞ고 타문의 싱장ᄒᆞᆷ믄 일쳬(一體)어니와,

---

1163)양휵지은(養慉之恩) : 길러 준 은혜.
1164)텬뉸구로(天倫劬勞) : 천륜에 따라 자식을 낳아서 애써 기름.
1165)잠긱지간(暫刻之間) : 잠시 사이.

또 각각 쇼죄(所遭) 다르미 잇느니, 셩닌은 싱지수오삭(生之四五朔)의 교하(橋下)의 바리인 거슬 어더 와 기르니, 일가 샹히 다 타츌(他出)인 쥴을 뉘 모르리오. 쇼뎨 스랑ᄒᆞ믄 친ᄌᆞ의 나리지 아니ᄒᆞ나, 다만 기시의 쇼뎨 타향 젹긱(謫客)으로 본ᄃᆡ 가계(家計) 젹빈(赤貧)ᄒᆞ니, 실노 져를 부귀 호화로뼈 치지1166) 못ᄒᆞ여시니, 엇지 하형 부ᄌᆞ의 간쳡(奸妾) 요인(妖人)의게 속아 오가(吾家) 손(孫)으로 진짓 하시지츌(河氏之出)만 너겨, 가즁 샹히 츄앙ᄒᆞ여 ᄋᆡ이무교(愛而無敎)ᄒᆞ여 금의옥식(錦衣玉食)【22】으로 보호ᄒᆞ여 기름과 갓ᄒᆞ리오. 쇼뎨 실노 붓그려 ᄂᆡ제라도 친옹과 녀셔를 ᄃᆡᄒᆞ여 옛 일을 싱각ᄒᆞ면 무안(無顏)ᄒᆞᆫ 낫갓치 달호이믈 면치 못ᄒᆞ느니, 하형 부ᄌᆞ의 심은(深恩) 후퇴(厚澤)은 우리 부ᄌᆞ 조손이 빅골이 진퇴(塵土) 되나 엇지 능히 다 갑흐리오. 뎡·윤 냥형은 옛 일을 들츄어 쇼뎨를 붓그럽게 말나.”

뎨왕은 ᄃᆡ쇼ᄒᆞ고, 진왕은 ᄉᆞᄉᆞ(謝辭)ᄒᆞ여 그러치 아니믈 니르고, 하샹국은 겸양 칭ᄉᆞᄒᆞ여, 쇼공의 칭은(稱恩) 송혜(頌惠)ᄒᆞ미 과도ᄒᆞ믈 ᄉᆞ양ᄒᆞ더라.

셔로 잔을 잡아 권ᄒᆞᆯᄉᆡ, 쇼공은 잔을 드러 하샹국의게 ᄉᆞ례ᄒᆞ고, 하샹국은 옥비를 들어 쇼【23】공의게 조손(祖孫)이 단합ᄒᆞ믈 치하ᄒᆞ고, 쇼시랑과 하틴우ᄂᆞᆫ 또 셔로 잔을 권ᄒᆞ여 상하(相賀)ᄒᆞ니, 좌상 졔빈(諸賓)의 즐기미 극ᄒᆞ여 날이 져므ᄂᆞᆫ 쥴 ᄭᆡ닷지 못ᄒᆞ더라.

셕양의 졔빈이 낙극진취(樂極盡醉)ᄒᆞ여 도라갈ᄉᆡ, 하샹국 부ᄌᆞ 님거(臨去)의 동문을 ᄌᆡ삼 연ᄋᆡ(憐愛)ᄒᆞ여 슈히 보ᄂᆡ기를 쳥촉(請囑)ᄒᆞ고 도라가다. 슈일이 지난 후 동문공지 부조(父祖)의 명을 밧ᄌᆞ와 하샹부의 나아가 뎡국공과 조틴부인이며 버거 졔좌의 뵈오니, 하샹부 샹히 영일뎐의 취회(聚會)ᄒᆞ여 그 덧1167) ᄉᆞ이나 반기고 ᄉᆞ랑ᄒᆞ믈 마지 아니ᄒᆞ고, 모든 쇼ᄋᆞ들은 크게 반겨 기즁(其中)【24】의 인ᄉᆞ 아ᄂᆞᆫ 아ᄒᆡ들은 셔로 손을 잡고 별ᄂᆡ(別來)를 니르며, 바히 쳘모르ᄂᆞᆫ 쇼ᄋᆞ비(小兒輩)ᄂᆞᆫ 붓드러 황홀이 반기며 어ᄃᆡ 갓던 곳을 무르며, ᄂᆡ제 와시니 다시 가지 말나 ᄒᆞ더라.

동문이 또ᄒᆞᆫ 니졍(離情)의 결연ᄒᆞ여 머무러 가고져 ᄒᆞ거늘, 초공이 니르ᄃᆡ,

“너희 친죄(親祖) 슬하의 농손(弄孫)이 너ᄲᅮᆫ이라. 그 범연ᄒᆞ여도 귀즁ᄒᆞ려든, ᄒᆞ믈며 네 강보의 긔고변난(奇苦變亂)ᄒᆞ여 타문의 싱장ᄒᆞ여, ᄉᆞ싱존망을 아지 못ᄒᆞ여 쥬야(晝夜) ᄋᆡ감(哀感)ᄒᆞ던 바로뼈, 긔특이 싱존 단합(團合)ᄒᆞ미, 네 집 일가 샹하의 환힝(歡幸)ᄒᆞ믄 불문가지(不問可知)라. 일시 ᄯᅥ나믈 어려워 ᄒᆞ느니, 네 후일은 와 머물【25】녀니와 금일은 도라가라. ᄎᆞ후 일왕일ᄂᆡ(日往日來)ᄒᆞ여 즐기게 ᄒᆞ라.”

동이 ᄇᆡᄉᆞ슈명(拜謝受命)ᄒᆞ고 초일 도라가니, 하부 샹히 ᄉᆡ로이 결연ᄒᆞᆷ믈 니기지 못ᄒᆞ더라. 동문공지 본부의 도라가 하부 졔인의 관곡(款曲)ᄒᆞᆫ ᄌᆞ의를 일일히 젼ᄒᆞ니, 쇼공 부ᄌᆞ와 털부인 고식(姑媳)이 불승감ᄉᆞ(不勝感謝)ᄒᆞᆷ믈 니기지 못ᄒᆞ나, 녀흥이 믄득

1166)치다 : 가축이나 어린아이 따위를 기르다.
1167)덧 : 얼마 안 되는 퍽 짧은 시간.

불열ᄒ여 왈,

"너희ᄂ 져런 말을 다 두굿겨 말나. 발호ᄒᆫ 아희 긔운을 길워 졈졈 ᄒ면 거즛 부언(浮言)도 쥬츌(做出)ᄒᄂ니, 이 곳 져의 만니 젼졍의 희롭고 가문을 보젼치 못ᄒᆯ 징죄(徵兆)라. 노뫼 일즉 드르니 하진이 져머셔붓허 교【26】만(驕慢) 교싀(驕猜)ᄒ여 평싱 사ᄅᆷ을 만히 믜인 고로, 즁도(中道)의 참독ᄒᆫ 화앙(禍殃)을 안아 삼ᄌ를 참망(慘亡)ᄒ고, 하진과 원광이 하마 머리 업슨 귀신이 될 거슬, 맛춤 팔ᄌ 죠코 윤슈의 쌀과 원광을 셩혼ᄒ엿ᄂ 고로, 윤슈의 낫츨 보아 다ᄉᆞᆫ 뎡연이 동뉴를 모화 극녁 간징ᄒ여, 《몹시∥겨오》 죽기를 면ᄒ고, 촉즁(蜀中) 슈졸(戍卒)이 되엿ᄂ 거슬, 맛춤니 권귀(權貴)와 연인(連姻)ᄒᆫ 연고로 그 후의 뎡텬흥이 국가의 여러번 뒤공을 셰워 상총을 어든 후, ᄎᆞᄎ 윤가로 더브러 도모ᄒ여 위지신원(謂之伸冤)이라 ᄒ고, 젼젼(前前) 악역지죄(惡逆之罪)를 다 김국구 부ᄌ의게 나리씨【27】위, 김가를 멸족ᄒ고 하진 부ᄌ를 ᄉ(赦)ᄒ여 경향(京鄕)의 도라온 후, 여러 ᄌ식과 숀ᄌ 나며 스스로 져희 죄를 알고 결혼ᄒ기를 다 국쳑 권귀와 위셰를 조ᄎ 겹겹 인친(姻親)을 미즈니, 니졔 그 보젼ᄒᆞ미 젼혀 윤·뎡 냥가의 도으미라. 옛말의 일너시딕, 물이 가득ᄒ면 ○[넘]씨이고1168) '곳비 길면 드딕이ᄂᄂ니'1169), 니졔 윤·하·뎡 삼개(三家) 셰엄이 바야히라1170) 엇지 한번 ○[넘]씨ᄂ 욕과 드딕이ᄂ 환이 업스리오. 불구(不久)의 빙산(氷山)이 문허지면 하로 아츰의 물이 되ᄂ니, 윤·하·뎡 졔인이 기시(皆是) 사ᄅᆷ의 얼골이오, 금슈의 마음이라. 등하불명(燈下不明)으로 너희 홀【28】노 아지 못ᄒ나, 노모ᄂ 붉히 아ᄂ,니 텬하의 아동쥬졸(兒童走卒)이 다 니르딕, 평졔왕 뎡텬흥 음픽(淫悖) 흉포(凶暴)ᄒ여 한딕(漢代) 왕망(王莽)1171)의 무리오, 평진왕 윤광텬은 흉포 능휼ᄒ여 한말(漢末) 동탁(董卓)1172)의 무리오, 하진의 부ᄌ 조숀은 간악 포험ᄒ여 당상(唐相) 니림보(李林甫)1173) 한상(漢相) 공숀홍(公孫弘)1174)의 일뉘라 지목ᄒ니, 만일 상총이 한번 쇠(衰)ᄒᄂ 날은

1168)넘씨다 : 넘치다.

1169)곳비 길면 드딕이ᄂᄂ니 : '고삐가 길면 밟힌다' 또는 '꼬리가 길면 밟힌다' 는 말로, 나쁜 일을 아무리 남모르게 한다고 해도 오래 두고 여러 번 계속하면 결국에는 들키고 만다는 것을 비유적으로 이르는 말.

1170)바야히다 : 이제 한창이다.

1171)왕망(王莽) : B.C.45~A.D.23. 중국 전한의 정치가. 자는 거군(巨君). 자신이 옹립한 평제(平帝)를 독살하고 제위를 빼앗아 국호를 신(新)으로 명명하였다. 한(漢)나라 유수(劉秀)에게 피살되었다. 재위 기간은 8~23년이다.

1172)동탁(董卓) : ?~192. 중국 후한(後漢) 때의 정치가. 소제(少帝) 유변(劉辯)을 시해하고 헌제(獻帝)를 옹립한 후, 권력을 잡고 폭정을 일삼다가, 여포(呂布)를 비롯한 자신의 측근들에 의해 암살당했다.

1173)이림보(李林甫) : 중국 당나라 현종(玄宗) 때의 정치가. 아첨을 잘하여 재상에까지 올랐고, 현종의 유흥을 부추기며, 바른말을 하는 신하는 가차 없이 제거하는 등으로 조정을 탁란(濁亂)하여 간신(奸臣)의 전형으로 꼽힌다. 그가 정적을 제거할 때는 먼저 상대방을 한껏 칭찬하여 방심하게 만들고 뒤통수를 쳤기 때문에, 당시 사람들이 그를 일러 구밀복검(口蜜腹劍)한 사람이라 하였다.

1174)공숀홍(公孫弘) : 중국 전한(前漢)의 학자·정치가(B.C.200~B.C.121). 자는 계(季). 무제 때 현량으로 추천되어 승상에 오르고, 평진후에 봉해졌다. BC 124년 동중서와 함께 최초의 유가(儒家) 학교인

한갓 슈형(首形)을 보젼치 못홀 샌 아니라, 문미(門楣) 아조 멸망ᄒ리라 ᄒ니, 노뫼 드
ᄅ미 모골(毛骨)이 숑연ᄒᆫ 봉난 쇼녀의 일싱 계활이 아모리 될쥴 몰나, 비록 너희다
려 니르지 아니ᄒ나 혼ᄌ 넘녀ᄒᄂᆫ 빈러니, 텬뫼 헌ᄉᄒ여 공【29】교히 ᄯᅩ 동문 쇼
이 못쓸 하가의 집의가 ᄌ라 도라오니, 졔 비록 긔특홀지라도 하가의 쟝ᄂᆡ를 아지 못
ᄒ니 가장 넘녀롭던디, 노뫼 요ᄉᆞ이 쇼아의 ᄒᄂᆫ 쳬(體)를 보니, 젼혀 다 간교(奸巧)
요악(妖惡)ᄒ 삭시라. 엇지 후일이 넘녀롭지 아니리오. 너희 부직 다 노모의 말은 밋
ᄂᆫ 일이 업ᄉ니, 구셜(口舌)이 무익ᄒ거니와, 쇽담의 일너시ᄃᆡ 셩인도 광부지언(狂夫
之言)을 찰납ᄒ다 ᄒᄂᆞ니, 모로미 노모의 원녀(遠慮)를 일분이나 그러히 너기거든, 임
의 아히를 ᄎᆞᆺ 도라와시니 우리집○[은] 가변으로 윤셩닌갓치 닉여다가 바린 일이
아니오, 근본은 계집 며【30】ᄂᆞ리와 종이 ᄉᆞ오나와 산간 요리(妖尼)를 결당(結黨)ᄒ
여 틱평셰계의 남의 ᄌᆞ식을 아ᄉ 가시니, 《날노뼈∥이로뼈》 혜아리컨디, 은혜 될 일
이 무어시뇨? 빅일지하의 남의 ᄌᆞ식을 아ᄉ 가시니 너희 부ᄌ 부뷔 간장(肝腸)도 만
히 슬엇ᄂᆞ니, 니런 곡졀을 셰셰히 싱각ᄒ면 도로혀 원쉬라. 한번 요악ᄒ 허물을 크게
ᄭᅮ짓고 졀교(絶交)ᄒ미 올흐니, 무슨 연고로 어린 아히를 못쓸 곳의 ᄌᆞ로 보닉여, 쟝
ᄂᆡ 그릇되기를 싱각지 아닛ᄂᆞ뇨? 이후란 일졀 하가의 보닉지 말나. 불연즉 노뫼 별단
쳐치 이시리라.(이 엉거능측ᄒ고[1175] 번질번질[1176]ᄒ 쥬리[1177] 경(黥)칠[1178] 년아!) 쇼공 부직 가지
록【31】한심 경히ᄒ나, 본디 괴려(乖戾) 싀포(猜暴)ᄒᆷ믈 아ᄂᆫ 고로, 결우기 무익ᄒ
여 다만 유유(儒儒) 슈명(受命)홀 샏이러라. 노흥이 ᄎ언을 닉믄 쇼공 부ᄌ로 ᄒ여곰
동문을 영영 하가의 보닉지 못ᄒ게 ᄒ여, 하부 졔인으로 ᄒ여곰 쇼공 부ᄌ를 빈은망
덕ᄒᄂᆫ 무리로 아라, 기리 셰교(世交)를 니간(離間)코져 ᄒ니 노흥의 계괴 엇지 궁흉
극악지 아니리오.

ᄎ후 동문이 틱왕모의 노를 맛날가 두려 감히 하상부의 ᄌ로 빈현치 못ᄒ니, 하공
부직 결연ᄒᆷ믈 니긔지 못ᄒ나, ᄌ연(自然) 쇽어의 '쥬언(晝言)은 문조(聞鳥)ᄒ고 야언
(夜言)은 문셔(聞鼠)ᄒ다'[1179] ᄒ니, 녀흥의 험악을【32】짐작ᄒ미 이셔 크게 흉완이
너기나, 쇼공 부ᄌ의 무안ᄒ 안면을 구익ᄒ여 일졀 동문의 닉왕을 아른 쳬 아니ᄒ더
라.

녀흥이 ᄎᆞᄎ 흉계를 일워 동문의 젼졍을 아조 맛고 하부의 빈은ᄒᄂᆫ 거슬 쾌히 낫
ᄒ닉여, 동문으로 ᄒ여곰 함지갱참(陷之坑塹)ᄒ여 몸이 ᄉᆞ디(死地)의 나아가나, 윤・하

태학을 세웠다.
1175)엉거능측ᄒ다 : 음충맞고 능청스럽게 남을 속이는 수단이나 태도가 있다.
1176)번질번질 : 성품이 매우 뻔뻔스럽고 유들유들한 모양.
1177)쥬리 : 주리. 죄인의 두 다리를 한데 묶고 다리 사이에 두 개의 주릿대를 끼워 비트는 형벌. 늑주뢰형.
1178)경(黥)치다 : 혹독하게 벌을 받다.
1179)쥬언(晝言)은 문조(聞鳥)ᄒ고 야언(夜言)은 문셔(聞鼠)ᄒ다 : '낮말은 새가 듣고 밤 말은 쥐가 듣는다. 아무도 듣지 않는 데서라도 말조심해야 한다는 말.

·뎡 삼부 제공으로뼈 동문 알오믈 텬하 난뉸경박쟈(亂倫輕薄者)로 지목ᄒᆞ여, 법젼의 한말 구ᄒᆞᄂᆞᆫ 길을 막으려 ᄒᆞ미나, 윤·하·뎡 제공은 기기히 지쟈(智者)와 텰인(哲人)의 만니(萬里) 명감(明鑑)이 이시니, 엇지 쇼공의 가란(家亂)의 《참회∥참혹》홈과 동아의 빅옥 무하ᄒᆞᆷ믈 아지 못ᄒᆞ【33】리요. 허다 셜홰 다 하편의 잇ᄂᆞ니라.

츠셜 뎡의쳥 부인 조셩녈의 신원이 빅옥 갓흐니, 우흐로 만세황애 졍문(旌門)1180)을 놉혀 지효명덕(至孝明德)을 붉히시고, 특별이 뎡슌무의 ᄉᆞ쳔 합쥬를 진무(鎭撫)ᄒᆞ여 요졍(妖精)을 업시ᄒᆞ며 민폐를 덜고, 긔황(饑荒)ᄒᆞ던 시졀을 풍등케 ᄒᆞ미, 다 그 신긔ᄒᆞᆫ 지덕이라 ᄒᆞ샤, 각별 《칭과∥칭찬》ᄒᆞ시고, 부뷔 복합ᄒᆞ며 부녜 지합ᄒᆞ여 회환(回還)ᄒᆞᄂᆞᆫ 경ᄉᆞ를 치하ᄒᆞ샤, 틴쟈쇼부 홍문관 틴학ᄉᆞ 은쟈광녹틴우 좌승상 ᄉᆞ쳔후를 봉ᄒᆞ샤 부인 조시로 더부러 한가지로 환경ᄒᆞ라 ᄒᆞ여, 별ᄉᆞ(別使)를 보니시고, 도【34】라오ᄂᆞᆫ 길희 각관(各關)의 조지(朝旨)를 나리와 조시의 도라오ᄂᆞᆫ 힝거(行車)를 호힝(護行)ᄒᆞ라 ᄒᆞ시니, 졔왕과 조상국이 디경ᄒᆞ여 세 번 상표ᄒᆞ여 ᄉᆞ양ᄒᆞ나, 셩의(聖意) 블윤(不允)ᄒᆞ시니라.

황시 조지를 밧쟈와 쥬야 비도(倍道)ᄒᆞ여 은쥬의 니르니라.

션셜(先說) 뎡슌미 은쥬의 머므러 경ᄉᆞ 쇼식과 회환을 등후(等候)ᄒᆞ더니, 황시 니르며 슌뮈 도찰아문(都察衙門)의셔 본쥬 ᄌᆞᄉᆞ 이하를 거ᄂᆞ려 향안(香案)을 비셜ᄒᆞ고 조셔를 마쟈 북향 ᄉᆞ비ᄒᆞᆫ 후 조셔를 여러보니, 【35】디기 ᄒᆞ여계시디, 뎡슌무의 쇼년 지예 명덕과 졀도(絶島) 이역(異域)의 지환(災患)을 슈히 진졍ᄒᆞ여 군부(君父)의 심우를 덜고, 빅셩의 우환을 진졍ᄒᆞᆷ믈 못ᄂᆡ 칭찬ᄒᆞ시고, 버거 부뷔 즁봉ᄒᆞ며 부쟈 완취(完聚)ᄒᆞ고, 조시의 신셩 명쳘ᄒᆞᆫ 지혜 능히 보신지칙(保身之策)을 어더 신여명(身與命)이 구젼(俱全)ᄒᆞ며, 요리(妖尼)와 간비를 잡아 긔특이 누명을 신셜ᄒᆞ미 빅옥 갓흐믈 못ᄂᆡ 포장ᄒᆞ샤, 젹문(赤門) 졍표(旌表)ᄒᆞ여 슉녀의 덕을 만셩(萬姓) ᄉᆞ셔(士庶)로뼈 알게 ᄒᆞ여, 만고의 악인 찰녀를 징계ᄒᆞ시ᄂᆞᆫ 뜻과, 니어 현인을 포장ᄒᆞ미 일반 악인의 뉴(類) 죽으며 젹거ᄒᆞ【36】믈 일일이 긔록ᄒᆞ시고, 샐니 솔기쳐쟈(率其妻子)ᄒᆞ여 영화로이 도라오라 ᄒᆞ신 ᄉᆞ에(辭語)러라.

슌뮈 복지(伏地) 간파(看破)의 망궐(望闕) 돈슈(頓首)ᄒᆞ여 황은을 ᄉᆞ은(謝恩)ᄒᆞ고, 좌의 나아가 황ᄉᆞ(皇使)를 디ᄒᆞ여 감누(感淚)를 ᄲᅳ려 왈,

"학ᄉᆡᆼ이 년쇼 부지(不才)로 유시의 셩조의 슈은(受恩)ᄒᆞ와 쵼젼지공(寸戰之功)이 업시 뼈 외람이 작위 녈후(列侯)의 이시니, 엇지 묘복(眇福)이 손홀가 두렵지 아니ᄒᆞ며, 지어규즁(至於閨中) 부녜 국가의 무슨 보익(輔翊)ᄒᆞ미 잇관디 황상의 과장(誇張)ᄒᆞ시미 이갓ᄒᆞ시니잇고? 규즁 미쳔ᄒᆞᆫ 일홈이 텬궐(天闕)의 ᄉᆞ못고, 신쟈의 더러온 가힝(家行)을 셩명(聖明)이 아르시미 되어시니, ᄯᅩ 엇지 【37】참괴치 아니리오. 죄인 원홍이

1180)졍문(旌門) : 충신, 효자, 열녀 들을 표창하기 위하여 그 집 앞에 세우던 붉은 문. 늑작설(綽楔)·홍문(紅門).

당당흔 스류 ㅈ졔로 쏘흔 쇼년 닙조(立朝)ㅎ여 지조의 발양홈과 외모 풍신의 아름다
오미 하등이 아니로딕, 엇지 니러툿 금슈지힝(禽獸之行)을 가져 스스로 그 몸을 함지
깅참(陷地坑塹)ㅎ니 그 죄 당여시(當然死)나, 사름의 젼졍이 함(陷)ㅎ니 인ㅈ의 강기홀
빈라. 학싱(學生)이 드릭미 기연흠믈 니긔지 못ㅎ리로다. 지어(至於) 한가 역비 신월은
학싱이 우연이 동창부의셔 만나니, 그 비쥬역빈(背主逆婢) 줄 아는 고로, 잡아 죄를
다스리고져 ㅎ미오, 요리는 요슐 변화로 녀념(閭閻)의 돌며 인심을 현혹(眩惑)ㅎ고 스
부(士府) 규문(閨門)과 졔왕 후문가 심규 도장【38】의 임의로 츌입ㅎ며, 간비 요쳡과
발부 찰녀의 투악을 도아 지상 후문과 녀념(閭閻)의 히를 지으미 만흐니 조상뷔 우연
이 잡아 실상을 츄문흔즉, 요리의 젼젼 죄악이 진실노 쳔참만육(千斬萬戮)ㅎ염 즉흔지
라. 시고로 한가지로 압거(押去)ㅎ여 조합히(閤下) 환경 시의 다려 가시미라. 요리와
역비의 본상이 이딕도록 가살지죄(可殺之罪)의 남을 줄 어이 알니오. 셩명 쳐치 고명
ㅎ시나, 조시의게 밋쳐는 홀노 원홍의 암흉(暗凶)흔 죄쓴 아니라, 실노 엄부인 과악이
업다 못홀 거시니, 기뫼(其母) 죄루의 쳐ㅎ여실진딕 기녜 엇지 홀노 평안이 이셔 외
【39】람흔 셩은을 감당ㅎ리오.”

황시 공경 딕왈,

“합하의 셩의(聖意) 지연(至然)ㅎ시나, 황상의 혜아리심과 조졍의 공논은 니러치 아
니신지라. 엄틱부인 과악이 딕단ㅎ나, 근본은 원홍의 암흉 불인흠미 불명흔 부인을 달
닉여 젼후 힝악이 비로스미오, 녕실부인(令室夫人)의 셩덕 광휘와 녈의 효힝은 금고의
희한(稀罕)ㅎ시믈 황상이 아릭시고 일큿르스, 고슈지ㅈ(瞽瞍之子) 슌(舜)이 계심과 갓
다 ㅎ시며, 엄틱부인이 비록 쇼쇼 과악이 이시나, 조틱우 등 삼형뎨 조졍 진신(搢紳)
으로 풍녁(風力) 긔졀(氣節)이 당셰의 쌘혀나고, 쳥망 지덕이 조야(朝野)의 낫하나니,
엄부인이 이 갓【40】흔 긔ㅈ(奇子) 삼인과 쏘 녕부인(令夫人) 갓흔 슉인 셩녀를 두
어시니, 그 죄를 가히 물딕(勿待)ㅎ염즉다 ㅎ샤, 조공 삼곤계를 여ㅊ여ㅊ 방셕(放釋)ㅎ
시나, 조공 등이 고집ㅎ여 스직(辭職) 부조(不朝)ㅎ엿느지라. 군명이 지엄ㅎ시미 당당
흔 남직라도 집심(執心)을 셰오지 못ㅎ여시니, ㅎ물며 녕합은 규즁 일긔 부인이시라.
무슨 허물이 되며 구익ㅎ미 이시리잇고?”

드딕여 기시(其時) 연즁(筵中) 셜화를 종두지미(從頭至尾)히 셜파ㅎ니, 슌뮈 탄왈,

“원홍이 고문 셰벌노 힝신의 경박 음픽흠믈 경계치 못흔 연고로, 그 외모 풍신을
져바려 일홈이 스류의 닉치이고, 몸인 즉 북디【41】한가의 오랑키를 니웃ㅎ여 안치
(安置) 죄쉬(罪囚) 되니, 〇…결락 11ㅈ…〇[엇지 익달지 안으리오.”

ㅎ고], 속졀업시 쇠문(衰門)을 현달치 못ㅎ믈 ㅊ셕ㅎ며, 텬스(天使)를 관딕(款待)ㅎ
여 외스(外舍)의 머무르고, 닉아의 드러와 조부인 호힝홀 위의를 딕령홀식, 이 믄득
조졍 지상이며 팔도 슌안스의 닉힝(內行)이니, 비록 황명이 아니 계셔도 각읍이 진동
ㅎ려든, ㅎ물며 조부인의 숏다온 셩덕 규힝이 스린(四隣)의 《훼ㅈ‖회ㅈ(膾炙)》ㅎ여
금상쳠화(錦上添花)[1181]ㅎ미쓴녀.

몬져 각읍의셔 보닉는 빅물(百物) 쇼산지물(所産之物)이 무슈ᄒ여 천승으로 혜지 못
홀지라. 뎡슌뮈 졍식 겸양ᄒ여 일물도 밧지 아니ᄒ더라.

이의 날을 갈희여 부인으로 더【42】부러 발힝ᄒ려 홀식, 가인(家人)으로 ᄒ여곰
은지(恩旨) 니ᄅ러 계시믈 젼ᄒ고, 슈히 발힝ᄒ믈 일너 힝장을 찰히쇼셔 ᄒ니, 부인이
일희일비(一喜一悲)ᄒ여, ᄌ긔 누명 신셜ᄒ믄 조곰도 깃거 아니ᄒ고, 규즁의 도는 종
용ᄒ미 귀ᄒ거늘, 니졔 ᄌ긔의 셩명(性命) 직화(才華)는 만셩(萬姓)의 ᄌᄌ(藉藉)ᄒ여
모르리 업고, ᄌ부인(慈夫人) 실덕은 인인(人人)의 타비(唾誹)ᄒ미 되고, 원홍의 간교
(奸巧) 음험지죄(陰險之罪)는 《당여∥당연(當然)》 가살(可殺)이어니와, 그 당당ᄒᆫ 고
문셰벌(高門世閥)노 힝신의 경박 음픽ᄒ믈 경계치 못ᄒᆫ 연고로, 그 외모 풍신을 져바
려 일홈이 스류의 닉치이미 되고, 몸인즉 북디(北地) 한 가의 변디(邊地)【43】스막
(沙漠)의 오랑키로 니웃ᄒ여 안치(安置) 죄슈(罪囚) 되니, 쇽졀업시 쇠문(衰門)을 현달
(顯達)치 못ᄒ고, 욕급조션(辱及祖先)ᄒ고 망급ᄌ신(亡及自身)ᄒ여, 결연코 그 ᄌ쳐 즁
원을 다시 드딕기 어려오며, 묘화 신월이 다 참슈ᄒ며, ᄯᅩ 한부 관부인이 영츌(永黜)
ᄒ미 《밧듯∥반듯》ᄒ리니, 한쇼져의 난안(難安)ᄒᆫ 졍소를 상상ᄒ미 위ᄒ여 ᄌ긔 당
ᄒᆫ 듯ᄒ고, 악인 간당의 ᄉ화(死禍) 젹츌(摘出)ᄒ미 그 죄의 과ᄒ다 ᄒ미 아니로딕, 본
딕 지셩지효(至誠至孝)ᄒ여 상탕(商湯)1182)의 금슈(禽獸)를 앗기시는 셩덕과, 하우시
(夏禹氏)1183) 죄인을 보시고 슐위의 나리ᄉ 역읍이ᄌ췩(亦泣而自責)1184)ᄒ시던 셩덕이
잇는지라. ᄯᅩ흔 감회(感懷) 초상(嗟傷)ᄒ【44】여 스스로 허물을 삼으니 조곰도 깃분
ᄉ쇠이 업스딕, 유랑과 ᄉ시아(四侍兒)는 부인과 쥬군을 밧들며 닌아(麟兒) 봉츄(鳳雛)
갓흔 공ᄌ를 안아 영화로이 도라갈 바를 만심 환힝(歡幸)ᄒ여 슈무족도(手舞足蹈)ᄒ며
이슈가익(以手加額)1185) 왈,

"텬도(天道)의 명명 보복지니(報復之理)를 금일이야 씨닷괘라. 원홍 요젹이 우리 존
부인을 쳔빅 가지로 다리여 뎡노야와 우리 녀군(女君)의 텬졍가연(天定佳緣)을 버으
려1186) ᄒᆫ들 텬의(天意) 유지(有志)ᄒ시니 엇지 뎡노야의 딕인 군ᄌ지덕과 아쥬의 일
월이 징광ᄒᆫ는 졀조를 유히케 ᄒ리오."

비취 낭연 딕쇼 왈,

1181)금상첨화(錦上添花) : 비단 위에 꽃을 더한다는 뜻으로, 좋은 일 위에 또 좋은 일이 더하여짐을 비
유적으로 이르는 말. 왕안석의 글에서 유래한다.
1182)상탕(商湯) : 중국 은(殷)〔=상(商)〕 나라를 건국한 탕왕(湯王). 명신 이윤의 보좌를 받아 하나라의
마지막 왕 걸을 추방해 하 왕조를 멸망시켰다. 하의 우, 주의 문왕, 무왕과 함께 성군으로서 후세에 숭
상되고 있다
1183)하우시(夏禹氏) : 중국 하(夏)나라의 창시자 우(禹)임금. 성은 하우씨(夏禹氏)이고, 순(舜)임금 때에
황하(黃河)의 치수(治水)에 공을 세워 순임금으로부터 왕위를 선위(禪位) 받아 하(夏)를 세웠다. 은(殷)
의 탕(湯), 주(周)의 문왕, 무왕과 함께 성군으로서 후세에 숭상되고 있다
1184)역읍이ᄌ췩(亦泣而自責) : 또한 울며 자신의 탓으로 여겨 자신을 책망함.
1185)이슈가익(以手加額) : 손을 이마에 대거나 얹고 생각함.
1186)버을다 : 벌리다. 벌어지게 하다. 둘 사이를 넓히거나 멀게 하다.

"가히 우읍다. 아등이 쥬인을 뫼셔 빗늬 【45】 도라가는 영광을 요젹으로 한번 뵈과져○○○[ㅎ노라]. 즁형여싱(重刑餘生)이 북디(北地) 쟝녀(瘴癘)1187)의 오랑키로 벗이 되여 초황(焦惶) 붕삭(崩削)흔 가온듸, 간쟝을 마즈 녹야[여] 져발비스(疽發背死)1188)ㅎ는 양을 마즈 보면 짇기럽기 구텬(九天)의 오른 듯ㅎ리로다."

녹운·쌍션이 다 무룹 쳐 듸쇼 왈,

"췌져(姐)의 의논이 졍합(正合)ㅎ다."

니러틋 쟝외의셔 짓거리니, 부인이 듯고 크게 미온(未穩)ㅎ여 졔녀를 불너 노칙(怒責) 왈,

"여등이 비록 당하(堂下) 쳔녜나 일즉 날을 죵亽ㅎ여, 옛 글을 만히 보고 쏘 인물이 춍아(聰雅)ㅎ니 하쳔 가온듸 지식이 고명흔가 ㅎ엿더니, 엇지 불통무식(不通無識)ㅎ미 하방(遐方) 이젹(夷狄)의셔 심홀 줄 알【46】니오. 늬 쏘 요젹을 무죄ᄒ다 ᄒ미 아니로듸, 요젹의 허물을 니르고져 ᄒ미, 몬져 亽당(慈堂) 실덕이 낫하나니, 늬 실노 불안 주참(自慙)ᄒ여 스스로 낫출 깟고져 ᄒ며 귀를 막아 문견을 듯지 말고져 ᄒ듸, 밋지 못ᄒ믈 한ᄒ거늘, 너의 엇지 나의 듯고져 아닛는 수어를 요란이 니르며, 고어의 왈, '녕인부아(寧人負我) 언졍 무아부인(無我負人)이라'1189). 졔 비록 빅가지로 날을 히ᄒ여시나, 늬 죽지 아녓고, 허다 악亽를 힝ᄒ미 나죵이 조치 못ᄒ여 맛춤늬 져희 신셰를 맛츠시니, 인즈의 도리 맛당이 텬도의 그윽흔 보응(報應)을 감탄홀지언졍, 엇지 언두의 낭【47】즈히 일ᄏ라 방인(傍人)의 우음을 취ᄒ리오. 여등이 니런 말을 다시 일ᄏ른즉 각별 엄치(嚴治)ᄒ리니, 여등이 비록 날을 조츠 도로(道路) 화란(禍亂)의 상보(相保)ᄒ미 이시나, 오히려 기주츄(介子推)1190)의 할고지츙(割股之忠)1191)만 못ᄒ리니, 진문공(晉文公)이 오히려 기주츄를 져바려시니, 늬 엇지 여등의 한만(閑漫) 다셜(多設)흔 죄를 다스리지 못ᄒ리오."

셜파의 안식의 셜풍(雪風)이 녈녈ᄒ여 츈산(春山)의 져믄 빗치 가득ᄒ고, 셩안(聖顔)의 노식(怒色)이 표표(表表)ᄒ며, 옥셩(玉聲)이 닝담(冷淡)ᄒ여, 일기 유한슉뇨(幽閑淑窈)흔 부인이 홀연이 츠고 미오미 셜상한미(雪霜寒梅) 갓ᄒ니, 졔녜 일견(一見) 쳠망

1187)쟝녀(瘴癘) : 기후가 덥고 습한 지방에서 생기는 유행성 열병이나 학질.
1188)져발비스(疽發背死) : 등에 창(瘡)이 나서 죽음. 항우(項羽)의 모사(謀士)였던 범증(范增)이 이 병으로 죽었다.
1189)녕인부아(寧人負我) 언졍 무아부인(無我負人)이라 : 차라리 남이 나를 배신할지언정 나는 남을 저버리지 않는다는 말.
1190)기주츄(介子推) : 중국 춘추 시대의 은자(隱者). 진(晉)나라 문공(文公)을 섬겨 19년 동안 함께 망명 생활을 하였다. 이때 문공의 굶주림을 면케 하기 위해 자신의 넓적다리 살을 베어서 바쳤다는 고사가 전한다. 그러나 문공이 귀국하여 왕이 된 후 자신을 멀리하자 면산(綿山)에 들어가 숨어 살았는데, 문공이 잘못을 뉘우치고 자추가 나오도록 하기 위하여 그 산에 불을 질렀으나, 나오지 않고 타 죽었다고 한다.
1191)할고지튱(割股之忠) : 중국 춘추시대 진나라 문공을 섬겨 19년 동안 함께 망명생활을 했던 개자추가, 망명생활 중 문공이 굶주리자 자신의 넓적다리 살을 베어서 바쳤다는 고사를 일컬은 말.

(瞻望)의 악연(愕然) 젼늘(戰慄)ᄒ여, 다만 고두(叩頭) ᄉ죄(謝罪)ᄒ고 【48】한츌쳠비(汗出沾背)ᄒ여 불감앙시(不敢仰視)ᄒ니 말을 못ᄒ더라.

졔녜 다시 지난 환난과 원홍다이 말을 못ᄒ고, 뎡공이 ᄯ혼 그 악모의 과악을 모르미 아니로ᄃᆡ, 드를ᄉ록 한심ᄒ며, 부인의 지셩효의(至誠孝義)로 그 심ᄉᆡ 불안홀 바를 지긔ᄒ여, ᄌ긔 ᄯ한 일졀 지난 환난과 조졍 쳐ᄉ를 니르지 아니ᄒ며, 조부 쇼식을 듸강 젼ᄒ나, 부인이 ᄯ 엇지 아지 못ᄒ리오.

졔궁 가인과 본부 가인이 황ᄉ(皇使)와 한가지로 니르러, 존당 구고와 슉ᄆᆡ(叔妹) 금장(襟丈)이며 본부 왕부모와 부친과 삼 져져의 글월이 다 니르러, 그 ᄉ이 별회 니졍(離情)과 지난 화【49】변의 무ᄉ히 싱존 보신ᄒᄆᆞᆯ 탐탐이 긔록ᄒ며, 영ᄌ(令子)의 아름다오믈 닐너 슈히 보지 못ᄒᄂᆞᆫ 셜회 간곡ᄒ여, 만편 장화(長話)의 가득이 버러시ᄃᆡ, 오직 ᄌ부인(慈夫人)의 일ᄌ 셔신과 삼 거거(哥哥)의 친찰(親札)이 업ᄉ니, 모부인이 부군의 엄노를 만나 죄루즁(罪累中)이시며, 삼 거게 우황즁(憂惶中)이셔, 념불급타ᄉ(念不及他事)[1192]ᄒᄆᆞᆯ 알지라.

비록 짐작ᄒ 일이나 아연(啞然)이 창결(悵缺)ᄒ 심회 식롭더라. 임의 발ᄒᆡᆼ일이 다드ᄅᆞ미 본관으로셔 칠보금뉸(七寶金輪)과 의장(儀裝) 즙물(什物)을 갓초고, 크게 잔치ᄒ여 젼숑홀ᄉᆡ, 부인이 마지 못ᄒ여 이 날 복식을 곳치고 현아(縣衙)의 드러가, 본읍【50】ᄌᄉ 이하로 슈령 방빅의 부인을 다 쳥ᄒ여 잔치홀ᄉᆡ, 닌읍(隣邑) 졔부인늬 다 뎡상국 부인의 셩덕 광화를 귀의 우뢰 지남갓치 드럿ᄂᆞᆫ지라. 닷호아 단장을 치례ᄒ고 녀부(女婦)를 거ᄂᆞ려 모드니, 그 쉬(數) ᄯ혼 만터라.

본읍 ᄌᄉ 니유의 부인 양시ᄂᆞᆫ 졔왕비 양시의 당질녜(堂姪女)니, 일가(一家) 연인(連姻)의 셔의(齟齬)치 아닌지라. 초일 연셕의 쥬인이 되여 품복을 졍졔ᄒ고 졔부인을 마ᄌ 말ᄉᆞᆷ홀ᄉᆡ, 조부인을 각별 츄양(推讓)ᄒ여 상좌의 존(尊)ᄒ니 부인이 ᄌᆡ삼 ᄉ양ᄒᄃᆡ, 양부인이 공경ᄒ여 왈,

"아등은 불과 각관(各官) 하관(下官)의 쳐실이오, 부인【51】은 틱각(太閣) 즁신(重臣)의 ᄂᆡ상(內相)이시니, 셜ᄉ 조졍 쳬면으로 닐너도 쳡 등이 가히 하풍(下風)을 감심ᄒ려든, ᄒ믈며 부인의 곳다온 셩덕 규힝이 ᄉ린(四隣)의 《훼ᄌ‖회자(膾炙)》ᄒ여 금고(今古)의 녀ᄉ(女士) 되염 즉ᄒ시니, 쳡 등이 맛당이 탑을 쓰러 스싱으로 셤겸 즉ᄒ니 엇지 감히 방셕을 갈오리[1193]잇고?"

조부인이 쳔연이 ᄉᄉ(謝辭) 겸양(謙讓)ᄒ여 죵시(終是) 빈쥬(賓主)의 녜로 좌를 졍ᄒ고, 쥬육(酒肉) 셩찬(盛饌)을 드려 경하ᄒ며 셜연(設宴)홀ᄉᆡ, 좌즁 모든 부인이 조부인의 쳔틱 만념(千態萬艶)의 긔긔묘묘(奇奇妙妙)ᄒᄆᆞᆯ 듸경(大驚) 흠탄(欽歎)ᄒ며, 뇨됴(嘹嘹)ᄒ 옥셩(玉聲)과 진퇴녜모(進退禮貌)의 합도(合道) 쥬션(周旋)【52】ᄒᄆᆞᆯ 보ᄆᆡ,

---

1192)념불급타ᄉ(念不及他事) : 생각이 다른 일에 미치지 못함.
1193)갈오다 : (어깨를) 나란히 하다.

그 몸이 불과 진속홍진(塵俗紅塵) 가온딕 일긔 부인이믈 아지 못ᄒ고, 엄연이 공지딕
셩(孔之大聖)을 뫼셔 셩학딕도(聖學大道)를 드롭 갓ᄒ니, 졔부인이 심심(深心)이 갈치
ᄒ여 만목(萬目)이 ᄭᅴ고 빅귀(百-)[1194] 갈셩(渴聲)[1195]ᄒ니 결을ᄒ여 쥬식(酒食) ᄒ다
(香茶)의 맛슬 아지 못ᄒ더라.

종일 진환(盡歡)ᄒ고 셕양의 파연(罷宴)ᄒ여 햐쳐로 도라올ᄉᆡ, 면면이 연연ᄒ여 후
회를 긔약ᄒ더라.

명효(明曉)의 발ᄒᆡᆼ홀ᄉᆡ, 본읍이 진경ᄒ며 슬허ᄒ미 젹지(赤子) 부모를 써나ᄂᆞᆫ 듯ᄒ
니, 슌뮈 면면이 위무ᄒ고, 부인【53】이 ᄯᅩᄒᆞᆫ 금빅 치단을 만히 닉여 은쥬역 쥬인
셔딕랑 삼형뎨를 쥬니, 졈쥬 등이 딕희 과망ᄒ여 지삼 ᄉᆞ양ᄒ다가 밧고, 고두 빅비ᄒ
여 하직ᄒ더라.

무슈ᄒᆞᆫ 슈의 하리 아역이 붉은 막딕와 넙은 믹를 들고 부인 금교(錦轎)를 젼츠후옹
(前遮後擁)ᄒ여 뫼시고, 버거 유아(乳兒)[1196] 시비 등 이십여 인이 쇼공ᄌᆞ를 안고, 교
ᄌᆞ를 타 금거를 호ᄒᆡᆼᄒ며, 뒤히 뎡상국이 황ᄉᆞ(皇使)로 더부러 쳔니(千里) 쥰마(駿馬)
를 타고, 졍긔 졀월을 거ᄂᆞ려 ᄒᆡᆼᄒ니, 번득이ᄂᆞᆫ 졍긔(旌旗)[1197]와 붓치이ᄂᆞᆫ 긔둑(旗
纛)[1198] 냥산(陽傘)이며 ᄡᅡᆼ기(雙駕) 표동(表動)ᄒ여 일월(日月)의 명광(明光)을 아ᅀᅥᆺ더
【54】라.

지나ᄂᆞᆫ 곳의 각관(各官)이 호ᄒᆡᆼ(護行)ᄒ며 셜연(設宴) 관딕(款待)ᄒ니, 금ᄌᆞ(今者) 조
부인의 호호ᄒᆞᆫ 영광을 문견지(聞見者) 도로의 셔로 젼ᄒ여 산야(山野) 농민이며 초부
(樵夫) 목동이라도, 듯ᄂᆞᆫ 지 흠심(欽心) 갈치(喝采)ᄒ여 부로휴유(扶老携幼)[1199]ᄒ여
노변(路邊)의 나와 굿보더라.

일노(一路)의 무ᄉᆞ히 ᄒᆡᆼᄒ여 슌여일(旬餘日)만의 경ᄉᆡ(京師) 갓가와 슈일(數日) 졍도
의 밋쳐시니, 양셩강이 ᄉᆞ이 격ᄒᆞ엿더라. 초일 양셩 틱슈 쥬즙(舟楫)을 갓초와 오식치
션(五色彩船)을 ᄭᅮ미고, 뎡상국 부부의 도라오ᄂᆞᆫ 위의를 영후(迎候)ᄒ여, 션즁(船中)의
오른 후 크게 잔치ᄒ여 즐기며, 이 밤의 션즁의 머무럿더니, 추시 츄구월 심츄(深秋)
【55】라. 슈광(水光)이 졉텬(接天)ᄒ고 빅뇌(白鷺) 횡강(橫江)ᄒ니, 만뇌(萬籟) 구젹
(俱寂)ᄒ고 찬 달빗치 더욱 닝담(冷淡)ᄒ며 상텬(霜天)의 한 쥴 기력이 남녁흘 향ᄒ여
기리 울고 나라가니, 그 쇼릭 심히 쳐쳐(悽悽) 비량(悲凉)ᄒ여 문인(文人)의 시흥(詩
興)을 부러닉며, 슈긱(水客)의 비회(悲懷)를 ᄌᆞ아닉여 슈회(愁懷) 만쳡(萬疊)ᄒ리러라.

1194) 빅귀(百-) : 모든 귀.
1195) 갈셩(渴聲) : '소리에 목이 마르다'는 뜻으로, 소리에 귀를 기울인다는 말.
1196) 유아(乳兒) : 유모(乳母)와 아시비(兒侍婢)를 함께 이르는 말.
1197) 졍긔(旌旗) : 정(旌)과 기(旗)를 함께 이르는 말. 정은 깃대 위에 이우(犛牛; 야크)의 꼬리를 달고 이
　　것을 새털로 장식한 기이고, 기는 곰과 범을 그린 붉은 기를 말한다. 둘 다 왕명을 받은 신하 특히 출
　　정(出征)하는 신하에게 신임의 표시로 주던 깃발이다.
1198) 긔둑(旗纛) : 군대의 행진에 따르는 여러 깃발들.
1199) 부로휴유(扶老携幼) : 노인은 부축하고 어린이는 이끎.

굽어 슈파(水波)를 보미, 츄슈공장텬일식(秋水共長天一色)1200)인딕, 만경창파(萬頃蒼波)의 은닌옥쳑(銀鱗玉尺)1201)이 쒸노니, 프르며 붉은 닌갑(鱗甲)과 흰 물결이 교양(交揚)ᄒ여, 월명츄야(月明秋夜)의 더옥 보암즉ᄒ지라.

션즁 졔인이 밤이 깁고 달이 붉은 가온딕 잠이 업ᄂᆞ지라. 여흥을 니어 만반진슈(滿盤珍羞)1202)를 나와 통음(痛飲) 진취(盡醉)ᄒ여, 【56】뎡슌무와 황스와 닌읍 졔관이 슐이 반취(半醉)ᄒ미, 시흥(詩興)이 발연(勃然)ᄒ여 비젼을 두다려 젹벽부(赤壁賦)1203)를 노릭ᄒ니, 졔공의 쳥음(清音)이 웅건(雄健) 활낭(豁朗)ᄒ여 바로 구텬(九天)의 ᄉᆞ못ᄎᆞ니, 님간(林間)의 잠든 학취(鶴雛) 놀나고, 벽텬(碧天)의 힝운(行雲)이 가기를 지지(遲遲)ᄒ더니, 홀연 바람결의 슬픈 곡셩이 쳐쳐(悽悽) 졀졀(切切)ᄒ고 여원여쇼(如怨如訴)ᄒ여, 그 비원(悲怨)ᄒᆞᆫ 슬프미 족히 승긔ᄌᆞ(勝己者)를 질오(嫉惡)ᄒ여, 텬도(天道)의 무심(無心)ᄒᆞᆷ을 한(恨)ᄒ며, '유양(莠良)을 닉신 탄(歎)'1204)이 깁흐믈 알니러라.

졔공이 경아(驚訝)ᄒ여 가셩(歌聲)을 긋치고 듯기를 이윽이 ᄒ미, 그 쇼릭 슬픈 듯ᄒ나 마딕 마딕 교악(狡惡)ᄒ고 살셩(殺聲)이 미만(彌滿)ᄒ【57】엿ᄂᆞ지라. 뎡상국이 딕경ᄒ여 좌우를 도라보아 왈,

"이 곡셩(哭聲)이 머지 아닌 딕셔 들니니, 이 엇던 사름이 무슨 셜우미 이셔, 심야의 잠ᄌᆞ기를 폐ᄒ고 우리를 픽흥(敗興)케 ᄒᆞᄂᆞ뇨?"

본쥬(本州) 방빅(方伯)이 피셕 딕왈,

"이 곡셩은 다ᄅᆞ니 아니라, 조졍 죄인 원홍이니, 졔북의 안치(安置) 죄인이라 ᄒᆞᄂᆞ이다."

상국이 우왈,

"연(然)ᄒ거니와 져ᄂᆞ 국가의 즁죄인(重罪人)이라. 임의 즁형을 바다 먼니 원젹(遠謫)ᄒ미, 국법의 즁죄인이 감히 년곡(輦轂)의 오릭 머무지 못ᄒ거늘, ᄎᆞ인이 엇지 이 셔의 니ᄅᆞ히 지체ᄒ엿ᄂᆞ뇨?"

틱슈와 방빅이 일시의 딕왈,

"ᄎᆞ인이 즁형을 바다 【58】계오 명믹이 실낫갓치 걸녀시나, 장흔(杖痕)이 셩나 셩농(成膿)ᄒ니 거의 죽기의 갓가왓ᄂᆞ지라. 니러므로 감히 년곡의 머무지 못ᄒ고, 문외

1200)츄슈공장텬일식(秋水共長天一色) : '가을 물은 드넓은 하늘과 한 빛이다.' 중국 초당(初唐) 때의 시인 왕발(王勃)의 <등왕각서(滕王閣序)>에 나오는 시구. "낙하여목제비(落霞與孤鶩齊飛) 추수공장천일색(秋水共長天一色) / 지는 노을과 외로운 기러기 나란히 날고, 가을 물은 드넓은 하늘과 한 빛이네."

1201)은닌옥쳑(銀鱗玉尺) : 비늘이 은빛으로 빛나고 모양이 좋은 큰 물고기.

1202)만반진슈(滿盤珍羞) : 상 위에 가득히 차린 귀하고 맛있는 음식.

1203)젹벽부(赤壁賦) : 중국 송나라 신종 5년(1082)에 소식이 지은 부(賦). 유배지인 황저우(黃州)에서 양쯔 강(揚子江)을 유람하며, 예전의 적벽전을 회상하고 자연의 장구함에 비하여 인생이 짧음을 한탄한 것이다.

1204)유냥(莠良)을 닉신 탄(歎) : '(하늘이) 악한 사람을 내고 또 착한 사람을 낸 것을 탄식한다.'는 뜻으로, 세상에는 선과 악이 공존한다는 것을 말함. *유냥(莠良) : 나쁜 풀(莠)과 좋은 풀(良), 곧 나쁜 사람과 좋은 사람을 비유적으로 이르는 말.

슈일졍의 나와 병셰 즁ᄒ니, 능히 길히 오ᄅ지 못ᄒ여 촌졈을 어더, 의원을 쳥ᄒ여 병을 곳쳐 겨기 나으미, 바야흐로 니졔야 발ᄒᆡᆼᄒ니 길히 더듸엿ᄂ이다."

상국이 졈두 묵연ᄒ니, 퇴쉬 크게 감동ᄒ여 믄득 갈오ᄃᆡ,

"원홍이 국가 즁슈(重囚)로 경ᄉ 갓가이 오ᄅᆡ 양병(養病) 치료(治療)ᄒ여 지쳬홈도 그 죄 경치 아니커ᄂᆞᆯ, 감히 어즈러온 곡셩을 방ᄌᆞ히 ᄒ여 졔 죄를 싱각지 아니ᄒ고, 군상의 쳐치를 【59】 원망ᄒᄂᆞᆫ 듯도 ᄒ고, ᄯᅩ 듸인이 놀나시게 ᄒ니 그 죄 가비얍지 아닌지라. 가히 잡아다가 엄치(嚴治)ᄒᆞ사이다."

상국이 침음 냥구의 미쇼 왈,

"졔 비록 ᄒᆡᆼ신(行身)을 잘못ᄒ여 셩교(聖敎) 풍화(風化)의 죄를 어더 북디 한 가의 죄쉬나, 본즉 ᄉᆞ족이오, 군상의 다ᄉᆞ리신 죄인이니, ᄯᅩᄒᆞᆫ 우리의 ᄉᆞᄉ(私私) 죄인이 아니라. 졔 스스로 셜워 우럿ᄂᆞ니 아등의 간예(干預)ᄒᆞᆯ 빈 아니로다."

퇴쉬 이히 다 말ᄉᆞᆷ의 맛당ᄒ믈 일ᄏᆞᆺ더라.

졔인이 뼈 마음의 혜오ᄃᆡ,

"뎡상국이 원홍의 말을 드ᄅᆞ면 반ᄃᆞ시 노ᄒ여 잡아다가 ᄉᆞ원(私怨)을 복(復)ᄒᆞ미 통쾌《ᄒᆞᆯ가‖ᄒ리라》."

ᄒᆞ엿더니, 니러툿 관 【60】 인(寬仁)ᄒᆞᆷ을 보고 항복지 아니리 업더라.

뎡상국이 원홍 요젹의 져 지경의 밋ᄎᆞᆺ듸 죵시 회션기악(回善棄惡)[1205]ᄒ기의 머러 맛춤ᄂᆡ 번이(蕃夷)의 투탁(投託)ᄒ여 그 몸이 영죵치 못ᄒᆞᆯ 쥴 알오ᄃᆡ, 극히 인현(仁賢) 듸도(大道)ᄒᆞᆫ지라. 그 ᄉᆞ문여믹(士門餘脈)인 쥴 가의(加意)ᄒ고, 목금(目今) 비고(悲苦)ᄒᆞᆫ 졍ᄉᆞ(情事)를 연측(憐惻)ᄒ여, 날이 식기를 기다려 명죠의 졔공이 도라가고 좌위 고요 ᄒ거ᄂᆞᆯ, 심복 가인을 명ᄒ여 빅금 오빅 냥과 빅깁 슈십 필을 가져 원홍의게 보ᄂᆡ고, 요악ᄒᆞᆫ 무리의게 친필을 ᄶᅵ치믄 불가ᄒ여, 다만 말ᄉᆞᆷ을 은근이 일위여 젼어(傳語)ᄒ라 ᄒ니, 가인 【61】 이 슈명ᄒ여 원홍의 햐쳐의 니ᄅᆞ니라.

ᄎᆞ시 원홍이 젼젼(前前) ᄒᆡᆼ악(行惡)이 일죠(一朝)의 파탈(擺脫)ᄒᆞ미, 장하(杖下)의 남은 목슘이 ᄒᆡᆼ혀 셩쥬(聖主)의 호싱지덕(好生之德)을 닙ᄉᆞ와 검단경혼(劍端驚魂)이 되기를 면ᄒ고, 변지(邊地) ᄉᆞ막(沙漠)의 오랑키를 이웃ᄒ여 북디 한 가의 도라가미, ᄉᆞ류의 일홈을 ᄶᅥ혀시니 이젹(夷狄)의 일뉘(一類)오, 텬문의 은ᄉᆞ를 닙어 고국의 환귀홀 긔약이 아득ᄒ니, 노년 조부와 고고(孤孤) 편모의게 불회 막듸○[ᄒ]니, 스스로 반싱 ᄒᆡᆼ악과 젼후 죄단은 조곰도 싱각지 못ᄒ고, 무슈(無數)ᄒᆞᆫ 원언(怨言)이 가지록 군조 현인의 도라오니, 부듸 아모려나 ᄉᆞ라 목슘이 【62】 죽지 아닌 젼의 한번 보슈ᄒ기를 싱각ᄒ니, 엇지 텬디간 별물 악죵이 아니리오.

국가 즁슈(重囚)로 몸 우희 즁형(重刑)을 바다 명직경긱(命在頃刻)이나, 능히 즁죄인(重罪人)이 년곡(輦轂) 아릭 머무지 못ᄒᆞᆯ지라. 최여(輜輿)[1206]의 몸을 바려 집을 니별

1205)회션기악(回善棄惡) : 악을 버리고 선에 돌아옴.

ᄒ고, 슈일 정도(程道)를 칠일만의 힝ᄒᄃᆡ 능히 편히 힝치 못ᄒ여, 양쥬 양성강의 밋
쳐는 창쳬(瘡處) 가장 즁ᄒ니, 공ᄎᆡ(公差) 능히 핍박지 못ᄒ여 촌즁의 머므르고, 관부
의 이 ᄉ연을 고장(告狀)ᄒ니, 본현 방빅과 틱슈 원홍의 악ᄉ를 ᄒᆡ분(駭憤)이 너기나,
국가 죄인이 즁노의 와 죽어 가는ᄃᆡ 의약을 아니 쥬지 못ᄒ여, 향촌 【63】 녀졈(旅
店)의 머무르고, 관부(官府)로셔 의약과 식물을 공급ᄒ며 의원을 불너 치료ᄒ니, 창쳬
ᄃᆡ단ᄒ여 엇지 싱도를 바라리오만은, 원홍 요젹(妖賊)이 임의 명완(命頑) 불ᄉ(不死)ᄒ
여 영종지상(令終之相)이 아니니, 텬디간 힝악을 무슈히 힝ᄒᆫ 후의, 바야흐로 텬쥬(天
誅)를 바들지라. 엇지 힘힘이 오늘날 죽으리오.

  힘뼈 치료ᄒ여 월여(月餘)의 창쳬(瘡處) 져기 완합(完合)ᄒ여 죽기를 면ᄒ니, 비록
치 하리지 못ᄒ나 국가 죄인이 즁노의 너모 오릭 머무지 못ᄒ여 발힝ᄒ더니, 이 날
ᄇᆡ의 올나 션즁(船中)의 머무더니, 추시 심츄(深秋) 념간(念間)을 당ᄒ니, 찬 물결 【6
4】이 창텬(蒼天)의 졉ᄒ여시며, 흰 이슬이 쇠잔ᄒᆫ 나모 닙히 써러지니, 츄완(秋玩)
《방난∥방낭(放浪)》의 샌혀난 경(景)이 더옥 슈인(囚人)의 니가(離家) ᄉ향지심(思鄕
之心)을 도도는지라.

  젹췌(賊酋) 스스로 제 죄를 싱각지 아니ᄒ고 슬프믈 니긔지 못ᄒ더니, 믄득 날이 져
물며 빅월(白月)이 등공(登空)ᄒ여 션창(船窓)의 붉고 《인ᄌ∥안자(雁子)》 홍안(鴻
雁)이 구만니(九萬里) 장공(長空)의 놉히 나라 무리를 부르니, 안성(雁聲)이 쳐졀(悽絶)
비량(悲凉)ᄒ여 원울(冤鬱)ᄒᆫ 회푀(懷抱) 깅가일층(更加一層)ᄒ니, 션창을 잠간 열고
원근을 쳠망(瞻望)ᄒ여 빅위(百憂) 층싱(層生)이러니, 믄득 보니 먼니셔붓허 일쳑(一
尺) 치션(彩船)이 즁뉴(中流)ᄒ여 나아오니, 큰 ᄇᆡ의 졍긔(旌旗) 검극(劍戟)이 삼나(森
羅)ᄒ여, 【65】 월하(月下)의 바이고, 션즁(船中)의 무슈ᄒᆫ 슈의(繡衣)[1207] 갑병(甲兵)
이며 집ᄉ(執事) 아역(衙役)이 무슈히 뫼셔시며, 션창을 의지ᄒ여 일위 ᄃᆡ상(大相)[1208]
이 고관(高冠)[1209] ᄃᆡᄃᆡ(大帶)[1210]로 손의 산호편(珊瑚鞭)을 쥐여 단좌ᄒ여시니, 풍의
골상(風儀骨相)이 비범ᄒ며 위의 황황(煌煌)ᄒᆫ지라. 좌우의 여러 관원이 뫼셔 쥬빅(酒
杯)를 날니며 흥이 놉하시니, 비록 ᄉ이 먼 듯ᄒ나 달빗치 명낭(明朗)ᄒ여 빅쥬(白晝)
를 묘시(藐視)ᄒ는지라. 냥구히 보다가 즁인(衆人)다려 져 치션이 엇던 힝친(行次)고
무르니, ᄉ공이 ᄃᆡ왈,

1206)츽여(轈輿) : 치여(轀輿). 상여(喪輿).
1207)슈의(繡衣) : ①수를 놓은 옷. ②암행어사(暗行御史)가 입던 옷. *여기서는 수려(秀麗)한 관복(官服)
  을 말함.
1208)대상(大相) : 재상(宰相). 임금을 돕고 모든 관원을 지휘하고 감독하는 일을 맡아보던 이품 이상의
  벼슬. 또는 그 벼슬에 있던 벼슬아치. 본디 '재(宰)'는 요리를 하는 자, '상(相)'은 보행을 돕는 자로 둘
  다 수행하는 자를 이르던 말이었으나, 중국 진(秦)나라 이후에 최고 행정관을 뜻하게 되었다. ≒경상
  (卿相)·재신(宰臣)·재경(宰卿)
1209)고관(高冠) : 높은 벼슬아치가 쓰는 높이가 높고 크고 화려한 쓰개.
1210)ᄃᆡᄃᆡ(大帶) : 남자의 심의(深衣)나 여자의 원삼·활옷에 띠는 넓은 띠.

"공이 듯지 못ᄒ엿도다. 져 힝ᄎᄂᄂ 슈쳔 합쥬 슌안ᄉ 뎡노야 힝쳐니, 나라히셔 그 팔도를 슌슈ᄒ여 공이 【66】만ᄒ믈 포장ᄒ샤, 즁노(中路)의 별ᄉ(別使)를 보니여 마ᄌ시고, 티ᄌ티부(太子太傅) 은ᄌ광녹티우(銀子光祿大夫) 좌승상(左丞相) ᄉ쳔후(四川侯)를 봉ᄒ여 승쇼(承召)ᄒ시니, 영광이 호호(浩浩)ᄒᆯ ᄲᆫ 아니라, 즁노의셔 여ᄎ여ᄎᄒ여 그 부인을 복합(複合)ᄒ니, 텬지 그 부인의 셩덕 널의를 만히 포장(褒獎)ᄒᄉ 졍문(旌門) 금ᄌ(金字)ᄒ시고, 지나ᄂ 각 관의 명을 나리와, ᄯᅩ 부인의 도라오ᄂ 힝ᄎ를 호숑(護送)ᄒ라 ᄒ시니, 션문(先聞)이 ᄯᅩᄒᆫ 오늘날 아ᄎᆷ의 본읍의 드니, 티슈와 방빅이 다 션즁의 모다 잔치ᄒᄂ니, 공이 쇼문을 듯지 못ᄒ엿도다."

원홍이 쳥미필(聽未畢)의 크게 ᄒᆫ 쇼ᄅᆡ를 탄ᄒ고 션즁의 것 【67】구러지니, 션즁인이 그 과악(過惡)을 아ᄂ 고로 져마다 실쇼(失笑)ᄒᆷ를 마지 아니터라.

이윽고 ᄭᅢ여 슬피 부ᄅ지져 왈,

"텬호(天乎) 텬호(天乎)여! ᄌ고로 '유양(莠良)을 ᄂᆡ신 탄(歎)'[1211]이 쥬랑(紂郎)[1212]으로 ᄒ여곰 《삼긔‖녹대(鹿臺)[1213]》의 ᄌ분필ᄉ(自焚必死)○[케] ᄒ미 잇거니와, 시금(時今)의 엇지 뎡운긔와 원홍을 일셰의 나리오시뇨? 만일 운긔 잇지 아니턴들 조현슌이 엇지 날 갓ᄒᆫ 옥인가ᄉ(玉人佳士)를 나모라 바리리오. 운긔ᄂ 날노 더부러 진짓 불공딕텬지슈(不共戴天之讐)로다. ᄂᆡ 명을 ᄆᆞᆺ출지언졍 ᄆᆡᆼ셰코 냥닙(兩立)지 못ᄒ리로다."

탄셩(歎聲)으로조ᄎ 분긔ᄒᆫ 눈물이 오오(嗚嗚)ᄒ여 강슈(江水)를 보티니, 히음업시 일셩을 【68】통곡ᄒ미 원셩(怨聲)이 믄득 바람과 물결의 나라 뎡승상의 드ᄅᆞ미 되엿더라.

홍이 냥구(良久)히 통곡ᄒ나 션즁인(船中人)이 다 그 거동을 우이 너기거든, 뉘 말니리 이시리오. 이윽이 우다가 스ᄉ로 심ᄉ를 어로만져 우름을 긋치나, 심두(心頭)의 분원(忿怨)이 가득ᄒ여, 조시 죽지 아니ᄒ고 뎡슌무로 더부러 복합ᄒ여 도라오ᄂ 쥴, 졀치교아(切齒咬牙)ᄒ여 심장이 분분(紛紛)ᄒ고, 일쳔 녕원(蠑蚖)[1214]이 ᄲᅱ노라 능히 ᄌ지 못ᄒ니, 도로혀 그 거동을 보며 무른 쥴 뉘웃더라.

───────────────

1211) 유양(莠良)을 ᄂᆡ신 탄(歎) : '(하늘이) 악한 사람을 내고 또 착한 사람을 낸 것을 탄식한다.'는 뜻으로, 세상에는 선과 악이 공존한다는 것을 말함. *유양(莠良) : 나쁜 풀(莠)과 좋은 풀(良), 곧 나쁜 사람과 좋은 사람을 비유적으로 이르는 말.

1212) 쥬랑(紂郎) : 중국 은(殷)나라의 마지막 왕 주(紂)를 말함. 주왕(紂王) : 중국 은나라의 마지막 임금. 이름은 제신(帝辛). 주(紂)는 시호(諡號). 지혜와 체력이 뛰어났으나, 주색을 일삼고 포학한 정치를 하여 인심을 잃어 주나라 무왕에게 살해되었다.

1213) 녹대(鹿臺) : 중국 은나라의 주왕(紂王)이 재보(財寶)를 모아 두던 곳. 주왕이 목야(牧野; 지금의 하남성河南城 기현淇縣 남쪽에 있는 지명)에서 주나라 무왕(武王)의 군에 패한 뒤 궁으로 돌아와 이곳에 불을 지르고 들어가 불에 타 죽었다.

1214) 영원(蠑蚖) : 도롱뇽목 영원과의 동물을 통틀어 이르는 말. 몸은 가늘고 길다. 세로로 납작한 긴 꼬리를 가지고 있으며 네발은 짧고 물갈퀴가 있다. 붉은배영원 따위가 있다. 여기서는 심장이 뛰는 것을 비유적으로 표현한 말이다.

니러구러 날이 븕으니 션인이 졍히 비를 씌워 힝ᄒ니, 뎡승상의 탄 비와 졈졈 갓가와 지나【69】ᄂᆞᆫ지라. 젹취(賊酋) 힝혀 져 부뷔 알면 이 곳의 와 피폐(疲斃)히 맛나시니 원(怨)을 복(復)ᄒᆞ미 이실가 ᄌᆞ황(自惶) 국츅(跼縮)홈도 업지 아니ᄒᆞ여, ᄉᆞ공의게 쳥ᄒᆞ여 밧비 지나기를 니르더니, 믄득 일인이 쇼션을 밧비 져어 오며 왈,

"가ᄂᆞᆫ 힝션은 급히 가지 말나. 뉘 뎡상국 노야 명을 바다 너희 션즁의 볼 사름이 잇노라."

ᄒᆞ니, ᄉᆞ공이 엇지 거역ᄒᆞ리오. ᄉᆞ아ᄃᆡ[1215]를 멈추니, 원홍이 ᄃᆡ경실식(大驚失色)ᄒᆞ여 면식(面色)이 여토(如土)ᄒᆞ여 말을 못ᄒᆞ더라.

이윽고 비 다ᄃᆞ라며 일기 노가인(老家人)이 원홍의 션즁의 드러와 니르ᄃᆡ,

"원공은 놀나지 마르쇼셔. 우리 은상(恩相) 노야【70】의 관인 후덕ᄒᆞ시미 엇지 쇼쇼 ᄉᆞ혐(私嫌)을 싱각ᄒᆞ시리오. 작야의 공의 원곡(怨哭)을 드르시고 옛날 구교(舊交)의 졍(情)과 동조(同朝)의 의(義)를 싱각ᄒᆞ시고, 도로혀 이셕(哀惜)ᄒᆞ샤 특별이 노졸노 ᄒᆞ여곰 빅금(白金) 오빅 냥과 빅초(白綃) 슈십 필을 보ᄂᆡ여, 약간 의ᄌᆞ(衣資)와 식물(食物)을 보틱라 ᄒᆞ시더이다."

언파(言罷)의 눈빗 갓흔 빅은(白銀) 다ᄉᆞᆺ 봉과 빅초 슈십 필을 무거이 가져다가 압히 노흐니, 젹취 듯기를 다ᄒᆞ미 놀나온 듯 두리온 듯 붓그러온 듯 감격흔 듯 믜온 듯 이달온 듯, 요ᄉᆞ(妖邪) 곡녜(曲慮) 편시(片時)의 빅츌(百出)ᄒᆞ니, 도로혀 어린 듯ᄒᆞ여 혜오ᄃᆡ,

"져의 마음은【71】엇더ᄒᆞ관ᄃᆡ 나의 옛 원을 싱각지 아니ᄒᆞᄂᆞᆫ고? 가히 측냥키 어렵도다. 연이나 운긔ᄂᆞᆫ 장뷔라 널니 싱각ᄒᆞ미 고이치 아니커니와, 조시 날과 원슈 젹지 아니니 엇지 조흔 뜻이 이시리오."

니러틋 혜아려 낫빗치 붉으락 푸르락ᄒᆞ여 머리를 슉이며 회답을 슈이 못ᄒᆞ니, 가인이 밧브믈 닐너 ᄃᆡ답을 지쵹ᄒᆞᄂᆞᆫ지라. 원홍이 마지 못ᄒᆞ여 머리를 드러 슬피고 밧지 말고져 ᄒᆞ나, 믈니치면 졔 도로혀 노홀가 져허, 계오 강잉ᄒᆞ여 머리 조아 왈,

"지죄(知罪) 지죄(知罪)라. 뉘 초의 승상을 져바리미 만흐니 엇지 붓그럽지【72】아니리오만은, 승상의 관인 후덕ᄒᆞ니 거의 나의 촌심을 빗최ᄂᆞᆫ 고로, 나의 혼ᄌᆞ 허믈이 아니라, 젼혀 조부 엄부인의 그릇 지교ᄒᆞ미라. 뉘 실노 지식이 쳔단(淺短)ᄒᆞ여 부인 녀ᄌᆞ의 가르치믈 드른 연고로, 금일 이의 밋ᄎᆞ믈 알괘라. 승상의 보ᄂᆡ신 거슨 후의(厚意) 다감(多感) 다감(多感)ᄒᆞ니 엇지 니ᄌᆞ리오."

ᄒᆞ더라.

가인이 도라가 이ᄃᆡ로 회보ᄒᆞ니, 승상이 듯고 더욱 요악(妖惡)히 너겨 맛ᄎᆞᆷ닉 회진기도(回進其道)치 못홀 줄 아더라. 조부인이 ᄯᅩ흔 시녀의 젼언으로조ᄎᆞ 슈말을 알고,

---

[1215] ᄉᆞ아ᄃᆡ : 상앗대. 삿대. 배질을 할 때 쓰는 긴 막대. 배를 댈 때나 띄울 때, 또는 물이 얕은 곳에서 배를 밀어 나갈 때 쓴다.

승상의 관인 후덕ᄒ믈 항복ᄒ며, 간젹(奸賊)의 가지록 모친을 공쳑(攻斥)ᄒ믈1216) 통
【73】 히ᄒ더라.

이 날 승상의 일ᄒᆡᆼ이 비의 나려 냥일(兩日)을 촉ᄒᆡᆼ(促行)ᄒ여 경ᄉ 문외의 니ᄅ니
라.

원홍 간젹(奸賊)이 쳔만 의외의 현인 군ᄌ의 관인 딕덕으로 져의 가살지죄(可殺之
罪)를 조곰도 괘렴(掛念)치 아니ᄒ고 금빅(金帛)을 앗기지 아냐 보닉여 반젼(盤纏)을
보틱니 져기 인심이면 엇지 감동치 아니리오만은, 요ᄉ 간험ᄒ미 죵시(終是) 션도(善
道)의 머르미 진월(秦越)1217) ᄀᆞᆺ고, 악악(惡惡)ᄒᆫ 원심(怨心)이 더옥 쳘골(徹骨)ᄒ여,
부딕 복원(復怨) 보슈(報讐)ᄒ여 오늘날 붓그러오믈 갑고져 ᄒ니, 엇지 만고 쳔딕의
희한(稀罕)ᄒᆫ 악종이 아니리오. ᄯᅩᄒᆫ 이 날 비의 나려 일노의 무ᄉ히 ᄒᆡᆼᄒ여 반년만의
【74】 비로쇼 젹쇼의 득달ᄒ니, 북히 틱쉬 즉시 졈고ᄒ고 임의 일홈이 ᄉ류(士類)의
써히고, 아조 안치(安置)ᄒ여 관속(官屬)의 쇽ᄒᆞᆷ믈 알고, ᄯᅩ 젼일 혐의(嫌疑) 잇던 고
로, 잡아드려 젼일 조졍의 이실 젹 방ᄌ 교만ᄒ며 안하무인(眼下無人)ᄒ던 죄를 혜여
니ᄅ고, 팔십장(八十杖)을 줍히 쳐 관속의 일홈을 박으니, 원홍이 셟고 노호오나 홀일
업더라.

공쳑 북히 틱슈의 공문을 맛다 즉시 도라오고, 원홍이 햐쳐의 머무러 아직 가져간
직물과 뎡승상의 쥰 금빅이 이시므로 의식(衣食)이 하 구챠치 아니ᄒ나, 북히ᄂ 스막
이 갓갑고, 오랑키 지경이라. 인심이 극히 강【75】악(强惡)ᄒ고 요역(徭役)이 심ᄒ니,
원홍이 가장 고초히 지닉더라.

화셜 뎡상국 일ᄒᆡᆼ이 경셩 동문 외(外)의 니ᄅ믹, 몬져 도라오ᄂᆫ 션셩이 황셩의 니ᄅ
니, 만셰 황얘 드ᄅ시고 크게 반기고 깃그샤 샐니 난예(鸞輿)를 갓초아 친히 맛고져
ᄒ시거ᄂᆞᆯ, 평졔왕이 상의(上意)를 알고 딕경ᄒ여 급히 간(諫)ᄒ더라. 【76】

1216)공쳑(攻斥)ᄒ다 : 죄상을 들춰내어 공격하다. 탄핵하다.
1217)진월(秦越) : '진(秦)나라와 월(越)나라'라는 뜻으로, 둘 사이가 너무 멀어 서로 아무런 관심도 갖지
않는, '전혀 무관심한 관계'를 비유적으로 이르는 말. 즉 중국 춘추(春秋) 시대 진(秦) 나라는 지금의
섬서성(陝西省)에 있고 월(越) 나라는 지금의 강소성(江蘇省)·절강성(浙江省) 일대에 있었는데 두 나라
사이가 너무 멀어서 서로 전혀 관계치 않았고 관심도 갖지 않았다는 데서 나온 말. =소 닭 보듯 하는
사이.

윤하뎡삼문취록 권지팔십

추시 평졔왕이 상의(上意)를 알고 되경ᄒ여 급히 간왈(諫曰),

"운긔 도라오오미 외국 번이(蕃夷)의 강젹을 탕멸(蕩滅)ᄒ미 아니오라, 불과 평안혼 슐위 우희 비리(陪吏) 츄죵(追從)을 거ᄂ려 도로의 평안이 힝ᄒ여, 민심을 초무(招撫)ᄒ고 젹은 요얼(妖孼)을 삭평(削平)ᄒ여 도라오니, 만니 젼진의 창되를 베고 칼날을 어로만져 위틱혼 경계를 지니지 아냐ᄉ오니, 실노 평안혼 길이라. 무슨 근고(勤苦)혼 공이 이셔 폐히 젹은 신ᄌ(臣子)를 쇼쇼(小小) 공뇌(功勞)로뼈 친히 마ᄌ시리잇고? 복원 폐하는 친힝홀 거조를 긋치【1】샤, 신ᄌ의 직분이 평안케 ᄒ쇼셔. 만일 이 거조를 긋치지 아니시면, 신의 부지 실노 묘복(眇福)이 손(損)ᄒ여 죽을 ᄲᆞᆫ 아니오라, 후셰의 님군을 아당(阿黨)ᄒ여 상총(上寵)과 부귀를 도젹혼다 시비를 면치 못ᄒ올 거시니, 복원 폐하는 살피쇼셔."

혈심으로 ᄉ양ᄒ니, 진왕 윤쳥문과 틱ᄉ 효문과 상국 하학셩 등 졔 되신이 ᄯᅩ혼 역간(力諫)ᄒ여, ᄉ톄(事體)의 불가ᄒ믈 간쟁ᄒ니, 텬지 졔왕의 혈튱(血忠)을 감동ᄒ샤 이의 친힝ᄒ시기를 긋치시고, 모든 되신으로 ᄒ여곰 셩가(聖駕)를 되ᄒ여 동문의 가 뎡상부를 마ᄌ, 만죄(滿朝) 한가지로 조회혼【2】라 ᄒ시니, 조승상 하상부 등이 상명을 밧ᄌ와, 이 날 신조(晨朝)의 만조듕관(滿朝重官)을 거ᄂ려 문외의 나아가니라.

추시 뎡상국이 황ᄉ로 더부러 쳥산(靑山)의 그림ᄌ를 ᄲᆞ르고, 하슈(河水)의 방울 쇼리를 응ᄒ여, 금편(金鞭)을 바야1218) 셩외의 밋쳐 뎨셩(帝城)을 바라보미, 비록 긔년(幾年) ᄉ이나 의연혼 반가오미 광미(廣眉)를 움죽이더니, 믄득 먼니셔붓허 《쳥난산∥쳥낭산(靑陽傘)》이 표동(表動)ᄒ고 우긔(羽蓋) 붓치이며, 졍긔(旌旗) 졀월(節鉞)이 움죽이ᄂ 곳의, 과갈(過喝)1219)이 훤명(喧鳴)1220)ᄒ고 벽졔(辟除)1221) 산쳔을 움죽이고 진퇴(塵土)1222) 츠쳔(遮天)1223)ᄒ니, 이 믄득 조졍 되신의 상명(上命)으로 ᄌ가를

1218)바야다 : 재촉하다. 서두르다.
1219)과갈(過喝) : =갈도(喝道)・갈도(喝導). 고관의 길을 인도하는 하인이 앞장서서 길을 비키라고 외치는 소리.
1220)훤명(喧鳴) : 소리가 요란하고 시끄러움.
1221)벽졔(辟除) : 지위가 높은 사람이 행차할 때, 구종(驅從) 별배(別陪)가 잡인의 통행을 금하던 일
1222)진퇴(塵土) : 티끌과 흙. 흙먼지.
1223)츠쳔(遮天) : 하늘을 가림.

영겹ᄒᆞ라 나오ᄂᆞᆫ 위의(威儀)를[믈] 알니러【3】라.

ᄉᆞ천휘 밧비 가인을 분부ᄒᆞ여 길가의 햐쳐를 잡아 부인 힝거를 머무ᄅᆞ고져 ᄒᆞ더니, 믄득 유랑이 가젼(駕前)의 나아와 부인 글월을 올녀 거취(去就)를 고품(告稟)ᄒᆞ니, 쳔휘 임의 짐작ᄒᆞᆫ 일이라. 이의 봉피(封皮)를 ᄲᅧ혀 ᄃᆡ기를 살피ᄆᆡ 묵연 졈두ᄒᆞ니, 유랑이 쳔후의 허ᄒᆞᄂᆞᆫ 뜻을 알고 ᄃᆡ희ᄒᆞ여 총망이 도라와 부인긔 알외니, 부인이 ᄯᅩ 즉시 유랑으로 ᄒᆞ여곰 존당 구고긔 상셔를 닷가 쥬어 ᄀᆞᆯ오ᄃᆡ,

"어미ᄂᆞᆫ 바로 졔궁의 나아가 이 글월을 올녀 졔위 존당지젼의 나의 거취를 알외여 청죄ᄒᆞ라. ᄂᆡ 맛당이 구【4】가로 몬져 도라감 즉ᄒᆞᄃᆡ, 모친이 바야흐로 불초녀의 연고로 불평ᄒᆞᆫ 가온ᄃᆡ 계시니, 위인녀(爲人女)ᄒᆞ여 나의 연고로 부뫼 불화ᄒᆞ시거ᄂᆞᆯ, 나ᄂᆞᆫ 안연이 영광을 ᄢᅵ여 구문의 도라가 ᄌᆞ모의 불평ᄒᆞ시믈 안연이 괄시ᄒᆞ리오. 니러므로 존당 구고의 셩덕과 혜튁을 아지 못ᄒᆞ미 아니로ᄃᆡ, 믄득 ᄐᆡᄐᆡ의 불평ᄒᆞ시믈 아니 념녀치 못ᄒᆞ여, 몬져 부도를 폐ᄒᆞ고 친측으로 도ᄅᆞ가ᄂᆞ니, 어미ᄂᆞᆫ 셩실ᄒᆞᆫ지라. 니런 ᄉᆞ연을 존당의 상셰히 알외고, 미조ᄎᆞ 본부로 도라오게 ᄒᆞ라."

유뫼 슈명ᄒᆞ고 글월을 품고 ᄲᆡᆯ니 졔궁으로【5】나아가니라. 부인이 가졍(家丁) 복부(僕夫)를 분부ᄒᆞ여 옥뉸(玉輪)을 본부로 두로혀니, 엄부인 모녀의 필유ᄉᆞ단(必有事端)이 하여(何如)오.

ᄉᆞ쳔휘 부인 거괴(車轎) 조상부로 도라가믈 보고, 심하의 ᄀᆡ탄ᄒᆞ믈 마지 아니터라. 이의 하졸을 명ᄒᆞ여 빅ᄉᆞ장 너른 ᄯᅳᆯ히 포진(鋪陳)을 빅셜ᄒᆞ고, 하거(下車)ᄒᆞ여 만조ᄃᆡ신(滿朝大臣)과 곤계(昆季) 친쳑(親戚)이며 친붕(親朋)《고리∥고우(故友)》를 다 마ᄌᆞ, 초초ᄒᆞᆫ 한훤(寒暄)을 필ᄒᆞᄆᆡ, 삼공 뉵경이 거의 다 친쳑이 아니면 인친(姻親) 고붕(故朋)이라. 피ᄎᆡ 반기고 깃거 광슈(廣袖)를 상악(相握)ᄒᆞ고 쇼ᄉᆡᆨ(笑色)이 영ᄌᆞ(盈滋)ᄒᆞ여 니회(離懷) 가득ᄒᆞ고 별졍(別情)이 다다(多多)ᄒᆞ니, 쳔휘 ᄯᅩᄒᆞᆫ 광미ᄃᆡ상(廣眉大相)[1224]의 희운(喜雲)【6】이 영영(盈盈)ᄒᆞ여 동군(東君)의 혜풍(惠風)이 습습(習習)ᄒᆞ니[1225] 형뎨군중의 ᄉᆞᄆᆡ롤 년ᄒᆞ여 반기미 넘지고, 인친고붕(姻親故朋)을 ᄃᆡᄒᆞ여 한셜(閑說)이 슈어만(數於萬)이나, 군친(君親)긔 뵈오미 일ᄀᆡᆨ이 삼츄(三秋) 갓ᄒᆞᆫ지라. 좌슈우답(左酬右答)의 계오 초초(草草)ᄒᆞᆫ 별회(別懷)롤 파ᄒᆞᄆᆡ, 동일(冬日)이 괴로이 져ᄅᆞᆫ 지라.

져근덧 일광이 도라지니, 제인이 능히 졍을 다 펴지 못ᄒᆞ여 부하(部下)의 하졸빈리(下卒陪吏) 일ᄉᆡᆨ이 느져시믈 알외고 파연곡(罷宴曲)을 쥬(奏)ᄒᆞ니 졔공이 일시의 승거상마(乘車上馬)ᄒᆞ여 허다위의(許多威儀)롤 황도(皇都)로 두로혀니, 탄탄ᄃᆡ로(坦坦大路)상의 거마(車馬)ᄡᅡᆼ곡(雙曲)[1226]이 분답(紛沓)ᄒᆞ고, 졍(旌)과 졀월(節鉞)이며 긔둑(旗纛)

1224)광미ᄃᆡ상(廣眉大相) : 넓은 눈썹을 가진 큰 얼굴.

1225)습습(習習)ᄒᆞ다 : 바람이 산들산들하다.

1226)ᄡᅡᆼ곡(雙曲) : =벽졔ᄡᅡᆼ곡(辟除雙曲). 혼인 행렬이나 고위관리의 행차가 지나가는데 방해받지 않도록 잡인의 통행을 금하는 피리나 나팔 등의 악기 소리.

냥산(陽傘)【7】이 십여 리의 버러시며, 벽제(辟除) 과갈(過喝)이 원근 산쳔을 움즉이며, 화창혼 삼현(三絃)1227) 오악(五樂)1228)은 반공(半空)의 셧도라1229) 힝운(行雲)을 것잡는 듯ᄒᆞ니, 지나는 바의 삼시(三市) 뉵가(六街)의 가득혼 시졍(市井)1230)이며 힝인(行人)이 닷호아 굿보며, 칭찬ᄒᆞ고 흠복ᄒᆞ여, 왈,

"인인(人人)이 싱즈(生子)를 당여(當如)1231) 뎡의쳥이라. 풍신직홰(風神才華) 만고(萬古)의 무젹(無敵)ᄒᆞ니, 그 부친 평졔왕으로 진짓 난부난지(難父難子)1232)라 금(今) 텬하 인지는 다 윤·하·뎡 삼문 즈셔(子壻)의 나니, 한갓 슝조의 인지 셩홀 ᄯᅢᆫ 아니라 실노 윤·하·뎡 삼문의 복덕이 졔텬(在天)ᄒᆞ미라."

ᄒᆞ더라.

졔공의 거륜(車輪)이 한가지로 힝ᄒᆞ여, 수쳔휘 입조(入朝) 수은(謝恩)ᄒᆞ니, 텬직【8】뎡후의 니조(內朝)ᄒᆞ믈 드릭시고, 크게 반기스 통명뎐의 셜조(設朝)ᄒᆞ시고 뎡후를 인견ᄒᆞ시니, 텬휘 ᄯᅩ흔 먼니셔븟허 뇽뎐을 바라 츙신의 스군지회(思君之懷) 흡연ᄒᆞ니, 팔치(八彩) ᄡᅡᆼ궁미(雙弓眉)의 화풍(和風)이 습습(習習)ᄒᆞ여 쳥월(淸越)혼 웅셩(雄性)을 길게 가다듬아 산호만셰(山呼萬歲)ᄒᆞ니, 웅건 쇄락ᄒᆞ며 표표 탕탕ᄒᆞ여 바로 뇽이 구름 스이의셔 울고, 딕회(大虎) 틱산의셔 파람ᄒᆞ는 듯, 몬져 듯는 즈로 ᄒᆞ여곰 시쳥(視聽)이 쇄연(灑然)ᄒᆞ여 뉵월념텬(六月炎天)의 쳥빙(淸氷)을 맛본 듯ᄒᆞ더니, 갓가이 옥계하(玉階下)의 다ᄃᆞ라 팔비(八拜) 고두(叩頭) 슉스(肅謝)ᄒᆞ니, 쟝쟝1233)혼 의결(衣玦)1234)과 슉슉(肅肅)혼 녜양(禮樣)이 볼ᄉᆞ록 【9】이목(耳目)이 [의] 긔이(奇異)ᄒᆞ니, 쳑탕(滌蕩)혼 풍뉴(風流)와 언건(偃蹇)혼 신위(身威) 늠연(凜然)ᄒᆞ여 일이년지닉(一二年之內)의 완연이 츌즁(出衆) 슉진(肅眞)혼 위의(威儀) 틱각(台閣)1235) 즁신(重臣)의 그릇다오미 일워시니, 나히 비록 년쇼ᄒᆞ여 입각틱졍(入閣台鼎)1236)의 불급(不及)ᄒᆞ나, 그 쳬위(體威) 동작(動作)은 작품(爵品)의 실노 어긋나미 업ᄂᆞᆫ지라.

상이 한번 보시민 팔치뇽미(八彩龍眉)1237)의 희식을 동ᄒᆞ시고, 옥음이 화평ᄒᆞ샤 ᄲᆞᆯ니 평신을 명ᄒᆞ시고, 텬에(天語) 슌슌권권(諄諄眷眷)ᄒᆞ샤 흔연 면유(面諭)왈,

"경의 쇼년 딕직(大才)와 신무(神武) 직략(才略)은 아란지 오릭니, 다시 칭찬홀 거시 업거니와, 촉도(蜀都) 스쳔(四川)1238)은 ᄯᅡ히 멀고 길히 험ᄒᆞ여[나], 옥야쳔니(沃野千

1227)삼현(三絃) : 『음악』거문고, 가야금, 향비파의 세 가지 현악기를 통틀어 이르는 말.
1228)오악(五樂) : 『음악』북, 장구, 해금, 피리, 태평소로 이루어진 악기 편성.
1229)셧돌다 : 섞여 돌다.
1230)시졍(市井) : =시졍인(市井人). 시정의 일반 사람.
1231)당여(當如) : 마땅히 ~ 같이 할 것이라.
1232)난부난지(難父難子) : 아버지와 아들 중 누가 더 뛰어난지 그 우열을 가리기가 어렵다는 말.
1233)쟝쟝 : 옥이 서로 부딪쳐서 쟝쟝거리며 나는 소리.
1234)의결(衣玦) : 옷을 여미거나 꾸미기 위해 옥으로 만들어 저고리 앞섶 등에 다는 고리. ≒옥결(玉玦).
1235)틱각(臺閣) : '조정(朝廷)'을 달리 이르는 말.
1236)입각틱졍(入閣台鼎) : 삼정승(영의정과 좌·우의정)에 입각함. *태정(台鼎); =삼정승(三政承)
1237)팔치뇽미(八彩龍眉) : 임금의 아름다운 눈썹.

里)의 【10】 텬부지디(天府之地)1239)니, 셕즈(昔者) 《초한∥촉한(蜀漢)1240)》의 니
러난 곳이오, 촉한의 도읍ᄒ던 ᄯ히라. 길히 머러 왕홰(王化) 밋지 못ᄒ고 군덕(君德)
이 힝(行)키 어려오니, 빅셩이 강악ᄒ여 인심이 슌치 못ᄒ고, 심산궁곡의 요얼이 빈번
ᄒ여 싱민의 환(患)을 ᄭ치니, 범연ᄒᆫ 지조와 녹녹ᄒᆫ 지모로ᄂᆞᆫ 슈히 진졍키 어려오믈
아ᄂᆞᆫ 고로, 짐이 깁히 근심ᄒ여 만일 경의 긔특ᄒᆫ 지조 곳 아니면, 촉도(蜀都)○[의]
요얼과 민심을 능히 진졍치 못ᄒᆯ 고로, 경의 년쇼ᄒᆷ믈 싱각지 아니ᄒ고 먼 ᄯᅵᆫ히 보ᄂᆡ
나, 실노 깁흔 념네 침좌간(寢坐間) 닛지 못ᄒ더니, 엇지 그런 어즈러온 ᄯᅡ흘 불과 긔
【11】 년(幾年) ᄉᆞ이의 슉쳥ᄒᆯ 쥴 알니오. 짐이 드릐미 실노 신긔히 너기ᄂᆞ니, 도로혀
공이 크고 갑흐미 부족ᄒᆯ가 념○[녀](念慮)ᄒ거ᄂᆞᆯ, 경뷔(卿父) 여ᄎᆞ여ᄎᆞ 고집히 ᄉᆞ양
ᄒ니 짐의 마음과 만히 갓지 못ᄒᆷ믈 한ᄒ노라. ᄯᅩ 일마다 신이ᄒ미 동창부의셔 역비
(逆婢)를 잡고, 조녀의 신명예쳘(神明睿哲)ᄒ미 한갓 명쳘보신(明哲保身)ᄒ여 신여명
(身與命)1241)이 구젼(俱全)ᄒᆯ ᄲ 아니라, 효졀(孝節)이 겸젼(兼全)ᄒ며 스스로 보젼ᄒ
믈 금옥갓치 ᄒ니, 이야 진짓 만고의 독보ᄒᆫ 효렬(孝烈)이라. ᄒᆯ며 아녀ᄌᆞ의 굉원
(宏遠)ᄒᆫ 긔량(技倆)과 혜식(慧識)이 능히 다닷지 아닌 일과 당치 아닌 거ᄉᆞᆯ 명지(明
知)ᄒ【12】니, 묘화 요리를 셕년 셩난화 음녀의 악ᄉᆞ를 참셥ᄒᆷ믈 인ᄒ여, 긔시의 국
가 위엄으로 텬하 십삼싱(十三省)1242)의 효유(曉諭)ᄒ고 힝이(行移)ᄒ여, 잡아 오셰ᄌᆞ
의 원슈를 갑흐려 ᄒᄃᆡ 능히 잡지 못ᄒ엿거ᄂᆞᆯ, 조녜 능히 먼니 안ᄌᆞ셔 지모를 발ᄒ여
요리를 싱금ᄒ다 ᄒ니, 엇지 부인 녀ᄌᆞ의 긔모비계(奇謀秘計) 냥평(良平)1243) 졔갈(諸
葛)1244)의 비겸 즉지 아니리오. 밋 요리의 초ᄉᆞ와 원젹(賊)의 복초(服招)ᄒᆷ믈 보니, 조
녀의 갓초 긔특ᄒᆷᆫ 만고의 희한ᄒᆫ지라. 가히 아름다온 ᄉᆞ젹을 금셕(金石)의 박아 후
셰의 젼ᄒᆯ염 즉ᄒ니, 짐이 도로혀 한ᄒᄂᆞᆫ 바ᄂᆞᆫ 【13】 텬의 헌ᄉᆞᄒ여1245) 조녀의 긔이
ᄒᄆᆞ로ᄡᅥ 만일 남지 되엿던들, 당당이 왕ᄌᆞ(王者)의 ᄉᆞ위 되여 짐이 낭묘(廊廟)1246)의
그릇슬 일치 아닐 거ᄉᆞᆯ, 여ᄎᆞ 셩덕 문명이 규즁(閨中) 곤와(坤窩)1247)의 ᄶᅥ러지믈 ᄌᆞ

1238)ᄉᆞ쳔(四川) : 사천성(四川省). 중국 양자강(揚子江) 상류에 있는 성. 비옥한 사천 분지가 펼쳐져 있
    으며, 쌀과 차(茶)를 많이 생산한다. 성도(省都)는 성도(成都).
1239)텬부지디(天府之地) : =천부지토(天府之土). 땅이 매우 기름져 온갖 산물이 많이 나는 땅. 늑천부(天
    府).
1240)중국 삼국 시대 221년에 유비(劉備)가 세운 나라. 사천(四川)·운남(雲南)·귀(貴州) 북부 및 한중
    (漢中) 지역을 차지하였으며, 263년에 위나라에 멸망하였다. 늑촉(蜀).
1241)신여명(身與命) : 몸과 목숨.
1242)십삼싱(十三省) : 중국 명나라 때의 행정구역 체제. 전국을 산동, 산서, 하남, 협서, 호광, 강서, 절
    강, 복건, 광동, 광서, 귀주, 사천, 운남 등 13성으로 나누었다.
1243)냥평(良平) : 중국 한(漢)나라 때의 책사(策士) 장량(張良)과 진평(陳平)을 함께 이르는 말.
1244)졔갈(諸葛) : 중국 삼국 시대 촉한의 정치가 제갈량(諸葛亮; 181-234). 자(字)는 공명(孔明). 시호는
    충무(忠武). 뛰어난 군사 전략가로, 유비를 도와 촉한(蜀漢)을 세웠다.
1245)헌ᄉᆞᄒ다 : 야단스럽다. 다사하다. 이런저런 일에 참견을 잘하다.
1246)낭묘(廊廟) : 조정의 정무(政務)를 돌보던 전각(殿閣).
1247)곤와(坤窩) : 규방(閨房). 규실(閨室). 부녀자. 여성계.

못 앗기나 밋츠랴. 임의 슈악(手握)의 단셔를 잡아 옥셕(玉石)을 구분ᄒᆞ미, 조녀의 허다 누명 악힝은 빅옥갓치 신셜(伸雪)ᄒᆞ여, 그 효졀 덕힝을 찬(撰)ᄒᆞ여 슉녀의 덕을 표ᄒᆞ미, 다시 경으로 복합ᄒᆞ여 그 효졀을 갑흐미 쇼연ᄒᆞ고, 버거 일반 악주를 안뉼(按律)ᄒᆞ미 묘화 요리ᄂᆞᆫ 수수(事事)의 가살(可殺)이니, 의법(依法) 살애(殺也)어니와, 원홍 요젹과 역비 신월【14】이 ᄯᅩ 요악ᄒᆞᆫ 죄 죽기의 가ᄒᆞ디, 다만 이 가온디 조녀의 모 엄녀의 과악이 ᄯᅩ흔 젹지 아닌지라. 맛당이 왕법으로 다ᄉᆞ려 그 죄를 졍히 ᄒᆞ고져 ᄒᆞ미 구의ᄒᆞ미 잇ᄂᆞᆫ지라. 만일 그 ᄌᆞ녀의 안면을 고ᄌᆞ(顧藉)ᄒᆞᆯ 곳 아니면, 엇지 국체(國體)를 굽혀 물디(勿待)1248)ᄒᆞ리오만은, 엄녀의 픽악지죄(悖惡之罪)를 졍히 ᄒᆞ미, 희셩 등 삼인의 인ᄌᆡ(人材)와 조녀의 셩효(誠孝)를 져바리미라. 엄시 슈악(雖惡) 슈광(雖狂)이나, 셰낫 군ᄌᆞ(君子) 인걸(人傑)의 아들과 임ᄉᆞ(姙姒)1249) 반쇼(班昭)1250) 갓흔 ᄯᆞᆯ을 두어시니, 이 한 일이 그 무거(無據) 밍낭(孟浪) 픽악()悖惡ᄒᆞᆫ 죄를 족히 쇽(贖)ᄒᆞᆷ 염즉ᄒᆞ지라. 짐이 희셩 등 남【15】미 ᄉᆞ인의 지조와 셩덕을 앗겨, 특은(特恩)과 관젼(寬典)으로 엄녀를 사(赦)ᄒᆞ여 물디(勿待)ᄒᆞ엿ᄂᆞ니, 엄녀를 임의 ᄉᆞ(赦)ᄒᆞ미, ᄯᅩ 그 버금을 과척(過責)ᄒᆞ며 혹벌(酷罰)치 못ᄒᆞ여 원홍의 요음(妖淫) 교악(狡惡)ᄒᆞᆫ 죄를 다 샤(赦)ᄒᆞ여, 당당이 졍형지죄(定刑之罪)를 늣츄고, 다만 형장(刑杖) 쥰ᄎᆞ(峻次) 후 졀히(絕海) 북변(北邊)의 원찬(遠竄)ᄒᆞ여, ᄉᆞ류(士類)의 일홈을 아조 업시 ᄒᆞ고, 위로관속(爲奴官屬)ᄒᆞ여 영영 은ᄉᆞ(恩赦)를 닙지 못ᄒᆞ게 ᄒᆞ엿ᄂᆞ니, 경은 지실(知悉)ᄒᆞ고 다시 조녀를 녜로 마ᄌᆞ 녯 위(位)를 존(尊)ᄒᆞ고, 부뷔 화락ᄒᆞ여 슉녀의 덕을 갑흐며, 군덕(君德)을 빗나게 ᄒᆞ라."

텬휘 부복(俯伏) 쳥교(聽敎)의 고두(叩頭) 비복(拜伏) 쥬【16】왈(奏曰),

"불초(不肖) 미신(微臣)이 먼니 나가ᄉᆞ와 밋쳐 환도(還都)치 못ᄒᆞ와, 기간(其間) 수고(事故)의 오히려 군국ᄉᆞ(軍國事)와 가간ᄉᆞ(家間事)를 미분(未分)ᄒᆞᄂᆞᆫ 일이 만ᄉᆞ온지라. 기간ᄉᆞ(其間事)를 다 아지 못ᄒᆞ오나, 지어(只於)1251) 요리와 신월의 초ᄉᆞ로조ᄎᆞ 디기를 ᄉᆞ못ᄎᆞ리로쇼이다. 만셰 황야의 셩덕이 여텬(如天)ᄒᆞ오시니, 니ᄅᆞᆫ 바 ᄉᆞ골(死骨)이 부흑(復悕)ᄒᆞ미라. 원젹(賊)의 요악ᄒᆞᆫ 죄를 능히 ᄉᆞᄒᆞ시고, 쇠잔ᄒᆞᆫ 일명을 빌니오시니 가히 니ᄅᆞᆫ바, 은왕(殷王) 셩탕(成湯)1252)의 셩덕이 금슈 곤튱의 밋ᄎᆞ시고, 하우(夏禹)1253)의 ᄋᆡ인셩심(愛人聖心)이 슐위의 나리ᄉᆞ 죄인을 보시고 우ᄅᆞ시는 셩덕이 계신

1248) 물디(勿待) : 대죄(待罪)하지 말도록 함.
1249) 임ᄉᆞ(姙姒) : 중국 주(周)나라 현모양처(賢母良妻)인 문왕의 어머니 태임(太姙)과 무왕(武王)의 어머니 태사(太姒)를 함께 일컫는 말.
1250) 반쇼(班昭) : 중국 후한(後漢)의 시인(?49~?120). 자는 혜희(惠姬). 반고(班固)와 반초(班超)의 여동생으로, 남편 조세숙(曹世叔)이 죽은 후 궁정에 초청되어 황후ㆍ귀인의 스승이 되었으며, 당시 화제(和帝)의 희등(熹鄧)태후가 그녀에게 '대가(大家)'라는 호를 하사하여 '조대가(曹大家)'로 불리었다. 반고의 유지(遺志)를 이어 ≪한서≫를 완성하였으며, 저서에 ≪조대가집≫이 있다.
1251) 지어(只於) : 단지. 다만.
1252) 셩탕(成湯) : '탕왕(湯王)'의 다른 이름.
1253) 하우(夏禹) : 중국 하(夏) 나라를 세운 우(禹)임금. 중국 고대 전설상의 임금. 곤(鯀)의 아들로서 치

지라. 신 등이 불【17】승감체(不勝感涕)ᄒ여 텬은(天恩)을 감츅(減縮)ᄒ옵ᄂ니, 원흉이 슈유악시(雖有惡事)1254)오나, 이 역(亦) 인심이라. 비록 장하여싱(杖下餘生)1255)이 북디 장녀(瘴癘)1256)의 도라가오나, 엇지 황은을 감격지 아니리잇고? 슈연(雖然)이나, 쇼신의 여른 직조와 미흔 츙을 다ᄒ여 셩쥬를 셤기옵고져 ᄒ오미, 촉도(蜀都)는 폐하의 두신 짜히오, 수쳔(四川) 인민이 ᄯᅩ흔 폐하의 젹지(赤子)라. 고어의 왈 '님군의 ᄉ랑ᄒ시는 거슨 견미(犬馬)라도 귀히 너긴다 ᄒ오니, 폐하의 젹즈를 신이 엇지 ᄉ랑치 아니리잇고? 촉디(蜀地) 긔황(饑荒)ᄒ여 빅셩이 도탄ᄒ미 폐희 옥탑(玉榻)의 뇽체(龍體) 편치 못ᄒ오시니, 쥬우신욕(主憂臣辱)1257)이라. 【18】신이 엇지 홀노 평안ᄒ리잇고? 추고(此故)로 ᄉ망위디(死亡危地)를 잠간 슌슈(巡狩)ᄒ여 조그만 니(利)ᄒ믈 어더 폐하의 뇽우(龍憂)를 더르시게 ᄒ오미니, 이 곳 신즈의 응당흔 도리라. 엇지 감히 폐하의 과도히 포장ᄒ시ᄂ 작상(爵賞)과 후록(厚祿)을 감당ᄒ오며, 조녀의 힝ᄉ는 사름의 즈식의 도리며 사름의 녀즈의 힝식(行事) 당연ᄒ오미니, 긔 무슨 긔특ᄒ오미 이시리잇고? 다만 규덕과 부도의 어긋나미 업ᄉ오면 이 곳 웃듬이니, 조녜 홀노 무어시 긔특ᄒ관디 셩쥬의 포장ᄒ시미 금즈(金字) 졍문(旌門)의 과장ᄒ시미 계시니잇고? 조녜 우졸(愚拙)흔 쇼【19】견의 실노 붓그리고 황공ᄒ여 몸 둘 곳이 업셔 ᄒ옵ᄂ니, 복원 셩상은 직찰(再察)ᄒ샤 신의 《도과‖과도(過度)》흔 후록(厚祿)을 거두어 본직의 잇게 ᄒ시고, 조녀의 봉작을 환슈ᄒ샤 녀즈의 도리 규합의 죵용ᄒ기를 어긋나게 마ᄅ시고, 외람ᄒ온 직명 봉작을 환슈ᄒ시믈 바라나이다."

말ᄉᆷ이 간절ᄒ여 직삼 즈긔 부부의 불ᄉ(不似)흔 관작을 만만 ᄉ양ᄒ디, 상이 흔연이 우으시며 텬에(天語) 은근ᄒ샤 왈,

"짐이 인쥬(人主) 되여 신즈(臣子)의 공과 셩녀(聖女)의 덕을 포장치 아니면, 엇지 불명치 아니리오. 짐이 만긔(萬機)를 총찰(總察)ᄒ여 【20】졍녁(精力)이 밋지 못ᄒ여, 혹즈 니런 곳을 밋쳐 붉히지 못ᄒ올지라도, 경이 맛당이 님군의 드른1258) 거슬 쥽고, 히여진1259) 거슬 기워, 님군으로 ᄒ여곰 덕을 붉히게 ᄒ미 올커늘, 믄득 겸손ᄒ기를 위쥬ᄒ여 이의 군덕의 허물 되믈 씨닷지 못ᄒᄂ뇨?"

직삼 불윤(不允)ᄒ시고 광녹시(光祿寺)를 명ᄒ여 쥬찬(酒饌)을 갓초와 옥비(玉杯)의 향온(香醞)을 만작(滿酌)ᄒ여 수쳔후를 ᄉ쥬(賜酒)ᄒ시고, 버거 졔왕을 ᄉ쥬ᄒ샤 긔죵

수에 공적이 있어서 순(舜)으로부터 왕위를 물려받아 하(夏)나라를 세웠다고 한다.

1254)슈유악ᄉ(雖有惡事) : 비록 악사를 저지름이 있으나.

1255)장하여싱(杖下餘生) : 형장(刑杖)을 맞고 살아남은 목숨.

1256)장녀(瘴癘) : 기후가 덥고 습한 지방에서 생기는 유행성 열병이나 학질. 여기서는 그러한 유행성 전염병이 창궐하는 땅. 곧 장려지지(瘴癘之地).

1257)쥬우신욕(主憂臣辱) : 임금의 근심은, 신하 된 자가 그 직분을 다 하지 못해서 생긴 것으로, 신하의 치욕이다.

1258)드르다 : 들리다. '듣다(떨어지다)'의 사동사. 떨어뜨리다.

1259)히여지다 : 해어지다. 닳아서 떨어지다.

와 현부 두어시믈 못닉 포장ᄒᆞ시니, 졔왕 부지 텬총(天寵)의 관유(寬裕)ᄒᆞ시믈 불승황
공(不勝惶恐)ᄒᆞ여 고두 빅비 ᄉᆞ은ᄒᆞ더라.

상이 조초 만조 문【21】무 졔신을 다 슐을 쥬어 군신이 연음(連飮)○○[ᄒᆞ여] 딕
취(大醉)ᄒᆞ시미, 이윽고 날빗치 느ᄌᆞ니 바야흐로 파ᄒᆞ여, 상이 딕취ᄒᆞ샤 모든 환시 붓
드러 침뎐의 드ᄅᆞ시믈 보옵고, 빅뇨(百僚) 바야흐로 퇴조ᄒᆞᆯᄉᆡ, 금문(禁門) 밧긔 횃불이
조요(照耀)ᄒᆞ며 금ᄉᆞ쵹농(錦紗燭籠)1260)이 여쥬(如畫)ᄒᆞ여 길흘 붉히니, 월명지하(月明
之下)의 셔로 바이여 빅쥬(白晝)를 묘시(藐視)ᄒᆞ더라.

ᄉᆞ쳔휘 부슉(父叔) 졔친(諸親)을 별후 긔년(幾年)의 맛나 좌하(座下)의 졀ᄒᆞ기를 맛
ᄎᆞ미, 반가온 심회 영웅의 장심(壯心)을 빗기 흔득이나, 지쳑(咫尺) 텬안(天顏)의 경근
(敬謹)ᄒᆞᄂᆞᆫ 녜모(禮貌)를 다ᄒᆞ미, 감히 ᄉᆞ졍(私情)을 발뵈지 못ᄒᆞ여, 부ᄌᆞ 졔친이 다만
【22】눈으로 회포를 보ᄂᆡ더니, 이의 퇴궐ᄒᆞ여 도라갈ᄉᆡ, 모든 군종 곤계로 ᄉᆞ마(駟
馬)를 년(連)ᄒᆞ여 부왕의 거륜(車輪)을 빅시(陪侍)ᄒᆞ여, 졔슉을 뫼셔 도라오니, 상하의
영힁ᄒᆞ미 비길 ᄃᆡ 업더라.

ᄎᆞ시 뎡슌무와 죠부인의 도라오ᄂᆞᆫ 션셩이 졔왕부의 밋ᄎᆞ니, 가즁 상하 노쇼의 즐기
ᄂᆞᆫ 환셩이 여루(如縷)1261)ᄒᆞ고, 모든 인친 족당 졔뷔의셔 경ᄉᆞ를 치하ᄒᆞ여 젼어ᄒᆞᄂᆞᆫ
하리 도로의 니어시며, 문젼의 메워시니, 좌슈 우답의 니로 슈응키 어렵더라.

슌틱부인이 년급(年及) 팔십여 셰니, 비록 고당난실(高堂暖室)의 효ᄌᆞ 현손의 영효
를 극진【23】이 바다 졍녁이 강건ᄒᆞ여, 학발오치(鶴髮老齒)1262)의 쇠로(衰老)ᄒᆞ미 업
ᄉᆞ나 ᄌᆞ연 노력(老力)의 혼모(昏耗)ᄒᆞᆷ믄 업지 아니ᄒᆞ고, 쇠모ᄒᆞ기의 밋ᄎᆞ미 ᄌᆞ손 ᄉᆞ랑
이 날노 병 되니, 비록 고딕광실(高臺廣室)의 옥동화녜(玉童花女) 빵빵ᄒᆞ여 치의(彩衣)
를 붓치고 홍군(紅裙)을 쓰어 옥픽(玉佩)를 울니며, 북당(北堂)1263)의 치무(彩舞)1264)
와 츈원(春園)의 질튜(跌墜)1265)로, 풍용시환(豊容時歡)1266)의 무치영환(舞彩永歡)1267)
이 낫브미 업ᄉᆞ나, 미양 ᄉᆞ려(思慮)ᄒᆞᄂᆞᆫ 비 북공의 텬양화풍(天陽和風)과 조부인의 만
염쳥광(萬艶淸光)을 닛지 못ᄒᆞ여 ᄎᆞ탄ᄒᆞᆯ 적이 만흐니, 졔손이 다 학낭(謔浪) 쇼어(笑
語)로 위로ᄒᆞ더니, 믄득 조상국의 입셩ᄒᆞ므로조초 요리와 역비 【24】신월을 잡아와
젼후 간졍(奸情)을 힉실ᄒᆞ미, 텬뇌(天怒) 진쳡(震疊)ᄒᆞ여 원흉 요젹을 져쥬어, 요리와

1260)금ᄉᆞ쵹농(錦紗燭籠) : 촛불을 켜 들고 다니기 위해, 비단을 발라서 만든 긴 네모꼴의 채롱.
1261)여루(如縷) : 실처럼 끊임없이 이어짐.
1262)학발오치(鶴髮老齒) : 하얗게 센 머리와 빠지고 변색된 노화된 이.
1263)북당(北堂) : 집안의 북쪽에 있는 당(堂)이란 뜻으로, 집안의 주부가 이곳에 거처하였기 때문에 '어
    머니'를 지칭하는 말로 쓰였다. =자당(慈堂). *여기서는 '어머니의 처소'를 뜻하는 말로 쓰였다.
1264)치무(彩舞) : 색동옷을 입고 추는 춤.
1265)질튜(跌墜) : =질튜아희(跌墜兒戲). 중국 초나라의 효자 노래자가 발을 헛디뎌 넘어진 일이 있었는
    데, 이를 본 부모가 걱정할까봐 땅바닥에 그대로 드러누워 뒹굴며 어린애가 우는 시늉을 하여, 도리어
    부모를 웃게 하였다는 고사를 말함.
1266)풍용시환(豊容時歡) : 풍화(豊和)한 얼굴빛과 끊임없이 이어지는 기쁨.
1267)무치영환(舞彩永歡) : 효자효손(孝子孝孫)들의 색동 춤과 무한한 즐거움.

신월노 뒤면ᄒᆞ여 그 죄를 붉히시니, 일월(日月)이 광화(光華)ᄒᆞ여 부운(浮雲)의 옹폐(壅蔽)ᄒᆞᆫ 거슬 쓰러바림과 일체라.

임의 일반 간당이[의] 죄를 적발 《포양∥문초(問招)》ᄒᆞᄆᆡ, 악인이 풍진(風塵)의 ᄡᅥ러지고 현인이 풍운의 비등(飛騰)ᄒᆞᆷ은, 텬니(天理) 인ᄉᆞ(人事)의 덧덧ᄒᆞᆫ 니(理)라. 조부인의 부운 갓ᄒᆞᆫ 악명이 신셜ᄒᆞᄆᆡ, 현ᄆᆡ의 일쟝 쇼표(疏表)의 부인의 초시(初時)로붓허 셩덕 규힝이 더욱 표표(表表)ᄒᆞ고, 원홍 요젹의 초소의 조쇼져의 슈츌긔【25】이(秀出奇異)ᄒᆞᆫ ᄉᆡᆨ광덕질(色光德質)이며, 효졀샹힝(孝節常行)이 가지록 빗나고, 엄부인 픽악무힝(悖惡無行)은 ᄉᆞᄉᆞ(事事)의 긔괴(奇怪) 히이(駭異)ᄒᆞ니, 한갓 텬ᄌᆞ로붓허 빅관의 문견(聞見)ᄲᅡᆫ 아니라, 만셩ᄉᆞ셔(滿城士庶)의 편힝(遍行)ᄒᆞ여 엄부인 긔츌쇼산애(己出所産也) 조부인 갓ᄒᆞᆫ 슉녜이시믈 아니 ᄎᆞ탄(嗟歎)ᄒᆞ리 업셔, 혹(或)이 왈,

"괴이ᄒᆞ다. 셕ᄌᆞ의 임시(姙似) 퇴교ᄒᆞ시ᄆᆡ 문무 갓ᄒᆞᆫ 셩인이 나 계시거니와, 엄부인의 불현ᄒᆞ므로 무슨 퇴교를 어지리 ᄒᆞ엿관ᄃᆡ, 조부인 갓ᄒᆞᆫ 셩녀슉완(聖女淑婉)을 싱ᄒᆞ거뇨? 실노 텬도의 조화 희극ᄒᆞ다."

ᄒᆞ니, 혹이 유식ᄒᆞᆫ 지 왈,

"불연(不然)ᄒᆞ【26】다. 셕(昔)의 고슈(瞽瞍)ᄂᆞᆫ 무슨 어진 도로 슌(舜)을 가ᄅᆞ쳐 계시관ᄃᆡ, 텬하 뒤셩(大聖)이 되시뇨? 엄부인의 싱녀의 이상ᄒᆞᄆᆡ 셕일 고슈와 방불ᄒᆞ니, 텬도의 희극지니(戲劇之理) 괴이치 아니타."

ᄒᆞ더라.

쇼식이 젼파ᄒᆞ여 만셩(滿城)의 모ᄅᆞ리 업ᄉᆞ니, 슌퇴부인이 듯고 탄왈,

"조쇼부의 빅ᄉᆞ(百事)의 진션특이(盡善特異)ᄒᆞᄆᆡ 녀즁셩ᄉᆞ(女中盛事) 줄 아란지 오릭거니와, ᄯᅩ 엇지 그 신셩예쳘(神聖睿哲)ᄒᆞᄆᆡ 능히 쳡봉환난(疊逢患亂) 가온ᄃᆡ 지모(知母)를 동ᄒᆞ여 명쳘보신(明哲保身)ᄒᆞᄂᆞᆫ 지혜(智慧) 이갓치 긔특ᄒᆞᆫ 줄 알니오. 슈연(雖然)이나 조쇼뷔 능히 싱존ᄒᆞ믈 어더 옥부방신(玉膚芳身)이 무ᄉᆞᄒᆞ고, ᄯᅩ 【27】옥동을 나하 아름답다 ᄒᆞ니, 비록 보지 아니나 운아의 싱(生)과 조시의 탄휵(誕慉)이 범연ᄒᆞ리오. 조시의 ᄉᆞ싱 존망을 모르고 쥬야 넘녀홀 젹도 견ᄃᆡ엿거니와, 그 싱존ᄒᆞ믈 드ᄅᆞ니 ᄉᆡ로이 보고져 마음이 일시 밧브고, ᄯᅩ 운아의 ᄌᆞ식이 이셔 거의 인ᄉᆞ를 알기의 밋쳐 긔특다 ᄒᆞ니, 급히 보고시븐 마음이 일긱(一刻)이 삼츄(三秋) 갓ᄒᆞᆫ지라. 실노 노혼(老昏)ᄒᆞᆫ 탐심이 무량ᄒᆞᆫ 연괴로다."

셜파의 혹탄혹쇼(或嘆或笑)ᄒᆞ여 스스로 년노(年老) 님박○○[서산](臨迫西山)ᄒᆞᆷ믈 ᄌᆞ상(自喪)ᄒᆞ니, 좌우(左右)의 가득이 버럿ᄂᆞᆫ 졔부졔손(諸婦諸孫) 등이 다 감동ᄒᆞ고, 금평휘 ᄌᆞ당의 날노 【28】쇠혼(衰魂)ᄒᆞᆷ심과 노감쇼치(老感所致)의 회감(懷感)ᄒᆞ시믈 보니, 심하(心下)의 여년이 님박셔산(臨迫西山)ᄒᆞ시믈 슬허ᄒᆞ고 감동ᄒᆞ여, 심식 ᄌᆞ못 쳑감(慽感)ᄒᆞ나, 이셩화긔ᄒᆞ여 날호여 위로 쥬왈,

"ᄌᆞ졍은 무익지ᄉᆞ의 셩녀를 허비치 마ᄅᆞ쇼셔. ᄌᆞ당이 츈취(春秋) 고심(高甚)ᄒᆞ시나, 긔력이 강건ᄒᆞ시고 학발오치(鶴髮烏致)[1268]ᄒᆞ시니 당당이 빅셰(百歲) 향슈(享壽)ᄂᆞᆫ 긔

필(期必)ᄒ실 거시오, 남은 졔손의 남혼녀가(男婚女嫁)ᄂ 다 보실 듯ᄒ오니, 엇지 시로이 노년을 ᄌ감(自感)ᄒ시리잇고? 더옥 운아와 조시ᄂ 본딕 복녹(福祿)이 가즌 아희니, 쟝ᄂᆡ를 근심ᄒ 거시 업슬 쥴, 쇼ᄌᄂ 발셔붓허 아옵ᄂ 고로, 조이 【29】 비록 일시 식광(色光)의 슈미흔 희를 바다 기간 직앙이 이시나, 결연(決然)이 즁간의 요몰(夭歿)ᄒ 괴질이 아니러니, 니졔 흉변 환난 가온딕 요힝 싱존ᄒ미 이시니, 엇지 가즁의 경식 아니오며, ᄯ 희익(孩兒) 나셔 극히 긔특다 ᄒ니 엇지 운긔의 복이 아니리잇고? 텬ᄌ의 교명(敎命)이 계ᄉ 임의 간당을 안뉼(按律)ᄒ시고, 운긔를 징쇼ᄒ시ᄂ ᄉ명(使命)이 발셔 은쥬의 나려 갓스오니, 왕반이 언마 오릭리 잇고? 복원 ᄌ졍은 물우셩녀(勿憂聖慮)ᄒ시고, 다만 운아 부부의 슈히 도라오믈 기다리쇼셔."

틱부인이 아ᄌ의 ᄌ긔 노혼(老昏)흔 긔력을 근심ᄒᄂ 【30】 쥴 모르리오. 도로혀 잠쇼(暫笑) 왈,

"인간칠십(人生七十)이 고릭희(古來稀)라1269) ᄒᄂ니, 노뫼 초(初)의 붕셩지통(崩城之痛)을 품고 완쳔(頑賤)1270)이 지우보명(至于保命)ᄒᆞᆷ은 오아(吾兒)를 보젼코져 ᄒ미라. 기시(其時)의 혜아리믄 다만 고아를 셩인(成人)ᄒ거든, 즉시 션군(先君)의 뒤흘 ᄯ르고져 ᄒᆞ엿더니, 완명(頑命)이 무지홀 ᄯᆞᆫ 아니라, 효ᄌ 현부의 죵요로온 효도를 바다 일신이 평안ᄒ고, 조초 텬흥의 다ᄉᆺ 형뎨와 혜쥬 형뎨를 년싱(連生)ᄒ니, 졔손이 다 옥슈닌벽(玉樹驎璧)1271) 갓ᄒ여 노모의 미망여년(未亡餘年)을 족히 위로ᄒᄂ지라. 일노ᄡᅥ 좌와(坐臥)의 위회(慰懷)ᄒ미 만하 쳣 ᄯᆺ을 곳쳐 셰간을 뉴련(留連)ᄒ미 되고, ᄎᄎ 【31】 ᄒ여 지우금일(至于今日)ᄒ여ᄂ 나히 만코 ᄂᆡ외손증(內外孫曾)이 각하(閣下)의 층층(層層)ᄒ니, 니졔○[룰] 당ᄒ여ᄂ 당초 지통 가온딕 셰ᄉ를 닛고져 ᄒ던 ᄯᆺ도 스라져, ᄎᄎ 셰렴(世念)이 무염(無厭)ᄒ니 발셔 팔슌이 지낫ᄂ지라. 므ᄉᆫ 부족ᄒ미 이셔 쇠로(衰老)ᄒ믈 감상ᄒ리오."

금휘 ᄯᅩ흔 웃고 화셩유어(和聲柔語)로 위안ᄒ더라. 왕궁 노쇼상히(老少上下) 다 조부인 싱존ᄒ믈 깃거 환셩(歡聲)이 여류(如流)ᄒ고, 슌틱부인이 더옥 일긱(一刻)이 밧바 굴지계일(屈指計日)ᄒ여 북공 부부의 환가ᄒ기를 기다리더라.

윤·양·니·경 ᄉ비와 문양공쥬 등 다ᄉᆺ 존고와 쟝부인 등 졔ᄉ금쟝(娣姒襟丈)이며 현·염 등 모든 【32】 쇼괴(小姑) 각각 글월을 붓쳐 조부인을 위로ᄒ니라.

니러구러 슈슌(數旬)의 밋쳣더니 믄득 ᄉ쳔후의 도라오ᄂ 션셩이 니르니, 일긔 물 ᄭᆯ틋 ᄒ더라. 틱부인은 기다리ᄂ 마음이 졀(切)ᄒ여 능히 침식의 맛슬 모르ᄂ지라. 직

1268) 학발오치(鶴髮烏致) : 흰머리가 검어짐.
1269) 인간칠십(人生七十) 고릭희(古來稀) : =인생칠십고래희(人生七十古來稀). 70세를 산 사람은 예로부터 드물었다.
1270) 완쳔(頑賤) : '완고하고 천한 사람'이라는 뜻으로, 자신을 낮추어 이르는 일인칭 대명사.
1271) 옥슈인벽(玉樹驎璧) : 옥수(玉樹; 아름다운 나무), 기린(駬驎; 천리마), 옥벽(玉璧; 둥그런 옥)을 아울러 이르는 말로, 모두 '재주가 뛰어나고 용모가 빼어난 사람'을 이르는 말이다.

작야(再昨夜)붓허 잠을 폐호고, 초일 조신(早晨)붓허 조션(朝膳)을 계오 햐져(下箸)호여 상을 물니미 함젼(檻前)1272)의 건니러 안즈락 일낙 ○○[호며], 츠환 복부의 무리 젼도히 거름을 급히 거러도 쳔후의 입문(入門)호민가 호고, 죠시의 도라오는 힝츤(行次)가 환심호여 여실(如失) 당황(唐惶)호니, 즈부 졔손이 도로혀 민망호여 셩쳬 갓브시믈 【33】 지슴 역간호더니, 믄득 일쇠이 반오(半午)의 부문이 드레며, 죠시의 유모 취옥이 두어 시비로 더브러 쇼교를 타고 쇼공즈를 밧드러 드러와, 당하의셔 고두 복알(伏謁)호고 부인 글월을 헌(獻)호고, 젼후 쇼유를 일장 고홀시, 몬져 슬픈 눈물이 환난(患難)호고 셩음이 오열(嗚咽)호여 능히 말을 일우지 못호더라.

윤·양·니·경 스비는 식부의 반드시 조상부로 몬져 도라갈 쥴 지긔흔 일이나, 슌틱부인과 진부인은 결연호믈 니긔지 못호니, 도로혀 탄식호믈 마지 아니호고, 급히 글월을 써혀보니 틱존당과 버거 존【34】 당 진부인이며 오위 존고와 녈위 제스금장(娣姒襟丈) 쇼고(小姑)의게 각각 글월을 올녀시니, 츠셰(次序) 분명호고 문칙 빗느니, 졍공쇄락(精工灑落)흔 필법이 뇽샤비등(龍蛇飛騰)호고 빈빈(彬彬)흔 문명이 필하(筆下)의 머무럿더라.

냥디 존당이며 오위 존고의게 허다 불효를 가득이 스죄호며, 쳔봉만변(千逢萬變)1273) 가온디 지우금일(至于今日)의 초로잔쳔(草露殘喘)이 지우보명(至于保命)호여, 능히 뎨향(帝鄕)의 환가(還家)호오믄, 다 존당 구고의 광염(廣念)호신 셩은혜틱(盛恩惠澤)이라. 임의 환경호오미 맛당이 존문의 몬져 나아가와 불효를 스죄호옵고, 존젼의 비현호오미 일시 밧븐 쥴 모르【35】미 아니로디, 즈뫼 쇼쳡의 연고로 죄루 즁의 이시니, 즈식의 도리 감히 물너 안연이 괄시치 못호여, 몬져 친측으로 도라가는 졍유(情由)를 알외고, 쏘 히아(孩兒)를 몬져 보니는 스연을 고호며, 부뫼 화(和)호시믈 보온 후 즉시 나아와 쳥죄호기를 알외여시니, 언언즈즈(言言字字)히 금슈(錦繡)오, 텬진지회(天眞至孝) 간졀호미 만지셔장(滿紙書狀)의 가득이 버러시니, 존당 구괴 그 글을 어로 만져 지삼 살피며 감탄호믈 마지 아니터라.

유이(乳兒) 당샹의 나리미 취옥이 나아가 좌우를 가르쳐 삼디(三代) 존당(尊堂)이며, 슉당(叔堂) 졔친(諸親)의 녜슈(禮數)를 マ【36】르치니, 유이 임의 힝동쳐변(行動處變)이 다 일윗는지라. 유랑(乳娘)의 가르치는 디로 졔좌(諸坐)의 녜슈(禮數)를 《진졀‖진졍(進呈)》호니, 이 불과 히졔(孩提) 쇼이(小兒)로디 산쳔영긔(山川靈氣)와 텬지졍믹(天地精脈)을 오로지 거두어 불셰(不世)의 긔린(騏驎)이라. 그 부친의 쳑탕(滌蕩) 슈앙(秀昂)흔 풍뉴(風流) 신광(神光)과 즈모의 교염(嬌艶) 쳔광(天光)을 품슈호여, 옥슈닌벽(玉樹驎璧) 갓흐니, 이 진짓 텬뵈(天寶)며 디뵈(地寶)오, '물호(物乎)아 산영(山靈)이라'1274). 그 긔특호믈 붓스로 긔록키 어렵고, 아름다오믈 그림으로 모스(模寫)키 어려

1272) 함젼(檻前) : 난간(欄干) 앞.

1273) 쳔봉만변(千逢萬變) :=천만봉변(千萬逢變). 천만 번을 변을 만남. 헤아릴 수 없을 만큼 많은 변을 당함.

오니, 쳑동(尺童)이 완연이 도학(道學) 진유(眞儒)의 놉흔 체와 셩문의 바른 쥴믹1275) 을 드듸여 ○[나] 범범쇽이(凡凡俗兒) 아니라.

삽삽흔 녹【37】발(綠髮)이 계오 월익(月額)을 덥헛느듸, {목난(木蘭)1276)과 닌픠 (漄波)1277)를 셧그며,} 진쥬로 꾸며 녕낙(瓔珞)1278)을 드리오고, 《옥산(玉山)1279)이 ∥ 옥안(玉顔)1280)의》 나죽흔 《엇게는 ∥ 두 눈은》 일월각(日月角)1281)이 니럿거늘, ○ ○○○○○○[비봉(飛鳳) 갓흔 엇게의] 쳥삼(靑衫)을 쟝단(長短)의 맛갓게 ○[측(着)]] 흐고, 표연(飄然)흔 허리의 홍금셰초{긔린}듸(紅錦細草帶)1282)○[룰] 졍졔(整齊)흐며, 발 아릭 일촌(一寸) 금슈혜(錦繡鞋)1283)로 치수를 맛초아시니, 초틱우(楚大夫)1284) 츄 슈골격(秋水骨格)의 명박(命薄)흠과 진승상(晉丞相)1285) 여옥지모(如玉之貌)의 남ᄌ의 풍치 젹으믈 엇지 비기리오.

이 씨 좌즁의 동졔공 부인 쟝부인 쟝ᄌ 현빅 등과, 기여 예부의 졔ᄌ와 니시 단시 등의 ᄌ녀며 연시의 녀이, 다 큰 이는 오륙셰오, 젹은 이【38】는 이삼셰 남녀 쇼아 들이 십여이라. 다 금슈의복(錦繡衣服)을 갓초고 모다시니, 기기히 긔린의[이] 췸 (鄒)1286) 쓰히 쩌러지고, 금원(禁苑)의 도리홰(桃李花) 봉오리를 일시의 믠죤 듯흐니, 참치샹하(參差上下)1287)흐여 분간치 못흐리러니, 믄득 조부인 싱이 니르미, 양목(兩目) 의 시날이 조하(朝霞)의 빗최여 광치를 만방의 흘니는 듯흐니, 졔이 굿흐여 못흐미 아 니로듸 공지딕셩(孔之大聖)1288)의 안밍(顔孟)1289)이 직좌(在坐)흔 듯, 존당 졔위와 슉

1274)물호(物乎)아 산녕(山靈)이라 : 만물 가운데서도 범이로다. *산령(山靈); 산신령. 또는 호랑이를 달리 이르는 말.

1275)쥴믹(脈) : 줄맥(脈). 계통. 하나의 공통적인 것에서 갈려 나온 갈래.

1276)목난(木蘭) : =백목련(白木蓮).

1277)닌픠(漄波) : 인파(漄波). 맑은 물결.

1278)녕낙(瓔珞) : 구슬을 꿰어 만든 장신구로, 목이나 팔 따위에 둘렀다.

1279)옥산(玉山) : 외모와 풍채가 뛰어난 사람을 비유적으로 이르는 말.

1280)옥안(玉顔) : 아름다운 얼굴.

1281)일월각(日月角) : 관상법(觀相法)에서 부모운(父母運)을 나타내는 일각(日角)과 월각(月角)을 함께 이 르는 말. 일각은 왼쪽 눈 위 약 3㎝ 부분, 월각은 오른쪽 눈 위 약 3㎝ 부분의 이마를 말하는데, 일월 각이 뚜렷하면 높은 관직에 오를 상(相)이라 한다.

1282)홍금셰초듸(紅錦細草帶) : 붉은 비단실을 꼬아서 만든 띠.

1283)금슈혜(錦繡鞋) : 비단에 수를 놓아 만든 꽃신

1284)초틱우(楚大夫) : 중국 전국시대 초나라 대부(大夫) 송옥(宋玉). BC290-227. 중국의 대표적인 미남 자의 한 사람이며, 사부(辭賦)를 잘하여 <구변(九辯)>, <초혼(招魂)>, <고당부(高唐賦)> 등의 작품을 남겼다. 굴원(屈原)과 함께 굴송(屈宋)으로 불렸으며 난대령(蘭臺令)을 지냈기 때문에 난대공자(蘭臺公 子)로 불리기도 했다.

1285)진승상(晉丞相) : 중국 서진(西晉)의 미남자 반악(潘岳). 자는 안인(安仁). 승상을 지냈고 미남자의 대 명사로 쓰인다.

1286)췸(鄒) : 추(鄒)나라. 중국 춘추 시대에, 산둥 성(山東省) 추성시(鄒城市) 일대에 있던 나라. 맹자가 태어난 곳이다.

1287)참치상하(參差上下) : 길고 짧고 들쭉날쭉함

1288)공지딕셩(孔之大聖) : 공자(孔子)와 같은 대성인(大聖人).

당 졔친이 좌우의 가득이 버럿《ᄂ니∥더니》 일쳠관망(一瞻觀望)의 황홀긔이(恍惚奇愛)ᄒᄆᆯ 니긔지 못ᄒ니, 틱부인이 연망이 쇼아를 나오혀 슬상【39】의 교무(交撫)ᄒ고, 유화(柔和)ᄒᆫ 면모의 만면 쇼용(笑容)이 영ᄌ(盈滋)ᄒ여 좌우를 도라보아 위ᄌ(慰藉)ᄒ여 왈,

"현긔의 냥ᄌ와 일녜, 현긔 등 졔아의 ᄌ녜 다 츌범 특이ᄒᆫ 가온딕, 더옥 장쇼부의 싱지 군ᄌ(君子) 인걸(人傑)의 직긔(才氣) 이시니, 한갓 아름답고 귀즁홀 ᄲᆞᆫ 아니라, 종손(宗孫)의 즁ᄒᄆᆡ 잇고, 조션(祖先)을 밧드러 문호를 흥늉(興隆)ᄒ며 쥬종(主宗)을 챵(昌)ᄒᄆᆡ 다{다} ᄎᆞ아의게 이시니, 이 더옥 문호의 딕경(大慶)이라. 엇지 깃부지 아니리오. 니졔 더옥 ᄉᆞ싱 거쳐를 모르던 조쇼뷔 능히 보젼ᄒ여, 운아의 업던 ᄌᆞ식이 발셔 셰상의 이셔 니러틋 츌뉴 【40】 비범○○[ᄒ니], 엇지 아름답고 긔특지 아니ᄒ며, 두 아히ᄂᆞᆫ 오문의 쳔니귀(千里駒)오, 타일 ᄌ라민 낭묘(廊廟)1290)의 딕직(大才) 되리니, 국가의 졍상(禎祥)1291)이라. 셕(昔)의 밍가ᄌ(孟軻者)ᄂᆞᆫ 틱산암암지풍(泰山巖巖之風)1292)이러니 금의 오가손(吾家孫)은 딕히양양지풍(大海洋洋之風)1293)이니, 고인이 비록 긔특ᄒ나 오가손이 ᄯᅩ 엇지 밋지 못ᄒ리오. 일노조ᄎᆞ 긔ᄌ(奇子) 현손(賢孫)이 계계승승(繼繼承承)ᄒ니, 만셰 무강지락(無疆之樂)을 엇지 렴녀(念慮)ᄒ리오. 노뫼 미망여싱(未亡餘生)으로 붕셩지통(崩城之痛)을 품고 혈혈고아(子子孤兒)를 품어 셰렴(世念)을 불관이 너기던 일이, 금일 엇지 가쇼롭지 아니리오. 노뫼 실노 지하의 조션(祖先) 구고(舅姑)와 션군(先君)긔 뵈아 젼홀 말솜【41】이 쾌치 아니랴."

셜파의 불승환희(不勝歡喜)ᄒᄆᆯ 마지 아니ᄒ며, 쇼아의 운발을 쓰다듬고 옥비(玉臂)를 어로만져, 조시를 슈히 보지 못ᄒᄆᆯ 더옥 창연ᄒ고, 익즁(愛重)ᄒᄆᆡ 싱ᄂᆡ(生來) 농손(弄孫)이 처음인 듯ᄒ니, 금평후 부부와 윤·양·니·경·문양공쥬 등 오비(五妃) ᄯᅩᄒᆫ 조시 싱아의 비상특초(非常特超)ᄒᄆᆯ 못ᄂᆡ 두긋기며 익즁ᄒᄆᆡ 식롭더라.

조쇼져의 텬품녀질(天稟麗質)노뼈 홀노 어지지 못ᄒᆫ ᄌᆞ모의 복즁을 비러 탁셰(托世)1294)ᄒᆫ 연고로, 남의 업슨 긔화 참난을 갓초 겻거 쳡봉화란(疊逢禍亂) 가온딕 니졔 계오 구ᄉᆞ일싱(九死一生)ᄒ여 도라오ᄂᆞᆫ 심ᄉᆡ ᄯᅩ 안한(安閑)치 못ᄒ【42】여 ᄒᄆᆯ 위ᄒ여 가셕(可惜) ᄎᆞ탄(嗟歎)ᄒ더라.

쇼아를 좌즁 긔화(奇花)를 삼아 슬하의 나리오지 못ᄒ여 말솜을 무ᄅᆞ미, 응딕(應對) 슈답(酬答)이 흐르ᄂᆞᆫ 듯ᄒ여 현하(懸河)를 드리오고, 쇼음(笑音)이 낭낭ᄒ여 경긔(景槪)1295) 나죽이 뉵늉(六律)을 화(和)ᄒ고, 옥봉(玉鳳)이 단쇼(丹宵)1296)의셔 우ᄂᆞᆫ 듯,

---

1289)안밍(顔孟) : 중국의 유학자 안자(顔子; 顔回)와 맹자(孟子; 孟軻)를 함께 이르는 말.
1290)낭묘(廊廟) : ①=조정(朝廷). ②=의정부(議政府).
1291)졍상(禎祥) : 경사롭고 복스러운 징조.
1292)틱산암암지풍(泰山巖巖之風) : 태산의 높고 위엄 있는 풍채.
1293)딕히양양지풍(大海洋洋之風) : 큰 바다의 한 없이 넓고 위엄 있는 풍채.
1294)탁셰(托世) : 세상에 태어남.
1295)경긔(景槪) : 경치(景致). 경상(景狀). 자연이나 사물, 일 따위의 모습.

좌즁 존당 슉당의 이지(愛之) 연지(憐之)ᄒᆞᄂᆞᆫ ᄌᆞ익(慈愛) 비홀 곳이 업더라.

틱부인이 쇼아를 가츠 ᄒᆞ노라 ᄒᆞ미, ᄯᅩᄒᆞᆫ ᄌᆞ미를 숨아 쳔후 기다리미 져기 덜ᄒᆞ더라. 이미 일싀이 몰셔(沒西)ᄒᆞ미 일기 셕상(夕床)을 파ᄒᆞ고, 촉을 붉히미 틱화뎐의 모다 졔뎡의 도라오기를 기다리더니, 금평휘 【43】 쇼아를 나호여 무ᄅᆞᄃᆡ,

"너 쇼이 능히 ᄌᆞ모를 ᄯᅥ나 이 곳의 이시려 ᄒᆞᄂᆞᆫ다?. 어믜게 가고져 ᄒᆞᄂᆞᆫ다? 쇼이 쳑연 ᄃᆡ왈,

"ᄌᆞ뫼 ᄯᅥ날 졔 니ᄅᆞᄃᆡ 여뫼 맛당이 너와 한가지로 졔궁의 도라갈 거시로ᄃᆡ, 스괴 이셔 나는 본부 친당의 머무러, 부뫼 불평ᄒᆞ신 거슬 진졍ᄒᆞ시거든 즉시 도라가 존당의 스죄ᄒᆞ리니, 너○[ᄂᆞᆫ] 어믜를 싱각지 말고 조히 가 머물나 ᄒᆞ시니, 니졔 ᄃᆡ인이 도라오실 거시오, ᄌᆞ뫼 오릭지 아냐 도라오실 듯ᄒᆞ니, 엇지 외가의 가리잇고?"

말ᄉᆞᆷ이 유리(有理)ᄒᆞ고 어언(語言)이 낭낭ᄒᆞ니, 금휘 더옥 이지(愛之)ᄒᆞ여 어로만 【44】져 왈,

"한 달의 미야지[1297) 틱산을 넘ᄯᅱ고, 경촌(瓊村)의 구슬이 만니를 빗최니, 진짓 오문의 긔린이오, 국가의 보필이 되리로다."

ᄒᆞ더라.

ᄢᅵ 황혼의 니ᄅᆞ니 바야흐로 부문(府門)이 요요(擾擾)ᄒᆞ며 벽졔(辟除) 니러나고, 알되[1298) 동곡(動谷)ᄒᆞ더니, 츠환(叉鬟) 가졍(家丁)이 보보젼경(步步顚傾)ᄒᆞ여 드러와 졔공의 도라오믈 알외니, 일가의 반가오믄 불문가지(不問可知)라.

쳔휘 관의(冠衣)를 졍졔(整齊)ᄒᆞ고 좌우로 촉을 잡아 몬져 문묘의 비알ᄒᆞ고, 바야흐로 틱원뎐의 드러가 존당과 졔위(諸位) 모친과 슉모 졔미(諸妹) 졔슈(諸嫂)를 비현홀ᄉᆡ, 냥위 존당이며 다ᄉᆞᆺ 모비(母妃)와 여러 슉모와 졔슈 졔미 한가지 【45】로 보미, 일별(一別) 경셰(經歲)의 쳔후의 늠연 쳑탕ᄒᆞᆫ 풍광 신치 더옥 미왕(邁旺) 탁셰(卓世)ᄒᆞ여, 옥안셩모(玉顔聖貌)의 쇼년 쳥안(淸顔)을 밧고미 업ᄉᆞ나, 삼틱(三台)[1299) 각상(角上)[1300)의 관면(冠冕)[1301) 위의(威儀)와 품복(品服) 옥결(玉玦)[1302)이 완연(宛然)ᄒᆞ니, 츄진(趨進) 녜알(禮謁)의 복슈비복(伏首拜伏)ᄒᆞ고 이셩(怡聲) 낙식(樂色)으로 쳥음이 유열ᄒᆞ여, 냥ᄃᆡ 존당이며 오위 모비의 긔년(幾年) 존후를 뭇ᄌᆞ오미, 효ᄌᆞ 현손의 반가

1296)단소(丹霄) : 저녁놀과 같이 붉은 하늘.
1297)미야지 : 망아지. 말의 새끼.
1298)알도 : 갈도(喝道)의 변한 말. 갈도(喝道); 조선 시대에, 높은 벼슬아치가 다닐 때 길을 인도하는 하인이 앞에서 소리를 질러 행인들을 비키게 하던 일. 또는 그 일을 맡은 하인. 늑가금(阿禁)・가도(阿道)・창도(唱導).
1299)삼틱(三台) : =삼공(三公). =삼졍승(三政丞). 의정부에서 국가 주요 정책을 결정하는 일을 맡아보던 세 벼슬. 영의정, 좌의정, 우의정을 이른다.
1300)각상(角上) : 각모상(角帽上). 사각모자 위. 여기서는 정승이 정장 차림을 할 때 갖추어 쓰던 모자를 말한다.
1301)관면(冠冕) : 관(冠)과 면류(冕旒)를 함께 이르는 말.
1302)옥결(玉玦) : 옥으로 만들어 허리에 차는 고리.

온 졍회 즁니(衆裏)를 빗기 흔드니, 만면의 츈풍이 이이(怡怡)ᄒ여, 동군(東君)이 일하 (一下)의 츈일(春日)이 직양(在陽)ᄒᆫ 듯, 버거 졔슈 졔미로 별후를 문후(問候)ᄒᆞᆷᄆᆡ, 녜의(禮儀) 진슉(振肅)ᄒ고 위의 슉연(肅然)ᄒ여, 조둔(趙盾)의 하일지위(夏日之威)오, 공【46】경ᄒᆞᆷ믈 다ᄒ여 위좌이묵연(危坐而黙然)1303)ᄒᆞᆷᄆᆡ, 동텬(冬天) 빅월(白月)이 셜상(雪上)의 붉얏ᄂᆞᆫ 듯, 신뇽(神龍)이 운예(雲霓)를 토(吐)ᄒᄂᆞᆫ 듯, 긔상의 굉원(宏遠)ᄒᆷ과 풍치의 뇌락(磊落)ᄒᆞᆷᄆᆡ 그 부왕 곳 아니면 더부러 ᄃᆡ두(對頭)ᄒ리 업ᄉᆞ니, 그 빅시(伯氏) 동졔공의 셩현 군ᄌᆞ 유풍이나, 뇌락 훤출ᄒᆞᆷᄆᆞ1304) 능히 텬후를 밋기 어렵더라.

좌우의 한·화 냥부인이 화장셩식(化粧盛飾)으로 각각 미우의 화긔를 먹음어 닌봉(麟鳳) 갓ᄒᆞᆫ 아ᄌᆞ를 각각 안아 버러시니, 한·화 이부인이 쳔후의 니가홀 ᄯᆡ의 잉ᄐᆡᄒ엿던 삼ᄉᆞ삭이러니, 발셔 싱남ᄒ여 냥이 다 긔년(朞年)1305)이 지나시니, 능히 힝보【47】를 옴기고 어언을 통ᄒᄂᆞᆫ지라. 몸의 쳥나의(青羅衣)를 붓치고, 허리의 셰초ᄃᆡ(細綃帶)를 두루며, 머리의 칠보(七寶) 영낙(瓔珞)을 드리오고, 이 날 형을 맛나니, 존당과 한·화 두 모친이 각각 아ᄌᆞ를 가ᄅᆞ쳐 형뎨의 녜로 보게 ᄒ니, 삼이 셔로 맛나ᄆᆡ 능히 골육의 졍을 아ᄂᆞᆫ 듯ᄒ여, 븟들고 반겨ᄒᄂᆞᆫ지라.

한·화 냥부인이 ᄯᅩᄒᆞᆫ 조부인 싱ᄌᆞ를 보ᄆᆡ 이즁ᄒᆞᆷᄆᆡ 오히려 긔츌의 지나며, 조부인으로 모드ᄆᆡ 더ᄃᆡ믈 이달와 ᄒ더라.

금휘 이의 조시의 싱ᄌᆞ의 명을 현경이라 ᄒ고, 한시 싱ᄌᆞ의 명은 현긔오, 화시의 아ᄌᆞᄂᆞᆫ 현계라 【48】ᄒ다. 현경이 일홈을 엇고 크게 깃거 졀ᄒ여 ᄉᆞ례ᄒ더라. 쳔휘 도라오ᄆᆡ 현경이 반일지간이나 가장 반겨 나아가 졀ᄒ고 겻ᄒᆡ 안ᄌᆞ니, 현긔 현계 어룬이 밋쳐 가ᄅᆞ치지 아냐셔, ᄯᅩ 능히 모든 죵형이며 형을 ᄯᆞ라 부친 슬하의 나아가 졀ᄒ고, 형을 조ᄎᆞ 안항(雁行)을 일워 버러 안ᄂᆞᆫ지라. 삼이 쇼음이 낭낭ᄒ여 부친을 불너 언쇼(言笑) 낭낭ᄒ니, 한 무리 어린 봉(鳳)이 단산(丹山)의셔 어이1306)를 부ᄅᆞ지지ᄂᆞᆫ 듯ᄒᆞᆫ지라.

삼아(三兒)의 특초(特超)ᄒᆞᆫ 지풍을 보ᄆᆡ ᄌᆞ긔 부즁을 ᄯᅥ날 젹, 조부인의 ᄉᆞ싱 존문을 미가분(未可分)ᄒ니, 엇지 그덧 ᄉᆞ【49】이 져 갓ᄒᆞᆫ 긔린 옥동이 이셔 장셩ᄒ여시믈 아라시며, 한·화 냥부인이 불과 잉ᄐᆡ 슈삼삭이나, 냥부인이 단일(端壹) 유한(幽閑)ᄒ여 슈괴(羞愧)ᄒᆞᆷᄆᆡ 과도ᄒᆞᆫ 고로, 힝혀도 틱긔 이시믈 아ᄂᆞ니 업ᄉᆞ니, 비록 일방의 동거ᄒᄂᆞᆫ 부뷔나, 쳔후의 쇼탈ᄒᆞᆫ 셩졍이 ᄯᅩ 밋쳐 회틱(懷胎)ᄒᆞᆷᄆᆞᆫ 아지 못ᄒᆞ엿던지라. 니가(離家) 긔년(幾年)의 도라오ᄆᆡ, 믄득 젼의 업던 셰 아히 슬하의 ᄲᅡᆼᄲᅡᆼ이 넘노라, 옥슈(玉樹) 닌봉(驎鳳) 갓ᄒᆞ니 쳔후의 즁산(重山)의 무거온 심지와, 균텬(鈞天)1307)의 그

1303)위좌이묵연(危坐而黙然) : 몸을 바르게 하고 앉아 말이 없음.
1304)훤출ᄒ다 : 훤칠하다. 길고 미끈하다.
1305)긔년(朞年) : 만 일 년이 되는 날. 돌.
1306)어이 : ①짐승의 어미. ②'어버이'를 가리키는 경우도 있다.
1307)균텬(鈞天) : 구천(九天)의 하나. 하늘의 한 가운데를 이른다

음업순 딕량(大量)이나, 엇지 부즈 텬성의 즈인지정(慈愛之情)이 헐ᄒ리오. 슈려(秀麗)ᄒᆫ 광미(廣眉)의 희식이 만【50】안(滿顔)ᄒ여 냥부인을 딕ᄒ여 은근이 별후를 니ᄅ고, 삼아를 나호여 가츠ᄒ미 익즁ᄒ미 측냥업더라. 졔질(諸姪)과 친즈(親子)를 한갈갓치 어로만져 셩우(聖佑)를 도타이ᄒ니, 타인이 보미 그 친쇼를 분간치 못ᄒᆯ너라.

천휘 별ᄂᆡ지후(別來之後)의 도로풍경(道路風景)이며 스쳔의 인물 졔도와 경물을 다 젼ᄒ여, 도도(滔滔)ᄒᆫ 담논(談論)이 풍싱(風生)ᄒ니, 능히 밤이 가는 줄 아지 못ᄒ더라.

오릭지 아녀 계셩(鷄聲)이 악악(喔喔)ᄒ니 졔인이 바야흐로 밤이 깁흔 줄 씨다라, 틱부인을 밧드러 졍침의 쉬시게 ᄒ고, 졔인이 각귀스실(各歸四室)ᄒᆯᄉᆡ, 졔아ᄂᆫ 각각 유모를 【51】조ᄎ 즈게 ᄒ고, 스쳔휘 곤계(昆季) 군죵(群從)으로 더부러 부조(父祖)를 뫼셔 빅화헌의 나아가 궤장(几杖)[1308]을 밧드러 조부를 뫼셔 쉬시게 ᄒ고, 형뎨 군죵이 부왕을 뫼셔 광금(廣衾) 장침(長枕)의 힐지항지(頡之頏之)[1309]ᄒ고 졉체동와(接體同臥)ᄒ여 그 우이 우독(尤篤)ᄒ미 니러틋ᄒ더라.

명조(明朝)의 졔인이 한가지로 관쇼(盥漱)ᄒ고 존당의 문안ᄒ니, 존당 부뫼 본 적마다 두굿겨 슌틱부인과 금후 부부ᄂᆫ 웃는 닙을 쥬리지 못ᄒ더라.

신효(晨曉)의 평졔왕이 즈뎨 졔질을 거느려 옥궐의 조회ᄒ고 퇴조ᄒᆯᄉᆡ, 쳔후ᄂᆫ 이 길노셔 바로 니틱스 부즁의 【52】나아가 외왕부모(外王父母)와 표문(表門) 졔인(諸人)을 뵈오니, 틱스 부부와 표슉 등이며 표문 졔인이 다 깃거, 공을 일워 관작의 놉흠과 부부 부ᄌᆞ 회합ᄒ여 영홰 다다(多多)ᄒᆷ믈 못ᄂᆡ 치하ᄒ니, 쳔휘 좌슈 우답의 겸양 칭스ᄒ고, 이윽이 뫼셔 말ᄉᆞᆷᄒ다가 하직ᄒ고 도라오ᄂᆫ 길희, 윤·하·양·경 졔부(諸府)의 다 다니노라 ᄒ니, 동일(冬日)이 심히 져른 고로 밋쳐 여러 집의 다 단이지 못ᄒ여, 졔삼일 후의야 바야흐로 악부(岳父)를 비현(拜見)ᄒ려 조상부의 나아가ᄂᆞ라.

익셜 조부인이 존당구고(尊堂舅姑)를 의앙(依仰)ᄒᄂᆞᆫ 셩심이 헐ᄒ미 아니【53】로딕, 모친의 죄루 즁 비실의 슈계(囚繫)ᄒ시믈 드ᄅᄆᆡ 인즈지되(人子之道) 엇지 범연ᄒ리오. 유랑으로 ᄒ여곰 글월을 닷가 존당 구고긔 쳥죄ᄒ고 아즈를 몬져 보ᄂᆡ고, 교부(轎夫)를 직쵹ᄒ여 바로 본부로 도라오니, 복부 ᄎ환의 무리 도즁 젹환의 분찬(奔竄) 실니(失離)ᄒ여 죽은가 아랏던 쇼졔 싱환ᄒ다 ᄒᆷ믈 드ᄅ니, 엇지 반갑고 긔특지 아니리오. 쇼장미확(小臧微獲)[1310]의 니ᄅ히 보보젼경(步步顚傾)ᄒ여 ᄂᆡ당(內堂)의 션보(先報)ᄒ니, 교뷔(轎夫) 금뉸(金輪)을 메워 바로 ᄂᆡ당 졍계(庭階)의 노ᄒ니, 이 ᄯᅢ 현ᄆᆡ

1308)궤장(几杖) : 궤(几)와 지팡이. *궤(几): 『역사』늙어서 벼슬을 그만두는 대신이나 중신(重臣)에게 임금이 주던 물건. 앉아서 팔을 기대어 몸을 편하게 하는 것으로, 양편 끝은 조금 높고 가운데는 둥글게 우묵하고 모가 없으며, 구멍이 있어 제면(綈綿)을 잡아매었다.

1309)힐지항지(頡之頏之) : 힐항(頡頏). 새가 날면서 오르락내리락하는 모양. 형제가 서로 장난치며 올라타고 내려뜨리고 하며 노는 모양.

1310)쇼장미확(小臧微獲) : =장획(臧獲). 남녀종을 함께 이르는 말. *소장(小臧); 사내 종. 장(臧)은 노(奴)를 욕해서 이르는 말. 미획(微獲); 계집 종. 획(獲)은 비(婢)를 욕해서 이르는 말. 음(音)은 '획'인데 작중에서는 '확'으로 적고 있다.

일장 쇼표(疏表)로 간졍(奸情)을 츠ᄌ 조각을 응변(應變)ᄒ여 텬졍의 【54】 올니고, 텬즈의 포장ᄒ심과 상ᄉ 은명을 밧ᄌ와 졔왕부의 도라와 부인의 환가ᄒᆞᄆ를 기다리더니, 믄득 기모(其母) 취옥이 녀군의 명을 밧드러 쇼공ᄌ와 글월을 밧드러 니르러, 모녜 죽엇다가 맛난 듯 크게 반기고 슬허ᄒ더라. 이의 부인 거긔 조상부로 도라가ᄆ를 알고 발셔 이의 왓더라.

비취 등이 몬져 교ᄌ의 나려 뎡문을 열고 부인을 뫼셔 나시게 ᄒ니, 부인이 뎡문을 나니 모든 ᄌᄆ 군종 졔쇼졔 쌜니 하당(下堂)ᄒ여 션몌(鮮袂)를 년(連)ᄒ고 옥슈(玉手)를 상악(相握)ᄒ여 승함취ᄉ(昇檻就舍)1311)ᄒᄆ 각각 깃분 우음이 년【55】험(蓮臉)1312)을 잠갓더라. 부인이 당의 올나 왕부모긔 계오 비례ᄒ기를 맛고, 도라 졔슉부모를 비알ᄒ고 격년 존후를 뭇ᄌᆸ고 니별의 지리ᄒᆞᄆ를 고홀시, ᄉ월(斜月)1313)ᄒ 아황(蛾黃)1314)의 슈운(愁雲)이 희미ᄒ고, 쌍셩(雙星) 명목(明目)의 진쥬 이슬이 낭낭(朗朗)ᄒ여, 향뮈(香霧) 요요(繞繞)1315)의 옥셜(玉雪)이 경디(慶之)ᄒ고, 옥음이 뇨료(嘹嘹)ᄒ여 션염아틱(鮮艶雅態) 삼ᄉ년지닉(三四年之內)의 비(倍)히 슉셩(夙成)ᄒ니, 셩덕 광염이 쳥양(淸良) 완혜(婉蕙)ᄒᆫ지라.

노승상과 틱부인이 밧비 옥슈를 닛그러 겻히 안치고, 운환(雲鬟)을 어로만져 니별의 지리ᄒ흠과 지난 화변의 츠악ᄒᆞᄆ를 일너 일희일비ᄒ고, 슉【56】당 졔친이며 ᄌᄆ 다 지난 환난과 목금 단취(團聚)ᄒᄂᆞᆫ 경ᄉ를 일ᄏ라 혹탄혹쇼(或嘆或笑)ᄒ니, 니회 탐탐ᄒ여 셜홰 슈어만(數於萬)이라.

부인이 강잉(强仍)ᄒ여 초초히 별회를 고ᄒ나, 좌즁의 삼거○[거](三哥哥)와 셜·오·쥬 등이 업ᄉ니, 모부인 슈계(囚繫)ᄒᆫ 곳의 머무ᄂᆞᆫ 줄 알미, 심시 더옥 조치 못ᄒ여 이의 왕부모긔 고왈,

"불초 손녜 십ᄉᆼ구ᄉ(十生九死)ᄒ여 니졔 계오 도라오오나, 손녀의 연고로 ᄌ뫼 불화ᄒ샤, ᄌ뫼 비실(鄙室)의 계계(繫繫)ᄒ시니, 이ᄂᆫ 곳 ᄌ모의 허물이 아니라 손녀의 불초(不肖)ᄒᆞ미니, 손녜 하면목(何面目)으로, 부모를 니간(離間)ᄒ며 ᄌ모의 실덕이 낫하【57】나게 ᄒ오니, 춤아 닙어셰(立於世)ᄒ여 사름을 딕ᄒ리잇고? 손녜 격셰후 도라오오미, 녀즈의 부덕인즉 맛당이 몬져 구가로 도라갈 거시오디, 몬져 이 곳으로 오오믄 ᄌ모의 죄를 난호고져 ᄒᆞᄆ리로쇼이다."

셜파의 슬프믈 니긔지 못ᄒ니, 승상과 틱부인이 역탄 위로 왈,

"여뫼 ᄌ쇼(自少)로 셩되 무힝ᄒ여 구고와 쇼텬의 이시믈 아지 못ᄒ고, 범ᄉ를 ᄌ힝

1311)승함취ᄉ(昇檻就舍) : 난간을 올라 집에 들어감.
1312)년험(蓮臉) : 연꽃처럼 청순한 뺨. *臉의 음은 '검'인데 작중에서는 '험'으로 적고 있다.
1313)ᄉ월(斜月) : 비스듬히 기울어진 달.
1314)아황(蛾黃) : 아황(蛾黃)은 예전에 여자들이 얼굴에 바르던 누런빛이 나는 분으로, 여기서는 분바른 얼굴을 뜻한다.
1315)요요(繞繞) : 구름이나 안개 따위가 둘러 감싸고 있는 모양.

ᄌ지(自行自止)ᄒ기로 원흉 요젹의 간모를 맛쳐 '쇼장(蕭墻)의 변(變)'1316)이 니러나, 너희 《잉회∥익회(厄會)》 참악(慘惡)ᄒ 지경의 밋ᄎ미라. 이ᄂᆫ 다 여모의 ᄌ작지얼(自作之孼)이니 슈한 슈원(誰恨誰怨)이리오. 【58】 ᄯ혼 죄즁벌경(罪重罰輕)ᄒᄆᆫ 불힝 즁 여모의 복이 놉하 너희 남미 ᄉ인이 특초(特超) 비상(非常)ᄒ 지풍 셩덕으로 비로ᄉᆞ미라. 황상의 희셩 등의 인ᄌᆡ를 앗기시며, 너의 셩덕 널의를 감동ᄒᆞ샤 관젼을 만히 뼈 계시니, 여뫼 만일 일분이나 넘치 이신즉 엇지 황은을 감츅지 아니며, 젼과를 뉘웃지 아니리오만은, 다함 무힝(無行) 암용(暗庸)ᄒᆞ미 여ᄎ여ᄎᄒᆞ여 일분(一分) 츄회(追悔)ᄒᆞ미 업ᄉᆞ니, 엇지 암약불명(闇弱不明)ᄒᆞ미 토목(土木)도곤 심치 아니리오."

쇼제 왕부모 말ᄉᆞᆷ을 듯ᄌᆞ오미 더옥 참안슈괴(慙顔羞愧)ᄒᆞ여 츄연 ᄃᆡ왈,

"ᄌᆞ모의 니러ᄒ 【59】 시미 다 숀녀의 연괴니, ᄌᆞ뫼 당초붓허 쇼녀를 너모 ᄉᆞ랑ᄒᆞ샤 젼졍을 조촤져 ᄒᆞ시므로, 요인의 간계의 잠겨 젼두(前頭)의 실체ᄒ시니, 쇼녜 실노 싱셰 념(念)이 업ᄂᆞ이다. 이의 몬져 오믄 ᄌᆞ모의 안면을 뵈옵고 죄를 난호고져 ᄒᆞ오미니, 복원 왕부ᄂᆞᆫ ᄃᆡ인을 ᄀᆡ유(開喩)ᄒᆞ샤 아히로뼈 인뉸(人倫)의 완젼ᄒ 사ᄅᆞᆷ이 되게 ᄒᆞ쇼셔."

상국이 졈두 탄식이러라.

이 씨 조티ᄉᆞᄂᆞᆫ 궐즁의셔 밋쳐 도라오지 못ᄒᆞ엿더라.

현미 당하의셔 고두 복알ᄒ니, 노줘 다 ᄌᆡ싱지인(再生之人)이라 피ᄎᆡ 반기고 슬허, 상하 니졍(離情)이 ᄎᆞ등(差等)치 아니 【60】ᄒ나, 부인이 바야흐로 슈계(囚繫)ᄒ시믈 민망ᄒᆞ여 념(念)이 타ᄉᆞ의 결을치 못ᄒ니, 노줘 다만 졍을 먹음어 말을 못ᄒ더라.

비췌 등 ᄉᆞ인이 현미를 맛나니, 셔로 죽엇다가 씐 듯ᄒᆞ여 악슈(握手) 상비(相悲)ᄒᆞ여 지난 바를 니를ᄉᆡ, 현미ᄂᆞᆫ 기시(其時) 황혼 혹야 즁의 호환(虎患)을 맛나, 봉암ᄉᆞ의가 고초히 머무던 ᄉᆞ연과, 간인의 요계(妖計)를 엿보아 님시 쳐변ᄒ던 슈말을 상셰히 베풀고, 비췌 등은 기시 양쥬 노상(路上) 무인 심야의 젹환을 맛나, 무망의 졔궁 비ᄌᆞ 벽션을 ᄃᆡ신ᄒ고, 심야의 만뇌구젹(萬籟俱寂)ᄒ 가온ᄃᆡ 겨희 오인과[이] 부인을 신고 【61】히 붓드러 힝ᄒᆞ여 갈 바를 졍치 못ᄒᆞ여 활인ᄉᆞ의 가, 흉악ᄒ 니고를 만나 죽을 번ᄒᆞ며, 남악 형산 위진군이 신슐노 다려다가 슈년을 머무러 도라오던 ᄉᆞ연이오[과], 진군의 지교로 티ᄉᆞ 노야 도라오시ᄂᆞᆫ 길히 요리의 작변이 흉픠흔[홀] 쥴 지긔ᄒ고, 금의신동(錦衣神童)을 보ᄂᆡ여 요리의 환슐을 졔어ᄒ고 슈금(囚擒)ᄒᆞ여 티ᄉᆞ 노애 화를 면ᄒᆞ시고, 요리를 착ᄂᆡ(捉來) 이거(移去)ᄒᆞ여, 젼후 흉ᄉᆞ 발각ᄒᆞ믈 종두지미(從頭至尾)히 셜파ᄒᆞᆯᄉᆡ, 비췌 등이 혹탄혹쇼(或嘆或笑)ᄒᆞ며 일희일비ᄒᆞ여 도로혀 목금(目今) 영화를 의희(依俙)○[히] 몽환(夢幻)인가 의 【62】 심ᄒ니, 현미 듯기를 파ᄒᆞ미 실셩 오읍(嗚泣) 왈,

---

"현미 홀노 위란한 거슬 지닌가 한엿더니, 취져 등의 쥬인을 붓드러 쳔신 만고한 험난 간익(艱厄)은 나의 밋츨 비 아니라. 거의 고인의 할고지튱(割股之忠)[1317]을 쓰르리니, 현미 오히려 편히 이셔 쥬인의 위틱한 거슬 붓드러 동뉴와 고락을 일톄로 못한니, 엇지 붓그럽지 아니리오. 현미 특별이 취져 등의 놉흔 츙의를 항복한노라."

셜파의 니러 비취 등의게 심심(深心) 작비(作拜)한여 츙의 듸졀을 하례한니, 비취 급히 붓드러 과장함믈 겸양한더라.

조부 상히 듯고 졔【63】녀의 츙셩을 감탄한며, 쇼져의 지닌 고초를 신로이 놀나고 슬허한더라.

한담(閑談)이 이윽한미, 쇼졔 쥬부인긔 뵈오미 밧분 고로, 이의 왕부모긔 물너가믈 알외고, 스스로 관잠(冠簪) 픽식(珮飾)을 그르고, 빗 업슨 의상으로 비취 현미 등을 거느려 뉘원 협문으로조츠 본부의 니르니, 이 씨 엄부인이 협실의 슈계한미 거의 일이 삭이라. 조협한 셩졍의 틱스의 박졍 미야함믈 듸로듸분한여 죽고져 한나, 춍부의 니히로 고한는 간언이 유리한니,

"힝혀 즈긔 우분초스(憂憤焦死)한여 죽으면, 틱시 오십이 머러시니 벅벅【64】이 환거(鰥居)튼 아닐지라. 지취 곳 아니면 일기 쇼아를 어더 화락할 거시니, 닉 녕혼인들 참아 어이 이 쏠을 보리오. 셜현부의 의논이 살가오니 아모조록 먹고 스는 거시 올타."

한여, 고요히 협실 속의 잠겨 쥬는 음식은 스양치 아니한고 먹으나, 조협한 심장의 아마도 가장의 미몰한미 노홉고 이달으니, 심한(心下)의 혜오듸,

"가군이 날노 더부러 아시 결발한여 부부의 진즁함미 모년(暮年)의 당한도록 한번도 견과함미 업셔 발연한 식을 보지 못한엿더니, 홀연 셩난의 즈란 후로붓허 부부간의 편한 날이 업【65】다가, 나죵은 만셩스셔(滿城士庶)의 쑤지즈믈 듯고 가군의 구츅함믈 맛나니, 원닉 속담의 부모를 니간한는 자식이 잇다 한니, 이 아히 반다시 니러 한닷다. 연이나 닉 셰 아들을 두어 지모 풍신이 하등이 아니니, 이만타[1318] 남이 박복다 아닐 거시니, 쏠 하나 업다 관계한랴만은, 젼셰의 므슨 업원으로 삼겨나셔, 제 연고로 날을 모년(暮年)의 니러틋 괴롭게 한는고."

니리 싱각한미 조곰도 녀아를 향한 졍이 스연한여[1319], 도로혀 요괴롭다 원언(怨言)이 무궁한며, 씩씩 울화를 니긔지 못한여 공연이 쥬먹을 두다려 고장(叩掌) 분분(紛紛)【66】한여 틱스와 녀아를 원탄(怨嘆)한니, 삼즈 삼뷔 민망한여 잠시도 창 밧글 써나지 못한고, 계오 씨를 맛초아 상부의 나아가 존당의 신셩 후는 쥬야 본부의 모다 협실 밧긔 머무러 부인을 위로한니, 부인이 십분 강잉(强仍)한나 스스로 셩악을 것줍

[1317]할고지튱(割股之忠) : 중국 춘추시대 진나라 사람 개자추(介子推)가 진 문공을 섬겨, 19년 동안 함께 망명생활을 하던 중, 문공이 굶주리자 자신의 넓적다리 살을 베어서 바쳤다는 고사를 일컬은 말.

[1318]이만타 : 이만하면,

[1319]스연한다 : 어떤 생각 따위가 싹 가시다. 씻은 듯이 없어지다.

지 못ᄒ더니, 월여의 밋쳐ᄂᆞᆫ 일일의 조티위 부인긔 고왈,

"금일 쇼미 도라온다 ᄒᆞ오니, 히아 등이 나아가 반기고져 ᄒᆞᄂᆞ이다."

부인이 쳥미(聽未)의 반가온 듯 놀나온 듯 심ᄉᆞ(心思) 지향 업ᄉᆞ니, 딕셩(大聲) 돈족(頓足) 왈,

"셩난 요녀ᄂᆞᆫ 쳔고 불효녜라. 나의 ᄌᆞ식이 아니니 그 겨취 유무를 닉 엇지 알며, 【67】 여등이 ᄯᅩ 어믜를 즁히 너길진딕 요괴로온 동긔ᄂᆞᆫ 싇타 관겨ᄒᆞ리오. 불초녜 반ᄃᆞ시 노모의 죄폐(罪弊)1320)ᄒᆞ믈 둙게1321) 너겨, 바로 제 구가의 도라가 안연 괄시홀 거시니, 닉 ᄯᅩᄒᆞᆫ ᄉᆞ싱 유무를 고주(顧藉)홀 거시 무어시리오. 너희 가지 말나."

제싱(諸生)이 모부인 광망ᄒᆞᆫ 말ᄉᆞᆷ을 듯ᄌᆞ오미, 《가여‖개연(介然)1322)》 탄식ᄒᆞ고 능히 가지 못ᄒ더라.

아이오, 상부 시녜 니ᄅᆞ러 부인의 힝치 바로 상부의 니ᄅᆞ러시믈 션보(先報)ᄒᆞ니, 틱우 곤계와 삼부인이 크게 반겨 밧비 나아가 반기고져 ᄒᆞ나, 부인이 ᄯᅮ지져 보닉지 아니ᄒᆞ니, 제인이 다만 부인의 실덕(失德)이 ᄉᆞᄉᆞ(事事)의 감치 【68】 아니믈 슬허 탄식ᄒᆞ더라.

이윽ᄒᆞ딕 부인이 오지 아니ᄒᆞ니, 엄부인이 ᄯᅮ지져 왈,

"불초 녀익 힝ᄉᆞᆨ 가지록 니러ᄒᆞ여, 제 임의 아니오면 모르거니와 온 후ᄂᆞᆫ 어믜를 밧비 ᄎᆞᄌᆞ미 올커늘, 그 ᄉᆞ이 왕부모긔 뵈올 ᄯᅮᆫ이지 므슨 ᄉᆞ괴 이셔 지류(遲留)ᄒᆞ리오. 반ᄃᆞ시 어믜 능불능(能不能)1323)을 존당의 고ᄒᆞ노라, 날은 보도 아니ᄒᆞ고 도라가려 ᄒᆞᄂᆞᆫ 쥬의니, 만고의 져런 딕악 불초녜 어딕 이시리오. 존당과 아뷔 셰를 밋고 어믜를 홍모(鴻毛)갓치 너기니, 츠ᄂᆞᆫ 만고 찰녜(刹女)라. ᄌᆞ고로 요슌지ᄌᆞ(堯舜之子)1324)도 불초(不肖)ᄒᆞ더라 ᄒᆞ거니와, 닉 엇지 져런 악녀를 나흘 줄 알 【69】 니오."

ᄒᆞ니, 삼ᄌᆡ 쇼미의 원억(冤抑)ᄒᆞ믈 분변(分辯)ᄒᆞ여 왈,

"셩난 미ᄌᆞᄂᆞᆫ 빅힝쳐ᄉᆞ(百行處事)와 지셩현회(至誠賢孝) 증ᄌᆞ(曾子)1325) 왕상(王祥)1326)의 일뉴(一類)니, 규즁 녀ᄉᆞ(女士)오 규측의 셩범(聖範)이라. 쇼ᄌᆞ 등이 하감망

1320)죄폐(罪廢) : 죄를 받아 폐인(廢人)이 됨.

1321)둙게 : 달게. 달다; 맛이 달다.

1322)개연(介然) : 잠시 동안.

1323)능불능(能不能) : 잘하고 못하고 한 일들.

1324)요슌지ᄌᆞ(堯舜之子) : 요임금의 아들 단주(丹朱)와 순임금의 아들 상균(商均)을 말함. 둘 다 못나고 어리석어 왕위를 물려받지 못했다.

1325)증ᄌᆞ(曾子) : 증삼(曾參). 중국 노나라의 유학자. 자는 자여(子輿). 공자의 덕행과 사상을 조술(祖述)하여 공자의 손자인 자사(子思)에게 전하였다. 후세 사람이 높여 증자(曾子)라고 일컬었으며, 유가에서 내세우는 대표적인 효자로, 효(孝)가 양구체(양구체; 음식과 몸을 섬기는 것)에 머물지 않고 양지(養志; 뜻을 섬기는 것)에 이르러야 함을 몸소 보여주었다. 저서에 ≪증자≫, ≪효경≫ 이 있다.

1326)왕상(王祥) : 184-268. 중국 삼국-서진 시대의 관료. 효자. 자는 휴징(休徵). 서주 낭야국(琅琊國) 임기현(臨沂縣) 사람. 중국 24효자의 한사람. 효성이 지극하여 계모 주씨가 자신을 사랑하지 않음에도 극진히 섬겨, '겨울에 얼음을 깨고 잉어를 구해[叩氷得鯉]' 섬기는 등의 효행담을 남겼다.

쇼미(何敢望小妹)리잇고? 주위 엇지 춤아 니런 말숨을 흐시ᄂᆞ니잇고? 주졍의 이 경계를 당ᄒᆞ시미 다 원가 젹츄의 간언을 신쳥(信聽)ᄒᆞ신 여벌(餘罰)이라. 원가의 탓ᄉ 삼지 아니시고 미양 무죄ᄒᆞᆫ 미즈만 그릇 너기시ᄂᆞ니잇고?"

부인이 노를 먹음고 말을 ᄒᆞ고져 ᄒᆞ더니, 졍언간(停言間)의 조부인이 녹군(綠裙) 취삼(翠衫)으로 관잠(冠簪)을 업시ᄒᆞ여 단장을 폐ᄒᆞ고, 오긔 비즈로 더부러 협문으로조ᄎᆞ 니ᄅᆞ니, 삼【70】싱(三生) 부뷔 크게 반겨 옥슈를 닛그러 셜니 부인 계신 협실 밧긔 니ᄅᆞ니, 비록 문을 열고 드러가 비현코져 ᄒᆞ나, 좌우 문호를 다 부군(父君)의 명으로 쇄금(鎖金)ᄒᆞ엿고, 다만 젹은 창을 인연ᄒᆞ여 조셕 식반을 드리게 ᄒᆞ여실 ᄲᅮ니, 엇지 주안(慈顔)을 반기리오.

쇼졔 한번 우러러보고 쳥뉘(淸淚) 환난(汎亂)ᄒᆞ여 거거와 져져 등을 도라보아 왈,

"불초미(不肖妹) 하면목(何面目)으로 닙어셰(立於世)ᄒᆞ리오. 주졍이 만일 이 곳을 써나지 못ᄒᆞ신즉, 쇼미 ᄯᅩ한 부가(夫家)의 도라가지 아니리이다."

삼인이 탄식 무언이오, 삼부인은 텬셩 지용으로 간초(艱楚) 험난(險難)이 주심(滋甚)ᄒᆞ믈 【71】ᄎᆞ셕ᄒᆞ나, 감히 한 마ᄃᆡ 위로치 못ᄒᆞᆷ믄 존고의 셩노(盛怒)를 촉훼(觸毁)ᄒᆞᆯ가 두리미러라.

쇼졔 능히 쇄문(鎖門)ᄒᆞᆫ 거슬 ᄉᆞᄉᆞ로이 여지 못ᄒᆞ여, 다만 즁계의 나려 협실을 바라며 지ᄇᆡᄒᆞ고, 나죽이 불너 고왈,

"주졍아. 불초녀 셩난이 긔변(奇變) 환난(患亂) 즁 요힝 싱존ᄒᆞ여 도라왓ᄂᆞ이다. 주위의 귀체(貴體)로뼈 이의 굴욕ᄒᆞ시믄 젼혀 불초녀의 연괴로쇼이다."

부인이 비록 금니(衾裏)의 잠쳘(潛惙)[1327]ᄒᆞ여 ᄌᆞᄂᆞᆫ 듯ᄒᆞ나, 귀먹고 잠드지 아냐시니 엇지 아지 못ᄒᆞ리오. 녀아를 맛나지 아냐실 젹은 이ᄃᆞᆲ고 분ᄒᆞ여 한번 맛난즉 일장을 통쾌히 ᄭᅮ지져 불효를 칙【72】고져 ᄒᆞ더니, 밋쳐 얼골을 보지 못ᄒᆞ나 뇨료(嘹嘹) 유열(愉悅)ᄒᆞᆫ 셩음으로 주모를 불너 고하믈 드ᄅᆞ니, 부인이 역(亦) 인심이라. 유연(柔軟)ᄒᆞᆫ 텬늄이 주동(自動)치 아니리오.

본ᄃᆡ 쇼텬(所天)을 이달오미 심상의 울홰 되여 무죄ᄒᆞᆫ 주녀부(子女婦)[1328]를 모욕ᄒᆞ나, 본심인즉 이 녀아 ᄉᆞ랑이 병되던지라. 비록 범연이 상니(相離)ᄒᆞ엿다가도 격년 후 도라오니, 모녀지졍의 감회ᄒᆞ려든, 이는 그러치 아냐 싱어부귀(生於富貴)의 장어호치(長於豪侈)ᄒᆞ여 주가 부부의 만금쇼괴(萬金小嬌)어늘, 시운(時運)이 부졔(不齊)ᄒᆞ여 한번 니극지싀(已極之猜)[1329]를 나리오시미, 남황장녀(南荒瘴癘)[1330]의 긔화ᄉ변(奇禍事變)을 【73】비포(排布)ᄒᆞ고, 구ᄉ일싱(九死一生)ᄒᆞ여 긔특이 보신ᄒᆞ여 도라와시니, 엇지 반갑고 깃브지 아니리오만은, 불통 고집이 다만 주긔 일을 셰오려 ᄒᆞᄂᆞᆫ 고로, 원흉

1327)잠쳘(潛惙) : 근심 가운데 있음. 고달픔으로 지쳐 있음.
1328)주녀부(子女婦) : 아들 딸 며느리를 함께 이르는 말.
1329)니극지싀(已極之猜) : 지나치게 심한 시기(猜忌).
1330)남황장녀(南荒瘴癘) : 남쪽지방의 기후가 덥고 습한 곳에서 생기는 유행성 열병이나 학질.

의 교악(狡惡)ᄒᄆᆯ 알오ᄃᆡ 모ᄅᆞᄂᆞᆫ 체ᄒᆞ여, 힝혀도 ᄌᆞ긔 그ᄅᆞᄆᆯ 일ᄏᆞᆺ지 아니○[려] ᄒ
므로, 녀아와 틱ᄉᆞ를 원탄(怨嘆)ᄒᆞ더니, 녀아의 옥음을 드ᄅᆞᄆᆡ 일변 반갑고 일변 지난
과악을 ᄉᆡᆼ각ᄒᆞ니 붓그럽고, ᄯᅩ 근본을 ᄉᆡᆼ각ᄒᆞᆫ즉 녀아의 연고로 니리 된 ᄃᆞᆺ시브니,
《노호은ᄃᆞᆺ ‖ 심사ᄅᆞᆯ》 지향치 못ᄒᆞ여 모ᄅᆞᄂᆞᆫ 체ᄒᆞ니, 쇼졔 모친의 답언이 업ᄉᆞᄆᆯ 착
급ᄒᆞ여 두세 번 불너 이고(哀告)【74】ᄒᆞᄆᆡ, 부인이 믄득 울홰 딕발ᄒᆞ여, 언연(偃然)
동신(動身)ᄒᆞ여 녀셩(厲聲) 딕즐 왈,

"나ᄂᆞᆫ 본ᄃᆡ 텬디간 무륜(無倫) 무셰(無勢)ᄒᆞᆫ 사ᄅᆞᆷ이라. 상션부모(上鮮父母)[1331]ᄒᆞ고
하션형뎨(下鮮兄弟)[1332]ᄒᆞ니, ᄌᆞ네 ᄯᅩ 어ᄃᆡ로조ᄎᆞᆺ 삼겨나시리오. 나ᄂᆞᆫ ᄉᆞ오나온 겨레
며 불량ᄒᆞᆫ 무리니, 너희 셩덕지문의 어지[진] 겨레를 붓조ᄎᆞ 쳐(處)ᄒᆞ리니, 엇지 못쓸
어ᄆᆡ로 모녜(母女)라 ᄒᆞ리오. 나의 무상(無狀)ᄒᆞᆷ믄 우흐로 텬지 아ᄅᆞ시고, 버거 만셩ᄉᆞ
셔(滿城士庶)의 모ᄅᆞᆯ 리 업ᄂᆞ니, 너 갓ᄒᆞᆫ 셩녀ᄂᆞᆫ 텬지 포장ᄒᆞ시고, 구가의 형셰 당당
ᄒᆞ니, 날 갓ᄒᆞᆫ 딕악발부(大惡潑婦)로 칭이모녀(稱以母女)ᄒᆞᄆᆡ 불가ᄒᆞ니, ᄲᆞᆯ니 도라가
【75】라. 셔로 보기를 원치 아니ᄒᆞ노라."

셩음이 밍널ᄒᆞ여 믿고 ᄉᆞᆽᄂᆞᆫ ᄃᆞᆺᄒᆞ니, 쇼졔 모교(母教)를 듯ᄌᆞ오ᄆᆡ 가지록 심담(心膽)
이 붕녈(崩裂)ᄒᆞ여, 복지(伏地) 쳬읍 왈,

"모야텬디(母也天地)시니, ᄌᆞ위(慈闈) 엇지 ᄒᆡ아(孩兒)를 ᄉᆡᆼ지(生之) 휵지(慉之)ᄒᆞ시
고, 홀노 ᄋᆡ(愛)치 아니시미 이갓ᄒᆞ시니잇가? 쇼녜 원컨ᄃᆡ ᄌᆞ하(慈下)[1333]의셔 죽어
죄를 쇽(贖)ᄒᆞ리로쇼이다."

셜파의 불승쳬읍(不勝涕泣)ᄒᆞ여 비불ᄌᆞ승(悲不自勝)[1334]ᄒᆞ더라. 【76】

1331)상션부모(上鮮父母) : 위로는 부모가 많지 않음. 곧 부모의 형제들 백부모, 숙부모, 고모, 고모부, 이
　　모 이모부 등이 많지 않음.
1332)하션형뎨(下鮮兄弟) : 아래로는 형제가 많지 않음.
1333)ᄌᆞ하(慈下) : =자정하(慈庭下). 어머니 앞에서.
1334)비불ᄌᆞ승(悲不自勝) : 슬픔이 너무 커 이겨내지 못한 채 애통함.

윤하뎡삼문취록 권지팔십일

ᄎᆞ시 조부인이 불승체읍(不勝涕泣)ᄒᆞ여 비불ᄌᆞ승(悲不自勝)ᄒᆞ니, 스ᄉᆞ로 시비 등을 명ᄒᆞ여 한닙 초셕(草席)을 잇그러 협실 밧 졍계(庭階) 우희 ᄭᆞᆯ고, 드ᄃᆡ여 복디쳥죄(伏地請罪) 왈,

"ᄌᆞ위 만일 슈계(囚繫)ᄒᆞ신 거ᄉᆞᆯ 프지 아니신즉, 늬 쏘 이곳을 ᄯᅥ나지 《아니리로다 ‖ 아니ᄒᆞ리이다》."

ᄒᆞ고, 이날븟터 셤 우희 셕고ᄃᆡ죄(席藁待罪)1335)ᄒᆞ여 식음을 젼폐ᄒᆞ니, ᄎᆞ시 일긔(日氣) 초동(初冬)이라. 삭풍(朔風)1336)이 늠늠ᄒᆞ고 한긔(寒氣) 투인(投人)ᄒᆞ여 사ᄅᆞᆷ을 ᄌᆞ못 괴롭게 ᄒᆞᄂᆞᆫ지라. 모든 시비 부인의 한둔1337)ᄒᆞᆯ ᄯᅳᆺ이 잇ᄉᆞ믈 ᄃᆡ경ᄒᆞ나 감히 간치 못ᄒᆞ더라.

이날 황혼이 【1】되ᄆᆡ, 바야흐로 조퇴시 궐즁으로셔 도라와 부모긔 혼졍(昏定)ᄒᆞᆯ ᄉᆡ, 노상국이 광미(廣眉)를 ᄶᅥᆼ긔고, 손녀의 이의 니ᄅᆞ러 식부의 슈계(囚繫)ᄒᆞᆫ 협실 밧 졍즁(庭中)의 거젹을 ᄭᆞ라 ᄃᆡ죄ᄒᆞ며 침식 폐ᄒᆞ믈 니ᄅᆞ고, 우왈,

"ᄎᆞ이 이갓치 고집ᄒᆞ니 네 능히 홀일업ᄉᆞ지라. 식부의 무ᄒᆡᆼ픠악(無行悖惡)은 시로이 족슈(足數)ᄒᆞᆯ1338) 거시 아니니, 그만ᄒᆞ여 ᄉᆞ(赦)ᄒᆞ미 무방토다."

퇴시 쳥미의 녀아의 거조를 어히업셔 ○○[ᄒᆞ고], 지리ᄒᆞᆫ 간언이 이실가 머리 알프니, 묵연냥구(默然良久)의 ᄃᆡ왈,

"ᄌᆞ고로 쇼ᄌᆞ갓치 용녈ᄒᆞᆫ 남지 업ᄂᆞᆫ지라. 당초븟터 엄시를 취ᄒᆞ여 무일가【2】취지시(無一可取之事) 만ᄉᆞ오나, 부뫼 과이ᄒᆞ시고 쇼지 그 ᄃᆡ단ᄒᆞᆫ 허물이 드러나지 아님만 깃거, 범ᄉᆞ의 지이부지(知而不知)ᄒᆞᄂᆞᆫ 일이 만흔 연고로, 우름ᄒᆞᆫ 녀ᄌᆞ의 넘난 긔운을 길녀 죵두의 니런 불안ᄒᆞᆫ 거죄 만ᄒᆞ니, 쇼ᄌᆞ의 졔가지되(齊家之道) 엇지{엇지} 한심치 아니리잇고. 당초의 졔어치 못ᄒᆞ여 방약(傍若)1339)ᄒᆞᆫ 긔운을 길워시니 이졔 시로이 경계ᄒᆞ미 괴이ᄒᆞ오나, 임의 ᄭᅮᆾ츨ᄂᆡ여시니 너모 슈히 사ᄒᆞᆷᄂᆞᆫ 불가ᄒᆞ오니, 슈월만 더 가도

1335)셕고ᄃᆡ죄(席藁待罪) : 거적을 깔고 엎드려서 임금의 처분이나 명령을 기다리던 일.
1336)삭풍(朔風) : 겨울철에 북쪽에서 불어오는 찬바람.
1337)한둔 : 한데에서 밤을 지새움. 늑초숙(草宿)·초침(草寢).
1338)족슈(足數)ᄒᆞ다 : 꾸짖다.
1339)방약(傍若) : 방약무인(傍若無人)을 줄여 쓴 말. *방약무인(傍若無人); 어려워하거나 삼가는 태도가 없이 무례하고 건방짐.

려 ᄒ옵ᄂ니, 셩난 히이 비록 여ᄎ 거죄(擧措) 이시나, 아이의[1340] 아른 양 말고 바려 두어 거동을 보스이다. 삼아【3】와 삼부로 ᄒ여금 녀아를 히유ᄒ라 ᄒ쇼셔.”

상국과 튀부인이 식부의 허물이 호뒤(浩大)ᄒ니 튁스를 히유(解諭)ᄒ올 말이 업ᄂ지라. 다만 니로뒤,

“우린들 엇지 식부의 허물○[을] 아지 못ᄒ리오만은, 손녀의 스졍의 졀박ᄒ미 여ᄎᄒ니 오아ᄂ 관인ᄒᄆᆯ 힘쓰라.”

튀식 비스슈명(拜謝受命)ᄒ더라. 튀식 부모긔 혼졍을 맛고 퇴ᄒ여 셔헌의 도라와 타연이 힐슉(歇宿)ᄒ다. 일즉 녀아의 거춰를 뭇지 아니터니, 명일의 믄득 보ᄒ뒤,

“뎡부인[1341]이 한긔(寒氣)를 므릅쓰시고 어졔붓터 침식을 구궐(久闕)ᄒ여 졍즁(庭中)의셔 밤을 지늬시이다.”

공이 쳥파의 뒤경ᄒ【4】여 급히 몸을 니러 본부의 니ᄅ러 본즉, 녀이 과연 관잠(冠簪)을 업시ᄒ고 빗 업산 의상으로 셕고(席藁)[1342]의 쳐ᄒ여 초셕(草席)의 향신(香身)을 더져시니, 이런 엄동의 이곳의셔 밤을 지늬여시믈 알지라. 쇼졔 야야를 보고 실셩오읍(失性嗚泣)ᄒ여 고두뉴쳬(叩頭流涕) 왈,

“부뫼 불화(不和)ᄒ시믄 다 불초녀의 연괴로쇼이다. 쇼녜 시운이 브박(浮薄)ᄒ옵고 명되 다쳔(多舛)ᄒ여 허다 참난을 겻그니, 이ᄂ 다 쇼녀의 운익(運厄)이 긔구ᄒ미오, 사름의 탓시 아니니, ᄒ물며 모친의 쇼녀 스랑ᄒ시미 너모 과도ᄒ신 고로, 간계의 함익(陷溺)ᄒ시미니잇가? 슈연(雖然)이나 【5】왕스(往事)ᄂ 이의(已矣)라. 쇼녜 그런 화고변난(禍苦變亂) 가온뒤 죽지 아니ᄒ고 무스히 술아 도라오미 만힝ᄒ오니, 부모 동긔 한당의 모다 웃ᄂ 낫빗ᄎ로 만나 격셰니슬지졍(隔歲離膝之情)과 《별후∥별회(別懷)》를 위로ᄒ올가 바라옵더니, 부친의 격노ᄒ심과 ᄌ모의 젹은 집의 계계(繫繫)ᄒ시미 이 무슨 거죄니잇고? ᄌ고로 부모의 연고로 ᄌ식이 죄의 복ᄒᆷ믄 의의 덧덧ᄒ거니와, ᄌ식의 연고로 부뫼 불화ᄒ시믄 만고의 희한ᄒ 일이니, 쇼녜 엇지 ᄎ마 면목을 드러 사름을 뒤ᄒ리잇고? 진실노 셰렴이 스연ᄒ오니 구가의 도라【6】갈 의식 이시리잇고? 복원 뒤인은 히아의 불초ᄒᆷ믈 다스리시고, 기리 관인후덕(寬仁厚德)ᄒ샤 ᄌ모로 더브러 아시 조강결발(糟糠結髮)의 뉸상(倫常)이 최뒤(最大)ᄒ믈 싱각ᄒ쇼셔.”

공이 묵연냥구의 졍식 왈,

“네 비록 규합의 녀지나 상(常)히[1343] 지식이 명쾌ᄒ니, 스리를 스못츠며 녜의 넘치를 아ᄂ가 ᄒ엿더니, 금일지언(今日之言)은 만히 넘위(念憂) 쇼직를 모로ᄂ 말이니 가히 기모(其母)의 쇼싱이라 ᄒ리로다. 여뫼(汝母) 죄즁벌경(罪重罰輕)ᄒᆷ믄 힝혀 팔지 조

1340)아이의 : 아예. 일시적이거나 부분적이 아니라 전적으로. 또는 순전하게.
1341)뎡부인 : 정운기의 처 '조성란'을 말함. 정운기의 처이기 때문에 그 성을 따라 정부인이라고 한 것이다.
1342)셕고(席藁) : 초석. 짚자리. 왕골이나 부들 짚 따위로 엮어 만든 자리.
1343)상(常)히 : 늘. 항상.

화 여등 남미(男妹)를 두어 셩쥬의 관견을 닙스오미라. 사룸이 되여 인의념치(仁義廉恥)【7】를 모로면 금슈(禽獸)와 일체(一體)니, 여모(汝母)는 한낫 무힝픽악(無行悖惡) 발뷔(潑婦)라. 구고와 쇼텬이 이시믈 아지 못ᄒᆞᄂᆞ니 닉 엇지 또 여모를 알니오. 너의 모녜 거취를 그 임의로 ᄒᆞ라. 나의 알비 아니로다.”

쇼제 황공ᄒᆞ여 체읍(涕泣) 복지(伏地)ᄒᆞ고 오기 시비 부인과 갓치 식음을 폐ᄒᆞ고 좌우의 뫼셧더니, 촌일 믄득 삭풍(朔風)이 니러나고 셰셜(細雪)이 비비(霏霏)ᄒᆞ니, 동일(冬日)의 닝담ᄒᆞ미 사룸의 골부(骨膚)를 침노ᄒᆞ니, 틱우 삼곤계와 삼부인이 크게 념녀ᄒᆞ여 보미를 나와 진슘 권ᄒᆞ딕, 쇼제 쳥이불문(聽而不聞)이라. 모든 시비 분분이 샹부의 고ᄒᆞ【8】니 존당 슉당이 크게 념녀ᄒᆞ고, 군종이 니르러 희위(解慰)ᄒᆞ나 부인이 체읍 슈슈홀 ᄯᆞᆫ이오, 식음을 물니쳐 살기를 원치 아니 ᄒᆞ더라.

촌일 쳔휘 조부의 니르러 악부를 비현ᄒᆞ고, 닉당의 드러가 노상국과 틱부인긔 뵈옵고 제조를 반기나, 일절 부인 거취와 악모의 존후를 뭇지 아니터라.

노상국 부뷔 쥬식(酒食)으로 쳔후를 관딕(款待)ᄒᆞ며 원노구치(遠路驅馳)를 치하ᄒᆞ니, 쳔휘 그 지우(知遇)를 감격ᄒᆞ여 이윽이 뫼셔 한담ᄒᆞ다가 도라오니라.

촌시 뎡부의셔 졔왕이 식부의 괴로온 경계를 어엿비 너【9】기는 즁, 존당이 조시의 도라오믈 일시 밧바ᄒᆞ시ᄂᆞᆫ딕, 틱시 그 부인의 힝스를 미흡ᄒᆞ여 고집 불통ᄒᆞ니, ᄌᆞ부의 도라올 지쇽(遲速)이 쳔연(遷延)홀지라. 심하의 상냥(商量)ᄒᆞ미 잇더니, 슌틱부인 왈,

“조쇼뷔 도로 풍상의 상(傷)ᄒᆞ미 만흐리니, 또 도라오미 엄혼풍셜즁(嚴寒風雪中)의 삼일삼야(三日三夜)를 침식을 폐ᄒᆞ고 한둔ᄒᆞ니, 약질이 어이 견딕리오. 조공의 고집을 텬흥이 가지 아니면 히혹(解惑)기 어려오니, 텬이 금일 조부의 가 조공을 히위(解憂)ᄒᆞ여 아부를 슈히 도라오게 ᄒᆞ라.”

졔【10】왕이 쇼이 쥬왈,

“쇼손의게 당치 아닌 일이로딕, 남다른 셩품이 괴이ᄒᆞ와 부녀의 투악은 졀통이 너기므로 엄부인의 무힝ᄒᆞ미 젼후의 빈계스신(牝鷄司晨)을 힝ᄒᆞ미 한두 일이 아니나, 남의 가스를 아른쳬ᄒᆞ미 엇지 다스(多事)치 아니리잇고만은, 왕모의 존명이 여ᄎᆞᄒᆞ시고 식부의 도라오미 더딀듯 ᄒᆞ오니, 마지못ᄒᆞ여 인옹(姻翁)을 ᄎᆞᄌᆞ보와 권히(勸解)ᄒᆞ리로쇼이다.”

ᄒᆞ고, 촌일 졔왕이 가(駕)를 촉ᄒᆞ여 조상부의 니르니, 제죄 마즈 딕셔헌(大書軒)의 드러가 승상긔 뵈옵고, 슈어로 한담을 필ᄒᆞ【11】미, 왕이 틱스를 도라보아 왈,

“아뷔 긔변화란(奇變禍亂)을 지닉고 만스여싱(萬死餘生)이 격셰 후 도라오니, 존당이 밧비 보고져 ᄒᆞ시거늘 형이 무슴 연고로 도라보닉지 아닛ᄂᆞ뇨?”

틱시 쇼왈,

“형의 며느리 보고져 ᄒᆞᄂᆞᆫ 졍인즉 감스ᄒᆞ나, 또 엇지 부모의 교이(嬌愛)ᄒᆞᄂᆞᆫ 졍과 갓흐리오. 녀아를 단취(團聚)ᄒᆞ여 겨유 슈일이니 무어시 그리 오릭여, 쥬졉드리 며ᄂᆞ

리를 청흐라 단이느뇨? 가장 어룬답지 아니니 그 ᄌ부된 지 반드시 항복지 아닐가 흐
노라. 연(然)이나 손아는 삼일이 되도록 오가를 뵈지 아니니, 우리도 녀아 【12】를 보
닉지 아니리로다."

왕이 한가히 우어 왈,

"어닉 무상흔 며느리 싀아뷔 ᄉ랑흐다 흐고 항복지 아니리오. 괴(孤)[1344] 이제 형의
말을 드르니 녜답지 아니니, 현뷔 형의 무례불통(無禮不通)흐믈 빈홀가 두려 셜니 다
려가리로다. 손아는 존당이 익이(溺愛)흐샤 잠시도 쩌나지 아니케 흐시니 보닉지 못흐
엿거니와, 명일은 보닉리니 형은 우리 아부를 슈히 보닉라."

틱싀 미급답의 상국이 탄왈,

"족히(足下) 닉 집 일을 모로지 아니리니 엇지 긔(欺)이리오. 손녜 여ᄎ여ᄎ 고집흐
여 기모의 죄를 난화지라 흐고, 삼일 【13】 삼야를 침식을 구폐(俱廢)흐고 셕고(席藁)
의 쳐흐여시니, 손녀와 시비 다 긔한(飢寒)을 닉긔지 못흐여 ᄌ못 어렵다 흐느지라.
족히 니르지 아나 노뷔 오늘은 권흐여 죄부(罪婦)를 ᄉ(赦)흐라 흐여, 손녀의 심ᄉ
를 위로코져 흐더니라."

왕이 손ᄉ(遜辭)흐더라.

상국 왈,

"현계 손녀를 보고져 흐시느냐?"

왕이 디왈,

"엇지 밧비 보고져 아니리잇가만은 식뷔 목금 심식 불평흐리니 금일 ᄉ명을 어더
평안이 쉰 후 명일 다시 와 보ᄉ이다."

상국이 졔왕의 손아 ᄉ랑흐믈 감ᄉ흐더라.

빈쥐 쥬찬을 나와 통음흐고 한담흐다가 도 【14】 라갈ᄉ, 졔왕은 식부 슈히 보닉믈
청흐고 조공은 손아 보닉믈 당부흐더라.

졔왕이 도라간 후 틱싀 부인의 힝ᄉ를 통히흐나, 녀아의 약질이 병 일위기 쉬온지
라. 존당이 경녀(驚慮)흐시고 졔왕이 친님흐여 히위(解慰)흐니 마지못흐여 ᄉ지시녀(事
知侍女)로 엄부인긔 ᄉ명을 나리오고, ᄯ또 쇼져긔 젼어 왈,

"ᄉᄉ의 너의 안면을 고렴흐여 여모를 ᄉ(赦)흐느니, 너는 아뷔 약흐믈 경(輕)히 너
기지 말나."

쇼졔 야야의 하교를 황공흐여 고두복슈(叩頭伏首)흐여 ᄉ죄 왈,

"불초이 ᄉᄉ의 엄교를 어그릇츠오니 죄당 만ᄉ로쇼이다."

흐며, 【15】 시녀 엄부인긔 틱ᄉ의 ᄉ명을 젼흐고 졍침의 드로쇼셔 흐니, 엄부인이
ᄉᄉ의 미몰흐믈 노흐미 쳘골(徹骨)흐나, 녀이 삼일 삼야를 졀식(絶食)흐고 셕고의 쳐
흐는 졍셩을 목견흐미, ᄌ모의 약장(弱腸)이 엇지 이련(哀憐)치 아니리오. 힝혀 약질이

[1344] 괴(孤) : 예전에, 왕이나 제후가 자기를 낮추어 이르던 일인칭 대명사.

늉동셜한(隆冬雪寒)의 상홀가 가슴의 돌을 삼킨 듯, 역시 침식의 뜻이 업셔 식음을 믈
니치니, 즈부 등이 우황(憂惶)ᄒ더니, 이날 틱스의 스명이 나리니 부인의 분한(憤恨)이
심두의 밍얼(萌蘖)ᄒ나 말을 아니코, 졍침(正寢)의 도라와 상요(床褥)의 고와(高臥)ᄒ
여 향벽(向壁)ᄒ여 즈는 【16】 듯 ᄒ니, 쇼졔 부친의 스명을 밧즈와 모친이 사실의 도
라가신 후, 비로쇼 일기 미쥭을 쳘음(啜飮)ᄒ고 입실ᄒ여 즈부인 와상의 나아가 복지
쳬읍(伏地涕泣) 왈,

"불초이 죄악이 관영ᄒ여 텬디의 진노(震怒)ᄒ시믈 만나 규즁 약녜 만니 싀외(塞外)
의 젹거ᄒᄂᆫ 환을 맛나고, 도즁의셔 젹환을 만나 오기 시아로 망망이 그믈의 신 고기
갓치 스방의 유락(流落)ᄒ다가 도라오니, 의외(意外)의 부뫼 불화ᄒ시니 엇지 히아의
심시 안안(晏晏)ᄒ리잇고? 이제 왕부모와 딕인이 관홍ᄒ샤 불초아를 족가(足枷)치[1345]
아니시고 가이(嘉愛)ᄒ시니 【17】 복망(伏望) 틱틱는 물우셩녀(勿憂聖慮) ᄒ시고 가닉
화평키를 바라ᄂᆞ이다."

셜파의 옥슈를 붓드러 쥬뤼(珠淚) 환난(汍亂)ᄒ니, 부인이 다만 옥슈로 분흉(憤胸)을
쳐 왈,

"슈원슈한(誰怨誰恨)이리오. 이는 다 여모의 혼암ᄒᆫ 탓시오, 원흉 젹즈의 참간(讒干)
이언만은, 네 부친이 홀노 날만 칙ᄒ니, 닉 엇지 노홉지 아니리오."

쇼졔 모친의 셩뇌(盛怒) 나죽ᄒᆞ믈 보고 만분 다ᄒᆡᆼᄒ여 위로 쥬왈,

"왕스(往事)는 이의(已矣)라. 다시 계괴ᄒ여 무엇ᄒ리잇고? 쇼녀는 셰스를 다 하ᄂᆞᆯ
의 붓쳐시니 사름을 탓홀 거시 아니니이다."

엄부인이 녀아의 금옥갓흔 졍논을 드르니, 셕연 【18】 돈오(頓悟)ᄒ여 졈두 묵연ᄒ
니, 즈녀부(子女婦) 칠인(七人)이 좌우의 버러 격년 졍화(情話)를 펼싀, 엄부인은 녀아
의 지난 역경을 이셕(哀惜)ᄒ여 능히 잠을 일우지 못ᄒ더라.

명조의 틱우 삼곤계와 셜시 등 삼부인으로 더부러 상부의 나아가 존당의 신셩ᄒ니,
상국부부와 합문 상히 크게 깃거 거안시지(擧眼視之)ᄒ니, 쇼졔 이날이야 잠간 쇼안
(素顏)을 다스리고 장쇼(粧梳)를 일워시니, 비록 연화(鉛華)[1346]를 불어(不杇)[1347]ᄒ고
방퇵(肪澤)[1348]을 무가(無加)ᄒ여시나, 옥골(玉骨) 방향(芳香)이 신신쇄락(新新灑落)ᄒ
여 싀날이 동곡(東谷)의 쇼스며, 옥톳기[1349] 동녕(東嶺)의 엿보는 듯ᄒ니, 뉘 가히 오
년 도 【19】 로(道路)의 풍상(風霜)의 간고(艱苦)를 경녁ᄒ여 구스일ᄉᆡᆼ(九死一生)ᄒ다
ᄒ리오. 왕부뫼(王父母) 볼스록 희ᄋᆡ(喜愛) 귀즁ᄒ여 날호여 옥슈를 무마ᄒ여 희열ᄒ

1345) 족가(足枷)ᄒ다 : 족가(足枷)하다. 도망치지 못하도록 발에 족가(足枷; 차꼬)나 족쇄(足鎖; 쇠사슬)
　　따위를 채우다. 아랑곳하다. 참견하다. 다그치다. 탓하다. 따지다.
1346) 연화(鉛華) : 분(粉). 얼굴빛을 곱게 하기 위하여 얼굴에 바르는 화장품의 하나. 주로 밝은 살색이나
　　흰색의 가루로 되어 있으나 고체나 액체 형태로 된 것도 있다. 늑광분·백분(白粉)·연분(鉛粉).
1347) 불어(不杇) : 바르지 않다. *오(杇); 흙손. 흙손질하다. 바르다. 칠하다.
1348) 방택(芳澤) : 향택(香澤), 즉 머리에 윤이 나도록 하는 머릿기름을 말함.
1349) 옥톳기 : 옥토끼. 달 속에 있다고 하는 토끼. 달을 달리 이른 말.

더라.

초일 믄득 졔왕궁으로 조초 쇼져의 유모 취옥과 졔궁 추환 빙쇼 등이 쇼공즈를 다려 니르고, 윤·양·니·경 스비와 문양공쥬의 셔찰이 니르러 식부를 위로ᄒᆞ여 슈히 도라오믈 닐러시니, 부인이 좌의 ᄂᆞ려 슈찰(手札)을 밧드러 공경 기간ᄒᆞ고, 존당구고의 심인후덕(深仁厚德)을 감은각골(感恩刻骨)ᄒᆞ여 옥안셩모(玉顔星眸)의 금누(金淚)1350)를 먹음더라.

현경이 스오일을 ᄌᆞ모를 써낫다가 금일 맛나미 쇼아{의}지【20】심(小兒之心)의 흐믓거이 반겨 급히 거름을 옴겨 즁인을 헤치고, 모부인 슬하의 다드라 비례ᄒᆞ니, 틱시 밧비 나ᄒᆞ여 광슈(廣袖)로 셰신(細身)을 ᄊᆞ 안고 왈,

"쇼이 ᄌᆞ못 미거(未擧)ᄒᆞ도다. 네 엇지 어미란 보고 네를 힝ᄒᆞ고, 한아뷔게는 네를 아니ᄒᆞ는다?"

현경이 낭낭이 ᄃᆡ왈,

"쇼손이 보지 못ᄒᆞ던 곳의 오오니 좌우의 어룬이 만히 계시ᄃᆡ 안면이 셔오니1351), 손이 다 싀스럽고1352) 열업스와 ᄌᆞ모의 계신 줄만 알고, 왕부의 계신 줄은 밋쳐 아지 못ᄒᆞ미로쇼이다."

쇼릭 낭연(朗然)ᄒᆞ여 경디(瓊枝)1353) 옥뉼(玉律)1354)을 화(和)ᄒᆞ고, 진납이 산협(山峽)의 브르지【21】지는 듯 ᄒᆞ지라.

틱시 크게 이지(愛之)ᄒᆞ여 무릅히 나리와 좌우의 녜슈(禮數)를 가르치니, 쇼이 녜슈 동작의 진퇴(進退) 쥬션(周旋)이 즁도의 맛갓고 품질이 비속ᄒᆞ여 진셰의 그린이 ᄂᆞ려시니 완연이 젹은 뎡의청이라. 조부 노쇼 상히 관쳠예시(觀瞻睨視)1355)의 황홀(恍惚) 긔이(奇愛)하여 칭션(稱善) 왈,

"산고옥츌(山高玉出)이오 ᄒᆡ심츌쥬(海深出珠)라 ᄒᆞ니, 이 진짓 명초의 싱이며, 기모지츌(其母之出)이라. 조문의는 불관ᄒᆞ거니와 뎡문의는 쳔니귀(千里駒)니, 한갓 송조(宋朝) 낭묘(廊廟)의 ᄃᆡ지(大才)○[일] 쑨 아니라 텬히 한가지로 방민(邦民)이 몽덕(蒙德)ᄒᆞ리로다."

ᄒᆞ더라.

가즁 상히 닷호아 가츠ᄒᆞ【22】며 칭이ᄒᆞ믈 마지 아니니, 일노조추 뎡아의 긔질을 가히 알니러라. 일좨(一座) 존당의 신셩(晨省)을 파ᄒᆞ고 각각 훗터질식, 쇼졔 답간(答簡)을 일워 빙쇼를 도라보ᄂᆡ고, 취옥이 쇼공즈를 다려 엄부인긔 비현ᄒᆞ니, 부인이 슌

1350)금누(金淚) : '옥루(玉淚)'와 같은 말. 구슬처럼 영롱한 눈물.
1351)셔다 : 설다. 낯설다. 익숙하지 못하다
1352)싀스럽다 : 스스럽다. 서로 사귀는 정분이 두텁지 않아 어색하다. 수줍고 부끄러운 느낌이 있다
1353)경디(瓊枝) : 가느다란 옥(玉)의 가지.
1354)옥뉼(玉律) : 옥처럼 맑은 소리.
1355)관쳠예시(觀瞻睨視) : 여럿이 함께 바라봄.

아룰 보민 이 진짓 닌아봉취(驎兒鳳雛)1356)라. 줌미봉안(蠶眉鳳眼)의 호비쥬슌(虎鼻朱脣)1357)이니 이 엇지 셰속 범아와 갓흐리오. 뒤부인이 뒤경ᄒ여 ᄉ랑이 여지업ᄉ니, 뎡의쳥을 증염ᄒ던 마음이 져기 플니더라. 엄부인이 비록 ᄌ녀의 위회(慰懷)ᄒᄆ를 인ᄒ여 심ᄉ를 만히 위로ᄒ노라 ᄒ나, 본디 조협ᄒᆫ 녀ᄌ 쇼【23】텬의 미야ᄒᄆ를 심한(深恨)ᄒ여, 젼두를 넘녀ᄒᄆ 즁야의 능히 잠이 편치 못ᄒ고 남모르ᄂᆫ 탄셩이 긋지 아니코, ᄯᅩ 녀아를 상니(相離)ᄒ여 간장을 슬오던 마음을 이졔야 심우(深憂)를 쳑탕(滌蕩)ᄒᄆ, 빅병(百病)이 교침(交侵)ᄒ여 날노 형용이 슈쳑ᄒ고, 침불 안셕ᄒ여 슈일지니의 믄득 병셰 위악ᄒ니, 제ᄌ 제뷔 우황ᄒ고 가니 진경ᄒ여 빅방 치료ᄒ며, ᄌ녀뷔 쥬야 불탈의디(不脫衣帶)ᄒ고 시탕(侍湯) 돈우(敦憂)ᄒ니, 뎡부인이 구가의 도라갈 날이 지격 슈일이러니, 의외의 ᄌ휘(慈候) 침즁(沈重)ᄒ시니 뒤경 황황ᄒ여 거거 등으로 더부러 【24】의약을 다ᄉ릴ᄉᆡ, 추시 제궁의셔 조부인의 도라오믈 굴지계일(屈指計日)ᄒ더니, 이 쇼식을 듯고 아연ᄒ나 홀일업셔 엄부인 환휘 낫거든 도라오믈 니르고, 다만 쇼아를 몬져 다려가니 쇼졔 존당 구고의 셩덕을 감은ᄒ더라.

ᄐᆡ시 부인의 병이 침즁ᄒᄆ를 드르나, 그 힝ᄉ를 통히ᄒ여 미이 썩지르고져ᄒ여 죵시 아른체 ᄒᄆ 업ᄉ니, 부인의 병셰 아직 ᄉ싱지녀(死生之慮)ᄂᆫ 밋지 아냣ᄂᆫ지라. ᄌ녀의 초황훔과 ᄐᆡᄉ의 미몰ᄒᄆ를 아지 못ᄒ리오. 비록 뭇지 아니나 짐작ᄒᆞᆫ 잇ᄂᆫ지라. 쥬야 우분(憂憤)【25】ᄒ여 병셰 쳠가ᄒ니, 원간 병인이 마음이 편ᄒ여야 바야흐로 약회 잇거늘, 이졔 엄부인은 효ᄌ 현부와 효녀 좌우의 밧드러 의약을 ᄶᅥ로 맛초고, 동쵹(洞屬)ᄒᆫ 셩회 밋지 아닌 곳이 업ᄉ나, 그 심간(心肝)이 초상(楚傷)ᄒ니 엇지 ᄎ도(差度)를 바라리오.

병셰 날노 침즁ᄒ니 십여일의 밋쳐ᄂᆫ 크게 위악ᄒ여 혼도키를 ᄌ로ᄒ니, 가니 진경ᄒ고 ᄌ녀뷔 황황초젼(惶惶焦煎)ᄒ되, ᄐᆡ시 죵시 일번(一番) 고문(叩門)ᄒᄆ 업ᄉ니, 부인이 가군의 미몰ᄒᄆ 갈ᄉ록 이갓흐미, 이후는 다시 바랄거시 업다ᄒ여, 싱각이 이의 밋ᄎᄆ 【26】더욱 비위거ᄉ려 미음도 슌강(順降)치 못ᄒᄂᆫ지라. 약이 엇지 효험이 이시리오.

일일은 증셰 츙가(層加)ᄒ여 앗춤의 막힌 거시 낫이 지나도록 회운(回運)치 못ᄒ니, ᄌ녀뷔 누쉬 만면ᄒ여 고디규텬(叩地叫天)1358)ᄒᄂᆫ지라. 부인이 다만 가슴 가온디 미(微)ᄒᆫ 온긔(溫氣) 이시나, 임의 형골은 쇠픽(衰敗)ᄒ여 쵹뇌(髑腦)되엿고 마음 쓰기를 과히 ᄒ엿ᄂᆫ지라, ᄯᅩ 울회 셩ᄒ여 한열(寒熱)이 왕니ᄒ니, 추시 즁동초슌(仲冬初旬)의 일긔 엄한ᄒ여 한긔(寒氣) 투골(透骨)ᄒ되, 엄부인은 몸 우희 나의(羅衣)를 닙고 니불을 열쳐 몸을 안졉(安接)지 못ᄒ며, ᄯᅩ 혼혼(昏昏)ᄒ【27】여 인ᄉ를 바려시니, 다 속

1356)닌아봉취(驎兒鳳雛): 천리마의 새끼와 봉황의 새끼라는 말로 뛰어나게 잘난 자손을 칭찬하여 이르는 말.
1357)호비주슌(虎鼻朱脣) : 호랑이 코에 붉은 입술을 가진 얼굴 모습.
1358)고디규텬(叩地叫天) : 몹시 슬퍼서 땅을 치고 하늘을 향해 부르짖음

슈 딕명(束手待命)하는지라. 틱시 비로쇼 경동(驚動)하여 친히 부인의 와상(臥床)의 나아가 보니, 완연한 《형체∥형히(形骸)》 금니(衾裏)의 빗겨시미, 틱시 본디 그 무힝픽악(無行悖惡)을 졔어코져 환가한 지 슈일의 일즉 청안(淸顔)을 여러 부부의 정을 펴지 아녓더니, 추경(此景)을 보미 엇지 놀납지 아니리오. 히음업시 장부 웅심이 붕녈(崩裂)하여 부인의 옥비(玉臂)를 싼혀 믹도(脈度)를 간진하고 엄연 틱식(太息)하여 광슈로 년비(連臂)하고 약물(藥物)을 드리오며, 나죽이 불너 긔운을 알고져 하나, 임의 알오미 묘연하니, 천호만환(千呼萬喚)의 【28】종시 응하미 업는지라. 졔지 실셩뉴쳬(失性流涕)하고 상하의 비통(悲痛)이 쇼슬하더라.

연이나 가슴 가온디 일졈 온긔이시니, 아직 발상치 아니터라. 추시 뎡부인 주휘 망단(望斷)하시믈 보니, 쳔비촌익(千悲寸-)[1359]하고 구곡(九曲)이 여회(如灰)하여 믄져 합연(溘然)[1360]하여 모친의 진(盡)하시믈 보지말고져 하나, 무가닉히(無可奈何)라. 밧비 난함(欄檻)의 가 팔을 질너 피로셔 모친긔 나오려 하더니, 믄득 공즁으로셔 한 쩨 치운이 지나치며 은은히 불너 왈,

"뎨즈(弟子)야! 엄부인의 환휘 심녀를 쓴 빌미며 상텬이 진노하시믈 맛나 병이 즁하나, 일시 횡익(橫厄)이니 급히 【29】남두졔셩(南斗諸星)의 슈한(愁恨)을 빌나."

언필(言畢)의 상운(祥雲)이 이이(靄靄)하여 남다히로 홋허지니, 부인이 반드시 남악(南嶽) 위진군이 현셩(現成)하믈 알고, 향촉을 갓초와 졔젼(祭奠)을 비셜하고 지젼(紙錢)을 살오며 주모 도라가는 혼빅을 주긔 딕신하믈 축원하여, 졔삼일의 니르러는 칠긔 명등(命燈)이 졈졈 붉고, 향긔 진진하며 신긔 감응하미 잇더라.

이쩌 뎡부인이 모친의 병후를 위하여 딕신(代身)하믈 위하니, 능히 치우믈 알니오. 일신만쳬의 어름 굿치 일윗더니, 비취 등이 다만 망조(罔措)[1361]할 샏이러니, 이쩌 엄부인이 혼【30】혼(昏昏)한 정신을 믄득 씨쳐 녀아를 춧는다 하는지라. 뎡부인이 의회(依俙) 창망(蒼茫)하고 정혼(精魂)이 요양(擾攘)하여 겨유 병침의 니르니, 엄부인이 몸을 움죽이며 목안의 쇼릭로 추를 구하는지라. 졔즈 졔뷔 불승환힝(不勝歡幸)하여 급히 삼다(蔘茶)를 나오미, 부인이 번연이 고기를 드러 그릇시 븨도록 쳘음(啜飮)하고, 녀아를 불너 왈,

"녀이 잇느뇨?"

부인이 나아가 슈족을 쥐무르고 공이 쏘한 깃거하더라.

명효의 상부 졔인이 모다 엄부인 질셰(疾勢) 가경(可境)의 밋쳐시믈 치하(致賀)하고, 졔왕궁의셔 문후하는 시비 【31】도로의 니어시며, 스쳔휘 조모(朝暮)의 니르러 악부와 틱우 등을 보고 악모의 질환을 문후하나, 엄부인으로 더브러는 면목도 주셔치 아닌지라. 무슴 졍으로 므르리오만은, 악장의 어진 줄을 공경하고 틱우 등의 명현하믈

1359) 쳔비촌익(千悲寸-) : 극한 슬픔으로 마음속이 촌촌(寸寸)이 찢겨짐.
1360) 합연(溘然) : 갑작스럽게 죽음.
1361) 망조(罔措) : 망지소조(罔知所措)의 준말. 너무 당황하거나 급하여 어찌할 줄을 모르고 갈팡질팡함.

긔딕(期待)ᄒᄂᆞ고로, 모든 안면을 구이(拘碍)ᄒᆞ여 악모의 무ᄒᆡᆼ픿덕을 아이의 사ᄅᆞᆷ으로 아지 아니ᄒᆞᄂᆞᆫ 고로, 츄호도 심닉의 거리끼지 아니터라.

조부 샹히 다 쳔후의 관홍 딕량을 일ᄏᆞᆺ고 엄부인의 혼암ᄒᆞ믈 식로이 ᄎᆞ탄ᄒᆞ더라.

엄부인 병셰 임의 가경의 든【32】후ᄂᆞᆫ 각별 ᄉᆞᄉᆡᆼ지녀(死生之慮)ᄂᆞᆫ 업스딕, 부인이 틱ᄉᆞ를 한노(恨怒)ᄒᆞᄆᆡ 깁흔들[즁], 졍신이 나은 ᄯᆡ면 좌우를 살펴 만일 공이 업손즉 미옴과 약음을 나오고, 틱시 이신즉 종일토록 금니(衾裏)로 낫출 ᄡᅡ고 향벽(向壁)ᄒᆞ여 약물도 먹지 아니니, 틱시 홀일업셔 그 마옴 편키를 위ᄒᆞ미 ᄌᆞ긔 집심을 굽힐밧 엇지 ᄒᆞ리오 하고, 유화ᄒᆞᆫ 말노 은근이 다뤼며 약음을 권ᄒᆞ니, 부인이 비록 틱ᄉᆞ를 노ᄒᆞ미 깁흐나, 본딕 나약(懦弱) 경도(輕度)ᄒᆞ며 ᄯᅩᄒᆞᆫ 녀ᄌᆞ의 마옴이 물 갓흔 지라. 남ᄌᆞ의 어리눅은 궤휼능변(詭譎能辯)의 엇지 농낙【33】지 아니리오.

부인이 틱ᄉᆞ의 은근ᄒᆞ미 젼과 갓ᄒᆞ믈 보니, 읷닯고 노홉던 마옴이 츈셜스듯 ᄒᆞ니, ᄌᆞ연 안샹(顔上)의 거리낀 근심이 업스미 약음과 미쥭이 비위의 슌강ᄒᆞ고 구미의 마ᄌᆞᆫ지라. 날노 가헐(可歇)ᄒᆞ여 월여의 니르러 쾌ᄎᆞᄒᆞ니, 모다 깃거ᄒᆞ고 병장을 것고 쇼셰를 나와 장쇼(粧梳)를 다스리고 존당구고긔 문안ᄒᆞ니, 구괴 깃거ᄒᆞ며 ᄎᆞ일 샹부의 연셕을 긔장ᄒᆞ고 빈긱을 쳥ᄒᆞ여 틱우 삼곤계의 가경(嘉慶)을 하례ᄒᆞᆯ식, 조시 종족의 강근지친(强近之親)만 모도딕 슈빅여인이라. 긔긔히 【34】금옥관면(金玉冠冕)이오 봉관화리(鳳冠華里)니, 셰딕 명문화벌(名門華閥)이믈 뭇지 아녀 알니러라.

조틱우 등이 모친의 위질이 회두(回頭)ᄒᆞ여 오늘을 당ᄒᆞ니 불승영ᄒᆡᆼᄒᆞ여, ᄯᅩᄒᆞᆫ 쇼찰노 ᄉᆞ쳔후 형톄를 쳥ᄒᆞ니, 동졔공 형뎨 일졔히 군종으로 더부러 부왕긔 고ᄒᆞ고 일시의 조샹부의 니르니, 졔죄 크게 깃거 딕셔헌의 드러가 조샹국 곤계와 한가지로 노공긔 뵈오니, 샹국이 졔명을 보고 크게 반기더라.

뎡어ᄉᆞ, 한님직ᄉᆞ 슈찬시독 등은 족의 업손 고로 외헌의 머물고, 샹국과 틱시, 동졔공 ᄉᆞ쳔후로 더부러 닉당의 드러가 모든 부인닉씌 뵈오니, 노부인이 졔부졔손으로 더부【35】러 종손 손셔를 마ᄌᆞ 흔연이 좌를 일우고 말ᄉᆞᆷᄒᆞᆯ식, 좌우로 쥬찬을 닉여 관딕ᄒᆞ고 샹국 왈,

"엄식부와 셜쇼부 등이 엇지 좌의 업ᄂᆞ뇨?

틱부인이 답 왈,

"엄식부 고식이며 손녜 잇더니 손셔의 닉림ᄒᆞ믈 듯고, 엄식뷔 녀셔(女壻) 보믈 ᄌᆞ참(自慚)ᄒᆞ여 후당으로 드러가니 녀뷔 조ᄎᆞ가니이다."

공이 희연 쇼왈,

"사ᄅᆞᆷ이 비록 허물이 이시나 곳치미 귀타ᄒᆞᆷ믄 셩교의 허ᄒᆞ신 빅니, 명초ᄂᆞᆫ 모로미 당셰의 딕현이라 관인딕도ᄒᆞ【36】니 엇지 일녀ᄌᆞ의 편협ᄒᆞ믈 긔회(介懷)ᄒᆞ리오. 노뷔 금일 손셔를 쳥ᄒᆞᆷ믄 한갓 가경(可境)을 치하ᄒᆞᆯ ᄲᅮᆫ 아니라, 실은 고싱(姑甥)[1362]의

1362) 고싱(姑甥) : 장모와 사위를 함께 이르는 말.

화긔롤 전코져 ᄒ미니, 부인은 ᄲᆞᆯ니 식부와 졔손부롤 다 브르쇼셔."

노부인이 미쇼ᄒ고 이의 시녀롤 명ᄒ여 즁당의 가 엄부인 고식(姑媳)을 브르라 ᄒ니, 쳔휘 비록 깃거 아니나 임의 짐작ᄒᆫ 일이라. 츄ᄉ(推辭)ᄒᆞᆷ믄 실노 고이ᄒ니, 다만 공경(恭敬) 위좌(危坐)러라.

ᄎ시 엄부인이 녀셔롤 엇지 아니 보리오만은 진실노 ᄌᄀᆡ 허믈이 호ᄃᆡ(浩大)ᄒ니, 져 군지 비록 관인ᄃᆡ도(寬仁大度)ᄒ나, ᄌᄀᆡ 능히 볼 낫치 업ᄂᆞᆫ【37】지라. 그 닉림ᄒᆞᆷ믈 듯고 셔연동신(徐然動身)ᄒ여 후당으로 드러가니, ᄌᄇᆡ(子婦) 종휘(從後)러라. 엄부인이 후당 난두(欄頭)의 안ᄌ 유유(儒儒)ᄒ여 녀셔(女壻)를 보고져ᄒ나 실노 면목이 업고, 말고져 ᄒ나 ᄉ체 불가ᄒ니 쳔ᄉ만상(千思萬想)ᄒ미, 히음업시 붉은 빗치 냥이(兩耳)룰 침노ᄒᆞᆷ믈 ᄭᆡ닷지 못ᄒ더니, 믄득 구고의 쇼명을 젼ᄒ니 놀난 바 업시 당황ᄒ여 슈히 니러나지 못ᄒ니, 쳔후부인이 모친의 너모 니러ᄒ시믈 도로혀 민망ᄒ나, 말이 업시 져두(低頭)ᄒ여 유유히 좌롤 곳치지 아니니, 셜부인 등이 지삼 고ᄒ여 존【38】명이 계신 ᄶᆡ 뎡낭으로 후졍(厚情)을 펴지 아니신즉 셰월이 오릴ᄉᆞ록 졈졈 셔어ᄒᆞᆯ 바룰 간권ᄒ니, 부인이 마지못ᄒ여 년보(蓮步)룰 옴겨 졍당의 니르니, 동졔공 형뎨 ᄲᆞᆯ니 니러셔니, 상국이 흔연이 닐너 왈,

"나의 현뷔 ᄌᄉᆡᆨ표치(姿色標致) 남만 못ᄒ지 아니코, 규ᄒᆡᆼ(閨行)이 ᄯ또 인뉴의 튱슈(充數)ᄒᆞᆯ만 ᄒ더니, 너모 나약ᄒ미 병된 고로 간인의 다리믈 드러, 당초 셔랑의게 득죄ᄒ미 만ᄒ나, 이졔 젼과(前過)룰 츄회(追悔)ᄒ미 장ᄎᆞᆺ 셔졔(噬臍)[1363]ᄒ기의 밋쳣ᄂᆞᆫ지라. 명초ᄂᆞᆫ 관인군지라 모로미 셕ᄉ룰 긔회치 말고, 반ᄌ(半子)의 녜(禮)와 옹셔(翁壻)의 의(義)룰 후(厚)【39】이ᄒ라."

쳔휘 공경이쳥(恭敬而聽)의 엄부인ᄭᆡ 공경비례ᄒ니, 부인이 밧비 답네ᄒ고 좌의 나아가미, 동졔공과 ᄉ쳔휘 졔부인으로 네필 좌졍의, 쳔후ᄂᆞᆫ 일즉 악모룰 상ᄃᆡᄒ미 업ᄂᆞᆫ지라. 이의 츄슈봉졍(秋水鳳睛)을 흘녀 부인을 보고, 심하(心下)의 ᄎᆞ탄 왈,

"가히 졀염 부인이로쇼니, 엇지 외모ᄂᆞᆫ 져리 아름답고 소ᄒᆡᆼ은 그딕도록 픠악ᄒ리오."

ᄒ고 ᄌᄒ로 눈을 더져 보믈 면치 못ᄒ고, 엄부인은 쳔후룰 일견(一見) 쳠시(瞻視)의 ᄃᆡ경황홀ᄒ여 피ᄎ 말이 업더니, 틱부인이 쇼왈,

"현셔ᄂᆞᆫ 당셰의 ᄃᆡ현이라. 녀ᄌ의 쇼쇼 허믈【40】을 과칙지 아니리니, 현부ᄂᆞᆫ 셔어ᄒᆞᆷ믈 ᄇᆞ리고 좌상의 화긔룰 일치 말나."

엄부인이 쳔후ᄭᆡ 손ᄉ 왈,

"쳡이 ᄌ유(自幼)로 셩되(性度) 혼암ᄒ여 군ᄌᄀᆡ 젼후 득죄ᄒ미 만ᄒ나, 용셔ᄒ시믈 ᄇᆞ라ᄂᆞ이다."

1363)셔졔(噬臍) : 배꼽을 물어뜯으려 하여도 입이 닿지 아니한다는 뜻으로, 후회하여도 이미 때가 늦음을 이르는 말.

쳔휘 흰연 미쇼ᄒ고 넘슬위좌(斂膝危坐)의 졍금(整襟) 칭ᄉ 왈,

"쇼싱이 믄딕 우용(愚庸)ᄒ므로 힝혀 악부딕인(岳父大人)이[의] 과익ᄒ시믈 밧ᄌ와, 거두어 동상의 두시니 엇지 지우를 감격지 아니리잇고? 더욱 녕녀ᄂᆞᆫ 쇼싱의 아시(兒時) 결발노 부뫼 명ᄒ신 비니, 셜ᄉ 불미지ᄉᆡ(不美之事) 이신들 박딕치 못ᄒ오려든, ᄒ물며 녀힝 부덕【41】이 아름답ᄉ오니 삼가 존의를 밧ᄌ오리이다."

셜파의 긔상이 츈풍갓고 말ᄉᆞᆷ이 화평ᄒ니, 부인이 더욱 긔탄ᄒᄂᆞᆫ 가온딕 이련ᄒ믈 이긔지 못ᄒ더라.

이윽고 동졔공 형뎨 이당으로 나가니, 닉외 빈긱이 셩녈(成列)ᄒ엿ᄂᆞᆫ지라. 압마다 쥬육 셩찬이 갓지 아닌 거시 업ᄉᆞ미, 일가 친족 졔부인이 잔을 드러 엄부인긔 여러가지 경ᄉ를 치하ᄒ고, 주부 녀셔의 긔특ᄒ믈 일ᄏ라 엄부인 복덕이 쳔고의 희한ᄒ믈 하례ᄒ니, 엄부인의 우픠흔 마음의 추고 ᄠᅳᆺ의 족ᄒ니, 아험(娥臉)이 열니고 호치(豪侈)【42】ᄀᆡ션(皆善)ᄒ니, 좌슈우답(左酬右答)의 치하를 ᄉᆞ양치 아니니, 졔긱이 ᄯᅩᄒᆫ 칙칙 경하 왈,

"엄부인의 종요로온 복덕은 만고의 희한ᄒ니, 조상국 갓흔 현상의 닉상이 되여 부뷔 진즁ᄒ믈 일ᄏᆞᆺ고, 하언이 부졀여류(不絕如流)ᄒ더라. 종일 달난(團欒)ᄒ여 셕양의 파연ᄒ여 도라갈ᄉᆡ, 상국이 쳔후를 머므러 손녀와 동방 ᄌᆞ미를 보고져 ᄒ고, ᄯᅩ 식부의 깃거ᄒ믈 돕고져 ᄒ여 쳔후를 머물게 ᄒ니, 쳔휘 젼일붓터 비록 악모를 증념(憎念)ᄒ나 상국부ᄌᆞᄂᆞᆫ 공경ᄒᄂᆞᆫ고로 머물고져ᄒ나, 부명을 엇지 못ᄒ여시니 【43】 쥬져ᄒ여 슈히딕치 못ᄒ거늘, 상국이 그 ᄠᅳᆺ을 알고 왈,

"현셰 반드시 부명이 업ᄉᆞ믈 쥬져ᄒᄂᆞᆫ가 시부니 노뷔 맛당이 쇼찰노 녕존ᄭᅴ 허락을 어드리라."

쳔휘 밋쳐 답지 못ᄒ여셔 동졔공이 고왈,

"증조딕인은 넘녀마ᄅᆞ쇼셔. 쇼손이 도라가 가친긔 알외리이다."

상국부ᄌᆡ 깃거 졈두(點頭)ᄒ니, 동졔공이 쳔후다려 왈,

"슈쉬 명일이면 도라오시리니, 현데 일야를 이곳의 머므ᄅᆞ미 방ᄒᆡ롭지 아니토다. 우형이 도라가 딕인ᄭᅴ 알외리라."

쳔휘 형장 말ᄉᆞᆷ을 듯고 마지못ᄒ여 도로 좌의 나아【44】가니, 졔죄 크게 깃거ᄒ더라.

동졔공이 졔뎨군종(諸弟群從)으로 더부러 하직 후, 본부의 도라와 존당 부모ᄭᅴ 뵈옵고 조상국부ᄌᆞ의 간청ᄒ믈 조ᄎᆞ 아이 조부의 머므ᄂᆞᆫ 쥴 고ᄒ니, 초후와 졔왕은 졈두ᄒ고, 슌틱부인은 미쇼 왈,

"녜붓터 남직 취쳐ᄒ믹 빙가의 왕닉 빈빈ᄒ여 동방의 ᄌᆞ미 잇건마ᄂᆞᆫ, 운긔ᄂᆞᆫ 그러치 못ᄒ여 조부의 입장(入丈)ᄒ연지 칠팔년의 빙가의 일야도 가셔 머므ᄂᆞᆫ 비 업고, ᄯᅩ 한아를 취ᄒ나 한이 싱뫼 업ᄂᆞᆫ 고로 빙가의 아름다온 셔랑 노릇슬 못ᄒ고, ᄯᅩ 화아를 삼【45】취ᄒ니 빙기 종요롭고 연고도 업ᄉᆞ딕, 졔 스ᄉᆞ로 조뎡 진신(縉紳)으로 아동

쇼아비의 빙가 츌입과 다른나 열업고 졈즉다 ᄒᆞ여 가지 아니니, 지금가지 빙가의 반ᄌᆞ지도(半子之道)를 ᄒᆞ여 본 적이 업ᄂᆞᆫ지라. 금일 믄득 신혼젹 못ᄒᆞᆫ 동방(洞房)을 비셜ᄒᆞ니 조부의셔 작히 두굿기랴. 운긔 팔쳑 장신을 웅그리고 졈지아닌 거시 신낭 쇼임을 금일이야 ᄒᆞ리로다.”

셜파의 ᄃᆡ쇼ᄒᆞ며, 운긔와 조시의 상젹ᄒᆞᆫ 긔질을 보ᄂᆞᆫ듯 두굿기니, 좌위 ᄐᆡ부인의 깃거ᄒᆞ시믈 흔열ᄒᆞ여 모다 웃고, 졔쇼년은 【46】 명일 쳔휘 도라오거든 ᄒᆞᆫ번 보ᄎᆡ려 ᄒᆞ더라.

이ᄯᅥ 슈쳔휘 조부의 머므니, 노공이 ᄂᆡ당 시녀를 명ᄒᆞ여 손녀의 옛 침쇼를 쇄쇼(刷掃)ᄒᆞ고 포진(鋪陳)과 금구(衾具)를 비셜ᄒᆞ여 손녀부부를 ᄡᅡᇰ뉴(雙留)케 ᄒᆞ니, 가즁 상히 큰 경ᄉᆞ쳐로 깃거ᄒᆞ고, 엄부인은 불감쳥(不敢請)이언졍 고쇼원얘(固所願也)라. 형상 업시 깃거ᄒᆞ나 쇼졔 심히 불안ᄒᆞ고 ᄯᅩ 슈괴ᄒᆞ믈 니긔지 못ᄒᆞ니, 모든 군종이 쇼져를 긔롱ᄒᆞ여 웃더라.

날이 졈을ᄆᆡ ᄐᆡ우 등이 쳔후를 인도ᄒᆞ여 쇼져의 옛 침쇼 향미뎡의 나아갈ᄉᆡ, 졔ᄌᆡ 어즈러이 긔롱ᄒᆞ여 신낭이 졈지 【47】 아니니 슬믭고 가증타 ᄒᆞ니, 쳔휘 슈일봉졍(斜日鳳睛)을 흘녀 졔조를 ᄭᅮ지져 왈,

“너 군가의 입막지빈(入幕之賓) 되연지 칠팔년이라. 엇지 시로이 신낭이 되리오. 너희 집이 그 ᄯᅵ의ᄂᆞᆫ 무ᄒᆡᆼ(無行)ᄒᆞ고 ᄉᆞ쳬(事體)를 몰나 교옥(嬌玉)갓흔 미랑(美郞)을 슬믭다 퇴지(退之)러니, 이졔 믄득 노창(老蒼)ᄒᆞᆫ 지상이 다된 후의 이런 괴로온 쇼임을 ᄒᆞ라 ᄒᆞ니, 엇지 머믈고져 ᄒᆞ리오만은 노합히 하 간졀이 쳥ᄒᆞ시니 마지 못ᄒᆞ여 머믈거늘, 여등이 엇지 괴로이 보ᄎᆡᄂᆞ뇨?

조상셔 희빅과 조ᄐᆡ우 희경은 나히 만코 침묵 뎡듕ᄒᆞᆫ 고로 희롱의 간녜치 아【48】니나 조한님 조시랑 등은 다 년쇼 지랑(才郞)이라. 쳔후의 긔변(奇辯)을 믜이 너겨 션ᄌᆞ(扇子)로 엇게를 치며 ᄭᅮ지져 왈,

“이 완만ᄒᆞᆫ 긱이 믭도쇼니 네 언마 종요롭고 아름다오면 우리 슉모의 증셰(憎壻) 되어시리오.”

쳔휘 왈,

“가위(可謂) 우치(愚癡)로 쇼니, 아창지가(我唱之歌)를 군이 화(和)《ᄒᆞ다∥ᄒᆞᄂᆞᆫ도다》. 너 오히려 참ᄂᆞᆫ ᄇᆡ 만흐니 여등은 그만ᄒᆞ여 부담잡셜(浮談雜說)을 그치라.”

졔ᄌᆡ 무류(無聊)히 말을 아니터라. 쳔휘 조아(衙)의 동상이 되연지 칠팔년의 비로쇼 동방교긱(嬌客)[1364] 쇼임이 되니, 심하의 실쇼ᄒᆞ고 향미뎡의 나아가 이의 졔조로 더브러 ᄃᆡ좌ᄒᆞᄆᆡ, 셕반을 파ᄒᆞ고 이윽ᄒᆞᄆᆡ 쳔휘 왈, 【49】

“너희 집이 날을 진실노 아동 미랑(美郞)으로 ᄃᆡ졉ᄒᆞᄂᆞ냐? 엇지 슐을 ᄂᆡ지 아닛ᄂᆞ뇨?

1364)교긱(嬌客) : 사위를 친근하게 이르는 말.

제죄 쇼왈,

"가히 즛1365)믜온 신낭이로다. 우리 집이 비록 빈한ᄒ나 디디로 후빅지가(侯伯之家)로 국녹이 후ᄒ고 전장(田莊)이 유여(裕餘)ᄒ니, 네 비록 쥬찬을 징싴지 아니나 광복(廣腹)이 츠고 고부디1366) 터지도록 먹으리니 하 밧바 말나."

쳔휘 양노(佯怒) 왈,

"여등이 날을 브러 쳥ᄒ여 두고 일비쥬롤 앗겨 여ᄎ 슈욕(數辱)ᄒᄂ뇨?"

제죄 웃고 좌우롤 명ᄒ여 일등 쥬효롤 가져오라 ᄒ더니, 이윽고 쥬찬을 드리거놀, 만반진쉬(滿盤珍羞) 갓지 아닌 거시 업스니, 제죄 슐을 나와 쳔후【50】롤 과도히 권ᄒ며 빈쥐 다 디취ᄒ엿더라.

야심ᄒ미 제조ᄂ 각각 물너가고 쳔후ᄂ 취ᄒ여 관영(冠纓)을 히탈ᄒ고 단의침건(單衣寢巾)으로 셔안의 비겻더니, 쳔향(天香)이 욱욱ᄒ며 조부인이 슈삼기 쳥의로 더부러 니르니, 쳔휘 마ᄌ 좌뎡ᄒ미 부인의 상광(祥光)이 더욱 시로온지라. 좌롤 근(近)ᄒ고 집슈 왈,

"부인아 우리 부뷔 결발 칠팔년의 비록 모도미 드물고 써나미 만흐나, 발셔 ᄌ식을 두어시니 임의 고인(故人)이라. 미양 만나면 삼일안 신부갓치 슈습(收拾)ᄒᄂ뇨? 슈연(雖然)이나 부인이 하고(何故)【51】로 부도롤 폐ᄒ고 친당의 임타(任惰)ᄒ믈 알고져 ᄒ노라."

부인이 날호여 스죄(謝罪) 왈,

"쳡슈불혜(雖不惠)나 아시(兒時)의 셩문(聖門)의 입승(入承)ᄒ여 존당 구고의 혜퇴이 일신의 져져시니, 격년(隔年) 니슬(離膝)의 앙모ᄒᄂ 하정(下情)이 엇지 헐ᄒ리잇고? 맛당이 입경(入京)ᄒᄂ 날 몬져 나아가 불효롤 쳥죄ᄒ올 거시오나, 젹은 ᄉ정(私情)의 졀박ᄒ미 잇셔 시일을 쳔연(遷延)ᄒ엿ᄉ오나, 당당이 명일은 도라가리이다."

쳔휘 웃고 쵹을 장외(帳外)로 퇴ᄒ고 부뷔 상상슈리(床上繡裏)1367)의 나아가니 구졍의 환흡ᄒ미 산비히박(山卑海薄)ᄒ지라. 창외【52】의 치우믈 아지 못ᄒ고 괴로이 규ᄉ(窺伺)ᄒᄂ 모부인의 쳔만 이즁ᄒᄆ 일필 난긔(一筆難記)러라. 부인이 시로이 붓그리고 불안ᄒ여 일호(一毫) 가랍ᄒ미 업더라.

명조의 부뷔 니러 관쇼ᄒ고 상부의 나아가 상국부부와 틱ᄉ부부긔 뵈오니, 상하의 깃거ᄒᄆ 니로도 말고, 엄부인의 젹년 초조ᄒ던 간장이 금일이야 쾌히 열니니, 영힝ᄒ미 비길딕 업더라. 존당의셔 진슈 미찬을 나와 셔랑을 관딕(款待)ᄒ더니, 쳔휘 조참의 느즘과 신셩의 더딕믈 일ᄏ라 총망이 도라가니라.

초일 셕상(夕上)의 졔궁【53】의셔 위의롤 보닉여 쇼져롤 권솔(眷率)ᄒ니, 뎡부인이

1365)즛- : 짓-. ((일부 동사나 형용사 앞에 붙어)) '마구', '함부로', '몹시', '심히'의 뜻을 더하는 접두사. *즛믜오다; 몹시 밉다. 심히 밉다.
1366)고부대 ; 고픈 데. *고부다; 고프다. 배 속이 비어 음식을 먹고 싶다.
1367)상상슈리(床上繡裏) ; 수를 놓은 이불을 편 침상 속.

존당부모씌 비스흐고 졔궁의 니르니, 슌튀부인이 튀원뎐의 포진을 널니고 조시롤 기
다리다가, 조시의 치교(彩轎) 졍뎐의 노히미, 유랑이 뎡문1368)을 열고 진쥬발을 들미,
부인이 년보롤 가비야이 흐여 계하의 니르니, 거름마다 년곳치 쇼스나고 먼니 보미
홍일(紅日)이 셔광(瑞光)을 먹음어 산두의 뉘왓눈ᄂ 듯, 즁계(中階)의 밋쳐 믄득 줌이
롤 쎈히고 복계쳥죄(伏階請罪)흘식, 이이(靄靄)흔 명광이 슈운(愁雲)의 쓰히고, 옥셩
(玉聲)이 이원흐여 쥬왈,

"쇼쳡이 불혜누【54】질(不慧陋質)노 유년의 존문의 입승(入承)흐여 존당구고의 일
월 혜틱이 일신의 져져시니, 간뇌도디(肝腦塗地)흐온들 엇지 우로지틱(雨露之澤)을 만
분지일이나 갑스오리잇가? 쳡이 용암노둔(庸暗魯鈍)흔 직질(才質)을 신명이 질오흐샤,
만고의 희한흔 화란을 만나와, 심규 녀직 능히 고원(故園)의 안거(安居)흐믈 바라지
못흐와, 조쥬 만여 리의 젹긱이 되오니, 혈혈(孑孑) 약녜 엇지 투싱(偸生)흐믈 어드리
잇고마은, 초로잔쳔(草露殘喘)이 보젼흐여 타일 누명을 신셜흐고 다시 뎨향(帝鄕)의
도라와, 존당 구고와 부모동긔롤 다시 반기고져 원이옵더니, 상【55】텬신기(上天神
祇) 가지록 벌을 나리오샤 즁도의 쏘 젹화롤 만나오니, 도싱(圖生)흘 길이 업소올가
흐엿숩더니 요힝 도젹의 화롤 버셔나오나, 능히 젹쇼의도 안거치 못흐고 도로의 유리
(遊離)흐와 구스일싱(九死一生)흐옵고, 겨유 싱환흐와 존문혜틱이 가지록 망극흐시고,
셩쥐 인명흐샤 슈악(首惡)의 단셔롤 젹발흐시고 쳡신의 누명을 신셜(伸雪)흐와, 뎨향
의 도라옴도 젼혀 존문 셩덕여음(聖德餘蔭)이라. 쳡 슈우용(雖愚庸)이나 엇지 존당의
이갓흔 혜틱을 아지 못흐옵고, 주힝(自行) 임타(任惰)의 몬져 본부의 도라가리잇고?
주【56】뫼 쇼쳡의 연고로 죄루(罪累)의 잇스오니 주식의 도리 안연치 못흐와, 이의
친측으로 몬져 도라갓숩더니, 주모의 병셰 위름(危懍)흐오니 춤아 바리고 도라오지 못
흐와, 이졔 가경(可境)의 들믈 보고 도라오려 흐므려 주연 쳔연흐오니, 불효지죄(不孝
之罪) 이긔여 쏘홀 곳이 업스온지라. 감히 존하의 다스리시믈 쳥흐ᄂ이다."

옥셩이 유화흐고 빅틱쳔광(百態千光)이 영농흐니, 존당구괴 반가오미 안모(顏貌)의
넘져 밧비 슉염 등 졔쇼져로 흐여곰, 썰니 붓드러 당의 올나라 흐니, 졔쇼졔 승명(承
命)흐여 날난흔1369) 홍【57】군(紅裙)을 쓰을고 치숨(彩衫)을 붓쳐, 옥계(玉階)의 나
려 조부인을 붓드러 승당흐믈 쳥흐니, 쇼졔 이의 졔쇼고로 더브러 치메(彩袂)롤 년
(連)흐여 승함취스(昇檻就舍)흐여 졔위 존젼의 추례로 녜흐고, 믈너 복지(伏地)흐여 존
후롤 뭇주오니, 우흐로 냥뎌 존당으로 붓터 구괴 반기는 빗치 조시 신상의 어릭여시
며, 이 가온뒤 신인이 여러히라.

조부인을 처음 보는 주는 젼일 길가의 칭션(稱善)을 과도히 드럿다가, 금일 셔로 보
미 비로쇼 일홈 아릭 헛되지 아니믈 보고, 노둔흔 주는 그 어룬기는 광염이 눈의 아

즐ᄒ니, 능히 눈을 졍【58】ᄒ여 보기 어렵더라. 슌틱부인은 하 반갑고 긔이ᄒ니 운
환(雲鬟)을 어로만져 두긋기ᄂ 닙이 버러 슈이 말을 일우지 못ᄒ니, 금평후와 진부인
은 도로혀 츄연ᄌ상(惆然自傷) 왈,

"아부의 연연 약질노 그런 참난 역경 즁의 방신이 무ᄉᄒ여 효졀을 완젼ᄒ여 도라
올 쥴 알니오. 진실노 텬의복우(天意福祐)ᄒ시고 조션이 음즐(陰隲)ᄒ시미 아니면 엇
지 니러ᄒ며, 아부의 셩효 딕졀을 신명이 감오(感悟)ᄒ시지 아닌즉 엇지 니러ᄒ며, 엇
지 남악 신인(神人)의 구ᄒ믈 닙어시리오. 연이나 왕ᄉ(往事)ᄂ 이의(已矣)니 다시 니
ᄅ미 무익ᄒᄒ지【59】라. 다만 원ᄒᄂ니 ᄎ후나 너의 부뷔화락ᄒ믈 바라노라."

졔ᄉ금장(娣姒襟丈)[1370] 슉미(叔妹)등이 다 치위(致慰)ᄒ니, 조쇼졔 존당 구고 슉당
의 은퇵을 감황(感惶)ᄒ여 머리를 두다려 ᄉ례ᄒ고, 버거 졔ᄉ금장 슉미의 후의를 ᄎ
례로 화답ᄒ여, 좌슈우응(左酬右應)의 답언이 궁진(窮盡)치 아니터라.

이윽고 부문(府門)이 요요(擾擾)ᄒ며 늬외 훤화(喧譁)ᄒ더니, 졔왕 오곤계 동졔공 모
든 ᄌ질을 거ᄂ려 조당으로셔 도라오니, 졔쇼졔 일시의 하당 영지ᄒ고, 조부인도 하당
영졉ᄒ여 졔왕 곤계 입실ᄒᆫ 후 승함(昇檻) 취ᄉ(就舍)ᄒ여, 안셔히 나아가 엄구와 슉
당【60】의 공경녜알(恭敬禮謁)ᄒ고, 버거 졔슉으로 녜필의, 다시 좌의 나아가니, 졔
공이 일시의 조쇼져를 향ᄒ여 왕년 화란과 요힝 싱존ᄒ여 누명을 신셜ᄒ고, 텬ᄌ의
포장ᄒ시ᄂ 은영과 긔린을 안아 빗늬 모드믈 치하ᄒ고, 신명(神明)이 감동ᄒ시미라 ᄒ
니, 쇼졔 황공ᄒ여 셩언(聖言)을 불승감당이라.

쳔휘 ᄯ 좌의 이시나 안식이 유엄(有嚴)ᄒ고 긔위(氣威) 늠연(凜然)ᄒ여, 시쳠(視瞻)
이 씌를 지나지 아니코, 옥슈(玉樹) 긔린(騏驎) 갓흔 아지(兒子) ᄬᄬ이 넘노나 일호
(一毫) 가ᄎ(假借)ᄒ미 업고, 화월(花月) 갓흔 부인이 일실의 이시나 힝혀도 눈 들미
업ᄉ니,【61】존당 부뫼 볼ᄉ록 그 긔상이 뇌락(磊落)ᄒ믈 두굿기고, 모든 군종 형뎨
눈 쥬어 우으나 존젼의 감히 희언을 못ᄒ더니, 삼슉부 동월휘 참지 못ᄒ여 우어 왈,

"운긔와 조현질이 금일이야 진짓 신인(新人)이라 ○○[ᄒ여], 져 가증(可憎) 완만(頑
慢)ᄒᆫ 놈이 긴 킈룰 굽슈리고, 아모조록 이 번이나 악모의 증념ᄒ믈 만나 동방(洞房)
의 닉치이ᄂ 핀잔이나 면ᄒ려, 방탕ᄒ고 괘심ᄒᆫ 거동은 감(減)ᄒ고, '두용(頭容)을 직
(直)ᄒ고 목용(目容)을 단(端)ᄒ여'[1371], 작히 군ᄌ 져온 체ᄒ여시랴? 엄부인이 보시고
무어시라 ᄒ더니[냐]? 가증(可憎)타 ᄒ시더냐? 완만타 ᄒ시【62】더냐? 곡졀을 바로
알외라."

1370)졔ᄉ금장(娣姒襟丈) : 여러 동서(同壻)들. 졔사(娣姒)나 금장(襟丈) 모두 동서(同壻)를 뜻하는 말임.
1371)두용(頭容)을 직(直)ᄒ고 목용(目容)을 단(端)ᄒ여 : 구용(九容) 중, 두용직(頭容直)과 목용단(目容端)
을 말함. 즉 머리는 곧고 바른 자세를 유지해야하고, 눈을 뜨고 감는 일이나 눈초리며 눈짓은 단정해
야 한다. *구용(九容); 유가(儒家)에서 몸가짐을 바르게 갖기 위해 항상 지켜야 할 '아홉 가지 몸가짐'.
곧 족용중(足容重)·수용공(手容恭)·목용단(目容端)·구용지(口容止)·성용정(聲容靜)·두용직(頭容直)
·기용숙(氣容肅)·입용덕(立容德)·색용장(色容莊)을 말함. 『계몽편(啓蒙篇)』<구용(九容) 구사(九
思)>조(條)에 나온다.

천휘 슉부의 희롱을 듯즈오니, 광미딕상(廣眉大相)1372)의 희연흔 우음을 씌여실 쑨이라.

진공이 어즈러이 그 몸을 뒤흔들며 작야의 조부의 가 엇지 ᄒ냐, 다니르라 보쳐니, 천휘 쇼용(笑容)이 미미ᄒ여 묵연 부답이라.

좌위(左右) 다 우으며 조시를 그윽이 살펴니, 조부인이 크게 황괴ᄒ여 옥면의 홍광(紅光)이 만지(滿之)혼지라,

졔왕이 냥뎨(兩弟)의 희언(戲言)을 듯고, 너모 지리ᄒ믈 미온(未穩)ᄒ여 정식 왈,

"냥뎨 넌기 쇼년과 달나 지위 존딕ᄒ여 운아의게 엇더ᄒ관딕 년쇼 즈질을 다리고 미양 희롱ᄒ여 존항의 【63】 체면을 휴이(虧而)ᄒ고 말슴이 무례ᄒ기의 밋쳣ᄂ뇨? 우형이 한심ᄒ여 ᄒ노라."

냥공이 슈연(遂然)1373) 스죄ᄒ고 말슴을 긋치더라.

ᄎ일 이현당을 슈쇄(修灑)ᄒ고 죠부인을 마즈니 ᄎ환 복비 환성이 여류ᄒ더라.

조부인이 종일 존젼의 뫼셧다가 혼정 후 퇴ᄒ여 옛 침쇼의 도라오니, 화당(華堂) 난실(暖室)의 물식이 완연ᄒ여 옛 쥬인을 반기ᄂ 듯ᄒ니, 부인이 녯 경치를 딕ᄒᄆ 감회ᄒ더라.

이윽고 댱부인 금장(襟丈) 쇼고(小姑)와 빅시 등 졔셔뫼(諸庶母) 니르러 야심토록 별회(別懷)를 닐너 담쇼ᄒ여, 동애(冬夜) 지리ᄒ믈 씌닷지 못ᄒ더 【64】 니, 믄득 천후의 신 씌으ᄂ 쇼릭나거늘 졔인이 후창으로 도라가고, 한·화 냥쇼져ᄂ 동긔를 써낫다가 만ᄂ 듯시 능히 슈이 니러나지 못ᄒ 스이의 기호(開戶) 입실(入室)ᄒ거늘, 셔연이 니러 마즈니, 천휘 눈을 드러보고 웃ᄂ 빗츠로 나아가 거슈(擧手) 정좌(定座)ᄒᄆ, 한·화 냥인은 시녀로 쵹을 잡히고 도라가더라.

천휘 관영을 히탈(解脫)ᄒ고 부인을 쳥ᄒ여 금니(衾裏)의 나아가니, 가지록 교칠(膠漆) 갓더라.

조부인이 드딕여 구가의 머물ᄆ 꼿다온 덕홰(德化) 식로이 '갈담(葛覃) 풍화(風化)'1374)를 니어시니, 가즁 상히 식로이 칭숑ᄒ고 존당 구괴 이즁 【65】 ᄒ더라.

ᄎ시 조부인이 졔궁의 도라오믈 텬지 드르시고, 즉시 녜부를 명ᄒ샤 취운산 동부의 조셩녈 녈효명덕문(烈孝明德門)을 놉히라 ᄒ시고, 진금쥬옥(眞金珠玉)과 치단필빅(綵緞疋帛)을 상스ᄒ시니, 황시(皇使) 조지(詔旨)를 밧즈와, 정문(旌門) 감역(監役)을 필ᄒᄂ 날, 즉시 상스(賞賜) 옥빅치단(玉帛綵緞)이며 일품명부(一品命婦) 셩녈효장(聖烈孝章) 복식(服色)과 직쳡(職牒) 고명(誥命)을 ᄂ리시니, 졔궁 상히 텬은을 황감(惶感)ᄒ며, 조

1372)광미딕상(廣眉大相) ; 넓은 눈썹을 가진 큰 얼굴.
1373)슈연(遂然) : 드디어. 마침내.
1374)갈담(葛覃) 풍화(風化) : 주(周)나라 문왕의 비(妃)인 태사(太姒)가 이루었던 '집안의 화목'을 말함. 갈담(葛覃)은 『시경』〈주남(周南)〉편에 나오는 시로, 주나라 문왕의 비인 태사가 아랫사람들에게 덕을 드리워 집안의 화평과 번성을 이룬 것을 칭송하는 내용임.

부인이 만심이 숑구 불안ᄒᆞ여 마지못ᄒᆞ여 향안을 비셜ᄒᆞ고, 북궐을 향ᄒᆞ여 ᄉᆞ비 후의 직쳡 고명을 밧ᄌᆞ오니, 홍금난봉쵹(紅錦鸞鳳襡)1375)의 금ᄌᆞ어필(金字御筆)노 포장(褒獎)ᄒᆞ신 【66】 직쳡(職牒)을 옥합(玉盒)의 담고, 금강보(錦襁褓)의 ᄡᆞ시니, 구봉취화ᄌᆞ옥관(九鳳綵花紫玉冠) 일ᄡᅡᆼ(一雙)과 황금치란구봉ᄎᆞ(黃金彩蘭九鳳釵) 일ᄡᅡᆼ(一雙)과 슌금쵹나젹의(純錦蜀羅翟衣) 일녕(一領)1376)과 칠봉난진쥬리(七鳳鸞珍珠䍦)1377) 일ᄎᆞ(一叉)1378)와 그 남은 픠산진쥬지뉴(貝珊珍珠之類)의 옥으로 얽고 진쥬로 숨인 거시 무슈ᄒᆞ니, 과연 인셰간의 아름다온 보비 만터라.

제궁샹희 황은을 감츅ᄒᆞ여 ᄉᆞ명(使命)을 관듸ᄒᆞ여 도라보닉고, 일노조ᄎᆞ 조셩녈의 ᄎᆞᆺ다온 셩덕이 날노 만셩(滿城)의 훼ᄌᆞ(膾炙)ᄒᆞ니, 인인(人人)이 일ᄏᆞ라 왈,

"사름이 당여싱ᄌᆞ(當如生子)1379)의 뎡의쳥이오, 당여싱녀(當如生女)1380)의 조셩녈이라."

ᄒᆞ더라.

조셩녈이 스스로 녀ᄌᆞ의 【67】 일홈이 죵용치 못ᄒᆞᆷ믈 신샹참덕(身上慙德)을 숨으니, 엇지 일호나 깃분 마음이 이시리오. ᄎᆞ후의 더욱 쇼심(小心) 익익(益益)ᄒᆞ여 여림심연(如臨深淵)ᄒᆞ니, 인인(人人)이 그 너모 겸숀ᄒᆞᆷ믈 니ᄅᆞ더라.

쳔휘 삼부인이 다 갈담규목(葛覃樛木)1381)의 셩ᄉᆞ(盛事)를 니으니, 규문(閨門)이 ᄆᆞᆰ기 징슈(澄水) 갓ᄒᆞ여 다시 흠홀 거시 업ᄉᆞ니, 쳔휘 금슬우지(琴瑟友之)1382)의 관져지낙(關雎之樂)1383)이 '당쳬(棠棣)의 시(詩)'1384)를 화ᄒᆞᄂᆞᆫ지라.

일삭의 십일은 조셩녈 슉쇼의 쳐ᄒᆞ고 한·화 냥부인이게ᄂᆞᆫ 오일식 머므러 삼부인을 한갈갓치 후딕ᄒᆞ니, 제가의 공번되미 의연이 부형여풍(父兄餘風)이라. 【68】 존당 부뫼 크게 깃거 ᄎᆞ후 다시 쳔후의 가ᄉᆞ를 근심치 아니터라.

조부의셔 엄부인이 녀아의 직쳡을 밧ᄌᆞᆸ고, 녈효문(烈孝門)이 놉ᄒᆞ니, 만셩(滿城)의

1375)홍금난봉쵹(紅錦鸞鳳襡) : 붉은 비단에 난새와 봉새가 그려진 보자기.
1376)일녕(一領) ; 한 벌. *영(領); 옷가지를 세는 단위.
1377)칠봉난진쥬리(七鳳鸞珍珠䍦) : 일곱 마리의 봉황을 수놓고 진주로 꾸민 얼굴 가리개.
1378)일ᄎᆞ(一叉) : 한 가닥. 한 줄.
1379)당여싱ᄌᆞ(當如生子) : 만일 아들을 낳는다면 마땅히 … 같아야 한다.
1380)당여싱녀(當如生女) : 만일 딸을 낳는다면 마땅히 … 같아야 한다.
1381)갈담규목(葛覃樛木) : 『시경(詩經)』 '주남(周南)'편에 실린 두편의 노래 이름. <갈담(葛覃)> <규목(樛木)> 두 편 다 문왕(文王)의 비(妃)인 태사(太姒)의 부덕(婦德)을 찬양하고 있다.
1382)금슬우지(琴瑟友之) : '거문고와 비파를 타며 서로 사귄다'는 뜻으로 『시경』 <국풍> '관저(關雎)'편에 나오는 시구.
1383)관져지낙(關雎之樂) : 남녀 또는 부부 사이의 사랑. 관저(關雎)는 『시경(詩經)』 '주남(周南)'편에 실린 노래 이름. 문왕(文王)과 태사(太姒)의 사랑을 주제로 한 노래.
1384)당쳬(棠棣)의 시(詩) : 당톄시(棠棣詩). '당쳬(棠棣)'를 노래한 시라는 뜻으로,『시경(詩經)』<소남(召南)>편 '하피농의(何彼穠矣)' 시의 '何彼穠矣 棠棣之華(하피농의 당체지화; 어찌 저리도 아름다울까, 산 앵두나무의 활짝 핀 꽃)'을 가리킨다. 여기서 '산 앵두나무의 활짝 핀 꽃'은 제후에게 시집가는 공주의 화려한 행렬을 비유한 말.

칭션ㅎ는 쇼리 주연 귀의 들니거늘, 군주의 관관(款款)흔 화락이 여고금슬(如鼓琴瑟)1385)ㅎ여 영춍부귀(榮寵富貴) 졔미(齊眉)ㅎ믈 만심 환희ㅎ더라.

이달은 바는 좌우의 젹인(敵人)이 버러시니, 일노뼈 한 《흠(欠)이 되어∥흠(欠)을 삼아》 신셕(晨夕)의 우탄(憂嘆)ㅎ더니, 퇴식 엄졍이 거졀ㅎ여,

"니련 불호지셜(不好之說)을 구외(口外)의 닉지 말나. 만일 뎡의쳥 부지 알진디 우리 가힝을 금슈만치 못알니라." 【69】

ㅎ여, 엄금(嚴禁)ㅎ니, 엄부인 투한(妒悍)이나 능히 이 다이1386) 말을 못ㅎ더라.

졔왕의 십주 셩긔는 윤비의 삼지라. 주는 계최니 공지 초산시(初産時)의 평졔왕 스데 퇴흑수 좌각노 듁운션싱 유홍이 부인 쥬시 다만 삼녀를 싱ㅎ고 무주(無子)ㅎ니, 드디여 공주를 신싱 초의 계후ㅎ니, 드디여 각노부부의 만금 쇼즁(所重)이 친싱 삼녀의 더으고, 공지 아시로 붓터 동쵹혼 셩회 가죽ㅎ니, 견지 능히 싱양(生養)1387)을 분변치 못ㅎ더라.

금년 십삼의 슉연 졍슉흔 쳬위 엄연이 쇼장부의 쳬를 일워시니, 【70】 수위(四位) 부뫼(父母) 크게 두굿기고, 각노 부뷔 더욱 이즁ㅎ여 밧비 미부(美婦)를 구ㅎ여 작병(雀屛)1388)의 빵뉴(雙遊)ㅎ는 주미를 보고져 홀시, 쥬부인이 양아(養兒)의 특츌(特出)ㅎ므로뼈 그빵이 가죽ㅎ믈 구ㅎ미, 겹겹 친의로 졍의를 후히 ㅎ고져 그윽이 ○○[유의(留意)]한 곳이 이시니, 그 형남 간의틱우 쥬무의 일녜 직용이 빵젼(雙全)혼지라.

이의 각노로 더부러 상의ㅎ고 존당과 졔왕긔 품ㅎ여 졍혼ㅎ여 셩녜(聖禮)홀시, 셩긔 공지 뉵녜(六禮)1389) 빅냥(百輔)1390)으로 쥬쇼져를 마주 도라오니, 남풍녀뫼(男風女貌) 일월이 징광(爭光)ㅎ고 금옥이 빗출 닷호는ㄴ 듯, 진짓 텬 【71】 졍일디(天定一對)1391)오 빅년가위(百年佳偶)라. 존당과 친부모의 깃거ㅎ믄 니룰도 말고, 각노 부부의 두굿기고 즁이(重愛)ㅎ믄 인간의 견조아 비홀 곳이 업스니, 문견지(聞見者) 칭션 왈,

"셰간의 무주(無子)흔 지 왕왕(往往)ㅎ니 뉘 아니 계후(繼後)를 두리오만은, 뎡각노

1385)여고금슬(如鼓琴瑟) : 북과 가야금 비파가 서로 화음을 이루 듯 부부가 서로 화목 하는 것을 이름. =종고금슬(鐘鼓琴瑟).

1386)다이 : 다히. 「조사」처럼, 같이.

1387)싱양(生養) : 생부모(生父母)와 양부모(養父母). 또는 생자(生子)와 양자(養子)를 함께 이르는 말.

1388)작병(雀屛) : 공작(孔雀)을 그린 병풍(屛風). 중국 당(唐) 고조(高祖) 이연(李淵)이 병풍에 그려진 공작새의 눈을 쏘아 맞히고 두의(竇毅)의 딸(뒤에 竇皇后가 된다)에게 장가든 고사에 나오는 병풍.

1389)뉵녜(六禮) : 우리나라 전통혼례의 여섯 가지 의례. 납채(納采), 문명(問名), 납길(納吉), 납폐(納幣), 청기(請期), 친영(親迎)을 이른다..

1390)빅냥(百輔) : '백대의 수레'라는 뜻으로, 『시경(詩經)』 「소남(召南)」편, <작소(鵲巢)>시의 '우귀(于歸) 백량(百輔)'에서 유래한 말이다. 즉 옛날 중국의 제후가(諸侯家)에서 혼례를 치를 때, 신랑이 수레 백량에 달하는 많은 요객(繞客)들을 거느려 신부집에 가서, 신부을 신랑집으로 맞아와 혼례를 올렸는데, 이 시는 이처럼 혼례가 수레 백량이 운집할 만큼 성대하게 치러진 것을 노래하고 있다.

1391)텬졍일디(天定一對) : 하늘이 정한 한 쌍.

와 쥬부인의 양ᄌ부(養子婦) 즁이(重愛)ᄒ믄 만고의 희한ᄒ니, ᄎᄂ 하늘이 뎡ᄒ신 텬눈이라."

ᄒ더라.

셩긔부뷔 양부모를 지셩 현효(賢孝)ᄒ니 이 시졀의 일홈나더라.

뎨왕의 빵빵ᄒᆫ 옥슈닌벽(玉樹驎璧)1392)이 ᄒᆡ를 년ᄒ여 장셩ᄒ니, 츙츙ᄒ여 옥남기 구슬곳 갓ᄒᆫ지라.

금평휘 본ᄃᆡ 【72】 녜의를 심ᄉ(深思)ᄒᄂ 인의군ᄌ(人義君子)로 슈다ᄌ손(數多子孫)의 초년영귀(初年榮貴)홈과 부귀 셩만ᄒ믈 깃거 아닛ᄂ 가온ᄃᆡ, 엇지 졔손의 조혼쇼빙(早婚少聘)1393)을 깃거ᄒ리오만은, 지셩ᄃᆡ회(至誠大孝) 유시로붓터 북당(北堂)1394)의 편위(偏闈)를 봉효(奉孝)ᄒ며, '노릭ᄌ(老萊子)의 질튜아희(跌墜兒戲)'1395)와 '밍종(孟宗)의 죽슌(竹筍) 썻그믈'1396) 올히 너기ᄂ지라. 틱부인 여년이 님박셔산(臨迫西山)ᄒ시니, 츙츙ᄒᆫ 졔손의 남취녀가(男娶女嫁)의 ᄌ미를 보고져 ᄒ시ᄂ 셩심(聖心)을 위월(違越)치 못ᄒ여, 졔손 남녀의 가취(嫁娶)를 분분이 바야ᄂ지라.

시의 평졔왕 십일ᄌ 윤긔ᄂ 삼비 진시의 삼ᄌ 【73】 라. ᄌᄂ 년쵸니 부형 여믹으로 금옥가ᄉ(金玉佳士)오, 문장(文章) 학ᄒᆡᆼ(學行)이 초츌ᄒ여 셩현유풍이라. 빅형 동졔공의 지현 명쳘홈과 ᄉ쳔후의 굉걸 뇌락ᄒᆫ 쳔츄 인걸지풍을 밋지 못ᄒ나, 버거 졔형 졔군죵의 비기미 ᄯᅩ흔 층등치 아니니, 한낫 관옥승상(冠玉丞相)1397)이오 헌아ᄉ인(軒雅舍人)1398)이라. 총명 호학(好學)ᄒ며 범뉴와 다르나, 일단 쳥고낙낙(淸高落落)ᄒ며 빅옥(白玉)을 《교탁 ‖ 죠탁(彫琢)》ᄒ고 슈졍(水晶)을 다듬은 듯ᄒ니, 일즉 글을 넑으믹 사호삼은(四皓三隱)1399)의 황졍경(黃庭經)1400)과 쇼부허유(巢父許由)1401)의 영쳔하슈

1392)옥슈인벽(玉樹驎璧) : 옥수(玉樹; 아름다운 나무), 기린(騏驎; 천리마), 옥벽(玉璧; 둥그런 옥)을 아울러 이르는 말로, 모두 '재주가 뛰어나고 용모가 빼어난 사람'을 이르는 말이다.

1393)조혼쇼빙(早婚少聘) : 일찍 결혼하여 어려서 신부를 맞이함.

1394)븍당(北堂) : 집안의 북쪽에 있는 당(堂)이란 뜻으로, 집안의 주부가 이곳에 거처하였기 때문에 '어머니'를 지칭하는 말로 쓰였다. =자당(慈堂).

1395)노릭ᄌ(老萊子)의 질튜아희(跌墜兒戲) : 중국 초나라의 효자 노래자가 발을 헛디뎌 넘어진 일이 있었는데, 이를 본 부모가 걱정할까봐 땅바닥에 그대로 드러누워 뒹굴며 어린애가 우는 시늉을 하여, 도리어 부모를 웃게 하였다는 고사를 말함.

1396)밍종(孟宗)의 죽슌(竹筍) 썻그믈 : 중국 삼국시대 오(吳)나라 강하(江夏)의 효자 맹종이 겨울날 어머니가 죽순을 먹고 싶다고 하자, 대 밭에 가 어머니가 즐기시는 죽순이 없음을 슬피 탄식하자, 홀연히 눈 속에서 죽순이 나와, 이를 꺾어다가 어머니께 드시게 하였다는 고사를 말함.

1397)관옥승상(冠玉丞相) : '중국 서진(西晉)의 승상 반악(潘岳)의 관옥(冠玉)처럼 아름다운 용모를 이르는 말. *관옥(冠玉); 관(冠)의 앞을 꾸미는 옥. 승상(丞相); 중국 서진(西晉)의 미남자 반악(潘岳)의 관직명.

1398)헌아샤인(軒雅舍人) : 풍채가 뛰어나게 아름다운 사인 벼슬아치. 곧 중국 당(唐)나라 때 시인 두목지(杜牧之)를 가리킴. *두목지(杜牧之) : 803~852. 이름 두목(杜牧). 자 목지(牧之). 만당(晚唐)때의 시인. 시에 뛰어나 두보(杜甫)와 함께 '이두(二杜)'로 일컬어지며, 중서사인(中書舍人)에 올랐고, 중국의 대표적 미남자로 꼽힌다.

1399)사호삼은(四皓三隱) : 사호(四皓)와 삼은(三隱)을 함께 이르는 말. *사호(四皓); 한고조 때 상산(商山)에 은거한 동원공(東園公), 기리계(綺里季), 하황공(夏黃公), 녹리선생(甪里先生) 등 네 사람을 가리

(潁川河水)의 탁이(濯耳)ᄒᆞ던 곳의 다ᄃᆞ라ᄂᆞᆫ, 가연이[1402) 낫빛츨 고치【74】고 쳑연(慽然)이 칙을 덥허 격절(擊節) 감탄(感歎)ᄒᆞ고, 졔형 졔군죵으로 더부러 고ᄉᆞ를 강논(講論)ᄒᆞ미, 졔ᄉᆡᆼ은 의논이 풍싱(豐生)ᄒᆞ고 담논이 호활(浩闊)ᄒᆞ여 고금시ᄉᆞ(古今時事)의 영웅 인걸의 치국안민지도(治國安民지도)와 ᄉᆞ군치졍(事君治政)의 니(理)를 화답ᄒᆞ딕, 윤긔ᄂᆞᆫ 미양 의논이 맞갓지 아냐 묵연침좌(默然寢坐)ᄒᆞ여 드를 ᄯᆞ름이니, 졔곤계 희롱ᄒᆞ여 궁상젓다 웃더라.

졔왕이 윤긔○[가] 졔아 가온ᄃᆡ 반ᄃᆞ시 슈(壽)를 닛지 못ᄒᆞᆯ쥴 혜아려, 이런ᄒᆞ미 졔ᄌᆞ 줌 더으고, 그 너모 묽고 조화 진ᄐᆡ(塵態) 젹으ᄃᆡ 일편단심(一片丹心)이 젼혀 빅운(白雲) 숑니(松裏)의 도라져, 쳥산일민(靑山逸民)이 되고져 ᄒᆞ【75】ᄂᆞᆫ 쥴 어엿비 너겨, ᄯᅩᄒᆞᆫ 말뉴ᄒᆞᆯ ᄯᅳᆺ이 업ᄉᆞ니, 이 ᄯᅩᄒᆞᆫ 여러 아들의 닙신환달(立身宦達)이 극ᄒᆞ니, ᄎᆞ아의 홀노 은셰(隱世)코져 ᄒᆞᄆᆞᆯ 말뉴코져 ᄯᅳᆺ이 업ᄉᆞ미러라.

금년 십이셰의 톄형이 언건(偃蹇)ᄒᆞ여 장부의 미진ᄒᆞ미 업더라. 졔왕의 십이ᄌᆞ 년긔의 ᄌᆞᄂᆞᆫ 봉ᄎᆔ니 ᄉᆞ비 경시의 ᄎᆞ지(次子)러라.【76】

킴. *삼은(三隱); 송나라의 세 은자(隱者) 석혜원(釋慧遠), 유유민(劉遺民), 도연명(陶淵明)을 가리키기도 하고, 양나라의 세 은자(隱者) 유우(劉訐), 완효서(阮孝緖), 유효(劉歊)를 가리키기도 한다.

1400) 황정경(黃庭經) : 도가(道家)의 경문(經文). 위 부인(魏夫人)이 전한 황제 내경경(黃帝內景經), 왕희지가 베껴서 거위와 바꾸었다는 황제 외경경(黃帝外景經), 황정 둔갑 연신경(黃庭遁甲緣身經), 황정 옥축경(黃庭玉軸經)의 네 가지가 있다.

1401) 쇼부허유(巢父許由) : 중국 고대 요(堯)임금으로부터 왕위를 맡아달라는 말을 듣고, 귀를 씻고 기산(箕山)에 들어가 숨었다고 하는, 중국의 전설상의 인물인 소부(巢父)와 허유(許由)를 함께 이르는 말.

1402) 가연이 : 개연(慨然)히, 분연히.

윤하뎡삼문취록 권지팔십이

츠시 제왕의 십이즈(十二子) 년긔의 즈는 봉최니, 슈비 경시의 츠지(次子)라. 싱셩
(生成)ᄒᆞ미 옥안영풍(玉顔英風)이 하안(何晏)1403) 반악(潘岳)1404)이 다시 도라온 듯,
니빅(李白)이 지셰(再世)홈 갓거늘, 빗난 문장○[은] 스마천(司馬遷)1405) 왕희지(王羲
之)1406)와 병구(竝驅)ᄒᆞ고 셩되 온즁졍듸(穩重正大)ᄒᆞ여 셩현 유풍이 가죽ᄒᆞ더라. 금
년 십이셰니 윤긔와 동년이로듸 윤긔 달노 맛이니 형이 되더라.

제왕이 냥즈(兩子)의 장셩ᄒᆞ믈 보미 넙이 미부(美婦)를 구ᄒᆞ더니, 시의 참지졍스 양
슈는 제왕의 츠비 양비의 뎨남(弟男)이라. 위인이 강명졍【1】듸(剛明正大)ᄒᆞ여 일셰
의 군즈 명위라. 실즁의 냥부인을 두어시니 원비 최시는 냥즈이녀(兩子二女)오, 츠비
오시는 다만 일녀를 두엇더라. 참졍이 우흐로 냥즈 일녀를 셩혼ᄒᆞ고 최부인 츠녀 이
혜와 오부인 일녀 쇼혜 바야흐로 장셩ᄒᆞ여시니, 이쇼졔 ᄯᅩ흔 갓치 십이셰라. 각각 셩
덕규모(性德規模)를 습(習)ᄒᆞ여 ᄌᆞ미운치(姿美韻致)와 스덕이 슉연ᄒᆞ니, 즈연 셩홰(聲
華) 먼니 스뭇고, 제왕비 질녀의 아름다오믈 심히 스랑ᄒᆞ여 타문의 보니믈 앗기고, 왕
이 쇼시의 냥쇼져를 닉이 보와 그 셩덕지용을 스랑ᄒᆞ【2】고, 이혜는 더욱 결쳥(潔淸)
쇼쇄(掃灑)ᄒᆞ며 쳥한(淸閑) 슈이(秀異)ᄒᆞ미 진짓 윤긔의 비필이니, 제왕이 양비로 상의
ᄒᆞ여 양이 형뎨 진짓 아즈 등의 텬졍가연(天定佳緣)이믈 일ᄏᆞᆺ고, 친히 양참졍을 보아
구혼ᄒᆞ니 참졍이 엇지 스양ᄒᆞ리오. 가연이 쾌허ᄒᆞ고 즉시 퇵일 회보ᄒᆞ니, 냥가 상히
피츠 혼쳐(婚處) 상당ᄒᆞ고, 신낭 신뷔 다 비필이 상젹(相敵)ᄒᆞᄆᆞᆯ 깃거ᄒᆞ더라.

냥공지 길일이 다드ᄅᆞ미 제왕궁의 듸연을 긔장(開場)ᄒᆞ고 만조 빈긱이 구룸 못듯ᄒᆞ

1403)하안(何晏) : 중국 삼국 시대 위(魏)나라의 학자. 자는 평숙(平叔). 벼슬은 시중상서에 이르렀으며,
　　청담을 즐겨 그것이 유행하는 계기를 만들고 경학을 노장풍(老莊風)으로 해석하였다. 저서에 ≪논어집
　　해≫가 있다. 얼굴에 분을 발라 멋을 부려, 미남자로도 이름이 높았다.
1404)반악(潘岳) : 247~300. 중국 서진(西晉)의 문인(文人). 자는 안인(安仁). 승상을 지냈고 미남자의 대
　　명사로 쓰인다.
1405)사마천(司馬遷) : BC.145-86. 중국 전한(前漢)의 역사가. 자는 자장(子長). 태사령(太史令)을 지냈
　　고, 기원전 104년에 공손경(公孫卿)과 함께 태초력(太初曆)을 제정하여 후세 역법의 기초를 세웠으며,
　　역사책 ≪사기≫를 완성하였다.
1406)왕희지(王羲之; 307~365). 중국 동진(東晉) 때 사람. 해서·행서·초서의 3체를 예술적 완성의 영
　　역까지 끌어올려 서성(書聖)으로 일컬어지는 중국 최고의 서예가. 자는 일소(逸少). 우군장군(右軍將軍)
　　의 벼슬을 하였으므로 왕우군(王右軍)으로 불리기도 한다.

미 긔구의 쟝녀ᄒᆞ미 비길ᄃᆡ 업더라. 냥공ᄌᆡ 옥안 영풍의 길복을 졍히 갓초고 【3】 빅마금안(白馬金鞍)의 허다 위의ᄅᆞᆯ 거ᄂᆞ려 양부의 나아가, 금난보셕(錦鸞褓席)1407) 우회 젼안지녜(奠雁之禮)ᄅᆞᆯ 맛고, 신부의 상교ᄅᆞᆯ 직쵹ᄒᆞ여 본부의 도라와, 냥신뷔 막ᄎᆞ(幕次)의 쉬여 단장을 곳치고, ᄉᆞ위(四位) 신인이 합환ᄇᆡ셕(合歡拜席)1408)의 나아가 ᄧᅡᆼᄧᅡᆼ이 교ᄇᆡ(交拜)ᄒᆞ니, 남풍여뫼()男風女貌 참치상하(參差上下)ᄒᆞ여 일월이 금벽(錦壁)의 바이고 쥬옥(珠玉)이 징광(爭光)ᄒᆞᄂᆞᆫ 듯ᄒᆞ더라. 녜파의 금쥬션(錦珠扇)을 반기(半開)ᄒᆞ고 조률(棗栗)을 밧드러 죤당 구고긔 진헌ᄒᆞ니, 뇨죠ᄒᆞᆫ 신장이 초등치 아니ᄒᆞ여 뉵쳑(六尺)이 표연(表然)ᄒᆞ고, 가는 허리 미풍을 만난 듯, 익여반월(額如半月)이오 협여도화(頰如桃花)오 미여츈산(眉如春山)이라1409). 【4】 하나흔 쇼쇄닝담(掃灑冷淡)ᄒᆞ여 셜니ᄆᆡ홰(雪裏梅花) 향긔롭고 찬 눈이 연지산(燕支山)1410)의 ᄲᅮ리ᄂᆞᆫ 듯ᄒᆞ니, 이는 이혜쇼져오, 하나흔 화슌ᄒᆞ고 유한뇨조(幽閑窈窕)ᄒᆞ여 향이 다ᄉᆞᄒᆞ고 옥이 온눈(溫潤)흠 갓ᄒᆞ니, 비록 우흐로 죤고 윤의렬의 한업슨 광염과, 빅즁냥ᄉᆞ(伯仲兩姒)1411) 쟝·조 이부인의 만ᄐᆡ억ᄎᆡ(萬態億彩)1412)ᄅᆞᆯ 밋기 어려오나, 조초 ᄉᆞ위 죤고와 버거 졔ᄉᆞ금쟝(娣姒襟丈)1413)의 하등이 아니라.

만좌의 칭셩이 요요(擾擾)ᄒᆞ고 죤당 구괴 냥공ᄌᆞ의 비필이 상젹ᄒᆞᆷ을 못ᄂᆡ 깃거, 모든 치하ᄅᆞᆯ ᄉᆞ양치 아니터라. 죵일진환(終日盡歡)ᄒᆞ고 낙극진ᄎᆔ(樂極盡醉)ᄒᆞᄆᆡ 홍운(紅雲)은 경셔(傾西)ᄒᆞ고 빅운(白雲)은 즁등(中騰)ᄒᆞ니1414) 남빈 【5】 녀긱(男賓女客)이 각산 귀지(各散歸之)ᄒᆞ고, 냥 신인을 슉쇼의 도라보닐ᄉᆡ, ᄃᆡ양시ᄂᆞᆫ ᄆᆡ화뎡의 졍ᄒᆞ고, 쇼양시ᄂᆞᆫ 니화뎡의 졍ᄒᆞ여 도라보ᄂᆡ니, 각각 유모 시녜 신부ᄅᆞᆯ 뫼셔 ᄉᆞ실(私室)노 퇴ᄒᆞ다.

시야(是夜)의 냥공ᄌᆡ 각각 죤명을 니어 향방(香房)의 나아가 금병슈막(錦屛繡幕) 가온ᄃᆡ 쳔고미완(千古美婉)을 ᄃᆡᄒᆞ니, 각각 금슬의 진즁ᄒᆞ미 여산약ᄒᆡ(如山若海)ᄒᆞ더라. 죤당 부뫼 냥공ᄌᆡ 부부의 금슬이 상화(相和)ᄒᆞᆷ을 드ᄅᆞᄆᆡ 두굿기며 깃브믈 니긔지 못ᄒᆞ더라.

1407) 금난보셕(錦鸞褓席) : 난새를 수놓은 비단포대기로 만든 화려한 방석이나 요 등의 깔개.

1408) 합환ᄇᆡ셕(合歡拜席) : 전통혼례에서 신랑신부가 합환주(合歡酒)를 나누고 교배례(交拜禮)를 행하도록 포설(鋪設)해둔 자리.

1409) 익여반월(額如半月)이오 협여도화(頰如桃花)오 미여츈산(眉如春山)이라 : 이마는 반달 같고, 두 뺨은 복숭아꽃처럼 붉으며, 눈썹은 봄날의 산처럼 아름답다.

1410) 연지산(燕支山) : 중국 감숙성(甘肅省) 난주(蘭州)의 북쪽, 장액(張掖)의 동남쪽에 있는 산. 붉은 색 안료(顏料)인 연지(臙脂)의 산지로 유명하다.

1411) 빅즁냥ᄉᆞ(伯仲兩姒) : 맏형과 둘째 시아주버니의 동서(同壻).

1412) 만ᄐᆡ억ᄎᆡ(萬態億彩) : 온갖 아름답고 빛나는 자태와 그 아름다움.

1413) 졔ᄉᆞ금쟝(娣姒襟丈) : 형제의 아내들의 손위 손아래의 여러 동서(同壻)들. '제(娣)'는 손아래 동서, '사(姒)'는 손위 동서, 금쟝(襟丈) 손위·손아래 구분 없이 '동서'를 이르는 말.

1414) 홍운(紅雲)은 경셔(傾西)ᄒᆞ고 빅운(白雲)은 즁등(中騰)ᄒᆞ니 : 저녁노을은 서쪽으로 기울고 하얀 달무리는 반공중(半空中)에 솟아오름.

양쇼져 즈미 인ᄒ여 구가의 머물미, 우흐로 존당을 승슌(承順)ᄒ며 졔슈금장(娣姒襟丈) 슉미(叔妹)로 우공(友恭)ᄒ【6】여, 꽃다온 스덕(四德)이 겸젼(兼全)ᄒ여 고즈(古者) 슉인현녀(淑人賢女)로 흡흡(洽洽)ᄒ니, 존당구고의 쳔만즈이(千萬慈愛)와 상하노쇼의 예셩(譽聲)이 즈즈ᄒ여 본부의 밋ᄎ니, 친당 부뫼 만심 환희ᄒ더라.

윤긔공즈ᄂᆞᆫ 맛줌니 공명을 구치 아냐 일편 쳥심이 빅운숑니(白雲松裏)의 도라지니 다만 쇼허(巢許)의 쳥졀(淸節)과 스호삼은(四皓三隱)의 묽은 도학을 니어, 졔형 군종 곤계 가온디 홀노 진슈(珍羞)ᄅᆞᆯ 념(厭)히 너기고 나의(羅衣)ᄅᆞᆯ 괴로이 너겨, 상시 즐기ᄂᆞᆫ 비 믹반쇼치(麥飯蔬菜)오, 취ᄒᆞᄂᆞᆫ 비 츄포갈건(麤布葛巾)으로 아관박디(峨冠博帶)1415)○○○[ᄅᆞᆯ 디ᄒᆞᄃᆡ]라. 고고(孤高)ᄒᆞᆫ 쳥의(靑衣)ᄅᆞᆯ 갓초와 탁【7】속(濁俗)ᄒᆞᆫ 의표(儀表) 더욱 앙앙(昂昂)ᄒ여 승난즈진(乘鸞子晉)1416)이라. 그 부인 양시 쏘ᄒᆞᆫ 념결(廉潔) 쳥졀(淸節)ᄒ여 쏘 상시 의복이 형츠표군(荊釵布裙)으로 ᄎᄂᆞᆫ 거시 다만 향픠(香佩) 일 쭐이라. 가즁 상히 공즈 부부의 너모 검박ᄒᆞᄆᆞᆯ 도로혀 괴이히 너기고, 졔슈 금장 가온디 동졔공 ᄎ비 연시 갓흔 우람ᄒᆞᆫ 녀즈ᄂᆞᆫ 그 어린 나히 너모 스치ᄅᆞᆯ 먼니ᄒᆞᄆᆞᆯ 가만이 웃더라. 스체ᄅᆞᆯ 아ᄂᆞᆫ 부인닉ᄂᆞᆫ 그 념결(廉潔) 낙낙(落落)ᄒᆞᆫ 덕힝을 공경이디(恭敬愛待)ᄒ더라.

윤긔 공지 부인 양시로 화락ᄒ나, 쏘ᄒᆞᆫ 즈경(子慶)이 단박(短薄)ᄒ여 늦도록 농장(弄璋)의 즈미 【8】업더니, 모년(暮年)의 겨오 독즈(獨子)ᄅᆞᆯ 두어, 희이(孩兒) 극히 비상ᄒ여 그 부모의 쳥고낙낙(淸高落落)ᄒᆞᆫ 지취ᄅᆞᆯ ᄯᆞ로지 아니ᄒ고, 조션 여믹을 니어 닙신 현달ᄒ여 부귀 영홰 극ᄒ여, 부모ᄅᆞᆯ 종효ᄒᆞ니라. 윤긔 종시 님하(林下)의 나지 아니ᄒ니 즈연 아름다온 도힝(道行)이 조야(朝野)의 낫ᄒᆞ나니, 조뎡이 즈로 쳔거(薦擧)ᄒ미, 텬지 아ᄅᆞ시고 쳥현화직(淸顯華職)으로 녜쇼(禮召)ᄒᆞ시ᄂᆞᆫ 은영이 문녀(門閭)의 빈빈ᄒᆞᄃᆡ, 공지 종시의 나지 아니ᄒ고[니], 이 니른바 만승(萬乘)1417)이 불탈필부지심(不奪匹夫之心)이러라.

텬지 크게 아름다이 너기스 별호ᄅᆞᆯ 《빅【9】우션싱∥백운선생(白雲先生)》이라 ᄒ시니라. 빅운지 쏘ᄒᆞᆫ 형뎨 가온디 슈ᄅᆞᆯ 엇지 못ᄒ니, 그 부왕의 션견지명(先見之明)이 여츳ᄒ더라.

년긔공즈ᄂᆞᆫ 쇼양시로 화락ᄒ여 즈녜 션션(詵詵)ᄒ여 스즈이녀(四子二女)ᄅᆞᆯ 싱ᄒ니, 즈녜 다 부풍모습(父風母襲)ᄒ여 긔긔히 옥슈화월(玉樹花月) 갓고, 공지 쇼년 닙신ᄒ여 니부상셔 지졔교의 니ᄅᆞ러 부뷔 빅슈히로(白首偕老)ᄒᆞ니라.

1415)아관박디(峨冠博帶) : 높은 관과 넓은 띠라는 뜻으로, 사대부의 의관이나 차림을 이르는 말.

1416)승난즈진(乘鸞子晉) : 난(鸞)새를 탄 왕자진(王子晉). *왕자진(王子晉); 주(周) 나라 영왕(靈王)의 태자. 중국 하남성(河南省) 언사현(偃師縣) 남쪽에 있는 구씨산 꼭대기에서 7월 7일 흰 학(鶴)[혹은 '난(鸞)'새]을 타고 가족과 작별한 뒤 신선이 되어 날아갔다고 한다. 피리로 봉황 소리를 잘 냈다고 함.

1417)만승(馬乘) : '만대의 병거(兵車)'라는 뜻으로, 천자 또는 천자의 자리를 이르는 말. 중국 주나라 때에 천자가 병거 일만 채를 직예(直隸) 지방에서 출동시켰던 데서 유래한다.

추셜 제왕의 추녀 영염쇼져의 주는 초옥이니, 원비 윤의렬의 쇼싱이라. 덩쇼졔 그 모비의 셩덕 염틱와 규모 녜힝을 젼습(專襲)ᄒ여시니, 엇지 속셰 범녀(凡女)와 갓흐리오. 【10】싱셩ᄒ미 턴디별긔(天地別氣)와 일월명광을 오로지 거두어, 츌셰강싱(出世降生)ᄒ 빈니, 찬찬ᄒ 염광과 슈무(愁無)ᄒ 안ᄒ(顔和) 교슈(嬌秀) 무비(無比)ᄒ여, 아시로 붓터 향난(香蘭)의 씨 움이오, 요지(瑤池)의 금봉(金鳳)1418)이러라.

졈졈 즈러미 일쳔광염과 일만주틱 휘휘 찬난ᄒ여 아춤 홍일이 명광을 먹음어 산두(山頭)의 닉왓는 듯, 윤염쇼쇄(潤艷素灑)ᄒ여 턴즁(天中)의 옥톳기1419)는 주틱롭지 못ᄒ고, 션원(仙苑)의 금봉(金鳳)은 오히려 빗나지 못ᄒ가 너기니, 오직 요지션원(瑤池仙苑)1420)의 도화(桃花) 일쳔졈이 삼쳔년의 봉오리 미주 뉵쳔년의 한번 웃는 다람화1421)로 【11】상칭(相稱)홀 거시오, 형산(荊山)의 키여닉야 열다섯 고을과 밧고던 화시벽(和氏璧)1422)으로 디두(對頭)ᄒ고, 벽ᄒ(碧海)의 건져닉야 현신으로 디ᄒ던 구슬과 병칭홀지라.

휘휘(輝輝)ᄒ여 벽진쥬 갓고 황황(恍恍)ᄒ여 금가마괴1423) 갓흐며, 셤셤(閃閃)ᄒ여 초츈 셰류(初春細柳) 갓고, 염염(艷艷)ᄒ여 산영(山靈)이오, 뇨뇨(嫋嫋)ᄒ여 턴보(天寶)며 디보(地寶)오, 졍졍(貞靜)ᄒ여 셩녀사시(聖女姒氏) 하쥬(河洲)의 계실젹 갓흐니, 쳔츄의 녀범(女範)이오, 만티의 한낫 셩싀(聖士)라. 겸ᄒ여 온슌(溫順) 비약(卑弱)ᄒ 스덕(四德)이 졍슌(貞純)ᄒ여 규목(樛木)1424)의 덕(德)과 반쇼(班昭1425))의 힝실이 가족ᄒ

1418)금봉(金鳳) : 금봉화(金鳳花). 봉선화(鳳仙花). 봉숭아꽃.

1419)옥톳기 : 옥토끼. '달'을 달리 이르는 말.

1420)요지션원(瑤池仙苑) : 요지(瑤池)의 선계(仙界). *요지(瑤池); 중국 곤륜산(崑崙山)에 있다는 못. 신선이 살고 있다고 하며, 주나라 목왕이 서왕모를 만났다는 이야기로 유명하다.

1421)다람화 : ①담화(曇華). 우담화(優曇華). 『불교』인도에서, 삼천 년에 한 번 전륜성왕이 나타날 때에 꽃이 핀다고 하는 상상의 식물. 늑우담발라. ②담화(曇華). =홍초(紅草). 칸나과의 여러해살이풀. 높이는 1~2미터이며, 잎은 큰 타원형이고 끝이 뾰족하다. 여름과 가을에 꽃잎 모양의 수술을 가진 꽃잎 사이에서 나온 꽃줄기 끝에 총상(總狀) 화서로 피고 열매는 삭과(蒴果)로 10월에 익는다. 관상용이고 말레이시아, 인도차이나가 원산지로 각지에 분포한다.

1422)화씨벽(和氏璧) : 중국 전국시대에 변화씨(卞和氏)라는 사람이 형산(荊山)에서 돌 위에 봉황이 깃들이는 것을 보고 얻었다는 천하의 이름난 옥, 후대에 진(秦)나라 소양왕(昭襄王)이 이 옥을 탐내, 당시 이 옥을 가지고 있던 조(趙)나라 혜문왕(惠文王)에게 진나라 15개의 성(城)과 바꾸자는 제안을 하였다고 하여, '연성지벽(連城之璧)'으로 불리기도 한다.

1423)금가마괴 : =금오(金烏). '해'를 달리 이르는 말. 태양 속에 세 개의 발을 가진 금까마귀가 있다는 전설에서 유래하였다.

1424)규목(樛木) : 『시경(詩經)』주남편(周南篇)에 있는 시의 제명(題名). 주(周) 문왕(文王)의 후궁들디 정비(正妃) 태사(太姒)의 덕을 찬양한 시. 또는 부부의 행복을 노래한 시로 알려져 있다. 규목(樛木)은 가지가 굽어 아래로 늘어져 있는 나무로, 부인 곧 태사(太姒)의 덕이 널리 아랫사람들에게 드리워져 있음을 상징한다.

1425)반쇼(班昭) : 중국 후한(後漢)의 시인(?49~?120). 자는 혜희(惠姬). 반고(班固)와 반초(班超)의 여동생으로, 남편 조세숙(曹世叔)이 죽은 후 궁정에 초청되어 황후·귀인의 스승이 되었으며, 당시 화제(和帝)의 희등(熹鄧)태후가 그녀에게 '대가(大家)'라는 호를 하사하여 '조대가(曹大家)'로 불리었다. 반고의 유지(遺志)를 이어 ≪한서≫를 완성하였으며, 저서에 ≪조대가집≫이 있다.

니, 존당 부뫼 긔이(奇愛)ᄒᆞ여 ᄌᆞ별ᄒᆞ고, 졔형 【12】 군죵이 다 긔경(起敬)ᄒᆞ며 닌니 종족이 칭예ᄒᆞ여 감히 어린 녀ᄌᆞ로 보지 못ᄒᆞ더라.

뎡쇼졔 니러틋 아름다온 셩덕 ᄌᆡ용으로뼈 상문교ᄋᆡ(相門嬌兒)라. 부귀의 이시나 분호도 교만ᄒᆞᆫ 긔습과 방약ᄒᆞᆫ ᄒᆡᆼ실이 업셔, ᄎᆞᆫ음(寸陰)을 앗기ᄂᆞᆫ 셩덕이 가ᄌᆞᆨᄒᆞ니, 비록 지어 ᄒᆞ고져 ᄒᆞ미 아니오, 일가와 타인의 예경ᄒᆞ믈 취코져 ᄒᆞ미 아니로ᄃᆡ, ᄌᆞ연 텬진지셩(天眞之性)이 학이시습(學而時習)ᄒᆞ고 문니장진(聞而長進)ᄒᆞᆷ 갓ᄒᆞ여, 'ᄉᆞ시ᄒᆡᆼ언(四時行焉)의 ᄇᆡᆨ물(百物)이 ᄉᆡᆼ언(生焉)[1426]ᄒᆞᄂᆞᆫ 조홰 이시며, 침션방젹지임(針線紡績之任)과 므롯 녀공지ᄉᆞ(女工之事)의 모롤 거시 업【13】고, 십지셤슈(十指纖手)의 약난(若蘭)[1427]의 공교ᄒᆞᆫ ᄌᆡ조와 영셜회문(詠雪回文)의 신능ᄒᆞᆫ ᄌᆡ긔를 아오랏시니, 일즉 유시로 븟터 ᄒᆡᆼ동 쳐ᄉᆞ의 츄호도 녀ᄒᆡᆼ의 어긔미 업ᄉᆞᄆᆡ, 일양(一樣) 단슌(丹脣)이 미ᄀᆡ(未開)ᄒᆞ고 보험(黼臉)이 젹뇨(寂寥)ᄒᆞ니, 그 장ᄃᆡ하(粧臺下) 시녀 밧근 가ᄂᆡ즁(家內中) 복쳡(僕妾)의 무리 그 얼골을 보리 드물고, 비록 혹 용화(容華)를 우러러 보리 이시나 그 언ᄉᆞ(言辭)를 듯지 못ᄒᆞᆫ지라.

니른 바 향을 보나 ᄂᆡ음을 맛지 못ᄒᆞ고, 옥이 온윤(溫潤)ᄒᆞ나 고하를 분변치 못ᄒᆞᆷ 갓더라. 년이 십일셰(十一歲)의 쳬형이 정슉ᄒᆞ니, 졔왕이 녀아의 이러틋 아름다오미 이시믈 【14】 극ᄋᆡ(極愛)ᄒᆞ여 가셔(佳壻)를 널이 구ᄒᆞ더니, 일일은 옥궐의 조회ᄒᆞ믈 님ᄒᆞᄆᆡ 진·초·연·졔·남·송·오 칠국 ᄉᆞ신이 조공을 밧드러 일시의 입조ᄒᆞ니, 텬ᄌᆞ 광녹시를 명ᄒᆞ샤 칠국 ᄉᆞ신을 셜연(設宴) 관ᄃᆡ(款待)ᄒᆞ라 ᄒᆞ시고, 특별이 평졔왕 뎡쥭쳥과 평진왕 윤쳥문과 녕승상(領丞相) 하학셩과 황틱부 윤효문 등을 다 인견ᄒᆞ샤, 칠국 교유셔를 지이시니, 졔공이 셩지를 밧ᄌᆞ와 일시의 금화ᄎᆡ젼지(金華彩牋紙)[1428]를 펼치고 농연봉묵필(龍硯鳳墨筆)[1429]을 둘너 슌식(瞬息)의 휘셔(揮書)ᄒᆞ여 농젼(龍殿)의 드리니, 웅문건필(雄文健筆)의 쳥신(淸新) 웅원(雄遠)ᄒᆞ미 볼ᄉᆞ【15】록 긔이ᄒᆞ여, 균텬(鈞天)의 활히(闊諧)와 장강(長江)의 호호(浩浩)ᄒᆞᆫ 시ᄉᆞ(詩詞) ᄉᆡ로오니, 만죄(滿朝) 쇄연(灑然) 역ᄉᆡᆨ(易色)ᄒᆞ고, 상이 농안을 곳쳐 ᄌᆡ삼 칭예(稱譽)ᄒᆞ시고, 옥계의 칠국ᄉᆞ(七國使)를 브ᄅᆞ샤 각각 교셔를 나리오시고, 쵹금(蜀錦) ᄎᆡ단(綵緞)으로 상ᄉᆞ(賞賜)를 후히 ᄒᆞ여 도라보ᄂᆡ시니, 졔국ᄉᆡ(諸國使) 상국 위엄과 왕화를 우러러 복복ᄇᆡ하(伏伏拜賀)ᄒᆞ고 퇴조ᄒᆞ여 각산본국(各散本國)ᄒᆞ니라.

1426)ᄉᆞ시ᄒᆡᆼ언(四時行焉)의 ᄇᆡᆨ물(百物)이 ᄉᆡᆼ언(生焉) : 사시(四時; 봄, 여름, 가을, 겨울)가 운행하며 온갖 사물을 생성케 한다는 뜻. 『논어』 <양화(陽貨)>편에 나오는 말.

1427)약난(若蘭) : 소혜(蘇惠). 중국 동진 때 진주자사(秦州刺史) 두도(竇滔)의 아내. 자(字)는 약란(若蘭). 남편이 진주자사로 있다가 유사(流沙)라는 곳으로 유배를 갔는데, 남편을 그리워하여 비단을 짜고 그 위에다 840자로 된 회문시(回文詩)를 수놓아 보내, 남편을 감동케 한 이야기로 유명하다. 『진서(晉書)』에 이야기가 전한다. *회문시(回文詩); 머리에서부터 내리읽으나 아래에서부터 올려 읽으나 뜻이 통하고, 평측(平仄)과 운(韻)이 맞는 한시(漢詩).

1428)금화ᄎᆡ젼지(金華彩牋紙) : 황금색의 화려한 종이.

1429)농연봉묵필(龍硯鳳墨筆) : 벼루와 먹과 붓을 함께 이른 말.

상이 옥비(玉杯)의 상방(尙房) 일등 즈홍쥬(紫紅酒)를 만작(滿酌)ᄒ여 졔인을 ᄉ쥬(賜酒)ᄒ시고, 각각 윤필지즈(潤筆之資)를 상(賞)ᄒ실ᄉ, 각각 긔진이보(奇珍異寶)를 나리오시며 문방 ᄉ우(文房四友)와 진보픠산(珍寶貝珊)으로 ᄉ(賜)ᄒ시며, 운남(雲南) 초염(硝焰)1430)을 가져 【16】한 합(盒)식 나리와, 윤·하·뎡 삼공을 ᄉ(賜)ᄒ샤 우어 왈,

"짐이 외간의 젼설을 드르니 윤·하·뎡 삼가의 군즈와 슉녜 만타 ᄒ니, 짐이 각별 초염으로 상ᄉᄒ믄 경등의 아름다온 녀부(女婦)로 ᄒ여금 용광(容光)이 빗난 거슬 돕과져 ᄒᄂ니, 경등은 군부의 다ᄉᄒ믈 괴이히 너기지 말나. 슈연이나 틱낭낭(太娘娘)1431)이 년노ᄒ샤 미양 심궁의 뇨젹(寥寂)ᄒ믈 번뇌ᄒ시니, 명츈 넘간(念間)은 틱낭낭 탄강일(誕降日)이라. 짐이 특별이 진풍연(進豐宴)1432)을 비셜(排設)ᄒ여 만조명부(滿朝命婦)1433)와 황친국족(皇親國族)을 다 모화 영치(榮致) 셜연(設宴)코져 ᄒᄂ니, 경등이 ᄯ호 응조(應朝) 【17】ᄒ여 녀부(女婦)를 조현(朝見)케 ᄒ라."

졔인이 빅빅 ᄉ은ᄒ여 텬은을 슉ᄉ(肅謝)ᄒ고 퇴조ᄒ니, 일싁이 거의 기울고져 ᄒ더라.

졔왕의 위의 졍히 당젼(堂前)ᄒ엿더니, 믄득 지젼(在前)ᄒ엿던 비리츄종(陪吏騶從)이 크게 훤화(喧譁)ᄒ며 지져괴ᄂᆫ지라. 왕이 괴이히 너겨 눈을 드러보니 노변(路邊)의 일 위 쇼년이 나귀를 타고 길가의 최워 셧ᄂᆫ《지라∥데》, 즈가 하리 등이 그 나귀 잇그던 셔동으로 더브러 힐난ᄒᄂᆫ지라.

그 셔동과 쇼년이 다 나히 십여셰 이류 즈음은 ᄒ엿더라. 그 셔동이 눈을 독히 ᄡ고 빙셩으로 니르ᄃᆡ,

"우리 쥬인도 피폐 【18】ᄒ나 본ᄃᆡ 상문(相門) ᄉ부가(士夫家) 공ᄌᆞ시오, 나도 ᄉ부(士府) 셔동이라. 평졔왕 뎐하 비록 위권이 늉즁ᄒ시나 아쥬와 군신의 존비 업고, 늬 ᄯ호 녈위 관인과 노쥬의 분의(分義) 업ᄂ니, 늬 비록 년쇼 용우ᄒ여 무심ᄒ고 귀부 위엄을 범ᄒ미 이시나 이곳 나히 어린 ᄌᆞ의 예싀어늘, 녈위 니러틋 무례ᄒ여 공ᄌᆞ를 슈욕ᄒ며 날을 잡아가고져 ᄒ니, 아모려나 녈위 관인이 우리 노쥬를 다 잡아가면 엇지 쳐치ᄒ려 ᄒᄂ뇨?"

졔궁 하리(下吏) 닝쇼 왈,

"너희 노쥬ᄂᆫ 실노 귀 눈이 업도다. 네 비록 나히 어려 인ᄉᆞ를 모로노라 ᄒ나, 어언(語言)이 셰ᄉᆞ를 알녀 【19】든 감히 우리 뎐하의 위의 지나시ᄂᆞᆫ 길을 방ᄌᆞ히 건너려 ᄒ더뇨? 아등이 이졔 너를 잡아다가 각별 뎐하의 쳐치를 기다리려 ᄒ거든, 쳔ᄒ 아희

1430)초염(硝焰) : 초석(硝石)을 원료로 하여 만든 화장품으로 얼굴에 윤기를 내기 위해 바른다.
1431)틱낭낭(太娘娘) : 황태후(皇太后)를 달리 이르는 말. *황태후(皇太后); 황제의 살아 있는 어머니.
1432)진풍연(進豐宴) : 조선시대 국왕이 대비(大妃)의 생일 등의 경사가 있을 때 대비전(大妃殿)에 올리던 궁중연회(宮中宴會).
1433)만조명부(滿朝命婦) : 모든 조신(朝臣)들의 봉작(封爵)을 받은 부인을 통틀어 이르는 말.

가지록 방즈ᄒᆞ여 우리와 겨우려 ᄒᆞᄂᆞᆫ다?"

ᄒᆞ고, 다함 닛그러 오려 ᄒᆞ고 그 셔동은 아니 오려 ᄒᆞᄂᆞᆫ 거동이어늘, ᄯᅩ 다시 그 쇼년을 슬피니 아직 편발(編髮)[1434]을 지워시니, 그 년긔 최쇼(最少)ᄒᆞᆷᄋᆞᆯ 알거시오, 의복을 보니 극히 츄러○○[ᄒᆞ여] 만일 가계 빈한치 아니ᄒᆞᆫ즉, 부뫼 지당치 아니믈 알니러라. 연이나 다만 작인 품슈의 긔특ᄒᆞᆷᄋᆞᆫ 결비범인(決非凡人)이니, 프른 녹발이 층층ᄒᆞ여 흑【20】운(碧雲)이 벽누(壁壘)의 니러나고, 월익텬뎡(月額天庭)[1435]이며 빅년냥협(白蓮兩頰)이오 호비쥬슌(虎鼻朱脣)이니, 초ᄐᆡ우(楚大夫)의 츄슈 골격과 진승상(晉丞相)의 여옥지모(如玉之貌)오, 일ᄥᅡᆼ 츄파셩안(秋波星眼)의 문명(文明)이 녕녕(盈盈) 도학진유(道學眞儒)의 그릇시오, 거지(擧止) 온즁졍듕ᄒᆞ여 ᄯᅩ 가히 셩즈의 바른 쥴믹을 드듸여시니, 비록 도쳑의 근본을 밋쳐 아지못ᄒᆞ나, 그 고문지계덕(高門之繼德)으로 명가긔믹을 니어, 녕지(靈芝) 방향(芳香)이 상녜지엽(常例枝葉)과 다른쥴 알니러라.

졔왕의 일ᄥᅡᆼ 명광이 흐르ᄂᆞᆫ 곳의, 엇지 군즈 현인을 아지 못ᄒᆞ리오. 일견의 딕경딕희(大驚大喜)ᄒᆞ여 연망이 좌우를 명ᄒᆞ여, 그 언젼징힐(言戰爭詰)【21】ᄒᆞ던 하리를 ᄭᅮ지져 믈니치고, 그 공즈를 쳥ᄒᆞ여 졔궁으로 다려오라 ᄒᆞ니, 모든 하관 비리 쳥녕 복슈(聽令伏受)ᄒᆞ여 하비를 즐퇴ᄒᆞ고, 그 쇼년의 알픠 나아가 공슈 비례ᄒᆞ고 왕의 명을 공경ᄒᆞ여 젼ᄒᆞ니 그 쇼년이 지삼 겸양ᄒᆞ다가 마지못ᄒᆞ여 졔궁 하리를 조ᄎᆞ 졔왕 후거의 조ᄎᆞ니라. 아지 못게라 이 엇던 쇼년인고, 츠ᄒᆞ 분셕ᄒᆞ라.

원닉 츠인은 다른니 아니라 경츄밀의 아즈(兒子) 문원이니, 즈ᄂᆞᆫ 운뵈라. 이곳 어ᄉᆞᄐᆡ우 윤창닌의 빈실(嬪室) 경시 난아의 이복(異腹) 뎨남(弟男)이니, 문원은 난아의 적모지쇼산애(嫡母之所産也)[1436]오, 난【22】아ᄂᆞᆫ 경츄밀 지실(再室) 호시의 녀이라.

문원이 유년(幼年)의 즈모(慈母)를 상(喪)ᄒᆞ고, 엄부(嚴父)의 익익(溺愛)ᄒᆞ시미 즈모를 겸ᄒᆞ여 조히 즈라기의 밋쳐더니, 츠회(嗟乎)라! 문원의 명되 다험(多險)ᄒᆞ고 시운이 부졔(不齊)ᄒᆞᆫ 연고로, 경공이 ᄯᅩ 마즈 관ᄉᆞ[1437]를 바리니, 문원이 은모(嚚母)[1438]와 악미(惡妹)의 즈심이 보치이미 되어, '민쳔(旻天)의 지통(至痛)'[1439] 가온듸, 텬붕지통(天崩之痛)[1440]의 망극ᄒᆞᆷᄋᆞᆯ 더어 {일누를 계오 지통의 망극ᄒᆞᆷᄋᆞᆯ 더어} 일누(一縷)를 계오 지명(持命)ᄒᆞ나 기간 허다 고ᄒᆡ(苦海) 참난(慘亂)을 엇지 다 긔록ᄒᆞ리오만은, 니런 ᄉᆞ에(辭語) 다 본젼(本傳) 가록(家錄)의 히비(賅備)[1441]ᄒᆞ니, 이의 거론【23】치 아닌

1434) 편발(編髮) : 예전에, 관례를 하기 전에 머리를 길게 땋아 늘이던 일. 또는 그 머리.
1435) 월익텬뎡(月額天庭) : 달처럼 둥글고 아름다운 이마. *천정(天庭)은 관상에서 두 눈썹의 사이 또는 이마의 복판을 이르는 말.
1436) 적모지쇼산애(嫡母之所産也) : 정실 어머니가 낳은 아들이다.
1437) 관ᄉᆞ : 세상. 현세. 이승. *관ᄉᆞ를 바리다 : 세상을 버리다. 죽다.
1438) 은모(嚚母) : ①모진 어머니. *은(嚚); 어리석다. 모질다. ②순(舜)임금의 계모를 지칭하는 말.
1439) 민쳔(旻天)의 지통(至痛) : '하늘(旻天)을 향해 울었던 지극한 슬픔'이란 뜻으로, 옛날 중국의 순(舜)임금이 어버이에게 사랑을 받지 못함을 원망하여 밭에 나가 하늘을 향해 울었던 고사를 이르는 말.
1440) 텬붕지통(天崩之痛) : 하늘이 무너지는 것 같은 슬픔이라는 뜻으로, 아버지나 임금의 죽음을 당한 슬픔을 이르는 말.

비오, 또 경난이 윤한님의 풍치를 흠모ᄒᆞ여 음모(陰謀) 곡계(曲計)로 구쇼져를 암히(暗
害)ᄒᆞ면 반계곡경(盤溪曲徑)이 밋지 아닌 곳이 업셔, 본ᄃᆡ 츄밀의 직시로 붓터 쳥한ᄒᆞ
던 가즁을 부싀여시니, 가장즙물(家藏什物)의 져기 젼냥(錢糧)이나 쓴 거ᄉ[술]1442)
다 업시ᄒᆞ여시며, 나죵은 츄환 복부의 근실ᄒᆞᆫ 뉴를 다 미미ᄒᆞ여, 젼후 난아의 쳥션 요
리를 ᄉᆞ괴여 위지부쳐(爲之佛陀)1443)를 공양(供養)ᄒᆞ노라 ᄒᆞ고, 낫낫치 업시 ᄒᆞ여{시
니} 슈용(使用)이 아조 젹빈(赤貧)ᄒᆞ여시니, 호시의 싀포(猜暴)홈과 난아의 흉음(凶淫)
ᄒᆞ미나, 손의 쥐인 거시 일쳑(一尺) 포(布)와 일두(一斗) 속(粟)【24】이 업스니, 감히
다시 간계(奸計)치 못ᄒᆞ고 쳔만 구츅ᄒᆞᆫ 가온ᄃᆡ, 반계곡경으로 굿ᄒᆞ여 윤문의 도라가
니, 윤부 상히 실노 음녀한부(淫女悍婦)를 ᄉᆞ랑ᄒᆞ미 아니로ᄃᆡ, 효문공은 인의군지(仁
義君子)라. 경시 맛츰ᄂᆡ 윤시의 문의 죵신(終身)홀 쥴 알미, 녀녀 녕능의 뉴는 되지
○○○[아닐 쥴] 아는 고로, 출하리 《외완∥외환(外患)》의 길흘 ᄭᅵᆫ쳐 다시 환난의
삭술 업시코져 ᄒᆞ여, 난아의 도라오던 날붓터 경부 비복을 도라보ᄂᆡ고, 난아의 ᄉᆞ환
복쳡을 다 본부 츙근ᄒᆞᆫ 비즈 오뉴인을 졍ᄒᆞ여 쥬고, 또 일졀 귀령(歸寧)의 길을 ᄭᅵᆫ쳐,
겨오 일년 신조(新朝)의 한번과 경츄【25】밀 긔일(忌日)의 한번을 허ᄒᆞ여, 다만 일년
의 두 슌(旬) 귀령케 ᄒᆞ니, 난이 즈연 슈족을 동한 듯ᄒᆞ여, 즈연 기과(改過)ᄒᆞ노라 업
시, 무례ᄒᆞ미 감히 요독(妖毒)을 발뵈지 못ᄒᆞ고, 아모려나 윤한님의 화풍경운(華風慶
雲)을 우러러, 혹즈 침셕 ᄭᅵᆺ히 은이를 바라미 한두번이 아니로ᄃᆡ, 져 군즈의 왕왕(汪
汪)이 쳔경파(千頃波) 갓흔 긔상과 호슈풍녈(虎鬚風烈) 갓흔 위엄을 셔어히 바라리오.
  텬명이 관유(寬裕)ᄒᆞ시믈 조ᄎᆞ 윤상부의 도라와 너른 집의 일간 방을 빌고, 일일 두
ᄢᅵ 조션셕션(朝膳夕膳)을 어더 먹으나, 무ᄉᆞᆫ 표츄(標致)로오미 이시리오【26】만은,
졔싼의 무어시라 ᄒᆞ리오. 구츅ᄒᆞᆫ 즈최를 ᄭᅳ어 윤부의 의탁ᄒᆞ니, 이 가즁 의식(衣食)이
과분ᄒᆞ니 텬동(天動)의 ᄶᅥ러진 즙츙(蝫蟲) 갓ᄒᆞ여 도로혀 엄부인은커니와 구쇼져의 즈
리도 우러러 바라지 못ᄒᆞ고, 즈모를 만나지 못ᄒᆞ니 속졀업시 금농(禁籠)의 갓친 잉뮈
(鸚鵡) 되엿더라.
  이ᄢᅢ 호시는 난아로 인ᄒᆞ여 가력(家力)이 탕진(蕩盡)ᄒᆞ니 남노녀복을 미월의 의즈
(衣資)1444)를 쥬지 아니ᄒᆞ며, 츄포싱목(麤布生木)1445)이라도 졔 닙고 남아야 공즈를
닙히니, 약간 노복이 원망ᄒᆞᄂᆞ니 무슈ᄒᆞ여 각각 훗터지고져 ᄒᆞ나, 【27】ᄎᆞᆷ아 젼부인
의 후휼ᄒᆞ던 셩덕을 닛지 못ᄒᆞ고 공즈를 ᄯᅥ나지 못ᄒᆞ여, 져희ᄭᅵ지 닌가(隣家)의 돌며
혹 남의 쳔역(賤役)도 ᄒᆞ여쥬고 갑슬 밧고, 혹 흥니화매(興利貨賣)도 ᄒᆞ여 조셕을 니

1441) ᄒᆡ비(賅備) : 넉넉히 갖추어져 있음.
1442) 쓴 거술 : 쌓아놓은 것을. 저축해 둔 것을.
1443) 위지부쳐(爲之佛陀) : 부처(佛陀)를 위함.
1444) 의즈(衣資) : 옷감. 옷값.
1445) 츄포싱목(麤布生木) : 추포(麤布)와 생목(生木)을 함께 이르는 말. *추포(麤布); 발이 굵고 거칠게 짠
  베. *생목(生木); 천을 짠 후에 잿물에 삶아서 뽀얗게 처리하지 아니한, 원래 그대로의 무명. 늑생무명

우며 가만이 공주를 공양ᄒᆞ니, 공지 이의 다두라는 탄왈,

"모친이 긔아(飢餓)를 니긔지 못ᄒᆞ시는 쩌의, 닉 홀노 무식ᄒᆞᆫ 비빅의 치기1446)를 감심(甘心)ᄒᆞ니 엇지 용녈ᄒᆞ기 심치 아니리오. 연(然)이나 셩인이 본딕 경권(經權)을 두시니 현마 어이ᄒᆞ리오. 이제 비록 니러틋 ᄒᆞ나, 죵닉(從來)의 맛춤닉 부모를 셩효(誠孝)ᄒᆞᆯ 도리 이실진【28】딕 주위를 지셩으로 밧드러 오늘날 불효를 속(贖)ᄒᆞ리라."

ᄒᆞ고, 스스로 비복의 무리 쥬는 거슬 먹어 쥬리기를 면ᄒᆞ나, 의복이 능히 졀(節)을 ᄯᆞ로지 못ᄒᆞ니, 심하(心下)의 신셰 명도를 탄ᄒᆞ나 능히 홀일업더라.

호시 쥬야 녀아를 ᄉᆞ렴(思念)ᄒᆞ나 만나기 어렵고, ᄯᅩ 비복이나 부려 셔신이나 통ᄒᆞ고 안부나 알고져 ᄒᆞ나, ᄯᅩᄒᆞᆫ 윤상부의셔 경부 비복을 엄금ᄒᆞ여 안 문의 드리지 아니ᄒᆞ니, 능히 셔신도 ᄌᆞ로 통치 못ᄒᆞᄂᆞᆫ지라. 호시 홀일업셔 공주를 보치여 왈,

"너 곳 가면 윤가의【29】셔 ᄎᆞᆷ아 면박지 못ᄒᆞᆯ 거시니, 네 맛당이 ᄌᆞ로 가 누의를 보고 오라."

ᄒᆞ니, 공지 누의 힝ᄉᆞ를 골돌ᄒᆞ여 진실노 낫 드러 사ᄅᆞᆷ 보기 붓그러오니, 더욱 어닌 낫ᄎᆞ로 윤한님을 보며, 졔윤공ᄌᆞ 등과 윤부 비복인들 ᄎᆞᆷ아 볼 ᄯᅳᆺ이 이시리오. 쳐음은 빅계(百計)○[로] 쳥탁ᄒᆞ고 가지 아니 ᄒᆞ니, 호시 여러 번 닐너 듯지 아니ᄒᆞᄆᆡ 믄득 노ᄒᆞ여, 큰 미로 난타ᄒᆞ여 피 흐릭기를 혜지 아니ᄒᆞ며,

"우이 박ᄒᆞᆫ 거시라. 네 반드시 슉아를 보라 가라 ᄒᆞ면 즐겨 가셧만은1447) 난아를 보고 오라ᄒᆞ니 마다 ᄒᆞ미라. 난이 비록 팔【30】지 슌치 못ᄒᆞ여 윤싱의 여럿지 부인이 되어, 젹국(敵國) 총즁(叢中)의 신셰 위란ᄒᆞ니, 타인은 업슈이 너기미 괴이치 아니려니와, 네게는 다만 한낫 동싱이니 그 신셰 가련ᄒᆞ려든, 남과 갓치 업슈이 너기기를 잘 ᄒᆞ리오. 네 진실노 누의를 보라 갈 ᄯᅳᆺ이 업ᄂᆞ냐?"

공지 윤가의 가기는 죽기도곤 어려오니, 허다 죄칙을 조흔 드시 바다 낫빗츨 곳치지 아니ᄒᆞ고, 이셩(怡聲)딕 왈,

"ᄒᆡ이(孩兒) 슈무상불쵀(雖無狀不肖)1448)나, 한낫 동긔를 감히 불협(不愜)ᄒᆞᆫ 의ᄉᆞᆨ 이시리잇고만은, 져졔(姐姐) 윤가의 입현(入見)ᄒᆞᄆᆡ 실노 비례(非禮) 곡경(曲境)의 아니 밋【31】츤 곳이 업ᄉᆞ니, 져집이 비록 님군의 명으로 마지못ᄒᆞ여 져져를 머므릭나, ᄉᆞ환(使喚)의 다 오가의 비쳡을 용납지 아니ᄒᆞ고, 왕닉 셔신의 길을 다 ᄭᅳᆫᄎᆞᆫ즌, 오가 가힝을 극히 무힝(無行)이 너겨 용납지 아니려 ᄒᆞᄆᆡ어늘, ᄒᆡ이 엇지 ᄎᆞᆷ아 무슨 면목으로 져곳의 나아가 졔윤을 보오며, 셜ᄉᆞ ᄒᆡ이(孩兒) 도상(倒喪)ᄒᆞᆫ 넘치를 무릅쓰고 져곳의 간들, 윤가의 셩당ᄒᆞᆫ 겨레 ᄯᅩ 엇지 쇼ᄌᆞ의 넘위(念胃)1449)를 웃지 아니리잇고?

1446)치다 : 기르다.
1447)가셧만은 : 갔건마는. 갔을 것이지만.
1448)슈무상불쵀(雖無狀不肖) : 비록 버릇없고 어리석지만.
1449)넘위(念胃) : ①염장(念臟)과 위장(胃臟), 곧 염통과 밥통을 함께 이르는 말. ②'마음'을 달리 이르는 말. *염장(念臟); 심장(心臟), 염통(念通)

아직 져 집의셔 ᄒᄂᆞᆫ 딕로 ᄇᆞ려두어, 셰월이 깁허 ᄌᆞ연 넷 일을 니ᄌᆞ미 되고, 져졔 쾌
히 회진기셩(回進其性)1450)ᄒᆞᆫ【32】후, 바야흐로 쇼지 나히 ᄎᆞᆫ 후 스스로 우이ᄅᆞᆯ 완
젼ᄒᆞᆷ 어렵지 아니ᄒᆞ니, 복원 ᄌᆞ위ᄂᆞᆫ 지삼 살피쇼셔.”

이걸ᄒᆞ나, 호시 엇지 그러이 드르리오. 진목 딕미(瞋目大罵) 왈,

“윤가의 놉흔 법졔와 셩당ᄒᆞᆫ 겨례도 다 듯고 보왓ᄂᆞ니, 셕일 윤낭의 조모 뉴시의
족하 뉴교이 진왕 윤쳥문의 안히 되엿다가, 여ᄎᆞ여ᄎᆞ 악ᄉᆞᄅᆞᆯ 무슈히 짓고도 오히려
일부(一夫)로 션죵(善終)치 못ᄒᆞ여, 댱ᄉᆞ왕의게 긔젹가지 ᄒᆞ여 불궤(不軌)ᄅᆞᆯ 도모ᄒᆞ다
가 윤쳥문 숀의 잡혀 죽엇ᄂᆞ니, 닉 ᄯᅩᆯ이 비록 쳐음이 잠간 그ᄅᆞ나 이 ᄯᅩ 년쇼【33】
녀ᄌᆞ의 여린 심장이라. 윤낭의 화류 풍신을 흠모ᄒᆞ미 딕단ᄒᆞᆫ 허물이 아니오, ᄯᅩ 반계
곡경으로 윤낭을 좃다 ᄒᆞ나, 본딕 이셩(二姓)을 셤기미 업ᄉᆞ니 붓그러오미 무어시 그
리 딕단ᄒᆞ리오. 모든 윤긔 지식이 이시면 뉴교아의 넷일을 싱각ᄒᆞ여, 뉴부인 ᄌᆞ숀이
되여 감히 녀아의 힝ᄉᆞᄅᆞᆯ 시비ᄒᆞ리 업ᄉᆞ리라. 네 진실노 아니 가려ᄒᆞ면 닉 친히 가리
라. 윤긔 날조ᄎᆞ 현마 안 문의 드리지 아니랴?”

언파의 분분이 좌우로 거교(車轎)ᄅᆞᆯ 슈습ᄒᆞ라 ᄒᆞᄂᆞᆫ지라. 공지 계모의 념치(廉恥) 상
진(喪盡)ᄒᆞᆫ 쥴【34】을 아ᄂᆞᆫ지라. 욱여 윤가의 가려ᄒᆞᆷ을 보니 어히업셔, 이의 다ᄃᆞᄅᆞ
ᄂᆞᆫ 마지 못ᄒᆞ여 복디 쳥죄 왈,

“ᄒᆡ이 불초ᄒᆞ와 ᄌᆞ교ᄅᆞᆯ 어그릇ᄎᆞ오니 죄당만ᄉᆡ오나, 윤가의 녯날 그런 단쳐(短處)
잇ᄂᆞᆫ 쥴이야 쇼지 어이 알니잇고? 삼가 모명을 밧들니이다.”

호시 바야흐로 식노(息怒)ᄒᆞ여 이의 시러【35】곰 윤부의 친히 갈 ᄯᅳᆺ을 긋치니, 공
지 마지 못ᄒᆞ여 이날 죠션을 파ᄒᆞᆫ 후 즉시 윤상부의 니ᄅᆞ니, 맛ᄎᆞᆷ 졔인의 닙신양명ᄒᆞᆫ
뉴ᄂᆞᆫ 이의 다 죠회의 드러가 아직 나오지 아니ᄒᆞ엿고, 모든 공지 이시나 시러곰 진궁
의 잇셔 밋쳐 상부의 오지 아녓더라. 공지 졔윤의 잇지 아닌 쥴 만분 다힝ᄒᆞ여 져져
ᄅᆞᆯ ᄎᆞᆺᄎᆞ 보니, 난이 죠금도 동긔의 반김과 모친의 평부ᄂᆞᆫ 뭇의도 뭇지 아니ᄒᆞ고, 눈물
을 ᄲᆞ리며 탐탐이 ᄒᆞᄂᆞᆫ 말이 다 가부의 박졍(薄情)을 한ᄒᆞ고, 합문 졔인의 쳔딕ᄒᆞᆷ과
모든 젹인(敵人)의 강셩ᄒᆞᆷ을 일ᄏᆞ라 셜홰 슈어만(數於萬)이니, 공지 누의 힝ᄉᆞᄅᆞᆯ 시로
이 한심ᄒᆞ나, 도ᄎᆞ(到此)의 ᄒᆡ유(解諭)ᄒᆞ여 드를 인물이 아닌 고로, 다만 은근 슈답ᄒᆞ
여 위로ᄒᆞ며 이윽이 안ᄌᆞᆺ다가, 구쇼져도 ᄎᆞᄌᆞ 볼【36】낫치 업셔 못 보고, 힝혀 윤
공ᄌᆞ 등을 맛날가 ᄒᆞ여 하직고 도라올ᄉᆡ, 난이 후일 ᄯᅩ 오기ᄅᆞᆯ 지삼 니ᄅᆞ고 모친긔
슈셔ᄅᆞᆯ 올니더라.

공지 누의ᄅᆞᆯ 작별ᄒᆞ고 총총이 돌아오더니, 믄득 반노의셔 평졔왕의 위의ᄅᆞᆯ 맛낫더
라.

경공지 ᄌᆞ가의 츄러ᄒᆞᆫ1451) 힝식으로 져갓흔 상부 데왕가의 갈 ᄯᅳᆺ이 업ᄉᆞ나, 장ᄌᆞ의

1450)회진기셩(回進其性) : 그 본셩에 돌이켜 나아감.
1451)츄러ᄒᆞ다 : 추레하다. 겉모양이 깨끗하지 못하고 생기가 없다.

명으로 하리 말슴을 공슌이 ᄒ여 지삼 쳥ᄒ니, 마지 못ᄒ여 셔동을 명ᄒ여 나귀를 두로혀 졔왕의 후거(後車)의 조츠니라.

ᄎ시 졔왕이 졔뎨 ᄌ질노 더부러 부듕의 도라와, ᄂᆡ당의 【37】 드러가 존당의 뵈옵고 물너 셔헌의 니ᄅᆞᆯ, 좌우를 명ᄒ여 도듕 쇼년을 쳥ᄒ라 ᄒ니, 경공직 의ᄃᆡ를 《슈렴∥슈렴(收斂)》ᄒ여 가인을 조초 날호여 쳥젼(廳前)의 다ᄃᆞ라, 우러러 당상을 보니 긔여온1452) 장부와 녈녈흔 학식 셩녈(盛列)ᄒ여 금옥이 휘황ᄒ고 검ᄑᆡ(劍佩) 장장(鏘鏘)ᄒ니1453) 공직 그 번화ᄒᆞᆯ 깃거 아니나, 이의 온 후는 홀일업ᄂᆞᆫ지라.

날호여 족용을 즁지ᄒ여 당상의 올나, 년긔 노쇼를 분간ᄒ여 ᄎ례로 네필의 빈쥬 좌졍흘ᄉᆡ, 공직 읍숀(揖遜) 겸양(謙讓)ᄒ여 말셕의 안ᄌ니, 왕이 흔연 왈,

"아등이 비록 【38】 현ᄉ(賢士)로 일면 교분이 업ᄉ나, 피ᄎᆞ ᄉ문(士門) 일ᄆᆡᆨ(一脈)이라. 상하의 존비(尊卑) 업ᄉ니 엇지 이ᄃᆡ도록 겸숀ᄒ리오. 아지못게라! 빗난 셩휘(姓諱)1454)와 ᄭᅩᆺ다온 년광(年光)을 어더 드ᄅᆞ랴?"

공직 피셕 공경 ᄃᆡ왈,

"쇼ᄉᆡᆼ 경문원은 쳔흔 나히 십이셰오, 부친은 젼임츄밀ᄉ 경뫼시니, 쇼ᄉᆡᆼ이 일즉 상션부모(上鮮父母)ᄒ고 하션형뎨(下鮮兄弟)ᄒ며 무타죵족(無他宗族)ᄒ여 일신이 영졍(零丁)ᄒ고 가계 쇠미ᄒᄋᆞ니, 다만 외로온 계뫼 당 우회 계시이다."

셩음이 쳥낭(晴朗)ᄒ여 산협의 진납이 우는 듯ᄒ고 풍치 쇄연ᄒ여 미앙궁(未央宮)1455) 봄버들이 초츈(初春)의 휘듯ᄂᆞᆫ 듯ᄒ니, 【39】 《화지풍뉴지용(花之風柳之容)∥화지용뉴지풍(花之容柳之風)1456)》이 일셰 긔남지오, 두용직(頭容直)ᄒ고 슈용공(手容恭)ᄒ여 온즁졍ᄃᆡ흔 ᄌ품(資稟)이 완연이 동졔공의 도학셩ᄌ(道學聖者)의 풍(風)으로 흡ᄉᆞᆫ 듯ᄒ니, {공ᄆᆡᆼ} 좌상졔공의 안고(眼高) 퇴악(泰岳)ᄒ미나 일견(一見)의 ᄃᆡ경(大驚) 흠ᄋᆡ(欽愛)ᄒᆞᆯ 마지 아니ᄒ고, 졔왕이 흔연 왈,

"원ᄂᆡ 놉흔 가문의 아름다온 지엽(枝葉)이랏다! ᄂᆡ 쏘 영션ᄃᆡ인으로 동조(同朝)의 ᄉ군(事君)ᄒ여 교분이 심상치 아니ᄒ던 비러니, 불ᄒᆡᆼᄒ여 녕ᄃᆡ인이 조셰(早世)ᄒ고 현계(賢契) 나히 어려 가셩(家聲)을 닛기 머러시믈 ᄎ셕ᄒ더니, 금일 현계를 우연이 만나 여ᄎ 장셩ᄒᆞᆯ 보니, 고우(故友)의 혈ᄉᆡ(血嗣) 【40】 니이믈 만ᄒᆡᆼᄒ고, 쏘 셰월이 귀과속속(駒過速速)1457)ᄒᆞᆯ 알니로다."

1452) 긔여오다 : 기위(奇偉)하다. 뛰어나게 훌륭하다.
1453) 장장(鏘鏘)ᄒ다 : 옥이나 쇠붙이 따위가 맑게 울리는 소리. 또는 그 모양.
1454) 셩휘(姓諱) : 성과 이름.
1455) 미앙궁(未央宮) : 중국 한(漢)나라 때에 만든 궁전. 고조 원년(B.C.202)에 승상인 소하(蕭何)가 장안(長安)의 용수산(龍首山)에 지었다.
1456) 화지용뉴지풍(花之容柳之風) : 꽃처럼 아름다운 얼굴과 버들가지 같은 늘씬한 풍채.
1457) 귀과속속(駒過速速) : '망아지가 빨리 지나친다'는 뜻으로, 백구과극(白駒過隙)을 달리 표현한 말. * 빅구과극(白駒過隙) : 흰 망아지가 빨리 달리는 것을 문틈으로 본다는 뜻으로, 인생이나 세월이 덧없이 짧음을 이르는 말.

공지 츄연(惆然) 비스(拜謝) 왈,

"쇼즈는 턴디간 명박흔 인싱이라. 일즉 조별고비(早別考妣)ㅎ옵고 동긔업스니, 즈최 녕졍ㅎ고 가계 빈한ㅎ와 외로은 편위(偏闈)를 봉효치 못ㅎ오니, 엇지 불효ㅎ미 심치 아니리잇고? 금일 우연이 나갓다가 도라오는 길히 뎐하의 위의를 쳔흔 셔동이 망녕도이 촉범ㅎ오니, 죄 등한치 아니ㅎ옵거늘, 뎐히 쇼싱 노쥬의 범홀(凡忽)흔 죄는 다스리지 아니시고, 비루흔 쇼아를 관곡(款曲)히 브르샤 후딕ㅎ실 쁜 아니라, 쏘흔 션친의 고귀(故舊)라 ㅎ시니 【41】 반갑고 비황(悲惶)ㅎ믈 니긔지 못ㅎ리로쇼이다."

왕이 지삼 흔연 이딕(愛待) 왈,

"고인이 실노 니런 일을 븟그려 ㅎᄂ니, 현계 두번 니르지 말나. 나의 하비(下輩) 엇지 감히 현스를 만모(慢侮)ㅎ리오."

공지 슌슌이 비스ㅎ고, 졔뎡 노쇄 쏘흔 경공즈의 표치 썬혀나고, 직긔 호상(豪爽)ㅎ여 면면이 말숨을 븟쳐 스못 이딕ㅎ고, 졔왕이 향다와 쥬찬을 나와 관딕홀식, 공지 답언이 도도ㅎ여 호치단슌의 텬ㅎ룰 감초와시니, 고금치란(古今治亂)의 모를 거시 업더라.

졔왕이 불승이경(不勝愛敬)ㅎ여 손을 잡고 칭찬ㅎ여 왈,

"가히 긔직(奇才)며 현【42】직(賢才)라. 영친(令親)이 비록 죽어시나 셕지 아닐거시니, 타일 닙신현달(立身顯達)ㅎ미 부귀공명ㅎ여 조션(祖先)을 영현(榮顯)ㅎ고, 너의 귀격달상(貴格達相)이 빅즈쳔손(百子千孫)을 두어 문호를 흥늉(興隆)ㅎ리니, 엇지 경형의 스후(死後) 혈싯(血嗣) 빗나지 못홀가 근심ㅎ리오. 아지못게라! 여년(汝年)이 최쇼ㅎ나 쳬형의 진슉(進熟)ㅎ믄 관(冠)ㅎ기의1458) 머지 아냐시니, 일즉 슌향(順向)1459)을 졈복(占卜)흔 곳이 잇ᄂ냐?"

공지 비이스왈(拜而謝曰),

"가엄(家嚴)이 일즉 세상을 바리시니 쇼이 긔시(其時)의 년쇼 유미(幼微)ㅎ여 일즉 유의흔 곳이 업숩고, 시금(時今)의 당ㅎ여는 한문미아(寒門微兒)로 뉘 즐겨 스회 【43】 숨고져 ㅎ리잇고? 시고로 남교(藍橋)1460)의 긔약을 머므른 곳이 업ᄂ이다."

왕이 졈두○○[ㅎ고], 침음냥구(沈吟良久)의 믄득 갈오딕,

"괴(孤), 현졔를 보미 능히 년치 다쇼를 싱각지 못ㅎ고, 기리 교도를 여러 셔위(徐孺)1461) '진번(陳蕃)의 탑(榻) 나리믈'1462) 본밧고져 흔 비, 궁극흔 의시 밋지 아닌 곳

1458) 관(冠)ㅎ다 : 관례(冠禮)를 올리다.
1459) 슌향(順向) : 후사(後嗣)를 이어갈 사람. 배우자.
1460) 남교(藍橋) : 중국 섬서성(陝西省) 남전현(藍田縣)에 동남쪽 남계(藍溪)에 있는 다리. 당나라 때 배항(裵航)이라는 사람이 이 다리를 건너 가, 선녀인 운영(雲英)을 만나 정을 맺었다는 이야기의 배경이 되는 장소로, 혼인을 비유적으로 이른 말.
1461) 셔위(徐孺) : 서치(徐穉). 중국 후한 때 남창태수 진번으로부터 극진한 예우를 받았던 남창의 현사(賢士)로, 진번하탑(陳蕃下榻) 고사(故事) 의 주인공.
1462) 진번(陳蕃)의 탑(榻) 나리믈 : =진번하탑(陳蕃下榻). 어진 사람을 특별히 예우하는 것을 일컫는 말.

이 업느니, 현계 능히 나의 사랑하는 뜻을 져바리지 아니할쇼냐?"

공지 쏘흔 졔뎡의 긔긔히 인걸장ㅈ지풍(人傑長者之風)을 흠경(欽敬)하는 가온듸, 더욱 평졔왕의 틱산암암지풍(泰山巖巖之風)1463)과 동졔공의 빗난 풍용(風容)과 군ㅈ 딕질(大質)이며 스쳔후의 옥면화풍(玉面和風)【44】의 건건지용(建建之容)과 탁탁지풍(卓卓之風)의 듸히(大海) 양양지풍(洋洋之風)을 보믜, 만심 갈치하며 버거 졔인의 옥면유풍이 긔긔히 옥쳥군션(玉淸群仙)이오 승난ㅈ진(乘鸞子晋)1464)이라. 스스로 안공(眼孔)하던 의긔 쇼삭하여 홀홀이 경찬하믈 마지 아니하더니, 졔왕의 슌슌(恂恂) 권이(眷愛)하믈 감격하여 스례 왈,

"한문(寒門) 쇼이(所愛) 엇지 감히 딕왕의 슌슌 과장하시믈 당하리잇가? 딕왕의 하교하시는 빈 쇼ㅈ의게 그릇 지교(指敎)치 아니 하시리니, 감히 한번 듯잡기를 바라느이다."

왕이 흔연 잠쇼 왈,

"다른 연괴 아니라, 괴(孤) 젹셔(嫡庶)의 ㅈ녜 합【45】하여 이십삼ㅈ 팔녜라. 그 반은 남아 셩혼하여시듸 오직 졔삼녜 장셩하여 금년이 십일셰의 니르러시나, 오히려 셩인의 가취지년(嫁娶之年)이 아니로듸, 존당이 년노하샤 졔아의 가취(嫁娶)를 밧바하시는 고로, 동셔로 가랑을 구하나, 한낫 옥인군ㅈ(玉人君子)를 만나지 못하여 쥬야 근심하는 빈러니, 이졔 너를 보니 진짓 나의 쇼망의 과의라. 이졔 진진(秦晉)1465)의 조하믈 밋고져 하느니, 현계(賢契) 가히 즐겨 허하랴?"

공지 공경 문파(聞罷)의 피셕 스례 왈,

"딕왕이 쇼ㅈ의 문회 한미홈과 가셰 쇠스(衰斜)하믈 허물치 아니【46】시고, 규리(閨裏) 옥슈(玉樹)로뼈 허코져 하시니 은혜 난망이라. 엇지 삼가 존의를 봉승치 아니리잇고만은, 당 우희 편뫼 지상(在上)하시니, 인눈(人倫)은 즁흔 녜라. 쇼이(小兒) 감히 ㅈ젼(自專)치 못하느이다."

왕이 흔연 왈,

"연즉 또 어렵지 아니하니, 현계 도라간 후 명일의 닉 믹파를 보닉여 녕당(令堂)긔 쳥혼하리라."

공지 빈스 왈,

"만일 ㅈ괴(慈敎) 윤허하시면, 쇼싱이 엇지 스양하리잇고?"

중국 후한 때 남창태수 진번이 그 고을의 서치(徐穉)라는 현사가 오면 특별히 걸상을 내려 앉게 하고 그가 가면 즉시 거두어 걸어 두었다는 고사에서 유래한 말.

1463)틱산암암지풍(泰山巖巖之風) : 태산의 높고 위엄 있는 풍채.

1464)승난ㅈ진(乘鸞子晋) : 난(鸞)새를 탄 왕자진(王子晉). *왕자진(王子晉); 주(周) 나라 영왕(靈王)의 태자. 중국 하남성(河南省) 언사현(偃師縣) 남쪽에 있는 구씨산 꼭대기에서 7월 7일 흰 학(鶴)[혹은 '난(鸞)'새]을 타고 가족과 작별한 뒤 신선이 되어 날아갔다고 함. 피리로 봉황 소리를 잘 냈다고 한다.

1465)진진(秦晉) : 중국 진(秦)나라와 진(晉)나라 두 나라가 대대로 혼인을 하였다는 사실에서, 혼인이나 우의가 두터운 관계를 비유적으로 이르던 말.

인호여 날이 졈으러 주당의 뵈오미 느즈믈 고호고 하직을 고호니, 왕이 지삼 연연(戀戀)호여 써나기를 앗겨호고 졔뎡이 다 연연호여 【47】후회를 긔약호더라.

공지 졔뎡을 니별호고 본부의 도라오니 날이 발셔 느졋더라.

호시 밧비 닉다라 녀아를 보라 가셔 오린 연고를 뭇거늘, 공지 나죽이 디왈,

"아히 져져를 보고 그런 번화흔 가즁의 오릭 잇기 비편호여, 구져(姐)도 아니 보고 총총이 도라오옵다가, 노변(路邊)의셔 여추여추호여 평졔왕 뎡쥭쳥을 만나, 졔궁의 갓다가 왓ᄂᆞ이다."

호시 믄득 작식(作色) 왈,

"네 말이 가히 요괴롭다. 그러면 진궁 근쳐의도 가지 아녓던가 시부마1466). 녀아를 보아시량이며 미부(妹夫)나 추주보고, 우리모녀의 비고(悲苦)흔 졍원(情願)이 【48】나 조토록 일너, 날이나 한번 아니 춫게 호랴. 나는 실노 ᄉᆞ회 잇다 호고[기] 이미호니, 진실노 옹셔(翁壻) 칭명(稱名)이 〇[이]션지는 오릭 것만은, 윤낭의 얼골이 곱던지 밉던지 녀이 하 미쳐 기리니, 그런가 시브지 근본〇[이] 엇지 삼긴지 아지 못호니, 답답호여 한번 보고져 호것만은 홀일업ᄉᆞ니 네 엇지 윤낭을 보아 이런 사졍의 셜운 말이나 닐너쥬지 아니호고, 졔궁은 뉘 잇다 호고 엉뚱흔 말노 노모를 업슈이 너겨 속이ᄂᆞ다?"

공지 연망(連忙)이 ᄉᆞ미로셔 미져의 셔간을 닉여 드리며 왈,

"과연 올흔 【49】 디로 고호엿ᄉᆞ오니, 엇지 모친을 긔망호리잇고? 져져의 셔간이 이시니 보시면 진가(眞假)를 알으시리이다."

호시 바다 보니 만편ᄉᆞ에(滿篇辭語) 다 윤싱의 한갈갓치 박졍(薄情) 미야호믈1467) 각골(刻骨) 셜워호고, 엄・텰・구등 삼부인의 ᄲᅡᆼᄲᅡᆼ흔 주녀를 써 부귀권총(富貴權寵)이 혁연호믈 못닉 불워, 홍안(紅顏)의 주한(自恨)이 빅두시(白頭詩)1468)를 외오ᄂᆞ ᄉᆞ연이라.

호시 보고 간장(肝腸)이 터지ᄂᆞ 듯, 아연이 셜워 무슈이 울며 윤싱의 박졍호믈 한호고,

"엄・텰・구 삼인의 모주녀(母子女)를 즉긱닉(卽刻內)로셔 명ᄉᆞ십왕(冥司十王)1469)이 풍도디옥(酆都地獄)1470)으로 잡아다 【50】가 《아미‖아비》 디디옥(阿鼻大地

1466) 시부마 : 싶구나만.
1467) 미야ᄒᆞ다 : 매정하다. 얄미울 정도로 쌀쌀맞고 인정이 없다.
1468) 백두시(白頭詩) : 중국 전한(前漢) 때 사마상여(司馬相如)의 처 탁문군(卓文君)이 남편이 첩을 얻으려 하자 남편의 변심을 야속해하는 마음을 시로 읊어 남편의 마음을 돌이켰다는 시, <백두음(白頭吟)>을 말함.
1469) 명ᄉᆞ십왕(冥司十王) : 불교에서, 저승에서 죽은 사람을 재판한다는 열 명의 대왕. 십왕(十王)은 진광왕, 초강대왕, 송제대왕, 오관대왕, 염라대왕, 변성대왕, 태산대왕, 평등왕, 도시대왕, 오도 전륜대왕으로, 죽은 날부터 49일까지는 7일마다, 그 뒤에는 백일・소상(小祥)・대상(大祥) 때에 차례로 이들에 의하여 심판을 받는다고 한다.
1470) 풍도디옥(酆都地獄) : 도교에서 말하는 지옥. 사람이 죽으면 이곳에 끌려와 인간세상에서 지은 죄에

獄)1471)의 너허 요괴로온 얼골이 억만겁(億萬劫) 뉸회의 다시 나지 못호게 호라."

흉독(凶毒)호 원언(怨言)이 씃지 아니호니, 공지 드롤ᄉᆞ록 흉히(凶駭)호여 다만 탄식호고 감히 간치 못호더라.

공지 다만 제궁의 갓던 바를 고호나, 졔왕의 쳥혼 언ᄉᆞ는 일ᄀᆞ치 아니호더라.

명일의 믄득 미픠 니르러 호시긔 명함(名銜)을 드리니, 댱츈낭이라 호더○[라].

호시 ᄯᅩ한 이날도 ᄉᆞ용(使用)이 핍진(乏盡)호여 조션(朝膳)을 못호고 비 골프믈 니긔지 못호여, 긴긴(繁繁)이 침상의 언와(偃臥)호여 날이 늣도록 니지 아녓더니, 미파의 납명(納名)호【51】믈 듯고 놀나는 가온ᄃᆡ도, ᄯᅩ 일변 깃거 즁심의 혜오ᄃᆡ,

"문원이 비록 ᄂᆡ지(內才) 불미(不美)호나 것 얼골은 극히 사롬다오니, 혹ᄌᆞ 아모나 구혼ᄒᆞᆯ 리 잇ᄂᆞᆫ가?"

ᄯᅩ 혜오ᄃᆡ,

"셜ᄉᆞ 구혼ᄒᆞ리 이신들 우리 가계(家計) 젹빈(赤貧)호니 므어ᄉᆞ로 빙친(聘采)들 힝ᄒᆞ리오. 문미(門楣) 상당훈 ᄃᆡ귀(大貴)훈 집 ᄯᆞᆯ은 아이의 바라도 못ᄒᆞ려니와, 아모ᄃᆡ 상한(常漢)이라도 쳔냥(千兩)이나 만코 녀ᄌᆡ 아름답거든 결혼ᄒᆞ여, ᄂᆡ 늣게야 효도나 만히 바드면 깃브리로다. 든든 깃브믈 니긔지 못ᄒᆞ여 쇼두(蕭頭)를 헷ᄡᅳᆯ고1472) 눈을 비ᄡᅳᆺᄉᆞ며1473) 헌 옷ᄉᆞᆯ 츄이져1474) 즁당(中堂)【52】의 나와 미파(媒婆)를 불너 온 ᄯᅳᆺ을 므론ᄃᆡ, 댱미픠 복디 ᄃᆡ왈,

"쳔인은 본ᄃᆡ 졈어셔 붓터 미픠 되여 쟝안 후문갑졔(侯門甲第)의 아니 가옵ᄂᆞᆫ 곳이 업ᄉᆞᆸ더니, 금일 귀ᄐᆡ의 니르러 당돌이 존부인긔 납명(納名)ᄒᆞ오믄 다른 연괴 아니라. 귀ᄐᆡ의 일위 공지 계샤, 반악(潘岳)의 풍치와 니두(李杜)의 문장이 이시믈 평졔왕 뎐히 드르시고, 특별이 쳔인을 보ᄂᆡ샤 부인긔 쳥혼ᄒᆞ라 ᄒᆞ시더이다."

호시 쳥파의 ᄃᆡ경 왈,

"이 진짓말가? 평졔왕의 부귀(富貴) 권총(權寵)으로 ᄉᆞ회를 구ᄒᆞ미, 쥬문갑졔(朱門甲第)의 옥인가랑(玉人佳郞)이 어ᄂᆡ 곳의 업ᄉᆞᆯ거시라, 이 빈한【53】훈 집 용녈코 쳔훈 ᄌᆞ식을 구ᄒᆞ리오. 벅벅이 젹녀(嫡女)로 구ᄒᆞ미 아니라, 셔녀(庶女) 삼인이 잇다 ᄒᆞ더니, 구혼(求婚) ᄒᆞᄂᆞᆫ도다."

댱픠 ᄃᆡ왈,

대한 심판을 받는다고 한다.

1471)아비ᄃᆡ디옥(阿鼻大地獄) : =아비지옥(阿鼻地獄). 무간지옥(無間地獄). 팔열 지옥(八熱地獄)의 하나. 오역죄를 짓거나, 절이나 탑을 헐거나, 시주한 재물을 축내거나 한 사람이 가는데, 한 겁(劫) 동안 끊임없이 고통을 받는다는 지옥이다. 늑무간나락·무간아비·무간옥·아비(阿鼻)·아비세계·아비지옥·아비초열지옥.

1472)헷ᄡᅳᆯ다 : 헤쓸다. '헤치다'와 '쓸다'의 합성어. 풀어헤쳐 쓰다듬다.

1473)비ᄡᅳᆺᄉᆞ다 : 비벼 씻다. '비비다'와 '쓰ᄉᆞ다'의 합성어. *쓰ᄉᆞ다; 씻다.

1474)츄이지다 : 추어 지다. 올려 매다. '츄다'와 '지다'의 합성어. *츄다: 추다. 치밀어서 올리다. *지다; 줄이나 포승 따위에 매이다.

"엇지 그러흐리잇고? 평졔왕은 당셰의 식니군즈(識理君子)시고, 인인쟝즈(仁人長者)시니, 엇지 감히 쳔녀로뼈 놉히 구혼흐여 존문 명가여엽(名家餘葉)을 욕되게 흐시리잇고? 이졔 구혼흐시는 쇼져는 졔왕 뎐하의 원비 의렬비 윤낭낭 쇼싱애(所生也)라. 츙현왕 윤명쳔의 외손이시고, 시금 평진왕 뎐하 싱녀(生女)시며, 겸흐여 셔즈(西子)1475) 왕쟝(王嬙)1476)의 지난 식(色)과, 《반쵀∥반쇼(班昭)1477)》의 놉흔 힝실이 이시니 졔궁 만금농쥬(萬金弄珠)라. 귀코 존흐미 【54】 황녀의 버금이니, 존부인이 결혼흐시미 슬히 빗나고 영회(榮孝) 그음 업스리이다."

호시 오히려 밋는듯 마는듯 냥안을 허황이 쓰고,

"진실노 네 말 갓흐면 작흐랴만은, 신부의 닉외 가셰 이러틋 혁혁흐고 또 아름답기 월뎐쇼아(月殿素娥)1478) 갓흐면, 우리 빈한흔 집 용녈흔 즈식을 구흐미 실노 이상흐니, 반드시 신뷔 신샹의 므슨 남모르는 병쳬(病處) 잇도다."

미푀 호시의 긔괴흔 거동과 말슴의 변모(變模) 업스믈 심니(心裏)의 실쇼(失笑)흐나 강잉(强仍) 되왈,

"불연(不然)이이다. 졔왕이 다만 귀부 공즈의 지모 풍신과 셰딕 명문인쥴 붉히 아르시고 구혼흐 【55】 시미오, 부귀로 구흐시미 아니니이다. 복망 부인은 호의(狐疑)치 마르시고 쾌허흐쇼셔."

호시 문득 우긔(愚氣) 발작흐여 희희이 웃고 왈,

"졔왕이 가히 스리를 안다 흐리로다. 경시 가문이야 작홀가. 조션(祖先)이 삼딕졍승(三代政丞)이오 칠딕공휘(七代公侯)런 거시니, 졔왕과 의논흐미 문즈는 상당컨만은 우리 가셰 하 젹빈(赤貧)흐니, 그런 눈 놉흔 왕후가(王侯家)의 빙칙(聘采)홀 것도 못되니, 하 민망흐여 츄스(推辭)홀 말이 업셔 니르딕, 졔왕이 낫이 구흐니 비록 신뷔 츄용 누질이라도 후의를 다감흐여 믈니치지 못흐려든, 흐믈며 졀염슉녜냐? 쾌히 허혼 【56】 흐노라."

미푀 스례흐고 도라가거늘, 호시 급히 문원을 불너 졔왕의 구혼흐던 슈말(首末)을 니르고, 우왈,

"노뫼 임의 허락흐여시니 오아(吾兒)의 뜻은 엇더흐뇨? 네 아니 어졔 졔왕과 언약흐미 잇더냐?"

1475) 셔즈(西子) : 중국 춘추시대의 월(越)나라의 미인 서시(西施). 오나라에 패한 월나라 왕 구천이 서시를 부차에게 보내어 부차가 그 용모에 빠져 있는 사이에 오나라를 멸망시켰다.

1476) 왕쟝(王嬙) : 왕소군(王昭君). 중국 전한 원제(元帝)의 후궁. 이름은 쟝(嬙). 자는 소군(昭君). 기원전 33년 흉노와의 화친 정책으로 흉노의 호한야선우(呼韓邪單于)와 정략결혼을 하였으나 자살하였다. 후세의 많은 문학 작품에 애화(哀話)로 윤색되었다

1477) 반쇼(班昭) : 45~116. 중국 후한(後漢) 시대의 시인. 자는 혜희(惠姬). 반고(班固)의 여동생. 남편이 죽은 후 궁정에 초청되어 황후·귀인의 스승이 되었으며, 조대가(曹大家)로 불리었다. 반고의 유지(遺志)를 이어 ≪한서≫를 완성하였으며, 저서에 ≪조대가집≫이 있다.

1478) 월뎐쇼아(月殿素娥) : 달 속에 있다고 하는 전설 속의 선녀 상아(嫦娥).

공지 디왈,

"히이 엇지 즈졍이 우희 계시거늘 인뉸디스(人倫大事)를 총단(總斷)ᄒᆞ며 졔왕은 네의 군지라 아히를 디ᄒᆞ여 디ᄉᆞ를 상의ᄒᆞ리잇가? 작일 유의ᄒᆞ미 잇던가 시브오디, 쇼즈는 아지 못ᄒᆞ엿더니이다."

쓰리쳐 디답ᄒᆞ니 호시 곳이 듯더라.

어시의 졔왕이 경공즈를 보닉고 졔뎨 즈질노 더브러 닉당의 드러가 존당과 부모【57】ᄭᅴ 뵈옵고, 경즈 문원의 비상ᄒᆞᆫ 지풍을 알외고, 이의 녀아의 친ᄉᆞ 유의ᄒᆞᆷ믈 품ᄒᆞ니, 티부인과 금평휘 졈두 왈,

"너의 명견식안(明見識眼)이 벅벅이 헛되지 아니리니, ᄒᆞ믈며 경가는 교목셰가(喬木世家)라. 더부러 년혼(連婚)ᄒᆞ미 무방토다."

졔왕이 비ᄉᆞ슈명(拜謝受命)ᄒᆞ고 명일의 말 줄ᄒᆞᄂᆞᆫ 미파 댱츈낭을 불너, 몬져 금빅을 상ᄉᆞ고, 경가의 가 구혼홀 말을 일일히 가르쳐 보닉니, 미픠 슈명ᄒᆞ고 가더니 이윽고 도라와 회보ᄒᆞ디, 경가 호부인의 쾌허ᄒᆞ던 슈말을 즈시 고ᄒᆞ니, 졔왕이 디열ᄒᆞ여 미파를 즁상ᄒᆞ고 이의 퇴일ᄒᆞ여 경부의 【58】보닉니, 길긔 님박ᄒᆞ여 슈슌(數旬)은 가렷더라.

졔궁 상히 혼긔(婚期) 슈히되믈 더욱 깃거, 닉외 혼슈를 셩비ᄒᆞ더라.

ᄎᆞ시 경부의셔 호시 졔궁의셔 길긔를 보ᄒᆞᆷ믈 드르니, 도로혀 큰일을 만난듯 공즈를 불너 왈,

"니졔 디례(大禮) 촉박ᄒᆞᆫ디 빙물이 아모 것도 업스니 엇지 ᄒᆞ리오. 구슉의게나 긔별ᄒᆞ면 조ᄒᆞ련만은 구상셰 본디 녀아의 ᄉᆞ단으로 우리 모녀를 질오(嫉惡)ᄒᆞᄂᆞ니, 닉 말을 드를니 업ᄂᆞᆫ지라. 네 맛당이 구상셔를 보아 므슨 빙녜의 쓸 거시나 구ᄒᆞ고, 혼슈를 보틱여 달나 ᄒᆞ라. 션군이 계실젹 구상셔도 이 집것 만히 먹고 닙【59】어시니, 이셕의 더러 갑하도 무방ᄒᆞ니라."

공지 모친의 변모 업슨 말마다 한심ᄒᆞ나, 날호여 디왈,

"혼ᄉᆞ의 번화ᄒᆞ며 아니믄 칭가유뮈(稱家有無)라. 졔왕이 일국의 부귀를 가져시니 남의 빙물을 탐치 아니ᄒᆞ나, 긔녀의 혼인을 못지닐 것 아니니, 쇼지 엇지 구ᄎᆞᄒᆞᆷ믈 힝ᄒᆞ리잇가? 다만 일장 텬혼(天婚)이 웃듬이오, 초의 경시의 셰젼긔물(世傳奇物)이 잇셔 난봉구란츠(鸞鳳句欄釵) 일ᄥᅡᆼ(一雙)이라. 셕의 션디인이 션틱틱(先太太)ᄭᅴ 빙ᄒᆞ신 빅라 ᄒᆞ시고, 디인 협ᄉᆞ(篋笥) 즁의 간ᄉᆞᄒᆞ여 계시다가, 쇼즈를 쥬어 계시니, 다만 일노ᄡᅥ 빙폐홀 거시니이다."

드디여 즈금궤(紫金櫃)【60】를 가져다가 여러 뵈니, 과연 졔되 공교롭고 옥품(玉品)이 긔이ᄒᆞ고 난봉구란(鸞鳳句欄)과 명쥬향픾(明珠香佩)를 셧거 ᄭᅮ몃시니, 텬하무가뵈(天下無價寶)라. 호시 일즉 보지 못ᄒᆞ엿던 빅라. 이는 경공이 호시의 불현탐직(不賢貪財)ᄒᆞᆷ믈 아는 고로, ᄎᆞ물을 보면 반ᄃᆞ시 ᄉᆞᄉᆞ로이 업시ᄒᆞ여 아즈의 물(物)이 되지 아닐쥴 혜아려, 깁히 간ᄉᆞᄒᆞ엿다가 님죵시(臨終時)의 공즈를 쥬어시니, 호시 아득히

몰낫던지라. 이제 보미 크게 칭찬ᄒ고, 츄밀 싱시의 외친ᄂᆡ쇼(外親內疎)ᄒ던 쥴 통한ᄒ나 홀일업고, 이제 불호지식(不好之色)을 흐즉 아직 혁혁 권문의 ᄉ회되니, 믜이 너 【61】겨 신부와 동심ᄒ여 효도ᄅᆞᆯ 덜홀가 겁ᄒ여, 바야흐로 아ᄌᆞᄅᆞᆯ 다릭고져 ᄒᄂᆞ 즈음이라. 감히 불안지식(不安之色)을 낫호지 못ᄒ고, 마음의 업시 우으며 왈,

"션군의 날 박멸(薄蔑)ᄒ시믄 아란지 오ᄅᆡ거니와, 너조ᄎ 엇지 날 긔이미 심ᄒ여, 니런 보ᄇᆡ 이시ᄃᆡ 내 엇지 아지 못ᄒ더뇨?"

공ᄌᆡ 쳔연 ᄃᆡ왈,

"이ᄂᆞ 곳 션틱틱의 신변지물(身邊之物)이라. 희이 스스로 ᄌᆞ로 보옵기ᄅᆞᆯ 원치 아냐 야야의 맛지신 ᄃᆡ로 깁히 간ᄉ홀 ᄯᆞᆫ이니, 희이 ᄯᅩᄒ 금일이야 보ᄂᆞ이다."

호시 거즛 흔연 졈두(點頭)ᄒ여 그러타 ᄒ더라.

드듸여 납폐 길일이 다닷거늘, 약간 【62】친족과 구상셔ᄅᆞᆯ 쳥ᄒ여 상의ᄒ고, 옥ᄎ(玉釵)로ᄡᅥ 납빙(納聘)ᄒ니 졔궁 상히 보고 깃거ᄒ더라. 오릭지 아녀 길월냥신(吉月良辰)이 님ᄒ니, 경시 약간 종족이며 구상셰 모다 연셕을 비셜(排設)ᄒ고 뉵녜(六禮)1479)ᄅᆞᆯ 갓초와 경공ᄌᆞ로 ᄒ여금 뎡쇼져ᄅᆞᆯ 친영(親迎)1480)홀ᄉᆡ, 이날 문원공ᄌᆡ 옥면션풍(玉面仙風)의 길복을 졍히 ᄒ고 조션과 부모의 목묘(木廟)1481)의 하직홀ᄉᆡ, 션고비(先考妣)의 일즉 조셰(早世)ᄒ여 보지 못ᄒ시믈 슬허, 뉴미봉안(柳眉鳳眼)의 항뉘(行淚) 슘연ᄒ여1482) 깁슈건을 젹시니, 묘젼의 업듸여 오릭도록 니지 아니ᄒᄂᆞᆫ지라. 구상셔와 모든 친쳑이 드러가 니로혀니 눈물이 ᄌᆞ리의 【63】괴이고, 긔운이 엄이(奄碍)홀 ᄃᆞᆺᄒ더라.

졔인이 ᄃᆡ경ᄒ여 ᄉ리로 기유ᄒ여 졀ᄎᆡᆨ(切責)ᄒ니, 공ᄌᆡ 겨오 슬프믈 진졍ᄒ여 광슈로 폭누(暴淚)ᄅᆞᆯ 졔어ᄒ고, 바야흐로 호시긔 하직ᄒ고 말긔 올나 안ᄌᆞ니, 빗난 안ᄎᆡ(眼彩)의 누쉬 어릭고 팔치(八彩) ᄡᅡᆼ궁미(雙弓眉)의 비ᄉᆡᆨ(悲色)이 은영(隱映)ᄒ니, 하일(夏日)의 두려온 긔상이 잇더라.

금안빅마(金鞍白馬)의 허다 위의ᄅᆞᆯ 거ᄂᆞ려 졔궁의 니르니, ᄎᆞ일 졔왕이 궁듕의 ᄃᆡ연을 긔장ᄒ고 빈긱을 ᄃᆡ회(大會)ᄒ니, 금벽(錦壁)이 휘황ᄒ고 광실이 좁더라.

일ᄉᆡᆨ이 반오의 신낭의 위의(威儀) 부문의 님ᄒ니, 두 쥴 홍년보쵹(紅蓮寶燭)이 ᄌᆞ슈션메(刺繡鮮袂)로, 금화치셕(錦畵彩席) 【64】우희 홍심(紅心)이 난화(爛華)ᄒᆞᆫ 가온ᄃᆡ, 신낭을 인도ᄒ여 홍안(鴻雁)을 안아 젼안지녜(奠雁之禮)ᄅᆞᆯ 맛ᄎ미, 신부의 상교ᄅᆞᆯ 기다릴ᄉᆡ, 념ᄂᆡ(簾內)의 졔부인이 신낭의 화풍덕질을 못ᄂᆡ 일ᄏᆞ라, 졔왕비와 존당의 하

1479) 뉵례(六禮) : 우리나라 전통혼례의 여섯 가지 의례. 납채(納采), 문명(問名), 납길(納吉), 납폐(納幣), 청기(請期), 친영(親迎)을 이른다.

1480) 친영(親迎) : 혼인례의 육례(六禮)의 하나. 신랑이 신부의 집에 가서 신부를 직접 맞아오는 의식이다

1481) 목묘(木廟) : 목주(木主). 죽은 사람의 위패(位牌). 대개 밤나무로 만드는데, 길이는 여덟 치, 폭은 두 치가량이고, 위는 둥글고 아래는 모지게 만든다.

1482) 슘연ᄒ다 : 나무 따위가 빽빽하다. 눈물 따위가 눈에 가득하여 그렁그렁하다.

셩(賀聲)이 분분ᄒᆞ니, 존당이며 오위(五位) 모친이 다 깃거 좌슈우답(左酬右答)의 승당치하(承當致賀)ᄒᆞ더라.

제왕이 농미봉안(龍眉鳳眼)의 쇼ᄉᆡᆨ(笑色)이 영ᄌᆞ(盈滋)ᄒᆞ여 신낭의 손을 잡아 크게 ᄉᆞ랑ᄒᆞ니, 좌상 빈ᄀᆡᆨ의 하셩이 분분ᄒᆞ고, 평진왕이 우어 왈,

"속담의 닐어시ᄃᆡ, 'ᄉᆞ회 ᄉᆞ랑은 빙뫼라' ᄒᆞᆫ것만은, 우리 져져의 단슉(端肅)ᄒᆞ시미 뉴(類)다ᄅᆞ샤 여러 【65】 녀셔(女壻)의 일즉 ᄉᆞ랑ᄒᆞ시단 말슴을 듯지 못ᄒᆞ엿더니, 뎡형의 이셔ᄒᆞᆷ은 졈졈 쥬졉드러1483) 엇ᄂᆞᆫ ᄉᆞ회마다 더 ᄉᆞ랑ᄒᆞ니, 평일 뇌락(磊落)ᄒᆞᆫ 쳬위(體威)로ᄡᅥ 엇지 쥬졉드지 아니리오."

좌간의 북빅후 하공이 쇼왈,

"ᄉᆡ ᄉᆞ회ᄂᆞᆫ 엇ᄂᆞᆫ 족족 ᄉᆞ랑ᄒᆞᆷ은 아직 경낭의 년긔 최쇼ᄒᆞ여 면뫼 교옥(嬌玉)을 관(冠)쓰인 듯 ᄒᆞ고, 풍ᄎᆡ 신뉴(新柳) 갓ᄐᆞᄆᆞᆯ 익지(愛之)ᄒᆞ미라. 녯 ᄉᆞ회ᄂᆞᆫ ᄎᆞᄎᆞ 증(憎)ᄒᆞᄂᆞ니, 댱ᄌᆞ 현의 언건ᄒᆞᆫ 풍신과 창창(蒼蒼)ᄒᆞᆫ 나룻시 노창(老蒼)ᄒᆞ미 므엇시 어엿브며, 몽셩의 허랑 방탕ᄒᆞ미 므어시 긔특ᄒᆞ리오. 이러므로 뎡형이 우ᄒᆞ로 두 ᄉᆞ회 부귀 교 【66】 아(驕兒)로 각각 단쳐(短處) 잇셔 냥녀의 평ᄉᆡᆼ이 슌치 못ᄒᆞ니, 일노ᄡᅥ 한ᄒᆞ여 이번은 종요로은 ᄌᆡ랑(才郞)을 갈구(渴求)ᄒᆞ여 엇고 깃거ᄒᆞ미로다."

좌ᄀᆡᆨ이 다 졔셩칭도(齊聲稱道)ᄒᆞ여 올흐믈 일ᄏᆞᆯ니, 제왕이 흔연 쇼왈,

"나ᄂᆞᆫ 여러 ᄌᆞ녀를 가혼(嫁婚)ᄒᆞ되 타문 남녜 모드니 귀ᄒᆞ고 각별ᄒᆞ고, 부(婦)와 셔(壻)의 밋쳐ᄂᆞᆫ 간격 업건만은, 년쇼비 노형을 긔롱ᄒᆞ여 보치고져 빅쥬(白晝)의 허언을 ᄒᆞᄂᆞ냐? 닉 본ᄃᆡ 남아의 ᄎᆔᄉᆡᆨ(取色)ᄒᆞᄆᆞᆯ 긔회치 아니 ᄒᆞᄂᆞ니, ᄯᆞᆯ의 적국을 구ᄋᆡᄒᆞ며, ᄉᆞ회 쳐쳡이 빅인들 긔회ᄒᆞ리오. 닉 실노 경낭의 온즁졍딕ᄒᆞᆫ ᄌᆞ픔(資稟)을 ᄉᆞ랑ᄒᆞᄆᆞᆯ 졔군이 【67】 변(變) ᄉᆞᆷ아 우으니, 이후의 ᄯᅩ 엇ᄂᆞᆫ ᄉᆞ회ᄂᆞᆫ 니젹션(李謫仙)1484) 두목지(杜牧之)1485) 갓흔 호걸을 구ᄒᆞ리라."

좌위 쇼왈,

"윤딕왕과 하휘 브졀업손 희언을 창슈(唱酬)ᄒᆞ여, ᄯᅩ 이후의 만일 허랑ᄒᆞᆫ ᄉᆞ회를 구ᄒᆞ면 제왕비 등이 엇지 공 등의 다언ᄒᆞᄆᆞᆯ 원(怨)치 아니시리오."

ᄒᆞ더라.

이윽고 신뷔 칠보(七寶) 셩장(盛裝)으로 구슬 뎡의 오ᄅᆞᆯᄉᆡ, 의렬비 즁당의 나와 친히 금낭(錦囊)을 치오며, 션빈(鮮鬢)을 쓰다듬아 부덕을 경계ᄒᆞ니, 쇼졔 직비 슈명ᄒᆞ고 상교ᄒᆞ니, 신낭이 슌금 쇄약(鎖鑰)을 가져 봉문(封門) 상마(上馬)ᄒᆞ여 경부로 돌아갈

1483) 쥬졉들다 : 주접들다. 궁상(窮狀)맞다. 옷차림이나 몸치레가 초라하고 너절하다.

1484) 니젹션(李謫仙) : 니빅(李白). 중국 당나라 때의 시인. 701~762. 자는 태백(太白). 호는 청련거사(靑蓮居士). 칠언 절구에 특히 뛰어났으며, 이별과 자연을 제재로 한 작품을 많이 남겼다. 현종과 양귀비의 모란연(牧丹宴)에서 취중에 <청평조(淸平調)> 3수를 지은 이야기가 유명하다. 시성(詩聖) 두보(杜甫)에 대하여 시선(詩仙)으로 칭하여진다. 시문집에 ≪이태백시집≫ 30권이 있다.

1485) 두목지(杜牧之) : 803~852. 이름은 두목(杜牧). 당나라 만당(晩唐)때 시인. 미남자로, 두보(杜甫)에 상대하여 '소두(小杜)'라 칭하며, 두보와 함께 '이두(二杜)'로 일컬어지기도 한다.

시, 일노(一路)의 풍악이 진동ᄒ고 향ᄎᆔ 십니의 ᄡᅩ이며, 현군황상(玄裙黃裳)의 경군
【68】ᄎᆔ딕(輕裙翠帶) 향노(香爐) 션ᄌᆞ(扇子)와 화림쵹(花林燭)을 잡아 도로의 니어시
니, 번화ᄒᆫ 위의 가히 천승국군의 천금교왜 ᄎᆔ부(取夫)ᄒᄂᆞᆫ 위의(威儀) 쥴 알니러라.
도로 관직(觀者) 칙칙 칭찬ᄒ여 ᄇᆡ귀(百口) 갈셩(渴聲)ᄒ고 만목(萬目)이 갈망(渴望)ᄒ
기의 멋첫더라.

ᄒᆡᆼᄒ여 경부의 니ᄅᆞ러 부부 냥인이 합환(合歡) 교셕(交席)의 나아가 ᄡᅡᆼᄡᅡᆼ이 녜ᄇᆡ(禮
拜)ᄒ고, 칠보션(七寶扇)을 기우리믹, 폐ᄇᆡᆨ(幣帛)을 밧드러 션조(先祖)와 츄밀부부 녕
하(靈下)의 진졍(進呈)ᄒ고, 버거 호시긔 드리니, 이날 공ᄌᆞ의 비회ᄂᆞᆫ 니ᄅᆞᆯ 거시 업ᄉᆞ
딕, 호시 조금도 슬픈 빗치 업셔 무슈ᄒᆞᆫ 진찬(珍饌)을 광복(廣腹)이 ᄎᆞ도록 먹어, 한갓
비브른 쥴 깃거ᄒᆞᆯ 【69】ᄯᅲ름이라.

이날 난익 ᄯᅩᄒ 왓ᄂᆞᆫ지라. 셩쟝아ᄐᆡ(盛裝雅態)로 단쟝을 치례ᄒ여 좌의 나니, 모든
빈킥이 그 교염(嬌艷)ᄒᆫ ᄌᆞ질이 졀미(絶美)ᄒ믈 보믹, 그 닉지 다ᄅᆞᆯ믈 기탄ᄒ여 가만
이 지쇼(指笑)ᄒ리 만터라. 난익 윤부 졔부인·졔소져의 좌의 업거니 ○○[ᄒ여] 홀노
미식을 ᄌᆞ부ᄒ더니, 믄득 신뷔 좌간의 니ᄅᆞ믹 먼 날이 안연이 공곡(空谷)의 쇼ᄉᆞ믹 만
국(萬國)의 명광(明光)이 휘휘(輝輝)ᄒ여 광실을 붉히니, 어딕 고으며 뮈오믈 분간ᄒ리
오. 다만 칠월 홍년(紅蓮)이 금봉1486)을 기균(開均)ᄒᄂᆞᆫ 듯, 쳔ᄐᆡ만광(千態萬光)이 교
슈무비(嬌秀無比)ᄒ여 식지종(色之宗)이오, 덕지원(德之元)이니, 좌즁 홍분이 다 탈ᄉᆡᆨ
(脫色)ᄒ여 칭【70】셩(稱聲)이 요요(擾擾)ᄒ여 호시긔 치하ᄒ니, 난아ᄂᆞ 임의 구가
합문의 모든 졀염을 만히 보아 눈이 놉하시니 각별 놀나지 아니ᄒ딕, 호시ᄂᆞᆫ 싱ᄂᆡ(生
來)의 쳐음인 듯ᄒ니, 혼모(昏暮)ᄒᆫ 눈을 두셰번 다시 씻고 바라보니, 두 눈의 아즈
레1487) 니러날 ᄯᅲ름이라. 황혼흑야(黃昏黑夜)ᄂᆞᆫ 금슈(禽獸)도 어두오믈 알고, 쳥텬ᄇᆡ일
(青天白日)은 노예하쳔(奴隸下賤)도 역지기명(亦知其明)1488)이라 ᄒ니, 뎡쇼져의 쳔고
희셰(千古稀世)ᄒᆫ 셩덕광휘ᄅᆞᆯ 호시 엇지 홀노 항복지 아니리오. 더욱 쥬흥(酒興)을 인
ᄒ여 우긔(愚氣) ᄇᆡᄇᆡ(倍倍)ᄒ니, 졔빈의 치하ᄅᆞᆯ ᄉᆞ양치 아니코, 어린 마음의,

"브딕 신부ᄅᆞᆯ ᄉᆞ랑ᄒᄂᆞᆫ 긔식을 【71】모든 친쳑의 ᄌᆞ랑ᄒ고 졔궁 복쳡의게 뵈여,
ᄌᆞ가의 어진 덕이 졔왕부부의 알으미 되면, 졔궁 샹히 깃거 만흔 지물과 조흔 진찬(珍
饌)으로 효도ᄅᆞᆯ 만히 ᄒᆞᆯ 거시니, 이졔야 닉 엇지 버스며 쥬리리오."

싱각이 이의 밋ᄎᆞ믹, 신부의 옥슈(玉手)ᄅᆞᆯ 잡고 등을 두다려 흔감(欣感)져의1489) ᄉᆞ
랑ᄒᄂᆞᆫ 거동이 심히 녜ᄉᆞ롭지 아니ᄒ니, 좌킥이 그 닉력을 아ᄂᆞᆫ ᄌᆞᄂᆞᆫ 기탄ᄒ고, 모로
ᄂᆞᆫ ᄌᆞᄂᆞᆫ 크게 어지리 너기더라.

1486) 금봉 : 금봉오리. 꽃봉오리.
1487) 아즈레 : 아지랑이. 주로 봄날 햇빛이 강하게 쬘 때 공기가 공중에서 아른아른 움직이는 현상.
1488) 역지기명(亦知其明) : 또한 그 밝음을 안다.
1489) -져의 : -저이. -스럽게. ((일부 명사 뒤에 붙어)) 부사를 만드는 접미사

제궁 복첩이 호시의 예스롭지 아닌 정티(情態)를 가장 히괴히 너기디, 본디 지식이 잇는고로 상하존비의 엄격한 녜를 다 하더【72】라. 신뷔 비록 일빵 명안을 낫초아 시청(視聽)이 업순 듯하나 본디 신명영오(神明穎悟)한지라. 엇지 존고의 체모 업순 거동을 모로리오. 심하의 암탄(暗歎)홀 뿐 이러라. 이러구러 일낙함디(日落咸池)1490)하니 졔긱이 도라가고, 이날 졔궁의셔 호시의 탐심을 아는 고로 금빅치단(金帛綵緞)이며 쥬옥(珠玉) 진찬(珍饌)을 만히 보니니, 호시 모녜(母女) 탐심이 흡연하여 바야흐로 공주를 즁히 너기며, 신부를 스랑하더라.

신부 슉쇼를 졍하여 보니니 유아시비 뫼셔 물너나다.

난이 감히 오리 머므지 못하여 익일 도라갈식, 호시 졔궁의셔 【73】 가져온 금빅치단을 반이나 쥬어 보니니라.

초야의 경싱이 향방(香房) 슈리(繡裏)의 나아가 신인을 보니, 진실노 쳔고 아미(蛾眉)오, 독보 슉완(淑婉)이니 쇼망의 넘은지라. 스스로 쳐궁의 복되믈 신기(神祇)의 스례하고, 이갓흔 현쳐를 득하나 부뫼 보지 못하시믈 슬허 종야불미(終夜不寐)하니, 신뷔 인심의 감동하믈 마지 아니터라. 공지 신부로 더부러 원앙금(鴛鴦衾)을 일쳬로 하니, 금슬의 진즁하믄 불문가지(不問可知)러라.

명조의 졍당(正堂)의 문안하니, 호시 어졔 종일 종야토록 셩찬쥬육(盛饌酒肉)을 진냥(盡量)토록 먹고, 늦도록 즈노라 비【74】셩(鼻聲)이 우뢰 갓흐니, 쇼졔 감히 드레지1491) 못하여, 시녀 등으로 더부러 난두의셔 존고의 긔침(起寢)을 등디하는지라.

공지 이 거동을 보고, 뎡시 노쥐 츄후 즈긔 가힝을 모를 거슨 아니로디, 신인이 처음으로 와셔 무힝이 너길 바를 즈참(自慙)하여, 이의 창외의 나아가 나죽이 기춤하고 왈,

"즈위 작일의 근노하샤 어디 불평하시니잇가? 늦도록 니지 아냐 계시니잇고?"

호시 잠결의 놀나 끼다라. 아주의 쇼리를 듯고 비로쇼 급히 니러나 금금(錦衾)을 밀치고 의상을 슈습하며, 싱의 부부를 드러오라 하니, 공지 【75】 몬져 입실하고, 쇼져 날호여 드러가 시좌하니, 호시 가장 어질며 덕된 쳬하여, 희희 쇼왈,

"신부는 졔왕과 의렬비의 쳔금농쥬(千金弄珠)라 싱어부귀(生於富貴)하고 장어호치(長於豪侈)하여시니, 엇지 귀(貴)코 존(尊)하미 황녀와 다르리오."

하더라. 【76】

1490)일낙함디(日落咸池) : 해가 함지에 떨어진다는 뜻으로, 해가 짐을 이르는 말.
1491)드레다 : 들레다. 야단스럽게 떠들다.

윤하뎡삼문취록 권지팔십삼

촌시 호시 가장 어질고 덕된 체후여, 희희(喜喜)이 쇼왈,

"신부는 제왕과 의렬비의 천금교왜(千金嬌娃)라. 싱어부귀(生於富貴)후고 장어호치(長於豪侈)후여시니 엇지 귀코 존후미 황녀와 다르리오. 닉집이 쏘흔 선군(先君)이 아니 계시고 닉 다른 즈녜 업스니, 미망여싱(未亡餘生)이 외로은 아즈만 의지후는지라. 신뷔 구기(舅家)라 후여 조금도 정신을 닛브게 말고, 임편(任便)후기를 본부의 이실적 갓치 후라. 노뫼 츄호(秋毫)도 기회(介懷)치 아니리라."

신뷔 공경 문파(聞罷)의 념용(斂容) 스스(謝辭)홀 뿐이러라. 뎡쇼졔 인후여 【1】머물미 조션졔스(祖先世祀)를 션봉(善奉)후고, 존고를 지효로 셤기며, 공즈를 셤기미 상경여빈(相敬如賓)후니, 가졔(家齊) 흡연(洽然)후더라.

경공지 의외의 현쳐를 득(得)후여 가도(家道)를 정후미, 심시 즈연 편후여 날노 문학을 힘쓰디, 진실노 닙신 현달의 쏫이 업더니, 호시 아즈의 과경(科慶)을 날노 바라 공즈를 권후니, 공지 고집을 두로혀 십팔세의 비로쇼 과장의 나아가 계화(桂花)1492) 제일지(第一枝)를 썻그니, 상총의 늉셩후시미 비길디 업고, 문호를 영현후미 지극흔지라. 호시의 체업시 깃거흐믄 일필난긔(一筆難記)러라. 이후의 지위 좌【2】승상 연국공 황틱부의 니르고, 부뷔 빅슈 히로(白首偕老)후고 칠즈삼녀를 두어 복녹이 졔미(齊美)흔 즁, 한낫 희첩이 업시 종요로온 복녹이 비길디 업고, 호시 효즈 현부의 종효를 바다 여년을 즐거이 맛츠니라.

이젹의 동월후 진국공 쥭암션싱 셰흥의 츠즈 인긔의 즈는 즁최오, 텬싱 픔쉬 탁이후미 부슉여풍(父叔餘風)이라. 츤비 쇼시의 장지오, 삼즈 즁긔는 삼비 한시의 장지니, 쏘흔 옥안영풍이 반악(潘岳)이 지셰후고, 문장지홰 창녀빅(昌黎伯) 한퇴지(韓退之)1493)로 흡스후더라.

냥공지 동년(同年)이나, 인긔 달노 형이 되더라. 진공【3】이 냥지 일시의 장셩후니, 동셔로 미부(美婦)를 구후여 인긔로뼈 쳐스 곽계의 녀를 취후고, 즁긔로뼈 어스 즁승

1492)계화(桂花) : 예전에 과거에 급제하면 임금이 급제자에게 종이로 만든 계화(桂花: 계수나무 꽃)를 하사한 데서 유래한 말로 '과거에 급제함'을 이르는 말.

1493)창녀빅 한퇴지(昌黎伯 韓退之) : 한유(韓愈). 중국 당나라의 문인·정치가(768~824). 자는 퇴지(退之). 호는 창려(昌黎). 당송 팔대가의 한 사람으로, 변려문을 비판하고 고문(古文)을 주장하였다. 시문집에 ≪창려선생집(昌黎先生集)≫ 이 있다.

니혐의 녀를 취ᄒᆞ니, 곽·니 냥쇼졔 ᄯᅩᄒᆞᆫ 잠영딕가(簪纓大家)의 명문 슉녀로 ᄉᆞᆨ덕이 가족ᄒᆞ여, 각각 가부(家夫)와 상젹(相敵)ᄒᆞ니 존당구괴 크게 ᄉᆞ랑ᄒᆞ고, 부뷔 진즁(鎭重)ᄒᆞ더라.

틱ᄌᆞ쇼ᄉᆞ 듁명션ᄉᆞᆼ 필홍의 장ᄌᆞ 슌긔 장셩ᄒᆞᄆᆡ, ᄯᅩᄒᆞᆫ 부슉여풍으로 옥면영풍(玉面英風)이 가족ᄒᆞ니, ᄎᆞ비 화부인 쇼싱이라. 년이 십이셰의 니ᄅᆞ미 미부를 구ᄒᆞ더니, 녕능후 셕공의 녀와 셩친ᄒᆞ니 셕쇼져ᄂᆞᆫ곳 윤상국 효문의 양【4】미(養妹) 셕상셔 부인 경아의 ᄎᆞ녀라. 셕쇼졔 안ᄉᆡᆨ(顔色)의 슈미(秀美)ᄒᆞᄆᆡ 니화일지(梨花一枝) 츈우(春雨)를 마신 ᄃᆞᆺ고, 지졍(才情)이 총혜(聰慧)ᄒᆞ며 혜식(慧識)이 다능(多能)ᄒᆞ여 일셰 뇨조가인(窈窕佳人)이라. 부뷔 상득(相得)ᄒᆞ고 존당구괴 이즁ᄒᆞ니, 셕쇼져의 평ᄉᆡᆼ이 안졍ᄒᆞ니라.

ᄎᆞ년 츄말의 졔왕의 냥ᄌᆞ 셩긔 년긔와 진국공 냥ᄌᆞ 인긔 즁긔와 쇼ᄉᆞ공의 장ᄌᆞ 슌긔 일시의 동방(同榜)의 고등(高騰)ᄒᆞ여 어화쳥삼(御花靑衫)¹⁴⁹⁴으로 도라오니, 가즁의 부귀 셩만ᄒᆞᄆᆡ 시일노 조ᄎᆞ 더으고, 쥬·양·곽·니·셕 졔쇼졔 십여셰의 봉관화리(鳳冠華里)¹⁴⁹⁵로 명부의 직쳡을 ᄯᅴ여 영광이 졔미ᄒᆞ더라.

이ᄯᅦ 동방(同榜) 【5】장원낭은 승상 황틱부 윤효문의 아ᄌᆞ 흥닌이오, 희원은 평진왕의 팔ᄌᆞ 형닌이러라. 윤·하·뎡 삼문의 졔ᄌᆞ 졔손이 희로 니어 계수(桂樹) 졔일지(第一枝)를 닷호아 썻그니, ᄉᆞ방 졔ᄉᆡᆼ 악연ᄒᆞ여 감히 셔의(齟齬)ᄒᆞᆫ 지조를 발뵈지 못ᄒᆞ더라.

졔공이 다 각각 북당(北堂)의 승안열의(承顔悅意)를 위ᄒᆞ여 비록 깃거ᄒᆞ나, 졔ᄌᆞ손의 니ᄅᆞ히 부귀(富貴) 셩만(盛滿)ᄒᆞᆷ을 깃거 아니터라.

션셜(先說) 진왕부의셔 형닌 흥닌이 다 십이셰라. 진왕은 형닌의 발호ᄒᆞᆫ 긔상을 더욱 깃거 아냐, ᄆᆡ양 니로딕,

"형닌이 아직 인ᄉᆡ 머러시니 취쳐(娶妻)ᄒᆞᄆᆡ 고인(古人)의 유취지년(有娶之年)을 기다【6】릴거시오. 닙신(立身)ᄒᆞᆫ즉 ᄯᅩᄒᆞᆫ 이십을 기다릴 거시라."

ᄒᆞ더니, 형닌은 남비의 쇼ᄉᆡᆼ이라, 풍치 동탕(動蕩)ᄒᆞ고 신치(身彩) 쇄락ᄒᆞ여 금옥가랑(金玉佳郞)이오, 문장이 조ᄌᆞ건(曹子建)¹⁴⁹⁶ 왕희지(王羲之)¹⁴⁹⁷를 묘시(藐視)ᄒᆞ고

1494)어화쳥삼(御花靑衫) : 어ᄉᆞ화(御賜花)를 꽂은 오ᄉᆞ모(烏紗帽)를 쓰고 푸른 색 도포를 입은 과거 급제자의 차림. *어ᄉᆞ화(御賜花); 조선 시대에, 문무과에 급제한 사람에게 임금이 하사하던 종이꽃.
1495)봉관화리(封冠花里) : 한국 고소설에서 과거에 급제한 관원의 부인이나 공경대부(公卿大夫)의 부인과 같은 외명부(外命婦)가 머리에 쓰는 화려하게 장식한 관모(冠帽) 곧 족두(簇頭里)리를 이르는 말이다. 본래 족두리는 고려때 원나라로부터 들어온 왕실여성들이 쓰는 관모(冠帽)인 고고리(古古里)에서 유래한 말로, 고려 이후 여성들이 예복(禮服)을 입을 때 이것을 관모(冠帽)로 머리에 썼다. 겉을 검은 비단으로 싼[封] 여섯 모가 난 모자[冠]로 위가 넓고 아래로 내려갈수록 좁으며 구슬로 화려하게[華] 장식했기 때문에, 이것 곧 족두리(簇頭里)[里]에 '봉관화리(鳳冠華里)'라는 이름을 붙인 것으로 추정된다. '봉관화리(鳳冠華里)'라는 말은 한국 고소설에만 나타나는 말로 전통복식 용어에는 나타나지 않는다.
1496)조자건(曹子建) : 조식(曹植 : 192~232). 자건은 자. 중국 삼국시대 위(魏)나라 조조의 셋째 아들로 시

호상(豪爽)흔 긔질은 만히 부왕으로 흡수흐고, 츄형 웅닌으로 방불흐더라. 주유로 의긔 방약흐고 또 외조 남공이 과도히 익이흐여, 아시의 다려다가 좌하의 두어 스랑흐미 비길듸 업스니, 공주 본성이 방일흔 가온듸, 냥가의 왕닉흐여 호치즁(豪侈中) 싱장흐니, 시년 십여셰의 동셔로 두리며 거칠거시 업스듸, 다만 두리는 빈 부왕이라. 부왕 면젼을 님흔【7】즉 긔운을 장츅(藏縮)흐니, 왕이 아주의 위인을 혜아려 만일 진압흐는 슉녀를 만나지 못흔즉 함위경박지(陷爲輕薄者)¹⁴⁹⁸ 될가 우려흐는 고로, 타문의 근본 모로는 규수를 구치 아냐 그윽이 뎡쇼부의 녀아를 유의흐나, 아직 발셜치 아니코 뎡쇼뷔 또흔 형닌을 유의(有意)흐듸, 그 방일흐믈 쎠려 잠잠흐더라.

형닌이 비록 년유흐나 인스쳐변(人事處變)이 노스슉유(老士宿儒)의 긔상이 잇는지라. 부뫼 주긔를 위흐여 뎡쇼져를 유의흠과 뎡쇼뷔 주긔의 호일흐믈 쎠려 쾌흔 뜻이 업스믈 알고 싱각흐듸,

"뎡시는 엇던 위인이【8】완듸 니러툿 흐는고? 닉 아모커나 뎡시를 한번 《보기를 ∥보리라》."

《요구흐미∥이의》그윽이 유심흐여 뎡부의 왕닉흐며, 혹 뎡공주를 츠주 말흐고 슉녈비 귀령흔 쎠를 승간(乘間)흐여 왕닉 무상흐나, 져 뎡쇼졔 규법(閨法)이 숨엄흐니, 그 가즁 복예추환(僕隷叉鬟)의 무리 오히려 그 얼골을 보미 쉽지 아니커늘, 외간 남직 엇지 십쥬리(十柱裏)¹⁴⁹⁹ 도장¹⁵⁰⁰ 속의 금옥 귀쇼져를 여어보미 그리 쉬오리오.

유유도일(儒儒渡日)¹⁵⁰¹흐여 쳔연(遷延) 시월(時月)¹⁵⁰²이러니, 믄득 나라히셔 츠년 츄팔월의 셜과흐여 만방 다스(多士)를 다 관광케 흐시니, 승상이 주질의 쇼년 닙【9】신을 깃거흐미 아니로듸, 북당 녈의(悅意)를 위흐여, 이의 날을 갈희여 관녜(冠禮)를 일우고 금츄 갑과(甲科)¹⁵⁰³를 참녜케 흐니라.

화셜 만셰 황애 황국뎐의 셜조(設朝)흐시고 몬져 종묘스직(宗廟社稷)의 빈알(拜謁)흐시고, 스방의 현냥방졍지직(賢良方正之才)를 구흐실식, 시당즁츄(時當中秋)¹⁵⁰⁴오, 졀당념간(節當念間)¹⁵⁰⁵이○[라]. 금풍(金風)¹⁵⁰⁶이 쳥낭(晴朗)흐고 경싴이 가려(佳麗)

호가 사(思)이다. 일곱 걸음 만에 시를 지어 죽음을 모면하였다는 칠보시(七步詩)가 유명하다. *칠보시(七步詩); 콩을 삶기 위하여 콩대를 태우니/ 콩이 가마 속에서 소리 없이 우노라/ 본디 한 뿌리에서 같이 태어났거늘,/서로 괴롭히기가 어찌 이리 심한고/(煮豆燃豆其 豆在釜中泣 本是同根生 相煎何太急).
1497)왕희지(王羲之) : 307~365. 중국 동진(東晉) 때 사람. '서성(書聖)'으로 일컬어지는 중국 최고의 서예가(書藝家).
1498)함위경박지(陷爲輕薄者) : 경박한 사람 무리에 빠짐.
1499)십쥬리(十柱裏) : 10개의 기둥을 세워 지은 집의 내부.
1500)도장 : 늑규방(閨房). 부녀자가 거처하는 방.
1501)유유도일(儒儒渡日) : 미적미적하며 날을 보냄.
1502)시월(時月) : 시일(時日). 시간(時間)
1503)갑과(甲科) : 조선 시대에, 과거 합격자를 성적에 따라 나누던 세 등급 가운데 첫째 등급. 정원은 세 명으로, 일등인 장원랑(壯元郎)은 종6품, 이등인 방안(榜眼)과 삼등인 탐화랑(探花郎)은 각각 정7품의 품계를 받았다. 여기서는 '문과(文科)'를 이르는 말로 쓰였다.
1504)시당즁츄(時當中秋) : 때는 중추(中秋) 곧 8월이다.

ᄒᆞ니 처처의 츄완방난(秋玩芳蘭)이 쇼담 가려(佳麗)ᄒᆞ여 원산 경기 아름답고, 옥계(玉溪) 션원(仙苑)의 {삼황취금과} 녹듁숑풍(綠竹松風)이 쇼슬(蕭瑟)ᄒᆞ며, 암향(暗香)이 《쇼비‖옹비(擁鼻)》ᄒᆞ듸, 황금어탑(黃金御榻)의 금난요셕(錦蘭褥席)을 졍졔(整齊)ᄒᆞ고, 뉵농옥상(六龍玉床)의 만세 텬지 단졍이 팔장 쏘즈 좌ᄒᆞ【10】시니, 두삽통텬(頭揷通天)과 신착황금곤룡포(身著黃金袞龍袍)와 요하(腰下)의 일월농봉듸(日月龍鳳帶) 슴엄ᄒᆞᆫ 녜규(禮規)와 황황(恍恍)ᄒᆞᆫ 픔복(品服)을 갓초와 계시거늘, 《좌우‖좌(左)의》 반항(班行)의는 졍졍졔졔(整整齊齊)ᄒᆞᆫ 문관이 금관픠옥(金冠佩玉)을 울니며 월픠셩관(月佩盛冠)을 졍히ᄒᆞ여 옥듸(玉帶)를 도도고, 상간(象玕)1507)을 압두어 두용직(頭容直)ᄒᆞ고 슈용공(手容恭)ᄒᆞ며 목용단(目容端)ᄒᆞ여 국궁진쵀이시립(鞠躬盡瘁而侍立)1508)이오, 우(右)의는 웅웅(雄雄)ᄒᆞᆫ 무부(武夫)와 늠늠ᄒᆞᆫ 호걸(豪傑)이 금슈융장(錦繡戎裝)과 슈듸ᄉᆞᆼ(繡帶絲紃)1509)으로 검픠(劍佩) 장장(鏘鏘)ᄒᆞ고1510) 결속(結束)이 비범ᄒᆞ니, 황극뎐(皇極殿) 하의 긔치(旗幟) 졍졔(整齊)ᄒᆞ고 검극(劍戟)이 삼나(森羅)ᄒᆞ여 위엄이 싁싁ᄒᆞ니, 화려장녀(華麗壯麗)ᄒᆞ미 쳔고장관(千古壯觀)이니, 《녕슈‖녕쇼》【11】보뎐(靈宵寶殿)의 옥황이 죠회(朝會)를 여러 졔션을 죠회 바드시나, 이갓치 화려코 빗나지 못ᄒᆞᆯ너라.

일영(日影)이 장반(將半)의 다ᄉᆞ(多士) 구름갓치 모도니, 그 슈를 쳔만(千萬)으로 혜지 못ᄒᆞᆯ너라.

어시의 ᄉᆞ방 졔ᄉᆞ(諸士) 구름이 집회며1511) 안기 ᄭᅵᆫᄃᆞ시 모다, 황극뎐 옥계하의 빅ᄉᆞ장 너른 뜰히 밀밀(密密)이 ᄊᆞ히며, 셔로 동뉴를 ᄎᆞᆺ지 못ᄒᆞ고, 엇게 긔야이고1512), 눈이 밤뷔며1513), 인셩(人聲)이 훤화(喧譁)ᄒᆞ여, 기즁(其中) 직죄 쇼여(疎如)ᄒᆞ고 담이 젹은 즈는 능히 졍신을 출히지 못ᄒᆞ여, 아이의 붓잡을 싱의를 못ᄒᆞ더라.

이날 윤·하·뎡 삼부 제공지 일시의 참방(參榜)【12】ᄒᆞ니, 이날 형뎨이 졔싱과 한가지로 과장의 나아가 글졔를 보니, 졔(題)는 칙문졔(策問題)오, 시각(時刻)은 불과 이삼각(二三刻)이라.

1505) 졀당념간(節當念間) : 절기는 20일 전후에 속한다.
1506) 금풍(金風) : ‘가을바람’을 달리 이르는 말. 오행에 따르면 가을은 금(金)에 해당한다는 데에서 이르는 말이다.
1507) 상간(象玕) : 상아로 만든 홀(笏)와 옥돌로 만든 홀(笏)을 함께 이른 말. *홀(笏); 조선 시대에, 벼슬아치가 임금을 만날 때에 손에 쥐던 물건. 조복(朝服), 제복(祭服), 공복(公服) 따위의 차림에 갖추어, 옷을 단정히 여미기 위해 손에 쥐었다.
1508) 국궁진쵀이시립(鞠躬盡瘁而侍立) : 몸을 굽힌 자세로 공경하고 조심하며 몸과 마음을 다하여 모시고 서 있음.
1509) 슈듸ᄉᆞᆼ(繡帶絲紃) : 수놓은 비단으로 된 띠와 실로 만든 갓끈.
1510) 장장(鏘鏘)ᄒᆞ다 : 옥이나 쇠붙이 따위가 서로 부딪쳐 맑게 울리는 소리가 나다
1511) 집회다 : 구름 따위가 넓게 몰려오다. 또는 모여들거나 끼다.
1512) 긔야이다 : 붐비다. 부딪치다.
1513) 밤뷔다 : 눈부시다. 멍하다.

윤·하·뎡 졔공지 우어 왈,

"시졔(試題) 극히 어렵고 시긱(時刻)은 급ᄒ니, 범범용지(凡凡庸者)는 아이의 붓슬 쌘히기 어렵도다. 금번 과거의는 각별 인진 아니면 가히 참방(參榜)ᄒ 지 업스리로다. 슈연(雖然)이나 아등이 일즉 글을 빈화 왕발(王勃)의 등왕각(藤王閣)과 조즈건(曹子建)의 칠보경장(七步瓊章)1514)을 족히 불워 아니리니, 엇지 오늘날 다ᄉ의 아리 되리오. 우리 두로 술펴 만방 다사(多士)의 고하를 술필거시라."

ᄒ고, 두로 빈회(徘徊)ᄒ여 억만 【13】 다ᄉ의 거지(擧止) 당황실조(唐慌失措)ᄒᄆᆯ 관경(觀景)ᄒ여 인진 적으믈 기탄ᄒ니, 하싱이 뎡닌을 가ᄅ쳐 쇼이농(笑而弄) 왈,

"날노뻐 시관이 되여실진디 이놈을 낙복(落卜)의 나리칠 거슬, 사름이 녕(憐)치 못ᄒ니 엇지 이닯지 아니리오."

윤·뎡 졔싱이 셔로 올타ᄒ고 호호(呼呼)히 박쇼(拍笑)ᄒ니, 원닉 하어ᄉ 원상이 시관이 되엿더라. 이리 ᄒᆯ ᄉ이의 믄득 뎐상(殿上)의셔 북을 울녀 졔ᄉ의 글짓기ᄅᆯ 지촉ᄒ니, 졔인이 놀나 한셜을 긋치고 밧비 도라와 셔동으로 ᄒ여금 지필을 가져오라 ᄒ여, 칠인이 일시의 명지(名紙)ᄅᆯ 펴고 붓슬 드러 풍우(風雨) 【14】 갓치 휘쇄(揮灑)ᄒ니, 지상(紙上)의 뉵뇽(六龍)이 어리고, 난봉(鸞鳳)이 츔츄며, 필하(筆下)의 풍운(風雲)이 니러나고, 금쉬(禽獸) 편편(翩翩)ᄒ니, 견즈(見者)로 ᄒ여금 능히 그 숀 놀니는 지조ᄅᆯ 눈이 밤븨여 아라보기 어렵더라.

이윽고 모다 쓰기ᄅᆯ 맛츠미, 일시의 거두어 시동(侍童)을 쥬어 시강원(侍講院)의 밧치라 ᄒ고, 또ᄒ 빈회ᄒ더니, 임의 뎐상의 지촉ᄒ는 북이 우러 긋쳔지 오릭고, 허다 졔시 글을 셩편ᄒ 즈는 밧치고 못밋쳐 지은 즈는 무류히 낙방ᄒ여, 분분이 빈 명지ᄅᆯ 씨고 낙막히 도라가ᄂ니 무슈ᄒ니, 졔싱이 일변 긔괴히 너기고, 일변 츠 【15】 탄ᄒᄆᆯ 마지 아니터라.

이윽고 탁방(坼榜)ᄒ니 젼두관이 옥계하(玉階下)의셔 묽은 쇼리ᄅᆯ 길게 ᄒ여 장원을 호명ᄒ니, 윤뎡닌이 년이 십삼이오 부는 진왕 쳥문이라 셰번 브ᄅ니, 뎡닌이 날호여 거러 옥계하의 츄진(趨進)ᄒ니, 뎐상뎐하의 만목이 일시의 쳠관(瞻觀)ᄒ니, 먼니 볼적은 쇼상빙호(瀟湘氷湖)의 ᄉ달이 빗최고져 ᄒ여, 산두(山頭)의 닉왓는듯 ᄒ니, 뎐상뎐하의 무슈ᄒ 이목이 미지일쳠(未之一瞻)의 졍혼이 요양(擾攘)1515)터니, 졈졈 갓가이 나아오미 월익광미(月額廣眉)와 옥안뉴풍(玉顔柳風)이니, 쥰골(俊骨)이 미왕(邁旺)ᄒ고 쇄질(灑質)이 녕위(英偉)ᄒ여 당 【16】 셰 영웅걸시(英雄傑士)라.

쳥월(淸越)ᄒ 옥셩(玉聲)을 길게ᄒ여 산호(山呼)ᄅᆯ 브ᄅ니, 셩음이 쇄락(灑落) 앙장(昂壯)ᄒ여 산협(山峽)의 진납이 울고, 단쇼(丹霄)1516)의 봉황이 브르지지는 듯, 묽고

1514)칠보경장(七步瓊章) : 조자건(曹子建)의 <칠보시(七步詩)>를 높여 이르는 말. *경장(瓊章); 구슬 같은 문장이라는 뜻으로, 남의 글을 높여 이르는 말.
1515)요양(擾攘) : 한꺼번에 떠들어서 어수선하다
1516)단소(丹霄) : 저녁놀과 같이 붉은 하늘..

상냥(爽朗)ᄒ여 구쇼(九霄)의 ᄉ못ᄎ니, 벽누(壁壘)1517)의 힝운(行雲)이 가기를 즁지ᄒ
ᄂ듯 ᄒ더라. 츄진(趨進) 녜알(禮謁)의 진퇴녜졀(進退禮節)이 의연이 조뎡 명신의 곡반
지녜(哭班之禮)1518)를 일워시니, 엇지 십여셰 약관 미쇼년이라 ᄒ리오.

텬안(天顔)○[의] 옥식(玉色)이 화열(和悅)ᄒ샤 젼두관(銓頭官)1519)을 지촉ᄒ여 문무
신뇌(文武新來)1520)를 ᄎ례로 불너, 츄진(趨進) 비무(拜舞)1521)홀식, 기여 뎡·하 졔쇼
년이 구슬 ᄢ엔 ᄃ시 참방(參榜)ᄒ여시니, 기기히 옥인영걸(玉人英傑)이【17】라.

셩심(聖心)이 ᄌ못 흔흡(欣洽)ᄒ신 가온딕, 문무 졔신이 산호만셰(山呼萬歲)1522)ᄒ여
셩쥬(聖主)의 득인ᄒ시믈 하례ᄒ니, 상이 더욱 깃그샤 문무신뇌를 ᄎ례로 불너 뎐의
올녀, 어화쳥삼(御花青衫)1523)을 쥬시고, ᄉ쥬(賜酒)를 나리와 은영을 고로 표ᄒ시며,
각별 장원을 뎐의 올녀 위유(慰諭)ᄒ실식, ᄎ일 셩텬ᄌ의 일월(日月) 교화를 닙ᄉ온
지 하나 둘히 아니라. 만방 다식 거의 다 구슬 ᄢ엔ᄃ시 참방ᄒ엿더라.

상이 장원을 각별 무위(撫慰)ᄒ샤 ᄉ쥬ᄒ시고 옥음이 유열ᄒ샤 왈,

"숑조(宋朝)의 허다 인지ᄂ 젼혀 윤·뎡·하 삼문 ᄌ셔(子壻)의 나니 업ᄉ니, 이ᄂ
반ᄃ시 츙현왕 명쳔【18】 셔싱의 젹심단츙(赤心丹忠)을 하늘이 각별 어엿비 너겨, 그
뇌외 ᄌ손이며 인친지ᄌ(姻親之子)의 다 긔군ᄌ(奇君子) 셩현(聖賢)이 나민가 ᄒ노라."

ᄒ시니 문무 졔신이 일시의 만셰를 불너 하례ᄒ니, 뇽뎐 옥탑의 쳔만인의 훤화(喧
譁)ᄒᆫ 셩음과 니원(梨苑)1524) 뎨ᄌ(諸子)의 균텬광악(鈞天廣樂)1525)이 셔로 셧도라 구
텬의 어리더라.

평졔왕 곤계와 윤승상 형뎨와 하상국이 다 텬어(天語)를 듯줍고 불승황감ᄒ여 고두
ᄉ은ᄒ고, 진왕과 윤상국은 텬언이 션군긔 권권(眷眷)ᄒ시기의 다ᄃ라ᄂ 감뉘여우(感
淚如雨)ᄒ여 광미봉안(廣眉鳳眼)의 어리믈 씨닷지 못ᄒ니, 상이 도로혀 위로ᄒ시고,
좌【19】우 견시직(見視者) 그 지셩텬효(至誠天孝)를 감탄ᄒ더라. 군신이 낙극 진취ᄒ
니 셕양의 파연곡을 쥬ᄒ미, 장ᄎᆺ 빅일(白日)이 몰셔(沒西)ᄒ고, 슉죄(宿鳥) 투림(投林)
ᄒ니, 졔신이 퇴조홀식, 장원이 ᄯ한 문무방하를 거ᄂ려 궐문을 나니, 훤텬(喧天)ᄒ 고

1517)벽누(壁壘) : 벽루(壁壘). 성벽(城壁)과 성루(城壘)를 아울러 이르는 말.
1518)곡반지녜(哭班之禮) : 국상(國喪) 때 반열(班列)을 지어 곡(哭)을 하는 벼슬아치의 예절.
1519)젼두관(銓頭官) : 인재를 뽑는 일을 담당하던 부서인 전부(銓部)의 우두머리. 과거 시험 채점관.
1520)문무신뇌(文武新來) : 문과와 무과에 새로 급제한 사람.
1521)비무(拜舞) : 신하가 임금을 알현할 때 예(禮)에 맞춰 여덟 번 큰절을 하는 동작이 마치 춤을 추듯
　　아름다운 것을 이르는 말.
1522)산호만세(山呼萬歲) : 나라의 중요 의식에서 신하들이 임금의 만수무강을 축원하여 두 손을 치켜들
　　고 만세를 부르던 일. 중국 한나라 무제가 숭산(嵩山)에서 제사 지낼 때 신민(臣民)들이 만세를 삼창한
　　데서 유래하였다.
1523)어화쳥삼(御花青衫) : 조선시대 임금이 과거급제자에게 내리던 어사화(御賜花)를 꽂은 오사모(烏紗
　　帽)와 푸른 색 도포를 함께 이른 말.
1524)이원(梨園); ①조선시대 장악원(掌樂院)을 달리 이르던 말. ②중국 당나라 때, 현종이 몸소 배우(俳
　　優)의 기술을 가르치던 곳.
1525)균텬광악(鈞天廣樂) : 하늘에 닿을 정도로 큰 음악소리.

악(鼓樂)과 뇨량(嘹喨)ᄒᆞᆫ 싱기(笙歌)1526) 구쇼의 어릭ᄂᆞᆫ디, 창부(唱夫)의 노름과 회ᄌᆞ(會子)의 파람쇼리 일노(一路)ᄅᆞᆯ 덥허{시니} 만셩듸로(滿城大路)의 ᄭᅩᆺ슈풀을 일워시니, 각각 부슉(父叔)이 안상(顏上)의 화풍이 습습(習習)ᄒᆞ고1527) 도로 관지(觀者) 칙칙 칭찬ᄒᆞ여 반ᄃᆞ시 당여ᄌᆞ(當如子)1528)의 져 갓기를 원ᄒᆞ더라.

어시의 장원 뎡닌이 계슈를 ᄶᅥᆺ거 부즁의 도라오니, 옥면【20】뉴풍(玉面柳風)1529)의 잉화(鶯花)1530)를 슉이고, 봉익(鳳翼)의 쳥ᄉᆞ포(靑紗袍)를 붓치고, 일요(逸腰)1531)의 옥ᄃᆡ(玉帶)를 도도아 드러와 존당 부모 슉당의 비례ᄒᆞ니, 편편ᄒᆞᆫ 풍뉴(風流)와 슈앙(秀昂)ᄒᆞᆫ 신치 더욱 시롭고, 옥면셩모(玉面星眸)의 ᄉᆞ쥬(賜酒)를 반ᄎᆔ(半醉)ᄒᆞ여시니, 우ᄎᆔ뉴지(雨醉柳枝)의 풍광이 시로온지라. 존당이 두굿기고 깃브믈 니긔지 못ᄒᆞ더라.

니러구러 삼일유가(三日遊街) 후 궐하의 ᄉᆞ은ᄒᆞ니, 상이 문하뎐의 신뇨를 모화 크게 셜연ᄒᆞ시고 ᄉᆞ쥬ᄒᆞ실ᄉᆡ, 신방(新榜) 모든 신뇨를 다 옥당(玉堂)1532) 한원(翰苑)1533)의 즁용ᄒᆞ시고, 츠츠 벼슬을 도도실ᄉᆡ, 윤・하・뎡 삼문 졔싱을 다 옥당 한【21】원이며 쳥현명직(淸顯名職)의 옴겨 승용ᄒᆞ시니, 상춍이 더욱 늉늉ᄒᆞᆫ지라. 뎡・윤 졔학ᄉᆞ 일시의 ᄉᆞ은ᄒᆞ더라.

위・조 냥틱비 뎡닌의 혼ᄎᆔ를 밧비 일우라 ᄒᆞ니, 진왕이 마지 못ᄒᆞ여 졔궁의 나아가 졔왕을 보아 왈,

"녕뎨 등은 믜양 오아 등을 나모라 ᄒᆞ니 습여셩졍(習如性情)1534)인가? 초의 후빅이 봉닌을 나모라더니, 결혼ᄒᆞ미 무슨 유히ᄒᆞ미 잇더뇨? 봉닌부뷔 결발(結髮) 슈지(數載)의 금슬이 상화(相和)ᄒᆞ고, 발셔 옥갓흔 긔린을 두어시니 이의셔 더을 거시 무어시 잇다 ᄒᆞ고, ᄯᅩ 죽운이 뎡닌을 무ᄉᆞ일 나모라 ᄒᆞᄂᆞ뇨? 현형【22】은 혼인이 되도록 쥬션ᄒᆞ라. 즁미의 공이 젹지 아니리라."

졔왕이 쇼왈,

"고어의 왈 지ᄌᆞ(知子)ᄂᆞᆫ 막여뷔(莫如父)라 ᄒᆞ거ᄂᆞᆯ, ᄉᆞ원은 홀노 ᄌᆞ식의 인픔을 아지 못ᄒᆞ니 엇지 불명 쇼활ᄒᆞ미 심치 아니리오. 봉닌은 셩질이 져기 호방ᄒᆞᆫ듯 ᄒᆞ나 인픔인즉 총명 호학ᄒᆞ거니와, 이제 뎡닌은 그러치 아니ᄒᆞ니 엇지 셔로 갓다 ᄒᆞ리오. 봉

1526) 싱기(笙歌) : 생황의 연주음과 노랫소리.
1527) 습습(習習)ᄒᆞ다 : 바람이 산들산들하다.
1528) 당여ᄌᆞ(當如子) : 아들을 둔 다면.
1529) 옥면뉴풍(玉面柳風) : 옥처럼 하얀 얼굴과 버들처럼 날렵한 풍채.
1530) 잉화(鶯花) : =계화(桂花). 과거급제자자가 오사모(烏紗帽)에 꽂던 종이꽃. 계화(桂花)의 꽃과 잎을 붉은 색과 노란색 종이로 만들었기 때문에, 황삼(黃衫)을 앵삼(鶯衫)이라 한 것처럼, 앵화(鶯花)라는 다른 이름이 붙은 게 아닌가 한다.
1531) 일요(逸腰) : 늘씬한 허리.
1532) 옥당(玉堂) : 조선 시대 홍문관의 별칭. 삼사(三司) 가운데 하나로 궁중의 경서, 문서 따위를 관리하고 임금의 자문에 응하는 일을 맡아보던 관아.
1533) 한원(翰苑) : '한림원'과 '예문관'을 예스럽게 이르던 말.
1534) 습여셩졍(習如性情) : 본성에 버릇이 들어버림.

닌이 니러므로 수원이 경계ᄒᆞ여 군ᄌᆞ도힝의 도라가게 ᄒᆞ미 그리 슈고롭지 아니ᄒᆞ고, 질녜 유한침졍(有閑沈靜)ᄒᆞ니 져회 부뷔 상득ᄒᆞ엿거니와, 뎡닌은 불통고집이 틱과ᄒᆞ니 쳐【23】ᄌᆞ의게 극히 괴로온 인물이라. ᄉᆞ뎨 엇지 결혼ᄒᆞ믈 즐겨 ᄒᆞ리오. 아질은 니ᄅᆞᆫ바 규곤(閨閫)의 셩범(聖範)이니 만일 혼인이 되량이면, 수원의게ᄂᆞᆫ 과한 며ᄂᆞ리라. 니 하상(賀觴)을 ᄉᆞ양치 아니려니와, 뎡닌은 극히 불통무식ᄒᆞ니 닉 아의 부부의게 혼ᄉᆞ를 녁권(力勸)ᄒᆞ엿다가 힝혀 불평ᄒᆞᆯ가 넘녀ᄒᆞ미라.”

진왕이 쇼왈,

“뎡닌이 비록 불통ᄒᆞ나 녕뎨(令弟) 셰홍의 광망ᄒᆞᆫ 거조의 더으던 아니리니, 홀노 남의 ᄌᆞ식으란 너모 탄박(彈駁)지 말나.”

졔왕이 웃고 진공이 지좌러니 쇼왈,

“윤형이 실노 용심(用心)이 ᄉᆞ오【24】납다. 고ᄌᆞ 셩현군ᄌᆞ도 친쇼인(親小人) 원현신(遠賢臣)ᄒᆞ면 ᄌᆞ연 본셩을 일키 쉬오니, 쇼뎨 쇼(少)의 발부찰녀(潑婦刹女)의게 그릇 속아 쇼쇼 허믈이 이신들, 형이 엇지 사ᄅᆞᆷ의 단쳐(短處) 들츄기를 능ᄉᆞ로 ᄒᆞᄂᆞ뇨? 고어의 왈 뉴뉴상종(類類相從)이라 ᄒᆞ니, 형이 뎡닌을 날갓다 ᄒᆞ니, 날을 잘 달늬면 혹 미작(媒妁)의 쇼임을 당ᄒᆞᆯ 듯ᄒᆞ거니와, 이갓치 탄박ᄒᆞ면 ᄉᆞ뎨를 쇠와 혼ᄉᆞ 슌치 못ᄒᆞ게 ᄒᆞ리라.”

진왕이 쇼왈,

“가지록 용심을 브리지 말나. 뎡닌이 아직 나히 젹고 혬이 ᄎᆞ지 못ᄒᆞ여 져기 불통 고집이 흠시나, 외모풍신은 하등이 아니【25】오, 쇼년 닙조ᄒᆞ여 명망ᄌᆡ예(名望才藝) 조야의 나타≪가니∥나니≫, 만일 비필을 구ᄒᆞᆯ진ᄃᆡ 쟝안 쥬문갑졔(朱門甲第) 한낫 가인이 어ᄃᆡ 업스리오만은, 실노 남의 집 규슈의 현부(賢否)를 알기 어려올ᄉᆡ, 각별 녕질의 방향을 흠모ᄒᆞ미라. 그ᄃᆡᄂᆞᆫ 나의 진졍쇼발(眞情所發)을 허믈 말고, ᄲᆞᆯ니 녕뎨와 두부인을 긔유ᄒᆞ여 진진(秦晉)의 조흐믈 밋게 ᄒᆞ라.”

졔왕이 겸두응낙고 진공은 다만 웃더라.

원닉 졔왕 ᄎᆞ뎨 쥭현션ᄉᆡᆼ 뎡쇼ᄉᆞ의 일녀 명염쇼졔 진왕의 오ᄌᆞ 봉닌의 부인이 되어시나, 봉닌이 년쇼 호방ᄒᆞ여 쳐쳡이 만코 ᄉᆞ젹이 지리ᄒᆞᆫ 고로 【26】별젼(別傳)을 두어 뎡부인의 곳다온 셩덕을 찬ᄒᆞ미 잇ᄂᆞᆫ 고로, 이의 ᄉᆞ젹이 초초ᄒᆞ나, 초의 뎡쇼ᄉᆞ부뷔 일 교아를 위ᄒᆞ여 녀셔의 위인을 심히 ᄭᅥ려시므로, 밋쳐 말이 니러ᄐᆞᆺᄒᆞ니, 딕기 뎡쇼ᄉᆞ의 삼ᄌᆞ일녜 다 슈츌탁아(秀出卓雅)ᄒᆞᆫ 가온ᄃᆡ, 모든 군종ᄌᆞ민 즁 ᄌᆡ앙(災殃)이 ᄯᅩᄒᆞᆫ ᄌᆞ별ᄒᆞ니, ᄎᆞ젼이 하 지리ᄒᆞᆫ 고로 ᄯᅩ로 명월긔합녹(明月奇合錄)이 잇셔, 뎡션긔 ᄉᆞ남민 ᄉᆞ젹이 잇ᄂᆞᆫ 고로, 봉닌의 셜화 ᄎᆞ젼의 초초(草草)ᄒᆞ니라.

이젹의 좌각노 틱학ᄉᆞ 쥭운션ᄉᆡᆼ 유홍이 삼녀를 두어시니, 쟝녀 초염은 임의 쟝셩ᄒᆞ여 옥안 운빈이 【27】졀셰ᄒᆞ고 녀힝(女行)이 졍슌(貞順)ᄒᆞ더니, 발셔 셩혼ᄒᆞ여 츄밀

1535)미작(媒妁) : 즁매(仲媒). 결혼이 이루어지도록 즁간에서 소개하는 일. 또는 그런 사람.

스 엄공의 주뷔 되엿고, 추녀 교염이 바야흐로 장셩ᄒ니 곳다온 년긔 십이 츈광이라. 폐월슈화지티(蔽月羞花之態)와 침어낙안지용(沈魚落雁之容)이 잇고, 셩되 침졍슉묵(沈靜肅默)ᄒ고 밍녈 싁싁ᄒ여, 모친의 너모 유연이 브드러옴과 갓지 아녀, 인ᄌ슉뇨(仁慈淑窈)ᄒ여 금셰의 ᄒᆞᆫ낫 슉뇨가인(淑窈佳人)이오, 녈ᄉ의 풍치 이시니, 가즁 상하의 이듸ᄒ며 부뫼 긔이ᄒ미 삼녀 즁 ᄎᆞ쇼져를 더욱 이즁ᄒ니, 그 인물의 아름다옴과 지용의 초셰ᄒᆞᆷ를 알니러라.

방년(芳年) 십이의 도지요요(桃之夭夭)ᄒ고 쟉쟉 【28】기홰(灼灼其華) 바야히니, 각뇌 동셔로 낭ᄌᆡ(郎材)[1536]를 구ᄒ나, 시셰(時勢) 문인ᄌᆡᄌᆞ(文人才子)의 흰 낫과 붉은 닙시욹의 경박지ᄌᆞ(輕薄之子)는 실노 녀아의 비필이 아니라. 능히 가셔의 지목이 맛당치 아니니, 깁히 윤학ᄉᆞ 뎡닌을 유의ᄒ나, 그 인물의 너모 쥰호 고집ᄒᆞᆷ를 써려 유예미결(猶豫未決)이러니, 일일은 존당의 혼졍(昏定)을 당ᄒ여 상하노쇠 퇴원뎐의 듸회(大會)ᄒ엿더니, 졔왕이 믄득 존당과 부모긔 고왈,

"이졔 ᄉᆞ뎨 질녀를 위ᄒ여 가랑을 구ᄒ미, 뎡닌을 바리고 어늬 곳의 구ᄒ리잇고? 뎡닌이 비록 어린 나히 부귀교아(富貴驕兒)로 학습(學習)지 못ᄒ여 져기 【29】고집불통이 흠ᄉᆡ(欠事)오나, 나히 ᄎᆞ고 혬이 ᄌᆞ라면 쳔고쥰걸(千古俊傑)이 되리니, 족히 함위경박지(咸謂輕薄者) 될가 념녀는 업ᄉᆞ오리니, 이졔 뎡닌의 혼쳐를 졍치 못ᄒ여 착급(着急)ᄒᆞᆫ 즈음이니, 복원 퇴모와 듸인은 명찰ᄒᆞ샤 ᄉᆞ뎨(四弟)를 긔유ᄒᆞ샤 초혼을 일워, 타일 질녀의 아름다온 지모를 져바리지 아니케 ᄒᆞ쇼셔."

퇴부인 왈,

"노뫼 졍신이 혼모(昏暮)ᄒ여 여일(餘日)이 무다(無多)ᄒᆞᆫ지라. 노혼(老昏)ᄒᆞᆫ 졍신으로써 엇지 ᄌᆞ손의 인뉸듸ᄉᆞ를 간예ᄒ리오. 너희 부ᄌᆞ형뎨 상의ᄒ여 옥인가랑을 질족ᄌᆞ(疾足者)의게 아이지 말나."

금휘 듸왈,

"ᄌᆞ괴(慈敎) 맛 【30】당ᄒᆞ셔이다."

도라 각노다려 왈,

"여형의 말이 최션ᄒ니, 아ᄒᆡ는 고집지 말고 혼인을 쾌허ᄒ라. 졍닌이 부슉여풍울 니어 품슈ᄒ미 듸즁물(池中物)[1537]이 아니니 너는 유예(猶豫)치 말나."

각뇌 침음 반향(半晑)의 듸왈,

"명(命)듸로 ᄒ리이다."

ᄒ니, 졔왕이 혼쳬 상젹ᄒᆞᆷ를 니른듸, 두부인은 만분 불쾌ᄒ나 존당구긔 지샹ᄒᆞ신 곳

1536)낭ᄌᆡ(郎材) ; 신랑(新郎)의 재목(材木). 신랑감.
1537)듸즁물(池中物) : '연못 속에 있는 교룡'이라는 뜻으로, 아직 승천하지 못한 용, 곧 '평범한 사람'을 이르는 말. <삼국지>에서 주유(周瑜)가 손권(孫權)의 누이동생과 혼인하여 오(吳)나라에 머물고 있는 유비(劉備)를 빗대어 이른 말로, 만약 유비가 오나라를 떠나 형주로 가게 되면 그는 교룡이 구름과 비를 얻게 되어 더 이상 지중물 곧 연못속의 교룡이 아닌 것이 될 것이라고 한 데서 유래한 말.

의 졔왕이 강권ᄒᆞ니, 녀ᄌᆞ 엇지 ᄌᆞ녀의 인뉸ᄃᆡᄉᆞ를 간예(干預)ᄒᆞ여 빈계ᄉᆞ신(牝鷄司晨)의 외월(猥越)ᄒᆞᆷ을 힝ᄒᆞ리오. 감히 말ᄉᆞᆷ을 못ᄒᆞ나 심하(心下)의 불열(不悅)ᄒᆞ믄 업지 아니터라.

이 긔별이 진궁의 니ᄅᆞ니, 진왕 부뷔 크게 깃【31】거 존당의 고ᄒᆞ고 냥ᄀᆡ 상의ᄒᆞ여 길월냥신(吉月良辰)1538)을 퇵ᄒᆞ니, 길긔(吉期) 슌슌이 격ᄒᆞᆫ지라. 존당부뫼 두굿기믄 비길 곳이 업셔 냥ᄀᆡ 혼슈를 셩비ᄒᆞ더라.

학ᄉᆞ 뎡닌이 가만이 혜오ᄃᆡ,

"ᄂᆡ 부ᄃᆡ 뎡시를 한번 본 후 가연(佳緣)을 졈복(占卜)고져 ᄒᆞ엿더니, ᄌᆞ연 셰월이 쳔연ᄒᆞ고 혼긔 촉박ᄒᆞᆯ 쥴 알니오."

심하의 고집과 갓지 못ᄒᆞ니 울울ᄒᆞᆷ을 니긔지 못ᄒᆞ여 졍히 조각을 여으더니, ᄎᆞ시 시당ᄇᆡᆨ뇌(時當白露)1539)라. 졍히 구츄(九秋) 가긔(佳期) 졈졈 님박ᄒᆞ고, 오동일엽(梧桐一葉)이 아름다온 긔약을 보ᄒᆞ미 졈졈 갓갑더니, 맛ᄎᆞᆷ 졔궁 슌틱부인이 노력(老力)이【32】ᄌᆞ연 실셥(失攝)ᄒᆞ여 슈일 미양(微恙)이 이시니, 가ᄂᆡ 진경(震驚)ᄒᆞᄂᆞᆫ 즈음이라.

뎡닌이 이ᄯᆡ를 타 황혼의 졔궁의 나아가 졔뎡을 ᄎᆞᄌᆞ 보고, 일야지간 틱부인 긔후를 뭇ᄌᆞᆸ고 왈,

"쇼뎨 조ᄉᆡᆨ(朝事) 다쳡(多疊)ᄒᆞ여 작조(昨朝)의 춍춍이 귀부를 드틴 후 금일이 늣도록 님치못ᄒᆞ더니, 일일지간이나 졔형을 보지 못ᄒᆞ니 비린지ᄆᆡᆼ(鄙吝之盲)1540)이 간졀ᄒᆞᆯ ᄉᆡ, 어두오믈 피치 아니코 니ᄅᆞ럿노라."

졔ᄉᆡᆼ이 그 능휼ᄒᆞᆫ 의ᄉᆞ를 아지 못ᄒᆞ고, ᄒᆞᆫ연 관답(款答)ᄒᆞ여 한담(閑談)이 이윽ᄒᆞᄆᆡ, 본ᄃᆡ 졍의(情誼) 관슉(慣熟)ᄒᆞ미 표종곤계(表從昆季) 등과 다ᄅᆞ미 업ᄂᆞᆫ지라. ᄒᆞᆫ연이 날이 어두【33】어시니, 머므러 능신(能晨)1541)의 도라가라 ᄒᆞ니, ᄉᆡᆼ이 '불감쳥(不敢請) 이언졍 고쇼원(固所願)애라'1542). ᄒᆞᆫ연 허락고 야심토록 말ᄉᆞᆷᄒᆞ더니, 졔뎡이 년야(連夜) 틱존당 환후의 근노ᄒᆞ다가 금일 가복(可復)ᄒᆞ시ᄆᆡ 마음 노하 일즉 ᄌᆞ리의 나아가, 각각 침쉬(寢睡) 뇌즁(牢重)ᄒᆞ거ᄂᆞᆯ, 뎡닌이 암열(暗悅)ᄒᆞ여 밤이 깁고 만뢰《고젹‖구젹》(萬籟俱寂)ᄒᆞ기를 기다려, 일즉 슉녈비 아시비 영난의 말노조ᄎᆞ 금야의 뎡가 졔쇼졔 다 즁당 ᄆᆡ향각의 모다, 졔슉모를 시침ᄒᆞᄂᆞᆫ 쥴 알고, 가장 밤든 후 나올 쥴 혜아려 가바야온 옷ᄉᆞᆯ 닙고, 젼일 ᄆᆡ양 모비를 뵈오라 단이던 고로 【34】ᄆᆡ향각은 눈 익은지라. 족용을 가바야이 ᄒᆞ여 향각(香閣)의 드러가 합문(閤門) 곡난(曲欄) ᄉᆞ이의 숩어 졍당(正堂)다히를 바라보니, 오히려 ᄉᆞ창(紗窓)의 촉광(燭光)이 명휘(明輝)ᄒᆞ고 어셩(語

1538)길월냥신(吉月良辰) : 남녀가 사랑을 처음 맺게 되는 좋은 시기.

1539)시당ᄇᆡᆨ뇌(時當白露) : 때가 백로(白露)이다.

1540)비린디ᄆᆡᆼ(鄙吝之盲) : 서로 보는 것을 인색하게 하기를 소경처럼 하였다는 뜻으로, 오랫동안 서로 보지 못한 아쉬움을 표현한 말.

1541)능신(能晨) : 새벽이 이르면, 새벽이 되면.

1542)불감청(不敢請) 고소원(固所願) : 어떤 일을 감히 청하지는 못하지만, 마음속으로는 진실로 바라는 바임.

聲)이 미미ㅎ니, 인젹이 잇고 아직 잠드지 아냐시믈 알니러라. 싱이 역힝(亦幸)1543)ㅎ
여 졔부인 졔쇼져의 나오기를 괴로이 기다리더니, 아이오 믄득 촉광이 여쥬(如晝)ㅎ여
당상당하의 희미흔 월광을 붉히는 듯흔 곳의 뉵칠인 ᄉ지관환(事知官宦)1544)과 십여
인 쳥의(靑衣) 아환(丫鬟)1545)이 길흘 여는 곳의 졔부인 졔쇼졔 나아오니, 촉광지하
(燭光之下)의 금군(錦裙)이 날난ㅎ고, 【35】치장(治粧)이 휘황(輝煌)ㅎ되 졔부인의 풍
완호질과 졔쇼져의 작뇨염틱(婥耀艶態) 뇨뇨작작(姚姚綽綽)ㅎ여 벽도(碧桃)1546) 《호
잉∥황잉(黃鶯)1547)》이 봄빗출 닷호아 ᄌ랑ㅎ는 듯ㅎ니, 한갈갓치 경국지ᄉᆡᆨ(傾國之
色)이며 폐월슈화지틱(閉月羞花之態)라. 이곳이 불과 뎡상부 가즁 틱상이니 인간 홍진
(紅塵)이오, 상계(上界) 광한(廣寒)1548)이 아니로딕, 한 무리 상션(上仙)이 옥계(玉溪)
의 건너는 듯, 월궁(月宮) 계슈변(溪水邊)이 아니로딕, 텬손(天孫)이 은하(銀河)의 나리
는 듯, 의희(依俙)이 낙토(樂土)의 진쥬를 즙던가 의심되고, 의의히 삼도(三道)1549)의
셔 나라오고 창망(蒼茫)이 오운(五雲)1550)의셔 써러진듯 ㅎ니, 싱이 바야흐로 유심ㅎ
여 바라보믹, 【36】모든 쇼져의 작뇨아틱(婥耀雅態)를 ᄯᅩ흔 칙칙(嘖嘖) 션복(善福)ㅎ
여 혜오딕,

　텬하의 졀ᄉᆡᆨ(絶色)이 가히 흔ㅎ도다. 우리 다셧 모비와 계슈 졔미 슉당이 다 쳔츄셩
녀(千秋聖女)와 졀염가인(絶艶佳人)이라. 남지 가인을 구ㅎ믹 우리 젹모 슉녈비와 슉
모 의렬비와 냥형슈 쇼·엄과 종슈(從嫂) 장·조 등은 진실노 셩덕 광휘 겸비ㅎ여 만
딕의 희한ㅎ니, 다시 구ㅎ여 엇기 어렵거니와, 버거 스위 모친 슉모와 졔슈 졔미 갓흐
신 슉완명염(淑婉名艶)을 어디 남의 하풍이 되지 아니면 만힝이라 ㅎ엿더니, 뎡시 이
뉴의 셧겨시니 그 아뮌 줄 아지 못ㅎ나 ᄯᅩ흔 【37】긔긔 미ᄉᆡᆨ이니, 나의 쇼망의 바히
어긔든 아니리로다. 그려도 유심ㅎ여 살피더니, 쇼년녀지 여러히로딕 다 봉관화리(鳳
冠華里)로 명부의 복ᄉᆡᆨ(服色)이로딕 기즁의 규녀 오인이 이시나, 다 층층(層層)ㅎ여 그
아뮈 ᄌ가와 졍혼흔 쇼졔를 아지 못ㅎ더니, 졔부인 졔쇼졔 즁당(中堂)의 밋쳐는 믄득
셔로 녜양(禮讓)ㅎ고 길흘 난화 각기(各其) ᄉ실ㅎ고, 규슈 오인이 모비 슉녈과 북빅
후 하공부인 슉셩을 뫼셔 미향각으로 입실ㅎ는지라. 규녀즁 일 쇼졔 기즁의 신장체지

1543)역힝(亦幸) : 또한 다행히 여겨.
1544)ᄉ지관환(事知官宦) : 일에 능숙한 구실아치.
1545)아환(丫鬟) : =차환(叉鬟). 주인을 가까이에서 모시는 젊은 계집종
1546)벽도(碧桃) : 선경(仙境)에 있다는 전설상의 복숭아.
1547)황잉(黃鶯) : 꾀꼬리. 『동물』까마귓과의 새. 몸의 길이는 약 25cm 정도이며 노랗다. 눈에서 뒷머
　　리에 걸쳐 검은 띠가 있으며 꽁지와 날개 끝은 검다. 5~7월에 알을 낳고 울음소리가 매우 아름답다.
　　여름 철새로 한국, 우수리 강, 미얀마 등지에 분포한다.
1548)광한(廣寒) : =광한전(廣寒殿). 달 속에 있다는, 항아(姮娥)가 사는 가상의 궁전. 늑광한궁·광한루.
1549)삼도(三島) : 중국 전설에서 신선들이 살고 있다고 하는 지상낙원인 봉래도(蓬萊島), 방장도(方丈島),
　　영주도(瀛洲島)의 삼도(三島)를 말한다. 이를 봉래산(蓬萊山), 방장산(方丈山), 영주산(瀛洲山)이라 하여
　　삼신산(三神山)이라고도 한다.
1550)오운(五雲) : 오색구름.

져기 크고 화안운빈(花顔雲鬢)이 션연가려(鮮妍佳麗)ᄒ여 익여반월(額如半月)이【38】오, 협여도화(頰如桃花)오, 미여츈산(眉如春山)이라. 그 쇼제 슉녈비를 종후ᄒ여 입실ᄒ니, 하부인 슉셩비 낭쇼(朗笑) 왈,

"질녜 젼일은 그러치 아니터니, 요ᄉ이ᄂᆞᆫ 졍의 ᄌᆞ별(自別)ᄒ미 져져의 간측(懇惻)ᄒ니, 이 므ᄉ 의신고? 아지 못ᄒ리로다. 아니 오릭지 아녀 존고(尊姑)의 존ᄒ미 슉질의 친을 밧고미냐? 그 쇼제 쳥파의 빅셜무빈(白雪霧鬢)의 홍운(紅雲)이 담담(淡淡)ᄒ여 '진(蝅)의 머리'1551)를 슉이고 '아(蛾)의 눈셥'1552)을 ᄂᆞ초와 져슈(低首) 묵연(默然)ᄒ니, 년화《보합∥보험》(蓮花醭臉)1553)이 졈졈이 붉으민, 긔려(奇麗)ᄒᆫ ᄋᆡ용(愛容)이 일빅승졀(一倍勝絶)이라.

슉녈비 잠쇼 왈,

"현데 젼일은 니러치 아니터니 엇지 니러틋 힝싀 온【39】줍치 못ᄒ여 어린 족하를 보치ᄂᆞ뇨? 반ᄃᆞ시 하슉(叔)의 온쥼치 못ᄒ믈 픔습(稟襲)ᄒ미로다. 엇던 규슈 졍혼(定婚)ᄒᆫ 싀어미를 졍의 더 ᄌᆞ별ᄒ리오. '초국(楚國)의 귤(橘)이 졔국(齊國)의 옴기미 감지 된다' ᄒ미 올치 아녀냐?"

셜파의 냥인이 낭쇼(朗笑)ᄒ고 졔쇼져의 옥슈를 닛그러 일시의 입실ᄒᄂᆞᆫ지라. 윤학ᄉᆡ 이 진짓 뎡각노 녀ᄋᆡᄆᆞᆯ 알미, 그 아ᄅᆞᆷ다오믈듸 환희(歡喜)ᄒ여 드듸여 급히 도라오니, 오히려 뎡싱 등이 ᄭᆡ지 아냣더라.

싱이 의구히 누어 ᄌᆞ니 능히 알니 업더라.

학ᄉᆡ 명조(明朝) 능신(能晨)의 조회를 일ᄏᆞ라 총총(悤悤)이 도라오니라.

이【40】날 퇴부인 신질(身疾)이 가복(可復)ᄒ니, 슉녈비와 슉셩비 등 졔부인이 각각 도라가다.

니러구러 공ᄌᆞ의 길긔 다ᄃᆞᆯ니, {초셜}진궁의셔 ᄂᆡ외 빈킥을 딕회(大會)ᄒ여 일영(日影)이 쟝반(將半)의, 뎡상부 하관(下官) 비리(陪吏) 신낭 쳥ᄒᄂᆞᆫ 녜귀(禮規) 빈빈(頻頻)ᄒ니, 진왕이 아ᄌᆞ를 압셰워 ᄂᆡ당의 드러와 길의를 갓초와 쳥즁의셔 습녜홀ᄉᆡ, 학ᄉᆡ 옥안화풍이 이날 더욱 ᄉᆡ로오니 견ᄌᆡ 칙칙 칭찬ᄒ더라.

습녜를 파ᄒ고 존당의 하직ᄒ미 만조요킥(滿朝繞客)이 위요(圍繞)ᄒ여 금안빅마(金鞍白馬)의 싱쇼고악(笙簫鼓樂)이 훤텬(喧天)ᄒ여 뎡상부의 니ᄅᆞ니, 뎡한님 셩긔 광【41】의ᄃᆡᄃᆡ(廣衣大帶)로 뇽문보셕(龍紋褓席)1554) 아ᄅᆡ셔, 광슈(廣袖)를 위지(爲指)ᄒ여 신낭을 팔미러 냥촉(兩燭) ᄉᆞ이의 드러가, 옥상(玉床)의 녜안(禮雁)을 젼ᄒ고, 텬디

1551)진(蝅)의 머리 : 진수(蝅首). '매미의 머리'라는 뜻으로, 미인의 아름다운 용모를 이르는 말. *진(蝅) : 매미. 씽씽매미.

1552)아(蛾)의 눈셥 : 아미(蛾眉). 누에나방의 눈썹이라는 뜻으로, 가늘고 길게 굽어진 아름다운 눈썹을 이르는 말. 미인의 눈썹 또는 미인을 이른다.

1553)년화보험(蓮花醭臉) : 연꽃처럼 아름다운 뺨. *臉의 음(音)은 '검'이다.

1554)뇽문보셕(龍紋褓席) : 용의 무늬를 수놓아 만든 보(褓)를 씌운 자리.

(天地)긔 참비(參拜)ᄒᆞ기ᄅᆞᆯ ᄆᆞᆺᄎᄆᆡ, 믈너 신부의 상교ᄅᆞᆯ ᄌᆡ촉홀ᄉᆡ, 도찰ᄉᆞ 은긔와 한님 〇[셔]길ᄉᆞ(翰林庶吉士) 쥰긔, 참지 못ᄒᆞ여 신낭의 광몌(廣袂)ᄅᆞᆯ 잡아 희롱 왈,

"이 완만ᄒᆞᆫ 신낭이 이 집의 처음으로 왓ᄉᆞᄆᆡ 아모리 남쥐 긔신이 조타ᄒᆞᆫᄃᆞᆯ 조금도 슈습ᄒᆞᄆᆡ 업ᄂᆞ냐? 녜 아모리 착ᄒᆞ롸 ᄒᆞ여도 진졍 군쥬ᄂᆞᆫ 아니라. 풍뉴(風流) 협골(俠骨)이오, 다졍(多情)〇[ᄒᆞᆫ] 지ᄉᆞ(才士)로쇼니, 맛당이 금일 ᄎᆡ장시(催裝詩)1555)ᄅᆞᆯ 지어 죵ᄆᆡ(從妹)의 단장이 게어르믈 지【42】촉ᄒᆞ라."

혹ᄉᆡ 츄파(秋波) 냥셩(兩星)을 길게 흘녀 냥인을 냥구 예시 왈,

"희롱도 홀 ᄯᆡ가 잇ᄂᆞ니, ᄂᆡ 비록 젼ᄌᆞ의ᄂᆞᆫ 이 가즁의 왕ᄂᆡ 빈빈홀지라도, 도금(到今)은 입막지빈(入幕之賓)이 되여 처음 오ᄂᆞᆫ 날이니, 형 등이 시 안면과 다르니 구면과 셰교ᄅᆞᆯ 귀히 너기량이면, 금일 만당 빈ᄏᆡᆨ 가온ᄃᆡ 《그릇 ∥ 그른》 곳을 규졍ᄒᆞᄆᆡ 올커늘, ᄂᆡ 무ᄉᆞᆷ 남ᄉᆞ(濫事) 잇관ᄃᆡ, 공연이 풍뉴협골(風流俠骨)이라 젼졍을 함(陷)ᄒᆞ고 다졍지ᄉᆞ(多情才士)라 비쇼(誹笑)ᄒᆞᄂᆞ뇨? 오문(吾門)은 본ᄃᆡ 셰셰(世世)로 유문셩학(儒門聖學)을 닉여 분호지말(分毫之末)도 녜(禮) 밧긔 힝ᄉᆡ 업ᄂᆞ니, ᄎᆡ장시ᄂᆞᆫ 경박탕ᄌᆞ(輕薄蕩子)의 힝홀 비오, 합증시(合졸詩)1556)ᄂᆞᆫ 가인ᄌᆡ녀(佳人才女)의【43】다졍ᄒᆞᆫ 츈심(春心)을 못ᄂᆡ긔여 지은 비니, 엇지 군ᄌᆞ슉녀의 작시(作詩)홀 비리오. 쇼뎨 니런 비아(卑阿)ᄒᆞᆫ 쳔힝(賤行)은 듯도 보도 아녀시니, 금시초문(今始初聞)이어니와, 형등은 반ᄃᆞ시 닉게 보고 드럿ᄂᆞᆫ가 시브니, 아지못게라! 존문 가풍이시냐? 결단코 뎡시 법문의ᄂᆞᆫ 니런 녜귀(禮規) 업ᄉᆞ리니, 반ᄃᆞ시 졔형의 표문들의 니런 녜귀 잇닷다. 그러치 아니면 녕죵ᄆᆡ(令從妹) 반ᄃᆞ시 ᄌᆡ녀(才女)의 습긔(習氣) 잇셔 스스로 모호(模糊)ᄒᆞᆫ ᄌᆡ졍(才情)을 ᄌᆞ랑코져 ᄒᆞ여, 짐짓 합증시ᄅᆞᆯ 짓고져 형 등을 촉ᄒᆞ여, 쇼뎨의 ᄎᆡ장시ᄅᆞᆯ 구ᄒᆞ라 ᄒᆞ더냐? 도찰과 길시 크게 웃고 ᄭᅮ지져 왈,

"이놈이 가지【44】록 밉도쇼니, 너갓흔 경박ᄒᆞᆫ 인물이 엇지 감히 참남(僭濫)이 군지되리오. 아ᄆᆡᄂᆞᆫ 남교(藍橋)1557)의 옥갓흔 슉녀라. 비록 인연이 긔구ᄒᆞ여 너희 슈하(手下)되나, 이곳 너희 놉흔 스싱이니, 네 엇지 감히 녀즁셩ᄉᆞ(女中聖士)ᄅᆞᆯ 하ᄌᆞᄒᆞ여 가인ᄌᆡ녀(佳人才女)로 낫가로이 너기기ᄅᆞᆯ 잘 ᄒᆞ리오."

혹ᄉᆡ 미쇼 왈,

"가위 긔관(奇觀)이로다. 형등이 공연이 말 만코 긔승을 ᄌᆞ랑ᄒᆞ여 쇼뎨ᄅᆞᆯ 빅단(百端) 능답(陵踏)고져 ᄒᆞ니 엇지 우읍지 아니리오. 슈연(雖然)이나 좌상 졔위 존공의 공

1555)ᄎᆡ장시(催裝詩) : 신랑이 친영(親迎)을 위해 신부에게 단장을 빨리 하고 나올 것을 재촉하는 시. 옛 혼인례에서 신부 집에서 신랑의 시재(詩才)를 시험하고 하객들을 웃기기 위해 신랑에게 시키던 장난거리의 하나.

1556)합증시(合졸詩) : 전통 혼례의 교배례(交拜禮)에서 신부가 신랑이 건네는 술잔을 받아 마시기 전에 좌중을 웃기기 위해 장난으로 짓게 하던 시. *'졸'의 음(音)은 '근'이다.

1557)남교(藍橋) : 중국 섬서성(陝西省) 남전현(藍田縣)에 동남쪽 남계(藍溪)에 있는 다리 이름. 거기에는 선굴(仙窟)이 있는데, 당나라 때 배항(裵航)이라는 사람이 이곳을 지나다가 선녀인 운영(雲英)을 만나서 선인들이 마시는 음료인 경장(瓊漿)을 얻어 마셨다고 한다.

논(公論)이 이시리니 그 다셜(多說)혼 허물이 뉘 몸의 몬져 잇ᄂᆞ뇨? 형등 갓흔 셕은 군ᄌ지명(君子之命)은 이 광【45】뷔(狂夫) 항복지 아닛노라.”

셜파의 훤연(喧然) 되쇼ᄒᆞ니, 츈풍화긔 동황(東皇)1558)이 훈풍(薫風)을 닛글고 종일의 화혼 긔운이 만물을 회싱ᄒᆞᄂᆞᆫ 듯ᄒᆞ니, 동탕혼 신위 더옥 승졀ᄒᆞ여 스좌의 긔운을 쇼량(蘇亮)케 ᄒᆞᄂᆞᆫ지라. 좌긱(坐客)이 시로이 칭찬ᄒᆞ고, 긔경(起敬)ᄒᆞᄆᆞᆯ 마지 아니코, 뎡각뇌 크게 두굿겨 광미되상(廣眉大相)의 희운(喜雲)이 늉늉(隆隆)ᄒᆞ여 좌긱의 치하ᄅᆞᆯ 스양치 아니터라.

이윽고 쇼뎨 웅장쥬취(雄粧珠翠)로 구슬 덩의 오ᄅᆞ니, 흑시 금쇄(金鎖)ᄅᆞᆯ 드러 덩문을 잠으고, 위의ᄅᆞᆯ 휘동(揮動)ᄒᆞ여 도라올시, 싱쇼고악(笙簫鼓樂)1559)이 훤텬(喧天)ᄒᆞ며, 경군취되(輕裙翠帶)1560)의 분면아환(粉面丫鬟)이 화촉(華燭)【46】과 《보향‖향로(香爐))》을 잡아 도라오니, 시당빅뇌(時當白露)1561)오 졀당심츄(節當深秋)라.

냥풍(涼風)이 습습(習習)ᄒᆞ고 청산이 명녀(明麗)혼되, 녹쥭창송(綠竹蒼松)이 얽어지고 프러지며, 늙은 슈양(垂楊)이 계슈변(溪水邊)의 휘들고, 만산단풍(滿山丹楓)이며 {삼황취금의} 오식향국(五色香麴)이 되 단장을 곳치고, 츄완(秋玩) 방난(芳蘭)이 닷호아 암향(暗香)을 토(吐)ᄒᆞ거늘, 슈의하졸(狩衣下卒)과 홍슈아환(紅袖丫鬟)의 빗난 단장이 가려혼 츄경(秋景)을 도으니, 일뉸(一輪) 치거(彩車)ᄂᆞᆫ 보광(寶光)이 영농ᄒᆞ여 일식(日色)의 바이고, 신낭의 옥안화풍은 일광(日光)의 징휘(爭輝)ᄒᆞ니, 도로 관ᄌ(觀者) 칙칙 칭찬ᄒᆞ더라.

이의 힝ᄒᆞ여 진궁의 도라오니, 두 줄 금년보촉(金蓮步燭)1562)이 화촉(華燭)을 잡아 신【47】낭신부ᄅᆞᆯ 마ᄌ 쳥즁(廳中)의 교비(交拜)ᄒᆞ고 동방(洞房)의 나아가 ᄌᄒᆞ상(紫霞觴)1563)을 난홀시, 신낭이 참지 못ᄒᆞ여 츄파(秋波)ᄅᆞᆯ 잠간 흘녀 신부ᄅᆞᆯ 보니, 빅미쳔염(百美千艶)이 신장(新粧) 가온되 더옥 윤틱(潤澤) 긔이(奇異)ᄒᆞ여, 일종부게(一種芙蕖)1564) 쳥강닝우(清江冷雨)ᄅᆞᆯ 마신듯 ᄒᆞ니, 흑시 일견의 깃브믈 니긔지 못ᄒᆞ여 만면 츈풍이 우희염1565) 즉ᄒᆞ여 녜파의 밧그로 나가더라.

1558)동황(東皇) : 오방신장(五方神將)의 하나. 봄을 맡고 있는 동쪽의 신이다. =청제(青帝).

1559)싱쇼고악(笙簫鼓樂) : 생황, 퉁소, 북 등으로 연주하는 음악.

1560)경군취되(輕裙翠帶) : 치장하지 않은 치마차림과 푸른 띠를 두른 차림.

1561)시당빅뇌(時當白露) : 때는 백로(白露)임. *백로(白露); 이십사절기의 하나. 처서(處暑)와 추분(秋分) 사이에 들며, 9월 8일경이다.

1562)금년보촉(金蓮步燭) : 촛불을 들고 아름다운 걸음걸이로 누군가를[여기서는 신랑신부] 인도하는 미녀. *금련보(金蓮步) : ‘미인의 정숙하고 아름다운 걸음걸이’를 비유적으로 이르는 말. 중국 남북조시대 남조(南朝) 제(齊)나라의 폐제(廢帝) 동혼후(東昏侯)가 황금으로 연꽃을 만들어 땅에 심어놓고 그 위로 반비(潘妃)를 걷게 하면서 말하기를 ‘걸음걸음마다 연꽃이 피는구나.’라고 하였다는 고사에 온 말.

1563)ᄌᄒᆞ상(紫霞觴) : 전설에서, 신선들이 술을 마실 때 쓰는 잔. ‘자하’는 신선이 사는 곳에 서리는 보랏빛 노을이라는 말로, 신선이 사는 선계(仙界)를 뜻한다. 따라서 선계의 신선이 입는 치마를 자하상(紫霞裳), 그들이 마시는 술을 자하주(紫霞酒), 그들이 사는 곳을 자하동(紫霞洞)이라 이른다. *여기서는 신랑신부가 합환주를 나누는 술잔 이름을 ‘자하상(紫霞觴)’이라 붙인 것일 뿐이다.

1564)일종부게(一種芙蕖) : 한 포기 연꽃. *부거(芙蕖) : 연꽃. 부용(芙蓉).

신부를 붓드러 막츠(幕次)의 쉬여 단장을 곳치고, 존당의 폐빅을 일울시, 이날 하·
뎡 냥부 졔부인 졔쇼졔 다 연상의 버러시니 위·조 냥틴비와 뉴부인은 쥬벽(主壁)의
좌를 일윗눈딕, 뎡·진·남·화 스비와 하【48】·댱 냥부인이 이모지년(二毛之
年)1566)이로딕, 쳥양(淸良) 완혜(婉慧)ᄒ고 흐억 윤틱ᄒ 긔질이 오히려 셰속 부녀의
쳥츈쇼안(靑春素顔)의 결빅(潔白)ᄒ믈 우이 너기거늘, 기녀(其女) 녕능공부인과 하학셩
부인이며 버거 윤·하 냥부 졔부인 졔쇼져의 빅미쳔광(百美千光)이 긔긔히 탁츌(卓出)
ᄒ여 요지(瑤池) 보각(寶閣)이 아니로딕, 왕모승회(王母勝會)를 일윗거늘, 뎡쇼졔 니르
러 존당구고긔 폐빅을 진졍(進呈)ᄒ고, 좌의 나아가 모든 졔스금장(娣姒襟丈) 주민(姊
妹)로 병익(竝翼) 연좌(連坐)ᄒ니 존당(尊堂) 합문(閤門)1567)과 졔빈(諸賓)의 만목(萬
目)이 한가지로 관쳠(觀瞻)ᄒ니, 각각 의장(衣裝)의 화려홈과 픔복의 빗나믄 니르지 말
고, 신부 【49】뎡시의 '화월(花月)이 슈틱(羞態)'1568)홀 싞광(色光)과 복녹완젼지상
(福祿完全之相)이 풍염(豐艶) 쇼쇄(瀟灑)1569)ᄒ여 진짓 하쥬(河洲)1570) 남교(藍橋)1571)
우희 옥갓흔 슉녜(淑女)라. 월익뉴미(月額柳眉)의 셩덕(聖德)이 어리고 팔복(八福)1572)
이 영요(榮耀)ᄒ니, 쳔교빅미(千嬌百美) 슈츌(秀出) 교염(嬌艶)ᄒ여 긔이치 아닌 곳이
업고, 동용(動容)이 합도(合道)ᄒ고, 진퇴예졀(進退禮節)의 슈단(手段)1573)이 맛가즈니,
장장(鏘鏘)ᄒ 픠옥 가온딕 뉵쳑(六尺) 신(身)이 움즉이니, '우(右) 쥰승(準繩)ᄒ고 좌
(左) 규구(規矩)ᄒ여'1574) 진션진미(盡善盡美)1575)ᄒ미, 호학(皓鶴)1576) 《탈션‖탈식

1565) 우희다 : 움키다. 손가락을 우그리어 물건 따위를 놓치지 않도록 힘 있게 잡다.
1566) 이모지년(二毛之年) : 흰 머리털이 나기 시작하는 나이라는 뜻으로, 32세를 이르는 말. 늑이모(二毛)
1567) 합문(閤門) : 온 집안. 또는 온 집안사람.
1568) 화월(花月)이 슈틱(羞態) : '꽃과 달이 부끄러워 할 자태(姿態)'라는 말로, 폐월수화지태(閉月羞花之
      態; 달이 숨고 꽃이 부끄러워할 만큼 여인의 자태가 아름다움)를 변형하여 표현한 말.
1569) 쇼쇄(瀟灑) : 가지고 있는 기운이 맑고 깨끗함.
1570) 하쥬(河洲) … 슉녜(淑女) : 강물 모래톱 가운데 있는 숙녀라는 뜻으로 주(周)나라 문왕(文王)의 비
      (妃)인 태사(太姒)를 말한다. 문왕과 태사 부부의 사랑을 노래한 『시경』<관저(關雎)>장의 "관관저구
      재하지주 요조숙녀 군자호구(關關雎鳩 在河之洲 窈窕淑女 君子好逑)"의 '하주(河洲)' '숙녀(淑女)'서 온
      말.
1571) 남교(藍橋) … 슉녜(淑女) : 남계(藍溪) 다리 위에 있는 숙녀라는 뜻으로, 당나라 때 배항(裵航)이라
      는 사람이 이곳을 지나다가 만났다는 선녀 운영(雲英)을 말한다. 즉 남교(藍橋)는 중국 섬서성(陝西省)
      남전현(藍田縣) 동남쪽 남계(藍溪)에 있는 다리 이름으로, 남전(藍田)에는 선굴(仙窟)이 있는데, 당나라
      때 배항(裵航)이라는 사람이 이 다리를 지나다가 선녀인 운영(雲英)을 만나서, 선인들이 마시는 음료인
      경장(瓊漿)을 얻어 마셨다고 한다.
1572) 팔복(八福) : ①불교에서 말하는 복을 받게 될 여덟 가지의 좋은 일. 곧 길가에 샘을 파는 일, 물가
      에 다리를 놓는 일, 험한 길을 잘 닦는 일, 부모에게 효도하는 일, 삼보(三寶)를 공경하는 일, 병든 사
      람을 간호하는 일, 가난한 사람에게 밥을 주는 일, 무차 대회(無遮大會)를 열어 고혼(孤魂)을 제도하는
      일 따위이다. ②유교에서는 오복(五福), 즉 수(壽), 부(富), 강녕(康寧), 유호덕(攸好德), 고종명(考終命)
      을 말한다. 여기에 이 작품이 추구하는 행복 세 가지를 더해 팔복(八福)을 채워보면, 귀(貴), 효(孝; 부
      모를 봉양하는 일), 다남자(多男子; 아들을 많이 두는 것)를 꼽을 수 있겠다.
1573) 슈단(手段) : 일을 처리하여 나가는 솜씨와 꾀.
1574) 우쥰승(右準繩) 좌규구(左規矩) : 좌·우 곧 전체가 다 법도에 맞는다는 말. *쥰승(準繩); 평면의 경

(脫色)》ᄒ고 빅이(白鵝)1577) 실쇼(失笑)1578)ᄒ니, 임의 온슌ᄒᆫ 품셩이 발어면모(發於面貌)1579)ᄒ여 조금도 교오(驕傲)ᄒᆫ 픔격이 업스니, 이 진짓 군ᄌ의 조흔 ᄶᅩᆨ이라. 모시(毛詩)1580) 졔일편의 닐어시듸,

　"참치힝치(參差荇菜)의 좌우모지(左右芼之)로다【50】관관져구(關關雎鳩)ᄂᆞᆫ 재하지쥬(在河之州)오 뇨조슉녀(窈窕淑女)ᄂᆞᆫ 군ᄌ호귀(君子好逑)로다"1581)

　ᄒ며, 졍히 니룰 일넘즉 ᄒ더라.

　좌상 졔빈이 쇼년녀부를 거ᄂᆞ려 니ᄅᆞ럿더니, 윤상부 졔부인 졔쇼져의 ᄉᆡᆨ모광염(色貌光艶)을 비ᄒᆞ미, 부용(芙蓉)과 목난(牡丹)이 셩히 픤 곳의 쇠잔ᄒᆫ 두견홰(杜鵑花) 픠엿ᄂᆞᆫ 듯ᄒ니, 스스로 탈식(奪色)ᄒ여 말을 못ᄒ더니, 반향의 비로쇼 년셩(連聲) 치하ᄒ니, 위·조 냥틱비와 뉴부인이며 진왕부부와 상국부뷔 역시 엇ᄂᆞᆫ 며ᄂᆞ리마다 초세ᄒ니, 의ᄉᆞ ᄌᆞ못 환흡ᄒ여 좌슈우응(左酬右應)의 승당하언(承當賀言)이러라.

　종일 진환(盡歡)의 낙극진취(樂極盡醉)ᄒ니 금외(金烏)1582) 몰셔(沒西)ᄒ고 옥퇴(玉兎)1583) 부상(扶桑)을 엿보【51】니, 졔ᄀᆡᆨ이 각산기가(各散其家)ᄒ고, 뎡쇼져 침쇼를 화청각의 졍ᄒ여 도라보닉고, 초야의 합문 상히 촉을 니어 환쇼ᄒ여 신부의 초미(超美)ᄒ믈 일큿고, 진왕은 뎡쇼져 년이ᄒ미 오히려 아ᄌᆞ의 우희 잇더라.

　초야의 흑싮 존명을 기다려 밧비 신방의 니ᄅᆞ니, 유아 시비 영졉ᄒ여 방즁의 드러가니, 신뷔 긴단장1584)을 벗고 단의홍군으로 촉하의 단좌ᄒ엿더니, 흑싮 입실ᄒᆞ미 유뫼 나아가 붓드러 마ᄌᆞ 동셔로 좌를 졍ᄒ미, 졔녜 분분이 ᄡᅡᆼ금뇨셕(雙錦褥席)을 포셜(鋪設)ᄒ고 금슈장(錦繡帳)을 지우미 장외로 퇴ᄒ니, 흑싮 옥안셩모의 화긔 가득ᄒ여

사를 재기 위하여 치는 먹줄이나 수준기. *규구(規矩); 원을 그리는데 쓰는 그림쇠(規)와 네모를 그리는데 쓰는 곱자(矩).
1575)진션진미(盡善盡美) : 더할 나위 없이 훌륭하고 아름다움. 완전무결함을 이른다. ≒진선완미.
1576)호학(皓鶴) : =백학(白鶴).
1577)빅이(白鵝) : 나무로 만든 거위. 『음악』편경의 가자(架子)를 버티게 하기 위하여 방대(方臺) 위에 올려놓은 나무로 만든 거위.
1578)실쇼(失笑) : 어처구니가 없어 저도 모르게 웃음이 툭 터져 나옴. 또는 그 웃음. *여기서는 신부가 너무 완벽할 정도로 아름다워 무생물인 '나무거위'까지도 넋을 잃고 저도 모르게 웃음을 터트린다는 표현.
1579)발어면모(發於面貌) : 얼굴에 나타남.
1580)모시(毛詩) : '시경(詩經)'을 달리 이르는 말. 중국 한나라 때의 모형(毛亨)이 전하였다고 하여 이렇게 이른다.
1581)참치힝치(參差荇菜)의 좌우모지(左右芼之)로다. 관관져구(關關雎鳩)ᄂᆞᆫ 재하지쥬(在河之州)오 뇨조슉녀(窈窕淑女)ᄂᆞᆫ 군ᄌ호귀(君子好逑)로다 / 들쭉날쭉 마름풀 가려가며 뜯네. 구욱구욱 물수리 모래톱에 있다오. 정숙한 고운 아씨 군자의 좋은 짝이네. 『시경(詩經)』<관저(關雎)>편 일부.
1582)금오(金烏) : '태양'을 달리 이르는 말. 태양 속에 세 개의 발을 가진 까마귀가 있다는 전설에서 유래한다.
1583)옥토(玉兎) : '옥토끼'라는 뜻으로, '달'을 달리 이르는 말. 달 속에는 계수나무 아래 방아를 찧고 있는 토끼가 살고 있다는 전설에서 유래한다.
1584)긴단장 : 온갖 단장. 특히 혼인 때 신부의 머리에 족두리나 봉관을 씌워 단장하는 일을 이름.

바라보【52】니, 촉영지하(燭映之下)의 작뇨션염(婥耀鮮艶)이 더욱 아릿다와, 오히려 십이셰 츙년(沖年)의 신월(新月)이 두렷지 못하고, 청하(淸河)의 부용(芙蓉)이 함담(菡萏)을 기균(開均)1585)치 못하여시니, 이이(愛愛) 졀눈(絶倫)하여 풍뉴랑의 졍혼을 취케 하는지라.

혹시 이련(愛戀)하믈 니긔지 못하니 엇지 부형의 졍되하신 명훈을 쏨의나 싱각하리오. 야심하믈 일ᄏ라 은디(銀臺)의 옥촉(玉燭)을 장외의 믈니고, 신부를 넛그러 일침지하(一寢之下)의 졉면동와(接面同臥)하미 이셩지낙(二姓之樂)이 흡연하여, 교칠(膠漆)의 합하미 이시니, 쇼졔 십여 셰 유녜(幼女)라. 엇지 남녀 졍욕과[이] 부부 뉸상(倫常)이 [의] 덧덧하믈 알니오. 【53】 되경(大驚) 슈괴(羞愧)하여 놀나기를 마지 아니니, 혹시 그 옥부향신(玉膚香身)의 쳥향이 만실하믈 더욱 이즁하여, 흔연이 웃고 다릐여 부부지도와 남녀소욕이 본되 이갓흐믈 닐너, 불승환오(不勝歡娛) 득의(得意)하니, 쇼졔 되황되구(大惶大懼)하여 몸이 침상의 안존 듯하니, 능히 줌을 일우지 못하더라.

창외의 양희 등이 그윽이 규ᄉᆞ(窺伺)하여 쇼져의 유츙하여 셰졍 모로믈 어엿비 녀기고, 싱의 남활(濫猾) 방즈(放恣)하믈 그윽이 믜이 너기더라.

명조의 부뷔 빵빵이 문안하니, 존당구괴 두굿기믈 마지 아니코, 빅희 등이 【54】 혹ᄉᆞ를 보미 작야 긔관(奇觀)을 싱각고 그윽이 눈쥬어 우으되, 뎡닌이 극히 쇼탈혼 고로 셔모 등의 눈츼를 모로더라.

양희 등이 위·조 양틱비긔 작야 공즈의 신방 ᄌᆞ미롭던 셜화를 일일히 고하니, 존당이 크게 어엿비 너기나 싱의 남활하믈 어히업시 너기더라.

낫문안을 당하여 뎡쇼졔 신장을 다ᄉᆞ려 존당의 드러오고, 합문 노쇠 남좌녀우(男左女右)를 분하엿더니, 셕부인이 문득 묽은 눈츼를 잠간 흘녀 뎡닌부부를 보아 쇼안이 미미하거늘, 구퓌 춤지 못하여 닛다라 니르되,

"셕부인은 므슨 긔관이 잇관되 남모【55】르는 우음을 혼ᄌᆞ 우으시ᄂᆞᆨ뇨? 이 노고도 알고져 하ᄂᆞ이다."

셕부인이 밋쳐 답지 못하여셔 진왕이 츄파봉졍(秋波鳳睛)을 흘녀 져져와 구파의 거동을 괴이히 너겨, 반ᄃᆞ시 므슨 긔관이 이시믈 씌다라, 흐르는 빗치 뎡닌과 뎡시의 신상의 밋츠니, 이쩌 혹시 좌상 긔식을 모로고 뎡쇼져의 옥안념틱(玉顔艶態)를 눈쥬어 보거늘, 뎡쇼져는 총명혜힐(聰明慧黠)혼 녀지○[라]. 싱의 힝지 단즁치 못하믈 십분 불열 슈괴하여 능히 낫 둘 바를 아지 못하니, 히음업시 화관을 슉이고 옥셜무빈(玉雪霧鬢)의 홍염(紅染)이 므릇녹으니, 작뇨아틱(婥耀雅態) 더욱 아름답고, 십여【56】셰 유녀지 봉관화리(鳳冠華里)1586)로 명부의 복식이 체체(棣棣)하니 교염(嬌艶) 풍식(豊

1585) 기균(開均) : 활짝 피다.
1586) 봉관화리(封冠花里) : 한국 고소설에서 과거에 급제한 관원의 부인이나 공경대부(公卿大夫)의 부인과 같은 외명부(外命婦)가 머리에 쓰는 화려하게 장식한 관모(冠帽) 곧 족두(簇頭里)리를 이르는 말이다. 본래 족두리는 고려때 원나라로부터 들어온 왕실여성들이 쓰는 관모(冠帽)인 고고리(古古里)에서

色)이 승졀만비(勝絶萬倍)흔 가온딕, 붓그리는 틱되 갓초 브암죽 ᄒ니, 왕이 싱의 거동을 보믹 남활 방즈ᄒ미 존젼의 경근지녜(敬謹之禮) 셜만ᄒᆞᆷ믈 노ᄒᆞ여, 한 쥴 찬빗치 아즈롤 냥구예시(良久睨視)ᄒ나 학식 죵시 아지 못ᄒ고, 다만 다졍흔 봉목(鳳目)이 쇼져 신상의 빗취여시니, 구픠 져 부즈의 긔식을 보고 흔흔이 우어 왈,

"공진 금년 길운(吉運)이 가장 조턴가, 텬운의 비등ᄒ여 손으로 계화(桂花)롤 썻고, 십여셰 츙년의 옥당금마(玉堂金馬)로 봉닉션아(蓬萊仙娥)1587) 갓흔 졀염 슉완을 가(嫁)ᄒ여 비체(配妻)의 관관(款款)흔 화락(和樂)이 【57】 원 초딕산(楚臺山)1588)의 운우롤 화ᄒ미 양딕(襄臺1589)의 초몽(楚夢)1590)이 오히려 미흡흔가, 우리 흑스의 뎡쇼 져 보는 눈이 그리 예스롭지 아니ᄒ뇨? 빅년 화락홀 부뷔 져러 아니타 어딕가랴."

흑스 쳥파의 존젼의 셜만흠과 쥼목(衆目)의 의심ᄒᆞᆷ믈 놀나, 즉시 안식을 슈렴ᄒ고 냥안을 낫출식, 믄득 부왕의 엄식을 눈결의 아라보고, 딕황(大惶) 딕구(大懼)ᄒ여 머리롤 슉이고 면광(面光)이 즈져(自著)ᄒᆞᆷ믈 씨닷지 못ᄒ니, 뎡쇼졔 딕참 슈괴ᄒ여 머리롤 슉이고 옥안이 더욱 난난(赧赧)1591)이 붉고, 진슈(螓首)1592)롤 힘읍시 슉이믹, 화관(華冠)이 조츳 기울믈 면치 못ᄒ더라.

왕이 흑스롤 통히ᄒ【58】나 뎡쇼져를 어엿비 너겨 나아오라 ᄒ여, 옥슈롤 잡고 운환(雲鬟)을 어로만져 왈,

"아부는 당셰의 슉녀가인이라. 빅힝이 진션진미ᄒ여 ○[여]쥼군진(女中君子) 되리니, 뎡난의 음악츄비(淫惡醜鄙)흔 긔질의 비기믹 엇지 과분흔 안히 아니리오. 닉 본딕 돈아(豚兒)의 인신(人士) 불초ᄒᆞᆷ믈 아는 고로 젼혀 닉조의 규졍(規正)ᄒᆞᆷ믈 바라ᄂᆞ니, 뎡난의 불초 무식ᄒ미 만일 진압홀 현체(賢妻) 아니면 엇지 어렵지 아니리오."

쇼졔 존교(尊敎)룰 불승 황감ᄒ여 복슈이쳥(伏首而聽)의 감히 딕치 못ᄒ고, 심하의 가부의 졍딕(正大)치 못ᄒᆞᆷ믈 긔탄ᄒ더라.

뎡쇼졔 인【59】뉴(因留) 구가(舅家)ᄒᆞᄆᆡ 동동쵹쵹(洞洞屬屬)ᄒ고 슉흥야믹(夙興夜寐)ᄒ여 존당구고를 션스(善事)ᄒ고, 가부롤 승슌ᄒ며, 슉믹롤 화우ᄒ니, 꼿다온 예셩

유래한 말로, 고려 이후 여성들이 예복(禮服)을 입을 때 이것을 관모(冠帽)로 머리에 썼다. 겉을 검은 비단으로 싼[封] 여섯 모가 난 모자[冠]로 위가 넓고 아래로 내려갈수록 좁으며 구슬로 화려하게[華] 장식했기 때문에, 이것 곧 족두리(簇頭里)[里]에 '봉관화리(鳳冠華里)'라는 이름을 붙인 것으로 추정된다. '봉관화리(鳳冠華里)'라는 말은 한국 고소설에만 나타나는 말로 전통복식 용어에는 나타나지 않는다.

1587)봉닉션아(蓬萊仙娥) : 중국의 전설상의 산인 봉래산의 선경(仙境)에 사는 선녀.

1588)초딕산(楚臺山) : 중국 초(楚)나라 양왕(襄王)이 무산신녀(巫山神女)를 만나 운우(雲雨)의 정을 나누는 꿈을 꾸었다는 초대(楚臺)가 있는 산. 곧 무산(巫山).

1589)양딕(陽臺) : =초대(楚臺). 중국 초(楚)나라 양왕(襄王)이 꿈에 무산(巫山)에서 신녀(神女)와 비밀스레 하룻밤을 즐겼다는 누대의 이름.

1590)초몽(楚夢) : =운우몽(雲雨夢). 초나라 양왕(襄王)이 양대(陽臺)에서 무산신녀(巫山神女)를 만나 운우(雲雨)의 정을 나눈 꿈.

1591)난난(赧赧) : 부끄럽거나 창피하여 얼굴색이 매우 붉어짐.

1592)진슈(螓首) : '저녁매미의 이마'라는 뜻으로, 아름다운 얼굴을 이르는 말.

이 원근의 ᄌᄌᄒ더라.

혹시 뎡닌이 비록 뎡쇼져의 옥모염튀와 셩덕지화를 이즁ᄒ여 금슬이 진즁(鎭重)ᄒ나, 본픔이 쇼탈ᄒ고 불통ᄒ나 뎡쇼져를 취ᄒ미 그 옥안낭셩(玉顔朗聲)과 작튀묘질(綽態妙質)이 원의 ᄎ고 ᄯᅳᆺ의 족ᄒ니, 각별 다시 남ᄉᆡ(濫事) 업더라.

어시의 사인 윤영닌이 초의 두쇼져를 취ᄒ여 쳐음은 그 용안이 슈려치 못ᄒ믈 념(厭)ᄒ여 금슬은ᄋᆡ(琴瑟恩愛) 믹믹ᄒ더니, 셰월이 오릭미 그 【60】 슉덕명ᄒᆡᆼ(淑德明行)을 항복(降服)ᄒ여 금슬이 진즁ᄒ여, 결발 ᄉ년의 임의 냥긔 옥동을 ᄡᅡᆼ산(雙產)ᄒ여시나, 미양 졀염가인을 ᄉ모ᄒ여 념념불망(念念不忘)ᄒᄂᆞᆫ지라.

두쇼졔 ᄯᅩ흔 ᄌ긔 불용둔질이 맛ᄎᆷᄂᆡ 군ᄌ의 가위(佳偶) 부젹(不適)흔 바를 혜아려, 뇨조가인(窈窕佳人)을 구ᄒ여 어들ᄉᆡ, ᄌ긔 이종뎨(姨從弟) 연시ᄂᆞᆫ 션빅 년흠의 일녜러니, 연싱 부뷔 조셰ᄒ고 친쳑이 업ᄉ니 두쇼져의 부친 두쳐시 그 영졍고혈(零丁孤孑)ᄒ믈 어엿비 너겨 거두어 도라와 친녀갓치 이휼ᄒ더니, 임의 십오셰의 니릭러시니 옥모화안이 졀셰ᄒ고, 슉ᄌ아질(淑姿雅質)이 뇨【61】조 유한(窈窕幽閑)ᄒ여 금셰의 뇨조가인이라.

두소졔 가부를 위ᄒ여이 ᄯᅳᆺ을 두언지 오릭딕, 그 모부인 안시 녀아의 ᄉᆡᆨ광이 염미치 못흔딕 셔랑의게 아름다온 지취를 어더 쥬믈 혐의ᄒ여 허치 아니흔딕, 쇼졔 지삼 스리로 기유ᄒ고 두쳐시 녀아의 셩덕을 아름다이 너겨 부인을 지삼 히유(解諭)ᄒ니, 부인이 마지 못ᄒ여 허락ᄒ고 드디여 진궁의 통혼ᄒ고 윤ᄉ인이 뉵녜(六禮)로 마ᄌ 도라오니, 셩젼운빈(盛鬒雲鬢)[1593]과 지용셩덕이 녀영(女英)[1594]의 슉신지풍(淑愼之風)이 가죽ᄒ여, 존당을 션ᄉ(善事)ᄒ며 목족인화(睦族仁和)ᄒ고 원비를 존경 【62】 ᄒ여 황영(皇英)의 ᄌᄆᆡ갓치 화우ᄒ니, 규문이 ᄆᆰ기 거울 갓고, 부부 삼인이 상경상화(相敬相和)ᄒ여 관져(關雎)의 시를 노릭ᄒ니, 합문상히 영닌의 가되 졍(靜)ᄒ믈 깃거ᄒ고, 두쇼져의 셩덕을 일ᄏᆺ더라. 후릭의 윤ᄉ인이 작위 졈졈 놉하 참지졍ᄉ의 니릭고, 냥부인으로 화락ᄒ여 원비 두시 칠ᄌ삼녀를 싱ᄒ고, ᄎ비 년시 이ᄌ삼녀를 싱ᄒ니, 구ᄌ뉵녜 기기히 부풍모습ᄒ여 남ᄌᄂᆞᆫ 옥쳥군션 갓고 녀ᄂᆞᆫ 월궁쇼아 갓흐니, 이 ᄯᅩ흔 츙현왕 명쳔공의 단심젹츙(丹心赤忠)이 우쥬의 ᄆᆰ아시므로, 그 ᄌ손이 계계 승승ᄒ여 기리 쳔츄의 뉴젼ᄒ미러라.

츠셜 하부의셔 관닉후 하【63】몽셩이 규각(奎閣)의 삼쳐를 갓초와 뎡·표·상 삼인의 셩덕지예(性德才藝) 갈담규목(葛覃樛木)[1595]을 본바다 존당구괴 ᄉ랑ᄒ고 즁히

1593) 셩젼운빈(盛鬒雲鬢) : 여자의 아름답게 꾸민 귀밑머리. *셩젼(盛鬒); 여자의 귀밑머리가 늘어진 모양. *운빈(雲鬢); 여자의 탐스러운 귀밑머리를 구름에 비유하여 이르는 말.

1594) 녀영(女英) : 순임금의 비(妃). 요임금의 딸로 언니 아황(娥皇)과 함께 순임금에게 시집가 서로 투기하지 않고 화목하게 잘 살았으며, 순임금이 창오(蒼梧)에서 죽자 함께 소상강(瀟湘江)에 빠져 죽었다.

1595) 갈담규목(葛覃樛木) : 『시경(詩經)』 '주남(周南)'편에 실린 두편의 노래 이름. <갈담(葛覃)> <규목(樛木)> 두 편 다 문왕(文王)의 비(妃)인 태사(太姒)의 부덕(婦德)을 노래하고 있다.

너기며, 초공이 아들의 번스(繁事)룰 불관이 너기나, 임의 어든 바룰 마지 못ᄒᆞ고, 디월·누화·옥미 등{이} 십창(十娼)이 슈졀ᄒᆞᄆᆞᆯ 듯고, 바야흐로 허ᄒᆞ여 금츠지녈(金釵之列)의 잇게 ᄒᆞ니, 십창이 황공 감격ᄒᆞ여 조심ᄒᆞ기룰 여린 옥을 잡음 갓치 ᄒᆞ고, 관휘 도금(到今)ᄒᆞ여는 젼일 풍뉴호신(風流豪身)이 젼혀 업서 졔창을 불관이 너기나, 졔녀의 슈졀ᄒᆞᄆᆞᆯ 아니 녀렴(慮念)치 못ᄒᆞᆯ 거시오, 존당이 허ᄒᆞ시니 쟝부의 풍ᄎᆡ 미몰ᄒᆞᆯ 비 아니라. 졔희 당을 각각 졍ᄒᆞ여 머【64】믈게 ᄒᆞ고, 잇다감 외당의 직슉(直宿)게 ᄒᆞ여 후박(厚薄)을 익증(愛憎)치 아니ᄒᆞ며, 뎡부인이 임스(姙姒)의 교화룰 본바다 동녈을 화목ᄒᆞ미 피ᄎᆞ 스랑ᄒᆞ는 동긔 갓고, 졔창을 은혜로 거ᄂᆞ리니 졔창이 부인의 셩덕을 우러러, 감은(感恩) 골슈(骨髓)ᄒᆞ미 노쥬(奴主)의 도룰 다ᄒᆞ여 셤기니, 규문이 ᄆᆞᆰ기 거울 갓더라.

관휘 임의 임스(姙姒) 갓흔 부인으로 원위(元位)룰 졍ᄒᆞ여 닌조의 빗나미 쥬아(周雅)[1596]의 명풍(名風)을 ᄯᅩᆯ오고, 버거 옥 갓흔 일빵 가인(佳人)이 녀군(女君)을 규졍(規正)ᄒᆞ여 향규(香閨)의 마역[1597]이 되여시며 초요월안(楚腰越顔)[1598]이 당하의 슈풀 갓흐니, 쟝부 ᄒᆡᆼ낙(行樂)이 죡ᄒᆞ니, '농촉(隴蜀)의 무염(無厭)ᄒᆞᆫ 욕심'[1599]이나 엇【65】지 타렴(他念)이 이시리오만은, 그 텬연의 미인 바ᄂᆞᆫ 인녁으로 못ᄒᆞᆯ ᄲᅮᆫ 아니라, 셕일 뎡부인이 관셔의 뉴락(流落), 고초ᄒᆞᆯ 젹 《뎡운암‖초운사》의 가 곽시 명쥬룰 만나 위란지시(危亂之時)의 셔로 상보(相保)ᄒᆞᆫ 졍이 범연치 아닌 고로, 피ᄎᆞ 닙별의 닛지 말믈 언약ᄒᆞ여, 도라온 후 미양 그 ᄌᆡ용(才容)을 닛지 아니나, ᄌᆞ긔 화란님ᄉᆞ지졔(禍亂臨死之際)의 골몰ᄒᆞ여 우고(憂苦)룰 쳑탕(滌蕩)치 못ᄒᆞ니, 능히 결을ᄒᆞ여 타인의 젼졍을 의논치 못ᄒᆞ더니, 이졔 바야흐로 ᄐᆡ운(泰運)이 도라오미, ᄯᅩ 옛날 은인의 덕음을 닛지 못ᄒᆞ여 ᄒᆞ나, 오히려 관후룰 ᄃᆡᄒᆞ여 니ᄅᆞ믄 슈괴(羞愧)ᄒᆞ니, 이의 종용이 부왕과 졔형【66】을 ᄃᆡᄒᆞ여 곽시의 지난 일을 ᄌᆞ초지종(自初至終)이 고ᄒᆞ고, 곽쇼졔 시금 년긔 오히려 과시(過時)ᄒᆞ여실 ᄃᆡᆺ ᄒᆞ니, 임의 츌가ᄒᆞ여시면 ᄒᆞᆯ일 업거니와, 곽시 본ᄃᆡ 조상이 ○○○[ᄉᆞ고무]친(四顧無親)ᄒᆞ고 죵션형뎨(終鮮兄弟)ᄒᆞ여 의지ᄒᆞᆯ 곳이 그 표문(表門)이니, 속셰 인심이 ᄯᅩ 영졍고혈(零丁孤子)ᄒᆞᆫ 녀ᄌᆞ룰 구혼ᄒᆞ리 업슬 ᄃᆡᆺᄒᆞ니, 아모 계교로나 구혼ᄒᆞ여 관후의게 속현(屬縣)ᄒᆞ여, ᄌᆞ미갓치 화우ᄒᆞ여 그 덕을 갑고져 ᄒᆞ니, 졔왕부ᄌᆞ는 인의군ᄌᆞ라. 곽시의 고혈ᄒᆞᆫ 졍ᄉᆞ룰 비련(悲憐)ᄒᆞ여 슈은보덕(受恩報德)고져 ᄒᆞ는 셩심을 아름다이 너겨, 즉시 곽쇼져의 근착(根着)을 《듯볼식‖듯보더

1596)쥬아(周雅) : 『시경(詩經)』의 <소아(小雅)>편과 <대아(大雅)>편을 합하여 이르는 말. 소아와 대아는 주나라의 궁중음악 곧 아악(雅樂)을 정리해 놓은 것으로 주나라 왕실의 덕을 찬미한 것이 많다.
1597)마역; 막역(莫逆). 막역지우(莫逆之友). 허물없이 친한 벗.
1598)쵸요월안(楚腰越顔) : 중국 초나라 미인의 가는 허리와 월나라 미인의 아름답게 화장한 얼굴.
1599)농촉(隴蜀)의 무염(無厭)ᄒᆞᆫ 욕심 : '농(隴)과 촉(蜀)까지 차지하려는 끝없는 욕심'이라는 뜻으로, '그칠 줄 모르는 욕심'에 대한 비유로 쓰인다. *농촉(隴蜀)은 중국 사천성과 섬서성 사이에 있는 지명으로, 후한(後漢) 광무제(光武帝)가 한중(漢中)을 평정하고도 다시 농촉을 정벌하려는 욕심을 냈던 고사에서 온 말.

라》.

익셜 퇴혹수 쇼슉○[은] 본디 교목셰신(喬木世臣)이오 빅【67】년구족(百年舊族)이라. 형뎨 종족이 번셩치 못ᄒ며, 다만 일ᄆᆡ(一妹)로 샹슈ᄒ더니, 곽시랑부뷔 조졸(早卒)하고 일녀 명쥐이시니 이곳 곽쇼졔라. 곽쇼졔 기시의 낭셩을 니별ᄒ고 표문의 도라온 후, 얼프시 슈년의 니ᄅ러시ᄃᆡ 낭셩의 쇼식을 능히 아지 못ᄒ니, 슉야(夙夜) 우탄(憂嘆)이러라.

졔왕이 넙이 듯보아 곽쇼졔 쇼흑수의 싱질(甥姪)인 줄 알고, 친히 쇼공을 보고 츄ᄉᆞ를 의논ᄒ니, 곽쇼졔 년급 이팔의 슌향(順向)1600을 졈복(占卜)지 아녀시ᄆᆡ, 디희(大喜)ᄒ여 이의 쇼공을 디ᄒ여 셕일 녀아의 쇼유를 셜파ᄒ고, 곽쇼져를 쳔거ᄒ여 관후의 ᄉᆞ비를 삼아 빅년고락을 한가지로 【68】ᄒ여, 옛날 덕음을 갑고져 ᄒᄂᆞᆫ 줄 니ᄅ니, 쇼흑시 질녀의 가긔(佳期) 느져가믈 졍히 우민(憂悶)ᄒ더니, 이 말을 듯고 개연 쾌허ᄒ니, 졔왕 부지 쇼공의 허락은 어더시나 초공의 ᄯᅳᆺ을 아지 못ᄒ여, 가만이 황야ᄭᅴ 쥬ᄒ고 ᄉᆞ혼은지(賜婚恩旨)를 여으니, 초공부지 곡졀을 아지 못ᄒ나 황은을 위월(違越)치 못ᄒ여 브득이 퇵일 셩녜ᄒᆞᆯᄉᆡ, 뎡부인이 곽쇼졔 무슈히 이심과 혼ᄉᆞ 셩젼ᄒᆞᆯ 바를 환희ᄒ여, 이의 넌즈시 슈셔(手書)를 닷가 방노파로 ᄒ여금 녜물을 갓초와 쇼아(衙)의 보ᄂᆞ니, 곽쇼졔 방노파를 보고 반기며 깃거 옛닐을 니ᄅ며, 낭셩의 근본이 혁【69】혁 존귀ᄒ여시믈 깃거ᄒ고, 이갓ᄒᆫ 셩녀슉완으로 일퇵의 종신ᄒ여 우고이락(憂苦哀樂)을 일쳬로 ᄒᆞᆯ 바를 그윽이 환힝ᄒ고, 보닌 바 녜물을 보니 다 칠보슈식과 금슈보벽(錦繡寶璧)이라.

곽쇼졔 일일히 밧고 부인의 셩덕을 지삼 칭ᄉᆞᄒ며, 답셔를 일워 방노파를 쥬고 쥬식으로 관ᄃᆡᄒ여 도라보ᄂᆡ고, 낭셩의 빈고(貧苦)ᄒ던 졍ᄉᆞ와, 이졔 부귀환혁(富貴煥赫)ᄒ믈 츠탄(嗟歎)ᄒ여 조화의 신긔ᄒ믈 못ᄂᆡ 일ᄏᆞᆺ더라.

방노픠 도라픠[와] 곽쇼져의 후ᄃᆡᄒ던 일을 니ᄅ고 슈말을 알외니, 뎡시 곽쇼져의 무슈 장셩ᄒ여 혼ᄉᆞ 셩젼ᄒ믈 크게 깃거, 츠후 심두(心頭)의 【70】나는 한이 업셔 아황봉미(蛾黃鳳眉)의 희식이 가득ᄒ더라.

관휘 맛ᄎᆞᆷ 옷○[을] 가라닙고져 드러오다가, 즁당의 ᄉᆡ에 은은ᄒ고 부인의 말소ᄅᆡ 낭낭ᄒ믈 괴이히 너겨, 족용을 즁지ᄒ여 드르니 이 다른 ᄉᆡ 아니라, 곽시의 혼인 말이라. 관휘 부인이 본디 곽시를 아던가 ᄒ여 아ᄅᆞᆫ쳬 아니ᄒ고, 즉시 옷슬 ᄎᆞᄌ 닙고 나왓더니, 츠야의 ᄯᅩ 침쇼의 드러가 안침(按枕)1601의 비겨 ᄌᆞ녀를 가ᄎᆞ홀ᄉᆡ, 셩이 슈셰오, 뎡부인 아즈 응현이 ᄯᅩ 셩아와 동년이로ᄃᆡ, 셩이 달노 칠삭 맛이니 형ᄆᆡ(兄妹)되ᄂᆞᆫ지라.

1600)슌향(順向) : 후사(後嗣)를 이어갈 사람. 배우자.
1601)안침(按枕) : 목침(木枕)의 하나. 목침 가운데 키가 높은 것으로 보료 위나 방바닥에 놓고 팔을 걸쳐 몸을 기대고 쉴 수 있게 되어 있다. 보료와 등받이가 한 틀로 여름에는 나무로 만든 것이 주로 사용되며 종이를 꼬아서 짠 것도 있다.

냥이 극히 조셩(早成) 신오(神奧)ᄒ여 옥남기 구슬 여름 갓ᄒ니, 고【71】어의 니른 바, '산고옥츌(山高玉出)이오 ᄒᆡ심츌쥬(海深出珠)'1602라 ᄒ니, 웅현의 작셩텬픔(作性天稟)의 긔이ᄒᆞ믄 부군의 탁셰(卓世)ᄒᆞᆫ 《풍곽‖풍광》덕질(風光德質)1603을 픔습(稟襲)ᄒᆞᆷ만 아니라, 이 진실노 뎡부인의 고금쳔디의 다시 잇지 아니ᄒᆞᆫ 셩덕ᄌᆞ질노 십삭ᄐᆡ교의 아름다오미 이시니, 그 쇼산의 니러ᄒᆞ미 괴이치 아니려니와, 지어(至於) 셩아의 밋쳐ᄂᆞᆫ 쇼년시 흉상박면(凶狀薄面)의 픠악광뷔(悖惡狂婦) 무슨 ᄐᆡ교(胎敎)를 두어시리오만은, 셩아의 교염ᄒᆞᆫ ᄌᆞ질과 온슌 강녈ᄒᆞᆫ 셩힝은 힝혀도 흉괴ᄒᆞᆫ ᄌᆞ모(慈母)를 픔습지 아녀, 견혀 부친을 픔습ᄒᆞ고, 모든 하시의 셰디(世代) 옥안셩모(玉顔聖貌)를 달마 니러ᄐᆞᆺ 아름다오니, 한갓 존【72】당과 합문이 무모고익(無母孤兒)라 ᄒᆞ여, 각별 무인(撫愛)ᄒᆞ고, 뎡부인이 ᄌᆞ즈와 갓치 교양ᄒᆞ여 오히려 ᄉᆞ랑ᄒᆞ며 고렴(顧念)ᄒᆞ미 친싱 아ᄌᆞ의 더으니, 구고와 졔인이 그 셩덕을 아름다이 너기며, 관휘 더욱 공경ᄒᆞ더라.

이날 냥이 셔로 닛그러 부젼(父前)의셔 노더니, 관휘 ᄌᆞ녀를 좌우 슬하의 가로 안치고 부인을 도라보아 왈,

"인뷔(人父) 되여 텬뉸(天倫)은 이곳 난언(難言)1604이라. ᄌᆞ식이 용우(庸愚)ᄒᆞ나 엇지 믜오리오. ᄒᆞᆷ물며 녀이 무용(無用)ᄒᆞᆫ 줄 알오디, 셩아의 아름다오믈 디ᄒᆞ면 흉녀의 ᄐᆡ교(胎敎) 이상ᄒᆞ믈 몬져 싱각ᄒᆞ미, 년이(憐愛)ᄒᆞ미 각별ᄒᆞᆫ 듯ᄒᆞ더이다."

부인이 쳐연 디왈,

"부녀ᄂᆞᆫ 텬【73】셩(天性)이라. 지우하쳔(至愚下賤)도 오히려 ᄌᆞ식 ᄉᆞ랑ᄒᆞᆯ 줄 알거든, ᄒᆞᆷ물며 부ᄌᆞ의 관인후덕(寬仁厚德)ᄒᆞ시미니잇가? 슈연(雖然)이나 셕일 년부인의 년쇼 투협(妬狹)ᄒᆞ여 쇼쇼 과실이 이시나, 이 곳 졈은 부녀의 투긔 괴이치 아니미오, 지어(至於) 외모식광(外貌色光)은 군ᄌᆞ의 의논ᄒᆞᆯ 거시 아니라. 셕ᄌᆞ(昔者)의 무후(武侯)1605의 부인 황시(黃氏)1606와 무염(無鹽) 밍광(孟光)1607이 무슨 식광이 잇관디 쳔츄(千秋) 슉네 되니잇고? 복원 군ᄌᆞᄂᆞᆫ 년부인의 아시 조강의 의(義)와 녀아의 안면(顔面)을 고렴ᄒᆞ시거든, 다시 망인을 너모 헐ᄲᅮ리지 마ᄅᆞ쇼셔. 녀이 아직은 인ᄉᆞ를 아지 못ᄒᆞ나, 타일 장셩ᄒᆞ미 엇지 셜워 아니리잇고?"

관휘 【74】흔연 칭ᄉᆞ 왈,

"어지다! 부인 셩언(聖言)이 금옥 갓ᄒᆞ니, 이후 삼가 언필찰(言必察)ᄒᆞ리라. 또 복

1602) 산고옥츌(山高玉出) ᄒᆡ심츌쥬(海深出珠) : 높은 산에서 옥이나고, 깊은 바다에서 진주가 난다는 뜻으로 훌륭한 인물은 덕이 높고 전통이 깊은 명문가에서 난다는 말을 비유적으로 표현한 말.

1603) 풍광덕질(風光德質) : 사람의 용모, 품격, 인덕, 본성 따위의 자질.

1604) 난언(難言) : 입장이 곤란하여 밝혀 말하기 어려움.

1605) 무후(武侯) : 제갈량(諸葛亮). 181~234. 중국 삼국 시대 촉한의 정치가. 자(字)는 공명(孔明). 시호는 충무(忠武). 무향후(武鄕侯)에 봉작되었다.

1606) 황시(黃氏) : 중국 삼국시대 촉의 정치가 제갈량의 처. 용모는 몹시 추(醜)녀였으나 재주가 뛰어났다고 한다.

1607) 밍광(孟光) : 후한 때 사람 양홍(梁鴻)의 처. 추녀였으나 남편의 뜻을 잘 섬겨 현처로 이름이 알려졌고, 고사 거안제미(擧案齊眉)로 유명하다.

(僕)이 한 의심ᄒᄂᆞᆫ 일이 잇셔 실문(悉問)코져 ᄒᄂᆞ니, 부인이 한번 니ᄅᆞᆷ믈 앗기지 마ᄅᆞ쇼셔."

부인이 넘용(斂容) 사ᄉᆞ(謝辭) 문지(問之)ᄒᆞ딕,

휘 미쇼ᄒᆞ고 드듸여 셕샹(夕上) 문답ᄉᆞ(門答事)로뻐 므ᄅᆞᆫ딕, 부인이 관후의 드러시믈 알고 감히 은익(隱匿)지 못ᄒᆞ여, 옥셩(玉聲)을 나죽이 ᄒᆞ여 셕일 관셔의 잇셔, 《녕운암∥초운사》의 갓쳐실젹 곽쇼져를 만나 셔로 의긔로 구ᄒᆞ여 한가지로 도라온 셜화를 듸강 고ᄒᆞ고, 곽쇼제 현미(賢美)ᄒᆞ니 타문의 보닉기를 앗겨ᄒᆞ나, 달니 계괴 업셔 부왕과 졔【75】형으로 상의ᄒᆞ여 혼ᄉᆞ 도모ᄒᆞᆷ믈 고ᄒᆞ고, 나죽이 ᄉᆞ죄(謝罪) 왈,

"쳡이 ᄉᆞ셰(事勢) 마지 못ᄒᆞ여 당돌이 부형과 동심ᄒᆞ여, 사름의 인뉸을 ᄌᆞ단(自斷)ᄒᆞ여 구고를 긔망ᄒᆞ고 군ᄌᆞ의 당돌이 너기시믈 밧ᄌᆞ오니, 엇지 녀ᄌᆞ의 당돌 방ᄌᆞᄒᆞᆷ이 슈괴(羞愧)치 아니리잇고? 원 군ᄌᆞᄂᆞᆫ 쳡의 죄를 용셔ᄒᆞ쇼셔."

휘 청파의 곽시의 의협과 부인의 슈은(受恩) 보덕(報德)고져 ᄒᆞᆷ이 명명ᄒᆞᆷ믈 불승탄복(不勝歎服)ᄒᆞ여, 흔연(欣然) 잠쇼(潛笑)ᄒᆞ더라. 【76】

윤하명삼문취록 권지팔십수

추시 관휘 청파의 곽시의 의협(義俠)과 부인의 슈은(受恩) 보덕(報德)고져 ᄒᆞ미 명명ᄒᆞᄆᆞᆯ 불승탄복(不勝歎服)ᄒᆞ여 흔연 잠쇼 왈,

"가닉의 시 사람을 만히 모도미 부인의 적국(敵國)이 강셩ᄒᆞ니 스스로 잇블 ᄯᅡ름이라. 만싱은 동셔로 슉녀(淑女) 미아(美兒)ᄅᆞᆯ 구ᄒᆞ여 장부 호신(豪身)을 빗ᄂᆡ미 쇼원이니, 비록 빅미인이라도 ᄉᆞ양치 아니려든, 일기 곽시ᄅᆞᆯ 니ᄅᆞ리오. 싱은 드ᄅᆞ미, 졍히 쥬미의 공을 치하코져 ᄒᆞ거늘 부인은 무슨 죄 잇노라 ᄒᆞ고 죄ᄅᆞᆯ 쳥ᄒᆞᄂᆞ뇨?"

셜파의 흔흔이 우으니, 부인이 ᄯᅩ흔 아【1】험(娥臉)의 쇼용(笑容)이 미미ᄒᆞ여 다시 슈작지 아니터라.

임의 야심ᄒᆞᆫ 고로 유모ᄅᆞᆯ 불너 각각 아희ᄅᆞᆯ 다려가 ᄌᆞ라 ᄒᆞ고, 쵹을 장외의 물니고 부뷔 한가지로 원앙금니(鴛鴦衾裏)의 나아가니 진즁ᄒᆞᆫ 은이 가지록 식롭더라.

쇼부의셔 퇴일ᄒᆞ여 하부의 보ᄒᆞ니 길긔 겨오 슌여일이 격(隔)ᄒᆞ엿더라. 하부의셔 원치 아닛는 길긔 갓가오믈 깃거 아니ᄒᆞ나, 마지 못ᄒᆞ여 혼슈ᄅᆞᆯ 셩비ᄒᆞᆯᄉᆡ, 뎡부인은 혼ᄉᆞ(婚事) 슈이되믈 더욱 깃거 미ᄉᆞᄅᆞᆯ 쥰비ᄒᆞ여, 곽쇼져 슈이 도라오기ᄅᆞᆯ 굴지계일(屈指計日)ᄒᆞ나 가즁이 알니 업더라.

니러구러 【2】길일이 다ᄃᆞ르미, 관휘 늠늠ᄒᆞᆫ 풍신(風神)의 길복을 졍히ᄒᆞ고 은안빅마(銀鞍白馬)의 위의(威儀)ᄅᆞᆯ 거ᄂᆞ려 쇼아의 니ᄅᆞ러, 냥쵹(兩燭) ᄉᆞ이의 홍안지녜(鴻雁之禮)ᄅᆞᆯ 맛ᄎᆞ미, 쇼흑시 관후의 풍용덕질(風容德質)을 쳐음 보미 아니로ᄃᆡ, 그 화풍경운지상(和風慶雲之相)과 퇴산암암지용(泰山岩岩之容)을 볼ᄉᆞ록 더욱 년이(憐愛)ᄒᆞ여, 광슈(廣袖)ᄅᆞᆯ 상악(相握)ᄒᆞ고 흔연 왈,

"만싱이 현계(賢契)의 퇴양 갓흔 광휘와 셩명 덕질을 우러러 념념ᄉᆞ복(念念思服)[1608]이러니, 이졔 믄득 텬연이 긔구ᄒᆞ여 싱녀(甥女)[1609]의 빅필이 되니 엇지 영힝치 아니리오. 질이 초명(初命)이 험조(險阻)ᄒᆞ여 유시(幼時)의 조별고비(早別考妣)[1610]ᄒᆞ고 하션형뎨(下鮮兄弟)ᄒᆞ여 일【3】신이 녕졍(零丁)ᄒᆞ고 직덕이 쇼여(疎如)ᄒᆞ니, 바라건ᄃᆡ 군ᄌᆞ는 관인후덕(寬仁厚德)ᄒᆞ여 용우흔 싱녀의 평싱을 빗나게 ᄒᆞ라."

1608)념념ᄉᆞ복(念念思服) : 늘 생각하여 잊지 아니하고 마음에 둠.
1609)싱녀(甥女) : 생질녀(甥姪女). 누이의 딸을 이르는 말.
1610)조별고비(早別考妣) : 어려서 부모를 여읨.

관휘 슈려흔 광미(廣眉)의 화긔 츈풍 갓흐여 쇼공의 말숨을 이셩(怡聲) 스샤홀 짜룸이러라.

이윽고 신뷔 칠보단장을 셩히 ᄒ고 상교ᄒ미, 신낭이 봉문(封門) 상마(上馬)ᄒ여 졍히 위의를 휘동ᄒ더니, 믄득 길가의 일좌(一座) 고루장각(高樓莊閣)이 쇼부와 졉옥연장(接屋連墻)ᄒ엿ᄂ듸, 쥬문(朱門)이 츠아(嵯峨)ᄒ고 치뤼(綵樓) 표묘(縹緲)ᄒ며 구름 밧긔 쇼스시니, 이 ᄯ흔 공후경상지퇴(公侯卿相之宅)인 쥴 알니러라.

곽쇼져의 치괴(彩轎) 당젼(堂前)ᄒ고 버거 관휘 옥면영풍(玉面英風)의 길【4】복을 졍히 ᄒ고 팔마금안(八馬金鞍)[1611]의 빅총마(白驄馬)[1612]를 타시니, 풍뉴(風流) 쇄락(灑落)ᄒ고 영풍(英風)이 동인(動人)ᄒ여 창ᄒᆡ대양(滄海大洋)의 교룡(蛟龍)이 운예(雲霓)를 발ᄒᄂ 듯, 벽누상텬(壁壘上天)의 일졈 부운(浮雲)이 업는 듸, 빅월이 붉은 듯ᄒ니, 송홍(宋弘)[1613]의 덕된 긔질과 조둔(趙盾)[1614]의 하일지위(夏日之威)[1615]를 겸ᄒ여시니, 관ᄌ(觀者)의 이목이 현황ᄒ여 젼일 보던 지라도 싀로이 긔이ᄒᄆᆞᆯ 이긔지 못ᄒ거든, ᄒ물며 심규(深閨) 다졍가인(多情佳人)의 처음 보ᄂ 안광 가온듸 텬졍슉치(天定宿債) 연업(緣業)이 깁게 밋치미리오.

홀연 관후의 탄 말이 누하(樓下)를 지니치려 홀 젹 믄득 누상의셔 금녕(金鈴) 일 쥴을 급히 더지니, 관휘 무망(無妄)의 듸【5】 경ᄒ여 급히 썰치니, 금녕이 믄득 짜히 써러지지 아니ᄒ고 후의 ᄉᄆᆡ 속의 드니, 휘 급히 ᄂᆡ여 짜히 더지고 우러러 보니, 누상의 쥬렴을 높이 것고 십여인 청의아환(靑衣丫鬟)이 일위 교와(嬌婐)를 뫼셔시니, 금군치삼(錦裙彩衫)이 날난ᄒ고, 쥬취보옥(珠翠寶玉)이 휘황ᄒ니, 복식이 ᄉ문 규쉬오, 옥안화뫼 풍염 윤퇴ᄒ여 한송이 부험(富婪)진[1616] 곳송이 갓더라.

그 쇼졔 아조 졍신을 일코 냥안 졍긔 젼혀 ᄌ가의 신상의 빗최엿ᄂ지라. 관휘 일쳡

[1611] 팔마금안(八馬金鞍) ; 안장(鞍裝)을 금붙이로 화려하게 꾸민 여덟 마리의 말.

[1612] 백총마(白驄馬) : =백마(白馬). 털빛이 흰 말.

[1613] 송홍(宋弘) : 중국 후한(後漢) 광무제(光武帝) 때 사람. 『후한서(後漢書)』<송홍전>에 그가 광무제에게 한 말 곧, "가난할 때 친하였던 친구는 잊어서는 안 되고(貧賤之交不可忘), 지게미와 쌀겨를 먹으며 고생한 아내는 집에서 내보내서는 안 된다(糟糠之妻不下堂)"는 말이 널리 전해지고 있다.

[1614] 죠둔(趙盾) : 중국 춘추시대 진(晉)나라 정치가. 당시 적(狄)나라 재상 풍서가 진나라에서 적(狄)에 도망온 가계(賈季)라는 사람에게 진나라의 두 정치인 조둔과 조쇠(趙衰) 중 누가 더 어진 사람인가를 묻자, 조쇠는 겨울날의 태양이고(冬日之日)이고, 조둔은 여름날의 태양(夏日之日)이라고 대답했는데, 이 말에 대하여 남북조시대 진(晉)나라 학자 두예(杜預)가 겨울 해는 사랑스럽지만(冬日之愛) 여름 해는 위엄[두려움]이 있다(夏日之威)라는 주석(註釋)을 붙여 두 사람의 인품을 나타냈다.

[1615] 됴둔(趙盾)의 하일지위(夏日之威) : '조둔의 여름날의 이글거리는 해와 같은 높은 위엄'이란 뜻으로, 중국 춘추시대 진(晉)나라 정치가 조둔의 인품을 평한 말. 즉 당시 적(狄)나라 재상 풍서가 진나라에서 적(狄)에 도망온 가계(賈季)라는 사람에게 진나라의 두 정치인 조둔과 조쇠(趙衰) 중 누가 더 어진 사람인가를 묻자, 조쇠는 겨울날의 태양이고(冬日之日)이고, 조둔은 여름날의 태양(夏日之日)이라고 대답했는데, 이 말에 대하여 남북조시대 진(晉)나라 학자 두예(杜預)가 겨울 해는 사랑스럽지만(冬日之愛) 여름 해는 위엄[두려움]이 있다(夏日之威)라는 주석(註釋)을 붙여 두 사람의 인품을 나타냈다.

[1616] 부험(富婪) : 부염(富艶). 생김새가 살지고 아름답다. 또는 풍성하고 아름답다.

(一瞻)의 히연(駭然) 디로(大怒)ᄒ여 그릇 눈드러 비례의 얼골 본 쥴을 뉘웃츠니, 긔식이 싁싁ᄒ여 밧비 위의ᄅᆞᆯ 직쵹ᄒ【6】여 부즁으로 도라오니라. 아지못게라! 이 쟝각이 뉘 집이며 그 녀ᄌᆞ의 ᄌᆞ티 엇더ᄒᆞᆫ고? ᄎᆞᄎᆞ 하회ᄅᆞᆯ 셩남ᄒ라.

시시(是時)의 관휘 곽쇼져ᄅᆞᆯ 친영ᄒ여 본부의 도라오니, 쵸공이 연셕을 배풀고 시아(侍兒) 복쳡(僕妾)이 향연(香煙) 보쵹(寶燭)을 ᄡᅡᆼᄡᅡᆼ이 잡아, 홍군(紅裙) 치메(彩袂)ᄅᆞᆯ 썰쳐 신인을 마즈 막ᄎᆞ(幕次)의 쉬여, 관휘 신부로 더브러 쳥즁(廳中)의 나아가 독좌(獨坐) 합환(合歡)을 파ᄒᆞ민, 휘 잠간 ᄉᆞ일츄파(斜日秋波)ᄅᆞᆯ 흘녀 곽시ᄅᆞᆯ 보니, 비록 원비 뎡부인의 쳔염빅미(千艶百美)의 셩덕광휘(聖德光輝)ᄅᆞᆯ 밋기 어려오니, 표·상 냥부인의 화모옥티로 비ᄒᆞ건디 막상막하(莫上莫下)ᄒᆞ니, 쇼쇄(瀟灑)ᄒᆞᆫ 방용(芳容)과 슉묵(肅默)【7】ᄒᆞᆫ 안홰(顏華) 찬찬슈이(燦燦秀異)ᄒ여 진짓 뇨조가인(窈窕佳人)이라.

관휘 심하의 ᄌᆞ긔 쳐궁이 복되믈 깃거ᄒᆞᆷ 슈려ᄒᆞᆫ 미우의 화긔 가득ᄒ여, 녜파의 밧그로 나아가니 곽쇼져 폐빅을 밧드러 존당구고긔 비헌(拜獻)ᄒᆞ니, 합문 샹히 한가지로 신부의 아름다오믈 보민, 관후의 쳐복이 둣거오믈 못니 일ᄏᆞᆺ더라.

신뷔 존당 구고 슉당의 녜파ᄒᆞ민, 슉미 금쟝과 동녈노 셔로 볼ᄉᆡ, 뎡부인씌 원비씌 뵈ᄂᆞᆫ 녜ᄅᆞᆯ 힝ᄒᆞ고, 버거 표·상 냥쇼져로 빈쥬(賓主)의 녜ᄅᆞᆯ 맛고, 안항(雁行)을 비기민 피ᄎᆞ(彼此) 졍을 머금어 말을 아니나, 뎡부인의 곽쇼져ᄅᆞᆯ 반김과 곽쇼져의 뎡부인을 【8】반겨ᄒᆞ미 샹하치 아니ᄒᆞ니, 다만 옥안년험(玉顏蓮臉)의 향염(香艶)ᄒᆞᆫ 우음이 미미ᄒ여, 화긔 알연(戛然)홀1617) ᄯᆞ름이러라. 죵일 진환ᄒ고 파ᄒᆞ민 빈긱이 훗허지고, 신부 슉쇼ᄅᆞᆯ 운취각의 졍ᄒ다.

뎡부인이 존당의 혼졍을 맛ᄎᆞ민 거름이 젼도ᄒ여 운취각의 니ᄅᆞ민, 곽쇼져 년보ᄅᆞᆯ 가바야이 ᄒ여 피ᄎᆞ 치메(彩袂)ᄅᆞᆯ 년ᄒ고, 옥슈ᄅᆞᆯ 니어 반기며 깃브미 동긔 ᄌᆞ민 샹니(相離)ᄒ엿다가 만남 갓ᄒ니, 뎡부인은 ᄌᆞ긔 화고여싱(禍苦餘生)으로 환경 후의 긔고변난(奇苦變亂)을 겻거 겨오 텬눈을 단회(團會)ᄒ노라 ᄒᆞ며, ᄌᆞ연 셰고(世苦)의 다ᄃᆞ(多多)ᄒ여 모들 긔회ᄅᆞᆯ 도모ᄒᆞ민【9】 ᄂᆞᄌᆞᆷ을 니ᄅᆞ고, 곽쇼져ᄂᆞᆫ 부인의 기시(其時) 쳔누(賤陋)ᄒᆞᆫ ᄌᆞ최와 위험ᄒᆞᆫ 신셰로뼈, 이제 풍운의 길시ᄅᆞᆯ 만나민 요힝 텬셩(天性)을 단원(團圓)ᄒᆞ니, 근본이 혁혁 존귀ᄒᆞᆷ믈 직삼 치하ᄒ고, 그ᄉᆞ이 옥모화안을 ᄉᆞ모ᄒᆞ미 간졀ᄒᆞ던 바를 일ᄏᆞᆯ라, 피ᄎᆞ 한셜(閑說)이 슈어만(數於萬)이오, 옥화ᄉᆞ담(玉話私談)이 은근ᄒ여 능히 슈이 니러나지 못ᄒᆞ더니, 믄득 야심ᄒᆞ민 창외의 신 ᄭᅳ으ᄂᆞᆫ 쇼리나며, 관후의 드러오믈 알니러라.

부인이 관후ᄅᆞᆯ 마조칠가 불안ᄒ여 후창으로 곡난(曲欄)을 말믜암아 침쇼로 도라가니라.

하휘 날ᄒ여 입실ᄒᆞ니 신뷔 마즈 동셔(東西)로 분【10】좌(分座)ᄒᆞ민, 곽쇼져 하후의 늠연ᄒᆞᆫ 위의와 동탕ᄒᆞᆫ 신위 엄연(儼然) 쥰호(俊豪)ᄒ여 쟝ᄌᆞ의 위풍이 규엄(規嚴)

1617)알연(戛然)ᄒ다 : 멀리서 들려오는 노래나 악기 소리가 맑고 은은하다.

ㅎ믈 보니 심규 아녀지 엇지 붓그리지 아니리오. 과도히 슈습ㅎ여, 이의 아미(蛾眉)는 빈져(鬢底)의 나죽ㅎ고, 년화보험(連花酺臉)은 잠간 붉어시니, 명촉지하(明燭之下)의 익용(愛容)이 쇼쇄(瀟灑) 가려(佳麗)ㅎ여 삼츈(三春) 홍잉(紅鶯)이 츈우(春雨)를 식로 썰쳣는 듯ㅎ니, 슈상(樹上)의 계화(桂花) 향긔롭고 혈뇨(頁嫋)1618) 향풍(香風)의 계향(桂香)이 움죽이는 듯, 빅틱쳔광(百態千光)이 갓초 가려(佳麗)ㅎ지라.

관휘 심니의 익즁ㅎ믈 니긔지 못ㅎ여, {ㅅ연이} 촉영(燭影)을 병후(屛後)의 물니고 쇼져를 닛그러 나위(羅幃)에 나아가니, 풍뉴 【11】장부의 츌즁호긔(出衆豪氣) 본디 꼿츨 보미 가지마다 썻고져 ㅎ고, 옥을 보미 그릇마다 치오고져 ㅎ는지라. 동방향실(洞房香室)의 졀식가인(絶色佳人)으로 더브러 벼기를 한가지로 ㅎ미, 금슬의 진즁ㅎ믈 불문가지(不問可知)러라.

일념의 측흔 바는 누상미인(樓上美人)의 금녕(金鈴) 일관(一觀)이라. 그 녀지 결비쳔인(決非賤人)이니 작용이 아모 곳의 밋츨 줄을 몰나, 심하의 통히(痛駭)ㅎ믈 니긔지 못ㅎ더라.

명신(明晨)의 하휘 쇼셰ㅎ고 즉시 밧그로 나아가고, 곽쇼져는 장쇼(粧梳)를 다스려 존당의 문안ㅎ니, 가즁 합문이 디회ㅎ여 식로이 몽셩의 쳐복을 일컷더라.

북빅후 하공등 【12】삼슉뷔 관후를 희롱 왈,

"몽셩아 네 져갓흔 쳐복이 당초의는 어이 그리 박ㅎ여, 년시 갓흔 츄용박쳐(醜容薄妻)를 어더, 평싱 두통이 되여 하로도 슈미(愁眉)를 펴보지 못ㅎ다가, 국명을 밧즈와 관셔의 가 뎡질부를 어더다가, 바로 옥쳥션아(玉淸仙娥)만 너겨 년미졍 심원(深園) 후쳐(後處)의 빅의 관음갓치 위와다 감초앗는 거슬, 연시 노쥬의 궁극히 츠즈니여 뎡질노 ㅎ여금 무슈흔 참익을 보게ㅎ고, 심화(心火) 겨워 광병질쥬(狂病疾走)가지 ㅎ엿다가, 겨오 하려 나고 어인 광증 평계ㅎ고 상부 도장가지 스못기로, 이졔 믄득 큰 복이 되여 쳐음 일 쇼희(小姬)로 다려 【13】왓던 뎡시 변ㅎ여 근본이 혁혁 존귀ㅎ여 뉵녜졍실(六禮正室)이 되고, 직앙이 즈연 쇼멸ㅎ노라 ㅎ미, 평싱 두통(頭痛) 증쳐(憎妻)는 스스로 죽어 업고, 옥갓흔 가인과 꽃갓흔 쳡이 동셔남북으로 모혀드니, 상풍1619) 너의 쳐복이 초운은 다험(多險)ㅎ고 후복은 듯협던가 시부니, 이후의 긔린 옥동이 그 멋멋치 날쥴 알니오. 일노조츳 하문 종시(宗嗣) 창셩ㅎ고 빅즈쳔손(百子千孫)을 긔약ㅎ리니, 우슉이 각별 치하ㅎ노라."

관휘 잠쇼 딕왈,

"스룸이 싱셰(生世)ㅎ오미 우락(憂樂)이 고르지 못ㅎ오니, 유직(幼子) 아직 죵신계활(終身契活)이 머러시니 장녀를 미리 예탁(豫度)ㅎ리잇가? 지 【14】어 즈식의 유무는 팔즈(八字)의 이시니 인녁(人力)의 이시리잇가? 유즈의 평싱 지원(至願)은 규각(閨閣)

1618)혈뇨(頁嫋) : 바람이 머리끝을 살랑거림.
1619)상풍 : 사뭇. 정말. 매우. 아주.

의 칠미쳐(七美妻)와 금초(金釵) 십이항(十二行)을 메오고져 ᄒ옵ᄂ니, 아직도 삼쳐와 이첩을 어더야 쇼원을 치오리로쇼이다."

뎨슉비 크게 웃고 욕심의 무염(無厭)ᄒ믈 ᄭᅮ짓더라.

곽쇼졔 인ᄒ여 머므러 존당구고 슉당을 어지리 밧들고 동녈을 화우ᄒ며 원비롤 존경ᄒ니, 온슌(溫順) 비약(卑弱)ᄒ여 뇨조(窈窕)ᄒᆫ 덕힝이 닌니(隣里)의 ᄌᆞᄌᆞᄒ니, 하쳔 비복의 니ᄅᆞ히 예셩이 가득ᄒ고, 뎡부인이 원위의 거ᄒ여 동녈을 화우돈목ᄒᆞ는 셩덕이 먼니 임ᄉ(姙似)의 위덕(威德)을 본바드【15】니, 가즁이 더욱 혁연ᄒ더라.

관후의 텬연슉치 임의 미인 곳이 여러히니, 월하옹(月下翁1620))의 다ᄉᄒ믈 우엄즉ᄒ더라. 션시(先時)의 쇼부 격닌(隔隣)의 거ᄒᆫ바 지샹의 집은 퇴ᄉ지샹(退仕宰相) 견임 병부샹셔 부흠의 퇵샹이오, 금녕을 더진 녀ᄌ는 부샹셔의 필녜(畢女)라. 부샹셰 ᄯᅩᄒᆫ 딕딕 명문벌열이러니, 샹셰 부인 고시롤 췩ᄒ여 이ᄌᆞ일녀롤 두고 샹실(喪室)ᄒ고 후쳐 쇠시 극히 간독(奸毒)ᄒ여 젼츌 보기롤 구슈(仇讐)갓치 ᄒ더라.

일즉이 ᄌᆞ는 입장ᄒ고 일녀 지란이 년이 십ᄉ의 밋ᄎ니, 풍용(豊容)이 슈려(秀麗)ᄒ고 긔운이 샹낭(爽朗)ᄒ여, 지녀가인(才女佳人)의 풍치 잇고, 녈【16】협(烈俠)의 긔질이 이시니, 셰속 홍분미ᄉᆡᆨ(紅粉美色)의 범범슉녜(凡凡淑女) 아니러라. 부공이 과이ᄒ여 년셩지벽(連城之璧)1621)과 조승지쥬(趙城之珠)1622)갓치 ᄉᆞ랑ᄒ여 ᄆᆡ양 니ᄅᆞ딕,

"닉 아희는 셰속 범이 아니라. 계ᄎᆞ군ᄌ(笄叉君子)1623)오 결군쟝뷔(結裙丈夫)1624)니, 네 엇지 남ᄌᆡ 되지 못ᄒᄂ뇨?"

ᄒ더라.

쇼졔 모친을 일즉 여희여시나, 부군의 일편 교ᄋᆡ(嬌愛)롤 밧ᄌᆞ와 일즉 《셩강∥션강(宣姜)1625)》의 《역을 넘지 아니흠과 빅희의 집예롤∥탈쬼(脫簪)과 빅희(伯姬)1626)의

1620)월하옹(月下翁) : 월하노인(月下老人). 부부의 인연을 맺어 준다는 전설상의 늙은이. 중국 당나라의 위고(韋固)가 달밤에 어떤 노인을 만나 장래의 아내에 대한 예언을 들었다는 데서 유래한다.

1621)년셩지벽(連城之璧) : 화씨지벽(和氏之璧)을 달리 이르는 말. 화씨지벽은 전국 때 변화씨(卞和氏)라는 사람이 형산(荊山)에서 돌 위에 봉황이 깃들이는 것을 보고 얻었다는 천하의 이름난 옥을 말하는데, 후대에 진(秦)나라 소양왕(昭襄王)이 이 옥을 탐내, 당시 이 옥을 가지고 있던 조(趙)나라 혜문왕(惠文王)에게 진나라 15개의 성(城)과 바꾸자는 제안을 했다는 데서, '연성지벽(連城之璧)'이라는 이름이 붙게 되었다고 한다.

1622)조승지주(趙城之珠) : 조(趙)나라에 있는 구슬이라는 뜻으로 화씨지벽(和氏之璧)을 이르는 말. 연성지벽(連城之璧)과 같은 구슬을 말하고 있으나, 그것을 갖고자 하고 아끼는 주체가 진(秦)나라 소양왕(昭襄王)과 조나라 혜문왕(惠文王)이라는 사실이 다르다.

1623)계ᄎᆞ군ᄌ(笄叉君子) : '비녀 꽂은 군자'라는 뜻으로 여성 가운데 군자라는 말.

1624)결군쟝뷔(結裙丈夫) ; 치마 두른 장부.

1625)션강(宣姜) : 주(周) 선왕(宣王)의 비(妃) 강후(姜后)를 이르는 말. 『열녀전(烈女傳)』 「현명전(賢明傳)」 <주선강후(周宣姜后)> 조에 의하면, 강후는 현숙하고 덕이 있어서, 예가 아니면 말하지 아니하고, 예가 아니면 움직이지 아니하였다. 선왕(宣王)이 일찍이 저녁에 일찍 자고 아침에 늦게 일어나자, 비녀를 뽑아 머리를 풀고 대죄(待罪)하면서, 유모를 시켜 왕에게 아뢰기를, "첩이 재덕이 없어서 군왕으로 하여금 예를 잃게 하여 조회에 늦게 하였고, 군왕을 색(色)에 빠지게 하여 나라를 어지럽게 하였으니, 첩에게 죄를 주시기를 청합니다." 하였다. 이에 왕이 이르기를, "과인(寡人)이 덕이 없어서 스스로 지

역(閾)1627)을 넘지 아니혼 집예(執禮)1628)를》 비호지 못ᄒ니, 본셩이 상활(爽闊)혼 녀지 능히 그 부뫼 녜를 가ᄅ치지 못ᄒ고, 익이무교(愛而無敎)ᄒ여 '마완(馬援)의 경계(警戒)'1629)를 두지 못ᄒ니, 엇지 녜(禮)를 알며 시(時)를 통ᄒ리오.

더욱이 가온ᄃᆡ 계모 셕시 목강(穆姜)1630)의 인ᄌᆞ(仁慈)【17】ᄒ미 업고 상모(象母)1631)의 은(嚚)1632)ᄒ미 잇ᄂᆞ지라. 두 거게(哥哥) 닙신ᄒ여 집의 든 ᄡᅵ 업고, 장형 부한님과 ᄎᆞ형 부시랑이 다 현명군ᄌᆞ오, 그 부인 오시 슌시 다 인덕(仁德)혼 녀지라. 지란 쇼졔 굿타여 ᄉᆞ오납지 아니ᄒᆞᄃᆡ, 상활 싁싁ᄒ고 우람(愚濫) 광픽(狂悖)ᄒ여 부군의 교이를 일편 되이 밋고, 언시 활발ᄒ고 긔운이 승승ᄒ나 부공이 능히 그 허물을 아지 못ᄒ더라.

셕시 본ᄃᆡ 가난혼 집 ᄌᆞ식으로 부상셔의 지실이 되ᄆᆡ, 인시 극히 용녈(庸劣) 간독(奸毒)혼지라. 공이 심히 불관이 너겨 박ᄃᆡᄒ니 셕시 감히 셔의(齟齬)혼 가부의게 젼츌(前出)을 셔긔ᄒᆞᄂᆞᆫ ᄉᆞ식을 낫하나【18】게 못ᄒ고, 도로혀 아요쳠녕(阿諛諂佞)1633)ᄒ여 ᄌᆞ녀의게 인심이나 엇고져 ᄒᆞ더니, 이젹의 지란 쇼졔 년긔 장셩ᄒ여 십ᄉᆞ세의 밋ᄎᆞᄆᆡ, 인시 노슉ᄒᆞ미 어룬 갓고 쳬형이 졍슉ᄒ니 가셔를 넙이 구ᄒᆞᄂᆞᆫ지라. 쇼졔 ᄆᆡ양 니ᄅᆞᄃᆡ,

"녀ᄌᆞ의 인뉸ᄃᆡᄉᆞᄂᆞᆫ 젼혀 어진 비필 만나기의 잇ᄂᆞᆫ지라. 만일 텬하쥰걸과 옥인 긔남지 아닌즉 결단코 인뉸(人倫)을 졍치 아니ᄒᆞ고 심규의 폐륜ᄒ리라."

ᄒᆞ니, 상셰 녀아의 의견이 통쾌ᄒᆞᆷ믈 일ᄏᆞᆯ라, 규힝(閨行)의 무례ᄒᆞᆷ믈 칙지 아니ᄒᆞ고, 브ᄃᆡ 텬하 옥인영걸을 극틱(極擇)1634)ᄒ더니, 이날 맛츰 후원 치각의 올나 원근 경물

은 허물이요, 부인의 죄가 아니오." 하고는, 드디어 정사(正事)에 힘을 써서 아침 일찍 조정에 나가고 저녁 늦게 물러나와, 문왕(文王)과 무왕(武王)의 공업(功業)을 계승하여 주(周)나라 왕실을 부흥시켰다.

1626)빅희(伯姬) : 중국 춘추시대 魯(노)나라 宣公(선공)의 딸. 송나라 공공(恭公)에게 시집갔다가 10년 만에 홀로 됐다. 궁궐에 불이 났을 때 관리가 피하라고 했으나 부인은 한밤에 보모 없이 문지방[堂]을 내려설 수 없다고 고집해서 결국 불속에서 타 죽었다. 『열녀전(烈女傳)』<정순전(貞順傳)>'송공백희(宋恭伯姬)' 조(條)에 기사가 보인다.

1627)역(閾) : 문지방. 출입문 밑의, 두 문설주 사이에 마루보다 조금 높게 가로로 댄 나무

1628)집예(執禮) : ①예(禮)를 다할 것을 고집함. ②나라의 제사 때에 홀기(笏記)를 읽는 일을 맡아보던 임시 벼슬

1629)마완(馬援)의 경계(警戒) : 중국 후한 때의 무장 마원(馬援)의 가르침. 곧 대장부는 뜻을 품었으면 어려울수록 굳세어야 하고 늙을수록 건장해야 한다大丈夫爲者 窮當益堅 老當益壯. *마원(馬援); 중국 후한 광무제(光武帝) 때의 무장. 자는 문연(文淵). 광무제 때 강족(羌族)을 평정하였으며, 교지(交趾)의 난을 진압하고 흉노족을 쳐서 공을 세웠다. 후에 남방의 무릉만(武陵蠻) 토벌 중 병사하였다.

1630)목강(穆姜) : 중국 진(晉)나라 정문구(程文矩)의 아내. 성은 이(李)씨, 자(字)는 목강(穆姜). 전처 소생의 네 아들을 자신이 낳은 두 아들보다 더 사랑하여 훌륭하게 키웠다.

1631)상모(象母) : 중국 순임금의 계모. 상(象)의 생모. 남편 고수(瞽瞍)와 아들 상과 함께 전처소생인 순(舜)을 죽이기 위해 갖은 악행을 자행했다.

1632)은(嚚) : 어리석고 사나움.

1633)아요쳠녕(阿諛諂佞) : 아첨함. '아유(阿諛)'나 '쳠녕(諂佞)' 모두 '아첨(阿諂)'의 뜻임. *'諛'의 음은 '유'이다.

【19】을 상완ᄒ더니, 믄득 먼니셔 붓허 향ᄎ(香臭) 옹비(擁鼻)ᄒ여 십니의 날니고, 고악(鼓樂)이 훤텬(喧天)ᄒ고 싱기(笙歌) 《뇨로∥뇨량(嘹喨)》ᄒ거늘, 쇼졔 의아ᄒ여 시비 향운 향난 미월 쇼옥으로 쥬렴을 거드라ᄒ고 먼니 바라보니, 탄탄ᄃ로상(坦坦大路上)의 진퇴ᄎ텬(塵土遮天)1635)ᄒ며 풍악이 진동ᄒᄂ 가온ᄃ, 쳥홍냥산()靑紅陽傘과 긔둑(旗纛)이 젼ᄎ후옹(前遮後擁)ᄒ며, 일위 귀인이 빅마금안(白馬金鞍)의 단졍이 좌ᄒ여시니, 바라보미 산두의 히월(海月)이 ᄉ좌명(四座明)1636)이오, 월츌어동졍회(月出於洞庭湖)1637)라. 월익텬졍(月額天庭)1638)이며 잠미봉안(蠶眉鳳眼)이오, 호비쥬슌(虎鼻朱脣)이니, 누누(屢屢)히 진승상(晉丞相)1639) 여옥지모(如玉之貌)와 초ᄐ우(楚大夫)1640) 츄슈(秋水)의 비기리오.

의의히 {북션 【20】 의ᄃ에 누엇ᄂ 듯} 남명(南冥)의 ᄃ붕(大鵬)이 날기를 펼치ᄂ 듯ᄒ니, 귀ᄒ 격(格)과 달ᄒ 푀(表) 발어외모(發於外貌)ᄒ니, 이 진짓 쳔츄 긔남지오, 만ᄃ 영걸이라. 구름 귀밋히 직상의 관ᄌ(貫子)1641)ᄂ 두렷ᄒ여, 작위 능즙ᄒ믈 알거시오. 면광셔일(面光曙日)1642)은 먼 뫼빗치 강한(江漢)1643)의 쩌러진듯 ᄒ니, 쇼년 츈식이 늣지 아녀시믈 알니러라. 하믈며 ‘황혼흑야(黃昏黑夜)ᄂ 금슈(禽獸)도 그 어두오믈 알고, 쳥텬빅일(靑天白日)은 노예하쳔(奴隷下賤)도 역지기명(亦知其明)이라’1644) ᄒ거늘, 부쇼졔 비록 조별ᄌ모(早別慈母)ᄒ고 부군의 교이(嬌愛)만 씌여 녀교(女敎)1645)를 아지 못ᄒ고, 무ᄒᆼ무례(無行無禮)이 자라난 빈나, 이 쏘ᄒ 하후셩【21】의 텬졍슉치연업(天定宿債緣業)1646)의 미이미 잇고, 부쇼져의 복녹완젼지상(福祿完全之相)은 상

1634)극틱(極擇) : 매우 정밀하게 잘 골라 뽑음.
1635)진퇴ᄎ텬(塵土遮天) : 흙먼지가 하늘을 가림.
1636)ᄉ좌명(四座明) ; 사방을 밝히 비춤.
1637)월츌어동졍회(月出於洞庭湖) ; 달이 동정호에서 솟아오름.
1638)월익텬졍(月額天庭) : 달처럼 둥글고 아름다운 이마. *천정(天庭)은 관상에서 두 눈썹의 사이 또는 이마의 복판을 이르는 말.
1639)진승상(晉丞相) : 중국 서진(西晉)의 미남자 반악(潘岳). 자는 안인(安仁). 승상을 지냈고 미남자의 대명사로 쓰인다.
1640)초ᄐ우(楚大夫) : 중국 전국시대 초나라 대부(大夫) 송옥(宋玉). BC290-227. 중국의 대표적인 미남자의 한 사람이며, 사부(辭賦)를 잘하여 <구변(九辯)>, <초혼(招魂)>, <고당부(高唐賦)> 등의 작품을 남겼다. 굴원(屈原)과 함께 굴송(屈宋)으로 불렸으며 난대령(蘭臺令)을 지냈기 때문에 난대공자(蘭臺公子)로 불리기도 했다.
1641)관ᄌ(貫子) : 망건에 달아 당줄을 꿰는 작은 단추 모양의 고리. 신분에 따라 금(金), 옥(玉), 호박(琥珀), 마노, 대모(玳瑁), 뿔, 뼈 따위의 재료를 사용하였다.
1642)면광셔일(面光曙日) : 아침 햇빛처럼 찬란한 얼굴 빛.
1643)강한(江漢) : 중국 양자강(揚子江)과 한수(漢水; 한수이 강)를 아울러 이르는 말.
1644)황혼흑야(黃昏黑夜)ᄂ 금슈(禽獸)도 그 어두오믈 알고, 쳥텬빅일(靑天白日)은 노예하쳔(奴隷下賤)도 역지기명(亦知其明)이오 : 해가 지고 어스름해질 때나 칠흑처럼 캄캄한 밤은 짐승도 그 어두움을 알고, 맑은 하늘의 밝은 태양은 노예나 천민과 같은 무식한 사람들도 또한 그 밝음을 안다. ‘어둠’과 ‘밝음’은 세상 모든 생명체가 다 안다는 말.
1645)녀교(女敎) : 여훈(女訓). 여자에 대한 가르침.
1646)텬졍슉치연업(天定宿債緣業) : 지난 세상에서 하늘이 맺어준 연분.

텬의 졍흥신 바로, 쏘흔 일단 총명이 과인흥며 지혜와 식안(識眼)이 고명흥지라. 엇지 져 하후셩의 텬일지표(天日之表)의 기셰영걸(蓋世英傑)을 아지 못흥며, 텬연의 미인 거슬 인녁으로 흥리오.

부쇼졔 누하(樓下) 귀인(貴人)을 한번 보민, 디경흥여 급히 유랑을 도라보아 이 엇던 사롬인고 근본을 므른디, 유뫼 디왈,

"쳔비 드르니 져 디관(大官)은 시임디신(時任大臣) 간의티우 관니후 하뫼시니, 좌승상 초국공 하노야(老爺)의 장지(長子)시고, 승상 황티부 윤효문노야의 싱질(甥姪)이시니, 그 년치(年齒) 다쇼는 【22】아지 못흥옵거와, 닉외 가셰는 혁혁흥고 져 노애 규각의 삼부인과 십희롤 갓초와 실즁이 극히 번화흥디, 우리 격닌의 계신 쇼흑스 노야의 싱질 곽쇼져롤 신영(新迎)흥는 위의 지나미로쇼이다."

쇼졔 쳥미파(聽未罷)의 《할연∥홀연(忽然)》 장탄 왈,

"미지(美哉)며 긔지(奇才)라, 하몽셩이여! 이 진짓 쳔츄영걸이오 만고옥인이라. 곽시 실노 복이 놉도다. 엇지 스실(四室)의 나즈믈 고렴(顧念)흥리오. 맛당이 져의 비쳡(卑妾) 항녈(行列)이라도 츙슈(充數)흥여 디군즈(大君子)의 교화(敎化)롤 일퇴지상(一宅之上)의셔 목욕 감을진디, 셕시(夕死)라도 무한이 되리로다. 초인의 긔상이 맛당이 칠미【23】부인(七美夫人)과 금초(金釵)1647) 십이항(十二行)이 가흥니, 엇지 네 안히와 십미인이 만타흥리오. 닉 초후로 붓허 부친긔 고흥여 동셔(東西)○[의] 구혼의 길흘 쓴고, 심규의 유발승이 되여 인뉸셰스(人倫世事)롤 끚츠리라."

유뫼 디경 왈,

"쇼졔 엇지 망녕된 말슴을 흥시느니잇가? 쇼져는 우리 노야와 션부인의 쳔금 농쥬(弄珠)1648)시오. 겸흥여 티진비(太眞妃)1649)의 식광염모(色光艶貌)와 쇼약난(蘇若蘭)1650)의 직금도(織錦圖)1651)의 공교흠과 '영셜회문(詠雪廻文)의 능묘(能妙)흔 지죄'1652) 계시고, 텬싱지덕(天生才德)이 명달(明達)흥시니 직상문미(宰相門楣)의 옥인가

1647)금차(金釵) : 금비녀를 뜻하는 말로 첩(妾)을 달리 이르는 말. 형포(荊布)나 조강(糟糠) 등으로 정실부인을 이르는 것과 비슷한 조어법이라 할 수 있다.

1648)농쥬(弄珠) : '구슬을 희롱한다'는 말로 '귀여운 딸'을 비유로 표현한 말.

1649)티진비(太眞妃) : 당나라 현종(玄宗)의 비(妃) 인양귀비(楊貴妃)를 말함. 이름은 옥환(玉環). 도교에서는 태진(太眞)이라 부른다. 재색(才色)이 뛰어나 현종의 총애를 오로지하다가 안녹산(安祿山)이 난때 현종과 함께 피난하여 마외역(馬嵬驛)에서 관군(官軍)에게 책망당하고 목매어 죽었다.

1650)쇼약난(蘇若蘭) : 소혜(蘇惠). 중국 동진 때 진주자사(秦州刺史) 두도(竇滔)의 아내. 자(字)는 약란(若蘭). 남편이 진주자사로 있다가 유사(流沙)라는 곳으로 유배를 갔는데, 남편을 그리워하여 비단을 짜고 그 위에다 840자로 된 회문시(回文詩) <직금회문선기도(織錦回文璇璣圖)>를 수놓아 보내, 남편을 감동케 한 이야기로 유명하다. 『진서(晉書)』에 이야기가 전한다. *회문시(回文詩); 머리에서부터 내리읽으나 아래에서부터 올려 읽으나 뜻이 통하고, 평측(平仄)과 운(韻)이 맞는 한시(漢詩).

1651)직금도(織錦圖) : 소약란(蘇若蘭)의840자로 된 회문시(回文詩) <직금회문선기도(織錦回文璇璣圖)>를 말함.

1652)영셜회문(詠雪廻文)의 능묘(能妙)흔 지죄 : '여러 사람이 눈을 읊어 돌아가면서 쓴 글의 신묘한 재주'라는 말로, 영셜지재(詠雪之才)를 이른 말. 진(晉)나라의 왕응지(王凝之)의 아내 사도온(謝道韞)이 어

랑(玉人佳郎)이 어느 곳의 업술 거시라 져 하노야의 호풍신(豪風神)을 보시고 져딕도록 쯧을 기우려 폐륜(廢倫) 두즈【24】롤 일ᄏᄅ시ᄂ잇가?"

쇼제 츄연 왈,

"이 ᄯ호 오명(吾命)의 긔구ᄒᄆᄅ로다. 닉 우연이 져를 보ᄆᄅ 임의 쯧이 기울고 졍이 얽혀 ᄉ싱의 곳칠 쯧이 업고, 결(決)ᄒ여 인뉸을 ᄉᄒ고져 ᄒᄂ니 어미ᄂ 괴이히 너기지 말나."

유뫼 위로 왈,

"쇼져ᄂ 하 번뇌치 마르쇼셔. 쇼제 임의 굿은 쯧이 이갓ᄒ시면 맛당이 노야긔 심곡을 알외여 하노야의 오ᄎᆔ(五娶)로나 도라가시믈 도모ᄒ쇼셔."

쇼제 탄왈,

"오ᄎᆔ를 니ᄅ지 말나. 비쳡이라도 되여 군ᄌ 퇵상의 죵신ᄒ기 쇼원이엇만은, 부친이 힝혀 듯지 아니실가 넘녀ᄒ노라."

유뫼 침음 왈,

"비지 요ᄉ이 잠간 【25】드ᄅ니 쇠부인 질ᄌ 쇠공ᄌ 표치 아름답다 ᄒ고, 거일(去日)의 쇠쳐셔 니르러 노야긔 구혼ᄒ시니, 노애 ᄯ호 쇠싱의 아름다오믈 닐너 허혼코져 ᄒ시나, 다만 쇠개 가난ᄒ니 노애 일노뼈 유예ᄒ신다 ᄒ더이다."

쇼제 쳥미(聽未)의 경왈(驚曰),

"연즉 ᄉ셰(事勢) 조치 못ᄒ리로다. 져 쇠옥이 약간 미쇼년으로 하안(何晏)[1653]의 분 바른 낫과 븕은 닙시욺이 범연이 보ᄆᄂ 옥인가ᄉ(玉人佳士)라 ᄒ리니, 딕인이 니런 죵요로은 곳을 엇지 유의치 아니시고, 나의 쇼원을 조ᄎ 져 번화흔 곳의 여럿직 부빈을 삼고져 ᄒ시리오."

유뫼 왈,

"연즉 쇼제 능히 집의(執意)를 셰 【26】오시리잇가?"

쇼제 우연 탄왈,

"닉 임의 하몽셩을 한번 보아 ᄉ싱의 쯧을 곳치지 아니리니, 니위공(李衛公)[1654]의

려셔 눈을 버들가지에 비유해 즉흥으로 묘구(妙句)를 지어낸 고사에서 유래한 말로, 사도온의 숙부 사안(謝安)이 집안의 여러 아이들을 모아 놓고 문장을 강론하면서, "저 분분히 날리는 눈이 무엇을 닮았느냐?"고 묻자, 사도온이 ""버드나무 꽃이 바람에 흩날리는 것 같습니다"라고 답하자, 사안이 그 묘재를 탄복했다는 것이다. 이후 이 말, 곧 '영설지재(詠雪之才)'는 '여자의 뛰어난 글재주'를 이르는 말로 쓰이고 있다. 『진서(晉書)』〈왕응지처 사씨전 (王凝之妻 謝氏傳)에 전한다.

1653) 하안(何晏) : 중국 삼국 시대 위(魏)나라의 학자. 자는 평숙(平叔). 벼슬은 시중 상서에 이르렀으며, 청담을 즐겨 그것이 유행하는 계기를 만들고 경학을 노장풍(老莊風)으로 해석하였다. 저서에 ≪논어집해≫가 있다. 얼굴에 분을 발라 멋을 부려, 미남자로도 이름이 높았다.

1654) 니위공(李衛公) : 이정(李靖). 중국 당(唐)나라의 명장(571~649). 경조(京兆) 삼원(三原) 사람으로, 본명은 약사(藥師). 태종(太宗)태종을 섬겨 수나라 말기의 군웅(群雄) 토벌에 힘썼고, 후에 돌궐과 토욕혼(吐谷渾)을 정벌하였다. 병부상서(兵部尚書)와 상서우복야(尚書右僕射) 등의 관직을 지냈고, 위국공(衛國公)에 봉해졌다.

홍불기(紅拂妓)1655)를 효측(效則)지 아니ᄒᆞ면 망부셕(望夫石)이 되리라. 비록 부명(父命)이나 슈화(水火)의 들나 ᄒᆞ신즉, 이ᄂᆞᆫ 감심ᄒᆞ려니와, 타문의 가기ᄂᆞᆫ 결단코 죽을지언졍 봉승치 못ᄒᆞ리로다."

유외 쇼져의 고집을 아ᄂᆞᆫ지라, 홀일 업셔 니ᄅᆞ디,

"연즉 쇼졔 맛당이 므슨 신물(信物)을 더져 여ᄎᆞ여ᄎᆞᄒᆞ여 인연을 도모ᄒᆞ시고, 비록 노야의 엄위나 감히 타문의 결혼ᄒᆞᆯ 의논을 긋치시게 ᄒᆞ미 가ᄒᆞ니이다."

쇼졔 ᄎᆞ언(此言)의 다ᄃᆞ라ᄂᆞᆫ 옥협(玉頰)의 잠간 슈싴(羞色)을 【27】 동ᄒᆞ여, 침음(沈吟) 반향(半晌)의 미쇼 왈,

"만히 규법의 어긔거니와 미ᄉᆞ(每事) 권도(權道)와 경권(經權)1656)이 이시니 현마 어이ᄒᆞ리오. 고어의 왈 '텬여불취(天與不取)면 반슈기앙(反受其殃)'1657)이라. 금일 닌 우연이 하몽셩을 맛나 마음이 구듬도 이 역(亦) 텬야(天也) 명애(命也)니, 닌 엇지 쇼쇼 붓그리믈 인ᄒᆞ여 종신ᄃᆡᄉᆞ(終身大事)를 그릇ᄒᆞ리오."

니러틋 한담ᄒᆞᆯ ᄉᆞ이의 하후의 위의 발셔 쇼부의 드러간지 오ᄅᆡ러라. 쇼졔 좌를 곳치지 아니ᄒᆞ고 곽쇼져의 신영(新迎)ᄒᆞ여 도라가는 위의를 기다리더니, 아이오 위의(威儀) 분답(紛沓)ᄒᆞ고 향풍(香風) 고악(鼓樂)이 진동ᄒᆞᆫ 곳의, 곽쇼져의 치덩이 지젼(在前)ᄒᆞ며 하후의 위의 좃【28】츠ᄂᆞᆫ 지라. 부쇼졔 급히 골홈의 ᄎᆞᆺ던 《금녕‖금녕(金鈴)》 ᄒᆞᆫ 줄을 글너 누하(樓下)의 더지니 공교히 하후의 ᄉᆞ민 속의 드ᄂᆞᆫ지라. 하휘 믄득 화(和)ᄒᆞᆫ 안모(眼眸)의 츄상(秋霜)이 늠늠ᄒᆞ여, 밧비 《금녕‖금녕》을 ᄂᆡ여 노변(路邊)의 더지고 위의를 ᄌᆡ촉ᄒᆞ여 급급히 도라가ᄂᆞᆫ지라.

쇼졔 져의 믹믹ᄒᆞᆫ 긔상을 보미, 기리 악연(愕然) 초창(怊悵)ᄒᆞ고 유모를 보ᄂᆡ여 《금녕‖금녕》을 거두어 도라와 간ᄉᆞᄒᆞ고, 스스로 신기(神祇) 일월(日月)을 가르쳐 밍셰 왈,

"나 지란이 만일 하몽셩의 비쳡지열의라도 츙슈(充數)치 못ᄒᆞᆯ진ᄃᆡ, 밍셰코 머리를 비고 심산의 도라가 셕시의 뎨지 될지언졍 인눈을 졍치 아니리라."

ᄒᆞ더라. 【29】

유외 말노뻐 ᄒᆡ유(解諭)치 못ᄒᆞᆯ 줄 알고 역탄(亦嘆) ᄒᆞ더라. 이날 붓터 쇼졔 장쇼(粧梳)를 폐ᄒᆞ고 머리를 도장 밧긔 ᄂᆡ왓지 아니ᄒᆞ니, 부상셰 힝혀 병이 잇ᄂᆞᆫ가 우려ᄒᆞ여

1655) 홍불기(紅拂妓) : 중국 당나라 때 두광정(杜光庭)이 지은 소설 <규염객전(虯髯客傳)>에 등장하는 여주인공. 동 작품의 등장인물 양소(楊素)의 시기(侍妓)로 성은 장씨(張氏)다. 늘 '붉은 먼지떨이[紅拂]'을 들고 양소의 곁에서 시중을 들기 때문에 홍불기(紅拂妓)라 칭하는데, 하루는 이정(李靖; 후에 이세민을 도와 당나라 건국에 공을 세우고 위국공에 오른다)이라는 선비가 양소를 찾아와 자신의 주장을 펼치는데, 곁에서 이를 보고 그 인품에 반하여, 밤에 양소의 집에서 도망쳐 나와 이정을 찾아가 정을 맺고 평생을 섬긴다.

1656) 경권(經權) : ①경법(經法)과 권도(權道)를 아울러 이르는 말. ②언제나 변하지 않고 원칙과 상황에 따라 취하는 임기응변을 비유적으로 이르는 말.

1657) 텬여불취(天與不取)면 반슈기앙(反受其殃) : 하늘이 주는 것을 받지 않으면 도리어 앙화(殃禍)를 입게 된다.

친히 녀아의 침쇼의 와 니르딕,

"녀이 어딕 불평ᄒᆞ냐. 엇지 츌입지 아니ᄒᆞᄂᆞ뇨?"

쇼졔 쳔연 딕왈,

"쇼네 쇼쇼 미양(微恙)이 이시딕 대단치 아니ᄒᆞ니, 대인은 물우셩녀(勿憂聖慮)ᄒᆞ쇼셔."

공이 보건딕, 쇼졔 운환(雲鬟)이 부졍(不正)ᄒᆞ고 아미(蛾眉)의 슈운(愁雲)이 미미ᄒᆞ여 심히 즐겨 아닛는 샤식(辭色)이 잇거ᄂᆞᆯ, 상셰 괴이히 너겨 운환을 어로만져 왈,

"일긔 엄닝(嚴冷)ᄒᆞ니 약질이 촉상(觸傷)ᄒᆞᆫ가 시브니, 조심 보【30】호ᄒᆞ라. 녀이 니르듯 장셩ᄒᆞ니, 텬히 광딕ᄒᆞ나 홀노 녀아의 상젹ᄒᆞᆫ 가필(佳匹)이 업ᄂᆞᆫ지라. 요ᄉᆞ이 쇠쳐시 가셰 호부(豪富)치 못ᄒᆞ나, 기ᄌᆞ 쇠옥이 년미약관(年未弱冠)의 쇼년 표치 쥰아(俊雅)ᄒᆞ고 문장이 ᄲᅢ혀나니, 불구(不久)의 뇽문(龍門)의 올나 계슈를 썻그리라 ᄒᆞ니, 노뷔 임의 뇌졍(牢定)ᄒᆞ엿ᄂᆞ니, 혼ᄉᆞ 지격(只隔) 슈월이라. 오아의 ᄠᅳᆺ이 하여오?"

쇼졔 쳥파(聽罷)의 딕경딕히(大驚大駭)ᄒᆞ여 면식(面色)이 여토(如土)ᄒᆞ더니, 날호여 딕왈,

"희이 시일노 붓터 딕인 슬하를 하직ᄒᆞ리로쇼이다."

공이 경왈,

"녀이 이 어인 말고. 쇼회를 실진무은(實陳無隱)ᄒᆞ라."

쇼졔 딕왈,

"희이 텬셩이 우암(愚暗)ᄒᆞ와, 실노 슉녀의 젹은 붓【31】 그리므로ᄡᅥ 스스로 죵신계활(終身契活)을 넘녀치 아니ᄒᆞ믈 괴이히 너기옵ᄂᆞᆫ지라. 시고로 평싱 쇼원이 군ᄌᆞ영쥰(君子英俊) 곳 아니면 폐륜ᄒᆞ기로 졍ᄒᆞ엿습더니, 여ᄎᆞ여ᄎᆞ 슈일 젼의 간의틱우 관닉 후 하몽셩을 보오니 이 진짓 쇼녀의 쇼망과 갓흔지라. ᄠᅳᆺ을 결ᄒᆞ여, 만일 ᄎᆞ인의 시녀 항녈이라도 감심ᄒᆞ라 ᄒᆞ시면 ᄉᆞ양치 아니ᄒᆞ오려니와, 죽을지언졍 타문의 가기는 원치 아니ᄒᆞᄂᆞ이다."

상셰 쳥파의 딕경 왈,

"녀아ᄂᆞᆫ 나의 슈즁보옥(手中寶玉)이라. 엇지 남의 여럿직 부빈(副嬪)을 삼으리오. ᄒᆞ물며 하몽셩이 풍치 아름답다 ᄒᆞ나 풍뉴호신이 극ᄒᆞ니 엇지 【32】 너의 상젹(相適)ᄒᆞᆫ 가위(佳偶)리오."

쇼졔 츄연 왈,

"딕인은 두번 니르지 마르쇼셔. 쇼네 임의 상텬 신기를 가르쳐 밍셰ᄒᆞ여시니, 엇지 마음을 곳쳐 텬앙(天殃)을 ᄌᆞ취(自取)ᄒᆞ리잇가?"

유랑이 ᄯᅩ 쇼져의 굿은 ᄠᅳᆺ이 ᄉᆞ싱의 기(改)치 아닐쥴을 고ᄒᆞ니, 상셰 악연(愕然) 무어(無語)ᄒᆞ여 침ᄉᆞ냥구(沈思良久)의 밧그로 나와 부인과 냥ᄌᆞ로 상의ᄒᆞ니, 부싱 등은 쇼미의 고집이 이상홈과 지식의 여신(如神)ᄒᆞ믈 아ᄂᆞᆫ지라. 실노 하후셩의 인물풍치 쏜은 만고를 역상(逆上)ᄒᆞ나 희셰(稀世)ᄒᆞᆫ 군ᄌᆞ영걸이니, 쇼미 임의 틱산을 아라보아 굿

은 뜻이 졍ᄒ여시니, 져 싀옥의 흰 낫과 븕은 닙시욹【33】의 경박훈 긔질을 므어시 취신ᄒ리오.

냥인이 다 묵연ᄒ여 말을 못ᄒ고, 쇠부인이 지족다모(知足多謀)훈지라. 믄득 니ᄅ딕, "이ᄂᆞ 만만 되지 못홀 일이라. 져 하기 풍치 비록 젹션(謫仙)1658) 《반옥‖반악(潘岳)1659)》 갓다 ᄒ나, 임의 쳐쳡이 슈다ᄒ고, 닉 쏘 문견을 드르니 하몽셩의 원비 덩시ᄂᆞ 평졔왕 뎡쥭쳥의 녀이오, 션황녀 문양공쥬의 쇼싱이니 닉외 가셰 혁혁 존귀ᄒ여, 쇼쥬(小主)의 존ᄒ미 이시며, 용안의 슈려홈과 식광의 찬연ᄒ미 침어낙안지용(沈魚落雁之容)과 폐월슈화지틱(閉月羞花之態) 잇다 ᄒ니, 그 졀싴인 쥴 알거시오, 셩되 투한(妒悍)ᄒ여 녀후(呂后)1660)의 지나며, 기여 냥【34】쳬(兩妻) 다 셔ᄌ(西子)1661) 왕쟝(王嬙)1662)의 싴이잇셔, 십여 쳐쳡이 날노 징충ᄒ니 가싴 하로도 편홀 날이 업셔, 날마다 젼쟝이 니럿다 ᄒᄂᆞᆫ딕, 엇지 춤아 져 집이 허훈다 훈들, 우리 쳔금일교(千金一嬌)를 춤아 져런 풍뉴 협긱의게 가(嫁)ᄒ여, '쟝일쟝야(長日長夜)의 츈년ᄌ아[오](春燕慈烏)'1663)와 '츄야오동(秋夜梧桐)의 츄풍환션(秋風紈扇)'1664)을 감심케 ᄒ리오. 질아 싀옥이 년급삼오(年及三五)의 송옥(宋玉)1665) 《두녀‖두목(杜牧)1666)》의 묽은 풍치

1658)젹션(謫仙) : 중국 당나라의 시인 '이백(李白)'을 달리 이르는 말. *이백(李白); 중국 당나라의 시인 (701~762). 자는 태백(太白). 호는 청련거사(靑蓮居士). 젊어서 여러 나라에 만유(漫遊)하고, 뒤에 출사(出仕)하였으나 안녹산의 난으로 유배되는 등 불우한 만년을 보냈다. 칠언 절구에 특히 뛰어났으며, 이별과 자연을 제재로 한 작품을 많이 남겼다. 현종과 양귀비의 모란연(牧丹宴)에서 취중에 <청평조 (淸平調)> 3수를 지은 이야기가 유명하다. 시성(詩聖) 두보(杜甫)에 대하여 시선(詩仙)으로 칭하여진다. 시문집에 ≪이태백시집≫ 30권이 있다.

1659)반악(潘岳) : 247~300. 중국 서진(西晉)의 문인(文人). 자는 안인(安仁). 권세가인 가밀(賈謐)에게 아첨하다 주살(誅殺)되었다. 미남이었으므로 미남의 대명사로도 쓰인다.

1660)녀후(呂后) : BC241-180. 중국 한고조의 황후. 성은 여(呂). 이름은 치(雉). 고조를 보좌하여 진말(秦末)·한초(漢初)의 국난을 수습하였으나, 고조가 죽은 뒤 실권을 장악하여, 고조의 애첩인 척부인 (戚夫人)과 척부인 소생 왕자 조왕(趙王)을 죽이는 등 포악을 일삼아, 측천무후(則天武后), 서태후(西太后)와 함께 중국의 3대 악녀로 꼽힌다.

1661)셔ᄌ(西子) : 중국 춘추시대의 월(越)나라의 미인 서시(西施). 오나라에 패한 월나라 왕 구천이 서시를 오왕(吳王) 부차(夫差)에게 보내어 부차가 그 미모에 빠져 있는 사이에 오나라를 멸망시켰다.

1662)왕쟝(王嬙) : 왕소군(王昭君). 중국 전한 원제(元帝)의 후궁. 이름은 장(嬙). 자는 소군(昭君). 기원전 33년 흉노와의 화친 정책으로 흉노의 호한야선우(呼韓邪單于)와 정략결혼을 하였으나 자살하였다. 후세의 많은 문학 작품에 애화(哀話)로 윤색되었다.

1663)쟝일쟝야(長日長夜)의 츈년ᄌ아[오](春燕慈烏) : 긴긴날 긴긴밤의 봄 제비와 겨울 까마귀라는 말로, 철새들인 봄 제비와 겨울 까마귀를 고향을 떠나온 나그네에 비겨, 긴긴날[제비] 긴긴밤[까마귀] 객이 되어 집을 그리는 외로운 처지를 표현하였다.

1664)츄야오동(秋夜梧桐)의 츄풍환션(秋風紈扇) : '오동잎이 지는 가을밤의 찬바람 앞에 놓인 깁부채'라는 말로, 아무런 소임도 누구의 관심도 없이 버려져 있는 소박데기 여인의 외로움과 슬픔을 비유로 표현한 말.

1665)송옥(宋玉) : B.C.290?-B.C.222?. 중국 춘추 전국 시대 초나라의 문인. 반악(潘岳)과 함께 중국의 대표적인 미남자로 일컬어짐. <구변(九辯)>, <초혼(招魂)>, <고당부(高唐賦)> 등의 작품이 전하고 있고 굴원(屈原)의 제자로 알려져 있다.

1666)두목(杜牧) : 803~852. 자는 목지(杜之). 당나라 만당(晚唐)때 시인. 미남자로, 두보(杜甫)에 상대하

잇고, 왕희지(王羲之) 조조건(曹子建)의 능묘(能妙)혼 지죄 이시니, 아직 곤궁ᄒᆞ나 반드시 불구의 농갑(龍甲)을 맛쳐 봉익(鳳翼)을 밧들 거시니, 만일 결혼ᄒᆞ미 녀의 엇지 명뷔 되지 못홀가 근심ᄒᆞ리【35】오. 상공이 엇지 그런 종요로온 가셔(佳壻)를 바리고 일녀의 평싱을 아조 맛츠려 ᄒᆞ시ᄂᆞ니잇고?"

상셰 묵연 냥구의 탄왈,

"ᄉᆞ리(事理) 여ᄎᆞᄒᆞ나 녀아의 고집이 이상ᄒᆞ여 ᄉᆞ싱을 결단ᄒᆞ니 춤아 엇지 핍박ᄒᆞ리오. 슈연이나, 명일 즁민(仲媒)로뼈 하가의 구혼ᄒᆞ여 보리라."

부싱 등이 ᄯᅩ 니러틋 ᄒᆞ시믈 역권ᄒᆞ니, 싁시 심니(心裏)의 악연ᄒᆞ나 홀일 업셔, 셰셰히 도모ᄒᆞ여 브ᄃᆡ 질아의 긔물(奇物)을 삼으려 ᄒᆞ더라.

부쇼졔 부친이 도라가신 후 심ᄉᆞ 어즈러워 져두 침음ᄒᆞ여 ᄉᆞ사난녜(事事亂慮) 빅츌(百出)이러니, 믄득 시비 향운 등【36】이 드러와 상셔와 부인의 문답ᄉᆞ를 젼ᄒᆞ니, 쇼졔 계모의 불인ᄒᆞ미 나종이 무ᄉᆞ치 못홀 쥴 혜여려, 즈가의 신세계활이 엇지 될고 심ᄉᆞ 요란ᄒᆞ여 식불감미(食不甘味)ᄒᆞ니, 스스로 셕반을 물니치고 상요의 비겨 젼젼불ᄆᆡ(輾轉不寐)러니, 홀연 ᄉᆞ몽비몽간(似夢非夢間)의 션모친(先母親)이 쇼져의 옥슈를 닛그러 왈,

"니 아ᄒᆡ 스스로 종신ᄃᆡᄉᆞ를 넘녀홀ᄉᆡ 여뫼 특별이 음혼(陰魂)이 니르러, 오아로 ᄒᆞ여금 삼싱슉채연업(三生宿債緣業)을 졍혼 곳이 잇ᄂᆞᆫ 쥴을 알게 ᄒᆞ리라."

ᄒᆞ고, 일빵 시녀를 명ᄒᆞ여 쇼져를 붓드러 신부의 복식을 닙히거늘, 쇼【37】졔 놀나 왈,

"모친이 므ᄉᆞᆫ 연고로 쇼녀를 이 복식을 닙히시ᄂᆞ니잇고? 쇼녜 하몽셩 곳 아니면 취부(取夫)ᄒᆞ기를 원치 아니ᄒᆞᄂᆞ이다."

부인이 흔연 왈,

"하군은 너의 텬졍연분이라. 니 엇지 아ᄒᆡ 종신ᄃᆡᄉᆞ를 그릇게 ᄒᆞ리오."

셜파의 친히 녀아를 닛그러 금슈포진(錦繡鋪陳) 아리 셰우고, 신낭이 드러오거늘, 쇼졔 힝혀 하싱이 아닌가 착급ᄒᆞ여 셩안(星眼)을 밧비 드러보니, 길복(吉服)이 션명혼 가온ᄃᆡ 쳑탕혼 풍치와 늠연(凜然) 슈앙(秀昂)혼 격죄 누하 귀인 하공이 아니오 뉘리오. 쇼졔 반기고 깃거ᄒᆞ더라.

쇼졔 졍히 하후와 독좌(獨坐)[1667]ᄒᆞ고 동【38】방(洞房)의 나아가 즈하상(紫霞觴)을 난호고, 신물(信物)을 젼ᄒᆞ더니, 믄득 유뫼 드러와 찌오니, 쇼졔 경각ᄒᆞ니 벼기를 의지ᄒᆞ여 희미혼 꿈이러라. 벼기 밋히 즈금션초(紫金扇貂)를 단 지[1668] 깁부치 노혀시니,

---

여 '소두(小杜)'라 칭하며, 두보와 함께 '이두(二杜)'로 일컬어지기도 한다.

[1667]독좌(獨坐) : 독좌례(獨坐禮). 혼인례에서 대례(大禮)를 달리 이른 말. 즉 신랑과 신부가 대례를 행할 때 각각의 앞에 음식을 차려 놓은 독좌상(獨坐床)을 놓고 교배(交拜)·합근(合쫄) 등의 의례를 행하는 것을 비유하여 쓴 말이다.

[1668]지 : 채. 「의존명사」(('-은/는 채로', '-은/는 채' 구성으로 쓰여)) 이미 있는 상태 그대로 있다는

몽시 십분 명빅ᄒ더라. 손 가온ᄃᆡ 빅옥지환(白玉指環)이 간ᄃᆡ 업스니, 쇼졔 더욱 신긔히 너겨 주긔 슉연이 하후의게 잇ᄂᆞᆫ 줄 알고, 바야흐로 방심(放心)ᄒ더라,

명일 부상셰 말 잘ᄒᄂᆞᆫ 미파ᄅᆞᆯ 하상부의 보ᄂᆡ여 구혼ᄒ니, 이 찍 관휘 익일 시야(是夜)1669)의 닉당의 슉침ᄒ더니, 일몽을 어드니 과연 부상셔 튁상의가 입장ᄒ고 ,주긔 즉금【39】션과 션초ᄅᆞᆯ 쥬고, 그 녀ᄌᆞ의 옥지환(玉指環)을 바다 도라와 씨치니, 과연 몽시 명빅ᄒ고 신물이 의구ᄒᆞᆫ지라. 관휘 몽시 요탄(妖誕)ᄒᆞᆷᄋᆞᆯ 깃거 아니나, ᄯᅩ 신물이 의구ᄒ니 그 녀ᄌᆞ의 규힝이 비아(卑阿)ᄒᆞᆷᄋᆞᆫ 부족ᄒ나, ᄯᅩᄒᆞᆫ 텬연인 듯ᄒ니, 능히 면치 못ᄒᆞᆯ 줄 알고 연분의 긔괴(奇怪)ᄒᆞᆷᄋᆞᆯ 츠탄ᄒ여, 장닌 되여가ᄆᆞᆯ 보고져 ᄒᆞ므로 몽ᄉᆞᄅᆞᆯ 일졀 거론치 아니ᄒ고, 옥환(玉環)을 깁히 간ᄉᆞᄒ니, 가즁이 다 알니 업스ᄃᆡ, 오직 뎡부인이 지긔ᄒ나 감히 아른쳬 아니 ᄒ더라.

이날 미픠 니ᄅᆞ러 부상셔ᄃᆡ 규슈 극히 현미(賢美)ᄒᆞᄃᆡ, 상【40】셰 하후의 군주영쥰인 줄 과ᄋᆡ(過愛)ᄒ여 여럿지 빈위ᄅᆞᆯ 념(念)치 아니ᄒ고 간졀이 쳥혼ᄒᆞᄆᆞᆯ 알외니, 쵸공이 불열(不悅) 왈,

"오ᄋᆞ(吾兒) 임의 ᄉᆞ쳐(四妻)와 십희(十姬) 이시니, 필부(匹夫)의 분의 과ᄒᆞᆫ지라. ᄯᅩ 엇지 신인을 구ᄒ여 번ᄉᆞ(繁事)ᄅᆞᆯ 너모 취ᄒ리오. 쳔금일교(千金一嬌)ᄅᆞᆯ 낫이 구ᄒ시니, 후의 다ᄉᆞ(多謝)ᄒ나, 만싱이 엇지 존명을 봉승치 아니리오만은, ᄎᆞ마 명공의 화벌(華閥)을 굴욕ᄒ리오. 감히 후의ᄅᆞᆯ 밧드지 못ᄒ리로다."

미픠 아연 왈,

"부노애 쳔금일교(千金一嬌)로ᄡᅥ 관후노야의 여럿 지 빈위ᄅᆞᆯ 허물치 아니시믄, 진실노 노야의 만고(萬古) 희셰(稀世) 무빵ᄒ신 군ᄌᆞ 되현이신 줄 【41】ᄉᆞ모ᄒ시미오, 부쇼졔 ᄯᅩᄒᆞᆫ 지모 식덕이 빵젼(雙全)ᄒ시니, 족히 존부 졔부인 후셕(後席)을 뫼시미 욕되지 아니시리이다."

지삼 간쳥ᄒᆞᄃᆡ, 쵸공이 ᄯᅩᄒᆞᆫ 《금년∥금녕》 일ᄉᆞᄅᆞᆯ 어렴프시 아랏ᄂᆞᆫ 고로, 부시의 인물을 음비히 너기므로, 니러틋 엄젹(掩迹)ᄒ미러라.

미픠 무류히 도라가 부아(府衙)의 회보ᄒ니, 부공이 훌일 업셔 감히 다시 쳥혼치 못ᄒ고, 쇼졔 타문의 가기ᄂᆞᆫ 죽기로ᄡᅥ 원치 아니니 부모 졔형이나 능히 기유치 못ᄒ더라.

부쇼졔 스스로 심규의 늙기ᄅᆞᆯ 계교ᄒ니, 아지못게라! 부쇼졔 맛ᄎᆞᆷᄂᆡ 하후의 비필이 【42】된가 하회ᄅᆞᆯ 분석ᄒ라.

익셜. 션시의 진궁의셔 동창후 윤셩닌의 삼실(三室) {녀}녀혜졍이 공교로은 계교ᄅᆞᆯ 빅가지로 ᄒ여, 반계곡경(盤溪曲徑)으로 진궁의 도라오니, 동창후의 금슬은ᄋᆡ(琴瑟恩愛) 돈연(頓然)ᄒ여 여시힝노(如視行路)1670)ᄒ니, 상ᄉᆞ원졍(相思願情)을 위로ᄒᆞᆯ 길이 업고, 쇼·엄 냥부인의 권춍(權寵) 형셰(形勢)ᄅᆞᆯ ᄲᅢᄉᆞᆯ 길이 업스니, 희음업시 교아졀치

___

뜻을 나타내는 말.
1669)시야(是夜) : 닭이 울어 밤의 때를 알림. 또는 그때.
1670)여시힝노(如視行路) : 길 가는 사람 보듯 함. 남 보듯 함.

(咬牙切齒)1671)ᄒ여 원분이 군ᄌ숙녀의게 도라가니, 쳐음은 인지함지(忍之緘之)ᄒ고 은악 양션(隱惡揚善)ᄒ여 구가합문의 예셩(譽聲)을 갈구ᄒ고 인심을 취합고져 ᄒ더니, 작심이삼일(作心二三日)1672)이라. 셰월이 오릭니 엇지 다다ᄒᆫ 음심을 춤【43】으리오.

춘년ᄌ오(春燕慈烏)1673)와 '반야오동(半夜梧桐)의 츄풍환션(秋風紈扇)'1674)을 ᄌ비(再拜)1675)ᄒ고, 쳥등야우(靑燈夜雨)1676)의 홍뉘(紅淚)1677) 뉴미(柳眉)를 잠으ᄂᆫ지라. 쥬야 초진을 보쳐여 모칙(謀策)을 드리라 ᄒ니, 초진이 나죵은 도로혀 민망코 괴로와 그윽이 표치쥰아(標致俊雅)ᄒᆫ 남ᄌ를 구홀ᄉᆡ, 녀녜 왈,

"문미(門楣) 가셰(家勢)를 의논치 말고 다만 표치(標致) 풍신(風神)이 쥰슈ᄒᆫ 미남ᄌ를 어더오라."

ᄒ니, 초진이 스쳐로 구ᄒ더니 홀연 씌쳐, 가만이 녀녀를 듸ᄒ여 왈,

"쇼져야 머지 아닌듸 아룸다온 낭지(郎子) 잇더이다."

녀녜 반겨 연망이 니로듸,

"셩명이 뉘라 ᄒ며 인물이 엇더 ᄒ더뇨?"

초진 왈,

"다른듸 잇지 아냐 【44】쇼비의 젹ᄉ촌(嫡四寸) 오라비니, 셩명은 원금이라. 나히 이십이 치 못ᄒ니 슈염이 나지 아녓고, 살빗치 옥갓고 닙시울이 붉으며 눈씨 묽으니, 밋쳐 취실치 아냣ᄂᆡ이다."

녀녜 왈,

"슈인 윤셩닌과 엇더 ᄒ더냐?"

초진이 요두 왈,

"불가ᄒ다. 상한(常漢) 쇼민(小民)이 약간 표치이시나, 엇지 감히 윤노야의 텬일(天日) 갓흔 풍치를 바라리오. 셰상의 윤노야 한 사름 이십도 텬디졍믹(天地精脈)이 윤·하·뎡 삼문의 다 모손(耗損)ᄒ엿거든, 녀염(閭閻) 쳔가(賤家)의 윤노야 갓흐니 ᄯᅩ 어듸 이시리오. 쇼비 어린 쇼견의ᄂᆞᆫ 쇼졔 쳥츈 홍안의 봄빗츨 과도히 늣기시니, 몬져 【45】원금을 쳥ᄒ여 시비의 복식으로 협실의 숨겨두고, 아직 츈졍이나 위로ᄒ시다

1671)교아졀치(咬牙切齒) : 몹시 분하여 이를 갊.
1672)작심이삼일(作心二三日) : 단단히 먹은 마음이 2-3일을 가지 못한다는 뜻으로, 결심이 굳지 못함을 이르는 말.
1673)춘년ᄌ오(春燕慈烏) ; 봄제비와 까마귀를 함께 이른 말로, 철새들인 봄 제비와 겨울 까마귀를 고향을 떠나온 나그네에 비겨 외로운 처지를 표현한 말.
1674)반야오동(半夜梧桐)의 츄풍환션(秋風紈扇) : '오동잎이 지는 깊은 밤과 가을바람 앞에 놓인 깁부채'라는 말로, 아무런 소임도 누구의 관심도 없이 버려져 있는 소박데기 여인의 외로움과 슬픔을 비유로 표현한 말.
1675)ᄌ비(再拜)ᄒ다 : '두 번 절하다'는 뜻으로, '공경하는 마음으로 기꺼이 받는다' 또는 '달게 받는다'는 뜻을 나타낸 말.
1676)쳥등야우(靑燈夜雨) : 비 내리는 밤의 푸른 불빛 아래. 쓸쓸한 정서 또는 장면을 표현한 말
1677)홍뉘(紅淚) : 붉은 눈물. 애간장이 타서 나는 눈물.

가, 셰셰히 도모ᄒᆞ여 죵시 윤노야 은의ᄅᆞᆯ 바라지 못ᄒᆞ량이어든, 윤·하·뎡 삼문 졔공 ᄌᆞ 가온ᄃᆡ 눈의 ᄎᆞᄂᆞᆫ 옥인을 갈히여, 일싱 동노(同老)ᄅᆞᆯ 긔약ᄒᆞ시미 늣지 아니ᄒᆞ니이다.”

녀네 죵기언(從其言)ᄒᆞ여, 즉시 원금을 다려오라 ᄒᆞ니, 초진이 금을 가보아 졔 쇼져의 갓초 아ᄅᆞᆷ다옴과 부귀ᄒᆞᆷ믈 니ᄅᆞ고, 잠간 구츠ᄒᆞ나 녀복을 닙고 진궁 ᄂᆡ각의 ᄉᆞ못ᄎᆞ 조흔 인연을 민즌 후, 셰셰히 녀시ᄅᆞᆯ 달ᄂᆡ여 만흔 지믈을 탈취(奪取)ᄒᆞ여 가지고, 녀시로 더브러 【46】먼니 궁향(窮鄕)의 도라가 살나 ᄒᆞ니, 원금이 부모 쳐ᄌᆞ 업셔 ᄉᆞ쳐로 방낭ᄒᆞᄂᆞᆫ지라. 이 말을 듯고 ᄃᆡ회ᄒᆞ여 즉시 운고(雲-)[1678]ᄅᆞᆯ 나리와 운환(雲鬟)[1679]을 미고, 일습 쳥의로 복식을 곳치니, 킈 크고 낫치 희니 예ᄉᆞ 건쟝흔 한녜러라.

초진을 조ᄎᆞ 녀가 비ᄌᆞ로라 ᄒᆞ고 진궁의 들어가나 말니리 업더라. 초진이 원금을 인ᄒᆞ여 녀녈ᄅᆞᆯ 뵈니 임의 날이 어두은 ᄯᆡ라. 녀네 바야흐로 졍당의 혼졍(昏定)을 맛고 도라오니, 슈호금장(繡戶錦帳)[1680]이 젹막ᄒᆞ고 나위(羅幃) 뇨젹(寥寂)ᄒᆞ니, 방즁 《촉노‖촉누(燭淚)》ᄂᆞᆫ 반만 명멸(明滅)흔ᄃᆡ, ᄉᆞ상(思相) 옥낭(玉郞)의 ᄌᆞ최 묘연ᄒᆞ여, 깁지게 젹막ᄒᆞ고 원앙침 【47】상(鴛鴦寢牀)이 무류(無聊)ᄒᆞ여 초ᄃᆡ산(楚臺山)[1681]의 운우(雲雨)ᄅᆞᆯ 합ᄒᆞ기 어렵고, 원앙금(鴛鴦衾)이 초초(草草)ᄒᆞ여, 비취(翡翠)[1682] 넌니(連理)[1683]의 노름이 망연(茫然)흔지라. 히음업시 의상을 버셔 후리치고, 관잠(冠簪)을 ᄲᅡ혀 경ᄃᆡ(鏡臺) 우희 노코, 스스로 침상의 쓰러져 도도흔 츈심이 착급ᄒᆞ여, 셰류쳥엽(細柳靑葉)의 츈위(春雨) 졋ᄂᆞᆫ 듯ᄒᆞ니, 쇼ᄅᆡ 나믈 씌닷지 못ᄒᆞ여, ‘문군(文君)의 빅두시(白頭詩)’[1684]ᄅᆞᆯ 마음업시 음영(吟詠)ᄒᆞ더니, 원금의 니ᄅᆞ믈 드르ᄆᆡ 급히 쳥ᄒᆞ여 방즁의 드리니, 임의 시녀의 무리 다 믈너낫더라. 원금이 우음을 먹음고 녀녈ᄅᆞᆯ 향ᄒᆞ여 기리 읍왈,

“귀쇼졔 쳔싱(賤生)의 비쳔ᄒᆞᆷ믈 허물치 아니시【48】고, 외람이 쳥ᄒᆞ여 문군(文君)

1678)운고(雲-) : 고. 상투를 틀 때 머리털을 고리처럼 되도록 감아 넘긴 것. 늑상투.

1679)운환(雲鬟) : 여자의 탐스러운 쪽 찐 머리.

1680)슈호금장(繡戶錦帳) : 수놓은 비단을 바른 지게문과 비단으로 된 장막.

1681)초ᄃᆡ산(楚臺山) : 중국 초(楚)나라 양왕(襄王)이 무산신녀(巫山神女)를 만나 운우(雲雨)의 정을 나누는 꿈을 꾸었다는 초대(楚臺)가 있는 산. 곧 무산(巫山).

1682)비취(翡翠) : 암수의 물총새. 곧 비(翡)는 수컷, 취(翠)는 암컷으로, 부부를 비유적으로 표현한 말. 위 본문의 '비취의 노름'은 '부부지락(夫婦之樂)'을 뜻한다.

1683)넌니(連理) : 연리지(連理枝). 두 나무의 가지가 서로 맞닿아서 결이 서로 통한 것을 뜻하여 화목한 부부나 남녀의 사이를 비유적으로 이르는 말. 위 본문의 '연리(連理)의 노름'은 '연리지락(連理之樂)' 곧 '부부가 화합하는 즐거움[부부지락(夫婦之樂)]'을 뜻한다.

1684)문군(文君)의 빅두시(白頭詩) : 중국 전한(前漢) 때 사마상여(司馬相如)의 처 탁문군(卓文君)이 남편이 첩을 얻으려 하자 남편의 변심을 야속해하는 마음을 시로 읊어 남편의 마음을 돌이켰다는 시, <백두음(白頭吟)>을 말함. *탁문군(卓文君) : 한(漢)나라 부호 탁왕손의 딸로 과부로 있다가 사마상여(司馬相如)와 사랑에 빠져 재혼하였으나, 나중에 상여(相如)가 무릉인(茂陵人)의 딸을 첩으로 삼으려 하자 <백두음(白頭吟)>이란 시를 읊어 이를 단념케 했다.

의 아룸다온 뜻이 이시니, 쳔싱이 엇지 감격지 아니ᄒᆞ며, 비록 상여(相如)[1685]의 풍치 (風彩) 업스나 가인(佳人)의 곳다온 졍을 ᄉᆞ양치 아니 ᄒᆞᄂᆞ이다."

녀녜 져기 ᄉᆞ족(士族)의 쳥한ᄒᆞᆫ 힝실이 이신즉, 상한 쇼민을 쳥ᄒᆞ리오만은 이 역(亦) 금슈지심(禽獸之心)이라. 아직 츈심(春心)이 발양(發陽)ᄒᆞ니 이 말을 듯고 남즈를 딕ᄒᆞ미 황홀ᄒᆞᆫ 음졍(淫情)이 요양(搖揚)ᄒᆞᄂᆞᆫ지라. 아험(娥臉)의 요음(妖淫)ᄒᆞᆫ 우움을 먹음어 미쇼 부답ᄒᆞ니, 이용(愛容)이 쵹영(燭映)의 바이여 묵은 눈을 놀니ᄂᆞᆫ지라.

금이 역시 음졍을 니긔지 못ᄒᆞᄂᆞᆫ 거동이어늘, 초진이 그윽이 함쇼(含笑)ᄒᆞ고 야심ᄒᆞ 믈 일ᄏᆞ【49】라 믈너나니, 쵹(燭)을 멸ᄒᆞ고 셔로 넛그러 침셕(寢席)의 나아가니, 황 홀ᄒᆞᆫ 졍이 밋칠 듯ᄒᆞ여 오히려 동애(冬夜) 지리ᄒᆞᆫ 줄 모로더라.

음녜 동창후의 프지 못ᄒᆞᆫ 젹츅(積蓄)ᄒᆞ엿던 음졍(淫情)을 오늘날 원금의게 다 프니, 만염(萬念)이 부운(浮雲) 갓ᄒᆞ여, 츠후 신ᄉᆞ(身事) 히틱(解怠)ᄒᆞ여 칭병ᄒᆞ고 졍당의 신 혼(晨昏)[1686]을 폐ᄒᆞ고, 쥬야 침상(寢床)의셔 원금으로 호총(好寵)ᄒᆞ여 하걸(夏桀)[1687] 의 미비(妹妃)[1688]를 총힝(寵幸)ᄒᆞ미 아니오, 쥬희(朱姬)[1689]의 《뇨독‖노애(嫪 毒)[1690]》을 잠간(潛姦) ᄒᆞ미 아니로ᄃᆡ, 쥬야동실(晝夜同室)ᄒᆞ여시니, 니러구러 월여의 밋ᄎᆞ니, 진궁 상하의 여신(如神)ᄒᆞᆫ 일월(日月)과 보감(寶鑑)이 걸닌 듯ᄒᆞ니, 녀녀의 힝지 졈졈 예와【50】다르믈 엇지 아지 못ᄒᆞ리오.

빅희 양희 등이 그윽이 의심ᄒᆞ여 미양 유심(留心)ᄒᆞ더니, 일야는 밤든 후 빅희 등이 즈최를 가만이 ᄒᆞ여 녀녀의 침실의 나아가 후창(後窓) 곡난(曲欄)의셔 규시(窺視)ᄒᆞ니, 방 즁의 발셔 불을 업시ᄒᆞ여시나 어셩(語聲)은 미미ᄒᆞ니 분명ᄒᆞᆫ 남녀의 어셩이라. 믄 득 니르ᄃᆡ,

---

1685)상여(相如) : 사마상여(司馬相如). 중국 전한(前漢)의 문인(B.C.179~B.C.117). 자는 장경(長卿). 그의 사부(辭賦)는 한(漢)·위(魏)·육조(六朝) 문인의 모범이 되었다. 작품에 〈자허지부(子虛之賦)〉 따위가 있다. 무제의 비(妃)인 진아교(陳阿嬌)가 장문궁(長門宮)에 유폐되어 있을 때, 그녀가 다시 무제의 총애를 얻기 위해, 자신의 처지를 형상화한 노래를 지어 무제의 마음을 돌이키게 해 달라는 청을 받고, 〈장문부(長門賦)〉라는 시를 지어준 일로 유명하다.

1686)신혼(晨昏) : 신혼성정(晨昏省定). 신성(晨省)과 혼정(昏定). 곧 밤에는 부모의 잠자리를 보아 드리고 이른 아침에는 부모의 밤새 안부를 묻는다는 뜻으로, 부모를 잘 섬기고 효성을 다함을 이르는 말.

1687)하걸(夏桀) : 중국 하나라의 마지막 왕. 성은 사(姒). 이름은 이계(履癸). 은나라의 탕왕에게 멸망하였다. 은나라의 주왕과 더불어 동양 폭군의 전형으로 불린다.

1688)미비(妹妃) : 매희(妹喜). 중국 하(夏)의 마지막 황제 걸(桀)의 비(妃). 은나라 마지막 황제 주(紂)의 비(妃) 달기(妲己)와 함께 포악한 여성의 대표적 인물로 꼽는다.

1689)쥬희(朱姬) : 중국 진(秦)나라 시황제(始皇帝)의 생모. 본래 거상(巨商) 여불위(呂不韋)의 애첩이었으나, 진나라 장양왕(莊襄王)이 조(趙)나라에 볼모가 되어 있을 때, 여불위에 의해 장양왕에게 보내져, 뒤에 왕후에 올랐는데, 장양왕에게 보내질 당시 이미 여불위의 아들을 임신하고 있었다. 이 아들이 바로, 후에 장양왕(莊襄王)의 뒤를 이어 왕위에 오른 시황제(始皇帝) 정(政)이다. 장양왕이 일찍 죽자, 태후로서 재상 여불위, 환관 노애(嫪毒) 등과 밀통하는 등 문란한 생활을 하였다.

1690)노애(嫪毒) : 중국 전국시대 진(秦)나라의 환관(宦官). 진 시황제의 생모인 주희(朱姬)와 밀통을 하는 관계였으며, 그녀와 사이에 두 명의 아이를 두었다. 이 후 노애는 시황제를 상대로 반란을 일으켰으나 실패하고 죽임을 당하였다. 본문의 '뇨독'은 '嫪毒(노애)'의 오독(誤讀)이다.

"부인이 임의 날과 화락고져 흘진딕 엇지 위란(危亂)ᄒ믈 싱각지 아니ᄒ고, 이곳의 오릭 이시리오. 나의 고향이 머지 아니ᄒ니 만흔 지물이나 슈습ᄒ여 가지고 다라나 고향의 도라가 조히 살미 올타."

ᄒ니, 녀녜 왈,

"닉 춤아 ᄉ(赦)치 못ᄒᄂ 거슨 셩닌 적【51】츄(賊酋)의 풍신직뫼(風神才謀)라. 이제 임의 그딕와 인연을 믹즈시니 엇지 다른 쓷이 이시리오. 다만 젹츄의 침셕 좃히 하로만 머므러 그 옥골방신(玉骨芳身)을 겻짓고1691), 그날 부월(斧鉞) 하(下)의 쥬(誅)ᄒ나 므슨 한이 이시리오. 그딕ᄂ 날노 더브러 기리 화락고져 ᄒ거든 날노뼈 윤셩닌의 졍을 일야만 엇게 ᄒ라. 상ᄉ원졍(相思願情)을 위로흔 후의 쾌히 윤가를 바리고 그딕를 조ᄎ 머니 도라가 일싱을 화락ᄒ리라."

간뷔 왈,

"부인의 아름다온 얼골과 긔특흔 지혜로도 동창후의 굿은 쯧을 두【52】로혀지 못ᄒ엿거든, 닉 므슴 계교로 져희 금셕지심(金石之心)을 두로혀리오. 부인이 닉 말을 듯지 아니코 니러틋 너모 뉴련(留連)ᄒ다가 만일 졍젹(情迹)이 픽루(敗漏)ᄒ면 딕화(大禍)를 바들가 져허ᄒ노라."

니러틋 문답ᄒ여 밀밀(密密)흔 ᄉ에(私語) 좃지 아니커늘, 빅희 등이 딕경 통히ᄒ여 도라왓더니, 명일의 가만이 ᄎᄉ로뼈 위·조 냥틱비와 뉴부인과 슉녈비씌 고ᄒ니, 위·조 냥틱비 히연(駭然) 냥구(良久)의 왈,

"ᄌ고이릭(自古以來)로 음녀발뷔(淫女潑婦) 하딕무지(何代無知)리오만은, ᄎ녀의 요음(妖淫)ᄒ믄 녀무미달(呂武妹妲)1692)의 지나니, 엇지 묽은 가즁의 일시나 머므러두엄 즉ᄒ리오만은, 요인의 난음(亂淫)흔 졍젹(情迹)이 ᄌ못 은밀ᄒ여 낫하난 일이 업ᄉ니 엇지 【53】쳐치ᄒ리오."

뉴부인이 분연 왈,

"존고와 져져ᄂ 엇지 이 쳐치를 어렵다 ᄒ시ᄂᄂ니잇고? 져 요녜 셜ᄉ 쳔흉만악(千凶萬惡)이 이실지라도 여ᄎ 음비흔 졍젹이 업ᄉᄂ즉, 오히려 윤시 셩명을 머믈워 일분 관견을 드리오려니와, ᄎ 음뷔 몬져 엄연이 구가의셔 간부를 드려 잠통(潛通)ᄒ니, 이ᄂ 풍화의 죄인이오, 윤문의 음뷔라, 빅녀 등이 그릇 보며 그릇 젼흘니 업ᄉ니, 맛당이 여ᄎ 쇼유를 상공긔 알외고 광희 등다려 닐너 음오(淫汚)흔 졍젹을 ᄎᄌ 붉히 쳐치ᄒ여, 묽은 틱상(宅上)의 더러온 ᄌ최를 업시케 ᄒ미 올ᄒ니이다."

위·조 【54】 냥틱비 뉴부인 명달흔 말슴을 올히 너겨, 이의 호람후와 ᄌ질 졔손을 거ᄂ려 신셩ᄒ믈 기다려 니르고져 ᄒ더니, 이윽고 호람후와 진왕 등이 신셩(晨省)을

1691)겻짓다 : 짝짓다. 곁에 나란히 두다. 더불다.

1692)녀무미달(呂武妹妲) : 중국의 대표적인 여성권력자인 한(漢)나라 고조(高祖)의 황후 여후(呂后)와 당(唐)나라 고종의 황후 측천무후(則天武后), 그리고 중국의 대표적인 악녀(惡女)들인 하(夏)나라 걸(桀)의 비(妃)인 매희(妹喜)와 주(周)나라 주(紂)의 비(妃) 달기(妲己), 이 4인을 함께 이르는 말.

맛고 졔인이 믈너날식, 틱부인이 쇼년 졔싱은 다 믈너가라 ᄒᆞ고, 호람후와 진왕곤계를 머믈워 원인벽좌우(遠人辟左右)1693)ᄒᆞ고, 작야 빅녀 등의 규시ᄒᆞᆫ 바로ᄡᅥ 니ᄅᆞ니, 호람후와 진왕이 쥬왈,

"원간 녀녀의 근일 ᄒᆡᆼ시 ᄌᆞᆷ못 이상ᄒᆞ오니 쇼손이 거의 의심이 업지 아니턴 비러니, 엇지 이 갓흔 흉음지ᄉᆞ(凶淫之事) 목젼의 잇ᄂᆞᆫ 쥴 알니잇고? 니러틋 쳐치【55】ᄒᆞ미 후환(後患)의 근본은 더욱 ᄲᅡᄅᆞ려니와, 임의 안후ᄂᆞᆫ 가히 엄젹(掩迹)지 못ᄒᆞ리로쇼이다."

승상이 니어 ᄃᆡ왈,

"셩인(聖人)도 오ᄂᆞᆫ 익은 면치 못ᄒᆞᆫ다 ᄒᆞ옵ᄂᆞ니, 음뷔 이 가즁의 이시며 업스므로 화익(禍厄)이 각별 더 ᄲᅡᄅᆞᆯ 거시 아니니, ᄲᆞᆯ니 음누(淫陋)ᄒᆞᆫ ᄌᆞ최를 업시ᄒᆞ여 가즁을 슉쳥(淑淸)ᄒᆞᆯ 거시니이다."

호람휘 ᄌᆞ질의 말을 올히 너겨 졈두ᄒᆞ고, 이의 즁헌의 나와 좌뎡(坐定)ᄒᆞ고 좌우 시녀를 명ᄒᆞ여 녀시 좌우를 부르라 ᄒᆞ니, 졔녜 엄히 약속을 드럿ᄂᆞᆫ지라. 이의 뉴츈각의 나아가 녀녀의 좌우를 ᄎᆞᆮ ᄌᆞᆯ식, ᄉᆞ지시【56】녀(事知侍女) 쇼난난이 불문곡직(不問曲直)ᄒᆞ고 통치 아니코 장(帳)을 들고 입실ᄒᆞ니, 오히려 계명(鷄鳴)1694)인 고로, 녀녜 간부로 더부러 졉면동와(接面同臥)ᄒᆞ여 만종풍뉴(萬種風流) 불가형언(不可形言)이니, 그 시녀빅 ᄌᆞ연 날이 오ᄅᆞ미 알오미 되엿ᄂᆞᆫ지라. 쳔인의 심졍이나 크게 측히 너기고, 민양 늣도록 니지 아닛ᄂᆞᆫ 쥴 아ᄂᆞᆫ 고로 시녀빅 임타(任惰)ᄒᆞ여 다 각각 허여져 밋쳐 못ᄌᆞ 못ᄒᆞ엿ᄂᆞᆫ 고로, 창외의 인젹이 업ᄂᆞᆫᄃᆡ, 쇼난난이 부지불각의 문을 열치고 드러가니, 녀녜 졍히 간부로 더브러 동와(同臥)ᄒᆞ엿더니, 시녀를 보고 ᄃᆡ경 실식ᄒᆞ여 ᄃᆡ간ᄃᆡ악(大姦大惡)이나 무어시라【57】ᄒᆞ리오만은, 오히려 원금의 밉시 녀ᄌᆞ 갓흐믄[믈] 방심(放心)ᄒᆞ여 급히 니러 의상을 슈습ᄒᆞ며, 시녀를 즐미(叱罵) 왈,

"그ᄃᆡ 비록 존당시녀나 상하존비 잇거ᄂᆞᆯ, 늬 불평ᄒᆞ여 누엇ᄂᆞᆫᄃᆡ 셜ᄉᆞ 존명이 이신들 엇지 통치 아니ᄒᆞ고 드러와 날을 놀라게 ᄒᆞᄂᆞ뇨?"

난난이 나죽이 샤죄 왈,

"노쳡이 불미ᄒᆞ여 한갓 존명이 쇼져를 급히 부르라 ᄒᆞ시ᄆᆡ 이의 니르온즉, 당즁이 젹막ᄒᆞ여 비빅(婢輩)의 형젹(形迹)도 업ᄉᆞ오니, 당돌이 드러오미로쇼이다. 슈연(雖然)이나 부인이 엇지 녀ᄌᆞ로 더브러 동침동와(同枕同臥)ᄒᆞ여 계시니잇고?"

녀녜 지은 바 죄 이시니 비록 비빅【58】의 말이나 뭇기를 당ᄒᆞ여 엇지 놀납지 아니ᄒᆞ리오. 면식이 다르믈 ᄭᆡ닷지 못ᄒᆞ여 낫츨 붉히고, 묵연 냥구의 왈,

"이 녀ᄌᆞᄂᆞᆫ 바히 쳔인(賤人)이 아니라 나의 셔족(庶族) 슉친(叔親)이 날과 졍의(情誼) 지극ᄒᆞ여 늬 친측의 잇슬 젹의ᄂᆞᆫ 셔로 ᄯᅥ날 ᄯᅢ업더니, 이곳의 온 후도 간간이 왕

1693) 원인벽좌우(遠人辟左右): 밀담을 하려고 곁에 있는 사람을 멀리 물리침

1694) 계명(鷄鳴): 계명축시(鷄鳴丑時). 첫닭이 울 무렵인 축시(丑時). 곧 새벽 한 시에서 세 시 사이를 이른다.

니ᄒ니 피ᄎᆡ(彼此) 녀지오, 졍의(情誼) 관슉(慣熟)ᄒ니 미양 허믈이 업셔 동금동와(同衾同臥)ᄒ엿ᄂᆞ니 그ᄃᆡ는 괴이히 너기지 말나."

난난이 그 마음을 눅여 잠쇼 왈,

"니러나 져러나 부인 친족이오, 녀ᄌᆡ 관겨ᄒ리잇가? 다만 졍당의셔 브르시니 밧비 드러가ᄉᆡ이다."

녀녜 난난이 오릭 【59】 머물면 긔식을 알가 착급ᄒ여, 밧비 니러 왈,

"닉 이졔 갈 거시니 그ᄃᆡ 몬져 가 알외라."

난난이 ᄯᅩ 도라오는 쳬ᄒ고 먼니 곡난 밧긔셔 방황ᄒ더니, 녀녜 스긔 피루홀가 황황ᄒ여 급급히 원금을 닉여보닉고져 ᄒ더니 초진이 급히 드러와 니르ᄃᆡ,

"난난이 가지 아니코 양츈각 바랄만치 이시니 원싱을 닉여보닉지 마르시고, 협실 속의 큰 피롱(皮籠)이 이시니 그 속의 녀허 큰 잠을쇠로 잠가두쇼셔."

녀녜 창황ᄒ여 그 말을 조ᄎᆞ 피롱을 열고 원금을 너코 잠은 후의, 이의 초초히 쇼장(梳粧)을 다ᄉᆞ리고 초진과 약간 시비로 더부【60】러 존당의 드러가니, 발셔 신셩(晨省) ᄠᅢ 느졋더라. 모든 쇼년 졔부인닉 거의 다 믈너낫고, 뎡·진·남·화 ᄉᆞ비와 하·장 두부인이며 빅희빈 등이 존당을 뫼셧더라.

녀녜 도라 졔 죄를 싱각ᄒ니 스ᄉᆞ로 긔운이 구속(拘束)ᄒ여 교음(狡淫)흔 틱도를 기리 지어 안셔(安徐)히 명을 응ᄒ니, 존당 졔인이 거안(擧眼) 시지(視之)ᄒ니, 음녜 냥안의 황황흔 음졍(淫情)이 발동ᄒ고, 거지 당황ᄒ여 요음(妖淫)흔 틱되 젼즈로 더브러 일층 더ᄒ니, 좌위 희연(駭然) 《지시∥시지(視之)》ᄒ여, 냥구(良久)의 왈,

"네 요ᄉᆞ이 각별 병이 업손가 시부되 무고히 신혼을 폐ᄒ니, 시비로 간망(看望)ᄒ라 ᄒ엿【61】더니, 난난이 말을 그릇 젼ᄒ엿도다."

양희 믄득 웃고 니다라 왈,

"쳡이 보오니 녀쇼졔 츈식(春色)이 의구(依舊)ᄒ여 아모 병도 업셔 뵈거늘, 무슨 병이 계시다 ᄒ시ᄂᆞ니잇고? 쳡이 비록 암미ᄒ여 아는 거시 업ᄉᆞ오나 약간 의치(醫治)를 아옵ᄂᆞ니, 원컨딕 쇼져의 좌우 믹도(脈度)를 보ᄉᆡ이다."

녀녜 황망ᄒ여 급히 나상(羅裳)을 ᄯᅥᆯ치고 옥슈를 ᄲᅡ리쳐 니러나며 왈,

"쳡이 일시 신양(身恙)이 이시나 딕단치 아니ᄒ거늘, 엇지 믹도를 보리잇고? 셔모는 괴이흔 말 마로쇼셔."

언파의 발연(勃然)이 니러 도라가고져 ᄒ거늘, 양희 빅희 등이 일시의 우으며 니러나 녀【62】녀의 홍군(紅裙)을 다리여 안치며, 쇼왈,

"쳡 등이 부인의 믹도를 슬피나 무슴 혐의 이실거시라 이딕도록 놀나시ᄂᆞ니잇고? 실노 고결(高潔)ᄒ기도 유명ᄒ시이다."

셜파의 딕쇼ᄒ며 《졔녜∥졔희》 일시의 위력으로 녀녀의 치슈(彩袖)를 밀고 옥비(玉臂)를 샏혀보니, 비상일홍(臂上一紅)[1695]이 흔젹도 업ᄂᆞᆫ지라.

좌위 희연실식(駭然失色)ᄒ믈 마지 아니ᄒ고 양희 등이 우어 왈,

"가히 남주의 심쳔(心泉)이란 거순 탁냥(度量)기 어렵도다. 우리 등이 미양 창후노 야로뼈 녀쇼져와 금슬이 불화(不和)ᄒ신 쥴노 아랏더니, 어ᄂᆞ 수이 비상(臂上) 잉혈이 업시ᄒ미 되엿던고? 【63】 원간 녀쇼져의 요수이 유질(有疾)ᄒ시미 반두시 틱신(胎娠)의 경시 이시미로쇼이다."

틱부인 이히 하 어히업셔 묵연ᄒ더니, 졔희(諸姬)의 지긔(才氣)로은 말을 듯고 미쇼ᄒ믈 ᄭᅴ닷지 못ᄒ니, 녀네 뒤간뒤악이나 이 경계를 당ᄒ니 엇지 놀납고 ᄎᆞ악지 아니리오. 쳥텬빅일(靑天白日)의 급ᄒᆞᆫ 벽녁(霹靂)이 만신을 분쇄ᄒᄂᆞᆫ 듯ᄒ나, 수이이의(事而已矣)라. 담을 크게 ᄒᆞ고 옥슈를 쌘리치며 발연이 니ᄅᆞ뒤,

"비상 잉혈은 규슈의게 잇ᄂᆞᆫ 표젹이니, 쳡이 동창후의 쳐실이 되연지 슈년이 남앗ᄂᆞᆫ지라[1696]. 아모리 부부간이 박ᄒᆞ다 ᄒᆞᆫ들 잉혈조【64】ᄎᆞ 이 ᄡᅥ가지 이시리잇가?"

언파의 좌우로 어ᄌᆞ러이 밀치고 발연이 침쇼로 도라가니, 이 수이의 쇼난난이 발셔 장노아역(臧奴衙役)[1697]을 불너 녀녀의 협실 속 피롱(皮籠)을 가져갓더라.

초진이 몬져 알고 보보젼경(步步顚傾)ᄒ여 녀녀의게 보ᄒ라 오더니, 녀네 발셔 도라오더라. 초진이 발굴너 왈,

"뒤홰(大禍) 박두ᄒᆡ이다. 외당의셔 피롱(皮籠)을 가져가니, 어뒤 유심ᄒᆞᆫ 간인이 잇셔 수긔를 아던가시브니이다."

녀네 쳥필의 뒤경실식ᄒ더니, 홀연 분미 왈,

"아모리면 오즉ᄒᆞ랴. 닉 비록 셩닌 젹츄와 명회(名號) 부뷔나 실 즉 남이【65】라. 헛된 치례 ᄲᅮᆫ이니 빈 혼셔 도로 쥬고 닉 집의 도라가면 관계치 아닐 ᄯᅳᄅᆞᆷ이라."

셜파의 분긔 돌돌ᄒᆞ여 침쇼의 도라와 스스로 분벽수창을 다 박ᄎᆞ 것구ᄅᆞ치고, 방즁의 버린 긔완즙물(器碗什物)을 스스로 ᄭᆡ쳐 셩악을 니긔지 못ᄒᆞ여, 윤부 치례(采禮)[1698] 문명(問名)[1699]을 닉여 줏발으며 믜이고[1700] 즐욕ᄒ더니, 믄득 진왕의 명으로

[1695]비상일홍(臂上一紅) : 비홍(臂紅). '앵혈'의 다른 용어. 개용단·회면단·도봉잠 등과 함께 한국고소설 특유의 서사도구의 하나. 앵혈은 어려서 이것으로 여자의 팔에 점을 찍어두거나 출생신분을 기록해두면, 남성과의 성적 결합을 갖기 전에는 지워지지 않는 효능을 갖고 있기 때문에, 주로 남녀의 동정(童貞) 여부를 감별하거나 부부의 성적 결합여부를 판별하는 징표로 사용되지만, 이에 못지않게 신분표지나 신원확인의 수단으로도 많이 활용되고 있다. 앵혈·주표(朱標)·비홍(臂紅)·홍점(紅點)·주점(朱點)·앵홍·앵점 등 여러 다른 말로도 쓰이고 있다.

[1696]남다 : 넘다. 일정한 시간, 시기, 범위 따위에서 벗어나 지나다.

[1697]장노아역(臧奴衙役) : 모든 종을 이르는 말. *장노(臧奴)는 사내종을, 아역(衙役)은 관청이나 높은 벼슬아치의 집에 소속된 남녀종을 이르는 말.

[1698]치례(采禮) : 늑납폐. 혼인할 때에, 사주단자의 교환이 끝난 후 정혼이 이루어진 증거로 신랑 집에서 신부 집으로 예물을 보냄. 또는 그 예물. 보통 푸른 비단과 붉은 비단을 혼서와 함께 함에 넣어 신부 집으로 보낸다.

[1699]문명(問名); 신랑 측에서 신부 집에 납채(納采)를 행한 후, 다시 신부 집에 신부의 이름을 묻는 서간을 보내는데, 이를 문명(問名)이라 한다. 신부의 이름을 묻는 것은 신랑 집의 청혼의사가 확고함을 나타내는 동시에 신부 집의 허혼을 독촉하는 뜻이 담겨 있다. 따라서 신부는 이 문명(問名)을 신랑 집의 청혼서(請婚書)로서 일생동안 간직하였다. 이때 신부 집에서는 당시 여자에게는 이름이 없기 때문에

녀녀를 브르다 ᄒᆞᄂᆞᆫ지라. 녀녜 익익 분믜 왈,

"닉 본뒤 젹튜 셩닌의게 간셥지 아니ᄒᆞ니 윤광텬 필뷔 므ᄉᆞᆷ 연고로 날을 어리게 브
른다 ᄒᆞ더뇨?"

ᄒᆞ고, 가지 아니터라.

이ᄢᅵ 쇼난난이 녀녜의 원셩텬의 드러【66】가ᄂᆞᆫ 양을 보고, 급히 건장ᄒᆞᆫ 동뉴를 거
ᄂᆞ려 돌입ᄒᆞ여 피롱을 닉여 가뎡(家丁)으로 ᄒᆞ여금 즁청(中廳)의 닉여오니, 진왕이 가
뎡을 명ᄒᆞ여 쇠를 씌치고 보니, 과연 쳥슈(淸秀) 미남지(美男子) 드러시뒤 밋쳐 의복
을 갓초지 못ᄒᆞ고 젹신(赤身)으로 잇더라. 버거 초진과 녀가 시녀를 다 잡아오니, 진
왕이 간부(姦夫)와 한가지로 다 결박ᄒᆞ여 외쳥의 나아와 형위(刑威)를 크게 비셜ᄒᆞ고,
몬져 비복 등을 올녀 큰 미로 져쥬니, 녀가 시녜 진왕의 엄슉ᄒᆞᆫ 위풍과 규규ᄒᆞᆫ 호령
의 혼빅이 표산(飄散)ᄒᆞ니, 한 미도 더으지 아냐셔 진실노 쥬인을 죵ᄉᆞ(從事)ᄒᆞ여 이
곳의 【67】왓시나, 진실노 아지 못ᄒᆞᆷ을 브르지지니 그 거동이 혈심진졍(血心眞情)이
라.

왕이 졔녀의 진졍으로 아지 못ᄒᆞᄂᆞᆫ 거동을 보고 형벌을 더으지 말나 ᄒᆞ고, 초진과
간부ᄌᆞ(姦夫者)를 미여 올녀 독형을 쥰츄(峻-)1701)ᄒᆞ니, 초진은 녀녀를 응시ᄒᆞᆫ 별물
악죵이라. 일츄1702)를 넘어 뉴혈이 졈졈ᄒᆞ뒤, 죵시 복초(服招)ᄒᆞᆯ 뜻이 업ᄉᆞ뒤, 원금은
알프믈 니긔지 못ᄒᆞ여 불급 십여쟝(十餘杖)의 울며 고ᄒᆞ뒤,

"쇼민(小民) 원금은 본뒤 냥민의 ᄌᆞ식이라. 부뫼 업고 형뎨 업셔 동셔로 슉식을 졍
ᄒᆞ뒤 업습더니, 초진은 녀시랑 뒥 비지오, 쇼민의 이죵미(姨從妹)라 모일 황혼의 쇼민
【68】을 여ᄎᆞ여ᄎᆞ 불너 오오니, 녀쇼졔 믄득 갓가이 불너 여ᄎᆞ여ᄎᆞ 니르시고 ᄉᆞ졍
(私情)을 통ᄒᆞ시니, 쳔인이 엇지 황공ᄒᆞᆷ을 아지 못ᄒᆞ리잇고만은, 녀쇼졔 고ᄉᆞ(古事)를
인증(引證)ᄒᆞ여 쥬희(朱姬)의 《뇨독∥노애(嫪毐)》을 ᄉᆞ통(私通)ᄒᆞᆷ과 한고후(漢高
后)1703)의 심이긔(審食其)1704)를 ᄉᆞ간(私姦)ᄒᆞᆷ을 닐너 히유(解諭)ᄒᆞ니, 쳔인이 마지 못

신부의 어머니 성씨를 적어 보내 허혼의 뜻을 밝혔다. 따라서 문명은 양가가 정혼한 사이임을 뜻한다.
1700)믜다 : 찢다. 깎다. 대머리가 되다.
1701)쥰츄(峻-) : 준칙(峻-). 준치(峻-). 혹독한 매질을 가함. *칙; 치. 매질. 죄인을 신문할 때 공포감을
  주어 자백을 강요할 목적으로 한바탕 가하는 매질. 또는 그러한 매질의 횟수를 세는 단위. '치'는 '笞
  (매질할 태)'의 원음, '태'는 그 속음(俗音)임.
1702)일츄 : 일칙. 일치. 한 차례의 매질. *칙; 치. 매질. 죄인을 신문할 때 공포감을 주어 자백을 강요할
  목적으로 한바탕 가하는 매질. 또는 그러한 매질의 횟수를 세는 단위. '치'는 '笞(매질할 태)'의 원음,
  '태'는 그 속음(俗音)임.
1703)한고후(漢高后) : 중국 한(漢) 고조(高祖) 유방(劉邦)의 비(妃) 여후(呂后). 성은 여(呂). 이름은 치
  (雉). 고조를 보좌하여 진말(秦末)·한초(漢初)의 국난을 수습하였으나, 고조가 죽은 뒤 실권을 장악하
  여, 심이기(審食其; 전한 초의 정치가, 개국공신)를 사통(私通)였고 고조의 애첩인 척부인(戚夫人)과 척
  부인 소생 왕자 조왕(趙王)을 죽이는 등 포악을 일삼아, 측천무후(則天武后), 서태후(西太后)와 함께 중
  국의 3대 악녀로 꼽힌다.
1704)심이긔(審食其) : ? ~ 기원전 177년. 전한 초의 정치가로, 패(沛) 땅 출신. 개국공신으로 벽양후(辟
  陽侯)에 봉해졌다. 한고조의 집사(執事)로서 고조 사후(死後) 여후(呂后)의 총애를 받았고 승상에까지

ㅎ여 녀복을 곳치고 녀쇼져 협실의 숨어 그 뇨적(寥寂)ㅎ믈 위로홀 뿐이니, 녀쇼졔 만일 브르지 아냐시면 쇼민이 엇지 감히 므슴 담냑(膽略)으로 니런 심원궁즁(深遠宮中)의 십쥬리(十柱裏)1705) 금옥(金屋) 도장1706)을 스못츠리잇고. 복원 뎐하는 명찰지(明察之)ㅎ샤 이곳 녀쇼져 노쥬의 잘못흔 일이오, 쇼민의 즈【69】작지죄(自作之罪) 아니믈 슬피쇼셔.”

ㅎ엿더라.

진왕과 동창휘 간필(看畢)의 뒤로ㅎ여, 다시 초진을 혹형으로 져쥬니 초진이 원금의 복초ㅎ믈 보니 능히 면치 못홀 쥴 알고, 이의 좌우로 지필을 구ㅎ여 초스룰 지어 올니니, 기스(其辭)의 왈,

“쳔비 초진은 본딕 녀시랑 퇵상 비지라. 일즉 {녀}녀시랑노애 슬하의 다만 일남일녀(一男一女)룰 두시니 공지 맛이시고 쇼졔 뎨미(弟妹)시나, 작셩이 아름다옴과 셩질의 총혜ㅎ시미 타류(他類)의 지나신 고로, 노야와 부인이 과이ㅎ샤 브듸 아름다온 가랑(佳郞)을 구ㅎ【70】시 더니, 모년모일의 부인이 쇼져룰 다리시고 쇼부의 가 계시더니, 여추여추ㅎ여 우리 쇼졔 동창후 노야의 거록ㅎ신 풍신 용화룰 귀경ㅎ시고, 믄득 간졀흔 졍셩이 니위공(李衛公)의 홍불기(紅拂妓)와 망부셕(望夫石)이 되기룰 원ㅎ시고, 쇼부 퇵부인이 거줏 쇼부인을 슬하의 불너 녀교(女敎)룰 보라 ㅎ시고, 졍의 업슨 별회룰 니르시는 스이의, 우리 쇼졔 변용ㅎ는 약을 삼켜 쇼부인이 되시고, 쇼부인 시녀 빙낭을 여추여추 암약(瘖藥)1707)을 먹여 퇵부인 협실 속의 감초고, 비지 빙낭이 되여 의구히 【71】가(假) 쇼부인을 뫼셔 윤노야룰 뫼시믄 실노 동실지낙(同室之樂)을 바라미 과도ㅎ시미러니, 뉘 도로혀 노야의 스광지총(師曠之聰)1708)이 일월힝도(日月行道)의 조마경(照魔鏡)이 걸닌 듯시 잠시지간(暫時之間)의 능히 아쥬(我主)의 슈유(須臾)의 미골(埋骨) 쓴 거슬 아라보시고, 삼위 쇼상공을 쳥ㅎ여 쥬인을 결박속지(結縛束之)ㅎ여 외쳥의 나와 형벌노뼈 더으고져 ㅎ시니, 명직(命在) 슈유(須臾)라. 본부부인과 녀퇵부인이 비로쇼 아르시고 딕경 망극ㅎ여 비록 구코져 ㅎ시나, 춤아 녀시랑의 교왜(嬌妵)라 니르기는 붓그러워 못ㅎ고, 녀퇵부인이 여추여추 궁【72】극흔 계교룰 발ㅎ여 그 임의 죽은 셔뎨(庶弟) 뉴유인의 일녜라 ㅎ여, 삼위 쇼상공을 쳥ㅎ여 목슘 술오기룰 이걸ㅎ여, 계오 위화(危禍)룰 버셔나 본부의 도라오시나, 쏘 쇼쇼져도 탈취치 못ㅎ고 두어가지 계괴 다 퓌루ㅎ니, 쥬인 등이 분앙ㅎ믈 니긔지 못ㅎ여, 녀퇵부인 흉심은 아모려나 윤노야룰 모히ㅎ고 쇼쇼져룰 도모ㅎ여 녀공즈룰 쥬려ㅎ고, 쇼쇼져 미혼젼 붓

올랐다.
1705)십쥬리(十柱裏) : 10개의 기둥을 세워 지은 집의 내부.
1706)도장 : 늑규방(閨房). 부녀자가 거처하는 방.
1707)암약(瘖藥) : 벙어리가 되게 하는 약.
1708)스광지총(師曠之聰) : 사광의 총명이란 뜻으로, 중국 춘추(春秋) 때 사광이란 사람이 소리를 잘 분변하여 길흉을 점쳤다는 고사에서 유래한 말.

터 빅계(百計) 궁험(窮險)ᄒᆞ미 아니 밋춘 곳이 업ᄉᆞᄃᆡ, 능히 텬연(天緣)을 베으지 못하고, 지우금ᄎᆞ(至于今次)ᄒᆞ여ᄂᆞᆫ 녀쇼졔 죽기로써 타문【73】의 가기ᄅᆞᆯ 원치 아니ᄒᆞ고, 부듸 창후노야의 부빈 항녈의라도 긔믈(奇物)이 되고져 ᄒᆞ시므로, 여ᄎᆞ여ᄎᆞ 부모ᄅᆞᆯ 달닉시고 남복(男服)을 곳쳐 스ᄉᆞ로 소문을 퍼지오ᄃᆡ, '쇼져ᄂᆞᆫ 죽다' ᄒᆞ고, '쇼져ᄂᆞᆫ 녀시랑노야의 죵뎨 녀쳐스의 일직러니 상션부모(上鮮父母)ᄒᆞ고 의탁ᄒᆞᆯ 듸 업ᄉᆞ니 시랑노애 양ᄌᆞ(養子)ᄒᆞ시다' ᄒᆞ고, 드듸여 문학을 닉여 닙신현달(立身顯達)가지 ᄒᆞ시나, 쏘 능히 노야로 인연을 도모ᄒᆞᆯ 길이 업셔 조각을 여으더니, 맛춤 텬직 조신을 모화 셜연ᄒᆞ실ᄉᆡ 쥬인이 ᄯᆡᄅᆞᆯ 타 여ᄎᆞ여ᄎᆞ 쥬방의 뇌믈을 쥬고, 니리니【74】리 달닉ᄃᆡ, 감히 실졍(實情)을 니ᄅᆞ지 못ᄒᆞ고, 다만 속여 니ᄅᆞᄃᆡ, 윤휘 미양 슐먹고 호탕ᄒᆞ니ᄅᆞᆯ 나모라니 브듸 슐을 취토록 먹여 희롱ᄒᆞ렷노라 ᄒᆞ니, 쥬방 틱감(太監) 궁환(宮宦)이 그러히 듯고 즉시 계교ᄅᆞᆯ 쓰니, 과연 기일 잔치의 윤노애 독쥬(毒酒)ᄅᆞᆯ 과히 먹고 듸취ᄒᆞ여 능히 퇴조치 못ᄒᆞ여, 문화각의 직슉(直宿)ᄒᆞ시니, ᄎᆞ졔(此際) 녀쇼져의 번(番) ᄎᆞ례라, 녀쇼졔 공교히 ᄯᆡᄅᆞᆯ 맛초믈 깃거, 문화각의 드러가 친히 윤노야ᄅᆞᆯ 붓드러 동금동와(同衾同臥)ᄒᆞ여 ᄌᆞ괴 역시 취ᄒᆞᆫ 드시 큰일을 져즐고, 붉ᄂᆞᆫ 날 여ᄎᆞ여ᄎᆞ 발악ᄒᆞ여, 의(義)의 타【75】문 남녜 비록 취ᄒᆞᆫ 가온ᄃᆡ나 동금동와ᄒᆞ여시니, 거의 부부지도ᄅᆞᆯ 완젼이 힝ᄒᆞ여시미 타문의 가지 못ᄒᆞᆯ노다 발악ᄒᆞ고, 황명을 어더 굿ᄒᆞ여 윤후노야의 실즁의 도라오시나, 가즁 긔식을 보시미 상히 다 불관이 너기시고, 노야의 금슬은ᄋᆡ(琴瑟恩愛)ᄂᆞᆫ 더욱 바랄 거시 업셔, 계오 신혼의 녜ᄅᆞᆯ 일워실지언졍 신혼초야도 허송ᄒᆞ시니, 우리 쇼졔 젼두(前頭) 무슈ᄒᆞᆫ 심녀만 허비ᄒᆞ시고, 반계곡경으로 도라오신 빈 바란밧지1709)○[ᄂᆞᆫ] 노야의 은총이어늘, 박졍 미믈ᄒᆞ시미 원부(怨婦)의 한이 오월○○[비상](五月飛霜)1710)의 밋게 ᄒᆞ시고, 소·엄 【76】 낭부인이 졀셰ᄒᆞᆫ 식용으로 긔린옥슈(騏驎玉樹)1711)ᄅᆞᆯ ᄡᅡᆼᄡᅡᆼ이 픔어, 황영(皇英)1712)의 미ᄉᆞ(美事)ᄅᆞᆯ 효측ᄒᆞ시고, 노야의 은총을 쳔ᄌᆞ(擅恣)ᄒᆞ시며 합문(闔門)의 예셩(譽聲)이 가즉ᄒᆞ시니, 아쥬의 쇠잔ᄒᆞᆫ 형세와 셔의ᄒᆞᆫ ᄌᆞ최로 능히 셩당(盛黨)ᄒᆞᆫ 구문(舅門)의 보젼ᄒᆞ미 어려온지라. ᄎᆞ고로 졍히 믈너갈 도리ᄅᆞᆯ 싱각ᄒᆞᆯ 즈음의, 쥬인이 쳥춘녹발(靑春綠髮)이 공노(空老)ᄒᆞᆷ믈 과도히 슬허ᄒᆞ고, 봄빗츨 늣기ᄂᆞᆫ지라. 쳔비 쥬인의 졈은 나히 쳥등박명(靑燈薄命)1713)이 극ᄒᆞ믈, 우츙(愚忠)의 감회ᄒᆞ여 드듸여 여ᄎᆞ여ᄎᆞ 획계(劃計)ᄒᆞ옵고, ᄉᆞ촌오라비 원금을 다리여 【77】 쥬인긔 드리믄 일시 츈졍을 위로코져 ᄒᆞ미러니, 니러틋 암밀지ᄉᆞ(暗密之

1709)바란밧지ᄂᆞᆫ : 바란 바는.

1710)오월비상(五月飛霜) : '여자가 품은 깊은 원한'을 비유적으로 이르는 말. 한 여인이 왕에게 깊은 원한을 품었더니 오월인데도 서리가 내렸다는 데에서 유래한다.

1711)긔린옥슈(騏驎玉樹) : 하루에 천 리를 달린다는 말과 옥처럼 아름다운 나무라는 뜻으로, 재주가 남보다 뛰어난 이이를 비유(比喩)해 이르는 말. *긔린(騏驎) : 하루에 천 리를 달린다는 말.

1712)황영(皇英) : 중국 요(堯)임금의 두 딸인 아황(娥皇)과 여영(女英) 자매를 말함. 자매가 함께 순(舜)에게 시집 가, 서로 화목하며 순임금을 잘 섬겼다.

1713)쳥등박명(靑燈薄命) : 푸른 등불아래 외로이 지내며, 복이 없고 팔자가 사나움을 서러워함.

事)를 드릭니 업ᄉ되, 뎐하의 일월텬감이 나지 빗최시니 이 밧긔 다시 알욀 말ᄉ음이 업
ᄂ이다. 쳔비 노쥬 비록 젼후 ᄒᆡᆼ악이 한심ᄒ오나, ᄯ오혼 인명을 ᄒᆡ치 아녓고, 존부의
간셥지 아니 ᄒ오니, 원컨티 호ᄉᆡᆼ지덕(好生之德)을 드리워 잔명을 관ᄉ(寬赦)ᄒ시고,
다만 노쥬와 간부를 아오로 물죄(勿罪)ᄒ여 도라보ᄂᆡ시면, 이 곳 ᄉ골부흑지은(死骨復
畜之恩)1714)이 빅골진퇴(白骨塵土)의 밋ᄎ리로쇼이다."

ᄒᆞ엿더라.

진왕곤계와 동창후 등 곤계 졔인이 간필(看畢)의, 【78】

1714)ᄉ골부흑지은(死骨復橘之恩) : 죽은 뼈에 다시 새살이 돋아나도록 돌봐준 은혜.

윤하뎡삼문취록 권지팔십오

추시 진왕 곤계와 동창후 등 곤계 졔인이 초진의 초스를 거두어 보고, 딕기 녀녀의 요음(妖淫)혼쥴은 아라시나, 이딕도록 간악 딕특딕음(大慝大淫)이믈 알니오.

진왕이 더욱 딕로ᄒᆞ여 초진을 즁형(重型)으로뼈 더어 장하의 아조 맛고져 ᄒᆞ거늘, 상국이 간 왈,

"불연ᄒᆞ이다. 져 녀네 셩닌 질아로 명회(名號) 부뷔(夫婦)나 셩혼 슈년의 비홍(臂紅)을 업시치 아녀시니 이곳 부당(不當)혼 남이라. ᄒᆞ믈며 오가의셔 거졀ᄒᆞ미 아니라, 졔 스스로 간부를 스통(私通)ᄒᆞ여 구가를 비반ᄒᆞ니, 【1】 이는 오문(吾門)의 간셥지 아닌 비니, 엇지 브졀업슨 인명을 쳐살(處殺)ᄒᆞ여 셩덕과 인의를 손상ᄒᆞ리잇고? ᄯᅩ 더러온 ᄌᆞ최를 오릭 둘 거시 아니니 즉긱니(卽刻內)로 간부와 초진을 아오로 녀가로 휘츅(揮逐)ᄒᆞ미 가ᄒᆞ니이다."

진왕이 승상의 말ᄉᆞᆷ을 올히 너겨 졈두ᄒᆞ고, 이의 졔녀와 초진과 원금을 다 ᄉᆞ(赦)ᄒᆞ여 음녀와 한가지로 시러 녀가로 보닉려 ᄒᆞᆯ식, 동창휘 음녀의 젼후 힝악을 딕로딕희(大怒大駭)ᄒᆞ여 즉긱의 죽이고 시브나, 임의 ᄌᆞ가로 간셥지 아닌 편으로 치온즉 아른 체ᄒᆞ미 브졀업슨 고로, 다만 부젼의 고왈,

"간녀음부(奸女淫夫)의 【2】 교악(狡惡)혼 간뫼 빅츌ᄒᆞ오니, 일후지희(日後之害) 아모랄 쥴 아지 못ᄒᆞ오리니, 복원 부왕은 다못 그 시비의 무리를 다 방셕ᄒᆞ시나, 오직 간부와 초진요녀를 결박 엄쇄(嚴鎖)ᄒᆞ여 근신혼 가졍으로 압거(押去)ᄒᆞ시고 음부를 한가지로 시러 보닉시며, 셔뎨 일인으로 간초(簡招)를 보닉여 녀슉을 쥬고, 추후지ᄉᆞ(此後之事)로뼈 녀슉의게 금일ᄉᆞ(今日事)를 증표(證票)를 바다 오라 ᄒᆞ시미 올혼가 ᄒᆞᄂᆞ이다."

왕이 아ᄌᆞ의 말을 조ᄎᆞ, 이의 시비로 음녀를 브르라 ᄒᆞ니, 음녜 니러틋 병으리와다 오지 아니ᄒᆞ고, 문명을 ᄎᆞ즌즉 발셔 발발이 ᄶᆞ겨ᄇᆞ렷더 【3】 라.

왕이 더욱 통히ᄒᆞ여 남은 거슬 거두어 쇼화(燒火)ᄒᆞ고 분민(憤罵) 왈,

"굿ᄒᆞ여 음녀를 보고져 아닛ᄂᆞ니, 다만 죄목을 닐너 셜니 도라가게 ᄒᆞ라."

ᄒᆞ고, 졔공ᄌᆞ를 명ᄒᆞ여 녀시랑의게 녀시를 아조 영츌ᄒᆞᄂᆞᆫ 글월을 쓰라 ᄒᆞ니, 혹시 뎡닌이 본딕 셩졍이 과격혼 고로, 분연이 필연을 나와 셔간을 닷가 부젼의 드리니, 왕과 상국이 창후로 더브러 바다보니 딕기 왈,

"근일 현공(賢公)의 긔게(起居) 약ᄒ(若何)오. 금일 우연이 졸편(拙篇)을 올니믄 실노 어진 영녀(令女)의 쇼유연(所由緣)이라. 현공이 삼가 녕셔(令婿) 원금과 츙비즈 초진의 초ᄉᆞ를 【4】보고, 녕녀의 텬힝슉덕(天行宿德)을 붉히 알고 힝혀 고(孤)의 부즈를 원치 말나. 쳔즈(賤子) 유린으로 우회(愚懷)를 달ᄒᆞ느니, 현공은 고의 우졸(愚拙)ᄒᆞ믈 괴이히 너기지 말고, 금일 변스로뼈 문권을 믿드라 증표ᄒᆞ믈 바라노라. 복이 맛당이 ᄎᆞᄉᆞ로뼈 법관의 고ᄒᆞ여 음녀와 간부를 법으로 다ᄉᆞ릴 쥴 모로지 아니ᄒᆞᄃᆡ, 실노 현공과 동조(同朝)의 안면을 고렴(顧念)ᄒᆞ여 ᄉᆞ셔(士庶)의 ᄲᅮ지람을 면케 ᄒᆞ고져 ᄒᆞᄂᆞ니, 현공은 일이 슌편코져 ᄒᆞ거든 한즈 친필을 앗기지 말지어다."

ᄒᆞᆼ엿더라. 【5】

왕의 곤계와 동창휘 보기를 다ᄒᆞᄆᆡ, ᄉᆞ의 격녈 상쾌ᄒᆞ믈 칭찬ᄒᆞ고, 왕의 셔즈 유린이 글월을 가지고 쳥녀(靑驢)를 타고 건장흔 가인으로 초진과 간부를 결박ᄒᆞ여 압거(押去)ᄒᆞ여 문을 나고, 쇼난난이 녀녀의 여러가지 요음지죄(妖淫之罪)를 니ᄅᆞ고, ᄻᅦ드러1715) 한낫 죽교의 언즈믹, 두어 가졍이 메여 문을 나니, 녀가 시녀비 다 각각 붓그려 낫츨 ᄲᆞ고 쥐 숨듯 도라가더라.

녀녜 교즁의 업ᄃᆡ여 분앙(憤怏) 골돌ᄒᆞ믈 니긔지 못ᄒᆞ여, 죽은 ᄃᆞ시 업ᄃᆡ여 도라가니라.

유린이 녀녀 노쥬와 간부(姦夫)를 압거ᄒᆞ여 녀가의 니ᄅᆞ러 명함을 드리니, 녀【6】슉 부지 졍히 닉당의 잇더니, 믄득 곡셩이 진동ᄒᆞ며 녀아를 조ᄎᆞ 갓던 시비 뉵칠인이 두발을 헛틀고 호흡이 쳔쵹(喘促)ᄒᆞ여 한낫 빗업슨 교즈의 흰 보흘 덥허 드러오니, 이 곳 녀이라.

시랑과 김시 그 아모 연괸 쥴 모로고, 눈이 두렷ᄒᆞ여 급히 녀아를 넛그러 닉니, 혜졍이 편편발발(片片--)1716)흔 의상을 닙고, 운환(雲鬟)을 헛프러 부모를 붓드러 익이(哀哀)히 통곡ᄒᆞ여 죽기를 원ᄒᆞ고 말을 아니ᄒᆞ니, 녀츅(畜) 부뷔 황황망죠(遑遑罔措)ᄒᆞ여 역시 울고 모든 비복ᄃᆞ려 츌화 본 연고를 뭇더니, 믄득 진왕의 셔즈 유린이 납명(納名)ᄒᆞ거늘, 슉이 마지 【7】못ᄒᆞ여 즉시 외당의 나오니, 유린이 광의딕ᄃᆡ(廣衣大帶)로 의관을 졍졔ᄒᆞ고, 졍계(庭階)의 공슈졍닙(拱手正立)ᄒᆞ엿더니, 녀슉을 보고 이의 공경비례(恭敬拜禮)ᄒᆞ니, 슉이 답읍(答揖)ᄒᆞ고 한훤(寒暄) 필(畢)의 승당좌졍(陞堂坐定)ᄒᆞ고 이의 온 연고를 므른ᄃᆡ, 유린이 피셕 공경ᄒᆞ여 딕강 쇼유를 베플고, 간부(姦夫)○[와] 초진의 초ᄉᆞ와 진왕의 셔간을 올니니, 녀슉이 바다 듯고 보기를 맛ᄎᆞᄆᆡ, 비록 념치 도상(倒喪)흔 돈견(豚犬) 갓흔 무리나, 오히려 일분 인심이라. 진실노 ᄯᆞᆯ의 음비(淫鄙)흔 죄 줌ᄒᆞ니 장ᄎᆞᆺ 무어시라 발명ᄒᆞ리오.

히음업시 두 귀밋치 달호이고, 닙이 뼈 혜돕지 아니ᄒᆞ니 창졸【8】의 무어시라 두로

1715)ᄻᅦ들다 : 껴들다. 팔로 끼어서 들다.
1716)편편발발(片片--) : 옷 따위가 조각조각 찢겨진 모양.

쓰려1717) 되답ᄒ리오. 또ᄒ 진왕의 셔찰 가온ᄃ 만일 금일지ᄉ단(今日之事端)을 문권
(文券)을 믿ᄃ라 보ᄂ지 아니ᄒ면, 법관의 알외여 국법으로 쳐치ᄒ리라 ᄒ여시니, 만
일 후일을 구이ᄒ여 말고져 흔즉, 져 진왕이 노ᄒ여 한번 고관(告官)흔즉, 즈긔 진실
노 힝텬하닙어셰(行天下立於世)1718)홀 ᄂ치 업스믄 니ᄅ지 말고, 국늉(國律)이 엇지
될 바롤 아지 못홀지라. 졍히 져두(低頭) 유유(儒儒)홀 ᄉ이의, 또 졍즁(庭中)의 원금
과 초진을 믜여 니ᄅ러시니, 거동이 추악혼지라. 녀ᄉ이 일신이 도시담(都是膽)이나,
홀일업셔 이의 마지 못ᄒ여 필연을 나와 진왕의 글 【9】 월 아리 회셔 왈,

"지죄(知罪) 지죄(知罪)라. 쇼싱이 비록 불초(不肖) 우미(愚昧)ᄒ오나, 즈식 잘못 가
ᄅ치믈 아지 못ᄒ리잇고? 되왕의 친찰을 밧드러 보오니 불승황공(不勝惶恐) 통한(痛
恨)ᄒᄂ이다. 후일 하면목(何面目)으로 니런 슈치지ᄉ(羞恥之事)를 두번 니ᄅ리오. 사
ᄅ이 즈작지죄(自作之罪)를 아지 못흔즉, 금슈(禽獸) 돈견(豚犬)과 일체(一體)니, 되왕
은 추셔(此書)로뼈 경지(警止)ᄒᄉ이다."

ᄒ엿더라.

녀ᄉ이 쓰기롤 맛고 일홈 두어 쥬거늘, 유린이 하직고 글월을 거두어 도라오니라.

녀ᄉ이 유린을 【10】 보ᄂ고 ᄂ당의 드러올ᄉ, 초진과 원금의 믜 거슬 그ᄅ고 쥬식
을 쥬어 놀난 거슬 위로ᄒ더라.

이의 안의 드러오니, 김시 가ᄉᆷ을 두다리며 분분이 ᄂ다라 시녀의 젼어(傳語)롤 드
ᄅ 되로 니ᄅ며 졀치교아 왈,

"윤셩닌이 아녀와 무슨 원쉬런고. 우리 앗가온 ᄯᆯ의 일싱을 셩닌 젹취 아니면 엇지
참혹히 맛ᄎ시리오. 텬디만믈(天地萬物)이 숨긴 후의 초목금슈(草木禽獸)도 다 ᄲᅡ이
이시니, 음양호합(陰陽互合)은 녜지상애(禮之常也)1719)오, 만복(萬福)의 최션(最善)이
라. 남녀 쇼욕(所慾)이 일체니, 셩닌 젹취(賊酋) 져놈은 화당난실(華堂暖室)의 미쳐(美
妻)를 녑녑히 끼고 화락ᄒ고, ᄂ ᄯᆯ은 공연이 【11】 초슈(楚囚)1720) 아니로되 졔집 방
한 구셕의 죄인을 믿ᄃ라 두고, 쳥등야우(靑燈夜雨)의 홍뉘(紅淚) 뉴미(柳眉)롤 줌으게
ᄒ니, 속담의 닐어시되, '이오지심(以吾之心)으로 탁타인지심(度他人之心)이라'1721) ᄒ
니, 남즈의 졍욕이{니} 녀즈의 쇼욕(所慾)이나 어니 다ᄅ리오. 셕즈(昔者)의 한고후(漢
高后)는 만승국뫼(萬乘國母)로되 심이긔(審食其)를 ᄉ통ᄒ고, 무측텬(武則天)1722)은 녀

1717)두로쓰리다 : 두루 끌어대다. 둘러대다. 그럴듯한 말로 꾸며 대다.
1718)힝텬하닙어셰(行天下立於世) : 세상에서 자신의 지위를 확고히 세우고 떳떳하게 행세함.
1719)녜지상애(禮之常也) : =상례(常禮). 두루 모든 사람이 지키는 예법.
1720)초슈(楚囚) : 초나라에 붙잡힌 사람이라는 뜻으로, 포로나 죄수 따위를 이르는 말.
1721)이오지심(以吾之心)으로 탁타인지심(度他人之心)이라 : 나의 마음으로 남의 마음을 헤아린다.
1722)무측텬(唐武則天) : 중국 당나라 고종의 황후. 성은 무(武). 이름은 조(曌). 중국 역사에서 유일한 여
제(女帝)로 고종을 대신하여 실권을 쥐고, 두 아들을 차례로 제왕의 자리에 오르게 하였으나, 이들을
폐하고 스스로 제왕의 자리에 올라 국호를 주(周)로 고치고 성신황제(聖神皇帝)라 칭하였다. 14세에
궁녀로 입궁하여 태종의 승은을 입었으나, 그의 아들 고종과 정을 맺고, 고종이 즉위한 후 황후가 되
었다. 또 고종이 죽은 후는 여자로서 황제(皇帝)에 올라 남성편력을 일삼았다. 한여후(漢呂后)·서태후

즁텬진(女中天子)로딕 당국(唐國) 삼딕(三代)를 셤겻느니, 녀이 쳥츈 홍안으로 다졍흔 봄뜻을 니긔지 못ᄒ여 원금을 스스로이 ᄒ여든 그딕도록 ᄉ죄(死罪)리오. 상공은 윤유린 적진(賊者) 왓거든 핀잔이나 눈망울이 ᄲᆡ지도록 쥬고, 타협(打頰)이나 슬컷ᄒ여 보닐【12】것 아니냐."

녀슉이 심신이 어득ᄒ여 손 져어 왈,

"그딕ᄂᆞᆫ 일 모로ᄂᆞᆫ 말 말나. 녜붓터 윤가의 가풍이 쓸쓸ᄒ여 그 집 며ᄂᆞ리 되ᄂᆞ니 어닌 뉘 무ᄉᄒ니 잇더뇨? 위·뉴의 험악이 만셩의 편힝(遍行)ᄒ니, 닉 본딕 윤긔 녜 녜붓터1723) 악착흔 인심인 쥴 아ᄂᆞᆫ 고로, 나ᄂᆞᆫ 쑴의도 결혼홀 ᄯᅳᆺ이 업ᄂᆞᆫ 거슬 그딕와 녀이 인옹가(姻翁家)의 인심이란 싱각도 아니ᄒ고, 셩닌 적주의 흰 낫과 붉은 닙시욹을 과혹ᄒ여 쳔방빅계(千方百計) 곡경(曲徑)을 피치 아니ᄒ고, 욱여 윤ᄌ의 삼취(三娶)의 나ᄌ라오믈 감심(甘心)ᄒ더니, 무궁흔 쳔딕만 밧고 무고히 제【13】집 쳔흔 죵이 되엿다가, 나죵은 아조 맛ᄎ시니 무슨 쓴더오미 잇ᄂᆞ뇨? 이거시 다 제 탓시라. 슈한슈원(誰恨誰怨)이리오. 아주의 윤가 쳔흔 아희 제 아뷔 광텬의 셔찰을 가져 왓시딕, 그 셔즁(書中) ᄉ에(辭語) 여ᄎ여ᄎᄒ니 엇지 분히치 아니리오. 닉 비록 문권(文券)을 ᄢᅴ치지 말고져 ᄒ나, 장닉ᄂᆞᆫ 아직 머럿고, 져 필뷔 문권 아니쥰다 믜이 너겨 고관(告官)ᄒᆞᄂᆞᆫ 지경이면, 아릭로 만셩ᄉ셔(滿城士庶)의 모ᄂᆞ리 업슬 거시오, 우흐로 황애 아ᄅᆞ시면 져 윤가의 위셰로 옥ᄉ(獄事) 엇지 뒤것츨1724) 쥴 알니오. ᄉ셰 여ᄎ 고로 아이의 약흔 드시 슌편이 ᄒᆞᄂᆞᆫ 거시 올흔【14】고로, 닉 ᄯᅩ 여ᄎ여ᄎ 글을 뼈 보니엿ᄂᆞ니, 부인이 엇지 ᄉ쳬(事體) 모로ᄂᆞᆫ 말을 ᄒᆞᄂᆞᆫ다? 닉 ᄯᅩ 원금을 보니 비록 냥인이나 나히 졈고 표치 극히 쥰아(俊雅)ᄒ니, 근본이 쳔ᄒ나 임의 녀아로 ᄉ졍(事情)이 잇다 ᄒ니, 우리 미미(浼浼)ᄒ미1725) 가치 아녀 밧긔 머므럿노라."

김시 도로혀 탄왈,

"윤가의 ᄉ오나온 인심 곳 싱각ᄒ면 심골(心骨)이 경한(驚寒)ᄒ니 다시 일너 무엇ᄒ리오. 이졔ᄂᆞᆫ 녀아의 신셰 윤가로 인ᄒ여 다시 바랄 거시 업ᄂᆞ니, 장일장야(長日長夜)의 젹젹 심당(深堂)의 녀아의 쳥슈아미(淸秀蛾眉)1726)를 공숑(空送)ᄒ여 쳥등야우(靑燈夜雨)의 홍뉘(紅淚) 뉴미(柳眉)를 잠으ᄂᆞᆫ 양을 【15】잔잉ᄒ여 ᄎᆞ마 어이 보리오. 출하리 원금이나 조히 딕졉ᄒ여 머므러, 녀아의 슈심(愁心)을 위로ᄒ고, 셰셰히 도모ᄒ여 후일을 션쳐(善處)ᄒᆞᄉ이다."

녀슉이 직삼 탄식ᄒ고 부뷔 녀아를 붓드러 직삼 위로ᄒ니, 혜졍 음녜 스스로 제 죄

(西太后)와 함께 중국의 3대 악녀로 꼽는다.

1723) 녜녜붓터 : 예예부터. 아주 옛날부터.

1724) 뒤것츠다 : '뒤+것츠다'의 형태. 마구 걸리다. 마구 엉키다. 뒤엉키다. *뒤; 「접사」 ((일부 동사 앞에 붙어)) '몹시, 마구, 온통'의 뜻을 더하는 접두사. *것츠다 : 걸리다. 엉키다. 거칠다.

1725) 미미(浼浼)ᄒ다 : 매매(浼浼)하다. 창피를 줄 정도로 거절하는 태도가 쌀쌀맞다

1726) 쳥슈아미(淸秀蛾眉) : 맑고 빼어난 미모(美貌). *아미(蛾眉) : 미인의 눈썹. 또는 '미인'이나 '미모'를 이르는 말.

룰 모로리오. 쏘 요약홀지언정 총명(聰明) 쇼통(疏通)ᄒ여 아뷔 불통홈과 어믜 용녈우혹(庸劣愚惑)홈 갓든 아닌지라. 제 죄룰 알고 힝혀 부뫼 무어시라 홀가 예긔(銳氣)룰 즈ᄅ노라1727), 다라들며 어즈러이 브듸잇고 가슴을 허위여 바로 이제 죽ᄂ 거동을 ᄒ더니, 져 '오관(五官)1728)의 쉬슬고1729) 념통의 보믜1730) 씨인'1731) 부뫼, 엇【16】지 쏠의 교소(狡邪)ᄒ믈 알니오. 힝혀 진짓 죽을가 겁ᄒ여 니러틋 달뇌ᄂ지라.

혜경이 부모의 겁ᄂᄂ 쥴 보고 더욱 양양ᄒ여 쳔교만틱(天嬌萬態)와 비스고어(悲辭苦語)로 윤가의 인심이 극악던 바와, 져희 신셰 볼 것 업ᄂ 바룰 골돌ᄒ미, 교뤼빈져(攪淚鬢底)1732)ᄒ여 옥험(玉臉)1733)의 쌍쌍ᄒ지라.

부뫼 이련(哀憐) 잔잉ᄒ미1734) 살홀 겸이ᄂ1735) 듯ᄒ여 지삼 위로ᄒ믈 마지 아니ᄒ고, 쾌히 동방(洞房)을 셔ᄅ져 원금을 쳥ᄒ여 녀아룰 맛져 머물나 ᄒ며, 원금다려 니ᄅ딕,

"네 족(族)○[이] 문회(門戶) 한쳔(寒賤)ᄒ나 풍치 아름ᄂ이오니, 우리 어엿비 너겨 녀아로써 너룰 셤기게 ᄒᄂ니, 네 이제ᄂ 우리【17】룰 악부모(岳父母)로 셤기라."

원금이 쳐음은 싱각기룰 녀시 초진과 의논ᄒ여 져룰 가만이 다려와 ᄉ통(私通)ᄒ여시니, 이제 가만ᄒ 정젹(情迹)이 드러나시니, 진궁의셔 죽일가 망극ᄒ여 아모리 홀 쥴 모로더니, 진왕부지 믄득 관인딕덕(寬仁大德)ᄒ여 조금도 제 죄라 아니ᄒ고, 다만 정상만 므른 후의 녀녀와 압거(押去)ᄒ여 녀 아(衙)로 보ᄂ니, 비록 농의 굴을 써나시나 이제 쏘 범의 닙속의 이시니, '녀시랑이 져룰 엇지 술오리오' ᄒ여, 죽기룰 딕령ᄒ미 슬프믈 니긔지 못ᄒ더니, 쳔만의외(千萬意外)의 녀공부뷔 니러틋 관졉(款接)ᄒ여 한갓 죽기룰 ᄉ(赦)홀 ᄯᅮᆫ 아니【18】라, 종시 녀셔(女婿)로 딕졉ᄒ렷노라 말을 드ᄅ니, 깃브며 즐거오미 망외(望外)라. 연망이 머리 조아 ᄉ례 왈,

"쳔싱(賤生)이 외람이 녕녀쇼져의 ᄉ랑ᄒ시믈 닙고, 쏘 노야와 부인의 어엿비 너기시미 니러틋 ᄒ시니, 쳔싱이 간뇌도디(肝腦塗地)1736)ᄒ오나 후은딕덕(厚恩大德)을 다 갑습지 못ᄒ리로쇼이다."

1727)즈ᄅ다 : 찔러막다. 자르다.
1728)오관(五官) : 다섯 가지 감각 기관. 눈, 귀, 코, 혀, 피부를 이른다.
1729)쉬슬다 : 쉬슬다. 파리가 알을 여기저기에 깔기어 놓다.
1730)보믜 : 녹(綠). 산화 작용으로 쇠붙이의 표면에 생기는 물질. 색깔은 붉거나 검거나 푸르다.
1731)오관(五官)의 쉬슬고 념통의 보믜 씨인 : 오관(五官)에 쉬가 슬고 염통에 녹이 끼었다는 말로, 감각 기관(五官)과 마음(心腸)에 병통이 생겨, 제대로 느끼고 생각하지도 못한다는 말.
1732)교뤼빈져(攪淚鬢底) : 눈물이 어지러이 귀밑머리 가를 흘러내림.
1733)옥험(玉臉) : 옥같이 아름다운 뺨. *臉의 음은 '검'이다.
1734)잔잉ᄒ다 : 자닝하다. 애처롭고 불쌍하여 차마 보기 어렵다.
1735)겸이다 : 저미다. ①여러 개의 작은 조각으로 얇게 베어 내다. ②칼로 도려내듯이 쓰리고 아프게 하다.
1736)간뇌도디(肝腦塗地) : 참혹한 죽임을 당하여 간장(肝臟)과 뇌수(腦髓)가 땅에 널려 있다는 뜻으로, 나라를 위하여 목숨을 돌보지 않고 애를 씀을 이르는 말

말쇼리 상낭(爽朗)ᄒ여 상한쳔뉴(常漢賤類)의는 쌘혀난지라.

녀슉부체 ᄉ랑ᄒᄂ 일녀의게 ᄉ회 ᄌ미ᄅ 모로다가, 원금의 낭졍(朗情)1737)ᄒᄆᆯ 보니, 가장 어엿비 너겨 딕졉ᄒ미 진짓 향방(香房)의 녜(禮)다온 교긱(嬌客)1738)을 마ᄌ ᄌ미ᄅ 보ᄂ 듯ᄒ니, 혜졍이 도로혀 깃거, 처음 괴로이 진궁 양츈각의 구츙【19】히 구무 속 갓치 업듸여 조심ᄒ던 쥴이 이달오니, 발셔 도라오지 못ᄒ여 이 편잔을 본 쥴 불승통한(不勝痛恨)ᄒ여, 초진을 약물노 힘뼈 구호ᄒ여 월여의 창체(瘡處) 쾌ᄎᄒ니, 그윽이 궁모곡계ᄅ 궁구ᄒ여 부듸 쓰ᄅ 어더 평싱(平生) 원졍(冤情)의 밋친 한을 셜(雪)ᄒ며, '회계(會稽)의 붓그러오믈'1739) 씻고져 ᄒ여 쥬ᄉ야탁(晝思夜度)ᄒ더라.

이쩌 녀슉의 아들 녀옥은 격년 신고ᄒᆫ 비 '그린 쩍'1740)이 되여 종시 뜻의 춘 가인(佳人)을 취(娶)치 못ᄒ고, 겨오 취쳐ᄒ미 쳐지(處子) 극히 용녈ᄒᆫ 고로 아조 박츅(迫逐)ᄒ고 홀노 쳐ᄒ여 독슉공관(獨宿空館)1741)이 무류(無聊)ᄒ니, 가즁 츙환의 져기 슈미(秀美)ᄒᆫ ᄌᄂ 다 유【20】졍ᄒ니, 져희 뉘 날마다 징츙ᄒ여 가니 솔난(騷亂)치 아닐 젹이 업ᄉ니, 쇼인의 가힝(家行)이 ᄯᅩ한 법귀(法規) 업슨 고로 가즁이 ᄌ로 분난(紛亂)ᄒ니, 녀슉과 김시 미양 옥을 ᄭᅮ짓고 칙ᄒ니, 젹츄(賊酋) ᄯᅩ 무슨 인회(仁孝) 이시리오.

쇼리ᄅ 놉히며 얼골을 붉혀 미양 부뫼 져ᄂ 혜지 아니ᄒ고 누의와 원금만 ᄉ랑ᄒ니, 이 집 지산이 누거만(累巨萬)이라도 졔 것시 못되고 누의 긔물(器物)이 되리라 ᄒ여, 부ᄌ(父子)와 모ᄌ(母子) 남미(男妹) 날마다 상힐(相詰)ᄒ며 옥이 미양 원금의 비쳔흠과 누의 흔극(釁隙)을 들츄어 욕셜ᄒ며, ᄯᅩ 가만 가만 부모의 용녈ᄒᄆᆯ ᄭᅮ지져 왈,

"우리 녀시 셰듸명【21】문(世代名門)이 엇더ᄒᆫ관듸, 누의 음분(淫奔)ᄒ기ᄅ 맛치 상한쳔녀(常漢賤女) 갓치 ᄒ듸, 우리 부뫼 실노 무례불통(無禮不通)ᄒ기로 할단(割斷) ᄌ인(慈愛)ᄒ여 져런 욕녀(辱女)ᄅ 죽이지 못ᄒ고, ᄯᅩ 간뷔(姦夫)라 ᄒᄂ 거시 문미(門楣)나 상당ᄒ 거시 아니라 막하여1742) 종년의 오라비니, 혹 비부(婢夫)나 삼으면 가ᄒ려니와, 져런 상한(常漢)을 완연이 ᄌ셔항(子壻行)의 일홈을 빌니니, 문호의 욕된 쥴도 모로ᄂ도다. 우리 부모는 슉믹불변(菽麥不辨)1743)이로다. 미양 쏠이 착ᄒ니 아들의 지난 효되(孝道) 이시리라 ᄒ더니, 효도도 장히 밧고 나종은 가문을 욕먹이고 져런 두통

1737)낭졍(朗情) : 밝고 다정함.

1738)교긱(嬌客) : '사위'를 친근하게 이르는 말.

1739)회계(會稽)의 붓그러움 : 회계지치(會稽之恥). 월왕(越王) 구천(句踐)이 오왕(吳王) 부차(夫差)와의 싸움에서 대패해 회계산(會稽山)에서 항복하여 받은 치욕(恥辱)을 이르는 것으로, 전쟁(戰爭)에서 진 치욕(恥辱), 또는 마음에 새겨져 잊지 못하는 치욕(恥辱)을 비유(比喩)해 이르는 말.

1740)그린 쩍 : 그림의 떡. 아무리 마음에 들어도 이용할 수 없거나 차지할 수 없는 경우를 이르는 말.

1741)독슉공관(獨宿空館) : 빈 객사(客舍)에서 홀로 잠.

1742)막하다 : 막되다. 말이나 행실이 버릇없고 난폭하다

1743)슉믹불변(菽麥不辨) : 콩인지 보리인지를 구별하지 못한다는 뜻으로, 사리 분별을 못하고 세상 물정을 잘 모름을 이르는 말.

을 만나시니, 이도 효녀의 덕이로다.”

니【22】러틋 비쇼(非笑)ㅎ며 원망ㅎ니, 즈연 말이 길고 일이 되여 날마다 가시 불
안ㅎ니, 이 또흔 인가(人家)의 난가(亂家)홀 장본(張本)이러라.

원금이 졔 근본이 미쳔ㅎ니 감히 녀옥과 결우지 못ㅎ고, 가즁의 졈은 추환은 다 녀
옥의 유졍흔 빈니, 다 녀옥의 편을 드러 가만가만 능답(陵踏)ㅎ여 원금 보기를 초
기(草芥)갓치 ㅎ는지라. 녀네 통한ㅎ나 졔 압히 굽으니 감히 오라비를 결오지 못ㅎ고,
비비를 쑤짓지 못ㅎ여 가만흔 요계(妖計)를 베퍼 오라비를 음히(陰害)홀 쯧이 이시니,
녀옥의 스싱이 하여오. 추쳥하회(次聽下回)ㅎ라.

화셜. 션시의 진궁의셔 녀녀 음부를 쾌히 닉치니, 【23】가닉 식로이 슉쳥(淑凊)ㅎ
고 동챵후의 쾌희(快喜)ㅎ믄 등의 진 가시를 버슨 둧ㅎ더라. 쇼·엄 냥부인은 녀녀의
어지지 못ㅎ믄 짐작흔 비나 이디도록 딕음딕특(大淫大慝)이런 쥴을 경희(驚駭)ㅎ고,
쇼부인은 초진의 초스가온디 조모의 젼두과악(前頭過惡)이 표표(表表)ㅎ믈 추악(嗟愕)
슈괴(羞愧)ㅎ더라.

추시 광음이 신쇽ㅎ여 빅구과극(白駒過隙)[1745] 갓ㅎ니, {고어}《한삭‖한서(寒暑)》
의 이쉬(移數)[1746] 홀홀ㅎ여[1747], 졀당즁춘(節當仲春)이오 일당념간(日當念間)[1748]이
러니, 이 씨는 틱낭낭 탄강일(誕降日)이라.

텬지 장츄궁의 셜장딕연(設場大宴)ㅎ시고 황친국족(皇親國族)이며 졔왕 공쥬와 외조
명부(外朝命婦)[1749]를 다 딕닉(大內)의 입조(入朝)ㅎ라 ㅎ시니, 황명이 【24】한번 나
리미 공경딕우(公卿大夫)와 쥬문갑졔지족(朱門甲第之族)의 식녹지(食祿者) 뉘 아니 참
예ㅎ리오.

윤·하·뎡 삼부의셔 또흔 틱부인이 녀부즈손(女婦子孫)을 거느려 입궐홀신, 츠일
딕닉 금화문이 메여 무슈 인원이 닷호아 들녀ㅎ니, 효효분분(洧洧紛紛)[1750]ㅎ믈 일구
(一口)로 긔록지 못홀거시오, 공경지상(公卿宰相)과 졔왕후빅(諸王侯伯)이며 문무쳔관
(文武天官)의 안거고륜(安車高輪)[1751]과 젹거스미(翟車駟馬)[1752] 딕로의 분답(紛沓)ㅎ
고, 졔부인닉 화거(華車) 취뎡(彩-)이며, 경군취딕(輕裙翠帶) 곡구(谷口)의 나렬ㅎ여시
니, 장안 딕도 오십니허의 쏫밧치 되엿더라.

1744)능답(陵踏) : 능멸(凌蔑). 업신여기어 깔봄.
1745)빅구과극(白駒過隙) : 흰 망아지가 빨리 달리는 것을 문틈으로 본다는 뜻으로, 인생이나 세월이 덧
　　없이 짧음을 이르는 말.
1746)이쉬(移數) : 옮겨가는 이치.
1747)홀홀ㅎ다 : 홀홀(忽忽)하다. 덧없다. 갑작스럽다.
1748)졀당즁춘(節當仲春) 일당념간(日當念間) : 절기는 음력 2월이고, 날짜는 이십일 전후이다.
1749)외조명부(外朝命婦) : 외명부(外命婦). 임금의 종족(宗族)이 아닌 조정 관리의 부인 중, 봉작(封爵)을
　　받은 부인을 통틀어 이르는 말.
1750)효효분분(洧洧紛紛) ; 매우 혼잡한 모양.
1751)안거고륜(安車高輪) : 호화롭게 잘 꾸민 편안하고 높은 수레.
1752)젹거스미(翟車駟馬) : 꿩의 깃으로 꾸민, 네필의 말이 끄는 수레.

초일 장츄궁 졍뎐(正殿)을 널니시고 금슈포진(錦繡鋪陳)을 비셜ᄒᆞ니, 상운(祥雲)은 이익(靄靄)ᄒᆞ여 농【25】누의 어릐엿고, 즈무(紫霧)ᄂᆞᆫ 몽몽(濛濛)ᄒᆞ여 봉궐(鳳闕)의 둘넛ᄂᆞᆫᄃᆡ, 박산향노(博山香爐)¹⁷⁵³의 울금향(鬱金香)을 더으믹, 셔긔(瑞氣) 요요(繞繞)ᄒᆞ여 명광(明光)이 요일(繞日)ᄒᆞ고 셔긔 반공(蟠空)이라. 요지보각(瑤池寶閣)의 왕모가회(王母嘉會) 아니로ᄃᆡ, 왕모(王母)ᄂᆞᆫ 조금졍이오 텬비(天妃)ᄂᆞᆫ 봉옥반이라. 광한(廣寒)의 졔션(諸仙)을 모호믹 업시 삼산십쥬(三山十洲)의 션낭(仙娘)이 닷호아 모드니, 기기히 폐월슈화지틱(閉月羞花之態)오 침어낙안지용(沈魚落雁之容)이라. 요지연상(瑤池宴上)의 옥익경장(玉液瓊漿)¹⁷⁵⁴을 헌ᄒᆞ미 아니로ᄃᆡ, 금반옥긔(金盤玉器)의 산진히찬(山珍海饌)이며 {농간봉장의 농안예지와} 진슈미찬(珍羞美饌)이 옥반금긔(玉盤金器)의 넘지고, 즈익년슈(滋液軟水)¹⁷⁵⁵ᄂᆞᆫ 창히(滄海)의 넉넉ᄒᆞ미 이시니, 가히 쳔셰(千歲)를 노릭ᄒᆞ고 만【26】슈가(萬壽歌)를 도축(禱祝)ᄒᆞᆯ너라.

장츄궁 옥계하(玉階下)의 포진(鋪陳)을 ᄯᅩᄒᆞᆫ 널니니, 빅운츠일(白雲遮日)이 반공(半空)의 님니(淋漓)ᄒᆞ고¹⁷⁵⁶ 금슈장(錦繡帳) 모란병(牡丹甁)은 일광(日光)을 가리오니 시셰 즁츈가졀(仲春佳節)이라.

동군(東君)이 일하(日下)의 혜풍(蕙風)을 밧고왓고, 텬긔(天氣) 화창ᄒᆞᄃᆡ 봄빗치 금원(禁苑)의 므릇녹아시니, 텬디우로(天地雨露)의 빅물(百物)이 회ᄉᆡᆼ(回生)ᄒᆞᄂᆞᆫ 즈음이러라. 바야흐로 뇽ᄉᆡᆼ봉관(龍笙鳳管)¹⁷⁵⁷이 진쥬(進奏)ᄒᆞ믹 금난졍뎐의 구룡탑(九龍榻)을 진셜ᄒᆞ니, 만셰 틱낭낭이 황후로 병좌(竝坐)ᄒᆞ시고, 좌우의 뉵원졔빙(六媛諸嬪)과 졔왕비(諸王妃)와 졔공쥬(諸公主) 츠례로 뫼시고, 삼쳔치녜(三千綵女) 금슈단장(錦繡丹粧)을 치례ᄒᆞ여, 공작션(孔雀扇)을 잡아 시위(侍衛)ᄒᆞ여시니, 비컨ᄃᆡ 셔왕【27】뫼(西王母) 요지보각(瑤池寶閣)의 반도승회(蟠桃勝會)를 베프러 졔션(諸仙)을 교회(交會)ᄒᆞᆷ ᄀᆞᆺ고, 진셰홍진(塵世紅塵)의 잇지 아닌 경식(景色)이러라. {일초미명의 진방이 미셰러라}

금문(禁門)을 통기(通開)의 치거금뉸(彩車金輪)이 분답(紛沓)ᄒᆞ더라. 외조명부와 황친 졔부인이 벌이 뭉긔며 가야미 ᄶᅮ시ᄃᆞ시 옥계하의 니르러, 좌반우렬(坐班右列)ᄒᆞ여 냥뎐낭낭(兩殿娘娘)ᄭᅴ 조현ᄒᆞᆯᄉᆡ, 졔부인이 각각 년치 다쇼ᄃᆡ로 품복을 갓초고, 옥결관

---

¹⁷⁵³)박산향노(博山香爐) : 박산로(博山爐). 중국 산동성(山東省)에 있는 박산(博山)의 모양을 본떠 만든 향로. 중국에서는 한나라에서 만들어 육조 시대부터 당나라 때까지 많이 사용하였으며, 우리나라에서는 1916년에 평양 대동강 기슭의 낙랑 고분에서 발견되었다. ≒박산향로.

¹⁷⁵⁴)옥익경장(玉液瓊漿) : 옥에서 나는 즙. 맑고 고운 빛깔과 좋은 향을 갖추어 신선들이 마신다고 하는 술로, 마시면 오래 산다고 하여 도가에서는 선약으로 친다. =옥액.

¹⁷⁵⁵)즈익년슈(滋液軟水) :몸의 영양을 좋게 하는 성분이 많이 들어 있는 액체와 단맛이 들어 있는 물.

¹⁷⁵⁶)님니(淋漓)ᄒᆞ다 : 임리(淋漓)하다. 즐비(櫛比)하다. 줄지어 빽빽하게 늘어서 있다.

¹⁷⁵⁷)뇽ᄉᆡᆼ봉관(龍笙鳳管) : 용(龍)을 장식한 생황(笙簧)과 봉황(鳳凰)을 장식한 피리. *생황(笙簧); 아악(雅樂)에 쓰는 관악기의 하나. 큰 대로 판 통에 많은 죽관(竹管)을 돌려 세우고, 주전자 귀때 비슷한 부리로 불게 되어 있다. *피리; 구멍이 여덟 개 있고 서(피리의 발음원이 되는 얇은 진동판)를 꽂아서 부는 목관 악기. 향피리, 당피리, 세피리가 있다

픠(玉玦冠佩)로 옥계하(玉階下)의 나아가 팔빅고두(八拜叩頭)ᄒᆞ고 산호만셰(山呼萬歲)ᄒᆞ니, 딕하(臺下)의 오ᄉᆡᆨ 단장이 셧도라 곳빗치 일워고, 제부인ᄂᆡ 낭낭흔 옥셩이 셔로 셧도라 '약유봉(若有鳳)이 단혈명(丹穴鳴)이오'[1758], 참치(參差)흔 의결(衣玦)[1759]이 【28】 장장(鏘鏘)ᄒᆞ여 의슈(衣袖) 수이의 낭낭(朗朗)이 우더라.

낭낭(娘娘)이 명을 나리와 몬져 입조흔 명부들은 ᄎᆞᄎᆞ 쳥말(廳末)의 올니시더니, 무리지어 조알(朝謁)이 스오 ᄎᆞ의 니르ᄆᆡ, 바야흐로 윤·하·뎡 삼부 제부인 제쇼제 조현(朝見)ᄒᆞᄂᆞ ᄎᆞ례라. 이ᄂᆞ 늣게야 입궐ᄒᆞ미라. 몬져 평제왕 뎡쥭쳥의 오비 윤·양·니·경·문양공쥐 제수(娣姒)[1760]로 더브러 녀부(女婦)를 거느려 조현ᄒᆞᆯ식, 제왕비 등이 제수(娣姒) 니·양·쇼·한·두 등(等) 제수금장(娣姒襟丈) 십이인이 금군(錦裙)을 ᄭᅳ을고 두삽치봉관(頭揷彩封冠)[1761]ᄒᆞ고 신착촉금삼(身着蜀錦衫)ᄒᆞ고 초요(楚腰)[1762]의 칠보진쥬 ᄯᅴ를 두르고 명쥬보월픠(明珠寶月佩)를 ᄎᆞ고, 옥슈의 진쥬션(眞珠扇)을 쥐고 각각 녀부를 거느【29】려 옥계하의 팔빅고두(八拜叩頭)ᄒᆞ고, 산호만셰(山呼萬歲)ᄒᆞ니, 옥셩봉음(玉聲鳳吟)이 기기(個個)히 쳥월(淸越) 교교(皎皎)ᄒᆞ여 형산빅옥(荊山白玉)을 마ᄋᆞᄂᆞ 듯, 금반(金盤)의 ᄃᆡ쥬쇼쥬(大珠小珠)를 구을니ᄂᆞ 듯, 구텬(九天)의 션학(仙鶴)이 노니ᄂᆞ 듯ᄒᆞ더라.

녜파(禮罷)의 즁계의 오르니, 버거 윤부 진왕의 ᄉᆞ비(四妃) 뎡·진·남·화 ᄉᆞ비, 금장(襟丈) 하·댱 냥부인과 모든 녀부(女婦) 등으로 더브러, ᄯᅩ흔 금군(錦裙)이 날난ᄒᆞ고 셰메(細袂) 표표(飄飄)의 향뮈(香霧) 뇨뇨(繞繞)ᄒᆞ고, 옥셩(玉聲)이 경긔(輕起)라. 팔빅(八拜) 녜알(禮謁)의 산호만셰(山呼萬歲)ᄒᆞ니, 옥셜향ᄆᆡ(玉雪香梅)ᄂᆞ 분분(紛紛)ᄒᆞ고, 제부인 제쇼○[제]의 용광ᄉᆡᆨᄐᆡ(容光色態)ᄂᆞ 휘휘(輝輝)히 ᄐᆡ양이 당젼(當前)의 명광(明光)이 조창(朝窓)의 부ᄉᆡᄂᆞ 듯, 왕모뎐상(王母殿上)의 도화(桃花) 일쳔졈(一千點)이 닷호아 븕엇【30】ᄂᆞ 듯, 옥계(玉階)의 산호(山呼)ᄒᆞ고, 뇽누(龍樓)의 진젼(進前)ᄒᆞ여 좌ᄎᆞ(坐次) 분분(紛紛)ᄒᆞ니, 텬손(天孫)이 쟉교(鵲橋)의 나리ᄂᆞ 듯, 의의(猗猗)히 오운(五雲)의셔 ᄯᅥ러지고 낙포(洛浦)[1763]의 진쥬(眞珠)를 닷호아 줍ᄂᆞ 듯ᄒᆞ더라.

녜파(禮罷)의 퇴휘 젼지ᄒᆞ샤 ᄯᅩ 즁당의 올니시니, 하상부 부인 윤시 ᄯᅩ흔 모든 동녈(同列) 금장(襟丈) ᄌᆞ미(姊妹)로 더부러 제녀부(諸女婦)를 거느려 녜복을 갓초고, 관픠옥결(冠佩玉玦)[1764]을 졍졔(整齊)ᄒᆞ여, 옥계하의 팔빅(八拜) 비현(拜見)ᄒᆞ고 산호만셰

1758) 약유봉(若有鳳)이 단혈명(丹穴鳴)이오 : 봉황이 단혈(丹穴)에서 우는 듯하다. *단혈(丹穴) : ①단사(丹砂)가 나는 굴. ②예전에 중국에서 남쪽의 태양 바로 밑이라고 여기던 곳. 단혈의 봉황을 단혈봉(丹穴鳳)이라고 함.
1759) 의결(衣玦) : 옷을 여미거나 꾸미기 위해 옥으로 만들어 저고리 앞섶 등에 다는 고리. ≒옥결(玉玦)
1760) 제수(娣姒) : 형제의 아내 가운데 손아래 동서와 손위 동서.
1761) 두삽치봉관(頭揷彩封冠) : 머리에 봉작(封爵)에 따라 화려하게 장식한 관모(冠帽; 족두리)를 씀.
1762) 초요(楚腰) : '중국 초나라 미인의 가는 허리'라는 말로, '가는 허리'를 달리 표현한 말.
1763) 낙포(洛浦) : 중국 하남성(河南省) 낙수(洛水) 가에 있는 지명. 복희씨(伏羲氏)의 딸 복비(宓妃)가 이곳에 빠져죽어 수신(水神)이 되었다고 함.
1764) 관픠옥결(冠佩玉玦) : 봉관(封冠)과 패물(佩物)과 옥결(玉玦)을 함께 이르는 말. 곧 외명부(外命婦)가

(山呼萬歲)ᄒᆞ니, 개기히 운빈홍안(雲鬢紅顔)이오, 형형치식(形形采色)이며 찬찬화미(燦燦畵眉)라. 좌반우렬(坐班右列)의 모든 부인의 졀셰화용이 한갈갓치 참치상하(參差上下)ᄒᆞ고, 픔복(品服)이 작츠(爵次)ᄅᆞᆯ 난화시니, 셔쵹(西蜀) 금【31】단(錦緞)과 강남(江南)[1765] 치화단(彩花緞)이라. 물식(物色)이 휘황(輝煌)ᄒᆞ여 츈일(春日)의 ᄌᆞ양(慈養)ᄒᆞ고, 면모상광(面貌祥光)이 셔로 바이여 옥계 금원(禁苑)의 일만 곳치 붓그려 가지ᄅᆞᆯ 숙이ᄂᆞᆫ듯 ᄒᆞ더라.

녜파의 각각 뇽뎐하(龍殿下)의 츄이진(趨而進)ᄒᆞ여 납명(納名)ᄒᆞᆯᄉᆡ, 비록 죠현(朝見) 초례ᄂᆞᆫ 입궐ᄒᆞᆫ 션후의 잇거니와, 납명현알(納名見謁)은 초례 잇ᄂᆞᆫ지라. 이쎠 모든 지상가(宰相家)의셔도 년노(年老)ᄒᆞᆫ 부인ᄂᆡᄂᆞᆫ 연셕의 갓브믈 혜아려 다 참연치 아녀시니, ᄯᅩᄒᆞᆫ 윤부 위·조·뉴 삼부인과 뎡부 슌·진 냥틱부인과 하부의 조틱부인이 다 입현치 아녓더라.

삼십층 옥계하의 찬예관(贊禮官)이 검은 머리ᄅᆞᆯ 놉히 【32】쒸오고 누른 단장을 ᄯᅴ어 ᄆᆞᆰ은 쇼릭로 국쳑(國戚) 졔부인ᄂᆡ와 외조명부(外朝命婦)의 납명현알(納名見謁)을 길게 브르니, 좌반즁(坐班中)의 일위 부인이 금삼(錦衫)을 붓치고 췬군(翠裙)을 ᄯᅴ으며 명월픽(明月牌)ᄅᆞᆯ 울녀 ᄉᆞ위(四位) 부인으로 더부러 츄이ᄇᆡ슈(趨而拜手)ᄒᆞ니, 명월지광(明月之光)과 희월지틱(海月之態) 년시이모(年是二毛)[1766]의 더욱 청향완혜(淸香婉慧)ᄒᆞ더라. 조츤 ᄉᆞ인(四人)이 한갈갓치 풍염쇄락(豐艶灑落)ᄒᆞ여 구츄상텬(九秋霜天)의 효월(曉月)이 붉앗ᄂᆞᆫ 듯ᄒᆞ니, 이ᄂᆞᆫ 곳 평졔왕 오비(五妃) 윤·양·니·경·문양공쥐더라.

틱낭낭과 황휘 이 곳 쥭쳥션싱 평졔왕의 다숫 부인인 쥴 아ᄅᆞ시고 고기 조으시니, 졔부인이 ᄇᆡᄉᆞ(拜謝)ᄒᆞ고 물너나니, 버거 향풍(香風)이 【33】진진(津津)ᄒᆞ고 옥결(玉玦)이 낭낭(朗朗)ᄒᆞᆫ 곳의 평진왕 윤쳥문의 ᄉᆞ부인 뎡·진·남·화ᄉᆞ비 뉵쳑 향신의 무문취화금나군(無紋翠華錦羅裙)을 ᄯᅴ으고 직금쵹나젹의(織錦蜀羅翟衣)ᄅᆞᆯ 착(着)ᄒᆞ며 치봉구화ᄌᆞ옥관(彩封毬花紫玉冠)[1767]을 숙이고 명월픽옥(明月佩玉)을 울녀 츄이진알(趨而進謁)ᄒᆞ니, 냥뎐(兩殿) 낭낭이 윤쳥문의 ᄉᆞ부인(四夫人)인 쥴 아ᄅᆞ시고, 그 셩덕광휘(聖德光輝)ᄅᆞᆯ 익이 드르신 비라. 불승암칭(不勝暗稱)ᄒᆞ샤 졈두(點頭)ᄒᆞ시니, ᄉᆞ비(四妃) ᄇᆡᄉᆞᄒᆞ고 물너나믹, 조초 하상부 초국공비 윤시 동녈(同列) 삼인이 구장면복(九章冕服)을 졍히 ᄒᆞ고 옥결(玉玦)을 낭낭이 울녀 계하(階下)의 츄진납명(趨進納名)ᄒᆞ니, 쇄락ᄒᆞᆫ 광염과 《어지‖어진》 효렬(孝烈)이 안모(顔貌)의 발양(發揚)ᄒᆞ딕, 오【34】직

머리에 쓰는 관모(冠帽; 족두리)와 몸치장으로 차는 가락지, 팔찌, 귀고리, 목걸이 따위의 장식물, 그리고 옷을 여미거나 꾸미기 위해 옥으로 만들어 저고리 앞섶 등에 다는 고리 등을 말한다.

1765)강남(江南) : 중국 양자강(揚子江)의 남쪽 지역을 이르는 말. 흔히 남쪽의 먼 곳이라는 뜻으로 쓴다

1766)년시이모(年是二毛) : 이모지년(二毛之年). 두 번째 머리털 곧 흰 머리털이 나기 시작하는 나이라는 뜻으로, 32세를 이르는 말.

1767)치봉구화ᄌᆞ옥관(彩封毬花紫玉冠) : 둥근 꽃 모양으로 화려하게 꾸민, 자줏빛 옥으로 된 봉관(封冠) * 봉관(封冠); 한국 고소설에서 과거에 급제한 관원의 부인이나 공경대부(公卿大夫)의 부인과 같은 외명부(外命婦)가 머리에 쓰는 화려하게 장식한 관모(冠帽) 곧 족두(簇頭里)리를 이르는 말.

연군쥬의 츄악둔질(醜惡鈍質)은 쳔만인 가온딕 더욱 표표(表表)ᄒ여 흑살텬신(黑殺天神)이 빅쥬(白晝)의 나리고, 우두나찰(牛頭羅刹)이 통명뎐(通明殿) 밧긔 ᄉ후(伺候)ᄒᄂ 듯ᄒ더라.

냥뎐(兩殿)이 초국공 부인인 쥴 아ᄅ시고 겸두ᄒ시니, 윤부인 등이 ᄉ은ᄒ고 물너나니, 버거 윤효문의 냥비 하ㆍ댱이 부인과 뎡쇼ᄉ 죽텬션싱의 이부인과 동월후 진국공 죽암션싱 셰옹의 삼비 양ㆍ쇼ㆍ한과 샹셔령 죽운션싱 뎡우홍의 부인 두시와 틱ᄌ쇼부 좌각노 필홍의 냥부인이 일시의 납명(納名) 현비(見拜)ᄒ고, 어ᄉ틱우 하원상의 부인 임시 등이며 북【35】빅후 하원챵의 삼부인이며, 틱흑ᄉ 하원필의 부인 등이 다 년치(年齒) 쟉ᄎ(爵次)로 녜비(禮拜) 납명(納名)ᄒ니, 냥뎐 낭낭이 윤ㆍ하ㆍ뎡 삼문 졔부인이믈 아ᄅ시고 겸두ᄒ시니, 졔부인이 비ᄉ(拜謝)ᄒ고 퇴ᄒ니, 츠례 모든 쇼년 부인닉 등이라. 졔쇼년 부인의 명모(明眸) 샹광아틱(祥光雅態) 셔로 바이여, 빅일(白日)노 징휘(爭輝)ᄒ거늘, 이날 더욱 윤ㆍ하ㆍ뎡 삼문 부인닉 빗난 용홰(容華) 형형ᄉᆡᆨᄉᆡᆨ(形形色色)ᄒ고 찬찬슈미(燦燦秀美)ᄒ니 금반(金盤)의 위쥐(魏珠)[1768] 황황(煌煌)ᄒ고, 샹국뎐 상(賞菊殿上)의 초벽(楚璧)[1769]이 휘휘(輝輝)ᄒ여 보광(寶光)을 토ᄒᄂ 듯ᄒ니, 아라ᄒ ᆫ[1770] 광염과 녕농ᄒᆫ 칙장(彩粧)이 화려ᄒ여 빅쳑(百尺)【36】금누(金樓)의 바이니, 빗난 경ᄉᆡᆨ과 쟝ᄒᆫ 인물을 일구(一口)로 긔록지 못ᄒᆞᆯ너라.

이 가온딕 더욱 초츌(超出)ᄒᆫ 쟈ᄂ 동졔공 뎡현긔의 원비 쟝시와 ᄉ쳔후 운긔의 원비 조셩녈과 혹ᄉ 뎡션긔 부인 경시와 진왕 윤쳥문의 쟝ᄌ 동챵후 셩닌의 냥부인 쇼ㆍ엄과 좌도어ᄉ 간의틱우 윤챵닌의 원비 엄군쥬와 관닉후 하몽셩의 원비 뎡시월염과 하부마 몽닌의 원비 혜션공쥬 등의 만틱억치(萬態億彩)와 경모ᄉᆡᆨ광(景貌色光)은 틱극(太極)[1771]이 초판(初判)[1772] 이후의 만물이 시ᄉᆡᆼ(始生)ᄒ고 《옹양∥음양(陰陽)》이 난호이믜, 텬디의 이상ᄒᆫ 별긔(別氣)와 산쳔(山川)의 슈이(秀異)ᄒᆫ 녕ᄆᆡᆨ(靈脈)이 특별이 ᄎ인 등의게 나린 빈니, 가히 니른바 텬【37】뵈(天寶)며 디뵈(地寶)며 인호(人乎)아 귀호(鬼乎)아 물호(物乎)아 산영(山靈)이라. 그 찬찬화미(燦燦華美)ᄂ 그림으로 모ᄉ(模寫)ᄒ나 그 신긔ᄒᆫ 조화를 도화(圖畫)ᄒ기 어렵고, 닙으로 형언(形言)코져 ᄒ나

1768)위쥐(魏珠) : 위(魏)나라 혜왕(惠王)의 십이주(十二珠)을 말함. 곧 위(魏)나라 혜왕(惠王)이 조(趙)나라 위왕(威王)에게 자랑하였다고 하는 위나라의 보배. 지름이 1촌(寸) 쯤 되는 구슬로, 수레 12대를 비출 수 있다고 하여 '십이주(十二珠)'라는 이름으로 불린다. 사기(史記)』 권사십육(卷四十六), '전경중완세가(田敬仲完世家)' 제십육(第十六)에 나온다.

1769)초벽(楚璧) : =화벽(和璧). 명옥(名玉)의 일종. 전국시대 초(楚)나라 변화씨(卞和氏)의 옥(玉)으로, '완벽(完璧)', '화씨지벽(和氏之璧)' 등으로 불리기도 한다. 그 후 이 '화벽'은 조(趙)나라 혜문왕(惠文王)의 손에 들어갔으나, 이를 탐내는 진(秦)나라 소양왕(昭襄王)이 진나라 15개의 성(城)과 이 옥을 교환하자고 한 까닭에 '연성지벽(連城之璧)'이라는 이름이 붙기도 하였다.

1770)아라ᄒ다 : 아스라하다. 아득하다. 정신을 잃을 지경이다.

1771)틱극(太極) : 중국 철학에서, 우주 만물의 근원이 되는 실체로, 하늘과 땅이 분리되기 이전의 세상 만물의 원시 상태.

1772)초판(初判) : =조판(肇判). 처음 쪼개어 갈라짐. 또는 그렇게 가름.

혜 둔ᄒ고, 눈으로 술피고져 ᄒ나 아즈레1773) 니러나니, 엇지 범연이 비겨 쇼쇼(小小) 쥬옥화교(珠玉花嬌)로 비기리오.

다만 조화(造化)의 희극(戲劇)ᄒ미 이갓흔 셩녀슉완(聖女淑婉)을 하늘이 금ᄃᆡ(今代)의 유의ᄒ여 만히 나리오신 ᄯᅳᆺ이 잇ᄂᆞ니, 윤·하·뎡 삼문즁(三門中)의 젹덕(積德)을 갑흐미 아니리오. 당셰(當世)의 희한(稀罕)ᄒ고 쳔츄의 무빵ᄒ니, 만일 각각 그 고모(姑母)1774)의 슉인셩ᄌ지풍(淑人聖姿之風)이 아니면 더부러 ᄃᆡ두(對頭)ᄒ리 업슬 거시오, 기여 졔부인 졔쇼졔 긔긔히 셜부화용(雪膚花容)이【38】오, 난심혜질(蘭心蕙質)1775)이라. 일ᄃᆡ(一代) 셔물(瑞物)이며 쳔츄가인(千秋佳人)이니, ᄯᅩ흔 각각 그 고모(姑母)의 뒤흘 니으미 욕되지 아니터라.

좌간(座間)의 무슈부진(無數不盡)1776)ᄒ 국쳑(蹋蹐) 졔부인과 외조명뷔 다 ᄌᆞᄉᆡᆨ(姿色)을 치레ᄒ고 ᄌᆞ장(資粧)을 빗나게 ᄒ여 입현(入見)ᄒ엿더니, 윤·하·뎡 삼문 졔부인ᄂᆡ 모히미, 향슈(香水)의 년홰(連花) 남풍(南風)의 웃ᄂᆞᆫ듯 ᄒᄃᆡ, 쇠잔(衰殘)ᄒ 두견홰(杜鵑花)1777) 셧거 픤 듯ᄒ며, 명쥬(明珠)와 ᄉ석(沙石)이 빗츨 닷홈 갓흐니, 허다 명뷔며 홍상분면(紅裳粉面)1778)이 다 탈ᄉᆡᆨ(脫色)ᄒ더라.

냥뎐(兩殿) 낭낭이 삼문 졔부인 졔쇼져의 초츌탁아(超出卓雅)ᄒ 셩덕광휘(盛德光輝)를 못ᄂᆡ 칭찬ᄒ시고, 특별이 인견(引見) 돈유(敦諭)ᄒᄉ 혜션·옥션 냥공쥬를 어로만져 무【39】이(撫愛)ᄒ시며, 각별 하상부 부인과 윤승상 부인으로 인아(姻婭)의 후의(厚誼)와 냥부마의 초셰탁츌ᄒ믈 일코라 못ᄂᆡ 두굿기시며1779), 냥공쥬 황가 교아(嬌兒)로 심궁(深宮)의 싱장(生長)ᄒ여 비혼 빈 업스ᄃᆡ, 각각 구고의 어지리 거ᄂᆞ리며 은혜로 ᄉ랑ᄒ믈 닙어, 각각 일신이 안한(安閑)ᄒ믈 일ᄏᆞᄅ시니, 윤·하 냥부인이 계슈비슈(稽首拜手)ᄒ여 셩은을 불감승당(不敢承當)ᄒ더라.

냥뎐 낭낭이 ᄯᅩ 관ᄂᆡ후 부인 뎡시 월염의 아름다온 용광셩ᄌ(容光聖姿) 당금의 희셰(稀世)ᄒᆫ 슉녀명완(淑女明婉)이믈 쳐음 보시ᄂᆞᆫ 비라. 크게 아름다이 너기ᄉ 옥슈를 잡아 황손족의(皇孫族義)를 일ᄏᆞ라 못ᄂᆡ ᄉ랑ᄒ시며, 문양공쥬의게【40】이 갓흔 긔녀(奇女) 두어시믈 치하ᄒ시니, 공쥐 황공 ᄉ례○○○○○[ᄒ고 셩은을] 불감당(不堪當)이러라.

이ᄯᅥ 김귀비 오히려 ᄉ랏더니, 녀아를 만나 반기미 측냥업고, 손녀를 쳐음으로 만나 이ᄃᆡ도록 긔이ᄒ믈 보니, 탐혹ᄒᆫ ᄉ랑이 비길 곳 업셔, 녀와 손(孫)의 옥슈(玉手)를 가

1773) 아즈레 : 아지랑이. 주로 봄날 햇빛이 강하게 쬘 때 공기가 공중에서 아른아른 움직이는 현상.

1774) 고모(姑母) : 시어머니. 존고(尊姑).

1775) 난심혜질(蘭心蕙質) : 여자의 맑은 마음씨와 아름다운 자질을 난초(蘭草)·혜초(蕙草)와 같은 맑고 아름다운 꽃에 비유하여 이르는 말.

1776) 무슈부진(無數不盡) : 헤아릴 수 없고 끝이 없을 만큼 많음.

1777) 두견홰(杜鵑花) : 진달래꽃.

1778) 홍상분면(紅裳粉面) : 붉은 치마를 입고 얼굴에 분을 발라 아름답게 치장한 여자들.

1779) 두굿기다 : 자랑스러워하다. 대견해하다. 기뻐하다.

로잡고 상연뉴체(傷然流涕) 왈,

"박명인싱(薄命人生)이 싱亽(生死)의 바라온 비 셩상이오, 버거 녀이로딕, 미양 모녀의 팔지 슌치 못ᄒ니 쥬야 슬허 한갓 명완불亽(命頑不死)ᄒ믈 한(恨)ᄒ더니, 도금(到今)ᄒ여는 졔왕의 관인ᄒ미 녀아의 과악을 용셔ᄒ여 부부의 도를 완젼이 ᄒ고, 쇼아를 어디 삼종(三從)1780)의 【41】 의탁(依託)이 족ᄒ나, 평싱 유한(遺恨)은 월아의 강보실산(襁褓失散)ᄒ여 亽싱거쳐(死生居處)를 모른다 ᄒ미 각골지통(刻骨之痛)이러니, 이제 신기(神祇) 상텬(上天)이 어엿비녀기샤, 너희 모녜 텬뉸이 단원(團圓)ᄒ고, 또 ᄌ녀의 비상ᄒ 지용이 이 갓ᄒ니 비록 궁금(宮禁)이 지엄(至嚴)ᄒ여 ᄌ로 만나 반기지 못ᄒ나, 녀의 ᄌ금 이후로 계활이 안졍ᄒ리니, 박명 인싱이 죽으나 한이 업亽리로다."

문양이 모비(母妃)의 슬허ᄒ심과 지통 가온딕 쇠로(衰老)ᄒ미 극ᄒ니, 여년이 머지 아닌 쥴 슬허 역시 쳥뉘(淸淚) 방방(滂滂)ᄒ니, 궁인비(宮人輩) 위로 ᄒ더라.

뎡부인이 쳐음으로 외조모를 【42】 뵈오니, 귀비 당ᄎ(當此) 희년(稀年)1781)이라. 슈발(壽髮)이 희희(稀稀)ᄒ여 셔리 빗치 빗겨시나, 빅발홍안(白髮紅顏)이 표경쇼쇄(標輕瀟灑)1782)ᄒ여 그 쇼시(少時) 젹 아름답던 쥴 알니러라.

부인이 임의 젼일 관닉휘 ᄌ괴로 김귀비의 손녜오, 역탁(逆-)1783)의 외증손녜(外曾孫女)라ᄒ여 낫비 너기던 쥴 아는지라. 금일 조모를 보아 일견의 본딕 현슉ᄒ믈 亽괴지 아녓던 쥴 기탄(慨嘆)ᄒ고, 부왕의 깁히 비쳑ᄒ시미 녜붓허 쥬의 겨시던 쥴 추탄(嗟歎)ᄒ나, 또 목금 고혈(孤孑)ᄒ 신셰와, ᄌ괴를 귀즁ᄒ는 졍을 감亽ᄒ고, 슬허ᄒ는 거동을 감동ᄒ여 츄연(惆然) 이싴(怡色)ᄒ여 화셩유어(和聲柔語)로 조모와 모비 【43】 를 위로ᄒ더라.

이날 연궁 녕안공쥬와 연니부 부인 등도 다 입궐ᄒ엿더니, 녕안공쥬는 문양공쥬의 슉뫼라. 이날 셔로 만나미 지친의 졍의 범연치 아닌지라. 연군쥐 힝혀 뎡쇼져의 조모를 쳐음 만나, 셕년 비고(悲苦)를 고ᄒ미, 이 가온딕 힝혀 ᄌ괴 과악을 드노하 지친간의 무안ᄒᆯ가 ᄌ겁ᄒ여, 귀비와 문양을 붓들고 실업는 장셜(長說)이, 김귀비는 아모 곡졀도 아지 못ᄒ는 거슬, 탐탐이 뎡시의 지난 일을 다 닐너, 젼후 굿기미 다 질녀 노쥬의 탓시오, ᄌ가의 허물이 아닌 쥴을 어즈러이 분변ᄒ니, 귀비 쳐음으【44】로 연군쥬의 ᄌ셔 업슨 말을 듯고, 다 밋지 아니나 크게 놀나고, 문양공쥬는 옛 긔습(氣習)이 바히 업셔, 일기 아즁(雅重)ᄒ 부인이라. 연군쥬의 허황(虛荒) 부셜(浮說)을 도로혀 민망ᄒ여, 마ᄋᆷ 업시 미쇼 왈,

"현뎨는 왕亽(往事)를 졔긔치 말나. 도시 녀아의 명되(命途) 운폐(運閉)ᄒ미니 엇지

1780)삼종(三從) : 삼종지의(三從之義). 봉건시대 여자의 도리. 집에서는 아버지를, 시집가서는 남편을, 남편이 죽은 후에는 자식을 좇음.
1781)희년(稀年) : 희수(稀壽), 드문 나이라는 뜻으로, 일흔 살을 이르는 말.
1782)표경쇼쇄(標輕瀟灑) : 몸이 날렵하고, 맑고 깨끗함.
1783)역탁(逆-) : '역적 김탁'의 줄임말.

남을 탓ᄒ리오."

수ᄉ긱(辭色)이 화평ᄒ니 영안공쥬ᄂ 녀아의 늙기의 니ᄅ도록 인ᄉ 업ᄉ믈 기탄ᄒ나, 셔의(齟意)ᄒ 구셜(口舌)노 초의 못ᄉ믹긴 거ᄉ 이졔 가ᄅ칠 빅 아니라, 다만 실업ᄉ믈 최ᄒ고 문양의게 스례ᄒ니, 문양이 ᄯ흔 손샤(遜辭)ᄒ더라.

이ᄯᆡ 딕닉(大內)의 모든 졔부인닉 니러틋 【45】한셜(閑說)ᄒ여 날이 느즈믹 임의 빅옥계샹(白玉階上)의 어원풍뉴(御苑風流)1784)를 나오고 니원졔ᄌ(梨園弟子)1785) 삼현(三絃)1786)을 진쥬ᄒ니, 묽은 풍뉴쇼릭 《오오히 ‖ 요요(遙遙)히1787)》 나라 구공(九空)1788)의 ᄉ못고, 교방(敎坊)의 텬하 일홈난 명기(名技) 홍군취ᄉᆷ(紅裙翠衫)을 셧돌며 녕녕(玲玲)○[흔] 칠현금(七絃琴)1789)과 진ᄌᆼ(秦筝)1790)을 빗기 안아, 현가(絃歌)를 농(弄)ᄒᆯ시 예샹우의(霓裳羽衣)1791)를 츔츄고 노릭ᄒ니, 초요월안(楚腰越顔)1792)의 홍금치쉬(紅錦彩袖) 반공의 날니이니, 벽도홍잉(碧桃紅鶯)이 츈풍셰우(春風細雨)의 츔츄ᄂ 듯ᄒ더라.

향온미쥬(香醞美酒)와 만반진슈(滿盤珍羞)의 화려ᄒ믹 비길딕 업ᄉ니, 이날 외연(外宴)의 장(壯)ᄒ믹 ᄯ흔 닉연의 다ᄅ믹 업더라.

샹이 외뎐(外殿)의셔 문무를 모화 셜연(設宴) 진취(盡醉)ᄒ시 【46】더니, 날이 느즈믹 닉뎐의 님어(臨御)ᄒ샤 황후로 더부러 틱낭낭(太娘娘)긔 헌슈(獻壽)ᄒ시니, 틱휘(太后) 뎨후(帝候)의 잔을 바드시고 못닉 두긋기시며 회감(懷感)ᄒ시니, 뎨휘 이셩화긔(怡聲和氣)ᄒ샤 위로ᄒ시고, 뇽음(龍音)을 깊게 ᄒ여 남산슈(南山壽)1793)를 불너 셩모낭낭(聖母娘娘)의 셩슈만년(聖壽萬年)을 츅(祝)ᄒ시니, 뇽셩(龍聲)이 웅활(雄闊)ᄒ여 벽누(壁壘)의 ᄉ못ᄎ니, 시위지인(侍衛之人)이 막불경찬(莫不慶讚)ᄒ더라.

음파(吟罷)의 지빅ᄒ시고 물너나시니, 버거 틱ᄌ 부뷔시며 졔왕 공쥬며 황손 군쥬

1784) 어원풍뉴(御苑風流) : 궁중음악(宮中音樂). 궁중에서 연주하는 음악. *풍류(風流); 음악을 예스럽게 이르는 말.

1785) 니원졔ᄌ(梨園弟子) : 니원악공(梨園樂工). ①조선시대 장악원에 소속된 악공(樂工). ②중국 당나라 때 이원(梨園)에 소속된 악공. *이원(梨園); ①조선시대 장악원(掌樂院)을 달리 이르던 말. ②중국 당나라 때, 현종이 몸소 배우(俳優)의 기술을 가르치던 곳.

1786) 삼현(三絃) : 『음악』 거문고, 가야금, 향비파의 세 가지 현악기를 통틀어 이르는 말.

1787) 요요(遙遙)히 : 멀리. 아득히. *요요(遙遙)ᄒ다; 매우 멀고 아득하다.

1788) 구공(九空) : =구만리장천. 아득히 높고 먼 하늘.

1789) 칠현금(七絃琴) : 일곱 줄로 된 고대 현악기의 하나. 오현금에 두 줄을 더한 것이다.

1790) 진ᄌᆼ(秦筝) : 쟁(筝). 국악 현악기의 하나. 모양이 대쟁(大筝)과 같으며, 명주실로 된 열세 줄의 현이 걸려 있다. 본래 중국에서 만들어진 현악기로, BC 237년 이전에 이미 진(秦)나라에서 유행했기 때문에 '진쟁'(秦筝)이라는 이름으로도 불린다.

1791) 예샹우의(霓裳羽衣) : 예상우의무(霓裳羽衣舞). 궁중무용으로, 음율에 능통한 당현종이, 무지개처럼 아름다운 옷을 입고 공중에서 노래 부르고 춤을 추고 있는 선녀의 모습을 꿈속에서 본 후, 음(音)을 달고, 양귀비가 안무한 무용이라고 한다.

1792) 쵸요월안(楚腰越顔) : 중국 초나라 미인의 가는 허리와 월나라 미인의 아름답게 화장한 얼굴.

1793) 남산슈(南山壽) : 남산(南山)이 다 닳아 없어질 때까지의 영원한 시간의 수명(壽命). 오래 살기를 빌 때 쓴다,

등이 다 ᄎ례로 옥비(玉杯)를 드러 퇴낭낭기 헌슈ᄒ니, 빅옥누상(白玉樓上)의 뇽포옥
ᄃ(龍袍玉帶)와 금군ᄎ삼(錦裙彩衫)이 셧돌고 피옥(佩玉)이 장장ᄒ여 아름답【47】고
빗나더라.

만조 명뷔 ᄯᅩ 나아와 뇽체(龍體)의 비알ᄒ니, 졔부인의 월모화안(月貌花顔)의 웅장
칠뵈(雄粧七寶) 휘황ᄒ여 삼십삼텬궁(三十三天宮)의 월궁황ᄋ(月宮皇娥) 졔션을 거ᄂ
려 광한(廣寒)1794)의 건니는 듯ᄒ지라. 기즁(其中)의 윤·하·뎡 삼문 부인 쇼졔 경셩
경국지ᄉ(傾城傾國之色)과 토계삼등(土階三等)1795)의 '묘ᄌ(茆茨)를 부젼(不剪)ᄒ시
던'1796) 셩덕ᄌ질(聖德資質)이러라.

상이 한번 보시미 크게 긔이히 너기샤 기용치경(改容致敬)ᄒ샤 감히 부인 녀ᄌ로
아지 못ᄒ샤, 크게 포장ᄒ시고 긔진이보(奇珍異寶)를 상ᄉ하시니, 졔부인이 ᄉ은이퇴
(謝恩而退)ᄒ다. 헌슈ᄒ시기를 파ᄒ미 퇴ᄌ 졔왕이 황야를 뫼셔 외뎐으로 나아가시니,
퇴낭낭이 황【48】후로 더브러 국쳑 졔부인과 외조명부를 ᄉ로이 쳥ᄒ여 크게 음연
(飮宴)ᄒ샤 종일 디연ᄒ시니, 군신의 즐기미 극ᄒ고 삼쳔ᄎ녀(三千彩女)의 환셩이 여
루(如縷)ᄒ더라.

날이 졈을미 낭낭이 명ᄒ여 모든 명부(命婦)를 디닉(大內) 명광뎐의 머무러 밤을 지
니게 ᄒ시고, 명일의 다시 장츄궁의 모다 셜연ᄒ여 즐기샤 니러틋 삼일을 크게 즐기
신 후, 졔ᄉ일만의 파연ᄒ고 만조명뷔 뇽뎐(龍殿)의 하직 퇴조ᄒ올ᄉ, 낭낭이 금보ᄎ단
(金寶綵緞)으로 각각 상ᄉ(賞賜)를 나리오시고, 윤·하·뎡 삼문을 권권(眷眷) 면유(面
諭)ᄒ샤 후회(後會)를 가득이 니ᄅ시니, 삼문 졔부인이 텬은을 황공감격ᄒ여 고두빅비
ᄉ【49】은 하직ᄒ고, 퇴조ᄒ여 각각 부즁의 도라오니, 가즁 상회 마ᄌ 졍당의 안돈
(安頓)ᄒ고 존당의 뵈오니, 합문 노위(老幼) 궐즁 슈말을 므러 셩연(盛宴)의 장(壯)ᄒᆷ
과 텬은의 호호(浩浩)ᄒ시믈 아니 감복ᄒ리 업더라.

희라! 물셩이쇠(物盛而衰)는 고기변애(固其變也)오, 흥진비릭(興盡悲來)는 물화텬보
(物華天寶)1797)의 덧덧ᄒ 상니(常理)라. 졔궁 슌퇴부인이 일즉 붕셩(崩城)의 통(痛)을
셔리담고, 혈혈고ᄌ(孑孑孤子)를 외로이 픔어 휵양(慉養)ᄒ여 일ᄌ(一子) 요ᄒᆷ 닙신현
달(立身顯達)ᄒ여 츙회(忠孝) 기셰(蓋世)ᄒ고, 인직 츌즁ᄒ여 쳥망직졀(淸望直節)은 아
릭로 ᄉ셔(士庶)의 츄앙(推仰)ᄒ미 되,고 우흐로 텬ᄌ의 녜우존총(禮遇尊寵)ᄒ시미 되

1794)광한(廣寒) : 광한전(廣寒殿). 달 속에 있다는, 항아(姮娥)가 사는 가상의 궁전.

1795)토계삼등(土階三等) : 중국의 전설상의 임금인 요(堯)임금이 궁전을 지을 때 그 궁전을 오르는 계단
을 흙으로 삼단 높이로 낮게 쌓아, 조촐하게 지음으로써, 검소함과 겸양의 덕을 보였다는 고사를 말한
다.

1796)묘ᄌ(茆茨)를 부젼(不剪)ᄒ시던 : 묘자부전(茆茨不剪). 중국의 전설상의 임금인 요(堯)임금이 궁전을
지을 때 '띠 풀'로 집의 지붕을 이고, 그 지붕 끝의 들쭉날쭉한 띠 풀의 끝도 가지런히 자르지 않았던
고사를 말한다. 토계삼등(土階三等)·묘자부전(茆茨不剪)은 위정자가 솔선해서 검소한 생활로 근검절약
에 힘써야 한다는 경계가 담겨있는 고사다.

1797)물화텬보(物華天寶) : '만물(萬物)은 하늘이 내린 보배다.'는 뜻. 왕발(王勃)의 <등왕각서(滕王閣序)>
에 나오는 시구(詩句)다.

니, 이 엇지 【50】 한갓 공의 어진 교훈이 '밍모(孟母)의 삼쳔지교(三遷之敎)'1798)로 흡흡(洽洽)ᄒᆞ미러라. 부인이 비록 일즈를 두어 그림직 고독ᄒᆞ나, 독즈의 지셩인회(知性仁孝) 증즈(曾子) 왕상(王祥)의 일뉴(一流)오, 한낫 즈뷔 임강(任姜) 마등(馬鄧)의 셩덕(聖德)과 진효부(陳孝婦)1799)의 효셩을 겸ᄒᆞ여, 북당편고(北堂偏姑)1800)를 효ᄉᆞ(孝事)ᄒᆞ미 슉흥야ᄆᆡ(夙興夜寐)ᄒᆞ고 동동쵹쵹(洞洞屬屬)ᄒᆞ여 뫼아리 죵고(鐘鼓) 쇼릭를 응홈 갓고, 목족인화(睦族仁和)ᄒᆞ며 승슌가부(承順家夫)ᄒᆞ고 상경여빈(相敬如賓)ᄒᆞ며 부뷔 금슬우지(琴瑟友之)ᄒᆞ고 죵고낙지(鐘鼓樂之)ᄒᆞ여 금슬의 진즁ᄒᆞ미 탑하(榻下)의 타인의 즈최 니른 비 업시 즁요로은 복경(福慶)과 화락이 당쳬지화(棠棣之華)1801)를 노릭(老來)ᄒᆞ미 슬하의 '장 【51】 와(璋瓦)를 농(弄)ᄒᆞ미 션션(詵詵)ᄒᆞ니'1802) 히를 년ᄒᆞ여 옥동화녀(玉童花女)를 년싱(連生)ᄒᆞ니, 오즈이녀의 즈복(子福)이 션션ᄒᆞ니, 퇴부인이 독즈의 {죵고}지치1803) 니러틋 션션(詵詵)ᄒᆞ믈 두굿겨, 모년(暮年)의 밋쳐는 옥슈닌벽(玉樹驎璧)1804)을 즈로 슬하의 완농(玩弄)ᄒᆞ미 도로혀 당초 붕셩지통(崩城之痛)의 슬프믄 니즈미 되엿더라.

다시 흐르는 셰월이 가기를 샬니 ᄒᆞ니, 각하(閣下)의 졔손이 층층이 장셩ᄒᆞ여, 닌지(麟枝)1805)의 보벽(寶璧) 갓ᄒᆞ니, 그 범연흔 약즈잔손(弱子孱孫)이라도 독즈(獨子)의 지엽(枝葉)이니, 그 귀코 ᄉᆞ랑호ᄋᆞ믈 측냥치 못ᄒᆞ려든, ᄒᆞ물며 평졔왕 갓ᄒᆞᆫ 군즈영쥰과 버거 죽텬션싱 갓ᄒᆞᆫ 텬손이 【52】 닙신현달(立身顯達)의 조션을 영현(榮顯)ᄒᆞ미 쾌ᄒᆞ고, 각각 우(偶)흔 바ᄂᆞᆫ 윤의렬 갓ᄒᆞᆫ 셩녀명완(聖女冥頑)과 니부인 갓ᄒᆞᆫ 녀즁군즈(女中君子)와 경부인 갓ᄒᆞᆫ 뇨조슉녀(窈窕淑女)와 문양공쥬 갓ᄒᆞᆫ 직녀가인(才女佳人)이

1798)밍모(孟母)의 삼쳔지교(三遷之敎) : 맹자의 어머니가 아들을 가르치기 위하여 세 번이나 이사를 하였음을 이르는 말.

1799)진효부(陳孝婦) : 한(漢)나라 때 진현(陳縣)의 효부. 남편이 변방에 수자리 살러 나가 죽자, 남편과의 약속을 지켜 일생 개가하지 않고 시어머니를 성효로 섬겼다. 『소학』<제6 선행편>에 나온다.

1800)북당편고(北堂偏姑) : 홀시어머니. 편고(偏姑). 북당(北堂)은 '어머니'를 지칭하는 말. 위 본문에서 며느리의 입장에서 '북당'은 '홀시어머니'를 뜻하기 때문에, 결국 '북당'과 '편고'는 동어반복(同語反覆)에 다름 아니다.

1801)당쳬지화(棠棣之華) : <시경(詩經)> '소아(小雅)' '당체편(棠棣篇)'의 첫구. '산앵두나무의 꽃'이란 말. 이 시는 형제간의 우애를 노래하고 있다.

1802)장와(璋瓦)를 농(弄)ᄒᆞ미 션션(詵詵)ᄒᆞ니 : '농장(弄璋)·농와(弄瓦)의 경사가 많다'는 뜻으로 아들(손자)·딸(손녀)을 낳은 경사가 많다는 말. 즉 아들(손자)·딸(孫女)를 많이 두어 자손이 번성하였다는 말. *농장지경(弄璋之慶); 아들을 낳은 경사. 예전에, 중국에서 아들을 낳으면 구슬을 장난감으로 주었다는 데서 유래한 말. *농와지경(弄瓦之慶); 딸을 낳은 경사. 예전에, 중국에서 딸을 낳으면 실패[瓦]를 장난감으로 주었다는 데서 유래한 말.

1803)지치 : '자손(子孫)'을 달리 이르는 말. *한국고소설에는 '자손'을 뜻하는 말로 '지치'라는 어휘가 빈번하게 쓰이고 있다. 그러나 그 어원은 밝혀진 바 없다. 혹 '가지 지'[枝]와 '어릴 치'[稚]의 합성어가 아닐까?

1804)옥슈닌벽(玉樹驎璧) : 옥수(玉樹; 아름다운 나무), 기린(驎驎; 천리마), 옥벽(玉璧; 둥그런 옥)을 아울러 이르는 말로, 모두 '재주가 뛰어나고 용모가 빼어난 사람'을 이르는 말이다.

1805)닌지(麟枝) : 닌지지엽(麟之枝葉). '기린의 새끼'라는 뜻으로 황가자손(皇家子孫)을 뜻하는 말.

오, 기여(其餘) 쇼 니부인 이하로 여러 금장ᄌ미(襟丈姉妹) 기기(個個) 뇨조현철(窈窕賢哲)ᄒ여 그 가부의 위인의 맛가즌 텬졍가위(天定佳偶)라.

이 갓흔 영ᄌ긔숀(英子奇孫)과 슉녀효뷔(淑女孝婦) ᄲᅡᆼᄲᅡᆼ이 모다, 틱부인 노년열친(老年悅親)을 봉효(奉孝)ᄒᆯ ᄲᅮᆫ 아니라, 나ᄂᆫ 죡죡 셩ᄌ신숀(聖子神孫)이 계계승승ᄒ여 만셰무강지복(萬世無彊之福)1806)을 졈득(占得)ᄒ고 쥬종(主宗)을 챵셩(昌盛)ᄒ니, 초(初)의 졔공의 탁셰(卓世)ᄒᆫ 픔질과, 졔부인 슈츌(秀出)ᄒᆫ 지용으로 하늘이 니극【53】지싀(已極之猜)1807)를 나리와, 쇼쇼 익경이 츠악ᄒ기의 밋쳐 일장 풍파(風波)를 지니나, 묵묵틱공(默默太空)1808)이 비록 유묘체원(悠杳逮遠)1809)ᄒ여 알오미 업ᄂᆫ 듯ᄒ나, ᄯᅩᄒᆫ 슬피믄 쇼쇼(昭昭)ᄒ니 엇지 젹덕지가(積德之家)의 기리 미몰ᄒ시리오1810). 부운(浮雲)이 한번 훗터지미 일월의 광명이 어두은 곳을 혁연(赫然)이 붉히신지라. 드듸여 부운 갓흔 누명을 젹은덧 신셜(伸雪)ᄒ고, 고당화루(高堂華樓)의 부귀영홰 졔미(齊美)ᄒ여 당금(當今) 츠시(此時)의 늬외 ᄌ숀의 번셩ᄒ미 거의 쥬문(周門)1811)의 빅ᄌ쳔숀(百子千孫)을 불워 아닐 거시오, 당시 곽분양(郭汾陽)1812)과 슌시팔농(荀氏八龍)1813)을 본바드니, 옥동화녀ᄂᆫ 각하(閣下)의 층층ᄒ고 부귀【54】영화ᄂᆫ 닌니(隣里)의 지극ᄒ니, 슈다 ᄌ숀의 작위 고즁(高重)ᄒ여 왕공후빅(王公侯伯)이 아니면 공경녈휘(公卿列侯)오, 뉵경지렬(六卿宰列)이 아니면 명필흑ᄉᆡ(名筆學士)라. 위고금다(位高金多)ᄒ고 위권(威權)이 늉즁(隆重)ᄒ니 옥보금인(玉寶金印)1814)이 상ᄌ의 가득ᄒ고, '당고슈잉(堂高數仞)의 최졔슈쳑(榱題數尺)이나'1815), 슈빅 잉쳡(媵妾)의 위의 가득ᄒ고, 한번 밥 먹으미 북이 셰번 우니, 당셰의 졔궁 부귀영화를 뉘 능히 밋츠리오.

시인(時人)이 칭찬ᄒ고 만셩(滿城)이 열복(悅福)ᄒ여 금평후 ᄌ숀의 번셩ᄒ미 젼혀 틱부인 어진 교화의 비로스미오, 금평후 부부의 츌텬딕효를 명텬(明天)이 감응ᄒ시미니, 인인(人人)이 '당여ᄌ(當如子)의 금평후ᄒ고, 당【55】여부(當如婦)의 진부인 갓흘진딕, 엇지 문호의 홍늉(興隆)ᄒ믈 근심ᄒ리오.' ᄒ더라.

1806)만셰무강지복(萬世無彊之福) : 영원토록 끝이 없이 내려주는 복.

1807)니극지싀(已極之猜) : 지나치게 심한 시기(猜忌).

1808)묵묵틱공(默默太空) : 말이 없는 하늘.

1809)유묘체원(悠杳逮遠) ; 아득히 멂.

1810)미몰ᄒ다 : 인정이나 싹싹한 맛이 없고 쌀쌀맞다.

1811)쥬문(周門) : 주나라 국성(國姓)인 주씨(周氏) 가문. 곧 주나라 왕실을 뜻하는 말.

1812)곽분양(郭汾陽) : 곽자의(郭子儀). 697~781. 중국 당(唐)나라 중기의 무장(武將). 안녹산 사사명의 반란을 평정하고 토번을 쳐 큰 공을 세워 분양왕(汾陽王)에 올랐고 여덟 아들을 두었다. 수(壽)·부(富)·귀(貴)·다남자(多男子)의 인간적 복(福)을 다 누려, 오복(五福)을 두루 누린 사람으로 유명하다.

1813)슌시팔농(荀氏八龍) : 중국 후한(後漢) 때 사람 순숙(純淑)이 아들 여덟을 두었는데, 모두 재명(才名)이 높아 당시 세상 사람들이 이들 형제를 순씨팔룡이라 부른 데서 나온 말.

1814)옥보금인(玉寶金印) : 국새(國璽)와 황금으로 만든 도장. *옥보(玉寶); 임금의 존호를 새긴 도장. 국새(國璽).

1815)당고슈잉(堂高數仞) 최졔슈쳑(榱題數尺) : 집의 높이가 여러 길이 되고, 서까래의 머리가 여러 자가 된다는 뜻으로, 아주 크고 넓게 잘 지은 집을 말한다. 『맹자』<진심장구하(盡心章句下)>에 나온다.

당시 슌퇴부인이 향년 팔십여셰의 노력(老力)이 강건ᄒ고, 화당고루(華堂高樓)의 거(居)ᄒ여 효ᄌ현부(孝子賢婦)와 현손(賢孫)의 무궁ᄒ 영효를 바다, 일신이 안거(安居)ᄒ고 부귀호홰 극진ᄒ니[나], 인간셰ᄉ(人間世事)의 비고이락(悲苦哀樂)이 엇지 업ᄉ리오.

일일은 금평후 부부와 졔손이 일졔히 퇴원뎐의 문안ᄒ니, 퇴부인이 침이(寢匲)의 의지ᄒ여 안식이 불평ᄒ신지라. 금평후와 졔손이 놀나 연고를 뭇ᄌ온ᄃᆡ, 부인이 빙미(嚬眉) 탄왈,

"인지ᄉᆡᆼ셰(人之生世)의 ᄉᆡᆼ(生)은 긔야(寄也)오, ᄉ(死)ᄂᆞᆫ 귀애(歸也)라1816). 고어의 왈, '인간칠십(人間七十)도 고【56】릭희(古來稀)라'1817) ᄒᄂᆞ니, 노모의 박덕으로 팔십여셰 ᄯᅩ 엇지 부죡ᄒ리오. 미망여ᄉᆡᆼ(未亡餘生)이 초(初)의 붕셩지통(崩城之痛)을 픔고 고ᄌ(孤子)를 픔어 고고혈혈(孤孤子子)ᄒᆞᆯ 시졀의, 엇지 능히 지우금일(至于今日)의 호화부귀(豪華富貴) 《당시‖당셰(當世)》 졔일편(第一便)을 졈득(占得)《ᄒ리오‖ᄒᆞᆯ 줄 알리오》. 이졔 도라가나 구쳔야ᄃᆡ(九泉夜臺)의 기리 우음을 먹음어 션구고(先舅姑)와 션군(先君)을 보오미, 젼ᄒᆞᆯ 말숨이 빗치 이시리니, ᄉ싱(死生) 냥디(兩地)의 무어시 죡히 슬프다 ᄒ리오. 노뫼 작야의 일몽을 어드니, 션군이 거교와 위의를 츌혀 니ᄅᆞ러 노모다려 니ᄅᆞ시ᄃᆡ, 부인은 양슈(陽壽)1818) 진ᄒ여시니 그만ᄒ여 텬당(天堂)으로 도라 가ᄉ이다 ᄒ【57】거늘, 노뫼 ᄃᆡ답을 ᄉᆞᆯ니 ᄒ다가 스스로 ᄭᆡ다ᄅᆞ니 침변일몽(枕邊一夢)이라. 몽시 ᄌᆞ못 명빅ᄒᆞᆯ ᄲᅮᆫ 아니라, 심ᄉᆞ(深思) 불호(不好)ᄒ고 신ᄉᆞ(身事) 불안ᄒ여 능히 침이를 ᄯᅥ나지 못ᄒ엿ᄂᆞ니, 두리건ᄃᆡ 셰상이 오릭지 아닐가 ᄒ노라."

셜파의 금평휘 ᄌ안(慈顔)을 우러러 불평ᄒ신 긔ᄉᆡᆨ을 보오미, ᄃᆡ경 망극ᄒ여 황황이 눈물이 년낙(連落)ᄒ여 풍화(豊華)○[ᄒ] 미염(美髥)의 미ᄌ믈 ᄭᆡ닷지 못ᄒ여 왈,

"ᄌ위 비록 츈츄(春秋) 놉흐시나 가즁의 일이 업고 셩체 강건ᄒ시니, 히이(孩兒) ᄌ쇼(自少)로 엄친을 유시(幼時)의 여희옵고, ᄌ졍의 외로이 교양ᄒ심과 훈교ᄒ시믈 밧ᄌ와, 【58】이졔 닙신현달(立身顯達) 영귀(榮貴)와 ᄌ녀 졔손의 번셩(繁盛) 부귀(富貴)ᄒ미 다 ᄌ위의 젹덕여음(積德餘蔭)과 야야(爺爺)의 직텬지령(在天之靈)이 음즐(陰騭)1819)ᄒ시미라. 우리 모ᄌ의 졍니ᄂᆞᆫ 타인 모ᄌ의 다름이 잇ᄉᆞᆫ 고로, 퇴퇴의 셩슈만년(聖壽萬年)을 바라옵거늘, ᄌ위 엇지 금일 니런 망극ᄒ 하교를 나리오시ᄂᆞ니잇고? 쇼지 몬져 합연(溘然)1820)ᄒ미 원이로쇼이다."

퇴부인이 우연(憂然) 탄왈,

1816)인지ᄉᆡᆼ셰(人之生世)의 ᄉᆡᆼ(生)은 긔야(寄也)오, ᄉ(死)ᄂᆞᆫ 귀애(歸也)라 : 사람이 세상에 나서, 사는 것은 (잠시 나그네로 타향에) 머묾에 지나지 않는 것이오, 죽음은 (그 본향으로) 돌아감이다.
1817)인간칠십(人間七十) 고릭희(古來稀)라 : 사람이 70세를 산 것은 예로부터 드문 일이다.
1818)양슈(陽壽) : 양계(陽界) 곧 인간계에서의 수명(壽命).
1819)음즐(陰騭) : (하늘이) 겉으로 드러나지 않게 사람을 안정시킴
1820)합연(溘然) : 갑작스럽게 죽음.

"늬 아희 엇지 니런 불통고집흔 말을 ᄒᆞᄂᆞ뇨? ᄌᆞ고이리(自古以來)로 부모를 여희문 ᄌᆞ텬ᄌᆞ(自天子)로 지어셔인(至於庶人)히 면치 못흔비오. ᄯᅩ '신쳬발부(身體髮膚)ᄂᆞᆫ 슈지부뫼(受之父母)니 불감훼상(不敢毀傷)이 《예‖효》지시애(孝之始也)라'1821). ᄌᆞ고로 인【59】 ᄌᆞ(人子)되여 어버이를 조츠 죽는 효ᄌᆞ 어딕 잇더뇨? 금일 오아의 말이 심히 편식(偏塞)ᄒᆞ기의 비로ᄉᆞ미니, 여모(汝母)의 평일 바라던 빅 아니로다. 연(然)이나 딕명(大命)1822)이 거의라. 현마 어이ᄒᆞ리오. 모ᄌᆞ(母子) 조손(祖孫)이 한 당의 모다 즐길 날도 오릭지 아니ᄒᆞ리니, 노뫼 스스로 긔운을 혜아리니 금명간은 급히 죽지 아닐 듯ᄒᆞ니, 너희 부ᄌᆞ 노모를 위ᄒᆞ여 금일 잠간 돗글 열나. 노뫼 늬외 제손을 모화 종일 즐기고 버거 쳔고활별(千古闊別)1823)을 니ᄅᆞ리라."

성음이 명명ᄒᆞ여 츄호도 슬픈 ᄉᆞᆨ(辭色)이 업ᄉᆞ니, 금평후 부부의 츌텬셩회(出天誠孝) 고인의 지난 【60】지라. 모교(母敎)의 '쳔고영별(千古永別)'네 ᄌᆞ를 일ᄏᆞᄅᆞ시믈 드르니, 효ᄌᆞ현부의 심식 장ᄎᆞᆺ 엇더ᄒᆞ리오. 금평후의 쳔균딕량이나 능히 강잉치 못ᄒᆞ니, 한갓 관(冠)을 슉여 말ᄉᆞᆷ을 슈이 딕(對)치 못ᄒᆞ고, 항뉘(行淚) 삼ᄉᆞᆷ(滲滲)ᄒᆞ여1824) 빅슈(白鬚)를 적시고, 진부인이 쳥뉘(淸淚) 환난(汍亂)ᄒᆞ여 나군(羅裙)의 우셩(雨聲)을 일워시며, 제왕 등 곤계 제손이 다 참연동식(慘然動色)ᄒᆞ믈 씌닷지 못ᄒᆞ며, 윤·양·니·경 등 제ᄌᆞ부와 제공ᄌᆞ 졔쇼졔 셩안(星眼)의 쥬루(珠淚)를 먹음으니, 틱부인 한 말ᄉᆞᆷ으로 조ᄎᆞ 아ᄌᆞ의 각상(閣上)의 환연(歡然)ᄒᆞ던 츈풍이 잠시간의 밧고여, 비풍(悲風)이 쇼슬ᄒᆞ고 만좌의 【61】 쳐위(悽憂) 몽몽(濛濛)ᄒᆞ니 틱부인이 졍식 칙왈,

"노뫼 즐겨ᄒᆞ거ᄂᆞᆯ 여등이 엇지 니러틋 화긔를 일허 노모의 심ᄉᆞ를 불평케 ᄒᆞᄂᆞ뇨? 너희 효슌혼 낫빗츨 보미 ᄯᅩ 그 언마 오릴 거시라 보기 슬히 구ᄂᆞ뇨."

셜파의 크게 노ᄒᆞ시는지라. 금후와 제손이 불승황공ᄒᆞ여 고두 ᄉᆞ죄ᄒᆞ고, 즉시 슈졍안식ᄒᆞ여 화긔를 작위ᄒᆞ여, 모든 부인닉 ᄯᅩ 감히 비식을 발뵈지 못ᄒᆞ나, ᄯᅩ 능히 화긔를 작위치 못ᄒᆞᄂᆞᆫ지라. 비록 연셕을 열오미 즐겁지 아니ᄒᆞ나, 감히 틱부인 명을 거역지 못ᄒᆞ여 이의 초초(草草)히 연셕(宴席)을 기장(改裝)ᄒᆞ고 소찰을 【62】 날녀 강근친족을 쳥ᄒᆞ고, 진궁의 슉녈비와 봉닌 쳐 초염과 뎡닌 쳐 교염 쇼져를 다 쳥ᄒᆞ고, 하상부의 북빅후 부인 슉셩비와 관닉후 부인 월염 쇼져를 다 쳥ᄒᆞ여 모드니, 이 잔치 본딕 번화ᄒᆞ믈 구ᄒᆞ미 아니니, 인친닌니(姻親隣里) 모도미 업스딕, 늬외 남녀손 등이 다 모도니, 그쉬 빅이 남고, 약간 빈킥이 모드미 거의 ᄉᆞ오빅이니 광실이 좁더라.

틱원던 즁당의 포진(鋪陳)을 널니고 빈킥이 딕회(大會)ᄒᆞ미, 금평휘 일만 비회(悲懷)

1821) 신쳬발부(身體髮膚)ᄂᆞᆫ 슈지부뫼(受之父母)니 불감훼상(不敢毀傷)이 효지시애(孝之始也)라 : '내 몸과 터럭과 살갗은 다 부모에게서 받은 것이니, 감히 쇠약하게 하거나 상처를 입지 않도록 하는 것이 효도의 시작이다'라는 뜻으로, 부모에게서 물려받은 몸을 소중히 여기는 것이 효도의 시작이라는 말. 『효경(孝經)』〈개종명의(開宗明義) 장에 실린 공자의 가르침.

1822) 딕명(大命) : 천명(天命). 타고난 수명. 죽음.

1823) 쳔고활별(千古闊別) : 영원한 이별. 영결(永訣).

1824) 삼ᄉᆞᆷ(滲滲)ᄒᆞ다 : 삼삼(滲滲)하다. 눈물 따위가 고요히 흘러내리다.

룰 서리담고 즈부인을 쥬셕의 뫼시니, 틔부인이 연셕(筵席)을 님ᄒᆞ여 조금도 슬픈 빗
치 업서 만【63】면 츈풍으로 빈긱을 졉딕ᄒᆞ며, 졔손을 면면이 어로만져 낫낫치 무이
ᄒᆞ며, 조·댱 냥부인과 한·화 졔손부를 나ᄒᆞ여 시로이 ᄉᆞ랑ᄒᆞ미 졔손부를 한갈갓치
ᄎ등치 아니ᄒᆞ고, 금평후와 진부인을 도러보아 희연(喜然) 쇼왈,

"노뫼 너를 길녀 텬흥의 다쇼 형뎨와 냥손녜 싱셰ᄒᆞ니, 그 범연ᄒᆞ여도 독ᄌᆞ(獨子)의
지치 션션(詵詵)ᄒᆞ믈 보니 귀즁ᄒᆞ려든, 더욱 졔손의 츌뉴 비범ᄒᆞ미냐? 지어(至於) 텬
흥은 오문(吾門)의 쳔니구(千里駒)오, 윤현부ᄂᆞᆫ 만금 종뷔(宗婦)라. 그 귀ᄒᆞ며 즁ᄒᆞ미
엇더ᄒᆞ리오만은 텬아부뷔 너모 츌셰ᄒᆞᆫ 연고로, 텬도(天道)의 휴영지니(虧盈之理)[1825]
와 【64】인도(人道)의 오영지겸(汚榮之兼)[1826]을 면치 못ᄒᆞ여, 져희 부부 오인이 다
긔고참난(奇苦慘難)을 지닉고, 능히 무ᄉᆞᄒᆞ여 부뷔 지봉ᄒᆞ고, 윤시 효졀을 완젼ᄒᆞ여
오문을 빗닉고, ᄯᅩ 현긔 갓흔 긔ᄌᆞ를 나하 조션(祖先) 신후(身後)를 빗닉고, 댱이 ᄯᅩ
고모(姑母)의 후를 니을 셩녜(聖女)라. ᄯᅩ 니식뷔 지용이 불미ᄒᆞ나 운긔 갓흔 영웅 긔
ᄌᆞ와 조시 갓흔 셩녀쳘부(聖女哲婦)를 두어, 일노조ᄎᆞ 현·운 냥이 졔 아뷔 뒤흘 니어
문호를 영챵(永昌)ᄒᆞ고, 기여(其餘) 졔손이 다 용녈치 아니ᄒᆞ니 노뫼 엇지 깃브고 즐
겁지 아니ᄒᆞ며, 버거 닌흥 등 ᄉᆞ이(四兒) 다 품슈ᄒᆞ미 디즁물(池中物)[1827]이 아니오,
각각 비필이 상【65】젹ᄒᆞ며 ᄌᆞ손이 영챵(榮昌)ᄒᆞ니 엇지 너 아히 복녹이 놉지 아니
ᄒᆞ리오. 노뫼 특별이 닉 아히 놉흔 복을 치하ᄒᆞᆷ을 결을치 못ᄒᆞ리로다."

ᄯᅩ 슉녈비를 나오라 ᄒᆞ여 옥슈를 잡고 흔연 왈,

"손녀는 녀즁셩싀(女中聖士)라, 임ᄉᆞ(姙似)[1828]의 셩덕과 반쇼(班昭)[1829]의 놉흔 ᄒᆡᆼ
실이 이시되, ᄯᅩ흔 운익(運厄)의 긔구ᄒᆞᆫ 거ᄉᆞᆯ 면치 못ᄒᆞ여 초년의 허다 간익을 지닉
고, 십싱구ᄉᆞ(十生九死)의 능히 명쳘보신(明哲保身)ᄒᆞ여 신여명(身與命)을 구젼(俱全)
ᄒᆞ여, 이졔 모든 화익을 진졍ᄒᆞ고 가뷔 위거왕공(位居王公)ᄒᆞ고 ᄌᆞ녜 번셩ᄒᆞ여 복녹이
가족ᄒᆞ니 노뫼 두긋겨 ᄒᆞᄂᆞ니, 금일 쳔고활별을 당ᄒᆞ여 너를 치하ᄒᆞ【66】ᄂᆞ니, 아손
은 기리 무양(無恙)ᄒᆞ여 ᄌᆞ손이 계계영챵(繼繼永昌)ᄒᆞᄆᆞᆯ 바라노라."

1825) 텬도(天道)의 휴영지니(虧盈之理) : 달이 보름달이 되었다가 그믐달이 되고 하는 것처럼, 가득차고
이지러지고 하는 하늘의 이치
1826) 인도(人道)의 오영지겸(汚榮之兼) : 영광(榮光)과 오욕(汚辱)이 점철되는 인생살이.
1827) 디즁물(池中物) : '연못 속에 있는 교룡'이라는 뜻으로, 아직 승천하지 못한 용, 곧 '평범한 사람'을
이르는 말. 〈삼국지〉에서 주유(周瑜)가 손권(孫權)의 누이동생과 혼인하여 오(吳)나라에 머물고 있는
유비(劉備)를 빗대어 이른 말로, 만약 유비가 오나라를 떠나 형주로 가게 되면 그는 교룡이 구름과 비
를 얻게 되어 더 이상 지중물 곧 연못속의 교룡이 아닌 것이 될 것이라고 한 데서 유래한 말.
1828) 임ᄉᆞ(姙似) : 중국 주(周)나라 현모양처(賢母良妻)인 문왕의 어머니 태임(太姙)과 무왕(武王)의 어머
니 태사(太姒)를 함께 일컫는 말.
1829) 반쇼(班昭) : 중국 후한(後漢)의 시인(?49~?120). 자는 혜희(惠姬). 반고(班固)와 반초(班超)의 여동
생으로, 남편 조세숙(曹世叔)이 죽은 후 궁정에 초청되어 황후·귀인의 스승이 되었으며, 당시 화제(和
帝)의 희등(熹鄧)태후가 그녀에게 '대가(大家)'라는 호를 하사하여 '조대가(曹大家)'로 불리었다. 반고의
유지(遺志)를 이어 ≪한서≫를 완성하였으며, 저서에 ≪조대가집≫이 있다.

숙녈비 왕모(王母)의 양슈(陽壽) 다ᄒᆞ심과, 망극ᄒᆞᆫ 유교(遺敎)를 듯ᄌᆞ오미 구회(舊懷) 젼요(轉搖)ᄒᆞ여 셩안의 쥬루를 먹음어 나죽이 빗스고 믈너나니, 부인이 ᄯᅩ 슉셩비를 나오라 ᄒᆞ여 옥슈를 잡아 무이 왈,

"아손은 닉 아희 쇼교(小嬌) 필와(畢姙)로 ᄌᆡ용이 초셰(超世)ᄒᆞ여 셔ᄌᆞ(西子)의 식과 임ᄉᆞ(姙似)의 덕이 이시ᄃᆡ, 맛ᄎᆞᆷ닉 홍안(紅顏)의 히를 면치 못ᄒᆞ여, 셩가 요음발부(妖淫潑婦)의 양쇼부를 음희ᄒᆞ던 독쉬 믄득 너의게 도라가, 하마면 방신이 위틱홀 번ᄒᆞ고 요ᄒᆞᆼ 간졍(奸情)이 획실(覈實)ᄒᆞ여 음부찰녀(淫婦刹女)를 복쥬(伏誅)ᄒᆞ【67】고, 아희 누명을 신셜ᄒᆞ여, 이졔 ᄯᅩ한 후빅의 부인이오, 지샹의 ᄌᆞ부로, 꼿다온 ᄌᆡ덕은 님군의 표장(表獎)ᄒᆞ시미 되어[며], 슬하의 옥동화녀를 ᄲᅡᆼᄲᅡᆼ이 완농(玩弄)ᄒᆞ니 노뫼 못닉 아름다이 너기노라."

슉셩비 빗스이퇴(拜辭而退)ᄒᆞ니, ᄯᅩ 증손녀 댱실 ᄌᆞ염과 하부인 월염 등을 나아오라 ᄒᆞ여, 슈다 ᄌᆞ손을 낫낫치 교회(敎誨)ᄒᆞ믈 맛ᄎᆞ미, ᄯᅩ 시녀를 명ᄒᆞ여 셩찬화미(盛饌華味)를 가져 압압히 버리라 ᄒᆞ고, 스스로 금져(金箸)를 드러 진슈미찬을 나오혀 그릇마다 졉구(接口)ᄒᆞ여 진음(進飮)ᄒᆞ기를 오히려 샹시도곤 만히 ᄒᆞ고, 금평후와 진부인이며 졔손 등을 남녀노쇼【68】 업시 상을 권ᄒᆞ여 그릇시 뷔도록 먹으믈 권ᄒᆞ고, 윤효문 부인 하시를 나오혀 무이ᄒᆞ미 졔손과 일반이니, 하부인이 ᄯᅩ한 쳬루빗ᄉᆞ(涕淚拜謝)ᄒᆞ더라. 졔부인이 퇴부인 거동과 말ᄉᆞᆷ을 드르미 엇지 쥬찬과 화미(華味)의 맛시 이시며, 시식(試食)홀 싱각이 이시리오.

면면이 눈셥의 시름을 미ᄌᆞ 능히 져(著)를 드지 못ᄒᆞ니, 퇴부○[인]이 이 거동을 보고 졍식 왈,

"너희 죵시 니러ᄒᆞᆫ즉 노뫼 ᄯᅩ한 먹지 아니ᄒᆞ리라."

금평후 부부와 졔손이 마지 못ᄒᆞ여 겨오 비회를 관억ᄒᆞ고 햐져(下箸)ᄒᆞ나 능히 찬품향과(饌品香果)의 맛슬 아지 못ᄒᆞ고, 목의 먹음은 거시 나【69】리지 아니터라.

이윽고 상을 믈니미 부인이 한갈갓치 ᄉᆞ긔 여젼ᄒᆞ여 일호(一毫) 비식(悲色)이 업ᄉᆞᄃᆡ, 다만 시긱이 느져가미 안칙(眼彩) 더욱 명명ᄒᆞ고, 여음(餘音)이 뇨료(嘹嘹)ᄒᆞ여 무식(無識) 범안(凡眼)의 보미는 조금도 다르믈 아지 못ᄒᆞᄃᆡ, 금평후와 졔왕 등이 엇지 졈졈 위름(危懍)ᄒᆞ시기의 밋쳐 가는 쥴 아지 못ᄒᆞ리오.

쳔비촌이(千悲寸悶)[1830]ᄒᆞ고 십듸(十大) 녕원[1831]이 요요(擾擾)ᄒᆞ여 비회를 능히 강잉치 못ᄒᆞ니, 졔빈(諸賓)이 졔뎡의 지셩인효(至誠仁孝)를 아니 감동ᄒᆞ리 업고, 참연 통셕ᄒᆞ여 ᄯᅩ한 쥬식(酒食)의 ᄯᅳᆺ이 업셔, 픿흥(敗興)ᄒᆞ여 날이 느즈미 파연(罷宴)ᄒᆞ여 빈긱은 도라가고, 모든 ᄌᆞ손과 윤효문【70】 부인은 머므러, 퇴부인 안가(晏駕)ᄒᆞ시믈 죵양(終養)[1832]ᄒᆞ려 ᄒᆞ더라.

1830) 쳔비촌이(千悲寸悶) : 온갖 슬픔으로 마음이 막힘.
1831) 십듸(十大) 녕원 : 온 심장. *십대(十大); '온' 또는 '완전함'을 뜻하는 말. 영원; '염통' 또는 '심장(心臟)'을 달리 이르는 말.

니러구러 황혼이 되미 광실(廣室)의 촉을 붉히고 ㅈ손이 감히 물너가지 못ㅎ고 틱부인을 시립ㅎ니, 부인이 쇼왈,

"노뫼 여등(汝等)으로 즐기미 시긱(時刻)이 머지 아냐시니, 너희 ㅅ실의 물너가지 말나."

졔인이 더욱 망극ㅎ여 슈명빅ᄉ(受命拜謝)ㅎ고 뫼셧더니, 니러틋 한담ㅎ여 야심ㅎ믈 씨닷지 못ㅎ여, 믄득 틱부인이 좌우를 명ㅎ여 향탕을 가져오라 ㅎ여 목욕ㅎ기를 맛고, 일습(一襲) 신의(新衣)를 가라 닙으미, 바야흐로 졍셕의 나아가 안침고와(按枕高臥)1833)ㅎ며, ㅈ부 졔손을 도라 보아 왈, 【71】

"노뫼 장춧 슈명이 거의라. {반계} 옥누의 조회ㅎ미 급ㅎ니 여등과 ᄉ졍(私情)을 치 못《ㅎᄂ니∥펴ᄂ니》, 오아는 어뮈 죽으믈 과도히 슬허말고 유체(遺體)를 기리 ᄉ랑ㅎ여 나의 도라가는 녕빅(靈魄)으로 ㅎ여금 기리 념녀(念慮)를 씨치지 말고, 슈다 ㅈ손의 남은 영화를 바다 쳔연(千年)을 기리 안향하라."

셜파의 엄연(奄然) 운건(運蹇)ㅎ니 향년이 팔십오셰오, 시셰(時歲) 초하망간(初夏望間)1834)이오 ᄲᅢ 오경쵸(五更初)1835)니 인시(寅時) 삼긱(三刻)1836)이러라. 틱부인이 엄연 관셰ㅎ미1837), 님ᄉ(臨死)의 믄득 일진쳥풍(一陣淸風)이 니러나며 향풍이 나죽흔듸, ㅈ뮈(紫霧) 방즁으로 조ᄎ 은은이 니러나, 염염(冉冉)히1838) 풍운을 모라 공 【72】 즁으로 오르니, 희라! 슌틱부인 슉덕현심을 상텬신기(上天神祇) 감응ㅎ여 팔십여셰 향슈(享壽) 다복(多福)ㅎ여 인간 오복(五福)1839)이 무흠ㅎ고, 님ᄉ지졔(臨死之際)의 병 업시 평셕안와이ᄉ(平席安臥而死)1840)ㅎ여 묽은 쳬빅(體魄)이 등비운텬(騰飛雲天)ㅎ믈 가히 알니러라.

합기 금평후를 붓드러 일시의 발상거이(發喪擧哀)ㅎ니, 슬픈 곡셩이 산쳔(山川)을 움죽이고, 공이 쇠모지년(衰貌之年)이라. 뇩아(蓼莪)의 통(痛)1841)을 만나니 넷 셜음과

1832) 죵양(終養) : 어버이를 돌아가실 때까지 봉양함.
1833) 안침고와(按枕高臥) : 베개를 당겨 높이 베고 누움.
1834) 초하망간(初夏望間) : 음력 4월 보름게. *초하(初夏); 음력4월을 달리 이르는 말.
1835) 오경쵸(五更初) : 오경(五更) 초, 곧 새벽 3-5시 초. 또는 인시(寅時; 3-5시) 초.
1836) 삼긱(三刻) : 3각(刻). *각(刻); 시간의 단위. 1각은 약 15분 동안으로, 본래 시헌력(時憲曆)을 채택하기 이전에 하루의 100분의 1이 되는 14분 24초 동안을 나타내던 단위였다.
1837) 관셰ㅎ다 : 연세(捐世)하다. 사망하다.
1838) 염염(冉冉)히 : 나아가는 모양이 느릿느릿하게. 부드럽고 약하게.
1839) 오복(五福) : 유교에서 이르는 인간이 세상에서 누리고자하는 다섯 가지의 복. 보통 수(壽), 부(富), 강녕(康寧), 유호덕(攸好德), 고종명(考終命)을 이른다.
1840) 평셕안와이ᄉ(平席安臥而死) : 평소에 앉거나 누워 지내던 자리에서 편안이 누은 채로 죽음.
1841) 뇩아(蓼莪)의 통(痛) : 육아지통(蓼莪之痛). 중국 전국시대 진(晋)나라 사람 왕부(王裒)가 아버지가 비명(非命)에 죽은 것을 슬퍼하여 일생 묘 앞에 여막(廬幕)을 짓고 살며 추모하였는데, 『시경』<육아편(蓼莪篇)>을 외우며, 그 때마다 아버지를 봉양치 못하는 자신의 처지를 슬퍼하여 눈물을 흘렸다는데서 유래한 말. 육아(蓼莪) 시(詩)의 내용은 부모가 고생하며 나를 낳고 길러주신 은혜와 그 은혜를 갚지 못하는 효자의 슬픔을 표현하고 있다.

시 슬프미 일시의 병발(竝發)호여, 고고(苦苦)이 호모지셩(呼母之聲)이 이이졀졀(哀哀切切)호여 망망(茫茫)히 쓸올듯 호고, 홀홀(忽忽)이 씬쳐질 듯호니, 두어 마듸 호곡(號哭)의 긔운이 졀(絶)호기를 주로호니, 졔왕 오곤 【73】 계(五昆季) 슬프미 무궁훈 가온디, 쏘 부친의 니러틋 이상통도(哀傷痛悼)호여, 노력(老力)이 위위(危危)호기의 밋출 바를 딕경실싁(大驚失色)호여, 오직(五子) 나아가 붓드러, 일시의 간왈,

"틱모의 명명호신 유교(遺敎)를 아춤의 뫼셔 갓 듯주와시니 오히려 귀가의 머므럿느지라. 딕인의 니러 호실쥴 임의 헤아리샤, 아모려나 지보(支保)홀 도리를 지교(指敎)호시미 주못 명빅호시거늘, 딕인이 엇지 셩교의 니르신 바를 싱각지 아니시고, 과도히 비이(悲哀)호샤 쳔금귀체(千金貴體)를 도라보지 아니시며, 희아 등의 민박(憫迫)훈 졍스(情事)를 고렴(顧念)치 아니시느니잇가?"

공이 슈루(垂淚) 장탄 왈, 【74】

최 길 용

문학박사
전북대학교 겸임교수
전북대학교 인문학연구소 전임연구원

● **논 문**
〈연작형고소설연구〉외 500여편

● **저 서**
『조선조연작소설연구』등 14종

교주본 윤하뎡삼문취록 4

초판 인쇄 2015년 4월   5일
초판 발행 2015년 4월 20일

교   주 | 최길용
펴 낸 이 | 하운근
펴 낸 곳 | 學古房

주   소 | 서울시 은평구 대조동 213-5 우편번호 122-843
전   화 | (02)353-9908   편집부(02)356-9903
팩   스 | (02)6959-8234
홈페이지 | http://hakgobang.co.kr/
전자우편 | hakgobang@naver.com,   hakgobang@chol.com
등록번호 | 제311-1994-000001호

ISBN   978-89-6071-495-3   94810
       978-89-6071-491-5   (세트)

값 : 250,000원(전5권)

이 도서의 국립중앙도서관 출판시도서목록(CIP)은 서지정보유통지원시스템 홈페이지
(http://seoji.nl.go.kr)와 국가자료공동목록시스템(http://www.nl.go.kr/kolisnet)에서 이용하
실 수 있습니다. (CIP제어번호: CIP2015011708)

■ 파본은 교환해 드립니다.